浙江文化名人传记精选修订丛书

原 主 编：万 斌

执行主编：卢敦基

浮世绘影

李唐 刘松年 马远 夏圭 传

陈野 著

浙江人民出版社

图书在版编目（CIP）数据

浮世绘影 ：李唐、刘松年、马远、夏圭传 / 陈野著．
-- 杭州 ：浙江人民出版社，2024. 12
ISBN 978-7-213-11502-8

Ⅰ．①浮… Ⅱ．①陈… Ⅲ．①文化－名人－列传－浙江 Ⅳ．①K825.4

中国国家版本馆CIP数据核字(2024)第109393号

浮世绘影：李唐、刘松年、马远、夏圭传

FUSHI HUIYING LI TANG LIU SONGNIAN MA YUAN XIA GUI ZHUAN

陈 野 著

出版发行	浙江人民出版社（杭州市环城北路177号 邮编 310006）
	市场部电话:(0571)85061682 85176516
责任编辑	齐桃丽
责任校对	何培玉
责任印务	程 琳
封面设计	王 芸
电脑制版	杭州天一图文制作有限公司
印 刷	浙江新华数码印务有限公司
开 本	710毫米×1000毫米 1/16
印 张	16
字 数	244千字
插 页	10
版 次	2024年12月第1版
印 次	2024年12月第1次印刷
书 号	ISBN 978-7-213-11502-8
定 价	68.00元

〔南宋〕李唐（传）《晋文公复国图》（局部），绢本设色，全图29.4厘米×828.0厘米，美国大都会博物馆藏

〔南宋〕李唐《濠濮图》，绢本设色，24.1厘米×113.7厘米，天津博物馆藏

〔南宋〕刘松年《四景山水图》（局部），绢本设色，41.0厘米×69.2厘米不等，故宫博物院藏

〔南宋〕马远《水图》（局部），绢本设色，26.6厘米×41.3厘米，故宫博物院藏

〔南宋〕马远《月下把杯图》，绢本设色，25.7厘米×27.6厘米，天津博物馆藏

〔南宋〕马远《梅间俊语图》，绢本设色，23.4厘米×25.2厘米，美国波士顿艺术博物馆藏

煙堤晚泊

〔南宋〕马远《西园雅集图》，绢本设色，29.5厘米×302.3厘米，美国纳尔逊–阿特金斯艺术博物馆藏

〔南宋〕夏圭《山水十二景》(局部)，绢本水墨，全图27.9厘米×230.5厘米，美国纳尔逊–阿特金斯艺术博物馆藏

〔南宋〕夏圭《松溪泛月图》，绢本设色，25.0厘米×25.2厘米，故宫博物院藏

〔南宋〕夏圭《烟岫林居图》，绢本水墨，25.0厘米×26.1厘米，故宫博物院藏

“浙江文化研究工程成果文库”总序

有人将文化比作一条来自老祖宗而又流向未来的河，这是说文化的传统，通过纵向传承和横向传递，生生不息地影响和引领着人们的生存与发展；有人说文化是人类的思想、智慧、信仰、情感和生活的载体、方式和方法，这是将文化作为人们代代相传的生活方式的整体。我们说，文化为群体生活提供规范、方式与环境，文化通过传承为社会进步发挥基础作用，文化会促进或制约经济乃至整个社会的发展。文化的力量，已经深深熔铸在民族的生命力、创造力和凝聚力之中。

在人类文化演化的进程中，各种文化都在其内部生成众多的元素、层次与类型，由此决定了文化的多样性与复杂性。

中国文化的博大精深，来源于其内部生成的多姿多彩；中国文化的历久弥新，取决于其变迁过程中各种元素、层次、类型在内容和结构上通过碰撞、解构、融合而产生的革故鼎新的强大动力。

中国土地广袤、疆域辽阔，不同区域间因自然环境、经济环境、社会环境等诸多方面的差异，建构了不同的区域文化。区域文化如同百川归海，共同汇聚成中国文化的大传统，这种大传统如同春风化雨，渗透于各种区域文化之中。在这个过程中，区域文化如同清溪山泉潺潺不息，在中国文化的共同价值取向下，以自己的独特个性支撑着、引领着本地经济社会的发展。

从区域文化入手，对一地文化的历史与现状展开全面、系统、扎实、有序的研究，一方面可以借此梳理和弘扬当地的历史传统和文化资源，繁荣和丰富当代的先进文化建设活动，规划和指导未来的文化发展蓝图，增强文化软实力，为全面建设小康社会、加快推进社会主义现代化提供思想保证、精神动力、智力支持和舆论力量；另一方面，这也是深入了解中国文化、研究中国文化、发展中国文化、创新中国文化的重要途径之一。如今，区域文化研究日益受到各地重视，成为我国文化研究走向深入的一个重要标志。我们今天实施浙江文化研究工程，其目的和意义也在于此。

千百年来，浙江人民积淀和传承了一个底蕴深厚的文化传统。这种文化传统的独特性，正在于它令人惊叹的富于创造力的智慧和力量。

浙江文化中富于创造力的基因，早早地出现在其历史的源头。在浙江新石器时代最为著名的跨湖桥、河姆渡、马家浜和良渚的考古文化中，浙江先民们都以不同凡响的作为，在中华民族的文明之源留下了创造和进步的印记。

浙江人民在与时俱进的历史轨迹上一路走来，秉承富于创造力的文化传统，这深深地融汇在一代代浙江人民的血液中，体现在浙江人民的行为上，也在浙江历史上众多杰出人物身上得到充分展示。从大禹的因势利导、敬业治水，到勾践的卧薪尝胆、励精图治；从钱氏的保境安民、纳土归宋，到胡则的为官一任、造福一方；从岳飞、于谦的精忠报国、清白一生，到方孝孺、张苍水的刚正不阿、以身殉国；从沈括的博学多识、精研深究，到竺可桢的科学救国、求是一生；无论是陈亮、叶适的经世致用，还是黄宗羲的工商皆本；无论是王充、王阳明的批判、自觉，还是龚自珍、蔡元培的开明、开放，等等，都展示了浙江深厚的文化底蕴，凝聚了浙江人民求真务实的创造精神。

代代相传的文化创造的作为和精神，从观念、态度、行为方式和价值取向上，孕育、形成和发展了渊源有自的浙江地域文化传统和与时俱进的浙江文化精神，她滋育着浙江的生命力、催生着浙江的凝聚力、激发着浙江的创造力、培植着浙江的竞争力，激励着浙江人民永不自满、永不停息，在各个不同的历史时期不断地超越自我、创业奋进。

悠久深厚、意韵丰富的浙江文化传统，是历史赐予我们的宝贵财富，也是我们开拓未来的丰富资源和不竭动力。党的十六大以来推进浙江新发展的实践，使我们越来越深刻地认识到，与国家实施改革开放大政方针相伴随的浙江经济社会持续快速健康发展的深层原因，就在于浙江深厚的文化底蕴和文化传统与当今时代精神的有机结合，就在于发展先进生产力与发展先进文化的有机结合。今后一个时期浙江能否在全面建设小康社会、加快社会主义现代化建设进程中继续走在前列，很大程度上取决于我们对文化力量的深刻认识、对发展先进文化的高度自觉和对加快建设文化大省的工作力度。我们应该看到，文化的力量最终可以转化为物质的力量，文化的软实力最终可以转化为经济的硬实力。文化要素是综合竞争力的核心要素，文化资源是经济社会发展的重要资源，文化素质是领导者和劳动者的首要素质。因此，研究浙江文化的历史与现状，增强文化软实力，为浙江的现代化建设服务，是浙江人民的共同事业，也是浙江各级党委、政府的重要使命和责任。

2005年7月召开的中共浙江省委十一届八次全会，作出《关于加快建设文化大省的决定》，提出要从增强先进文化凝聚力、解放和发展生产力、增强社会公共服务能力入手，大力实施文明素质工程、文化精品工程、文化研究工程、文化保护工程、文化产业促进工程、文化阵地工程、文化传播工程、文化人才工程等"八项工程"，实施科教兴国和人才强国战略，加快建设教育、科技、卫生、体育等"四个强省"。作为文化建设"八项工程"之一的文化研究工程，其任务就是系统研究浙江文化的历史成就和当代发展，深入挖掘浙江文化底蕴、研究浙江现象、总结浙江经验、指导浙江未来的发展。

浙江文化研究工程将重点研究"今、古、人、文"四个方面，即围绕浙江当代发展问题研究、浙江历史文化专题研究、浙江名人研究、浙江历史文献整理四大板块，开展系统研究，出版系列丛书。在研究内容上，深入挖掘浙江文化底蕴，系统梳理和分析浙江历史文化的内部结构、变化规律和地域特色，坚持和发展浙江精神；研究浙江文化与其他地域文化的异同，厘清浙江文化在中国文化中的地位和相互影响的关系；围绕浙江生动的当代实践，深入解读浙江现象，总结浙江经验，指导浙江发展。在研究力量上，通过课题组织、出版资助、重点研究基地建设、加强省内外大院名校合作、整合各地各部门力量等途径，形成上下联动、学界互动的整体合力。在成果运用上，注重研究成果的学术价值和应用价值，充分发挥其认识世界、传承文明、创新理论、咨政育人、服务社会的重要作用。

我们希望通过实施浙江文化研究工程，努力用浙江历史教育浙江人民、用浙江文化熏陶浙江人民、用浙江精神鼓舞浙江人民、用浙江经验引领浙江人民，进一步激发浙江人民的无穷智慧和伟大创造能力，推动浙江实现又快又好发展。

今天，我们踏着来自历史的河流，受着一方百姓的期许，理应负起使命，至诚奉献，让我们的文化绵延不绝，让我们的创造生生不息。

2006年5月30日于杭州

目录

李唐传

刘松年传

马远传

夏圭传

李唐传

小引

当李唐追随着宋高宗的足迹，一路颠沛流离、风尘仆仆地到达杭州时，我们不知道他对杭州周边曲线柔和的连绵丘陵和那一湖温软的西湖水，会有怎样的观感。也许，在他当时的处境里，解决生计问题才是当务之急。但是作为一个职业的宫廷画师，尤其是一个山水画家，无论在怎样的境遇里，他的眼睛和心灵，必定保持着对自然山水的敏感和关注。更何况在李唐这一路的奔波里，自然山川在他的身边历历而过，南方和北方的巨大差异渐次呈现。这种身临其境的感受，无疑是最为印象深刻的。

其实，南北方自然环境的差异，早就十分明显。北方那种适合于以立轴表现的高大挺立、气势雄伟、山体坚实的景象，到了南方以后，变成了宜于以水墨长卷体现的溪山连绵无尽、烟雨朦胧的画面。这种山川所需要的构图和笔墨，似乎正契合了李唐在北宋末年正在形成中的创作风格。因此，用我们今天的眼光来看，李唐经这一路的辛苦劳顿来到南方，就有了天降大任的寓意和暗示：“画师白发西湖住，引出半边一角山。”中国绘画史上的一个著名的流派——以“南宋四家”为代表的南宋院体山水画派，就从李唐来到南方开始，展开了它发生、发展的历史行程。

第一章　主要史料汇集

在本书第二部分的《刘松年传》中，读者可以看到，就现有画史资料而言，为一位南宋时代的画家立传、勾勒其一生经历的详细脉络会是多么的困难。但在这一部分的《李唐传》里，情况会有一定程度上的不同。

这个不同是由于画史资料中有关李唐事迹的记载相对略为具体，为后人的探究提供了一些可资考释的线索；更重要的是当代研究者的涉猎颇广与用力颇勤[①]，使李唐生平较其他三位画家有相对较为清晰的浮现。我们可以初步勾勒出李唐生平的几个主要阶段，这些阶段的跨度很大，传记所需的详尽准确的细节尤为缺乏。

有关李唐生平的文字史料，主要见于宋、元、明一些画史、画论著作中的记载。比较集中和重要的有以下数条：

《广川画跋·书〈邢和璞悟房次律图〉》："毕文简公得唐本邢和璞、房琯前世事，和璞神凝示悟，琯沉思如冥有想者，久之则亦若有悟也。璞悟以怡，琯悟以叹，此其异也。乃掊地得永师还师德书，以信其说。此画深观其隐而能得其趣，决非常工所能知也。崇宁二年，其孙完官于潞，子莆田方宙召画人李唐摹为别本以藏，属予书其后。"[②]

① 如陈传席、铃木敬、余辉等学者都对李唐生平作过详尽而富有成果的研究，详后。

② 〔北宋〕董逌：《广川画跋》卷二《书〈邢和璞悟房次律图〉》，文渊阁《四库全书》影印本，台湾商务印书馆1983年版（以下引用此版本简称"四库本"），第813册，第457页。

《画继》："李唐，河阳人。乱离后至临安，年已八十。光尧极喜其山水。"[①]

《画继补遗》："李唐，字晞古，河南人，宋徽宗朝曾补入画院，高宗时在康邸，唐尝获趋事。建炎南渡，中原扰攘，唐遂渡江如杭，夤缘得幸高宗，仍入画院。善作山水人物，最工画牛。予家旧有唐画《胡笳十八拍》，高宗亲书刘商辞，每拍留空绢，俾唐图画。亦尝见高宗称题唐画《晋文公复国图》横卷，有以见高宗雅爱唐画也。"[②]

《图绘宝鉴》："李唐，字晞古，河阳三城人，徽宗朝曾补入画院。建炎间太尉邵渊荐之，奉旨授成忠郎，画院待诏，赐金带，时年近八十。善画山水人物，笔意不凡，尤工画牛。高宗雅爱之，尝题《长夏江寺卷》，上云：'李唐可比唐李思训。'"[③]

《续书画题跋记·李唐〈伯夷、叔齐采薇图〉》："宋高宗南渡，创御前甲院，萃天下精艺良工，画师者亦与焉。院画之名，盖始诸此。自时厥后，凡应奉待诏所作，总目为院画，而李唐其首选也。唐，河阳人，在宣、靖间已著名。入院后遂乃尽变前人之学而学焉。世谓东都以上作者为高古，良有以夫。余总角时，见乡里七八十老人犹能道古语，谓唐初至杭，无所知者，货楮画以自给，日甚困。有中使识其笔，曰'待诏作也'。唐因投谒中使奏闻，而唐之画杭人即贵之。唐尝有曰：'雪里烟村雨里滩，看之如易作之难。早知不入时人眼，多买燕脂画牡丹。'可概见矣。至正壬寅，余获此于沈恒氏，爱其虽变于古而不远乎古，似去古详而不弱于繁，且意在箴规，表夷、齐不臣于周者，为南渡降臣发也。呜呼深哉！昔米南宫嗜画，病世无真李成，乃拟《无李论》，以祛其惑。余他日见唐画亦多，率皆抱南宫之憾，而此画者所谓吾无间然者也。因书颠末于左，且以告夫来者云。是岁九月既望，乡贡进士钱塘宋杞授之记。"[④]

---

①〔南宋〕邓椿：《画继》卷六，于安澜编《画史丛书》第一册，上海人民美术出版社1962年版，第50页。

②〔元〕庄肃：《画继补遗》卷下，中国美术论著丛刊本，人民美术出版社1963年版，第8页。

③〔元〕夏文彦：《图绘宝鉴》卷四，于安澜编《画史丛书》第二册，上海人民美术出版社1962年版，第100页。

④〔明〕郁逢庆：《续书画题跋记》卷一《李唐〈伯夷、叔齐采薇图〉》，四库本，第816册，第779—780页。

《绘事微言》："马醉狂述唐世说云：政和中，徽宗立画博士院，每召名公，必摘唐人诗句试之。尝以'竹锁桥边卖酒家'为题，众皆向酒家上著工夫，惟李唐但于桥头竹外挂一酒帘。上喜其得'锁'字意。"①

此外，南宋以降历代文人的诗文集里，多有对李唐画作以题跋、题诗、评论的方式品评吟咏的文字，我们可以从中分析后人对李唐绘画艺术的认识和评价、李唐画作的流传情况及南宋绘画创作的一些相关信息等等，但与李唐生平的直接关联不大，故此处不予详列，而将其分散在以下相关内容的叙述中。

就图像资料而言，李唐的存世画迹不少，在国内及美国、日本、英国、德国等地的博物馆、美术馆、艺术馆里，有较多幅被称为李唐绘制的画作。就图目文献著录而言，以《中国历代画目大典（战国至宋代卷）》为例，该书收录有《采薇图》《长夏江寺图》《濠濮图》《江山小景图》《清溪渔隐图》《万壑松风图》《烟岚萧寺图》《雪景图》《雪江图》《灸艾图》《乳牛图》《文姬归汉图》《仙岩采药图》《水庄琴棋图》《山水图》《晋文公复国图》《观瀑图》《七子渡关图》《雪夜泛舟图》《扶杖渡桥图》《听泉图》《深山访道图》《驴背秋风图》《炼丹图》《观水图》等作品。②

---

①〔明〕唐志契：《绘事微言》卷下《名人画图语录》，四库本，第816册，第240页。

② 参见周积寅、王凤珠编著：《中国历代画目大典（战国至宋代卷）》，江苏教育出版社2002年版，第450—469页。此书用力甚勤、涉猎颇广，对来自世界各地600余所博物馆（院）、美术馆、美术研究院（所）、高等院校以及私人收藏的5000余名历代重要画家（包括佚名）的7万多幅存世帛画、纸画、卷轴画作了著录；同时在真赝考辨上广搜博采，汇集诸家之说，凡有歧见均予收录。

〔南宋〕李唐《江山小景图》，绢本设色，49.7厘米×186.7厘米，台北故宫博物院藏

第二章　宋徽宗年间的行迹

北宋徽宗年间，是首先必须关注的一个特殊时期。宋徽宗和他的宣和画院，对李唐生平与艺术创作产生了重要影响。

考入翰林图画院

在亡国之君的历史罪名后面，宋徽宗其实还有他的另一面。清人叶昌炽在《语石》一书中说过："道君虽青衣受辱，艺事之精，冠绝今古。"作为艺术家的赵佶，天姿超迈，风采俊秀，艺术才情及于琴、棋、诗、书、画、金石、鉴赏多个门类，大多造诣高深、技巧精绝、品味雅正。就书法而言，他楷、行、草书皆能，楷书尤其劲挺飘逸，世称"瘦金体"。绘画方面，花鸟、人物、山水兼通，特别擅长以工笔写宫中奇禽异卉，以状物写神的高超技巧和精工典雅的风格代表了院体花鸟画的特色和成就。而宣和画院，则是他尽心投入与苦心经营之所。

中国宫廷绘画历史久远而又绵延不绝，是帝国统治阶层政治与文化生活中不可缺少的组成部分。然而画师的地位与待遇在不同的历史时期里，往往有很大的不同。一般说来，设置画院作为工作机构，是最能从组织体制上保障绘画事业发展和画人权益的。因此，有画院的时代，往往是绘画发展的时代，也往往是画人们的盛世。画史上影响最大、最让后世画人艳羡和津津乐道的，是西蜀孟昶创办的翰林图画院、南唐中主李璟仿效西蜀建立的翰林图画院以及宋代翰林图画院。

宋代翰林图画院建于宋太宗雍熙元年（984），基本承袭五代旧制，但在规模上有所扩大，广集天下画人。当时，五代各国的画院名手有相当一部分集中于此，比如来自西蜀的黄居寀、赵元长、高文进等，以及来自南唐的王齐翰、周文矩、厉昭庆、顾德谦等，可谓人才济济。

画院画家主要为皇帝与宫廷服务，其工作大约有：（1）绘制敕建的宫观壁画。如南宋时西湖显应观、西太乙宫皆有萧照、苏汉臣等绘制的壁画。（2）装饰宫廷。宫廷及高级官署屏风障壁多为院人所绘。（3）绘制表彰贤臣的画作。（4）存有鉴戒意义之图，供皇帝教育臣僚后代。（5）搜访鉴别名画。宋太宗太平兴国二年（977），诏诸州搜访先贤笔迹图书，命院人高文进、黄居寀搜访民间图画。（6）为皇帝代笔。皇帝的御画，有的由画院画师代笔。宋徽宗时，画院中有刘益、富燮两位高手，专供御画，宋徽宗画作有不少出自院人之手。还有一些特殊使命，如宋太宗时命画院祗候牟谷随使往交趾，为安南王黎桓及诸臣画肖像。宣和元年（1119），令陈尧臣带画学生二人使辽，画其主像。①

宋徽宗在诗、书、画等方面有天赋和爱好，以帝王之身沉溺于绘事之中。在位期间，宋徽宗于吟诗、作画和书写活动亲力亲为，于是画院就成了他的常在之所。他在那里考试选录画院学生、布置绘画题材、探讨笔墨技巧、品评作品优劣、决定画家职务升降、亲自示范画法，如此种种，忙得不亦乐乎。

> 徽宗皇帝天纵将圣，艺极于神，即位未几，因公宰奉清闲之宴，顾谓之曰：朕万几余暇，别无他好，惟好画耳。故秘府之藏，充牣填溢，百倍先朝。又取古今名人所画，上自曹弗兴，下至黄居寀，集为一百帙，列十四门，总一千五百件，名之曰《宣和睿览集》。盖前世图籍，未有如是之盛者也。于是圣鉴周悉，笔墨天成，妙体众形，兼备六法。独于翎毛尤为注意，多以生漆点睛，隐然豆许，高出纸素，几欲活动，众史莫能也。政和初，尝写仙禽之形凡二十，题曰《筠庄纵鹤图》……《奇峰散绮图》……

① 参见王伯敏主编：《中国美术通史》第四卷，山东教育出版社1987年版，第72—73页。

乱离后有画院旧史流落于蜀者二三人，尝谓臣言：某在院时，每旬日蒙恩出御府图轴两匣，命中贵押送院以示学人，仍责军令状，以防遗坠渍污，故一时作者，咸竭尽精力，以副上意。……虽训督如此，而众史以人品之限，所作多泥绳墨，未脱卑凡，殊乖圣王教育之意也。①

画史上有关宋徽宗专精于绘事的传闻记载，著名的有以下两则：

一曰月季。“徽宗建龙德宫成，命待诏图画宫中屏壁，皆极一时之选。上来幸，一无所称，独顾壶中殿前柱廊栱眼《斜枝月季花》，问画者为谁，实少年新进。上喜，赐绯，褒锡甚宠，皆莫测其故。近侍尝请于上，上曰：‘月季鲜有能画者，盖四时朝暮，花蕊叶皆不同。此作春时日中者，无毫发差，故厚赏之。’”②

二曰孔雀。“宣和殿前植荔枝，既结实，喜动天颜。偶孔雀在其下，亟召画院众史令图之，各极其思，华彩烂然，但孔雀欲升藤墩，先举右脚。上曰：‘未也。’众史愕然莫测。后数日再呼问之，不知所对，则降旨曰：‘孔雀升高，必先举左。’众史骇服。”③

这样一位在艺术上天纵其才的皇帝亲督画院，对画师们必然会有更严格的要求，当时的画师必须迎合皇帝的爱好作画：“宋画院众工，必先呈稿，然后上真。”④“其后宝箓宫成，绘事皆出画院，上时时临幸，少不如意，即加漫垩，别令命思。”⑤但宋徽宗既是高手，又是行家，当不至于因其专制而禁锢了绘画艺术的发展。

① 〔南宋〕邓椿：《画继》卷一，于安澜编《画史丛书》第一册，上海人民美术出版社1962年版，第1—4页。邓椿作为同时代人，其所言“众史以人品之限，所作多泥绳墨”之语，应非虚言。但从今天看，流传至今的不少南宋绘画作品，当属精品。

②③ 〔南宋〕邓椿：《画继》卷一〇，于安澜编《画史丛书》第一册，上海人民美术出版社1962年版，第75页。

④ 〔清〕厉鹗：《南宋院画录》卷一，于安澜编《画史丛书》第四册，上海人民美术出版社1962年版，第2页。

⑤ 〔南宋〕邓椿：《画继》卷一，于安澜编《画史丛书》第一册，上海人民美术出版社1962年版，第3—4页。

在创作上，画院重视格法，要求形象描绘得精确。“图画院四方召试者，源源而来，多有不合而去者。盖一时所尚，专以形似，苟有自得，不免放逸，则谓不合法度。”有的则追求精细逼真，如邓椿《画继》记一轴“画一殿廊金碧熀耀，朱门半开，一宫女露半身于户外，以箕贮果皮作弃掷状，如鸭脚、荔枝、胡桃、榧、栗、榛、芡之属，一一可辨，各不相因，笔墨精微，有如此者”。[①]

宋徽宗不仅对作品的要求极高，甚至对画师的外貌、风度也要进行审美观照。当时有画师名刘益者，因其貌不扬，虽一直为皇帝代笔，却不被召见，埋名终身。

严格要求的同时，宋徽宗也为画院画师们创造和提供了极好的创作与生活条件。当时的画院画家不同于工匠，享有较好的工作和生活待遇。“许服绯紫官服”，到宋徽宗政和、宣和年间，并许佩鱼，“又诸待诏每立班，则画院为首，书院次之，如琴院棋玉百工皆在下。……又他局工匠日支钱，谓之食钱，惟两局则谓之俸，直勘旁支给，不以众工待也。睿思殿日命待诏一人能杂画者宿直，以备不测宣唤，他局皆无之也”[②]。画师还可以调宫中藏画临摹欣赏。

特别值得一说的是，宋徽宗的个人修养使得他的识见和谋略大大地超越了时代，具体的表现就是：崇宁三年（1104），设立画学，隶属国子监。大观四年（1110）三月，将画学归并翰林图画院。其时“益兴画学，教育众工，如进士科下题取士，复立博士，考其艺能”[③]。用今天的概念来解释，就是将绘画这种技艺之术，提升到了“画学”的理论高度，也就是进行了艺术教育的学科建设活动。

画院学生的入学考试，都是科举的范式。作品的评判标准是：“笔意简全，不摹仿古人而尽物之情态，形色俱若自然，意高韵古为上；模仿前人而能出古意，形色象其物宜，而设色细、运思巧为中；博[④]模图绘，不失其真为下。”[⑤]

---

①② 〔南宋〕邓椿：《画继》卷一〇，于安澜编《画史丛书》第一册，上海人民美术出版社1962年版，第77页。

③ 〔南宋〕邓椿：《画继》卷一〇，于安澜编《画史丛书》第一册，上海人民美术出版社1962年版，第3页。

④ 博，似应为“传”，繁体字形相近所致。

⑤ 〔南宋〕赵彦卫：《云麓漫钞》卷二，四库本，第864册，第278页。

宋徽宗在其特意兴建的五岳观里，铺开宏大的场面，大集天下数百名绘画名手应诏赴试。

可能是因为宋徽宗自己的文学造诣和对“画外之意”“以诗入画”的觅求之趣，所以他的试题大多选择意境幽深、韵味悠长的诗句，考查应试者对诗意的理解和绘画语言的表现能力。由于作品今俱无传，所以其时应试画作的笔墨、设色、意韵等皆已无从知晓。从画史的文字记录来看，“运思巧”是一个受到肯定和欣赏的重要标准，这方面画史上流传有几个生动的应考事例，可窥一斑。

试题之一：“野水无人渡，孤舟尽日横”。这个试题十分具象，似乎不难表现。一般的构思与画面布局大多是画野郊孤舟空泊于岸边，上或立一鹭鸶，或落一乌鸦，以示无人渡舟之意。因为看似容易，便少了精思，于是画品都成了平庸之作。此次考试的夺魁者，则是与众不同地在船尾画了一个和衣而眠的舟子，其旁置一孤笛，不仅情态更近自然，表明不是没有舟人，而是没有行人，而且画出了舟的“孤泊”之外的“人”的孤独。

试题之二：“乱山藏古寺”。通常的画面是山中露出古寺的鸱吻或塔尖，或是可见的一角殿堂，但这终究“藏”得不够深。最受称道的画家是在重山之中画一露出的幡竿，既彻底地表现了一个“藏”字，又能引起人们对那深山之中古幽静谧的寺宇的联想。

试题之三：“浓绿万枝红一点，动人春色不须多”。出彩的画卷画了春柳掩映的楼头，有一红衣美女倚栏而望，以此表现那“红一点”的动人春色。此法比起万绿丛中一枝红花的常用手法，自有出人意表的醒目效果。又有一说，称是刘松年画了万顷海水和海中的一轮红日，宋徽宗见之大喜，喜其规模阔大、立意超绝。

试题之四：“蝴蝶梦中家万里”。此试题的入选画作记为画家战德淳，他选取汉时苏武牧羊的传统题材，而独取其在牧羊时小睡的构思，将原诗中一般的思乡之情升华为家国之思的廓大意境和民族情怀，因此受到好评。

试题之五：“踏花归去马蹄香”。一个无形的“香”字，如何用以线造型的绘画来表现，这是此试题的用意之所在。众多的画面是铺满一地落红，任由马蹄践踏而去，直白的表现破坏了原诗美好的意象。其中有画家跳出窠臼，别出心裁地画了飞舞的蝴蝶追逐着马蹄，以扣“香”字，以视觉的形象表达出了嗅觉的感受，切题而又有灵动之致。

这样的考试让我们联想到了唐人作诗时炼字造句的呕心沥血，李贺的锦囊、贾岛的推敲，杜甫的“语不惊人死不休”，同样都有“二句三年得，一吟双泪流”的精思与投入。

画学生入院后，学习有分科，“画学之业，曰佛道，曰人物，曰山水，曰鸟兽，曰花竹，曰屋木”。学习时“以《说文》《尔雅》《方言》《释名》教授。《说文》则令书篆字，著音训，余书皆设问答，以所解义观其能通画意与否。仍分士流、杂流，别其斋以居之。士流兼习一大经或一小经，杂流则诵小经或读律。考画之等，以不仿前人而物之情态形色俱若自然、笔韵高简为工。三舍试补、升降以及推恩如前法。惟杂流授官，止自三班借职以下三等”。①

就这样，宋徽宗本人成了北宋后期画坛的领袖，宋初建立的翰林图画院，到了宋徽宗的宣和画院时，已然成为中国绘画史上一所著名的皇家绘画机构。它云集了普天之下的绘画名家，在宋徽宗的亲自督导、教授下专精于绘画艺术的创造，宫廷绘画因此获得生机勃勃的繁荣和发展。

李唐就是在如此诗意盎然、笔墨飞扬的浮华盛世里，出现在了画史上。

李唐（生卒年不详②），字晞古，亦作希古，河阳（今河南孟州）人。由于史料简略，详细的生平事迹已难一一查考清楚。据现有资料来看，李唐在宋徽宗时代即已入宣和画院，成为宫廷画师。尤其对他考入画院的细节，有较为详细和生动的描述。虽然不同史料对此事的说法不同，或许就是托名而为的附会，但这是我们目前可知的较早也较为详细的李唐事迹记载，即便不是李唐的所为，放在宋徽宗朝的宣和画院，应该也可以反映出当时绘画发展的实景。

---

① 《宋史》卷一五七《选举志三》，中华书局1977年版，第3688页。

② 关于李唐的生卒年，研究者众说纷纭，至今未有定论，主要观点有：1.约1050—1130年，这是传统之说，见邵洛羊：《李唐》，上海人民美术出版社1980年版，第4页。2.约1048—1130年，见徐书城：《宋代绘画史》，人民美术出版社2000年版，第77页。3.约1066—约1150年或更晚，见陈传席：《李唐研究》，《陈传席文集》（2），河南美术出版社2001年版，第545页。4.1083—约1161年，见王伯敏：《中国绘画通史》，台湾东大图书出版有限公司1997年版，第427页。5.1085—约1165年，见傅伯星：《李唐生卒年代考》，《中国书画报》1993年4月15日。

宋徽宗政和年间，李唐赴开封参加当时皇家举办的图画院考试。明代唐志契《绘事微言》记载：“马醉狂述唐世说云：政和中，徽宗立画博士院，每召名公，必摘唐人诗句试之。尝以‘竹锁桥边卖酒家’为题，众皆向酒家上著工夫，惟李唐但于桥头竹外挂一酒帘。上喜其得‘锁’字意。”①

“竹锁桥边卖酒家”是李唐的试题，也是他的机遇。在这次考试中，应试者们都在“酒家”上面下功夫，唯独李唐的画幅里，并无世俗的酒家，有的只是茂林修竹，以及掩映其间的古朴小桥，只在竹林丛中，微微地露出了一角酒帘，隐隐透露出酒家的信息。宋徽宗深喜其构思得“锁”字之意，将其补入画院，李唐由此成了宫廷画师。

宣和画院缔造了宫廷绘画的传统，启迪了南宋绘画的路径。虽然从山水画的发展路径来看，“南宋四家”的风格自成一体，但是，正是宣和画院培养了李唐这样的画家。李唐的绘画技法与功底，在这里打下了扎实的基础；他的艺术修养和造诣，在这里得到引领和陶冶。李唐从宣和画院走向南宋，从北方来到了江南的杭州，开创了一个影响深远的绘画流派。这，就是我们前文所说的宋徽宗时期对于李唐的特殊意义之所在。

画院里的创作

李唐进入宣和画院后，并没有成为一个今天可以在北宋画史上见其卓著名声的名画师，具体的经历也基本无从寻觅，只有一些作品或见于元、明时人的记述、著录中，或有真迹流传，可供分析其时的创作情况。

从前引《中国历代画目大典（战国至宋代卷）》著录的李唐存世画迹来看，作品中山水画占大半。即使是人物画，也大多有山水的背景。以李唐为首的“南宋四家”的绘画成就和对后世产生的极大影响，也主要是就山水画而言。

现在相对一致的研究结论是，北宋时期的李唐山水画作品有《万壑松风图》

① 〔明〕唐志契：《绘事微言》卷下《名人画图语录》，四库本，第816册，第240页。《画史会要》也有相同记述。在俞成《萤雪丛说》卷上《试画工形容试题》中有类似记载，也有人认为此事是明人托名李唐所为。

《江山小景图》《奇峰万木图》等，也即所谓李唐前期风格的作品。这个分期的标准十分明白，就是以南渡为界，北宋、南宋各为前后期。

李唐这些前期画作的风格，大致属于荆浩、范宽一路，全景式构图，笔墨浓重精练，积墨浓厚。山石作斧劈皴，有时画树石全用焦墨，谓之“点漆”。画面林木茂盛，有葱茏苍郁之气象。画面特重布局，构图严正，裁剪有度，山峦重叠，回环起伏，其间点缀楼阁茅屋，而见远近层次。总体风格古朴苍劲，极见气势，《万壑松风图》是这种特色的典型代表。

《万壑松风图》（绢本，浅设色，188.7 厘米×139.8 厘米，藏台北故宫博物院），画面居中为一高耸的山峰，其左面之远峰上，有“皇宋宣和甲辰春，河阳李唐笔”之款。画面从山麓画到峰顶，山势险拔，山体坚硬，有森严崇高的气象。山腰间有山岚缭绕、溪涧蜿蜒、瀑布飞流直下。远处有峭峰数座，紧贴主峰，若即若离。全图安排匀称，位置稳妥，形成堂堂正正的大章法。李唐在山石皴法上，融合诸家技巧，达到完整统一的效果。坡石坡面，运用劲峭的小斫笔、长钉皴，坡脚间夹杂刮铁皴与豆瓣皴，颇富变化。石头正面用钉头皴，斫出四面，有纹理结构和石体质感。整个山体多种皴法交互使用，很好地表现出了山石的厚重感。山间松树挺拔，树丛疏密有致，交织穿插，树根多露于石外，树干用鱼鳞皴，节疤浓重。山头皆有或高或低的丛树，主峰树丛尤为浓重。这种变化多端的笔墨，自成一家，

〔南宋〕李唐《万壑松风图》，绢本设色，188.7 厘米×139.8 厘米，台北故宫博物院藏

成为南宋院体山水画的先声。

《江山小景图》（绢本，设色，49.7厘米×186.7厘米，藏台北故宫博物院），为长卷形式，画幅窄长。画的下半部是连绵的山峦，山径蜿蜒，树木葱郁；画的上半部，右上角画有坡岸及远处隐约的淡山，其余大都是空旷的水面。构图已向半山、一角的局部取景方向发展，笔墨更为率意。画面格局开始变得简率起来，与《万壑松风图》的构图、用笔都有较大不同，而与其后马远、夏圭的特点相近。所谓“刘、李、马、夏又一变”的“变”，在这幅画中是可以看得很明白的。

琐事杂记

从《画继补遗》和《广川画跋》的记述中，还可以列出李唐在北宋时做过的两件事。因为记述简略，具体的时间和经过不得详知，现一起记录于此。

一是为毕文简公的藏画绘制摹本。《广川画跋》记载，当时有一位毕文简公，得过一本唐代名画《邢和璞悟房次律图》，很有历史、艺术价值。崇宁二年（1103），毕文简公的后人要把此图复制为别本用于收藏，就请李唐作了临摹。

二是在画院期间，李唐曾经去过宋徽宗第九子赵构的官府——康邸，具体的事宜《画继补遗》记作“趋事”，太过笼统，以致今日对其事由已不可详知。但此事对李唐后来的命运，应该有很大的影响。因为这里的赵构，正是南渡以后建立南宋政权的皇帝宋高宗。而李唐的艺术成就和地位，均在相当程度上来自南宋高宗朝的创作。

第三章　国破时分

覆巢之下

北宋靖康元年（1126）八月，金军由东西两路南下，给北宋政权施加强大的军事压力。十一月，两路金军渡过黄河，直抵汴京城下，遣兵四面攻城不已。闰十一月下旬，汴京城破。金人扣押了徽、钦二帝，并按玉牒尽索诸王、帝姬、驸马等皇亲国戚。靖康二年三月，立张邦昌为傀儡皇帝，建立了大楚伪政权。

> 夏四月庚申朔，大风吹石折木。金人以帝及皇后、皇太子北归。凡法驾、卤簿，皇后以下车辂、卤簿，冠服、礼器、法物，大乐、教坊乐器，祭器、八宝、九鼎、圭璧，浑天仪、铜人、刻漏，古器、景灵宫供器，太清楼秘阁三馆书、天下州府图及官吏、内人、内侍、技艺、工匠、娼优，府库畜积，为之一空。辛酉，北风大起，苦寒。[①]

天寒地冻，徽、钦二帝乃至整个北宋朝廷都在摧石折木的大风之中被拘北去。金兵沿途又“纵兵四掠……杀人如刈麻，臭闻数百里。淮泗之间亦荡然

① 《宋史》卷二三《钦宗本纪》，中华书局1977年版，第436页。

矣”。北宋的政治统治到此结束，此事件史称“靖康之变”或“靖康之难”。

覆巢之下，安有完卵？与本书所述李唐有关的绘画等百伎工艺匠人，也遭到金人的大肆查索掠取。

《三朝北盟会编》卷七七记载：

二十五日乙卯……金人求索诸色人……要御前后苑作、文思院上下界、明堂所、修内司、军器监工匠、广固搭材兵三千余人，做腰带帽子、打造金银、系笔、和墨、雕刻、图画工匠三百余家，杂剧、说话、弄影戏、小说、嘌唱、弄傀儡、打金斗、弹筝、琵琶、吹笙等艺人一百五十余家，令开封府押赴军前。开封府军前争持文牒，乱取人口，攘夺财物，自城中赴军前者，皆先破碎其家计，然后扶老携幼，竭室以行。亲戚故旧泣涕叙别离，相送而去。哭泣之声，遍于里巷，如此者日日不绝。[①]

卷七八记载：

二十九日己未……又取应拜郊合用仪仗、祭器、朝服、法物，并应于御前大辇、内臣，诸局待诏，手艺染行户，少府监、文思院等处人匠，秘书省车辂院官。自二十五日搜索夫人、倡优等选择，又征求及戚里家女使等不可计数。车辙运送者已尽，肩舆以充，货轿之家尽取无遗。被选出城者号恸而去，亲戚有泣别于门者。又押内官二十八人、百伎工艺等千余人赴军中。哀号之声，震动天地。

三十日庚申，驾在青城，官吏士庶云集候驾，金人又索诸人物。是日，又取画匠百人，医官二百，诸般百戏一百人，教坊四百人，木匠五十人，竹瓦泥匠石匠各三十人，打毬弟子七人，鞍作十人，玉匠一百人，内臣五十人，街市弟子五十人，学士院待诏五人，筑毬供奉五人，金银匠八十人，吏人五十人，八作务五十人，后苑作五十人，司天台官吏五十人，弟子帘

① 〔南宋〕徐梦莘：《三朝北盟会编》卷七七，四库本，第350册，第614页。

前小唱二十人，杂戏一百五十人，舞旋弟子五十人。[1]

这样的情景，很容易让人联想起宋太祖赵匡胤灭南唐拘后主李煜北上的往事。

北宋失国的原因自是很多，错综而复杂。王朝内部不同利益集团之间的党争，蔡京、童贯、王黼、梁师成、李彦与朱勔“六贼”的专权，政治的腐败与软弱，文人治国导致的军事力量的虚弱，用人不当，决策失误，国势日复一日地颓败，人心的涣散，女真族的强大与入侵，等等。但最终，宋徽宗都脱不了干系。

宋徽宗的人生经历和最后命运，也许是无穷造化的肆意弄人，也许只是个人选择的不自量力，或者根本就是一个注定的历史命运中的劫数。元符三年(1100)，宋哲宗去世，其弟，也即神宗第十一子赵佶，在老臣章惇“以年则申王长，以礼律则同母之弟简王当立”的反对和认为赵佶“轻佻不可以君天下”的担忧中，[2]登上了帝座。二十五年之后，宋徽宗果然失去他的天下，以万乘人君之尊被拘，远羁北国敌乡，万里江山自此俱成梦中忆想，这给他的帝国和臣民带来切齿的遗恨、屈辱和一片痛彻心扉的哀伤。

《宋史》卷二二《徽宗本纪》言：“迹徽宗失国之由，非若晋惠之愚、孙皓之暴，亦非有曹、马之篡夺，特恃其私智小慧，用心一偏，疏斥正士，狎近奸谀。于是蔡京以猖薄巧佞之资，济其骄奢淫佚之志。溺信虚无，崇饰游观，困竭民力。君臣逸豫，相为诞谩，怠弃国政，日行无稽。……自古人君玩物而丧志，纵欲而败度，鲜不亡者，徽宗甚焉，故特著以为戒。”[3]

宋徽宗丧国致辱，遗祸及子。宋钦宗于国势危殆之时受禅为帝，“帝在东宫，不见失德。及其践阼，声技音乐一无所好。靖康初政，能正王黼、朱勔等罪而窜殛之，故金人闻帝内禅，将有卷甲北旆之意矣。惜其乱势已成，不可救药；君臣相视，又不能同力协谋，以济斯难，惴惴然讲和之不暇。卒致父子沦胥，社稷芜茀。帝至于是，盖亦巽懦而不知义者欤！享国日浅，而受祸至深，

① 〔南宋〕徐梦莘：《三朝北盟会编》卷七八，四库本，第350册，第618页。

② 《宋史》卷二二《徽宗本纪》，中华书局1977年版，第357、417—418页。

③ 《宋史》卷二二《徽宗本纪》，中华书局1977年版，第418页。

考其所自，真可悼也夫！真可悼也夫！”①

这个“享国日浅，而受祸至深”的宋钦宗，在做了一年多的皇帝之后，被金兵拘押北去，一直屈辱地生活至绍兴三十一年（1161）驾崩。其间，多次向其弟宋高宗哀求回国，未得理会。

天不灭大宋。国破时分，正当金人在汴梁（今河南开封）按玉牒搜索皇亲国戚时，赵构因以“河北兵马大元帅”的名义经营河北，拥兵万人在外，免遭搜捕。正是皇室的这一颗漏网的种子，渡江而南，在南方的半壁江山里苟延残喘、休养生息、经营发展，以“南宋”的名义延续了大宋的宗庙社稷。

赵构（1107—1187），字德基，宋徽宗第九子，宋钦宗赵桓之弟。15岁封为康王。靖康二年（1127）五月初一日，21岁的赵构在宗泽等北宋旧臣的拥戴下于应天府（治今河南商丘市南，当时称南京）正式即帝位，改元建炎，史称南宋。赵构以此特殊的历史机遇而得登上龙辇，成为宋高宗。他因此而与夏之少康、周之宣王、汉之光武、晋之元帝、唐之肃宗一起被称为中兴之帝，但更多的是背负了“偷安忍耻，匿怨忘亲，卒不免于来世之诮”的历史骂名。

南渡路上

宋高宗的南渡，是一段长达数年、心胆俱寒、颠沛流离、颇受霜露之苦的亡命之旅。其间对于作为目的地的都城的选择，也是众说纷纭、反复变更，经历了几次周折的过程。宋高宗南渡的历史，与李唐南渡以及至杭这一段生活关联甚是密切，故将之简述如下，以彰明背景。

赵构登基后，建炎元年（1127）十月初，南宋朝廷从应天府出发，月底至扬州。建炎二年七月，宗泽死，南宋军心不稳，金兵东西并进，以扬州为主要进攻目标，南下攻宋。南宋风闻金军将再次南侵，急忙部署江淮防务，宋高宗派人先护送隆祐太后去杭州，作了继续南逃的准备。八月，金西路军首先发起进攻，攻入陕西。十月，东路军也开始行动，次年正月攻占徐州。紧接着，金军以一万轻

① 《宋史》卷二三《钦宗本纪》，中华书局1977年版，第436页。

骑从泗州渡淮河，直扑扬州，主力则进击屯据于淮阳的韩世忠军。建炎三年一月，退守宿迁的韩世忠军被金军追击，部众溃散。南宋朝廷对整个战局情况不明，主和派代表黄潜善、汪伯彦又都是没有远略之辈，军队士气低落。金军轻骑很快占领楚州、天长军等处，速度之快是宋高宗预想不到的。二月，宋高宗闻数十里之外的天长军失守，急忙乘小船从瓜洲渡江逃往镇江。到镇江后，他又感到镇江濒临长江，离金军仍太近，不安全，即于次日清晨召集文武近臣再度商讨下一步的驻跸之地。此时，宋高宗对己方的军事实力已完全丧失信心，对长江天堑能否阻挡金军铁骑也心存顾虑，所以试探性地提出“姑留此，或径趋浙中”的意见。经过朝廷重臣的一番争议，最后宋高宗作出了当夜即赴杭州的决定。

金军的先头部队在宋高宗逃出扬州的当天就进抵扬州，听说宋高宗南逃，立即追到瓜洲渡口，因无舟船，只好停止追击。此时金军已人困马乏，加上沿途不断受到义军的袭击，遂在大肆掳掠之后，向北撤军。金军转战近半年，尽管取得了一些战役上的胜利，但灭宋的战略目的并未实现。

建炎三年（1129）二月壬戌（十三日），南宋朝廷迁至杭州。宋高宗下诏改州治为行宫，下罪己诏，求直言，赦死罪以下，放还窜逐诸臣。在这一系列表面文章之下，则是决定放弃淮河，退守长江，遣使同金议和，打算偏安江南。不料三月初，南宋内部发生了扈从统制苗傅、刘正彦的兵变，强迫宋高宗逊位于皇子赵旉，让隆祐太后垂帘听政。这次兵变，带给宋高宗极大冲击。经过一番周折，在张浚、韩世忠等人的努力下，兵变被平息，宋高宗复位。七月，杭州升为临安府（治今浙江杭州）。

建炎三年（1129）十月，金军乘南宋长江防务尚未巩固之机，在兀术的统率下，分东西两路渡江南下。西路由黄州附近渡江入江西，东路主力由和州渡江攻江浙。宋高宗在越州闻金军渡江，决意下海逃跑，从越州奔明州。十二月，金军攻克临安，宋高宗从明州奔舟山定海。金军占领临安后跟踪而至，迫使宋高宗逃往海上，漂泊于温州、台州濒陆海域达三四个月之久。金军搜寻不得，只好宣称“搜山检海已毕”，退据明州。不过，金军深入江南，后方空虚。南方气候潮湿，将士水土不服，难以继续进军。加上岳飞屯驻宜兴，韩世忠据守江阴，归路有被截断的危险，兀术只得决定早日撤军。

金人引兵北去，南宋朝廷于建炎四年（1130）四月北返越州，以其地为行在，改次年年号为“绍兴”。

绍兴元年（1131）以后，南宋政治局面逐渐得以稳定。绍兴六年二月，张浚以宰相兼都督诸路军马事的身份，巡察各地，与各路将领商议北伐，宋高宗也在群臣的促助下，进驻建康（今江苏南京），以表示一种踔厉有为的态度。

这年秋天，金人策立的伪齐政权入侵南宋，但被打退。女真军事贵族集团内部因连年用兵，师劳无功，导致了因政见不同而诱发的相互残杀。掌握金国实权的挞懒集团，于绍兴七年（1137）废黜了伪齐政权，对南宋展开“以和协佐攻战”的策略。宋金东起淮水、西迄秦岭的边境开始稳定，双方形成对峙局面。宋高宗在平息钟相、杨么起义后，统治地位也渐趋稳固。

绍兴八年（1138）正月，宋高宗不顾臣僚的反对，从建康返回临安。这是他第三次驾临临安。就在这一年，他正式宣布以临安为“行在所”，最后定都临安。①

现在来看李唐。

李唐这一时期的生活经历，主要的史料见于夏文彦《图绘宝鉴》中有关南宋画家萧照的记载：

> 萧照，濩泽人。颇知书，亦善画。靖康中流入太行为盗。一日掠至李唐，检其行囊，不过粉奁画笔而已。叩知其姓氏，照雅闻唐名，即辞贼随唐南渡，得以亲炙。②

研究者从流入太行山为盗的萧照等人掠夺李唐之事着手，对李唐的南渡展开研究。焦点问题在于其出发的起点究竟在何，主要的观点有三种：

一是传统之见。传统的美术史、绘画史大都对此未作深究，或略去不论，

---

① 以上有关宋高宗南渡的记述，参见沈冬梅、范立舟：《浙江通史·宋代卷》，浙江人民出版社2005年版，第133—139页，文字有删改。

② 〔元〕夏文彦：《图绘宝鉴》卷四，于安澜编《画史丛书》第二册，上海人民美术出版社1962年版，第103页。

或简单地记述为汴梁被金兵攻陷，李唐仓皇南奔，行经太行山时为萧照所劫。①

二是陈传席之见。陈传席是最早对此问题展开深入研究的学者，他就汴梁、太行山、杭州的地理位置提出疑义，作出探讨。认为李唐不忘旧主，南渡寻随宋高宗，方向在南，何苦北绕太行山，而且绕得那么远、那么艰苦呢？结论只有一个：李唐南渡起点不是皇都汴梁，而是太行山之北更远的地方——金人的根据地，今黑龙江流域（宋徽宗死于五国城，即今黑龙江依兰）。或者，最近也是从燕地出发的。

故此，陈传席认为，李唐南渡不是自汴梁向南，而是途经太行山向南，这就清楚地说明，他是被金人掳往北国之后，又从北国金营中逃回，而太行山是必经之途。到了太行山，遇到了萧照，萧照即辞别队伍，跟随李唐南渡，向李唐学习绘画。至于两人如何走法，经过哪些地方，尚无史料可证。但萧照是建康人，估计他们要经过建康，而后投奔临安。②

《中国美术史》（宋代卷）上册也持此说："靖康二年（公元1127年），汴京沦陷，掳走徽钦二帝并宫中随从，李唐也在其列。不久，赵构在临安即位为高宗，被掳往北国的官员听到消息，多设法从金营中逃跑，李唐随之辗转南下，经过种种颠沛险阻，在太行山为萧照所掠，反得其助，相偕跋涉至临安。"③

三是彭亚之见。彭亚认为陈说的上述推论，"对李唐南下'途经太行山'是一个比较合理的臆想"。但认为李唐途经太行山不一定是从东北逃回，而是另有原因：

> 太行山在山西境内，也在河南境内。太行山东南部自古就归属河南管辖，《汉书》、《后汉书》和《晋书》都有记载。宋代王存等人编著的《元丰九域志》也记载了当时的河南孟州管辖六个县，政府所在地是李唐的家乡河阳。……河阳距离太行、王屋很近，河阳西北30公里的济源境内就有太

---

① 如《李唐》《宋代绘画史》《中国绘画通史》等。

② 参见陈传席：《李唐研究》，《陈传席文集》（2），河南美术出版社2001年版，第553页。

③ 王朝闻总主编：《中国美术史》（宋代卷）上册，齐鲁书社、明天出版社2000年版，第208页。按：此处记述有误，赵构并非在临安即位为高宗，而是于靖康二年（1127）五月初一，在宗泽等北宋旧臣的拥戴下，于应天府登基，改年号为"建炎"。

行山下峰，岭山、孔山、王屋山也属于太行山系。

所以，笔者认为，李唐如果被掳到了黑龙江或燕京，别说那时近八十岁，就是按陈传席先生推论的，再年轻十几岁，也不可能徒步到临安。我的结论是，李唐在靖康之变时，跑回老家的太行山避难了！正如洪再新先生说："1127年汴梁被金兵攻占，在徽、钦二帝被掳的'靖康之难'中，宫廷画家作鸟兽散。"

靖康间，不论是李唐在汴梁（开封），还是在南京（商丘），都是无依靠的。汴梁被困时，与李唐关系密切的康王赵构，先是被派往金营为人质，后又被派往河北任兵马大元帅，招兵买马解救都城，接下来又是徽、钦二帝被掳。作为臣民，这时期是无所适从的，因此，七十多岁的李唐逃回老家，是一个极好的选择。但老家河阳三城是个军事要冲，金人又搜寻那些从宫中散入民间的人才，若再追杀回来，必又遭难，到家乡附近的太行山躲避便是顺理成章的事情。因此，笔者推断，李唐没有去北方，只是在太行山暂时避难。正是在家乡附近的太行山区盘桓时遇到了萧照。

…………

李唐到山上不久，就得到了高宗即位并召回朝廷旧部的消息。《宋史》卷二十四《高宗本纪一》，记载：

"五月庚寅朔，帝登坛受命，礼毕恸哭，遥谢二帝，即位于府治。改元建炎。……臣僚因乱去官者，限一月还任。"

金人乃游牧、狩猎民族，初寇中原，也如围猎，掠夺之后，立一伪政府，扬长而去。所以"臣僚因乱去官者"，都要趁金人北还时复职还任。李唐就是在此时和萧照一起出太行南下。古人远行，首选水路，由河阳到汴水，水路入淮，沿运河即可追随高宗到达南方，并不需要多少体力。此时的汴梁是由南宋任命的老将宗泽驻守，沿途不会有多大困难。①

① 彭亚：《论影响李唐绘画风格的潜在因素——兼与陈传席先生商榷关于李唐研究的几个问题》，《南京艺术学院学报》2003年第2期。

由上可见，对李唐南渡的起点、路线、行走方式的研究，在学者们的潜心努力之下，正愈益走向深入和细致。金兵攻入汴梁、掳走二帝之时，北宋画院和画师们的去向与命运，只有如上《宋史》《宋史纪事本末》《三朝北盟会编》等书的简略涉及，难知其详。以常理推之，被掳北去、留在汴梁、回到家乡或避居他处几种情况，都有可能。就李唐而言，从其七十余岁（已至八十也是有可能的）高龄而又南渡至杭的情形分析，后三种去向的可能性相对较大，笔者同意彭亚先生所言，如此高龄者要从东北徒步到达临安，实在是困难的。另从当时汴梁城中金人尽索百伎工艺匠人掳而北去的情形，以及途经太行山的行走路线来看，留在城中的可能性也极小。加上李唐家乡河阳与汴梁相距不远，“当时流经汴梁的是一条人工渠，即隋大运河中段的‘通济渠’，也就是宋代的‘汴水’，乘舟逆汴水向西，可在荥阳北的‘汴口’入黄河，河阳三城已隐约可见”①。因此，李唐回到家乡或是避居太行山，然后又由此出发南渡的推论，相对更为合理。

需要补充的是，李唐出发的具体时间，彭亚先生将其定在建炎元年（1127），尚无史料可证。与此相关的是，“由河阳到汴水，水路入淮，沿运河即可追随高宗到达南方”的行走路线，前提是“此时的汴梁是由南宋任命的老将宗泽驻守，沿途不会有多大困难”。②宗泽亡故于建炎二年七月，此后金兵东西并进，以扬州为主要进攻目标，南侵攻宋。故李唐的南渡若是在此之后，则其行走路线也将有异于彭亚之说了。

初至临安

李唐南渡来到杭州，是他个人生涯中的一件大事，他在杭州成为一代绘画宗师；也是中国绘画史上的一件大事，“画师白发西湖住，引出半边一角山”，开创了一个影响深远的绘画流派。对于李唐到达杭州的时间和年纪，画史上的

①② 彭亚：《论影响李唐绘画风格的潜在因素——兼与陈传席先生商榷关于李唐研究的几个问题》，《南京艺术学院学报》2003年第2期。

记载不仅简略而且语焉不详，致使难考其实，因此众说纷纭，至今未有定论。

归纳起来，影响较大的有以下几种：

一、传统之说

传统的说法即上引史料中《画继》《画继补遗》《图绘宝鉴》等书中的记载，以及引用这些史料对李唐生卒年作出具体推算的当代研究。认为李唐于建炎年间到达杭州，时已年近八十。①

二、日本学者铃木敬之说

日本东京大学东洋文化研究所的铃木敬经过大量考证认为，李唐于绍兴二十六年（1156）进入画院更为合理，时年近八十。就是说李唐约生于1076年，卒于1156年之后。

铃木敬认为："《图绘宝鉴》所说'建炎间（1127—1130），太尉邵宏渊荐之云云'，可能是出之于夏文彦独有的胡言乱语。因为此时绝无暇也无钱设立太平逸乐期间才能产生的画院之类的制度。当时的局势所最需要的是制造更多的兵器甲胄，制造兵器还待增加税收。国难时期首要在节约、裁冗费。"②

在《图绘宝鉴》关于李唐的记述中，对其中的一个关键人物即李唐的推荐者"邵宏渊"，不同的版本说法不同。《画史丛书》版及光绪十年（1884）钱唐丁氏竹书堂刊本的《南宋院画录》均作"邵宏渊"，国学基本丛书、津逮秘书本所收之《图绘宝鉴》则作"邵渊"。

铃木敬认为："可能是厉鹗编《南宋院画录》时，因无法从诸书找出太尉邵渊之名，才改为邵宏渊的。那么究竟这一个连《宋史》列传中都找不出传说的邵宏渊何以能成为李唐的推荐者呢。想必是元末夏文彦的时代另有所据。"③

因此，铃木敬围绕这个问题展开了详尽的探讨研究，其结论是："如果说李唐因邵宏渊的推荐得进入画院的话，按推测最早当在绍兴二十六年（1156）前后，最迟在孝宗隆兴元年（1163）。如果因其它画院画家的记载而认为在金主亮

① 如《李唐》。《宋代绘画史》记为"据说李唐供职于高宗赵构的绍兴画院时，已年届八十，奉旨授成忠郎、画院待诏，并赐金带"，未作定论。《中国美术史》对此记述未作详论。

②③［日］铃木敬：《试论李唐南渡后重入画院及其画风之演变》，原文连载于日文版《国华》杂志1982年3月及4月号，中文版见《新美术》1989年第4期，魏美月译。

（海陵王）的南征开始后的南宋政治状况中，根本不可能采用画院画家的话，那么邵宏渊之推荐李唐的下限时间当在绍兴三十一年（1161）。但是这样的推测，必须以《宝鉴》的记载具有某些真实性为前提。”①

三、陈传席之说

陈说也是针对夏文彦“建炎间”的说法而发：

> 建炎年间，宋高宗一伙正被部分武将保护着，在河南、江苏一带逃难。……直到绍兴二年（1132年），他才到了临安。这时已不是建炎年号了。……至“绍兴二年春正月癸巳朔，帝在绍兴府……丙午，帝至临安府……己未，修临安城”（《宋史》卷二十七《高宗四》）。把临安正式定为国都，乃是绍兴八年的事了……。试问，皇帝不在临安，岂会有人去临安投奔他？进而在临安“授成忠郎、待诏，赐金带”的说法，又如何成立呢？可见，李唐在建炎初复入画院之说不可信，而且建炎乃至绍兴初，南宋朝廷还根本没有画院。②

陈传席认为绍兴十六年（1146）南宋朝廷复置书院后，才复置画院，李唐于此时得以复职画院，时年约八十岁。就是说李唐生年在1066年左右，卒年在1150年左右或略后：

> 据《宋会要辑稿》记载：南宋的御书院复置于绍兴十六年。如前所述，书院历来都比画院处于更重要的地位，实际上，书院的作用也较画院为大，古人修书、修史、实录、奏章等等皆需笔写，而且需要特别工整、有工力的书法，翻开《宋史》，从卷一百一十四至卷一百二十五《职官》部分，御史台、秘书省、秘阁、会要所等等，几乎每有一个机构，都有法定的书写家定员名额，所谓“楷书五人”、“楷书四人”、“楷书三人”……尤其是

① ［日］铃木敬：《试论李唐南渡后重入画院及其画风之演变》，原文连载于日文版《国华》杂志1982年3月及4月号，中文版见《新美术》1989年第4期，魏美月译。

② 陈传席：《李唐研究》，《陈传席文集》（2），河南美术出版社2001年版，第540—541页。

“国史实录院”、“日历所”、“会要所”、“集贤院”、“太史局”、“宗正寺”（修纂牒、谱、图籍）等等机构，所需书家更多。这些书家书写的内容，有的要存留后代百世，有的要供皇帝审阅，所以不但要有相当的书法基础，还要有相当的文化修养，所以这些专职书家有的属于吏，有的则属于官。又《宋史》等书中，凡是书、画并提者，皆把书列于画前面。书院既优遇于画院，则画院不会早建于书院，最多是同时建立。

由上述可知，绍兴十三年建太学，十四年建教坊，十六年置书院，则画院最早也只能建于书院设置的同年，即绍兴十六年（1146年）。

也就是说李唐进入南宋画院最早时间是绍兴十六年。这一年李唐年八十岁左右。从李唐在画院中又创作了大量作品看来，他在画院不会是很短时间便去世的，所以李唐的生年应为1066年左右，卒年应为1150年左右乃至于更晚。

可以肯定，以前论者谓李唐卒于建炎年末是错误的。日人铃木敬谓李唐于绍兴二十六年始入南宋画院，是有值得思考的一面。而李唐于绍兴十六年之后入南宋画院的推算，则不会有什么大问题。问题是绍兴十六年之后的具体哪一年，尚不得确数。故以绍兴十六年计。①

四、余辉之说

余辉认为对于判定李唐生平的主要史料《图绘宝鉴》，今人所据之《画史丛刊》本的标点有误，故结论也就有误。根据新的标点并结合相关史料，认为李唐的“奉旨授成忠郎、画院待诏”与被“赐金带”并非同时，李唐应是建炎年间奉旨授成忠郎、画院待诏，而“赐金带时，年近八十”，此时则已是绍兴初年了：

涉及李唐年龄的史料主要有两处：邓椿《画继》卷六《山水林石》曰：“李唐，河阳人。离乱后至临安，年已八十。光尧极爱其山水。”李唐是在临安时度过八十岁，具体何年，十分含糊。夏文彦《图绘宝鉴》卷四

① 陈传席：《李唐研究》，《陈传席文集》（2），河南美术出版社2001年版，第544—545页。

《宋·南渡后》说的明确些：“建炎间太尉邵渊荐之，奉旨授成忠郎、画院待诏，赐金带，时年近八十。……”需要认真注意的是，今人通常用的是《画史丛刊》本，这里有一个断句的问题：在“画院待诏”之后应是句号，下一段是“赐金带时，年近八十”。也就是说，授成忠郎、画院待诏与赐金带不是同时发生的事，在李唐为高宗朝建立画业之前，不太可能在恢复画院伊始就享受赐金带的殊荣，若直接查阅光绪年借绿草堂刊本（诏堂藏版）《图绘宝鉴》就不难发现这一偶然出现的疏漏。夏文彦的《图绘宝鉴》是一部错误较多，但十分难得的通史性绘画史籍，某些史料若能上下呼应、无自相矛盾之处，当可取用。“李唐年近八十赐金带”与下一段关于萧照的史料相吻合，详见下文。

同是上书云：萧照于“绍兴中，补迪功郎、画院待诏，赐金带。……”萧照是在绍兴年间中期即绍兴十六年（1146）左右获此荣耀，如果说，李唐在是年（一说即南宋画院恢复之年）被授成忠郎、画院待诏、赐金带的话，那么，萧照作为李唐的门人，并且曾在太行山为“盗”，高宗不可能不知，更不可能以同等的官职、俸禄赐予师徒二人。在宋画史上，没有师徒同时获得同等的惠赐事例。萧照应是在李唐于绍兴初获誉的十余年后才成为画院待诏的，萧照为此付出了为赵构倾心作画十多年的代价，在萧照补任待诏之前，年近八旬的李唐被赐金带，不久去世。①

五、彭亚之说

彭亚并没有对此问题提出新见，只是认为铃木敬与陈传席的说法均缺乏令人信服的根据，缺乏说服力：“铃木敬的这个说法，是以推荐李唐复职画院的邵宏渊为突破口进行论证的，认为夏文彦在《图绘宝鉴》中提到的太尉邵渊，有可能是那个没有做过太尉的邵宏渊，故缺乏说服力。”②

针对陈传席以书院复置时间推论画院复置及李唐复职时间的论证，彭亚认

---

① 余辉：《南宋画院佚史杂考二题》，《美术观察》1996年第9期。

② 彭亚：《论影响李唐绘画风格的潜在因素——兼与陈传席先生商榷关于李唐研究的几个问题》，《南京艺术学院学报》2003年第2期。

为："宋代书院乃教育机构。陈传席先生旁征博引，却很清楚地说明了他不知书院为何物。而他所说的那个书（写）院也不知是什么时候复置的。所以，绍兴十六年李唐复职画院，时年李唐近八十岁的说法，也不足取。"①

彭亚的结论，是"支持邓椿和夏文彦的说法"，并为之补充了新的证据：

其一，邓和夏的说法，是目前能见到的关于李唐复职画院最早的记载，而铃木敬和陈传席的推论都不足以推翻他们的说法。如按铃木敬和陈传席的推论，李唐绍兴中或晚期复职画院，那么，夏文彦《图绘宝鉴》中详细地记载了那么多绍兴中期复职画院的画家，为什么唯独记载李唐是建炎年复职？

其二，宋杞在李唐《采薇图》的题跋值得注意："宋高宗南渡，创御前甲院，萃天下精艺良工，画师者也预焉，院画之名盖始诸此。"史料虽无画院复置的记载，从宋杞跋中谈御前甲院的职能为"萃天下精艺良工，画师者也预焉"来看，南宋初期确实有这么个综合管理精艺良工的机构。虽无画院的招牌，却极有可能是后来画院等机构的预备。

其三，陈传席和铃木敬先生质疑的，李唐在建炎末"近八十"，余下的时间不足以完成从《万壑松风图》到《清溪渔隐图》等作品的风格变化问题。笔者认为首先可以设想李唐活到了绍兴中期，即九十多岁，因为没有证据证明李唐死于建炎年末，这样，李唐就有时间变化风格了。何况，陈传席先生也说："一个大画家在同一时期画出截然不同的风格，这在画史上是常见的。"②

以上诸家各执其词，见仁见智。尤其是后面"南宋四家"走出以往画史研究的传统领域，深入当时更为广阔的社会、历史背景之中，发掘了许多新资料，拓宽了新的视野，开辟了新的途径，在思想方法和资料发现上都给我们许多有益的启示和借鉴。故转录于此，以备研讨。

---

①② 彭亚：《论影响李唐绘画风格的潜在因素——兼与陈传席先生商榷关于李唐研究的几个问题》，《南京艺术学院学报》2003年第2期。

笔者的观点是尊重邓椿、庄肃、夏文彦、宋杞的历史记载。[①]因为这些资料毕竟是最早的记载，作者中有的（如邓椿）是李唐的同时代人，有的（如宋杞）是杭州本地人，时近易明、地近易核，当是至理。何况这些作者或是严谨的学者，或是家富书画收藏的鉴赏世家，他们的著述当自有来历和出处，一般不会附会没有根据的虚言妄语。我们今天找不到他们的依据，并不能确定他们一定是没有依据的。时过境迁，有无数的史实都在岁月的流逝里消散。

当然，我们也不能保证这些资料一定就是完全真实可靠的，加之千余年的流传，辗转传抄带来的讹误更是难以避免，古今文字表述与阅读习惯的变化也必然会带来理解上的歧义。因此，对之考证稽核，实为必要。但是以新见推翻陈说，诚非易事，论证的各个环节都必须要有充分的、足以令人信服的史料依据。如果辅有推测与假说，即使有道理，也只能质疑或存疑，尚不能作为定论。其实能够发现问题并质疑，就已经比因循守旧、盲目照搬史料上了层楼，如果在论据尚不充分的基础上强作定论，倒反而不是客观严谨的态度了。因为历史具有无限多样的可能性，而每一个人作为个体又有更多的思维差异。今天我们可以视为常理、必定如此的事例，放在宋代就有可能是另外的情形。宋高宗考虑国家事务的角度，就远不同于宋钦宗。尤其在那样一个国破家亡的非常时刻，发生一些常理之外的事件，也是情理之中的事情。

在尊重邓椿、庄肃、夏文彦、宋杞的历史资料的前提下，笔者对其作以下分析：

一、关于邓椿及其《画继》

《画继》："李唐，河阳人。乱离后至临安，年已八十。光尧极喜其山水。"

邓椿《画继》中的记载很简单，也很清楚，一般不会使人产生歧解。邓椿，字公寿，四川成都双流人，生卒年不详，大约活动于北宋末年至南宋上半期。其祖邓洵武，政和中知枢密院事，时最重画学。靖康之变，邓椿回到家乡。在安定的环境里，多方接触历代名画，以家世闻见缀成《画继》，收录的画家起自

① 需要说明的是，笔者尊重邓椿、庄肃、夏文彦、宋杞的历史记载，并不等于认可前人将李唐生卒年定为1050—1130年的观点。详见下文。

熙宁七年（1074）止于乾道三年（1167），以续唐张彦远作《历代名画记》[起轩辕止唐会昌元年（841）]、宋郭若虚作《图画见闻志》(起会昌元年止宋熙宁七年）两家之书，故曰“继”。所录上自帝王下至工技，94年之中凡得219人。作为李唐的同时代人，所记更具可信性。

这里的问题是：“乱离后至临安，年已八十”，这个“乱离后”的具体所指不明，这是导致后续史料各自为说的一个根源。作为最为原始和最为直接的记述者，邓椿如果对此有明确的说法，可能也就不会有今天的聚讼不已了。

可以对此作进一步探究的线索，是李唐的“至临安”。这里可以确定的是，李唐至临安的目的，是追随宋高宗及其南宋朝廷。因此只有在得知宋高宗到达临安的情况下，他才有可能踵其迹而至。

查考《宋史·高宗本纪》，在绍兴八年（1138）正式定都杭州之前，宋高宗、皇室和南宋朝廷多次到过杭州，举例言之：建炎二年（1128）十二月，“隆祐太后至杭州”；建炎三年二月，“命刘正彦部兵卫皇子，六宫如杭州”；建炎三年二月，“驻跸杭州”；建炎三年十月，“帝至杭州”；绍兴二年正月，“帝至临安府”；绍兴三年正月，“帝在临安”；绍兴四年正月，“帝在临安”；绍兴五年二月，“帝至临安”。

其中，建炎三年（1129）二月壬戌（十三日），宋高宗驻跸杭州，下罪己诏，求直言，赦死罪以下，放还被窜斥的士大夫，具寓居京朝官以上姓名以备简拔。绍兴元年（1130）十月，升越州为绍兴府，以示“绍继中兴”，驻跸绍兴。次年正月，移跸临安。这两次都是正式驻跸杭州的行动，均因为军事形势的变化而有变动。直到绍兴八年，才正式定都临安。

在这样的历史背景下，追随宋高宗而在“乱离后”至临安的李唐，在时间上就有多种可能性。李唐可能是在建炎元年（1127）听闻宋高宗“臣僚因乱去官者，限一月还任”的诏告后南渡，追随宋高宗在各地几经辗转后，于某一时间来到杭州；可能是在建炎三年二月确知杭州将被定为京都后的某一时间，来到杭州[①]；

---

① 据宋史学者的研究，早在建炎三年（1129）二月，迁都杭州的事在实际上已经定了下来。见《浙江通史·宋代卷》，浙江人民出版社2005年版，第135页。

也可能是在建炎三年或绍兴二年（1132）宋高宗驻跸期间，来到杭州；同样有可能在绍兴八年局势稳定、形势明朗、正式定都之后来到临安。至于确切的时间，在邓椿的记载里是找不到答案的。

二、关于庄肃及其《画继补遗》

《画继补遗》卷下："李唐，字晞古，河南人，宋徽宗朝曾补入画院，高宗时在康邸，唐尝获趋事。建炎南渡，中原扰攘，唐遂渡江如杭，夤缘得幸高宗，仍入画院。"①

庄肃，宋末元初人。在这个记载里，以前一般都把"建炎南渡，中原扰攘，唐遂渡江如杭"句中的"建炎"，理解为是指李唐渡江的时间。其实不然。这里，"建炎南渡，中原扰攘"是交代当时的背景，也即李唐渡江的原因。这个"建炎南渡"指的是建炎年间赵构朝廷的南渡，这个重大的变故带来了中原地区的"扰攘"，使人不得安生，致使李唐决意渡江入杭，追随宋高宗而来。因此，在庄肃的记载里，我们同样找不到李唐到杭的确切时间。

三、关于夏文彦及其《图绘宝鉴》

《图绘宝鉴》载："李唐，字晞古，河阳三城人，徽宗朝曾补入画院。建炎间太尉邵渊荐之，奉旨授成忠郎，画院待诏，赐金带，时年近八十。"②

这是画史上关于李唐的相对最为详尽的记载，也是最不清楚的记载，今人的分歧大都因此而来，作者夏文彦的治学态度和著述水平，也因此受到人们的质疑。③夏文彦，字士良，号兰渚生，吴兴（今浙江湖州）人，后迁居江苏之松江，生卒年不详，活动时间可能在元后期。其精于绘画，嗜古好学善鉴赏，有家传。其父爱闲处士以来，大量收藏法书名画，使之获得朝夕披览之机。④从这样的经历来看，其著述言之有据，应该是有可信度的。仔细分析一下，有些问

① 〔元〕庄肃：《画继补遗》卷下，中国美术论著丛刊本，人民美术出版社1963年版，第18页。

② 〔元〕夏文彦：《图绘宝鉴》卷四，于安澜编《画史丛书》第二册，上海人民美术出版社1962年版，第100页。

③ 如陈传席云："实际上，在李唐研究中所出现的错误，主要应由夏文彦来负。""一般论者多以夏说为基准，我在上面已作考证，夏说是无法成立的。至少是不可全信的。"参见陈传席：《李唐研究》，《陈传席文集》(2)，河南美术出版社2001年版，第542页。

④ 参见温肇桐编著：《中国古代画论要籍简介》，天津人民美术出版社1980年版，第40页。

题可能还是在于我们今天的理解歧误或求之过深的急切所致。

在这个记载里，有这样一些问题值得关注：

一是“建炎间太尉邵渊荐之”之语，这是今人认为李唐于建炎间至杭的史料来源，也是受到质疑、辩驳的要点。但是值得注意的是，夏文彦此处只是说“邵渊荐之”，而并未说是邵渊“在杭”荐之，如果我们将此事理解成发生在杭州的话，同样可以将之理解成发生在扬州、金陵、越州等其他宋高宗南渡时到过的任何地方。因此据此认定夏文彦称李唐于建炎间到杭的说法不论支持者还是反对者，都有先入为主的主观臆断之嫌。是我们将邓椿、庄肃与夏文彦的记载合在一起作了通读通解，然后得出一个“李唐于建炎间至杭”的说法按在夏文彦的头上，接着或支持或反驳。殊不知这个说法却是并不存在的空穴来风，我们辩了半天只是在跟风车作战。

二是“建炎间太尉邵渊荐之，奉旨授成忠郎，画院待诏，赐金带，时年近八十”之语，这里的信息量极大，而语气之间又多不连贯，不同的句读可以带来诸多不同的理解，此正如余辉先生所言。例如，如果在“邵渊荐之”后以句号点断，则后面所有的事情都可以理解成与建炎年间毫无关联，可以发生在合理的、可能发生的任何时间里，比如绍兴年间。如果在这个句号之后，接着在“画院待诏”之后也以句号点断，然后是“赐金带时，年近八十”，也就是余辉先生的句读法，则更分出了三个时间段，就更与建炎年间无关了。夏文彦在此只是陈述李唐晚年的种种事迹和荣誉，而并无意于说明这些事实的发生时间。

综上所述，可以看到邓椿、庄肃、夏文彦在他们各自的记述里，都没有说过李唐是在建炎年间到达杭州的，他们只是各自叙述了一下自己掌握的有关李唐生平事迹的情况。汇总起来，我们可以得知李唐晚年南渡以后的一些生活片段，却不能确知其中的详情，比如确切的时间、地点和年纪。在新资料的发现尚不足以充分推翻旧资料、得出新结论的情况下，强为新说不如重新仔细研读原有史料、尊重原有史料。

第四章　都城临安的艺术生活

都城临安

南宋朝廷于绍兴八年（1138）定都杭州。当时对于都城的选择，大臣中有建康、武昌、巴蜀和浙地等多种意见。最后选定杭州，是从时局以及杭州在地理、经济、交通、文化、湖山等客观条件综合考虑的结果。

从当时宋金战争的局势来看，金兵始终掌握着进攻的主动权，宋军则一直处于被动防守的劣势。虽以长江为天堑勉力抵挡，却时常被金兵攻破防线，一路向着东南沿海逃难。在当时局势下，建康靠近前线，而杭州地处后方，更为安全。

此外，金军的精悍力量是骑兵，在软弱涣散的宋军阵前可谓势如破竹、所向披靡。宋高宗在人力不可恃的情况下只能求助于天，他说："朕以为金人所恃者骑众耳。浙西水多，骑虽众不能骋也。"浙西一带水网交错，犹如给骑兵下好了绊马索。这一道天然的屏障，是杭州胜出的地理优势。

更主要的原因，在于杭州自身在经济、交通、文化与湖山等诸多方面占有优势。

杭州历史悠久。临安府的前身是地处武林山麓的钱唐县，仅有数千户人家散居其中。南朝陈时改称钱唐郡，隋代，废钱唐郡，设置杭州，钱唐成为杭州的属县，杭州之名从此出现于史书中。隋朝立国时间虽短，但对杭州正式成为一个城市，起了奠基作用。开皇十一年（591），大臣杨素调发民工依凤凰山筑州城，周围30里。城垣的兴建，有利于都市的安全与经济发展。大业六年（610），以杭州为南端终点的大运河竣工通航，显示了太湖流域与北方政治军事核心地区经济联系的重要性，也使得杭州的经济地位和知名度直线上升。《隋书》卷三一《地理志》即称杭州“川泽沃衍，有海陆之饶，珍异所聚，故商贾并凑”。到唐代，杭州等江南广大地区更是粮食供应的主要地区，太湖流域遂成为维持统治集团及其政权稳定的经济命脉所在。同时，以江河水道为主要交通线的太湖流域又成为商业与运输的要冲之地，借此促进该地区的繁荣，所以它成为南宋的关中并不是偶然的。唐开元年间，杭州商税年收入为50万缗，占全国财政收入的1/24。五代十国时期，杭州成为吴越国的首府，吴越国主钱镠曾兴筑城东捍海塘，拓广平陆，并两次扩建城墙，使城区面积由原来的方圆30里扩大到方圆70里。杭州经长期努力建设，在安定中发展，不经血刃而归宋，是当时全国范围内罕见的未经破坏的大都市。因此“钱塘富庶，由是盛于东南”，渐成东南的中心。

杭州人口繁盛。唐开元年间，杭州的人口已达8.6万户，号称“骈樯二十里，开肆三万室”。《咸淳临安志》卷三一引庆历年间丁宝臣《石堤记》曰：“江介吴越间，杭据其右，而地势下。生聚数十万，庐舍隐粼，号天下最盛。”①以户口论，据宋初《太平寰宇记》，东南最重要的三大都市，昇州61679户、苏州35195户、杭州70457户。真宗时，张咏守杭州，即已称杭州有10万家。《元丰九域志》载江宁府为168462户，苏州173969户，杭州202803户。可见北宋时期，东南诸城中杭州始终是占据第一位的。苏轼守杭州，上《乞开西湖状》称：“自唐李泌始引湖水作六井，然后民足于水，井邑日富，百万生聚，待此而后食。”②《文献通考·国用考》说：“元祐六年，翰林学士承旨、知杭州苏轼言：‘浙西诸郡二年灾伤，今岁大水，苏、湖、常三州水通为一，杭州死者五十余

① 〔南宋〕潜说友：《咸淳临安志》卷三一《山川十》，清道光十年（1830）钱塘振绮堂汪氏仿宋本。

② 〔北宋〕苏轼撰，〔明〕茅维编：《苏轼文集》卷三十《奏议》，中华书局1986年版，第864页。

万，苏州三十万……'"[①]两文中说的百万和五十余万虽是概数，但也反映出此时此地人口之繁盛。总之，终北宋之世，杭州是江南人口最多的州郡是毋庸置疑的。

杭州城市经济发达。中唐以来，杭州逐渐成为江南丝织业的中心。据《咸淳临安志》的记载，熙宁十年（1077）杭州及其所属九县的夏税是：纳绢95813匹、绸4486匹、绫5234匹、绵54104两。杭州的雕版印刷也居全国之首，酿酒、造船、制扇等行业都很发达。

杭州贸易兴旺。海外贸易在北宋时期蓬勃兴起，丝织品等大量输出。端拱二年（989）在杭州设市舶司，杭州成为当时对外贸易港口之一。

杭州商业繁荣。《宋会要辑稿》有统计资料表明，熙宁十年杭州每年上缴的商税高达173813贯，远远超过了作为江南大都会的江宁府（57283贯）和东南名郡的苏州（77078贯），甚至高于汴京，居全国第一。另据《文献通考·征榷考》载，熙宁十年（1077）以前诸州酒课税额，杭州在30万贯以上，比商税多出近1倍，表明了市场的繁荣。实际上，早在北宋真宗、仁宗之际，杭州已成为中国第一流的大都会。嘉祐二年（1057），梅挚出知杭州，仁宗赐诗云："地有湖山美，东南第一州。"人们赞誉杭州是"富兼华夷""百事繁庶"的"地上天宫"。

杭州交通便捷。北宋嘉祐四年（1059），著名文学家欧阳修在《有美堂记》中说到杭州："今其民幸富完安乐。又其俗习工巧，邑屋华丽，盖十余万家。环以湖山，左右映带。而闽商海贾，风帆浪舶，出入于江涛浩渺、烟云杳霭之间，可谓盛矣。"[②]欧阳修在这里已经注意到了杭州便捷的交通条件。杭州位于太湖流域的边缘，南掣浙东，北控浙西。凭借运河，不但可以与整个太湖流域的各大小城市沟通，而且出镇江以后便可北通淮泗，西南与长江沿岸城市取得联系也并不困难，甚至可远至成都、广州。杭州在钱塘江两岸、运河两边，还形成了南场、北关、安溪、西溪、范浦、江涨桥、汤村、临平等城郊市镇。北宋时，

---

① 〔元〕马端临：《文献通考》卷二六《国用考四》，中华书局2011年版，第774页。

② 〔北宋〕欧阳修：《欧阳修全集》卷四〇，中华书局2001年版，第585页。

浙江的内河航运已占重要地位，它不仅联络浙东各州县，而且是接连闽、广、温、台海运的要道，其中明、杭诸州又是对外贸易的大门，从中唐以后历五代至宋，贸易日盛。

杭州湖山秀美。宋仁宗的“地有湖山美”之句，诚非虚言。杭州西湖清妙佳秀，在唐与北宋白居易、潘阆、苏轼、林和靖、柳咏等诗人骚客的吟咏之下，名闻天下。柳咏的《望海潮》一词写道：“东南形胜，三吴都会，钱塘自古繁华。烟柳画桥，风帘翠幕，参差十万人家。云树绕堤沙。怒涛卷霜雪，天堑无涯。市列珠玑，户盈罗绮，竞豪奢。　　重湖叠巘清嘉。有三秋桂子，十里荷花。羌管弄晴，菱歌泛夜，嬉嬉钓叟莲娃。千骑拥高牙。乘醉听箫鼓，吟赏烟霞。异日图将好景，归去凤池夸。”以至于金主完颜亮起“提兵百万西湖上，立马吴山第一峰”之心。①

综上所述，可见临安与建康相比，在军事、地理、经济、文化、交通等方面都有胜出的优势。故宋高宗定都临安，是在当时局势中综合考虑了杭州的基本条件后作出的抉择，于其时的朝廷安危、江山稳固、社稷承续都有直接关联。其初择都时，尚书考功员外郎楼炤曾上书宋高宗：“今日之计，当思古人量力之言，察兵家知己之计。力可以保淮南，则以淮南为屏蔽，权都建康，渐图恢复。力未可以保淮南，则因长江为险阻，权都吴会，以养国力。”②确是实言。宋高宗在定都之时，有诏称：“昔在光武之兴，虽定都于洛，而车驾往返，见于前史者非一，用能奋扬英威，递行天讨，上继隆汉。朕甚慕之。朕荷祖宗之休，克绍大统，夙夜危惧，不常厥居。比者巡幸建康，抚绥淮甸，既已中固边圉，奖率六军，是故复还临安，内修政事，缮治甲兵，以定基业，非厌霜露之苦而图宫室之安也。”③这倒也不是饰词。以彼时之局势论之，量力而行、立定脚跟，也是无奈之中的选择了。

---

① 以上南宋定都临安的原因据林正秋《吾舍此何适——南宋定都杭州的经过》［载《南宋京城杭州》（修订版），浙江人民出版社1997年版，第21—23页］、《浙江通史·宋代卷》（浙江人民出版社2005年版，第139—142页）等资料综合而成。

② 《宋史》卷三八〇《楼炤列传》，中华书局1977年版，第11715页。

③ 〔南宋〕潜说友：《咸淳临安志》卷一《驻跸次第》，清道光十年（1830）钱塘振绮堂汪氏仿宋本。

宋高宗与皇室的艺术修养

宋徽宗以耽于艺事而成亡国之君、历史罪人，但也因此在历史上高扬了其艺术的才情与成就，至今受到称道。相比之下，宋高宗在艺术方面的声誉和影响就要小得多。其实，从古代文献史料来看，宋高宗不论在艺术天赋，还是在精力的投入与作为上，都有不凡的表现：

> 高宗，讳构，徽宗第九子。善真、行、草书，天纵其能，无不造妙。尝言："学书惟视笔法精神，朕得王献之《洛神赋》六行，置之几间，日阅数十过，觉于书有所得。"又言："学书必以钟、王为法，然后出入变化。"李心传以谓思陵本学黄庭坚书，后以伪豫亦能庭坚书，老年间改从右军。或云初学米芾，又辅以六朝风骨，自成一家。①

> 高宗，书画皆妙，作人物山水竹石，自有天成之趣。②

宋高宗于绍兴三十二年（1162）退位，这段时期所作的楷书，多典雅圆融，端正停匀。以所书《暮春三月诗帖》为例，作品以楷书书写杜甫的七言律诗《即事》，中锋书写，章法疏朗有致，字体匀称圆润，墨色润泽统一，有一种飘逸潇洒的趣味。

不过，在书法创作上，宋高宗倒也不是一个专制的君王。据《咸淳临安志》记载："或问予曰：今九里松一字门扁，吴说所书也，字何以用金？予谓之曰：高宗圣驾幸天竺，由九里松以入。顾瞻有扁，翊日取入，欲自为御书，黼黻湖山。命笔研书数十番，叹息曰：'无以易说所书也。'止命匠就以金填其字，复

---

① 〔明〕陶宗仪：《书史会要》卷六，四库本，第814册，第743—744页。

② 〔元〕夏文彦：《图绘宝鉴》卷四，于安澜编《画史丛书》第二册，上海人民美术出版社1962年版，第91页。

揭之于一字门云。”[①]

宋高宗的传世墨迹有《草书洛神赋》《正草千字文》《光明塔碑》等。其书法影响和左右了南宋书坛，后人多效法其书迹。宋高宗书学造诣深厚，著有《翰墨志》一卷。

书法之外，宋高宗也善绘画，他“于万机之暇，时作小笔山水，专写烟岚昏雨难状之景，非群庶所可企及也”[②]。

宋高宗对书画艺术的重要贡献，还在于访求、鉴藏法书名画。他“驻跸钱唐，每获名踪卷轴，多令辨验”[③]。周密说：“思陵妙悟八法，留神古雅。当干戈俶扰之际，访求法书名画，不遗余力。清闲之燕，展玩摹拓不少怠。盖睿好之笃，不惮劳费，故四方争以奉上无虚日。后又于榷场购北方遗失之物，故绍兴内府所藏，不减宣、政。”[④]《南宋馆阁续录》卷三中，著录有一千余件历代名画，这应该就是宋高宗百般搜罗的结果了。这在两宋交替间，战火纷飞、生灵涂炭、文献遭劫之时，实为保护艺迹文脉、维系传统的善举益行。

宋代瑰丽多姿的绘画成就，实建基于赵氏皇族传续不辍的艺术天赋、爱好和亲力亲为的实践与提倡。

早在北宋初年，皇家即重绘事，承五代旧制于太宗雍熙元年（984），正式建立翰林图画院，广集天下画人，根据才艺高低授以待诏、祗候、艺学、画学正、画学生、供奉等官职。荟萃五代各国画院名手如西蜀黄居寀、高文进和南唐董羽等于院中，人才济济。宋徽宗时更是艺坛的盛世，详情已见前文，此处不复赘述。

南宋时，皇室之中的绘画好手如云，如《书史会要》卷六载：“宪圣慈烈皇后吴氏，开封人，吴宣靖王近之女，高宗后。博习书史，妙于翰墨。帝尝书六

---

① 〔南宋〕潜说友：《咸淳临安志》卷九三《纪遗五》，清道光十年（1830）钱塘振绮堂汪氏仿宋本。

② 〔元〕庄肃：《画继补遗》卷上，中国美术论著丛刊本，人民美术出版社1963年版，第1页。

③ 〔元〕庄肃：《画继补遗》卷下，中国美术论著丛刊本，人民美术出版社1963年版，第10页。

④ 〔南宋〕周密：《齐东野语》卷六《绍兴御府书画式》，《宋元笔记小说大观（五）》，上海古籍出版社2001年版，第5494页。

经赐国子监刊石，稍倦，即命后续书，人莫能辨。”[①]

现据《图绘宝鉴》的记载，将善画者列于下：

赵士遵，宋高宗之叔，封汉王。善人物山水，着色景颇似李昭道。绍兴间，一时妇女服饰及琵琶、阮面，所作多以小景山水，实始于士遵。

赵子澄，字处廉，宋宗室。曾作溅瀑，欲动屋，笔力极遒壮。

景献太子讳询，燕王德昭九世孙，希怿之子，善画竹石。其子乃裕，孝宗之弟也。官至保宁军节度使、临川郡王。谥庄靖。书学高、孝两朝笔法。尤工墨竹，喜作挂屏，长竿枝梢，傍出如檐底。乍见浓墨猎猎，颇具掀舞之态。题诗其上，用“善雅堂”印。

赵师宰，字牧之，号随庵。居天台临海，登真西山门。学墨竹，得徐熙之妙，见称于人。

赵与懃，号兰坡。居处州青田，正惠公希晖之子。嘉熙间知临安府。临摹古画莫能辨，善作墨竹。

赵伯驹，字千里，善画山水、花禽、竹石，尤长于人物，精神清润，能别状貌，使人望而知其详也。宋高宗极爱重之，仕至浙东兵马钤辖。

赵伯骕，字希远，千里弟。善画山水、人物，尤长于花禽。傅染轻盈，顿有生意。曾画姑苏天庆观样进呈，孝宗书其上，令依原样建造。今玄妙观是也。仕至观察使。

赵孟坚，字子固，居海盐广陈镇，宝庆二年（1226）进士。修雅博识，时人比之为米南宫。善水墨，白描水仙、梅、兰、山矾、竹石，清而不凡，秀而雅淡。有《梅谱》传世。官至朝散大夫、严州守。

赵孟淳，字子真，子固之弟，继秀安僖王后，自号竹所。墨竹可观。

赵孟奎，字文耀，太师忠惠公之子，号春谷。画竹石、兰蕙，官至秘阁修撰。

吴琚，字居父，宪圣皇后侄，太宁郡王益之子，自号云壑。每日以临古帖为娱，字类米南宫。以词翰受孝宗宠遇。作墨竹、坡石，品位不俗。

---

① 〔明〕陶宗仪：《书史会要》卷六，四库本，第814册，第744页。

杨瓒，字继翁，恭仁皇后侄孙，太师次山之孙。度宗朝时，其女为淑妃，官列卿。好古博雅，善琴，倚调制曲，有《紫霞洞谱》传世。时作墨竹，自号守斋。

杨镇，字子仁，严陵人，自号中斋。节度使蕃孙之子，尚宋理宗周汉国公主。平居少饮，喜观图史，书学张即之。工丹青墨竹，在郓王员大夫间，蕴藉可观。凡画，赋诗其上，卷轴印记，清致异常，用“驸马都尉”印。[①]

帝王与皇室的热爱与推崇，造就了宋代的艺术氛围与传统。在这一氛围与传统里，南宋画家们纷纷登场，画出了一幅幅精妙谨严的浮世绘。

南宋画院

南宋建炎、绍兴年间宫廷绘画研究中的一个重要问题，就是南宋画院。同样由于史料的简略和语焉不详，有关南宋画院复置的时间、院址、组织机构，画师的入院途径、职衔品阶、活动方式等等，都没有确切的记载。一般都以北宋画院的形制作为参照，附会比拟。其中研究者较为关注、予以详细考证的，是画院复置的时间和院址之所在。

一、南宋画院的设置时间

关于画院复置时间的研究，在很大程度上与李唐到杭的时间和年纪问题的研究密切相关。对此，当今绘画史论界的研究者甚众，提出的主要观点大致如下：

一是传统之观点。正如前述李唐如杭及年纪研究时的做法，对史料不作深究，依《图绘宝鉴》中的“建炎间”三字，径直称为建炎间宋高宗复置画院。

二是铃木敬之观点：

> 建炎年间不得不大行裁官（《玉海》卷127）。初期甚至连教坊（教乐

---

① 参见〔元〕夏文彦：《图绘宝鉴》卷四，于安澜编《画史丛书》第二册，上海人民美术出版社1962年版，第91—93页。

舞的机构）也废了（南宋李心传撰《建炎以来朝野杂记》甲集卷三——《学津讨原》收，以下简称《杂记》）。所谓教坊的工作包含公家宴会、祭祀所需舞乐等，是国家的重要机构之一。自孔子以来，历代对音乐一向郑重其事，如今连此教坊也不得不裁去，直到绍兴十四年才能复设。在建炎三年四月庚申，更将少府、将作、军器监改隶工部（李心传撰《建炎以来系年要录》卷二二，《国学基本丛书》改排印本，以下简称《要录》）。其中将作军器工监在绍兴三年十一月复置，少府监则始终并在工部之下。

综观上述史实，南宋之能够设置画院，最早也当在绍兴二年，以临安为行在以后的事。如果我们考虑到靖康中，几乎所有画院画工都被送往北方，及南宋对金政策的演变，从常识上看，最早也只能说是在绍兴十年代中的某一年。且绍兴十二年到绍兴十九年间，为增税所采行的各种措施，例如经界法施行期间，想必无暇建立画院。当然这种观念也许只是日本式的看法。对于传统文化最高保护者的皇帝来说，说不定认为这是必须尽速设立而早已付之于实现。①

三是陈传席之观点：

建炎、绍兴初，不但被金人驱散、掠夺光了的教坊、书院、画院等机构不可能重建（恐怕还来不及考虑这些事），就连跟随皇帝逃难的官员还要减……财力不足，不要说恢复画院等机构不可能，乃至于连跟随皇帝逃难的几个大臣的“俸钱”都发不起。《宋史·职官·奉禄》（卷一百七十二）记载清楚：“建炎南渡后，奉禄之制……宰执请受权支三分之一，或支三分之二，或支赐一半。”“料钱、职钱”，不仅一般官员只发三分之一或一半，连“宰相、枢密使”也“支三分之二，或支赐一半”。……穷到如此程度，不要说再去招募画家重建画院，就连比画院更为重要的太学、教坊、书院

① ［日］铃木敬：《试论李唐南渡后重入画院及其画风之演变》，原文连载于日文版《国华》杂志1982年3月及4月号，中文版见《新美术》1989年第4期，魏美月译。

> 皆无人问津，直到绍兴十三年之后，“兵事稍宁”，南宋的经济开始发达起来，这些机构才一一复置起来。
>
> 国家稍有财力，太学是不能没有的，“（绍兴）十三年，兵事稍宁，始建太学”（《宋史》卷一百五十七《选举》）。……一般说来，太学比教坊重要，教坊比书院重要，书院比画院重要（虽然它们的性质不完全一样）。太学建置后，其他一些机构才陆续增置。……绍兴十三年建太学，十四年建教坊，十六年置书院，则画院最早也只能建于书院设置的同年，即绍兴十六年（1146年）。①

这里需要多说几句的是，前引彭亚提到的有关“宋代书院乃教育机构”的问题，尚可进一步探讨。

首先，在中国历史上，书院确为教育机构，仅北宋就有嵩阳、应天府、岳麓、白鹿洞四大著名书院，在培养人才、传承文明方面贡献卓著。具体到宋高宗朝的机构设置，“御书院”则是皇家内部的教育机构：“孝宗皇帝育宫中，遂造书院于行宫门内，曰‘资善堂’，以为就学之地。亦无定处。”②

但是，书院是教育机构并不影响陈传席对画院设置时间的判断。因为陈传席的本意，是以书院的重要来证明画院的设置不会早于书院。现在作为教育机构的书院，其重要性更胜于陈传席理解的作为书法机构的“书院”，故从这个角度而言，陈传席的这个证明仍旧是可以成立的。

其次，“书院”一词，当与画院一起使用时，在宋代确有指书法而言的例子，如：“诸待诏每立班，则画院为首，书院次之，如琴院棋玉百工皆在下。”③不过从此记载，又可以见到，画院并不都是排在书院之后的。

这里的“书院”之“书”，明显是指书写、书法而言。

---

① 陈传席：《李唐研究》，《陈传席文集》（2），河南美术出版社2001年版，第543—545页。

② 〔南宋〕潜说友：《咸淳临安志》卷二《行在所录宫阙二》，清道光十年（1830）钱塘振绮堂汪氏仿宋本。

③ 〔南宋〕邓椿：《画继》卷一〇，于安澜编《画史丛书》第一册，上海人民美术出版社1962年版，第77页。

四是余辉之观点：

高宗热衷于绘事可谓是赵宋先祖之遗风，早在狼烟未散、国库尚空的宋太祖朝（公元960—975）就依仿西蜀之制设立了供御用的翰林图画院，罗致了西蜀、南唐的宫廷画家并造就了一大批中原画家。高宗亦是如此，就在他驻跸钱塘的这一年（1129）的四月，高宗继位后并官署、减吏员，初建了一套最基本的国家机器，可以推断，南宋画院大约是在此之后不久（至迟是在绍兴初年）以较小的规模出现的，绍兴二年（1132），高宗重回临安，这里成为稳定的南宋都城，画院重新开启了宫廷的创作和召取前朝和当朝画人的活动。

…………

高宗朝画院的历史画之多、之精为画史罕见，当时，出现了大批与南宋初年时政相关的人物画，如借画《诗经》暗寓抗金北还的马和之《小雅鹿鸣之什图》卷（北京故宫博物院藏）、佚名《泥马渡康王图》卷（天津艺术博物馆藏）、李唐（传）《晋文公复国图》卷（美国纽约大都会博物馆藏）、《采薇图》卷（北京故宫博物院藏）、《雪天运粮图》（佚）、佚名《望贤迎驾图》轴（上海博物馆藏）、佚名《迎銮图》卷（上海博物馆藏）和颂扬高宗应祯继位的萧照（传）《中兴瑞应图》卷（天津艺术博物馆藏）、《中兴祯应图》卷等，如果南宋画院是和教坊一并建于或晚于绍兴十六年（1146）的话，高宗也不可能降旨作斯图，此后已失去了绘制上述诸寓意和叙事性人物画的创作激情和特殊背景，如佚名的《泥马渡康王图》卷、传为萧照的《中兴瑞应图》卷和《中兴祯应图》卷只能出现在赵构登基后不久的绍兴初年，佚名的《望贤迎驾图》轴必定绘在徽宗病故于绍兴十年（1140）之前，佚名的《迎銮图》卷则应绘制在宋臣在绍兴十二年（1142）迎护徽宗及郑皇后、韦太后灵柩之后不久（该图内容从徐邦达先生说）。在没有宫廷专职绘画机构的情况下，很难想象会有如此之多的院体人物画应时而生。

……李唐与萧照任待诏的时间差，取其上限，不正是南宋恢复画院的时间吗？[①]

二、南宋画院的院址

关于南宋画院的院址，史料未有确载。至今为止，主要有以下几种说法：

一说在“南山万松岭麓”，此仅见明张执之为周密《武林旧事》所作夹注中，他书中未见，姑且存疑。[②]

一说见《南宋院画录》引明陈继儒《宝颜堂笔记》：“武林地有号园前者，宋画院故址。”关于此“园前”之“园”，又有两种理解：

一种是将其理解为“武林园”，并据《乾道临安志》卷二所载，认为“武林园，在灞头市南”。近人著《南宋都城临安》，即称院址约在坝头之南的闹市区。

一种是将其理解为“富景园”，这是现今影响最大、引用最多的说法：

> 关于“园前”的“园”，《武林旧事》卷四谓此即“富景园”，在“新门外，孝宗奉太后临幸不一，俗呼‘东花园’”。又据《都城纪胜》：“城东新开门外，则有东御园，今名富景园。”所谓“新门”，《南宋古迹考》卷上云：“新门，在东，俗呼草桥。”《都城纪胜》云：“城东新开门外有富景园、五柳园。”按五柳园旧址即今之五柳巷，与板儿巷相距不远。钟毓龙《说杭州》中提道：“郭通园巷，东出羊市街（今江城路），西出中板儿巷（今建国南路）。郭通园系郭东园之讹，其地为南宋之富景园，亦名东花园板儿巷，……南宋时画院在此，名园前。”据上所述，南宋画院址，当在望江门内，与五柳巷、板儿巷相去不远。具体说来，就在今之建国南路之西，东河之东岸，三味庵巷与柴弄之南，斗富二桥之北。[③]

---

① 余辉：《南宋画院佚史杂考二题》，《美术观察》1996年第9期。

② 据王伯敏记述，这条资料仅见于张宗祥先生手抄之《武林旧事》张执之注本。

③ 王伯敏：《南宋画院故址考》，《王伯敏美术文选》，中国美术学院出版社1993年版，第272页。另可见其《名家辈出　引导潮流——南宋画院》［载《南宋京城杭州》（修订版），浙江人民出版社1997年版，第219页］、《中国绘画通史》等著作。徐书城《宋代绘画史》持论与此相同。

由上引可见，学者们在此做的工作，大都是在以《南宋院画录》所引陈继儒《宝颜堂笔记》之说为依据的前提下，对“园前”的具体所指和它在今天的具体位置作探究。以“富景园”之说为例：“富景园”即画院旧址的说法，是通过两个关联建立的：一是依据《南宋院画录》所引陈继儒《宝颜堂笔记》的说法，将南宋画院的旧址认定为武林地的“园前”，此为第一关联；二是考证此“园前”即“富景园”，故此，富景园即为南宋画院旧址，此为第二关联。

现在，我们循此关联倒推而上追根溯源。

先看第二个关联。富景园是南宋皇室的御园，周密《武林旧事》卷四称：“富景园，新门外，孝宗奉太后临幸不一，俗呼东花园。”关于“园前”与“富景园”的关系，据笔者的查阅，未查到周密《武林旧事》关于“园前”的“园”即“富景园”的说法。两者的关系，是在厉鹗的《东城杂记》里说到的：

> 富景园：武林城东曰东园者，宋御园也。元张氏展城后，迤东十里许，民居甚鲜，多为池塘畦棱，因概以东园名。乡先辈或云宋东苑，似未得其详。按《宋史·孝宗纪》：“乾道七年秋九月甲午，从太上皇帝、太上皇后幸东园。”《光宗纪》：“绍熙五年夏四月，寿圣皇帝幸东园。”叶绍翁《四朝闻见录》：“孝宗内禅光皇，实宪圣所命。孝宗遂得日奉长乐，极天下之养。北宫去东园最近，旬浃间即请宪圣临幸……”潜说友《咸淳临安志》：“富景园在新门之东，孝宗奉宪圣太后，尝请游幸……”吴自牧《梦粱录》：“城东新门外东御园，即富景园。”四水潜夫《武林旧事》：“富景园，新门外，俗呼东花园。”灌圃耐得翁《都城纪胜》：“城东新开门外东御园，今名富景园。”……所云新门，明代名永昌。本朝以其同闯贼伪年号，改曰望江，俗称草桥。门内地，里人尚呼园前街者是已。郎瑛《七修类稿》云：“东花园，宋之富景园也，内有百花池。今园前民家尚存大池，相传旧矣。”①

①〔清〕厉鹗：《东城杂记》卷上，四库本，第592册，第987页。

由此可知，厉鹗这个考证的目的，是探寻富景园与城东新门外的那个东御园和东花园的关系，他认为富景园即城东新门外的东御园和东花园。就“园前”而言，只是在这个论证过程中被顺带涉及而提到的。故此，“园前”与“富景园”的关系，并非厉鹗探究的主攻目标，因此他并未对此目标作详尽的论证。

上引厉鹗文中论及“园前”的，有两处：

所云新门，明代名永昌。本朝以其同闯贼伪年号，改曰望江，俗称草桥。门内地，里人尚呼园前街者是已。

郎瑛《七修类稿》云：“东花园，宋之富景园也，内有百花池。今园前民家尚存大池，相传旧矣。”

后一处里，郎瑛意在证明他那时的东花园即宋时的富景园，证据就是当时东花园前尚可见的大池即原富景园内的百花池。因此其所说的“园前”，显然只是一个表示方位的用法，为“东花园的前面”之意，不是一个专用的地名。

前一处“里人尚呼园前街者”之“园前”，确实可以视为地名，厉鹗的记载来自他的亲见亲闻，应该可信。但也并不可以直接将此“园前”视作是“富景园”。此“园前”之“园”，可以理解作“富景园”，而“园前”一词，揣摩语意，则当以理解为泛指新门一带原“富景园前”之地为宜。

至此，上述“园前”即“富景园”的第二关联，虽然尚不确切，但大致方向还是明确的，基本可以成立。

现在来看第一关联能否成立。“园前”即南宋画院的说法，现在学者们一般是以《南宋院画录》所引陈继儒《宝颜堂笔记》之说作为依据。其实，厉鹗在《东城杂记》中还说过：“宋画院：陈仲醇《泥古录》云，武林地有号园前街者，宋画院故址也。”[①]另外，钟毓龙《说杭州》中也提道：“南宋时画院在此，名园

① 〔清〕厉鹗：《东城杂记》卷上，四库本，第592册，第988页。“泥”应为“妮”之误。笔者检视《丛书集成初编》本《妮古录》，未见有此记载。

前街。”①

厉鹗的记载或称见载于《宝颜堂笔记》，或称见载于《妮古录》，其说先已自有不同。但这还不是问题的关键。问题的关键在于，不论是陈继儒还是钟毓龙，他们全都没有进一步提供其说所依凭的根据，所以我们今天尚不能以确论视之，也难以此为依据来考论南宋画院在今天的位置。

三、南宋画院是否存在

正当人们潜心于上述问题的研究时，又有学者对南宋画院的研究提出了具有颠覆性的新见。这就是：南宋时期并无画院的设置，所谓的南宋画院，只是厉鹗等元明以后人篡改历史文献、虚拟的画史想象。

> 北宋翰林图画院系一省舍独立、职制完整之机构实体，这是作为“机构”的画院。作为一个实质机构，北宋画院于官制体系中于法有据：有明确固定的画院院址，有机构存废的历史记录，有职制鲜明的上下层机构，有诏书敕令之调整轨迹，所有画师编制于画院，有房舍让画师集中住宿，有阶秩分明之层级制度，凡此七项作为机构之规格条件，南渡后无任一条件能够成立。
>
> 没有任何蛛丝马迹，显示南宋官制体系中“画院”究竟复置于何处，古临安地图亦未见踪影。万历、清代至晚近画史生成的“中瓦子”“武林园前”“万松岭”三种南宋“画院院址”其实均非画院院址。翰林四艺局入南宋后，“御书院”“天文局”“医官局”三艺局均载录详备，唯独“画院”却未见复置。南宋史籍多次载录翰林三艺局之历史沿革，无论复置、罢废均有记录。北宋画院承担之五项职事（绘画、装画、制造神御、合香、捏塑）南渡后各自肢解崩离，后四项南渡后变换跑道，“绘画”则解体为“画家十三科”。当所有南宋画史、历史等史籍文献缴回的均是一张无地理位置、无历史文献、无迹可寻的空白履历，当所谓的画院无法寻觅赖以隶属、赖以系挂的上、下层机构，当所谓“宣和南渡、绍兴间复官”画师之复职地点

① 钟毓龙：《说杭州》（增订本），浙江人民出版社1983年版，第228页。

均非画院，所有证据率均指涉唯一的解答：南渡后没有实体画院。[①]

通阅全文，可知作者彭慧萍治学用力极勤，史料功底扎实，论述中多有发前人之所未发、论据有力不容辩驳者。但综合文中排列的论据和整个论证过程来看，对其南渡后没有实体画院、现有画院之说乃明清人凭想象臆造的结论，尚有持论与论述均欠允当之处。笔者尚难苟同，故此处仍取传统之说。

对此问题的辨析，不是本书的主题，此外限于时间和篇幅，不便充分展开。同时笔者限于功力与学识的浅陋，也不能为南宋确实建有实体画院的观点，提供新的佐证。此处只拟就彭文"所有南宋画史、历史等史籍文献缴回的均是一张无地理位置、无历史文献、无迹可寻的空白履历""'宣和南渡、绍兴间复官'画师之复职地点均非画院"两点，提出南宋周密《武林旧事》和元夏文彦《图绘宝鉴》两书中关于"画院"的记载，用以说明笔者仍取传统之说的缘故。

（一）宋末元初的周密在《武林旧事》中记载："御前画院：马和之 苏汉臣 李安中 陈善 林春 吴炳 夏圭 李迪 马远 马麟（案，宋廷佐刻本止此） 萧照（宋刻佚）。"[②]对此处记载的"画院"一事，彭文的解释是：

还原《武林旧事》所称"御前画院"之语境文脉。"御前画院"揭载于《武林旧事》"诸色伎艺人"条，该条除"御前画院"外亦平行列举"御前应制""棋待诏""说经诨经""小说"等54条技艺类项，54条均为职业，没有一处是机构；联结"御前画院"与54条职业平行并列的属性与叙事规律，再并合考量"乾、淳教坊乐部"，不难推定周密话语所指"御前画院"不是机构而是职业，是御前画师的抽象集合。[③]

---

① ［美］彭慧萍：《"南宋画院"之省舍职制与画史想象》，博士学位论文，中央美术学院，2005年，第Ⅳ页。

② 〔南宋〕周密：《武林旧事》卷六"诸色伎艺人"条，浙江人民出版社1984年版，第105页。

③ ［美］彭慧萍：《"南宋画院"之省舍职制与画史想象》，博士学位论文，中央美术学院，2005年，第43页。

也就是说，作者认为周密语境中的“画院”不是机构的名称，而是职业的指称。明白地说，此“画院”乃“画师”之意。

笔者认为，这个解释具有较大的主观随意性，作为旁证而必需的论据不足，缺乏说服力。此外，笔者还拟提供以下看法：

同为周密所著的《云烟过眼录》中，有“院画”一词：“寻常李唐为院画[①]忽之。”对此“院画”，彭文未作概念、内涵的解释。笔者认为，此“院画”一词，应该可以视为存在画院的说明。因为李唐是宫廷画师，也是画史认可的南宋院体画的创造者、代表者，而非模仿者，称其作品为院画，就是来源于他的画院画师的身份。因此，此处的“院画”，无论是指其职业而言，还是指其作品而言，都与画院密切相关。

（二）作者在文中以刘宗古、阎仲、任源、李从训等人为例，说明他们在南渡后的复职地点并非画院，而是车辂院等地。但笔者认为，仅此数例，何足以得出“‘宣和南渡、绍兴间复官’画师之复职地点均非画院”的绝对结论？

《图绘宝鉴》中，记录了大量南宋画家，据笔者的粗略统计，以宋高宗时期为例，有以下15位画师是直接写明任职画院的：李唐，授成忠郎、画院待诏，赐金带；马公显、马世荣，绍兴间授承务郎、画院待诏，赐金带[②]；李安忠，居宣和画院，历官成忠郎，绍兴间复职画院，赐金带；吴炳，绍兴间画院待诏，赐金带；阎仲，宣和百王宫待诏，绍兴间复官，补承直郎、画院待诏，赐金带；萧照，绍兴中补迪功郎、画院待诏，赐金带；贾师古，绍兴画院祗候；王训成，绍兴画院待诏；焦锡，宣和院人，绍兴复为画院待诏；李瑛，绍兴年画院待诏；韩祐，绍兴画院祗候；朱光普，南渡补入画院；尹大夫，遗其名，宋高宗朝画院待诏；林俊民，绍兴画院待诏。

具体的记述如：“李安忠，居宣和画院，历官成忠郎。绍兴间复职画院，赐

① “院画”，四库本《云烟过眼录》作“玩画”，于意难通。《画史丛书》本《南宋院画录》引《云烟过眼录》此文、宝颜堂秘笈本《云烟过眼录》均作“院画”。《丛书集成初编》据十万卷楼本排印之《云烟过眼录》亦作“院画”。

② 《图绘宝鉴》中，马世荣没有独立记载，仅列于马公显条中，是否任职画院，记载不是很清楚。《宋代绘画史》未将其列为画院画家（见其书第138页）。笔者据《图绘宝鉴》记述之用词、语气及明朱谋垔《画史会要》、清卞永誉《式古堂书画汇考》所记，将马世荣列为画院画家。

金带。工画花鸟走兽，差高于迪。尤工捉勒，山水平平。”①

对于此处出现的“画院”一词，彭文的解释是：

> 后世的想象——“实体画院”与“虚拟画院”概念混淆，导致后世对画院的误读。
>
> 如果将“画院”概念分为两大类型：一是作为“机构”的实体画院。二是后世对宫廷画师所属“职业”的抽象集合。第一类型画院单一存在省舍独立，为戛戛独造的历史唯一（如北宋画院）。南宋“画院”为第二种类型，仅有职能但无机构实体，为御前画师所属职业的抽象集合。
>
> 南宋时人完全不提有“南宋画院”，因为南宋人根本未尝见过。但在元人诠释语境中，元人称北宋翰林图画院为“画院”，唐、辽、金无画院实体亦被元人冠授“画院”名义。元人脱脱《辽史》称辽代绘画机构为“翰林画院”；元人张翥以“画院”泛称金代宫廷绘画机构；元人顾嗣立谓金代画师李早供奉“画院”。唐、辽、金宫廷画师分散隶籍于各处殿阁，却皆被元人泛称“画院”。明初洪武至宣宗无独立单一的实体画院，明人徐有贞称“先皇（明成祖）在御求画名，画院人人起声价”，明人朱谋垔称画师周元素“高庙（明太祖）取入画院”，称画师范暹“永乐中取入画院”。清人厉鹗称戴进“当时修门召，画院定雄霸”，明清时人亦同样惯称明代“画院”。
>
> 显然“画院”一词在元以后统摄虚、实两义，两种画院均称为“画院”。《武林旧事》称南宋“御前画院”，元代《画继补遗》《图绘宝鉴》《画鉴》同样称南宋画师为“画院画师”。于是在元、明、清后世的书写历史中，“两种画院”概念常发生混淆，以第一种画院覆盖第二种，造成逻辑解读的误区。②

对此，笔者的看法是，如果此处的“画院”一词，仅仅“是后世对宫廷画

① 〔元〕夏文彦：《图绘宝鉴》卷四，于安澜编《画史丛书》第二册，上海人民美术出版社1962年版，第101页。

② ［美］彭慧萍：《“南宋画院”之省舍职制与画史想象》，博士学位论文，中央美术学院，2005年，第117页。

师所属‘职业’的抽象集合”，那么有以下的问题：

一是既是宫廷画师“职业”的抽象集合，那《图绘宝鉴》的作者为何不直接以“画人”“画工”“画匠”等原本就是职业的名称称呼，而非要另立一个毫无意义的“抽象名词”来替代它？

二是如果以这样的替代去读原文，难道可以读得通、读得顺吗？彭文所举元、明、清人“画院”一词的随意用法，与此处《图绘宝鉴》《画继补遗》等作为正式画史著述的用法必当有所不同。后者作为专业的史书，理当遵循言之有据的史家笔法的要求，应该是严谨、可信的。

三是既是画师职业的抽象集合，那么对刘宗古、李从训等人，《图绘宝鉴》又有什么必要不以“画院”记之而特加区别记载？

（三）除了“画院”一词，另外还有一个“院”字。《图绘宝鉴》记梁楷：“善画人物山水，道释鬼神，师贾师古，描写飘逸，青过于蓝。嘉泰年画院待诏，赐金带，楷不受，挂于院内，嗜酒自乐，号曰梁风子。院人见其精妙之笔，无不敬伏。”[①]彭文对此的解释是：“元代画史称梁楷‘赐金带，楷不受，挂于院内’，但梁楷系出入禁苑宫墙的皇城司宫干，而皇城司宫干亦赐金带，因此梁楷将金带‘挂于院内’之‘院内’并非后世解读的‘挂于画院’，而可泛指禁中某处宫墙内院。”[②]

梁楷是皇城司宫干，但也是画院待诏，《画继补遗》《图绘宝鉴》对此都有明确的记载。而且梁楷的被赐金带，也明确地记为是因画而得，并没有史料可以连接此金带与皇城司宫干的关联。

如果说梁楷因宫干之职，他记载中的这个“院”字，还可能与禁中的其他“宫墙内院”有关，那么下面关于马远、夏圭记述中的“院人”以及这个“院人”之“院”，似乎就只有“画院”之“人、“画院”之“院”的意思了。

---

① 〔元〕夏文彦：《图绘宝鉴》卷四，于安澜编《画史丛书》第二册，上海人民美术出版社1962年版，第104页。

② ［美］彭慧萍：《“南宋画院”之省舍职制与画史想象》，博士学位论文，中央美术学院，2005年，第58页。

马远，兴祖孙，世荣子。画山水人物花禽，种种臻妙，院人中独步也。光、宁朝画院待诏。

夏圭，字禹玉，钱唐人。宁宗朝待诏，赐金带。善画人物，高低酝酿，墨色如傅粉之色，笔法苍老，墨汁淋漓，奇作也。雪景全学范宽。院人中画山水，自李唐以下，无出其右者也。①

夏文彦不至于会将作为宫廷画师的马远、夏圭的绘画艺术，去与宫墙内的他院之人（应该绝大多数都不是与绘画有关的职业）相比拟，以示其画艺之高。

从以上的记述中，可见《武林旧事》《画继补遗》《图绘宝鉴》等宋、元人的著作中，都有“画院”一词的出现和相关内容的记载。只是彭文均以各种理由，消解、否定了其作为“画院”一词的本义，而以其他的非“画院”之内涵作了替代性的重新定义。笔者认为以这样的持论、论述以及行文方式而得出的结论，尚不能令人信服。故在南宋画院的设置问题上，仍持传统之见。②

在李唐的研究中，南宋画院具有极其重要的意义，它十分密切地关系到李唐到达杭州以后的安身立命之处、绘画艺术创作的背景，以及李唐绘画在南宋一代发挥作用与影响的路径与场域。故此详加考证以获得确凿的结论，实属必要。但从目前的史料情况和研究结果来看，尚难做到，毕竟史料尚不充分，多有推论、推测相辅的论证，还是不能作为定论的。

在此，笔者同意徐书城的观点：“南宋画院较之北宋画院，画家更得优遇，画家被授以官品的人数增多，使之更进一步脱离了‘伎艺人’的地位。同时，随着画家受到管理机构的羁束减弱，更增进了艺术创造的自由精神，艺术风格趋于多样化——花鸟、山水、人物等各种题材均创造了优于北宋宫廷艺术的全新境界。”③

① 〔元〕夏文彦：《图绘宝鉴》卷四，于安澜编《画史丛书》第二册，上海人民美术出版社1962年版，第104页。

② 彭慧萍于2018年出版的《虚拟的殿堂：南宋画院之省舍职制与后世想象》中，未见对笔者此处所论的辨析，故笔者仍保留此处所论的传统之见。

③ 徐书城：《宋代绘画史》，人民美术出版社2000年版，第134页。

这里所说的“管理机构的羁束减弱”的原因，徐书城也作了阐述：“北宋的画院设在宫城之内，便于行政上的管理，而南宋时的宫廷画院却在宫城之外——凤凰山东麓，不便于大内的官僚机构直接联系。再加上当时又对北宋末年庞大的官僚体制作了精简和改革，如各省、部、寺、监等的规模，南宋时的规模仅及北宋的一半甚至三分之一。因此，对于宫廷画家的归属，一方面有画院这个机构可以安置，另一方面也不妨散置于其他相应的机构。例如，对于马和之作为宫廷画家的特殊身份，历来颇有疑义，其原委恐即在此。尽管如此，但对宫廷画家的供御活动，则因此可以直接听命于帝王，而不必像过去那样要经过勾当官。如赵构兴之所至，辄‘令画院待诏图进’。南宋画院又往往被称为‘御前画院’，原因恐亦在此。换言之，当帝王有所需要时，可以直接将画家召至宫中；平时，画家则可以分置于画院或其他相应机构而自由活动。”①

因此，对南宋画院，笔者还是尊重现有历史文献的记载，取传统之说。

下面，根据现有文献中的史料，结合画家作品，对我们至今可以推论的南宋画院的有关情况，作一个简要的介绍。

无论是传记的写作要求还是绘画史研究的需要，考析传主的日常生活情况都是十分必要的。就南宋画院的画师而言，如果能对他们的职事、官阶、官品、俸禄、经济条件、社会地位等绘画作品背后的生存方式、生活场景，有准确、明白的记述，将大大有助于对其艺术创作的分析、理解和评价。

但是要做到这一点难度极大。一方面是固有的画家生平记载史料极度零散、简略和匮乏，另一方面则在于南宋官职本身的“繁杂多变，又为历朝之最，给后人了解它的全貌带来很大困难，学者视为畏途”②。而就南宋画院而言，由于《宋史》《宋会要辑稿》等重要史书对之缺失正面记载，致其历史面貌更显模糊，难考其详几成定局。

在此，笔者借重宋史研究专家们的研究成果，比勘北宋翰林书画院的形制，结合有限的南宋画家史料，对彼时画家们的生活情况作一个粗略的勾勒，以期

① 徐书城：《宋代绘画史》，人民美术出版社2000年版，第135页。

② 龚延明：《宋代官制辞典 · 宋代官制总论》，中华书局1997年版，第1页。

约略窥探南宋画院宫廷画师隐藏于画史之下的社会生活状况。

首先，我们选定《图绘宝鉴》中所记南宋各朝画院画师为研究资料，对之作一个系统的梳理。

《图绘宝鉴》所记宋高宗朝曾在画院任职者有24位：

李唐，授成忠郎，画院待诏，赐金带。

马公显、马世荣，绍兴间授承务郎，画院待诏，赐金带。

杨士贤，宣和待诏，绍兴间复旧职，赐金带。

李安忠，居宣和画院，历官成忠郎，绍兴间复职画院，赐金带。

朱锐，宣和画院待诏，绍兴间复职，授迪功郎，赐金带。

李端，宣和画院待诏，绍兴间复官，赐金带。

张浃，宣和画院待诏，绍兴间复官，赐金带。

顾亮，宣和待诏，绍兴间复职，赐金带。

李从训，宣和待诏，绍兴间复官，补承直郎，赐金带。

阎仲，宣和百王宫待诏，绍兴间复官，补承直郎，画院待诏，赐金带。

吴炳，绍兴间①画院待诏，赐金带。

萧照，绍兴中补迪功郎，画院待诏，赐金带。

周仪，宣和画院待诏，绍兴间复官，赐金带。

贾师古，绍兴画院祇候。

王训成，绍兴画院待诏。

焦锡，宣和院人，绍兴间复为画院待诏。

马兴祖，绍兴间待诏。

李瑛，绍兴间画院待诏。

韩祐，绍兴画院祇候。

刘思义，绍兴间待诏。

---

① 《南宋院画录》记吴炳为宋宁宗绍熙间（1190—1194）画院待诏，《画史丛书》本《图绘宝鉴》也记为“绍熙”。四库本《图绘宝鉴》列为绍兴间（1131—1162）画院待诏。从各本均有记载的“光宗李后多爱其画，恩赉甚厚”之语看，吴炳为绍熙画院画师应为无疑。从绍兴至绍熙的时间来看，吴炳有活动于从绍兴至绍熙年间的可能。

朱光普，南渡补入画院。

尹大夫，遗其名，宋高宗朝画院待诏。

林俊民，绍兴画院待诏。①

宋孝宗朝曾在画院任职者有3位：

苏焯，隆兴画院待诏。

阎次平，隆兴初补将仕郎，画院衹候，赐金带。

阎次于，隆兴初补承务郎，画院衹候，赐金带。

从《图绘宝鉴》来看，宋孝宗乾道以后，未见有授予画师阶官的记载，除林椿、梁楷、夏圭、刘松年、朱怀瑾尚被赐金带外，其余画师仅有待诏、衹候的技术官名记载。粗略统计的结果是：

宋孝宗乾道以后有林椿②、李珏③、毛益等待诏，还有何世昌（淳熙画院人）。

宋光宗朝有陆青等待诏，还有张茂（宋光宗朝隶画院）。

宋宁宗朝有梁楷、陈居中、高嗣昌、苏显祖、夏圭、苏坚等待诏；宋理宗

---

① 宋高宗时，另有：1.刘宗古，为宣和间待诏、成忠郎。绍兴二年（1132）进车辂院称旨，复旧职，除提举车辂院事。虽为画师，却并非复职画院，故此处不列。2.马和之，《图绘宝鉴》记为“绍兴中登第”，“高、孝两朝，深重其画，每书《毛诗》三百篇，令和之图写。官至工部侍郎”。未言及其与画院的关系，故此处不列。3.胡舜臣、张著，《图绘宝鉴》仅记二人与绍兴画院画师张浃、顾亮为学画时的“同门”，“俱学郭熙山水”，并未言二人亦为画院画师。此二人也见于《画继补遗》卷下，令狐彪论云：庄肃在《画继补遗》“序言中明确地说‘上卷载缙绅暨诸僧道士庶，下卷载画院众工’。这里的‘画院众工’，是指画院画家。庄肃是轻视画院画家的，称之为‘众工’，而且又放在下卷”（令狐彪：《宋代画院画家考略》，《美术研究》1982年第4期。以下所引令狐文，除特殊注明者外，均见此文），所论甚是。但因笔者此处以《图绘宝鉴》为本，《图绘宝鉴》未记其二人为画院画师（另张浃、顾亮则明确记为画院画师），故此处不列。

② 令狐彪据《图绘宝鉴》卷四“吴炳”“韩祐”条的记载，将林椿列为宋高宗朝画师。其说从记述规范要求，甚是。但高宗、孝宗朝时间近，不乏画师跨朝连任者，故此处仍从《图绘宝鉴》之说。

③ 《画史丛书》本《图绘宝鉴》卷四在“韩祐”和“朱怀瑾”间没有戚仲、许迪、杨安道、林谷成、牟仲甫、李珏、楼观、马麟、方椿年、苏显祖十人的记载。今据四库本《图绘宝鉴》，补得李珏、楼观、马麟、方椿年、苏显祖五位画院画师。

朝有孙必达、俞珙、毛允升、乔钟馗、乔三教[①]、马永忠、丰兴祖、张仲、顾兴裔、孙觉、陈宗训、范安仁、胡彦龙、鲁宗贵、钱光甫（“甫”一作“普”）、王华、陈可久、陈珏、崔友谅、徐道广、曹正国、李德茂、谢升、顾师颜、史显祖、朱玉、宋碧云、吴俊臣、白用和、方椿年等待诏。

宋度宗朝有李永年、楼观、李权等祗候。

还有一些画师在任职时间上历经数朝，难以一处列之：

李迪，宣和莅职画院，授成忠郎，绍兴间复职画院副使，赐金带。历事宋孝、光朝。

苏汉臣，宣和画院待诏，绍兴间复官，宋孝宗隆兴初补承信郎。

刘松年，宋孝宗淳熙画院学生，宋光宗绍熙待诏，宋宁宗赐金带。

李嵩，宋光、宁、理三朝画院待诏。

马远，宋光、宁朝画院待诏。

白良玉，宋宁、理朝画院待诏。

朱怀瑾，宋理宗宝祐年画院待诏，景定间为福王府使臣，宋度宗咸淳年赐金带；

王辉，宋理、度朝画院祗候。

不明时间者，有马麟[②]、朱绍宗（隶籍画院）。[③]

从上面的资料中可见，南宋画院画师的职官不外乎待诏、祗候两种，而被

---

① 乔钟馗、乔三教，令狐彪据《画史会要》《绘事备考》《南宋院画录》认为并无此二人，而应归入其前“陈清波”条中，意为陈清波“擅长画‘钟馗’‘三教’之类的人物画”，并据此将陈清波列为宋理宗宝祐画院画师。依据为“根据一般史学常识，尤其在绘画史籍中写纪传体的常例，是一人一传。如有二人以上合传者，多系父子兄弟族人，或者是经历、风格相类似以及有密切特殊关系者，根据《图绘宝鉴》所载，陈清波与乔钟馗、乔三教毫无瓜葛，列为一传显然不入情理”。此处的三人列为一传之说，是指现行版本中，二乔与陈排在一起。但这完全有可能是排版的问题，如果将二乔另起一行，就可视为另立于陈的独立记载。另外，《画史会要》《绘事备考》《南宋院画录》等书径直删去二乔而不作解释，不知其依据何在，也不可取。在目前没有可靠版本依据的情况下，此处仍依据文意保留二乔的画院画师身份，而暂不列入“陈清波”条中。

② 马麟究竟于何时任职画院，画史并无明确记载，一般以为其与父马远同时供职于画院，而记为宋光、宁两朝。

③ 以上名单据《图绘宝鉴》（《画史丛书》版）卷四第100—120页之记载整理。

授予的阶官，则有成忠郎（李唐、刘宗古、李迪、李安忠）、承务郎（马公显、马世荣、阎次千）、承信郎（苏汉臣）、迪功郎（朱锐、萧照）、承直郎（李从训、阎仲）、将仕郎（阎次平）数种。

《图绘宝鉴》的这一份资料，零散简略，凭此显然不足以对南宋画院的组织机构及其画师的任职、职官、俸禄等情况作出详尽的分析。下面我们将之放入两宋机构与官制的历史背景中去考察辨析，以期能得出一个稍显清晰的理路。

查《宋代官制辞典》，各考其详如下：

待诏有两种：一为学士院门之“翰林待诏”，简称“待诏”，为职事官名。唐玄宗开元初改北门学士为翰林待诏，为此官设置之始。宋初沿唐制，于学士院内置翰林待诏十人、隶书待诏六人，掌书写诏制。二为翰林院等供奉机构门之“翰林图画院待诏”，为技术官名。隶翰林图画院，唐初已有此名，北宋图画院待诏始置于太宗朝，为图画院专职图画官。编制三人，其下为艺学、祗候。

祗候也有两种：一为宦官门之“入内内侍省祗候班”，简称“祗候”，宦官名，是入内内侍省诸内官总名，职掌为轮宿于禁中，以供给役、使唤。二为翰林院等供奉机构门之“翰林图画院祗候”，为技术官名。隶翰林图画院，职掌与艺学同，专职供奉宫内诸处修造绘画及御前生活所需绘画。位次于艺学，编制四十人。

显而易见，画院画师所冠的待诏、祗候之名，理当各取其后一意，即作为技术官名的“待诏”和“祗候”。

翰林图画院为内廷官司名，北宋雍熙元年（984）始置，隶翰林院。熙宁六年至元丰五年（1073—1082）改隶都大提举诸司库务司，元丰五年后复隶翰林院。掌绘画、捏塑（雕像）以供奉御前及宫中应用。编制为勾当官二人，掌督察图画院公事，由内侍官充任。院内技术官设待诏、艺学、祗候。待诏初无定员，后定为三人，艺学六人，祗候四人，学生四十人，另有工匠十四人（后减为六人）。

图画院内技术官递迁之途径为：北宋熙宁二年（1069）十一月前，任艺学者永为艺学。熙宁二年十一月后，待诏有缺时，绘画技术优长之艺学，经过考试可得迁补为待诏。如祗候有缺，则选择学生中之优秀者，经考试依名次迁补为祗候。

至此，画院的机构设置、人员编制、所掌职责、隶属关系，画师们的工作、阶官及其升迁方式等等，都已经可以看得比较明确了。

但是，人们在阅读这些史料时，注意到这些文献中只见“北宋”的字样，而未见有“南宋”的注明。而且整部《宋史》，没有“南宋画院”的字样，其他文集、笔记中直接记述南宋画院的史料，也都没有关于画院建制方面的记载。因此，是否可以用北宋的情况来比拟南宋时的情景，自然成为一个问题。

我们同样没有新的史料可以提出建设性的新观点或构筑南宋画院的实景，只是借助学界专家的研究成果和对已有史料的仔细阅读，提供几个细微的线索以备达人研探。

一是关于两宋机构、官制的设立，总的局面是宋承唐制。唐末宋初，在唐朝散官和职事官的系统之外，又渐渐发展出差遣官一系。职事官大部分不再表示实际职务，演变为寄禄官，而以临时委任的职务名叫“差遣”，为实际职务。这样，就形成了“官（职事官）”与“差遣”的分离。另外又有“职”名，用作内外差遣所带荣衔。宋神宗元丰改制，部分恢复唐朝体制，结束了“官”与“差遣”分离的局面，职事官与差遣官统一，重新有了实职，而文臣专定“阶官”代替北宋前期之“官”。

具体到画院画师的技术职官来看，《宋代官制辞典》云：

> 伎术官，职官总名。又称技术官。持技艺以侍奉皇上、禁中者，通称伎术官。伎术官之名始于唐。宋代，凡以解天文、占卜筮、谙音乐、明医术、精书艺、擅图画等技艺得官职者，皆列为伎术官。北宋前期，伎术官为：医官院——医官使、副使，直院、医官、医学祗候；御书院——书待诏、书艺、艺学祗候；翰林院——内供奉，待诏，棋、琴、阮待诏，艺学祗候；翰林天文院——翰林天文官；翰林图画院——画、装銮、捏塑待诏，艺学祗候、学生；教坊所——教访使、副使，都知（都管），部头，色长，制撰文字。徽宗政和官品令定翰林医官自和安大夫……二十二阶，天文官

春官大夫……御书院、图画局奉御、待诏等，为伎术官。南宋沿置。[1]

二是虽然《宋史》等书中没有出现“南宋画院”的字样，至今也没有发现文献中对南宋画院有过全面系统的介绍，但是《武林旧事》《画继补遗》《图绘宝鉴》等书中有关南宋画院的大量记载，是不容忽视的。我们不能在需要它们的时候，就拿来作为自己论述的依据；而一旦它们与自己的观点发生抵牾，就对它们视而不见或是轻率地予以否定了。

从上述这些文献的记载中，可以发现各位作者对南宋画师们的称呼，都不外乎“待诏”“祗候”，在关于刘松年的记载里，还出现了“画学生”一词。这些都与北宋翰林图画院的建制完全相同。

三是对于《宋史·选举志》一则记载的仔细研读。《宋史·选举志》云：“画学之业，曰佛道，曰人物，曰山水，曰鸟兽，曰花竹，曰屋木，以《说文》《尔雅》《方言》《释名》教授。《说文》则令书篆字，著音训，余书皆设问答，以所解义观其能通画意与否。仍分士流、杂流，别其斋以居之。士流兼习一大经或一小经，杂流则诵小经或读律。考画之等，以不仿前人而物之情态形色俱若自然、笔韵高简为工。三舍试补、升降以及推恩如前法。惟杂流授官，止自三班借职以下三等。”[2]

至今为止，许多引用者都视此文所言为北宋时的做法。其中的原因可能一是在于“画学”二字，因画学起于宋徽宗，于是就把文中的意思，一并归入了北宋；二是翰林图画院于北宋末罢局[3]后，南宋未见复置的记录，于是后人便将此条有关画学的记载归为北宋。但是我们仅就这段文字观之，并不能看出其言所指只是北宋而与南宋无关。文中“北宋”“南宋”字样一概全无，如果我们将其视为南北两宋的通论，也并无不妥。

另外，还可将其上下文连起来分析。其前文讲的是“算学”与“书学”，其

① 龚延明编著：《宋代官制辞典》，中华书局1997年版，第667页。

② 《宋史》卷一五七《选举志三》，中华书局1977年版，第3688页。

③ 《画继》卷七“侯宗古”条记载：“宣和末罢诸艺局。”《宋代官制辞典》“翰林图画院”条称：“靖康间罢局后，南宋未见复置。”

后文讲的是“医学”。这三学中，自北宋至南宋的建立和废置都有详细的记载。唯画学这一段，无任何建立和废置的记录，只是直言画学的基本情况。因此将这一段文字视为通论两宋画学概况，也并不为过。

因此笔者认为，虽然南宋画院的具体情形与北宋画院必定会有许多不同，但在史料阙如、难得其详的客观条件下，也只能根据现有史料，比勘北宋画院的建制，而勾勒一个南宋画院的大致轮廓了。

然后，我们对照《图绘宝鉴》所记有关画师阶官的记录，分析他们在俸禄以及仕途上的待遇。

《图绘宝鉴》记载的画师的阶官有以下几种：

成忠郎，武阶名。属小使臣八阶列。北宋徽宗政和二年（1112）九月二十五日，由左班殿直改。绍兴厘定入品武阶五十二阶之第四十八阶，位次于忠翊郎。正九品。

承信郎，武阶名。属小使臣八阶列。政和二年（1112）九月二十五日，由三班借职改。绍兴厘定入品武阶五十二阶之第五十二阶，位次于承节郎。从九品。由承信郎以上至训武郎十阶，并五年一转，为磨勘常调，一如武翼郎以上，至武功大夫，有止法。

将仕郎，有两种：一为文散官名，隋置散官，唐贞观中列入文散官，宋因之，为北宋前期文散官二十九阶之第二十九阶，即末阶，从九品下。二为选人阶名，此间又有二：一是宋徽宗崇宁二年（1103）九月二十五日，由判司簿尉阶改名，属崇宁新阶第七阶。二是政和六年（1116）十一月，改将仕郎为迪功郎，易假将仕郎为将仕郎，属政和选人十阶之第十阶，用以奏补未出阶之吏人。

迪功郎，选人阶官名。政和六年（1116）十一月，由将仕郎阶改名，为选人新阶之第七阶。从九品。

承直郎，有两种：一为选人阶名。崇宁二年（1103）九月二十五日，由选人七阶之第一阶三京府、留守、节度、观察判官（属两使职官）改名。二为文散官名。原为隋所置散官承议郎。唐贞观列入文散官。宋初因之，太宗即位，于开宝九年（976）十月改承议郎为承直郎，属宋前期文散官二十九阶之第十六阶。从六品上。

承务郎，有两种：一为文散官名。隋朝尚书省二十四司有承务郎（即唐之员外郎），职事官。唐因其名，列入文散官。宋沿置，为北宋前期文散官二十九阶之第二十五阶。从八品下。二为寄禄官名。北宋神宗元丰三年（1080）九月，由秘书省校书郎、正字、将作监主簿改。为文臣京朝官寄禄官三十阶之第三十阶，即末阶。从九品。自承务郎以上至宣德郎（宣教郎）为京官。①

南宋画院画师的阶官，分属武阶和文阶。在宋代，武阶一般为武臣与内侍通用，少数也可因为帝王的器重或特殊的功绩而转为文阶，称为“换阶”。选人阶则是文官中之低等阶官。②

从上面的排列可知，南宋画院画师被授予的阶官，都是比较低级的。但是，与北宋等其他朝代宫廷画院的画师相比，还是受到了帝王和朝廷的重视与优待。因为从资料的记载来看，他们中有多人被朝廷授官，这就表明已经摆脱了工匠的身份，社会地位显然有了质的提高。另外，南宋画院画师还有多人被赐金带，更可以表明他们受到了画院历史上史无前例的特殊优遇。③

阶官还决定官员的俸禄，我们从中可以一窥他们在社会地位之外的俸禄情况。

宋代俸禄的名目繁多，最基本的可划分为请受、添给两大类。请受即为本俸，包括料钱、衣粮。添给有添支（增给）、职钱、贴职钱、折食钱、茶汤钱、雪寒钱、元随傔人衣粮与餐钱、厨食钱、薪、菜、盐、炭、纸、马料、驿券、茶酒、厨料、公使钱等，按地位、职务不同而给。

具体到画师们的俸禄，由于史料的局限，难以作出全面和详细的记述，现以同为文臣阶官的承务郎、承直郎、迪功郎为例，据《宋代官制辞典》之附表37“南宋俸禄总表”④，看一看他们的俸禄情况：

承务郎为寄禄官名，为文臣京朝官寄禄官三十阶之第三十阶，即末阶。从九品。自承务郎以上至宣德郎（宣教郎）为京官。官阶比较低，俸禄也就不高，

---

① 以上有关阶官的内容，据《宋代官制辞典》（中华书局1997年版）第31、32、560、561、562、564、573、575、576、596页等内容综合而成。

② 笔者在写作过程中，就有关南宋官制的问题请教了宋史研究专家何勇强博士，特此致谢。

③ 南宋画院画师被赐金带的情况，详见徐书城：《宋代绘画史》，人民美术出版社2000年版，第136页。

④ 龚延明编著：《宋代官制辞典》，中华书局1997年版，第724页。

其俸禄是料钱7贯。其俸禄的支付方式是，料钱一分现钱、二分折支。每贯折钱，在京600文。

承直郎为选人阶官名，崇宁二年（1103）九月二十五日，由选人七阶之第一阶三京府、留守、节度、观察判官（属两使职官）改名。如与北宋前期的文散官对照，属宋前期文散官二十九阶之第十六阶，从六品上。相比之下，显然高于承务郎。所以他的俸禄就高许多，有料钱25贯，茶汤钱10贯，衣粮有厨料米6斗，面1石5斗，藁40束，柴20束，马1匹，冬绢6匹，冬绵10两。其支付方式是，料钱一半现钱，一半折支。每贯折现钱700文。

迪功郎为选人阶官名，政和六年（1116）十一月，由将仕郎阶改名，为选人新阶之第七阶。从九品。与承直郎相比，也相差好几个档次。其俸禄是料钱12贯、茶汤钱10贯，衣粮有米、面各1石5斗。其支付方式同承直郎。

如果与当时的高级官员相比，这些画师属于低薪一族。以开府仪同三司为例，此为文臣京朝官寄禄官三十阶之首阶，从一品。其俸禄是料钱100贯，春、冬衣绢各25匹，小绫10匹，罗1匹，绵50两。仅以料钱来看，此处所言的画师中俸禄最高的承直郎，只是他的1/4，而承务郎则只有他的1/14弱，差别显然是巨大的，如果加上衣粮一块，就更不能比了。

《宋代官制辞典》总结宋代俸禄的特点，其中提道："从总体分析，两宋俸禄呈现出益俸、优厚的总趋势，是无可置疑的。清朝史家赵翼在纵览历朝禄制之后，特别指出宋制禄之厚：'其待士大夫可谓厚矣！唯其给赐优裕，故入仕者不复以身家为虑，各自勉其治行。观于真、仁、英诸朝，名臣辈出，吏治循良。及有事之秋，犹多慷慨报国，绍兴之支撑半壁，德祐之毕命疆场，历代以来捐躯捐国者，唯宋末独多。'"

而就南宋而言，"用兵之际，或减俸禄之数，但皆属权宜，为时甚短。南宋史家说：'中兴百年，虽非复升平之旧入，然国朝之待臣甚厚、养吏甚优，此士大夫一命以上，皆乐于为用，盖有以养其身而固其心也。'""或谓南宋宁宗朝时，俸禄已'七八倍于'北宋"。①

---

① 龚延明编著：《宋代官制辞典·宋代官制总论》，中华书局1997年版，第44页。

优厚的生活待遇和创作条件，能够使画家安心从事于绘画，创作热情受到鼓励，才华得以施展。据《南宋院画录》引《钱唐县旧志》记："宋南渡后粉饰太平，画院有待诏、祗候，甲库、修内司有祗应官，一时人物最盛。"[①]如历任宋代光、宁、理三朝侍郎的李嵩，擅画人物，尤长界画，受到优厚的待遇，创作了一大批精美的作品。但是，也并非画院中的每一位画家都能如愿。比如王训成，山东人，绍兴年间画院待诏，画人物、山水。当时，宋高宗欣赏的是李唐、萧照的作品，而与他们画风不同的王训成就不被看好，以至于其郁郁不得志而终。在实际生活中，决定画家命运的，还是统治者的个人意志和喜好，完全的艺术自由是不存在的。

南宋画院设于杭州，在客观上为浙江画家提供了相对便利的入院条件。在厉鹗《南宋院画录》记载的98位[②]院画家中，浙江籍的画家就有38位，其中又以钱塘（今浙江杭州）籍画家占了多数。这个统计也许不一定十分精确，但应该可以反映基本面貌。现将这些浙籍画家的姓名载录于后，以备查考。他们是：李从训、李章、李珏、马和之、林俊民、林椿、刘松年、张茂、李嵩、苏显祖、夏圭、夏森、白良玉、鲁宗贵、陈宗训、俞珙、史显祖、孙必达、顾兴裔、马永忠、陈清波、范安仁、陈珏、陈琳、朱玉、宋汝志、方椿年、丰兴祖、钱光甫、徐道广、谢升、顾师颜、朱怀瑾、王辉、王用之、楼观、李永年、李权。

南宋画院的画事活动，内容十分丰富。画院画家的创作活动主要围绕宫廷的需要进行。绘制（历史题材）人物肖像，是御前画工的重要任务。他们还为都城的宫殿寺观作壁画、屏风画。孤山凉堂位于西湖佳胜处，设置壮丽，专供皇帝游幸。萧照奉命去画那里三丈高的壁画。画成之后，宋高宗大为叹赏，赐以金帛。其他如显应观，也有萧照、苏汉臣等画家的山水、人物壁画。

描绘百姓生活、反映社会现状，是画院画家的职责。他们创作了《货郎图》《卖浆图》《沽酒图》等作品，反映当时都市生活的方方面面。北宋仁宗时宫廷

---

① 〔清〕厉鹗：《南宋院画录》卷一，于安澜编《画史丛书》第四册，上海人民美术出版社1962年版，第2页。

② 《南宋院画录》所记的98位画家中，并非均为画院画师，如刘宗古、马和之、马逵等都不是画院画师，厉鹗在收录时未仔细考辨，以致误录。笔者据《图绘宝鉴》统计，是82位。

里画了《耕织图》，南迁后，朝廷更加提倡和鼓励此类画作，刘松年即因画《耕织图》称旨，被赐以金带。南宋各郡县衙门墙壁上，都绘有《耕织图》，其祖本皆由画院提供。

画院中也有一些画家，往来于西湖四周的各个寺庙，和禅师画僧过从甚密，如宋宁宗朝的画院待诏梁楷。

南宋朝廷的南迁，使绘画风格发生变化。偏安的政治格局、残山剩水的国土、强烈的民族情怀以及个人的生活经历，都使画家们有太多的感慨。治国安邦不是人人都可以实现的理想和抱负，绘画更不是可以直接干预现实生活的途径。画家们所能做的，也只能是在作品中表达自己的心绪。马、夏山水中，那半角山岩、一叶孤舟、残枝枯树的精细描绘，都传达出作者的思绪和感受，清笔淡墨下流泻出深深的忆念和无奈。然而，尽管面对的是半壁江山，西子湖的阴柔秀媚还是孕育出了一种更为风雅精致的艺术趣味。

南宋院画的主流是山水画，因此山水画家成为画院画家中的主力。李唐、刘松年、马远、夏圭被称为“南宋四家”，最为有名。马远的儿子马麟，也是山水画的高手，尤以描绘西湖图景而著称。

人物画中，梁楷的开创性工作尤其值得称道。他把粗犷的笔势与水墨相结合，独创了泼墨大写意的画法，对人物画贡献良多。再如苏汉臣，在画院供职40多年，善画道释、人物、婴孩、侍女，精工富丽，细致生动，带有民间绘画色彩。

花鸟画方面，既有专精者，也有兼工者。据《南宋院画录》辑录，专画花鸟，或擅长山水、人物又兼画花鸟的画家，就有50多人。李迪、林椿、毛益等，都有很高的造诣。他们的作品已突破“黄氏体制”，双钩、没骨、点染、重彩、淡彩、水墨、工笔、写意，各显其能。许多作品在布局和造型上，已开始摆脱北宋过分严格的写实要求，注意到花枝的穿插和空间关系。在形式上，大多是小幅的册页和纨扇，玲珑可爱。李迪的作品工细与粗放结合，形成花鸟画的新格局，是南宋花鸟画画风转变时期的典型。梁楷的水墨写意花鸟作品，则贯通了北宋后期兴起的文人画及墨竹墨梅的表现手法，并和僧法常等人的作品相互发明，对元代的墨花墨禽，明代沈周、陆治的写意花卉，都有一定影响。

建炎、绍兴年间的宫廷画师们

宫廷画师们的南渡及其在建炎、绍兴期间的经历，史无详载。据上引《图绘宝鉴》里记述的24位复职画师的简介，我们可以窥见一些当时的情况。

一、宣和画院画家在国破时分的去向

北宋覆灭之际，画院画家四散而去，各自奔命。从大的路径来看，被掳北去之外，追随朝廷南渡，是很多人的选择。从《图绘宝鉴》等书的记载中，可以得知有李唐、刘宗古、马公显、马世荣、杨士贤、李迪、李安忠、苏汉臣、朱锐、李端、张浃、顾亮、李从训、周仪宣、王训成、焦锡、马兴祖计17人是原宣和画院的画师。从李唐的太行山遇劫持和顾亮"与张浃同流落江左，宫观寺院，画壁糊口"的记载中，可知画师们的南渡并非朝廷有组织的集体行动，都是各自分散进行的。①在流离的过程中，居无定所、生活艰辛，基本是靠鬻画谋生。如李唐即随身携带粉奁画笔，顾亮、张浃是同在宫观寺院画壁糊口。直至南宋时复职复官、进入画院，才重新安定下来，生活有了好转。

二、复职以后的创作活动

生活稳定以后，画师们主要从事的就是绘画创作，这是他们的主业。从资料中看，此时的绘画创作已经是很繁荣的了。

一是绘画的种类齐全，人物、山水、佛像、花鸟、竹石、走兽、骡纲、雪猎、盘车等都有创作。画师中多见绘画全才，山水、人物、花鸟俱善者不乏其人，体现了技法全面、造诣深厚的画院画师的基本特点。

二是分工明确，各有所专，个人风格明显。苏汉臣"人物臻妙，尤善婴儿"，婴戏图对后世影响极大，已自成专门的题材和形式；萧照善画"异松、怪

① 也可能有跟随宋高宗南渡者。如余辉认为：当宋高宗"'驻跸钱塘，每获名踪卷轴，多令辨验'。高宗驻跸钱塘（今浙江杭州）是在建炎三年（1129），这位辨验名踪卷轴者就是画家马兴祖。这里透露出两个信息：一、高宗在战乱时期仍沉湎于书画鉴藏；二、随他南逃途中有御用画家"。但"驻跸钱塘"与"南逃途中"也有可能不在同一时间（详本书前面"初至临安"一节）。而《图绘宝鉴》中的原文是："马兴祖，河中人，贲之后，绍兴间待诏。工花鸟杂画，高宗每获名踪卷轴，多令辨验。"也未特指南渡时期。

石，沧浪古野”；李安忠“尤工捉勒”；朱锐“尤好写骡纲、雪猎、盘车等图，形容布置，曲尽其妙”；吴炳“写生折枝可夺造化，采绘精致富丽”；等等。

三是绘制两宋之际时局及意在与之比附的历史题材画作大量出现。“高宗朝画院的历史画之多、之精为画史罕见，当时，出现了大批与南宋初年时政相关的人物画，如借画《诗经》暗寓抗金北还的马和之《小雅鹿鸣之什图》（北京故宫博物院藏），佚名《泥马渡康王图》卷（天津艺术博物馆藏），李唐（传）《晋文公复国图》卷（美国纽约大都会博物馆藏）、《采薇图》卷（北京故宫博物院藏）、《雪天运粮图》（佚），佚名《望贤迎驾图》轴（上海博物馆藏），佚名《迎銮图》卷（上海博物馆藏）和颂扬高宗应祯继位的萧照（传）《中兴瑞应图》卷（天津艺术博物馆藏）、《中兴祯应图》卷等。”①

四是出现了绘画世家。如马兴祖及其子马公显、马世荣，以及后来延续至马逵、马远、马麟等子孙的马氏，李安忠、李公茂的李氏，李迪、李瑛、李璋、李德茂的李氏，苏汉臣、苏焯、苏晋卿、苏坚的苏氏，等等。这种家族职业相沿的情况，是否反映出画师在当时已是人乐为之的一种职业？

五是待遇优厚，帝王赏赐有加。24位画师中，基本上都有待诏、祗候、副使、承务郎、成忠郎、承直郎、迪功郎之职，其中14位被赐金带。这种多人授官职、被赐金带的恩赏，即使在宋徽宗的宣和画院里，也是比较少见的。

绘画创作之外，画师还有收藏、鉴赏历代绘画作品的任务。南宋立国初期，由于金人的大肆掳掠和战火的波及，原先宣和内府所藏之法书名画多已无存。宋高宗对书画艺术情有独钟，宋金战事也没有阻碍他的鉴藏活动。据《南宋馆阁续录》卷三中的著录，当时已有1000余件历代名画。在书画收藏的过程中，辨识、鉴定其真赝、流传、作者、年代、笔墨、品藻等等，俱需专才，画师之中自不乏人。前已述及之马兴祖，常在宋高宗获得名踪卷轴时，受命辨验真赝。

三、宋高宗与李唐的交往

在建炎、绍兴年间的宫廷画师里，李唐是备受宋高宗宠遇的。《画继补遗》记载：“予家旧有唐画《胡笳十八拍》，高宗亲书刘商辞，每拍留空绢，俾唐图

① 余辉：《南宋画院佚史杂考二题》，《美术观察》1996年第9期。

画。”[①]现存的《晋文公复国图》，也是宋高宗题字，李唐作画。

据《南宋院画录》辑录当时有关书籍的记载，宋高宗在李唐的多幅画作上都有御题：

李唐《山阴图》，宋高宗跋；《王子猷雪夜访戴图》《寒江渔艇图》，宋高宗跋；《江山胜景图》，前元人跋；《雪坞幽居图》，宋高宗题。（《南阳名画表》）

李唐《风帆图》团扇，绢本，淡色。江山松石，三舟挂帆，中流乘风。“潮平两岸阔，风正一帆悬。”宋孝宗对题。描金云龙圆笺，朱文“御书之宝”。竹居、侠如、士介，三印。

张昱题李唐《香山九老图》，有宋高宗御题二律诗：“两疏谁是见机还，终始君臣似此难。宸翰昭回云汉上，衣冠仿佛画图间。常时九老琴尊会，尽是同朝鸳鹭班。风采拜辞云陛下，白云千载在香山。”（《张光弼诗集》）

刘因题宋高宗题李唐《秋江图》诗：“秋江吞天云拍水，涛借西风扶不起。断云分雨入江村，回首龙沙几千里。澹庵老笔摇江声，仿佛阿唐惨淡情。千秋万古青山恨，不见归舟一叶横。”（《静修集》）

李唐画、宋高宗题：“恩沾长寿酒，归遗同心人。满酌共君醉，一杯千万春。”赐王提举，并赐长寿酒。（《珊瑚网》）

李唐《袁安卧雪图》，宋高宗跋。（《南阳名画表》）[②]

此外，《图绘宝鉴》《妮古录》《清河书画舫》等书也多有此类记载，如：

李唐……善画山水人物，笔意不凡，尤工画牛。高宗雅爱之，尝题《长

① 〔元〕庄肃：《画继补遗》卷下，中国美术论著丛刊本，人民美术出版社1963年版，第18页。

② 以上数条分见〔清〕厉鹗：《南宋院画录》卷二，于安澜编《画史丛书》第四册，上海人民美术出版社1962年版，第9、13、15、20、21页。

〔南宋〕李唐《乳牛图》，绢本设色，46.4厘米×62.5厘米，台北故宫博物院藏

夏江寺卷》上云："李唐可比唐李思训。"①

宋高宗题李唐画："月团初碾沦花瓷，啜罢呼儿课楚词。风定小轩无落叶，春蚕相对吐秋丝。"②

李唐……所制《长夏江寺图卷》古雅雄伟，今在吴郡朱氏。前有高宗御题，后有开封赵与懃印，真笔，妙品上上。③

李唐得幸于宋高宗，有多方面的原因，比如一般意义上的共度危难而至临安的君臣间的惺惺相惜、宋高宗本人的书画爱好，以及李唐在宣和画院时"趋事"康王府的前缘、李唐"在宣、靖间已著名"的声望等等。但是最主要的原因，还在于李唐绍兴年间的绘画创作业绩，既有内容上的合乎圣意，更有笔墨技法上的成就。

① 〔元〕夏文彦：《图绘宝鉴》卷四，于安澜编《画史丛书》第二册，上海人民美术出版社1962年版，第100页。

② 〔明〕陈继儒：《妮古录》卷三，《丛书集成初编》本，商务印书馆1937年版，第34页。

③ 〔清〕张丑：《清河书画舫》卷一〇上，四库本，第817册，第397页。

第五章　水墨淋漓的图卷

来到杭州的李唐，结束了颠沛流离的奔徙，有了稳定的生活和安定的创作环境。而帝王的恩被与鼓励，更使他焕发了艺术创作的生机和活力。

借历史图景以宣帝王心迹

在当时那样的社会氛围里，李唐作为一位宫廷画师，创作为宋高宗时政所需的作品，自是顺理成章的事。存世画迹中的《晋文公复国图》被传为李唐作品，《采薇图》被认定是李唐作品。这两件作品代表了李唐人物画的成就。

《晋文公复国图》（绢本，水墨设色，29.4厘米×827厘米，藏美国纽约大都会博物馆），描写的是春秋时期晋公子重耳及于难，奔走于外，经历了狄、卫、齐、曹、宋、郑、楚、秦，历19年，备受艰辛，最后回到晋国，夺得政权，成为“春秋五霸”之一的故事。现存的画有六段：

第一段，重耳逃到宋国时，“宋襄公赠之以马二十乘”。

第二段，重耳逃到郑国，郑国国君郑文公不愿接待他，画的是郑国大夫叔詹劝谏郑文公以礼相待，而郑文公不听劝告的情节。

第三段，重耳逃到楚国，楚国国君热情接待，并派军车送重耳去秦国的场面。

第四段，重耳逃到秦国，秦国国君将五个女儿嫁给重耳。画上五女争相服侍重耳，为之“沃盥”。

第五段，鲁僖公二十四年（前636）春正月，重耳即将回到晋国，到了黄河边，跟随他共患难的舅父子犯（狐偃）献璧给他，要求告辞。重耳知其意，发誓和子犯同心同德。

第六段，重耳接管了晋国军队，进入曲沃城，“朝于武宫”。

画是连环式的。每一段都有树石、车马、房屋作配景，每一段都有赵构亲书的《左传》文字。

这件作品因其内容而被后世推崇：“此图的‘箴规’作用，一看便可明白，乃激劝宋代君臣，不怕艰苦、不计荣辱，为复国而努力。……北宋末年，赵构艰苦经历就颇类重耳。……此图从选题到取材、画面的取舍，都能体现出李唐的用心。”①

古人也多有从思想内涵、笔墨技法上予以肯定的：

> 李唐《晋文公复国图》一卷又一卷，高宗题，并三御玺。人物树石，绝类伯时，寻常李唐为院画忽之，乃知名下无虚士也。②

〔南宋〕李唐《采薇图》（局部），绢本设色，全图27.2厘米×91.0厘米，故宫博物院藏

李唐《晋文公复国图》上卷，一名《晋公子奔狄图》，赵松雪有诗，附录于此：“……阸陧居蒲日，艰难奔狄时。天方兴伯者，数子实从之。岁久丹青暗，人贤简册悲。至今绵上路，犹忆介之推。”③

① 陈传席：《李唐研究》，《陈传席文集》（2），河南美术出版社2001年版，第561页。以上六段画卷的内容介绍，亦采陈传席此文之说。

② 〔南宋〕周密：《云烟过眼录》卷一，四库本，第871册，第47页。

③ 〔明〕张丑：《清河书画舫》卷一〇上，四库本，第817册，第398页。

《采薇图》（绢本，设色，27.2厘米×91.0厘米，藏北京故宫博物院），描写伯夷和叔齐隐于首阳山，“采薇而食之”，宁可饿死也不食周黍的故事。在中国的文化传统里，这是一个关乎气节的题材。画中山石上有“河阳李唐画伯夷叔齐”款。

> ……画面不选伯夷、叔齐互相推让王位和“叩马而谏”阻武王伐纣的场面，而选夷、齐“隐于首阳山，采薇而食之”的场面，正如宋杞的跋语谓：“意在箴规，表夷、齐不臣于周者，为南渡降臣发也。”其箴规用意及表现李唐本人气节，是显而易见的。
>
> …………
>
> 据《画继补遗》记载，李唐还画过《胡笳十八拍》。这是汉末蔡文姬的故事……它反映战争给人民带来的苦难。这种苦难现象在北宋、南宋之际最是屡见不鲜，连皇帝都被俘往北国，大批的画家、伎艺、文人学士等等被拘往北国，他们怎能不思念家乡？他们怎能不用自己的笔描写自己的心境？所以《胡笳十八拍》或《文姬归汉图》在当时画者特多。……大抵皆是受李唐的影响，也反映了当时人们的共同心境和思想倾向。[①]

对于这一类作品，简单地说，我们可以判定为李唐具有强烈的爱国思想，甚或可以理解为是在借重耳、伯夷和叔齐以激励宋高宗收复中原的宏图大志，正如上引古今相关评论。但是笔者更倾向于认为：此均为奉诏应制之作，意不在“箴规”“托意规讽”，而是在歌颂；不是借重耳、伯夷和叔齐以激励宋高宗，而是直接把宋高宗比作了这些历史人物，歌颂他的中兴之业绩、不食“金”黍之“气节”。我们不能以今人的认识和眼光去衡量和要求古人。就宋高宗而言，这位今人眼里的“偷安之君”，在当时则是至高无上的帝王，中兴复国、承续了大宋江山的功臣，将南宋臣民从金人的铁蹄之下、战火之中拯救出来的救世主。

① 陈传席：《李唐研究》，《陈传席文集》（2），河南美术出版社2001年版，第561、564页。

抗金与称臣的激烈对抗是整个南宋共同关注的重要事件，“战”与“和”之争一直发生在文臣武将的辩论里。所有这些，都可能会在李唐的心中暗潮涌动，却不会出现在他供奉圣上的画作里。

安乐的牧歌

据画史画论文献记载，李唐画了不少表现南宋时期时局太平、民生安乐的作品，如《春社醉归图》《春牧图》《村庄图》之类，当属李唐最晚期的作品。今日论者多批评李、马之流不合实际地粉饰太平，其实南宋统治者虽然剥削、压榨人民，但比较而言，南宋绍兴中后期和宋孝宗时的经济还是不错的。经过宋高宗、宋孝宗两朝，南宋统治下的人口由1984万增长到2850万，这个事实便是明证。北方的战争使一部分人民，尤其是具有一定生产技术的手工业者流入南方，不仅充实了南方的劳动力，也给南方带来了新技术，所以南宋朝廷还算富裕。这不仅在画家笔下有所反映，在诗人笔下也有提及。如常见的陆游“莫笑农家腊酒浑，丰年留客足鸡豚”，辛弃疾“稻花香里说丰年”“酿成千顷稻花香”等皆然。

牧牛题材图在李唐的作品里大量出现，《清河书画舫》称：李唐“尤工画牛，得戴嵩遗法”[①]。《画继补遗》则称：李唐“善作山水人物，最工画牛”[②]。

李唐的这类作品现已不可多见，在元、明人的著述中，可以看见不少记载：

> 李唐《春牧图》，牛欲前行，童子力挽之，势甚奇。内写二大树苍然。（《东图玄览》）
>
> 李唐《风雨归牛图》绢画一幅，一株点叶树，为风雨将吹倒于地，有一牛乘顺风而奔，气韵如真，为神品。惜上面残破。此图得之敬枢兄，时己卯正月二十一日。（吴其贞《书画记》）

---

① 〔明〕张丑：《清河书画舫》卷一〇上，四库本，第817册，第397页。

② 〔元〕庄肃：《画继补遗》卷下，中国美术论著丛刊本，人民美术出版社1963年版，第8页。

李唐《牧牛图》，绢画一幅，树下有水牛欲右行，而牧童欲牵左转，两下努力相持，使观者亦自费力。得于绍兴李氏。（吴其贞《书画记》）

任士林《李唐春牧图诗》：“春气熏人未耕作，江草青青牛齿白。牛饥草细随意嚼，老翁曲膝睡亦着。蓬头不记笠抛却，午树当风梦摇落。梦里牛绳犹在握，昨夜囤头牛食薄。”

袁桷《李唐牛诗》：“穲稏原空蟋蟀吟，秋来乞得自由身。平芜又见鳞鳞绿，复与田翁共苦辛。”（《清容居士集》）

于立《题李唐牧牛图诗》：“雨足秧田放牧时，溪南溪北草离离。长歌扣角无人听，闲卧斜阳把笛吹。”（《玉山草堂雅集》）

朱德润《李唐村社醉归图诗》：“村南村北赛田祖，夹岸绿杨闻社鼓。醉翁晚跨牸牛归，老妇倚门儿引路。信知击壤自尧民，季世龚黄不如古。披图昨日过水南，县吏科徭日旁午。”（《存复斋集》）

尊生斋收《桃林纵牧》小幅，李晞古笔。不知者谓为戴嵩，殊可笑也。（《清河书画舫》）①

从这些记载来看，李唐的《春牧图》《风雨归牛图》《牧牛图》《村社醉归图》《桃林纵牧图》等画作里，端的是一派安逸和乐的太平盛世之景：画里有曲膝酣睡的老翁，“蓬头不记笠抛却，午树当风梦摇落”；有“长歌扣角无人听，闲卧斜阳把笛吹”的自在的牧童；有在老妇的倚门而望中靠儿子引路、由牸牛驮着醉归的老汉；有雨足秧田，溪草离离，绿杨夹岸，社鼓相闻，生动地展现了农家的闲适和淳朴。联系李唐存世画作如《灸艾图》中栩栩如生的灸艾场面和人物形象，可见这一类创作是画家贴近当时乡村生活、细致观察之后的作品。

南宋绘画中，反映社会风俗和百姓生活的画作大量涌现，许多画家如李唐、李嵩、苏汉臣等在这方面取得了出色的成就。他们创作的《货郎图》《卖浆图》《沽酒图》《婴戏图》等，反映了当时都市和乡村生活的方方面面，成为南宋绘

① 以上诸条分见〔清〕厉鹗：《南宋院画录》卷二，于安澜编《画史丛书》第四册，上海人民美术出版社1962年版，第9—21页。

画的一个特色，对后世产生了极大影响。

就当时李唐等人的宫廷画师身份论之，这样的创作是否可以表明是朝廷对社会和民生的关注和作为？画师们的这些创作是否具有采风的工作性质？这些画作是否具有“新闻播报”“社会实录”的职责而为帝王提供写实性的报告？我们是否可以设想，从覆国的剧变和惨痛中一路颠沛流离走过来的宋高宗，看到自己的臣民有如此安乐的生活，联想到自己一手建立的帝国终于经营出如此斜阳牧歌的升平之景，会是怎样的一种感慨和欣喜？李唐们的耿耿忠心、勤勉效劳和从民间带回来的美好景象，自然令宋高宗满意而倍加赏爱。

风格之变

山水画是李唐绘画创作中，取得重要成就、深得画史赞赏的一个门类。中国山水画发展至南宋，出现了一个重大变化，那就是在北宋以前细致刻画自然景色的传统上，进一步摆脱全景式布局，而着意于表现富有感情色彩和浓郁诗意的山水形象，舍重彩华丽的青绿山水而一变为水墨淋漓、健笔皴擦的画风，形成特色鲜明而又影响深远的院体画派。“山水，大小李一变也，荆、关、董、巨又一变也，李成、范宽又一变也，刘、李、马、夏又一变也……”[①]在这种发展的趋向中，李唐具有开创地位，刘松年继之，至马远、夏圭而臻成熟，因此，他们在画史上被合称为“南宋四家”。

从单幅的作品来看，《万壑松风图》无疑是李唐山水画的代表作。但就其山水画创作的总体成就及其对中国绘画史的贡献而言，则南渡以后的作品风格之变，更具价值和意义。如《格古要论》认为：“李唐善山水，初法李思训，其后变化愈觉清新，多喜作长图大障，其石大劈斧皴，水不用鱼鳞谷纹，有盘涡动荡之势，观者神惊目眩，此其妙也。”[②]

李唐前期的画作虽有很高的艺术水平，但尚未开南宋一代画派的崭新面貌。

---

① 〔明〕王世贞：《弇州山人四部稿》卷一五五，四库本，第1281册，第489页。

② 〔明〕曹昭：《格古要论》卷上，四库本，第871册，第92页。

〔南宋〕李唐《清溪渔隐图》(局部)，绢本水墨，全图25.2厘米×144.7厘米，台北故宫博物院藏

最能代表他个人开宗立派特征的画，即今日尚可见到的南渡以后《清溪渔隐图》《采薇图》中的山水部分，画风由繁密而趋简练，由浓重而趋清淡，与北宋时的作品相比，变化还是明显的。仅从构图来看，从《万壑松风图》的全景式构图，到《江山小景图》的半边构图，直至《清溪渔隐图》的截景式构图，能看出此中变化。至此，彻底变革了荆浩、关仝等北宋山水画的构图法，直接开启了其后马远、夏圭一角、半边局部取景布局的全新章法，极具创意。这也许表明，李唐在发觉自己作品“不入时人眼”之后，作出了一些修正。这种修正当然不是“多买胭脂画牡丹”，而是在坚持自己一贯画风的前提下，结合临安的真实山水所作的笔墨变化。后来的事实已经证明，李唐的修正，也就是所谓的“一变”，十分成功。他既没有媚俗，又使自己的作品为时尚所接受，并且成为一代画风的开路者。因此，李唐的这“一变”，变出了一个大师级的画家，意义重大。

总之，李唐的画作愈到后期愈显示出画家的内在气质和精神状态。元人饶自然《山水家法》评曰：“李唐山水，大劈斧皴带披麻头各笔，作人物屋宇，描画整齐，画水尤觉得势，与众不同。南渡以来，推为独步，自成家数。”[1]可谓是对李唐绘画创作的总结和评价。

---

① 〔清〕厉鹗：《南宋院画录》卷二，于安澜编《画史丛书》第四册，上海人民美术出版社1962年版，第7页。

李唐山水画风格变化的原因，与其晚年生活经历、生活环境以及绘画创作氛围的变化有关。

陈传席在探讨李唐南渡行走路线时，对李唐当时的生活状况有一个推断：

李唐南渡，不像秦桧那样，有金人准备好了的一套舟楫，“自燕至楚二千八百里，逾河越海”（见《宋史》卷二六）。李唐不但没有舟楫，亦无随身干粮（纵有亦无法背运）。他不但要步行，还要背着“行囊”，携带“粉奁画笔”，步行是极慢的，从北国至南国，跋山涉水，越河渡海。他既背着“粉奁画笔”，可以想见他是边走边靠卖画为生的，否则他是无法活下去的。因而，我们可以推知，他的画风的改变就在此时，因为他要靠卖画为生，当时的动乱社会，他的画不可能太贵，他必须多画，如果还像他在北宋宣和画院那样画工整严谨的画，再涂上青绿颜色，再勾金，长期作业，逾月一幅，且耗费太多，他的生活将无从着落。他必须放快速度，侧笔横扫，且不能再用复杂的颜料，也不能再作如北宋时那样三拼大幅，只有这样，他才能多画多卖（李唐后期的画总不像前期那样宽绰，幅度越来越窄，前期的《万壑松风图》纵188厘米，横139.8厘米，后期的《采薇图》不过纵27厘米的小卷，《清溪渔隐图》不过纵25厘米。后期即使画长卷，也很简练，幅度不宽）。①

当时实际的情形虽不可详知，但李唐在南渡路上如若真有山水画创作的话，陈传席的这个推断是有合理性的，而且对李唐南渡后画风的转变，也是一个可能的来自实践的影响因素。

李唐由北而南的生活环境的变化，也是一个重要的影响。

对于这一点，彭亚从李唐的家乡河阳所在的孟州与杭州一带江南山水的比较中，详尽分析了其中的不同及对李唐山水画创作的影响：

① 陈传席：《李唐研究》，《陈传席文集》（2），河南美术出版社2001年版，第553页。

> 太行山雄伟博大的气势，会让每一位有艺术灵性的人产生震撼。太行在山西与河南交界的地段，最为壮观……地壳运动把这些山峰一分两瓣，一瓣突起，一瓣下陷，突起的山壁直直地耸立在天地之间，就是人们常常形容的“太行铁壁”。……面对这种岩石地貌，线皴已经表达不了画家的感受，表现不出山石的质地，所以，李唐创斧劈皴来表现山石的结构[①]，是十分自然的事情。艺术虽然不能作地理志，但自然环境对艺术风格影响则是必然的，李唐《万壑松风图》表现的正是这种地质地貌。……北方气候干燥，能见度高，自然就创作出深远、高远景象。到江南后，周围的山峦是平缓的，气候是湿润多雨雾的，自然就画出淡墨清岚、烟雨朦胧的景色了，正是“烟雨楼台晻霭间，画图浑是浙江山”。[②]

正是如此。杭州一带的山峦，是一派山势平缓、连绵起伏的江南丘陵格局，既割不断它的浑然一体，也难以取出断然独立、峰回路转的一个主峰来作全景式的描摹。深入山中，却会发现有取之不尽的由山岚浮动、林木葱郁、山石湿润、溪涧清冽组合而成的佳妙山景，以及江河湖泊之际坡石汀渚、柳岸苇舟的潋滟水色。其苍翠、清新、空蒙、灵秀的江南烟雨云水气质，足以构成一幅幅画面灵动、意境清幽的小品，让人与其面对时，仿佛即可呼吸到山林吐纳的气息，触摸到湖水温婉的波澜。这样，就有了董源“峰峦出没，云雾显晦，不装巧趣，皆得天真；岚色郁苍，枝干劲挺，咸有生意；溪桥渔浦，洲渚掩映，一片江南”[③]的“平淡天真”之山水佳作。到了杭州的李唐，身处如此的环境，面对这样的山水，真是不变也难。

此外，杭州甚至浙江、江南地区有不同于北方的绘画创作氛围和传统，这

---

① 笔者按：彭亚此处谓李唐以斧劈皴表现北方山水，笔者引陈传席对李唐皴法的分析以详论之：“李唐在山石皴法上，融合诸家技巧，达到完整统一的效果。坡石坡面，运用劲峭的小斫笔、长钉皴，坡脚间夹杂刮铁皴与豆瓣皴，颇富变化。石头正面用钉头皴，斫出四面，有纹理结构和石体质感。山峰上端用长钉皴，中部夹解索皴，中下端创用马牙皴，格外显出整个山体端庄伟岸的雄姿。”

② 彭亚：《论影响李唐绘画风格的潜在因素——兼与陈传席先生商榷关于李唐研究的几个问题》，《南京艺术学院学报》2003年第2期。

③〔北宋〕米芾：《画史》，四库本，第813册，第6页。

可能也是一个重要的影响。

《西湖游览志余》引唐文凤《跋马远山水图》云："自史皇作画，创制六法，下逮秦汉间，混朴未散，古质尚存。唐以下，则人文日滋，新巧杂出。所谓上古之画，迹简而意澹，中古之画，细密而精也。至唐王泼墨辈出，扫去笔墨畦畽，乃发新意，随赋形迹，略加点染，不待经营而神会天然，自成一家矣。宋李唐得其不传之妙，为马远父子师。"①

此处所称之王泼墨，当指唐代画家王默。

王默（生卒年、籍贯不详），又作王墨、王洽。因其早年曾随郑虔学画，后来又师法项容，故可能即是浙江天台地方人士。

王默无论生平，还是绘画，都具传奇色彩。如《历代名画记》言其于贞元末殁于润州，"举柩若空，时人皆云化去"②。平生嗜酒，大多数的日子里居无定所，遨游于江湖之间。他善画水墨山水，故时人又称其为"王泼墨"。作画也是别有奇法："每欲作图画之时，必待沉酣之后，解衣磐礴，吟啸鼓跃，先以墨泼图幛之上，乃因似其形像，或为山，或为石，或为林，或为泉者，自然天成，倏若造化。已而云霞卷舒，烟雨惨淡，不见其墨污之迹，非画史之笔墨所能到也。"③更有甚者，他还"以头髻取墨，抵于绢素"④。画法虽然狂放怪异，然而对山水景物的观察体验，却又十分重视和细致。传说他为观察海中山水，曾请求担任海中都巡。任职半年后辞去，从此"落笔有奇趣"。作品据《宣和画谱》著录，有《严光钓濑图》《奇松图》两幅。

对王默的画，评价不一。张彦远认为"虽乏高奇，流俗亦好"，"余不甚觉默画有奇"。⑤《宣和画谱》则谓其"自然天成，倏若造化"，"知洽泼墨之画为臻妙也"。⑥

唐文凤的说法，是有道理的。李唐虽不是如王默般的狂放之士，绘画也不

---

①〔明〕田汝成：《西湖游览志余》卷一七，上海古籍出版社1998年版，第260—261页。

②④⑤〔唐〕张彦远：《历代名画记》卷一〇，于安澜编《画史丛书》第一册，上海人民美术出版社1962年版，第125页。

③⑥《宣和画谱》卷一〇，于安澜编《画史丛书》第二册，上海人民美术出版社1962年版，第104页。

是王默的泼墨之法，但在用水、用墨的淋漓多变和“自然天成，倏若造化”的境界上有会通之处。结合唐代浙江地区已然出现的水墨画创作传统和画派的情况，似乎可以对“南宋四家”水墨淋漓的绘画风格作一番追根溯源的探究。

唐代的浙江，从画家创作的层面来看，已经形成水墨山水的创作传统和画派。从郑虔、项容、王默、顾况、张志和、朱审直至辩才，以水墨尤其是墨色的变化写山摹水，是创作的共同特点。他们或为浙江本地人士，或为活动于浙地的官员、画家。他们之间或有师生的传授，或有画技的交流，发展脉络清晰，至王默、顾生而更成大泼墨山水的神妙境界。①

而在画家之外，王默这种取泼墨自然之象拾掇以成画作的画法，也已得到大众的欣赏，“流俗亦好”。不仅王默如此作画，其弟子顾生比之更为挥洒，“先布绢于地，研调采色，使数十人吹角击鼓啖叫。顾子着锦袄锦缠头，饮酒半醉，取墨汁写绢上，次写诸色，以大笔开决，为峰岳岛屿之状，曲尽其妙也”②。

这样主客观两个方面的结合，可见自唐代开始，水墨山水画就已经产生、流布于浙江，与董源的绘画同为一体，是江南画的重要组成部分。这种画风不仅与青绿山水迥然相异，且大有后来居上之势。从绘画史的发展来看，在中国传统绘画中占有重要地位的水墨山水画，它的起源和流绪，都与江南尤其是浙江关系密切。

无独有偶的是，李唐正是来到杭州之后，才发生了他绘画风格上的这种变化。当然，这种变化的原因，离不开他自身的艺术修养和探索、创新的勇气与能力，但是如从客观外在的方面去分析，浙江已有的水墨山水画传统，浙江烟雨朦胧、清润淡远的山川景致，浙江对于水墨山水的认可和接受，都是促成李唐山水画风格之变的历史机遇和必要条件。

---

① 关于这些画家的水墨山水创作及其互相之间的师承、交流情况，详见笔者拙作《浙江绘画史》，杭州出版社2005年版。

② 〔清〕孙岳颁等：《佩文斋书画谱》卷四八，四库本，第821册，第96页。

第六章　艺术价值和地位

李唐绘画与南宋画院

元人饶自然《山水家法》称李唐“作人物屋宇，描画整齐，画水尤觉得势”，“南渡以来推为独步，自成家数”。[①]这是对李唐绘画创作的一个全面的评价。

就山水画而言，陈传席提出了一个“南宋山水画系无旁出”的观点：

> 南宋画院复置时，原北宋画院的画家回到画院者不是太少，但其中年纪最大、水平最高的当首推李唐。再加上宋高宗极喜李唐的山水画——这一条恐怕有决定作用。无疑，李唐的画就成为画院画家们临摹的典范，而李唐也将成为新入画院画家的拜师对象。南宋画院一直没有输入更优秀的山水画时，李唐和他的画就成为惟一的宗师。第二代的画家全是崇师李唐的，无疑第三代又是李唐的再传，第四代又是李唐第三代的再传，其中虽有变化，但终不出李唐法门。……李唐画系，支配南宋一代，系无旁出，正是那个时代的特有产物。[②]

① 〔清〕厉鹗：《南宋院画录》卷二，于安澜编《画史丛书》第四册，上海人民美术出版社1962年版，第7页。

② 陈传席：《李唐研究》，《陈传席文集》（2），河南美术出版社2001年版，第585—586页。

其依据是因为北宋末年所有的画作全被金人掳掠，没有一张画留给南宋小朝廷。南宋时代如果还有北宋及以前的绘画的话，那只能是民间收藏品，数量是极少极少的。南宋画院既然没有历代绘画遗品，那就失去了画家临摹学习的典范。而中国绘画向来重视传统，以“传移摹写”为先，在失去了作为临摹典范的传统绘画情况下，南宋画院的山水画家只好向李唐学习。

今天看来，作为南宋院体山水画重要标识的局部构图、斧劈皴等等，都创自李唐，对南宋山水画确实影响巨大，传承者除人们熟知的刘、马、夏外，在现今可见的众多佚名的南宋山水画作中，也可以看到这种面貌。

山水画之外的其他画科，也有相似的情形。以李唐擅长并知名的牧牛题材图为例，《画继补遗》记：“阎次平……写山水、水牛，仿佛李唐。”①《图绘宝鉴》记：“阎次平……画山水人物，工于画牛。次平仿佛李唐。”②阎次平是绍兴年间画院待诏阎仲之子，他的画虽不及李唐，但从现存的阎次平《牧牛图》看，画的牛形象精确，神态逼真。陈衎题阎次平《风林放牧图》云：“宋时朱羲、祁序与李唐，皆工画牛，得荒闲野趣。右树木笔墨绝似李，而坡石皴法又不类，传云‘次平学李唐，而工画牛’，得无是耶？凡鸟兽皆迎风立，画上树叶离披，老牧掩面支策，牛独举首，掀鼻当风，其神情融景会趣，盖善得物情，非徒粉绘也。”③

但是，说“李唐画系，支配南宋一代，系无旁出”，则似太过绝对。

一是南宋画院不是没有绘画遗品。对此前文已有详述，宋高宗经苦心搜寻，积累了一定数量的历代法书名画，检阅《南宋馆阁录》《南宋馆阁续录》二书，有多处说及南宋高宗、宁宗等朝的书画收藏情况。

如不知撰者姓名的《南宋馆阁续录》卷三《储藏》记载：

---

①〔元〕庄肃：《画继补遗》卷下，中国美术论著丛刊本，人民美术出版社1963年版。

②〔元〕夏文彦：《图绘宝鉴》卷四，于安澜编《画史丛书》第二册，上海人民美术出版社1962年版，第102页。

③〔清〕厉鹗：《南宋院画录》卷四，于安澜编《画史丛书》第四册，上海人民美术出版社1962年版，第68页。

> 山水窠石一百八十一轴：李昭道避暑宫一，王维山水二，韦偃松二，孙位雾锁山寺图一，张璪松石一，关仝山水三、窠石二，唐希雅竹石图一，厉归真秋塘图一，李升山水二、峨眉寿山图一、青城寿山图一，郭将军窠石一，荆浩山水二、江村早行一、江村忆故图一，蒲宗训山水三，孙可元山水图一，宋珏山水一，程坦山水二，陈旸古松二，张举山水四，李茂雪景二、学董源小寒林二，李公年桃溪春色一，黄筌秋塘图一、水墨湖滩风竹二，符道隐山水二，范宽山水十、岩岫兴云图一、河山图一、寒林一、雪景三、冬景山水一、雪景山水二、雪山二，王端松轩图一、才子渡寒林一，许道宁山水七、寒林六、寒江晚渡一、窠石二、夏山图二、太华中条终南紫阁四、山四、秋江野渡二，董源山水七、寒林二、着色庐山图三、窠石一，巨然山水八、秋山一、万壑松声图一，郭熙山水三、寒林二、秋景一，崔白山水一、风雨图一，李成山水四、雪猎图二、小雪图三、大寒林四、江南避暑图一，文仝寒梢一，王士元晓云出溪一，燕肃山水二、寒林五、长春图一，燕文贵山水四、屋木山水一，王侁着色山水一，宋复古风雨松图一，士雷小景一，宗妇曹氏蓼岸图一，吴元瑜秋汀图一、夏岸图一，赵大年小景四、云溪图二，郭忠恕避暑宫一。不知名氏者一十五轴：山水六，楼观山水二，水墨风雨山水一，学高克明山水二，学范宽山水一，学巨然山水一，雪山二。①

其中大都为画史留名的著名画家如王维、关仝、范宽、董源、巨然、李成、燕文贵等人的作品。加上同书记载的其他画作，如宋徽宗御画14轴，宋徽宗御题画31轴、宣圣像4轴、道佛像173轴、古贤像61轴、鬼神38轴、人物139轴，不知名氏21轴、杂画10轴，不知名氏5轴、花竹翎毛311轴、畜兽117轴，不知名氏14轴、虫鱼19轴，共计1100轴左右。这样的规模，如若暂且按下质量不表，仅从数量言之，与宋徽宗列“十四门总一千五百件”的《宣和睿览集》，也是有得一比的了。

① 〔南宋〕佚名：《南宋馆阁续录》卷三，四库本，第595册，第478页。

二是当时南渡过来的除李唐外，在北宋时同为宣和画院画师者，据《图绘宝鉴》记载，一共是13名。其中不乏李迪、李安忠、苏汉臣等名家，山水方面则有杨士贤、朱锐、张浃、顾亮等：

杨士贤，宣和待诏，绍兴间至钱唐，复旧职，赐金带。工画山水人物，师郭熙，多作小景山水。林木劲挺，似亦可取。

朱锐，河北人，宣和画院待诏，绍兴间复职，授迪功郎，赐金带。工画山水人物，师王维。尤好写骡纲、雪猎、盘车等图，形容布置，曲尽其妙。

张浃，宣和画院待诏。画人物山水，师郭熙。绍兴间复官，赐金带。

顾亮，宣和待诏。师郭熙，画山水人物。与张浃同流落江左，宫观寺院，画壁糊口。绍兴间复职，赐金带。[①]

这些画师今天看来虽无煊赫名声，但在当时能够进入宣和画院，也绝非等闲之辈。而且就是在绍兴画院，也多有被赐金带者，自非俗流。他们各自都有自己的师承，如王维、郭熙、家传等等，自然不可能只唯李唐之作是摹。

三是当时画院风格多样，不可能“系无旁出”。据《图绘宝鉴》的记载，其时山水、花鸟、人物、佛道、鬼神、畜兽、骡纲、雪猎、盘车等题材的多样不必说，界画、工笔、青绿等形式上的多样，曲折、烦冗、谨密等布局上的多样，劲挺、富丽、精致等风格上的多样，即使只看以上这几位画师，已经就有许多的不同，更遑论绍兴以后那么多的画师了。

四是李唐自己也是风格多样的。南渡以后李唐画风如上所述的变化，是其山水画创作的新风，但并不能表明李唐只有这一种画法。其实宋高宗题了“李唐可比唐李思训”那句名言的《长夏江寺图》，就是一幅青绿设色的山水画，由此起码可见宋高宗此时雅爱的，是李唐的青绿山水，同时是以中国青绿山水的代表人物李思训为标准来衡量和评价李唐的。因此，我们还不能凭此推出因为宋高

① 以上所引均见〔元〕夏文彦：《图绘宝鉴》卷四，于安澜编《画史丛书》第二册，上海人民美术出版社1962年版，第101—102页。

〔南宋〕李唐《长夏江寺图》（局部），绢本设色，全图43.8厘米×246.2厘米，故宫博物院藏

宗推重李唐，而使李唐的新式山水在画院里成了代代传承的范式，“系无旁出”。

身后传承

李唐的绘画艺术在当朝及其后世，都受到人们的肯定，作品成为收藏的珍品。举例而言，据《南宋院画录》引《书画汇考》的记述，宋宗室赵与懃家中，就藏有李唐的《长夏江寺图》《晚霞横月图》《清晓卷舒图》《烟林春牧图》《江堤呼渡图》《江天暮雪图》《列子乘风图》《采薇图》《贺监游湖图》《雪溪停棹图》《卢仝烹茶图》等多幅作品。

在《书画记》《妮古录》及《画法年纪》等书中，还可以发现一个有趣的现象，就是李唐的作品，多为江南人尤其是浙江本地人收藏：

> 松郡顾光禄家藏李唐画《月团初碾沦花瓷对图》。（《妮古录》）
>
> 李唐《高士鼓琴图》绢画一幅，一人坐古木下，对泉鼓琴，觉泉音琴声在耳，神品也。上有项墨林鉴赏图书。观于嘉兴守李公署中，甲午三月九日。（吴其贞《书画记》）
>
> 李唐《枯木寒鸦图》绢画一卷，画法荒秀，草中尚有剩雪，盖得雪景真意，为妙品。卷后沈麟题。又附宋昌裔《秋风诗》一首。在杭州六月望，

观于绍兴吕锦城手。（吴其贞《书画记》）

李唐《夜游图》大绢画一卷，画法高简，树木特胜，墨色淋漓，气韵浑厚，神品也。观于扬州王晋公寓舍。（吴其贞《书画记》）

李唐《万松宫阙图》，绢画一大幅，画群松于壑内，两边斗立方块峻峰，左低而右高。左有水流，下松壑而出；右有水流，下宫阙而出。下段石坡，皆为斧劈皴；上段峰头，盖用侧笔直皴。画法清润，结构高妙，为李之神品。在杭城得于绍兴王氏家人手，己酉十二月三日。（吴其贞《书画记》）

李唐《雪溪捕鱼图》绢画一幅，运笔苍健，气韵生动，为宋代神品。观于绍兴朱九老家，辛亥五月之望。（吴其贞《书画记》）

张宁《李唐画卷跋》："嘉兴通判易公所藏李唐画卷，山水疏廓，树石淹烂，峰峦径路，林桥野屋，蓊郁苍茫，得沿洄起伏近远之势。其间人物境界景色，耕樵渔叟，凫鹭汀沙，上下相映，展玩间欲使人忘其为画。但笔意甚远，而楮墨不周，恐有断裂不完，非全稿也。予尝见唐画浅色山水，皴法有抹断而无皴纹，用笔甚老简，人物却甚精到，对面欲语。高宗尝许其可比李思训，此则化小斧劈为皴，泉木皆相等，惟水涘侧笔，如飞白状，殊不侔也。岂自古名家，固多变笔，而不变法耶？"（《方洲集》）

对其作品的评价，也是比较普遍一致的赞赏之声。

吴其贞《书画记》称："李唐《雪天运粮图》一小幅，画法纵横，草草而成，多得天趣，识三字曰'李唐画'。"

朱彝尊《曝书亭集》跋李唐《长夏江寺图》称："观其画法，古雅深厚，宜为思陵所赏。卷首题曰：'李唐可比唐李思训。'按：宋人着色山水，多以思训为宗，盖春山薄而秋山疏，惟夏山利用丹墨，思陵比之思训，可谓知言也已。"

《元文类》引元代虞集跋李唐山水称："此画乃直如书字，正得古象形之意，甚为可嘉。"

《画法年纪》引郭础跋李唐画称："李唐画法，古厚中自有生气欲动，不必专以界画为工；后人则步步邯郸，虽以江南第一风流才子为之，犹有遗恨，况其下焉者乎，吾每欲为古人解嘲。"

邹迪光《石语斋集》跋李晞古《夷齐采薇图》称：“评绘事者，谓宋之晞古，似唐之思训，而人物兼擅，画牛更精。此卷《夷齐采薇图》，二人对语，酷有生态。一树离奇偃蹇，一树叶欲脱不脱，信腕挥运，自生妙理，真大匠手也，当时之评，固无虚语。”

莫廷韩《莫廷韩集》跋李唐《关山雪霁图》称：“李唐《关山雪霁图》一卷，人物树石，笔势苍古，冲寒涉险之态，曲尽其妙，非后人所能仿佛也。题款著枯干中，甚奇，精密几不能辨。此卷不经好事赏鉴，犹然泥沙。令入薛、米诸人手，必倾囊见珍矣。”

在董其昌的南北宗论中被列为南宗山水画派的文人画大家，以及他们交往圈中的文人、学士、道人、画家，如赵孟頫、唐寅、张雨、朱德润等等，也对李唐的绘画艺术有着由衷的欣赏与褒奖。例如对李唐的一幅名作《长江雨霁图》，以上诸人都曾或作诗或题跋，雅玩评赏：

张雨：“日暮空林新雨过，茅堂咫尺寄岩阿。携琴若到王门去，输与寒江一钓蓑。”

朱德润：“岩阿雨过绿生烟，江阔云低不夜天。岩石漫镌元祐字，画图犹记绍兴年。”

黄溍：“长江雨霁见前山，老树如云苍莽间。景物壮年曾历览，白头奔走未知还。”

赵孟頫：“李唐山水，落笔老苍，所恨乏古意耳。然自南渡以来，未有能及者，为可宝也。”①

从中国绘画发展的历史看，后世对李唐及其“南宋四家”艺术成就的传承，经过几个阶段的不同变化。

南宋以后，元初画坛以赵孟頫为代表的南方画家和以高克恭为代表的北方画家，一反南宋院画的风格，致力于从晋唐北宋的绘画传统入手，提倡“古意”，力行“书画同源”，直接将元画导向了文人画的轨迹，为元中后期以“元

① 以上所引均见〔清〕厉鹗：《南宋院画录》卷二，于安澜编《画史丛书》第四册，上海人民美术出版社1962年版，第10—24页。

四家”为代表的文人画的兴盛开启了先声。但是这些画家对“南宋四家”的艺术成就和绘画技法，并不都是彻底的否定和排斥，而且对他们的绘画技法，也多有学习借鉴。我们前面引用过的和后文将会引用的他们对“南宋四家”的赞誉，都可以说明这一点。

虽然元代的山水画坛是“元四家”一统天下，但在浙江，由于孙君泽等人的努力，南宋马、夏山水的遗风仍然得以延续，从而成为著名的浙派山水的先驱者。

孙君泽（生卒年不详），杭（今浙江杭州）人。元初画家，工山水、人物。学马远、夏圭，水墨苍劲，多作斧劈皴，为明代浙派所推崇的画家。传世之作有《荷亭消夏图》，笔法布局属马远的绘画风格，兼具界画楼阁的工整风貌。

从明代宣德开始，直至弘治时期，南宋院画风格逐渐在画院中占了主流。这一方面与画家的创作倾向有关，另一方面也在于帝王的提倡。比如明成祖是反感马、夏画风的，因此元画的风格是当时的主流。到了弘治年间，明孝宗却是喜爱南宋院画的，他就把自己最欣赏的画家王谔，比作了“今之马远”。这个王谔，是浙江籍画家，同为浙江画家的钟钦礼，也是出入于马、夏画风的一位名家。

钟钦礼[①]（生卒年不详），号南越山人，上虞人。为成化间蜚声画坛的宫廷画家。善画云山草虫，被画史誉为浙派后期的著名画家。明孝宗曾观其作画，十分赏识，呼为“天下老神仙”，钟钦礼遂以此刻制图章，佩而用之。钟钦礼在师法古人的同时，也颇重师法自然山水。他的家门正对南山，山上古松参天蔽日，垂荫翳翳。他每日都箕踞在古松之下，观赏玩味峰峦云气的变幻，从中参悟笔墨的表现方法。一到兴会得意之时，便起而奋笔作画。据《越画见闻》记载，当时流传的一幅作品《云山》，“云气浓郁中，若有天风冉冉，展玩间虽酷暑亦生凉”[②]。今观其《观瀑图》，确有一尘不到、酷暑生凉的境界。

王谔，字廷直，奉化人。弘治间以善画供奉仁智殿，深受宠遇，被明孝宗

① 〔清〕陶元藻《越画见闻》卷上称：“钟礼，字钦礼。”于安澜编《画史丛书》第四册，上海人民美术出版社1962年版，第13页。

② 〔清〕陶元藻：《越画见闻》卷上，于安澜编《画史丛书》第四册，上海人民美术出版社1962年版，第13页。

称为“今之马远”。正德初年，授锦衣卫千户，明武宗还钦赐图书，荣极一时。

王谔山水宗法唐宋以来诸名家，尤以马远、夏圭为师，不仅得淋漓苍劲之致，在构图、树石、山峰、楼阁的描绘上，也多有取用之处。王谔还善以自然为师，举凡奇山怪石、古木惊湍之类，无不悉加临摹，尽得其妙。

王谔作品有《踏雪寻梅图》《月下吹箫图》《江阁远眺图》《溪桥访友图》《策彦归朝图》等。《江阁远眺图》（藏北京故宫博物院）右下部画面画近景中烟岚轻掩的山石江阁，左上部画面画远景中水汽氤氲的群峰与舟船，中景则是一片辽阔的江面。作者以江阁之上士子远眺的视线，将全图构成一个整体，虚实相间，空灵清幽。构图、意境以至树石之法，既可见马远的韵致，又有自己的创造，此图堪称代表作。

明代前期戴进等人力学李唐、马远、夏圭，卓有成就，影响甚大，从学者甚众，形成了画史上第一个以地区为名的画派——浙派。浙派乃是李、马、夏画派的延续，山水取法于李唐、马远和夏圭，多作斧劈皴，行笔有顿跌，有铺叙远近、疏豁虚明的特色。浙派山水以戴进为创始人，戴进技艺高超，追随者极众，逐渐形成一派。董其昌在《容台集》中说：“国朝名士，仅戴进为武林（杭州）人，方有浙派之目。”[①]因他是浙江人，故名之为“浙派”。

在明代中叶之前，画家如陈景初、钟钦礼、王谔、朱端、陈玑、夏芷、方钺、王世祥等，都属浙派。其他如郭诩、杜堇、李在等，也具此派特点。明代中叶以后，吴门派兴起，浙派虽有郭岩、仲昂等继其画风，总已是强弩之末，难以与之抗衡。

戴进（1388—1462），字文进，号静庵，又号玉泉山人，钱塘人。出身于画工家庭，从小受到绘画艺术的熏陶。学画不久，随父被征，入宫作画。此时，他在绘画上的造诣已是非常全面，山水、人物、花草、瓜果、翎毛无不精通。其画山水画继承南宋水墨苍劲一路，受李唐、马远的影响较大，也吸收了董、范等诸家之长。

戴进的传世作品较多，许多作品如《春山积翠图》《风雨归舟图》《夏山避

① 〔清〕孙岳颁等：《佩文斋书画谱》卷一二，四库本，第819册，第384页。

暑图》《关山行旅图》等，铺叙远近，行笔顿挫，表现山石多用斧劈皴，水墨淋漓，足以代表他山水画的主要成就。《风雨归舟图》（绢本，浅设色，台北故宫博物院藏），用笔挺劲，虚实相间，着意于表现雨暴风狂的气势。略有院体遗风，更多的则是浙派山水的创新面目。

戴进的作品在明代即已享有很高声誉。《七修类稿续编》称其为“画中之圣”。《两浙名贤录》谓其“画集诸家之大成，山水、人物、花草、翎毛无不精妙。……晚年尤纵逸出畦径，自成一家，真皇明画家第一人，足以照映古今者也”[①]。《画史会要》赞为“真画流第一人也”。李开先《中麓画品》认为戴、吴山水，兼有“神、清、老、劲、活、阔”的特色，其大笔山水笔法纵横，妙理神化，一般山水也能传达“笔法简俊莹洁，疏俗虚明”或“含滋蕴彩”“生气蔼然”之妙。就是认为浙派多“恶习”的董其昌，也很称赞他的作品。

明中期，吴伟、张路、蒋嵩等也力学李、马、夏，形成了“江夏派”，属浙派一路。

浙江之外，在明代文人画中心地区的江苏，画家们也受到李唐画风的影响。以唐寅为例，唐寅开始宗南宋院画的作品颇多，如《华山图》就以学李唐早期作品为基础。其他如《茅屋风清图》《雪山行旅图》《高山奇树图》《清溪松荫图》等画中的大小斧劈皴、坚实峭拔的山体、方硬的山石结体、奔流腾跃的山涧、飞流急泻的瀑布、山腰缭绕的白云，以及《函关雪霁图》中的雪景，都是李唐的手法。

明末董其昌提出山水画南北宗论后，以李、刘、马、夏为代表的南宋院体山水画遭到否定。其中的原因，一方面直接受累于它盛大的声名。在它巨大的从学队伍中，未免鱼龙混杂。一班附庸风雅之士，抑或技法粗疏之徒，既不能体会李唐等人的胸中丘壑，也没有严谨的笔墨。其中浙派后期和江夏派的一些画家，行笔粗莽，多有粗简燥硬的笔墨出现，被文人画家或崇尚文人画的评论家视为“徒逞狂态”的“邪魔”“邪学”，成为明清鉴赏家、画家攻击南宋院体山水画和浙派粗狂草率的一种理由，以致其在画史上名声不佳。

---

① 〔明〕徐象梅：《两浙名贤录》卷四九，浙江文丛本，浙江古籍出版社2012年版，第1256页。

另一方面，明清文人画家、评论家也有他们自己的问题。这些崇尚以书法入画、以“墨戏”寄托“闲情逸趣”、以“利家”自居的人们，也有思想、识见的褊狭，我们大可不必将他们的言论都拿来奉为金科玉律。

〔南宋〕李唐《灸艾图》，绢本设色，68.8厘米×58.7厘米，台北故宫博物院藏

刘松年传

小 引

杭州西湖曼妙多姿，丽质天成，明明媚媚地照亮着人们的眼。这样的美，在丝绢笺素上定格成为历史的记忆，以艺术的身份流传。画家们用绘画的行为将清丽、细腻、典雅等美好意趣，注入西湖千百年的演进中，为西湖陶冶出了诗意的气质和精致的品位。

西泠桥畔，绘画大师黄宾虹的塑像面湖而立，深情地注视着西湖的云水烟波。这样的姿态，很容易让我们想起众多与他一样的西湖画人和西湖悠久的绘画传统。南宋的刘松年，无疑是这个艺术传统重要的开启者，他原本应该与宾虹老人一起站在这里，与西湖同生俱荣，然无情的岁月将他湮没得太深太久。

第一章　画家生平

主要史料汇集

为古代画家立传的依据，主要来自历史上关于其生平事迹和作品的文字、图像资料记载。就“南宋四家”研究而言，这些资料具体可见为：

一、文字资料

一是宋元时人亲见与传闻的实录类记载，如南宋邓椿的《画继》；二是历代对其流传画作的赏析与记述；三是后世文人对其画作的诗文题跋。

后面两类多见于《图绘宝鉴》《画继补遗》等画史著述中，清人厉鹗的《南宋院画录》搜集得最为全面。

在中国传统社会里，绘画虽有人伦教化之助力，但究其根底还是娱兴之事。职业画人作为技艺之徒，身份、地位低下，文献中有关他们的文字记载极为鲜见，而土墙、绢帛、纸张上的画作也难以长久流传，故其生平事迹很难为后人所详知。当然，身为贵族士人而兼善画艺者不在此列。

宋元以后，文人画兴起，文人画家不仅社会、经济地位较高，而且生平事迹凭借其诗文著作及其他文献的记载得以流传，声名亦借此得以远播。但这并不能改变类似民间画工、宫廷画师这样的职业画人的社会境遇，而且还在艺术创作的领域之内给予他们更加无情的打击。在文人画占尽画坛春色的审美主流里，职业画人相形见绌，“形似”“匠气”等评价让他们在失去应有的社会地位的同时，更进一步地失去应有的艺术地位。这样的打击，乃是毁灭性的打击，使他们在历史的河流里成为沙砾，或被淹没，或自沉沦，即使有载沉载浮的零星闪现，也远不足以让我们看清他们的基本面目。这样的情形既是他们人生的宿命，也是他们在文字构筑的文化传统中的遭遇。我们今天只要检核相关文献，就不难发现关涉他们的文字简略至极，在正史、地方志与文人的诗集、文集、笔记中难得一见，既难勾勒生平事迹的全貌，也串不成人生演进的纵线。且这简略的文字，还多有重复、讹误、矛盾之处。

有关刘松年生平的文字记载，据笔者的检索查阅，在正史、地方志，以及元、明人的文集、笔记、画史中有简略记述。现择其要者，列之如下：

《画继补遗》卷下："刘松年，钱唐人，家暗门，时人呼为暗门刘。画院祗候，工画道释人物山水，颇恬洁，与张训礼相上下，但平坡远岸，不及之尔。"①

《图绘宝鉴》卷四记："刘松年，钱唐人，居清波门，俗呼为暗门刘，淳熙画院学生，绍熙年待诏。师张敦礼，工画人物山水，神气精妙，名过于师。宁宗朝进《耕织图》称旨，赐金带。院人中绝品也。"②又载："张训礼，旧名敦礼，避光宗讳，改今名。学李唐画山水人物，恬洁滋润，时辈不可及。刘松年师之。一说着色青绿如赵千里笔法。"③

《画史会要》："刘松年，钱唐人，居清波门，俗呼为暗门刘。山水人物师张敦礼，而神气过之。宁宗朝进《耕织图》称旨，赐金带。院中人绝品也。"④

《居易录》："宋驸马都尉张敦礼（避光宗讳，改训礼），哲宗之婿，人物树石仿顾陆，刘松年之师也。"⑤

《绘事备考》："刘松年，钱塘人，居清波门，因呼为刘清波。画山水、人

---

①〔元〕庄肃：《画继补遗》卷下，中国美术论著丛刊本，人民美术出版社1963年版，第13页。

②〔元〕夏文彦：《图绘宝鉴》卷四，于安澜编《画史丛书》第二册，上海人民美术出版社1962年版，第103页。

③〔元〕夏文彦：《图绘宝鉴》卷四，于安澜编《画史丛书》第二册，上海人民美术出版社1962年版，第105—106页。

④〔明〕朱谋垔：《画史会要》卷三，四库本，第816册，第491页。

⑤〔清〕厉鹗：《南宋院画录》卷四，于安澜编《画史丛书》第四册，上海人民美术出版社1962年版，第73页。

物，神气清妙。初师张敦礼，后乃胜之。嘉定末，进《耕织图》称旨，授画院待诏，赐金带。”①

《画传》：“刘松年多作雪松，四围晕墨，松针先以墨笔疏疏画出，再以草绿间点，其干则用淡赭着半边，留上半者雪也。”②

《风雨归庄图》：“团扇，绢本，淡色。江山风雨，一人舣舟断岸，一人张盖渡桥，款书‘刘松年’，书左角下。初披之，以为北宋范中立，已从石角中得刘松年款，盖松年脱去南宋本色，作中立得意笔法耳。其昌。”③

“暗门刘《丝纶图》，长松覆前，远山耸后，庭槛缀花石殊幽旷，檐间一姬拗纶，一妪治丝，一侍儿捧茶，不襦而露纤红，故北妆也。笔法细润有生气，标题作马远。万历壬子秋，余在白下，得之润州吴汝廷，历三十余年，无有知其非远者。今崇祯壬午秋，付装潢，渊儿于松身识其款曰‘松年’。蝇头小楷，杂鳞纹墨渍间，不复可辨，有如当时称之为暗门刘者，今一旦豁然，恍睹其人，可胜抚掌称快。槜李汪砢玉乐卿甫题于韵石斋。”④

明鉴赏家张丑：“西湖风景松年写，秀色于今尚可餐。不似浣花图醉叟，数峰眉黛落齐纨。”⑤

因为史料太过简略，详考画家的确切生平十分困难。而且这些史料在经过了学者们的详加考证之后，其粗疏随意的记载和不加辨析的辗转抄袭等缺憾，更是显露无遗。

二、图像资料

图像资料主要是指今日可见的那些被称为刘松年作品的存世画迹。

古代绘画作品的可靠与否，是一个很难定论的问题。就刘松年的作品而言，《中国历代画目大典（战国至宋代卷）》里列有《秋窗读易图》、《雪山行旅图》、《十八学士图》、《醉僧图》、《溪亭客话图》、《唐五学士图》（《十八学士图》摹

① 〔清〕王毓贤：《绘事备考》卷六，四库本，第826册，第263页。

② 〔清〕厉鹗：《南宋院画录》卷四，于安澜编《画史丛书》第四册，上海人民美术出版社1962年版，第73页。

③ 〔清〕卞永誉：《式古堂书画汇考》卷三三，四库本，第828册，第435—436页。

④ 〔明〕汪砢玉：《珊瑚网》卷三〇，四库本，第818册，第574页。

⑤ 〔明〕张丑：《清河书画舫》卷一二下，四库本，第817册，第507页。

本之一)、《丝纶图》、《补衲图》、《罗汉图》(又称《猿猴献果图》)、《罗汉图》(两幅，均有款，署“开禧丁卯，刘松年画”)、《秋林纵牧图》、《瑶池献寿图》、《撵茶图》、《天女献花图》、《柳阁幽谈图》、《真迹》、《蜀道图》、《卢仝煮茶图》、《圆泽三生图》、《松下双鹤图》、《高山流水图》、《兰亭修禊图》、《成王问道图》等24幅未见真赝争议记载的作品。[①]其他如《南宋四家画集》[②]《中国古代书画目录》[③]《中国绘画全集》[④]在真迹的判定上都各有己见。

此外如《四景山水卷》《中兴四将图》等以前多定为刘松年真迹的作品，现在都已被重新判定为非刘松年所作。[⑤]

由于南宋绘画作品的历史太过久远，流传过程中又有太多的不确定因素，加之文献记述不详、考古实物缺失等多种原因，致使作品的真伪判别往往多有分歧争议，原本确定无疑的作品不断遭到质疑，原已佚失的作品却又时有出现。这种作品真伪的不确定性，给我们研究画家及其作品带来极大的，有时甚至是在现阶段几乎无法逾越的困难。

为此，笔者在本书中采取的方法是，就作品笔墨技法、绘画风格的叙述而言，以《中国历代画目大典（战国至宋代卷）》为基本依据，参考《南宋四家画集》《中国古代书画目录》《中国美术全集・绘画卷》等图集及相关研究，取其中定为可靠的作品予以分析。当然，笔者这样的取舍难免会有简单粗疏之弊，实是无奈之中的权宜之计，亟待识者方家的教正。

就作品题材内容的叙述而言，采取相关画史等历史文献著录与以上诸书综合分析之法，予以分析。

---

① 周积寅、王凤珠编著：《中国历代画目大典（战国至宋代卷）》，江苏教育出版社2002年版，第576—596页。

② 〔南宋〕李唐等：《南宋四家画集》，天津人民美术出版社1997年版。

③ 《中国古代书画目录》（第二册），文物出版社1985年版。

④ 《中国绘画全集・五代宋辽金》，浙江人民美术出版社1999年版。

⑤ 据《中国历代画目大典（战国至宋代卷）》第576页：《四景山水卷》“以前多定为刘松年作。中国古代书画鉴定小组定为宋人作”。第577页：《中兴四将图》（北京故宫博物院藏）“徐邦达：‘宋人画，未必刘松年笔。’”第578页：《中兴四将图》“中国古代书画鉴定组定为宋人作”。

生平事迹的探寻

一、可以确定的事迹

细读以上的文字、图像资料，有关刘松年的生平事迹，有这样几个方面的记载相对明确。

一是刘松年为杭州人，家居清波门外。

> 刘松年，钱唐人，居清波门，俗呼为暗门刘。

清波门，俗称“暗门”，位于杭城西南。南宋高宗绍兴二十八年（1158）“增筑城门，为门十三”，清波门是其中临湖的四门之一。

清波门曾是诗人、词客、散文家、画家的寓居之所。北宋词人张三影（张先，字子野）的旧庐在清波门外柳洲。南宋周煇寓居清波门之南，他的笔记即名为《清波杂志》。《武林旧事》的作者周密的故居也在清波门附近。

二是大致的活动时间与经历。

> 淳熙画院学生，绍熙年待诏……宁宗朝进《耕织图》称旨，赐金带。

淳熙是宋孝宗朝的年号，自1174年至1189年，历时16年；绍熙是宋光宗朝年号，自1190年至1194年，历时5年；宋宁宗朝则自1195年至1224年：这样共计50年。如果其成为画院学生之前的年纪以20岁估算，则首尾相连共计70年。这里，刘松年确切的年龄是计算不出来的，可以推算的是以宋高宗绍兴三十二年（1162）与淳熙元年（1174）之间12年的差距，则刘松年出生在绍兴年间的可能性是存在的。但是由于史料极度匮乏造成的南宋画院建制、画人职级及其升迁方式的难以明了，比如对于成为画院学生的年纪是否有上下限的规定，所以宋高宗朝的刘松年是否有绘画活动，不可得知。

由此，我们的结论是：刘松年大致的活动时期是12世纪末至13世纪初的南宋孝、光、宁三朝，也有可能可以上溯至宋高宗朝。他是一位职业宫廷画师，走过了宫廷画师由学生至待诏的职业生涯。由于画艺高超、尽心守职、遵旨绘制的《耕织图》称宋宁宗之意，而获赐金带的荣享。

三是刘松年的绘画师承。

> 师张敦礼，工画人物山水，神气精妙，名过于师。……张训礼，旧名敦礼，避光宗讳，改今名。学李唐画山水人物，恬洁滋润，时辈不可及。刘松年师之。一说着色青绿如赵千里笔法。

这个记载透露了刘松年的绘画师承，来自三个方面：一是张训礼；二是通过张训礼的师李唐而间接地师从李唐；三是赵千里，即赵伯驹。

四是画幅上有确切纪年的作品。

这样的作品有：《罗汉图》，款署开禧丁卯；《罗汉图》，款署开禧丁卯；《罗汉图》，款署开禧丁卯；《醉僧图》，款署嘉定庚午。①

“开禧丁卯”即宋宁宗开禧三年（1207），“嘉定庚午”即宋宁宗嘉定三年（1210）。

二、推论和分析

除以上明显可见的生平事迹外，这些资料中尚有些许信息隐约透露，在此笔者结合当时杭州、西湖的历史背景，对刘松年的生平作些适当的推论和分析。

刘松年被时人呼为“暗门刘”，可见其与清波门的关系十分密切。从研究刘松年的角度来看，他家居清波门外，还有两个方面值得我们关注：

一是从清波门与当时南宋皇城的地理位置，看南宋宫廷画师的居住细节。

杭州城垣最早修筑于隋文帝开皇十一年（591），城的规模为“周回三十六里九十步”，具体的城址所在已不可确考。五代十国时期，钱镠以杭州为都城，建立吴越国，曾两次修建杭州城，都以隋唐旧州城城址为基础而有所扩充。城内再建造“皇城”（内城），城外包以“罗城”（外城）。南起江干，西到西湖、

---

① 另有《博古图》轴，款署“嘉定四年刘松年制”，台北故宫博物院藏，疑伪。

霍山（在宝石山北面），东北直达范浦（今艮山门外），城垣扩大到70里。当时的杭州城，东西狭窄，南北修长，形似腰鼓，所以有“腰鼓城”之称。宋高宗在旧城基础上营建都城，规模又有了扩大。其一是在吴越国的子城基础上修建皇城（即南宋皇宫），“周回九里”。其二是对“外城大有更易”，尤其是东南城垣作了扩展，使城市范围进一步扩大。

南宋初建的临安城，共有旱城门13座，它们是：西城的钱塘、清波、丰豫、钱湖；东城的便门、候潮、保安、新门、崇新、东青、艮山；南城的嘉会；北城的余杭。此外，又有水门5座：保安、南水、北水、天宗、余杭。诸旱门外建立半月形围墙，称为瓮城，用以加强城门的防御力量。其他诸门，建有城楼。先前土夯的城墙逐步改建为砖墙，经过维修与加固后的城墙，高达3丈，厚丈余，严禁闲杂人等攀登。城墙外周有十多丈宽的护城河，护城河两岸种植杨柳，禁止行人往来。

南宋皇城在临安西南的凤凰山东麓。这里原是北宋杭州的州治。建炎三年（1129）二月，诏以此地为行宫；绍兴元年（1131）十一月，诏守臣徐康国措置规划；宋高宗在位时，皇宫粗具规模，经宋孝宗及其后诸帝不断扩建、改建，南宋皇宫也称得上是规模宏伟、金碧辉煌。

关于南宋皇城的确切位置，《宋史》、“南宋临安三志”［《乾道临安志》（残）、《淳祐临安志》（残）、《咸淳临安志》］，及元、明、清文献中多有记述。如南宋赵彦卫《云麓漫钞》云：“所谓余杭之凤凰山，即今临安府大内丽正门之正面。按：山上有天柱宫及钱王郊坛，尽处即嘉会门。山势之西北来，如龙翔凤舞，掀腾而下，至凤凰山止。山分左右翼，大内在山之左腋，后有山包之，第二包即相府，第三包即太庙，第四包即执政府，包尽处为朝天门。”①

明代田汝成《西湖游览志》：“唐、宋以来，州治故在凤凰山下，南渡驻荦，因以为行宫，而万松、八蟠、介亭诸胜，皆列皇城之外。行宫比州治稍东南，至江干，皆禁籞也。”②

---

①〔南宋〕赵彦卫：《云麓漫钞》卷三，四库本，第864册，第289页。

②〔明〕田汝成：《西湖游览志》卷七，浙江人民出版社1980年版，第72页。

其他如元代陶宗仪《辍耕录》引陈随应《南渡行宫记》、清代朱彭《南宋古迹考》、翟灏《湖山便览》等都有相关记载。而以《咸淳临安志》所载最为详尽，其中所载之《皇城图》《京城图》更是可据稽考的最为原始的图像资料。

当代学者根据以上文献资料的记载，结合考古发掘综合分析考证，对南宋皇城的大致方位作出许多探讨研究。如其一云：

位于杭州西南的凤凰山东麓，原为北宋时杭州州治。南宋建炎三年（1129）二月诏以为行宫。绍兴元年（1131）十一月诏守臣徐康国措置草创。绍兴二年九月，南门成，诏名曰行宫之门。绍兴十八年，名南门曰丽正，北门曰和宁，东苑门曰东华。孝宗及其后，行宫不断扩建、改建和修建。德祐二年（1276），元兵攻入杭州。元至元二十四年（1287），民居失火，飞及宫室，焚毁过半。杨琏真加言于朝，改垂拱殿为报国寺，改后殿为小仙林寺，改福宁殿为尊胜寺，改芙蓉阁为兴元寺，改和宁门侧为般若寺。从延祐到至正年间，诸寺第毁。明洪武二十四年（1391）重建报国寺，并立为丛林。到万历年间，大内尽圮。

南宋皇城的范围是：南至笤帚湾，西至凤凰山的山腰，东至中河南段以西，北至万松岭以南。

又有学者认为，皇城的南宫墙约在今宋城路、笤帚湾一线。北宫墙约在今万松岭路以北之凤山门旧址与凤山水门一线，它距北面的六部桥约60米。西宫墙沿凤凰山、九华山蜿蜒升降。今圣果寺遗址之南，有竖石刻“皇宫墙”三字，或为南首遗址。东宫墙的位置，《皇城图》已有所暗示，即东华门既在中河之东，则门内的皇城东部，均沿入宫中河两岸展开。[①]

其间虽有差异，但大致的方位还是比较一致。

有关南宋时期绘画机构设置的问题，已见前述，史料的匮乏致使历史事实的确定和原貌恢复具有相当的难度。从刘松年“居清波门外”的细节来看，当时的宫廷画师散居在皇宫大内之外的可能性是存在的。从地理位置来看，清波门与位于凤凰山的南宋皇宫之间的距离很近，南宋《咸淳临安志》所载之《皇城图》，只是简单的示意图，不足为测算距离的依据。我们以现在的杭州地图约

① 傅伯星、胡安森：《南宋皇城探秘》，杭州出版社2002年版，第37页。

略测算，从古清波门碑址至凤凰山脚万松岭一带，其直线距离在3千米左右。这样的距离不论乘轿还是步行往来，即使是每天如此，也都是完全可以胜任的。我们甚至可以反过来推理，是否就是因为皇宫内没有集中的居所，画师们才散居在外，而为了靠近皇宫方便工作，刘松年才会一直居住在清波门？

但是画师的散居在外，尚不能表明没有画院这个机构的设置。画院完全可以以不带宿舍的纯创作、办公机构的性质存在于皇宫内或外。刘松年家居清波门，只是史料透露给我们的一个历史信息，存此备考。

二是从清波门与西湖的地理位置，看刘松年绘画创作的场景。

清波门不仅靠近皇宫，与西湖的关系更是密切。南宋时的西湖在临安城外，清波门是直接临湖的四个城门之一。湖、门相连，景色宜人，人景相融，其乐陶陶："清波门外放船时，尽日轻寒恋客衣。花下笑声人共语，柳边樯影燕初飞。晓风不定棠梨瘦，夜雨相连荠麦肥。最忆故山春更好，夜来先遣梦魂归。"①

南宋杭州园林之多甲天下，园林家们凭借西湖的奇峰秀峦、烟柳画桥，博取各地造园之长，在园林设计上因其自然，辅以雅趣，形成了山水风光与建筑空间交融的风格，成为我国园林史上的重要一页。

清波门靠近西湖的地理之便，使其成为风景名胜的集聚之地和当时的旅游胜地。清波门外，西湖之畔，园林楼阁与湖光山色交相辉映，聚景、真珠、南屏等园圃都建在清波门附近的西湖南线一带，寺院观堂更是星罗棋布于其间。

聚景园是宋孝宗为奉养宋高宗而建。此地原有西园，为建聚景园拆了定水、水心、兴福、法喜等9座寺院。据《咸淳临安志》卷一三《行在所录》记载，当年聚景园的范围南起清波门外，北至涌金门外，东起流福坊，西临西湖，成为临安最大的御园。园内有含芳殿，瀛春、览远两堂，芳华、花光、瑶津、翠光、桂景、滟碧、凉观、琼芳、彩霞、寒碧等亭，还有柳浪、学士两桥。"叠石为山，重峦窈窕"，湖光潋滟，繁花似锦。春天牡丹如云，垂柳如幕，莺雀啼鸣，暖风荡漾；夏天千叶芙蓉，蝉声沙沙，天上清凉尽泻，人间炎暑消融。此

---

①〔南宋〕高翥：《春日湖上》，《菊磵集》，四库本，第1170册，第125页。

园是供帝后赏花歇凉之所，也是皇帝临幸最多的御园。[①]

其时“宏丽如湖山冠”的丰乐楼，宋高宗、宋孝宗四次到过的灵芝崇福寺，大有来头的显应观，等等，都在附近的南山路上。风光佳妙，引来诗人、词客、画家们的赞赏。

聚景园的北面是显应观，此观之建造缘于一个传奇。传说当年尚为康王的赵构第二次受命使金时，由滑、浚至磁州。磁州守臣宗泽认为：“肃王去不返，金兵已迫，复去何益，请留磁。”[②]赵构从宗泽之请循旧途南归。南归途中，因行路困乏，便于崔府君庙中小憩。据《大宋宣和遗事》的记述，赵构“依阶砌假寐，少时，忽有人喝：‘速起上马，追兵将至矣！’康王曰：‘无马奈何？’其人曰：‘已备马矣，幸大王疾速加鞭！’康王豁然环顾，果有匹马立于傍。将身一跳上马，一昼夜七百余里，但见马僵立不进，下视之，则崔府君泥马也。”[③]原来正是崔府君庙中的泥塑白马化作了神马，救了康王。崔府君即崔子玉，唐朝初年的河北磁州滏阳县令，“有异政”，民立祠以纪。崔府君救驾有功，被尊为神，封为“护国显应兴圣普佑真君”，观因名显应观。盛夏之时，此处岸柳蔽日，成为市民避暑之地。每年六月初六崔府君生日时，游人更盛。

显应观的重要地位决定了帝王对它的重视。在全杭州400余处宗教场所中，只有四圣延祥观和此处绘有精美的壁画，画师就是著名的萧照和苏汉臣，一个画山水，一个画人物。

灵芝崇福寺原为吴越王钱镠的故苑，因其间生出灵芝而舍以为寺，故名灵芝寺。寺有浮碧轩、依光堂，为新进士会年题名之所。此地佳景，有诗为记：“黄金匝地小桥通，四面清平纳远空。云气长扶天子座，日光浮动梵王宫。残碑几字莓苔雨，清磬一声杨柳风。沙鸟不知行乐事，背人飞过夕阳东。”（朱静佳诗）[④]

---

① 姚毓璆、郑祺生：《亭馆窈窕　丽若图画——杭州园林》，《南宋京城杭州》（修订版），浙江人民出版社1997年版，第163—164页。

② 《宋史》卷二四《高宗纪一》，中华书局1977年版，第440页。

③ 〔明〕洪楩等编：《大宋宣和遗事》，《京本通俗小说·清平山堂话本·大宋宣和遗事》，岳麓书社1993年版，第299页。

④ 〔明〕田汝成：《西湖游览志》卷三《南山胜迹》，浙江人民出版社1980年版，第26—27页。

在南山路的北端，有丰乐楼。旧为众乐亭，又改耸翠楼，北宋政和中改名丰乐楼，历为酒肆和朝绅同年会、拜乡会之地。此楼的妙处，在于“水月光中，烟霞影里，涌出楼台。空外笙箫，云间笑语，人在蓬莱。天香暗逐风回，正十里，荷花盛开。买个小舟，山南游遍，山北归来”（赵忠定《柳梢青》）[①]。

刘松年家居这样一处山水、园林、人文荟萃的清波门，日日面对西湖挥毫作画，于西湖的万种风情、诸般气象自多有会心处。于是，他的笔下就有许多西湖的云霭烟树，这些画作在精致的庭院里陪伴着帝王、贵族和士大夫们，度过他们的春夏和秋冬、丽日与良宵。

---

① 〔南宋〕周密：《武林旧事》卷五《湖山胜概》，浙江人民出版社1984年版，第67页。

第二章　西湖画人

南宋的西湖风月

徽、钦两帝远羁北国敌乡，河山万里俱成梦中忆想。帝国上下，有的是切齿切肤的遗恨、屈辱和一片痛彻心扉的哀伤。然而，生活终究还将继续。江南繁华富庶的天城杭州，便成了这半壁江山的苟安之都。皇帝驻跸了，皇城建起来了，皇亲国戚遍布全城，皇家礼仪深入民心。城市的生活、城市的风尚，都有了不同凡响的深刻变化。

在这样一个“皇”字的笼罩之下，西湖已不是一方宁静的自然山水。她被营造成为一个风月无边、活色生香的“销金锅儿”，政治的内涵和历史的况味，都因之变得意味深长。

南宋时期的西湖，“至绍兴建都，生齿日富，湖山表里，点饰浸繁，离宫别墅，梵宇仙居，舞榭歌楼，彤碧辉列，丰媚极矣”①。“绍兴间，辇毂驻跸，衣冠纷集，民物阜蕃，尤非昔比。”②

其时的湖山胜景，我们今日已难遥望。所幸有《梦粱录》《武林旧事》等书，作了详尽记载。

---

①〔明〕田汝成：《西湖游览志》卷一，浙江人民出版社1980年版，第4页。

②〔南宋〕吴自牧：《梦粱录》卷一二《西湖》，浙江人民出版社1980年版，第102页。

南宋时的西湖，具有天然风姿，风景的赏玩十分兴盛。其游览路线据周密《武林旧事》之《湖山胜概》记载，大致有南山路、方家峪、小麦岭、大麦岭、西湖三堤路、孤山路、北山路、葛岭路、北新路口、小石板巷口、石狮子路、西溪路、三天竺等，有园、楼、堂、观、院、寺、庵、宫、祠、堤、桥、亭、馆、洞、岭、泉、井、溪、涧等不同的人文与自然形制。其中人文景观以园囿、寺院最多，自然景观则山水林木各擅胜场。

吴自牧的《梦粱录》则为我们详尽铺陈了西湖及其环湖的孤山、苏堤六桥、集芳园、丰豫门、望湖楼、望湖亭等处的湖景和堤桥、楼阁、园圃等建筑。

> 湖山之景，四时无穷，虽有画工，莫能摹写。如映波桥侧竹水院，涧松茂盛，密荫清漪，委可人意。西泠桥即里湖内，俱是贵官园圃，凉堂画阁，高堂危榭，花木奇秀，灿然可观。有集芳御园，理宗赐与贾秋壑为第宅家庙，往来游玩舟只，不敢仰视，祸福立见矣。西泠桥外孤山路，有琳宫者二，曰四圣延祥观，曰西太乙宫，御圃在观侧，乃林和靖隐居之地，内有六一泉、金沙井、闲泉、仆夫泉、香月亭。亭侧山椒，环植梅花。亭中大书"疏影横斜水清浅，暗香浮动月黄昏"之句于照屏之上云。又有堂匾曰"挹翠"，盖挹西北诸山之胜耳。曰清新亭，面山而宅，其麓在挹翠之后。曰香莲亭，曰射圃，曰玛瑙坡，曰陈朝桧，皆列圃之左右。旧有东坡庵、四照阁、西阁、鉴堂、辟支塔，年深废久，而名不可废也。①

今日十分著名的苏公堤，在当时已是"自西迄北，横截湖面，绵亘数里，夹道杂植花柳，置六桥，建九亭，以为游人玩赏驻足之地。咸淳间，朝家给钱，命守臣增筑堤路，沿堤亭榭再一新，补植花木。向东坡尝赋诗云：'六桥横接天汉上，北山始与南屏通。忽惊二十五万丈，老葑席卷苍烟空。'"②

西湖边的园圃，也已有了不同凡响的规模。"如钱塘玉壶、丰豫渔庄、清波聚景、长桥庆乐、大佛、雷峰塔下小湖斋宫、甘园、南山、南屏，皆台榭亭阁，

①② 〔南宋〕吴自牧：《梦粱录》卷一二《西湖》，浙江人民出版社1980年版，第103页。

花木奇石，影映湖山……”[①]

以湖山胜景著称的南宋临安，上自皇家巨族，下到平民百姓，其消闲游览的兴致之盛，也是史有盛名。周密在其《武林旧事》里，对当时动辄倾城出游的盛景有生动记载，并为西湖留下了“销金锅儿”这样一个称号：

西湖天下景，朝昏晴雨，四序总宜。杭人亦无时而不游，而春游特盛焉。承平时，头船如大绿、间绿、十样锦、百花、宝胜、明玉之类，何翅百余。其次则不计其数，皆华丽雅靓，夸奇竞好。而都人凡缔姻、赛社、会亲、送葬、经会、献神、仕宦、恩赏之经营，禁省台府之嘱托，贵珰要地，大贾豪民，买笑千金，呼卢百万，以至痴儿呆子，密约幽期，无不在焉。日糜金钱，靡有纪极。故杭谚有“销金锅儿”之号，此语不为过也。都城自过收灯，贵游巨室，皆争先出郊，谓之“探春”，至禁烟为最盛。龙舟十余，彩旗迭鼓，交舞曼衍，粲如织锦。内有曾经宣唤者，则锦衣花帽，以自别于众。京尹为立赏格，竞渡争标。内珰贵客，赏犒无算。都人士女，两堤骈集，几于无置足地。水面画楫，栉比如鱼鳞，亦无行舟之路。歌欢箫鼓之声，振动远近，其盛可以想见。若游之次第，则先南而后北，至午则尽入西泠桥里湖，其外几无一舸矣。弁阳老人有词云：“看画船尽入西泠，闲却半湖春色。”盖纪实也。既而小泊断桥，千舫骈聚，歌管喧奏，粉黛罗列，最为繁盛。桥上少年郎，竞纵纸鸢，以相勾引，相牵剪截，以线绝者为负，此虽小伎，亦有专门。爆仗起轮走线之戏，多设于此，至花影暗而月华生始渐散去。绛纱笼烛，车马争门，日以为常。[②]

这种竞奢豪游的兴致，已然成了风俗，富者乐此不疲，贫者同样如是：

大抵杭州胜景，全在西湖，他郡无此，更兼仲春景色明媚，花事方殷，

① 〔南宋〕吴自牧：《梦粱录》卷一二《西湖》，浙江人民出版社1980年版，第106页。

② 〔南宋〕周密：《武林旧事》卷三《西湖游幸》，浙江人民出版社1984年版，第38页。

正是公子王孙，五陵年少，赏心乐事之时，讵宜虚度？至如贫者，亦解质借兑，带妻挟子，竟日嬉游，不醉不归。此邦风俗，从古而然，至今亦不改也。[①]

且还得到了官方的认可和支持，每有出资修饰，与民同乐：

州府自收灯后，例于点检酒所开支关会二十万贯，委官属差吏倅雇唤工作，修葺西湖南北二山，堤上亭馆园圃桥道，油饰装画一新，栽种百花，映掩湖光景色，以便都人游玩。[②]

真是人人及时行乐，丝毫都不会辜负或是枉费了物华天宝的这一片大好湖山。

对这样的一个西湖，文人学士们在游览赏玩之余，自有评论要发表：

吴自牧：“周围胜景，言之难尽。东坡诗云：‘若把西湖比西子，淡妆浓抹总相宜。’正谓是也。”[③]

田汝成：“其时君相淫佚，荒恢复之谋，论者皆以西湖为尤物破国，比之西施。”[④]

张岱：“余弟毅孺常比西湖为美人，湘湖为隐士，鉴湖为神仙。余不谓然。余以湘湖为处子，眠娗羞涩，犹及见其未嫁之时。而鉴湖为名门闺淑，可钦而不可狎。若西湖则为曲中名妓，声色俱丽，然倚门献笑，人人得而媟亵之矣。人人得而媟亵，故人人得而艳羡；人人得而艳羡，故人人得而轻慢。”[⑤]

---

① 〔南宋〕吴自牧：《梦粱录》卷一《八日祠山圣诞》，浙江人民出版社1980年版，第8页。

② 〔南宋〕吴自牧：《梦粱录》卷一《二月》，浙江人民出版社1980年版，第6页。

③ 〔南宋〕吴自牧：《梦粱录》卷一二《西湖》，浙江人民出版社1980年版，第106页。

④ 〔明〕田汝成：《西湖游览志》卷一，浙江人民出版社1980年版，第4页。

⑤ 〔明〕张岱：《西湖梦寻》卷一《西湖总记》，中华书局2007年版，第121页。

西湖画迹

在这样一个喧腾热闹的西湖景象里，画家是不能也不会缺场的：

> 近者画家称湖山四时景色最奇者有十，曰苏堤春晓，曲院风荷，平湖秋月，断桥残雪，柳浪闻莺，花港观鱼，雷峰夕照，两峰插云，南屏晚钟，三潭映月。春则花柳争妍，夏则荷榴竞放，秋则桂子飘香，冬则梅花破玉，瑞雪飞瑶。四时之景不同，而赏心乐事者亦与之无穷矣。①

南宋虽然有政治与军事的失败，虽然只剩下了半壁江山，然而它的艺术成就不可低估，文化的力量超越了时空，至今使我们心驰神往。就西湖绘画而言，其绵延至今的艺术传统，正是始于南宋。

至南宋时，西湖经过近一个半世纪的苦心经营，自然美中融进了建筑和园林的艺术美，丽质渐现，声名日盛。空蒙清幽的一片山色、涟漪轻扬的一湖波光，是南宋画院画家们心中永远的珍爱，也是他们不会枯竭的灵感之源。他们平时游览和作画之地，常在环湖的风景佳丽处，与西湖日日为伴，尽情尽兴地体味、描绘着西湖的湖光山色。他们以诗意浓郁的眼光、情趣和才艺，从五光十色的湖山美景之中，凝练出“雷峰夕照”“断桥残雪”“苏堤春晓”“平湖秋月”“石屋烟霞”的画意。“西湖十景”之名，便是出于画院的山水画题名。此风一开，顿成画坛盛事。西湖风光纷纷入画，逐渐从因景作画到因画名景，最终形成驰名中外的“西湖十景”，西湖图也因此成为一个专门的画题。

当时绘制西湖图的画家，除了刘松年，还有马远、马麟、夏圭、李嵩、陈清波等人。画院待诏马远，常画西湖景色，据传“平湖秋月”“柳浪闻莺”“曲院风荷”等名称，即为马远所拟。

马远之子马麟也是画院中描绘西湖的高手，所作绢本《西湖十景册》《皇都

① 〔南宋〕吴自牧：《梦粱录》卷一二《西湖》，浙江人民出版社1980年版，第106页。

春色图》，堪称佳构。又有西湖图大绢画，写保俶塔、孤山等景致，水墨淋漓，云烟吞吐，被誉为写景第一。

宋理宗时画院待诏、钱塘人陈清波，是画西湖的著名画家，“多作西湖全景”。据《绘事备考》记载，其作品有《断桥残雪》图三、《三潭印月》图一、《雷峰夕照》图一、《曲院荷风》图一、《苏堤春晓》图二、《南屏晚钟》图二、《石屋烟霞》图二等34幅。多作西湖全景大幅画，“叙致典雅，笔墨嫣润”①。现存之《湖山春晓图》，即为其中一幅。

宋理宗时画院祗候、杭州人叶肖岩也画过《西湖十景图》，绢本设色，界画楼阁，今藏台北故宫博物院。画风与马远相类，尤工于传形写貌。

在南宋画院中，李嵩和他的《西湖图》久负盛名，也是现存宋代最为完好的一幅描绘西湖全景的名作。李嵩生于杭州，又来自社会下层。他熟悉杭州的山山水水，了解市井乡村的人民生活，因此作品真实地表现了湖山佳胜和平民生活。《西湖图》为纸本，全以水墨写景，云烟清淡，山色依稀，古塔立于前景，石桥相接于后，从葛岭到南屏，景物一一可辨。清晨西湖岸边常见的自然景色，在画家的水墨渲染之下，显得更加空蒙明秀，气象万千。这种高度写实又极富变化的绘画创作，正是南宋画院大师们的艺术本色。

此外，如马和之、牧溪、莹玉涧都画过西湖图。

画院画家还经常为西湖周边的宫殿寺观作壁画、屏风画。如位于西湖佳胜处的孤山凉堂，有画院画家萧照的山水壁画。萧照作画，构思敏捷，技艺精绝。孤山凉堂为西湖奇绝之处，规模壮丽，植有梅花数百枝，是供皇帝游玩之处。堂成之初，四壁皆素。宋高宗将临之前日，命萧照前往绘制山水。萧照受命后，携酒至孤山，即饮即画，一夜间画成三丈长大壁，画成人醉。宋高宗深为赞赏，赐以金帛。

宋代西湖图在画家们的苦心经营下，通过巧妙的抒写，使我们真切地看到了一千多年前的西湖风光，同时，画家们的绘画风格也在其间发生着变化。西湖的秀媚，孕育出了风雅精致、诗意浓郁的艺术趣味。

然而西湖不唯只有湖光与山色。千百年来，一直都有形形色色的文人士子

① 〔清〕王毓贤：《绘事备考》卷六，四库本，第826册，第268页。

在此舞文弄墨、行吟雅集。他们以广博深厚的诗文修养、人生体念感悟湖山梅竹，又以高逸简率、元气淋漓的笔墨书写心中逸气、寄托情怀。他们的作品强调“有我”的表现，借萧条淡泊的意境抒发山林隐逸之思。绘画艺术融合进浓郁的文学意味，尺幅之间承载着厚重的人生情结。西湖的画面上，舞动着文人画的墨韵，散发着人文精神的光辉。

南宋初夏孤山西泠桥的薄暮里，宋朝宗室裔孙赵孟坚的轻舟悠然而至。卸却了日间繁华尘衣的西湖，天然清华得以款款舒展。如黛的山峦低缓起伏，堤岸在芦苇与水草的丰茂里悄然与湖相连，十里湖水有清莲游鱼的生动，万里长天是与水一色的空蒙。水天之际，林木森然，晚风轻拂而过，摇曳出满湖的幽静。修雅博识的赵孟坚面对如此景色，不禁叹曰：“此真洪谷子（荆浩）、董北苑（董源）得意笔也。”

赵孟坚的这一声长叹，道出了西湖绘画的另一种风貌，拉开了西湖的人文画卷。

赵孟坚说到的董源，是公元10世纪下半叶活跃在南方的画家。他所在的江南，是地势起伏平缓、气候温暖、空气湿润的地区。因此董源画中所表现的，大都是江南丘陵江湖的景色，正如前引米芾所言，“峰峦出没，云雾显晦，不装巧趣，皆得天真；岚色郁苍，枝干劲挺，咸有生意；溪桥渔浦，洲渚掩映，一片江南”。这种构图平远、笔墨清润、平淡天真、静谧空灵的绘画风格，与王维的“水墨渲淡”相类，而又与中国文人崇尚道和禅的绘画审美意趣相谐，受到其后历代文人画家的认可和师法，而以元代尤盛。这些文人画大家虽然不都是杭州人，也不是每个人都有关于西湖的作品流传，但其中不少与西湖有着深深浅浅的渊源。他们或是意气相投、时相过从，形成品诗论文、作画观图的群体，或是心摹手追，接续前辈的遗风流韵，共同维系着西子湖畔的文人画传统。

宋末元初的杭州，有周密与这个以赵孟頫为首的文人群体相交相知，在湖边吟诗赏画，为西湖注入了人文的勃勃生气。周密，字公谨，号草窗，原籍济南，后为吴兴人，居于钱塘。南宋宝祐年间曾为义乌令。周密富收藏，家中名画法书颇多。他善画梅竹兰石，并能赋诗于上，诗画合一，颇有情趣。

另外还有一位出身于南宋仕宦之家的杭州人马臻，原可以其文武双才求得仕进。宋朝的覆亡，彻底改变了他的生活道路。遂潜心入道，隐于西湖之滨，著有《霞外诗集》10卷，被仇远赞为“无一言及势力声利”。马臻能诗善画，可惜画迹无一存世。他的花鸟、山水，诗画相融，多取材于西湖的烟云、花草、鱼鸟。他曾为庐山黄尊师画《西湖烟雨》，“含毫深雾入幽思，写开十里玻璃天”。自是一派苍茫凄迷的水墨画风，显然属于当时西湖边流行的主流画风。

刘松年就是这众多画家里与西湖渊源深厚的一位。

刘松年的西湖画卷

在这样一个墨彩斑斓的西湖绘画传统里，刘松年是一位既具开拓力又有重要影响力的画家。他在西湖绘画兴盛的南宋，在那座活色生香的“销金锅儿”里，与马远、夏圭一样，都画过大量表现西湖湖光山色、烟岚墅园的山水画。他终身与西湖为伴，是真正的西湖边的杭州人，醉心于写西湖美景之“青山渺渺波漾漾”“蹊径深深映花竹”“桃柳争妍，山峦耸翠”。

走进西湖，自古就有不同的路径。同是张岱，面对同一个西湖，他在称之为“曲中名妓”的同时，也有自己另外的清新视角：

> （西湖）在春夏则热闹之，至秋冬则冷落矣；在花朝则喧哄之，至月夕则星散矣；在晴明则萍聚之，至雨雪则寂寥矣。故余尝谓：“善读书，无过董遇三余。而善游湖者，亦无过董遇三余。董遇曰：‘冬者，岁之余也；夜者，日之余也；雨者，月之余也。’雪巘古梅，何逊烟堤高柳；夜月空明，何逊朝花绰约；雨色空蒙，何逊晴光滟潋。深情领略，是在解人。”即湖上四贤，余亦谓：“乐天之旷达，固不若和靖之静深；邺侯之荒诞，自不若东坡之灵敏也。”其余如贾似道之豪奢，孙东瀛之华赡，虽在西湖数十年，用钱数十万，其于西湖之性情、西湖之风味，实有未曾梦见者在也。世间措大，何得易言游湖。[①]

① 〔明〕张岱：《西湖梦寻》卷一《西湖总记》，中华书局2007年版，第121—122页。

刘松年的走进西湖，就有他自己的路径。他曾画过《西湖图》《西湖春晓图》，在其他未用“西湖”两字命名的作品中，我们同样可以呼吸到西湖的气息。在那里，他向我们展示了他眼中心底的西湖意象。

一、湖上烟波

> 一勺西湖水。渡江来、百年歌舞，百年酣醉。回首洛阳花世界，烟渺黍离之地。更不复、新亭坠泪。簇乐红妆摇画艇，问中流击楫谁人是。是千古恨，几时洗。　　余生自负澄清志，更有谁、磻溪未遇，傅岩未起。国事如今谁倚仗，衣带一江而已。便都道、江神堪恃，借问孤山林处士，但掉头、笑指梅花蕊。天下事，可知矣。[①]

南宋的西湖，湖水荡漾里有太多的况味可供体味。湖中，有荷花映日，杨柳春风；梨花如云，游船如织；湖月洒衣衫，画船入西泠；满湖的碎月摇花，尽日的水鸟翩跹。而在连日的笙歌欢游中，更有不尽的亡国之忧。

我们不敢说刘松年没有画过湖水中如此明媚的春色和如此热烈的喧哗，作为一个宫廷画师，这样的题材也许正是他必须恪尽的职责。只是从今日可见的画幅里，我们只看到了平坡远渚、轻烟淡岚中的一方宁静的湖面。在刘松年的湖上烟波里，沉静了浮世的躁动，积淀了岁月的风华。《秋窗读易图》等图的山水描绘里，淋漓的笔墨，空灵的画面，有浓浓的诗意慢慢流泻，足以让我们感受到湖水清澈的本质和

〔南宋〕刘松年《秋窗读易图》，绢本设色，25.7厘米×26.0厘米，辽宁省博物馆藏

① 〔南宋〕文及翁：《贺新郎》，《全宋词》，中华书局1965年版，第3138页。

烟波里曼妙的风姿。

二、山石林涧

西湖不只是一个水的世界，在江南烟雨的滋润下，湖畔的山峦、坡石、林木、溪涧交织成一片水光潋滟之外的空蒙山色。连绵起伏的群山、高大挺拔的千年古树、覆满青苔的嶙峋坡石、纯净明丽的花枝草叶、自流不息的蜿蜒小溪、空山无人的鸟鸣、叶落有声的静谧，都在大自然的滋养中彰显着蓬勃活力。

厚重不语、生机内敛的山石林木，比那一湖清且涟漪的温软湖水，积聚着更为巨大的生命能量和创造的力与美。正是它们，为西湖的明艳传送着永不枯竭的美丽因素。

我们可以从刘松年的《四景山水卷》等画作中，充分感悟到这样一个意韵丰厚、湿润清新的湖山天地。

刘松年对湖畔山石林涧的熟悉，既来自他对景物的细致观察，也使他形成了独具一格、受人称道的表现手法和风格。以其画松而言，刘松年画松树多作雪松，四围晕墨，松针先以墨笔疏疏画出，再以草绿间点。其干则以淡赭着半边，另留半边以示白雪。这种画法成为他的一个特色和标识。

三、四季变化

湖光山色于四季之中的自然变化，最直接、最切实地昭示着西湖内在生命之韵的律动。风花雪月的表象形成西湖经年有序的景致。在其背后，更有人们对于四时更替、岁月流淌的体味和思索。刘松年的《四景山水卷》对之有细腻生动的传写。

现存之《四景山水卷》（绢本，设色，共四段，纵41.3厘米，每段横68—69厘米不等，藏北京故宫博物院），有李东阳跋语。以前一直断定为刘松年真迹，并被定位为刘松年的代表作，后经中国古代书画鉴定小组鉴定为宋人作品。

据《南宋院画录》卷二引《无声诗》著录，刘松年确实画过《四景山水卷》。此画分成四段，各段均集山水、人物、庭院、楼阁于画面，设色清丽妍秀、笔墨精严细谨、界画工整，与画史所言之刘松年的绘画风格相似。故我们借此领略南宋人画中的四季变化，也从中遥想刘松年所绘之四景风貌。

此图分别描绘了西湖春、夏、秋、冬四时之景，并配以水榭屋宇，穿插人

《四景山水卷》之一，绢本设色，约41.3厘米×68.0厘米，故宫博物院藏

《四景山水卷》之二，绢本设色，约41.3厘米×68.0厘米，故宫博物院藏

物活动。第一幅，春暖花开，堤边庄院，桃柳争艳，童仆牵马，侍奉着游春的主人；第二幅，夏日炎炎，柳岸水榭，荷花盛开，一高士正悠然坐在厅堂中，湖边亭阁正是消暑的好去处；第三幅，秋高气爽，秋叶正红，童子汲水，主人怡然静坐；第四幅，寒风凛冽，大雪纷飞，路上一人骑驴，一人徒步，正在匆忙赶路。四幅画均主题明确，构图布置井然有序，对不同季节特征的把握极其到位，使人如身临其境，感受湖山的四季变化、不同景色。

四、园林亭墅

在刘松年的作品中，西湖的园林亭墅穿插以文人贵族的闲适生活，是他表现得最多也是最具特色的题材，而在表现手法上则是工整、细腻、严谨的。

精于楼阁界画是宫廷画师的基本功，也是南宋院画精细典丽画风的一个主要方面。刘松年自不例外，且因技法的高超和风格的独特鲜明而有“院人中绝品”之称誉。所作《四景山水卷》《瑶池献寿图》等作品中，都有界画工整的园林亭墅，成功地画出了贵族庭园别墅之胜。笔法劲挺，精细秀润，尤显刘松年之画风。界画工整的园林亭墅，成为刘松年西湖绘画中的一个特色鲜明的标志。

第三章　画中日月

相对于史料中刘松年疏简朦胧的身影，画中的影像明朗清晰。在山石林木、殿阁庭院、溪涧寺观、湖柳堤岸的笔墨精严、色泽妍秀的画面中，帝王将相、高人隐士、文人士大夫、村夫村妇们享宴聚之欢、赏湖山之秀、闻丝竹之乐、勤耕织之业。春夏秋冬的四季变化与承平岁月的恬适安逸，交织成画中绵延悠长的日日月月，让我们看到了刘松年眼中的南宋景象。也在这景象的赏析中，触摸到画家的思绪与感受、理想与期望。

作为一名职业画师，刘松年绘制了数量众多的画作。仅《南宋院画录》一书，就载录《圆泽三生图》《松亭图》等58幅作品。即使悠长岁月无情地销蚀着画家的艺术创造成果，刘松年仍然有多幅作品流传至今。据《中国历代画目大典（战国至宋代卷）》[①]的著录，在海内外各地600多家博物馆（院）、美术馆、美术研究院（所）、文化单位、高等院校以及私人收藏和历代绘画著录书籍里，依然收藏、图录有多至76幅的被称为刘松年创作的作品。当然，其中自是鱼龙混杂。《中国历代画目大典（战国至宋代卷）》除著录作品外，还以“按语”排比、汇释、说明历代诸家对作品真伪鉴定的意见与争议的要点。据笔者

---

① 《中国历代画目大典（战国至宋代卷）》“对历代五千余名重要画家（包括佚名）的存世帛画、纸画、卷轴画七万多幅加以著录”（见该书凡例），其第576—596页著录被称为刘松年的作品。古代绘画作品的流传，有实物、著录（以文字形式记载于史籍）、图录（以图画形式著录于史籍），而三者均真赝相间。据笔者的理解，该书所指之“存世”，包括各种“帛画、纸画、卷轴画”质地的实物画幅和原作已佚却图录于至今可见的历代绘画著录书籍中的作品这样两类。

统计，上述所著录的76幅画作中，各家在真赝的鉴别上均未献疑的作品，盖有前述之24幅。

我们依据这些存世画迹，结合历代画史著录的刘松年画作，对他的艺术创作及其画中日月，略作欣赏和释读。

刘松年画作所涉门类齐全，山水、人物俱有所成，他是一个技法全面精湛的多面手。题材丰富，涉及的主题或隐或显，大致分类，有溪山幽涧、亭台楼阁、帝王起居、士大夫情趣、道释人物、生活小景、历史场面等。佳秀山水、园林妙造、九五之尊、优游之雅、思古发幽、坐禅访道、市井街巷、渔樵耕织，南宋临安生活的种种场景在其笔底流泻而出，清丽细润的画风营造了优雅恬适的历史时空，将一段精雅细致的南宋风情留存至今，让我们于千载之下，尤复心驰神往于那个古典的世界。

皇家生活的记录者

从现有的文献记载和作品来看，“南宋四家”中，与皇家关系最为密切的，当推马远、马麟父子。刘松年作为宫廷画师，自然也少不了有这方面的关联和作品。

前引《画史会要》称刘松年在宋宁宗朝因进《耕织图》称旨，被赐金带。

曹溶在《刘松年〈宫蚕图〉》的跋中称：“刘松年，南渡院中名手，宁宗嬖幸无闻（间）。”①

杨妹子也有诗题刘松年《赵清献琴鹤图》：“清献先生无一钱，故应琴鹤是家传。谁知默鼓无弦曲，时向珠宫舞幻仙。”②

除以上宋宁宗朝的宠幸和赏赐外，《清河书画舫》还记有宋高宗为刘松年所画团扇作的题诗：“南山晴翠入波光，一派溪声绕路长，最爱早春沙岸暖，东风

① 〔清〕厉鹗：《南宋院画录》卷四，于安澜编《画史丛书》第四册，上海人民美术出版社1962年版，第80页。

② 〔明〕张丑：《真迹日录》卷五，四库本，第817册，第600页。原文又记：“二印文讹莫辨。绢本水墨画。”

轻浪拍鸳鸯。”“荷叶如钱三月时，幅巾藜杖一追随。尔来胜事知多少，惟有风标公子知。”①

记录帝王的生活起居与重要事件，或遵照帝王的意旨完成相应的任务，都是宫廷画师的职责。

〔南宋〕刘松年《瑶池献寿图》，绢本设色，198.7厘米×109.1厘米，台北故宫博物院藏

据汪砢玉《珊瑚网》记载，刘松年曾绘《长乐清吹图》，画的是宫中歌舞鼓吹的场景，笔法细腻，“纤悉在目”。②

此外有《瑶池献寿图》等作品，借传说中的题材描写庆贺圣诞等宫中生活的多种场面，这也是宫廷画师工作职责的体现。

上述曹溶所跋之《宫蚕图》则是奉命应制之作：

亲蚕载自《礼经》，成周诗人率举以鸣后妃之德；后世踵行者鲜，而女德始淫僻矣。列女关国家何事？蔚宗于东汉特为一传，欧阳公论阉人宫妾，谓女祸视阉为轻，此所见止于五代，非通论也。人君躬行节俭，洁衣服以祀祖考，劝耕织

① 〔明〕张丑：《清河书画舫》卷一〇上，四库本，第817册，第397页。这些题诗的真实性受到怀疑，一般认为刘松年生活于南宋孝宗、宁宗、光宗三朝，故宋高宗不可能为其画作题诗；但以现有史料推之，刘松年也有生活于宋高宗朝的可能，详见前文论述。不过明人所记，往往前无所据，仅凭流传画作记述，而画作往往真赝难辨，也有不可靠处。

② 〔明〕汪砢玉：《珊瑚网》卷四三，四库本，第818册，第822页。

以勤民瘼。然后六宫被其化，而蚕事兴，化行于家则天下驯以治，苟失其序，有不可问者矣。……松年此图，供至尊一击节嗟赏而已，岂知四五百年后同于脱簪之谏、鸡鸣之诗哉。坦斋善藏之，勿徒以布置设色，辨其优劣可也。[①]

南宋时期最具实用价值的绘画作品，是楼璹于宋高宗绍兴二年至四年（1132—1134）任於潜县令时绘制的《耕织图》。这部连环画形式的画册，有耕图21幅、织图24幅，每图均配有五言诗一首八句，将耕、织生产的各个环节绘制图示，反映南宋时期临安一带水稻、蚕桑的生产过程，以遵宋高宗“劝课农桑”的诏令，楼璹因此受到宋高宗的召见。宋高宗对此图十分欣赏，将其“宣示后宫，书姓名屏间”，“一时朝野传诵几遍”。

整个南宋时期，州、县府中多绘有《耕织图》。画师们也多有应皇帝之命而绘制《耕织图》的。刘松年的获宠幸于宋孝宗，得赐金带，就在于进奉其所绘之《耕织图》称旨。据吴其贞《书画记》的记载，刘松年《耕织图》为绢画一卷。“色新法健，不工不简，草草而成，多有笔趣。内中五月之图，屋梁上贴一张天师，是为张口作法者，使人见此，无不解意。”画中并有“刘松年笔”四字。[②]

文人士大夫的情趣与情怀

此类题材的作品，画迹留存至今的有《十八学士图》《兰亭修禊图》《秋窗读易图》《松荫鸣琴图》，以及《南宋院画录》等书著录的《卢仝煮茶图》《东山丝竹图》《杜拾遗春游图》《子美浣花醉归图》《唐子西拾薪煮茗图》《桃花书屋图》《竹居文会图》《雪江独钓图》《春亭对弈图》《西园雅集图》《溪隐图》《春

① 〔清〕厉鹗：《南宋院画录》卷四，于安澜编《画史丛书》第四册，上海人民美术出版社1962年版，第80页。

② 〔清〕厉鹗：《南宋院画录》卷四，于安澜编《画史丛书》第四册，上海人民美术出版社1962年版，第78页。

山仙隐图》《张志和辞聘图》《野意图》《秋林访逸图》等。

刘松年作为一位宫廷画师，在我们今天很多人的通常认识里，只能是一个唯诺委命于帝王威严、皇家意志，拘谨固步于界画楼阁、院体花鸟的毫无独立人格和艺术个性的画匠。他和那些才高八斗、学富五车，具林泉之志、有出尘之思的文人士大夫，应该有着路径的南辕北辙、境界的霄壤之别。然而，当真正深入刘松年的画境中后，我们才发现其间真是别有洞天。刘松年的画里，有俞伯牙、钟子期、谢安、杜甫、杜牧、张志和、柳宗元、卢仝、唐庚，有王羲之和与他同在兰亭修禊的风流倜傥的世家子弟，有唐太宗文学馆里的房玄龄、孔颖达、虞世南、陆德明等十八学士。这些学者、文人、隐士和士大夫们优游雅聚、研经论道、对弈品茗、游春赏乐、山野隐居、寒江独钓。刘松年在这些山林野趣与人物故实高度和谐的画幅里，对人物的神情、仪态、举止把握准确，构图饱满，场面生动，布局张弛有度，笔墨游刃有余，无丝毫拘谨黏滞之处，表现出画家对此类人物的活动情形、生活情趣、精神风貌，都有着细致入微的体察、了解和认同，与他们有着息息相关的契合、脉脉相投的意趣，故而方能表现得如此自然、自如、自若。

一、《十八学士图》

该图取材于唐代历史故实。据《新唐书·褚亮传》记载，唐太宗李世民为选拔天下才俊之士为己所用，在朝中设立文学馆，纳英才而聚之。其时有杜如晦、房玄龄、于志宁、苏世长、薛收、褚亮、姚思廉、陆德明、孔颖达、李守素、李玄道、虞世南、蔡允恭、颜相时、许敬宗、薛元敬、盖文达、苏勗等十八名士，号称“十八学士”。他们分为三班，每日一班六人值宿，相与研读诗文经籍，发论佳者谓之“登瀛洲”。“瀛洲”为传说中的仙山，登临者可以成仙，长生不老，学士们故取其事以自乐。“十八学士”由此成典，也成为中国人物画表现的传统题材，唐代画家阎立本即画过这个题材。

二、《兰亭修禊图》

兰亭修禊取材于广为人知的东晋书法家王羲之曲水流觞的故事。东晋永和九年（353）农历三月初三，书法家王羲之与名士好友孙统、孙绰、谢安、支遁等41人，为修禊而宴饮雅集于会稽山阴（今绍兴）兰渚山下的兰亭，曲水流觞，赋诗饮酒，得26人所作诗37首。王羲之乘兴作《兰亭集序》，并书之绢幅。文中，王羲之“仰观宇宙之大，俯察品类之盛”，于俯仰之间抒岁月人生之感慨于笔端。而笔力内蕴、笔势俊逸飘洒的书法，更将魏晋名士至情至性的风流蕴藉挥洒无遗，令后世效颦者多有东施之叹。

三、《卢仝煮茶图》

卢仝是唐代诗人，“初唐四杰”卢照邻之嫡系后裔。一生嗜茶成癖，以此传名。所作《茶歌》千余年来传唱不辍，成为诗人骚客心目中的经典“茶经”，爱诗嗜茶者每每以“卢仝”“玉川子”自比。

卢仝《茶歌》中吟道：

> 一碗喉吻润；二碗破孤闷；三碗搜枯肠，惟有文字五千卷；四碗发轻汗，平生不平事，尽向毛孔散；五碗肌骨清；六碗通仙灵；七碗吃不得也，惟觉两腋习习清风生。

七碗茶中，润喉解渴只需一碗即可。其余各碗，碗碗都是别有意绪在其中，轻率的饮茶人又何以能够品得其中的真味？

四、《东山丝竹图》

东山，即东晋名士、名相谢安的隐居之地。魏晋以来，士人刻意追求一种闲逸雅致的生活。他们崇尚自然，喜欢吟诗作画，遨游玩赏，谈玄说怪。谢安堪称其中代表。他40岁以前一直辞官不做，隐居会稽东山。与王羲之、许询、支道林等名士名僧频繁交游，出则渔弋山水，入则吟咏属文，优游山林，修身养性。入仕以后，运筹帷幄，尽显谋略与才干，成为当之无愧的名士与名相。“风声鹤唳，草木皆兵”，就发生在谢安指挥东晋战胜强大前秦的淝水之战中。

五、《子美浣花醉归图》

子美，即杜子美，就是唐代的著名诗人杜甫。唐乾元二年（759）十二月，为躲避安史之乱，杜甫从长安流亡到成都，第二年三月在成都西郊的浣花溪畔建成茅屋一座，称为“草堂”。杜甫在草堂作诗240余首。很多诗都以草堂为题、触景生情而作。如《堂成》《江村》《春夜喜雨》《茅屋为秋风所破歌》《恨别》等。浣花溪在唐代江阔水深，能行大舟。杜甫著名的《绝句》“两个黄鹂鸣翠柳，一行白鹭上青天。窗含西岭千秋雪，门泊东吴万里船”，描绘的就是这里的情景。

六、《唐子西拾薪煮茗图》

唐子西即唐庚，北宋文学家、诗人。为官清正，以文辞名噪当时，著作甚多，有诗、文、诗话、文论共80多卷。唐庚作诗为文精雕细琢，著名诗句如“山静似太古，日长如小年”，气度从容悠闲，颇具闲适超脱意趣。就“唐子西拾薪煮茗”的题材而言，南宋罗大经所撰《山静日长》一文，以苍藓、落花、松影、禽声、溪泉、苦茗、山径、夕阳、山月、法帖、墨迹、画卷、桑麻、粳稻、柴门、牛背、笛声种种自然和人文的意象，构筑成生动清新的田园山色和悠闲山居的生活情趣，表现阅尽人世繁华后向自然山水返璞归真、摆脱俗务禁锢后身心俱获释放的自由与无羁。这正是无数文人士夫心所倾慕的居住理想，也是中国传统文化向所崇尚的人生境界。

七、《西园雅集图》

西园雅集是一场在历史上声名颇著的文人盛会。11世纪的北宋，苏轼、苏辙、黄庭坚、秦观、李公麟、米芾、蔡肇、李之仪、郑靖老、张耒、王钦臣、刘泾、晁补之及僧圆通、道士陈景元等，集结于驸马都尉王诜家的西园吟诗作画，极宴游之乐。主友16人，加上侍姬、书童，共22人。李公麟画下了当时情景，米芾则写了《西园雅集图记》记录这幅画的创作，写了人物姓名、衣冠、坐卧神态及周围清幽旷远的环境。[①]由于苏轼、苏辙、黄庭坚、李公麟、米芾等人都是翰苑奇才，后人景仰之余，纷纷摹绘《西园雅集图》。著名画家马远、刘松年、赵孟頫、钱舜举、唐寅、原济、丁观鹏等，都曾画过《西园雅集图》，以至“西园雅集”成了绘画史上描绘文人韵事的常见画题。

八、《香山九老图》

“香山九老”的来历与白居易有关。白居易曾在故居香山（今河南洛阳龙门

---

① 关于历史上的这次雅集以及李公麟此图，颇多争议。或于聚会的人员、时间有不同的看法；或指实际上并不存在这样一次聚会，只是王诜、李公麟想象中的一种集合。而对李画与米记，也有对其真实性的质疑。

山之东）与八位耆老集会、宴乐。为纪念集会，白居易请画师将九老及当时的活动描绘成《香山九老图》。后人思慕这段风雅韵事，因而产生了许多描绘耆老贤者们宴集的作品。

除上面所列作品的绘画内容，刘松年还画过《张志和辞聘图》《杜拾遗游春图》等作品，无一不与文人士大夫们的思想意识、人生理想、生活趣味相关联。这样的题材选择，与中国绘画中某些题材一旦出现便被人们反复描绘、经久不息而成传统的现象有关。但在具体绘画创作中，画家在谋篇布局、构思情节以及人物表情、性格表现上所倾注的感情和心力，都可以见其与画中人事的同声共鸣。

明人汪砢玉曾记云："右题指挥张侯所藏《卢仝烹茶图》，盖宋人刘松年笔也。观其布景萧散，用意清远，翛然有出尘之想。噫！卢仝之趣，非松年莫能写其真，而松年之画，今之所见者，盖亦寡矣。"①

《东山丝竹图》里，"山冈回合，美荫飞泉，掩映喷洒，极其幽胜。安石策杖，同诸佳丽步行桥上，风流蕴藉，可想见也"②。

张羽《书刘松年九老图卷》称："人物、界画、林木、水石，各臻其妙，今画者工其一，犹足称于世，而刘乃兼众工之所长，可谓难矣。""一时衣冠人物之华，水竹林亭之胜，朝野升平之象，髦老康宁之福，蔼然见于毫素，使人展卷而为之叹息企慕，恨不身生其时而目睹其事，盖有非后世俗吏之所能及也。"③

评论中所言之"布景萧散，用意清远，翛然有出尘之念""风流蕴藉""展卷而为之叹息企慕"诸语，都是对刘松年画面气韵、风格的描述和评价，类似的用词绝异于一般评介宫廷画师或院画所常用的"匠气""形似""拘谨不化"等语，而与文人士大夫的审美情趣相契合。

这样的契合和情趣，来自相同的生活环境和对这环境的深刻体悟。同为侍

① 〔明〕汪砢玉：《珊瑚网》卷三〇，四库本，第818册，第573—574页。

② 〔清〕孙承泽：《庚子销夏记》卷三，四库本，第826册，第29页。

③ 〔清〕厉鹗：《南宋院画录》卷四引张羽《张来仪文集》，于安澜编《画史丛书》第四册，上海人民美术出版社1962年版，第87—88页。

奉天颜的臣子，即便贵为学士的文人，或只是卑微的职业画工，逃不脱同在一个帝苑里朝夕相处。皇家精致典雅的宫园、皇族优雅富贵的生活、士大夫修雅博识的教养，自会对画师们有文化场域的熏染和影响。赵氏皇室在诗词书画艺术上的天赋、素养、好尚，以及对艺术时尚的要求和引领，更是南宋宫廷画师们的造化，使得他们可以有眼力、境界和表达上的裕如和优雅。刘松年及其画风，就是集中而经典的体现。

世外的心境

大宋的赫赫皇权在异族的金戈铁马前，宛如风吹雨打花落去。只剩得江山半壁的南宋王朝，尤其需要借助宗教的精神力量来自我疗伤，慰藉其黯淡的心境，维护其受损的尊严，维系民众对王朝的忠诚和信任。于是，南宋一朝，佛教、道教俱兴，世俗化与民间化的趋势明显，而以杭州地区表现得最为集中。《咸淳临安志》卷七五《寺观一》记载：“今浮屠、老氏之宫遍天下，而以钱唐为尤众；二氏之教莫盛于钱唐，而学浮屠者为尤众。”①

> 城内寺院，如自七宝山开宝仁王寺以下，大小寺院五十有七。倚郭尼寺，自妙净福全慈光地藏寺以下，三十有一。又两赤县大小梵宫，自景德灵隐禅寺、三天竺、演福上下、圆觉、净慈、光孝、报恩禅寺以下，寺院凡三百八十有五。更七县寺院，自余杭县径山能仁禅寺以下，一百八十有五。都城内外庵舍，自保宁庵之次，共一十有三。诸录官下僧庵，及白衣社会道场奉佛，不可胜纪。②

在这样的社会氛围里，整个杭州城里的宗教生活气氛浓厚。以佛教的情形来看，宋高宗绍兴二十七年（1157），礼部侍郎贺九中上奏称，“全国僧尼二十

① 〔南宋〕潜说友：《咸淳临安志》卷七五《寺观一》，清道光十年（1830）钱塘振绮堂汪氏仿宋本。

② 〔南宋〕吴自牧：《梦粱录》卷一五《城内外寺院》，浙江人民出版社1980年版，第137页。

万”，各地来杭州参学、游方的僧众很多，灵隐寺、净慈寺、径山寺等大寺院有时要住挂搭僧1000—1700名，出现了大慧宗杲、佛照德光、真歇清了、瞎堂慧远、松源崇岳、如净等著名禅师。南宋皇帝崇佛礼佛，他们不断新建、修建、扩建寺院作为帝后的香火院、功德院等。朝廷对寺院优礼有加。有时赐予寺院大量土地、山林、房产，如一次就赐田旌德显庆寺（宋慈明太后香火院）3000亩；有时则为之书写寺额，如集庆讲寺“寺额皆御书，巧丽冠于诸刹”。但凡岁时节日、圣节、生日、庆典以及逢遇重要的政治、军事活动、决策等等，帝王显贵们常去寺院进香祈祷，祈求佑护。①

在民间，百姓们也是“普遍笃信佛教，幻想大慈大悲的菩萨来保佑自己，消灾降福，使自己生活安定幸福”。其时，佛教宣扬的因果报应、轮回转世、佛国净土、饿鬼地狱、修行成佛等观念深入民心，对人们的心理和社会生活产生极大影响和冲击，由此形成对佛、菩萨的顶礼膜拜，烧香拜佛、打鬼、超度、还愿、诵经、浴佛、放生、捐钱塑造佛像佛塔、赶庙会等一系列佛事活动兴盛。②

与此相应，佛教艺术也十分兴盛。僧人中不乏擅长书画者，如僧若芬、法常等。

僧若芬，俗姓曹，字仲石，婺州（治今浙江金华）人。九岁时于宝峰院剃度为僧，曾居临安天竺寺，又遍游诸方，摹写云山以寓意。善画墨梅墨竹，后专意于山水，加之书法的独特面貌，被时人称为“三绝”，与僧法常同为宋末著名画僧。性情率真，不务虚名。随着声名日盛，求画者也渐多，他却对此颇不以为然，说：“世间宜假不宜真，如钱塘八月潮，西湖雪后诸峰，极天下伟观，二三子当面蹉过，却求玩道人数点残墨，何耶？”③遂归老家山。在古涧侧流苍壁的胜景之间构筑一亭，题匾名为“玉涧”，并以此为号。又面对芙蓉峰建阁，

---

① 参见俞昶熙、李祖荣：《梵宇精舍　钟磬相续——四百八十寺》，《南宋京城杭州》（修订版），浙江人民出版社1997年版，第187页。

② 参见何忠礼、徐吉军：《南宋史稿》，杭州大学出版社1999年版，第689页。

③〔元〕夏文彦：《图绘宝鉴》卷四，于安澜编《画史丛书》第二册，上海人民美术出版社1962年版，第99页。

自号“芙蓉峰主”。年八十而卒，著有《玉涧剩语》。

若芬的山水画有《庐山图》《远浦帆归图》《山市晴岚图》等。作画不拘于琐碎细节，而以水墨大笔挥洒，不以形似为上，而以寄情寓意为胜，与其洒脱的个性十分相符。

法常，号牧溪，四川人。俗姓李，宋理宗、宋度宗时在杭州西湖长庆寺为僧。他禀性正直，藐视权贵，不畏强暴。据吴大素《松斋梅谱》载，法常曾因出言反对当权奸臣贾似道，而遭追捕之险，逃避于绍兴丘家。元至元间圆寂①。

法常“喜画龙、虎、猿、鹤、禽鸟、山水、树石、人物。不曾设色，多用蔗渣、草汁，又皆随笔点墨而成，意思简当，不费妆缀。松竹梅兰，不具形似；鹭荷、芦雁，俱有高致”②。这种画风继承了石恪、梁楷的画法又有所发展，形简神备，洒脱自然，以简洁写意的笔墨取胜。作品有《叭叭鸟图》《虎图》《荷叶图》《芦雁图》《鹤》《观音图》等。这些作品的画面都以简洁精到的笔墨画出了八哥、猿、鹤等形象，形神皆备，栩栩如生；再以松石竹木补景，皴染兼用，笔墨滋润。

法常作品流传在日本的很多，其画风对日本产生重大影响，法常甚至被评为“日本画道的大恩人”。法常是南宋高僧无准禅师的法嗣，他和当时日本派来中国学佛法的圣一国师是同门。圣一在宋理宗淳祐元年（1241）回国时带去法常作品《观音图》《猿》《鹤》，至今仍珍藏在东京大德寺，被称为“国宝”。

此外尚有：

莹玉涧，西湖净慈寺僧。师惠崇，画山水。

真慧，画山水佛像，被誉为“近世佳品”；画翎毛林木，尽现江南景物的气象。③

---

①② 〔元〕吴大素：《松斋梅谱》，王伯敏、任道斌主编《画学集成（六朝—元）》，河北美术出版社2002年版，第792页。

③〔南宋〕邓椿：《画继》卷五，于安澜编《画史丛书》第一册，上海人民美术出版社1962年版，第35页。

萝窗，姓名不可知，居西湖六通寺，“与牧溪（法常）画意相侔”。[①]

慧舟，号一山叟，天台人，居西湖长庆寺。其画竹的特色，在于善作小丛竹，或三枝两竿，或百十成林。疏密有致，无重复冗杂之感。

仁济，字泽翁，俗姓童，玉涧之甥。善画水墨梅竹与山水花卉，书法也工。《图绘宝鉴》称其“书学东坡，墨竹学俞子清，梅学扬补之”[②]。他学画十分用心，对自己要求甚高。自言学画四十年，所画唯有表示花瓣的圈圈稍圆而已。

梵隆，吴兴人[③]，字茂宗，号无住。善白描人物及山水。人物师法李公麟。宋高宗极其喜爱他的作品，每见一幅，辄加品题。画迹有《渡水罗汉图》，得元代钱选和明代李日华、王世贞的盛赞，认为其学李公麟不在外貌，而重神韵。此图一名《十六罗汉图》，著录于《书画记》及《大观录》。

这种崇佛礼佛的社会风气，对行走大内、生活在皇帝身边的宫廷画家，也产生重要影响，比如画院待诏梁楷。

梁楷（生卒年不详），山东东平人，南渡后流寓临安。南宋宁宗嘉泰年间画院待诏。《图绘宝鉴》卷四称其“善画人物山水，道释鬼神，师贾思古，描写飘逸，青过于蓝”[④]。梁楷是南宋后期富有创造力的人物画家，他以水墨减笔的独特画风，为写意人物画带来新的风尚。梁楷与妙峰、化石间、智愚等和尚往来密切，作品中多有佛教题材的表现，如《释迦出山图》《八高僧故事图》等。今传其《六祖图》，以简洁清淡笔墨勾勒人物形象，表现出简练洒脱的风格。《泼墨仙人图》则运用粗阔的笔势和浓淡相间的水墨，将仙人的醉态泼洒得淋漓尽致，是水墨写意人物画的典型作品。这种运用于人物画的泼墨画法，是梁楷在绘画史上的重大贡献。

---

① 〔元〕夏文彦：《图绘宝鉴》卷四，于安澜编《画史丛书》第二册，上海人民美术出版社1962年版，第99页。

② 〔元〕夏文彦：《图绘宝鉴》卷四，于安澜编《画史丛书》第二册，上海人民美术出版社1962年版，第100页。

③ 祖籍新疆，一说非汉人。

④ 〔元〕夏文彦：《图绘宝鉴》卷四，于安澜编《画史丛书》第二册，上海人民美术出版社1962年版，第104页。

刘松年的作品中有不少宗教题材的绘画，佛像与故事图都有创作。《中国历代绘画大典（战国至宋代卷）》中著录的刘松年作品《圆泽三生图》，是十分著名、被历代许多画家画过的题材。

“圆泽三生”的故事来自苏轼的《僧圆泽传》，写的是僧人圆泽与其友李源的故事。其文大意是说，洛阳惠林寺原为光禄卿李登之府第，安史之乱时李登亡故，其子李源十分悲愤，发誓不做官、不娶妻、不吃肉食，在惠林寺里修行50余年，和寺里的住持圆泽禅师成了契友。

一天，他们相约共游四川的青城山和峨眉山。李源要从荆州溯峡而行，圆泽主张取道长安斜谷，李源不同意，于是他俩就一起从荆州走。到了南浦，船靠在岸边，只见有一个妇人在河边取水。圆泽看着她流下了眼泪，对李源说：“我不愿意走水路就是怕见到她呀！”李源吃惊地问他原因，他说：“她姓王，我注定要做她的儿子，因为我不肯来，所以她怀孕三年还未生产，现在既然遇到了，就不能再逃避。现在请你用符咒帮我速去投生，三天以后洗澡的时候，请你来王家看我，我以一笑作为证明。十三年后的中秋夜，你来杭州的天竺寺外，我一定来和你见面。”

李源既悲且悔，为他沐浴更衣。黄昏时圆泽亡故，河边的妇人随之生产了。三天后李源去看婴儿，婴儿见到李源果真微笑。十三年后，李源从洛阳到杭州西湖天竺寺，去赴圆泽的约会。到达寺外，听到了葛洪川畔有牧童的歌声：“三生石上旧精魂，赏月吟风不要论。惭愧情人远相访，此身虽异性常存。”李源听了，知道是旧人，忍不住问道：“泽公，你还好吗？”牧童说：“李公真守信约，可惜我的俗缘未了，不能和你再亲近，我们只有努力修行不堕落，将来还有会面的日子。”随即又唱了一首歌：“身前身后事茫茫，欲话因缘恐断肠。吴越山川寻已遍，却回烟棹上瞿塘。”唱罢便掉头而去，从此不知所至。

就在他们相见的杭州天竺寺外，至今还立有一块大石头，据说就是当年他们隔世相会的地方，称为“三生石”。所谓的“三生”，指的是李源第一次见的是圆泽的本身，第二次见的是圆泽的后身，第三次见的则是圆泽化入烟霞而去的化身。

学养深厚、性情至慧的苏轼，为中国人的友情、人性的本真、生命的轮回，写下了一个感人的故事。这种“轮回”与“转世”观念，是人们在生命短暂、世事无常的现实中，对生命永恒、真性不朽的认识和唯有放下一切才能超出轮回束缚的诠释。这既是一种佛教的入世观照和慧解，也是一种哲学的思考。正因为如此，“圆泽三生”成为中国绘画常写不辍的题材，画家们乐此不疲地绘制着有关前身后世的种种图卷，“赵千里图其前生，刘松年图其悟前生”[①]。

刘松年宗教题材的作品中，有不少佛像图。而且十分巧合的是，至今既有纪年又有名款的刘松年作品，就是他的三幅《罗汉图》：各绘一尊罗汉，造型、神态各异，但都构图严谨，笔法精妙，形象生动，具有较高的艺术水平。

其中之一又名《猿猴献果图》（绢本，设色，117厘米×55.8厘米，藏台北故宫博物院），描绘的人物形貌奇古，有石恪、贯休之遗风。衣纹用铁线描，笔笔中锋。面部及肌肉用线条勾出，再用淡墨及色彩渲染，树石多用中锋之笔勾画轮廓，然后用干笔皴擦点染。枝叶疏密得体，笔法爽朗劲健，层次鲜明，工而不板。

〔南宋〕刘松年《猿猴献果图》，绢本设色，117.0厘米×55.8厘米，台北故宫博物院藏

除佛教题材的作品外，超然尘世之外而具道家风范的作品也多有所见，如《春山仙隐图》《仙山图》等。善画仙山楼阁是刘松年的一大特色，在这些作品中，往往有“群山岧峣紫翠封，楼台缥缈烟霞重。青溪迥隔红尘路，玉洞遥连绛府宫。溪边洞口相隈隩，蹊径深深映花竹。风散花香入酒瓢，日高松影开棋局。岩前偶坐

① 〔明〕张丑：《真迹日录》卷二，四库本，第817册，第532页。

二三翁，神气萧爽巾屦同，玲玲绿发稀可数，皎皎双瞳圆且浓。其间一仙如识面，忆在芙蓉城下见，曾将宝诀授长生，还引瑶池开小宴。别来倏忽三千秋，旧踪那复更追游。何当重跨轩间鹤，来会诸仙岭上头”①。

在刘松年的作品中，常常有青溪迥隔、蹊径深深、风散花香、日高影闲的山中幽景与心底闲趣，显然可以把这看成是他内心世界的一种反映。没有证据表明皇宫的高墙深院和画师的受制于人让他感到了禁锢和压抑，于是会有出世的向往。也许是热爱自然山川的烟霞之痼，也许是西湖山川的清幽秀雅对他的召唤，也许是中国人心中都有的对洞天福地、神仙世界的憧憬，所有的这一切，汇聚成了刘松年笔底的宗教图景，表达着他世外的心境。

济世的热望

历史题材以及我们今天所谓之重大题材的作品，也在刘松年的创作中占有较大比重，文献记载中，可见其重要作品有《中兴四将图》《便桥见虏图》《昭君出塞图》《成王问道图》《圯桥进履图》等。

《中兴四将图》描绘的是为重建朝廷立下汗马功劳的四员大将韩世忠、张俊、刘光世和岳飞的全身立像。比例准确，姿态自然，人物各具个性，衣饰线描劲健。全图共八人：四位将领、四位仆从，画面处理成主大仆小，用对比之

《中兴四将图》，绢本设色，26.0厘米×90.6厘米，中国国家博物馆藏

① 〔清〕厉鹗：《南宋院画录》卷四引谢晋《兰亭集·题刘松年〈仙山图〉》，于安澜编《画史丛书》第四册，上海人民美术出版社1962年版，第93页。

法突出将领们的形象，各将领像前均书有爵位名讳。四将之生平大节虽各有不同，但在重建朝廷的中兴大业中，是“自王公大人士下至牛童马走妾妇稗官之口，无不称道其武勇忠义，君子耻没世而无闻焉，宁不思景仰乎”①。

现在保存在北京中国国家博物馆的《中兴四将图》（绢本，设色，26.0厘米×90.6厘米）经专家的仔细研究，确认不是刘松年的原作，而是后人的摹本，但也能反映刘松年的绘画面貌。

在直接反映南宋时期历史事件的作品之外，刘松年对之前一些著名历史事件也有较多反映，如《昭君出塞图》《便桥见虏图》等。

“昭君出塞”讲的是汉宣帝时匈奴发生分裂，五个单于分立，攻打不休。其中一个单于呼韩邪，被其兄郅支单于打败。呼韩邪决心跟汉朝和好，亲自带着部下来朝见汉宣帝，得到汉宣帝的招待，为他举行了盛大的宴会，派了两个将军带领一万名骑兵护送他到了漠南。汉元帝时，汉朝派兵打败了郅支单于，呼韩邪单于的地位得以稳定。竟宁元年（前33），呼韩邪单于再次来到长安，要求同汉朝和亲，汉元帝决定挑个宫女给他。宫女王昭君毅然报名，自愿到匈奴和亲，做了呼韩邪单于的阏氏。她和匈奴人相处得很好，匈奴人都喜欢她、尊敬她。她劝呼韩邪单于不要发动战争，还把中原的文化传给匈奴。匈奴和汉朝和睦相处，有60多年没有发生战争。

“便桥见虏”的内容是：唐武德九年（626），东突厥颉利可汗率兵10余万进到长安附近。刚刚即位的唐太宗李世民虽然居于军事上的劣势，然而以镇定和机智，在便桥和突厥达成盟约，促成突厥退兵。这个历史事件突出地反映了唐太宗镇定机智、积极有为的帝王气质与气度，成为一个极好的绘画题材，最初由颜师古创写以示，后世画家多有复摹绘制。

以民族关系为题材的作品的大量涌现，是南宋绘画的一个突出现象。刘松年之外，李唐等人都有不少此类作品，这与南宋特殊的时代处境密切相关。在后世评论者中，不乏将其与当时宋金对峙的政治局势与民族矛盾相联系者。其中，《中兴四将图》无疑是一个直接相关的题材，《便桥见虏图》《昭君出塞图》

① 〔明〕汪砢玉：《珊瑚网》卷二九，四库本，第818册，第569页。

也都关涉民族关系的处理。这些作品确实反映了当时朝廷对兴亡大业的关注，也在一定程度上表达了画家本人对江山、社稷、民族存亡的关心。

但是，如果一味将其中的题材与主和、主战的时论作直接的关联，则似嫌牵强。类似的题材一直是中国绘画经久不衰的表现内容。尤其在元代以前，基本属于人物画范畴的历史题材作品，在绘画创作中占据主流，与山水画相比，有过之而无不及。因此，从画史传统来分析，刘松年的这些作品，实可视为一个画家的常规创作行为。进一步分析下去的话，此类题材表现的乃是帝王将相的功绩，作为一个职业的宫廷画师，这是他必做而不能推却的功课。

日常生活的描述者、热爱者

刘松年的画作中，除了王室贵族、文人士夫的生活记录外，还有大量平民日常生活的生动描述。例如《秋林纵牧图》《柳阁幽谈图》《溪亭客话图》《雪山行旅图》《茗园赌市图》《丝纶图》等作品。刘松年对此的赞赏和热爱之情充盈于笔墨之间，让我们在真切的生活场景中感受到南宋社会的运行节律与生机。

前文已述，南宋宫廷画师在宫中没有集中家居区域，他们散居于临安城内不同的坊、巷、衢、弄间，日复一日地穿梭于城市的大街小巷。在走向宫殿的路上，他们目睹了清丽的自然山川、普通的民众生活；在为帝王服务的职业之余，也多多地体察到了当时百工伎艺人的劳作。

刘松年笔下的临安，是一个由自然的、园林的、人文的多重色彩交相融会而成的秀润清逸的居住环境。平和、宁静、恬适，既是刘松年的绘画风格，也是他留给我们的一个关于南宋的印象。

自然的美，是刘松年喜欢和擅长表现的题材。在《溪山楼阁图》《柳阁幽谈图》《溪亭客话图》《雪山行旅图》《竹里梅花图》《溪隐图》《山田图》等传世（或传为刘松年所作）和文献记载的作品中，山岚清远，平坡点翠，林亭空旷，松筠映发。其间，有溪山楼阁、竹里梅花，有春日的柳阁幽谈、盛夏的溪亭客话、清秋的窗下展卷、寒冬的雪山行旅。

我们可以来看一下这类作品的画面。

《松亭图》，绘平坡缓缓，松树并立，中有小亭独立，前有小路蜿蜒，掩映在深草之中，若隐若现，气色粲然。

《竹里梅花图》，为典型的花竹小景，绘修竹、梅花交错，下有路径曲折，画面清气流溢，景幽趣雅，加上竹与梅的题材，颇具后世所谓文人画的意趣。

其他如《溪隐图》《山田图》，多是山色青翠、坡远溪长、庄舍俨然、人隐其间的清旷之景。“翠屏削立云表，孤庄枕清涟，平畴交远风，各极其致。”①

在这样诗意的山水间，同样有着富于江南色彩的诗意生活。

> 樵青刺篙胜摇桨，船头分流水声响。青山渺渺波漾漾，白鸥飞过时一两。载书百卷酒一壶，日斜出游女儿湖。邻舟买得巨口鲈，醉拍铜斗歌呜呜，此乐除却江南无。②

《丝纶图》是当时民间家庭丝织生产场景的反映。即使这样的生活劳作，也是一派山岚清远、花木扶疏的景象。正如前文所引汪砢玉之语称：“长松覆前，远山耸后，庭槛缀花石殊幽旷，檐间一姬拗纶，一妪治丝，一侍儿捧茶，不襦而露纤红，故北妆也。笔法细润有生气。”

---

①〔明〕王世贞：《弇州山人续稿》卷一六八《画跋》，四库本，第1284册，第424页。

②〔明〕田汝成：《西湖游览志余》卷一七，浙江人民出版社1980年版，第282页。

第四章　绘画特色

路径明晰的师承

关于刘松年的绘画师承，据前引史料记载，涉及李唐、张训礼和赵千里三人。

一、师从李唐

史料没有直接说到刘松年与李唐的关系，讲到的是师张训礼，而张训礼是师法李唐的，所以刘松年就间接地成了李唐的学生。

刘松年的师从李唐，除了张训礼的路径外，即使从李唐画风在当时画院中的地位、影响和刘松年作品的一些表现手法来分析，也是有迹可寻的。

李唐自创新风的绘画，在南宋画院产生巨大影响，一时师法、模仿之作大兴。虽然画史对此没有明确记载，但从历代著录和留存至今的作品以及文字释读中，可以很清楚地看到这一点。著名的比如马远、夏圭，更多的则表现在大量佚名的宋人小品画中。其突出的征象，就是局部构图、淋漓水墨、清劲刚健的线条和标志性的斧劈皴。在这样的时代氛围里，即使没有张训礼，刘松年照样可以有自己的路径来师法、学习李唐的技法。

但是，如果我们放眼刘松年作品的全部，则可以明显看到，刘松年的师法李唐画风，是有很大局限性的。严格地说，他只是在山水画的某些创作中，与李唐的某些技法有一致的手法。具体来看，就是他师法和继承的，是李唐工细严整、谨于法度的那一面。而且与此同时，刘松年作出了富有个人特色的创造，因而才会有“神气精妙过于师”的成就。

与李唐的水墨苍劲相比，刘松年细腻、优雅、秀洁和精工的画风，是显而易见的。与李唐逐渐从设色走向水墨的发展轨迹相比，刘松年不但没有这么清晰的变化或是表现出对水墨表达有较偏向的重视，而且他似乎是一直比较偏好并注重设色的。因此，综合来看，刘松年应该是“南宋四家”中最具个人特色和风格的一位画家。

二、师从张训礼

关于张训礼与宋驸马都尉张敦礼的关系，有一种说法是张训礼是张训礼，驸马都尉张敦礼是驸马都尉张敦礼，历史上原本就有这样不同名的两个人，是画史将两人牵扯在一起，混淆了事实。清乾隆皇帝就曾在为张训礼《围炉博古图》赋诗时，对此作过纠正：“训礼易敦礼，二人非一人。相如似有慕，欲讶孰为真。古器玩三代，闲庭聚四宾。朱栏干曲畔，梅信正含春。”①

诗中小注云：“《书画谱》②载，张训礼旧名敦礼，避光宗讳改今名，又别载张敦礼传。初疑即系一人，及细考时代，敦礼乃哲宗之婿，前后相距百余年，当是名偶相同。或慕其笔墨，故袭其名，如司马之慕蔺亦未可知。”③

可能是受此影响，所以在清代人的著录里，提到张训礼时已不言及张敦礼了：“张训礼画山水人物，专学李唐，笔致恬雅，时辈不能及。至于着色青绿，亦如赵千里，他人为之皆不能及也。刘松年师事之，尽得其法。画之传世者《清江绿树图》一、《湍流图》一、《湖峰蘸碧图》二、《阁道图》一、《控琴图》二、《水图》一、《题壁图》二。”④

当代也有学者曾作过考证，否定刘松年师张敦礼之说。⑤

其实，仔细研读文献，这里有一个误会：《图绘宝鉴》的记载，只说“张训礼，旧名敦礼，避光宗讳，改今名”，并未说这个改名为张训礼的张敦礼，就是

---

①③《御制诗四集》卷一八，四库本，第1307册，第552页。

②指《佩文斋书画谱》。

④〔清〕王毓贤：《绘事备考》卷六，四库本，第826册，第266页。

⑤傅伯星：《刘松年“师张敦礼”质疑》，《书画报》（安徽）1994年第1期。

那个驸马都尉张敦礼，我们完全应该把他们理解成是两个同名的张敦礼。这样，作为生活在光、宁朝的画家张敦礼来说，他避宋光宗讳而改名，是完全可以成立的正常行为。所以《图绘宝鉴》的记述并没有错。错的是《居易录》。是《居易录》把两个张敦礼合成了一个人："曾于朱氏见宋驸马都尉张敦礼画《李愿归盘谷图》，每段有东坡书。按：敦礼，哲宗之婿，画人物树石仿顾陆，刘松年之师也。"①

查《宋史》，知张敦礼载入史册的活动时间，是在熙宁元年（1068）"选尚英宗女祁国长公主"至大观（1107—1110）初年"复节度宁远军"，前后40年左右。卒年不详。以20岁成婚，80岁去世推算，则其在世时间约为1048—1128年。

祁国长公主为英宗的第三个女儿，封号多有变化，下嫁张敦礼后，进冀国大长公主，政和三年（1113）改贤德懿行帝姬，宣和五年（1123）去世。宣和五年即1123年，其卒年与上面推算的张敦礼的卒年比较接近。

宋光宗赵惇生于1147年，卒于1200年。两相比较，显然不可能发生驸马都尉张敦礼"避光宗讳"而改名张训礼之事。如此看来，这个驸马都尉张敦礼与那个改名张训礼的画家张敦礼，原本就是两个人。画家张敦礼与刘松年有绘画上的师承关系，驸马都尉张敦礼则与刘松年无关。

还有需要考虑的是，画史记述中的"师"字，有时只是叙述画家创作技法和艺术风格的取向与路径，并不一定特指直接的面承指教。对某种技法、风格的喜欢与学习，完全可以通过临摹、自学或同好切磋的方式进行，也可以称为"师"，学习者即所谓的私淑弟子。

接着看刘松年与张训礼的关系。这个摆脱了驸马身份的画家张训礼，历史上的面目十分模糊。除前引《绘事备考》寥寥数语的记载外，《图绘宝鉴》《画史会要》记载基本相同，详细的生平事迹均告阙如。

现存被称为张训礼的作品，有《春山渔艇图》《围炉博古图》，但前者已被中国古代绘画鉴定组定为宋人作品。

---

① 王士禛：《居易录》卷二七，四库本，第869册，第654页。

《围炉博古图》（绢本，设色，138厘米×72.7厘米，藏台北故宫博物院），画庭院里文人士大夫围案绕几欣赏绘画作品的情景，其题材内容、构图布局、庭院的界画工整以及树、石、枝叶的画法，与刘松年都有相似之处。而在人物神情、衣纹、案几的表现上，则有不同。总体风格比刘松年更为工致、恬静、雅洁。在与张训礼的作品比较之后，反而能够比较明显地看出刘松年靠近李唐绘画风格的那一面。

三、师从赵千里

上述史料还说到，刘松年的着色青绿山水有如赵千里的风格，笔法相似。

赵千里即赵伯驹，宋太祖七世孙，赵令穰之子，南渡后官浙东兵马钤辖。擅画山水、花果、翎毛、竹石，也长于人物，楼阁界画尤妙，曾画集英殿屏。宋高宗称其画有董源、王诜气格。画山水以青绿见长，取法唐人，参古融今，布景繁密，笔法秀丽精致，设色典雅浓郁，是南宋时期继承唐代大小李将军青绿山水传统的代表人物，作品有《春山图》《万松金阙图》等。

刘松年善画着色青绿山水，与赵伯驹的相似是显而易见的。刘松年的画，楼台水榭，界画工整，设色明丽，笔精墨严，确实具有李思训、赵伯驹青绿山水的规制和面目。但是需要特别指出的是，刘松年巧妙地将工整的青绿和水墨结合在一起，清丽细润，不工不简，又形成了自己独有的风貌。

丰富多样的题材

明代诗人、书法家祝允明曾为其家藏之刘松年作品题诗，云："暗门终日痼烟霞，写得东南处处佳。湖上烟波志和宅，山阴风雪戴逵家。老僧引涧穿新竹，童子和云扫落花。揖客入门如有影，石墙松盖夕阳斜。"①

这首小诗写出了刘松年"终日痼烟霞"的性格和他"写得东南处处佳"的作为，更将刘松年画作中题材的多样性作了很好的描写。刘松年人物、山水、墅园、花竹、寺宇、湖景等兼长，堪称画院中的佼佼者。

---

①〔明〕祝允明：《怀星堂集》卷八，四库本，第1260册，第479—480页。

刘松年的山水画多表现江南一带风景，青峦耸翠，云烟雾霭，以淡墨轻岚的方法写清山秀水，尤得神韵。他特别善写西湖园林的优美景色，平坡点翠，林亭空旷，茂林修竹，松筠映发。

而山水园林间，又往往穿插文人贵族闲适生活的描写。画中人物古雅，神情生动，用笔细劲畅利，衣褶清劲。所作屋宇界画工整，笔墨细致严谨。

刘松年的花鸟作品不多，但花、竹、松、梅小景在他的笔下，也是别有意趣，平坡小亭，路径蜿蜒，清气流溢，景幽趣雅。

宗教题材作品也是他的所长，他绘制了大量的佛道人物、故事图卷、仙山楼阁、神仙世界。

其历史题材的大场面作品，布局巧妙，繁而不乱。《便桥见虏图》中辇车、旌旗、旃裘、戎屋、尘沙、云树，历历在目，丹青焕赫，布置娴雅，俱见当时景象。

鲜明独特的风格

宋孝宗以后，特别是宋光宗、宋宁宗时期，山水画继李唐之后，出现了明显的画风变化，重视章法的剪裁，巧妙地利用画面大片空白突出鲜明的形象，画面简洁而富有诗意，具有优美的意境，简率而富有表现力的大斧劈皴则显示了笔墨技巧的提高。

与南宋以前的绘画传统相比，刘松年的绘画风格应该属于“南宋四家”的体系之内。但与李唐、马远、夏圭相比，又有自己的面貌。刘松年的作品既具有上述这些南宋院体画的风格，又融合前代诸家之长加以发展，是“南宋四家”中画风最为多样的一位画家，具有独特的个人风格。

刘松年山水、人物兼长，水墨、青绿皆通，既有淡墨轻岚，也善妍丽着色，笔墨精严，刻画细腻，技法全面。尤其成为特点的是，多画茂林修竹、山清水秀、青峦耸翠、云烟雾霭的江南景色，也喜画优游林苑的贵族士大夫和春山仙隐的神仙世界，楼台水榭、园林别墅，一派优雅闲适之趣。

在绘画风格上，刘松年的画风与李唐有承续处，尤其侧重于李唐严谨细致的一面，显得温婉优雅，精深严谨，清丽细润，秀洁圆润。虽行笔微细，而一笔有千钧之力。同时还巧妙地将工整的青绿和水墨结合在一起，形成了自己独特的风格。

这种独特风格的来源，一是地域与个性使然，与李唐个性和绘画中天然生成的北方气质、南渡时颠沛流离的痛苦经历相比，江南的柔媚水土、西湖的旖旎风光、承平日久的社会环境、华美典丽的宫廷风尚，都是刘松年独特的环境和经历，成为他独特风格形成的重要因素。

总体评价

清刚劲健、半山一角、水墨淋漓以及简括洒脱的斧劈皴，是“南宋四家”的画风特点，对此既得赞赏，也颇受非议。而刘松年温婉优雅、精深严谨、清丽细润、秀洁圆润的独特画风，则受到后人基本一致的肯定，甚至将其列为“南宋四家”之首：“北宋四名家李成为冠，董源、巨然、范宽次之。南宋则刘松年为冠，李唐、马远、夏珪次之。”[①]所以历来的“南宋四家”称呼中，多有“刘、李、马、夏”的排列次序。

《南宋院画录》中就辑有不少对刘松年的赏识之语：

刘松年《老子出关图》……树石潇洒，人物古雅，品在《听琴图》上。（张丑）

琴师传得太古意，听琴之趣画师传。昔闻善听锺期子，今见妙品刘松年。（杜琼）

耳听不如心听聪，欲于弦上见飞鸿。铁崖仙子神游远，写得无声在有中。[②]（朱存理）

① 〔明〕张丑：《清河书画舫》卷一一上，四库本，第817册，第436页。夏珪，即夏圭。

② 以上所引均见〔清〕厉鹗：《南宋院画录》卷四，于安澜编《画史丛书》第四册，上海人民美术出版社1962年版，第79、82页。

而刘松年对历史题材的表达，更是为人赞赏。

元代赵孟頫题刘松年《便桥见虏图》云："突厥控弦百万，鸱张朔野，倾国入寇。当时非免胄一见，几败唐事。读史者至此，不觉肤栗毛竖，于以见太宗神武戡定之勋、蛮夷率服之义。千古之后，画史图之，凛凛生色。此卷为宋刘松年所作，便桥流水、六龙千骑、山川烟树，种种精妙，非松年不能为也。"①

龚翔麟对刘松年的《风雪运粮图》也是赞赏有加："松年作此画，意与古为徒。我稽南渡日，相奸君颇愚。偷安仗和议，中原日沦胥。师武臣僇力，闾阎勤转输。庙堂反不讲，笙歌游西湖。良工独心苦，谁复省其图。空令千载下，览者生嗟吁。"②

这里尤需注意的一个事实是，在历代的赞赏者中，有不少都是学识修雅渊博的知名文人学士，而且还有如赵孟頫这样的文人画大家。这就促使我们思考一个问题，就是在董其昌提出南北宗论之前，文人画家和职业画师、文人画和院画，是否果然存在如董所言的那么一种笔墨、境界和相互关系上的鸿沟？

---

①〔明〕汪砢玉：《珊瑚网》卷三〇，四库本，第818册，第571页。

②〔清〕厉鹗：《南宋院画录》卷四，于安澜编《画史丛书》第四册，上海人民美术出版社1962年版，第93页。

马远传

小　引

诗意浓郁，是马远画作给予我们的一个强烈观感。这种扑面而来的诗意，无须借助在画面上题写诗词的形式，而是直接生发于画中山石溪涧的清幽、云烟山岚的朦胧、峭峰直立的清刚、汀渚坡岸的萦回，疏枝横斜的老梅、简淡清远的山月、寒江独钓的渔人、水暖知春的野凫，山径春行的闲适、松下闲吟的从容、举杯对月的雅兴、踏歌而行的欢乐。所有这一切，从马远的边角之景和清健的线条、劲爽的皴擦、淋漓的水墨和空灵的画面中款款漫溢而出，无穷无尽地历上千年的时光而不息，至今滋润着人们的眼睛和心灵，散发着艺术的馨香和光辉。

作为宫廷画的代表，马远的作品与历代宫廷画院画师笔墨工致、设色富丽、风格严谨的院体画自然联系在一起。马远的绘画艺术，确实秉承了院体绘画的传统，十分注重笔墨技法的锤炼，精严工致，体现出全面而成熟的笔墨技巧修养。不仅如此，从现有作品及画史文献的记录来看，马远的技法既有来自传统的师承，更有自我的创新，并在很大程度上建立起垂范后世的院体绘画范式，特点与成就都是十分显著的。

因此，马远，一个出身于绘画世家的子弟，一个行走在帝王身边的宫廷画师，一个寻觅徜徉在西子湖柔媚风光里的画人，一个充溢着灵性和诗意的画家，在他的心中手下，绘画也许仅仅就是绘画。读马远的画，看得见他“经营”山水的艺术匠心和他心中充满诗意的艺术感受。所有这一切，都使我们有充分的理由可以说：马远，是一个职业的绘画者，更是一个真正的艺术家。

第一章　马远和他的绘画世家

主要生平史料汇集

一、文字资料

有关马远及其马氏家族相关诸人生平的文字资料，南宋、元、明、清各代都不乏记述者。举其要者，大致有以下几种：

南宋邓椿《画继》卷七：

> 马贲，河中人。长于小景。作百雁、百猿、百马、百牛、百羊、百鹿图，虽极繁夥，而位置不乱。本“佛像马家”后，写生驰名于元祐、绍圣间。①

南宋张镃《南湖集》卷二：

> 马贲以画花竹名政、宣间，其孙远得贲用笔意，人物山水皆极其能。余尝令图写林下景有感，因赋以示远：世间有真画，诗人干其初。世间有

① 〔南宋〕邓椿：《画继》卷七，于安澜编《画史丛书》第一册，上海人民美术出版社1962年版，第57页。

真诗，画工掇其余。飞潜与动植，模写极太虚。造物恶泄机，艺成不可居。争如俗子通身俗，到处堆钱助痴福。断无神鬼泣篇章，岂识山川藏卷轴。我因耽诗鬓如丝，尔缘耽画病欲羸。投笔急须将绢裂，真画真诗未尝灭。①

元庄肃《画继补遗》：

马兴祖，河中人，贲之裔孙，绍兴间随朝画手，工花鸟杂画。高宗驻跸钱唐，每获名踪卷轴，多令辨验。

马远，即马兴祖之后，充图画院祗候。家传杂画，然花鸟则庶几，其所画山水人物，未敢许耳。

马逵，即远弟也，与远齐名。但画禽鸟，疏渲极工，毛羽灿然，飞鸣生动，殊过于其兄，其他皆不逮。

马麟，远之子也，亦工杂画，不逮父、叔。远爱其子，多于己画上题作马麟，盖欲其子得誉故也。

马公显，远之孙也。传家学，画不逮厥祖，特于布置可观，盖得祖父之遗稿耳。②

元夏文彦《图绘宝鉴》：

马贲，河中人，宣和待诏。工画花鸟佛像、人物山水，尤长于小景。③

马兴祖，河中人，贲之后，绍兴间待诏。工花鸟杂画，高宗每获名踪卷轴，多令辨验。

马公显，弟世荣，兴祖子。俱善花禽人物山水，得自家传。绍兴间授

---

① 〔南宋〕张镃：《南湖集》卷二，四库本，第1164册，第546—547页。

② 以上所引均见〔元〕庄肃：《画继补遗》卷下，中国美术论著丛刊本，人民美术出版社1963年版，第10、13、14页。

③ 〔元〕夏文彦：《图绘宝鉴》卷三，于安澜编《画史丛书》第二册，上海人民美术出版社1962年版，第87页。

承务郎，画院待诏，赐金带。世荣二子，长曰逵，次曰远，世其家学。

马远，兴祖孙，世荣子。画山水人物花禽，种种臻妙，院人中独步也。光、宁朝画院待诏。

马逵，远兄，得家学之妙。画山水人物、花果禽鸟，疏渲极工，毛羽灿然，飞鸣生动之态逼真，殊过于远，它皆不逮。①

元汤垕《画鉴》：

宋南渡士人多有善画者，如朱敦儒希真、毕良史少董、江参贯道，皆能画山水、窠石。画院诸人得名者若李唐、周曾、马贲，下至马远、夏圭、李迪、李安忠、楼观、梁楷之徒，仆于李唐差加赏阅，其余亦不能尽别也。②

明朱谋垔《画史会要》卷三：

马兴祖，河中人，贲之后。绍兴间待诏，工花鸟、人物、山水。高宗每获名踪卷轴，多令辨验。子公显、世荣，能世其传，绍兴间承务郎，画院待诏，赐金带。

马逵、马远，二人世荣之子，山水、人物、花禽得家传之妙。逵疏渲极工，毛羽灿然，飞鸣生动之态逼真，殊过于远，它皆不逮。远能种种臻妙，独步画院中。光、宁朝为待诏。

马麟，远之子，能世家学，然不逮父。远爱其子，多于己画上题作“马麟”，盖欲子得誉也。为画院祇候。③

---

① 以上所引均见〔元〕夏文彦：《图绘宝鉴》卷四，于安澜编《画史丛书》第二册，上海人民美术出版社1962年版，第101、104页。

② 〔元〕汤垕：《画鉴》，四库本，第814册，第433页。

③ 〔明〕朱谋垔：《画史会要》卷三，四库本，第816册，第489页。

明陈善《杭州府志》:“马麟为画院祇候。”[①]

清卞永誉《式古堂书画汇考》:

马贲以画为宣和待诏,至兴祖亦以画为绍兴待诏。其二子公显、世荣,又皆待诏于画院。世荣生逵与远,画山水、人物、花果、禽鸟精妙,称为绝品。远待诏光、宁两朝,院中称为独步。麟,乃远之子也。马氏之画相传数世,其默契神会而若共成者,岂它可及哉。然麟不逮父,而远爱之,多以己画得意者题作马麟,故麟声亦张,得为(阙)祇候。此幅麟自为者也,若《美人图》,气韵闲逸,则若贾师古之笔,师古学伯时,绍兴画院祇候。宋学士谓二画旧尝在宫掖,其信然矣。[②]

《蝶戏长春图》乃院中马远子名麟者所画,《美人扑蝶图》笔势圆劲,意非李伯时不能到,皆绝品也。旧时曾在宫掖,故其间有上兄永阳郡王及杨妹子之字。题者专指佑陵以为言,恐未然也。翰林学士宋濂题。[③]

赵昌、王友、谭黉辈,得之可遮壁,无不为少。程坦、崔白、侯封、马贲、张自芳之流,皆能污壁。茶坊酒店可与周越、仲翼草书同挂,不入吾曹议论。得无名古笔,差排犹足为尚友。[④]

外录:《绘鉴》云周曾不知何许人,与马贲同时,差高于贲,尤长山水。而贲为宣和待诏,画人物、花鸟、山水,工小景。[⑤]

清王毓贤《绘事备考》:

马公显,兴祖之子。与弟世荣俱善花鸟、人物,得自家传,绝无累笔。

---

①〔清〕厉鹗:《南宋院画录》卷八,于安澜编《画史丛书》第四册,上海人民美术出版社1962年版,第159页。

②〔清〕卞永誉:《式古堂书画汇考》卷四四,四库本,第828册,第859—860页。

③〔清〕卞永誉:《式古堂书画汇考》卷四四,四库本,第828册,第860页。

④〔清〕卞永誉:《式古堂书画汇考》卷三一,四库本,第828册,第288页。

⑤〔清〕卞永誉:《式古堂书画汇考》卷四三,四库本,第828册,第819页。

绍定间为画院待诏，授承务郎，赐金带。世荣有二子，长曰达[①]，次曰远，能世其学。

马远为宁、理朝画院待诏，工山水、人物、花鸟，着笔俱佳，院品推为第一。当时无与俦者，盖得祖父之传而济之以敏悟，欲不雄视一世不可得也。画之传世者，《石鼎联句图》一、《旗亭记曲图》一、《中南招隐图》一、《天台就征图》一、《沉香醉草图》一、《莲舟邀月图》一、《山屏泼翠图》一、《春波拍岸图》一、《写生花图》十五、《折枝花图》四、《水墨花图》十。

马逵，远之弟也，受业于兄，得其壸奥。画人物、花鸟，疏染纤丽，枝叶羽毛皆极生动之致，几欲与兄齐名。画之传世者，《教鹦鹉士女图》一、《祝鸡翁图》一、《驯雉图》一、《菊圃图》一、《桃源图》二、《梅岑图》一、《柳村图》二。[②]

上述所引各条文字资料，相对全面地体现了史籍中有关马远及其家族中画人记载的基本情况，大致包括了他们生平的种种方面，史料中也出现了一些不同说法。此外，笔者还查阅了其他史籍，《齐东野语》《中州集》《清容居士集》《弇州山人四部稿》《乐善堂全集》《寓意编》《珊瑚网》《说郛》《庚子销夏记》《江村销夏录》《清河书画舫》《御制诗四集》《石渠宝笈》《文端集》《佩文斋书画谱》《佩文斋咏物诗选》等著述中，都有关涉上述诸人生平、画作的类似记载，大多为相同文字的辑录、传抄，内容基本重复，未见有超出以上所列史料者，故此不予一一具列。

二、图像资料

《中国历代画目大典（战国至宋代卷）》中，未见记录真赝争议的马远存世作品有以下数幅：《水图》、《踏歌图》、《观梅图》、《梅石溪凫图》、《高阁听秋图》、《孔丘像》、《月下把杯图》、《松寿图》、《雪景图》、《楼台月夜图》、《高阁

① “达”，当为“逵”之误，两字繁体字形相似。

② 以上所引均见〔清〕王毓贤：《绘事备考》卷六，四库本，第826册，第261、264页。

侍读图》、《吕仙君像》、《月夜拨阮图》、《秋江渔隐图》、《学滩双鹭图》、《华灯侍宴图》、《对月图》、《松间吟月图》、《乘龙图》、《竹鹤图》、《小品十四开》、《山径春行图》、《晓雪山行图》、《松泉双鸟图》、《剡溪访戴图》、《倚云仙杏图》、《梅竹山雉图》、《寒香诗思图》、《溪山清夏图》、《春游晚归图》、《山水图》（香港庄申收藏）、《寒江独钓图》、《风雨山水图》、《山水图》（日本京都国立博物馆收藏）、《松下高士图》、《李白观瀑图》、《山水图》（日本MOA美术馆收藏）、《高士观月图》、《清凉法眼云门大师像》、《山水图》（瑞典斯德哥尔摩东亚美术馆收藏）、《雪江归棹图》、《雪中水阁图》、《远山柳岸图》、《观梅图》（美国波士顿美术馆收藏）、《高士图》、《观梅图》（美国怀云楼收藏）、《采梅图》、《观瀑布图》、《山水图》（册页，美国弗利尔美术馆收藏）、《山水图》（纨扇，美国弗利尔美术馆收藏）、《竹溪试浴图》、《蹴鞠图》、《松荫观鹿图》、《举杯邀月图》、《商山四皓图》、《梅石溪凫图》（美国景元斋收藏）、《林亭高隐图》、《三老野趣图》、《荷亭消夏图》、《柳庭夜月图》、《溪山风雨图》、《松下观泉图》、《观梅图》（原清宫收藏）、《山僧对棋图》等。

史料中的问题

“南宋四家”中，马远给人印象较深的一点是，现有文献中言及他身世的史料，比其他三位相对多一些，这使得他在生平、家世方面有稍微多一些的细节可以推究，历史面目相对略微清晰一些。

比如，清卞永誉《式古堂书画汇考》中，对马家的世系就有系统的记载，他的这个说法来源于元代的夏文彦，明代的朱谋垔也取此说。当代绘画史著作均持此见。若以此为据，马氏家族的世系相对清楚：马贲为宣和画院待诏；马兴祖为绍兴画院待诏；马兴祖有二子，为马公显、马世荣，均为画院待诏；马世荣也生二子，为马逵与马远，马远为光、宁两朝画院待诏；马远有子，为马麟。这样几代相沿不辍地传承画业，终成绘画世家，故此独步画坛，称誉画史。

但是，如果细究史料，不难发现南宋人张镃和宋末元初的庄肃所记，均有异于此；而且在前列史料中，也可以很清楚地发现在马远等人生平的叙述中，存在着一些矛盾和不甚明了之处。具体罗列起来，大致有以下几个方面：

（一）马氏家族的世系排列，各书所记有抵牾之处。

据各家所记，简单地列表如下：

《南湖集》：马贲→？→马远

《画继补遗》：

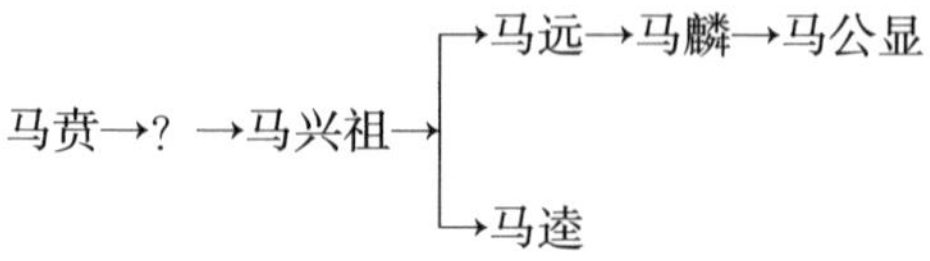

《图绘宝鉴》《画史会要》《式古堂书画汇考》：

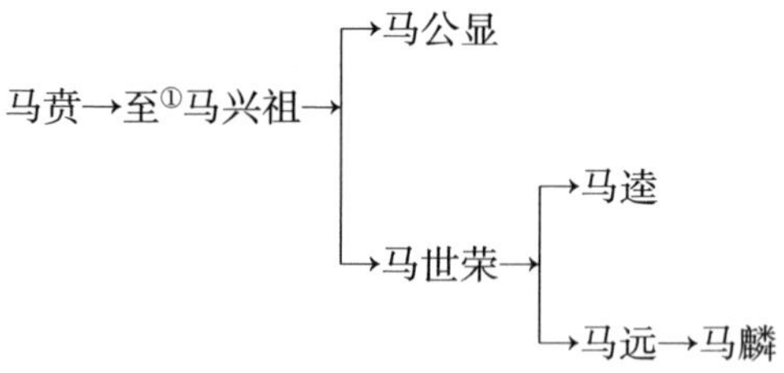

《绘事备考》的记载就有自相矛盾者，如卷六“马公显”条称“世荣有二子，长曰达（逵）、次曰远”，同卷“马逵”条却称：“马逵，远之弟也，受业于兄，得其壸奥。”

（二）马远任职画院的时间和职衔，各书所记有不同处。

《南湖集》作者张镃生活于宋宁宗时代，他在书中记述了与马远的直接交往，据此可见马远在宁宗朝的活动情况于一斑。

《画继补遗》认为马远在马兴祖之后任图画院祗候。

《图绘宝鉴》《画史会要》《式古堂书画汇考》均记马远为光、宁朝待诏。

① 《式古堂书画汇考》的原文是“马贲以画为宣和待诏，至兴祖亦以画为绍兴待诏”，未言及两者的关系。

《绘事备考》认为马远是宁、理朝画院待诏。

（三）马远、马逵的兄弟排行，各书所记有矛盾处。

《画继补遗》记马远为兄，马逵为弟。

《图绘宝鉴》《画史会要》《式古堂书画汇考》记马逵为兄，马远为弟。

（四）马贲的身份和活动时间，各书所记有异。

《画继》记为驰名于元祐、绍圣间。

《南湖集》称马贲以画花竹名政、宣间。

《图绘宝鉴》则说马贲是河中人，宣和待诏。

《画鉴》明确记载马贲为“南渡士人”，与李唐、周曾同为“画院诸人”。

（五）马兴祖的画院职衔，各书所记有异。

《画继补遗》记为绍兴间随朝画手。

《图绘宝鉴》《画史会要》《式古堂书画汇考》记为绍兴间待诏。

（六）马逵的画院画师身份来历不明。

目前可见《南宋院画录》之前的文字记载中，未见称马逵为画院画师者。自《南宋院画录》始将其列为画院画师，而文字介绍则仅仅只是辑录上述《图绘宝鉴》等语，未见考证其为画院画师的任何文字。《南宋院画录》之后的文献中，仅见清《御制诗四集》中有诗将其系挂于画院：“画院难兄弟（逵，马远弟也），翎毛竟过之（见《图绘宝鉴》）。兹看么凤态，倒挂海棠枝。疏渲极精致，飞鸣任戏嬉。虽无稻粱蓄，金络却辞羁。”[①]同样未见任何考证文字。

上述种种问题，有些可以结合各种史料综合比勘，作出分析推论；有些问题的考索因史料实在过于简略，只能暂付阙如，有待来日。

马氏家族世系辨析

由上可知，史料不足的问题，在马远研究中并未得到整体改观。马远及其家族中被记入画史的父祖兄弟子辈们，都是以绘事为职业的画人，因此所有史

---

① 《御制诗四集》卷九〇《马逵棠枝么凤》，四库本，第1308册，第740页。

料都只与他们的绘画有关，大多是以诗、跋的形式品评鉴赏作品，涉及生活经历的记述微乎其微。且史料中的讹误与抵牾，也为我们确切了解马远及其家人的真实生活情况带来极大的困难。笔者根据现有史料，结合当时的历史背景，试作释读。

一、马贲

读有关马贲的资料，可作推究的，有这么几件事：

一是马贲的活动时间。

《画继》记其“写生驰名于元祐、绍圣间”，《南湖集》记其“以画花竹名政、宣间”，《图绘宝鉴》记其为“宣和待诏”，《画鉴》记其为“宋南渡士人”、与李唐同在画院。综合各书记载的活动时间，为北宋哲宗元祐至南宋高宗绍兴年间。如将元祐、绍兴两个年号作连头带尾的计算，则先后长达78年；如以元祐末年与绍兴初年为限计算，则为38年。虽然从时间上看前者可能性较小，但后者则是完全可能的。

因此，在没有新资料发现之前，姑以此为据，定为两宋之际，历哲、徽、钦、高四朝。

二是马贲的身份。

《画继》对此没有说法，既未称其为画院画师，更无职衔的记载。到了《图绘宝鉴》，则称马贲为“宣和待诏”。另查王世贞《弇州山人续稿》论到《清明上河图》的作者张择端时云：“按：择端在宣、政间不甚著，陶九畴纂《图绘宝鉴》搜括殆尽，而亦不载其人。昔人谓逊功帝以丹青自负，诸祗候有所画，皆取上旨裁定。画成进御，或少增损。上时时草创，下诸祗候补景设色，皆称御笔，以故不得自显见。然是时马贲、周曾、郭思、郭信之流，亦不至泯泯如择端也。”①也是将其列为政、宣间画院画师。

前文《李唐传》中已经说过，《画继》作者邓椿，大约活动于北宋末年至南宋上半期，是李唐、马贲等人的同时代人。其祖邓洵武，政和中知枢密院事，正值宋徽宗最重画学之时，于此类事见闻必多。靖康之变，邓椿回到家乡。在

① 〔明〕王世贞：《弇州山人续稿》卷一六八，四库本，第1284册，第432页。

安定的环境里，“见故家名胜避难于蜀者十五六，古轴旧图，不期而聚，而又先世所藏殊尤绝异之品，散在一门，往往得免焚劫，犹得披寻，故性情所嗜，心目所寄，出于精深，不能移夺”。“于是稽之方册，益以见闻，参诸自得”，缀成《画继》，收录的画家起自宋神宗熙宁七年（1074），止于宋孝宗乾道三年（1167），凡二百一十九人，“或在或亡，悉数毕见”[①]。

同为南宋时人的张镃，也未言及马贲任职画院及其职衔之事。

但是仅凭此否定《图绘宝鉴》的说法，也是证据不足的。邓椿虽为南宋同时代人，但凭借父老故旧的闲居聚谈，在乾道以后于蜀地追忆前朝旧事，自然会有细节上的差异和失载。今识邓椿此作，旨在区分类别、标举短长，分阐诸家之工巧，总括一代之技能。通览全书，仅孟应之、宣亨、卢章、田逸民、侯宗古、郗七、周照、任安、薛志的记述中言及画院，于职衔则无一述及。自熙宁七年（1074）止于乾道三年（1167），94年间的画院，绝非如此惨淡的景况。因此《画继》的无载，确实不能作为否定的证据。

至于张镃的《南湖集》，本非专业的画史著述，对其记述就更不能有要素齐全的要求了。

三是马贲的绘画创作。

马贲的绘画题材很集中，很有特色，最主要的是佛像，《画继》称其“本‘佛像马家’后”。这里说出了一个很重要的事实，就是马氏绘画世家的溯源，一直可由马贲而向上追寻，现在画史通常所言的“一门五代七画家”，尚不能准确勾勒马家艺术的渊源。

另外的题材就是花鸟小景和杂画。张镃言其以画花竹有名于政和、宣和间，据此推论马贲有可能即因此而得以进入宣和画院。宋徽宗本人特别喜欢花鸟，也善画花鸟，宣和画院的创作，就是以花鸟画为主的。马贲所善画的百雁、百猿、百马、百牛、百羊、百鹿图，极为契合宋徽宗时期的艺术风尚，以此得名，当非虚言。

---

① 〔南宋〕邓椿：《画继》，于安澜编《画史丛书》第一册，上海人民美术出版社1962年版，“序”，第3页。

四是马贲绘画的影响和世人对其的评价。

马贲的画艺，在当时很有影响。除了上引史料的称颂外，当时学其画的人也多，其中不乏贵家子弟。“贾公杰，字千之，文元公昌朝诸孙，侍郎炎之子也。学马贲而标格过之。又作佛像极精细，衣缕皆描金而不俗。”①

这个贾公杰出身豪门，其父贾炎为宋徽宗时工部侍郎，而贾炎又是贾昌朝之从子。贾昌朝，谥文元。历真宗、仁宗、英宗三朝，累任龙图阁直学士权知开封府、右谏议大夫权御史中丞、同中书门下平章事、枢密使、观文殿大学士、判尚书都省事等。贾公杰学马贲之画，又作佛像，可以反映出马贲的画名之炽。

但是从另一位画家周曾这里，也可看出对马贲的另一种评价：“周曾，不知何地人，与马贲同时，差高于贲，又长山水。”②

对这个画艺高于马贲的周曾，《宣和画谱》的评价却不高：“至本朝李成一出，虽师法荆浩，而擅出蓝之誉，数子之法，遂亦扫地无余。如范宽、郭熙、王诜之流，固已各自名家，而皆得其一体，不足以窥其奥也。其间驰誉后先者凡四十人，悉具于谱，此不复书。若商训、周曾、李茂等，亦以山水得名，然商训失之拙，周曾、李茂失之工，皆不能造古人之兼长，谱之不载，盖自有定论也。”③

到了清代，卞永誉的《式古堂书画汇考》对马贲有直接的记载，评价甚差：“程坦、崔白、侯封、马贲、张自芳之流，皆能污壁。茶坊酒店可与周越、仲翼草书同挂，不入吾曹议论。”④

马贲的绘画作品，见于文献记录的有《乐音菩萨像》、《吴王避暑图》、《献花菩萨像》二、《江山清乐图》三、《孔雀佛铺图》二、《春工富贵图》三、《苏台集会图》、《秋塘水禽图》、《鸂鶒图》，以及百雁、百猿、百马、百牛、百羊、百鹿图等。

---

① 〔南宋〕邓椿：《画继》卷五，于安澜编《画史丛书》第一册，上海人民美术出版社1962年版，第39页。

② 〔南宋〕邓椿：《画继》卷七，于安澜编《画史丛书》第一册，上海人民美术出版社1962年版，第58页。

③ 《宣和画谱》卷一〇，于安澜编《画史丛书》第二册，上海人民美术出版社1962年版，第99页。

④ 〔清〕卞永誉：《式古堂书画汇考》卷三一，四库本，第828册，第288页。

二、马兴祖

根据《图绘宝鉴》《画史会要》称马兴祖为“贲之后”的记载，现在画史通常将马兴祖视作马贲之子，而有“一门五代七画家”之说。但是，《画继补遗》的说法为马兴祖是“贲之裔孙”，《式古堂书画汇考》只是一个“至”字，未作明言。①

对此，仅凭现有这些简略史料，是很难作出判断和取舍的。如果从他们活动的大致时间来推断，从马贲活动的元祐、绍圣直至绍兴年间到马兴祖活动的绍兴年间，马兴祖为子、为孙的可能性都一样存在。可见由于史料中无论年纪或时间记载均缺乏一个确定的坐标，以致一般的推论都难以进行。

为此，在没有新的材料可以取用以作新考证的情况下，笔者从现在画史通行的既定说法，将马兴祖视作马贲之子。

《画继补遗》称马兴祖为“绍兴间随朝画手”，《图绘宝鉴》则明言其为“绍兴间待诏”。总而言之，马兴祖就是一名宫廷画师。擅长的画种一是花鸟画。清高宗乾隆曾为马兴祖《疏荷沙鸟图》题诗云：“叶败花残枝亦枯，何来沙鸟立斯须。伊人意寓南迁代，似写其瞻爰止乌。”②

马兴祖擅长的画种还有一种是杂画。杂画的确切内容不可知，在《画继》绘画门类的分类记述中，于仙佛鬼神、人物传写、山水林石、花竹翎毛、畜兽虫鱼、屋木舟车、蔬果药草之外，别设“小景杂画”一类，首列的画家就是马贲，可见也是一种家传，其他则有刘浩、杨威等人。至于杂画的具体内容，邓椿没有特别的解释，顾名思义，可能就是不在“仙佛鬼神”等分类之内的题材，甚或是不属于绘画艺术创作范畴的绘制事项，比如刘浩的雪驴、水磨，杨威的村田乐，或是庙堂宫殿装饰、民间采风、记录历史事件等等。就一名宫廷画师而言，擅长杂画是十分必要的，他在进行绘画艺术创作的同时，尚需完成众多

---

① 王朝闻总主编之《中国美术史》（宋代卷）称马远的高祖为马贲，祖父为马兴祖，“曾祖不明”，伯父公显，父世荣，兄马逵，子马麟，并称马家为“一门六代，以马远的成就为最高”，不知其依据何在。如以“一门六代”之说观之，其依据或即《画继补遗》的马家世系记载，但其所列辈分又与《画继补遗》所记马远等各人的世系排列不符。

② 《御制诗余集》卷一一，四库本，第1311册，第698页。

服务朝廷的事务性、工艺性绘事，因此仅仅擅长于丝绢缣素上的艺术性创作，显然是不足以胜任职责的。明代都穆《寓意编》中记有马兴祖《番人击球图》《番人雪猎图》两幅作品，按上述《画继》的分类，似乎可以以杂画视之。

除绘画之外，马兴祖还以长于鉴别辨验法书名画知名于时、留名于后。宋高宗每获名踪卷轴，往往令他辨验真赝。

宋高宗访求、鉴藏法书名画不遗余力、不惮劳费。对这些藏品，自需鉴别辨验。当时的鉴定工作是分类进行的，做得很仔细：“应搜访到名画，先降付魏茂实定验，打《千字文》号及定验印记进呈讫，降付庄宗古分手装背。”“应搜访到古画内，有破碎不堪补背者，令书房依元样对本临摹进呈讫，降付庄宗古，依元本染古槌破，用印装造。刘娘子位并马兴祖誊画。”“应古画如有宣和御书题名，并行拆下不用。别令曹勋等定验，别行撰名作画目进呈取旨。”①

从这个记载可以看出马兴祖在辨验古画的同时，还做“誊画”的工作，这也是他画师职责的一个重要部分。

庄宗古“依元本染古槌破，用印装造”修补古画，后人对他的此项工作，颇有微词：“古画东移西掇捋补成章，此弊自高宗朝庄宗古始也。”②按此说法，“东移西掇捋补成章”的必非古画原貌，或径直就是庄宗古的重新“创作”了。马兴祖参与其间，估计也可能有过类似的“创作”。

三、马公显

元庄肃《画继补遗》记马兴祖生马远，而马公显则为马远之孙；《图绘宝鉴》则称马兴祖有马公显、马世荣二子，马世荣又生马远。同样由于史料不足的原因，目前要查证确凿是很困难的。只是若依《画继补遗》之说，则马兴祖为马远之父，马公显为马远之孙，那么其中就少了一个马世荣。一般来说，《图绘宝鉴》似乎没有必要凭空捏造一个马世荣来做马公显的弟弟，又把马远写作他的儿子，这样大动手脚更改马氏世系，毫无意义。也许，《图绘宝鉴》是别有依据的。在目前尚无新史料可供考证的情况下，笔者从现在画史通行的既定说

---

① 〔南宋〕周密：《齐东野语》卷六《绍兴御府书画式》，《宋元笔记小说大观（五）》，上海古籍出版社2001年版，第5498—5499页。

② 〔元〕汤垕：《画鉴》，四库本，第814册，第439页。

法，将马公显视作马兴祖之子。

但《绘事备考》称马公显“绍定间为画院待诏，授承务郎，赐金带”之语，则明显有误。作为马兴祖之子的马公显，显然不可能是绍定间的画院待诏。其中的“绍定”疑为“绍兴”之误。

四、马世荣

与其名声卓著的儿子马远相比，马世荣可谓寂寞画史。关于他的生平，只有上引《图绘宝鉴》之所记。此外《御制诗集》《佩文斋书画谱》中，有乾隆的两首题画诗和对马世荣作品的文字介绍：“猿据石岩巅，鹿游苹野里。摘果猿饲鹿，亲热宛相视。同游极乐界，无害熙怡耳。诗如工别裁，画实具妙旨。宁惟写仙境，抑且契禅理。右马世荣《仙岩猿鹿》。”[①]“《马世荣〈碧桃倚石〉》：写生本自得家传，叶绿葩红春冶鲜。别解喜他善斟酌，脆花傍以石之坚。”[②]“马世荣寒林杂鸟一片，又池台竹树一片，则为新退箨，二竹尤妙。”[③]

据此分析，马世荣的绘画具有鲜明的得自家族传统的特色。他在题材上一如其父祖，花竹、翎毛、畜兽俱能，特善画猿、鹿等动物。从技法上看，则是院画的格局：善写生，重构思，设色鲜丽。

五、马逵

马逵与马远的兄弟排行，是一个不能确定的问题，现在一般取《图绘宝鉴》之说，识为逵兄远弟。

关于马逵的画院画师身份，也是需要辨别的。《南宋院画录》中收录马逵，将之列为画院画师。但是此书之前的史料，如前所引，未有称马逵为画院画师者。

查《南宋院画录》的具体内容，书中只是辑录了《画继补遗》《图绘宝鉴》《绘事备考》《书画记》《无声诗》《存诚堂集》的记载，无任何其他新的资料和有关马逵作为画院画师的考证说明文字。这些记载无一论及马逵的画院画师身

① 《御制诗四集》卷五〇，四库本，第1308册，第173页。

② 《御制诗余集》卷一一，四库本，第1311册，第698页。

③ 《佩文斋书画谱》卷九九，四库本，第823册，第398页。

份，[①]故可以认定，《南宋院画录》的这个记载，是缺乏根据的误记。可能是厉鹗未及细究史料，简单地将马逵与马远一并收录所致。

另在上述乾隆为马逵《棠枝幺凤图》所题诗句“画院难兄弟，翎毛竟过之”中，也有称画院者。这是除《南宋院画录》外讲到马逵与画院关系的史料，但同样没有任何依据和考释，而且很明显是因为马远而连带言及，因此同样不足为据。

马逵绘画的基本情况与其父相似，也是得自家传而具院画风貌，画山水人物、花果禽鸟，都是工笔重彩的画法，技法超过马远。

马逵的作品，除上引者外，据《绘事备考》记载，彼时传世者有《教鹦鹉士女图》一、《祝鸡翁图》一、《驯雉图》一、《菊圃图》一、《桃源图》二、《梅岑图》一、《柳村图》二。另《石渠宝笈》著录有一幅《秋亭送客图》。《御制诗集》有乾隆为马逵作品而题的诗，除上引《棠枝幺凤图》外，作品尚有《紫琼深艳》《久安图》《秋汀放棹》《柳阴云碓》等图。

六、马麟

从现有史料来看，马麟的生平记载虽然简单，但相对有大致的轮廓。他是马远之子，主要活动于宋宁宗、宋理宗时期。绘画习自家学，工画花鸟、人物、山水和杂画。长大后与父亲同在画院任职，为画院祗候，但画艺则不能与父亲相提并论。

马麟在画史上最为人所熟知的事，是庄肃《画继补遗》所记有关他绘画创作的逸事：“远爱其子，多于己画上题作马麟，盖欲其子得誉故也。”

庄肃的这个记载，虽不知其根据何在，却对马麟的千古画名产生巨大的不利影响。不少人但凡看到称为马麟的作品，只要是画艺精湛的，就疑其为署名马麟的马远之作。如乾隆皇帝就是这样的看法：

---

① 《画继补遗》等书言及马逵生平处已见前文引述，《书画记》《无声诗》《存诚堂集》所记均为马逵作品的收藏、赏析，未言及其身份处。吴其贞《书画记》：“马逵《松窗读书图》，小绢画一幅，画法无殊于马远，识二字曰‘马逵’在松树上。”《无声诗》：“马逵《花鸟图》，毛舜臣书画楼所藏。”《存诚堂集》：“张英题马逵《松溪小艇图》诗：‘幽人寄迹水云间，坐卧扁舟看晚山。倚棹不知吟啸久，松风吹过小溪湾。’”

《题马麟〈溪山行旅图〉》："关山逮秋仲，旅客问程时。焦墨含萧飒，层峰益奥奇。遵途据蹇跛，望瀑坐㕒㕒。世学无些欠，岂诚远所为？"陈善《杭州志》称：马麟，远子，能世家学，然不逮父。远多以己画上题作麟画，盖欲麟得誉。此帧未稔，真麟笔耶？仰远所为耶？①

有时乾隆皇帝则直接判定为就是马远的作品，如指马麟《秋兰绽蕊图》谓："是幅意境超逸，当即系远作耳。"②

当然，为马麟说话的人也是有的："马麟《高山流水》（第十三幅，在绢上），人谓马麟之画不逮父，犹夏森之于珪也。远爱其子，多于己画上题作马麟。此幅则为麟自款，作抚琴者于高山流水间，一松横偃如虬龙蟠空，笔意高古。奚必借重阿翁延誉耶？平阳里不因人热者跋。"③

马麟绘画的题材涉及花竹、鸟禽、人物、山水等等，与马氏家族的其他画家一样，技法全面，而尤擅长于花竹、禽鸟和小景绘制。现藏台北故宫博物院的《花卉图八开》册，绢本，设色，15.3厘米×19.5厘米，款署马麟，由《蛱蝶寻芳》《上苑韶光》《御园嘉卉》《清和池沼》《瑞露凝香》《琼葩玉映》《秋塘晓艳》《桂林霜气》组成。每开有宋宁宗皇后杨氏题字，各钤坤卦印一。造型准确，构图饱满，工笔重彩，设色明丽和润，是典型的院体花鸟作品。

在花竹图中，马麟特善画梅，所谓晴、雨、雪、月四梅家法咸具。④现存作品中，有《层叠冰绡图》《暗香疏影图》《梅花小禽图》等。《层叠冰绡图》是马麟的名作，也是南宋花鸟画中一幅非常著名的作品。此画藏北京故宫博物院，101厘米×49.6厘米，款署"臣马麟"。画中偏左有杨后所题"层叠冰绡"四字。画上部居中有杨后题诗一首："浑如冷蝶宿花房，拥抱檀心忆旧香。开到寒梢尤可爱，此般必是汉宫妆。"画面仅右下部有疏枝横斜，寒梅展瓣簇拥枝头，其晶莹剔透之态，恰似层叠冰绡。布局简洁空灵，笔墨劲爽清利，颇具"南宋四家"

① 《御制诗四集》卷一六，四库本，第1307册，第518页。

② 《御制诗余集》卷一一，四库本，第1311册，第699页。

③ 〔明〕汪砢玉：《珊瑚网》卷四三，四库本，第818册，第817页。

④ 参见〔明〕郁逢庆：《书画题跋记》卷五，四库本，第816册，第659页。

绘画韵致。

马麟与刘松年、马远一样，都画过西湖图。清高士奇《江村销夏录》曾记马麟画过绢本《西湖十景册》。[①]吴其贞《书画记》也有记云："马麟《西湖图》大绢画二幅，高七尺，广三尺。此图原有四幅，向藏丛睦坊，分为两处。此是宝俶塔、孤山二景也。画法淋漓，云烟吞吐，为生平第一。"[②]

马麟的西湖图，今已不可见，但是在他的一些山水画如《荷香消夏图》《郊原曳杖图》里，明显有西湖湖山的清丽形影。

马麟还是一位人物画的高手，擅长美人图，从文献著录中可知其画过《夜景美人图》《蝶戏长春图》《美人扑蝶图》。这些画今俱已不可见，但元明人的题画诗对之有详尽描绘：

> 燕睡帘前夜未深，罗衣应怯嫩寒侵。风传漏板还堪数，月混梨花不易寻。翠管红楼犹袅袅，华灯绣闼正沉沉。画中一片春宵景，写出闺人怅望心。[③]
>
> 《元人题马麟画卷为〈蝶戏长春图〉〈美人扑蝶图〉》：宸翰分明转化机，宫花委露蝶参差。江南动直皆春意，点染谁言在一枝。澹妆小步出椒房，回首薰风戏蝶双。香汗未同花蕊露，不须罗扇重挥扬。会稽朱瑾。[④]
>
> 蛱蝶复蛱蝶，恋花还恋人。恋花颜色似人好，恋人那及花长春。回头岁月改，漫与蝶相亲。新裁纨扇尚在手，飞裾轻盈不动尘。当时写姿妙绝品，见花想容尤逼真。若凭飞梦绕苍梧，可拟湘灵非洛神。於戏往事空叹息，粉墨浪传人不识。[⑤]

从诗中的描绘来看，马麟确是一位描画美人的行家里手，他于美人的衣着

① 参见〔清〕高士奇：《江村销夏录》卷三，四库本，第826册，第557页。

② 〔清〕厉鹗：《南宋院画录》卷八，于安澜编《画史丛书》第四册，上海人民美术出版社1962年版，第164页。

③ 〔明〕高启：《大全集》卷一五，四库本，第1230册，第200页。

④⑤ 〔明〕汪砢玉：《珊瑚网》卷二九，四库本，第818册，第568页。

步态、生活环境、风致神情乃至落寞怅惘的心境，无不心领神会，刻画入微。由诗读画，由画识人，不免使人会想，探究马麟这些画作中情景交融的题材的来源，是否正透露出其与内宫的切近？

马远生平

有关马远的生卒年，以往画史的记载一般都写为“生卒年不详”[①]。

明代书画家陈继儒所著《妮古录》中载：“马远画竹下有冠者道士，持酒杯，侍以二童，一鹤在烟泉之间。上有诗云：‘不祷自安缘寿骨，人间难得是清名。浅斟仙酒红生颊，永保长生道自成。赐王都提举为寿。’上有辛巳长印，下有御书之玺。”[②]陈传席认为此“辛巳”即绍兴三十一年（1161）。据此往上推算，定绍兴十年前后乃至更早为马远之生年。[③]

对陈传席此说，傅伯星作了详尽的考辨，大意如下：

关于画上“辛巳”印的年份：

> 马远画上有“王都提举”字样，除了上述一幅外，还有二例。一是尽人皆知的马远代表作《踏歌图》，图上方有宋宁宗所题五绝一首，旁一行小字：“赐王都提举。”二是近年发现经鉴定确认为马远真迹的《松寿图》，图上也有宁宗题七绝一首，旁一行小字：“赐王都提举为寿。”……
>
> 《宋史·宦官传》中有《王德谦传》。淳熙十六年（1189），宋孝宗的嫡孙赵扩受封为嘉王，王德谦为嘉王府都提举，即宦官总管。后来嘉王即位，

---

① 邓白、吴弗之所著《马远与夏圭》把他们记为“都是光宗至宁宗朝的。公元1190—1224年”（上海人民美术出版社1958年版，第2页）。徐书城所著《宋代绘画史》记为“生卒无考”，“光宗至宁宗两朝（公元1190—1224年）的画院待诏。到理宗朝初期也可能尚在”（人民美术出版社2000年版，第88页）。王伯敏主编《中国美术通史（第四卷）》未提生卒年，只记“南宋光宗、宁宗时为画院待诏”（山东教育出版社1987年版，第119页）。陈传席所著《中国山水画史》记为1140年前后至1225年之后，云：“马远生卒年不可具考。”（天津人民美术出版社2001年版，第215页）

② 〔明〕陈继儒：《妮古录》卷一，《丛书集成初编》本，商务印书馆1937年版，第7—8页。

③ 参见陈传席：《中国山水画史》，天津人民美术出版社2001年版，第215页。

是为宋宁宗。宁宗生于乾道四年（1168）。七年前尚无嘉王府，何来王都提举？其实“辛巳”也即宋宁宗嘉定十四年（1221），这才是王德谦活动的时期。

关于马远的卒年：

前述二说，都称马远的卒年约1225年，即宋理宗即位后的宝庆元年。也即是说，理宗即位后，马远就去世了。但是南宋末年诗人作家周密《齐东野语》中一则关于马远的记载，足以认定这个卒年仍属不当。书中《三教图赞》云：“理宗朝待诏马远画《三教图》，黄面释子趺跏上座，犹龙翁俨立于旁，吾夫子乃作礼于前，盖内令作此以侮圣人也。一日传旨，俾古心江子远（即江万里）作赞，亦故以此戏之。公即赞曰：‘释氏趺坐，老聃旁睨；唯吾夫子，绝倒在地。’遂大称旨。其辞也可谓微而婉矣。”

…………

周密的《齐东野语》，是很受后人称道的一部著作，“足以补史传之缺”“宋末说部可考见史实者，莫如此书”，因此有关马远的这则记载，也就为马远的卒年定了一个下限。

与马远有交往的还有一人，即南宋中期活跃于京城政界艺坛的贵胄词人张镃。

张镃（1153—?），字功甫，号约斋，系南宋初年三大将之一的张俊的曾孙，累官承事郎、直秘阁、权通判临安府事、右司郎。张俊投靠秦桧，赞附和议，死后被追封为循王。张镃坐享祖上遗泽，其宅占地宏广，时称“城北张府园”……花了十四年时间于庆元六年（1200）建成。两宋的厅堂楼阁里都设有屏风，延请名家画屏从北宋起就蔚成风气，马远就这样受命而来，为张府作“林下景”。画成，张镃大为满意，作诗以赠（见《南湖集》），诗及序如下：“马贲以画竹名宣（和）政（和）间，其孙（马）远，得贲用笔意。人物、山水，皆极其能。余尝令图林下景，有感因赋以示（马）远。”……从“令图”“示远”这种语气来看，分明是一种居高临下、以长视幼的姿态。其所以如此，当出于以下两点：一、马远仅一“画工”，而他是朝廷大臣；二、马远必是晚辈、小辈，故言“示”而不言“赠”。

…………

综上所述，马远的生年应定在约宋孝宗乾道六年（1170），定卒年为约宋理宗景定元年（1260），也许较为合理。这即是说，马远若于庆元六年为张镃作“林下景”，时约30岁，张镃46岁；“令”作《三教图》时，年近八旬，终年约90岁。[①]

傅伯星的上述论述，比较充分地利用了史料，并对之作了精心的考释推论，于马远的生卒年辨析作了富有启迪价值的探讨。

但是，笔者查阅《宋史》，其所记王德谦是“初为嘉邸都监”[②]而非都提举。而且在缺少其他旁证时，径直将这个王德谦定为画中所题的“王都提举”，是否可靠？

此外，作者在文后得出“马远的生年应定在约宋孝宗乾道六年（1170），定卒年为约宋理宗景定元年（1260）”的结论，如此具体的年份，不知确切依据何在？

与马远生平经历有关的史料，除前引《画继补遗》《图绘宝鉴》《画史会要》《绘事备考》所记外，南宋周密《齐东野语》等也有记述。

此外，历史文献著录中与流传至今的马远画作上，也有一些可供稽考的相关线索。如《水图》《踏歌图》《月下把杯图》《松寿图》《雪景图》《竹鹤图》《倚云仙杏图》《春游晚归图》等画上宋宁宗、杨皇后[③]、宋理宗等的题诗、题名和钤印。前引傅文所述之“王都提举”的线索，即来源于此。

前文已经说到，《南湖集》《画继补遗》《图绘宝鉴》等书记载的马氏家族世

① 傅伯星：《让马远走出历史——论马远生卒年的确认及其主要创作的动因与真意》，《新美术》1996年第3期。

② 《宋史》卷四六九《列传》第二百二十八《宦者四》，中华书局1977年版，第13673页。

③ 前人对马远等人画上所钤之印，一直识为“杨娃”两字，因此将在马远等人画上的题款者认作是杨皇后的妹妹，称为“杨妹子”。现据启功先生的考订，“杨娃”之“娃”，实为“姓”字，题款者即为杨皇后本人。详见《谈南宋院画上题字的“杨妹子”》，收录于《启功丛稿》，中华书局1999年版。

系各不相同，却又都是一致的简略模糊，故对其真实性也几近无法考辨。因此以之判定马远的生卒年，实无可能。就目前的实际情况来看，马远生平经历中可以确凿判定的史实极少。我们只能综合比勘现有资料，从中梳理出相对可靠的线索，作一个粗略的勾勒。

笔者同意傅伯星对周密及其《齐东野语》的评价和信任。按照周密的说法，马远的离世，不会早于宋理宗时，当在1225年后。以此倒推过去，则马远出生于绍兴年间的可能性还是存在的。结合上述庄肃《画继补遗》中“马兴祖……绍兴间随朝画手”“马远，即马兴祖之后，充图画院祗候”的记载，马远有生活、创作在绍兴年间的可能性。但这些都还只是推算，实际上庄肃也并未确指马远的生活年代。但《图绘宝鉴》等书称马远为光、宁或宁、理朝画院待诏的记载，则与周密此处所论相吻合。故此，我们把马远的主要活动时期，粗定在南宋光、宁、理三朝。

就具体的活动事迹而言，马远的生平经历中，宋宁宗的宠幸、杨皇后的赏识、至张府园画林下景、宋理宗朝时画《三教图》、与马麟同在画院任职等等，相对而言比较清楚，基本可以确定。

第二章　宫廷画师

马远成为宫廷画师，对他来说是带有极大必然性的人生道路。从上面的记述可知，马氏家族与绘画的关系，始于不知其名的“佛像马家”，即使自画史有载的马贲算起，到马远也已是第四代了。而且马氏家族的画家们有一个十分明显的特点，就是大多为宫廷画师，在后世广为称誉的“一门五代七画家”里，就有六位供奉于宫廷。

马远生长于绘画世家，行走在宫廷画院，他的家族与生活、职业与事业、光荣与梦想，都因绘画而与皇家相联结。宫廷画师，是他的一个鲜明的身份标识、他的立身之本、他的荣誉和遭受诟言的因缘之所在。

与帝王的密切关系

与其他宫廷画师不同的是，马远的曾祖马贲，是北宋宣和画院里的老画人。张镃《南湖集》言及马远，开言即称其祖“马贲以画花竹名政、宣间”。马远的背后，有着与朝廷一样来自北方的历史渊源。而对南宋人来说，北宋的一切都是永远值得怀恋的。更何况就南宋而言，高、孝、光、宁、理各朝的画院里，都有马家的人在。现在虽然没有史料可以用来直接说明马远因此而与皇家有特殊的密切关系，但是以常理推之，他对宫廷内院、皇家画院和赵氏帝王以及皇室们的熟悉，自比一般画师更为深入；而朝廷对他，也可能会有一种因知根知底而产生的亲近、信任和欣赏。马远画艺的独步画院、其作品的“院品推为第一”，与此应该不无关联。我们甚至可以说，马远，就是南宋宫廷孕育而成的一枝绘画艺术的奇葩。

从现有资料来分析，马远在当时，并非只是埋首画院进行创作的职业画人，他与宋宁宗和杨皇后都有密切交往，是真正的“御前供奉”。在《南宋院画录》里，辑录有多条后人记载的宋宁宗、杨皇后和宋理宗为马远及其子马麟之画所作的题诗和题名。试举几例：

杨妹子，杨后之妹，书似宁宗。马远画多其所题。语关情思，人或讥之。（《书史会要》）

崇祯戊辰暮春之望，过项氏观杨妹子题马远花卉对幅及仇远等跋。（《清河书画舫》）

马远小长条山水，有杨妹子题，又有远纨扇，写桂花，皆真。又有《莲湖放舟图》《竹鹤图》，皆灯市见。（《珊瑚网》）

马远《松院鸣琴》小幅，杨妹子题其左方云：“闲中一弄七弦琴，此曲少知音，多因淡然无味，不比郑声淫。松院静，竹楼深，夜沉沉，清风拂轸，明月当轩，谁会幽心。”调寄诉衷情，波撇秀颖，妍媚之态，映带缥缃。（姜绍书《韵石斋笔谈》）

马远《观梅图》，老挺疏枝，秀出物表。对题御书一绝句，拖沓不成语。休承定以为宋高宗，余谓高宗必不落夹乃尔，当是光宁所题也。（《弇州山人续稿》）

宋马远画山水十二幅，杨妹子题字，赐大两府，各幅同。云生沧海、湖光潋滟、长江万顷、寒塘清浅、层波叠浪、晚日烘山、云舒浪卷、波蹙金风、洞庭风细、秋水回波、细浪漂漂、黄河逆流，右马远画十二幅，状态各不同，而江水尤奇绝，出笔墨蹊径之外，真活水也。（《六妍斋笔记》）

六月二十四日赴鉴台叔招，出马远单条四幅，俱杨妹子题。其一《白玉蝶梅》：“重重叠叠染缃黄，此际春光已半芳。开处不经风日暖，乱飘晴雪点衣裳。”再题“晴雪烘香”四字。其一《着雪红梅》：“铢衣翠盖映朱颜，未悉何年入帝关。默被画工传写得，至今犹似在衡山。”再题“朱颜傅粉”四字。其一《烟锁红梅》：“天桃艳杏岂相同，红润姿容冷淡中。披拂轻烟何所似，动人春色碧纱笼。”再题“霞绡烟表”四字。其一《绿萼玉蝶》：“浑如冷蝶宿花房，拥抱檀心忆旧香。开到寒梢尤可爱，此般必是汉宫装。”再题“层叠冰绡”四字。后各有“杨娃之章”一小方印，与余家所藏妹子题马远《杨叶》《竹枝》二册，字画差大，然笔腕瘦嫩略相似。二册《杨叶》题：“线撚依依绿，金垂袅袅黄。”《竹枝》题：“雨洗娟娟净，风吹细细香。”（项鼎铉《呼桓日记》）

马远在画院中最知名，余有红梅一枝，蒨艳如生，杨妹子题一诗于上，字亦工。按杨妹子者，宁宗恭圣皇后之妹，书法类宁宗，凡御府马远画，多令之题。此帧李梅公见而爱之，携去竟毁于火。（孙承泽《庚子销夏记》）

王恽跋理宗题马麟画《折枝木犀图》诗：“花中神品赵昌师，又向臣麟见折枝。不惜一天风露润，百杯楼晚要新诗。”（《秋涧集》）

马麟《秋塞晚晴图》绢画一大幅，画法清润旷远，上有理宗题“秋塞晚晴图”五字。（吴其贞《书画记》）①

其他如《石渠宝笈》记载：“第三幅山水，款署马远，上有杨娃题云：‘高人无一事，独坐看云生。兴剧忘归去，斜阳隔水明。杨妹子题。’”②

在流传至今的马远画作如《水图》《踏歌图》《月下把杯图》《松寿图》《雪景图》《竹鹤图》《倚云仙杏图》《春游晚归图》等上，也有宋宁宗、杨皇后、宋理宗等的题诗、题名和钤印。著名者如：

宋宁宗为《踏歌图》所题之诗：“宿雨清畿甸，朝阳丽帝城。丰年人乐业，垄上踏歌行。”

杨皇后为《月下把杯图》所题之诗：“相逢幸遇佳时节，月下花前且把杯。”

杨皇后为《竹鹤图》所题之诗：“不祷自安缘寿骨，人间难得是清名。浅斟仙酒红生頬，永保长生道自成。赐王都提举为寿。”

---

① 以上所引均见《南宋院画录》卷七“马远”、卷八“马麟”各条内，于安澜编《画史丛书》第四册，上海人民美术出版社1962年版，第136—164页。

② 〔清〕张照、梁诗正等：《石渠宝笈》卷四，四库本，第824册，第109页。

杨皇后为《倚云仙杏图》所题之句："迎风呈巧媚，浥露逞红妍。"

其他尚有宋宁宗为《松寿图》、杨皇后为四段《雪景图》、宋理宗为《春游晚归图》所题各诗。

据笔者所知，南宋画家中，马远是得到皇室题诗最多的一位了。从所题内容来看，不仅有《踏歌图》"丰年人乐业"的升平之辞、《竹鹤图》"永保长生道自成"的祝寿之语，也有一些写景抒情之作。如上述姜绍书《韵石斋笔谈》称杨妹子有题马远《松院鸣琴》小幅，姜绍书对此的评价是："调[①]寄诉衷情，波撇秀颖，妍媚之态，映带缥缃。"

〔南宋〕马远《倚云仙杏图》，绢本设色，25.8厘米×27.3厘米，台北故宫博物院藏

还有一些则是对画面的赏析，如为《月下把杯图》所题的："相逢幸遇佳时节，月下花前且把杯。"这是对画面的一个欣赏性的释读。为《倚云仙杏图》所题的"迎风呈巧媚，浥露逞红妍"，既评析了画面中梅花的风致，也是对画家精湛画艺的肯定。

题诗之外，马远的《水图》等作品，都是由杨皇后题写画名的。画院画师将作品奉呈御览，帝王在画上题诗品鉴，予以收藏或赏赐臣下，都是常见的做法。而为作品题写画名，则是否表示着一种更为亲近的关系？因为就绘画而言，绘制画面与题写画名，都是密切相关的创作行为，共同构成一幅作品。虽然南宋时的绘画创作，并未如元明以后那样强调诗书画的合一，同时古代绘画也不像今天这样强调题写画名，很多古画之名都为后人所加，但是在杨皇后题写画名的举动里，我们还是可以体会到

① "调"，四库本《韵石斋笔谈》卷下作"词"。

一种参与性的艺术创作行为，正是她与马远共同或是独自拟定了这十二段《水图》的画名。以杨皇后的文学修养来看，她是完全可以胜任的。

画史上的相关记载，也可以表明马远与杨皇后之间的密切关系。不但马远的画多为杨皇后所题，而且杨皇后题的，也大多都是马远的画。据笔者查阅画史，在马远之外，杨皇后题画较多的，就是马远之子马麟的画作了。马氏父子之外，杨皇后还题过刘松年、马和之、赵伯骕、李嵩等人的画作。但杨皇后所题各人的画幅数量，均比不上马氏父子。这样的结果，足以说明杨皇后与马家不同寻常的关系。

题画之外，马远的画还被帝后们赏赐给皇亲国戚和近臣。前文已有述及的王都提举之外，杨皇后还曾将马远的画赏给了自己的外甥杨谷、杨石[①]。《宋史》记载，杨皇后少时以姿容选入宫中，不知自己姓氏，只知可能是会稽人。便认同是会稽人的杨次山为兄，从此以杨为姓。[②]据此，则杨家应是杨皇后最为切近的亲属了。

现在没有直接的史料，可以说明马远在宫中的生活和活动情况，我们只能从《宋史》等相关记载中，窥见些许当时发生在马远身边的事情，以明一个大概的背景。这里的线索，还是来自杨皇后。

杨皇后不是一位等闲女子，她一度与曹美人为了皇后之位争宠，“贵妃颇涉书史，知古今，性复机警，帝竟立之”。成为皇后之后，对曾经反对立她为后的韩侂胄怀恨在心，便与杨次山、史弥远联手，背着宋宁宗诛杀了韩侂胄。其中有一个同样参与其事的重要人物，就是请马远至其张府园画“林下景”的前右司郎官张镃。后来，杨皇后又在史弥远的胁迫和杨谷、杨石的劝说、助力下，矫诏废皇太子竑为济王，立宗室子昀为皇子，即帝位，是为宋理宗。在这些朝廷争斗中，杨皇后是一个居于权力中心的实权派人物。而她权力集团中的重要

① 杨谷、杨石两人均位至太师、开府仪同三司，时称“大两府”。关于两人与杨皇后的关系，一说为杨皇后之弟，如《宋史》卷四一《理宗本纪》称：“诏以皇太后弟奉国军节度使杨谷、保宁节度杨石并开府仪同三司。”一说为杨皇后兄杨次山之子，即其外甥，如《宋史》卷二四三《后妃列传下》：“弥远遣后兄子谷及石以废立事白后。”

② 参见《宋史》卷二四三《后妃列传下》，中华书局1977年版，第865页。

人物如张镃、杨谷、杨石等，都与马远有来往。如若联系杨皇后本人与马远的密切关系来综合考究，虽不能说马远也是这个集团中的一员，但可以为我们提供一个感知马远当时生活场景的大致背景。

说到马远与杨皇后关系的切近，自然会使人联想到陶宗仪《书史会要》卷六中的一段话："杨氏，宁宗皇后妹，时称杨妹子。书法类宁宗，马远画多其所题，往往诗意关涉情思，人或讥之。"[①]这个说法里，颇多暧昧之意，似乎杨妹子与马远之间，会有什么与"情思"有关的足以让人"讥之"的事情。只是不知他们的根据何在，而"人或讥之"的这个"人"，同样不知所在。因为除此一句，我们在文献里没有找到其他相关的记载。

仔细推敲起来，陶宗仪的这个说法，是筑基于杨妹子乃杨皇后之妹这个判断之上的。作为皇后的妹妹，在内宫与宫廷画师切磋画艺，即使有言辞"关涉情思"，即使因此而引起"人或讥之"，实也无伤大雅。后世文人据相关诗意词句附会演绎一段风流往事，似乎也是情理之中，说得过去的事。但是，如若当时确知此杨妹子即为杨皇后本人，则陶宗仪恐怕就不会有这样的说法了。在仁慈恭圣、母仪天下的杨皇后身上，附会这样的轻佻情节，不但不可信，而且很有些滑稽了。

杨皇后具有相当的文学艺术造诣，书画皆能，尤善吟诗赋词。《宋诗纪事》卷八四中收有杨妹子《题赵伯骕画》《题菊花图》，以及四首《题马远画梅》，共计六首诗。题画诗外，明代毛晋曾编有《二家宫词》二卷，收录宋徽宗词三百首、杨皇后词五十首。关于这册词集，《二家宫词提要》称："疑此三百五十首者，皆后人裒辑得之，真伪参半，不尽可凭，姑以流传已久存之耳。"[②]由于真伪难以辨别，也就不能据此分析杨皇后的诗词风格、审美情趣，是否"往往诗意关涉情思"。仅从《珊瑚网》所记"杨妹子画菊并题：莫惜朝衣准酒钱，渊明身即此花仙。重阳满满杯中泛，一缕黄金是一年"[③]来看，诗情画意堪称贴切允当。另外如前引题马远画梅四首（《白玉蝶梅》《着雪红梅》《烟锁红梅》《绿萼

---

① 〔明〕陶宗仪：《书史会要》卷六，四库本，第814册，第751页。

② 《二家宫词提要》，四库本，第1416册，第690页。

③ 〔明〕汪砢玉：《珊瑚网》卷四三，四库本，第818册，第820页。

玉蝶》）及题山水“高人无一事”诗，都可称为清丽雅洁的脱俗之作。仅以此观之，谓其“往往诗意关涉情思”，就已有不实之嫌了。

以上所述，只是杨皇后题画诗中反映的马远与皇室关系的一个方面。由于史料缺失，难以对此作更深入的探讨。然而马远与帝王的密切关系，应该可见一斑了。

绘画中的宫廷生活场景与趣味

马远作为一位宫廷画师，日日生活、工作、行走于宫廷和皇城之中，呼吸着它们的气息，描摹着它们的形影，见证着它们的人事更替、四季变换。因此，从马远的画中就可以看到一些当时宫廷生活的场景与趣味。

作为宫廷画师，宫廷生活与帝王旨趣是其必须反映的题材，马远与其子马麟都画过不少这样的作品。有华灯侍宴、秉烛夜游的豪门盛典，有工巧典丽、精致富贵的皇家趣味，有年丰人乐、垄上踏歌的民生安乐，有宫廊雪霁、君王听月的宫中闲趣。

〔南宋〕马远《华灯侍宴图》，绢本设色，125.6 厘米×46.7 厘米，台北故宫博物院藏

马远的《华灯侍宴图》（绢本，浅设色，125.6 厘米×46.7 厘米，藏台北故宫博物院），以淡设色画宫殿夜宴，屋宇宏伟，楼台玲珑，墀间丛梅、殿外远山均现苍茫夜色。阶前有女子起舞，屋内华灯高照，宴饮正欢。此画笔墨沉厚，气韵尤佳。殿宇严整细致而不呆板，显示了马远

的界画水平。

马麟的《秉烛夜游图》（绢本，设色，24.8厘米×25.2厘米，藏台北故宫博物院），画黄昏雾霭笼罩下的宫廷院落。院外远山如黛，院内花树成荫。亭阁之中，贵族闲坐；亭阁之外，小径蜿蜒，华烛成行。此图在构思立意等处理方法上，与马远的《华灯侍宴图》十分相似，

对于宫廷生活与场景的表现，在大幅作品反映重要场面之外，马远也画过不少小景画，我们可以从中获知南宋宫苑的点点滴滴。

从元人王逢题马远小景画、张昱题马远《宫廊雪霁图》的诗中，我们可以想见不同季节里截然有异的宫中景象：

> 半天飞殿压金龟，一岛春云护小桃。争捧夜香薰御榻，君王来听月中涛。　　斑管书残女史箴，水精深殿乐登临。荷花大得薰风意，一夏吹香上玉琴。[①]
>
> 画在丹青事已非，碧山犹自绕朱旗。分明黄屋宸游处，千步宫廊雪霁时。[②]

马远还画过一张《宫苑乞巧图》，“小绢画一幅，高不及二尺，广七八寸，画宫中楼台之景，台上乞巧女人，身长半寸。画法工致，气韵浑厚，效小李将军，为远神品之画。识三字，曰‘臣马远’”[③]。

《倚云仙杏图》《白蔷薇图》是马远折枝花卉的代表作品。善画折枝花鸟小品图，是马氏家族的绘画特长和传统。马远之兄马逵，画花果禽鸟疏渲极工，毛羽灿然，飞鸣生动之态逼真。马远之父马世荣，画过“叶绿葩红春冶鲜”的《碧桃倚石图》，深得乾隆欣赏。他还曾画过一幅《乔木水鸟图》，“画法古雅，

---

① 〔元〕王逢：《梧溪集》卷一，四库本，第1218册，第575页。

② 〔元〕张昱：《可闲老人集》卷二，四库本，第1222册，第555页。

③ 〔清〕厉鹗：《南宋院画录》卷七引吴其贞《书画记》，于安澜编《画史丛书》第四册，上海人民美术出版社1962年版，第157页。

与其子远不相上下”①。

〔南宋〕马远《白蔷薇图》，绢本设色，26.2厘米×25.8厘米，故宫博物院藏

马远画过很多这样的作品。工巧典丽、精致富贵，是这些花卉小品的艺术特色，体现了源于西蜀画院“黄家富贵”、发展于北宋宣和画院院体花鸟画的皇家经典审美趣味。

马远十分喜欢画梅花，高似孙《聚景园》一诗曾写道：“翠花不向苑中来，可是年年惜露台。水际春风寒漠漠，官梅却作野梅开。”②这里所指的官梅，应该就是画史上著名的“宫梅”，是马远等宫廷画师们善于表现的梅花样式。

南宋时，宫廷里画梅花，大都是宫梅。有一位姓丁而不详名氏的画家，住庐山清虚观，善画梅竹，受到宋理宗召见。作品呈上后，宋理宗一看之下，发出疑问：“卿所画者，恐非宫梅。”画家答曰：“臣所见者，江路野梅耳。”自此，便以“野堂”为号，画史因之记其名为丁野堂。③

所谓的江路野梅，就是在江岸、路边、郊外野生野长的梅花。“江梅，遗核野生，不经栽接者。又名直脚梅，或谓之野梅。凡山间、水滨，荒寒清绝之趣，皆此本也。花稍小而疏瘦有韵，香最清，实小而硬。”④

与之相对的，就是官梅、宫梅，也就是生长在官府、宫苑园圃里的梅花。

---

①〔清〕厉鹗：《南宋院画录》卷三引吴其贞《书画记》，于安澜编《画史丛书》第四册，上海人民美术出版社1962年版，第54页。

②〔南宋〕潜说友：《咸淳临安志》卷一五，清道光十年（1830）钱塘振绮堂汪氏仿宋本。

③参见〔元〕夏文彦：《图绘宝鉴》卷四，于安澜编《画史丛书》第二册，上海人民美术出版社1962年版，第98页。

④〔北宋〕范成大：《范村梅谱》，四库本，第845册，第33页。

这种梅花不是自然生长的形态，而是用园林的手艺，经人工栽培而成。其基本特征是：枝干瘦硬，花蕊稀疏，屈枝盘旋，造型奇特，在山水园林之中表现出一种造型与修饰的美。

梅花的不同形态各有意趣，绘画表现也因之丰富多彩。北宋画僧仲仁，曾在《画梅谱》中列了画梅的十种方法："有枯梅、新梅、繁梅、山梅、疏梅、野梅、宫梅、江梅、园梅、盘梅。其木不同，不可无别也。诗曰：'十种梅花木，须凭墨色分。莫令无辨别，写作一般春。'"①

以仲仁本人而言，就以画墨梅名于世。他嗜梅成性，对梅花的喜爱，甚至到了奉若神明的地步。他在寺内遍植梅花，甚至于花开季节移榻梅树之下，终日观赏吟咏。每次画梅之前，必先焚香，待到禅定意适，一挥而就。一个月明之夜，他偶然于窗间见梅花疏影横斜，萧然可爱，便以笔墨状其姿态。自此以后，专注于墨梅写生，一变傅色之法，而以墨晕作梅如花影，妙于写意，得画梅之三昧。年事愈高，愈纵心于笔墨，作品的画意风骨也愈见其高。

而马远这样的宫廷画师，一般就以宫梅的创作为主。造型奇特的宫梅在马远的画里大量出现，《雪屐观梅图》《月下赏梅图》《梅石溪凫图》《林和靖探梅图》等画中都是此类梅花。马麟完全继承了马远此类梅花的表现手法，《红梅图》《林和靖孤山图》都是同样风格的作品。

特别需要指出的是，马远等人的梅画，虽有水墨之表现和"疏影横斜"的意境追求，但总的来说还是皇家趣味的反映，亦即为"宫梅"之属。它虽不同于传统工笔重彩、设色富丽的宫廷趣味，却也与后世元明文人画中意喻清高脱俗的梅花图迥异。它是在富丽精致的皇家经典审美趣味之外发展起来的具有南宋皇室趣味和特色的风格，其最终的目的，在于追求一种艺术表现形式上的趣味和美感。

民生的富足与安乐，是帝王们喜欢看到的太平盛世之景象，于是也就成了宫廷画师的表现题材。马远的《踏歌图》名声卓著，从内容到形式，都成为南

① 〔北宋〕释仲仁：《华光梅谱》，王伯敏、任道斌主编《画学集成（明—清）》，河北美术出版社2002年版，第391页。

宋绘画的代表作。“宿雨清畿甸，朝阳丽帝城。丰年人乐业，垄上踏歌行。”这是《踏歌图》的题诗，也是马远以画颂扬的年丰人乐、政和民安的景象。此画将人物画在画面的近景处：一老者刚过小桥，右手扶杖，左手挠腮，摇身抬腿，踏歌而舞，憨态可掬。随行二老者中，一人双手拍掌，双足踏节，另一人抓住前者的腰带，躬腰扭动，舞态可人。后行一人，肩扛竹棍，上挑葫芦，身前倾，腰微弯，和节而踏。垄道左面的两个孩子，则给画面添加了一股童趣。老少相宜，构成了画面人物动态与气氛的协调，人乐年丰之气象在活泼灵动的舞姿中呈现。画的中景是高耸的巨岩，宫阙在丛树中若隐若现，具有帝王的象征意味。

〔南宋〕马远《踏歌图》，绢本设色，193.5厘米×111.0厘米，故宫博物院藏

南宋皇宫建于凤凰山中，宫殿、亭台、楼阁、园林等建筑与自然山川有高度和谐的融会。因此，在马远的山水画里，宫廷的形影触目可及。《华灯侍宴图》《踏歌图》《雪景图》《松风楼观图》《雕台望云图》等画作，在崇山峻岭或溪山无尽的连绵间，均安置有巍峨的殿宇、回旋的长廊、亭亭的楼阁。它们在云雾笼罩和林木掩映中或隐或现，一改以往帝王宫殿金碧辉煌、庄严整肃的传统形象，在气韵生动的自然节律中，以半山一角的造境之趣和林木苍郁的山川气息，留下了一个有关南宋宫殿的独特形影。

第三章　艺术家

一般的认识中，宫廷画师都是帝王宫苑中的供奉工役，缺乏艺术个性；其作品都是帝王意志下的应制之作，没有创作自由。因此，常常以工匠或伎艺之徒视之。这种观念牵连到对他们作品的态度，将之视为只重形似、充斥匠气的院体画而取轻视、否定的态度。

然而事实并非如此。虽然史料的缺乏限制了深入探讨的空间，但是现有的材料即使只是蛛丝马迹，也已经提供了足够的依据，去更为客观公正地论述马远和其他的宫廷画师。

马远在绘画创作上发展了李唐水墨苍劲的大斧劈皴一路的豪放简括风格，布局简妙，线条劲健，水墨淋漓，意境深邃清远，极具空灵的诗意。这种画风成为南宋山水画的时代特色，马远本人也成为这一时期绘画艺术的主要代表人物。

马远艺术成就的取得，绝非偶然。“一门五代七画家”的独特身世，赋予他充分滋润的艺术灵性。在马远的心中手下，绘画也许仅仅就是绘画。他有稳定的生活环境、裕如的心境和全身心投入的时间，来“经营”艺术的山水，表述他心中充满诗意的艺术感受。虽然现存的史料不足以说明一切，但其作品已经能够表明他是一个具有唯美追求的艺术家。

精严工致的笔墨技巧

作为宫廷画的代表，马远的作品自然会被人们拿来与院体画相比较。院体画简称“院体”“院画”，指历代宫廷画院画师笔墨工致、设色富丽、风格严谨的绘画作品。亦有专指南宋画院作品，或泛指非宫廷画家而效法南宋画院风格之作。

我国五代时，西蜀、南唐已设置画院。宋代设翰林图画院，选录优秀画家为皇室宫廷服务。历代画院里所画的山水、花鸟、人物等，大都强调写生，要求作品形神皆备，用笔工整细致，构图严谨周密，设色富丽堂皇，有较强的装饰性。

五代北宋时期，花鸟画成为院体画创作的主要形式，黄筌、黄居寀、赵昌、易元吉、崔白等人的作品，突出反映了院体画笔墨精严工致的风格特征和成就。例如，原在西蜀画院供职、后入北宋的黄居寀，所作《山鹧棘雀图》以细线勾出轮廓，后敷重彩，层层晕染，有富贵华丽之趣。他的画法成为画院标准，在北宋宫廷画院中占有主导地位。宋神宗时画院画家崔白，画花鸟重写生。名作《双喜图》描绘西风袭过的深秋野外，一对绶带鸟对兔鸣叫。禽兔刻画细腻，树石草坡则用笔老健。其弟崔悫，字子中，也是画院画家，兄弟齐名，且画风相近，都是改变宋初“黄家富贵”花鸟画风格的中坚人物。

至北宋宣和画院，因宋徽宗倡导及其审美趣味的导引，院体花鸟画进入发展最为兴盛、成就最高的时期。南宋继承北宋传统，花鸟画也是成就斐然。如画院待诏林椿以花鸟翎毛著称于时，今有《果熟来禽图》传世，其与记载中的赵昌画法相似，也是技法工谨严整、设色细腻富丽。

马远的绘画艺术秉承院体绘画传统，十分注重笔墨技法的锤炼，体现出全面而成熟的笔墨技巧修养。从现有作品及画史文献记录来看，马远的技法既有来自传统的师承，也有自我的创新，并在很大程度上建立起垂范后世的院体绘画程式，特点与成就都是十分显著的。

在笔法上，传统看法认为：“马远画师李唐，笔数整齐；布境用焦笔作树干斗柄，树叶夹笔。石皆方硬，以大劈斧带水笔。人物衣折，小者鼠尾，大者柳梢，有轩昂闲雅气象。楼阁用尺界画，衬分染色，极其精明。”① “山是大斧劈

① 〔清〕厉鹗：《南宋院画录》卷七引饶自然《山水家法》，于安澜编《画史丛书》第四册，上海人民美术出版社1962年版，第135页。

兼钉头鼠尾，松是车轮蝴蝶，水是斗水。”①

马远画山石一般不作过分拘泥细致的皴擦。画近景山石往往只分大面而用大斧劈皴或钉头鼠尾皴直皴山石，下笔快速、果断，线条劲爽，极其准确地表现出山石的方硬峭拔，具有坚实的质感和立体感。画远景之山则多以线条勾勒一抹淡淡的山痕，加以云霭烟岚笼罩，富有朦胧诗意。

马远画老松树干亦用画石的皴法，“瘦硬如屈铁状”，树叶用夹笔，间作破笔，古气蔚然。画梅枝也是瘦硬劲挺，遒劲盘曲，都是经过人工栽植、培育的“宫梅”形象，追求的是花枝形态的优美、奇特。这种富于装饰性的表现手法，为后世园林造型艺术所吸取。《西湖游览志余》说：“其树多斜科偃蹇，至今园丁结法，犹称马远云。”②明人汪砢玉则给了他一个“拖枝马远”的绰号。

但马远笔法也不是一味的刚健，他注重笔与墨、墨与色的有机结合。如画远山多用水墨染成云影，画面常见浅淡设色和疏密有致的点染，在焦墨勾勒中多有水墨渲染，于清刚中见温润、劲健中见典雅，画面因之尽显浑厚含蓄之韵。

马远全面深厚的笔墨技巧功力，在他的《水图》卷中得到充分体现。水是山水画中具有极高表现难度的题材，“山林楼观、人物花木、鸟兽虫鱼，皆有定形，独水之变不一，画者每难之。故东坡以为，尽水之变蜀两孙，两孙死，其法中绝”③。关于水的难画和画史高手们画水的情况，北宋董逌所撰《广川画跋》中，有详尽的论述：

> 画师相与言，靠山不靠水，谓山有峰岛崖谷，烟云木石，可以萦带掩连见之，至水则更无带映，曲文斜势，要尽其窳隆派别，故于为画尤难。彼或争胜取奇，以夸张当世者，不过能加夔纹起浪。若更作蛟蜃出没，便是山海图矣，更无水也。唐人孙位画水，必杂山石为惊涛怒浪，盖失水之本性，而求假于物以发其湍瀑，是不足于水也。往时阳庙壁有画水，世传

① 〔清〕厉鹗：《南宋院画录》卷七引郎瑛《七修类稿》，于安澜编《画史丛书》第四册，上海人民美术出版社1962年版，第136页。

② 〔明〕田汝成：《西湖游览志余》卷一七，上海古籍出版社1998年版，第260页。

③ 〔明〕李日华：《六研斋笔记（三笔）》卷二，四库本，第867册，第682页。

为异，盖水文平漫隐起，若流动混混不息，其后有梯升而索者，知壁为隆洼高下，随执为水，以是衒于世俗，而人初未识其伪也。近世孙白始创意作潭滔浚原、平波细流，停为潋滟，引为决泄，盖出前人意外，别为新规胜概。不假山石为激跃，而自成迅流；不借滩濑为湍溅，而自为冲波。使夫萦纡回直，随流荡漾，自然长文细络，有序不乱，此真水也。尝言画慢水不断水脉为工，画急水要不混洄澜为工。若今以二说观世之画者，真可一笑也。夫慢流之失，则为池水风纹，更无流脉；画迅流者，则浪头涌起，反如印板水文，天下岂胜其至众哉。要知画水者，当先观其原，次观其澜，又其次则观其流也。不知此者，乃陊池水中尔。故知汪洋极畜，以滔没为平，引脉分流，以澹淡为势。至于聚为漪澜，散为淰沨，识游泳乎其中而不系于物者，此真天下之水者也。亦知求于此乎。①

文中提到的孙位、孙白，即苏轼所赞誉的善于画水的两位画家。但董逌在这里对“两孙”的评价，则有明显不同。他认为孙位求借于他物表现水的方法，是“失水之本性”，“不足于水也”，而孙白画水，“出前人意外，别为新规胜概”，方才称得上是真正的画水高手。

那么马远画水，又是怎样的境界呢？明人李日华看了马远《水图》后说：“凡状物者，得其形不若得其势，得其势不若得其韵，得其韵不若得其性。形者，方圆平匾之类，可以笔取者也；势者，转折趋向之态，可以笔取，不可以笔尽取，参以意象，必有笔所不到者焉；韵者，生动之趣，可以神游意会，陡然得之，不可以驻思而得也；性者，物自然之天，技艺之熟，照极而自呈，不容措意者也。马公十二水，惟得其性，故瓢分蠡勺，一掬而湖海溪沼之天具在，不徒如孙知微崩滩碎石，鼓怒炫奇以取势而已。此可与静者细观之。”②

在李日华看来，马远正是得水之“性”的画家，故能“一掬而湖海溪沼之天具在”。这个“天”，就是物之本性、物之真趣，是超越于物之形、势、韵的

① 〔北宋〕董逌：《广川画跋》卷二《书孙白画水图》，四库本，第813册，第454—455页。

② 〔明〕李日华：《六研斋笔记（三笔）》卷二，四库本，第867册，第683—684页。

至高无上的自然本真。将马远称为得水之性的画家，既是对他绘画技法的高度肯定，因为物性的表达，只有在技艺“熟极”时方能“自呈”，“不容措意者也”，也是对马远艺术天性和才情的肯定。

马远的十二段《水图》（绢本，浅设色，26.8厘米×41.6厘米不等，藏北京故宫博物院）分别以《云生沧海》《层波叠浪》《湖光潋滟》《长江万顷》《寒塘清浅》《晓日烘山》《云舒浪卷》《波蹙金风》《洞庭风细》《秋水回波》《细浪漂漂》《黄河逆流》为题，淡设色写水的十二种形态，将水的纡徐平远、盘回澄深、汹涌激撞等动态表现得淋漓尽致，咫尺之间而有千里之势。此图并非构图完整的创作，而是一种带有研究性质的写生，是对不同形态的水的表现方法的实验或示范，意在穷究水之性、水之理，表现水之态、水之趣。图中的“尽水之变”，全凭线条的勾勒之功：《寒塘清浅》用细笔长线写浅水平波；《长江万顷》的线条勾连而有韵律；《层波叠浪》以粗重颤笔勾画波涛，动感强烈；《黄河逆流》线条劲健，具有逆浪排空的气势。图中线条丰富生动，曲尽其妙地表现出水的性态和在不同环境下的变化，极为充分地体现了马远以线造型的能力。

〔南宋〕马远《水图》之四《寒塘清浅》，绢本设色，约26.8厘米×41.6厘米，故宫博物院藏

除山水画之外，马远画人物，同样也是技艺高超。从传世作品看，最大的特点在于删繁就简，大胆剪裁，形神皆备，简洁生动。以《孔丘像》为例，以淡设色画孔子拱手而立作沉思之状。硕大的前额与肃穆的神情，恰如其分地刻画了孔子圣人和智者的形象。人物整体造型十分简括，用寥寥几笔勾出衣纹大势，加以简洁劲健的“鼠尾”“柳梢”皴法描写衣纹，于顿挫粗细的转折变化中，形神毕现。而与此相对的是，对人物的发须却作了一丝不苟的细致刻画，极具功力。

《月下赏梅图》《松下闲吟图》等作品中的人物，则又另有寄寓，表现的是幽静闲逸的贵族、士大夫、文人情怀。他们或深山独斟，或举杯邀月，或松下闲吟，或孤舟垂钓。画面多与山水紧密结合，形象鲜明，意境深远，清旷简约，诗意浓郁。

在集中体现传统院体画特征和成就的花鸟画方面，马远也有不少佳作。如《倚云仙杏图》《白蔷薇图》等都是工笔重彩、富丽精致的作品，最为接近传统宫廷院体画的形制，极具工巧典丽、精致富贵的皇家经典审美趣味。

妙于造景的构图布局

马远不仅绘画的笔墨技巧全面，而且在画风上也显示出多样性。他既有如前所述的技法精工、画风严谨的传统院体花鸟画作品，也有《观梅图》《梅石溪凫图》《梅竹山雉图》等在笔墨和风格上颇具个人色彩的新意迭现之作。

这种新意，是将画山水的心得与技法用于花鸟画。他的创作中，常常可见山水、人物、花鸟融为一体的作品。他因此改变了院体花鸟画的风格，也将南宋院体画的成就转向山水画中，形成了画史上声誉隆盛的院体山水画。

马远此类画作的显著特征之一，是妙于造景。所谓妙于造景，一是指内容的剪裁，一是指画面的构图。这在马远的画作里，表现得十分突出。

《踏歌图》（绢本，水墨淡设色，191.8厘米×104.5厘米，藏北京故宫博物院），在构图上分为近、中、远三景。画面近景的左下方为两块巨大的山石，右边一株疏柳，隔出一片人物活动的空间，有溪流、山径、田园和快乐的踏歌者，描写的景物十分丰富，布局紧凑。画面中景是一片云烟，有丛林、楼台、殿阁掩隐其间，左面有高峰耸立，似剑插空，构图疏密有致，尤显空旷之景。右上的远景处，有淡淡的两座高峰，既和左面的高峰相对，又在烟云掩映中，显示出空间的辽阔和光的感觉。作者对大自然复杂的形态进行了巧妙的剪裁，构图简括而又层次分明，妙用烟云的渲染将画面隔出不同的层次，近景工致严整，远景简淡清远，渐行渐远地拉伸出无限悠远的空间，营造出不凡意境。

此画在构图布局上，体现的是马远在边角之景以外的全景图，即前引《山水家法》中之所言。然而马远的全景图，明显与北宋荆浩、关仝、范宽甚至李唐前期那种大山堂堂占据整个画面的全景构图截然有异。荆、关等人的布局往往近、中、远景层层重叠，常要求远景也清楚写实。而马远打破了传统的鸟瞰式俯视法，改用平视和近视、远视来取景，在布局上则趋于简洁，近、中、远景的层次分明，有时更省却中景，不作实满之景，以烟岚的渲染更显画面的空灵。而拖枝状的树木、方硬奇特的山石、劲健有力的大斧劈皴，更加突现了马远山水画的独特面貌。《华灯侍宴图》《对月图》《竹鹤图》等全景构图的作品，基本上都是类似布局。

但是最具马远绘画风格的，还是画史常称的所谓“边角”之景。

《梅石溪凫图》（绢本，设色，26.9 厘米×28.8 厘米，藏北京故宫博物院）是以山水画的构图与技法表现花鸟的典型作品。图中以画面左边山岩和上部溪岸营造出一角山中小景，山岩之上有数枝梅花，曲折疏枝，横空倒悬，伸向水面，枝上有花蕾初绽，给整个画面增添了盎然的生机和富有装饰性的美感。画面的主体，是山溪流经岩弯时形成的一湾淡淡水面和几只戏水的野凫，以其动势打破山涧宁静，平添许多生趣。左下角用小斧劈皴画巨岩，笔法劲爽明晰；横出之石则用晕染之笔，既与空蒙的水面相协调，又表现出空远的感觉。岸边与巨岩之上，有点苔之笔而使岩石含润、岸添生气。梅枝如虬龙展体，铁臂横伸，笔法劲硬有力却又不失曲折游动之变化。梅花点缀更丰富了枝干的动感，与戏水野凫相映成趣。此画裁剪之妙、构图之巧与用笔之活，皆成趣味，雅意横生，而“马一角”的构图特点，正可从中看出。

〔南宋〕马远《梅石溪凫图》，绢本设色，26.9 厘米×28.8 厘米，故宫博物院藏

〔南宋〕马远《山径春行图》，绢本设色，27.4厘米×43.1厘米，台北故宫博物院藏

《松间吟月图》《寒香诗思图》《雪滩双鹭图》《松寿图》《举杯邀月图》等，大都是这样的构图。

《山径春行图》（绢本，水墨浅设色，27.4厘米×43.1厘米，藏台北故宫博物院）中，可以看出马远取景的方法也与前人不同。他常作平远之景，也就是一反居高临下的视点，而以平视取景，所以常有高山不见顶，悬崖不见脚，近山高，远山低的现象。而此图同时也是偏于一角的构图，整幅纸绢重心在左下角，其他部分笔墨不多，让画中人物面向空白之处，使观画的人也随之望入那一片空虚之中，发人幽思，意境极佳，有笔断而意未断的妙处。

《寒江独钓图》《雪图》等作品，在造景上更为简洁。《寒江独钓图》（绢本，墨笔淡彩，26.7厘米×50.6厘米，藏日本东京博物馆）的画幅中心，只有一叶扁舟和垂钓的渔人，船边仅绘几条波纹，其余则以完全的空白表现烟波浩渺的江面，异常简洁、异常诗化地画出了万顷波涛中无拘无束的境况。画中出现的大片空白，正表明了马远大胆剪裁、善于造景的构思和技巧。

类似的作品还有四段《雪图》，画中有寒江中的舟楫、旷远天空中的飞鸟、

〔南宋〕马远《雪图》之三（局部），纸本设色，全图15.2厘米×60.1厘米，故宫博物院藏

雪山上的楼阁，以及十分引人注目的大片空白的画面，全图着墨处几乎不到画面的十分之一。其空旷的构图、简练的用笔、浓郁的诗意，都与《寒江独钓图》有异曲同工之妙。

从上面的作品分析中，可见这些边角构图的作品，大都为小幅画，在构图布局时，常常把主景置于一隅，其余则用渲染手法逐渐淡化为朦胧的远树水脚、烟岚雾雨。表现人物的作品中，常常通过指点眺望的人物把观赏者的注意力引向旷远空间，勾起人们的无限遐思。正如明代曹昭《格古要论》中所说："其小幅，或峭峰直上而不见其顶，或绝壁直下而不见其脚，或近树参天而远山低，或孤舟泛月而一人独，此边角之境也。"①

这种构图特色的形成，与马远所处的以杭州为代表的江南地域环境关系密切。江南山水不同于北方的雄浑奇伟之势，山清水秀、烟雨迷蒙、简淡悠远，这种山水景色显然不适合用浓墨重彩的笔墨和大山堂堂的构图来表现。马远高度概括和提炼自然山川中的景致，造为主景，置于画面之边角，以示景物的丰富与美好；同时又用渲染之法将其余画幅逐渐变化为幽水寂雪、汀渚坡岸、溪山云雾，甚至大片的空白之景，以此充分反映江南山水的特色。这样的构思和用心，反映在构图上，自然就是主次分明、简括明净的布局格式，予人清旷空灵、遐思无限的美感。董其昌曾指出："李思训写海外山，董源写江南山，米元晖写南徐山，李唐写中州山，马远、夏圭写钱塘山，赵吴兴写霅苕山，黄子久写海虞山。"②正此之所谓。

创意丰富的艺术灵感

创新的意识、精神和能力，是艺术发展的内在动力，是艺术作品得以传世的根基，也是艺术家与普通匠人的区别之所在。马远是一个富有创新意识、创新精神和创新能力的艺术家，无论是别致的构图，还是各种独特而极具表现力

① 〔明〕曹昭：《格古要论》卷上，四库本，第871册，第93页。

② 〔明〕董其昌：《画禅室随笔》卷二"云海三神山图"条，四库本，第867册，第459页。

的笔墨技法，都向我们展示了他创意的丰富、功力的深湛和成就的斐然。

翻检画史，多有论及马远画法独创处，如《西湖游览志余》所载唐文凤跋马远《山水图》曾云："宋李唐……为马远父子师。及远，又出新意，极简淡之趣，号马半边。今此幅得李唐法，世人以肉眼观之，则无足取也。若以道眼观之，则形不足而意有余矣。"①

《大江草堂集》所载陈衎《马河中梨花图跋》也称："光、宁朝李唐、刘松年、马远、夏珪为四大家，如宋初之李、范、董、郭。远尤有家学，于山水、花卉、翎毛、人物，皆变化古迹，自成一家，至今五百年，尚私淑之不替焉。右梨花一枝，宛然日午，令人有丽阳春暮之思。"②

以构图而言，概括起来说，马远作品的构图有全景和边角之景两种，共同的特点是剪裁大胆、构图简括。马远这种造景上的特点，是山水画绘画传统逐渐发展、变化的趋势所致，更是他本人艺术修养与创新能力的体现。

在中国山水画发展史上，李唐的"一变"，主要的一个方面就是"变"在构图的由全景而趋向于局部取景、截景章法，马远的边角之景，正可以看作是对李唐之变的继承。但是与李唐相比，马远走得更远、更有匠心，表现出个人风格极其鲜明的特色：他的作品将山水、人物、花鸟融为一体加以裁剪取舍，体现了十分全面的艺术功力和才能。他的表现目的迥然有异于北宋画家对自然山川的整体、客观描绘，而更强调表现画家主体的情绪和对自然之美的主观感受与提炼。他的笔法承续了李唐大斧劈皴的手法，但较李唐更见方硬有力，棱角分明，笔势更加猛厉、迅疾。他的构图更为简约、概括，画面更具气氛的烘托和意境的表现。全景画常无中景，而以云烟氤氲，平添空灵之意境；边角之景则画山之一角、水之一涯，景幽意远，气清趣雅。尤其是画面中常有大片的空白之景，将剪裁之法进行到不能再剪、不能再减的境界，计白当黑，似虚而实，以示空旷邈远的气氛。所有这些，都是中国画构图和用笔上的新创造，得象外之意，有韵外之致，虽笔墨无痕，却尽得风流，深为后世所称道。

---

①〔明〕田汝成：《西湖游览志余》卷一七，上海古籍出版社1998年版，第261页。

②〔清〕厉鹗：《南宋院画录》卷七，于安澜编《画史丛书》第四册，上海人民美术出版社1962年版，第155页。

然而，创新离不开对传统的学习和继承。马远的创新不是无源之水、无本之木，更非随心所欲的任意涂抹、自我标榜。从他的《倚云仙杏图》《白蔷薇图》等工笔重彩、富丽精致的作品中，可以见到他对北宋院体花鸟画在传统与技法上的学习与承续，以及功底深厚的工笔写实的高超水平。从《清河书画舫》著录的马远《宫苑乞巧图》来看，他在楼台界画与人物画的绘制上，也是从大、小李将军的传统中而来。至于人们已经十分熟悉的局部构图、大斧劈皴和水墨淋漓等均承李唐之“变”而来，是对李唐开创的水墨山水画派的继承和发展，就更无须详言了。

故此，马远的创新，是筑基于传统之上、孕育于传统之中，而又打破传统、超越传统的作为。他灵感的创意来自前人积聚的深厚的绘画艺术土壤，技法的创造有着累家门数代和本人数十年之功而成的精深功底的支撑。近代黄宾虹先生在论及“南宋四家”时曾经说过：“惟有法之极，而后可至于无法之妙。南宋画家刘、李、马、夏，悉由精能，造于简略，其神妙于此可见。”①此言真可谓一语中的、切中肯綮。如此，方能于绘画艺术传统的丰富发展有切实的贡献，于个人风格的创立、艺术家身份的确定和艺术生命力的青春永葆有长久的保障。今之未及“有法”即奢谈“无法之妙”，根基未立辄妄言创新变法、以开宗立派自居者，不可谓无。对照马远，实有可深思处。

诗意浓郁的艺术风格

艺术风格是衡量艺术作品的重要标尺，也是艺术家走向成熟的重要标志。它所指的是艺术家在艺术实践中形成的相对稳定的艺术特色、风貌、格调和气派，是艺术家鲜明独特的创作个性的体现，统一于艺术作品的内容与形式、思想与技法之中，集中体现在主题的提炼、题材的选择、形象的塑造、体裁的驾驭、艺术语言和艺术手法的运用等方面。

马远的绘画艺术创造，具有十分鲜明的个人风格，而浓郁的诗意，则是他

① 南羽编著：《黄宾虹谈艺录》，河南美术出版社1998年版，第190页。

最大的特点。

诗意浓郁，是马远画作给予我们的一个强烈的观感。这种扑面而来的诗意，生发于画中山石溪涧的清幽、云烟山岚的朦胧、峭峰直立的清刚、汀渚坡岸的萦回、疏枝横斜的老梅、简淡清远的山月、寒江独钓的渔人、水暖知春的野凫，山径春行的闲适、松下闲吟的从容、举杯对月的雅兴、踏歌而行的欢乐。所有这一切，从马远的边角之景和清健的线条、劲爽的皴擦、淋漓的水墨和空灵的画面中款款漫溢而出，无穷无尽地历上千年时光而不息，至今滋润着人们的眼睛和心灵，散发着艺术的馨香和光辉。

含蓄空灵而得意韵，是马远画境中的诗意内涵，也是这诗意芳菲永驻的因由。

追求山水画中的诗意内涵，是从北宋即受到推崇的一种创作思潮，是两宋院体山水画独特的审美特色。如何在绘画的形色中表达诗意特征，两宋画师们进行了自觉的探索实践。郭熙说："更如前人言：'诗是无形画，画是有形诗。'哲人多理之谈，此言吾之所师。余因暇日阅晋唐古今诗什，其中佳句有道尽人腹中之事，有装出人目前之景。然不因静居燕坐，明窗净几，一炷炉香，万虑消沉，则佳句好意亦看不出，幽情美趣亦想不成。即画之生意，亦岂易及乎。"[①]郭熙在"阅晋唐古今诗什"中品诵"清篇"佳句，体悟其中境界，获得画思，提升画境。南宋画院的山水画创作，更是直接以诗题、诗意作主题意境。

画境中的诗意内涵是创作者至情至性主观感受的自然流露。画家在有限的画面空间里，高度提炼自然山水中的素材，借助自己的想象，加以抒情性的表现，升华到诗意的境界。在马远的画中，我们可以感受到他十分强烈的主观情绪，劲爽的线条、方硬的块石、遒曲的梅枝、迷漫的云烟、空蒙的山色、大片的留白，在他的笔下流泻而出，精心的构思和造景之中，抒发出作者独特的感受和情感，情境相通、形神兼备，极富独特的艺术创造力和表现力，令人过目难忘。

诗画融合在表达上的一个十分重要的手法，就在于表达内容和画面结构的

① 〔北宋〕郭熙：《林泉高致集》，四库本，第812册，第579页。

〔南宋〕马远《对月图》，绢本设色，149.7厘米×78.2厘米，台北故宫博物院藏

处理。北宋画院全景式结构的山水画，强调对自然物象客观整体的描绘。画面多见层峦叠嶂、长松巨木，溪桥岸道、亭台楼阁，曲折重晦、幽深重复。在繁复的构图中，通过对季节性景物特征的强调，以及对自然物象的神韵把握、虚实对比等，体现超越时空的“象外之意”。以马远为代表的南宋院体山水画的内容剪裁与构图特色，则契合的是江南山水自然之景的表现需求。它表达的不是一时、一地、一情、一景的确定诗意，而是整体的、自然与人生的亲切关系，是诗意的情怀与理想。创作者与观赏者在自然与人情合一的境界中获得无穷的遐想。

这种诗意的表达，在马远的山水画中还体现为突出的文学化的、精致优雅的意境追求，体现为画家对形式美的着意表现。如前所述，马远的《梅石溪凫图》《寒江独钓图》《山径春行图》《对月图》等作品，都是笔墨技巧工致、构图精妙简括、画面含蓄有致、意境空灵简妙之作，富于艺术形式上的美感。因此，与北宋院体山水画的全景式整体表达相比，南宋院体山水画有更为浓郁的诗意，诗意的表现也更为具体和丰富。

总而言之，强烈的主观感受和情绪、精工的笔墨、裁剪有致的景物表现、简括精妙的构图、含蓄的画面布局和空灵的意境，汇聚成马远绘画中浓郁的诗意，成为他艺术风格的一个显著的特色。

第四章　绘画史上的地位和影响

徐书城先生说："南宋'院体'山水画的典型形态，是出现在马远和夏珪笔下的山水画作品。这个画派的草创者虽是李唐，但他的画风仍保留着范宽山水画的'雄强'之风；刘松年大致上已脱去旧格，到了马远笔下，才奠定了南宋'院体'的格法——具有鲜明的宫廷艺术的典丽风范。"①此言甚是。简而言之，马远绘画史上的地位，即由此而来。

马远作为在当时独步画坛的名家，不仅受到帝后宠幸，也为业内画师所敬佩，苏显祖、叶肖岩、楼观等均师事于他。

师从者中，马麟画风与其父最为相近，如其所作《秉烛夜游图》在构思立意上，与马远的《华灯侍宴图》十分相似。但是仔细辨析，马麟与马远笔意还是有所区别，从题为马麟款的《芳春雨霁》看，马麟在情韵的表现上更为细腻、清润、纤丽。

南宋之后，也不乏学马远绘画者。如元代有张观者，字可观，松江人。"善画山水，兼学马远、夏珪，而特长于摹仿画之传世者。"②

对马远的绘画艺术成就，历来有不同评价。欣赏肯定的有：

元代画史如《图绘宝鉴》乃至文人的评价都是比较一致予以肯定的。柯九思、朱德润、吴镇、张昱、张雨等文人都有读马远画作的诗文题跋，对其颇多

---

① 徐书城：《宋代绘画史》，人民美术出版社2000年版，第88页。

② 〔清〕王毓贤：《绘事备考》卷七，四库本，第826册，第307页。

赞赏之言。如朱德润《马远潇湘八景图跋》言："《潇湘八景图》始自宋文臣宋迪，南渡后诸名手更相仿佛。此卷乃淳熙间院工马远所作，观其笔意清旷，烟波浩渺，使人有怀楚之思。"①

明代的浙派与马远本是一路，自不必说。画史如朱谋垔《画史会要》和陶宗仪、高启、祝允明、王履、文徵明等也都对马远推崇有加，如王履赞赏："马、夏山水，谓其粗也而不失于俗，细也而不流于媚，有清旷超凡之远韵，无猥暗蒙尘之鄙格。"②

作为文人画大家的唐寅、文徵明，也对马远多有师法与佳评。文徵明评马远曰："作画不尚纤秾妩媚，惟以高古苍劲为宗。"③推崇之意明白可见。

〔南宋〕马远《松下闲吟图》，绢本设色，24.7厘米×24.4厘米，上海博物馆藏

即使是持南北宗论而认为马远、夏圭"非吾曹所当学"的董其昌，也对马远作品有赞赏之举："董玄宰太史生平不喜马、夏画本，及观《松泉图》卷，则又赏其清劲，为之敛衽赞赏，不能已已。"④

否定马远画艺的，也是大有人在。如前引之《画继补遗》称，对马远"所画山水人物，未敢许耳"。也有从贬斥南宋王朝的角度彻底否定马远绘画的，只要一听

① 〔清〕厉鹗：《南宋院画录》卷七引朱德润《存复斋集》，于安澜编《画史丛书》第四册，上海人民美术出版社1962年版，第149页。

② 〔明〕张丑：《清河书画舫》卷一〇下，四库本，第817册，第404页。

③ 〔清〕厉鹗：《南宋院画录》卷七，于安澜编《画史丛书》第四册，上海人民美术出版社1962年版，第145页。

④ 〔明〕张丑：《清河书画舫》卷一〇下，四库本，第817册，第403页。

"有言夏珪、马远者，辄斥之曰：是残山剩水，宋僻安之物也，何取焉"[①]。

真正彻底而又有影响力的贬斥，是明末董其昌"尚南贬北"的南北宗论对南宋院体山水画及马、夏"非吾曹所当学"的指斥。

由于马、夏绘画风格相近，后世评价往往把他们相提并论。故此处暂且不作阐释，具体详见后文《夏圭传》。

① 〔明〕叶盛：《水东日记》卷三，四库本，第1041册，第19页。

夏圭传

小　引

虽然同样因为史料简略造成了画家历史身影的淡远，但在笔者的心目中，这种淡远对夏圭而言，不是与李唐、刘松年、马远一样的遗憾，自有一种清远高华的印象。这样的印象来自两个方面：一是历史上有关夏圭生平的史料特别简略，几近于无，这就割舍了夏圭身边枝枝蔓蔓的生活细节，简洁明净地突现了他作为一个艺术家的形象；二是在夏圭清幽简净的山水画中，流泻出在山水间安放心灵的艺术气质。我们在夏圭的作品中，看得见画家意绪与连绵溪山的融合。淡岚轻烟间，有心随物化、天人相合的神韵，是故溪山清远，气韵生动。

〔南宋〕夏圭《梧竹溪堂图》，绢本设色，23.0厘米×26.0厘米，故宫博物院藏

第一章　生平与画艺

简略的生平

夏圭，一作夏珪，关于其生平，史料记载十分简略。较早的文献记载见于《画继补遗》：“夏珪，钱唐人，理宗朝画院祗候，画山水人物极俗恶。宋末世道凋丧，人心迁革，珪遂滥得时名，其实无可取，仅可知时代姓名而已。子森，亦绍父业。”①

后则有《图绘宝鉴》，云：“夏珪，字禹玉，钱唐人，宁宗朝待诏，赐金带。善画人物，高低酝酿，墨色如傅粉之色，笔法苍老，墨汁淋漓，奇作也。雪景全学范宽。院人中画山水，自李唐以下，无出其右者也。”②

周密《武林旧事》记载的御前画院十人中，夏圭即居其一。③

之后的文献，则大都与上述诸书相仿佛。如“禹玉居钱塘，早岁专工人物，次及山水。笔法苍古，墨气明润，点染岚烟，恍若欲雨，树石浓淡，遐迩分明，盖画院中之首选也。惟雪景更师范宽。自李唐之后，艺林可当独步矣。在当时

---

① 〔元〕庄肃：《画继补遗》卷下，中国美术论著丛刊本，人民美术出版社1963年版，第16页。

② 〔元〕夏文彦：《图绘宝鉴》卷四，于安澜编《画史丛书》第二册，上海人民美术出版社1962年版，第104页。

③ 参见〔南宋〕周密：《武林旧事》卷六“诸色伎艺人”条，浙江人民出版社1984年版，第105页。

郑重，况今代乎。严陵邵昌贞识”[①]。

夏圭绘画也是父子相承，其子夏森，字仲蔚，画山水、人物、花鸟。传世作品较少，从《烟江帆影图》可见具有夏圭的规模风范，但“运笔用墨不及其父，独林石差胜”[②]。

以上的记载中，关乎生平的记述显然简至极致。可以明白的，大抵只有姓名、字号、籍贯、大致的任职画院时间、其子夏森绍继父业以及绘画创作的简单介绍与评价。而与创作有关的内容，占了较大的篇幅。

其中不能一致的，有两个方面。一是夏圭的职务，《画继补遗》称为“理宗朝画院祇候”，《图绘宝鉴》识为“宁宗朝待诏”。二是对夏圭艺术成就的评价，《画继补遗》评为“画山水人物极俗恶”，《图绘宝鉴》则称为“奇作也……院人中画山水，自李唐以下，无出其右者”。就后者而言，实际不成问题，每个时代、每个人都有不同的审美趣味，完全没有必要强求一律。前者的问题，则需分析。

按照北宋翰林图画院的机构设置，祇候与待诏是两个层阶的职衔，由祇候升至艺学，继由艺学方能升至待诏。南宋高、孝、光、宁诸朝画院承北宋画院之制，画史有记的画师，大都为待诏一级，基本上是清楚的。此处两书所记的不同，宋宁宗在前已为待诏，宋理宗在后却成祇候，故必非依北宋旧制在升迁时间上的差异所致。可能的情况有二，或是其中必有一误，或是因宋理宗朝画院建制上的新法变动所致。《图绘宝鉴》记方椿年“理宗绍定年待诏，景定年升祇候”，与此同为由待诏而至祇候的记载，如若简单认定其为误载而加以否定并不可取。今因史料缺失，不可详悉，姑且存此以备后人稽考。

我们据此概括夏圭的生平，可以知晓的是：夏圭，字禹玉，生卒年不详，钱塘人，宋宁宗、宋理宗时供职于画院，在时间上与马远有相偕。夏圭画艺高超，为待诏，被赐金带，与马远齐名，史称“马夏”，为“南宋四家”之一。其子夏森，字仲蔚，画山水、人物、花鸟，有夏圭的规模风范，但成就远不及

① 〔清〕高士奇：《江村销夏录》卷一，四库本，第826册，第485页。

② 〔清〕王毓贤：《绘事备考》卷六，四库本，第826册，第269页。

其父。

技法特征

夏圭工山水、人物，尤以山水见长。笔法苍古，水墨淋漓，气韵颇高。作品数量十分可观，有《溪山清远图》《山水十二景图》《洞庭秋月图》《雪堂客话图》《松崖客话图》《烟岫林居图》《梧竹溪堂图》《遥岑烟霭图》《松溪泛月图》《西湖柳艇图》等。或长卷，或小幅，画山峦、溪涧、江水、汀渚、坡岸、烟峦、云树、渔村、农舍、舟楫、行人等，高士奇所云之“笔法苍古，墨气明润，点染岚烟，恍若欲雨，树石浓淡，遐迩分明”，正说出了夏圭山水画的主要特点。

夏圭山水画作品的风貌，与马远极为相似，故后世言及南宋院体山水画，多以“马夏”山水相称。元代画家倪瓒曾评夏圭所作《千岩竞秀图》曰：“岩岫萦回，层见叠出，林木楼观，深邃清远，亦非庸工俗吏所能造也。盖李唐者，其源亦出于荆、范之间，夏圭、马远辈又法李唐，故其形模若此。便如马和之人物犬马，未尝不知祖吴生而师龙眠耳。”[①]文徵明称他“尝学范宽……或为王洽，或为董、巨、米颠，而杂体兼备，变幻间出”[②]。简明扼要地道出了夏圭绘画的师承，本是渊源有自。他与马远一样，师李唐而可上溯至荆浩、范宽，又博采众家之长而为己用，以至自成风格。这样的艺术成长经历，正是中国山水画的传统路径。

就夏圭的画艺而言，明代曹昭在《格古要论》中有论：“夏珪善山水，布置皴法与马远同，但其意尚苍古而简淡，喜用秃笔，树叶间夹笔，楼阁不用尺界画，信手画成，突兀奇怪，气韵尤高。”[③]言简意赅，讲得十分明白。明代王履对马夏山水，也有很好的评价，谓其“画家多人也，而马远、马逵、马麟及二

① 〔元〕倪瓒：《清閟阁全集》卷九，四库本，第1220册，第304页。

② 〔清〕厉鹗：《南宋院画录》卷六，于安澜编《画史丛书》第四册，上海人民美术出版社1962年版，第123页。

③ 〔明〕曹昭：《格古要论》卷上，四库本，第871册，第93页。

夏之作为予珍。何也？以言山水欤，则天文、地理、人事与夫禽虫、草木、器用之属之不能无形者，皆于此乎具。以此视诸画风，斯在下矣。以言五子之作欤，则粗也而不失于俗，细也而不流于媚，有清旷超凡之远韵，无猥暗蒙尘之鄙格，图不盈咫而穷幽极遐之胜，已充然矣。故予之珍，非珍乎溺也，珍乎其所足珍而不能以不珍耳”[①]。粗而不俗，细而不媚，清旷超凡，韵远格高，王履把夏圭等人的基本面貌和成就特色界定得尤其精准。同时也警示了后世学夏圭等人之不易，一旦拿捏不住分寸，稍作放纵则必流于粗俗，略有拘泥则会失于细媚。“谢赫云：画有六法，一曰气韵生动，二曰骨法用笔，三曰应物象形，四曰随类傅彩，五曰经营位置，六曰传模移写。六法精论，万古不移。自骨法用笔以下五法，可学而能。如其气韵，必在生知，固不可以巧密得，复不可以岁月到，默契神会，不知然而然也。故气韵生动，出于天成，人莫窥其巧者，谓之神品。”[②]这种默契神会、不知然而然的生知天成之气韵，正是夏圭心随物化的神妙之所在。

具体地说，夏圭的绘画在技法上，可从构图、笔法、水墨等方面详加分析。

一、构图

在构图上，夏圭与马远有共通之处，画史上有“马一角、夏半边”的说法。在对空间的表现上，往往舍去中景，近景突出，远景清淡，清旷俏丽，画面因而十分空灵。“水墨西湖，画不满幅”，章法别致，布局出新，构图常取半边，焦点集中，空间旷远，故有“夏半边”之称。画师（李唐）白发西湖住，引出半边一角山。具体的分析可以参见前面《马远传》中的相关内容。所不同的是，马远的造境趋于奇险，夏圭则比较质朴、自然。

这种山水画构图，始于李唐局部取景，至马夏发展至“半边一角”。后人往往把其创作意图与南宋的半壁江山联系起来，认为是南宋偏安的写照：“却忆当时和议成，偏安即视如升平。惟开缉熙较画史，两河沦弃无人争。斯图似写南朝士，还有楼台在烟雨。……中原殷富百不写，良工岂是无心者，恐将北物触

① 〔明〕王履：《画概序》，潘运告主编《明代画论》，湖南美术出版社2002年版，第2页。

② 〔明〕曹昭：《格古要论》卷上，四库本，第871册，第88—89页。

君怀，恰宜剩水残山也。”[1]更有直接加以贬斥否定的：“范启东言：长公于书独重云间沈度，于画最爱永嘉郭文通。以度书丰腴温润，郭山水布置茂密故也。有言夏珪、马远者，辄斥之曰：是残山剩水，宋僻安之物也，何取焉。”[2]

后世文人站在南宋历史变局的风云之外，以空言抒发虚幻的爱国热情和民族情怀，并以之对艺术作品的内涵进行想当然的、过度的政治性诠释，实有主观臆测之嫌。

二、笔法

就山石皴法而言，陈继儒《妮古录》谓：“皴法，董原麻皮皴，范宽雨点皴，李将军小斧劈皴，李唐大斧劈皴，巨然短笔麻皴，江贯道师巨然泥里拔钉皴。夏圭师李唐、米元晖拖泥带水皴，先以水笔皴，后却用墨笔。”[3]董其昌也称夏圭“若灭若没，寓二米墨戏于笔端”[4]。夏圭山石皴法取法李唐的斧劈皴，同时也吸收了米芾、米友仁父子之长，常用、喜用拖泥带水皴，形成了自己清旷简淡、云烟变幻的特色。拖泥带水皴，是一种较为特殊的皴法，有带水小斧劈皴、带水大斧劈皴等。一般的方法是先用较浓墨皴，趁湿时继用淡墨破，水墨晕染，线面渗合。有时作山石也先用水笔皴擦，然后落墨，在水法的运用上更有创意，画面效果也更为湿润清雅。

夏圭画树变化多端，画树叶有夹笔，或点笔、夹笔兼用，随意点擢，生动自然。画楼阁也自有法，“画家界画最难，如卫贤、马远、夏珪、王振鹏皆以此专门名家”[5]。夏圭虽工界画，却是“不用尺界画，信手画成”。

据画史的记载，夏圭早年专攻人物，以人物画见长。但其人物画作品今已无传，只在山水画中可见点景人物。如《雪堂客话图》《梧竹溪堂图》《溪山清远图》等作品中，有高士、文人、渔父、舟子、轿夫的形象，大都以粗笔单线勾勒，不作细致刻画，简括传神。

---

① 〔明〕郁逢庆：《续书画题跋记》卷三引陆完《长江万里图》题诗，四库本，第816册，第819页。

② 〔明〕叶盛：《水东日记》卷三，四库本，第1041册，第19页。

③ 〔明〕陈继儒：《妮古录》卷三，《丛书集成初编》本，商务印书馆1937年版，第29页。

④ 〔清〕高士奇：《江村销夏录》卷一，四库本，第826册，第486页。

⑤ 〔清〕王士祯：《香祖笔记》卷一二，四库本，第870册，第533页。

马、夏笔法相似，仔细比较也有所不同：马远画山石多用大斧劈皴，部分发展成钉头鼠尾皴，刚猛而劲利，线条一般较长而清晰；夏圭画山石则大小斧劈皴、拖泥带水皴、长短条子皴、点子皴并用，以至部分轮廓线被冲浸，略有模糊感。马远用笔较尖，笔法爽劲；夏圭则喜用秃笔，笔法苍润。所以《格古要论》称夏圭山水苍古简淡，突兀奇怪，气韵尤高。

三、水墨

夏圭山水画技法的突出之处，在于他充分发挥了水墨的表现力。他喜用秃笔带水作大斧劈皴，画面淋漓苍劲，墨气袭人，将水墨技法运用到了“酝酿墨色，丽如染傅”[①]的境界。画面水墨浑融，苍茫淋漓，笔法、墨法、水法均极为精练。由于他长于水墨表现，所以描绘那些云烟出没、风雨弥漫的景色，一抹朦胧的远山，大片山石、树丛，很少用复杂的色彩渲染，而显得墨气明润，远近分明，神韵焕发，没有马远那种富贵、矜持、高华的气息，较具自然荒率的野趣。因此，明代吴门画派代表人物文徵明称夏圭的绘画“全以趣胜”，“吾恐秾妆丽手，何以措置于其间哉”。[②]

归纳夏圭绘画技法的特点，大致有以下几个方面：

一是简率。

从构图到笔墨，夏圭绘画以简为要的特点是十分明显的。董其昌说：“夏圭师李唐，更加简率，如塑工所谓减塑者，其意欲尽去模拟蹊径。而若灭若没，寓二米墨戏于笔端。他人破觚为员，此则琢员为觚耳。”[③]琢圆为觚，独辟蹊径，破除圭臬，自出机杼。夏圭从圆融整严的山水艺术传统里，开出了简括率真的新风。

二是水墨淋漓、浑融、明润。

《寓意编》有言云：“古人作画，多尚细润，唐至北宋皆然。自远与夏圭，始肆意水墨，彼笔粗皴，不复师古。”[④]可见“肆意水墨”的画法，是马远、夏

---

① 〔明〕田汝成：《西湖游览志余》卷一七，上海古籍出版社1998年版，第259页。

② 陈传席：《中国山水画史》，天津人民美术出版社2001年版，第224页。

③ 〔清〕孙岳颁等：《佩文斋书画谱》卷一八，四库本，第819册，第544页。员，通“圆”。

④ 〔清〕孙岳颁等：《佩文斋书画谱》卷八四，四库本，第822册，第597页。

圭的特色，也是他们颇具新意的创造。张彦远《历代名画记》曾曰："运墨而五色具。"中国画在绘画技法上也常言"墨分五色"，指的都是以水调节墨色化成不同程度的浓、淡、干、湿，获取水墨画中层次丰富变化的表现效果。五色或指焦、浓、重、淡、清，或指浓、淡、干、湿、黑，也有加白而称"六彩"的。其实此处的或"五"或"六"，都是一种虚指，意图在于说明水墨交融以后的变化之丰富，其表现力之强，可胜五彩之所能。夏圭精于水法、墨法，画面水墨淋漓、墨色浑融、墨气明润，取得了极高的艺术成就。《西湖游览志余》所言之夏圭"酝酿墨色，丽如染傅"，文徵明所言之"吾恐秾妆丽手，何以措置于其间哉"，都是对夏圭高超水墨技法的赞赏。

三是以趣为胜，意境高远。

明代文人画家徐渭观夏圭山水卷后，他的评价是："观夏珪此画，苍洁旷迥，令人舍形而悦影。"[①]文徵明则称夏圭的绘画，"全以趣胜"。明代画家王穀祥也盛赞夏圭"善画人物山水，笔法苍老，墨气淋漓，高低酝酿，远近浓淡，不繁而意足，更有不穷之趣"[②]。清代王士祯观夏圭《雪江归棹卷》后写道：该图"于浦溆曲岸间，作鹿眼、短篱、丛竹、蒙茸、雪屋数椽，掩映林薄中，极荒寒之趣"[③]。从这些文人、学士、画家的评语中，可以看出夏圭绘画以趣为胜的特点。夏圭画中的趣，是客观的自然山川景物的野趣，也是画家主观表达中所营造和追求的荒寒之趣。夏圭画中可见的多为山峦、溪涧、江水、汀渚、坡岸、烟岚、云树等自然景象，偶有渔村、茅舍、舟楫、行人的点缀。夏圭在大自然生动、丰沛、盎然的野趣之中，大力取舍裁剪，以简括的构图、清润的水墨，突出地强调和表达了他意中所尚的荒寒之趣，整个画面的格调是超然尘世之外的苍洁旷迥、静谧清率。

这样一种以荒寒之趣为尚的超凡脱俗的审美趣味，大力取舍裁剪、以简括构图和清润水墨加以表现的技法，使得他的绘画作品在意境上颇具高远之韵，不同凡响。清代学者孙承泽在《砚山斋杂记》中说："北宗以南宋刘、李、马、

① 〔清〕孙岳颁等：《佩文斋书画谱》卷八四，四库本，第822册，第598页。
② 〔清〕卞永誉：《式古堂书画汇考》卷四四，四库本，第828册，第862页。
③ 〔清〕王士祯：《居易录》卷二七，四库本，第869册，第654页。

夏为标表，刘松年、李唐、马远、夏圭四家，各有奇妙。李晞古境界极险，然命笔太刻画，至于开辟奥僻一路，使人不可到。刘极精工，然不及李。马远画，人间传者绝少，澹荡萧旷之趣，间于残轴断幅中得之。夏禹玉笔墨最为深沉，又极灵秀，创境亦高奇。”[①]“夏珪清溪园亭小景，笔简而意殊远。”[②]

以趣为胜、意境高远是夏圭绘画艺术的显著特色，也使他因此脱去院画画师受形似束缚的匠气，受到后世文人士大夫的赞叹和欣赏。

鸿篇巨制与小幅山水画

善画鸿篇巨制与多作小幅山水画，是夏圭在创作形制上的特点。

卷帙长达数丈的山水画作品，是夏圭创作的一个十分鲜明的特色。画幅中，自然山水连绵展开，人文景象错落点缀，景物裁剪有致，构图简括清旷，意趣丰盈，境界空灵，气韵悠长。

结合文献记载和传世作品来看，夏圭著名的长卷作品有《溪山清远图》《长江万里图》《山水十二景卷》《溪山无尽图》《江山佳胜图》等，都是数丈长的巨幅。

《溪山清远图》，纸本，水墨，46.5厘米×889.1厘米，今藏台北故宫博物院。

《长江万里图》，在画史著录中有四个版本，现存三个版本：（一）《续书画题跋记》著录，绢本，长2丈4尺，谓绍兴年间作，后题陆完长诗；（二）《珊瑚网》著录，长6丈4尺，有陆深题词；（三）《江村销夏录》著录，绢本，长3丈3尺余，高7寸许，盖有元文宗天历玺印；（四）《明太祖文集》著录，从胡惟庸家中查抄所得。现存的夏圭《长江万里图》，据《中国历代画目大典（战国至宋代卷）》引《艺珍堂书画》云：“共有三本：一为美国穆尔夫人所收夏圭《长江万里图》卷，其内容及其款书，与此卷（指台北王雪艇收藏之《长江万里图》）

---

① 〔清〕孙承泽：《砚山斋杂记》卷二《恽氏说画小记》，四库本，第872册，第160页。

② 〔清〕孙岳颁等：《佩文斋书画谱》卷九九，四库本，第823册，第398页。

全同，有宋内府玺一，无题跋，现存耶鲁大学博物馆；一为《江村销夏录》所载夏禹玉《山水》卷，内容及款书亦同，卷中各景有宋理宗题字，分题为十二景，现为美国堪萨斯博物馆收藏；此卷（指台北王雪艇收藏之《长江万里图》，绢本，水墨，29厘米×543.5厘米）亦曾流入美国。三卷俱真，为编者所目击，为夏氏无上剧迹。”[①]长度虽各不相同，但都是长达数丈的巨幅。

《山水十二景图》，画江皋玩游、汀洲静钓、晴市炊烟、清江写望、茂林佳趣、梯空烟寺、灵岩对弈、奇峰孕秀、遥山书雁、烟村归渡、渔笛清幽、烟堤晚泊十二景。《江村销夏录》著录为“宋夏禹玉《山水》卷，绢本，高七寸七分，长一丈六尺三寸。末尾著细楷书‘臣夏珪画’四字，共十二景，每景题字，皆理宗御笔。有双龙小玺、内府大玺，前后钤缝，宋印三方，元印五方。绢素精坚完好，笔墨闲雅，位置清旷，为所见第一”[②]。现仅存《遥山书雁》《烟村归渡》《渔笛清幽》《烟堤晚泊》四段，绢本，设色，26.8厘米×230.5厘米，藏美国纳尔逊-阿特金斯艺术博物馆。

《溪山无尽图》，“《书画舫》云：夏珪《溪山无尽图》，匹纸所画，其长四丈有咫。笔墨皆佳，精彩焕发，神物也。旧藏石田先生家，后归陈道复氏，复在金昌徐默川家，盖禹玉剧迹也。此卷又入严分宜家，今藏于锡山顾氏”[③]。现存之《溪山无尽图》，纸本，水墨，38厘米×1639.5厘米，藏台北历史博物馆。[④]

《江山佳胜图》，纸本，设色，31.2厘米×736.7厘米，今藏上海博物馆。[⑤]

如此篇幅的长卷，在景物取舍和构图布局上，具有相当难度，“画家长幅难

---

① 周积寅、王凤珠编著：《中国历代画目大典（战国至宋代卷）》，江苏教育出版社2002年版，第681页。按：《江村销夏录》卷一著录由宋理宗题字的十二景《山水卷》，卷三著录长3丈3尺的《长江万里图》，两者应非同一画作。此处以《江村销夏录》所载夏禹玉《山水》卷为《长江万里图》，不知何故。另，《中国历代画目大典（战国至宋代卷）》第691页又单独著录了《山水十二景图》现存之四段画作。

② 〔清〕高士奇：《江村销夏录》卷一，四库本，第826册，第485页。

③ 〔清〕卞永誉：《式古堂书画汇考》卷四四，四库本，第828册，第861页。

④ 参见罗宏才：《夏圭〈溪山无尽图〉流传经过与相关问题辨析》，《南京艺术学院学报》2002年第2期。

⑤ 杨仁恺《国宝沉浮录》说此卷为“明人仿本。已残为数段，有五段归上海博物馆”。

于深远，褊幅难于深高”。然而观夏圭所作，构图布局颇具章法，上下前后相互照应，高低远近、深浅小大、隐显纡直、夷险静躁各得其宜，意趣之妙能使观者神游，体现出精湛的艺术水平和深厚的功力。

夏圭的小幅山水画有册页和纨扇等形制，属小景画中的一种。小景画作为一种绘画门类，最早见于北宋《宣和画谱》。该书分画为十门，其时小景画尚非独立一门，而是附于“墨竹”中。宋末元初的邓椿《画继》始将小景与杂画合为一门，可见小景画在南宋已然渐成气候，创作日多。具体的例子是，马贲与其后人，大多善画小景杂画。

所谓小景画，是指“布景致思，不盈咫尺而万里可论”[①]。从这样的定义来看，可见小景此“景”乃指山水而言，其构思布局也是清旷平远一路，不然做不到“不盈咫尺而万里可论”。这样的作品，既适宜于表现江南的自然山川，也正是夏圭的风格。

夏圭的小幅山水大都是萧条淡泊、清旷简远的平远意境，如《雪堂客话图》（28.3厘米×29.5厘米）、《烟岫林居图》（25厘米×26.1厘米）、《梧竹溪堂图》（23厘米×26厘米）、《遥岑烟霭图》（23.5厘米×24.1厘米）等。尺幅之间的半山一角中，容纳得下山林的万千意趣；不着墨痕的空白里，有河山万里的空旷与自在。平常的景物因浓缩而被赋予浓郁的诗意，耐人寻味；淡墨轻笼的云烟山岚因无羁而飘散弥漫，引人遐思。江南山水的婉约多姿、灵动秀逸、明净清润，都在夏圭的小幅画中得到了淋漓尽致的表现。

① 《宣和画谱》卷二〇，于安澜编《画史丛书》第二册，上海人民美术出版社1962年版，第247页。

第二章　笔底山川

现在，我们走进夏圭营建的艺术世界，去看一看他笔底的水墨山川。

简淡清幽的山光水色

打开夏圭的画作，一幅幅裁剪精妙、意趣充盈、平远清旷、蕴含无限韵致的山水图卷，带给我们一片苍郁丰润、生意盎然、山岚氤氲、烟波浩渺的江南水土，意境清幽，令人神往。

前述《江村销夏录》著录的《山水十二景图》，是夏圭绘画中声誉卓著的一幅长卷，前人对此的评价是："画人物、山水，笔法苍老，墨气淋漓，高低酝酿，远近浓淡，不繁而意足，更有不穷之趣。"①

画卷中，十二景相互连接，天衣无缝地构成一幅完整的长卷。同时各景又是独立的画面，内涵各不相同，有宋理宗题字予以标识。此画全卷今已散失大半，仅存卷末《遥山书雁》《烟村归渡》《渔笛清幽》《烟堤晚泊》四景（绢本，设色，27.9厘米×230.5厘米，藏美国纳尔逊-阿特金斯艺术博物馆）。从现存画面来看，每景都是典型的"半边"构图，平远中极显清旷空灵的意境，是夏圭山水画的典型风格。

《遥山书雁》的画面左下以浓墨写江中山石、坡岸、林木，隔江远望是右上

---

①〔清〕高士奇：《江村销夏录》卷一，四库本，第826册，第485页。

方一抹遥远的山际和一行南去的大雁。画面的主体，是空蒙山色和江上烟波和合而成的迷离苍茫。着墨无多，却有寂寞清秋的荒寒之趣。

《烟村归渡》画水天一色的江村晚景，以水墨淡抹村落汀渚，在苍茫暮霭中若隐若现。平远清旷的江面上，有轻盈的归舟，向着烟波轻笼的家山深处摇去。全画笔墨寥寥、极为简练，正是董其昌所言的“寓二米墨戏于笔端”的“简率”之作，大片空白中蕴含了无限韵致。

《渔笛清幽》，此幅较为写实，画幅左下半以浓墨写苍郁的林木，斧劈皴和拖泥带水皴画出的巨石方硬爽利，又湿润厚重。长坡低缓延伸，与江水相连，点景的渔船与渔夫就在这岸边活动。他们在画中的位置，只在极近画面底边的空间里。余下的大片画幅皆是淡远空旷的江景，渔夫对江吹笛，笛声的清扬更衬托了江景的幽静。

《烟堤晚泊》，景色微茫，正是黄昏时分。两三叶小舟静静地栖泊在水湾柳岸边，岸边山径逶迤，几位行人荷担而归。近景山坡树石墨汁淋漓，江岸的对面是丛林掩映的楼阁，在水墨的渐趋渐淡中融入苍茫的远景之中。

综观全卷，构思极为简括，又极其精整。大多取“半边”式布局，以景物的丰与简、笔法的密与疏、水墨的浓与淡两相对比，以丰、密、浓的“实景”，衬托出简、疏、淡的“虚境”，营造并着意烘托出平远清旷、意韵含蓄的无限韵致。就技法而言，夏圭笔法精严，水墨淋漓。全卷用秃笔画成，画坡石大小斧劈皴和拖泥带水皴间用，先用湿笔淡墨晕染，然后干笔、湿笔巧妙对比运用，逐层加重，笔笔老练，爽利有致。树干、树叶多用笔随意点画，笔法生动活泼。点景人物神态生动，楼阁、舟船信手勾画而成，俱见功力。

《溪山清远图》（纸本，水墨，46.5厘米×889.1厘米，藏台北故宫博物院）集中体现了夏圭绘画艺术的成就，也是长卷画的代表之作，从中可见夏圭鸿篇巨制的基本面貌。该图全卷画千里清幽山川，画中有崇山幽谷、奇峰绝壁、江河溪流、平川旷野，或隐或现于烟岚云雾之中。山庄、茅舍、野店、幽亭、板桥点缀其间，又有渔舟、行旅、人物的穿插，令人游目骋怀，可望可思。画中山石兼用大小斧劈皴、长短条子皴、点子皴、拖泥带水皴，皴擦、飞白、泼墨、湿笔等技法交相运用，墨彩变化极为丰富。树木用直线勾干，一笔而成，用点

〔南宋〕夏圭《溪山清远图》（局部），纸本水墨，全图46.5厘米×889.1厘米，台北故宫博物院藏

子簇叶，较为清刚，不似马远那样浓重。汀渚处，用淡墨轻扫，略加勾点。此图最大特点是利用纸本的特性，纯用水墨表现溪山之间云烟轻笼、清刚秀逸的意境，充满笔墨韵致和浑然天成的野趣。尤其是淡墨的运用，出神入化，给人以极强的感染力。

全画布局疏密有致，意趣纷呈，但给人的总体感觉十分萧淡冷寂。前人陈川曾有题诗曰："人家制度太古前，鸡犬比邻往还少。"道出了此画苍古简淡的特点。

《松崖客话图》（绢本，浅设色，27厘米×39厘米，藏台北故宫博物院）也能显示夏圭独有的笔墨特点和意境表现。此图画面简洁，构图是典型的半边特色。在简淡空蒙的画幅里，有开阔的溪涧静静流淌。右岸是淡墨远渚的虚景，左岸为全画主旨所在。简练纵逸的精严笔墨画出崖石和古松，浓重湿润。山崖上安闲对话的白衣人物，点出了主题。

《雪堂客话图》（绢本，设色，28.2厘米×29.5厘米，藏北京故宫博物院）是夏圭的名作，画的是江南山中的雪景。《图绘宝鉴》称夏圭"雪景全学范宽"，从此图即可见一斑。构图上，虽也有上部天空和右下水面的空灵，但与他常见的半边构图也有不同，画幅左右布置山石坡岩，两相映带，互为照应；居中有茅屋数间，前后林木繁茂，交叉掩映。整个画面显得有序而丰富。山石用小斧劈皴和短线直皴，颇具方硬苍润之致。

《遥岑烟霭图》（绢本，水墨，23.5厘米×24.1厘米，藏北京故宫博物院）

〔南宋〕夏圭《雪堂客话图》，绢本设色，28.2厘米×29.5厘米，故宫博物院藏

与《烟岫林居图》（绢本，设色，25厘米×26.1厘米，藏北京故宫博物院）都是纨扇的形制，构图也大致相似，远山简淡，近处各有坡石、林木、人物等等。夏圭画云岫、林木、楼阁，尤重表现烟云的变幻和山林浓淡变化的不同层次，远山和坡石很少用笔皴擦，大多以浓淡不同的墨色晕染而成。总的境界，都是水墨渲染出来的朦胧迷离之景。

《梧竹溪堂图》（绢本，设色，23厘米×26厘米，藏北京故宫博物院），绘山居景色，以空蒙远山为背景，画梧桐、修竹、茅屋、远山。采用“半边”局部构图，主要景物集中在画面左下部，繁简对比，虚实相映。笔法则体现夏圭苍劲老健的特点，下笔疾速果断。图中茅屋，随手勾出，饶有意趣。前后层次分明，用浓墨写近景，墨色沉厚；设色以淡石绿、花青为主，略加渲染、衬托；远山一抹，若隐若现，从而使画面产生旷远的空间感。

泼墨纵笔的万里长江

在夏圭的长卷画中，《长江万里图》是一幅著名的作品，前述文献中出现的四种不同版本的著录，也可反映后人对它的高度重视和赞赏。

长江一直是中国绘画表现的重要题材，历史上许多著名画家都有描绘长江的佳作。画史上广为人知的就有李思训、吴道子同受唐玄宗之命画嘉陵江三百里山水。吴道子实地考察回来时两手空空，却只用一天时间就在兴庆宫大同殿上画出了嘉陵江三百里山水，原来他把所见风光都一一记在了心里。李思训也在大同殿上画山水，却用了几个月的时间。两人的画都受到唐玄宗称赞，认为“皆极其妙”。而用时的不同，乃因他们一“疏”一“密”的不同绘画风格所致。

夏圭的《长江万里图》，在文献上有详细的记载和描述。

《明太祖文集》记载：

跋夏珪《长江万里图》：洪武十三年春正月，奸臣胡惟庸，权奸发露……《长江万里图》，朕尤未信，试遣人取以验……时左右内臣尽舒其轴，朕的视之，见皴山染水，落笔有方。陆有层峦叠嶂，岩谷幽冥，树生偃蹇，藤挂龙蛇；水有江湾屈曲，其势动荡，仿佛万里洪波。又山意足而平川荡荡，远浦弥漫，俄生培塿，突旷野以累累。观相生血气者，则有寒雁穿云，乔松立鹤，水陆崎岖，僧俗半出云岩，而似行似涉。若此者，非工夫一日以成其图也。斯万里也，造次不节，逡巡不成，若仁者体嵬山而耸拔，知者效流水以守常，不亦俊乎。①

汪砢玉《珊瑚网》记载：

《长江万里图》（长六丈四尺，在绢上，较前卷更异）：此卷《长江万里图》为今大参张夏山先生所藏。予尝于京口见米元章澄心堂纸一卷，笔势奇怪，有意外象。家居时，吴人持至一卷夏珪，墨气古劲可爱。此卷则规模郭熙，而平远清润，有不尽之趣。宋室倚长江为汤池，故当时画手多喜为之，卒不能守，而铁骑飞渡矣，乃相与为之浩叹。夏山，字用载，家金华山下，景物绝胜，而宦囊半贮此物，将所谓行住坐卧，不离这个耶？复相与为之大笑。是岁嘉靖甲午八月吉，观于江西布政司之紫薇楼下，遂书。云间陆深。

予尝见李伯时《长江图》于陈太仆子有家，笔法精绝。及观此卷，乃

① 〔明〕姚士观等编校：《明太祖文集》卷一六，四库本，第1223册，第198页。

宣和御府所收，小玺具在，定为北宋以前名手，非马、夏辈所能比肩。后有吾乡陆文裕题跋，书法秀整，足与画为二绝，殊可宝也。己未秋后五日，董其昌。后有宋解元跋，误以夏山为姓夏者，故去之。

夏禹玉《烟江叠嶂图》：……宋宁宗朝画院待诏夏珪，山水师李唐，用墨如傅粉。今观《长江万里图》，往往泼墨纵笔，浓淡酝酿，出于自然，真奇笔也。夫大江发源于岷山，而珪画泉流回互，跳珠喷雪，可骇可愕。至于滥觞之后，直下一泻，舟楫纵横，旅店隐见，渡口渔舠，林边鸦点，烟峦云树，戍楼城郭，无不极其精妙。所谓李唐以下，无出其右者，非耶？唐宋以来，君臣俱游心艺文，皆有画院以延揽名士良工。宋之马、夏，南渡称首。若禹玉者，其可多得哉？长幅如此卷，又可多得哉？览阅既毕，为题其后。至于弧矢四方，曾历风波江涛之险者，又余素所习见，不觉其身之飘然于三峡间云尔。翰林承旨王汝玉。①

《江村销夏录》记载：

宋夏禹玉《长江万里图》卷，绢本，高七寸许，长三丈三尺余。水墨画款在起首石上，“臣夏圭”三小字前，后有天历玺印。

夏禹玉《长江万里图》，至元后六年立冬日，柯九思观于复古斋。

宋宁宗朝画院待诏夏珪，山水师李唐，用墨如傅粉。今观《长江万里图》，往往泼墨纵笔，浓淡酝酿，出于自然，真奇笔也。夫大江发源于岷山，而珪画泉流回互，跳珠喷雪，可骇可愕，至于滥觞之后，直下一泻，舟楫纵横，旅店隐见，渡口渔舠，林边鸦点，烟峦云树，戍楼城郭，无不极其精妙。所谓李唐之下无出其右者，非耶？唐宋以来，君臣俱游心艺文，皆具画院以延揽名士良工。宋之南渡，马、夏称首。若禹玉者，其可多得哉？览阅既毕，为题其后。成化三年仲春五日，太原王汝玉敬题。

夏珪《长江万里》横卷，乃分宜严相公物，后归天府偿武臣俸，朱太

① 〔明〕汪砢玉：《珊瑚网》卷三〇，四库本，第818册，第575—576页。

傅得之，宝若琛贝。近韩敬塘学士购归，其水势欲溅壁，石欲出云，树欲含雾，人物舟楫、楼橹室庐，种种悉具气韵。但用水墨，而神采灿烂，如五色庄严，可与李唐并驱争先，马远诸人，皆当北面。往时屡阅于朱公绿荫亭上，今复见之，因诵“旧时王谢堂前燕，飞入寻常百姓家”，唾壶几缺。太原王穉登题。①

《续书画题跋记》记载：

夏珪《长江万里图》（长二丈四尺，绢，墨如新）：云山苍苍江漠漠，绍兴年间夏圭作。珍重须知应制难，卷尾书臣敬堪度。却忆当时和议成，偏安即视如升平。惟开缉熙较画史，两河沦弃无人争。斯图似写南朝士，还有楼台在烟雨。钓叟棋翁不可呼，渔舟野店谁能数。但觉层层境不同，林泉到处生清风。意远笔精二莫比，只许马远齐称雄。中原殷富百不写，良工岂是无心者。恐将北物触君怀，恰宜剩水残山也。画终思效一得愚，更把飞鸿添在图。愿君且向飞鸿问，五国城头有信无。水村居士完书（冢宰陆全卿）。②

综览以上各种文献记载，有以下几个方面可作分析：

（一）在明代，出现了多本《长江万里图》，且有多人题跋、赋诗。

《明太祖文集》所记为洪武十三年（1380）春正月从胡惟庸家中查抄所得，无尺寸、材质等的记载。

汪砢玉《珊瑚网》所记为长六丈四尺，绢本，为大参张夏山所藏。

《江村销夏录》所记为绢本，高七寸许，长三丈三尺余。水墨画，款在起首石上，“臣夏圭”三小字前，后有天历玺印。

《续书画题跋记》所记为长二丈四尺，绢本，墨如新。

① 〔清〕高士奇：《江村销夏录》卷三，四库本，第826册，第557—558页。

② 〔明〕郁逢庆：《续书画题跋记》卷三，四库本，第816册，第819页。

《江村销夏录》《续书画题跋记》虽为清人著述，著录的却是明人题跋的《长江万里图》。

这四种不同版本《长江万里图》各自的来历与流传经过、它们之间的关系、各本的真赝判别，仅凭上述资料难以明辨。但此间记载的有误，是明白可见的，如《珊瑚网》称“翰林承旨王汝玉”，查明代翰林五经博士、书法家王汝玉，名璲，字汝玉，元末明初长洲（今江苏苏州）人。生年不详，卒于1415年。《江村销夏录》也著录有王汝玉的评语，内容与《珊瑚网》基本一致，应为同一人，但署名为“成化三年仲春五日，太原王汝玉敬题”。所记不仅籍贯不同，而且成化三年是1467年，已是王汝玉过世52年之后了。同时，明代也无籍贯太原、1467年仍然在世的翰林承旨王汝玉。故《江村销夏录》所记，应属有误。由此顺便言及，由于辗转传抄、随意编撰、疏于考订、学风不够严谨等原因，明清画史资料往往多有讹误之处。

（二）各本分别有董其昌①、王汝玉②、王穉登③、陆完④等书画名家、文人学士的题跋、鉴赏，足见其所受到的重视。其中除董其昌认之“乃宣和御府所收，小玺具在，定为北宋以前名手，非马、夏辈所能比肩”外，余人皆认定其所见之本为夏圭《长江万里图》，并加评介。

（三）从画面“滥觞之后，直下一泻，舟楫纵横，旅店隐见，渡口渔舠，林边鸦点，烟峦云树，戍楼城郭，无不极其精妙”，“斯图似写南朝士，还有楼台

---

① 董其昌（1555—1636），字玄宰，号思白，又号香光居士，华亭（今上海松江）人。明代后期著名画家、书法家、书画理论家。神宗万历十七年（1589）中进士，官至南京礼部尚书、太子太保等。精鉴赏，富收藏。著有《容台集》《容台别集》《画禅室随笔》《画旨》《画眼》等。竭力推崇和提倡文人画的士气，与莫是龙、陈继儒提倡山水画南北宗之说。绘画长于山水，宗法董源、巨然、高克恭、黄公望、倪瓒等，画作烟云流润，清隽雅逸。声望显著，为“华亭派”首领。书法影响深远。

② 王汝玉（？—1415），明代书法家，名璲，字汝玉，元末明初长洲人。自小博闻强记，有神童之称。永乐初，由应天府训导擢翰林五经博士，历迁右春坊右赞善，预修《永乐大典》，累迁左赞善。坐解缙累，下狱死。谥文靖。有《青城山人集》传世。

③ 王穉登（1535—1612），字百穀，明文学家。先世江阴（一说江苏武进）人，移居长洲。少有文名，十岁能诗，名满吴门。嘉靖末入太学，万历时曾召修国史。著有《王百穀集》《吴郡丹青志》《吴社编》，并辑有明代散套小令《吴骚集》。善书画，接文徵明衣钵，在董其昌之前主领艺坛三十年之久。

④ 陆完，字全卿，长洲人。明成化二十三年（1487）进士，正德中为吏部尚书。富收藏。工书，王世贞《国朝名贤遗墨》有其手迹。

在烟雨。钓叟棋翁不可呼，渔舟野店谁能数。但觉层层境不同，林泉到处生清风。意远笔精二莫比，只许马远齐称雄”，以及“云山苍苍江漠漠”等各家评述来看，无论内容剪裁、构图布局、笔墨技法和意境风格，《长江万里图》与《十二景山水卷》《溪山清远图》极为相似，都是夏圭山水画烟峦云树、林泉清风、意远笔精、境界苍茫的典型风貌。所不同的是，由于长江发源于高原峡谷的特殊原因，故在其源头江水的描绘上，夏圭作了气势不凡的刻画：“泉流回互，跳珠喷雪，可骇可愕。”这一段的画法，就与我们今天熟知的夏圭风格，有较大不同。

（四）对于夏圭此画的创作动机，明清人又是一番说教：“宋室倚长江为汤池，故当时画手多喜为之，卒不能守，而铁骑飞渡矣，乃相与为之浩叹”，“中原殷富百不写，良工岂是无心者。恐将北物触君怀，恰宜剩水残山也。画终思效一得愚，更把飞鸿添在图。愿君且向飞鸿问，五国城头有信无”。其实早在南宋绍兴五年（1135）四月，宋徽宗即已死于五国城；绍兴十二年八月，梓宫还临安。绍兴三十一年五月，钦宗死；绍兴三十二年闰二月，祔于太庙。到夏圭时，五国城里的君王早已客死异乡，五国城头的期盼俱成遥远的往事，又何必要“愿君且向飞鸿问，五国城头有信无”？而且在夏圭如此清旷、淡远、荒寒的画境里，又哪里看得出这许多深刻、丰富的政治内涵？

来自西湖的灵感

和南宋的很多画家一样，夏圭也画西湖的云烟水月。著名的作品是《西湖柳艇图》（绢本，设色，107.2厘米×59.3厘米，藏台北故宫博物院），画西湖中的柳树、长堤、水榭、湖舍、画舫和游客。风轻云淡，水墨氤氲，画面丰满，笔墨精谨，远处人物也不用其他山水画中点景人物那样简率的笔法，即所谓的“人物面目，点凿为之，衣褶柳梢，间有断缺”[①]，而是刻画逼真，极为精妙，

① 〔清〕厉鹗：《南宋院画录》卷六，于安澜编《画史丛书》第四册，上海人民美术出版社1962年版，第119页。

笔调沉着含蓄，明媚秀润。元代郭天锡在画上题跋称：“此夏禹玉《西湖柳艇图》，真迹也。笔墨淋漓，云烟变态，饶有士大夫风骨。论者多谓马、夏之习，盖亦未见其真面目耳，识者当不河汉斯言。”

此图画风精细，与他一贯随意豪纵的笔法大异其趣。文献中对夏圭这种风格的作品多有记载，如《清河书画舫》云：“夏圭《千岩万壑图》，精细之极，非残山剩水之比。”①此类作品与夏圭的典型风格相异，体现了他笔精墨妙的功力、全面的技法和多样的风格。

〔南宋〕夏圭《西湖柳艇图》，绢本设色，107.2厘米×59.3厘米，台北故宫博物院藏

夏圭流传至今的作品中，以“西湖”命名的作品只此一件。历代画史著录中，直接点明为夏圭西湖画的作品也不是很多，有《西湖春雨图》等。但这并不表明夏圭与西湖相关的作品不多，或西湖对夏圭创作的影响不大。笔者在此恰恰想要说的是，西湖及其周边的山峦、幽涧、坡岸、汀渚、林树、花木、云烟、舟桥，都是夏圭创作的灵感之源和他乐于、善于表现的题材。

西湖及其周边的清丽湖山，构筑出无限丰富的诗意小品：青石垒筑的拱桥下，一树蜡梅开在蜿蜒的溪涧边，枝干遒曲、疏影横斜、暗香浮动；水草丰茂

① 〔清〕厉鹗：《南宋院画录》卷六，于安澜编《画史丛书》第四册，上海人民美术出版社1962年版，第121页。

的堤岸边，有青苔满身的古树，修长舒展的枝条伸向空中，婆娑的绿叶交织成玲珑通透的树冠，在水天一色的朦胧中画出优雅的曲线。湖水在微风的荡漾中轻起波澜，水色在光线里变幻，静静的湖湾里是一色的灰蓝，如丝绸般柔软光滑，静穆而高贵。隔湖相望，长坡缓缓，佳木成林，夕阳照进林中，看得见阳光在枝干间穿梭，地上的绿草也泛出金黄的色泽。空气中湿润的水汽模糊了视线，远方连绵起伏的群山，只成了淡淡的一片影，唯有山廓的一抹痕迹，勾出了它在无垠天地间的存在。如果是在冬天，雪花会在湖上飘洒，万般俱寂中是一个银色的世界，偶尔的一声鸟鸣，偶尔的一个身影，显示了静与动的和谐；如果是在黄昏，西湖卸却了日间的喧闹繁华，一切复归自然，而暮色尚未降临，山静、湖平、风清、林幽，正是她一天里的好时光。

这样充满诗意的山水小品，在夏圭的长卷小幅里，大多能见到。它们没有西湖的冠名，却有着浓郁的西湖气息，每一个熟悉西湖的人，只要与之相遇，必定会有心灵的相通。

第三章　诗意内涵

夏圭以及“南宋四家”，是南宋画院画师，他们的作品即是院体画，也可简称为“院画”。一般认为，院画是中国绘画传统中与文人画迥然异路的一种绘画种类。在中国绘画史上，与文人画的深受肯定和赞赏相比，院画明显处于劣势。尤其是自明末董其昌“尚南贬北”而指斥南宋院体山水画家马、夏为“非吾曹所当学”后，文人对南宋院体山水画一直多有贬损之言。如称院画画师为“狂邪”“画匠”，称画作为“作家画”“行家画”“匠气”“程式化”“皆画中魔道，虽工而少士气”，以至“士大夫耻言北宗，马、夏诸公不振久矣”，等等。一时声名狼藉，遗风所至，至今仍可谓影响至深。比如现在对“南宋四家”的艺术成就，虽已有了肯定的评价，但这种评价具体地分析起来，还是很不充分的。正如前文所述，大多是从技法上予以肯定，基本局限在技法形式的范畴之内，而无关乎中国绘画传统最为重视和欣赏的精神层面，比如类似于文人画的“士气”“书画同源”“诗画合一”等境界。对此，实有深入探讨的必要。

诗画融合是中国绘画的主要特征和重要成就，自王维而至苏轼倡导诗中有画、画中有诗，元代以降，诗、书、画、印合一，成为文人画的典型特征。因此论述诗画融合，往往都在文人画的传统里论述。笔者认为，在文人画的传统之外，同样有诗画融合的佳作。比如在常被认为充满“宫廷匠气”、与文人画格格不入的南宋院体山水画中，就有浓郁的诗意内涵。

徐复观在其《中国艺术精神》一书中，从绘画发展历程的角度，将中国绘画中诗画融合的过程分为“互为题材”“精神、意境的融合”“形式上的融合”

几个阶段，认为发展至“形式上的融合”后，中国画得到了艺术上更大的丰富与圆成。

笔者认为，从历史发展的角度而言，这几种类型有其出现、发生、发展的先后顺序，但就其现实存在而言，这几种类型并非完全的先后替代，至今为止都同时存在，所以进行不同类型的分析研究仍有必要。而就艺术表现力和审美价值而言，精神、意境的融合是艺术境界的体现，“形式的融合”则体现了中国绘画民族特色的独特表征。

诗意的渊源

就院体山水画而言，传统上往往认为它与文人画的风格、意趣、表现手法，尤其是诗画融合的特征格格不入。其实，文人画固然有诗画融合的传统和特征，而据此将院派，尤其是南宋山水画隔绝于诗画融合的境界之外，却嫌主观与不公。比如在“南宋四家”的画作中，西湖山水的清灵淡定、阴柔秀媚，孕育出一种风雅精致的趣味和充分传达个人思绪与主观感受的浓郁诗意。而且这种诗意的表达，甚至根本无须通过在画面上题写诗句的形式，它直接地渗透在构图、笔墨和气韵之中。在马远的《踏歌图》，夏圭的《西湖柳艇图》《溪山清远图》，刘松年的《四季山水图》中，都可以感受到这种浓郁的诗意。这种诗意内涵的渊源，来自以下若干方面。

一、帝王趣味

对于宫廷院画，帝王意志与趣味当然是起决定作用的，史料对此有明确记述：“宋画院众工，必先呈稿，然后上真。”[①]但是具体问题需要具体分析，院画家们遇到的是怎样的帝王？这些帝王有着怎样的性情、修养和趣味？这是一个首先必须弄明白的问题。宋代很多帝王，如仁宗、神宗、哲宗、徽宗、高宗、光宗、宁宗、理宗等人，具有相当的艺术天赋和修养，对绘画有着不同程度的

① 〔清〕厉鹗：《南宋院画录》卷一引朱寿镛《画法大成》，于安澜编《画史丛书》第四册，上海人民美术出版社1962年版，第2页。

兴趣和才能。此外，其身边的臣僚和后宫之中，也多有同好者，如著名的杨皇后等人，正是他们引导或是助成了宫廷绘画的兴盛。宋徽宗、宋高宗更是天纵其才，诗、书、画皆善，堪称诗人、画家、书法家，不乏将诗、书创作与绘画结合的实践。具体活动已见前述。

二、画院传统

深入观察史料和画作，不难发现两宋画院画家具有对以诗入画、追求画中诗意的主观认识和探究，作品的诗意盎然，也是一个不争的事实。两宋绘画创作中，蕴含着一个致力于追寻与表达诗意的画院传统。

三、画师个人修养

作为帝王御用的宫廷画师，也就是所谓的职业画匠、画工，是否就是单纯的技艺之徒？可不可以用“学养”“学识”去衡量他们？

中国的史家显然是十分缺乏艺术修养的，他们忽视或者说是漠视了对中国艺术传统和绝大多数艺术家的关怀。历史上众多的绘画史实和艺术家，就在他们的这种忽视与漠视中，湮灭于时间的长河里。宫廷画师尤然，他们地位低下，更因御用的性质而受到自视清高的文人们的歧视。一些文人即使在心里赞叹画师们的精妙画艺，也很少会在自己的诗文里对画师们作足够充分的记述。文人们关注的，只是对于他们自己所谓的文人画家的自我描绘和他们在“余兴”之时的“墨戏”。但“此等谓之寄兴，但可取玩一世，若云善画，何以上拟古人而为后世宝藏？”①苏轼、赵孟頫、“元四家”，以及徐渭等文人画家，固然是全才。但对这些天降大任者，他们特立翘楚的才情、异于常人的不凡经历和痛苦际遇，尤其是灿烂至极归于平淡的心灵，我们常人仰之弥高，又哪里可以拿来随意比拟。

而画师们是以绘画作品表达自己的，他们鲜有文字形式的作品流传。这当然是他们自我表达的一个缺失，也可以认为这是他们个人修养上的不足。但是如果连画师们的笔都用在写字上了，那我们还能欣赏到真正的绘画艺术作品吗？人的才能、时间和精力毕竟是有限的。

---

① 〔元〕倪瓒：《清閟阁全集》，四库本，第1220册，第354页。

因此，在中国用文字构筑的历史文化传统里，宫廷画师是一个几近沉默的群体。我们很难听得到他们的声音，看得到他们的身影，更遑论体察他们的内心。所以，我们现在要来论述画师们的个人修养，依据的只有他们的画作和历史文献里蛛丝马迹般的只言片语。

中国是具有崇文传统的国度，两宋尤其右文抑武。据《宋史》记载，画院学生考试都是科举的范式，入院后的学习也以《说文》《尔雅》《方言》《释名》等教授，并要求在学习时，将各书内容与绘画创作相联系，观其能通画意与否。在画作的等第评定上，“以不仿前人而物之情态形色俱若自然，笔韵高简为工”[①]。这样严格选拔、培养出来的宫廷画院画师，又哪里会是等闲之辈？“考画之等，以不仿前人而物之情态形色俱若自然，笔韵高简为工”的衡量标准，鼓励革故鼎新的创意，崇尚自然高简的笔韵，如此创作氛围里的画师，又怎会没有自我的修炼和追求？

具体到画师来说，李唐的例子我们都已十分熟悉，他的那首“雪里烟村雨里滩，为之如易作之难。早知不入时人眼，多买燕脂画牡丹”的诗作，透露了丰富的历史信息，尤其是那有感而发的真切、怨而不怒的隐忍，质朴感人，正是彼时彼地的李唐之所为。只有这样一首诗显然不能说明李唐已是一个诗人，但能写出此诗的李唐，也绝非只是一个埋首线条色彩之中的庸工俗匠。

梁楷也是一个有说服力的例子。南宋时期，理学、禅宗皆有很大发展，思想界十分活跃。而且理学与禅宗趋向融合，一批禅宗僧侣画家亦应运而生。他们以禅宗南派“顿悟”思想为绘艺宗旨，着墨不多，深藏玄机，题材不拘，皆作禅理，所绘有一种“只可意会，不可言传”的意蕴。从今传为宫廷画师梁楷所作的《六祖图》《六祖破竹图》《八高僧故事图》《出山释迦图》《李白行吟图》《泼墨仙人图》等作品中，不仅可以见其简练、清淡的笔墨风格，也可见其洒脱不羁的个性和深厚的佛学修养与表现力。

四、江南山川

江南山川在本质上，是诗意山川，极适宜于诗意的体味和表达。这从山峦

① 《宋史》卷一五七《选举志三》，中华书局1977年版，第3688页。

的连绵起伏、山色的苍润明秀、林木的繁茂深郁、烟岚的迷蒙轻灵和长汀远坡、溪桥渔浦、堤岸洲渚等山水形制，以及山水的文化内涵如山水诗于此间的发生、发展来看，都是如此。山水诗中有关江南山水的吟咏不计其数，以山川为表现题材的山水画自然同样具有诗意的内生源泉。

山水进入绘画，在中国具有悠久的历史。晋、唐、宋、元是最应关注的时期，中国人的艺术灵性充溢于这个长长时段的溪山林霭间。“南宋四家”所在的南宋，山水画的内涵发生重大变化：北方的重峦叠嶂让位于南方的烟雨迷蒙，青绿色彩的金碧辉煌让位于水墨淋漓的清妙淡远，摄取全景的磅礴气势让位于半山一角的空灵优雅，绝对忠实的描述自然让位于个人体悟的诗意韵味。江南的烟雨山川，让“南宋四家”的山水画作演绎出一派风雅精致的诗意境界和艺术趣味。

五、时代风尚

强调诗与画的共通，在宋代不只是苏轼等少数文人士大夫的见解，而已是其时普遍的共识，宋代题画诗的作者和篇数远胜于唐。诗歌于创作灵感、意象经营、章法结构、意境与韵味诸多方面，与山水画有相通之处。在山水表现的艺术天地里，诗与画相辅相成，它们言辞清丽、水墨淋漓，虚实相生、动静结合，山光水色纷至沓来，表现出宋代文人、学士、艺术家共同的审美情趣。

诗意内涵之表达

从艺术的分类模式来看，诗属文学，以语言文字为表现手法；画属造型艺术，以线条、色彩为表现手法。简单地从形式上看，两者似无可比性。但论述诗画融合，如果不深入到作品的内在构造中，不去探求其形式因素中同生共融的根本关联，仅仅停留在概念或感觉层面上的描述，是很难说得清楚透彻的。

如果从比较的角度来分析，可以从以下这些方面来看一看两者之间的关联。

在内容选取上，“南宋四家”描绘山水，取与现实生活关系密切的题材，画中多有人的活动，如《踏歌图》《松间吟月图》《举杯邀月图》《山径春行图》《溪山清远图》《雪堂客话图》《遥岑烟霭图》等作品中的劳作、行旅、游历、山

〔南宋〕夏圭《遥岑烟霭图》，绢本水墨，23.5厘米×24.1厘米，故宫博物院藏

居、访友等等，表现人与自然的关系。宋诗中描写自然山水，也是如此，与人的生活密切相关。此时的山水诗，已与谢灵运山水诗中多写蛮荒山林的内容选取大异其趣。

在章法构图上，“南宋四家”取材的以小见大、以少胜多，构图布局上的截取典型片段场景加以重点描摹的精练、借有限空间表现无穷韵致的想象，尤其是“南宋四家”山水中许多一角、半边构图的小尺幅作品，与传统山水画有许多不同变化。这种体裁章法上的“变”，都与宋诗的短小精悍有异曲同工之妙。宋代的范成大、杨万里、朱熹、姜夔以及江湖派诗人和“永嘉四灵”，都创作了大量短小精美的山水诗绝句。由此可见诗人、画家息息相通的艺术理念与灵性。

在风格意境上，北宋以来的文人推崇简淡诗风，苏轼提倡“发纤秾于简古，寄至味于淡泊”，推崇“萧散简远，妙在笔画之外”的境界。马远、夏圭的作品注重主观情感的抒发，善于利用空白和云烟渲染画面，追求空灵简妙的意境，含蓄简练，优雅而富韵致。

在水墨韵味上，山幽水寒、空寂寥落，是宋诗中极受推崇的意境，欧阳修、王安石都有提到，至南宋更趋强烈，出现了姜夔的诗作。这样的意境极适于水墨表现。院画作品中，也多有表现这种韵味和意境的水墨画，如《寒江独钓图》等。其中的水墨韵味都与此关系密切，足可玩味。

中国传统山水画的精神实质在于它在走向自然的过程中，实现了人与自然的和谐融合，由此体现了老庄与玄学的精神内涵。就院画家与院画作品而言，应该也在这个传统之中。但与文人画家和文人画作相比，还是各有特点的。最重要的一点，是文人画家们强调画中有修养、学识的表达，而院画家们则更注重纯粹的艺术表达胜于人文和精神的诉求，艺术表现和形式技法的美得到更好的追求和实现。

文人画固然是诗画融合的成功典范，但有高低优劣之分，真正达到诗画融合意境的文人画家和作品“自古寥寥”（董其昌语）。

院画也是一样的情形。宫廷画家是一个集体、一个集群的定义，但就具体的画家而言，是需要具体分析、分别而论的。北宋、南宋以及明、清不同时期的宫廷画家群体，有着各自不同的时代氛围和个人遭遇，因此就会有不同的创作旨趣和成就。

南宋绘画有着中国古代艺术中极具艺术气质的成就。在宫廷画院的特殊环境里，画家们没有衣食之忧，也没有仕进之望，更没有艺术市场之惑，绘画几乎是一种纯粹的创作行为。就在这种“为艺术而艺术”的人生状态里，宫廷画师们创造了众多中国绘画艺术中法度谨严、笔墨精妙、技艺高超的佳作。南宋院体山水画的诗意表达，无须通过在画面上题写诗句的形式，直接渗透在构图、笔墨和气韵之中。我们在马远的《踏歌图》，夏圭的《西湖柳艇图》《溪山清远图》，刘松年的《四季山水图》等作品中，都可以感受到这种浓郁的诗意。此种诗画于内在气质上天然融合的作品，比那些徒具题诗、钤印等以示诗画合一的形式而无文人画精神内涵的所谓“文人画”，更具中国艺术的实质和神韵。这样的事实充分表明，在诗画融合的中国民族绘画传统形成过程中，院画也起到过积极的作用，应该予以肯定，给予相应地位。与其后备受推崇的文人画者相比，画师们的艺术家身份、艺术创作成就和作品的艺术性丝毫不见逊色，不可随意地以“宫廷画匠”“匠气”“程式化”等贬斥之词加以轻率否定。院画的不足，固然有院画家本身的问题，但也不应忽视时代的局限、从学者的狗尾续貂、文人学士出于狭隘偏见的故意贬斥等因素。

最后，就院画和文人画的评价而言，以传统画史的价值取向来看，院画自然与文人画有较大的差距。但是，如果从艺术表现的多样性、审美趣味的多元化来看，“差异”可能是比“差距”更为恰当的用词。

第四章　地位和影响

说到夏圭在绘画史上的地位和对后世的影响，总的评价是他与马远一起，以具有开创意义的独特风格，引领了南宋院体山水画的创作，并成为南宋绘画创作的主要成就者，在中国美术史上占有极其重要的地位，对后世绘画产生了重要的影响。

从学者众

画史在言及艺术风格、地位影响时，往往马、夏并提。但有一点不同的是，从历史文献记载的情况来看，后世师事夏圭者，明显多于马远，这甚至成为夏圭史料记载中的一个重要特色，其篇幅和信息量大大超过了夏圭生平事迹的记载。

南宋时有：

> 朱怀瑾，钱塘人，宝祐年画院待诏，景定间为福王府使臣，咸淳年赐金带。作人物山水树木窠石，多画雪景。笔法用墨，全师夏珪，谨守规矩，殊欠潇洒。[①]

①〔元〕夏文彦：《图绘宝鉴》卷四，于安澜编《画史丛书》第二册，上海人民美术出版社1962年版，第106页。

黄益，画山水，学夏珪。[①]

赤目张，画山水，师夏珪。[②]

元代有：

孙君泽，杭人。工山水人物，学马远、夏珪。[③]

王履……笃志于学，博极群书，为文若诗，皆精诣有法。画师夏圭，行笔秀劲，布置茂密，评者谓作家、士气咸备。[④]

张观，字可观，嘉定人。少游江湖，志尚古雅，工画山水，师夏圭、马远。[⑤]

李在，字以政，莆田人，迁云南。宣德中钦取来京，入画院。山水宗李唐、郭熙，又云宗夏珪、马远。其人物八面生动，评者云自戴文进以下一人而已。[⑥]

吴珵，字元玉，号石居，吴江人。举进士，历官工部郎中，山水法夏珪。[⑦]

陈勉，字进之（见书家传），为工部员外郎。写山水初仿王孟端，后法夏珪，俱妙。[⑧]

明代有：

---

① 〔元〕夏文彦：《图绘宝鉴》卷四，于安澜编《画史丛书》第二册，上海人民美术出版社1962年版，第111页。

② 〔元〕夏文彦：《图绘宝鉴》卷四，于安澜编《画史丛书》第二册，上海人民美术出版社1962年版，第113页。

③ 〔元〕夏文彦：《图绘宝鉴》卷五，于安澜编《画史丛书》第二册，上海人民美术出版社1962年版，第131页。

④ 〔明〕王整：《姑苏志》卷五六《人物十八》之《艺术》，四库本，第493册，第1056—1057页。

⑤ 〔明〕王整：《姑苏志》卷五六《人物十八》之《艺术》，四库本，第493册，第1057页。

⑥ 〔明〕朱谋垔：《画史会要》卷四，四库本，第816册，第525页。

⑦ 〔明〕朱谋垔：《画史会要》卷四，四库本，第816册，第529页。

⑧ 〔清〕王原初等：《佩文斋书画谱》，卷五五，四库本，第821册，第372页。

周文靖，闽人。善山水，苍润精密，笔力古健，酝酿墨色，各臻其妙。山水学夏珪、吴镇，人物、花卉、竹石、翎毛、楼阁、牛马之类，咸有高致。①

张翚，字文翥，太仓人。山水宗夏珪，笔力颇老，未入化境。李空同歌云："张翚有名成化间，大涂小抹成山水。树石燥硬笔意古，往往人间落片纸。"②

明文徵明十景画册：文徵仲先生画，妙集诸家。此册十景，取法赵承旨为多，而首作特仿夏圭，尤为奇出。至其千里方幅，平远闲逸之趣，又多出于蹊径外者，盖生平得意作也。③

世祖章皇帝御笔，仿夏珪雪景。④

此外，《图绘宝鉴》《画史会要》《珊瑚网》《佩文斋书画谱》《庚子销夏记》等画史中，分别记载了王介、龙升、刘耀、陈君佐、张远、丁野夫、陈琳、朱侃、苏致中、成性、戴进、吴伟、蓝瑛等众多师从、学习或模仿夏圭的画家。

综合贯穿以上史料，可简要体现后世画家师从夏圭的情况。

夏圭的画风在南宋时期，已经受到推崇，画院内外都不乏好之、学之者。宋理宗朝画院待诏朱敦儒，即师夏圭。赤目张、黄益以及官至太尉的王介等人，也多师法于他。

元代初年，赵孟频等人提倡复古，抵制近世画风（即指南宋院体画）。但在南宋故都杭州，南宋院体山水画风仍受追捧。画家孙君泽画山水，全师李唐、马远、夏圭，成为南宋院体山水画在元代延续传承的代表人物，具有一定成就和影响。其他还有宿州人陈君佐、张观、张远及丁野夫等画家，各居其地，师法马、夏，进行绘画创作。可见马、夏影响力之广，并非仅限于狭窄的杭州

① 〔清〕王原祁等：《佩文斋书画谱》，卷五五，四库本，第821册，第375页。
② 〔明〕朱谋垔：《画史会要》卷四，四库本，第816册，第531页。
③ 〔清〕王原祁等：《佩文斋书画谱》卷八七，四库本，第822册，第708页。
④ 〔清〕张照、梁诗正等：《石渠宝笈》卷一《目录》，四库本，第824册，第11页。

一地。

明代是马、夏山水获得承续发展的最佳时期。明代的宫廷绘画、浙派及其支流皆以马、夏为宗，崇尚水墨苍劲画风。著名者有宫廷画师李在、周文靖、王谔，从宫廷中走出来自立浙派门户的戴进，从戴进处发展的江夏派吴伟等人。这里最为重要的人物是戴进和吴伟。前者继承马、夏两家之长而创浙派，有夏芷、夏葵、戴泉、王世祥、方钺等人与其同声共气振马、夏画风，居功颇伟。吴伟也是马、夏一路的名手，从戴进而来，却向更为简率的方向发展，加上为人的轻率、豪纵，遭到贬斥。而其弟子张路、钟礼、汪质、谢宾举、蒋嵩、汪肇等人，则在草率、豪纵的路上走得更远，以致被人目为“邪学”：“如郑颠仙、张复阳、钟钦礼、蒋三松、张平山、汪海云辈，皆画家邪学，徒逞狂态者也，俱无足取。”①后世对于马、夏山水的诟言，大都因此而来。

从夏圭的师从者中，可以分析的有这样两个方面：

一是其中不少画家都是具有突出成就，甚至代表了一个时代或一个时期绘画艺术创作风尚的人物，如孙君泽、陈琳、王履、戴进、李在、文徵明、蓝瑛等人。陈琳、王履、文徵明、蓝瑛的成就主要不是来源于对夏圭的师承和学习，但孙君泽、周文靖、李在、戴进、吴伟，则直接渊源于马远、夏圭，堪称马、夏画派传人。他们传承了马、夏的绘画风格，并因此取得自己的成就和在画史上的地位。

二是在这些夏圭绘画的欣赏者、爱好者、师从者中，既有宫廷画师如南宋时的朱敦儒、明代的戴进等人，也有帝王如宋理宗、明太祖、清世祖，更有文人画家王履、文徵明以及深受赵孟頫熏陶和欣赏的花鸟画名家陈琳。这样的现象足以说明，夏圭的绘画受到了人们的普遍喜爱。

后人的褒与贬

“南宋四家”的绘画风格，由李唐肇其始端，到马远、夏圭时，方将这种风

① 〔明〕朱谋垔：《画史会要》卷五，四库本，第816册，第582—583页。

格继承、发展而至成熟之境。故他们二人堪称南宋院体山水画的典型代表，既代表了南宋院体山水画的最高成就，也成为后世非议南宋绘画的主要目标。

对马远、夏圭等“南宋四家”，画史上议论、评价甚多，角度、侧重各有不同，赞赏、批评时有所见。具体作品的评价，已见前引，这里选录几则对其总体绘画风格及在中国绘画史中地位的评价：

宋画，评者谓之院画，不以为高，谓巧太过而神不足也。不知宋人之画，亦非后人可造堂室。如李唐、刘松年、马远、夏珪，此南渡以后四大家也。画家虽以残山剩水目之，然可谓精工之极。①

山水画自唐始变，盖有两宗，李思训、王维是也。李之传为宋王诜、郭熙、张择端、赵伯驹、伯骕，以及于李唐、刘松年、马远、夏珪，皆李派。王之传为荆浩、关仝、李成、李公麟、范宽、董源、巨然，以及于燕肃、赵令穰、元四大家，皆王派。李派板细乏士气，王派虚和萧散，此又惠能之禅，非神秀所及也。至郑虔、卢鸿一、张志和、郭忠恕、大小米、马和之、高克恭、倪瓒辈，又如方外不食烟火人，另具一骨相者。②

郭文通，永嘉人。善山水，布置茂密，长陵最爱之。有言马远、夏珪者，辄斥之曰：“是残山剩水，宋僻安之物也。”③

从这些明清人的评论中，不难看出，对于马、夏的评价是不高的。基本的看法是以南北分宗，以“士夫画”“士气画”与“院画”相别。视王维以及被称为王之传人的荆浩、关仝、李成、李公麟、范宽、董源、巨然、赵孟頫、黄公望、王蒙、吴镇、钱选、倪瓒等士夫画、文人画为正宗，十分推崇其“虚和萧散”的画境。而视“南宋四家”为承李思训一路而来，“评者谓之院画，不以为高，谓巧太过而神不足也”，对其绘画风格则以“板细乏士气”定论。

---

①〔明〕朱谋垔：《画史会要》卷五，四库本，第816册，第582页。

②〔明〕张丑：《清河书画舫》卷六上，四库本，第817册，第216页。

③〔元〕夏文彦：《图绘宝鉴》卷六，于安澜编《画史丛书》第二册，上海人民美术出版社1962年版，第157页。

当然，肯定的说法也是有的，但往往注重技法，而无关乎中国绘画传统最为重视和欣赏的精神层面的说法，比如类似于文人画研究中“士气”一类的境界。

这种历史现象的产生，有马、夏山水自身的问题，比如庞大的从学者队伍带来的鱼龙混杂、法度精严的不可轻学等，固然是一个方面。中国绘画崇尚文人画，贬抑院画，崇尚虚和萧散、气韵生动，贬抑燥硬外露、精工巧思的审美传统，也是重要的原因。但更重要、更直接的原因，还在于明末董其昌等人提出的山水画南北宗论。

山水画南北宗论是有关中国绘画认识的重要思想，这个重要性除了其本身具有的绘画理论价值外，更在于它深刻地影响了后人对中国山水画史的理解和认识，一时成为人们评价画史、画家、画作的重要准则。

何谓山水画之南北宗？简单地说，就是运用禅宗的南北之分为历史上的山水画分宗别派：“禅家有南北二宗，唐时始分。画之南北二宗，亦唐时分也，但其人非南北耳。北宗则李思训父子着色山，流传而为宋之赵干、赵伯驹、伯骕，以至马、夏辈。南宗则王摩诘始用渲淡，一变钩斫之法。其传为张璪、荆、关、郭忠恕、董、巨、米家父子，以至元之四大家。亦如六祖之后，有马驹、云门、临济儿孙之盛，而北宗微矣。要之，摩诘所谓‘云峰石迹，迥出天机，笔意纵横，参乎造化’者。东坡赞吴道子、王维画壁，亦云：‘吾于维也无间然！’知言哉。”①

南北宗论的首倡者，有董其昌、莫是龙、陈继儒的不同说法。由于董其昌地位特殊，在东南地区俨如艺坛领袖，附骥者众多，这一论断最终被归于他名下。在晚明乃至整个清代，南北宗论逐渐成为一种后人认识山水画发展的权威理论，进而演变为描述画史的常识以及评判作品的套语。赞同、引用或沿着同一思路深化南北宗论的画家和理论家很多，而力图调和南北，或者表示怀疑的说法却显得很微弱。

正是在这样的背景里，马远、夏圭遭到了指责和贬抑。董其昌本人对马、

---

① 〔明〕董其昌：《画禅室随笔》卷二，四库本，第867册，第452—453页。

夏就有直接的否定："若马、夏及李唐、刘松年，又是李大将军之派，非吾曹易学也。"①

但是董其昌对马、夏的否定，毕竟过于主观和片面，不足以服天下人，更不足以抹杀马、夏的艺术成就。明清时人如王宸、邵梅臣、李修易、戴熙都针对南北宗论提出了不同的看法。

20世纪30年代开始，在重估传统文化价值的思潮推动下，董其昌和他的南北宗论受到重新审视。徐悲鸿、滕固、童书业、俞剑华等画家和史论家都有新的论述和见解发表。具体到对马远、夏圭的评价，具有代表性的评说是黄宾虹之所言："有法之极，而后可至于无法之妙。南宋刘、李、马、夏，悉由精能，造于简略，其神妙于此可见。"②笔者认为，黄宾虹的这个评说，是最为客观、至为确切的，令人由衷地信服。

对日本的影响

必须一提的是，马远、夏圭对日本绘画发展的影响。

关于马、夏绘画对日本的影响，冯慧芬有详细研究，转录于下，以飨读者：

马、夏流派的影响，在南宋末年因僧人的往来还传到了日本。到了十五世纪前后，影响愈大。文献记载当时追随马、夏画风的作品很多。如《荫凉轩日录》记有：

"养德院障子六枚，此（北）房笔之，盖夏圭样也，诚可嘉尚，今日毕功也。

"北房，自晨，松泉轩客殿障子下画之，君泽样也。

"北房画障……松泉轩书院障子八景画，今日毕其功，夏圭样真本也。

"晚来，谒东府，鹿野助所笔之画之草案二幅供台览。鹿野曰：马远样

① 〔明〕董其昌：《画禅室随笔》卷二，四库本，第867册，第452页。

② 黄宾虹：《黄宾虹论艺》，上海书画出版社2012年版，第48页。

然乎？虽然，西指庵御书院画像马远样也。

“召鹿野助于私第，先令图一人可供台览，夏圭笔样欤？又马远笔样欤？”

…………

可见，当时日本画坛学画和鉴赏的态度都倾向于马、夏样式。据《天琢和尚语录》记载，当时他们看到日本画家所作“唐绘”时就联想到夏圭之画，又因该画风格与夏圭作品相似，便认为是杰作。可以这样认为，日本绘画史上的水墨画派，便是马、夏画派的日本翻版。原为明僧于应永中渡海赴日本九州岛又至京都等地的如拙，在日本传播绘画即宗法马、夏派画风。如拙的传人是画僧天章周文，周文和他的弟子们形成一个在日本画史上颇负盛名的水墨画派。周文的高足是雪舟（1420—1506），他于1467年曾来中国学习山水画。他在宁波登陆，并在天童寺住了一段时间。这里正是马、夏画派的继承者“浙派”绘画的势力范围。从雪舟的画中，可以看出：无论构图、用笔、用墨，都绝似马、夏。由于雪舟的努力所造成的气氛，马、夏画派在日本形成了影响最强烈、最长久的画派之一。直至十六世纪的雪村（1504—1589）完全继承了雪舟的艺术精神，从雪村的画中，也可以直接看出马、夏画派的传承。

可以说，中国古代未有任何一个画派能比得上马、夏在国外的影响。[①]

在日本，马远、夏圭一直具有很大的影响力，他们的作品极受重视。今天可见的马、夏作品或被称为马、夏创作的作品，有不少都被日本所收藏。其中的《寒江独钓图》《竹林山水图》《山水图》等作品，都被日本定为“重要文化财”而加以珍藏。

---

① 冯慧芬：《夏圭》，朱伯雄、曹成章主编《中国书画名家精品大典》第一卷，浙江教育出版社1997年版，第325—329页。

参考文献

一、论著

〔唐〕张彦远：《历代名画记》，于安澜编《画史丛书》第一册，上海人民美术出版社1962年版。

〔北宋〕沈括：《梦溪笔谈》，文渊阁《四库全书》影印本，台湾商务印书馆1983年版（以下简称四库本）。

〔北宋〕《宣和画谱》，于安澜编《画史丛书》第二册，上海人民美术出版社1962年版。

〔北宋〕董逌：《广川画跋》，四库本。

〔北宋〕米芾：《画史》，四库本。

〔北宋〕范成大：《范村梅谱》，四库本。

〔北宋〕释仲仁：《华光梅谱》，王伯敏、任道斌主编《画学集成（明—清）》，河北美术出版社2002年版。

〔南宋〕邓椿：《画继》，于安澜编《画史丛书》第一册，上海人民美术出版社1962年版。

〔南宋〕赵彦卫：《云麓漫钞》，四库本。

〔南宋〕潜说友：《咸淳临安志》，清道光十年（1830）钱塘振绮堂汪氏仿宋本。

〔南宋〕吴自牧：《梦粱录》，浙江人民出版社1980年版。

〔南宋〕周密：《武林旧事》，浙江人民出版社1984年版。

〔南宋〕周密：《齐东野语》，《宋元笔记小说大观（五）》，上海古籍出版社2001年版。

〔南宋〕周密：《云烟过眼录》，四库本、宝颜堂秘笈本。

〔南宋〕周煇：《清波杂志校注》，刘永翔校注，中华书局1997年版。

〔南宋〕张镃：《南湖集》，四库本。

〔南宋〕高翥：《菊磵集》，四库本。

〔南宋〕陈骙：《南宋馆阁录》，四库本。

〔南宋〕佚名：《南宋馆阁续录》，四库本。

〔南宋〕李唐等：《南宋四家画集》，天津人民美术出版社1997年版。

〔金〕元好问：《中州集》，四库本。

〔元〕庄肃：《画继补遗》，中国美术论著丛刊本，人民美术出版社1963年版。

〔元〕夏文彦：《图绘宝鉴》，于安澜编《画史丛书》第二册，上海人民美术出版社1962年版。

〔元〕汤垕：《画鉴》，四库本。

〔元〕吴大素：《松斋梅谱》，王伯敏、任道斌主编《画学集成（六朝—元）》，河北美术出版社2002年版。

〔元〕倪瓒：《清閟阁全集》，四库本。

〔元〕脱脱等：《宋史》，中华书局1977年版。

〔元〕王逢：《梧溪集》，四库本。

〔元〕张昱：《可闲老人集》，四库本。

〔明〕张丑：《清河书画舫》，四库本。

〔明〕唐志契：《绘事微言》，四库本。

〔明〕郁逢庆：《书画题跋记》，四库本。

〔明〕郁逢庆：《续书画题跋记》，四库本。

〔明〕陶宗仪：《书史会要》，四库本。

〔明〕陈继儒：《妮古录》，《丛书集成初编》本，商务印书馆1937年版。

〔明〕汪砢玉：《珊瑚网》，四库本。

〔明〕田汝成：《西湖游览志》，浙江人民出版社1980年版。

〔明〕田汝成：《西湖游览志余》，上海古籍出版社1998年版。

〔明〕唐圭璋编纂：《全宋词》，中华书局1965年版。

〔明〕张岱：《西湖梦寻》，中华书局2007年版。

〔明〕王世贞：《弇州山人四部稿》，四库本。

〔明〕郎瑛：《七修类稿》，于安澜编《画史丛书》第四册，上海人民美术出版社1962年版。

〔明〕曹昭：《格古要论》，四库本。

〔明〕高启：《大全集》，四库本。

〔明〕祝允明：《怀星堂集》，四库本。

〔明〕叶盛：《水东日记》，四库本。

〔明〕李日华：《六研斋笔记（三笔）》，四库本。

〔明〕张宁：《方洲集》，四库本。

〔明〕姚士观等编校：《明太祖文集》，四库本。

〔明〕高濂等：《西湖四时幽赏录（外十种）》，上海古籍出版社1999年版。

〔清〕王士祯：《香祖笔记》，四库本。

〔清〕王士祯：《居易录》，四库本。

〔清〕卞永誉：《式古堂书画汇考》，四库本。

〔清〕厉鹗：《南宋院画录》，于安澜编《画史丛书》第四册，上海人民美术出版社1962年版。

〔清〕陶元藻：《越画见闻》，于安澜编《画史丛书》第四册，上海人民美术出版社1962年版。

〔清〕孙岳颁等：《佩文斋书画谱》，四库本。

〔明〕郁逢庆：《续书画题跋记》，四库本。

〔清〕张照、梁诗正等：《石渠宝笈》，四库本。

〔清〕王毓贤：《绘事备考》，四库本。

〔清〕丁传靖辑：《宋人佚事汇编》，中华书局1986年版。

〔清〕厉鹗：《东城杂记》，四库本。

〔清〕孙承泽：《砚山斋杂记》，四库本。

〔清〕孙承泽：《庚子销夏记》，四库本。

〔清〕高士奇：《江村销夏录》，四库本。

〔清〕《御制诗余集》，四库本。

〔清〕《御制诗四集》，四库本。

〔清〕翟灏：《湖山便览 · 西湖新志》，上海古籍出版社1998年版。

邓白、吴茀之：《马远与夏圭》，上海人民美术出版社1958年版。

王伯敏编：《黄宾虹画语录》，上海人民美术出版社1961年版。

邵洛羊：《李唐》，上海人民美术出版社1980年版。

温肇桐编著：《中国古代画论要籍简介》，天津人民美术出版社1980年版。

王伯敏：《中国绘画通史》，台湾东大图书出版有限公司1997年版。

谢巍编：《中国画学著作考录》，上海书画出版社1998年版。

陈传席：《中国绘画美学史》，人民美术出版社2000年版。

曹玉林：《董其昌与山水画南北宗》，上海书画出版社2003年版。

卢辅圣主编：《戴进与浙派研究》，《朵云》第六十一集，上海书画出版社2004年版。

［美］方闻：《心印：中国书画风格与结构分析研究》，李维琨译，陕西人民美术出版社2004年版。

启功：《启功丛稿》，中华书局1999年版。

陈高华编：《宋辽金画家史料》，文物出版社1984年版。

王朝闻总主编：《中国美术史》（宋代卷），齐鲁书社、明天出版社2000年版。

徐书城：《宋代绘画史》，人民美术出版社2000年版。

陈传席：《陈传席文集》，河南美术出版社2001年版。

周积寅、王凤珠编著：《中国历代画目大典（战国至宋代卷）》，江苏教育出版社2002年版。

吕澎：《溪山清远：两宋时期山水画的历史与趣味转型》，中国人民大学出版社2004年版。

陈野：《浙江绘画史》，杭州出版社2005年版。

杨仁恺：《国宝沉浮录》，上海古籍出版社2007年版。

钟毓龙：《说杭州》（增订本），浙江人民出版社1983年版。

施奠东主编：《西湖志》，上海古籍出版社1995年版。

傅伯星、胡安森：《南宋皇城探秘》，杭州出版社2002年版。

周峰主编：《南宋京城杭州》（修订版），浙江人民出版社1997年版。

龚延明编著：《宋代官制辞典》，中华书局1997年版。

何忠礼、徐吉军：《南宋史稿》，杭州大学出版社1999年版。

沈冬梅、范立舟：《浙江通史·宋代卷》，浙江人民出版社2005年版。

二、论文

滕固：《关于院体画和文人画之史的考察》，《辅仁学志》1931年第2期。

金维诺：《中国早期的绘画史籍》，《美术研究》1979年第1期。

金维诺：《宋元绘画收藏著录》，《美术研究》1980年第3期。

徐邦达：《宋金内府书画的装潢标题藏印合考》，《美术研究》1981年第1期。

［日］铃木敬：《试论李唐南渡后重入画院及其画风之演变》，原文连载于日文版《国华》杂志1982年3月及4月号，中文版见《新美术》1989年第4期，魏美月译。

令狐彪：《关于宋代“画学”》，《美术研究》1981年第1期。

令狐彪：《宋代画院画家考略》，《美术研究》1982年第4期。

陈振濂：《早期花鸟画构图审美的衍变》，《朵云》1983年第8期。

胡德智：《宋代墨戏与禅宗》，《美术》1985年第10期。

［美］彭慧萍：《“南宋画院”之省舍职制与画史想象》，博士学位论文，中央美术学院，2005年。

刘坤太：《宋朝添差官制度初探》，《河南大学学报（社会科学版）》1984年第4期。

傅伯星：《李唐生卒年代考》，《中国书画报》1993年4月15日。

傅伯星：《刘松年“师张敦礼”质疑》，《书画报》（安徽）1994年1月25日。

傅伯星：《让马远走出历史——论马远生卒年的确认及其主要创作的动因与真意》，《新美术》1996年第3期。

余辉：《南宋画院佚史杂考二题》，《美术观察》1996年第9期。

蔡罕：《北宋翰林图画院录用画家制度之考述》，《美术观察》2001年第4期。

蔡罕：《北宋“画学”与“翰林图画院”》，《浙江学刊》1999年第2期。

罗宏才：《夏圭〈溪山无尽图〉流传经过与相关问题辨析》，《南京艺术学院学报》2002年第2期。

王仲尧：《南宋临安文化市场初探》，《商业经济与管理》2002年第12期。

彭亚：《论影响李唐绘画风格的潜在因素——兼与陈传席先生商榷关于李唐研究的几个问题》，《南京艺术学院学报》2003年第2期。

孙文忠：《浅析宋代画院山水画审美特色的形成因素》，《新美术》2004年第1期。

孙文忠：《从郭熙到马、夏——宋代画院山水画审美特色管窥》，《美术研究》2004年第1期。

陈嘉全：《盛衰起落——浅析从宋代到清代的画院变迁》，《南京艺术学院学报》2005年第3期。

刘炜：《宋代画院的教育功能与院体画的发展》，《美术观察》2005年第12期。

后　记

严格地说，本书不能算是“南宋四家”的传记。有关“南宋四家”历史资料的严重匮乏和现有史料的矛盾、错讹，带来了历史事实的难以辨析和历史人物的面目模糊。在这样的状况下，为“南宋四家”立传的条件显然是不成熟的。为此，本书着重做了以下一些工作：

一是相关史料的搜集排列。在以往的“南宋四家”研究中，有关他们生平、画艺等方面的史料，已多有搜集发掘，但大都以画史、画论中的记述为主。在具体研究中，研究者大多也是根据需要加以取舍引用，似有零落散乱之嫌，至今尚未见有系统梳理之举。故此，本书选择有关生平事迹的重要史料在书中作了排列记述，并着力于对“南宋四家”的相关史料作画史、画论著述范围之外的新的搜集，以求史料的相对集中完整，为以后的研究者提供检索方便。

二是相关史料的查证考辨。现有史料中，矛盾、错讹的情况十分明显。在以往的研究中，对史料的系统辨析、考证工作尚不多见，以讹传讹的现象时有发生，给“南宋四家”的进一步深入研究带来很大阻碍。故此，本书在前辈先贤的研究基础上，着力于对现有史料作比较全面的检视、查证和一些力所能及的考辨，以期为后来的研究者提供一个相对明晰的资料文本。

三是相关研究背景的开拓。本书着力于在绘画研究的传统领域之外，对画家生活于其间的自然、社会、时代环境作力所能及的分析探究，在适当弥补画史资料不足的同时，也期望能为绘画史研究提供更为广泛的探索领域和参照背景。

在本书写作过程中，得到了许多同仁、朋友的支持帮助。比如浙江省社会科学院图书馆馆长、宋史研究专家徐吉军研究员在提供资料、解答疑难、商讨思路等方面给予我众多无私帮助；何勇强博士在南宋官制的研究方面多次给予我耐心指教；浙江省社会科学院图书馆副馆长徐晓为我搜集、查阅资料提供极多便利；图书馆王玮女士在假期休息时间里，为我多次从线装书库里搬递沉重的、积满灰尘的书籍。如果没有他们的帮助与支持，本书要在如此短的时间里完成写作，几乎是不可能的。在此，一并致以衷心的感谢！

回首往昔，本人从事美术史研究已经有二十多个年头。我所在的浙江省社会科学院，不是专门的美术研究机构，加上本人也不善交往，所以我的所谓的美术史研究，一直都是在专业的美术研究机构之外进行的，是一个真正的“局外人”。《礼记·学记》曾有言云：“独学无友，则孤陋而寡闻。”此则正是我的处境与心境。

由于本书写作时间要求十分急迫，更由于本人学术水平和能力所限，书中的错误与不足自是难免，恳切期望得到各位读者的批评指正！

陈 野

2007年8月

再版后记

此版据2007年版修订，笔者对文中个别字词、标点和涉及作品作了校核调整，主要包括以下三项工作：

一、有关画作的作者、年代、真伪等的鉴定辨析，是“南宋四家”研究中学界着力最多也最见成果之处。近年来，南宋画作的海内外博物馆展陈、画册出版，特别是“中国历代绘画大系”对南宋画作在世界范围内的全面搜集和高清图像出版，极大地推进了南宋绘画图像的鉴藏研究。本次修订，笔者采用有关李唐“村社”和“牧牛”题材绘画、刘松年城市生活题材绘画、马远山水画等画作图像的鉴藏研究成果，调整了原书对《乳牛图》《雪山行旅图》《溪隐图》《山田图》《沉李浮瓜图》《丝纶图》等相关画作的文字阐释。在图像印制上，也作了相应调整。

二、根据“中国历代绘画大系”丛书和《故宫书画图录》等作品集和图录，补充了相应作品的著录信息，在书首增补了若干彩色画作。

三、对原书中的个别字词和标点作了校核调整。

同时，就文字史料而言，有关“南宋四家”的记载严重匮乏，现存史料也多有矛盾错讹，这种状况至今未有改变。原书着力于搜集“南宋四家”相关史料，对现存史料做检视查证和力所能及的考辨，为研究者提供了一个相对明晰的资料文本，故对此未作大的修订补充。

限于本人学术积累和研究水平，书中难免存在错误与不足之处，恳请各位读者和专家学者予以批评指正！

陈　野

2023年2月1日

叠前地震反演技术及应用

孙振涛　胡华锋　朱　童　编著

中国石化出版社

图书在版编目（CIP）数据

叠前地震反演技术及应用/孙振涛，胡华锋，朱童编著．—北京：中国石化出版社，2023．3
ISBN 978－7－5114－6937－3

Ⅰ．①叠…　Ⅱ．①孙…　②胡…　③朱…　Ⅲ．①地震勘探－重力反演问题－研究　Ⅳ．①P631．4

中国国家版本馆 CIP 数据核字（2023）第 039336 号

中国石化出版社出版发行
地址：北京市东城区安定门外大街 58 号
邮编：100011　电话：（010）57512500
发行部电话：（010）57512575
http://www.sinopec-press.com
E-mail：press@sinopec.com
北京柏力行彩印有限公司印刷
全国各地新华书店经销
*
787×1092 毫米 16 开本 24 印张 494 千字
2023 年 6 月第 1 版　2023 年 6 月第 1 次印刷
定价：168.00 元

前　言

随着油气勘探的不断深入，地震勘探的对象由构造圈闭转变为岩性圈闭。这种变化对地震解释提出了更高的要求，迫使地震解释工作从定性、半定量向定量的方向发展。由于地质现象固有的多态性和地震反演的非唯一性，地震解释结果本身具有很多的不确定性，这给勘探工作带来了很大的风险。勘探现实要求解释人员将更多的地质和岩石物理理论应用到地震解释之中，以提供更多的信息和约束，降低不确定性和风险。

地震反演是利用地震资料获得弹性参数并进一步预测储层岩性、物性及含油气特征的主要技术，根据所使用的地震资料不同一般分为两大类，即基于地震叠加资料的叠后反演技术和基于叠前道集数据的叠前反演技术。叠后反演技术以叠后地震资料为基础，基于地震波垂直入射原理和褶积模型进行波阻抗反演，经过持续发展，形成了从简单的直接地震反演到在测井、地质多信息约束下的综合地震反演等系列技术，包括相对波阻抗反演、基于模型的反演、井约束稀疏脉冲反演、随机波阻抗反演等地震反演方法。当前，随着勘探的难度不断加大，对地震技术的要求也越来越高，地震勘探技术被用于岩性识别和烃类检测的需求持续增加。理论上，叠前地震资料包含了与地下岩性及其物性相关的信息，利用叠前地震反演可实现对地下岩性及流体性质的预测。地震波弹性力学是叠前地震反演的理论基础。一般来说，叠前地震反演又可分为振幅随偏移距的变化（Amplitude Variation with Offset，AVO）反演、叠前弹性参数反演和波动方程全波形反演等方法。

地震反演技术根据正问题的表达方式可以分为两大类，即基于模型驱动的反演方法和基于数据驱动的反演方法。模型驱动是指考虑地下介质地质地球物理特征，选择合理的模型参数和边界条件建立地震波反射或散射特征方程，利用地震反演方法实现地下介质参数估计的过程，该方法可以实现地下介质岩石物理参数估计，如弹性参数、物性参数、各向异性参数、地层品质因子等。数据驱动是指基于信号理论选择合适的数据信号变换方法，将观测数据作为地震信号实现地下介质参数估计的过程，该方法可实现地震蕴含的直观信息的提取，如与地震波旅行时、振幅、频率、相位等有关的地震属性的估计等。具体来讲，基于数据驱动的地震反演可利用信号的相关表示理论（如稀疏表示、匹配追踪、基追踪等），选择合理的信号原子或字典，实现地震信号直接关联的属性参数估计。相比数据驱动，采用基于模型驱动的叠前地震反演方法进行地下介质参数估计可得到更具有物理意义的岩石参数。因此，本书主要介绍基于模型驱动的叠前地震反演方法。

本书不仅对叠前地震反演的岩石物理理论基础、反演基本理论与方法进行了论述，还以地震反演基本理论的发展为脉络，对弹性参数反演方法、各向异性反演方法、黏弹介质反演方法以及储层物性和流体预测方法进行了介绍，最后通过以塔河碳酸盐岩岩溶储层、川西致密碎屑岩储层及川东南非常规页岩气储层为例，介绍了叠前地震反演技术在岩性、储层、流体及地质工程双甜点参数预测中发挥的重要作用。

碳酸盐岩、致密碎屑岩、非常规页岩是目前最重要的油气勘探领域。第一章概述了油气勘探新领域的现状与前景，分析了各类岩性油气藏的成藏特点，并概述此类油气藏目前主要的地震预测方法。

地震岩石物理是定量地震解释的基础，是连接岩石弹性参数与储层岩石物理参数的桥梁。第二章介绍了各种岩石弹性参数的物理意义，同时介绍了基于等效介质理论的各种理论岩石物理模型。各向同性岩石物理假设是对实际岩石的高度近似，通过各向同性岩石物理模型可以使复杂岩石通过少数参数进行有效描述。此外，还介绍了 Backus 平均、Hudson 模型与 Schoenberg 线性滑动模型，这类模型可用于裂缝型储层、页岩储层等各向异性岩石物理建模。地震波衰减特征能够反映储层含流体性质（如含水饱和度、孔隙度、渗透率和黏滞性等），因此，本章还探讨了地震波衰减的形成机理，介绍了一种地震波衰减的岩石物理模型，通过该模型，可以从测井资料中提取地震波的衰减因子，为储层参数估计奠定了基础。

纵横波速度、密度和泊松比等叠前弹性参数能够更直接地反演储层岩性及流体性质，较叠后反演有明显的优越性。第三章在介绍各类叠前反演数学求解方法的基础上，重点回顾了叠前反演的基本概念和理论基础，对振幅随入射角变化（Amplitude Variation with Angle，AVO/AVA）反演技术进行了归纳，并介绍了基于贝叶斯框架的AVO三参数反演、基于粒子群算法的AVO三参数反演以及时频域联合AVA反演的基本原理。通过模型试验和典型井案例，阐述了不同反演方法的针对性和应用效果。

地球介质普遍存在各向异性现象，根据不同各向异性介质类型，研究地震反射振幅随入射角和（或）方位角的变化特征，探索合理可靠的方位叠前地震反演方法，从而获得裂缝储层弹性参数和各向异性参数，是提高该类地质目标描述精度的重要手段。第四章重点介绍了基于不同各向异性介质模型的叠前地震反演方法，包括不同各向异性假设条件下的反射系数方程构建，以及基于扩展的Zoeppritz方程或其近似公式的各向异性反演方法和叠前弹性阻抗反演方法。通过叠前地震反演获得各向异性储层弹性参数和各向异性参数，为地应力估算、裂缝预测和水平层理评价提供数据支撑，对裂缝型储层等非常规储层具有十分重要的意义。

地震波衰减特征可以作为良好的含气储层及流体指示因子，基于黏弹介质理论振幅随角度和频率变化的反演方法是储层描述与油气识别的重要手段。第五章介绍了以黏弹介质理论为基础的叠前地震反演方法。基于黏弹介质振幅随角度和频率变化（Amplitude Variation with Angle and Frequency，AVAF）地震响应分析，总结了不同类型储层在黏弹介质假设条件下，振幅随频率的变化规律。介绍了黏弹介质振幅随频率的变化关系（Amplitude Variation with Frequency，AVF）反演技术的理论基础和实现方法，该技术继承常规叠前反演技术提高反演精度的优势，并创新性地将AVF分析融入反演机制之中，建立一种更加适合地下地质模型与参数估计的反演方法，从反射地震资料中反演地下黏弹介质的速度、密度以及衰减信息。通过理论模型和实际资料应用，证明了黏弹介质AVAF所获得纵波衰减信息在提高储层含流体特征描述精度方面的优势。

储层岩石物理参数地震反演是岩性油气藏综合评价的重要环节。第六章概述了基于纵波反射地震资料进行储层岩石物理参数反演的常规方法，重点描述了基于概率随机反演的储层岩石物理参数预测方法。该类方法通过统计岩石物理模型建立储层岩石物理参数同岩石弹性参数之间的关系，然后结合蒙特卡罗仿真生成所有可能的储层实现，运用马尔科夫链蒙特卡罗采样方法对概率密度函数（Probability Density Function，PDF）进行充分采样，得到多个等概率的实现。基于概率随机反演的储层岩石物理参数预测方法能够为岩性油气藏精细描述提供包括孔隙度、岩性、矿物组分等更丰富的参数。其具体实现可以有两种方式：一是基于期望最大化的岩石物理参数反演方法，二是基于随机模拟的岩石物理参数反演方法。

流体检测是地球物理研究的重要目标，与储量估算、井位部署直接相关。第七章介绍了几种不同的基于叠前地震反演的流体检测方法。一种是基于岩石物理的流体因子构建与叠前直接反演方法，另一种是基于储层特征约束的频散AVO反演与流体识别。以高精度时频分析方法为基础，构建储层特征约束频散AVO反演目标函数，通过正则化反演方法，实现频变流体因子叠前地震反演。通过含流体模型反演测试与实际资料应用，表明该方法能够提高流体识别的精度。

第八章至第十章以塔河油田奥陶系缝洞型油藏、川西侏罗系致密河道砂岩气藏和川东南非常规页岩气藏为例，介绍了叠前地震反演技术应用流程，以及针对不同地质目标，叠前反演方法针对性选择。通过不同类型储层的系统应用，实现了岩溶储层孔隙度、充填性、泥质含量、石英含量的定量预测，充填性质与测井解释吻合率达86%。复杂河道群致密砂岩气藏薄砂体预测精度达到10m，Ⅱ、Ⅲ类储层含气性预测精度提高14%，高产气井成功率大幅提升，支撑中江气田高效开发效果显著。形成了以叠前地震反演为基础的页岩气地质工程双甜点预测技术系列，实现了地质甜点参数［总有机碳含量（Total Organic Carbon，TOC）、孔隙度、含气量和地层压力］及工程甜点参数（地应力、脆性、裂缝）高精度钻前预测。通过不同类型储层的系统应用，表明了叠前地震反演能够为复杂储层精细描述及流体检测提供重要的技术支撑。

目　　录

第一章 概 论

我国石油工业经过近百年的发展，取得了长足的进步。但已探明石油地质储量仅占预测资源总量的小部分，石油天然气仍有很大潜力。当前新发现的油气藏类型中，岩性地层油气藏所占的比重越来越大。与常规构造油气藏相比，岩性油气藏具有更大的隐蔽性，成藏规律更加复杂，勘探难度更大，对技术的需求也越来越高。本书以碳酸盐岩、碎屑岩、页岩等三种代表性岩性油气藏为例，重点讲述叠前反演技术基本原理及在这三类油气藏中的应用。本章简要阐述岩性油气藏勘探现状与前景，分析岩性油气藏的成藏特点，并概述此类油气藏的地震预测方法。

第一节 油气藏勘探现状与前景

国外岩性油气藏大量发现始于20世纪50年代。长期以来所发现的岩性油气藏主要分布于陆上盆地，90年代以来随着地震技术和海洋工程技术水平的提高，海上盆地成为岩性油气藏勘探的主要领域。巴西、美国、委内瑞拉等国家，主要应用层序地层学和三维地震两项技术，深海扇砂体岩性油藏勘探获得重大突破，成为岩性油气藏勘探的一大亮点。在所发现的大型油气田中，岩性型的大油气田比例逐步提高。世界上已发现的岩性圈闭估算储量约有128×10^8bbl，但发现的岩性油气藏75%以上在北美洲，这和北美洲的勘探历史长和特殊的地质条件有一定的关系。

目前已发现的岩性油气藏大多数集中在成熟乃至高成熟勘探区中，世界上勘探程度相对低的探区中，岩性油气藏具有巨大的资源潜力和勘探前景。

近30年来，国内在松辽、渤海湾、二连、鄂尔多斯、塔里木、准噶尔等盆地，陆续发现了一批亿吨级规模的大型岩性油气藏和一批5000×10^4t级规模的中型岩性油气藏，成为近年来增储上产的主要领域，成功实现了油气勘探从以构造油气藏勘探为主的阶段到岩性油气藏与构造油气藏勘探并重的历史转变，部分盆地岩性油气藏已成为近年储量增长的主体。

随着我国陆上含油气盆地逐步进入高成熟勘探阶段，探索岩性油气藏的重要性也日趋明显。岩性油气藏是目前我国陆上油气勘探四大重要领域之一，也是目前我国陆上实现油气增储上产重要现实领域。从我国陆上近年来岩性油气藏探明储量规模来看，已经从20世纪90年代的20%逐步上升到目前的60%左右，初步显示出岩性油气藏在增储上产方面的重要意义。以具体盆地而言：在松辽、鄂尔多斯、渤海湾等盆地年增储规模均在亿吨以上；在准噶尔、塔里木、四川等盆地其增储地位日显重要；在二连、海拉尔、柴达木等盆地成为新的增储领域；在酒泉、吐哈等盆地此方面勘探也有新的发现。总体来看，我国陆上大部分含油气盆地在岩性油气藏勘探领域都取得了突破性进展。勘探实践表明，我国陆上绝大部分含油气盆地应具有发育岩性油气藏的良好地质背景。

从我国陆上主要含油气盆地剩余油气资源量来看，七大盆地(松辽、渤海湾、鄂尔多斯、准噶尔、塔里木、柴达木、四川)剩余石油地质资源总量 179.2×10^8t，岩性地层 91.3×10^8t，占总石油地质资源量的51%。目前，我国陆上主要盆地都具有开展岩性油气藏勘探资源基础，剩余资源量丰富，岩性油气藏勘探前景广阔。在油气勘探过程中，各个盆地积累了大量的地质、地震、测井、录井、测试和化验资料，我国陆上主要含油气盆地均具有开展岩性油气藏勘探所需要的资料基础。

随着油气藏勘探逐步开展，各大盆地在各个勘探阶段所面临勘探对象的转变，即通过油气藏勘探所采用的勘探思路和技术方法也逐步发生变化，包括：①找油思路的转变——主要表现在由构造向岩性转变、由正向构造带向负向构造带转变、由构造高部位向构造带翼部转变、由环洼向洼槽转变、由单一类型向多种类型油气藏转变；②研究方法的转变——由构造油藏勘探的核心工作“精细构造解释，落实圈闭高点”到岩性油藏勘探的核心工作“精细沉积储层解释，落实砂体空间展布形态”的转变，构造研究找背景，沉积研究找砂体，构造背景与沉积砂体综合研究预测隐蔽油气藏有利成藏区带；③研究手段的转变——由传统石油地质评价手段转变为应用含油气系统、层序地层等现代理论，结合地震信息多参数综合评价方法，加深研究，创新认识，提高综合研究水平，达到对勘探目标多方位、多方法、多技术的全面综合评价与分析；④组织形式的转变——由过去构造解释、沉积储层、新技术应用、圈闭评价分头研究转变为组成多学科多专业项目组，实现地质与物探乃至工程研究的有机结合，资料处理、解释、分析与评价一体化，优势互补，联合攻关，解决关键问题。上述勘探思路、研究方法、研究手段和组织形式的转变为岩性油气藏勘探的突破提供了重要保障。同时，先进技术的应用为岩性油气藏勘探取得重大突破提供了良好支持，这是当前和今后开展岩性油气藏勘探的关键。

总体来看，我国陆上主要含油气盆地有开展岩性油气藏勘探的地质背景，拥有丰富的剩余资源量保证，前期进行了良好的资料积累，同时也具有良好的勘探技术支持。从勘探历程来看，我国陆上的主要含油气盆地目前已经进入岩性油气藏勘探阶段，各盆地的岩性油气藏勘探具有良好的前景。在实际勘探过程中，我们对岩性一般进行更为细致的划分。以下按碳酸盐岩储层、致密碎屑岩储层和页岩油气储层三种类型来分别介绍其勘探现状及勘探前景。

一、碳酸盐岩储层

我国碳酸盐岩油气资源十分丰富，据2015年全国油气资源动态评价结果，石油地质资源量为 340×10^8t，天然气地质资源量为 $24.3\times10^{12}m^3$，分别占油气资源总量的27.0%和26.9%。近年来，随着塔河油田、普光气田、安岳气田等碳酸盐岩油气田的开发，天然气、原油产量快速增长，成为我国油气勘探开发和油气增储上产的重要领域。

我国碳酸盐岩油气藏地质年代老、埋藏深，经过多期构造运动改造，油藏以裂缝-孔隙型、缝洞型为主，气藏以孔隙型礁滩白云岩为主，开发难度大。主要分布在塔里木、四川、渤海湾、鄂尔多斯和珠江口盆地。其中，石油主要分布在塔里木、渤海湾和珠江口盆地；天然气主要分布在四川、鄂尔多斯和塔里木盆地。从分布层位看，震旦系到三叠系均有分布，以古生界为主。其中石油主要分布在奥陶系、前震旦系；天然气主要分布在二叠系、三叠系、寒武系和震旦系。

自新中国成立以来，碳酸盐岩油气藏一直是油气勘探开发的重要领域，根据开发建设情况，可以划分为四个阶段：第一阶段是以四川盆地为重点的油气开发阶段(1950～1975年)。四川盆地是中国大型含油气盆地之一，大规模勘探始于1953年，以地表油气显示以及与构造相关的裂缝气藏为主要勘探目标，相继发现了卧龙河气田(1957年)、威远气田(1964年)、中坝气田(1971年)等大中型气田。1974年四川盆地天然气年产量达到$30\times10^8m^3$。第二阶段是以任丘油田为代表的前第三系裂缝潜山油气藏开发阶段(1975～1996年)。与气田相比，中国碳酸盐岩油田勘探开发时间晚一些。1975年在渤海湾第三纪盆地中发现了中国第一个大型碳酸盐岩潜山油田——任丘油田，1976年建成千万吨年生产能力。同时在四川盆地以裂缝-孔隙型气藏为目标，相继发现并开发了磨溪、五百梯、沙坪场等大中型气田，在鄂尔多斯盆地发现了靖边气田。第三阶段是以塔河油田为代表的岩溶带缝洞型油气藏开发阶段(1990年至目前)。1984年塔里木盆地沙参2井获得高产油气流，实现了中国古生代海相碳酸盐岩油藏重大突破，1990年S23井发现了中国第一个古生代超深层海相特大型油田——塔河油田，1997年塔河油田投入开发。建立了缝洞型油藏地球物理描述和地质建模方法，创立了以洞穴自由流和小缝洞渗流耦合的油气藏开发理论和技术体系，建成世界上最大的缝洞型油藏原油生产基地，标志着中国海相碳酸盐岩油藏开发理论和技术的重大跨越。第四阶段是以普光、元坝和安岳特大型气田为代表的深层天然气开发阶段(2003年至目前)。普光气田发现于2003年，是一个储量规模大、埋藏深、资源丰度高的特大型海相酸性气田。元坝气田发现于2007年，是中国首个超深层生物礁大气田，也是目前国内规模最大、埋藏最深的生物礁气田。安岳气田发现于2011年，是中国最古老、单体储量规模最大的碳酸盐岩特大型气藏。这些大气田的开发，标志着中国碳酸盐岩天然气产能进入快速发展阶段。

中国海相碳酸盐岩地层分布面积逾$450\times10^4km^2$，根据全国油气资源评价成果，我国海相碳酸盐岩的油气资源量380×10^8t油当量。前期中国的海相碳酸盐岩勘探主要集中在三大盆地的重点区块，真正投入勘探的面积为$20\times10^4\sim50\times10^4km^2$，约占碳酸盐岩分布面积的34%。中国海相碳酸盐岩领域，累计探明石油地质储量15.2×10^8t、天然气地质储量$1.36\times10^8m^3$，油气资源探明率仅为15%，剩余油气资源量仍十分丰富。

另外，湖相碳酸盐岩分布范围广，资源潜力大，具有广阔的勘探开发前景。据不完全统计，全国湖相碳酸盐岩油气地质资源量约45×10^8t油当量，探明率仅为14%。邹才能等评价我国陆上主要盆地致密油分布面积约$50\times10^4km^2$，地质资源量约120×10^8t，其中以湖相碳酸盐岩为主要储层的致密油分布面积在$10\times10^4km^2$以上，地质资源量57×10^8t以上。如四川盆地侏罗系介壳灰岩、粉细砂岩分布面积$(4\sim10)\times10^4km^2$，致密油地质资源量$(15.2\sim18)\times10^8t$；准噶尔盆地二叠系云质粉砂岩、粉砂质白云岩分布面积$(3\sim5)\times10^4km^2$，致密油地质资源量$(15\sim20)\times10^8t$；渤海湾盆地沙河街组白云岩、石灰岩、粉细砂岩分布面积$(5\sim10)\times10^4km^2$，致密油地质资源量$(20.5\sim25.4)\times10^8t$；柴达木盆地古近系—新近系泥灰岩、藻灰岩、粉砂岩分布面积$(1\sim3)\times10^4km^2$，致密油地质资源量$(3.6\sim4.4)\times10^8t$。总体而言，中国碳酸盐岩油气资源潜力还有进一步提升的潜力。

二、致密碎屑岩储层

致密碎屑岩储层通常是指储层渗透率低的砂岩储层，是目前勘探的主要目标。致密气藏最早发现于1927年的美国圣胡安盆地，于20世纪50年代初投入工业开发，是非常规天然气资源中勘探开发最为成熟的气源。由于致密气藏和煤层甲烷的扩大开发，美国非常规天然气产量由1970年的$283\times10^8m^3$增至1997年的$1132\times10^8m^3$。据估算，目前世界上尚未全面开发的非常规天然气资源量有$800\times10^{12}\sim1000\times10^{12}m^3$，其中致密气藏资源量为$75\times10^{12}\sim100\times10^{12}m^3$，仅次于天然气水合物。以现今技术可开采的非常规天然气而论，则以致密气藏居首，储量为$10.5\times10^{12}\sim24.0\times10^{12}m^3$。因此，致密气藏是21世纪最现实的重要能源。

致密砂岩气藏在中国有着比较广泛的分布，主要集中在鄂尔多斯、四川、松辽、渤海湾、柴达木、塔里木和准噶尔等盆地。鄂尔多斯盆地的致密砂岩气开发规模良好，在盆地北部有苏里格、榆林、长北、大牛地等致密砂岩气田。特别是苏里格气田，是目前中国最大的气田，开发潜力巨大，随着开发力度的不断加大，致密砂岩气逐渐成为中国天然气勘探生产的重要组成部分。从全国第二轮资源评价结果来看，我国非常规致密天然气资源占天然气总资源量的40%左右。

我国致密气早在20世纪60年代在四川盆地就已有发现，但受认识和技术限制，发展较为缓慢。近几年，我国致密气地质储量年增$3000\times10^8m^3$，产量年增$50\times10^8m^3$，呈快速增长态势。致密气累计探明地质储量为$3.3\times10^{12}m^3$，已占全国天然气总探明地质储量的40%；可采储量$1.8\times10^{12}m^3$，约占全国天然气可采储量的1/3。2011年致密气产量达$256\times10^8m^3$，约占全国天然气总产量的1/4，成为我国天然气勘探开发中重要的领域。要实现致密气藏资源向产量的转化，缓解常规天然气开发压力，急需突破地质认识与工艺技术的瓶颈。目前部分致密气藏正在作为低渗气藏被勘探开发，需开展致密气藏资源潜力评价，拓宽勘探领域，降低储层下限，落实致密气藏的储量。致密气藏具有不同于低渗气藏的孔隙结构、渗流特征等，应深入研究其开发机理、井型井网优化、合理的配产等开发技术政策，为致密气藏规模有效开发做好技术储备。

三、页岩油气储层

页岩油气的勘探开发最早始于美国。自20世纪80年代初Barnett页岩气区发现以来，已有13个页岩油气区陆续投入商业开发，2015年美国天然气进口量为$283\times10^8m^3$，供需基本平衡，两者仅差3%，预计到2040年，美国的原油生产量与消费量缺口仅有7%，日进口量只有150万桶。依靠页岩油气资源的规模效益开采，美国正在逐步实现能源独立。随着北美地区在页岩气开采方面取得的巨大商业成功迅速波及世界其他页岩气资源丰富的国家，如中国、阿根廷、南非、印度、澳大利亚等国，但除了中国与阿根廷等少数国家实现页岩气商业开发之外，其他国家尽管已有页岩油气勘探发现，开发工作进展依然缓慢。

受北美页岩油气勘探开发的启发，我国在 21 世纪初开始展开一系列针对页岩油气资源的勘探和开发，目前仍处于起步和探索阶段。我国具有页岩油气聚集地质条件的地区主要有：四川盆地、渤海湾盆地、吐哈盆地、江汉盆地等八大盆地。2009 年，中国石油对重庆及其周缘地区的筇竹寺组、五峰组—龙马溪组进行了页岩气资源初步估算，计算研究出筇竹寺组和五峰组—龙马溪组页岩气资源量分别为 $7.5\times10^{12}m^3$ 和 $11.5\times10^{12}m^3$，2009 年 10 月在重庆彭水连湖镇西北构造上钻探了第一口页岩气参数井——渝页 1 井，2010 年 9 月在川西的威远气田完钻中国第一口页岩气评价井，获得日产 $1.08\times10^4m^3$ 的工业气流。中国石化于 2008 年开始对所辖区块进行页岩气的普查与摸底，并在 2009 年对南方海相地层发育区进行了页岩气区带评价，确定了有利区块 6 个、面积为 $28556km^2$，具有远景的区块 8 个、面积为 $93300km^2$，并于 2010 年钻探了中国石化的第一口页岩气参数井——宣页 1 井。就此，在中国石油工业领域拉开了页岩气勘探的序幕。2012 年，中国石化在涪陵焦石坝焦页 1HF 井获得高产工业气流，实现了商业发现。同时，有学者结合页岩油地质特征，对其分布和成藏规律进行有效的划分，并提出了页岩油有利区的评价体系。目前我国的页岩油气资源具有发展潜力，但是我国与国外的页岩类型、油气丰度和勘探开采条件上均有一定的差异，需要根据工区情况采用适合的方法进行研究。

中国广泛发育海相、海陆过渡相和陆相泥页岩，页岩气资源潜力大，其中海相、海陆过渡相泥页岩资源发展前景最好，陆相页岩油气近年来发展势头迅猛。古生界海相泥页岩主要分布在南方地区、塔里木盆地等，分布面积达 $60\times10^4\sim90\times10^4km^2$；古生界海陆过渡相泥页岩主要分布在北方地区和扬子地区，分布面积为 $15\times10^4\sim20\times10^4km^2$；中新生界湖相泥页岩主要分布在松辽盆地、渤海湾盆地、鄂尔多斯盆地、准噶尔盆地、吐哈盆地、柴达木盆地，分布面积为 $20\times10^4\sim25\times10^4km^2$。扬子地区古生界海相富有机质页岩具备良好的生烃条件与页岩气储集条件，是目前中国最现实的页岩气区。参考美国与四川威远地区的实测页岩气资源丰度(分别为 $2\times10^8\sim8\times10^8m^3/km^2$ 和 $3\times10^8\sim3.2\times10^8m^3/km^2$)，采用资源丰度类比法初步评价了全国页岩气资源潜力，认为中国页岩气地质资源量为 $86\times10^{12}\sim166\times10^{12}m^3$，可采资源量为 $15\times10^{12}\sim25\times10^{12}m^3$。同时，2010 年国家油气重大专项对页岩油资源重新进行了评价，油页岩地质资源量为 11602×10^8t，可回收页岩油资源量达 160×10^8t。相比 2005 年的全国油气资源评价结果，油页岩地质资源量增加了 61.2%，可回收页岩油资源增加了 33.3%。

中国页岩油气已经初步迈入工业化生产阶段，但是国内页岩油气成藏规律较复杂，需要不断完善页岩油气勘探开发体系，逐渐形成适宜中国页岩油气的发展模式，才能实现页岩油气的大突破、大发展。

第二节　不同岩性油气藏成藏特点

不同类型岩性油气藏成藏特征与主控因素存在一定差异性，这里简要介绍不同成藏组合、不同源位关系、不同储集岩类型及不同斜坡带岩性油气藏成藏特征与主控因素。

不同成藏组合岩性油气藏成藏特征与主控因素：

①源上成藏组合。成藏动力主要为浮力作用，势差驱动。源上油藏为下生上储型的断层－岩性油藏，油源断裂(输导系统)与有利圈闭是油藏形成的主控因素，油藏分布受湖泛面、断层面和不整合面控制。

②源内成藏组合。成藏动力主要是毛细管压力差，油水压差驱动。源内油藏为自生自储的透镜体油气藏、断层－岩性油藏及上倾尖灭油藏，构造相(陡坡、缓坡、鼻状斜坡)、沉积相(三角洲前缘带)和成岩相控制源储配置关系及油藏的形成和分布。

③源下成藏组合。成藏动力主要是生烃增压，压差驱动源下油藏主要为上生下储型的断层－岩性油藏或岩性上倾尖灭油藏，垂向油源断裂和超压是油气成藏的关键因素，成藏动力机制为压差驱动油气运聚，断层面、不整合面、湖泛面控制油气成藏和分布。

不同源位关系和不同成藏过程岩性油气藏成藏特征和主控因素：

①近源油气和远源油气聚集区带。

近源油气区带是源岩与储层直接接触或近距离运聚成藏而形成的聚集区带，近源油气藏一般有砂体或有利的碳酸盐岩岩性体即可成藏，当然通常成藏的六个要素均需具备，但近源条件下，一般来说，因源储直接接触或近距离接触，其他成藏条件不成问题。远源油气区带是源岩与储层相距较远，通过断层或(及)不整合面经较长距离运移而形成的油气聚集区带，对于远源油气藏，畅通有效的疏导体系、圈闭有效性是成藏的两大关键要素。

②原生油气藏和次生油气藏聚集区带。

原生油气藏是圈闭充注油气定型成藏后，没有再遭受明显的破坏调整，次生油气藏的重要标志是，成藏后遭受破坏调整，再次发生了聚集成藏过程。次生油气藏形成的条件是，尽管原生油气藏遭受破坏，但没有重大散失，只是发生了空间上的再分配、再定位和再定型，如川东石炭系气藏，原油裂解形成大型整装古气藏，后来喜马拉雅运动改造，调整后横向上出现了分离或离散，分割为若干孤立的现今气藏；川西侏罗系次生气藏，是下伏上三叠统须家河组形成的古气藏，由于后期断裂破坏作用，天然气在纵向上发生分离和分异，部分天然气沿断层运移到上部侏罗系地层中聚集成藏。

3 类斜坡、3 类盆凹中心岩性油气藏成藏特征和主控因素：

① 3 类斜坡岩性油气藏成藏特征和主控因素。

沉积坡折带岩性油气藏成藏特征和主控因素，沉积坡折带是特定古地貌背景下，差异压实和差异沉降过程中形成的坡折带，其成藏背景是盆内沉积坡折带，重力流砂体发育，砂体与烃源岩交互接触，以岩性圈闭为主，近源成藏，砂质碎屑流与岩性烃源岩是岩性油气藏形成和分布的两大主控因素。

复杂断裂斜坡带岩性油气藏成藏特征和主控因素，斜坡带被一系列横向断层切割为若干断阶，其成藏背景是复杂断裂斜坡带背景下，发育多种类型砂体，近源或源下成藏组合，成藏特点是以构造－岩性圈闭为主，断裂、砂体和有效的油源通道是岩性油气藏形成的主控因素。

构造斜坡带岩性油气藏成藏特征和主控因素，构造斜坡带是斜坡背景上叠置了局部背斜或鼻凸，有利于截获从斜坡低部位运移上来的油气聚集成藏。通常盆地/凹陷鼻突或横梁斜坡，大型三角洲砂体发育，油气聚集受鼻突或脊状构造控制，其成藏特点是以岩性、构造－岩性圈闭为主，砂体或断层、不整合输导，岩性油气藏形成的主控因素是有利砂体、局部改造和输导体系。

②3 类盆凹中心岩性油气藏成藏特征和主控因素。

裂谷后坳陷盆地中心岩性油气藏成藏特征与主控因素，这类盆地主要是松辽中浅层和渤海湾盆地新近系，随着勘探工作的深入，勘探范围从构造高部位向斜坡乃至湖盆中心不断推进，油气藏类型主要是发育于前三角洲重力流砂体中的断层岩性油气藏或透镜体岩性油气藏。

克拉通后坳陷盆地中心岩性油气藏成藏特征与主控因素，主要是受断层和岩性控制的断层岩性油藏为主。

断陷盆地凹陷中心岩性油气藏成藏特征与主控因素，主要发育透镜体岩性油藏为主，其成藏有效性主要受砂体物性控制，有断层更为有利。

一、碳酸盐岩储层

碳酸盐岩储层从岩性分为白云岩及石灰岩两大类。大型碳酸盐岩油气田中，寒武纪—奥陶纪及三叠纪碳酸盐岩储层多数为白云岩储层，而白垩纪—第三纪碳酸盐岩储层主要为石灰岩。碳酸盐岩储层发育的沉积环境多样。统计多个碳酸盐岩油气田发现，除陆棚及碳酸盐缓坡相粒屑灰岩、生物礁灰岩及生屑滩灰岩为较好的储集岩外，陆棚相及盆地相的泥质碳酸盐岩也是较好的储集岩。

碳酸盐岩储层发育，由原生基质孔隙及次生裂缝、溶孔、溶洞组成。孔隙型、溶洞型、裂缝型为基本储集类型，孔洞型、缝洞型、孔缝型、孔缝洞复合型为过渡类型。溶蚀作用、白云岩化作用及构造作用是最主要的成岩作用。

世界碳酸盐岩储层的孔隙度多介于 4% ~16% 之间，这一区间的储层数占总数的 82.5%。其中以晶间孔 - 粒间孔型储层的孔隙度最高，而裂缝 - 基质孔隙型储层的孔隙度最低。世界上碳酸盐岩储层的渗透率多在 $1\times10^{-3}\sim500\times10^{-15}\mu m^2$ 之间，这个区间储层数占总数的 80.3%。其中以溶孔 - 溶洞型储层的渗透率最高，晶洞孔 - 粒间孔型储层的渗透率最低。

中国四川盆地从震旦系至侏罗系已发现多层工业油气层。从天然气储量看，碳酸盐岩占 94%，砂岩占 6%。从油气产量上看，碳酸盐岩中天然气产量占 88.7%，原油产量占 97.6%，砂岩中分别占 11.3% 和 2.4%。四川盆地海相碳酸盐岩储层孔渗性比世界上最低的还要低得多。四川海相碳酸盐岩储层累计厚度约 3000m，其中有孔段只有 250m 左右，只占总厚度的 10% 左右。其孔隙度一般为 3% ~6%，渗透率多数在 $1\times10^{-12}\sim1\times10^{-5}\mu m^2$ 之间，属孔渗性极低的储层。四川碳酸盐岩油气储集和产出，主要不是靠原生孔隙，而是靠后生的孔洞缝。后生的孔洞又是通过断层及裂缝系统而发育的，因此在勘探实践中提出了“裂缝系统”或“裂缝圈闭”的概念。裂缝系统是指岩层中由 2 个以上相互交切和彼此连通的有效裂缝组系所组成的，并被不渗透岩体所包围的独立的裂缝圈闭。四川所称的裂缝系统具有油气藏的含义。它是指储集岩体中单独的油气聚集，在开发中属统一的压力系统。所以裂缝系统既包括了裂缝组系的分布，也包括与裂缝组系相连通的孔洞和喉道等因素。因此有人又称之为“储渗系统”。四川海相碳酸盐岩裂缝系统是气藏储量计算和开发的基本单元，具有独特的油气藏地质意义。

我国碳酸盐岩油气藏呈现“成藏多样化、构造复杂化、储集层差异化”特征。①地质条件复杂。无论是塔里木盆地奥陶系缝洞型油藏、四川盆地礁滩相气藏，还是渤海湾盆地前第三系潜山油气藏，储集层主要分布在古生界，埋藏普遍较深，一般在5000～7000m，且都经历了多期构造运动和岩溶叠加改造，既有古生古储油气藏，也有新生古储和新生新储油气藏，地质条件极为复杂。②储集层类型多、非均质性强。中国陆上碳酸盐岩储集层油藏以灰岩为主，气藏以白云岩为主。储集空间既有孔隙型，也有裂缝－孔隙型和缝洞型，储集层物性分布差异大，非均质性极强，物性差，孔隙度一般在2%～6%，基质孔隙度一般小于2%。③流体类型及分布复杂多样。我国碳酸盐岩油气藏成藏期次多，不同成藏期有不同的油气相态，导致流体性质与分布复杂多样，既有轻质油，也有重质油，既有干气藏，也有凝析气藏，还有高含 H_2S 和 CO_2 的酸性气藏。油气水关系也极为复杂，很多油田每个缝洞单元都是独立的油水系统，大部分井表现出“一井、一层、一系统”的特征。

二、致密碎屑岩储层

致密碎屑岩储层广泛分布于各类盆地，尤其在坳陷盆地大型缓坡背景下，有利砂体和成岩相控制岩性油气藏的发育。通常在斜坡背景下，鼻状突起、有利砂体和断层岩性油气藏形成和富集的主控因素。无明确的圈闭界限和盖层，主要分布在盆地斜坡或向斜部位，储层低孔渗或特低孔渗（孔隙度小于10%，渗透率为 10^{-12}～$10^{-3}\mu m^2$），油气运聚中浮力作用受限，大面积非均匀性分布，源内或近源为主，无运移或一次运移为主，异常压力（高压或低压），油气水分布复杂，常规技术较难开采的油气聚集。

大型浅水三角洲连片砂体是致密油气藏形成连片大油气区的地质基础。浅水三角洲及湖盆中心砂体已成为我国陆相盆地岩性油气藏勘探的重要目标。大型浅水三角洲形成所需的条件有：相对较浅的水体，稳定的构造背景，平缓的坡度及充足的物源。浅水三角洲主要特征是：①水体相对较浅；②砂体宏观叠合连片，大面积分布；③水下分流河道很发育，延伸较远；④河口坝被后续河流冲刷而不易保存。

湖盆的敞流性是湖盆中心浅水三角洲砂体发育的重要条件，敞流通道对湖盆中心砂体分布及方向有重要控制作用，湖盆中心各类浅水砂体的走向垂直于敞流通道，向溢出口收敛。大型浅水三角洲体系3级层序界面上覆叠置连片砂体为盆地流体运移的重要通道，有利于连续型油气藏的连片，形成勘探潜力较大。

致密储层“甜点”分布与有利成岩相直接相关。该类型油气藏成藏机制复杂，如何在大面积低－特低渗透率储集背景下寻找相对高渗透率带已经成为油气勘探中的关键问题之一。我国致密碎屑岩储层多发育在煤系地层，生气潜力大。如四川盆地上三叠统须家河组油气资源丰富，大面积分布，“甜点”富集，这种大面积成藏主要与须家河组不同空间尺度上源－储“三明治”结构有关。砂砾岩储层总体物性差，属低渗－特低渗储层，局部发育有少量中低渗储层，如何有效评价预测相对好的中低渗储层分布层段和区带是油气勘探中寻找“甜点”的关键。

三、页岩油气储层

在页岩中，天然气的赋存状态多种多样，除极少量溶解态的天然气以外，大部分均以吸附态赋存于岩石颗粒和有机质表面，或以游离态赋存于孔隙和裂缝中。页岩气成藏受多种因素的综合影响，包括沉积环境、总有机碳含量、干酪根类型和热演化程度等。

(1)沉积环境：页岩气的工业聚集需要丰富的气源物质基础，要求生烃有机质含量达到一定标准。有机质丰度高的黑色泥页岩是页岩气成藏的最好源岩，它们的形成需要较快速的沉积条件和封闭性较好的还原环境。沉积速率较快可以使得富含有机质页岩在被氧化破坏之前大量沉积下来，而水体缺氧可以抑制微生物的活动性，减弱其对有机质的破坏作用。在沉积埋藏后控制甲烷产量的因素是缺氧、缺硫酸盐环境，低温，富含有机物质和具有充足的储存气体的空间。

(2)总有机碳含量(Total Organic Carbon，TOC)：TOC是烃源岩丰度评价的重要指标，也是衡量生烃强度和生烃量的重要参数。有机碳含量随岩性变化而变化，对于富含黏土的泥页岩来说，由于吸附量很大，有机碳含量最高，因此，泥页岩作为潜力源岩的有机碳含量下限值就愈高，而当烃源岩的有机质类型愈好，热演化程度高时，相应的有机碳含量下限值就低。大量研究结果表明，气态烃分子小，在水中的溶解能力强，易于运移，气源岩有机碳含量的下限标准要比油源岩低得多。

(3)干酪根类型：在不同的沉积环境中干酪根的类型也不同，由不同来源有机质形成的干酪根，其组成有明显的差别，其性质和生油气潜能也有很大差别。因此，研究干酪根的类型(性质)是油气地球化学的一项重要内容，也是评价干酪根生油、生气潜力的基础。干酪根类型是衡量有机质产烃能力的参数，不同类型的干酪根决定了产物是以油为主还是以气为主。一般来说，Ⅰ型干酪根和Ⅱ型干酪根以生油为主，Ⅲ型干酪根则以生气为主。页岩气可以在不同有机质类型的源岩中产出，有机质的总量和成熟度是决定源岩产气能力的重要因素。

(4)热演化程度：含气页岩的热演化程度，即热成熟度通常用R_o来表示，R_o越高表明生气的可能性越大。页岩气的生成贯穿于有机质向烃类演化的整个过程，也就是说，只要页岩层中的有机质达到了生烃标准，即当$R_o>0.4\%$时，就可以生成天然气，并有可能在页岩中聚集成藏。一般地，当$R_o>1.0\%$时更易于生气，当$1.0\%<R_o<2.0\%$时为生气窗，当$R_o>1.4\%$时则生成干气；当$R_o<0.6\%$时为未成熟阶段，当$0.4\%<R_o<0.6\%$时可生成生物成因气。

页岩油在聚集机理、储集空间、流体特征、分布特征等方面与源储分离的常规石油和近源聚集的致密油具有明显差异，与页岩气有很多相似之处。有利页岩油分布区主要有以下特征：

(1)源储一体，滞留聚集：页岩油是典型的源储一体、滞留聚集、连续分布的石油聚集。富有机质页岩既是生油层，也是储集层。与页岩气不同，页岩油主要形成于有机质演化的液态烃生成阶段。在富有机质页岩持续生油阶段，石油在页岩储集层中滞留聚集，只有在页岩储集层自身饱和后才向外溢散或运移。因此，处在液态烃生成阶段的富有机质页岩均可能聚集页岩油。

(2)富有机质，成熟度较高：富含有机质是页岩富含石油的基础，高产富集页岩油层TOC值一般大于2%，R_o值一般为$0.7\%\sim2.0\%$，形成轻质油和凝析油，有利于开采。

(3)发育纳米级孔喉、裂缝系统：一般页岩发育毫米至厘米级纹层。页岩油储集层中广泛发育纳米级孔喉，孔径主要为50~300nm，局部发育微米级孔隙，孔隙类型包括粒间孔、粒内孔、有机质孔、晶间孔等。微裂缝在页岩油储集层中也非常发育，类型多样，以未充填的水平层理缝为主，干缩缝次之，近断裂带处发育直立或斜交的构造缝。大部分页岩发育较好的片状结构，有黏土矿物片状结构、碳酸盐片状结构、有机质片状结构、黄铁矿等多种类型，页岩油广泛赋存于这些片状层理面或与其平行的微裂缝中。

(4)储集层脆性指数较高：脆性矿物含量是影响页岩微裂缝发育程度、含油性、压裂改造方式的重要因素。页岩中高岭石、蒙脱石、水云母等黏土矿物含量越低，石英、长石、方解石等脆性矿物含量越高，岩石脆性越强，在外力作用下越易形成天然裂缝和诱导裂缝，利于页岩油开采。中国湖相富有机质页岩脆性矿物含量总体较高，可达40%以上。

(5)地层压力大、油质轻：页岩油富集区位于已大规模生油的成熟富有机质页岩地层中，一般地层能量较高，压力系数可达1.2~2.0，也有少数低压地层，如鄂尔多斯盆地延长组压力系数仅为0.7~0.9；油质一般较轻，原油密度多为0.70~0.85g/cm^3，黏度多为0.7~20.0mPa·s；高气油比，在纳米级孔喉储集系统中更易于流动和开采。

(6)大面积连续分布，资源潜力大：页岩油分布不受构造控制，无明显圈闭界限，含油范围受生油窗富有机质页岩分布控制，大面积连续分布于盆地坳陷或斜坡区。页岩生成的石油较多地滞留于页岩中，一般占总生油量的20%~50%，资源潜力较大。如鄂尔多斯盆地中生界页岩中富集页岩油层段，初步估算页岩油可采资源量达10×10^8~15×10^8t。

第三节　地震预测方法

世界范围内岩性油气藏勘探技术大体可分为三个阶段：第一阶段，20世纪20年代以前，以地表地质调查为主，油苗是发现油气藏的主要线索。第二阶段，20世纪30~70年代，主要依靠井筒资料地质解释和老油田、老井复查，相当一部分岩性油气藏的发现具有一定的偶然性。第三阶段，20世纪80年代以来，地震技术在岩性油气藏勘探中发挥主要作用。总体而言，由于受到勘探技术手段的限制，长期以来岩性油气藏勘探主要依靠地质评价分析，按构造圈闭思路去勘探，因岩性圈闭的隐蔽性，勘探成功率普遍较低。近年来，由于高分辨率三维地震和层序地层学两项技术的迅速发展和广泛应用，有可能在第一口井钻探之前，根据地球物理资料直接识别岩性圈闭目标，这样才真正有可能开展针对岩性油气藏的大规模勘探部署，从而极大地提高岩性油气藏勘探成功率。

近年来，地震技术飞速发展。多源多缆采集技术的高速发展，使三维地震得到广泛的应用，发展了三维叠前深度偏移技术以及三维可视化解释技术。高分辨率地震技术的长足进步，使油藏描述技术日臻成熟。四维地震则将地震勘探技术延伸到油气开发阶段，成为监测油气开发动态的重要方法。随着宽方位地震技术的采集，更加丰富的方位角、偏移距信息，使得针对五维地震的处理解释技术，正在引导地震勘探的另一场技术革命。

由于地震技术的飞速发展，使其识别对象的精度日渐提高，成为岩性圈闭识别中必不可少的手段和技术方法。根据统计，所有的已发现的岩性圈闭，用地震手段和方法发现的占33%，而在海上这个比例则高达90%。各种地震技术像水平地震剖面、时差速度分析、地震属性技术、地震道反演、复数地震道分析、地震模拟、地震岩性模拟、振幅随偏移距变化(Amplitude Variation with Offset，AVO)技术、井间地震技术、全三维地震解释技术、四维地震技术等都直接或间接对岩性圈闭的识别有重要作用。

对于岩性圈闭来说，在地震剖面上没有明显异常显示的情况下，准确地对储层形态、展布范围、侧向接触关系进行描述和刻画，是其中重要的一环。近年来通过诸多地震技术方法的结合，有针对性地发展起来的储层预测技术系列适应了岩性圈闭准确定位和定量评价的需要。

在现今的勘探中，地层岩性圈闭的预测和描述并不是单一的方法和技术能够全部解决的，需要多学科、多种方法和技术的融合。在对地层岩性圈闭概念和特征充分理解的前提下，建立正确地层对比和相分布的层序地层模式及格架的基础上，运用高精度的储层预测技术或其他地球物理方法，将会开创地层岩性油气藏勘探的新局面。

由于地层岩性圈闭牵涉到岩性尖灭和岩相变化等多个方面，所以储层预测、储层形态及展布的描述显得尤其重要。如何建立起地质与地球物理的紧密联系，如何将地质概念和模式融合到地球物理方法和技术中去，这对于储层预测的精度及结果的准确诠释来说是基础。近年来，国内的部分专家和学者在这方面已经取得了比较重要的突破，其中最主要的是储层特征重构技术，该技术充分将地质、测井和地震相结合起来，并且使反演后得到的数据体在纵向上具有较高的分辨率，从而提高储层预测的精度。

基于地质概念和定量模型的储层预测步骤为：①通过沉积背景分析、沉积体系研究建立地质概念模型；②重构储层特征曲线，建立测井与地震的联系；③在地质概念模型的指导下，通过标定，进行相干、可视化和分频解释，并建立定量层序格架模型；④层序约束，进行地震属性分析和地震反演；⑤测井油气评价和烃类检测。

地震信息多参数综合评价方法是指从不同的地震参数角度多方位分析评价的方法。其中包括的关键技术主要有：地震相分析技术、常规储层预测和非常规储层预测技术、地震属性分析技术、含油气检测技术、流体识别技术及三维可视化技术等。

在岩性油气藏勘探中，地震数据的综合解释的作用，相对于构造油气藏勘探而言，显得更加重要。以地震数据为主体的综合解释方法，最主要的目的是排除多解性，使解趋于稳定；其次有利于充分发掘地震数据中有意义信息，进行地质解释。对于二维地震数据的综合解释，主要用于区域研究，寻找和落实下一步的勘探目标；对于三维地震数据综合解释，更多的是应用于储层研究，确定和刻画油气藏特征。由此可见，地层、岩性油气藏勘探应当应用三维数据体。

地震数据综合解释整体构思，可分为两个层次进行：一是围绕地震数据多属性分析的综合分析解释方法，也有人称其为地震数据现代解释方法，或者三维数据三维解释方法，这是当前综合解释的主流，也是当前解释技术发展的主要趋势；二是地震、重磁电、测井、地质以及油藏工程信息的综合解释，通常所说的综合解释主要也是针对这一点。具体实现时，有显式、隐式多种方式：所谓显式，侧重于成果的综合，即各自独立解释，最后将成果综合在一起，再进行一轮解释；所谓隐式，即在各自解释时就相互利用信息，建立在一个统一的模型下的解释，直接得到综合解释成果，最明显的例子就是地震数据反演往往要应用测井信息进行标定和约束。

储层预测技术系列中常用的和比较有效的技术方法有两个方面，一是地震多属性分析技术，二是储层地震反演技术。

地震多属性分析技术发展很快，可供分析的属性多达数百种，方法多样，但是根据不同的地质背景、油气特征，属性类型和方法的选择有所侧重。其中某些方法像分频技术等应用效果明显。

地震反演通常分为基于非零炮检距(叠前)和零炮检距(叠后)数据两大类。近年来，叠后地震反演取得了巨大进展，已形成了多种成熟技术。按测井资料在其中所起作用的大小可分成四类：地震直接反演、测井控制下的地震反演、测井—地震联合反演和地震控制下的测井内插外推。从实现方法上可分为：递推反演、测井约束反演和多参数岩性地震反演。高精度的地震反演技术更是准确地实现了由界面型地震剖面向岩层型地震剖面的转换，从而实现岩性圈闭的准确预测和评价。叠前反演技术也取得了不少进展。相较于叠后反演，叠前包含的信息更加丰富，得到人们的高度关注，如角道集处理、AVO 分析、弹性阻抗反演、叠前多参数反演到多种参数的交会分析，近几年都有不同程度的发展，本书后续章节将聚焦叠前反演技术及应用，重点讲述岩石物理驱动下的叠前反演技术，及展示三大类型岩性油气藏预测的应用成果。

一、勘探地震解释技术系列

应用地震勘探技术进行岩性油气藏勘探，地震解释技术的有效应用是十分关键的。当前实际应用的方法和技术大致可归纳为三类：一是地震数据反演，二是地震数据属性分析，三是地震正演模拟技术。但总的技术应用趋势是：针对目标的具体情况和所拥有的数据体的特征，把三类方法结合在一起，进行综合分析，形成针对目标的解释技术流程或技术系列。

1. 地震反演是地震数据解释中的核心技术

地震反演可解释为：利用地震数据，以已知井的信息为约束，对地下岩层空间结构和物理性质进行成像(求解)的过程。由此可见，广义的地震反演包含了地震数据处理与解释的全过程以及全部的内容。叠后数据反演、AVO 分析、叠前数据反演是当前地震反演的三大组成部分。为了排除多解性，反演前的数据处理要用地质信息、测井信息、先验知识对反演过程进行约束，这是减少多解性的有效途径和比较实用的方法。从当前技术发展总的趋势来看，叠前数据(包括多波多分量数据)直接反演储层参数、波动方程全波形反演、井中资料与地震数据联合反演，是反演技术应用的主要发展方向。有关应用地震反演需要注意的问题有以下几个方面：

(1)认识反演理论的主要目的是提供有关模型中(模型已经确定)的未知参数的信息，而不是提供模型本身，这对我们分析反演成果的应用效果十分重要。尽管如此，反演理论及其成果又经常能提供评价给定模型正确与否的信息；或者在几个可能的模型中辨别正确的重要信息。这就告诉我们如何充分利用反演成果来进行解释。

(2)反演这一术语是相对于正演而言的，或者说它们是相互对应的；在多数情况下，正、反演的原理与模型是相同的。因此人们经常利用反演的结果，填充到模型中，然后进行正演，来验证和评价反演结果的正确性。由于原理、模型是相同的，那么两者若有差别只能是算法上的差别。因此这种检验和评价的方法是有其局限性的，或者说是不全面的，使用时我们应当注意到这一点。有的反演方法本身就是通过正演来实现的，也是基于正、反演原理和模型是相同的这一基本假设，这时我们不得不考虑在给定模型的情况下，这种方法能真正唯一确定某一组模型参数吗？

(3)当寻求模型参数数目少于现场观测数据数目，这种反问题是超定的，对于超定问题一般可用基于对数据的拟合求解；反之，寻求模型参数的数目多于现场观测数目时，反问题是欠定的，这时无数个模型可以满足这种稀少的数据，关键是如何挑选出一个特定的模型，求解需要多种已知信息和先验知识进行约束。地球物理问题几乎都是不适定的，多解是普遍性问题。因此反问题的核心工作是使解趋于稳定。关于反问题的求解，在本书第三章中有更加详细的介绍。

(4)地震数据反演是一项十分复杂的工程，那么反演前应做些什么呢？首先是反演基本知识的准备。其次是初步确定反演的基本策略，并准备在反演过程中进行适时修改。第三是反演前的数据准备，几乎所有的方法对输入数据具有相同的要求，那就是高信噪比、高分辨率和高保真度。这项工作是大量的，难度也是最大的。在叠前数据上应以压制噪声为主，谨慎使用加强信号的方法；分辨率高低，应与是否增加了可解释的地质信息紧密相关，以可识别的层序层级作为重要的衡量标准之一，不能以频带多宽、主频多高作为唯一的标准；保真难度更大。第四，对反射信号的极性进行检查和确定，振幅反演一定要求正极性。总之，反演前的准备工作是多方面的，除了上述四个方面外，数据的构造解释与构造确定、属性分析与提取等都与反演紧密相关。

2. 地震属性提取、分析与解释技术应用前景广阔

地震数据属性分析，是三维地质解释的基础技术之一。其工作流程一般包括提取、检验、分析、评估、优选和确认六大步骤。岩石物理分析和地震数据特征分析，是地震属性分析之前不可缺少的两项基础工作。地震属性种类繁多，从走时(速度)、振幅、频率、相位、声阻抗和吸收衰减等基本属性数起，到三瞬、相干、曲率和子体属性等，可列出上百种，但具体应用时，只是从中挑选几种进行属性分析和解释。

在属性分析与解释的过程中，通过图像处理、模式识别、神经网络等技术手段，把属性解释引入更深的层次。准确建立地震属性与储层参数之间的关系和多属性综合分析与解释方案，是属性解释取得成功的关键。当前，地震属性定量分析技术的发展正在加快，可视化程度不断提高，从而使各种属性的地质意义更加明确，解释的置信度得到提高，应用领域从储层特征预测到油藏特征描述，逐渐向开发领域延伸。在属性应用中有以下问题值得注意：

(1)在不引入其他信息的情况下，通过各种运算直接从地震信号中提取的各种参数，包括几何学、运动学、动力学及统计特征的特殊量值等，均可称为地震属性。为此，有的属性是基于整个剖面的，对应地下一个剖面模型；有的属性是基于同一个同相轴的，仅与地下一个界面有关；有的属性是基于一个三维地震数据体，与地下一个三维空间模型相连接。在进行属性分析与解释时，这些对应关系是明确的。属性分析的目的在于综合多种地震属性，通过与测井和岩石物理信息的结合，转换成岩石和流体特性数据体，用于储层或

油藏特征描述。

(2)在属性分析与解释时，追求属性利用的个数不是重点，关键是如何应用。首先，基本属性在应用排序中应处于领先位置。其次多种属性的综合分析与应用，应注意综合的方式，是并行还是串行，有些属性是只能并行应用的，不能串行，而有的属性串起来应用效果会更好。第三，许多属性是相关的，真正独立的为数不多。各属性之间有着非常复杂的关系，如互补、线性相关等，有时它们之间会产生各种矛盾，但多属性综合应用是趋势。第四，有的属性与目的层无关，物理意义与地质含义挂不上钩，强行应用只能起到干扰的作用。

(3)当前，除了相干体属性、曲率属性应用较普遍外，地震波场属性、基于谱分解的属性、AVO 分析属性以及各种叠前属性逐渐被人们重视起来。正演模拟和岩石物理分析，以及井震联合属性分析等，已逐渐纳入常规分析手段。提取敏感属性参数和多属性优化组合，是实际生产流程中的两大部分。利用地震属性直接进行油气检测，如低频伴影等，在生产实践中效果有时候较好，但在理论上还需要进一步完善和支撑。

(4)地震属性分析常规的工作流程是：资料评估、层位标定、层位追踪闭合、提取多种属性、敏感性分析、属性优化(确定用于分析的属性组合)、属性标定(通过井建立属性与油藏特性之间的关系)和对井间油藏特性进行预测八个步骤。在执行每个步骤时，必须与构造解释、岩性解释知识融合在一起；同时提取、优化、预测三者是相互关联的。在具体操作时，一是分析数据是否满足算法需求，二是算法是否合理，三是结论是否唯一确定，四是整个分析过程中从物理、数学到地质模型是否都成立。

(5)地震属性在储层预测和含油气检测方面的应用，更多的是沿层进行空间分析，因此沿层地震属性数据空间滤波去噪是十分重要的。当前应用最多的是克里金因子方法，它通常应用多个理论(试验)模型去拟合实际数据变差函数，从而更精确地逼近空间结构。除此以外，还有基于主成分分析(Principal Component Analysis，PCA)、独立成分分析(Independent Component Analysis，ICA)的线性和非线性压噪，应用高斯混合模型(Gaussian Mixture Model，GMM)和贝叶斯阴阳机(Bayesian Ying - Yang，BYY)和谐系统为主的无监督自适应统计方法，基于径向基函数(Radial Basis Function，RBF)神经网络方法，基于图像处理、语音识别、指纹鉴定的处理方法等。我们需要从众多的方法中，选取适应于具体目标和数据特征的方法。

(6)利用地震属性预测储层物性，始终存在着潜在风险。实际工作中，我们可以根据地震属性和储层物性之间的关联度，来选择和优化将要被选用的属性，但是相关度的估算往往是选用极少的几口井的数据来进行，样品越少，误差就越大，反之，生成的属性数量越多，观测到的伪相关的概率就越大。虽然当前我们有估算相关绝对值的概率和估算伪相关的概率的一些计算公式，但由于影响估算精度的因素很多，制约了实际的有效应用。因此对潜在风险程度的估算是十分困难的，而潜在风险总是存在的，我们的目标将是把风险降到最小限度，而不可能消除风险。

3. 岩石物理分析、地质建模、地震模拟等至关重要

由构造勘探走向地层——岩性油气藏勘探，岩石物理、地质建模、地震模拟的地位和作用都有大幅度的提升，如今它已经成为地震反演和地震数据属性分析的理论基础和成果

评估的依据。

岩石物理分析、地质建模、地震模拟从应用角度上分析是纵向联系十分紧密的技术系列。通过岩石物理分析可以获得各种各样的参数值，直接用于建模，有了模型就可以进行地震模拟。岩石物理分析参数的准确程度，直接影响建模的有效性，同时也决定了地震模拟的可信度。横向上，这三者与地震数据反演和地震数据属性分析紧密相连，因此技术开发需要按照这种思路去执行，应用层面也必须按照这种思路去实施。

(1)用地震方法研究储层岩性、孔渗饱等物性参数和孔隙内流体特征等问题，是勘探工作者一直追求的目标。从岩心出发，通过超声波实验测试技术，认识和研究各种物理场的特征和规律，提出模型和理论，进行正演模拟，是实现上述目标的有效途径。岩石物理研究的主要目标：了解岩性、孔隙度、围压和孔压、孔隙流体类型和饱和度、各向异性和裂缝、温度、频率等因素，如何影响地震波在地层中传播的速度和衰减以及地震响应特征等。了解和掌握了这些因果关系，就可以通过速度、衰减以及地震响应特征(振幅、频率、相位)等属性，达到研究储层的目的。

(2)从地球物理地震数据解释的角度考虑，岩石物理研究工作主要包括两个方面：一是岩石物理建模，通过建模，模拟各种岩石弹性参数和储集层参数之间的关系，为模拟提供模型，这是岩石物理研究的基础问题；二是岩石物理分析，同样通过建立储集层模型，研究孔隙、流体等储集层特征参数，与速度、衰减、频散等地震属性之间的关系，将地震参数与储集层参数联系起来。关于岩石物理建模及分析，可以参考本书第二章。

(3)地震模拟有物理模拟和数值模拟两大类。物理模拟的特点：结果真实性不受计算方法和假设条件的限制，特别是在三维复杂介质地震模拟中，它比数值模拟具有快速和经济的特点。物理模拟一方面用于指导勘探和开发的方法理论研究，另一方面用于指导实际的生产过程。当前，许多国家和地区的石油公司和大学，都纷纷建立了自己的物理模型实验室，这是一个十分重要的技术发展动向。

当前地震数值模拟技术有射线追踪法、积分方程法和地震波方程数值解法(直接法)。建立在以射线理论为基础的波动方程高频近似的射线追踪法，其主要的数学表达式为程函方程和传输方程，没有考虑波场全部特征，仅把波场视为由同相轴、旅行时和振幅等参数所构成的一个整体，目前应用较多的求解法主要有波前结构法和有限差分法。这类方法计算效率高，但精度相对较低，主要应用于模拟、旅行时层析成像反演及偏移等领域。建立在波动方程积分解表达式基础之上的积分法，认为波场可表示成一系列点震源分别激发所形成的波场的叠加，也可表示仅由边界点源分别激发所形成的波场的叠加，分别对应于体积分和边界积分方程(面积分)，理论基础是惠更斯原理。对于特殊几何形态的地质体，如均匀介质中包含产生绕射和散射的地方(裂隙和溶洞等)积分法效率和精度都相对较高。直接法可给出全波场记录，因此有全波方程法之称。其算法有：有限差分法(Finite Differential Method，FDM)、伪谱法(Pseudo - spectral Method，PSM)、有限元法(Finite Element Method，FEM)等。

(4)岩石物理信息来自地质、地面露头、钻井岩心、录井、实验室和测井信息等。当前，地震岩石物理信息主要来自测井。传统的岩石物理学大多在孔隙尺度上分析岩石的矿物成分、岩石基质和流体成分、温度和压力的变化对岩石物理特征的影响。地震岩石物理学，首先要把研究尺度延伸到油田特征尺度上，建立不同尺度的岩石物理分析模型。最终利用岩石物理模型(或经验公式)，通过流体替换和叠前弹性参数反演，对油气进行多学科的综合研究，全面表征油气藏的储集性能。因此地震岩石物理学研究的关键，是不同尺度的多学科的数据的融合。

(5)模型的应用遵守三条原则：模型不仅用来说明已知现象，而且用来预测新的现象；模拟与观测的结果为一对动态的对偶物，且彼此互馈；当模型不能再预测所观测到的现象时，就应该修改或重建模型。在地震数据解释应用中，涉及地震地层学和油气圈闭形成的地质过程的模型，为动态模型，但由于应用时边界条件、初始条件不能确切给定，其过程是混沌的。依赖地质作用、沉积作用以及海平面振荡和区域沉降所造成的地层沉积及构造的几何形态，可称为静态模型，但由于观测数据的不完全，由观测数据反演模型总是多解的。因此在应用过程中，我们必须牢牢记住“混沌的动态、多解的静态”这一特征，以便使处理和解释中的解趋于稳定。

(6)模型是人们根据科学观测结果，对真实世界的一种假定或近似。通过不断改进观测手段和模型的表现方式，可以不断缩小实际情况与模型之间的误差，这就是建模过程。建模不仅适用于开发，也适用于勘探和地层、岩性油气藏的解释。油气藏的地质建模主要包括油气藏构造建模和属性建模两大部分，因此主要的工作步骤是：①建立地层框架模型；②建立地层实体模型；③建立地质约束条件；④属性数据的变异函数分析；⑤岩石物理属性建模等。建模不是目的，是提高地质认识的技术手段，需要接受实际生产过程结果的验证，并不断进行修改，从而不断逼近真实。因此，油藏地质建模过程，是一个不断完善的迭代过程。

(7)当前数值模拟技术发展很快，已成为勘探地球物理学的一个重要领域，已有一套完整的理论和一系列的方法与技术，其主要特点是：模拟方法多样化、模拟维数由二维向三维发展、模拟介质由简单变得更加复杂、模拟波场更加复杂以及出现了一些标准的数值模型，并且应用领域将越来越宽广。

以上我们从七个方面简单地讨论了与“岩石物理、地质建模和地震模拟”议题有关的一些问题，重点是放在应用的角度上。当前技术发展总的趋势是：模型由三维各向同性介质向三维各向异性介质方向发展；方程由单一的声波方程向全波方程、黏弹方程和弹性波方程综合应用方向发展；解决问题的能力越来越强大，应用领域越来越宽广。

二、地震数据的地质综合解释常用流程

地层——岩性油气藏地震勘探方法与技术的应用效果，最终是要通过地震数据地质综合解释的成果来展现。可见在地震数据采集、处理、解释三个环节之中，地质综合解释具有特殊的作用和地位。解释技术既可以带动采集和处理技术的发展，又可以加快采集、处理和解释一体化的进程，从一个勘探项目的技术设计开始，到最终提供勘探成果，解释工作一直承担着指挥者的作用。由于观测数据的不完全，边界条件和初始条件的不确定性，从观测数据中求得地下模型的参数解，总是存在多解性，综合解释可减少多解性，使解一步一步地逐渐趋于稳定。正确的解释思路，实用的有效技术流程，高质量的数据体，丰富的实践经验和睿智的解决方案，是解释取得成功的主要因素。对于一个地区和某一个油田

来说，解释有其明显的继承性。当我们强调技术创新时，我们不能违背已形成的客观规律；同时还要注意信息的占有量和信息的覆盖面。解释不仅是一项技术，也是一门精湛的艺术。

地震数据解释，简单地说是把地震信息翻译成地质信息。为此，它必然是以数据和理论为基础，利用先进的工具和精湛的技巧，对有限的不完全的信息做出正确的解释。从地震数据信息利用量和相应的解释模型，当前地震数据解释的实际运作和应用，可归纳为四个解释流程。每个流程都有其自身的鲜明特点，同时对数据采集、处理技术有其不同的需求，对数据也有不同的需求。

(一) 常规解释技术流程

常规解释工作流程，通常是指构造解释。解释流程由层位识别、波组对比追踪、构制T0图和构造图、确定圈闭和优选井位等步骤组成。追求同相轴的光滑连续，剖面数据的高信噪比和高分辨率，追求好的叠加数据。传统解释技术的主要特点：①处理与解释基本上是分开进行的，二者之间的联系不十分紧密；②解释介质是剖面和切片，而不是数据和数据体；③解释基本上是在时间域进行，深度域(构造图)解释工作量不大；④仅用了走时(速度)这单一的属性信息，波组对比时参照了波形和振幅，但仅是作为一种辅助的标识。常规解释技术的核心问题是建立地下构造模型，因此时深转换和地面地震资料与井资料的连接，是两项十分重要的技术。常规传统解释的潜力来自工作细致、扎实，但这种潜力是有限的；重大的突破主要来自地震数据成像的改善；高水平的解释依赖于解释性处理技术和成果的应用，来自对偏移过程中的中间成果和最终成果的解释和应用，来自对地质、测井、地震和重磁电等数据的综合解释和应用。

(二) 岩性解释技术流程

利用地震数据进行岩性解释的思路或者说技术流程大致可归纳为三类：①从地震相解释出发，进行沉积相、岩相解释，最后落实到各种岩性体圈闭的解释；②从层序地层格架建立出发，通过充填各种地震属性，从而建立初始地质模型，通过正演模拟和迭代反演，完成各种岩性体模型的解释；③在三维精细构造解释的基础上，建立构造框架模型，充填各种地震属性，建立地震属性与岩性参数之间的关系，从而实现岩性解释。

从上述三个流程来看，解释介质除了剖面数据以外，更多的是在切片上完成各种解释。切片类型很多，解释前首先须了解切片信息的物理含义，它能完成何种解释；其次是如何提高切片信息的质量，有时对切片信息进行适当的处理，可以大大提高切片的可解释性。当前切片可视化显示、切片浏览动画展示潜力还很大，要加强这一方面的软件产品开发力度。

(三) 特殊地质体专用的解释流程

各种特殊地质体，主要指各种类型的砂体、碳酸盐岩、火山岩和生物礁等。进入地层、岩性油气藏勘探阶段以后，这些地质体已成为油气勘探的主要目标。形成各种专用的解释技术流程，是当前油气勘探急迫的任务。目前各种有针对性的技术流程正在逐步形成，但还不成熟和完善。从技术应用上分析，可归纳为两类：①在叠后数据精细解释的基础上，逐渐引入和扩大叠前数据信息解释的比例，多属性和综合解释仍是主要的解释手段；②应用速度各向异性模型和边缘检测处理解释技术(裂缝储层)等一系列的先进处理解释技术，根据地质体的特征选择有针对性的技术，组成处理解释技术流程。

(四)储层特征预测及油藏描述解释技术流程

基本思路：在精细构造解释和岩性解释的基础上，从提取地震参数到岩性参数再到储层参数；引入测井、地质等先验信息，进行标定和约束；引入各种预测理论和算法，依据地震信息特征在井间进行内插和外推，实现储层特性预测和地震油藏的初步描述。

综合解释的必要性，首先是地震数据解释存在多解性，最根本的因素是地震数据采样不充分，不能实现完全采样，造成多个反射系数序列可以构成同一个地震道，或同一个波组特征，因此声阻抗就不能很好地区分地层岩性；其次是地震波形成机理也会产生解的不确定性的结论，例如连续砂体分布可以形成的地震响应不连续，不连续的砂岩有时地震响应是连续的；第三是不同的采集方式、不同的处理流程、不同的反演方法、不同的解释思路等都会产生不同的结果；第四是地下目标的复杂性；第五是由于地震信号分辨率不够所引发或者是派生出的一些问题。由此可见，单一的解释方法不可避免会导致片面性、危险性甚至步入陷阱，我们必须走综合解释的道路。

当前地震数据综合解释技术正在快速地向前发展，已经形成许多有效的解释技术流程，其效果十分显著。例如：

(1)地震数据多属性综合分析解释方法，已经初步形成配套的技术系列；

(2)地震、非地震、地质信息综合解释，用于理顺地质结构，合理划分区带；

(3)地震、钻井、露头信息综合建模，应用于确定构造变形特征；

(4)利用构造综合分析技术，指出有利勘探目标；

(5)地震采集、处理、解释的综合分析，有利于进一步落实、评价有利的构造；

(6)速度分析、速度建模和空校技术的综合分析，可进一步落实圈闭要素；

(7)地震、测井、计算机技术的综合应用，实现三维数据的三维解释，进行储层和油藏的初步描述；

(8)钻井、测井、岩心、油藏工程、三维地震信息的综合分析与解释，进行油气信息直接检测等。

本书的后续章节，都将主要围绕储层特征预测及油藏描述综合解释这一主线展开，从不同方面来进行阐述。

第二章　岩石物理理论

岩石物理的概念很广泛，不同专业的人对岩石物理的认识也存在差异。岩石物理通常可以分为两类：测井岩石物理分析(Petrophysics)与岩石物理学(Rock Physics)，测井岩石物理分析是通过测井方法研究岩性、孔隙度、渗透率等，岩石物理学研究的是岩石的物理属性与地球物理观测之间的关系。

岩石物理学的研究是定量地震解释的基础，对复杂油气藏的勘探开发有重要的意义。岩石物理性质的研究成果主要为从地震波数据中提取地下岩石及其饱和流体的性质奠定了物理基础(地震反演过程)；另外，了解地震波特性与其他岩石、流体性质的关系，可以帮助我们模拟地震波在复杂地表下的传播(地震正演过程)，即岩石物理在地震正演与反演间起着桥梁作用。岩石物理研究可以分为三大类：实验岩石物理、理论岩石物理、数字岩石物理(数字岩心)。实验岩石物理与理论岩石物理经过几十年的发展，得出了很多有意义的认识与结论，使岩石物理成为石油工业界广泛应用的一门科学技术，数字岩石物理是近些年发展的一门新的岩石物理分支。

由于岩石是极其复杂的物质，有不同的成分、颗粒大小、分选、压实、胶结、流体等。用数学方法完整描述流体饱和下的岩石是非常困难的，因此需要用理论模型来简化实际复杂岩石。岩石物理模型通常可以分为 3 类(Avseth 等，2005)：理论模型、经验模型、探索模型。理论岩石物理模型通过等效介质理论来近似实际岩石，使复杂岩石可以通过少数参数进行有效描述，本章侧重于理论岩石物理模型的相关理论与应用。

第一节　弹性参数

岩石的弹性性质一方面是受矿物的弹性性质的控制，但更重要的是由岩石内部的孔隙和孔隙流体所决定。了解弹性参数对于我们准确理解岩石物性有很大的帮助，同时它是我们研究储层和识别油气的重要参数，普遍使用的弹性参数主要有弹性模量、泊松比、密度、纵横波速度等。

对一个各向同性的线性弹性材料，应力与应变之间的关系服从如下的胡克定律：

$$\sigma_{ij} = \lambda\delta_{ij}\varepsilon_{\alpha\alpha} + 2\mu\varepsilon_{ij} \tag{2.1}$$

或

$$\varepsilon_{ij} = \frac{1}{E}[(1+\nu)\sigma_{ij} - \nu\delta_{ij}\sigma_{\alpha\alpha}] \tag{2.2}$$

其中，ε_{ij}为应变张量元素；σ_{ij}为应力张量元素；$\varepsilon_{\alpha\alpha}$为体应变(应变张量对角线方向的

和)；$\sigma_{\alpha\alpha}$为 3 倍平均应力(应力张量对角线方向的和)；$\delta_{ij}=0$，若 $i\neq j$；$\delta_{ij}=1$，若 $i=j$。

对各向同性的线性弹性介质，只需要两个常数就可以完全描述介质的应力应变关系，即独立的模量只有两个。

一、弹性模量

弹性模量是岩石在外力作用下发生的伸缩、剪切和体积变化的特征参数，是联系应力应变关系的量。常用弹性参数及其含义如表 2.1 所示，所有的模量(λ，μ，K，E，M)都与应力有相同的单位(力/面积)，而泊松比无量纲。

各向同性介质中弹性参数之间的相关关系如表 2.2 所示。

表 2.1　常用弹性参数

弹性参数	具体含义
体积模量 K	定义为静水压力与体应变之比：$\sigma_0=\frac{1}{3}\sigma_{\alpha\alpha}=K\varepsilon_{\alpha\alpha}$
剪切模量 μ	定义为剪切应力与剪切应变之比：$\sigma_{ij}=2\mu\varepsilon_{ij}$，$i\neq j$
杨氏模量 E	定义为张应力与张应变在单一轴向应力状态下的比： $\sigma_{zz}=E\varepsilon_{zz}$，$\sigma_{xx}=\sigma_{yy}=\sigma_{xy}=\sigma_{xz}=\sigma_{yz}=0$
泊松比 ν	定义为径向应变与轴向应变在单一轴向应力状态下的比的负值： $\nu=-\frac{\varepsilon_{xx}}{\varepsilon_{zz}}$，$\sigma_{xx}=\sigma_{yy}=\sigma_{xy}=\sigma_{xz}=\sigma_{yz}=0$ 泊松比也称为横向形变系数，变化范围为 0～0.5
纵波模量 M	定义为轴向应力与轴向应变在单一轴向应变状态下的比： $\sigma_{zz}=M\varepsilon_{zz}$，$\varepsilon_{xx}=\varepsilon_{yy}=\varepsilon_{xy}=\varepsilon_{xz}=\varepsilon_{yz}=0$

表 2.2　各向同性介质中弹性参数之间的相关关系(Birch，1961)

K	E	λ	ν	M	μ
$\lambda+2\mu/3$	$\mu\frac{3\lambda+2\mu}{\lambda+\mu}$	—	$\frac{\lambda}{2(\lambda+\mu)}$	$\lambda+2\mu$	—
—	$9K\frac{K-\lambda}{3K-\lambda}$	—	$\frac{\lambda}{3K-\lambda}$	$3K-2\lambda$	$3(K-\lambda)/2$
—	$\frac{9K\mu}{3K+\mu}$	$K-2\mu/3$	$\frac{3K-2\mu}{2(3K+\mu)}$	$K+4\mu/3$	—
$\frac{E\mu}{3(3\mu-E)}$	—	$\mu\frac{E-\mu}{(3\mu-E)}$	$E/(2\mu)-1$	$\mu\frac{4\mu-E}{3\mu-E}$	—

续表

K	E	λ	v	M	μ
—	—	$3K\frac{3K-E}{9K-E}$	$\frac{3K-E}{6K}$	$3K\frac{3K+E}{9K-E}$	$\frac{3KE}{9K-E}$
$\lambda\frac{1+\nu}{3\nu}$	$\lambda\frac{(1+\nu)(1-2\nu)}{\nu}$	—	—	$\lambda\frac{1-\nu}{\nu}$	$\lambda\frac{1-2\nu}{2\nu}$
$\mu\frac{2(1+\nu)}{3(1-2\nu)}$	$2\mu(1+\nu)$	$\mu\frac{2\nu}{1-2\nu}$	—	$\mu\frac{2-2\nu}{1-2\nu}$	—
—	$3K(1-2\nu)$	$3K\frac{\nu}{1+\nu}$	—	$3K\frac{1-\nu}{1+\nu}$	$3K\frac{1-2\nu}{2+2\nu}$
$\frac{E}{3(1-2\nu)}$	—	$\frac{E\nu}{(1+\nu)(1-2\nu)}$	—	$\frac{E(1-\nu)}{(1+\nu)(1-2\nu)}$	$\frac{E}{2+2\nu}$
$M-\frac{4}{3}\mu$	$\frac{\mu(3M-4\mu)}{M-\mu}$	$M-2\mu$	$\frac{M-2\mu}{2(M-\mu)}$	—	—

二、地震波速度

地震波在均匀、各向同性、弹性介质中的传播速度表示为：

$$\begin{cases} V_{\mathrm{P}}=\sqrt{\dfrac{K+(4/3)\mu}{\rho}}=\sqrt{\dfrac{\lambda+2\mu}{\rho}} \\ V_{\mathrm{S}}=\sqrt{\dfrac{\mu}{\rho}} \end{cases} \tag{2.3}$$

其中，V_{P} 为纵波速度，V_{S} 为横波速度，ρ 为密度，K 为体积模量，μ 为剪切模量，λ 为拉梅系数。

弹性模量可通过密度和纵横波速度求得：

$$\mu=\rho V_{\mathrm{S}}^2$$

$$K=\rho\left(V_{\mathrm{P}}^2-\frac{4}{3}V_{\mathrm{S}}^2\right)$$

$$M=\rho V_{\mathrm{P}}^2$$

$$E=\frac{\rho V_{\mathrm{S}}^2(3V_{\mathrm{P}}^2-4V_{\mathrm{S}}^2)}{V_{\mathrm{P}}^2-V_{\mathrm{S}}^2}$$

$$\nu=\frac{V_{\mathrm{P}}^2-2V_{\mathrm{S}}^2}{2(V_{\mathrm{P}}^2-V_{\mathrm{S}}^2)}$$

三、干岩石模量

在许多岩石物理模型中都包含干岩石模量的概念，与矿物模量、流体模量相比，干岩石模量的概念是相对抽象的。干岩石模量是指在保持孔隙压力不变的条件下，随围压增加所产生的体积形变增量。

干岩石模量 K_{dry} 的一般表达式为：

$$\frac{1}{K_{dry}}=\frac{1}{K_{mineral}}+\frac{\phi}{K_{\phi}} \tag{2.4}$$

其中，$K_{mineral}$ 为矿物模量，ϕ 为孔隙度，K_{ϕ} 为孔隙空间模量。岩石骨架孔隙空间的可压缩性定义为在孔隙压力 P 不变的情况下孔隙体积的相对变化 ν_{pore} 与外加静水应力 σ 之比，表示为：

$$\frac{1}{K_{\phi}}=\frac{1}{\nu_{pore}}\frac{\partial\ \nu_{pore}}{\partial\ \sigma}\Big|_P \tag{2.5}$$

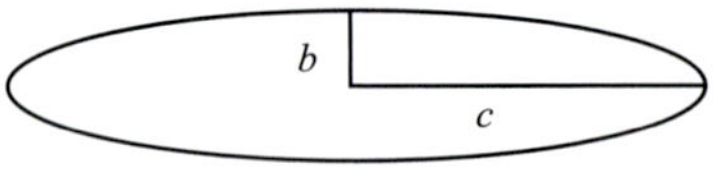

图 2.1　孔隙纵横比示意图

为了估计孔隙空间的可压缩性，大部分估算有效模量的确定性方法假设一个理想的孔隙结构。常用的理想孔隙结构是椭球状包体或孔隙，如图 2.1 所示，将 $\alpha=b/c$ 定义为孔隙纵横比。

第二节　理论岩石物理模型

岩石物理模型搭建起储层岩石参数(矿物含量、孔隙度、饱和度等)与弹性参数之间的桥梁，是岩石物理学研究中的重要内容。

理论岩石物理模型通过等效介质理论来近似实际岩石，使复杂岩石可以通过少数参数进行有效描述。用理论方法来预测矿物颗粒与孔隙混合物的等效弹性模量，一般需要知道：①各构成成分的体积含量；②各构成成分的弹性模量；③各构成成分如何相互组合在一起的几何细节(如孔隙形状)。如果只知道体积含量和各分量的模量，所能做得最多只是预测上下限(岩石物理手册，2008)，如图 2.2 所示。

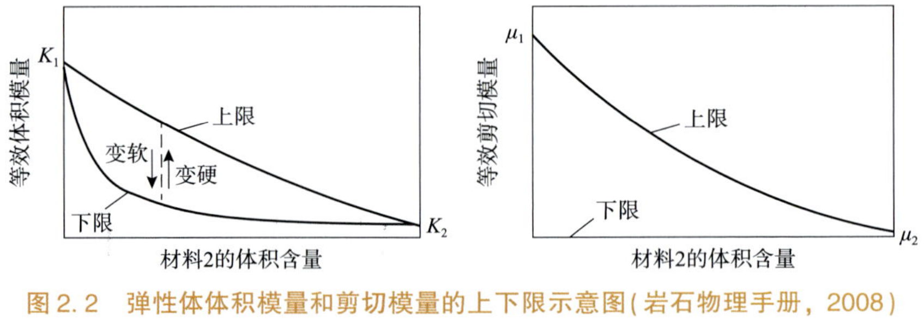

图 2.2　弹性体体积模量和剪切模量的上下限示意图(岩石物理手册，2008)

理论岩石物理模型可以分为五种类型(Avseth 等，2005)：①界限，②包体模型，③接触模型，④转换模型，⑤计算模型。其中，包体模型与接触模型是根据对岩石结构近似方式的不同进行划分的，但都是基于理想的几何形态。

基于理论岩石物理模型描述岩石弹性性质(岩石物理建模)的一般思路：①通过 Voigt - Reuss 或 Hashin - Shtrikman - Walpole 界限，计算岩石固体部分的等效模量；②通过 Wood 公式或 Brie 公式，计算岩石孔隙中流体部分的等效模量；③通过包体模型或接触模型，计算干岩石模量；④通过 Biot - Gassmann 方程，计算饱和岩石等效模量(图 2.3)。

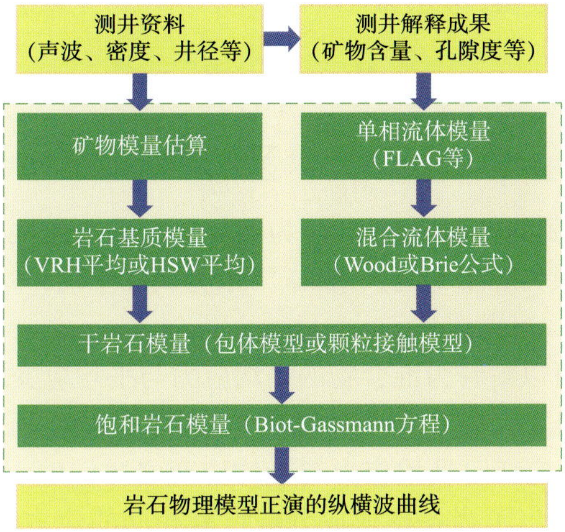

图 2.3 岩石物理建模流程

一、界限

对于任何岩石来说，给定各成分含量后，其等效模量将处于界限之间，但其精确的值将依赖于几何细节。实际上，由于岩石的复杂性，岩石的几何细节从来没有被恰当地纳入理论模型中，而总是致力于模型的近似和简化。

上下限之间的区分大小依赖于各成分之间的差异大小，因为很多常用矿物的模量往往互相之间只相差最多一两倍，因此当几种固体矿物混合时，上下界限相当接近。很多等效介质模型通常假设一个均匀的矿物模量，将混合矿物用一种“平均矿物”(其模量采用界限的平均来代表)表示是常用做法。表 2.3 为常规矿物的弹性参数，是岩石物理建模时经常需要参考的基础数据。

表 2.3 常用矿物的弹性参数

矿物	体积模量 K/GPa	剪切模量 μ/GPa	密度/(g/cm^3)	V_P/(km/s)	V_S/(km/s)	泊松比
黏土	21	7	2.6	3.41	1.64	0.35
石英	37	44	2.65	6.05	4.09	0.08
含黏土的石英	39	33	2.65	5.59	3.52	0.17
方解石	76.8	32	2.71	6.64	3.44	0.32
	63.7	31.7	2.70	6.26	3.42	0.29
白云石	94.9	45	2.87	7.34	3.96	0.3
干酪根	2.9	2.7	1.3	2.25	1.45	0.14
黄铁矿	147.4	132.5	4.93	8.1	5.18	0.15

(一) Voigt - Reuss 界限

最简单但不一定是最好的界限是 Voigt 和 Reuss 界限。N 个成分的等效弹性模量的

Voigt 上限 M_V 与 Reuss 下限 M_R 表示为：

$$M_V = \sum_{i=1}^{N} f_i M_i \tag{2.6}$$

$$\frac{1}{M_R} = \sum_{i=1}^{N} \frac{f_i}{M_i} \tag{2.7}$$

其中，f_i 为第 i 个介质的体积分量，M_i 为第 i 个介质的弹性模量（体积模量或剪切模量）。可以看出 Voigt 上限为算术平均，Reuss 下限为调和平均，这是将 Voigt 和 Reuss 界限称为最简单界限的原因。

Voigt 和 Reuss 界限可以解释为混合物的平均应力与平均应变之比，混合物的应力与应变通常是未知且不均匀的。Voigt 上限也称为等应变平均（最小压缩量），因为它给出了当各构成成分假设有相同的应变时平均应力与平均应变之比；Reuss 下限也称为等应力平均（最大压缩量），因为它给出了当各构成成分假设有相同的应力时平均应力与平均应变之比，图 2.4 为两种构成成分的材料的 Voigt－Reuss 界限示意图。

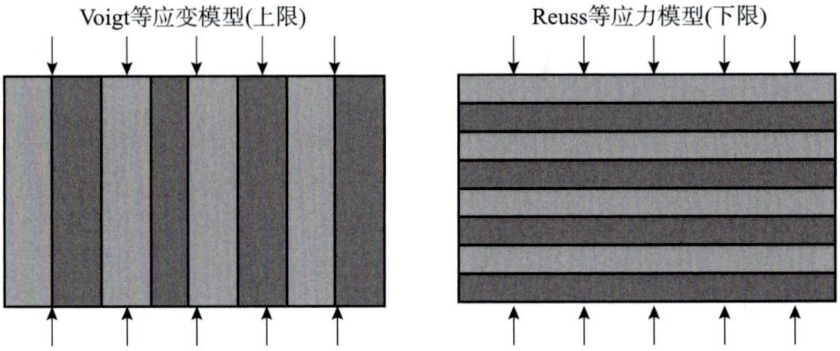

图 2.4　Voigt－Reuss 界限的几何解释（修改自 Tapan Mukerji，2018）

当有一个构成成分是液体或气体（零剪切模量）时，Reuss 界限给出的平均体积模量和剪切模量和 Hashin－Shtrikman（HS）下限给出的完全一致。因为 Reuss 平均描述了一种等应力状态，因此 Reuss 平均精确地描述了在孔隙流体中悬浮颗粒情形下的等效模量，它也描述了一个“破碎”材料（固体碎片完全被孔隙流体包围）的等效模量。

（二）Hashin－Shtrikman－Walpole 界限

另一个常用界限是 Hashin－Shtrikman 界限（Hashin 和 Shtrikman，1963），定义为当几何的细节未知时最窄的可容许上下界限。对两种构成成分的“有序”材料（最大体积模量的成分也有最大的剪切模量），即 $(K_1-K_2)(\mu_1-\mu_2)>0$，Hashin－Shtrikman 界限表示为：

$$\begin{aligned} K^{HS\pm} &= K_1 + \frac{f_2}{(K_2-K_1)^{-1} + f_1\left(K_1+\frac{4}{3}\mu_1\right)^{-1}} \\ \mu^{HS\pm} &= \mu_1 + \frac{f_2}{(\mu_2-\mu_1)^{-1} + \dfrac{2f_1(K_1+2\mu_1)}{5\mu_1\left(K_1+\frac{4}{3}\mu_1\right)}} \end{aligned} \tag{2.8}$$

其中，K_1、K_2 为各构成成分的体积模量，μ_1、μ_2 为各构成成分的剪切模量，f_1、f_2 为各构成成分的体积含量。上下限通过交换哪个材料是 1，哪个材料是 2 求得。一般来说，在上式中当坚硬材料定义为材料 1 时求得的是上限，当坚硬材料定义为材料 2 时求得的是下限。

图 2.5 给出了体积模量的界限的物理解释。空间中充满了由材料 2 组成的很多球体，每一个都被由材料 1 组成的壳所包围，球体和其外壳的体积含量分别精确地为 f_1 和 f_2。当坚硬材料组成外壳时所得的是上限；当坚硬材料组成内部球核时所得的是下限。

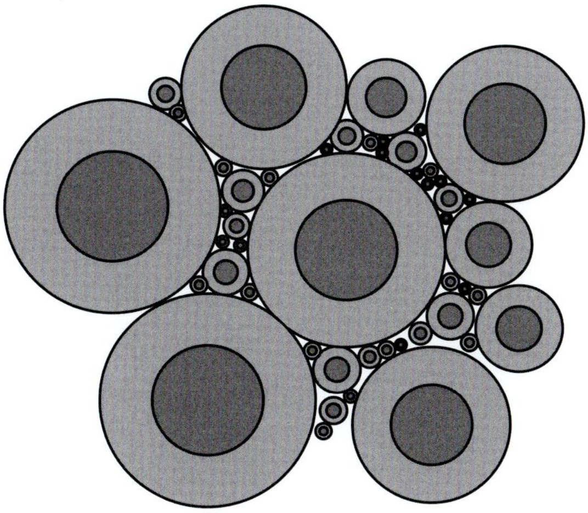

图 2.5 两种构成成分材料的 Hashin – Shtrikman 界限的物理解释

Walpole 界限（Mavko 等，2020）是针对 $(K_1 - K_2)(\mu_1 - \mu_2) < 0$“无序”情况定义的。对体积模量而言，Walpole 界限和 Hashin – Shrikman 界限是一样的，表示为：

$$K^{\mathrm{HSW}\pm} = K_1 + \frac{f_2}{(K_2 - K_1)^{-1} + f_1\left(K_1 + \frac{4}{3}\mu_{\mathrm{m}}\right)} \tag{2.9}$$

剪切模量的 Walpole 界限表示为：

$$\mu^{\mathrm{HSW}\pm} = \mu_1 + \frac{f_2}{(\mu_2 - \mu_1)^{-1} + f_1\left[\mu_1 + \frac{\mu_{\mathrm{m}}}{6}\left(\frac{9K_{\mathrm{m}} + 8\mu_{\mathrm{m}}}{K_{\mathrm{m}} + 2\mu_{\mathrm{m}}}\right)\right]^{-1}} \tag{2.10}$$

（三）Hill 平均模量

Vogit – Reuss 界限与 Hashin – Shtrikman 界限为模量的上下界限，当我们不仅仅需要知道该模量所容许的范围而需要估算模量时，可以取上下界限的算术平均作为模量估算值。

Voigt – Reuss – Hill 平均（VRH 平均）是 Voigt 上限和 Reuss 下限的算术平均，表达式如下：

$$M_{\mathrm{VRH}} = \frac{M_{\mathrm{V}} + M_{\mathrm{R}}}{2} \tag{2.11}$$

其中，M_{V} 为 Voigt 上限，M_{R} 为 Reuss 下限。同样，可以取 Hashin – Shtrikman 上下限的平均。

（四）理论计算

图 2.6 为饱水砂岩的岩石物理界限理论计算结果，可以看出：Hashin – Shtrikman 界限比 Voigt – Reuss 界限更窄；当有一个构成成分是液体或气体（零剪切模量）时，Reuss 界限

给出的平均体积模量和剪切模量和 Hashin – Shtrikman 下限给出的完全一致。从速度的岩石物理界限可以看出，岩石可能的速度变化在一个很大的范围内，实际上由于岩石的临界孔隙度特征，岩石可能的速度变化要比岩石物理界限给定的变化范围小得多，详见“临界孔隙度模型”一节。

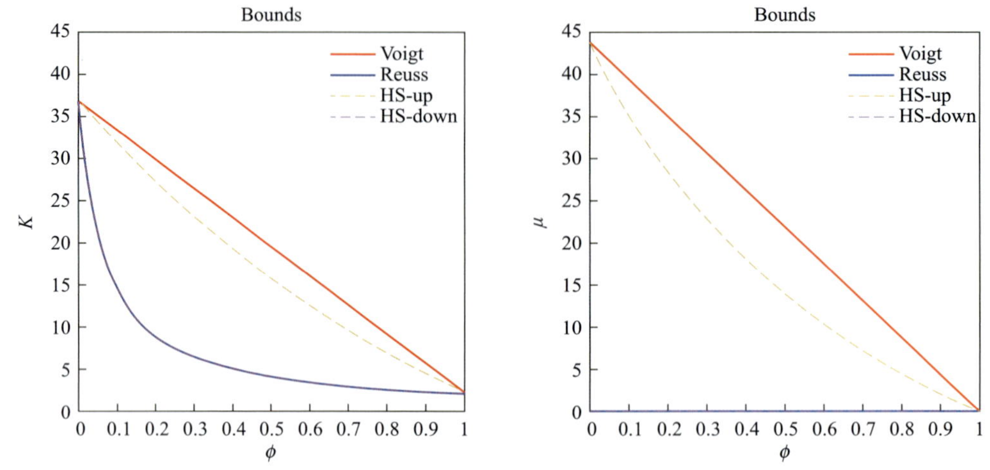

(a)弹性模量

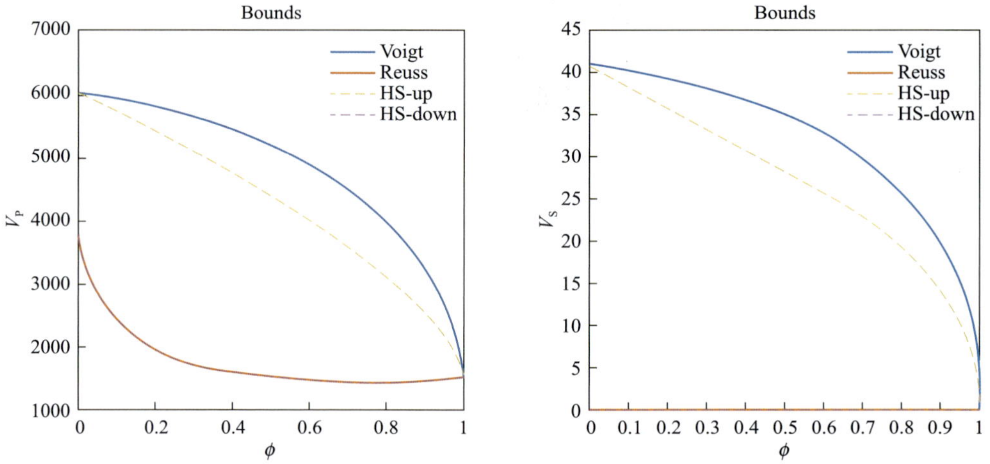

(b)速度

图 2.6　岩石物理界限理论计算

二、流体混合

当孔隙内赋存多相流体时，为表征多相流体的性质，最常用的方法是用一个“有效流体”来代替多相流体。在多相流体完全混合(在最细微规模上混合)的情况下，可以采用 Wood 公式计算混合流体的速度/等效模量。当多相流体未完全混合时，处于斑状饱和状态，需采用 Brie 公式计算混合流体等效模量。

(一) Wood 公式

在一个流体悬浮或流体混合物中，若其非均匀性比波长小，则声波速度是由 Wood

(1955)公式精确地给定：

$$V=\sqrt{\frac{K_{R}}{\rho}} \tag{2.12}$$

其中，K_R 是流体混合物的 Reuss(等应力)平均：

$$\frac{1}{K_{R}}=\sum_{i=1}^{N}\frac{f_{i}}{K_{i}} \tag{2.13}$$

ρ 为平均密度，定义为：

$$\rho=\sum_{i=1}^{N}f_{i}\rho_{i} \tag{2.14}$$

其中，K_R 为混合流体模量，f_i、K_i 分别为各组成成分的体积分量、体积模量。

Wood 公式或 Reuss 平均可以表征多相流体完全混合情况下的等效模量的原因在于：如果有多相具有不同体积模量的孔隙流体，每一相流体均具有不同的诱发孔隙压力，当多相流体在最细微规模上充分混合时，这些孔隙压力的增加可以相互平衡在一个平均值上，这属于等应力情况，可以用 Reuss 平均进行描述(岩石物理手册，2008)。

(二)Voigt 平均近似

Domenico(1977)指出当岩石孔隙较小(10%及以下)，且流体不是在孔隙尺度均匀分布时，Wood 模型就不适合某些实验数据。为此建立一种气液混合的方法来计算斑状饱和的两相混合流体的体积模量，表示为：

$$K_{fl}=S_{water}K_{water}+(1-S_{water})K_{gas} \tag{2.15}$$

可以看出上式是 Voigt 平均的形式，通常是斑状饱和状态下混合流体体积模量的上限。

(三)Brie 公式

Brie 等(1995)研究大量测井岩石物理数据后，发现致密砂岩储层有类似的斑状饱和情况，并对 Viogt 平均作了修正，建立新的模型公式为(Brie 方程)：

$$K_{fl}=(K_{water}-K_{gas})S_{water}^{e}+K_{gas} \tag{2.16}$$

其中，K_{gas}、K_{water} 分别为气、水的体积模量，S_{water} 为含水饱和度，e 是经验系数，用来表示斑状饱和的程度，一般为 2~5。当取 $e=1$ 时，Brie 方程与 Voigt 平均近似是相同的。

单相流体的体积模量等参数可以参考 Batzle 和 Wang(1992)根据实验测量的总结或 Han 和 Batzle(2000)的 FLAG 计算程序。图 2.7 为根据 Batzle 和 Wang 公式计算得到的油、气、水的弹性参数分布范围。

(四)理论计算

针对气水两相混合，采用 Wood 公式、Voigt 平均与 Brie 公式进行混合流体的等效体积模量计算，结果如图 2.8 所示。

Wood 公式的计算结果含水饱和度在 0~0.8 之间时，等效体积模量增加不大，当高含水饱和度时，等效体积模量急剧增大，反过来说即很少的气体会造成等效体积模量的急剧降低。Voigt 平均计算的等效体积模量随含水饱和度的增加而线性增大，为等效体积模量的上限。当 $e=1$ 时，Brie 公式计算的等效体积模量与 Voigt 平均相等，当 e 很大时，Brie 公式与 Wood 公式的计算结果特征类似。

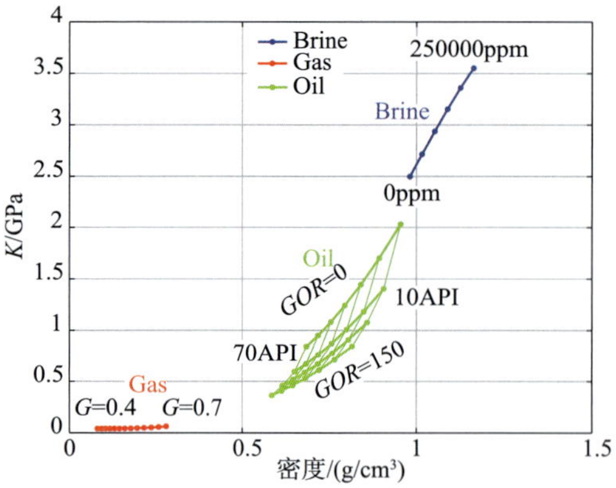

图 2.7　单相流体的弹性参数(1ppm = 10^{-6})

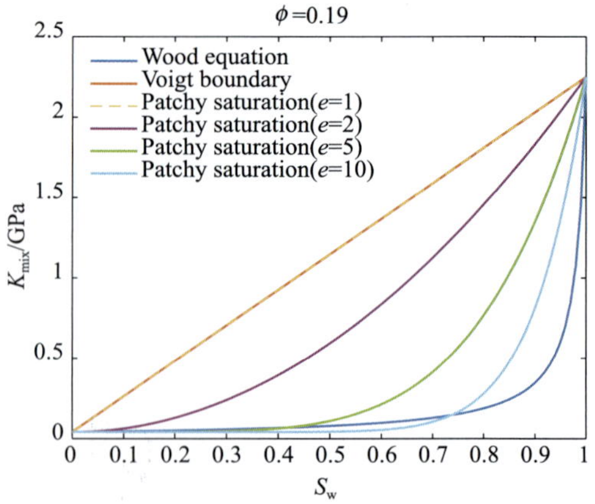

图 2.8　气水混合的等效体积模量

三、包体模型

包体模型将岩石近似为包含固体或流体包含物的连续弹性体。包体模型通常假设非常特殊的包含物形状(如椭球体),先使用在一种材料的无限背景介质中加入另一种材料的单个包含物的弹性变形的理论解,再用不同的方法来估算当包含物在一定分布时的等效模量。

在低孔隙度下,岩石的弹性模量通常主要由固体骨架控制,此时岩石可以近似为由固体骨架与包含在其中的孔隙组成,在这种情况下包体模型是比较适用的。常用的包体模型如表 2.4 所示。

表 2.4　常用的包体模型

年份	模型	特征
1974(Kuster 和 Toksoz)	KT 公式	忽略孔隙间的相互作用
1974(Connell 和 Budiansky) 1980, 1995(Berryman)	SCM(自相容模型)	考虑包体的相互作用
1985(Norris) 1992, 1995(Berryman)	DEM(微分等效介质模型)	考虑包体更高阶的相互作用

(一)KT 公式

Kuster 和 Toksoz(1974)用长波一阶散射理论推导了 P 波和 S 波速度的表达式。对多种包含物形状的等效模型的 KT 表达式 $K_{\mathrm{KT}}^{\mathrm{eff}}$ 与 $\mu_{\mathrm{KT}}^{\mathrm{eff}}$ 可以写成:

$$(K_{\mathrm{KT}}^{\mathrm{eff}} - K_{\mathrm{m}})\frac{K_{\mathrm{m}} + \frac{4}{3}\mu_{\mathrm{m}}}{K_{\mathrm{KT}}^{\mathrm{eff}} + \frac{4}{3}\mu_{\mathrm{m}}} = \sum_{i=1}^{N} x_i (K_i - K_{\mathrm{m}}) P^{\mathrm{m}i}$$

$$(\mu_{\mathrm{KT}}^{\mathrm{eff}} - \mu_{\mathrm{m}})\frac{\mu_{\mathrm{m}} + \zeta_{\mathrm{m}}}{\mu_{\mathrm{KT}}^{\mathrm{eff}} + \zeta_{\mathrm{m}}} = \sum_{i=1}^{N} x_i (\mu_i - \mu_{\mathrm{m}}) Q^{\mathrm{m}i} \qquad (2.17)$$

其中求和是对多种包含物种类，体积分量分别为 x_i，下标 m 表示背景介质，且

$$\zeta = \frac{\mu}{6}\frac{9K+8\mu}{K+2\mu}$$

系数 P^{mi} 和 Q^{mi} 描述了在背景介质 m 中加入包含物材料 i 后的效果，表 2.5 给出了一些特殊包含物形状的 P 和 Q 的表达式，任意高宽比的椭球状包含物的 P 和 Q 值在《岩石物理手册》中有详细表达。KT 公式并未耦合，因此可以方便地找出直接形式并求解。

表 2.5 一些特殊包含物形状的 P 和 Q 的表达式(Berryman，1995)

包含物形状	P^{mi}	Q^{mi}
球体	$\dfrac{K_m+\frac{4}{3}\mu_m}{K_t+\frac{4}{3}\mu_m}$	$\dfrac{\mu_m+\zeta_m}{\mu_i+\zeta_m}$
针状	$\dfrac{K_m+\mu_m+\frac{1}{3}\mu_i}{K_i+\mu_m+\frac{1}{3}\mu_i}$	$\dfrac{1}{5}\left(\dfrac{4\mu_m}{\mu_m+\mu_i}+2\dfrac{\mu_m+\gamma_m}{\mu_i+\gamma_m}+\dfrac{K_i+\frac{4}{3}\mu_m}{K_i+\mu_m+\frac{1}{3}\mu}\right)$
盘状	$\dfrac{K_m+\frac{4}{3}\mu_i}{K_i+\frac{4}{3}\mu_i}$	$\dfrac{\mu_m+\zeta_i}{\mu_i+\zeta_i}$
硬币状缝隙	$\dfrac{K_m+\frac{4}{3}\mu_i}{K_i+\frac{4}{3}\mu_i+\pi\alpha\beta_m}$	$\dfrac{1}{5}\left(1+\dfrac{8\mu_m}{4\mu_i+\pi\alpha(\mu_m+2\beta_m)}+2\dfrac{K_i+\frac{2}{3}(\mu_i+\mu_m)}{K_i+\frac{4}{3}\mu_i+\pi\alpha\beta_m}\right)$

注：表中 $\beta=\mu\dfrac{3K+\mu}{3K+4\mu}$，$\gamma=\mu\dfrac{3K+\mu}{3K+7\mu}$，$\zeta=\dfrac{\mu}{6}\dfrac{9K+8\mu}{K+2\mu}$。

因为 KT 模型要求空腔彼此之间是隔离的，流体不能互相流动，因此这种算法模拟的是非常高的频率下饱和岩石的属性，适用于超声实验室条件。另外因为 KT 理论忽略了孔隙之间的相互作用，因此 KT 模型适于低孔隙度、稀疏含量的包含物。

(二)自相容模型

自相容(Self - consistent)近似仍然应用彼此隔离包含物的变形的数学解，但包含物之间的弹性互动是通过用暂时尚未知的等效介质替换背景介质的方法来近似。对一个由随机方向的干燥硬币形状缝隙的介质，其等效体积模量 K_{SC}^{eff} 和剪切模量 μ_{SC}^{eff} 为(在高宽比 α 趋于 0 的极端情形下)：

$$\begin{aligned}\frac{K_{SC}^{eff}}{K}&=1-\frac{16}{9}\left(\frac{1-(\nu_{SC}^{eff})^2}{1-2\nu_{SC}^{eff}}\right)\varepsilon\\ \frac{\mu_{SC}^{eff}}{\mu}&=1-\frac{32}{45}\frac{(1-\nu_{SC}^{eff})(5-\nu_{SC}^{eff})}{(2-\nu_{SC}^{eff})}\varepsilon\end{aligned} \tag{2.18}$$

其中，K 和 μ 分别是无缝介质的体积模量和剪切模量，ν_{SC}^{eff} 为等效泊松比，ε 为缝隙密度参数，定义为单位体积内缝隙的个数乘以缝隙半径的三次方。等效泊松比 ν_{SC}^{eff} 与 ε 和无缝泊松比 ν 的关系为：

$$\varepsilon=\frac{45}{16}\frac{(\nu-\nu_{\mathrm{SC}}^{\mathrm{eff}})(2-\nu_{\mathrm{SC}}^{\mathrm{eff}})}{[1-(\nu_{\mathrm{SC}}^{\mathrm{eff}})^2](10\nu-3\nu\nu_{\mathrm{SC}}^{\mathrm{eff}}-\nu_{\mathrm{SC}}^{\mathrm{eff}})} \tag{2.19}$$

对给定的缝隙密度 ε，必须先由此公式解出 $\nu_{\mathrm{SC}}^{\mathrm{eff}}$，之后才可以算出 $K_{\mathrm{SC}}^{\mathrm{eff}}$ 和 $\mu_{\mathrm{SC}}^{\mathrm{eff}}$。

Wu(1966)对两相混合物的自相容模量估算可以表示为(m = 固体矿物，i = 包含物)：

$$\begin{aligned}K_{\mathrm{SC}}^{\mathrm{eff}}&=K_{\mathrm{m}}+x_i(K_i-K_{\mathrm{m}})P^{\mathrm{eff}\,i}\\ \mu_{\mathrm{SC}}^{\mathrm{eff}}&=\mu_{\mathrm{m}}+x_i(\mu_i-\mu_{\mathrm{m}})Q^{\mathrm{eff}\,i}\end{aligned} \tag{2.20}$$

Berryman(1980，1995)给出了 N 相混合物的自相容近似的一般形式：

$$\begin{aligned}\sum_{i=1}^{N}x_i(K_i-K_{\mathrm{SC}}^{\mathrm{eff}})P^{\mathrm{eff}\,i}&=0\\ \sum_{i=1}^{N}x_i(\mu_i-\mu_{\mathrm{SC}}^{\mathrm{eff}})Q^{\mathrm{eff}\,i}&=0\end{aligned} \tag{2.21}$$

其中，i 指第 i 种材料，x_i 是其体积含量，P 和 Q 为体应变和剪应变几何因子，与 KT 模型中的一致，$P^{\mathrm{eff}\,i}$ 和 $Q^{\mathrm{eff}\,i}$ 的上标 eff i 指的是此几何因子是针对具有自相容等效模量 $K_{\mathrm{SC}}^{\mathrm{eff}}$ 和 $\mu_{\mathrm{SC}}^{\mathrm{eff}}$ 的背景介质中的包含物 i。因为 Berryman 自相容近似中所有相(固体相和孔隙)均当作有效介质背景中的包体，因此称为“对称”自相容公式。公式(2.21)是耦合的，必须通过同时迭代的方法来求解。

(三)微分等效介质模型

微分等效介质(Differential Equivalent Medium，DEM)理论通过向固体矿物相中逐渐加入包含物相来模拟双相混合物。骨架由相 1 开始(当相 2 含量为 0)，之后逐渐加入相 2 的材料，这个过程一直进行到需要的各成分含量达到为止。DEM 理论并不是对称地对待各组成成分，被当成固体矿物或主相的成分可以有不同的选择，且最终的等效模量会依赖于达成最终混合物的所采用的路径。

等效体积模量和等效剪切模量 $K_{\mathrm{DEM}}^{\mathrm{eff}}$ 和 $\mu_{\mathrm{DEM}}^{\mathrm{eff}}$ 的耦合微分方程组分别为(Berryman，1992)：

$$\begin{aligned}(1-y)\frac{\mathrm{d}}{\mathrm{d}y}[K_{\mathrm{DEM}}^{\mathrm{eff}}(y)]&=(K_2-K_{\mathrm{DEM}}^{\mathrm{eff}})P^{\mathrm{eff2}}(y)\\ (1-y)\frac{\mathrm{d}}{\mathrm{d}y}[\mu_{\mathrm{DEM}}^{\mathrm{eff}}(y)]&=(\mu_2-\mu_{\mathrm{DEM}}^{\mathrm{eff}})Q^{\mathrm{eff2}}(y)\end{aligned} \tag{2.22}$$

初始条件是 $K_{\mathrm{DEM}}^{\mathrm{eff}}(0)=K_1$ 和 $\mu_{\mathrm{DEM}}^{\mathrm{eff}}(0)=\mu_1$，其中 K_1 和 μ_1 是初始主相材料的体积模量和剪切模量，K_2 和 μ_2 是逐渐加入的包含物的体积模量和剪切模量(相 2)，y 是相 2 的含量。

对流体包含物和空包含物，y 等于孔隙度。P 和 Q 为体应变和剪应变几何因子，P^{eff2} 和 Q^{eff2} 的上标 $^{\mathrm{eff2}}$ 是指此几何应变因子是针对具有等效模量 $K_{\mathrm{DEM}}^{\mathrm{eff}}$ 和 $\mu_{\mathrm{DEM}}^{\mathrm{eff}}$ 的背景介质中的包含物材料 2。

DEM 与自相容理论计算混合物等效模量的一个重要的概念上的区别是：DEM 指定了其中的一种成分作为主相固体矿物材料，在主相中逐步加入由其他物质组成的包含物；而自相容理论则不指定任何成分作为主相固体矿物材料，而是把混合物当成各成分的集合。

图 2.9 为固体矿物为石英、孔隙流体为水的 DEM 模型理论计算结果，横轴为孔隙度，纵轴为体积模量。红色和蓝色粗线分别为 HS 上边界与下边界，两者中间不同颜色的细线表示不同的孔隙纵横比。可以看出：孔隙纵横比在 0～0.2 之间，体积模量变化最快；在 0.2～0.5 之间，体积模量变化中等；在 0.5～1 之间，体积模量变化非常小。另外，DEM 的结果不能完全占据 HS 上下边界，这意味着这种等效介质模型不能完全模拟所有可能的岩石微观结构（Ruiz，2009）。

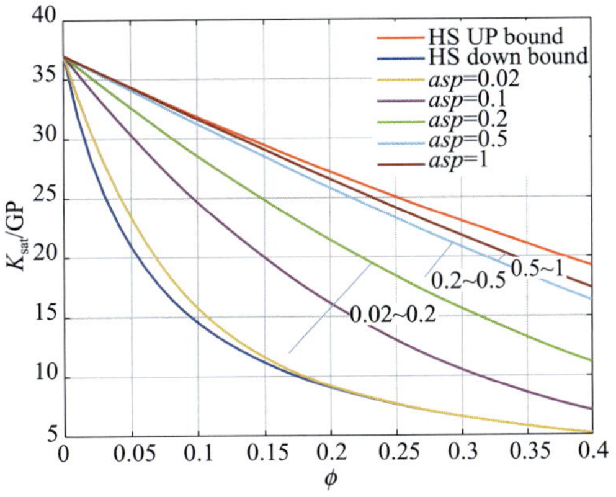

图 2.9　DEM 模型理论计算

（四）小结

Ruiz（2009）根据实际岩心样本测试结果对比不同包体模型的应用效果，认为通常情况下 DEM 可以提供更好的预测效果。

对于上述三种常用的包体模型（KT 公式、自相容模型、微分等效介质模型），模拟干燥空腔可以通过将包含物模量设为零，流体包含空腔可以通过把包含物剪切模量设置为零来模拟。因为空腔彼此之间是隔离的，流体不能互相流动，因此这些方法模拟的是非常高的频率下包含岩石的属性，适用于超声实验条件。在低频时，当波动引起的孔隙压力增加有充分时间通过液体流动而平衡压力时，最好先求干燥空腔的等效模量，再用低频 Gassmann 理论来往空腔中加入流体。

四、接触模型

接触模型通过将岩石近似为任意球状颗粒排列来估计岩石弹性性质，通常用来模拟高孔隙粒状岩石。接触模型是首先假设岩石在临界孔隙度下由非胶结的颗粒排列组成，随着孔隙度的降低原始的颗粒排列被改变（Jack Dvorkin，2020）。

（一）接触刚度

球状颗粒排列的有效弹性特征取决于两个颗粒组合体的垂向和切向接触刚度。两个等同球体组合体的垂向刚度定义为围压增加与球体半径减小的比，两个等同球体组合体的切向刚度定义为切向力增加与球心相对于接触区域的切向位移增加的比。

对于一个任意球体排列，有效体积模量和剪切模量可以通过两个球体组合体的孔隙度 ϕ、配位数 C（每个球体平均接触点数），球体半径 R，垂向和切向刚度 S_n 和 S_τ 来表示：

$$K_{\mathrm{eff}} = \frac{C(1-\phi)}{12\pi R} S_n$$
$$G_{\mathrm{eff}} = \frac{C(1-\phi)}{20\pi R}(S_n + 1.5S_\tau) \tag{2.23}$$

一个等同球体的任意紧密排列的配位数为 9。常用的接触模型如表 2.6 所示。

表 2.6　常用的接触模型

年份	模型	特征
1949	Hertz－Mindlin 模型	基础模型。与接触点、孔隙度、矿物剪切模量、压力和泊松比有关
1996(Dvorkin 和 Nur)	胶结砂岩模型	可用来诊断岩石以何种胶结类型为主
1996(Dvorkin 和 Nur)	未胶结砂岩模型(软砂岩模型)	Hertz－Mindlin 模型＋改进的 HS 下边界

(二)Hertz－Mindlin 模型

在 Hertz 模型中，两个垂向压缩的等同球体，接触区域的半径 a 和垂向位置 δ 为：

$$a=\sqrt[3]{\frac{3FR}{8G}(1-\nu)},\ \delta=\frac{a^2}{R} \tag{2.24}$$

其中 G 和 ν 分别是颗粒物质的剪切模量和泊松比。

如果一个静水围压 P 施加在一个任意等同球体排列上，干燥(孔隙中无流体)的任意等同球体排列的有效体积模量为：

$$K_{\text{eff}}=\sqrt[3]{\frac{C^2(1-\phi)^2G^2}{18\pi^2(1-\nu)^2}P} \tag{2.25}$$

Mindlin(1949)指出，如果球体先被压在一起随后再施加切向力，剪切和正向刚度为(后者和 Hertz 解相同)：

$$S_\tau=\frac{8aG}{2-\nu},\quad S_n=\frac{4aG}{1-\nu}$$

干燥的任意等同球体排列的有效剪切模量为：

$$G_{\text{eff}}=\frac{5-4\nu}{5(2-\nu)}\sqrt[3]{\frac{3C^2(1-\phi)^2G^2}{2\pi^2(1-\nu)^2}P} \tag{2.26}$$

Hertz 模型和 Mindlin 模型统称为 Hertz－Mindlin 模型，可用来描述欠压实岩石的性质。图 2.10 为 Hertz－Mindlin 模型的理论计算结果，可以明显看出压力对体积模量与剪切模量的影响，压力越大相应的弹性模量越大。

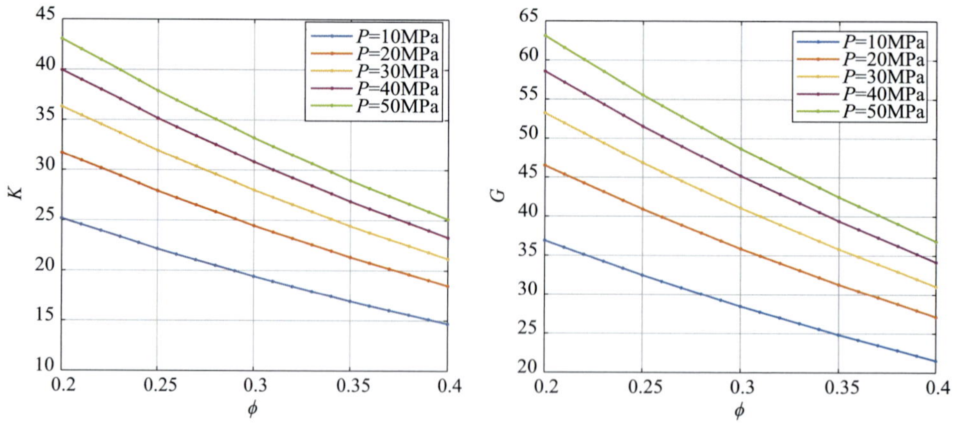

图 2.10　Hertz－Mindlin 模型理论计算

(三)胶结砂岩模型

Dvorkin 和 Nur(1996)提出胶结砂岩模型与未胶结砂岩模型。胶结砂岩模型可用来计算胶结物沉淀在颗粒接触面上的干砂岩的体积模量和剪切模量。

假设开始胶结砂岩的骨架是孔隙度为 $\phi_0 \approx 0.36$ 和平均配位数 $C=9$ 的等同球体颗粒紧密任意排列。颗粒中加入胶结物起到减少孔隙度和增加颗粒集合体(骨架)的有效模量的作用，这种有效干岩石的体积模量和剪切模量为：

$$
\begin{aligned}
&K_{\text{eff}} = \frac{1}{6}C(1-\phi_0)M_c\hat{S}_n \\
&G_{\text{eff}} = \frac{3}{5}K_{\text{eff}} + \frac{3}{20}C(1-\phi_0)G_c\hat{S}_\tau \\
&M_c = \rho_c V_{Pc}^2 \\
&G_c = \rho_c V_{Sc}^2
\end{aligned}
\tag{2.27}
$$

其中，ρ_c 是胶结物的密度，V_{Pc} 和 V_{Sc} 是胶结物的纵波和横波速度，参数 $\hat{S}_n$ 和 $\hat{S}_\tau$ 分别与胶结的两颗粒组合体的正向和剪切刚度成比例，他们取决于接触胶结物的含量。胶结砂岩模型可用来诊断岩石以何种胶结类型为主(图 2.11)。

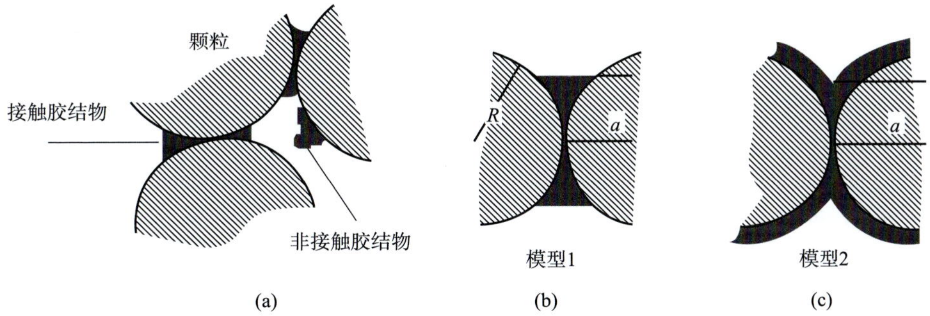

图 2.11　胶结物类型示意图

(四)未胶结砂岩模型

未胶结砂岩模型也称为软砂岩模型，未胶结砂岩模型可用来计算胶结物沉积在颗粒接触之外的砂岩骨架的体积模量和剪切模量。假设开始未胶结砂岩的骨架是孔隙度为 $\phi_0 \approx 0.36$ 和平均配位数 $C=9$ 的等同球体颗粒紧密任意排列，在该孔隙度下接触 Hertz - Mindlin 理论给出静水压力 P 下的骨架有效体积模量(K_{HM})和剪切模量(μ_{HM})：

$$
\begin{aligned}
&K_{\text{HM}} = \left[\frac{C^2(1-\phi_0)^2 G^2}{18\pi^2(1-\nu)^2}P\right]^{1/3} \\
&\mu_{\text{HM}} = \frac{5-4\nu}{5(2-\nu)}\left[\frac{3C^2(1-\phi_0)^2\mu^2}{2\pi^2(1-\nu)^2}P\right]^{1/3}
\end{aligned}
\tag{2.28}
$$

其中，C 为配位数(每个球体平均接触点数)，G 和 ν 分别为固体颗粒的剪切模量和泊松比，P 为压力。

不同孔隙度 ϕ 的有效模量采用改进的 Hashin - Strikman 下边界：

$$K_{\text{eff}}=\left[\frac{\phi/\phi_0}{K_{\text{HM}}+\frac{4}{3}\mu_{\text{HM}}}+\frac{1-\phi/\phi_0}{K+\frac{4}{3}\mu_{\text{HM}}}\right]^{-1}-\frac{4}{3}\mu_{\text{HM}}$$

$$\mu_{\text{eff}}=\left[\frac{\phi/\phi_0}{\mu_{\text{HM}}+\frac{\mu_{\text{HM}}}{6}\left(\frac{9K_{\text{HM}}+8\mu_{\text{HM}}}{K_{\text{HM}}+2\mu_{\text{HM}}}\right)}+\frac{1-\phi/\phi_0}{\mu+\frac{\mu_{\text{HM}}}{6}\left(\frac{9K_{\text{HM}}+8\mu_{\text{HM}}}{K_{\text{HM}}+2\mu_{\text{HM}}}\right)}\right]^{-1}-\frac{\mu_{\text{HM}}}{6}\left(\frac{9K_{\text{HM}}+8\mu_{\text{HM}}}{K_{\text{HM}}+2\mu_{\text{HM}}}\right) \tag{2.29}$$

其中 K 是颗粒的体积模量。

未胶结砂岩模型连接两个端点成员，一端具有零孔隙度和固体相模量，另一端具有高孔隙度及由 Hertz－Mindlin 理论给出的、与压力相关的模量。此接触理论可用来描述一般在砂岩中观测到的明显的与压力有关的变化。图 2.12 为未胶结砂岩模型理论计算结果，从中可以看出压力越大纵波模量越大。

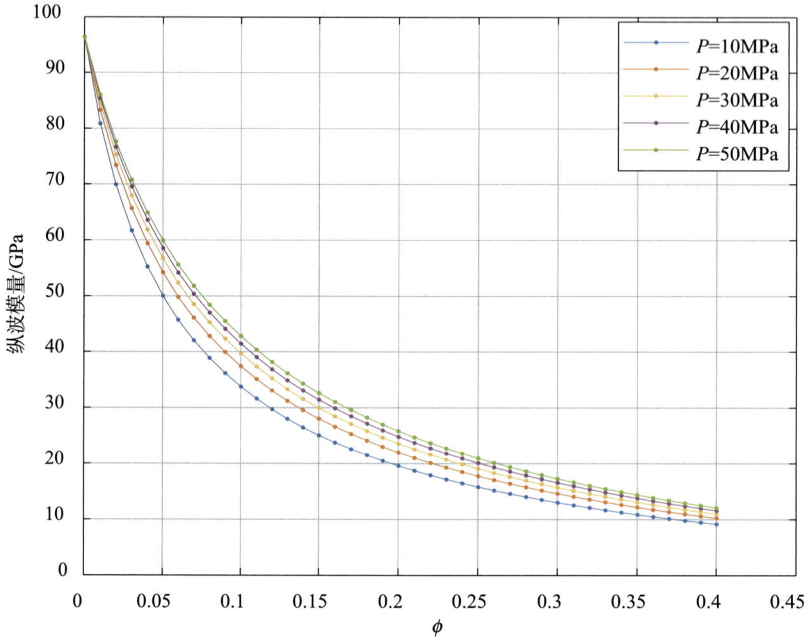

图 2.12　未胶结砂岩模型理论计算结果

五、Biot－Gassmann 方程

岩石物理分析中的一个重要问题就是从一种流体饱和的岩石地震速度预测另一种流体饱和的岩石地震速度，即流体替换问题。

在计算得到干岩石模量与混合流体模量的基础上，使用 Biot－Gassmann 方程可以计算饱和岩石模量。Biot－Gassmann 方程如下：

$$\frac{K_{sat}}{K_0-K_{sat}}=\frac{K_{dry}}{K_0-K_{dry}}+\frac{K_{fl}}{\phi(K_0-K_{fl})} \tag{2.30}$$

$$\mu_{sat}=\mu_{dry}$$

其中，K_{sat}、μ_{sat}是饱和岩石的有效体积模量，K_{dry}、μ_{dry}是干岩石骨架的有效体积模量，K_0 是组成岩石的矿物的体积模量，K_{fl}是孔隙流体的有效体积模量，ϕ 为孔隙度。

Biot－Gassmann 方程一种等同的形式如下：

$$K_{sat}=K_{dry}+\frac{\left(1-\frac{K_{dry}}{K_0}\right)^2}{\frac{\phi}{K_{fl}}+\frac{1-\phi}{K_0}-\frac{K_{dry}}{K_0^2}} \tag{2.31}$$

$$=K_{dry}+\beta^2M$$

其中，β 为 Biot 系数，M 为模量参数。

$$\beta=1-\frac{K_{dry}}{K_{sat}}$$

$$\frac{1}{M}=\frac{\beta-\phi}{K_{sat}}+\frac{\phi}{K_{fl}}$$

Gassmann 公式只有在频率足够低，以至于诱发的孔隙压力在孔隙空间达到平衡时才成立。这一低频限制说明了为什么 Gassmann 公式最适用于非常低频的地震资料（<100Hz），而当频率增加到声波测井（约 10^4Hz）和实验室超声波测井（约 10^6Hz）频率时效果次之。

在需要进行流体替换分析时，可以简单地使用两次 Gassmann 公式：从初始饱和流体岩石模量计算干岩石模量，然后从干岩石模量计算新饱和岩石的模量。另外，可以用代数方法去掉 Gassmann 公式中的干岩石模量，并由下式用两种流体的体积模量 K_{fl1}、K_{fl2}来表达饱和岩石模量 K_{sat1}、K_{sat2}，是更简单的流体替换方式。

$$\frac{K_{sat1}}{K_0-K_{sat1}}-\frac{K_{fl1}}{\phi(K_0-K_{fl1})}=\frac{K_{sat2}}{K_0-K_{sat2}}-\frac{K_{fl2}}{\phi(K_0-K_{fl2})} \tag{2.32}$$

六、岩石物理密度建模

岩石物理密度建模理论相对简单，即岩石密度通过各组成成分的加权平均计算得到。表达式如下：

$$\rho=\sum_{i=1}^{N}f_i\rho_i \tag{2.33}$$

其中，f_i、ρ_i 分别为各组成成分的体积分量、密度。

在得到饱和岩石的模量与密度后，就可以计算饱和岩石的纵波速度 V_P 和横波速度 V_S，表达式如下：

$$\begin{cases}V_P=\sqrt{\dfrac{K_{sat}+(4/3)\mu}{\rho}}\\ V_S=\sqrt{\dfrac{\mu}{\rho}}\end{cases} \tag{2.34}$$

第三节　各向异性岩石物理模型

各向同性岩石物理假设是对实际岩石的高度近似，实际上岩石的各向异性是广泛存在的，包括由成层性导致的具有垂直对称轴横向各向同性(Vertical Transverse Isotropy，VTI)、垂直裂缝导致的具有水平对称轴横向各向同性(Horizontal Transverse Isotropy，HTI)等。

针对不同的各向异性与近似方法，众多学者提出了很多相应的各向异性岩石物理模型。这里主要对常用的 Backus 平均、Hudson 模型与 Schoenberg 线性滑动模型进行阐述，Backus 平均是针对精细层状地层引起的各向异性，将细层组成的层状介质等效为单个均匀介质，Hudson 模型与 Schoenberg 线性滑动模型属于裂缝型岩石物理模型。

一、Backus 平均

Backus(1962)通过论证得出在长波极限下，一个由多层横向各向同性材料组成的层状介质，是等效各向异性的，其等效刚度为：

$$\begin{bmatrix} A & B & F & 0 & 0 & 0 \\ B & A & F & 0 & 0 & 0 \\ F & F & C & 0 & 0 & 0 \\ 0 & 0 & 0 & D & 0 & 0 \\ 0 & 0 & 0 & 0 & D & 0 \\ 0 & 0 & 0 & 0 & 0 & M \end{bmatrix},\ M = \frac{1}{2}(A - B) \tag{2.35}$$

其中，

$$A = \langle a - f^2 c^{-1} \rangle + \langle c^{-1} \rangle^{-1} \langle fc^{-1} \rangle^2$$
$$B = \langle b - f^2 c^{-1} \rangle + \langle c^{-1} \rangle^{-1} \langle fc^{-1} \rangle^2$$
$$C = \langle c^{-1} \rangle^{-1}$$
$$F = \langle c^{-1} \rangle^{-1} \langle fc^{-1} \rangle$$
$$D = \langle d^{-1} \rangle^{-1}$$
$$M = \langle m \rangle$$

这里，括号$\langle . \rangle$表示按体积加权平均，因此常被称为 Backus 平均，a、b、c、d、f、m 为每一个单层(横向各向同性材料)的弹性刚度张量，表示为：

$$\begin{bmatrix} a & b & f & 0 & 0 & 0 \\ b & a & f & 0 & 0 & 0 \\ f & f & c & 0 & 0 & 0 \\ 0 & 0 & 0 & d & 0 & 0 \\ 0 & 0 & 0 & 0 & d & 0 \\ 0 & 0 & 0 & 0 & 0 & m \end{bmatrix},\ m = \frac{1}{2}(a - b) \tag{2.36}$$

如果每一个单层是各向同性，其等效介质仍然是横向各向同性，但描述每一个单层的独立弹性参数数据从 5 个减少为 2 个：

$$a = c = \lambda + 2\mu,\ b = f = \lambda,\ d = m = \mu \tag{2.37}$$

其 Backus 等效弹性参数为：

$$\begin{aligned}
A &= \left(\frac{4\mu(\lambda+\mu)}{\lambda+2\mu}\right) + \left(\frac{1}{\lambda+2\mu}\right)^{-1}\left(\frac{\lambda}{\lambda+2\mu}\right)^{2} \\
B &= \left(\frac{2\mu\lambda}{\lambda+2\mu}\right) + \left(\frac{1}{\lambda+2\mu}\right)^{-1}\left(\frac{\lambda}{\lambda+2\mu}\right)^{2} \\
C &= \left(\frac{1}{\lambda+2\mu}\right)^{-1} \\
F &= \left(\frac{1}{\lambda+2\mu}\right)^{-1}\left(\frac{\lambda}{\lambda+2\mu}\right) \\
D &= \left(\frac{1}{\mu}\right)^{-1} \\
M &= \langle \mu \rangle
\end{aligned} \tag{2.38}$$

二、Hudson 模型

Hudson 模型是基于对含有薄硬币状椭球裂缝或包含物的弹性固体的平面波场散射理论分析而得到的(Hudson，1981)。Hudson 模型的等效弹性模量 C_{ij}^{eff} 由下式给定：

$$C_{ij}^{\text{eff}} = C_{ij}^{0} + C_{ij}^{1} + C_{ij}^{2} \tag{2.39}$$

其中，C_{ij}^{0}是各向同性背景介质模量，C_{ij}^{1}、C_{ij}^{2}分别是一阶校正与二阶校正。

对于一个缝隙垂直方向沿 3 轴方向的单一缝隙组，缝隙介质显示横向各向同性对称性，其一阶与二阶校正为：

一阶校正：

$$\begin{aligned}
C_{11}^{1} &= -\frac{\lambda^{2}}{\mu}\varepsilon_c U_3 \\
C_{13}^{1} &= -\frac{\lambda(\lambda+2\mu)}{\mu}\varepsilon_c U_3 \\
C_{33}^{1} &= -\frac{(\lambda+2\mu)^{2}}{\mu}\varepsilon_c U_3 \\
C_{44}^{1} &= -\mu\varepsilon_c U_1 \\
C_{66}^{1} &= 0
\end{aligned}$$

二阶校正：

$$\begin{aligned}
C_{11}^{2} &= \frac{q}{15}\,\frac{\lambda^{2}}{\lambda+2\mu}(\varepsilon_c U_3)^{2} \\
C_{13}^{2} &= \frac{q}{15}\lambda\,(\varepsilon_c U_3)^{2} \\
C_{33}^{2} &= \frac{q}{15}(\lambda+2\mu)(\varepsilon_c U_3)^{2} \\
C_{44}^{2} &= \frac{2}{15}\,\frac{\mu(3\lambda+8\mu)}{\lambda+2\mu}(\varepsilon_c U_1)^{2} \\
C_{66}^{2} &= 0
\end{aligned}$$

其中，ε_c 为缝隙密度，λ、μ 是各向同性背景介质的弹性模量，$q = 15\dfrac{\lambda^{2}}{\mu^{2}} + 28\dfrac{\lambda}{\mu} + 28$，$U_1$ 和 U_3 取决于缝隙的充填状态。

缝隙密度是包体模型描述裂缝岩石各向异性强度的常用参数，定义为单位体积内缝隙个数 γ^{c} 与缝隙平均半径(a)三次方的乘积：

$$\varepsilon_c = \gamma^{c} a^{3} = \frac{Na^{3}}{V} = \frac{3}{4\pi}\,\frac{\phi}{\alpha} \tag{2.40}$$

其中，$\gamma^c = N/V$ 是单位体积内缝隙个数，N 是缝隙个数，V 是岩石体积，ϕ 是缝隙孔隙度，α 是缝隙椭球比。从缝隙密度的定义可以看出，数个大缝隙与很多小缝隙的缝隙密度大小可能是相同的。Hudson 模型主要采用缝隙密度和缝隙纵横比 α 表征缝隙系统。

Hudson 模型所规定的一阶和二阶项的正式适用范围都是缝隙密度 ε_c 小于 0.1（岩石物理手册，2008）。Hudson 模型足够简单，并且可以适用于多组裂缝的情况，此时需要对好几个有不同角度分布的缝隙组进行叠加。

三、Schoenberg 线性滑动模型

Schoenberg（1980）通过无限薄的高软弱层面来表征裂缝，假设边界是线性滑动的。通过 Backus 理论得到各向同性介质中嵌入平行薄层的有效柔度张量 $\boldsymbol{s}$（有效刚度矩阵 $\boldsymbol{c}$ 的逆）：

$$\boldsymbol{s} = \boldsymbol{s}_b + \boldsymbol{s}_f \tag{2.41}$$

其中，$\boldsymbol{s}_b$ 是背景岩石的柔度张量，$\boldsymbol{s}_f$ 是平行薄层引起的柔度张量。

对一个裂缝垂直方向沿 x_1 轴方向的单一裂缝组（HTI），上式中裂缝引起的柔度张量表示为：

$$\boldsymbol{s}_f = \begin{pmatrix} K_N & 0 & 0 & 0 & K_{NV} & K_{NH} \\ 0 & 0 & 0 & 0 & 0 & 0 \\ 0 & 0 & 0 & 0 & 0 & 0 \\ 0 & 0 & 0 & 0 & 0 & 0 \\ K_{NV} & 0 & 0 & 0 & K_V & K_{VH} \\ K_{NH} & 0 & 0 & 0 & K_{VH} & K_H \end{pmatrix} \tag{2.42}$$

在旋转不变裂缝假设下（Schoenberg 和 Sayers，1995），柔度矩阵中的参数有如下关系：

$$K_{NV} = K_{NH} = K_{VH} = 0, \quad K_V = K_H$$

此时裂缝柔度矩阵简化为：

$$\boldsymbol{s}_f = \begin{pmatrix} K_N & 0 & 0 & 0 & 0 & 0 \\ 0 & 0 & 0 & 0 & 0 & 0 \\ 0 & 0 & 0 & 0 & 0 & 0 \\ 0 & 0 & 0 & 0 & 0 & 0 \\ 0 & 0 & 0 & 0 & K_T & 0 \\ 0 & 0 & 0 & 0 & 0 & K_T \end{pmatrix} \tag{2.43}$$

其中，K_T 表示 $K_V = K_H$，K_N 和 K_T 是非负的，其物理意义是裂缝叠加到背景岩石的正向与切向柔度。对各向同性的背景岩石，Hsu 和 Schoenberg（1993）引入了无量纲变量：

$$\Delta_N = \frac{(\lambda + 2\mu) K_N}{1 + (\lambda + 2\mu) K_N}$$
$$\Delta_T = \frac{\mu K_T}{1 + \mu K_T} \tag{2.44}$$

其中，Δ_N 与 Δ_T 分别称为正向弱度与切向弱度，变化范围 0 ~ 1。

相应的裂缝介质有效刚度矩阵(旋转不变裂缝假设下)为:

$$\boldsymbol{c}=\boldsymbol{s}^{-1}=\boldsymbol{c}_b-\begin{pmatrix}(\lambda+2\mu)\Delta_N & \lambda\Delta_N & \lambda\Delta_N & 0 & 0 & 0\\ \lambda\Delta_N & \dfrac{\lambda^2}{\lambda+2\mu}\Delta_N & \dfrac{\lambda^2}{\lambda+2\mu}\Delta_N & 0 & 0 & 0\\ \lambda\Delta_N & \dfrac{\lambda^2}{\lambda+2\mu}\Delta_N & \dfrac{\lambda^2}{\lambda+2\mu}\Delta_N & 0 & 0 & 0\\ 0 & 0 & 0 & 0 & 0 & 0\\ 0 & 0 & 0 & 0 & \mu\Delta_T & 0\\ 0 & 0 & 0 & 0 & 0 & \mu\Delta_T\end{pmatrix} \tag{2.45}$$

其中,$\boldsymbol{c}_b=\boldsymbol{s}_b^{-1}$ 是背景岩石的刚度矩阵,表示为:

$$\boldsymbol{c}_b=\begin{pmatrix}\lambda+2\mu & \lambda & \lambda & 0 & 0 & 0\\ \lambda & \lambda+2\mu & \lambda & 0 & 0 & 0\\ \lambda & \lambda & \lambda+2\mu & 0 & 0 & 0\\ 0 & 0 & 0 & \mu & 0 & 0\\ 0 & 0 & 0 & 0 & \mu & 0\\ 0 & 0 & 0 & 0 & 0 & \mu\end{pmatrix} \tag{2.46}$$

第四节 流体频散岩石物理模型

关于地震波衰减的研究一直是储层预测领域的热点问题。人们之所以孜孜不倦地研究其衰减的机制以及估计方法,一方面是因为认识地震波的衰减将为我们的处理工作(如振幅补偿)带来帮助,另一方面它可以作为良好的含气储层指示因子,帮助油公司确定井位。地震波衰减通常是指传播过程中与波前几何扩散、透射损失无关的振幅减弱现象。这个过程常伴随着速度随频率的变化,即频散效应。地震波衰减包括散射衰减和本征衰减两部分。散射衰减由介质弹性参数非均匀性引起,而本征衰减与地层参数有关,对岩性及流体性质(如含水饱和度、孔隙度、渗透率和黏滞性等)很敏感,因此通常被作为一种重要的储层及流体指示参数。

Klimentos 和 McCann(1990)发现随着黏土含量和孔隙度的增加,衰减会逐渐增大而速度则逐渐减小。Koesoemadinata 和 McMechan(2001)对多组实验结果进行统计之后也发现了这一特点。Dvorkin 等(2003)提出把地震波的衰减因子作为寻找甲烷水合物的指示。前人研究发现,地震波的衰减通常还伴随着速度频散,Rapoport 等(1995,1997,2004)发表了一系列文章讨论了将衰减及速度频散分析(Attenuation and Velocity Dispersion Analysis,AVD)应用于油气检测技术的巨大潜力。

本节在探讨地震波衰减机制的基础上,建立了地震波衰减的岩石物理模型。通过该模型,可以从测井资料中提取地震波的衰减因子,为储层参数估计奠定了基础。

一、地震波衰减的机制

人们很早就开始探讨关于地震波衰减的机制,尽管众说纷纭,但几乎所有的学者都不否认这样一个事实：地震波在干燥岩石中不存在衰减。也就是说地震波的衰减主要是由黏滞性的流体造成的。地震波在含有流体的孔隙介质中传播时，会引发不同尺度的流体流。Pride 和 Berryman(2003)等根据流体压力平衡时所需要的空间距离把波诱导的流体流分成了三类：宏观尺度、微观尺度和中观尺度。无论在何种情况下，黏滞性的流体都会造成地震波的衰减。在所能见到的范围内，仅仅此类衰减就足以解释野外实际测量得到的固有衰减。

对于宏观尺度(波长)，首先定义一个地质上的单元体，该单元体通常小于地震波波长并且具有统一的等效模量。可以想象，地震波在岩石中传播时，在一个波长尺度内单元体所受的应力不同，压力差会驱使流体在单元体间流动；而当地震波传播过去时，应力差消失，单元体回复原来的平衡状态(Biot，1956)。通常流体压力趋于平衡需要的时间为 λ^2/D，(λ 为波长，D 为孔隙压力扩散率)。在孔隙相互连通的介质中，$D=M\kappa/\eta$，κ 为达西渗透率，η 为流体黏滞系数，M 为弹性模量，又称作“流体储藏系数”。$M\approx K_f/\phi$，ϕ 为孔隙度，K_f 为饱和流体的体积模量。波长可以写为：$\lambda=\sqrt{H/\rho}/f$，其中 H 为 P 波弹性模量，ρ 为岩石密度，f 为频率。当地震波的周期 $1/f$ 恰好等于平衡时间 λ^2/D 时发生最大的衰减，此时的频率为：

$$f_c=\frac{H}{M}\frac{\eta}{\rho\kappa} \tag{2.47}$$

微观尺度的流体流发生在颗粒尺度。实验室中的样品通常已经破坏了颗粒间的接触关系或颗粒间的微裂缝。对于大多数的岩心样品，当它们从地下被取出时都会发生这种破坏。由于盆地在沉积过程中，胶结物会填充颗粒间的接触以及微裂缝，因此我们无法确定原位地层中的岩石是否有大量的微裂缝存在。但是，如果地下颗粒尺度的破坏正如它们在实验室围压条件下呈现的那样，那么当岩石受到地震波作用时，微裂缝中的流体压力将比主要孔隙空间中的压力大得多。斯坦福大学的 Mavko 和 Jizba(1991)第一个研究了这种从裂缝向孔隙中流动的流体，并将之称为“喷射流”。Dvorkin 等(1995)建立了全饱和岩石中的定量模型。对于“喷射流”，流体在微裂缝与周围孔隙间达到平衡所需的时间为 R^2/D_h，R 为裂缝长度，D_h 为孔径是 h 的裂缝流体压力扩散率，可近似表达为 $D_h\approx K_fh^2/\eta$。同样，当波的周期($1/f$)等于流体平衡所需要的时间时，发生最大的衰减。

$$f_c=\left(\frac{h}{R}\right)^2\frac{K_f}{\eta} \tag{2.48}$$

从式(2.48)中可以发现很有意思的几点：首先，对于“喷射流”，地震波发生最大衰减的频率(特征频率)与流体黏滞性的关系与波长尺度(Biot 理论)中的关系是相反的；其次，特征频率不依赖于介质的渗透率，这是因为颗粒尺度的微裂缝和被破坏的接触关系与渗透率没有太大关系；最后，我们假设岩石间的流体是水，那么 $K_f/\eta\approx10^{12}$ Hz，这也就是说：由于“喷射流”造成的衰减若在地震频带内达到峰值，那么微裂缝的长宽比需要非常小($h/R<10^{-4}$)。然而，微裂缝的体积随着长宽比的减小而减小，对地震波衰减的作用也在变小。

前面已经提到单元体的概念，下面来考虑在连续孔隙介质中一个单元体内由于非均匀性造成的流体流。它们所对应的尺度介于波长和颗粒尺度之间，因此称为中观尺度。勘探地震波的频率为 $10\sim10^3$ Hz，对应的波长从几米到上百米变化，因此单元体的长度一般从几十厘米（井间地震）到几十米（地面地震）。在地下介质中，这种尺度的单元体总存在着不同程度的非均匀性，例如，砂泥岩互层或低渗的砂岩中掺杂着裂缝都存在较强的非均匀性。甚至对于看起来非常纯净的砂岩，不同程度的胶结也会造成非均匀性。由于岩石非均匀性所产生的物理作用与“喷射流”很像：流体压力作用在颗粒骨架较软的部分与作用在颗粒骨架较硬的部分上，所产生的响应是不同的，一般前者会较大。当作用消失时，流体又趋于平衡状态。我们考虑中观尺度下，长度为 L 的单元体。当最大的衰减发生时，地震波的频率满足 $1/f_c = L^2/D$，或写成（Pride 和 Berryman，2003）：

$$f_c = \frac{M}{L^2}\frac{\kappa}{\eta} \approx \left(\frac{\kappa}{\phi L^2}\right)\frac{K_f}{\eta} \tag{2.49}$$

其中，M、κ 和 ϕ 分别表示储藏系数、渗透率和孔隙度。特征频率与 κ/η 的关系与 Biot 理论中相反，这又一次证明 Biot 理论适用的范围是波长尺度。中观尺度的衰减在地震频带内达到峰值依赖于介质的渗透率和非均匀单元体的长度 L。

Pride 和 Berryman（2003）考虑两种不同的孔隙建立了中观尺度单元体的衰减模型，也就是双孔模型。相 1 是坚硬的孔隙介质，它组成了岩石的主要框架；而相 2 是较软的加入介质，往往具有较好的渗透率，例如颗粒间未胶结完全的区域。Pride 和 Berryman（2003）推导了孔隙介质中地震波在中观尺度下依频率变化的速度和衰减的确定性表达式。图 2.13 引自 Pride 等的文章，展示了固结砂岩作为主相 1 时，地震波特性随频率的变化。在这个例子中，相 2 所占的比例为 1.5%，包裹物的尺寸 a_2 变化。在频率为 500kHz 左右出现了一个小的衰减峰值，它对应于波长尺度（Biot 损失），而地震频带内的主峰值由中观尺度的非均匀性引起。图 2.14 同样摘自 Pride 的文章，当 a_2 = 1cm 时，随着主相渗透率的变化，$1/Q$ 也随之变化。并且不论何种频率，Q 对于渗透率的变化都非常敏感。值得指出的是，Pride 模型中计算的 Q 值大小与实际测量相当。

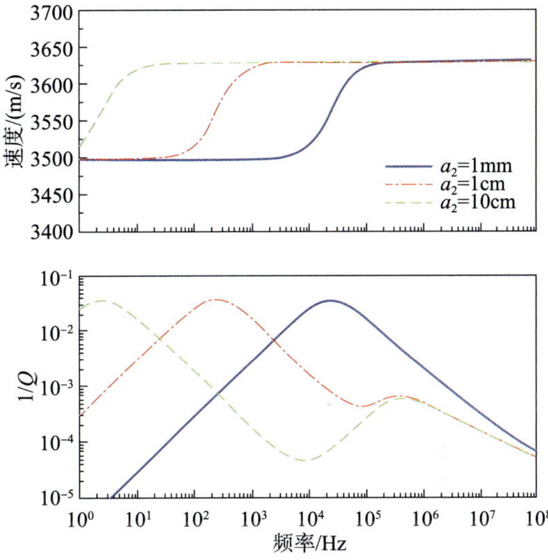

图 2.13　双孔介质中观流体流模型
（引自 Pride 和 Berryman，2003）

造成中观尺度非均匀性的另一个重要原因是补丁部分饱和或称斑状饱和。所谓部分饱和，即孔隙空间内并不是充满流体，还含有少量的气体，通常水和气集中在相应的区域称为“水补丁”和“气补丁”（如图 2.15 中的相 1 和相 2）。在部分饱和介质中，当地震波的频率较低时，岩石孔隙中的水补丁与它周围区域间的震荡是平衡的，这时的补丁处于“松弛”状态，整个孔隙空间可以看成水与气的均匀混合充填；相反，当频率较高时，波在岩石中震荡的频率很快，水补丁与外面孔隙之间的震荡在一个波周期内不能平衡，这时的补丁处于“非松弛”状态，孔隙空间等效成孤立的全饱和水补丁与气补丁。在含气的补丁内，由于液体的抗压缩性很小，地震波只能产生较小的流体压力；而对于水补丁，抗压缩性较大，因此会造成较大的流体压力。不同的压力差使流体在孔隙空间内来回流动进而造成地震波能量的损失。Johnson(2001)提供了斑状饱和介质中严格的衰减模型，该模型与前面所提到的 Pride 和 Berryman 模型非常类似。在地震频带内，由中观尺度斑状饱和造成的衰减可能非常大($1/Q$ 超过 0.1)，这种衰减不仅与地震波频率有关，而且依赖于介质的渗透率和等效补丁的大小。但总的来说，不论是由于岩石骨架模量差异还是斑状饱和造成了地下介质的非均匀性，中观尺度的能量损失都被认为是地震频带内的主要衰减。

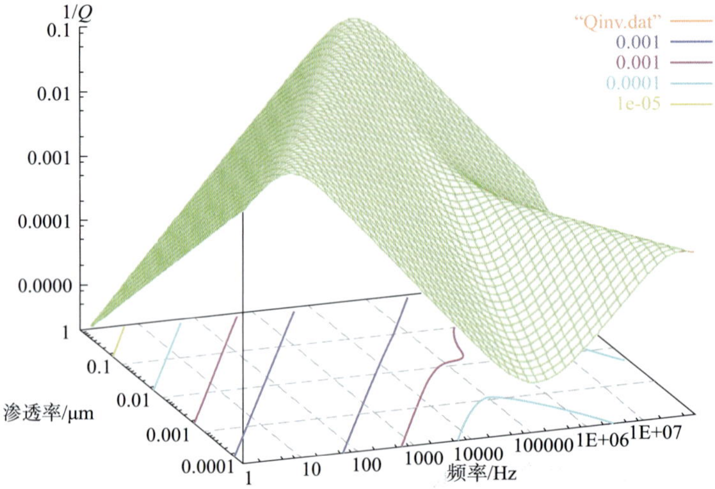

图 2.14　中观尺度下 P 波衰减随渗透率和频率的变化。在 1MHz 附近，曲面的衰减对应于 Biot 损失。地震频带内主要的衰减对应于中观流体流($a_2=1$)(引自 Pride 和 Berryman，2003)

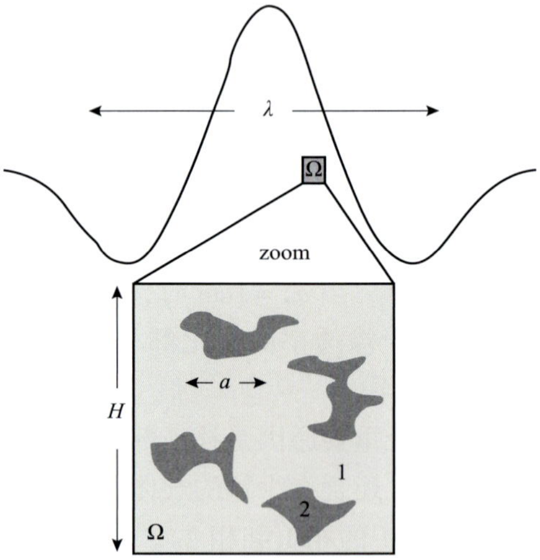

图 2.15　孔隙介质部分饱和模型示意图

模型考虑的是在相对较硬的相 1(固结砂岩)中加入较软的相 2(等效成半径为 a_2 的球形介质)。主相 1 的渗透率 $K=1\text{mD}(1\text{mD}=1\times10^{-3}\mu\text{m}^2)$，相 2 所占的比例为 1.5%。对于波长小于 a_2 的部分(如当 $a_2=1\text{cm}$ 时，$f>100\text{kHz}$)，该模型是无效的，因为中观尺度下我们考虑的单元体大小应大于 a_2 而小于波长。

二、地震波衰减的岩石物理模型

(一)P 波衰减估计理论

当地震波在部分饱和岩石或弹性非均匀性岩石中传播时，会引发岩石内部震荡的流体流，流体在岩石孔隙间流进流出，不断地将地震波能量转化为热能从而造成了地震波的衰减。尽管最近的研究共识认为地震勘探频带内的衰减主要由中观尺度的斑状部分饱和所造成的非均匀性和完全饱和岩石的弹性非均匀性引起，然而我们却很难将前面提到的理论应用到实际当中。一方面是因为理论模型中的一些参数在实际中很难测量得到(如渗透率、黏滞系数)；另一方面，计算中的各个参数之间又相互依赖，如孔隙度和渗透率，这给理论模型的应用带来了较大的麻烦。因此，迫切需要一个行之有效的估算地震波衰减的方法。Dvorkin(2004)等提出了一种针对部分饱和介质的衰减模型，该模型通过研究模量随频率的变化来定量估算品质因子 Q。紧接着 Dvokin 和 Mavko(2006)将该方法应用于全饱和介质(非储层)中来估算背景衰减，取得了很好的效果。本节内容首先根据这两篇文献的方法原理，补充讨论相应的岩石物理分析公式，然后通过理论数据进行验证与分析。

通常在高频条件下介质的等效模量会比低频条件下的等效模量大，这种作用反映到速度上就是高频部分传播得更快，即通常所说的速度频散或模量频散。在黏弹介质中，模量频散与品质因子之间具有因果关系，通常由 Kramers－Kronig 方程来描述。根据标准线性体模型，纵波品质因子的倒数(衰减因子)与弹性模量依频率变化的关系可以写为：

$$Q^{-1}(f)=\frac{(M_\infty-M_0)(f/f_c)}{\sqrt{M_\infty M_0}[1+(f/f_c)^2]} \tag{2.50}$$

这里的 Q^{-1}是衰减因子，M_0 为低频条件下的压缩模量；M_∞ 为高频条件下的压缩模量；f_c 为区分高、低频条件的临界频率。最大衰减发生在临界频率时，即 $f=f_c$，上式变为：

$$Q_{\max}^{-1}=\frac{M_\infty-M_0}{2\sqrt{M_0M_\infty}} \tag{2.51}$$

称 $Q_{\max}^{-1}$ 为最大衰减因子。

在部分饱和介质中，当补丁包的体积较小或频率较低时，饱和补丁与含气区域之间的振动在波的一个周期内趋于平衡。岩石中的液体完全连通，因此孔隙流体可以看成水与气的均匀混合，其等效体积模量 K_f 由 Reuss 平均得到：

$$\frac{1}{K_f}=\frac{S_w}{K_w}+\frac{1-S_w}{K_g} \tag{2.52}$$

S_w 是含水饱和度，K_w 和 K_g 分别代表水、气的体积模量。部分饱和岩石的体积模量 K_{sat0}及压缩模量 M_{sat0}由 Gassmann 方程确定：

$$K_{\text{sat0}}=K_{\text{dry}}+\frac{(1-K_{\text{dry}}/K_s)^2}{\phi/K_f+(1-\phi)/K_s-K_{\text{dry}}/K_s^2} \tag{2.53}$$

$$M_{\text{sat0}}=K_{\text{sat0}}+\frac{4}{3}G_{\text{dry}} \tag{2.54}$$

这里的 ϕ 是总孔隙度；K_s 代表了基质的体积模量；K_{dry}和 G_{dry}分别代表干岩石骨架的

体积模量和剪切模量。对于不包含横波速度的常规测井，可用 Mavko 等推导的仅含有纵波速度的流体替代近似方程。

如果补丁较大或频率较高，则地震波诱导的压力变化在一个周期内无法达到平衡。我们假定：对于部分饱和岩石，所有的水都集中在全饱和的水补丁中，剩余区域则充满了气，并且水饱和补丁与气饱和补丁中的剪切模量相等。这样，部分饱和介质中的等效压缩模量 $M_{\text{sat}\infty}$ 可以看成全饱和岩石压缩模量 M_{wet} 与含气岩石压缩模量 $M_{Sw=0}$ 的调和平均：

$$\frac{1}{M_{\text{sat}\infty}} = \frac{f_p}{M_{\text{wet}}} + \frac{1-f_p}{M_{Sw=0}} \tag{2.55}$$

其中，f_p 代表全饱和补丁所占的体积，当不考虑束缚水因素时与 S_w 相等。将式(2.54)、式(2.55)计算的低频与高频情况下的压缩模量代入式(2.51)即可计算出最大衰减因子。

当孔隙岩石为全饱和时，中观尺度下岩石的弹性非均匀性同样可以造成地震波的衰减。对于含水饱和度为 1 的非储层沉积地层，仍可以用同样的因果关系来估算背景衰减。这时需要分时窗进行分析，假设一个时窗内具有非均匀性的岩石可以被分解成一系列的均匀成分，每个成分都有不同的孔隙度及干岩石模量。在计算低频条件下的压缩模量时，将各部分干岩石压缩模量的 Backus 平均 $M_{\text{dry\_eff}}$ 以及孔隙度的代数平均 ϕ_{eff} 代入流体替代方程中计算：

$$M_0 = M_s \frac{\phi_{\text{eff}} M_{\text{dry\_eff}} - (1+\phi_{\text{eff}}) K_w M_{\text{dry\_eff}}/M_s + K_w}{(1-\phi_{\text{eff}}) K_w + \phi_{\text{eff}} M_s - K_w M_{\text{dry\_eff}}/M_s} \tag{2.56}$$

而对于高频条件，压缩模量可以通过对各个部分的压缩模量求 Backus 平均得到：

$$M_\infty = \left\langle \left(M_s \frac{\phi M_{\text{dry}} - (1+\phi) K_w M_{\text{dry}}/M_s + K_w}{(1-\phi) K_w + \phi M_s - K_w M_{\text{dry}}/M_s} \right)^{-1} \right\rangle^{-1} \tag{2.57}$$

此时高、低频模量之间的差异反映了孔隙岩石非储层段由弹性非均匀性诱导的局部流体流造成的本征衰减。可由 M_0 与 M_∞ 计算出相应的最大衰减因子。

在上述方法中，干岩石骨架模量对于估算衰减非常重要。而实际上岩石骨架总是由多种矿物构成，很难直接从实验室中求取干岩石模量。通常情况下，若已知岩石的各种组成矿物及所占比例就可以用 Voigt - Reuss - Hill 平均计算混合矿物的等效模量作为干岩石的模量。对于常规声波测井资料，首先要从测井数据中获得声波时差(或速度)、密度、孔隙度、含水饱和度以及经处理后得到的各种岩性组分等信息，然后基于 Gassmann 方程反向计算干岩石压缩模量。

为了验证方法的可行性，这里设计了一个由石英和黏土组成的砂岩模型来计算其由于斑状饱和造成的衰减。表 2.7 中给出了试验需要的参数。图 2.16 为得到的砂岩模型在高、低频条件下的压缩模量及衰减随含水饱和度的变化曲线。从中可以看出：低频模量随含水饱和度变化缓慢，而高频模量则变化较快。当含水饱和度在 0.9 左右时，二者的差别最大，对应着最大的衰减值。在干岩石或全饱和岩石中，高、低频模量无差别，因而不存在由斑状部分饱和所引起的地震波衰减。由此可以推断：地震波的衰减增加可以指示含气岩石的存在，并且当地层中含有少量气体时，衰减达到最大。图 2.17 为不同孔隙度的衰减曲线对比，在温度、压力等其他条件不变的情况下，岩石孔隙度的增加会造成由斑状饱和所引起的地震波衰减的增加。不难想象，在含水饱和度一定的前提下，孔隙度的增加意味着岩石中含有更多的黏滞性流体，而正是后者的流动造成了地震波的衰减。同时，我们也看到，不论对于何种孔隙度，地震波衰减因子随含水饱和度的变化趋势都是一致的。

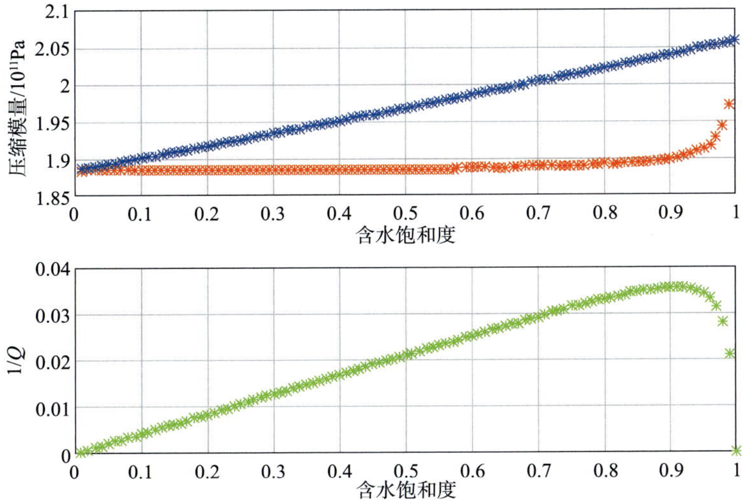

图 2.16 陆相碎屑岩高、低频压缩模量及衰减曲线随含水饱和度变化情况

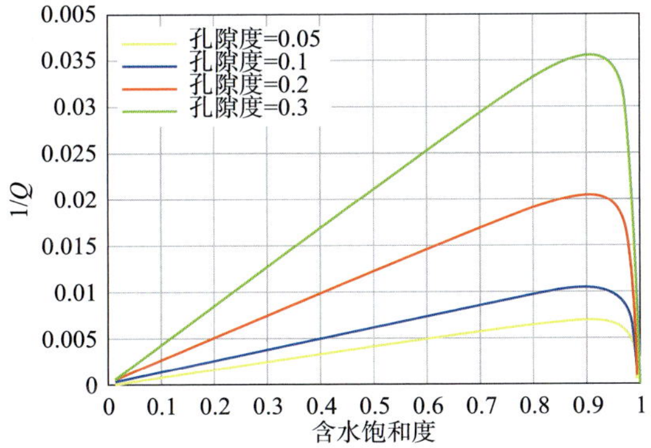

图 2.17 不同孔隙度的衰减曲线随含水饱和度变化情况

表 2.7 试验所需参数表

	石英	黏土	水	气
矿物组分	95%	5%		
体积模量/(GPa)	38.0	35.0	2.64	0.04
纵波速度/(m/s)	6056	4391		
横波速度/(m/s)	4093	2160		
孔隙度	0.3	0.3		

(二)S 波衰减估计理论

至此，我们已经讨论了 P 波衰减的岩石物理模型，那么对于地下介质中传播的 S 波，其衰减应当如何估计呢？在具体讨论如何由井资料计算 S 波衰减之前，让我们一起看一些

实验室中的数据以更好地理解 S 波衰减的特点。Murphy(1982)在实验室中测量了 Massillon 砂岩中衰减(图 2. 18),其结果显示 S 波基本不依赖于含水饱和度变化;Lucet(1989)测量的饱和石灰石样品显示超声测量的 S 波衰减接近于 P 波衰减,而在低频阶段,Q_P^{-1} 要大于 Q_S^{-1}(图 2. 19)。油田中可靠的 P 波,S 波衰减数据比实验室中更少,Klimentos(1995)提供的数据显示对于水饱和的砂岩地层,S 波衰减与 P 波大小相当,而对于含气层段,P 波衰减要大于 S 波衰减(图 2. 20)。

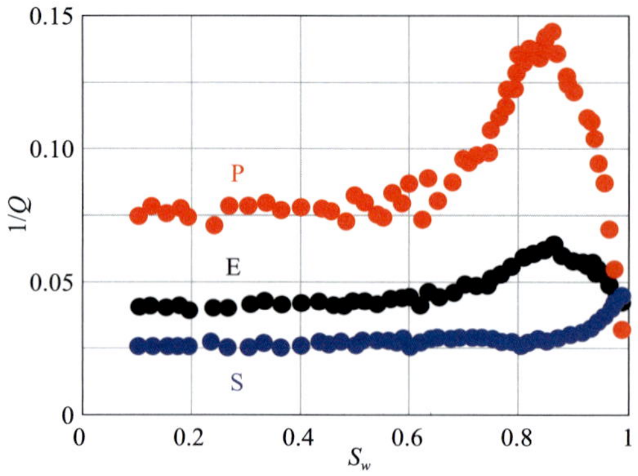

图 2. 18 Massillon 砂岩的衰减数据(引自 Murphy,1982)频率变化在 300 ~600Hz。E 波和 S 波为试验中的拓展波和横波(黑色和蓝色),由测量得到;P 波衰减因子(红色)由 Winkler(1980)式计算得到

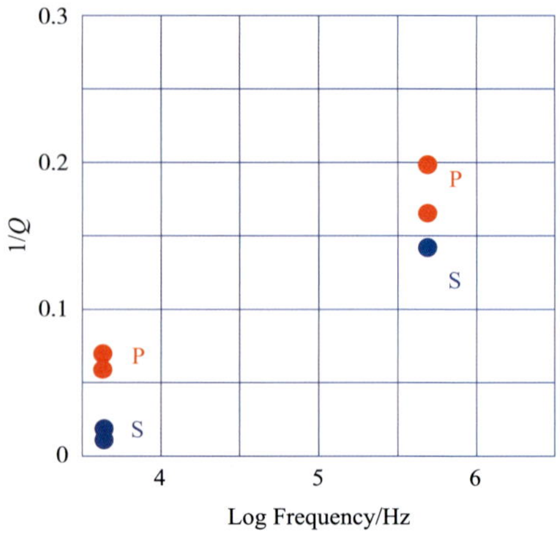

图 2. 19 水饱和石灰石样品中的 Q_P^{-1} 和 Q_S^{-1}(引自 Lucet,1989)

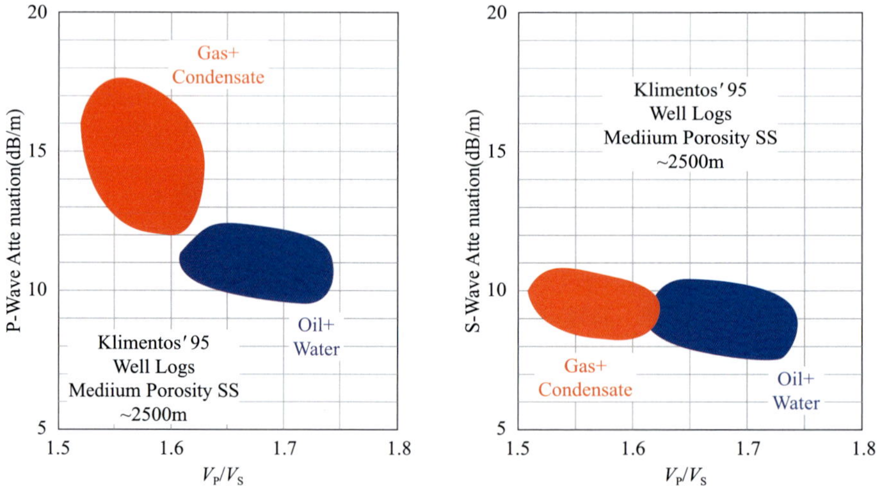

图 2. 20 基于声波偶极子测井数据的 P 波、S 波衰减估计(引自 Klimentos,1995)

实验室和油田中的测量都显示了 S 波的衰减具有以下两个特点:第一,它不依赖于含水饱和度的变化;第二,对于含水饱和度是 1 的地层,S 波衰减的量值与纵波相当。Dvorkin 等提出的横波衰减的理论模型与实验室中的测量相匹配。首先他们提出:黏弹介质中,横波的品质因子与剪切模量的频散有关,二者存在因果关系,由标准线性体模型:

$$2Q_P^{-1}=\frac{M_\infty-M_0}{\sqrt{M_0M_\infty}},$$
$$2Q_S^{-1}=\frac{G_\infty-G_0}{\sqrt{G_0G_\infty}},\tag{2.58}$$

其中，G 为剪切模量，下标∞和 0 分别代表高、低频条件。我们假设 S 波衰减与孔隙流体无关，因此可以把地下介质等效成完全饱和的岩石。

接下来问题就变成了如何估计剪切模量的频散。我们知道岩石的剪切形变中总是包含着一部分的压缩形变(图 2.21)，因此如果介质中的黏滞性流体能够使整个岩石体系产生压缩模量频散，那么这部分黏滞性流体也会使剪切形变依频率变化。Mavko 和 Jizba(1991)用这个原理估计了超声频率下裂缝状孔隙中的液体在微观尺度下对剪切模量频散的影响。他们证明了在黏弹介质中，剪切模量频散量是体积模量频散量的 4/15。

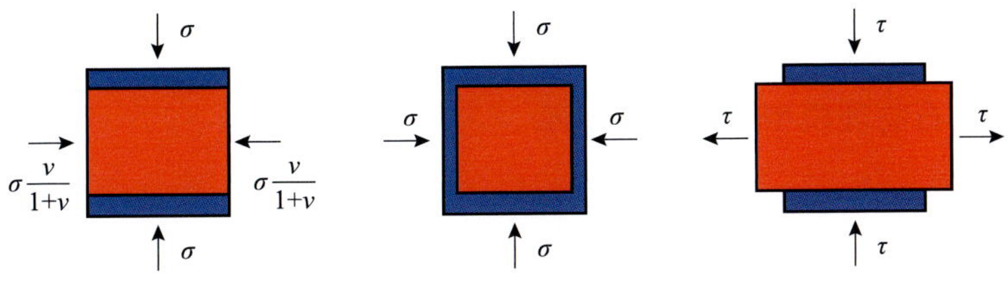

图 2.21 从左到右依次为压缩形变、体积形变和剪切形变
(蓝色为未发生形变的单元体，红色为形变后单元体，
引自 Marko，2003)

将基于同样的原理来描述 S 波频散和 P 波频散之间的定量关系，首先假设高、低频压缩模量之间的差异是由于引入了一系列具有方向性的裂缝，这些裂缝也是造成介质非均匀性和剪切模量频散的主要原因；接下来，用 Hudson 模型来定量介质中裂缝对频散关系的影响。与裂缝相关的压缩模量频散关系为：

$$\begin{aligned}M_\infty-M_0&=\Delta c_{11}^{\mathrm{Hudson}}\\&\approx\varepsilon\frac{\lambda^2}{\mu}\frac{4(\lambda+2\mu)}{3(\lambda+\mu)}\equiv\varepsilon\frac{4}{3}\frac{(M-2G)^2}{G}\frac{M}{M-G}\end{aligned}\tag{2.59}$$

这里 $\Delta c_{11}^{\mathrm{Hudson}}$ 为各向异性介质中刚度系数的变化量，λ 和 μ 为拉梅常数，ε 为裂缝密度 $\varepsilon=3\phi/(4\pi\alpha)$，$\phi$ 为孔隙度，α 为描述孔隙形状的宽长比。假设 $M=\sqrt{M_0M_\infty}$，由式(2.58)、式(2.59)可得：

$$\begin{aligned}2Q_P^{-1}&=\frac{M_\infty-M_0}{\sqrt{M_0M_\infty}}\\&=\varepsilon\frac{4}{3}\frac{(M-2G)^2}{G(M-G)}=\varepsilon\frac{4}{3}\frac{(M/G-2)^2}{G(M/G-1)}\end{aligned}\tag{2.60}$$

剪切模量对应的刚度系数为 c_{44}，与裂缝相关的剪切模量频散关系为：

$$\begin{aligned}G_\infty-G_0&=\Delta c_{44}^{\mathrm{Hudson}}\\&\approx\varepsilon\mu\frac{16(\lambda+2\mu)}{3(3\lambda+4\mu)}\equiv\varepsilon G\frac{16}{3}\frac{M}{3M-2G}\end{aligned}\tag{2.61}$$

假设 $G=\sqrt{G_0 G_\infty}$，由方程式(2.58)、式(2.61)得到：

$$
\begin{aligned}
2Q_S^{-1} &= \frac{G_\infty - G_0}{\sqrt{G_0 G_\infty}} \\
&= \varepsilon \frac{16}{3} \frac{M}{3M-2G} = \varepsilon \frac{16}{3} \frac{M/G}{3M/G-2}
\end{aligned} \tag{2.62}
$$

联合方程式(2.60)和式(2.62)发现：

$$
\frac{Q_P^{-1}}{Q_S^{-1}} = \frac{1}{4} \frac{(M/G-2)^2(3M/G-2)}{(M/G-1)(M/G)} \tag{2.63}
$$

其中，$M/G=V_P^2/V_S^2$。

第五节　经验岩石物理模型

常用的经验岩石物理模型如表 2.8 所示。

表 2.8　常用经验岩石物理关系

年份	模型	类型
1956，1958	Wyllie 时间平均公式	速度－孔隙度关系
1980	Raymer－Hunt－Gardner 关系式	速度－孔隙度关系
1986	Han 关系式	速度－孔隙度－黏土矿物关系
1992	Greenberg－Castagna 公式	V_S-V_P 关系
1974	Gardner 公式	密度－速度关系
1991，1995	临界孔隙度模型(Nur 等)	速度－孔隙度关系

一、临界孔隙度模型

Nur 等(1991)提出一种认为岩石速度应当在小孔隙度极限的矿物速度和大孔隙度极限的矿物－孔隙流体悬浮速度值之间的趋势上，称为临界孔隙度模型。临界孔隙度模型是根据多数孔隙介质具有临界孔隙度 ϕ_c(它把孔隙介质的机械和声波特征分为两个截然不同的区域)这一观察。当孔隙度低于 ϕ_c 时，矿物承载；而当孔隙度大于 ϕ_c 时，岩石“散开”并且变成承载液体中的悬浮物。

在悬浮域 $\phi>\phi_c$，用 Reuss(等应力)平均可以相当精确地估算有效体积与剪切模型：

$$
K_R^{-1}=(1-\phi)K'^{-}_0+\phi K_{fl}^{-1}；\ \mu_R=0 \tag{2.64}
$$

其中，K_0 和 K_{fl} 分别是矿物和流体的体积模量。

在承载域 $\phi<\phi_c$，模量迅速从零孔隙度的矿物质减小到临界孔隙度的悬浮值，从矿物到临界孔隙度趋势的几何解释就是如果使孔隙度足够大，岩石颗粒间将失去接触和刚度。Nur 发现这种相关性经常可用一条代表 ρV^2 相对于孔隙度变化的直线近似，这一线性关系可以看成是修正的 Voigt 平均，其中一端是矿物，另一端是临界孔隙度下的悬浮体。可以写成：

$$M_{MV}=(1-\phi')M_0+\phi'M_c \tag{2.65}$$

其中，M_0 和 M_c 是零孔隙度时的矿物模量和临界孔隙度下的悬浮体模型。孔隙度是相对于临界孔隙度，$\phi'=\phi/\phi_c$。

对碎屑岩而言，临界孔隙度 ϕ_c 时的弱悬浮状态描述了压实和成岩作用之前的最初沉积，随着压实和成岩作用，孔隙度减小和弹性刚度增加。临界孔隙度值取决于岩石内部结构，它对于颗粒岩石可能居中，对于裂缝岩石可能非常小。

图 2.22 为临界孔隙度模型的理论计算结果，图 2.22(a)为纵波速度-孔隙度关系，图 2.22(b)为横波速度-孔隙度关系。图中修正的 Voigt 界限用来表征临界孔隙度模型，为了对比同样绘制了 Voigt 与 Reuss 界限。可以看出：当孔隙度大于临界孔隙度时岩石处于悬浮态，可以用 Reuss 平均表征弹性参数与孔隙度的关系；当孔隙度小于临界孔隙度时岩石处于固体态(矿物承载)，随着孔隙度减小，弹性刚度增加，沿修正的 Voigt 界限向上移动。Han 等的实际岩心测量结果均落在修正 Voigt 界限以下，证实了临界孔隙度模型的合理性。

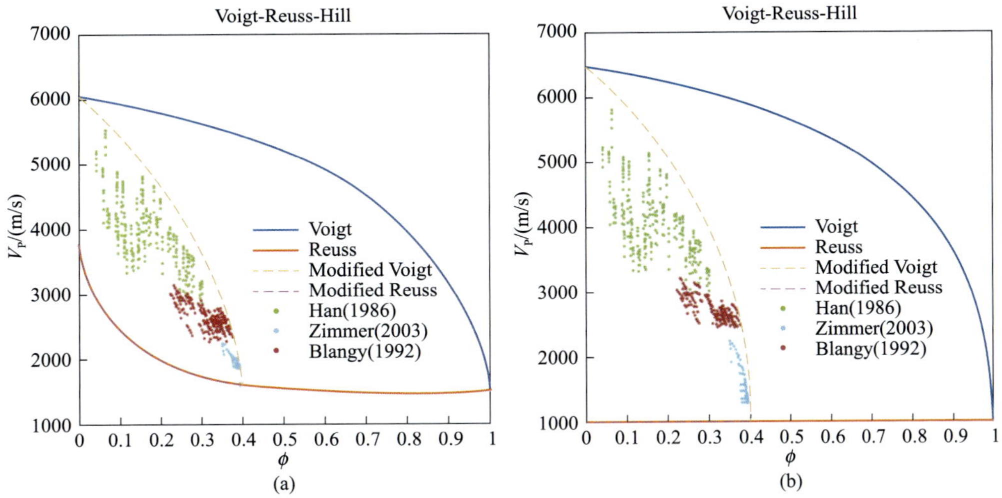

图 2.22 临界孔隙度模型理论计算

二、速度-孔隙度关系

(一) Wyllie 时间平均公式

Wyllie 等(1956，1958)的测量结果显示，在高有效压力下液体饱和的具有相对均匀矿物的沉积岩石，其速度-孔隙度经常呈现简单的单调关系。Wyllie 等人用式(2.66)近似表示这些关系：

$$\frac{1}{V_P}=\frac{\phi}{V_{Pfl}}+\frac{1-\phi}{V_{P0}} \tag{2.66}$$

其中，V_P，V_{P0}和 V_{Pfl}分别是岩石、组成岩石的矿物及孔隙流体的 P 波速度。

对这一公式的解释是，总的传播时间是矿物中传播的时间域在孔隙流体中传播的时间的和，因此通常被称为时间平均方程。需要注意的是，总的传播时间可写成各相传播时间的和是地震射线理论的假设，只有当：①波长比典型孔隙尺寸和岩石颗粒尺度要小；②孔隙和颗粒在垂直于地震射线路径的方向上均质层状排列时才成立。Wyllie 时间平均方程最适用于足够高的有效压力下的压实，这时岩石具有“极限速度”。

（二）Raymer – Hunt – Gardner 关系式

Raymer 等（1980）建议改进的 Wyllie 经验速度 – 传播时间经验公式如下：

$$V=(1-\phi)^2V_0+\phi V_{\mathrm{fl}},\quad \phi<37\%$$

$$\frac{1}{\rho V^2}=\frac{1-\phi}{\rho_0V_0^2}+\frac{\phi}{\rho_{\mathrm{fl}}V_{\mathrm{fl}}^2},\quad \phi>47\% \tag{2.67}$$

对于中间孔隙度的第三个公式是由上述两个公式简单地内插得到的：

$$\frac{1}{V}=\frac{0.47-\phi}{0.10}\frac{1}{V_{37}}+\frac{\phi-0.37}{0.10}\frac{1}{V_{47}} \tag{2.68}$$

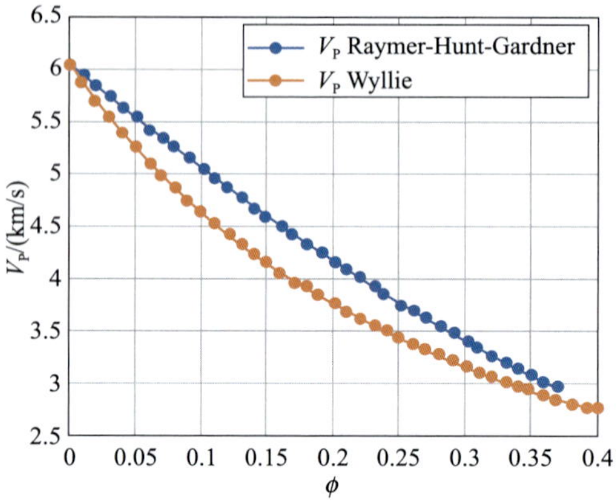

图 2.23　饱含水砂岩的 V_P 与孔隙度的经验关系

其中，V_{37} 是用低 – 中孔隙度公式在 $\phi=0.37$ 时计算的，V_{47} 是用高孔隙度公式在 $\phi=0.47$ 时计算的。Raymer – Hunt – Gardner 关系式的假设与局限性与 Wyllie 时间平均方程类似。

图 2.23 为饱含水砂岩的 V_P 与孔隙度的经验关系，从中可以看出，中低孔隙度 Raymer – Hunt – Gardner 关系式计算的 V_P 要比 Wyllie 时间平均公式大。

三、Han 经验关系式

Han（1986）根据固结良好的墨西哥湾砂岩发现了实验测量的超声波速度相对于孔隙度和黏土矿物含量的经验关系式，如表 2.9 所示，其中孔隙度用 ϕ 表示，黏土含量用 C 表示。

表 2.9　Han 的 V_P 和 V_S 与孔隙度、黏土含量的经验关系式（速度单位为 km/s）

纯净砂岩（基于 10 种样品）			
水饱和	40MPa	$V_P=6.08-8.06\phi$	$V_S=4.06-6.28\phi$
含泥砂岩（基于 70 种样品）			
水饱和	40MPa	$V_P=5.59-6.93\phi-2.18C$	$V_S=3.52-4.91\phi-1.89C$
	30MPa	$V_P=5.55-6.96\phi-2.18C$	$V_S=3.47-4.84\phi-1.87C$
	20MPa	$V_P=5.49-6.94\phi-2.17C$	$V_S=3.39-4.73\phi-1.81C$
	10MPa	$V_P=5.39-7.08\phi-2.13C$	$V_S=3.29-4.73\phi-1.74C$
	5MPa	$V_P=5.26-7.08\phi-2.02C$	$V_S=3.16-4.77\phi-1.64C$
干岩石	40MPa	$V_P=5.41-6.35\phi-2.87C$	$V_S=3.57-4.57\phi-1.83C$

Eberhart – Phillips（1989）根据 Han 的测量数据综合分析了孔隙度、黏土含量、有效应力对速度的影响，构建了速度经验关系式。

$$V_P = 5.77 - 6.94\phi - 1.73\sqrt{C} + 0.446(P_e - 1.0e^{-16.7P_e})$$
$$V_S = 3.70 - 4.94\phi - 1.57\sqrt{C} + 0.361(P_e - 1.0e^{-16.7P_e}) \quad (2.69)$$

其中，P_e 为有效应力，单位为 kbar($1\text{bar} = 10^5\text{Pa}$)。

四、密度－速度经验关系

Gardner 等(1974)提出了一个应用非常广泛的 P 波速度和密度的经验公式：

$$\rho_b \approx 1.741 V_P^{0.25} \quad (2.70)$$

其中，V_P 的单位是 km/s，ρ_b 的单位是 g/cm^3。

Castagna 等(1993)提出不同岩性的密度－速度经验关系式，包括多项式和指数形式，如表 2.10 所示。

表 2.10 Castagna 等构建的速度－密度的多项式和指数关系式
(速度单位为 km/s，密度单位为 g/cm^3)

方程形式 $\rho_b = aV_P^2 + bV_P + c$				
岩性	a	b	c	V_P 范围(km/s)
页岩	-0.0261	0.373	1.458	1.5~5.0
砂岩	-0.0115	0.261	1.515	1.5~6.0
灰岩	-0.0296	0.461	0.963	3.5~6.4
白云岩	-0.0235	0.390	1.242	4.5~7.1
硬石膏	-0.0203	0.321	1.732	4.6~7.4
方程形式 $\rho_b = d(V_P)^f$				
岩性	d	f		V_P 范围(km/s)
页岩	1.75	0.265		1.5~5.0
砂岩	1.66	0.261		1.5~6.0
灰岩	1.50	0.225		3.5~6.4
白云岩	1.74	0.252		4.5~7.1
硬石膏	2.19	0.160		4.6~7.4

五、V_S-V_P 经验关系

根据实验室测量的 V_P-V_S 数据，可以通过数据拟合的方式得到 V_S-V_P 的经验关系式。Castagna 等(1993)对不同学者在实验室测量的超声波 V_P-V_S 数据进行多项式拟合，给出了单一纯岩性的 V_S-V_P 经验关系式，如表 2.11 所示。

表 2.11　纯岩性 V_S-V_P 关系式的多项式回归系数(Castagna 等，1993)(速度单位为 km/s)

$V_S=a_{i2}V_P^2+a_{i1}V_P+a_{i0}$				
岩性	a_{i2}	a_{i1}	a_{i0}	R^2
砂岩	0	0.80416	-0.85588	0.98352
灰岩	-0.05508	1.01677	-1.03049	0.99096
白云岩	0	0.58321	-0.07775	0.87444
页岩	0	0.76969	-0.86735	0.97939

第六节　多类型储层岩石物理建模

岩石物理建模一方面可以应用在横波预测、密度曲线校正等方面，另一方面基于岩石物理模型可以分析物性参数变化对弹性响应的影响，为地震正演参数选取、流体因子构建等提供理论指导。

一、碳酸盐岩

(一) 礁滩型白云岩

首先通过岩石物理理论进行测井岩石物理分析，图 2.24 为 A1 井储层段的孔隙结构分析，从中可以看出局部储层段明显受孔隙结构的影响。

在岩石物理模型中考虑多重孔隙结构的影响，完成了 A1 井的岩石物理建模，如图 2.25 所示，从中可以看出预测纵横波速度与实测值吻合性较好，说明了针对研究区储层特征构建的岩石物理模型的合理性。

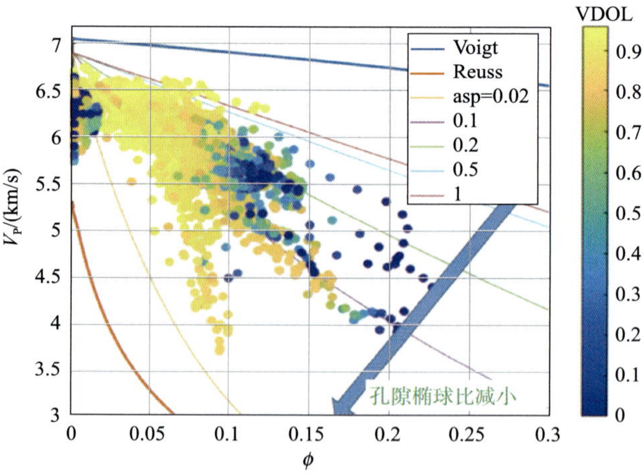

图 2.24　A1 井基于纵波速度 - 孔隙度交会的孔隙结构分析

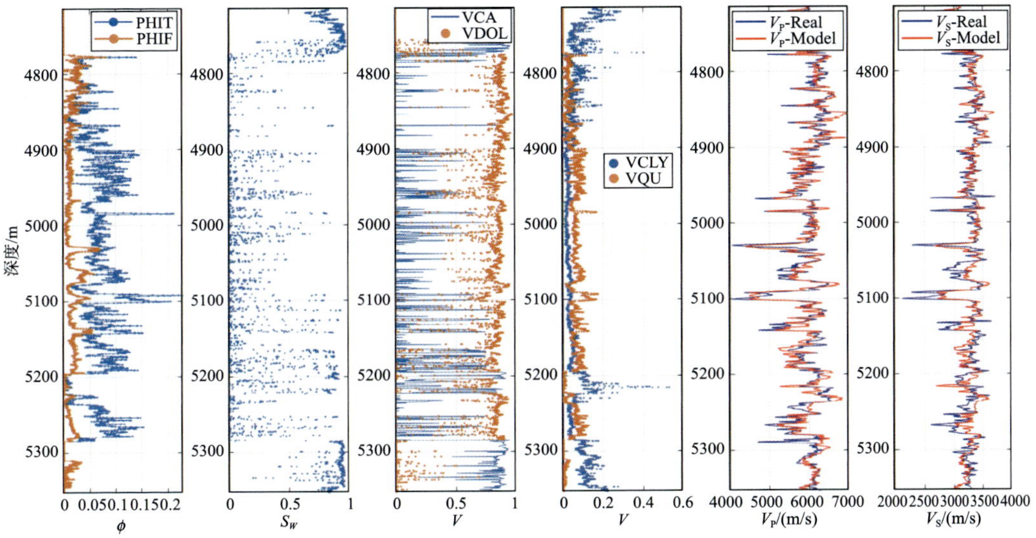

图 2.25　A1 井岩石物理建模结果

(二)裂缝 - 孔隙型碳酸盐岩

表 2.12 为研究区的地层沉积特征，不同地层的岩性特征、孔隙类型特征等指导岩石物理建模工作。

根据研究区地质特征，将上述岩石物理建模方法与流程应用到工区，图 2.26 为研究区 A2 井的岩石物理建模结果。从中可以看出岩石物理模型正演的纵波速度与实测速度变化规律一致，数值大小吻合度高，说明所建岩石物理模型在研究区内具有较强的适应性。岩石物理模型正演得到的弹性参数曲线为后续叠前反演等提供了必要的数据支撑。

表 2.12　研究区地层沉积特征

地层	特征	说明
S 组	岩性	灰绿到浅蓝色泥质灰岩、泥岩和泥粒灰岩，泥质含量 <10%，含少量开放或者充填裂缝
	分层	分为 7 个小层，下部 2 个小层局部发育，底部的 S7 层为细粒泥岩，局部白云岩化
	孔隙	基本无基质孔隙，主要为裂缝孔隙
K 组	岩性	白色纯净层状灰岩，含微层理、缝合线，泥质含量低
	分层	厚度 80 ~95m，分为两个小层
	孔隙	裂缝发育，裂缝孔隙度最高可达 2%；局部白云岩化产生基质孔隙度，最高可达 6.5%
Q 组	岩性	粉 - 灰色角砾状白云岩，缝合线发育
	分层	分为 6 个小层，厚度达 260m
	孔隙	裂缝发育，溶孔，基质孔隙发育，基质孔隙度 5% ~20%

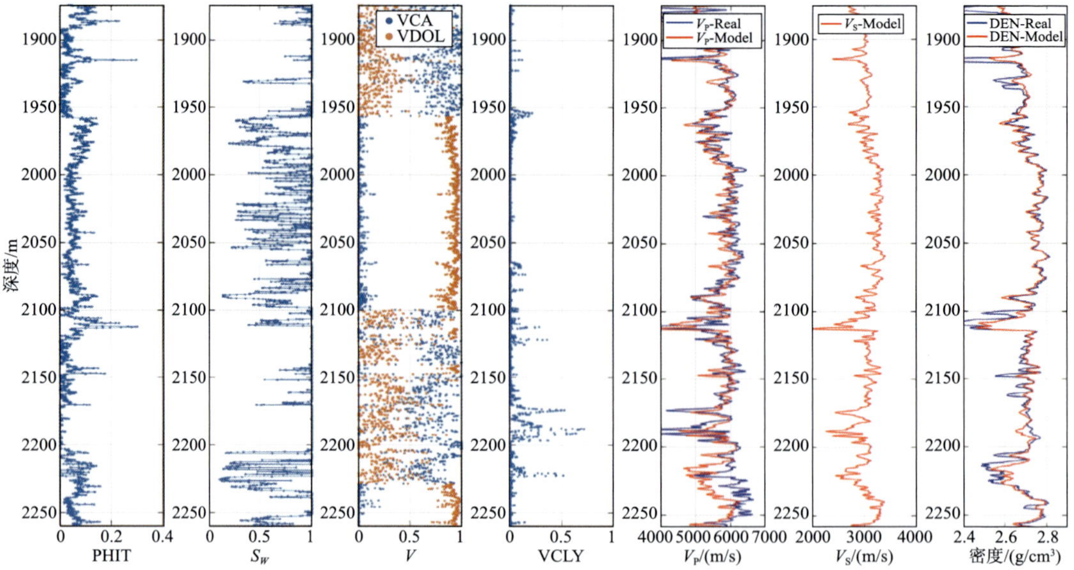

图 2.26　A2 井岩石物理建模结果

二、致密砂岩

四川某地区的储层岩性为致密砂岩，这里采用包体岩石物理模型开展该区的岩石物理模型构建工作。图 2.27 展示了研究区 2 口典型井 B1、B2 井的岩石物理正演模拟。从中可以看出岩石物理模型正演的纵波速度与实测速度变化规律一致，数值大小较为吻合，说明所建岩石物理模型在工区内具有较强的适应性。

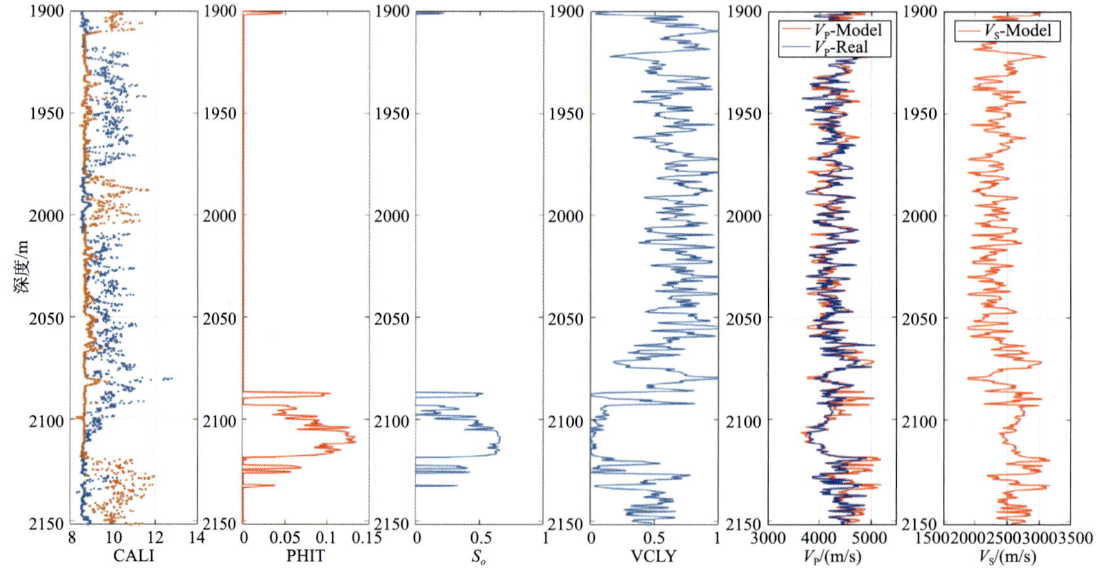

(a)B1井

图 2.27　致密砂岩岩石物理建模结果

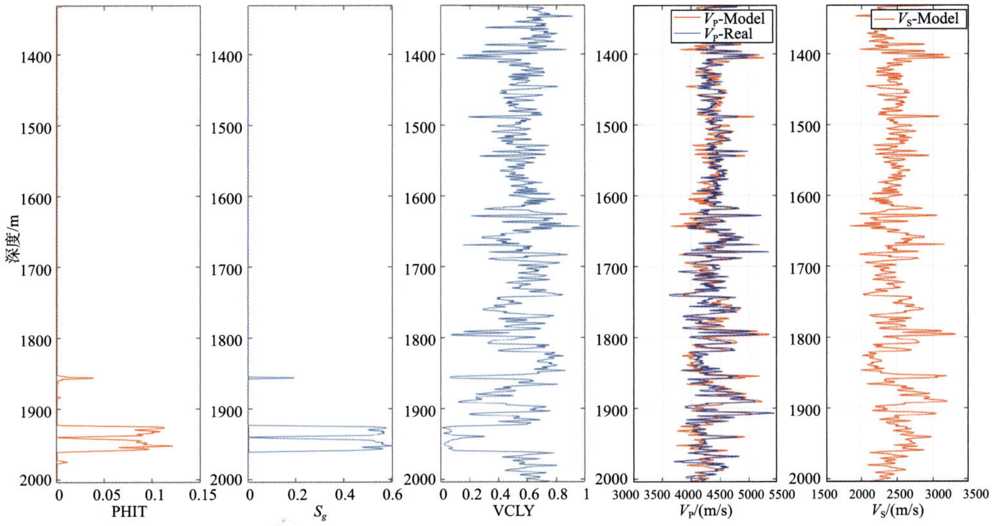

(b)B2井

图 2.27　致密砂岩岩石物理建模结果(续)

三、浊积砂岩

西非某地区的储层岩性为浊积砂岩，这里采用包体岩石物理模型开展该区的岩石物理模型构建工作。图 2.28 展示了典型井 C1 的岩石物理正演模拟。从中可以看出预测的纵波速度与实测速度变化规律一致，数值大小较为吻合，说明所建岩石物理模型在工区内具有较强的适应性。

流体替换可以指导时移地震的波场特征分析。图 2.29 为 C1 井不同含油饱和度下(油 + 水)的纵波速度、横波速度与密度。从中可以看出纵波速度随含油饱和度的变化呈负相关关系；密度随含油饱和度的变化呈线性变化特征，变化幅度小。

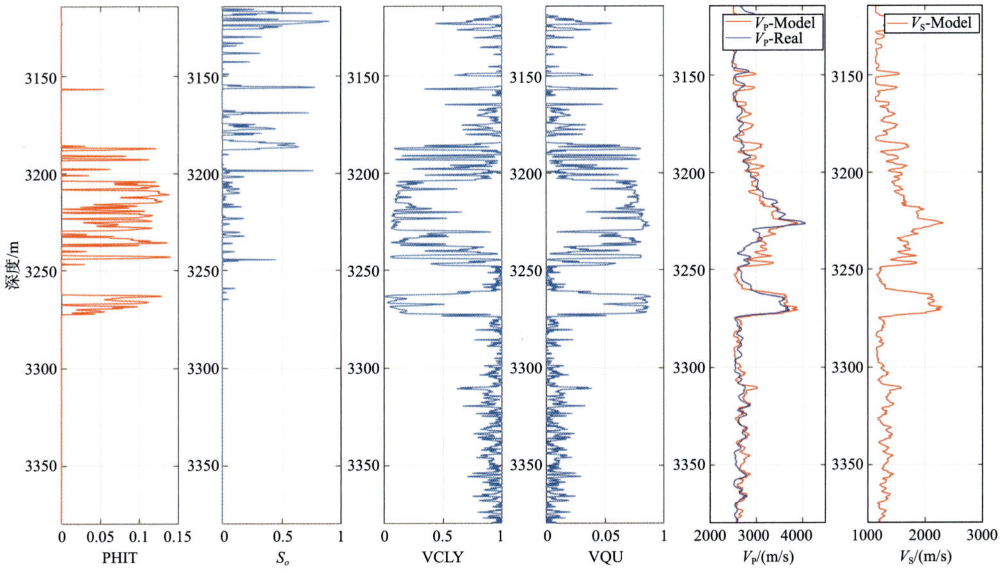

图 2.28　浊积砂岩岩石物理建模结果

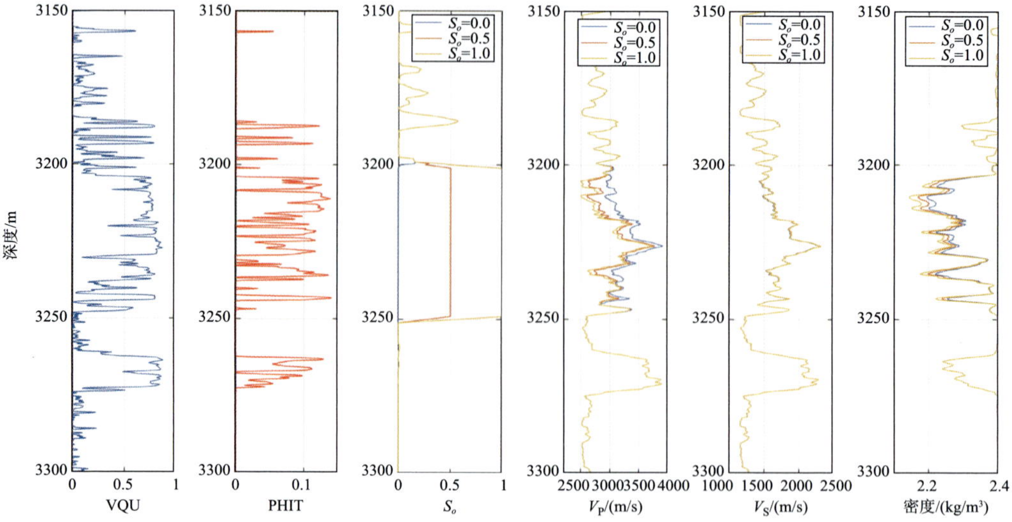

图 2.29　不同含油饱和度的纵波速度、横波速度与密度

四、密度建模应用

密度测井记录的是地层散射伽马强度，井径扩大或井壁不规则对密度测井曲线有严重影响，往往使密度测井曲线陡然下降，测出的地层密度值明显偏低(雍世和、张超谟，2007)。

图 2.30 为将岩石物理密度建模用于密度校正的效果图，第一列为井径曲线，第二列为矿物组分，第三列为孔隙度，第四列为密度曲线。从井径曲线与原始密度曲线(第四列

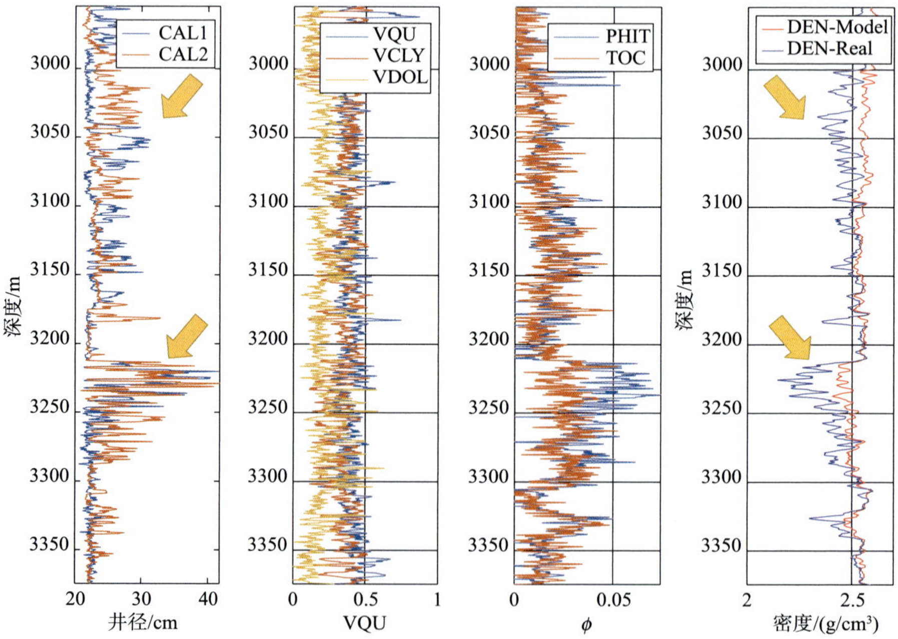

图 2.30　岩石物理密度建模应用

蓝线)的对比可以看出，在井径扩大处(如图中箭头所指位置)密度明显降低，而岩石物理密度建模得到的密度曲线(第四列红线)在未扩径段与原始密度相吻合，在扩径段实现了密度曲线的合理校正。

通常岩石物理建模主要关注纵横波速度预测，尤其是对未测量横波速度的井进行横波预测，而对密度建模关注较少。实际上，准确的密度曲线是弹性参数分析、叠前反演等的基础，而利用岩石物理密度建模进行密度曲线校正是一种理论严谨、结果易质控的密度曲线校正方法。

第三章　叠前弹性参数反演

随着当前油气勘探开发的深入，赋予了地震反演更为深远的含义和更加艰巨的任务。可以说，通过地面观测到的地震资料，结合测井、录井、钻井、地质分析化验等资料了解和认识地下介质的构造形态、弹性特征、非均质性、各向异性、油气开采特性、流体状态等，均属于地震反演的范畴。地震反演不仅包括地震处理、解释的全部内容，还渗透到储层预测、油藏监测等油气勘探开发的各个领域，成为地质学家、地球物理学家和油藏工程师们共同关注的课题。弹性参数叠前地震反演是目前储层预测及流体识别的主要方法，其相较叠后储层预测具有更高的精度和置信度。结合岩石物理，分析储层及流体敏感弹性参数，基于非线性反演算法的 AVO 三参数反演结果，能够实现较为准确的储层及流体识别。而储层物性参数(孔隙度、含流体饱和度、泥质含量、储层压力、渗透率等)的空间分布，直接影响油气储层的品质，是地质地球物理工作者进行储层评价、估算油气储量、确定开发井位的主要依据，通过储层物性参数能够很好地同油藏工程结合起来。另外，储层物性参数也会对储层地球物理响应特征造成一定的影响，因此，基于地球物理资料定量反演储层物性参数理论上是可行的，但由于储层物性参数同地震属性之间的关系是复杂的、非线性的，因此从地震资料预测储层物性参数又是当前地震资料应用研究的难点。

地震反演从方法实现来分，可分为线性反演与非线性反演两大类。前人已经证明，许多地球物理问题，如剩余静校正量的求取、地震子波的估计、孔隙度以及压力参数计算等，均属于多极值目标函数的优化问题。用常规线性反演方法求解这些非线性反演问题，在反演迭代过程中，往往容易陷入局部最优解，从而造成反演结果不可靠。因此，大力开展非线性反演方法的研究，是地球物理学界的共识。

AVO 反演属于叠前反演，本质上为典型的非线性、非高斯参数估计问题。常规 AVO 三参数反演方法通常是把非线性问题线性化，利用左普利兹(Zoeppritz)近似表达式，采用加权叠加的方法反演属性剖面。Wiggin 等(1983)、Lortzer 和 Berkhout(1993)采用叠后阻抗反演方法反演反射系数，求取与之相关的阻抗及密度信息。Smith 和 Gidlow(1987)基于最小二乘法迭代反演，通过加权求和的方法对岩性参数进行估计。常规线性解法的稳定性受初始模型的影响较大，且容易陷入局部极小，要提高反演结果的稳定性，有必要寻找一种新的非线性参数估计的方法。Boland 和 More(2003)基于贝叶斯理论推导出纵横波速度及密度的反演方程。Michael Smith(2010)采用数据驱动型的反演方法，利用频带拓宽来增加分辨率、减小动校正(Normal Moveout Correction，NMO)拉伸，通过三参数振幅随角度变化(Amplitude Variation with Angle，AVA)反演和波阻抗反演求取岩石参数、预测孔隙度和岩性。De－hua Han(2011)基于贝叶斯线性 AVO 反演预测储层岩石弹性参数，并基于反演结果实现碳酸盐岩含气储层预测。

基于 AVO 三参数反演能够得到纵横波速度、密度和泊松比等多种岩性参数，较叠后反演有明显的优越性，能更可靠地揭示地下储层的物性和含油气性，国内学者也开展了大量的研究工作。陈建江(2007)采用先验地质信息作为 AVO 反演问题的约束条件，用柯西(Cauchy)分布表示先验模型参数的分布，基于共轭梯度算法实现多参数非线性的反演过程。张世鑫(2010)将符合工区特征的岩石物理条件作为先验软约束融合到反射系数近似公式中，以最优反射系数近似为基础实现了最终的三参数同步反演。王丹阳(2010)基于 Aki 近似式，利用马尔科夫链蒙特卡罗(Markov Chain Monte Carlo，MCMC)方法实现纵横波速度和密度的反演。严哲等(2009，2010)研究了基于蚁群算法和粒子群算法的 AVO 三参数反演，通过模型验证了方法的有效性。

本章主要回顾下反演的基本概念，介绍了反演的常用算法，对 AVO/AVA 反演技术进行了归纳，并介绍了基于贝叶斯框架的 AVO 三参数反演、基于粒子群算法的 AVO 三参数反演以及时频域联合 AVA 反演的基本原理。关于这几类 AVO/AVA 反演方法的实际应用部分，我们在后续章节还会提到。

第一节　离散反演方法及数值解法

在反演问题中，物理系统(模型)往往是不可直接测量的。为了获得这些不可直接测量的量的信息，需要利用与这些不可直接测量的量有密切关系的一些可以直接测量的量。这种可以直接测量的量就是观测数据。使用物理理论或规律将物理模型与观测数据联系起来，即

$$\boldsymbol{d}=\boldsymbol{G}\boldsymbol{x} \tag{3.1}$$

从数学观点而言，$\boldsymbol{G}$ 是一个已知的映射算子。由给定的 $\boldsymbol{x}$ 值计算 $\boldsymbol{d}$ 的过程称为正演；而由 $\boldsymbol{d}$ 反推 $\boldsymbol{x}$ 的过程称为反演。$\boldsymbol{G}$ 为线性算子则是线性问题(相应的反演为线性反演)；$\boldsymbol{G}$ 为非线性算子则是非线性问题(相应的反演为非线性反演)。

讨论反演问题时，若模型与观测数据用连续函数表示，则是连续反演；若用离散参数表示，则是离散反演。由于观测数据往往是离散的，处理反演问题必须使用计算机，计算机只能处理离散的数，故讨论离散反演更具实用价值。采用有限个离散的数逼近连续函数是一种近似。但是这一近似总达不到利用连续函数进行研究的精度，这给反演带来一定的不确定性。因此，在讨论反演理论问题时连续反演扮演着重要的角色。离散反演的研究更多的是依靠向量理论而不是复杂的泛函或算子理论，较为简单。因此，它除了在实用方面有重要价值外，其研究的某些结论仍是研究一般反演理论的良好出发点。

在离散线性反演理论中，若模型参数向量的维数大于观测向量的维数，则反演的解不唯一。这一结论对离散非线性反演同样适用，甚至更为严格。有些实际问题本身是离散的，其模型参数向量的维数固定不变，观测数据量过少会造成解不唯一。这可以通过增加观测量来加以解决。大多数实际问题是连续的。从反演理论而言，无论怎样增加观测量，它们也只能为有限个数据，而连续函数具有无限个值，用有限个数据反演无数个模型参数值总是非唯一的。当然，通过离散化采样，模型参数个数成为有限的，反演可能求出“唯

一”解。但这个解并不一定能充分反映真实物理系统的性状。因此，在实际工作中，反演的非唯一性问题常常存在，是要密切注意的一个重要问题。

此外，反演过程的稳定性是要加以注意的另一个问题。所谓稳定性，可以用当数据 $\boldsymbol{d}$ 有微小扰动 $\Delta\boldsymbol{d}$ 时，反演求得的解与真解间的差 $\Delta\boldsymbol{x}$ 的大小来判断。若 $\Delta\boldsymbol{x}$ 相当大则是不稳定的，反之则是稳定的。

求解离散反演问题，可采用直接或非直接的计算方法。直接计算方法是直接利用离散化矩阵形式计算得到数值解，而非直接计算方法常用迭代的方法求解，非直接的方法是求解地球物理反问题的常用技术，因为它的计算代价低，具有计算上的优势。

一、离散线性反演问题

反演理论对于数据的完整性和精确性没有做任何假设。反演问题的分类主要依赖于已知数据和未知模型参数的数量。

(1)适定问题。

如果给定数据向量 $\boldsymbol{d}$，并假设反演问题的解存在并且是唯一的，那么反演问题可称为适定问题。但是在地球物理反演问题中，地震数据常常是带有噪声的，因此适定的反演问题通常是不存在的。

(2)超定问题。

超定问题是指观测的数据要比未知模型参数的数量多。在这种情况下，反演问题不存在一个精确解。因此反演理论只是寻求一个最好的解。

(3)欠定问题。

对于欠定问题，由于信息量不足，反问题可以有无限多个使预测误差为零的解。所以，为求得反问题的唯一解，给出的先验条件的正确性是非常重要的。

(一)最小二乘解

求解超定问题的最小范数解常采用最小二乘的方法，如果预测误差矢量 $\boldsymbol{e}=\boldsymbol{d}-\boldsymbol{G}\boldsymbol{x}$，总误差为：

$$\begin{aligned}\boldsymbol{E} &= \boldsymbol{e}^{\mathrm{T}}\boldsymbol{e} = (\boldsymbol{d}-\boldsymbol{G}\boldsymbol{x})^{\mathrm{T}}(\boldsymbol{d}-\boldsymbol{G}\boldsymbol{x}) \\ &= \sum_{i=1}^{N}\Big[d_i-\sum_{j=1}^{M}G_{ij}x_j\Big]\Big[d_i-\sum_{k=1}^{M}G_{ik}x_k\Big]\end{aligned} \tag{3.2}$$

求梯度得到

$$\boldsymbol{G}^{\mathrm{T}}\boldsymbol{G}\boldsymbol{x}-\boldsymbol{G}^{\mathrm{T}}\boldsymbol{d}=0 \tag{3.3}$$

其中，$\boldsymbol{G}^{\mathrm{T}}\boldsymbol{G}$ 是一个 $\boldsymbol{M}\times\boldsymbol{M}$ 阶方阵。若 $(\boldsymbol{G}^{\mathrm{T}}\boldsymbol{G})^{-1}$ 存在，就可得到反问题的最小二乘解为：

$$\boldsymbol{x}^{\mathrm{est}}=(\boldsymbol{G}^{\mathrm{T}}\boldsymbol{G})^{-1}\boldsymbol{G}^{\mathrm{T}}\boldsymbol{d} \tag{3.4}$$

但最小二乘解是没有约束条件的方程解，对于纯欠定问题方程的解是不唯一的。假定观测数据 d_j 由下列积分式求得：

$$d_j = d(r_j) = \int_0^L e^{-\alpha(m-r_j)^2}x(m)\,\mathrm{d}m \tag{3.5}$$

这里，r_j 代表一个观测点的位置。采用梯形求积分公式得到离散公式是：

$$d(r_j)=\sum_{k=0}^{M-1}\Delta m e^{-\alpha(r_j-m_k)^2}x(m_k) \tag{3.6}$$

假定 r_j 是在[0, L]区间上分布的 N 个观测点。r_j 可由下式得到。

$$r_j=j\cdot L/(N-1) \tag{3.5a}$$

$$m_k=k\cdot L/(M-1) \tag{3.5b}$$

式(3.6)以矩阵的形式表示为

$$\boldsymbol{d}=\boldsymbol{Gx} \tag{3.6a}$$

(二)最小长度解

求解欠定反演问题时，由于信息不足，反问题可以有无限多个使预测误差为零的解。为了克服这种不适定性，往往在模型中加一些模型中未包含的信息，以约束所允许的解。这种先验约束信息是不依赖于实际数据的，往往可以改善反演效果。下面介绍一类简单的先验信息，即以解的欧几里得长度作为解的度量。

$$L=\boldsymbol{x}^{\mathrm{T}}\boldsymbol{x}=\sum_{i=1}^{M}x_i^2 \tag{3.7}$$

反问题可以这样提出：求在 $\boldsymbol{e}=\boldsymbol{d}-\boldsymbol{Gx}=0$ 的约束下使 $L=\boldsymbol{x}^{\mathrm{T}}\boldsymbol{x}=\sum x_i^2$ 极小的解估值 $\boldsymbol{x}^{\mathrm{est}}$。可用拉格朗日乘子法将 L 的条件极值问题化为无条件极值问题来解。引入目标函数

$$J(\boldsymbol{x})=\lambda^{\mathrm{T}}(\boldsymbol{d}-\boldsymbol{Gx})+\boldsymbol{x}^{\mathrm{T}}\boldsymbol{x} \tag{3.8}$$

使目标函数 $J(\boldsymbol{x})$ 对 $\boldsymbol{x}$ 取极小，最后得到

$$\boldsymbol{x}^{\mathrm{est}}=\boldsymbol{G}^{\mathrm{T}}(\boldsymbol{GG}^{\mathrm{T}})^{-1}\boldsymbol{d} \tag{3.9}$$

相对于最小二乘法，最小长度方法得到的反演解精确度要更高一些，说明约束信息对提高反演解的精确度起到了作用。

(三)加权最小长度解

在实际反演问题中，表征介质特征的量随空间坐标缓慢变化时，可用其一阶导数的范数极小为准则，求所谓“平缓度”解估值。对于离散的模型参数，特别是当它们按自然顺序离散化时，则可把相邻的模型参数之间的差作为一阶导数的近似。定义向量 $\boldsymbol{x}$ 的“平缓度”矩阵为 $\boldsymbol{D}$。

$$\boldsymbol{H}=\begin{bmatrix}-1 & 1 & \cdots & & 0 & 0\\ 0 & -1 & 1 & \cdots & & 0\\ \vdots & \ddots & & \ddots & & \vdots\\ 0 & \cdots & & & -1 & 1\end{bmatrix}\begin{bmatrix}x_1\\ x_2\\ \vdots\\ x_M\end{bmatrix}=\boldsymbol{Dx} \tag{3.10}$$

这样，长度解用 $\boldsymbol{L}=\boldsymbol{H}^{\mathrm{T}}\boldsymbol{H}$ 来度量。即

$$\boldsymbol{L}=\boldsymbol{H}^{\mathrm{T}}\boldsymbol{H}=(\boldsymbol{Dx})^{\mathrm{T}}(\boldsymbol{Dx})=\boldsymbol{x}^{\mathrm{T}}(\boldsymbol{D}^{\mathrm{T}}\boldsymbol{D})\boldsymbol{x} \tag{3.11}$$

定义 $\boldsymbol{w}=\boldsymbol{D}^{\mathrm{T}}\boldsymbol{D}$ 为加权因子，说明引入“平缓度”时，相当于对解估值加入一个权重运算。对于欠定问题，可用拉格朗日乘子法。引入目标函数为：

$$J(\boldsymbol{x})=\boldsymbol{L}+\boldsymbol{\lambda}^{\mathrm{T}}(\boldsymbol{d}-\boldsymbol{Gx})=\boldsymbol{x}^{\mathrm{T}}\boldsymbol{W}_m\boldsymbol{x}+\boldsymbol{\lambda}^{\mathrm{T}}(\boldsymbol{d}-\boldsymbol{Gx}) \tag{3.12}$$

求上式的梯度得到参数解为：

$$\boldsymbol{x}=\boldsymbol{W}_m^{-1}\boldsymbol{G}^{\mathrm{T}}(\boldsymbol{GW}_m^{-1}\boldsymbol{G}^{\mathrm{T}})^{-1}\boldsymbol{d} \tag{3.13}$$

上式称为加权最小长度解。

采用“平缓度”加权因子求解欠定问题。相对于最小二乘解及最小长度解，反演精度有很大提高。由于假定先验模型参数曲线是一阶可导的，所以在曲线的形态上更光滑且一阶连续。

在另外的一些地球物理问题中，往往要讨论模型参数二阶导数的连续性。此时是用其二阶导数的范数极小为准则来求解。即采用所谓“粗糙度”解估值。对于离散化的模型参数，可在一阶导数离散化的基础上再作差值，得到对解估值的权重因子，所以矢量 $\boldsymbol{x}$ 的“粗糙度”矩阵为：

$$\boldsymbol{J}=\begin{bmatrix}1 & -2 & 1 & & \cdots & 0\\ 0 & 1 & -2 & 1 & \cdots & 0\\ \vdots & & \ddots & \ddots & \ddots & \vdots\\ 0 & \cdots & 1 & & -2 & 1\end{bmatrix}\begin{bmatrix}x_1\\ x_2\\ \vdots\\ x_M\end{bmatrix}=\boldsymbol{Ex} \tag{3.14}$$

这里 $\boldsymbol{E}$ 称为“粗糙度”矩阵，同样加权因子是 $\boldsymbol{w}=\boldsymbol{E}^{\mathrm{T}}\boldsymbol{E}$。类似于“平缓度”加权因子求解欠定问题的方法，同样可得到相同的公式

$$\boldsymbol{x}=\boldsymbol{W}^{-1}\boldsymbol{G}^{\mathrm{T}}(\boldsymbol{GW}^{-1}\boldsymbol{G}^{\mathrm{T}})^{-1}\boldsymbol{d} \tag{3.15}$$

此时，方程中的加权因子是由“粗糙度”矩阵 $\boldsymbol{E}$ 计算得到。由于假定是二阶可导的模型曲线，所以反演的模型参数曲线有高阶曲线的特征。相对于最小二乘法解欠定问题，“粗糙度”解估值求得的参数曲线精度更高，曲线的形态与理想曲线基本相似。

（四）阻尼最小二乘解

在实际的反演问题中，观测数据往往带有噪声，所以用模型参数精确地拟合观测数据是不现实的，而是让它们之间有一定的容限差。如果数据向量含有噪声，那么我们拟合的目标变成

$$\boldsymbol{Gx}=\boldsymbol{d}+\boldsymbol{e} \tag{3.16}$$

其中 $\boldsymbol{e}$ 表示误差或噪声向量，误差的大小是未知的。

对于这类的反问题往往既不会是完全超定，也不会是纯欠定的。此为混定问题。混定问题较好的解决方法是，将未知的模型参数分为超定的与欠定的两组。分别在最小二乘及最小长度的准则下求解。这种方法不去划分 $\boldsymbol{x}$，而假设对模型参数确定一个由预测误差和解长度线性组合的函数，取此组合函数的 L_2 范数极小作为准则求解。这类的优化问题可描述为：

最小长度解： $J=\boldsymbol{x}^{\mathrm{T}}\boldsymbol{x}$

服从约束条件： $\|\boldsymbol{Gx}-\boldsymbol{d}\|_2^2=\|\boldsymbol{e}\|_2^2$

所以，可以得到目标函数为：

$$J(\boldsymbol{x})=(\boldsymbol{Gx}-\boldsymbol{d})^{\mathrm{T}}(\boldsymbol{Gx}-\boldsymbol{d})+\varepsilon^2\boldsymbol{x}^{\mathrm{T}}\boldsymbol{x} \tag{3.17}$$

式中 ε^2 为加权因子，或称阻尼系数。用它来确定预测误差和解长度的相对重要性。

目标函数求导并且为零时有 $\dfrac{\partial J}{\partial \boldsymbol{x}^{\mathrm{T}}}=0$，即

$$\boldsymbol{x}^{\mathrm{est}}=(\boldsymbol{G}^{\mathrm{T}}\boldsymbol{G}+\varepsilon^2\boldsymbol{I})^{-1}\boldsymbol{G}^{\mathrm{T}}\boldsymbol{d} \tag{3.18}$$

上式中，当 $\varepsilon^2 \to 0$ 时，$\boldsymbol{x}^{\text{est}}$ 为最小二乘解。当 ε^2 足够大时，$\boldsymbol{x}^{\text{est}} = \dfrac{1}{\varepsilon^2}\boldsymbol{G}^{\mathrm{T}}\boldsymbol{d}$，此时意味着 $\boldsymbol{G}^{\mathrm{T}}\boldsymbol{G} \to 0$，从预测总误差 $\boldsymbol{E} = \boldsymbol{e}^{\mathrm{T}}\boldsymbol{e}$，计算

$$\frac{\partial \boldsymbol{E}}{\partial \boldsymbol{x}^{\mathrm{T}}} = 2\boldsymbol{G}^{\mathrm{T}}\boldsymbol{G}\boldsymbol{x} - 2\boldsymbol{G}^{\mathrm{T}}\boldsymbol{d} \cong -2\boldsymbol{G}^{\mathrm{T}}\boldsymbol{d} \tag{3.19}$$

此时，$\boldsymbol{E}$ 的梯度值为 $\nabla \boldsymbol{E}$，故有 $\boldsymbol{x}^{\text{est}} = -\dfrac{1}{2\varepsilon^2}\nabla \boldsymbol{E}$。表示解收敛于总误差的梯度方向，调节 ε^2 的大小，本质上就是校正 $\boldsymbol{x}^{\text{est}}$ 的收敛方向。另外，如果将矩阵进行特征向量及特征值分解分析，可以得到：ε^2 的作用是阻止了解的欠定性，保证了解的稳定性。

阻尼系数是校正参数估计的收敛方向，当阻尼系数变化时，模型参数的范数及预测误差值是如何变化的？假定已知 ε^2 的值，那么模型参数的估计值是

$$\boldsymbol{x}(\varepsilon^2) = (\boldsymbol{G}^{\mathrm{T}}\boldsymbol{G} + \varepsilon^2\boldsymbol{I})^{-1}\boldsymbol{G}^{\mathrm{T}}\boldsymbol{d} \tag{3.20}$$

用这个模型参数解可计算模型参数的范数及预测误差值。

$$J(\varepsilon^2) = \boldsymbol{x}(\varepsilon^2)^{\mathrm{T}}\boldsymbol{x}(\varepsilon^2) \tag{3.21}$$

$$F(\varepsilon^2) = (\boldsymbol{G}\boldsymbol{x} - \boldsymbol{d})^{\mathrm{T}}(\boldsymbol{G}\boldsymbol{x} - \boldsymbol{d}) \tag{3.22}$$

不同的阻尼系数值就会得到不同模型参数的范数及预测误差值。

(五) 加权阻尼最小二乘解

前面我们已经讨论了“平缓度”及“粗糙度”矩阵，如果用它们对模型参数进行平滑，并加上阻尼因子，将会有：

$$E = \boldsymbol{e}^{\mathrm{T}}\boldsymbol{e} \tag{3.23}$$

$$L = (\boldsymbol{W}\boldsymbol{x})^{\mathrm{T}}\boldsymbol{W}\boldsymbol{x} \tag{3.24}$$

所以，目标函数为：

$$J(\boldsymbol{x}) = E + \varepsilon^2 L = (\boldsymbol{G}\boldsymbol{x} - \boldsymbol{d})^{\mathrm{T}}(\boldsymbol{G}\boldsymbol{x} - \boldsymbol{d}) + \varepsilon^2\ (\boldsymbol{W}\boldsymbol{x})^{\mathrm{T}}\boldsymbol{W}\boldsymbol{x} \tag{3.25}$$

对目标函数求导且为零时有 $\dfrac{\partial J}{\partial \boldsymbol{x}^{\mathrm{T}}} = 0$，得到

$$\boldsymbol{x}^{\text{est}} = (\boldsymbol{G}^{\mathrm{T}}\boldsymbol{G} + \boldsymbol{\varepsilon}^2\boldsymbol{W}^{\mathrm{T}}\boldsymbol{W})^{-1}\boldsymbol{G}^{\mathrm{T}}\boldsymbol{d} \tag{3.26}$$

此式子得到的解称为加权阻尼最小二乘解。

采用该方法得到的模型参数的曲线形态具有二阶可导函数的特征。不管是采用“平缓度”加权因子，还是“粗糙度”加权因子，加权阻尼最小二乘法对数据噪声都有抑制作用。

二、离散反演问题的求解方法

线性反演问题到目前为止已发展得比较成熟。所以，本节主要讨论非线性反演问题的求值方法。非线性反演方法大体上可以分为两大类：一类为局部线性反演方法；另一类为完全非线性反演方法。

由于线性反演已有满意的理论体系和一整套行之有效的方法，因此人们在处理非线性反演问题时很自然地想到通过允许的近似把问题局部线性化，从而可以有效地利用线性反演方法求解非线性反演问题，由此发展出线性化或拟线性反演方法。正因为如此，线性化或拟线性反演方法又称为局部线性方法。属于这一类的方法相当多。例如最速下降法、共

轭梯度法、牛顿法、高斯—牛顿法、松弛法、超松弛法、变尺度法等。

线性化或拟线性反演方法的特点是在每一次迭代搜索修改旧模型、得到新模型的过程中所遵循的准则相同，即新模型所对应的目标函数值(或概率值)必定比旧模型所对应的目标函数值(或概率值)要小(若求极小值对应的解)或大(若求极大值对应的解)，起码是不变。各种方法的差异仅在于每次迭代时向目标函数值(或概率值)增大(或减小)方向搜索的方式不同而已。

完全非线性反演方法与线性化或拟线性反演方法有很大不同，它不需要进行问题的局部线性近似，因此是解决非线性反演问题的根本方法。但由于完全非线性反演方法的研究起步较晚，困难较大，故与线性化或拟线性反演方法相比还不太成熟。目前发展出来的完全非线性反演方法种类不多，常见的有蒙特卡罗法、粒子群算法等，以蒙特卡罗法为例，它以随机而不是系统的方式对模型空间进行搜索，在实际工作中得到了应用。近年来，针对传统蒙特卡罗方法中完全随机进行“盲目”搜索的关键问题，国内外学者发展出两种比较先进的蒙特卡罗方法。它们都属于启发式的方法，一种是以统计物理学(统计力学)为基础的模拟退火法；另一种是以生物遗传工程为基础的遗传算法。它们不仅运算速度快，而且还能基本保证在较现实的时间内搜索到目标函数的整体极值，在实际工作中得到了应用。

(一)牛顿－拉斐森算法

一般地，给定含有 N 个变量 $x_i(i=1,2,\cdots,N)$ 的 N 个函数方程。

$$F_i(x_1,x_2,\cdots,x_N)=0(i=1,2,\cdots,N) \tag{3.27}$$

假设 $\boldsymbol{x}$ 是以 x_i 为分量的向量，$\boldsymbol{F}$ 是以 F_i 为分量的向量，那么在向量 $\boldsymbol{x}$ 的领域内，每个函数 F_i 可用泰勒级数展开为：

$$F_i(\boldsymbol{x}+\delta\boldsymbol{x})=F_i(\boldsymbol{x})+\sum_{j=1}^{N}\frac{\partial F_i}{\partial x_j}\delta x_j+o(\delta\boldsymbol{x}^2) \tag{3.28}$$

假设式(3.28)中的偏导数构成的矩阵是雅克比矩阵 $\boldsymbol{J}$：

$$J_{ij}=\frac{\partial F_i}{\partial x_j} \tag{3.29}$$

则式(3.28)以矩阵形式可以表示为：

$$\boldsymbol{F}(\boldsymbol{x}+\delta\boldsymbol{x})=\boldsymbol{F}(\boldsymbol{x})+\boldsymbol{J}\delta\boldsymbol{x}+o(\delta\boldsymbol{x}^2) \tag{3.30}$$

忽略 $\delta\boldsymbol{x}^2$ 项及其更高阶项，并置 $\boldsymbol{F}(\boldsymbol{x}+\delta\boldsymbol{x})=0$，可以得到一个关于修正项 $\delta\boldsymbol{x}$ 的线性方程组，即

$$\boldsymbol{J}\cdot\delta\boldsymbol{x}=\boldsymbol{F} \tag{3.31}$$

其中，$\delta\boldsymbol{x}$ 可使每个函数都同时接近于零。

对式(3.31)所示的矩阵方程，可采用 LU 分解方法来求解，并将求出的修正项添加到解向量中，可以得到更新迭代后的新向量 $\boldsymbol{x}_{\text{new}}$。

$$\boldsymbol{x}_{\text{new}}=\boldsymbol{x}_{\text{old}}+\delta\boldsymbol{x} \tag{3.32}$$

这一过程不断迭代直到收敛为止。一般情况下，最好检查一下函数和变量已收敛的程度。当其中一个达到机器精度时，另一个就不会改变了。

牛顿－拉斐森算法是一种很有效的算法。它具有二次收敛性。这种很强的收敛性质，

使得牛顿－拉斐森算法非常适合那些导数易计算，并且在根附近有连续导数的函数。

（二）共轭梯度法

共轭梯度法是一种经典算法，它不仅被用于求解复杂的线性方程组，而且常用于求解非线性最优化问题。共轭梯度法有两个优点：一是可以求得非线性问题的精确解，二是具有二次截止的性质。共轭梯度法进行 n 次搜索就可求出最小解，因此它是一种快速、高精度的解法。若目标函数高于二次并为单峰值函数时，可以在 n 次搜索的基础上，再构造一组 n 个共轭向量，继续搜索。按照这种方式反复进行，直至达到要求的精度。由于共轭梯度法理论上的完美性，吸引了很多数学家不断研究和发展这种算法，做了许多改进，出现了许多变种。现在它仍在发展之中，是解决反演和最优化问题的常用算法。

设在 N 维空间内，目标函数为 $f(x)$。为了求取该目标函数的极小值解，构造 n 个相互共轭的向量：$\boldsymbol{p}_0$，$\boldsymbol{p}_1$，…，$\boldsymbol{p}_{n-1}$。在某个选定的初始点 $\boldsymbol{x}^{(0)}$ 处，分别沿 $\boldsymbol{p}_0$，$\boldsymbol{p}_1$，…，$\boldsymbol{p}_{n-1}$ 做一维线性搜索，得到一极小值点序列 $\boldsymbol{x}^{(1)}$，$\boldsymbol{x}^{(2)}$，…，$\boldsymbol{x}^{(n)}$，$\boldsymbol{x}^*$；其中 $\boldsymbol{x}^*$ 即为通过 n 次线性搜索得到的目标函数的极小值点。

在共轭梯度法中 n 个共轭向量的构造十分关键，它既影响算法的速度，也影响存储量。目前，构造共轭向量多采用迭代构造法，即在计算过程中构造，在构造共轭向量前需要先构造出一组解空间的基 g_0，g_1，…，g_{n-1}。通常取目标函数的梯度作为解空间的初始基：

$$g_k=\nabla f(x^{(k)})\,(k=0,\ 1,\ \cdots,\ n-1) \tag{3.33}$$

这里以采用 Fletcher－Reeves 提出的算法为例，对解空间的基进行迭代构造。具体如下：

$$\boldsymbol{p}_k=-\boldsymbol{g}_k+\alpha_k\boldsymbol{p}_{k-1}\,(k=0,\ 1,\ \cdots,\ n-1) \tag{3.34}$$

其中

$$\alpha_k=\frac{\boldsymbol{g}_k^{\mathrm{T}}\boldsymbol{g}_k}{\boldsymbol{g}_{k-1}^{\mathrm{T}}\boldsymbol{g}_{k-1}} \tag{3.35}$$

由此，我们可以给出共轭梯度法的流程：

①给定初始搜索点 $\boldsymbol{x}^{(0)}$ 及精度 $\varepsilon>0$，$0\Rightarrow k$

②求 $\nabla f(\boldsymbol{x}^{(0)})$，并使

$$\boldsymbol{g}_0=\nabla f(\boldsymbol{x}^{(0)})$$

令

$$\boldsymbol{p}_0=-\boldsymbol{g}_0$$
$$\boldsymbol{x}^{(1)}=\boldsymbol{x}^{(0)}+\lambda_0\boldsymbol{p}_0$$

λ_0 的值由下式确定：

$$\begin{aligned}&f(\boldsymbol{x}^{(0)}+\lambda_0\boldsymbol{p}_0)=\min f(\boldsymbol{x}^{(0)}+\lambda\boldsymbol{p}_0)\\&k+1\Rightarrow k\end{aligned} \tag{3.36}$$

③求 $f(x^{(k)})$，并使

$$\boldsymbol{g}_k=\nabla f(\boldsymbol{x}^{(k)}) \tag{3.37}$$

取

$$\boldsymbol{p}_k=-\boldsymbol{g}_k+\alpha_k\boldsymbol{p}_{k-1} \tag{3.38}$$

其中

$$\alpha_k = \frac{\boldsymbol{g}_k^{\mathrm{T}}\boldsymbol{g}_k}{\boldsymbol{g}_{k-1}^{\mathrm{T}}\boldsymbol{g}_{k-1}} \tag{3.39}$$

④计算

$$\boldsymbol{x}^{(k+1)} = \boldsymbol{x}^{(k)} + \lambda_k \boldsymbol{p}_k \tag{3.40}$$

其中，λ_k的值由下式确定：

$$f(\boldsymbol{x}^{(k)} + \lambda_k \boldsymbol{p}_k) = \min f(\boldsymbol{x}^{(k)} + \lambda \boldsymbol{p}_k) \tag{3.41}$$

⑤若 $\| \boldsymbol{m}^{(k+1)} - \boldsymbol{m}^{(k)} \| \leqslant \varepsilon$，且 $k = n$，结束迭代过程，否则，返回到步骤③。上述这一流程中用到了梯度，又用到了共轭方向的性质，所以称为共轭梯度法。观察上述流程，可以发现：在构造共轭向量 $\boldsymbol{p}_k$时，需要用到所有先前构造的共轭向量。按照这些公式确定共轭方向的算法就是通常所说的 F-R 共轭梯度法，它是由 Fletcher 和 Reeves 于 1964 年提出的。后来，波拉克(Polak)和里拜尔(Ribiere)对α_k求取进行了改进，他们建议用如下表达式。

$$\alpha_k = \frac{\boldsymbol{g}_k^{\mathrm{T}}(\boldsymbol{g}_k - \boldsymbol{g}_{k-1})}{\boldsymbol{g}_{k-1}^{\mathrm{T}}\boldsymbol{g}_{k-1}} \tag{3.42}$$

Fletcher-Reeves 的方法只有在给定的起始点足够接近于解点时才收敛；而波拉克(Polak)和里拜尔(Ribiere)的方法却很少有迭代不收敛的情况，而且收敛速度往往比较快。Shewchuck 认为在共轭梯度算法中，一维线性搜索算法通常采用牛顿-拉斐森算法。前面已经介绍了牛顿-拉斐森算法，主要依赖于泰勒级数展开

$$\begin{aligned} f(\boldsymbol{x} + \lambda \boldsymbol{p}) &\approx f(\boldsymbol{x}) + \lambda \left[\frac{\mathrm{d}}{\mathrm{d}\lambda} f(\boldsymbol{x} + \lambda \boldsymbol{p})\right]_{\lambda=0} + \frac{\lambda^2}{2}\left[\frac{\mathrm{d}^2}{\mathrm{d}\lambda^2} f(\boldsymbol{x} + \lambda \boldsymbol{p})\right]_{\lambda=0} \\ &= f(\boldsymbol{x}) + \lambda\,[f'(\boldsymbol{x})]^{\mathrm{T}}\boldsymbol{p} + \frac{\lambda^2}{2}\boldsymbol{p}^{\mathrm{T}} f''(\boldsymbol{x})\boldsymbol{p} \end{aligned} \tag{3.43}$$

所以有

$$\frac{\mathrm{d}}{\mathrm{d}\lambda} f(\boldsymbol{x} + \lambda \boldsymbol{p}) \approx [f'(\boldsymbol{x})]^{\mathrm{T}}\boldsymbol{p} + \lambda \boldsymbol{p}^{\mathrm{T}} f''(\boldsymbol{x})\boldsymbol{p} \tag{3.44}$$

这里的$f''(\boldsymbol{x})$是海赛矩阵(Hessian)，表示为：

$$f''(\boldsymbol{x}) = \begin{bmatrix} \dfrac{\partial^2 f}{\partial x_1 \partial x_1} & \dfrac{\partial^2 f}{\partial x_1 \partial x_2} & \cdots & \dfrac{\partial^2 f}{\partial x_1 \partial x_n} \\ \dfrac{\partial^2 f}{\partial x_2 \partial x_1} & \dfrac{\partial^2 f}{\partial x_2 \partial x_2} & \cdots & \dfrac{\partial^2 f}{\partial x_2 \partial x_n} \\ \vdots & & \ddots & \vdots \\ \dfrac{\partial^2 f}{\partial x_n \partial x_1} & \dfrac{\partial^2 f}{\partial x_n \partial x_2} & \cdots & \dfrac{\partial^2 f}{\partial x_n \partial x_n} \end{bmatrix} \tag{3.45}$$

令式(3.44)等于零，得到

$$\lambda = -\frac{f'^{\mathrm{T}}\boldsymbol{p}}{\boldsymbol{p}^{\mathrm{T}} f''\boldsymbol{p}} \tag{3.46}$$

采用牛顿－拉斐森算法作为一维搜索方法的共轭梯度算法流程见图 3.1。

$i \Leftarrow 0$

$k \Leftarrow 0$

$p \Leftarrow -f'(x)$

$g \Leftarrow p$

$\delta_{new} \Leftarrow p^{T}p$

$\delta_0 \Leftarrow \delta_{new}$

while　$i < i_{max}$　and　$\delta_{new} > \varepsilon^2 \delta_0$　*do*

　$j \Leftarrow 0$

　$\delta_g \Leftarrow p^{T}p$

　Do

　　$\lambda \Leftarrow -\dfrac{f'^{T}\mathrm{p}}{p^{T}f''p}$

　　$x \Leftarrow x + \lambda g$

　　$j \Leftarrow j + 1$

　while　$j < j_{max}$　and　$\lambda^2 \delta_g > \varepsilon^2$

　$q \Leftarrow -f'(x)$

　$\delta_{old} \Leftarrow \delta_{new}$

　$\delta_{new} \Leftarrow p^{T}p$

　$\alpha \Leftarrow \dfrac{\delta_{new}}{\delta_{old}}$

　$g \Leftarrow p + \alpha g$

　$k \Leftarrow k + 1$

　if　$k = n$　or　$p^{T}g \leqslant 0$

　　$g \Leftarrow p$

　　$k \Leftarrow 0$

　$i \Leftarrow i + 1$

图 3.1　采用牛顿－拉斐森算法作为一维搜索方法的共轭梯度算法流程

(三)线性规划和单纯形法

1. 线性规划和单纯形法

在数学方法中，我们常把目标函数中的未知变量作为反演的参数，把现有的各种条件称为约束，若所选的目标函数由未知变量的线性等式或线性不等式组成，这类问题被称为线性规划问题。由于在方法上求目标函数的极大值和极小值没有本质的区别，故可将线性规划问题的通式写成：

$$\begin{cases}\max\ or\ \min:\ Z=\boldsymbol{c}^{\mathrm{T}}\boldsymbol{x}\\ \text{s. t.}:\ \boldsymbol{A}\boldsymbol{x}\leqslant\boldsymbol{b}\\ \boldsymbol{A}\boldsymbol{x}\geqslant\boldsymbol{b}\\ \boldsymbol{x}\geqslant 0\end{cases}\tag{3.47}$$

为了便于计算，式(3.47)可归纳为标准形式

$$\begin{cases}\max\ or\ \min:\ Z=\boldsymbol{c}^{\mathrm{T}}\boldsymbol{x}\\ \text{s. t.}:\ \boldsymbol{A}\boldsymbol{x}=\boldsymbol{b}\\ \boldsymbol{x}\geqslant 0\end{cases}\tag{3.48}$$

任何一组满足约束条件的 $\boldsymbol{x}$ 值都可称为线性规划问题的可行解。可行解组成的集合称为可行域，记为 D，在可行域 D 中，若存在另一个 $\boldsymbol{x}^*$，使得对于任意的 $\boldsymbol{x}$，都有

$$\boldsymbol{c}^{\mathrm{T}}\boldsymbol{x}\geqslant\boldsymbol{c}^{\mathrm{T}}\boldsymbol{x}^*\tag{3.49}$$

则称 $\boldsymbol{x}^*$ 是线性规划问题的最优可行解。

求线性规划问题的常用计算方法为单纯形法。其基本指导思想为：按线性规划的基本定理，在基本可行解中寻求最优可行解。即一旦找到一个基本可行解，就可从这个基本解出发，去寻求另一个使目标函数值减小的基本可行解，也就是对所有的基本解进行扫描，如此经过有限步，求得最优可行解，或者判断无有限解。在计算过程中有以下三方面内容：

①初始基本可行解的确定；

②最优解的检验；

③按目标函数值下降的原则，进行基本可行解的转移(或称扫描、搜索)。

如何检验最优解？通常采用检验数来检验基本可行解中的最优解。

①当检验数均为正值，则线性规划问题式(3.49)有唯一的最优解。如果有零值检验数，则有有限个最优解；

②当有一个检验数小于零，且非基本变量的系数均不大于零，则线性规划问题无有限解；

③基本可行解中的每一个基变量都不为零，称为非退化的基本解，这时，可称线性规划问题是非退化的。下面都在非退化假定下作讨论。

若一个检验数小于零，且非基本变量的系数中至少有一个检验数大于零，则一定存在另一个基本可行解。它相应的目标函数值比前一个目标函数小。转换成另一个基本可行解的具体办法是，从原基矢量中去掉一个基变量并选用另一个原不在基矢量中的非基本变量代替它。

此时的基矢量就是所转换的那个基本可行解。确定主元列标号是根据所对应的检验数为负的原则进行的。那么，当多于一个负检验数的情况下，选择主元列标号的方法有三种：

①选择负检验数中最小的；

②选择使目标函数下降最多的；

③选择便于计算的。

最常采用的方法是第一个。若几个负检验数同时达最小，可选下标最小的一个。

所以，一个基本可行解开始的单纯形法的算法步骤是

①计算校验数；

$$\lambda_j = c_j - \sum_{i=1}^{n} c_{t_i} x_{ij} \quad (j = 1,2,\cdots,m,j \neq t_1,t_2,\cdots,t_n) \tag{3.50}$$

②令 $\lambda_q = \min(\lambda_j)$，这里 q 是使 λ_j 式成立的最小下标。若 $\lambda_q \geqslant 0$，则对应的基本可行解 $\boldsymbol{x}$ 是线性规划问题的最优解。即

$$x_j = \begin{cases} \beta_j & (j = t_i,\ i = 1,\ 2,\ \cdots,\ n) \\ 0 & (j \neq t_i) \end{cases} \tag{3.51}$$

否则，q 为主元素的列标号。

③若 $a_{iq} \leqslant 0 (i = 1,\ 2,\ \cdots,\ n)$，则线性规划问题无有限解。否则，令

$$\frac{\beta_p}{a_{pq}} = \min\left(\frac{\beta_i}{a_{iq}}\right) \quad (a_{iq} > 0) \tag{3.52}$$

其中，p 是使式(3.54)成立的最小下标，p 为主元素的行下标号，a_{pq} 为主元素。

④令 $x_q = \theta = \dfrac{\beta_p}{a_{pq}}$，可使 $x_p = 0$，计算转换后的基本可行解为 $x(x_1,\ x_2,\ \cdots,\ x_{p-1},\ x_p,\ x_{p+1},\ \cdots,\ x_n,\ 0,\ \cdots,\ 0)$，对应的 $\boldsymbol{Ax} = \boldsymbol{b}$ 的典范型方程也有相应的变化，其中基变量的系数仍都为 1，非基变量的系数和方程右边项的值分别写为 a'_{ij} 和 β'_i，它们可由下式求得：

$$\begin{cases} a'_{ij} = a_{ij} - \dfrac{a_{iq}}{a_{pq}} a_{pj} & (i = 1,\ 2,\ \cdots,\ n,\ i \neq n+1,\ \cdots,\ m,\ p) \\ a'_{pj} = \dfrac{a_{pj}}{a_{pq}} & (j = n+1,\ \cdots,\ m,\ p) \end{cases} \tag{3.53a}$$

$$\begin{cases} \beta'_i = \beta_i - \dfrac{a_{iq}}{a_{pq}} \beta_p & (i = 1,\ 2,\ \cdots,\ n,\ i \neq p) \\ \beta'_p = \dfrac{\beta_p}{a_{pq}} \end{cases} \tag{3.53b}$$

至此，由步骤①～④完成了基本可行解的一次转换过程，称为一次单纯形迭代。

2. 线性规划求解范数问题

1)纯欠定问题

设独立先验模型参数的方差为 σ_x^2，在满足约束 $\boldsymbol{Gx} = \boldsymbol{d}$ 的条件下，求加权长度

$$L = \sum_{i=1}^{M} |x_i - \langle x_i \rangle| \sigma_{x_i}^{-2} \tag{3.54}$$

的极小化解。做目标函数 $\sum\limits_{i=1}^{M} a_i \sigma_{x_i}^{-1}$，它等效于加权长度 L，那么纯欠定的 L_1 范数极小化反演问题化为线性规划问题为：

$$\begin{cases} \min: \sum\limits_{i=1}^{M} a_i \sigma_{x_i}^{-1} \\ \text{s. t.}: \boldsymbol{G}(x' - x'') = \boldsymbol{d} \\ (x'_i - x''_i) + m_i - a_i = \langle x_i \rangle \\ (x'_i - x''_i) - m'_i + a_i = \langle x_i \rangle \end{cases} \quad x'_i \geqslant 0, x''_i \geqslant 0, a_i \geqslant 0, m_i \geqslant 0, m'_i \geqslant 0 \tag{3.55}$$

其中，有 $N+2M$ 个约束，用单纯形法求得 $5M$ 个未知数，得 $x^{\text{est}}=x'-x''$。

2)超定问题

设独立的数据方差为 σ_d^2，那么现在的反演问题是要求使加权总误差

$$E=\sum_{i=1}^{N}|e_i|\sigma_{d_i}^{-1} \tag{3.56}$$

极小化解。也将它化为线性规划的标准形式。为此，引入 $2M+3N$ 个新变量，即 x'_j，$x''_j(j=1,2,\cdots,M)$ 及 a_i，m_i，$m'_i(i=1,2,\cdots,N)$，令

$$\begin{cases} x=x'-x'' \\ a_i \geqslant \left|\sum_{j=1}^{M} G_{ij}x_j-d_i\right| \end{cases} \tag{3.57}$$

做目标函数 $\sum_{j=1}^{N} a_i\sigma_{d_i}^{-1}$，它等效于加权总误差 E，那么超定问题的 L_1 范数极小化问题化为线性规划问题为：

$$\begin{cases} \min:\sum_{i=1}^{N} a_i\sigma_{d_i}^{-1} \\ \text{s. t. }:\sum_{j=1}^{M} G_{ij}(x'_j-x''_j)+m_i-a_i=d_i \\ \sum_{j=1}^{M} G_{ij}(x'_j-x''_j)-m'_i+a_i=d_i \end{cases} \quad x'_j\geqslant 0,x''_j\geqslant 0,a_i\geqslant 0,m_i\geqslant 0,m'_i\geqslant 0 \tag{3.58}$$

3)混定问题

它是求 $E+L=\sum_{i=1}^{N}|e_i|\sigma_{d_i}^{-1}+\sum_{i=1}^{M}|l_i|\sigma_{m_i}^{-1}$ 极小化解的问题，化为线性规划问题的标准形式为：

$$\begin{cases} \min:\sum_{i=1}^{M} a_i\sigma_{m_i}^{-1}+\sum_{i=1}^{N} a'_i\sigma_{d_i}^{-1} \\ \text{s. t. }:(m'_i-m''_i)+x_i-a_i=\langle m_i\rangle \\ (m'_i-m''_i)+x_i-a_i=\langle m_i\rangle \\ \sum_{j=1}^{M} G_{ij}(m'_j-m''_j)+x_i-a_i=d_i \\ \sum_{j=1}^{M} G_{ij}(m'_j-m''_j)-x_i+a_i=d_i \end{cases} \quad m'_j\geqslant 0,m''_j\geqslant 0,a_i\geqslant 0,x_i\geqslant 0,x'_i\geqslant 0,x''_i\geqslant 0 \tag{3.59}$$

其中，有约束 $2M+2N$ 个，需要求解 $5M+2N$ 个未知变量。

总结来说，将 L_1 范数极小化问题转化为线性规划问题来求解的最大优点是可以对目标函数加以各种先验限制条件(包括等式和不等式)，当然限制条件越多，无疑工作量越大，但所求的解也越接近于真实解。

(四)特征值与特征向量分解

本节主要讨论特征值与特征向量分解的雅克比方法。因为在后面的章节中提到的反演方法的求解、属性降维等算法中要进行转换的矩阵是实对称矩阵，需要求取矩阵的全部特征值及特征向量。采用雅克比方法是行之有效的。它的基本思想是通过一系列正交相似变换，化实对称矩阵为对角阵，这个对角阵的对角元素就是该矩阵的特征值，这些正交阵的乘积矩阵的各列就是相应的特征向量。

求特征值问题等于求正交矩阵 Q，使 $QAQ^{\mathrm{T}}=\mathrm{diag}(\lambda_1, \lambda_2, \cdots, \lambda_n)$。下面讨论如何构造 Q。假定 $\boldsymbol{A}$ 为 n 阶实对称矩阵，求 $\boldsymbol{A}$ 的特征值，要用 n 阶旋转矩阵(也称 Givens 旋转矩阵)：

$$\boldsymbol{R}(p, q, \theta)=\begin{bmatrix} 1 & & & & & & & & \\ & \ddots & & & & & & & \\ & & 1 & & & & & & \\ & & & \cos\theta & \cdots & \sin\theta & & & \\ & & & \vdots & \ddots & \vdots & & & \\ & & & -\sin\theta & \cdots & \cos\theta & & & \\ & & & & & & 1 & & \\ & & & & & & & \ddots & \\ & & & & & & & & 1 \end{bmatrix}\begin{matrix} \\ \\ \\ \leftarrow p\text{ 行} \\ \\ \leftarrow q\text{ 行} \\ \\ \\ \\ \end{matrix}$$

$$\begin{matrix} \uparrow & \quad & \uparrow \\ p\text{ 列} & \quad & q\text{ 列} \end{matrix}$$

Givens 旋转矩阵具有如下性质：

①$\boldsymbol{R}(p, q, \theta)$为正交阵；

②$\boldsymbol{RA}$ 只改变 A 的第 p 行、第 q 行、第 p 列、第 q 列元素。

雅克比方法就是用一系列的旋转相似变换逐渐将 A 化为对角阵的过程。

$$\begin{cases} A_0=A \\ A_{k+1}=R_{k+1}A_kR_{k+1}^{\mathrm{T}}(k=0, 1, 2, \cdots) \end{cases} \tag{3.60}$$

恰当地选取每个旋转矩阵 $\boldsymbol{R}_{k+1}$，就可使 $\boldsymbol{A}_k$ 趋于对角阵。雅克比方法的具体计算过程如下：

(1)确定旋转矩阵 $\boldsymbol{R}(p, q, \theta)$，$p<q$

设 p，$q(p<q)$使 $|a_{pq}^{(k)}|=\max\limits_{i<j}|a_{pq}^{(k)}|\neq 0$，因为 $\tan(2\theta)=\dfrac{2a_{pq}^{(k)}}{a_{pp}^{(k)}-a_{qq}^{(k)}}\left(|\theta|\leqslant\dfrac{\pi}{4}\right)$。当 $a_{pp}^{(k)}\neq a_{qq}^{(k)}$ 时，令

$$\tan(2\theta)=\frac{l}{d}=\frac{2a_{pp}^{(k)}}{a_{pp}^{(k)}-a_{qq}^{(k)}} \tag{3.61}$$

则

$$\tan^2\theta+2d\tan\theta-1=0 \tag{3.62a}$$

$$\tan\theta=-d\pm\sqrt{d^2+1} \tag{3.62b}$$

为避免数值相近的数相减，取

$$t=\tan\theta=\frac{\text{sign}(d)}{|d|+\sqrt{d^2+1}} \tag{3.63}$$

最后得

$$\cos\theta=\frac{1}{\sqrt{1+t^2}},\quad \sin\theta=t\cos\theta \tag{3.64}$$

(2)旋转阵乘积的计算。

因为 $A_k=R_kA_{k-1}R_k^{\mathrm{T}}=\cdots=R_kR_{k-1}\cdots R_1A_0R_1^{\mathrm{T}}R_2^{\mathrm{T}}\cdots R_k^{\mathrm{T}}$

记 $H_0^{\mathrm{T}}=I$，$H_k^{\mathrm{T}}=R_1^{\mathrm{T}}R_2^{\mathrm{T}}\cdots R_k^{\mathrm{T}}$，则有

$$\begin{cases}H_k^{\mathrm{T}}=H_{k-1}^{\mathrm{T}}R_k^{\mathrm{T}}\\ A_k=H_kA_0H_k^{\mathrm{T}}(k=1,\ 2,\ \cdots)\end{cases} \tag{3.65}$$

如果 A_k 趋于对角矩阵 $\text{diag}(\lambda_1,\ \cdots,\ \lambda_n)$，则 H_k^{T} 的各列就是近似特征向量。H_k^{T} 的计算可用递推关系式(3.65)的第一式，其元素间的关系为：

$$\begin{cases}h_{ip}^{(k)}=h_{ip}^{(k-1)}\cos\theta+h_{iq}^{(k-1)}\sin\theta\\ h_{iq}^{(k)}=-h_{ip}^{(k-1)}\sin\theta+h_{iq}^{(k-1)}\sin\theta\\ h_{ij}^{(k)}=h_{ij}^{(k-1)}(j\neq p,\ q)\end{cases} \tag{3.66}$$

所以，雅克比方法的计算步骤为：

①选主元，即确定 p，$q(p<q)$，使 $|a_{pq}^{(k)}|=\max\limits_{i<j}|a_{ij}^{(k)}|$；

②按式(3.64)计算 $\cos\theta$，$\sin\theta$；

③按式(3.66)计算新正交阵 H_{k+1}^{T} 的元素；

④按式(3.60)计算 A_{k+1} 的元素，其中 $a_{pq}^{(k+1)}=0$。反复执行以上各步，直至 $S(A_{k+1})<\varepsilon$ 为止，这里 ε 为给定的误差界。

三、贝叶斯框架下的地震反演方法

众所周知，岩石物理是连接储层参数和弹性参数的桥梁，通过岩石物理模型可以建立二者之间的确定性关系。那么为什么我们还需要统计岩石物理呢？Feynman 在《定量地震解释》一书中这样写道：“任何物理理论都是猜测，只有好的猜测与坏的猜测。概率的语言允许我们定量地评价哪些情况具有很大的变化，哪些与平均效应一致。我们对自然最准确的描述必须使用概率。”基于此，地球物理学家们将岩石物理与概率学联系起来引入了统计岩石物理学，以帮助降低储层预测的风险。而在前文离散线性反演问题这一节中我们提到，对于反演过程中解的不唯一性问题，给出的先验条件的准确性是非常重要的。而贝叶斯理论则是一种基于概率统计的方法，可以用于很多地球物理反演问题，能够在反演问题中加入先验信息。

要了解贝叶斯框架下的地震反演方法，首先我们要知道：贝叶斯定理是什么？贝叶斯定理是关于随机事件 A 和 B 的条件概率的一则定理，其本质是利用已知的先验概率和条件概率求出另外的条件概率。将其应用到地球物理学中后，我们可以将观测到的地震数据与

其他已知的先验信息结合起来，这些先验信息是在采集数据之前就已经存在的，通常来自测井数据、背景地质信息等，所以可以增加反演结果的稳定性和可靠性。

这个定理也表明，应用贝叶斯理论的关键是如何构建反演问题的先验信息，所以合理选择先验概率分布是解决问题的关键，才能保证反演的结果是真实可靠的。

从贝叶斯理论的观点来看，凡是在进行地震勘探之前获得的，并可以约束反演问题的信息，均可作为先验信息。在贝叶斯理论中，先验分布的选择是最具有争议的部分，这是因为先验概率的选择，带有很强的主观性，会导致反演结果不正确。我们应当根据问题的类型、物理系统的特点来选择合适的先验分布。如：高斯分布等同于二范数，会产生稳定、光滑的解；而柯西范数会产生稀疏的解，全变差正则化算子广泛应用于边界恢复和图像去噪。因此在实际问题中，需要根据实际情况选择合适的先验分布。具体利用贝叶斯方法求取三参数反演或者储层参数反演的过程，在后续章节会给出详细的介绍。

第二节　AVO 技术概述

在勘探地震学中，人们通过分析弹性波在地层中的传播来研究地球内部的结构和性质。当用震源激发出弹性波，部分弹性波在地球内部传播，另外一部分在靠近地球表面的区域传播，通常我们将前者称为体波(纵波和横波)，后者称为面波(勒夫波和瑞雷波)。勘探地震学主要的关注对象是体波，这是因为体波携带了大量关于地球内部的信息。

在地球物理中，已知地下介质的形状、物性参数，通过理论计算可以得到在地表或井中的观测数据，这个过程通常称为正演模拟。如果所采用的理论模型较准确的话，计算得到的观测值是稳定和唯一的，故这类问题较简单。反演问题是指已经获得观测数据的前提下，从观测数据中提取地下介质的物性参数。反演问题的基本步骤是在满足某些假设条件下，构建一套线性或非线性方程组来描述观测数据和模型参数之间的关系。在前文中我们提到，根据方程和未知参数的个数，反问题能够分为欠定问题，适定问题和超定问题三大类。如果方程的个数多于未知数的个数，这类问题就称为超定问题，在这种情况下，由于方程组携带冗余信息而容易产生矛盾的解。适定问题是指方程的个数正好等于未知参数的个数，意味着有足够的方程去确定模型参数。但是这不代表通过求解方程组就一定能准确预测模型参数。当方程的个数少于未知参数的个数时，就产生了欠定问题，主要原因是观测数据太少以至于不能恢复模型的参数，在勘探地球物理中经常遇到的就是这类欠定问题。另一种分类方式是将反演问题分为适定性和不适定性问题，一个反演问题被称为适定的话需要满足以下三个条件：

(1)解存在；

(2)解唯一；

(3)解连续地依赖于观测数据。

如果是一个不适定问题时，解可能不存在或者存在但不唯一，可能观测数据中一个小的扰动就会对结果产生严重的影响。在很多地球物理问题中，甚至是绝大多数问题，解都是非唯一并且不稳定的，因此需要引入正则化的方法。

一、AVO 反演的基本知识

利用地震反射振幅与炮检距的关系（AVO 技术）寻找油气是最近几十年发展起来的一项勘探技术。根据地震波反射和透射理论，振幅系数随入射角的变化与分界面两侧介质的参数有关。这一事实包含两层含义：一是 AVO 正演模拟，它是结合油藏特征分析不同地质条件下，油、气、水及岩性的 AVO 特征，建立相应的 AVO 监测标志，在实际地震记录中直接识别岩性和油气，定性地进行油藏描述；二是 AVO 反演方法，就是利用 AVO 关系提取隐藏在地震信息中的岩性参数，预测岩性和烃类，定量地进行油藏描述。AVO 方法最重要的思想是通过分析叠前地震信息随炮检距变化特征，揭示岩性和油气的关系。

AVO 反演是提取隐藏在地震信息中岩性参数的重要途径，不少研究者对此进行过深入讨论。AVO 反演是弹性波反演的简化形式。弹性波反演理论较早是在 1984 年，Kennett 采用地震波动力学和运动学理论，基于传播矩阵的方法建立反射系数模型的反演方法；随后 Tarantola 对弹性波反演进行理论上的推导，并采用先验约束信息对反演问题进行约束，用最小二乘准则最小化观测数据与预测值的误差；Crase 等实现了实际地震数据的非线性弹性波波形反演，并采用了四种最小化准则分别对目标函数进行最小化；Sen 和 Stoffa、Gouveia 和 Scales 在深度域基于传播矩阵理论，采用回归方法反演求解。这些弹性波非线性反演方法在理论上虽然比较成熟，但由于其计算复杂程度和计算成本比较高，在实际中并没有得到广泛应用。

根据采用的数据不同，AVO 反演分为 PP 波反演、PS 波反演及 PP 波和 PS 波联合反演。Landro 及 Larsen 等研究了 PP 波及 PS 波数据的联合反演；Lortzer 和 Berkhout、Gray 及 Jin 等利用 PS 波数据反演横波速度及密度。由于在大多数地震勘探区域，我们往往只有 PP 波数据，所以常采用 PP 波 AVO 反演方法获取储层的弹性参数。AVO 反演和叠后阻抗反演是目前进行弹性参数反演较常用的方法。

根据反演算法的不同，AVO 反演可分为迭代正演模拟法、非线性反演方法和线性反演方法。迭代正演模拟法是通过反复做正演模型来达到反演岩性参数的目的；非线性反演方法是采用广义线性反演方法，将非线性最小二乘问题转化为参数修正量的线性最小二乘问题；线性反演方法就是将非线性 AVO 问题近似线性化，采用加权叠加的方法反演属性剖面。

弹性参数及密度最终被用来确定岩石和流体性质。Avseth，Takahashi，及 Loures 和 Moraes 将获取的弹性参数及密度进行二次反演，以期获得描绘岩石和流体性质的参数。从弹性参数到岩石和流体性质的反演与 AVO 反演是不同阶段的工作，它需要许多理论和经验公式，Mavko 等在 2005 年的《定量地震解释》中对此有详细的论述。本章对弹性参数到岩石和流体性质的反演不做详细分析，只给出一些简单的关系以及解释策略。

因此本节在讨论先验信息之前，先给出一些纵波速度、横波速度、密度之间的经验关系。

前人已经证明纵波速度、横波速度、密度之间存在很强的相关性，这就意味着相邻地层对应参数的差：纵波反射系数、横波反射系数、密度反射系数之间也具有很强的相关性。

（1）纵波速度与密度。

纵波速度与密度之间的经验关系首先由 Gardner（1974）提出。这个方程如下：

$$\rho = a\alpha^{b} \tag{3.67}$$

上式中，ρ 表示密度，α 是纵波速度，a 和 b 是经验常数，与岩石的类型直接相关。对于碎屑沉积岩来说，Gardner 统计得出 $a=0.23$ 和 $b=0.25$。从这个方程出发，可以推导出纵波反射系数$\frac{\Delta\alpha}{\alpha}$和密度反射系数$\frac{\Delta\rho}{\rho}$之间的经验关系式（3.68），满足线性关系。

$$\frac{\Delta\rho}{\rho} = b\,\frac{\Delta\alpha}{\alpha} \tag{3.68}$$

（2）纵波速度与横波速度。

Castagna 在 1985 年推导了纵波速度和横波速度之间的经验关系：

$$\alpha = c\beta + d \tag{3.69}$$

速度的单位是 km/s。对于不同的岩石，c 和 d 会发生变化。当 $c=1.16$ 和 $d=1.36$ 时，称为泥岩基线。通过对测井数据进行线性拟合就能够得到这两个数据值，也可以从上述的线性关系中推导出纵波速度反射系数与横波速度反射系数之间的线性关系，很容易证明：

$$\frac{\Delta\alpha}{\alpha} = \gamma c\,\frac{\Delta\beta}{\beta} \tag{3.70}$$

式中 γ 是纵横波速度比。

（3）横波速度与密度。

Potter 在 1988 年推导了横波速度与密度之间的经验关系。他发现这两者满足一种类似 Gardner 方程的关系式，这表明横波速度同样可以用来预测密度，关系式如下：

$$\rho = 0.37\beta^{0.22} \tag{3.71}$$

类似，我们可以推导出横波反射系数与纵波反射系数之间的关系式：

$$\frac{\Delta\rho}{\rho} = 0.22\,\frac{\Delta\beta}{\beta} \tag{3.72}$$

上面三类经验关系式并不是在所有情况下都能得到满足，但是它们表明密度和速度之间确实存在很强的相关性，这提示我们在基于贝叶斯理论框架下的 AVO 反演中，这些相关信息可以通过先验概率分布的方式引入反演公式中（Buland 和 More，2003；Downton 和 Lines，2004）。这些先验信息可以从工区中的测井数据和这些经验公式中统计得来，先验信息和与之对应的相关矩阵会在后面的章节详细讨论。

二、Zoeppritz 方程推导

在早期的研究中，人们仅从数值计算的角度对 Zoeppritz 描述的反射系数进行了各种讨论和近似。当地震波入射到一个平界面上时，这个界面是两个半空间各向同性均匀的完全弹性体相接触形成的，波形的转换和能量的重新分配由 Zoeppritz 方程决定（Aki 和 Richards，1980）。这个方程是 AVO 正演模拟的理论基础。接下来给出纵、横波在反射界面上的反射和透射系数的推导过程。

入射波为初始振幅为 A_0 的纵波，在反射界面上分成反射纵波、反射横波和透射纵波、透射横波。

当一个波入射到两种介质的分界面上时，Zoeppritz 方程描述了反射和透射纵横波系数的大小，前提是入射角要小于临界角。入射临界角的大小由界面上下地层的速度大小决定。在下面的推导中，我们分别用 Φ 和 ψ 表示纵波和横波位移场。在笛卡儿坐标系下，位移场 ϕ 和 ψ 满足二维波动方程：

$$\frac{\partial^2\phi}{\partial x^2}+\frac{\partial^2\phi}{\partial y^2}=\frac{\partial^2\phi}{\partial t^2} \tag{3.73}$$

和

$$\frac{\partial^2\psi}{\partial x^2}+\frac{\partial^2\psi}{\partial y^2}=\frac{\partial^2\psi}{\partial t^2} \tag{3.74}$$

然后用 ϕ_1、ψ_1、ϕ_2 和 ψ_2 表示反射纵波、反射横波、透射纵波、透射横波的位移场。下标 1 和 2 表示界面上、下地层。根据图 3.2，求解式(3.73)和式(3.74)方程可得：

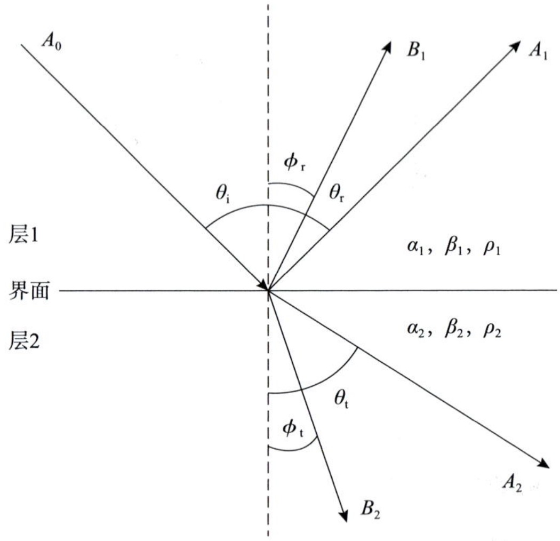

图 3.2　双层介质模型

$$\begin{aligned}
\phi_1 &= A_0 e^{iw\left(px+\frac{\cos\theta_i}{a_1}z-t\right)}+A_1 e^{iw\left(px+\frac{\cos\theta_r}{a_1}z-t\right)},\\
\psi_1 &= B_1 e^{iw\left(px-\frac{\cos\varphi_r}{\beta_1}z-t\right)},\\
\phi_2 &= A_2 e^{iw\left(px+\frac{\cos\theta_t}{\alpha_2}z-t\right)},\\
\psi_2 &= B_2 e^{iw\left(px+\frac{\cos\varphi_t}{\beta_2}z-t\right)}
\end{aligned} \tag{3.75}$$

式(3.75)中 A_0、A_1、B_1、A_2 和 B_2 分别是入射纵波、反射纵波、反射横波(转换横波)、透射纵波、透射横波的振幅。参数 p 和 w 分别表示射线参数和频率。角度 θ_i、θ_r 和 θ_t 是纵波的入射角、反射角和透射角，而 φ_r 和 φ_t 是横波的反射角和透射角。

进一步，我们给出斯奈尔(Snell)定律，这个定律表明地震波沿着界面的视速度保持不变：

$$c_x=\frac{1}{p}=\frac{\alpha_1}{\sin\theta_i}=\frac{\beta_1}{\sin\varphi_r}=\frac{\alpha_2}{\sin\theta_t}=\frac{\beta_1}{\sin\varphi_t} \tag{3.76}$$

对应上述方程的位移向量为：

$$
\begin{aligned}
u_{x1} &= \frac{iw}{\alpha_1}(A_0 + A_1)\sin\theta_i e^{iw\left(px + \frac{\cos\theta_i}{\alpha_1}z - t\right)} + \frac{w}{\beta_1}B_1\cos\varphi_r e^{iw\left(px - \frac{\cos\varphi_r}{\beta_1}z - t\right)},\\
u_{x2} &= \frac{iw}{\alpha_2}A_2\sin\theta_t e^{iw\left(px + \frac{\cos\theta_i}{\alpha_2}z - t\right)} + \frac{w}{\beta_2}B_2\cos\varphi_t e^{iw\left(px + \frac{\cos\varphi_r}{\beta_2}z - t\right)},\\
u_{z1} &= \frac{iw}{\alpha_1}(A_0 - A_1)\cos\theta_i e^{iw\left(px + \frac{\cos\theta_i}{\alpha_1}z - t\right)} + \frac{w}{\beta_1}B_1\sin\varphi_r e^{iw\left(px - \frac{\cos\varphi_r}{\beta_1}z - t\right)},\\
u_{z2} &= \frac{iw}{\alpha_2}A_2\cos\theta_t e^{iw\left(px + \frac{\cos\theta_i}{\alpha_1}z - t\right)} - \frac{w}{\beta_2}B_2\sin\varphi_t e^{iw\left(px + \frac{\cos\varphi_r}{\beta_1}z - t\right)}
\end{aligned}
\tag{3.77}
$$

式(3.77)中 u_{x1}，u_{x2}，u_{z1} 和 u_{z2} 分别表示在上层和下层介质中的切向分量和垂向分量，为了得到最终的 Zoeppritz 方程，我们对式(3.77)应用边界条件，这些边界条件由应力和应变的定义推导而来。在讨论边界条件之前，先给出关于应力和应变的重要关系式。根据图 3.2 展示的几何关系可知：

$$\sigma_{ij} = \lambda\Delta\delta_{ij} + 2\mu e_{ij} \tag{3.78}$$

其中，σ_{ij} 是应力分量，e_{ij} 是应变分量，$\Delta\delta_{ij}$ 是体应变，即垂直应变分量的总和。下标 ij 表示方向 x，y 和 z 的各种组合，常数 λ 和 μ 是拉梅常数，在 $z=0$ 满足下面的边界条件。

①边界条件 1：沿着边界方向的切向位移分量连续。

$$u_{x1} = u_{x2} \tag{3.79}$$

设 $z=0$，由式(3.77)的前两个式子可得到：

$$\frac{w}{\alpha_1}A_0\cos\theta_i - \frac{w}{\alpha_1}A_1\cos\theta_i + \frac{w}{\beta_1}B_1\sin\varphi_r = \frac{w}{\alpha_2}A_2\cos\theta_t - \frac{w}{\beta_2}B_2\sin\varphi_t \tag{3.80}$$

②边界条件 2：在边界上，垂向位移分量连续。

$$u_{z1} = u_{z2} \tag{3.81}$$

设 $z=0$，由式(3.77)的第三个和第四个方程可得：

$$\frac{w}{\alpha_1}A_0\sin\theta_i + \frac{w}{\alpha_1}A_1\sin\theta_r + \frac{w}{\beta_1}\cos\varphi_r = \frac{w}{\alpha_2}A_2\sin\theta_t + \frac{w}{\beta_2}B_2\cos\varphi_t \tag{3.82}$$

③边界条件 3：在边界两端，垂向应力分量连续，根据式(3.78)，垂向应力分量可以写成：

$$\sigma_{zz} = \lambda(e_{xx} + e_{zz}) + 2\mu e_{zz} \tag{3.83}$$

上式中，

$$
\begin{aligned}
e_{xx} &= \frac{\partial u_x}{\partial x},\\
e_{zz} &= \frac{\partial u_z}{\partial z}
\end{aligned}
\tag{3.84}
$$

将式(3.84)代入式(3.83)中有：

$$\sigma_{zz} = (\lambda + 2\mu)\frac{\partial u_z}{\partial z} + \lambda\frac{\partial u_z}{\partial x} \tag{3.85}$$

此时，我们将拉梅常数用纵波速度、横波速度、密度表示出来，最后结果就可以完全用介质的这些弹性参数表示出来。为了达到这个目的，下面的关系式就变得非常有用：

$$\alpha = \left(\frac{\lambda + 2\mu}{\rho}\right)^{1/2}$$
$$\beta = \left(\frac{\mu}{\rho}\right)^{1/2} \tag{3.86}$$

由式(3.85)可得

$$\sigma_{zz} = \rho\alpha^2 \frac{\partial u_z}{\partial z} + \rho\beta^2 \frac{\partial u_x}{\partial x} \tag{3.87}$$

进一步有方程

$$(\sigma_{zz})_1 = (\sigma_{zz})_2,$$
$$\rho_1\alpha_1^2 \frac{\partial u_{z1}}{\partial z} + \rho_1\beta_1^2 \frac{\partial u_{x1}}{\partial x} = \rho_2\alpha_2^2 \frac{\partial u_{z2}}{\partial z} + \rho_2\beta_2^2 \frac{\partial u_{x2}}{\partial x} \tag{3.88}$$

④边界条件4：边界两端切向应力分量连续。切向应力分量表达为：

$$\sigma_{xz} = 2\mu e_{xz} \tag{3.89}$$

但是 e_{xz} 又可以表示成：

$$e_{xz} = \frac{1}{2}\left(\frac{\partial u_z}{\partial x} + \frac{\partial u_x}{\partial z}\right) \tag{3.90}$$

将这个表达式和式(3.85)代入式(3.84)中，我们可以把边界条件改写为：

$$\rho_1\beta_1^2\left(\frac{\partial u_{z1}}{\partial x} + \frac{\partial u_{z1}}{\partial z}\right) = \rho_2\beta_2^2\left(\frac{\partial u_{z2}}{\partial x} + \frac{\partial u_{x2}}{\partial z}\right) \tag{3.91}$$

考虑式(3.86)，再作微分，可得：

$$2\rho_1\beta_1^2 p\cos\theta_i \frac{w}{\alpha_1}A_0 - 2\rho_1\beta_1^2 p\cos\theta_i \frac{w}{\alpha_1}A_1 - \rho_1\beta_1(1 - 2\beta_1^2p^2)\frac{w}{\beta_1}B_1$$
$$= \rho_2\beta_2(1 - 2\beta_2^2p^2)\frac{w}{\alpha_2}B_2 + \rho_2\beta_2^2 p\cos\varphi_t \frac{w}{\beta_2}A_2 \tag{3.92}$$

式(3.80)，式(3.82)，式(3.88)和式(3.92)四个方程是最终的结果，表示成位移场的形式，由于反射和透射系数的定义是位移的振幅比，我们可以将上面四个方程改写为如下形式：

$$\begin{aligned}
&-\alpha p R_{PP} - \cos\varphi_r R_{ps} + \alpha_2 p T_{PP} + \cos\varphi_t T_{ps} = \alpha p,\\
&\cos\theta_i R_{PP} - \beta_1 p R_{ps} + \cos\theta_t T_{PP} - \beta_2 p T_{ps} = \cos\theta_i,\\
&-\rho_1\alpha_1(1 - 2\beta_1^2p^2)R_{PP} - 2\rho_1\beta_1^2 p\cos\varphi_r R_{ps} + \rho_2\alpha_2(1 - 2\beta_2^2p^2)T_{PP} -\\
&2\rho_2\beta_2^2 p\cos\varphi_r T_{PP} = \rho_1\alpha_1(1 - 2\beta_1^2p^2),\\
&2\rho_1\beta_1^2 p\cos\theta_i R_{PP} + \rho_1\beta_1(1 - 2\beta_1^2p^2)R_{ps} + \rho_2\beta_2^2 p\cos\varphi_t T_{PP} +\\
&\rho_2\beta_2(1 - 2\beta_2^2p^2)T_{ps} = 2\rho_1\beta_1^2 p\cos\theta_i
\end{aligned} \tag{3.93}$$

式中

$$R_{PP} = \frac{A_1}{A_0},\quad R_{ps} = \frac{\alpha_1 B_1}{\beta_1 A_0},\quad T_{PP} = \frac{A_2}{A_0},\quad T_{ps} = \frac{\alpha_1 B_2}{\beta_2 A_0}$$

分别是反射系数和透射系数，写成更简洁的矩阵形式：

$$MX = Y$$

其中

$$M=\begin{pmatrix} -\alpha p & -\cos\varphi_r & \alpha_2 p & \cos\varphi_t \\ \cos\theta_i & -\beta_1 p & \cos\theta_t & -\beta_2 p \\ -\rho_1\alpha_1(1-2\beta_1^2p^2) & -2\rho_1\beta_1^2p\cos\varphi_r & \rho_2\alpha_2(1-2\beta_2^2p^2) & -2\rho_2\beta_2^2p\cos\varphi_r \\ 2\rho_1\beta_1^2p\cos\theta_i & \rho_1\beta_1(1-2\beta_1^2p^2) & \rho_2\beta_2^2p\cos\varphi_t & \rho_2\beta_2(1-2\beta_2^2p^2) \end{pmatrix}$$

$$X=\begin{pmatrix} R_{PP} \\ R_{ps} \\ T_{PP} \\ T_{ps} \end{pmatrix},\quad Y=\begin{pmatrix} \alpha p \\ \cos\theta_i \\ \rho_1\alpha_1(1-2\beta_1^2p^2) \\ 2\rho_1\beta_1^2p\cos\theta_i \end{pmatrix} \tag{3.94}$$

这个方程只针对向下传播的 P 波(入射波)、反射纵波、反射横波、透射纵波、透射横波。采用上文中类似的方法，可以推导出所有入射、反射和透射的情形。对于 AVO 分析来说，R_{PP}和 R_{ps}是最常用到的两个参数，在地震勘探中，人们通常使用纵波震源，同时接收纵波和横波分量，但在通常情况下只使用了方程中的 R_{PP}。

三、Zoeppritz 方程的应用领域

(一)近似公式

利用 Zoeppritz 方程求解 R_{PP}，准确的 PP 反射系数可以用射线参数 p，介质的密度和速度表示：

$$R_{PP}=\frac{\left(b\dfrac{\cos\theta_i}{\alpha_1}-c\dfrac{\cos\theta_t}{\alpha_2}\right)F-\left(a+d\dfrac{\cos\theta_i\cos\theta_t}{\alpha_1\quad\alpha_2}\right)Hp^2}{D} \tag{3.95}$$

上式中

$$\begin{aligned} a&=\rho_2(1-2\beta_2p^2)-\rho_1(1-2\beta_1p^2), \\ b&=\rho_2(1-2\beta_2p^2)+2\rho_1\beta_1p^2, \\ c&=\rho_1(1-2\beta_1p^2)+2\rho_2\beta_2p^2, \\ F&=b\frac{\cos\varphi_r}{\beta_1}+c\frac{\cos\varphi_t}{\beta_2}, \\ H&=a-d\frac{\cos\theta_t\cos\varphi_r}{\alpha_2\quad\beta_2}, \\ D&=\frac{\det M}{\alpha_1\alpha_2\beta_1\beta_2} \end{aligned} \tag{3.96}$$

尽管上式准确地表明了反射系数的变化，但是这个关系式是非线性的，并且反射系数与介质模型参数的关系非常复杂，很难被直接用于 AVO 反演中。基于此，前人尝试着对这个方程展开，只保留线性项，推导出了很多线性化的近似公式，这些方程可以直接用于 AVO 反演，下一部分主要用于回顾这些近似方程。

1. Bortfeld 近似公式

在 1962 年 Bortfeld 尝试对 Zoeppritz 方程做近似处理，使它能够被用于 AVO 分析当中，方程如下：

$$R_{PP}(\theta_i)=\frac{1}{2}\ln\frac{\rho_2\alpha_2\cos\theta_i}{\rho_1\alpha_1\cos\theta_t}+\frac{\sin\theta_i}{\alpha_1^2}(\beta_1^2-\beta_2^2)\left(2+\frac{\ln\frac{\rho_2}{\rho_1}}{\ln\frac{\alpha_2}{\alpha_1}-\ln\frac{\alpha_2\beta_1}{\alpha_1\beta_2}}\right) \tag{3.97}$$

这个近似方程相对于准确的方程式(3.95)来说，可以让人们更容易地理解反射系数与入射角和介质参数之间的关系。但是这个方程中反射系数与介质参数之间的关系仍然是非线性的，所以不适合 AVO 反演。

2. Aki 和 Richards 近似方程

在 1976 年，Richards 和 Frasier 改进了 Bortfeld 的近似方程，然后 Aki 和 Richards 在 1980 年又重新定义这个近似公式，使它成为联系纵波速度反射系数、横波速度反射系数、密度反射系数的线性公式，方程如下：

$$R_{PP}(\theta_i)=\frac{1}{2}(1+\tan^2\theta)\frac{\Delta\alpha}{\alpha}-4r^2\sin^2\theta\frac{\Delta\beta}{\beta}+\frac{1}{2}(1-4\gamma^2\sin^2\theta)\frac{\Delta\rho}{\rho} \tag{3.98}$$

式中

$$\begin{aligned}
&\Delta\alpha=\alpha_2-\alpha_1,\\
&\Delta\beta=\beta_2-\beta_1,\\
&\Delta\rho=\rho_2-\rho_1,\\
&\alpha=\frac{1}{2}(\alpha_2+\alpha_1),\\
&\beta=\frac{1}{2}(\beta_2+\beta_1),\\
&\rho=\frac{1}{2}(\rho_2+\rho_1),\\
&\gamma=\frac{\beta}{\alpha},\\
&\theta_t=\sin^{-1}\left(\frac{\alpha_2}{\alpha_1}\sin\theta_i\right),\\
&\theta=\frac{1}{2}(\theta_i+\theta_t)
\end{aligned} \tag{3.99}$$

这个近似方程在实际处理中得到广泛应用，因为它将三个参数分离开来，人们在它的基础之上又推导出其他近似方程，我们将会在后续章节进行讨论。Aki 和 Richards 方程定义的变量将会在后面的章节中用到。

3. Shuey 近似方程

这个方程是改进版的 Aki 和 Richards 近似公式，Shuey 在 1985 年通过引入泊松比重新编排了 Aki 和 Richards 近似公式，方程为：

$$R(\theta_i)=R_p+R_g\sin^2\theta+\frac{1}{2}\frac{\Delta\alpha}{\alpha}(\tan^2\theta-\sin^2\theta) \tag{3.100}$$

式中

$$\begin{aligned}
&R_p=\frac{1}{2}\left(\frac{\Delta\alpha}{\alpha}+\frac{\Delta\rho}{\rho}\right),\\
&R_g=\left[R_pA_0+\frac{\Delta\sigma}{(1-\sigma)^2}\right],\\
&\sigma=\frac{\frac{1}{\gamma^2}-2}{2\left(\frac{1}{\gamma^2}-1\right)},\\
&\Delta\sigma=\sigma_2-\sigma_1,\\
&A_0=B-2(1+B)\frac{1-2\sigma}{1-\sigma},\\
&B=\frac{2\frac{\Delta\alpha}{\alpha}}{R_p}
\end{aligned} \tag{3.101}$$

注意 α，β 和 ρ 在该式中的定义与在 Aki 和 Richards 近似公式中的定义是相同的，参数 σ 是泊松比，通常选用 Shuey 近似公式作为理论模型来反演泊松比，根据反演的泊松比，可以推断地下介质的岩性。

4. Verm 和 Hilterman 方程

忽略 Shuey 公式中的第三项，γ 值设为 4，就可以对 Shuey 方程做进一步简化（Verm 和 Hilterman，1995），这个简化的两项方程如下式所示：

$$R_{PP}(\theta_i)=R_p+G_p\sin^2\theta \tag{3.102}$$

式中

$$G_p=\frac{9}{4}\Delta\sigma-R_p \tag{3.103}$$

式（3.102）中的第一项 R_p 称为截距项，G_p 称为梯度项，这个方程经常用于 AVO 属性交会图分析中。

5. Smith 和 Gidlow 近似方程

在 2003 年 Smith 和 Gidlow 对 Aki 和 Richards 近似方程做了进一步的改进：

$$R_{PP}(\theta_i)=\frac{1}{2}\left(\frac{\Delta\alpha}{\alpha}+\frac{\Delta\rho}{\rho}\right)-2\gamma^2\sin^2\theta\left(2\frac{\Delta\beta}{\beta}+\frac{\Delta\rho}{\rho}\right)+\frac{1}{2}\tan^2\theta\frac{\Delta\alpha}{\alpha} \tag{3.104}$$

同时，假设密度满足 Gardner 方程 $\rho=a\alpha^b$，可以简化成只关于纵波速度反射系数和横波速度反射系数的函数，方程如下：

$$R_{PP}(\theta_i)=\frac{1}{2}(1+a+\tan^2\theta-4a\gamma^2\sin^2\theta)\frac{\Delta\alpha}{\alpha}-4\gamma^2\sin^2\theta\frac{\Delta\beta}{\beta} \tag{3.105}$$

式中，$a=0.25$。除此之外，他们还定义了流体因子，这利用到 Castagna 方程 $\alpha=c\beta+d$，流体因子定义如下：

$$\Delta F=\frac{\Delta\alpha}{\alpha}-c\gamma\frac{\Delta\beta}{\beta} \tag{3.106}$$

式中，$c=1.16$，是 Castagna 方程中的梯度，但是需要注意的是：在碳酸盐岩储层中，上面这个等式不再满足，在其他的岩石中，它对油气有很强的指示作用，在后续章节讨论流体检测时我们会进一步讨论。

6. Fatti 近似方程

这个近似方程是由 Fatti 在 1994 年提出来的，把反射系数表达为纵波阻抗反射和横波阻抗反射系数的函数，方程如下：

$$R_{PP}(\theta_i)=\frac{1}{2}(1+\tan^2\theta)\frac{\Delta I_p}{I_p}-4\gamma^2\sin^2\theta\frac{\Delta I_s}{I_s} \tag{3.107}$$

在这个方程中的模型参数是纵波阻抗和横波阻抗。

(二)射线追踪

AVO 反演中的理论模型都是基于前述各种近似方程，这些近似方程完全依赖于入射角的大小(实际上是入射角和透射角的平均值)。但是在实际地震勘探中，地震记录是偏移距和双程旅行时的函数，在做 AVO 反演之前，首先应当用射线追踪的方法将偏移距信息转换成入射角。这一节中讨论两种射线追踪算法，第一种只能处理简单的层状速度介质模型，第二种方法适用于处理横向速度变化的情形。

1. 射线追踪算法 1

这里讨论的第一种射线追踪方法由 Dahl 和 Ursin 于 1991 年提出，追踪射线从震源到检波器的路径，并根据速度模型，计算射线入射到每一个地层界面的入射角和总旅行时。第一步是确定射线从震源出射的角度或者射线参数。对于一个给定射线路径，用θ_1，θ_2，…，θ_i，…，θ_n表示这条射线在每一层上的入射角。根据 Snell 定律，可将入射角和速度模型的关系用如下方程表示：

$$p=\frac{\sin\theta_1}{\alpha_1}=\frac{\sin\theta_2}{\alpha_2}=\cdots=\frac{\sin\theta_i}{\alpha_i}=\cdots=\frac{\sin\theta_n}{\alpha_n} \tag{3.108}$$

选择一个出射角θ_e，用式(3.108)可得射线在每一层中经过的横向距离为：

$$X(\tau_n,\theta_e)=\sum_{i=1}^{n}\alpha_i^2\Delta t\frac{\sin\theta_e}{\sqrt{\alpha_1^2-\alpha_i^2\sin\theta_e^2}} \tag{3.109}$$

式中，θ_e是出射角，α_i是第 i 层的速度，X 是偏移距，为了使 X 近似等于实际观测系统中的偏移距的大小，采用下式所示的搜索方向：

$$\Delta\theta_e=\frac{\partial\theta_e}{\partial X}\Delta X \tag{3.110}$$

接着得到：

$$\theta_e^{j+1}=\theta_e^j+(h-X(\theta_e^j))f^n(\theta_e^j) \tag{3.111}$$

式中

$$f^n(\theta_e^j)=\left(\frac{\partial\theta_e}{\partial X}\right)^{-1}\Bigg|_{\theta_e=\theta_e^j}=\left[\sum_{i=1}^{n}\alpha_i^4\Delta t\frac{\cos\theta_e}{(\alpha_1^2-\alpha_i^2\sin\theta_e^2)^{3/2}}\right]^{-1}\Bigg|_{\theta_e=\theta_e^j} \tag{3.112}$$

其中，j 表示迭代次数，直到偏移距 X 收敛到实际的偏移距上，选取最终出射角 θ_h，对于最终的射线，总的双程旅行时可以表达为：

$$t_n(h)=t(\tau_n,h)=\sum_{i=1}^{n}\frac{\alpha_1\Delta t}{\sqrt{\alpha_1^2-\alpha_i^2\sin^2\theta_h}} \tag{3.113}$$

式中，$\tau_n=n\Delta t$ 是零偏移距双程旅行时。最后入射角 $\theta(t_n,\ h)$ 可以用如下的关系式计算：

$$\sin\theta(t_n,\ h)=\frac{\alpha_n}{\alpha_1}\sin\theta_h \tag{3.114}$$

2\. 射线追踪算法 2

射线追踪算法 1 只适用于处理层状速度介质模型，这在实际应用中会受到很大的限制，因此介绍一种新的射线追踪算法，能够很好地适应速度横向变化。该方法需要求解一组一阶常微分方程组，下面的讨论只限于二维情况。

首先，我们定义一个抽象的射线向量 $\vec{r}=[xzp_xp_z]$，x 和 z 分别表示横、纵坐标，p_x 表示沿水平方向射线参数，p_z 表示沿垂直方向的射线参数。向量 $\vec{r}$ 相对于时间的微分可以用如下方程表示。

$$\begin{aligned}\frac{\mathrm{d}r(1)}{\mathrm{d}t}&=v^2r(3);\\\frac{\mathrm{d}r(2)}{\mathrm{d}t}&=v^2r(4);\\\frac{\mathrm{d}r(3)}{\mathrm{d}t}&=-\frac{\partial\ln v}{\partial x};\\\frac{\mathrm{d}r(4)}{\mathrm{d}t}&=-\frac{\partial\ln v}{\partial z}\end{aligned} \tag{3.115}$$

定义向量 $\vec{a}=[v^2\vec{p}-\vec{\nabla}(\ln v)]$，式(3.115)可以写成一种更为紧凑的形式

$$\frac{\mathrm{d}\vec{r}}{\mathrm{d}t}=\vec{a} \tag{3.116}$$

然后，对 $\vec{r}$ 初始化，采用四阶 Runge - Kutta 法来求解这个方程组，就可以获得 $\vec{r}$ 向量的值。

(三)应用领域

Muskat 计算了弹性介质中平面波的反射和透射系数；Koefoed 利用不同弹性参数模型，详细研究了泊松比对两个各向同性介质之间的反射界面所产生的反射系数的影响，并第一次给出了将泊松比与反射系数直接联系起来的 Zoeppritz 近似方程，他同时指出“不久的将来，利用反射系数曲线的形态分析岩性是可能的”；Bortfeld 第一个给出了物理意义比较明确的反射系数近似计算公式，使得基于 Zoeppritz 方程的反射和透射问题真正应用到了勘探地球物理领域。地震多次覆盖和数字技术的出现，促进了 AVO 技术应用到实际。

20 世纪 80 年代初，Ostrander 首先将 AVO 技术投入实际应用，研究了纵波反射振幅随炮检距的变化，并在一定的地质条件下，根据含气砂岩的反射振幅随炮检距增加而增加这一特征直接寻找气田。Ostrander 的发现标志着实用 AVO 技术的出现，许多作者在方法技术和实际应用方面对 AVO 技术进行了深入研究。Smith 和 Fatti 将“流体因子”作为烃类的检测标志；Verm 和 Hilterman、Goodway 及 Avseth 利用 AVO 属性参数识别岩性，结合岩石物理方法对碳酸盐岩介质的孔隙度进行预测。Carcione 和 Gangi 将 AVO 属性参数应用于钻

井工程中气孔的压力预测；Tura 和 Lumley 及李景叶等应用 AVO 属性参数的变化，在时移地震储层预测研究中描述油藏流体饱和度及孔隙压力的变化；牛滨华，文鹏飞采用 AVO 正演模拟方法估算水合物含量。勘探地球物理家学会（The Society of Exploration Geophysicists，SEG）也先后出版了三本 AVO 理论和技术方面的论文集和专著，并在“*The Leading Edge*”杂志上多次出版专集探讨 AVO 技术的理论和方法。经过三十多年的发展，AVO 技术已成为应用叠前资料预测油气分布的有效方法，AVO 分析方法也已渗透到地震勘探的各个领域，在裂缝检测、压力预测、油藏动态监测、油气预测、储层非均质性描述方面得到广泛应用。

第三节　基于贝叶斯框架的 AVO 三参数反演

AVO 三参数反演问题的优势是可获取密度信息，密度项具有描述储层流体饱和度的信息。根据 Gassman 方程，可以绘出纵、横波速度及密度响应含气饱和度的曲线。P 波速度以非线性的方式响应含气饱和度，当含气饱和度小于 10% 的情况下，含气饱和度的变化会引起较大的 P 波速度的变化；当含气饱和度大于 10% 后，P 波速度的变化较小。S 波速度在含气及含水的情况下，速度变化很小。而密度是以线性的方式响应含气饱和度的变化，当含气饱和度增大时，密度在减小。所以，根据速度及密度的变化，可以更为精确地预测储层含气饱和度，降低勘探的风险。

AVO 三参数反演问题是“病态的”，往往采用其两参数方程反演求解，或者采用岩石物理的经验关系式，对三参数方程进行转换，去除方程中的密度项，达到稳定反演问题的目的。在这个过程中，总是要权衡提高反演问题的稳定性和反演信息的损失程度之间的矛盾。传统的 AVO 反演方法或者只采用单一的地震数据来反演储层参数，或者利用模型参数进行物理正演，获取合成数据，通过合成数据与观测资料的匹配，估算出该模型的参数。因此，反演的参数信息或者是主要来自地震数据，或者是约束于测井数据，没有充分考虑地震数据信噪比对参数反演的影响，易产生较大的参数估计误差。而贝叶斯理论可根据信噪比的大小，有效均衡地震数据及测井数据的信息采用量，准确反演储层参数。这种方法类似于 Lortzer 和 Berkhout 所采用的方法，两者都采用了贝叶斯理论实现数据的统计约束。约束条件作为先验信息对反演过程进行约束，当数据的信噪比较高时，参数信息主要来自地震数据，可以得到可靠的参数估计；当数据的信噪比不高时，约束条件控制了参数的反演结果，数据提供的信息较少，但得到的结果在地质解释上是可信的。

在反演中，将噪声及模型参数的分布认为是满足高斯分布的，符合自然界中信号分布的普遍规律。Todoeschuck 等曾对大量的测井数据进行统计计算，得出在足够短的时间窗口上，测井数据的统计特性是符合高斯分布的。对高斯分布的模型参数，采用岩石物理的研究结果及实验数据建立参数协方差矩阵约束反演，以期获得准确的三个反演参数。对于 AVO 反演来说，基于贝叶斯理论的反演方法在业界得到广泛认同，这种方法能够使反演结果更加稳定，增加估计参数的可靠性。

一、方法原理

(一)贝叶斯框架的基本理论

贝叶斯理论是一种概率统计的理论，可以用来计算条件概率。数学上，它们表示如下：

$$P(m\mid d)=\frac{P(d\mid m)P(m)}{P(d)} \tag{3.117}$$

式中$P(m\mid d)$是后验概率分布，$P(d\mid m)$是观测数据的似然函数，$P(d)$是观测数据的边缘分布，$P(m)$是先验信息，表示的是在观测数据之前的背景信息。因为数据的边缘分布是一个常数，式(3.117)等效于下面的形式：

$$P(m\mid d)\propto P(d\mid m)P(m) \tag{3.118}$$

这个公式表明，应用贝叶斯理论的关键是如何构建反演问题的先验信息，所以合理地选择先验概率分布是解决问题的关键，这样才能保证反演的结果是真实可靠的。

(二)基于贝叶斯框架的反演方程

式(3.117)给出了似然函数和先验分布函数，解是能够最大化后验概率分布值的模型变量。换句话说，目标函数是似然函数和先验分布函数的组合，最小化目标函数等同于求取后验概率密度分布的最大值。通常反演问题中的目标函数由两项构成，一项是观测数据，另一项是先验信息，可以表示成如下形式：

$$J(m)=\phi_d+\mu_h\phi_m \tag{3.119}$$

式中J是目标函数，m表示模型变量，μ_h是超参数，这个参数需要谨慎选择，以便在观测数据和先验信息之间达到一种平衡，ϕ_d和ϕ_m表示似然函数和先验信息。以一个典型反演问题为例，该问题中数据和模型参数之间的关系可以如下表示：

$$d=Lm+n \tag{3.120}$$

式中d是观测数据，L是正演算子，n表示观测数据中存在的噪声和理论模型偏离实际情况所产生的误差，通常这两者难以区分。假设噪声相互独立且满足均值为零的高斯分布，那么噪声的概率分布可以如下式表示

$$P=P_0\exp\left\{-\frac{1}{2}n^{\mathrm{T}}C_d^{-1}n\right\} \tag{3.121}$$

式中C_d^{-1}是噪声协方差矩阵，由式(3.120)和式(3.121)可得，数据的似然函数可以表示为：

$$P=P_0\exp\left\{-\frac{1}{2}(d-Lm)^{\mathrm{T}}C_d^{-1}(d-Lm)\right\} \tag{3.122}$$

式中

$$P_0=\frac{1}{(2\pi)^{n/2}\left|C_d\right|^{1/2}} \tag{3.123}$$

n是采样点个数，对于给定的先验分布，后验概率分布可以表示成如下形式：

$$P(m\mid d)\propto\exp\left\{-\frac{1}{2}(d-Lm)^{\mathrm{T}}C_d^{-1}(d-Lm)-\mu_hR(m)\right\} \tag{3.124}$$

由此推导出来的目标函数与式(3.119)具有类似的形式：

$$J(m)=\frac{1}{2}(d-Lm)^{\mathrm{T}}C_d^{-1}(d-Lm)+\mu_h R(m) \tag{3.125}$$

式中 $R(m)$ 是由先验信息推导而来的正则化算子。最小化目标函数就是求目标函数相对于模型参数的导数，然后令其等于0，方程如下式所示：

$$(L^{\mathrm{T}}C_d^{-1}+\mu_h Q)m=L^{\mathrm{T}}C_d^{-1}d \tag{3.126}$$

式中 Q 是正则化项，它的具体形式由选定的先验概率分布决定，尽管观测数据与模型参数的关系是线性的，但最后我们可能需要求解非线性方程组。如果约束算子是二次型的，那么 Q 就与模型参数无关，只需要求解线性方程组即可；相反，如果约束算子是非二次型的，会导致最终的正则化算子依赖于模型参数，则需要求解非线性方程组。

归结起来有两种途径可以确定超参数 μ_h 的值。

第一种方法是卡方检测，卡方分布如下式所示：

$$\chi^2=\sum_{j=1}^{N}\frac{e_j^2}{\sigma_j^2} \tag{3.127}$$

上式中σ_j^2是噪声的方差，先用代入选定的超参数通过反演得到模型参数，将其代入正演模型中计算得到模拟数据，模拟数据与真实观测数据的差用e_j表示。代入不同超参数 μ_h，重复上面的计算过程得到对应的χ^2 值，就可以描出一条$\chi^2-\mu_h$ 曲线，纵轴是χ^2，横轴为超参数 μ_h，选择χ^2 等于数据点数 N 时对应的超参数值。这种方法需要知道噪声的方差。

与第一种方法类似，给定一系列不同的超参数值 μ_h，通过反演得到对应的模型参数，将这些模型参数代入式(3.119)，分别计算该模型参数对应的 ϕ_d 和 ϕ_m 值，根据这些值画出 $\phi_d-\phi_m$ 曲线，成为权衡(trade-off)图。在这条曲线上选择变化最大的点处的超参数值。

可以用本章第一节介绍的最小二乘、加权最小二乘等方法来求取上述问题的解。这里给出用这类方法求解贝叶斯框架下反演方程的表达式。

1. 最小平方法(最小二乘法)

最小平方法是通过最小化观测数据与模拟数据差的平方，求取在最小二乘意义上的模型参数。如果去掉方程中的正则化项，假设噪声协方差矩阵C_d 是单位阵，即认为噪声相互独立，并且具有相同的方差，这个方程就退化成典型的最小平方问题。换句话说，模型参数完全依赖于观测数据(不考虑先验信息)，这类问题的解可以用下式表示：

$$m=(L^{\mathrm{T}}L)^{-1}L^{\mathrm{T}}d \tag{3.128}$$

当给定观测数据和线性模型时，求解这类问题就退化成求解一个线性方程组，但是通过这种方式求出来的解，不能保证解的可靠性，除非问题本身就是适定的。

2. 加权最小二乘法

当给目标函数加上某种先验信息或者约束条件时，通常用加权最小二乘法求解这类问题。根据式(3.119)，如果超参数μ_h 不为零，并且正则化项 Q 与模型参数 m 无关，可以使用加权最小二乘法，并且该方法对噪声的相关性没有限制，如果矩阵 Q 是一个单位矩阵，此时该方法也成为阻尼最小二乘，方程如下所示：

$$m=(L^{\mathrm{T}}C_d^{-1}L+\mu_h I)^{-1}L^{\mathrm{T}}C_d^{-1}d \tag{3.129}$$

这种正则化方法称为 Tikhonov 正则化法。如果矩阵 Q 不是一个单位阵，解可以写成如下形式：

$$m=(L^{\mathrm{T}}C_d^{-1}L+\mu_h Q)^{-1}L^{\mathrm{T}}C_d^{-1}d \tag{3.130}$$

式中，Q 独立于模型参数且不是单位阵。例如，在二次型的正则化算子中，如果假定模型参数满足高斯先验分布，Q 是模型参数协方差矩阵的逆。

3. 迭代重加权最小二乘法

当超参数 μ_h 不为零，正则化矩阵 Q 依赖于模型参数 m 的大小，此时需要求解一个非线性反演问题，可以用迭代重加权最小二乘法求解，解由下式给出：

$$m=[L^{\mathrm{T}}C_d^{-1}L+\mu_h Q(m)]^{-1}L^{\mathrm{T}}C_d^{-1}d \tag{3.131}$$

求解这类问题，可以预先设定迭代次数，用上一次的迭代结果来更新权重项，在每一次迭代过程中，相当于求解加权最小二乘问题。

上述问题求解均需要求解线性方程组，如果矩阵的尺寸不大的话，有很多求解方法，如 Gaussian—Seidel 迭代求解法，Gaussian 消元法或者共轭梯度法；如果矩阵尺寸较大，由于共轭梯度法会消耗大量内存，倾向于前两种解法。

第四节 基于粒子群算法的 AVO 三参数反演

一、方法原理

粒子群优化算法(Particle Swarm Optimization，PSO)，又称微粒群算法，是基于智能群体的全局非线性优化算法的一种，最先是由美国学者 Kennedy 和 Eberhart(1995)提出的。算法源于对鸟群捕食行为的研究，通过对简单社会系统的模拟，在多维解空间中构造“粒子群”，粒子群中每个粒子通过跟踪自己和群体所发现的最优值，修正自己的前进方向和速度，从而实现寻优。群体中每个粒子表示问题的一个可行解，并具有与目标函数相关的适应度值。粒子在搜索空间中以一定的速度飞行，并根据自身的飞行经验以及当前最优粒子的状态对速度进行动态调整，个体之间通过协作与竞争，实现对问题最优解的搜索。

基本粒子群算法中粒子向自身历史最佳位置和领域或群体历史最佳位置聚集，形成了粒子种群的快速趋同效应，容易出现陷入局部极值、早熟收敛或停滞现象。同时，它的性能也依赖于算法参数。为了克服上述不足，许多学者提出了各种改进措施，归纳总结出粒子群的有关进展主要集中在粒子群初始化、领域拓扑、参数选择以及混合策略等方面(戴朝华，2010)。如 M. Richards 等(2004)提出了基于 Centroidal Voronoi Tessellations (CVTs)的种群初始化方法；薛明志等(2005)采用正交设计方法对种群进行初始化；Stefan Janson 等(2005)提出等级 PSO；Ben Niu 等(2007)采用主－仆模型(Master－Slaver Model)，主群体在仆群体提供的最佳位置基础上开展搜索；Ratnaweera A. 等(2004)提出自适应时变调整策略；P. Moore 等(2006)利用差分进化(Differential Evolution，DE)操作选择速度更新公式中粒子最佳位置；Fan S. K. 等(2004)将算法与单纯形法结合；Xi－Huai Wang 等(2004)将算法与模拟退化法结合；Junying Chen 等(2005)将算法与爬山法结合；孙艳霞等(2008)提出一种不含随机参数、基于确定性混沌 Hopfield 神经网络群的粒子群模型；等等。由于其具有很好的生物社会学背景而易于理解、参数少而易实现，对非线性、多峰问题具有较强的全局搜索能力，自提出以来在函数寻优、神经网络训练、数字电路优化以及工程应用等许多非线性反演优化领域得到了广泛的应用，但目前粒子群算法在地球物理领域的应用还并不多见，主要有波阻抗反演、大地电磁资料反演等。将粒子群算法应用于 AVO 三参数反演中，能有效地改善全局优化的能力和收敛速度，同时减少了算法中需要控制的参数。

(一)粒子群算法的基本理论

粒子群优化算法系统中，可以将每个优化问题的解想象成 n 维搜索空间中的一个点，称之为粒子(Particle)，整个系统中多个粒子共存、合作寻优。粒子群优化算法首先需要生成初始种群，即在可行解空间中随机初始化一群粒子，每个粒子都是优化问题的一个可行解，并且它们每个都有一个由目标函数确定的适应值(Fitness)来衡量粒子位置的优劣。每个粒子在搜索空间中以一定的速度飞行，这个速度根据其自身的飞行经验和同伴的飞行经验来动态调整。每个粒子追随当前的最优粒子而动，并经逐代搜索最后得到全局最优解。

在每一代中，粒子将跟踪两个极值，一个是粒子本身迄今找到的最优位置对应的解 P_{best}(Partial Best)，即独立粒子本身的飞行经验；另一个是全种群所有粒子迄今找到的最优位置对应的解G_{best}(Global Best)，即粒子同伴的经验。每个粒子使用下面的信息改变自己所处当前位置对应的解：①当前解；②当前速度；③当前解与自己最好位置对应解之间的距离；④当前解与群体最好位置对应解之间的距离，然后根据一定的迭代方式进行优化搜索。

粒子群优化算法的数学描述为：假设一个 n 维搜索空间，空间中总的粒子数为 m，每个粒子所处的位置代表目标函数的一个潜在解，它们的位置向量 x_i 构成一个种群 $X=(x_1, x_2, \cdots, x_m)$，每个粒子在空间中移动速度为$v_i$。第 i 粒子目前为止搜索到的最优位置为 $P_{best}=(P_{i1}, P_{i2}, \cdots, P_{im})$，整个种群目前为止搜索到的最优位置为 $G_{best}=(G_1, G_2, \cdots, G_n)$，则粒子的速度和位置可以按如下公式进行变化：

$$v_{id}(t+1)=wv_{id}(t)+c_1r_1[p_{id}(t)-x_{id}(t)]+c_2r_2[g_d(t)-x_{id}(t)] \tag{3.132}$$

$$x_{id}(t+1)=x_{id}(t)+v_{id}(t+1) \tag{3.133}$$

式中，$1\leqslant i\leqslant m$ 且 $1\leqslant d\leqslant n$，w 称为惯性权重因子；c_1、c_2称为学习因子或加速因子。其中，c_1 为调节粒子飞向自身最好位置方向的步长，c_2为调节粒子飞向全局最好位置的步长，r_1、r_2为[0，1]内的随机数，t 为当前迭代代数。

为避免由于速度过大而使粒子飞过了最优解的位置，有必要对速度的最大值加以限制，限定速度上限值为 V_{max}，则有：

$$\begin{cases} v_{id}=V_{max} & v_{id}>V_{max} \\ v_{id}=-V_{max} & v_{id}<-V_{max} \end{cases} \tag{3.134}$$

整个群体的初始位置和初始速度随机产生，然后按照式(3.132)及式(3.133)进行迭代，直至找到满意的解。为减少搜索过程中异常值对搜索过程的影响，对速度约束采用了均值滤波技术，可提高计算效率和精度。在计算过程中对速度进行如下约束处理：

$$v_{i,j}(n)=\begin{cases}v_{i,j}(n),\ j=1\\ \dfrac{v_{i,j-1}(n)+v_{i,j}(n)+v_{i,j+1}(n)}{3},\ 1<j<N\\ v_{i,j}(n),\ j=N\end{cases}\tag{3.135}$$

式(3.131)和(3.132)是粒子群优化算法最原始的数学表达式，一般将其称为基本粒子群优化算法。

公式由三部分组成，第一部分是粒子先前的速度，是粒子飞行中的惯性项，是粒子能够进行飞行的基本保证；第二部分是认知部分，是从当前点指向此粒子自身最好点的一个矢量，表示粒子飞行中考虑到自身的经验，向自己曾经找到过的最优点靠近；第三部分为社会部分，是从当前点指向种群最优点的一个矢量，反映了粒子间飞行中考虑到社会的经验，向邻域中其他粒子学习，使粒子在飞行中向邻域内所有粒子曾经找到过的最优点靠近。三个部分共同决定了粒子的空间搜索能力。第一部分起到了平衡全局和局部搜索的作用，第二部分使粒子有了足够强的全局搜索能力，避免局部极小，第三部分体现了粒子间的信息共享。粒子根据式(3.132)中其上一次的迭代速度、当前位置和自身最好经验与群体最好经验之间的距离来更新速度，然后根据式(3.133)飞向新的位置。图3.3为粒子位置更新示意图。

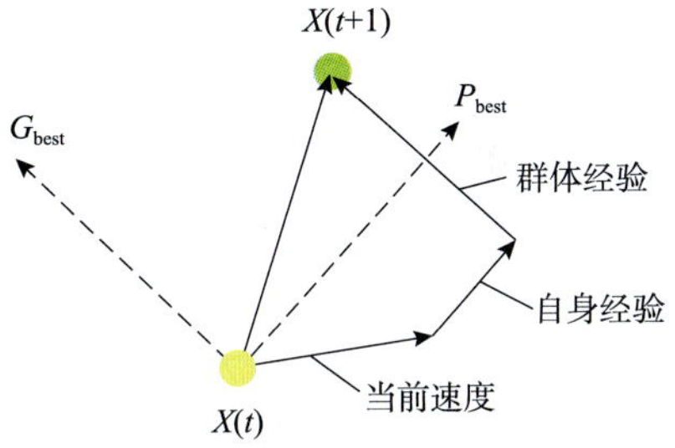

图3.3　粒子位置更新示意图

每个粒子的优劣程度根据已定义好的适应度函数来评价，与待解决的问题相关。下面为粒子群优化算法的流程：

(1)在搜索空间中初始化粒子群，包括群体规模 m，每个粒子的位置 x_i 和速度 v_i，设定加速因子 c_1 和 c_2，最大迭代次数 T_{max}，并设定当前迭代次数为 $t=1$。

(2)计算每个粒子的适应度值。

(3)对于每个粒子，用它当前位置的适应度值和自身历史最优位置 P_{best} 的适应度值进行比较，如果当前位置比历史最优位置 P_{best} 更好，则用当前位置更新替换个体历史最优位置 P_{best}。

(4)对于每个粒子，用它历史最优位置的适应度值和全局历史最优位置 G_{best} 的适应度值进行比较，如果更好，则用其替换 G_{best} 成为当前全局最好位置。

(5)根据式(3.131)、式(3.132)更新粒子的速度和位置。

(6)如果满足结束条件(误差足够小或达到最大循环次数)退出，否则回到步骤(2)，继续循环。

(二)基于粒子群算法反演流程

粒子群三参数反演算法流程可以用图3.4说明。

AVO技术以Zoeppritz方程为理论依据，1980年Aki和Richards给出了纵波反射振幅的近似表达式：

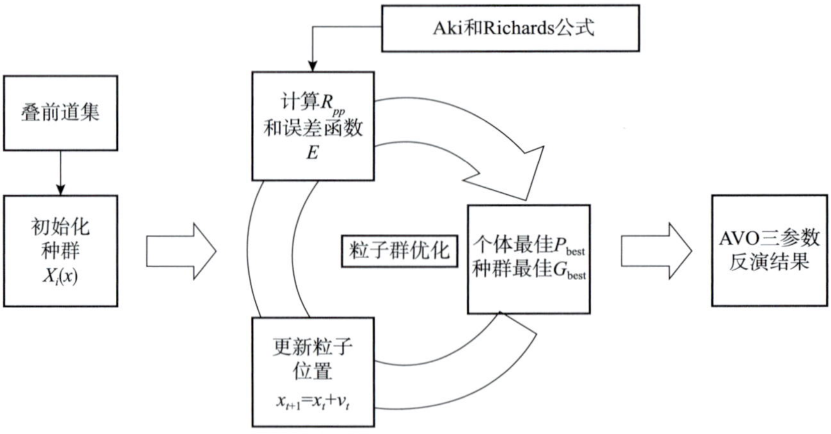

图 3.4　粒子群三参数反演算法流程图

$$R_{PP}=\frac{1}{2}\left(1-4\frac{\beta^2}{\alpha^2}\sin^2\theta\right)\frac{\Delta\rho}{\rho}+\frac{\sec^2\theta}{2}\frac{\Delta\alpha}{\alpha}-4\frac{\beta^2}{\alpha^2}\sin^2\theta\frac{\Delta\beta}{\beta} \tag{3.136}$$

其中，R_{PP}为纵波反射系数，α 为纵波速度，β 为横波速度，ρ 为密度，θ 为角度。

$$\Delta\alpha=\alpha_2-\alpha_1,\ \Delta\beta=\beta_2-\beta_1,\ \Delta\rho=\rho_2-\rho_1,$$
$$\alpha=(\alpha_1+\alpha_2)/2,\ \beta=(\beta_1+\beta_2)/2,$$
$$\theta=(\theta_1+\theta_2)/2,\ \rho=(\rho_1+\rho_2)/2$$

下标 1，2 分别表示第一层介质和第二层介质。

因为式(3.136)中 α、β、ρ 及 $\Delta\alpha$、$\Delta\beta$、$\Delta\rho$ 这几个参数与纵波速度、横波速度以及密度有关，对式(3.136)用粒子群算法进行迭代更新，可以得到纵波速度 V_P、横波速度 V_S 以及密度 ρ。

将此叠前道集数据作为输入进行反演。以求解计算出的 R_{PP}与实际地震记录之间的误差函数 E 最小作为目标函数。使用粒子群反演的方法寻找满足目标函数最小的纵波速度、横波速度以及密度。

$$E=\|w(\theta)\times R_{PP}(V_P,\ V_S,\ \rho,\ \theta)-d(\theta)\|\Rightarrow\min \tag{3.137}$$

式(3.137)中的 $d(\theta)$是实际地震记录，$R_{PP}(V_P,\ V_S,\ \rho,\ \theta)$就是利用式(3.136)得到的。其中纵波速度 V_P、横波速度 V_S 与式(3.136)中的 α 为纵波速度，β 为横波速度表示相同的含义，只不过式(3.136)中 α 和 β 为地层界面分界处平均值。(3.137)表示地震子波 $w(\theta)$与反射系数的褶积(即卷积)，得到理论记录，该记录与实际地震记录的差值的范数，使得两者的差值最小。

关于该算法的具体应用案例，可参考本书第八章第三节。

第五节　时频域联合 AVA 反演

叠前 AVA 反演通常在时间域或频率域实现，时间域反演过程稳定性好但分辨能力受限，频率域反演受益于有利频带的选择，分辨能力提高但反演结果容易受噪声影响。针对上述常规反演中存在的问题，发展了基于时间域和频率域联合的 AVA 反演方法，基于贝叶斯框架推导了新的时频联合域 AVA 反演方程，实现有限频域选择下的叠前三参数反演。该方法在提高反演分辨能力的同时，又具有较高的抗噪性。

一、方法原理

(一)时频域正演矩阵

正演算子的构建是建立反演目标函数的基础，为了在后续反演目标函数构建的过程中简化公式推导，本节建立了时频域联合反演中所需的时频域正演算子，并以矩阵的形式给出。我们重温本章第二节给出的用纵、横波速度及密度表示的地震反射系数近似方程(Aki 和 Richards，1980)：

$$R_{PP}=\frac{1}{2\cos^2\theta}\frac{\Delta V_{\mathrm{P}}}{V_{\mathrm{P}}}-4\left(\frac{V_{\mathrm{S}}}{V_{\mathrm{P}}}\right)^2\sin^2\theta\frac{\Delta V_{\mathrm{S}}}{V_{\mathrm{S}}}+\frac{1}{2}\left[1-4\left(\frac{V_{\mathrm{S}}}{V_{\mathrm{P}}}\right)^2\sin^2\theta\right]\frac{\Delta\rho}{\rho}\tag{3.138}$$

其中，θ 为入射角，$\Delta V_{\mathrm{P}}=V_{\mathrm{P2}}-V_{\mathrm{P1}}$，$V_{\mathrm{P}}=\frac{1}{2}(V_{\mathrm{P2}}+V_{\mathrm{P1}})$，$\Delta V_{\mathrm{S}}=V_{\mathrm{S2}}-V_{\mathrm{S1}}$，$V_{\mathrm{S}}=\frac{1}{2}(V_{\mathrm{S2}}+V_{\mathrm{S1}})$，$\Delta\rho=\rho_2-\rho_1$，$\rho=\frac{1}{2}(\rho_2+\rho_1)$；下标 1、2 分别代表上层和下层介质。

式(3.138)可以写成如下矩阵形式：

$$\boldsymbol{R}=\boldsymbol{A}\boldsymbol{m}\tag{3.139}$$

在 T 个反射界面，K 个入射角度情况下，

$$R_{KT\times1}=\begin{bmatrix}R_{PP}^1(\theta_1) & R_{PP}^2(\theta_1) & \cdots & R_{PP}^{\mathrm{T}}(\theta_1) & \cdots\\ R_{PP}^1(\theta_K) & R_{PP}^2(\theta_K) & \cdots & R_{PP}^{\mathrm{T}}(\theta_K) & \cdots\end{bmatrix}^{\mathrm{T}}\tag{3.140}$$

$$A_{KT\times3T}=\begin{bmatrix}
a_1^1(\theta_1) & 0 & 0 & 0 & a_2^1(\theta_1) & 0 & 0 & 0 & a_3^1(\theta_1) & 0 & 0 & 0\\
0 & a_1^2(\theta_1) & 0 & 0 & 0 & a_2^2(\theta_1) & 0 & 0 & 0 & a_3^1(\theta_1) & 0 & 0\\
0 & 0 & \cdots & 0 & 0 & 0 & \cdots & 0 & 0 & 0 & \cdots & 0\\
0 & 0 & 0 & a_1^{\mathrm{T}}(\theta_1) & 0 & 0 & 0 & a_2^{\mathrm{T}}(\theta_1) & 0 & 0 & 0 & a_3^{\mathrm{T}}(\theta_1)\\
 & \cdots & \cdots & & & \cdots & \cdots & & & \cdots & \cdots & \\
a_1^1(\theta_K) & 0 & 0 & 0 & a_2^1(\theta_K) & 0 & 0 & 0 & a_3^1(\theta_K) & 0 & 0 & 0\\
0 & a_1^2(\theta_K) & 0 & 0 & 0 & a_2^2(\theta_K) & 0 & 0 & 0 & a_3^2(\theta_K) & 0 & 0\\
0 & 0 & \cdots & 0 & 0 & 0 & \cdots & 0 & 0 & 0 & \cdots & 0\\
0 & 0 & 0 & a_1^{\mathrm{T}}(\theta_K) & 0 & 0 & 0 & a_2^{\mathrm{T}}(\theta_K) & 0 & 0 & 0 & a_3^{\mathrm{T}}(\theta_K)
\end{bmatrix}\tag{3.141}$$

$$\boldsymbol{m}_{3T\times1}=[R_{m_1^1}\quad R_{m_1^2}\quad\cdots\quad R_{m_1^{\mathrm{T}}}\quad R_{m_2^1}\quad R_{m_2^2}\quad\cdots\quad R_{m_2^{\mathrm{T}}}\quad R_{m_3^1}\quad R_{m_3^2}\quad\cdots\quad R_{m_3^{\mathrm{T}}}]^{\mathrm{T}}\tag{3.142}$$

其中，$a_1(\theta)=\frac{\sec^2\theta}{2}$，$a_2(\theta)=-4\left(\frac{V_{\mathrm{S}}}{V_{\mathrm{P}}}\right)^2\sin^2\theta$，$a_3(\theta)=1-4\left(\frac{V_{\mathrm{S}}}{V_{\mathrm{P}}}\right)^2\sin^2\theta$，$R_{m_1}=\frac{\Delta V_{\mathrm{P}}}{V_{\mathrm{P}}}$，$R_{m_2}=\frac{\Delta V_{\mathrm{S}}}{V_{\mathrm{S}}}$，$R_{m_3}=\frac{\Delta\rho}{\rho}$。

进一步考虑地震子波的影响，则时间域地震道集可表示为如下矩阵形式：

$$\boldsymbol{S}=\boldsymbol{W}\boldsymbol{A}\boldsymbol{m}=\boldsymbol{G}_t\boldsymbol{m}\tag{3.143}$$

其中，$\boldsymbol{S}$ 为地震数据，$\boldsymbol{W}$ 为子波矩阵，G_t 为地震子波和系数矩阵的联合矩阵，且表示为：

$$\boldsymbol{S}_{KT\times 1}=\begin{bmatrix} S_{pp}^{1}(\theta_1) & S_{pp}^{2}(\theta_1) & \cdots & S_{pp}^{T}(\theta_1) & \cdots \\ S_{pp}^{1}(\theta_K) & S_{pp}^{2}(\theta_K) & \cdots & S_{pp}^{T}(\theta_K) & \cdots \end{bmatrix} \tag{3.144}$$

$$\boldsymbol{W}_{KT\times KT}=\begin{bmatrix} \boldsymbol{W}_{T\times T}(\theta_1) & 0 & \cdots & 0 \\ 0 & \boldsymbol{W}_{T\times T}(\theta_2) & \cdots & 0 \\ \cdots & \cdots & \cdots & \cdots \\ 0 & 0 & \cdots & \boldsymbol{W}_{T\times T}(\theta_K) \end{bmatrix} \tag{3.145}$$

$$\boldsymbol{W}_{T\times T}(\theta_i)=\begin{bmatrix} w_1(\theta_i) & & & \\ w_2(\theta_i) & w_1(\theta_i) & & \\ \vdots & w_2(\theta_i) & \ddots & \\ w_{ns}(\theta_i) & \vdots & \cdots & w_1(\theta_i) \\ & w_{ns}(\theta_i) & \cdots & \vdots \\ & & \ddots & w_1(\theta_i) \\ & & & w_{ns}(\theta_i) \end{bmatrix} \tag{3.146}$$

类似的，频率域地震道集可表示为如下形式：

$$\boldsymbol{S}(\omega)=\boldsymbol{W}(\omega)\boldsymbol{R}(\omega) \tag{3.147}$$

其中，ω 为角频率，$W(\omega)$为地震子波的频谱，$R(\omega)$为反射系数的频谱，式(3.147)可以进一步表示为：

$$S(\omega)=W(\omega)\left[\int_0^{+\infty} r(z)\exp[-i\omega\tau(z)]\mathrm{d}z\right] \tag{3.148}$$

其中，$r(z)$为反射系数序列，$\tau(z)$为时间域深度，$\exp[\cdot]$为指数算子。将式(3.148)代入式(3.147)得：

$$\begin{bmatrix} S(\omega_1) \\ S(\omega_2) \\ \vdots \\ S(\omega_m) \end{bmatrix}=\begin{bmatrix} W(\omega_1) & & & \\ & W(\omega_2) & & \\ & & \cdots & \\ & & & W(\omega_m) \end{bmatrix}\cdot\begin{bmatrix} e^{-it_1\omega_1} & e^{-it_2\omega_1} & \cdots & e^{-it_N\omega_1} \\ e^{-it_1\omega_2} & e^{-it_2\omega_2} & \cdots & e^{-it_N\omega_2} \\ \vdots & \vdots & \ddots & \vdots \\ e^{-it_1\omega_m} & e^{-it_2\omega_m} & \cdots & e^{-it_N\omega_m} \end{bmatrix}\begin{bmatrix} r_1 \\ r_2 \\ \vdots \\ r_N \end{bmatrix} \tag{3.149}$$

其中，$r_k(k=1,2,\cdots,N)$为 N 个采样点情况下的反射系数，$\omega_i(i=1,2,\cdots,N)$为用于反演的有效频率成分。式(3.149)可以进一步表示成矩阵形式为：

$$\boldsymbol{S}_f=\boldsymbol{G}_f\boldsymbol{m} \tag{3.150}$$

式(3.143)和式(3.150)分别为用矩阵表示的时间域和频率域正演算子。

(二)时频域联合 AVA 反演方程

似然函数描述了物理关系与观测数据之间的不确定性，理论上讲，时间域和频率域似然函数在物理关系上是一致的，但不同域资料的完备性及信噪比对 AVA 反演影响不同。常规的时间域 AVA 反演一般利用地震数据的全部频率信息，其数据完备性使其反演稳定性较强，但地震数据中的低信噪比部分导致反演结果分辨能力有限。频率域 AVA 反演可以优选信噪比高的优势频带进行反演，能够提高反演结果的分辨能力，但其数据的欠完备性易导致反演结果受到噪声影响，稳定性较差。鉴于此，参考本章第三节的理论，我们在贝叶斯反演框架下建立了时间域和频率域联合贝叶斯反演方法。时间域和频率域联合的待反演模型参数的后验概率密度函数可以表示为先验概率密度函数 $p(\boldsymbol{m})$ 和似然函数 $p(\boldsymbol{d}\mid\boldsymbol{m})$ 的乘积：

$$p(\boldsymbol{m}\mid\boldsymbol{d})=\frac{p(\boldsymbol{m})p(\boldsymbol{d}\mid\boldsymbol{m})}{\int p(\boldsymbol{d}\mid\boldsymbol{m})\mathrm{d}\boldsymbol{m}}\propto p(\boldsymbol{m})p(\boldsymbol{d}\mid\boldsymbol{m}) \tag{3.151}$$

其中，$p(\cdot)$ 为概率密度函数算子，m 为待反演模型参数，分别为纵、横波速度和密度反射系数。

假设模型参数服从柯西分布为：

$$p(\boldsymbol{m})=\frac{1}{(\pi\sigma_m)^N}\prod_{i=1}^{N}\left[\frac{1}{1+m_i^2/\sigma_m^2}\right] \tag{3.152}$$

其中，σ_m^2 为各模型参数的方差。在时频域联合贝叶斯反演框架下，时间域和频率域联合似然函数为：

$$p(\boldsymbol{d}\mid\boldsymbol{m})=p(\boldsymbol{d}_t\mid\boldsymbol{m})\cdot p(\boldsymbol{d}_f\mid\boldsymbol{m}) \tag{3.153}$$

其中，d_t 和 d_f 分别为时间域和频率域观测地震数据。假设时间域似然函数 $p(\boldsymbol{d}_t\mid\boldsymbol{m})$ 和频率域似然函数 $p(\boldsymbol{d}_f\mid\boldsymbol{m})$ 分别服从高斯分布，则有：

$$p(\boldsymbol{d}_t\mid\boldsymbol{m})=\frac{1}{(2\pi\sigma_{n1})^{n_1/2}}\exp\left[\frac{-(\boldsymbol{d}_t-\boldsymbol{G}_t\boldsymbol{m})^{\mathrm{T}}(\boldsymbol{d}_t-\boldsymbol{G}_t\boldsymbol{m})}{2\sigma_{n1}^2}\right] \tag{3.154}$$

$$p(\boldsymbol{d}_f\mid\boldsymbol{m})=\frac{1}{(2\pi\sigma_{n2})^{n_2/2}}\exp\left[\frac{-(\boldsymbol{d}_f-\boldsymbol{G}_f\boldsymbol{m})^{\mathrm{T}}(\boldsymbol{d}_f-\boldsymbol{G}_f\boldsymbol{m})}{2\sigma_{n2}^2}\right] \tag{3.155}$$

其中，σ_{n1}^2 和 σ_{n2}^2 分别为时间域和频率域地震数据的噪声的方差。$\boldsymbol{G}_t$ 和 $\boldsymbol{G}_f$ 分别为时间域和频率域耦合子波和系数矩阵的联合矩阵。

时频域联合反演的似然函数可写为：

$$p(\boldsymbol{d}\mid\boldsymbol{m})\propto\exp\left[\frac{-(\boldsymbol{d}_t-\boldsymbol{G}_t\boldsymbol{m})^{\mathrm{T}}(\boldsymbol{d}_t-\boldsymbol{G}_t\boldsymbol{m})}{2\sigma_{n1}^2}+\frac{-(\boldsymbol{d}_f-\boldsymbol{G}_f\boldsymbol{m})^{\mathrm{T}}(\boldsymbol{d}_f-\boldsymbol{G}_f\boldsymbol{m})}{2\sigma_{n2}^2}\right] \tag{3.156}$$

综合可得待反演模型参数后验概率分布函数为：

$$p(\boldsymbol{m}\mid\boldsymbol{d})\propto\prod_{i=1}^{N}\left[\frac{1}{1+m_i^2/\sigma_m^2}\right]\exp\left[\frac{-(\boldsymbol{d}_t-\boldsymbol{G}_t\boldsymbol{m})^{T}(\boldsymbol{d}_t-\boldsymbol{G}_t\boldsymbol{m})}{2\sigma_{n1}^2}+\frac{-(\boldsymbol{d}_f-\boldsymbol{G}_f\boldsymbol{m})^{\mathrm{T}}(\boldsymbol{d}_f-\boldsymbol{G}_f\boldsymbol{m})}{2\sigma_{n2}^2}\right] \tag{3.157}$$

化简该方程可得最大化后验概率密度解，即初始目标函数为：

$$F(\boldsymbol{m})=(\boldsymbol{d}_t-\boldsymbol{G}_t\boldsymbol{m})^{\mathrm{T}}(\boldsymbol{d}_t-\boldsymbol{G}_t\boldsymbol{m})+(\boldsymbol{d}_f-\boldsymbol{G}_f\boldsymbol{m})^{\mathrm{T}}(\boldsymbol{d}_f-\boldsymbol{G}_f\boldsymbol{m})+2\sum_{i=1}^{N}\ln(1+m_i^2/\sigma_m^2) \tag{3.158}$$

地震资料低频成分能量较弱，易受噪声干扰，可进一步引入先验信息加以约束，提高反演的稳定性。

纵波速度和纵波反射系数之间的关系可以表示为：

$$\frac{1}{2}\ln\frac{V_{\mathrm{P}}(t)}{V_{\mathrm{P}}(t_0)}=\int_{t_0}^{t}V_{\mathrm{Pr}}(\tau)\mathrm{d}\tau \tag{3.159}$$

横波速度和横波反射系数之间的关系可以表示为：

$$\frac{1}{2}\ln\frac{V_{S}(t)}{V_{S}(t_0)}=\int_{t_0}^{t}V_{Sr}(\tau)\mathrm{d}\tau \tag{3.160}$$

密度和密度反射系数之间的关系可以表示为：

$$\frac{1}{2}\ln\frac{D(t)}{D(t_0)}=\int_{t_0}^{t}D_r(\tau)\mathrm{d}\tau \tag{3.161}$$

考虑上述模型参数约束，最后可得到基于 Aki 和 Richards 方程的时频域 AVA 反演的目标函数为：

$$\begin{aligned}F(\boldsymbol{m}) &= c_t(\boldsymbol{d}_t-\boldsymbol{G}_t\boldsymbol{m})^{\mathrm{T}}(d_t-\boldsymbol{G}_t\boldsymbol{m})+c_f(\boldsymbol{d}_f-\boldsymbol{G}_f\boldsymbol{m})^{\mathrm{T}}(\boldsymbol{d}_f-\boldsymbol{G}_f\boldsymbol{m})+2\sum_{i=1}^{N}\ln(1+m_i^2/\sigma_m^2)+\\&w_p(\boldsymbol{\eta}_P-\boldsymbol{PV}_{\mathrm{Pr}})^{\mathrm{T}}(\boldsymbol{\eta}_P-\boldsymbol{PV}_{\mathrm{Pr}})+w_s(\boldsymbol{\eta}_S-\boldsymbol{PV}_{\mathrm{Sr}})^{\mathrm{T}}(\boldsymbol{\eta}_S-\boldsymbol{PV}_{\mathrm{Sr}})+w_d(\boldsymbol{\eta}_D-\boldsymbol{PD}_r)^{\mathrm{T}}(\boldsymbol{\eta}_D-\boldsymbol{PD}_r)\end{aligned} \tag{3.162}$$

其中，$\boldsymbol{\eta}_i=\frac{1}{2}\ln\frac{i(t)}{i(t_0)}$，$i=V_{\mathrm{P}}$，$V_{\mathrm{S}}$，$D$；$\boldsymbol{P}=\int_{t_0}^{t}\mathrm{d}\tau$；$F(\boldsymbol{m})$为反演目标函数；$c_t$ 和c_f分别为时间域地震数据和频率域地震数据的权重因子；w_p，w_s，w_d 分别为纵波速度、横波速度和密度低频模型约束的权系数。反演目标函数式(3.162)包括六项，其中第一项为时间域观测数据与正演结果之间的差异；第二项为频率域地震数据与正演结果之间的差异；第三项为柯西约束项；第四、五、六项分别为纵波速度、横波速度和密度低频模型约束项。

对式(3.162)关于模型参数求导数，并令导数值为零，可得

$$(c_t\boldsymbol{G}_t^{\mathrm{T}}\boldsymbol{G}_t+c_f\boldsymbol{G}_f^{\mathrm{T}}\boldsymbol{G}_f+\lambda\boldsymbol{Q}+\boldsymbol{wP}^{\mathrm{T}}\boldsymbol{P})\boldsymbol{m}=(c_t\boldsymbol{G}_t^{\mathrm{T}}\boldsymbol{d}_t+c_f\boldsymbol{G}_f^{\mathrm{T}}\boldsymbol{d}_f+\boldsymbol{wP}^{\mathrm{T}}\boldsymbol{\eta}) \tag{3.163}$$

其中，$\boldsymbol{Q}=\mathrm{diag}\left(\frac{1}{1+m_1^2/\sigma_m^2},\frac{1}{1+m_2^2/\sigma_m^2},\cdots,\frac{1}{1+m_{3T}^2/\sigma_m^2}\right)$，$\boldsymbol{\eta}=(\eta_{P1},\cdots,\eta_{PT},\eta_{S1}\cdots,\eta_{ST},\eta_{D1},\cdots,\eta_{DT})^{\mathrm{T}}$。

由于 $\boldsymbol{Q}$ 与模型参数 m 有关，待解方程式(3.163)是一个非线性方程，可以用迭代重加权最小二乘算法进行求解。

关于该算法的具体应用案例，可参考本书第十章第二节。

第四章　各向异性反演

地球介质普遍存在各向异性现象，地震各向异性成为广大地球物理学家广泛关注的重要课题，对地震波在各向异性介质中传播规律和形成机理开展了大量的研究工作。由于具有各向异性特征的储层结构较为复杂，人们难以衡量地下介质的各向异性程度，因此，地球物理学家们通常将各向异性特征的储层假设为各向同性介质，利用各向同性介质的弹性矩阵描述介质的弹性性质。直到 1986 年，Thomsen 提出了能够表征地层各向异性强弱的各向异性参数，从而使得地震勘探领域的各向异性方面的研究得到快速发展。

在普遍存在各向异性特征的沉积岩石中，通常把具有水平对称轴垂直或近似垂直平行排列的裂缝储层等效成 HTI 介质，具有垂直对称轴水平或近似水平平行排列的储层等效成 VTI 介质，发育具有一定倾角裂缝的储层可以等效成具有倾斜对称轴的横向各向同性(Tilted Transverse Isotropy，TTI)介质，同时具有 HTI 介质和 VTI 介质组合的裂缝储层等效成正交各向异性(Orthogonality Anisotropy，OA)介质。根据不同各向异性介质类型，研究地震反射振幅随入射角和/或方位角的变化特征以及探索合理可靠的方位叠前地震反演方法是获得裂缝储层弹性参数和各向异性参数，进而预测地下裂缝的重要途径。

针对不同各向异性介质对应不同的反射系数方程，反射系数方程是各向异性储层叠前地震反演的理论基础，在叠前地震反演中起着决定性的作用。各向异性介质储层的叠前地震反演方法主要分为基于扩展的 Zoeppritz 方程或其近似公式的反演方法和叠前弹性阻抗反演方法。通过叠前地震反演获得各向异性储层弹性参数和各向异性参数，为地应力估算、裂缝预测和水平层理评价提供数据基础，对裂缝型储层等非常规储层具有十分重要的意义，指导页岩等非常规储层的有效勘探和开发。

第一节　地震各向异性介质基本理论

一、弹性介质的本构方程

本构方程的表达式表述的是在弹性形变范围内应力与应变的关系，是一种线性关系，又称为广义胡克定律，它反映了介质固有的物理性质，胡克定律在第二章岩石物理理论中已进行描述，在这里就不再赘述，表达式如第二章式(2.1)所示。

利用胡克定律建立的应变应力关系可以探索弹性矩阵中弹性系数与应力的关系，而弹性系数描述的是介质的弹性性质，不同类型的弹性介质具有不同的弹性系数，构成不同的弹性矩阵，据此形成不同介质的应力和应变关系。当介质为各向同性介质时，弹性矩阵中的弹性系数为弹性参数，以此构建的是应力与弹性参数的关系；当介质为各向异性介质时，弹性矩阵中的弹性系数包含弹性参数和各向异性参数，以此构建的是应力与弹性参数和各向异性参数间的关系。

二、各向异性介质的弹性系数

当地质体中的裂缝系统较为发育时，其通常表现为各向异性特征，裂缝系统越发育，各向异性特征就越明显，一般情况下，用各向异性介质描述该类储层。在各向异性介质中，各个点的弹性性质及其相对应的弹性系数随着位置与方向的变化而变化，可以用本构方程中的弹性系数矩阵描述不同类型的介质，根据弹性系数矩阵的不同将介质主要划分为以下几种类型。

1. 极端各向异性介质(Arbitraty Anisotropy)

极端各向异性介质是无对称轴和对称面的一种三斜各向异性介质，该介质的弹性矩阵具有21个独立的弹性系数，是目前能够描述的最为复杂的各向异性介质，代表着各向异性介质的一般形式，其弹性矩阵为：

$$C=\begin{bmatrix} c_{11} & c_{12} & c_{13} & c_{14} & c_{15} & c_{16} \\ c_{12} & c_{22} & c_{23} & c_{24} & c_{25} & c_{26} \\ c_{13} & c_{23} & c_{33} & c_{34} & c_{35} & c_{36} \\ c_{14} & c_{24} & c_{34} & c_{44} & c_{45} & c_{46} \\ c_{15} & c_{25} & c_{35} & c_{45} & c_{55} & c_{56} \\ c_{16} & c_{26} & c_{36} & c_{46} & c_{56} & c_{66} \end{bmatrix} \tag{4.1}$$

当弹性介质中存在对称轴或对称面时，表述各向异性介质性质的弹性矩阵中独立的弹性系数会相应地减少，各向异性介质的复杂程度就会降低，更便于进行地球物理理论研究。

2. 单斜各向异性介质(Monoclinic Anisotropy)

单斜各向异性介质是只有一个对称面的各向异性介质，其弹性矩阵具有13个独立的弹性系数，对称面为 xoy 平面的单斜各向异性介质的弹性系数矩阵为：

$$\boldsymbol{C}=\begin{bmatrix} c_{11} & c_{12} & c_{13} & 0 & 0 & c_{16} \\ c_{12} & c_{22} & c_{23} & 0 & 0 & c_{26} \\ c_{13} & c_{23} & c_{33} & 0 & 0 & c_{36} \\ 0 & 0 & 0 & c_{44} & c_{45} & 0 \\ 0 & 0 & 0 & c_{45} & c_{55} & 0 \\ c_{16} & c_{26} & c_{36} & 0 & 0 & c_{66} \end{bmatrix} \tag{4.2}$$

3. 正交各向异性介质(Orthorhombic Anisotropy)

正交各向异性介质是实际地层中存在的一种较为复杂的各向异性介质，是由水平层状互层矿物组成的薄层和具有水平对称轴沿垂直方向排列的裂缝共同构成的各向异性介质，它具有三个相互垂直的对称面，需要 9 个独立的弹性系数描述该介质的性质，其弹性矩阵为：

$$\boldsymbol{C}=\begin{bmatrix} c_{11} & c_{12} & c_{13} & 0 & 0 & 0 \\ c_{12} & c_{22} & c_{23} & 0 & 0 & 0 \\ c_{13} & c_{23} & c_{33} & 0 & 0 & 0 \\ 0 & 0 & 0 & c_{44} & 0 & 0 \\ 0 & 0 & 0 & 0 & c_{55} & 0 \\ 0 & 0 & 0 & 0 & 0 & c_{66} \end{bmatrix} \tag{4.3}$$

4. 横向各向同性介质(Transverse Isotropy)

横向各向同性介质是地层中最常见的各向异性介质，是具有对称轴的介质，根据其对称轴在空间的位置可以将横向各向同性介质分为 VTI 介质和 HTI 介质。VTI 介质是具有垂直对称轴的横向各向同性介质，用来描述因岩石经原生沉积形成的具有水平层理特征的各向异性介质，其具有 5 个独立的弹性系数，弹性矩阵公式为：

$$C=\begin{bmatrix} c_{11} & c_{11}-2c_{66} & c_{13} & 0 & 0 & 0 \\ c_{11}-2c_{66} & c_{11} & c_{13} & 0 & 0 & 0 \\ c_{13} & c_{13} & c_{33} & 0 & 0 & 0 \\ 0 & 0 & 0 & c_{44} & 0 & 0 \\ 0 & 0 & 0 & 0 & c_{44} & 0 \\ 0 & 0 & 0 & 0 & 0 & c_{66} \end{bmatrix} \tag{4.4}$$

HTI 介质是具有水平对称轴的横向各向同性介质，用来描述因构造作用造成的具有许多定向排列的高角度裂缝的横向各向同性介质，是裂缝型储层中比较常见的一种介质模型，其具有 5 个独立的弹性系数，弹性矩阵表示为：

$$C=\begin{bmatrix} c_{11} & c_{12} & c_{12} & 0 & 0 & 0 \\ c_{12} & c_{22} & c_{22}-2c_{44} & 0 & 0 & 0 \\ c_{12} & c_{22}-2c_{44} & c_{22} & 0 & 0 & 0 \\ 0 & 0 & 0 & c_{44} & 0 & 0 \\ 0 & 0 & 0 & 0 & c_{55} & 0 \\ 0 & 0 & 0 & 0 & 0 & c_{55} \end{bmatrix} \tag{4.5}$$

VTI 介质和 HTI 介质都可以看作是 OA 介质的特例，当介质中不仅含有定向排列的高角度裂缝还具有水平层理特征时，可以将该介质等效为 OA 介质。横向各向同性介质和正交各向异性介质是我们进行各向异性研究时经常使用的介质模型，在地震勘探领域中有广泛的应用。

5. 各向同性介质(Isotropy)

各向同性介质具有无数多个对称面，其在各个方向上的弹性性质相同，弹性特征不随方位及位置发生变化。为使问题简单化，便于实际处理，大多数的地球物理理论方法都是以各向同性介质为基础进行的，开展了各种各样针对均匀各向同性介质及双相介质的方法技术研究，极大地促进了地震勘探的发展。各向同性介质只需两个独立的弹性系数，其弹性矩阵表示为：

$$C=\begin{bmatrix} c_{11} & c_{12} & c_{12} & 0 & 0 & 0 \\ c_{12} & c_{11} & c_{12} & 0 & 0 & 0 \\ c_{12} & c_{12} & c_{11} & 0 & 0 & 0 \\ 0 & 0 & 0 & c_{44} & 0 & 0 \\ 0 & 0 & 0 & 0 & c_{44} & 0 \\ 0 & 0 & 0 & 0 & 0 & c_{44} \end{bmatrix} \tag{4.6}$$

三、Thomsen 各向异性参数

Thomsen 于 1986 年提出了用于描述地层各向异性特征的各向异性参数，在各向异性领域具有跨时代的意义。下面对 Thomsen 各向异性参数和其衍生的其他介质的各向异性参数及裂缝参数(法向弱度和切向弱度)的基本理论作简要介绍。

1. VTI 介质的 Thomsen 各向异性参数

Thomsen(1986)围绕 VTI 介质地震波传播的速度公式，提出了用于描述储层各向异性特征的三个各向异性参数，表达式为：

$$\varepsilon=\frac{c_{11}-c_{33}}{2c_{33}} \tag{4.7}$$

$$\gamma=\frac{c_{66}-c_{44}}{2c_{44}} \tag{4.8}$$

$$\delta=\frac{(c_{13}+c_{44})^2-(c_{33}-c_{44})^2}{2c_{33}(c_{33}-c_{44})} \tag{4.9}$$

Thomsen(1986)在实验室对不同性质岩石样本的各向异性参数大小进行了测量，通过统计分析可知：ε 和 γ 值一般为非负数，而 δ 值正负数不定，它们的绝对值一般在 0.2 以下，远小于 1。VTI 介质的纵横波速度的公式为：

$$V_{P0}=\sqrt{\frac{c_{33}}{\rho}} \tag{4.10}$$

$$V_{S0}=\sqrt{\frac{c_{44}}{\rho}} \tag{4.11}$$

其中，ρ 为介质密度。根据 VTI 介质的 Thomsen 各向异性表达式可以得到以各向异性参数 ε、γ 和 δ 表征的 VTI 介质弹性常数为：

$$c_{11}=V_{P0}^2\rho(2\varepsilon+1) \tag{4.12}$$

$$c_{33}=V_{P0}^2\rho \tag{4.13}$$

$$c_{44}=V_{S0}^2\rho \tag{4.14}$$

$$c_{66}=V_{S0}^2\rho(2\gamma+1) \tag{4.15}$$

$$c_{12}=V_{P0}^2\rho(2\varepsilon+1)-2V_{S0}^2\rho(2\gamma+1) \tag{4.16}$$

$$c_{13}=V_{P0}^2\rho\ \sqrt{2f\delta+f^2}-V_{S0}^2\rho \tag{4.17}$$

$$f=1-\frac{V_{S0}^2}{V_{P0}^2} \tag{4.18}$$

在弱各向异性近似的假设条件下，以 Thomsen 各向异性参数表征的 VTI 介质准 P 波速度、准 SV 波速度和准 SH 波速度的公式为：

$$V_{qP}(\theta)\approx V_{P0}(1+\delta\sin^2\theta\cos^2\theta+\varepsilon\sin^4\theta) \tag{4.19}$$

$$V_{qSV}(\theta)\approx V_{S0}\left[1+\frac{V_{P0}^2}{V_{S0}^2}(\varepsilon-\delta)\sin^2\theta\cos^2\theta\right] \tag{4.20}$$

$$V_{qSH}(\theta)\approx V_{S0}(1+\gamma\sin^2\theta) \tag{4.21}$$

其中，θ 为入射角。为了能够清楚明了地表示三个各向异性参数 ε、γ 和 δ 的物理含义，令 θ 分别等于 90°、45°和 0°，可以得到 Thomsen 各向异性参数的定义式为：

$$\varepsilon=\frac{c_{11}-c_{33}}{2c_{33}}\approx\frac{V_{qP}(90°)-V_{qP}(0°)}{V_{qP}(0°)} \tag{4.22}$$

$$\gamma=\frac{c_{66}-c_{44}}{2c_{44}}\approx\frac{V_{qSH}(90°)-V_{qSH}(0°)}{V_{qSH}(0°)} \tag{4.23}$$

$$\delta=\frac{(c_{13}+c_{44})^2-(c_{33}-c_{44})^2}{2c_{33}(c_{33}-c_{44})}\approx4\left[\frac{V_{qP}(45°)}{V_{qP}(0°)}-1\right]-\left[\frac{V_{qP}(90°)}{V_{qP}(0°)}-1\right] \tag{4.24}$$

根据定义式(4.22)、式(4.23)和式(4.24)可知，ε 表示的是沿水平方向传播和垂直方向传播的准 P 波速度的差异；γ 描述的是沿水平方向传播和垂直方向传播的 SH 波速度的差异；δ 是与在 0°角方向传播、45°角方向传播和垂直方向传播的准 P 波速度相关的一种过渡性参数。

2. HTI 介质各向异性参数

HTI 介质和 VTI 介质的对称轴一个是水平的一个是垂直的，两者都是横向各向同性介质，如图 4.1 所示，因此 HTI 介质可以看作是 VTI 介质的对称轴旋转 90°得到的。Ruger (1996)根据 VTI 介质的 Thomsen 各向异性参数表达式，对 HTI 介质各向异性参数 $\varepsilon^{(V)}$、$\delta^{(V)}$ 和 $\gamma^{(V)}$ 的关系式进行了推导，表示为：

$$\varepsilon^{(V)}=\frac{c_{11}-c_{33}}{2c_{33}} \tag{4.25}$$

$$\gamma^{(V)}=\frac{c_{66}-c_{44}}{2c_{44}} \tag{4.26}$$

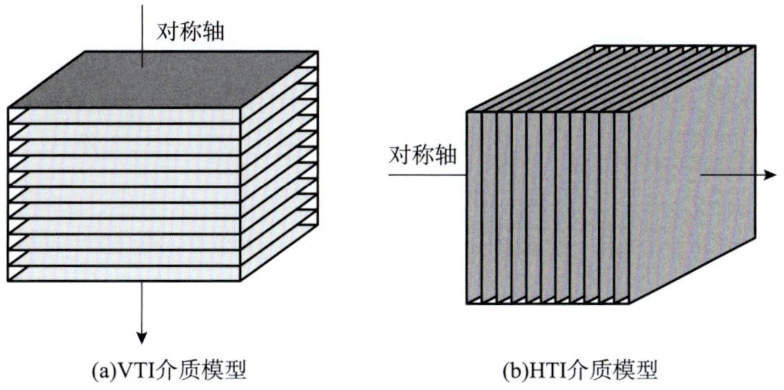

图 4.1　横向各向同性介质模型

$$\delta^{(V)}=\frac{(c_{13}+c_{55})^2-(c_{33}-c_{55})^2}{2c_{33}(c_{33}-c_{55})} \tag{4.27}$$

对比 VTI 介质和 HTI 介质的各向异性参数表达式可以看出两者的表达式基本一致，但每个介质的弹性矩阵是不同的，即不同介质弹性矩阵中的弹性常数是不一样的。

3. OA 介质各向异性参数

Tsvankin(1997)根据 Thomsen 各向异性参数定义了正交各向异性介质的各向异性参数，即利用两个垂向速度和 7 个无量纲的参数表征正交各向异性介质的弹性性质，具体定义为：

$$V_{P0}=\sqrt{\frac{c_{33}}{\rho}} \tag{4.28}$$

$$V_{S0}=\sqrt{\frac{c_{55}}{\rho}} \tag{4.29}$$

$$\varepsilon^{(1)}=\frac{c_{22}-c_{33}}{2c_{33}} \tag{4.30}$$

$$\varepsilon^{(2)}=\frac{c_{11}-c_{33}}{2c_{33}} \tag{4.31}$$

$$\gamma^{(1)}=\frac{c_{66}-c_{55}}{2c_{55}} \tag{4.32}$$

$$\gamma^{(2)}=\frac{c_{66}-c_{44}}{2c_{44}} \tag{4.33}$$

$$\delta^{(1)}=\frac{(c_{23}+c_{44})^2-(c_{33}-c_{44})^2}{2c_{33}(c_{33}-c_{44})} \tag{4.34}$$

$$\delta^{(2)}=\frac{(c_{13}+c_{55})^2-(c_{33}-c_{55})^2}{2c_{33}(c_{33}-c_{55})} \tag{4.35}$$

$$\delta^{(3)}=\frac{(c_{12}+c_{66})^2-(c_{11}-c_{66})^2}{2c_{11}(c_{11}-c_{66})} \tag{4.36}$$

其中，V_{P0} 表示准纵波的垂向速度；V_{S0} 表示极化方向为 x 方向的准横波垂向速度；$\varepsilon^{(1)}$、$\varepsilon^{(2)}$、$\gamma^{(1)}$、$\gamma^{(2)}$、$\delta^{(1)}$、$\delta^{(2)}$ 和 $\delta^{(3)}$ 表示 OA 介质各向异性强度的 7 个无量纲因子。其中 $\varepsilon^{(1)}$、$\delta^{(1)}$ 及 $\gamma^{(1)}$ 为正交各向异性介质[X_2，X_3]面内各向异性参数，$\varepsilon^{(2)}$、$\delta^{(2)}$ 及 $\gamma^{(2)}$ 为正交各向异性介质[X_1，X_3]面内的各向异性参数，正交各向异性介质的模型如图 4.2 所示。

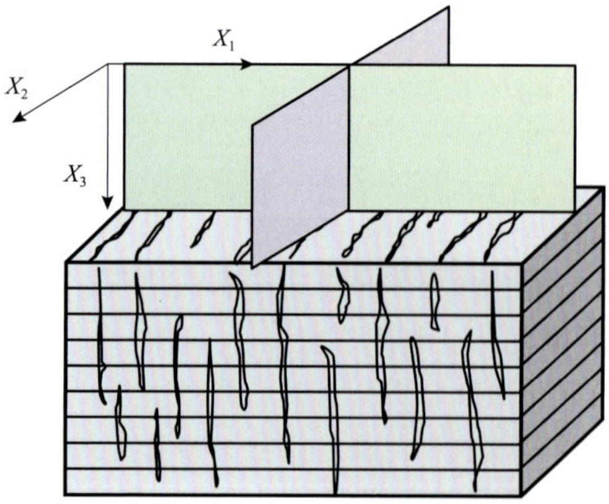

图 4.2　正交各向异性介质模型

第二节 HTI 介质各向异性参数反演

HTI 介质是描述因构造作用造成的具有许多定向排列的高角度裂缝的横向各向同性介质，是一种比较常见的裂缝型储层。地震波的传播经过这类储层时，会因该储层含有的近垂向发育的裂缝而表现出方位各向异性特征。本节主要以 HTI 介质为例，介绍 HTI 介质反射系数精确方程和近似方程，并描述了基于 HTI 介质近似方程开展的方位各向异性叠前地震反演方法。

一、HTI 介质反射系数精确方程

首先基于弹性波的波动方程，结合 HTI 介质的刚度矩阵和弹性波方程平面波解建立 HTI 介质的 Christoffel 方程；其次，通过求解 Christoffel 方程得到 HTI 介质准 P 波，准 SV 波和 SH 波的相速度，进而求取准 P 波偏振方向 $\boldsymbol{P}_{\mathrm{qP}}$，准 SV 波偏振方向 $\boldsymbol{P}_{\mathrm{qSV}}$ 和 SH 波偏振方向 $\boldsymbol{P}_{\mathrm{SH}}$；然后利用表征入射波、反射波和透射波关系的反射 - 透射(Snell)定律、三维平面波的波函数和弹性波位移连续、应力连续的边界条件得到 HTI 介质弹性波三维反射透射精确方程。

1. HTI 介质的弹性矩阵和 Christoffel 方程

HTI 介质是具有水平对称轴的横向各向同性介质，通常将实际地层中发育有一组平行且近似垂直裂缝的储层看作是 HTI 介质，HTI 介质是实际地层中较为常见的一种裂缝型储层，HTI 介质模型如图 4.3(a)所示。HTI 介质的弹性矩阵中有 5 个独立的弹性系数，在如图 4.3(b)所示的观测系统下(xoy 面为地面，z 轴为垂直于地面的轴线，表示地层的深度或时间)，其弹性矩阵表达式如式(4.37)所示。

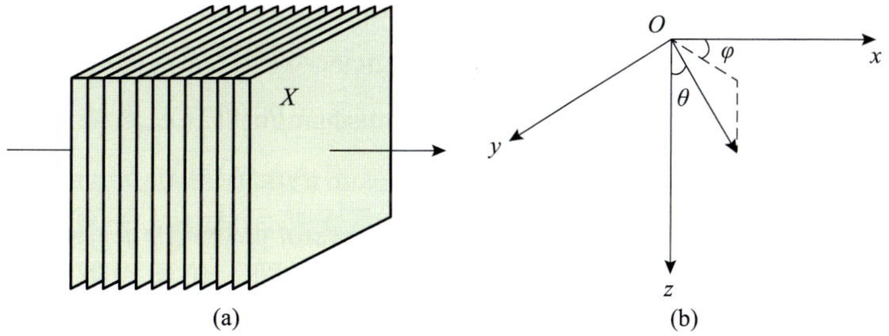

图 4.3 裂缝介质模型

$$C=\begin{pmatrix} c_{11} & c_{13} & c_{13} & & & \\ c_{13} & c_{33} & c_{23} & & & \\ c_{13} & c_{23} & c_{33} & & & \\ & & & c_{44} & & \\ & & & & c_{66} & \\ & & & & & c_{66} \end{pmatrix},\quad c_{44}=\frac{1}{2}(c_{33}-c_{23}) \tag{4.37}$$

HTI 介质的 Christoffel 方程是基于弹性波的波动方程推导得到的，弹性波的波动方程为：

$$\rho\frac{\partial^2}{\partial t^2}\boldsymbol{U}=\boldsymbol{L}(\boldsymbol{C}\boldsymbol{L}^{\mathrm{T}}\boldsymbol{U})+\rho\boldsymbol{F} \tag{4.38}$$

其中，

$$\boldsymbol{L}=\begin{bmatrix} \frac{\partial}{\partial x} & 0 & 0 & 0 & \frac{\partial}{\partial z} & \frac{\partial}{\partial y} \\ 0 & \frac{\partial}{\partial y} & 0 & \frac{\partial}{\partial z} & 0 & \frac{\partial}{\partial x} \\ 0 & 0 & \frac{\partial}{\partial z} & \frac{\partial}{\partial y} & \frac{\partial}{\partial x} & 0 \end{bmatrix}$$

$$\boldsymbol{U}=(u_x,\ u_y,\ u_z)^{\mathrm{T}}$$

$$\boldsymbol{F}=(f_x,\ f_y,\ f_z)^{\mathrm{T}}$$

$\boldsymbol{U}$ 称为位移矢量，$\boldsymbol{F}$ 称为单位质量元上的体力向量；ρ 是弹性介质的密度。弹性波方程平面波解的表达式为：

$$\boldsymbol{U}=\boldsymbol{P}\exp[ik(\boldsymbol{nx}-vt)] \tag{4.39}$$

其中，$\boldsymbol{P}$ 和 $\boldsymbol{n}$ 分别为弹性波的偏振方向和传播方向，表达式分别为 $\boldsymbol{P}=(p_x,\ p_y,\ p_z)^{\mathrm{T}}$；$\boldsymbol{n}=(n_x,\ n_y,\ n_z)^{\mathrm{T}}=(\sin\theta\cos\varphi,\ \sin\theta\sin\varphi,\ \cos\theta)^{\mathrm{T}}$；$\theta$ 为地震波传播方向的极化角，φ 为传播方向的方位角。$\boldsymbol{x}$ 为位置矢量，即 $\boldsymbol{x}=(x,\ y,\ z)^{\mathrm{T}}$。舍去波动方程式(4.38)中的体力项，将式(4.37)和式(4.39)代入式(4.38)中可以得到 HTI 介质的 Christoffel 方程，其表达式如下：

$$\begin{bmatrix} \Gamma_{11}-\rho v^2 & \Gamma_{12} & \Gamma_{13} \\ \Gamma_{12} & \Gamma_{22}-\rho v^2 & \Gamma_{23} \\ \Gamma_{13} & \Gamma_{23} & \Gamma_{33}-\rho v^2 \end{bmatrix}\begin{bmatrix} p_x \\ p_y \\ p_z \end{bmatrix}=0$$

$$\begin{aligned} \Gamma_{11}&=c_{11}\cos^2\varphi\sin^2\theta+c_{66}(\cos^2\theta+\sin^2\varphi\sin^2\theta) \\ \Gamma_{12}&=c_{13}\sin\varphi\cos\varphi\sin^2\theta+c_{66}\sin\varphi\cos\varphi\sin^2\theta \\ \Gamma_{13}&=c_{13}\cos\varphi\sin\theta\cos\theta+c_{66}\cos\varphi\sin\theta\cos\theta \\ \Gamma_{22}&=c_{33}(0.5\cos^2\theta+\sin^2\varphi\sin^2\theta)-0.5c_{23}\cos^2\theta+c_{66}\cos^2\varphi\sin^2\theta \\ \Gamma_{23}&=0.5c_{23}\sin\varphi\sin\theta\cos\theta+0.5c_{33}\sin\varphi\sin\theta\cos\theta \\ \Gamma_{33}&=c_{33}(\cos^2\theta+0.5\sin^2\varphi\sin^2\theta)-0.5c_{23}\sin^2\varphi\sin^2\theta+c_{66}\cos^2\varphi\sin^2\theta \end{aligned} \tag{4.40}$$

2. HTI 介质的相速度和偏振方向

对 HTI 介质的 Christoffel 方程进行求解，令该方程的系数行列式为零以保证 Christoffel 方程具有非零解，则：

$$\begin{vmatrix} \Gamma_{11}-\rho v^2 & \Gamma_{12} & \Gamma_{13} \\ \Gamma_{12} & \Gamma_{22}-\rho v^2 & \Gamma_{23} \\ \Gamma_{13} & \Gamma_{23} & \Gamma_{33}-\rho v^2 \end{vmatrix}=0 \tag{4.41}$$

将 Christoffel 方程的系数行列式展开可以得到：

$$\begin{aligned} &-\rho^3v^6+(\Gamma_{11}+\Gamma_{22}+\Gamma_{33})\rho^2v^4+(\Gamma_{12}^2+\Gamma_{13}^2+\Gamma_{23}^2-\Gamma_{11}\Gamma_{22}-\Gamma_{11}\Gamma_{33}-\Gamma_{22}\Gamma_{33})\rho v^2- \\ &\Gamma_{33}\Gamma_{12}^2+2\Gamma_{12}\Gamma_{13}\Gamma_{23}-\Gamma_{22}\Gamma_{13}^2-\Gamma_{11}\Gamma_{23}^2+\Gamma_{11}\Gamma_{22}\Gamma_{33}=0 \end{aligned} \tag{4.42}$$

对式(4.42)求解可以得到准 P 波相速度 V_{qP}，准 SV 波相速度 V_{qSV}，SH 波相速度 V_{SH}。

$$V_{qP}=\sqrt{\frac{1}{2\rho}[(c_{33}+c_{66})F+(c_{11}+c_{66})E^2+\sqrt{D}]}$$

$$V_{qSV}=\sqrt{\frac{1}{2\rho}[(c_{33}+c_{66})F+(c_{11}+c_{66})E^2-\sqrt{D}]}$$

$$V_{SH}=\sqrt{\frac{1}{\rho}(c_{44}F+c_{66}E^2)} \tag{4.43}$$

$$D=[(c_{33}-c_{66})F-(c_{11}-c_{66})E^2]^2+4(c_{13}+c_{66})^2FE^2$$

$$E=-\sin\theta\cos\varphi$$

$$F=\cos^2\theta+\sin^2\theta\sin^2\varphi$$

将上述得到的 HTI 介质相速度公式(4.43)代入 Christoffel 方程中可以得到各类弹性波的偏振方向，如下所示：

$$\boldsymbol{P}_{qP}=c\begin{pmatrix}-\Gamma_{12}\Gamma_{23}+\Gamma_{13}(\Gamma_{22}-\rho v^2)-\\ \Gamma_{12}\Gamma_{13}+\Gamma_{23}(\Gamma_{11}-\rho v^2)\\ \Gamma_{12}^2-(\Gamma_{11}-\rho v^2)(\Gamma_{22}-\rho v^2)\end{pmatrix}$$

$$\boldsymbol{P}_{qSV}=c\begin{pmatrix}\Gamma_{23}^2-(\Gamma_{22}-\rho v^2)(\Gamma_{33}-\rho v^2)-\\ \Gamma_{13}\Gamma_{23}+\Gamma_{12}(\Gamma_{33}-\rho v^2)-\\ \Gamma_{12}\Gamma_{23}+\Gamma_{13}(\Gamma_{22}-\rho v^2)\end{pmatrix} \tag{4.44}$$

$$\boldsymbol{P}_{SH}=c\begin{pmatrix}0-\\ \cos\theta\\ \sin\theta\sin\varphi\end{pmatrix}$$

其中，$\boldsymbol{P}_{qP}$、$\boldsymbol{P}_{qSV}$和$\boldsymbol{P}_{SH}$分别表示准 P 波偏振方向、准 SV 波偏振方向和 SH 波偏振方向，符号中的下标分别对应弹性波的类型。因为 $\boldsymbol{P}_{SH}\cdot\boldsymbol{n}=0$，所以 SH 波偏振方向与地震波的传播方向垂直，由此可知 SH 波为纯 SH 波。同理，通过 SV 波偏振方向与地震波传播方向的关系，即 $\boldsymbol{P}_{qSV}\cdot\boldsymbol{n}\neq 0$，可知 SV 波偏振方向并不垂直于地震波的传播方向，因此 SV 波为准 SV 波(qSV 波)。利用调节常数 c 的符号将地震波偏振方向的 x 分量设定为正方向，则各类弹性波的偏振角可以表示为：

$$\alpha=\arccos\left(\frac{P_z}{\sqrt{P_x^2+P_y^2+P_z^2}}\right)$$
$$\beta=\arctan\left(\frac{P_y}{P_x}\right) \tag{4.45}$$

其中，α 为偏振方向与 z 轴的夹角，β 为偏振方向在 xoy 面的投影与 x 轴的夹角。当 $P_x=0$ 且 $P_y=0$ 时，地震波的偏振方向平行于 z 轴，可得到 $\alpha=0$，$\beta=\pi/2$。

3. HTI 介质的反射 - 透射(Snell)定律

Snell 定律是描述弹性界面上入射波、反射波和透射波之间关系的理论。反射波分为反射 qP 波、反射 qSV 波和反射 SH 波，假设它们的反射角分别为 θ_{p1}、θ_{sv1} 和 θ_{sh1}；透射波分为透射 qP 波、透射 qSV 波和透射 SH 波，假设它们的透射角分别为 θ_{p2}、θ_{sv2}、θ_{sh2}，并假设入射 P 波的传播角为 θ_{ip1}，则 Snell 定律表示为：

$$\frac{\sin\theta_{ip1}}{V_{ip1}}=\frac{\sin\theta_{p1}}{V_{p1}}=\frac{\sin\theta_{sv1}}{V_{sv1}}=\frac{\sin\theta_{sh1}}{V_{sh1}}=\frac{\sin\theta_{p2}}{V_{p2}}=\frac{\sin\theta_{sv2}}{V_{sv2}}=\frac{\sin\theta_{sh2}}{V_{sh2}}=p \tag{4.46}$$

根据 HTI 介质相速度公式及 Snell 定律，可得到各类弹性波的传播角度，因 qP 波和 qSV 波相速度公式形式相同，因此 qP 波和 qSV 波具有相同形式的解，对于 qP 波和 qSV 波有：

$$A\sin^4\theta+B\sin^2\theta+C=0\ \text{或者}\ A\cos^4\theta-(2A+B)\cos^2\theta+A+B+C=0 \tag{4.47}$$

通过对上式求解可得 qP 波和 qSV 波的传播角度为：

$$(\sin\theta)_1=-\sqrt{\frac{-B+\sqrt{B^2-4AC}}{2A}}(\text{舍}),\ (\sin\theta)_2=-\sqrt{\frac{-B-\sqrt{B^2-4AC}}{2A}}(\text{舍})$$

$$(\sin\theta)_3=\sqrt{\frac{-B+\sqrt{B^2-4AC}}{2A}}(qP),\ (\sin\theta)_4=\sqrt{\frac{-B-\sqrt{B^2-4AC}}{2A}}(qSV)$$

$$\begin{aligned}
&A=A_1\sin^4\varphi+A_2\sin^2\varphi\cos^2\varphi+A_3\sin^2\varphi+A_4\cos^4\varphi+A_5\cos^2\varphi+A_6\\
&A_1=4c_{33}c_{66},\ A_2=-4(c_{13})^2-8c_{66}c_{13}+4c_{11}c_{33},\ A_3=-8c_{33}c_{66}-4\rho(c_{33}+c_{66})/p^2\\
&A_4=4c_{11}c_{66},\ A_5=8c_{13}c_{66}-4c_{11}c_{33}+4(c_{13})^2-4\rho(c_{11}+c_{66})/p^2\\
&A_6=4(c_{33}p^2+\rho)(c_{66}p^2+\rho)/p^4\\
&B=B_1\sin^2\varphi+B_2\cos^2\varphi+B_3\\
&B_1=8c_{33}c_{66},\ B_2=-4(c_{13})^2-8c_{13}c_{66}+4c_{11}c_{33},\ B_3=-8c_{33}c_{66}-4\rho(c_{33}+c_{66})/p^2\\
&C=4c_{33}c_{66}
\end{aligned} \tag{4.48}$$

对于 SH 波有：

$$G_1\sin^2\theta+G_2=0\ \text{或者}\ -G_1\cos^2\theta+G_1+G_2=0 \tag{4.49}$$

通过对上式求解可得 SH 波的传播角度为：

$$(\sin\theta)_1=\sqrt{\frac{-G_2}{G_1}},\ (\sin\theta)_2=-\sqrt{\frac{-G_2}{G_1}}(\text{舍}) \tag{4.50}$$

$$G_1=c_{44}p^2\sin^2\varphi+c_{66}p^2\cos^2\varphi-c_{44}p^2-\rho,\ G_2=c_{44}p^2 \tag{4.51}$$

4. HTI 介质弹性波的反射和透射

在界面上下介质裂缝倾向一致的假设条件下，将位移函数作为基本求解函数，可写出观测系统坐标系下各类弹性波的波函数，波函数用符号 U，其下标分别对应不同类型的波，则波函数为：

入射 qP 波

$$U_1=A\begin{bmatrix}\sin\alpha_{ip1}\cos\beta_{ip1}\\ \sin\alpha_{ip1}\sin\beta_{ip1}\\ \cos\alpha_{ip1}\end{bmatrix}\exp\left[i\omega\left(\frac{\sin\theta_{ip1}\cos\varphi}{V_{ip1}}x+\frac{\sin\theta_{ip1}\sin\varphi}{V_{ip1}}y+\frac{\cos\theta_{ip1}}{V_{ip1}}z-t\right)\right] \tag{4.52}$$

反射 qP 波

$$U_2 = R_{PP}A\begin{bmatrix}\sin\alpha_{p1}\cos\beta_{p1}\\ \sin\alpha_{p1}\sin\beta_{p1}\\ \cos\alpha_{p1}\end{bmatrix}\exp\left[i\omega\left(\frac{\sin\theta_{p1}\cos\varphi}{V_{p1}}x+\frac{\sin\theta_{p1}\sin\varphi}{V_{p1}}y-\frac{\cos\theta_{p1}}{V_{p1}}z-t\right)\right] \quad (4.53)$$

反射 qSV 波

$$U_3 = R_{PSV}A\begin{bmatrix}\sin\alpha_{sv1}\cos\beta_{sv1}\\ \sin\alpha_{sv1}\sin\beta_{sv1}\\ \cos\alpha_{sv1}\end{bmatrix}\exp\left[i\omega\left(\frac{\sin\theta_{sv1}\cos\varphi}{V_{sv1}}x+\frac{\sin\theta_{sv1}\sin\varphi}{V_{sv1}}y-\frac{\cos\theta_{sv1}}{V_{sv1}}z-t\right)\right] \quad (4.54)$$

反射 SH 波

$$U_4 = R_{PSH}A\begin{bmatrix}\sin\alpha_{sh1}\cos\beta_{sh1}\\ \sin\alpha_{sh1}\sin\beta_{sh1}\\ \cos\alpha_{sh1}\end{bmatrix}\exp\left[i\omega\left(\frac{\sin\theta_{sh1}\cos\varphi}{V_{sh1}}x+\frac{\sin\theta_{sh1}\sin\varphi}{V_{sh1}}y-\frac{\cos\theta_{sh1}}{V_{sh1}}z-t\right)\right] \quad (4.55)$$

透射 qP 波

$$U_5 = T_{PP}A\begin{bmatrix}\sin\alpha_{p2}\cos\beta_{p2}\\ \sin\alpha_{p2}\sin\beta_{p2}\\ \cos\alpha_{p2}\end{bmatrix}\exp\left[i\omega\left(\frac{\sin\theta_{p2}\cos\varphi}{V_{p2}}x+\frac{\sin\theta_{p2}\sin\varphi}{V_{p2}}y+\frac{\cos\theta_{p2}}{V_{p2}}z-t\right)\right] \quad (4.56)$$

透射 qSV 波

$$U_6 = T_{PSV}A\begin{bmatrix}\sin\alpha_{sv2}\cos\beta_{sv2}\\ \sin\alpha_{sv2}\sin\beta_{sv2}\\ \cos\alpha_{sv2}\end{bmatrix}\exp\left[i\omega\left(\frac{\sin\theta_{sv2}\cos\varphi}{V_{sv2}}x+\frac{\sin\theta_{sv2}\sin\varphi}{V_{sv2}}y+\frac{\cos\theta_{sv2}}{V_{sv2}}z-t\right)\right] \quad (4.57)$$

透射 SH 波

$$U_7 = T_{PSH}A\begin{bmatrix}\sin\alpha_{sh2}\cos\beta_{sh2}\\ \sin\alpha_{sh2}\sin\beta_{sh2}\\ \cos\alpha_{sh2}\end{bmatrix}\exp\left[i\omega\left(\frac{\sin\theta_{sh2}\cos\varphi}{V_{sh2}}x+\frac{\sin\theta_{sh2}\sin\varphi}{V_{sh2}}y+\frac{\cos\theta_{sh2}}{V_{sh2}}z-t\right)\right] \quad (4.58)$$

其中，A 为初始振幅；R_{PP}、R_{PSV}、R_{PSH}、T_{PP}、T_{PSV}和 T_{PSH}分别表示 qP 波反射系数、qSV 波反射系数、SH 波反射系数、qP 波透射系数、qSV 波透射系数和 SH 波透射系数。根据弹性理论，在弹性界面上，这七类弹性波应满足位移连续和应力连续边界条件，则有：

$$\begin{gathered}U_x^1\big|_{z=0}=U_x^2\big|_{z=0},\quad U_y^1\big|_{z=0}=U_y^2\big|_{z=0},\quad U_z^1\big|_{z=0}=U_z^2\big|_{z=0}\\ \tau_{zx}^1\big|_{z=0}=\tau_{zx}^2\big|_{z=0},\quad \tau_{zy}^1\big|_{z=0}=\tau_{zy}^2\big|_{z=0},\quad \sigma_{zz}^1\big|_{z=0}=\sigma_{zz}^2\big|_{z=0}\end{gathered} \quad (4.59)$$

当 $z=0$ 时，可得位移边界条件为：

$$\begin{gathered}U_{1x}+U_{2x}+U_{3x}+U_{4x}=U_{5x}+U_{6x}+U_{7x}\\ U_{1y}+U_{2y}+U_{3y}+U_{4y}=U_{5y}+U_{6y}+U_{7y}\\ U_{1z}+U_{2z}+U_{3z}+U_{4z}=U_{5z}+U_{6z}+U_{7z}\end{gathered} \quad (4.60)$$

将位移函数代入式(4.60)中可得：

$$
\begin{aligned}
&\sin\alpha_{ip1}\cos\beta_{ip1}+R_{PP}\sin\alpha_{p1}\cos\beta_{p1}+R_{PSV}\sin\alpha_{sv1}\cos\beta_{sv1}+R_{PSH}\sin\alpha_{sh1}\cos\beta_{sh1}\\
&\quad=T_{PP}\sin\alpha_{p2}\cos\beta_{p2}+T_{PSV}\sin\alpha_{sv2}\cos\beta_{sv2}+T_{PSH}\sin\alpha_{sh2}\cos\beta_{sh2}\\
&\sin\alpha_{ip1}\sin\beta_{ip1}+R_{PP}\sin\alpha_{p1}\sin\beta_{p1}+R_{PSV}\sin\alpha_{sv1}\sin\beta_{sv1}+R_{PSH}\sin\alpha_{sh1}\sin\beta_{sh1}\\
&\quad=T_{PP}\sin\alpha_{p2}\sin\beta_{p2}+T_{PSV}\sin\alpha_{sv2}\sin\beta_{sv2}+T_{PSH}\sin\alpha_{sh2}\sin\beta_{sh2}\\
&\cos_{ip1}+R_{PP}\cos\alpha_{p1}+R_{PSV}\cos\alpha_{sv1}+R_{PSH}\cos\alpha_{sh1}\\
&\quad=T_{PP}\cos\alpha_{p2}+T_{PSV}\cos\alpha_{sv2}+T_{PSH}\cos\alpha_{sh2}
\end{aligned}
\tag{4.61}
$$

当 $z=0$ 时，可得应力边界条件为：

$$
\begin{aligned}
&\tau_{1zx}+\tau_{2zx}+\tau_{3zx}+\tau_{4zx}=\tau_{5zx}+\tau_{6zx}+\tau_{7zx}\\
&\tau_{1zy}+\tau_{2zy}+\tau_{3zy}+\tau_{4zy}=\tau_{5zy}+\tau_{6zy}+\tau_{7zy}\\
&\sigma_{1zz}+\sigma_{2zz}+\sigma_{3zz}+\sigma_{4zz}=\sigma_{5zz}+\sigma_{6zz}+\sigma_{7zz}
\end{aligned}
\tag{4.62}
$$

由于 HTI 介质应力应变关系为：

$$
\begin{aligned}
&\tau_{zx}=c_{66}\varepsilon_{zx}\\
&\tau_{zy}=c_{44}\varepsilon_{zy}\\
&\sigma_{zz}=c_{13}\varepsilon_{xx}+c_{23}\varepsilon_{yy}+c_{33}\varepsilon_{zz}
\end{aligned}
\tag{4.63}
$$

结合方程

$$
\begin{aligned}
&\varepsilon_{zx}=\frac{\partial U_x}{\partial z}+\frac{\partial U_z}{\partial x}\\
&\varepsilon_{zy}=\frac{\partial U_y}{\partial z}+\frac{\partial U_z}{\partial y}\\
&\varepsilon_{xx}=\frac{\partial U_x}{\partial x},\quad \varepsilon_{yy}=\frac{\partial U_y}{\partial y},\quad \varepsilon_{zz}=\frac{\partial U_z}{\partial z}
\end{aligned}
\tag{4.64}
$$

可以得到：

$$
c_{66}^{1}\begin{bmatrix}
\left(\sin\alpha_{ip1}\cos\beta_{ip1}\dfrac{\cos\theta_{ip1}}{V_{ip1}}+\cos\alpha_{ip1}\dfrac{\sin\theta_{ip1}\cos\varphi}{V_{ip1}}\right)+\\
R_{PP}\left(-\sin\alpha_{p1}\cos\beta_{p1}\dfrac{\cos\theta_{p1}}{V_{p1}}+\cos\alpha_{p1}\dfrac{\sin\theta_{p1}\cos\varphi}{V_{p1}}\right)+\\
R_{PSV}\left(-\sin\alpha_{sv1}\cos\beta_{sv1}\dfrac{\cos\theta_{sv1}}{V_{sv1}}+\cos\alpha_{sv1}\dfrac{\sin\theta_{sv1}\cos\varphi}{V_{sv1}}\right)+\\
R_{PSH}\left(-\sin\alpha_{sh1}\cos\beta_{sh1}\dfrac{\cos\theta_{sh1}}{V_{sh1}}+\cos\alpha_{sh1}\dfrac{\sin\theta_{sh1}\cos\varphi}{V_{sh1}}\right)
\end{bmatrix}=
$$

$$
c_{66}^{2}\begin{bmatrix}
T_{PP}\left(\sin\alpha_{p2}\cos\beta_{p2}\dfrac{\cos\theta_{p2}}{V_{p2}}+\cos\alpha_{p2}\dfrac{\sin\theta_{p2}\cos\varphi}{V_{p2}}\right)+\\
T_{PSV}\left(\sin\alpha_{sv2}\cos\beta_{sv2}\dfrac{\cos\theta_{sv2}}{V_{sv2}}+\cos\alpha_{sv2}\dfrac{\sin\theta_{sv2}\cos\varphi}{V_{sv2}}\right)+\\
T_{PSH}\left(\sin\alpha_{sh2}\cos\beta_{sh2}\dfrac{\cos\theta_{sh2}}{V_{sh2}}+\cos\alpha_{sh2}\dfrac{\sin\theta_{sh2}\cos\varphi}{V_{sh2}}\right)
\end{bmatrix}
$$

$$
c_{44}^{1}\left[\begin{array}{l}
\left(\sin\alpha_{ip1}\sin\beta_{ip1}\dfrac{\cos\theta_{ip1}}{V_{ip1}}+\cos\alpha_{ip1}\dfrac{\sin\theta_{ip1}\sin\varphi}{V_{ip1}}\right)+\\
R_{PP}\left(-\sin\alpha_{p1}\sin\beta_{p1}\dfrac{\cos\theta_{p1}}{V_{p1}}+\cos\alpha_{p1}\dfrac{\sin\theta_{p1}\sin\varphi}{V_{p1}}\right)+\\
R_{PSV}\left(-\sin\alpha_{sv1}\sin\beta_{sv1}\dfrac{\cos\theta_{sv1}}{V_{sv1}}+\cos\alpha_{sv1}\dfrac{\sin\theta_{sv1}\sin\varphi}{V_{sv1}}\right)+\\
R_{PSH}\left(-\sin\alpha_{sh1}\sin\beta_{sh1}\dfrac{\cos\theta_{sh1}}{V_{sh1}}+\cos\alpha_{sh1}\dfrac{\sin\theta_{sh1}\sin\varphi}{V_{sh1}}\right)
\end{array}\right]
$$

$$
=c_{44}^{2}\left[\begin{array}{l}
T_{PP}\left(\sin\alpha_{p2}\sin\beta_{p2}\dfrac{\cos\theta_{p2}}{V_{p2}}+\cos\alpha_{p2}\dfrac{\sin\theta_{p2}\sin\varphi}{V_{p2}}\right)+\\
T_{PSV}\left(\sin\alpha_{sv2}\sin\beta_{sv2}\dfrac{\cos\theta_{sv2}}{V_{sv2}}+\cos\alpha_{sv2}\dfrac{\sin\theta_{sv2}\sin\varphi}{V_{sv2}}\right)+\\
T_{PSH}\left(\sin\alpha_{sh2}\sin\beta_{sh2}\dfrac{\cos\theta_{sh2}}{V_{sh2}}+\cos\alpha_{sh2}\dfrac{\sin\theta_{sh2}\sin\varphi}{V_{sh2}}\right)
\end{array}\right]
$$

$$
\begin{array}{l}
\left(c_{13}^{1}\sin\alpha_{ip1}\cos\beta_{ip1}\dfrac{\sin\theta_{ip1}\cos\varphi}{V_{ip1}}+c_{23}^{1}\sin\alpha_{ip1}\sin\beta_{ip1}\dfrac{\sin\theta_{ip1}\sin\varphi}{V_{ip1}}+c_{33}^{1}\cos\alpha_{ip1}\dfrac{\cos\theta_{ip1}}{V_{ip1}}\right)+\\
R_{PP}\left(c_{13}^{1}\sin\alpha_{p1}\cos\beta_{p1}\dfrac{\sin\theta_{p1}\cos\varphi}{V_{p1}}+c_{23}^{1}\sin\alpha_{p1}\sin\beta_{p1}\dfrac{\sin\theta_{p1}\sin\varphi}{V_{p1}}-c_{33}^{1}\cos\alpha_{p1}\dfrac{\cos\theta_{p1}}{V_{p1}}\right)+\\
R_{PSV}\left(c_{13}^{1}\sin\alpha_{sv1}\cos\beta_{sv1}\dfrac{\sin\theta_{sv1}\cos\varphi}{V_{sv1}}+c_{23}^{1}\sin\alpha_{sv1}\sin\beta_{sv1}\dfrac{\sin\theta_{sv1}\sin\varphi}{V_{sv1}}-c_{33}^{1}\cos\alpha_{sv1}\dfrac{\cos\theta_{sv1}}{V_{sv1}}\right)+\\
R_{PSH}\left(c_{13}^{1}\sin\alpha_{sh1}\cos\beta_{sh1}\dfrac{\sin\theta_{sh1}\cos\varphi}{V_{sh1}}+c_{23}^{1}\sin\alpha_{sh1}\sin\beta_{sh1}\dfrac{\sin\theta_{sh1}\sin\varphi}{V_{sh1}}-c_{33}^{1}\cos\alpha_{sh1}\dfrac{\cos\theta_{sh1}}{V_{sh1}}\right)\\
=T_{PP}\left(c_{13}^{2}\sin\alpha_{p2}\cos\beta_{p2}\dfrac{\sin\theta_{p2}\cos\varphi}{V_{p2}}+c_{23}^{2}\sin\alpha_{p2}\sin\beta_{p2}\dfrac{\sin\theta_{p2}\sin\varphi}{V_{p2}}+c_{33}^{2}\cos\alpha_{p2}\dfrac{\cos\theta_{p2}}{V_{p2}}\right)+\\
T_{PSV}\left(c_{13}^{2}\sin\alpha_{sv2}\cos\beta_{sv2}\dfrac{\sin\theta_{sv2}\cos\varphi}{V_{sv2}}+c_{23}^{2}\sin\alpha_{sv2}\sin\beta_{sv2}\dfrac{\sin\theta_{sv2}\sin\varphi}{V_{sv2}}+c_{33}^{2}\cos\alpha_{sv2}\dfrac{\cos\theta_{sv2}}{V_{sv2}}\right)+\\
T_{PSH}\left(c_{13}^{2}\sin\alpha_{sh2}\cos\beta_{sh2}\dfrac{\sin\theta_{sh2}\cos\varphi}{V_{sh2}}+c_{23}^{2}\sin\alpha_{sh2}\sin\beta_{sh2}\dfrac{\sin\theta_{sh2}\sin\varphi}{V_{sh2}}+c_{33}^{2}\cos\alpha_{sh2}\dfrac{\cos\theta_{sh2}}{V_{sh2}}\right)
\end{array} \tag{4.65}
$$

对上述公式进行整理可以得到：

$$
\begin{bmatrix}
M_{11} & M_{12} & M_{13} & M_{14} & M_{15} & M_{16}\\
M_{21} & M_{22} & M_{23} & M_{24} & M_{25} & M_{26}\\
M_{31} & M_{32} & M_{33} & M_{34} & M_{35} & M_{36}\\
M_{41} & M_{42} & M_{43} & M_{44} & M_{45} & M_{46}\\
M_{51} & M_{52} & M_{53} & M_{54} & M_{55} & M_{56}\\
M_{61} & M_{62} & M_{63} & M_{64} & M_{65} & M_{66}
\end{bmatrix}
\begin{bmatrix} R_{PP}\\ R_{PSV}\\ R_{PSH}\\ T_{PP}\\ T_{PSV}\\ T_{PSH} \end{bmatrix}
=\begin{bmatrix} N_1\\ N_2\\ N_3\\ N_4\\ N_5\\ N_6 \end{bmatrix} \tag{4.66}
$$

其中，

$$
M_{11}=\sin\alpha_{p1}\cos\beta_{p1},\quad M_{12}=\sin\alpha_{sv1}\cos\beta_{sv1},\quad M_{13}=\sin\alpha_{sh1}\cos\beta_{sh1}
$$

$M_{14} = -\sin\alpha_{p2}\cos\beta_{p2}$，$M_{15} = -\sin\alpha_{sv2}\cos\beta_{sv2}$，$M_{16} = -\sin\alpha_{sh2}\cos\beta_{sh2}$

$N_1 = -\sin\alpha_{ip1}\cos\beta_{ip1}$

$M_{21} = \sin\alpha_{p1}\sin\beta_{p1}$，$M_{22} = \sin\alpha_{sv1}\sin\beta_{sv1}$，$M_{23} = \sin\alpha_{sh1}\sin\beta_{sh1}$

$M_{24} = -\sin\alpha_{p2}\sin\beta_{p2}$，$M_{25} = -\sin\alpha_{sv2}\sin\beta_{sv2}$，$M_{26} = -\sin\alpha_{sh2}\sin\beta_{sh2}$

$N_2 = -\sin\alpha_{ip1}\sin\beta_{ip1}$

$M_{31} = \cos\alpha_{p1}$，$M_{32} = \cos\alpha_{sv1}$，$M_{33} = \cos\alpha_{sh1}$

$M_{34} = -\cos\alpha_{p2}$，$M_{35} = -\cos\alpha_{sv2}$，$M_{36} = -\cos\alpha_{sh2}$

$N_3 = -\cos\alpha_{ip1}$

$$M_{41} = c_{66}^1\left(-\sin\alpha_{p1}\cos\beta_{p1}\frac{\cos\theta_{p1}}{V_{p1}} + \cos\alpha_{p1}\frac{\sin\theta_{p1}\cos\varphi}{V_{p1}}\right)$$

$$M_{42} = c_{66}^1\left(-\sin\alpha_{sv1}\cos\beta_{sv1}\frac{\cos\theta_{sv1}}{V_{sv1}} + \cos\alpha_{sv1}\frac{\sin\theta_{sv1}\cos\varphi}{V_{sv1}}\right)$$

$$M_{43} = c_{66}^1\left(-\sin\alpha_{sh1}\cos\beta_{sh1}\frac{\cos\theta_{sh1}}{V_{sh1}} + \cos\alpha_{sh1}\frac{\sin\theta_{sh1}\cos\varphi}{V_{sh1}}\right)$$

$$M_{44} = -c_{66}^2\left(\sin\alpha_{p2}\cos\beta_{p2}\frac{\cos\theta_{p2}}{V_{p2}} + \cos\alpha_{p2}\frac{\sin\theta_{p2}\cos\varphi}{V_{p2}}\right)$$

$$M_{45} = -c_{66}^2\left(\sin\alpha_{sv2}\cos\beta_{sv2}\frac{\cos\theta_{sv2}}{V_{sv2}} + \cos\alpha_{sv2}\frac{\sin\theta_{sv2}\cos\varphi}{V_{sv2}}\right)$$

$$M_{46} = -c_{66}^2\left(\sin\alpha_{sh2}\cos\beta_{sh2}\frac{\cos\theta_{sh2}}{V_{sh2}} + \cos\alpha_{sh2}\frac{\sin\theta_{sh2}\cos\varphi}{V_{sh2}}\right)$$

$$N_4 = -c_{66}^1\left(\sin\alpha_{ip1}\cos\beta_{ip1}\frac{\cos\theta_{ip1}}{V_{ip1}} + \cos\alpha_{ip1}\frac{\sin\theta_{ip1}\cos\varphi}{V_{ip1}}\right)$$

$$M_{51} = c_{44}^1\left(-\sin\alpha_{p1}\sin\beta_{p1}\frac{\cos\theta_{p1}}{V_{p1}} + \cos\alpha_{p1}\frac{\sin\theta_{p1}\sin\varphi}{V_{p1}}\right)$$

$$M_{52} = c_{44}^1\left(-\sin\alpha_{sv1}\sin\beta_{sv1}\frac{\cos\theta_{sv1}}{V_{sv1}} + \cos\alpha_{sv1}\frac{\sin\theta_{sv1}\sin\varphi}{V_{sv1}}\right)$$

$$M_{53} = c_{44}^1\left(-\sin\alpha_{sh1}\sin\beta_{sh1}\frac{\cos\theta_{sh1}}{V_{sh1}} + \cos\alpha_{sh1}\frac{\sin\theta_{sh1}\sin\varphi}{V_{sh1}}\right)$$

$$M_{54} = -c_{44}^2\left(\sin\alpha_{p2}\sin\beta_{p2}\frac{\cos\theta_{p2}}{V_{p2}} + \cos\alpha_{p2}\frac{\sin\theta_{p2}\sin\varphi}{V_{p2}}\right)$$

$$M_{55} = -c_{44}^2\left(\sin\alpha_{sv2}\sin\beta_{sv2}\frac{\cos\theta_{sv2}}{V_{sv2}} + \cos\alpha_{sv2}\frac{\sin\theta_{sv2}\sin\varphi}{V_{sv2}}\right)$$

$$M_{56} = -c_{44}^2\left(\sin\alpha_{sh2}\sin\beta_{sh2}\frac{\cos\theta_{sh2}}{V_{sh2}} + \cos\alpha_{sh2}\frac{\sin\theta_{sh2}\sin\varphi}{V_{sh2}}\right)$$

$$N_5 = -c_{44}^1\left(\sin\alpha_{ip1}\sin\beta_{ip1}\frac{\cos\theta_{ip1}}{V_{ip1}} + \cos\alpha_{ip1}\frac{\sin\theta_{ip1}\sin\varphi}{V_{ip1}}\right)$$

$$M_{61}=\left(c_{13}^{1}\sin\alpha_{p1}\cos\beta_{p1}\frac{\sin\theta_{p1}\cos\varphi}{V_{p1}}+c_{23}^{1}\sin\alpha_{p1}\sin\beta_{p1}\frac{\sin\theta_{p1}\sin\varphi}{V_{p1}}-c_{33}^{1}\cos\alpha_{p1}\frac{\cos\theta_{p1}}{V_{p1}}\right)$$

$$M_{62}=\left(c_{13}^{1}\sin\alpha_{sv1}\cos\beta_{sv1}\frac{\sin\theta_{sv1}\cos\varphi}{V_{sv1}}+c_{23}^{1}\sin\alpha_{sv1}\sin\beta_{sv1}\frac{\sin\theta_{sv1}\sin\varphi}{V_{sv1}}-c_{33}^{1}\cos\alpha_{sv1}\frac{\cos\theta_{sv1}}{V_{sv1}}\right)$$

$$M_{63}=\left(c_{13}^{1}\sin\alpha_{sh1}\cos\beta_{sh1}\frac{\sin\theta_{sh1}\cos\varphi}{V_{sh1}}+c_{23}^{1}\sin\alpha_{sh1}\sin\beta_{sh1}\frac{\sin\theta_{sh1}\sin\varphi}{V_{sh1}}-c_{33}^{1}\cos\alpha_{sh1}\frac{\cos\theta_{sh1}}{V_{sh1}}\right)$$

$$M_{64}=-\left(c_{13}^{2}\sin\alpha_{p2}\cos\beta_{p2}\frac{\sin\theta_{p2}\cos\varphi}{V_{p2}}+c_{23}^{2}\sin\alpha_{p2}\sin\beta_{p2}\frac{\sin\theta_{p2}\sin\varphi}{V_{p2}}+c_{33}^{2}\cos\alpha_{p2}\frac{\cos\theta_{p2}}{V_{p2}}\right)$$

$$M_{65}=-\left(c_{13}^{2}\sin\alpha_{sv2}\cos\beta_{sv2}\frac{\sin\theta_{sv2}\cos\varphi}{V_{sv2}}+c_{23}^{2}\sin\alpha_{sv2}\sin\beta_{sv2}\frac{\sin\theta_{sv2}\sin\varphi}{V_{sv2}}+c_{33}^{2}\cos\alpha_{sv2}\frac{\cos\theta_{sv2}}{V_{sv2}}\right)$$

$$M_{66}=-\left(c_{13}^{2}\sin\alpha_{sh2}\cos\beta_{sh2}\frac{\sin\theta_{sh2}\cos\varphi}{V_{sh2}}+c_{23}^{2}\sin\alpha_{sh2}\sin\beta_{sh2}\frac{\sin\theta_{sh2}\sin\varphi}{V_{sh2}}+c_{33}^{2}\cos\alpha_{sh2}\frac{\cos\theta_{sh2}}{V_{sh2}}\right)$$

$$N_{6}=-\left(c_{13}^{1}\sin\alpha_{ip1}\cos\beta_{ip1}\frac{\sin\theta_{ip1}\cos\varphi}{V_{ip1}}+c_{23}^{1}\sin\alpha_{ip1}\sin\beta_{ip1}\frac{\sin\theta_{ip1}\sin\varphi}{V_{ip1}}+c_{33}^{1}\cos\alpha_{ip1}\frac{\cos\theta_{ip1}}{V_{ip1}}\right)$$

二、HTI 介质反射系数近似方程

HTI 介质反射系数近似方程的推导是以 HTI 介质反射系数精确方程为基础，通过一阶线性近似及扰动理论，将反射系数方程线性化以提高叠前地震反演的效率，使反射系数公式便于实际应用。在弱各向异性近似的假设条件下，可以利用各向异性参数 $\delta^{(V)}$、$\varepsilon^{(V)}$ 和 $\gamma^{(V)}$ 表示 HTI 介质的弹性矩阵，弹性矩阵中的弹性刚度系数可表示为：

$$c_{11}=\rho\alpha^2(1+2\varepsilon^{(V)}) \tag{4.67}$$

$$c_{13}\approx\rho\alpha^2(1+\delta^{(V)})-2\rho\beta^2(1+2\gamma^{(V)}) \tag{4.68}$$

$$c_{23}=c_{33}-2c_{44}=\rho(\alpha^2-2\beta^2) \tag{4.69}$$

$$c_{33}=\rho\alpha^2 \tag{4.70}$$

$$c_{44}=\rho\beta^2 \tag{4.71}$$

$$c_{66}=\rho\beta^2(1+2\gamma^{(V)}) \tag{4.72}$$

其中，α 和 β 分别为地震波垂直入射时的纵波速度和横波速度；ρ 为介质的密度。在弱各向异性近似的假设条件下，对准 P 波相速度 V_{qP} 公式，准 SV 波相速度 V_{qSV} 公式和 SH 波相速度 V_{SH} 公式进行近似简化，忽略公式中各向异性参数（$\delta^{(V)}$、$\varepsilon^{(V)}$ 和 $\gamma^{(V)}$）的高阶项，可以得到近似简化后的准 P 波、准 SV 波及 SH 波的相速度公式为：

$$\begin{aligned}
&V_{\mathrm{qP}}(\theta,\ \varphi)\approx\alpha[1+\delta^{(V)}\sin^2\theta\cos^2\varphi+(\varepsilon^{(V)}-\delta^{(V)})\sin^4\theta\cos^4\varphi]\\
&V_{\mathrm{qSV}}(\theta,\ \varphi)\approx\beta\left[1+\gamma^{(V)}+\frac{\alpha^2}{\beta^2}(\varepsilon^{(V)}-\delta^{(V)})(\cos^2\theta+\sin^2\theta\cos^2\varphi)\sin^2\theta\cos^2\varphi\right]\\
&V_{\mathrm{SH}}(\theta,\ \varphi)\approx\beta[1+\gamma^{(V)}\sin^2\theta\cos^2\varphi]
\end{aligned} \tag{4.73}$$

假设界面上下两层介质间的弹性性质差异较小，在弹性界面上的入射角、反射角和透射角为实数的情况下，可以得到界面上下两层介质的弹性参数为：

$$
\begin{aligned}
\alpha_1 &= \alpha - \Delta\alpha/2, \quad \alpha_2 = \alpha + \Delta\alpha/2 \\
\beta_1 &= \alpha - \Delta\alpha/2, \quad \beta_2 = \alpha + \Delta\alpha/2 \\
\beta_1^{\perp} &= \alpha - \Delta\alpha/2, \quad \beta_2^{\perp} = \alpha + \Delta\alpha/2 \\
\theta_{P1} &= \alpha - \Delta\alpha/2, \quad \theta_{P2} = \alpha + \Delta\alpha/2 \\
\theta_{SV1} &= \alpha - \Delta\alpha/2, \quad \theta_{SV2} = \alpha + \Delta\alpha/2 \\
\theta_{SH1} &= \alpha - \Delta\alpha/2, \quad \theta_{SH2} = \alpha + \Delta\alpha/2
\end{aligned} \tag{4.74}
$$

HTI 介质反射系数精确方程可以表示为如下形式：

$$\boldsymbol{M} \cdot \boldsymbol{R} = \boldsymbol{N} \tag{4.75}$$

其中，$\boldsymbol{M}$、$\boldsymbol{R}$ 和 $\boldsymbol{N}$ 分别与式(4.66)中的各项对应。根据弱各向异性近似理论，可将 HTI 介质反射系数精确方程中的各项矩阵等效为背景介质矩阵(符号的下标为 b)与各向异性扰动矩阵(符号的前缀为 Δ)的和，对于 HTI 介质来说，背景介质为各向同性介质，由此可得：

$$M = M_b + \Delta M \tag{4.76}$$

$$R = R_b + \Delta R \tag{4.77}$$

$$N = N_b + \Delta N \tag{4.78}$$

利用式(4.76)、式(4.77)和式(4.78)可以得到扩展的 Zoeppritz 方程，用于求取方位各向异性介质反射透射系数精确解(Schoenberg 和 Protazio，1992)。

$$(M_b + \Delta M)(R_b + \Delta R) = (N_b + \Delta N) \tag{4.79}$$

HTI 介质反射系数方程中各向同性背景介质部分弹性矩阵的关系为：

$$M_b R_b = N_b \tag{4.80}$$

由背景介质为各向同性介质可知：

$$R_b = (M_b)^{-1} N_b = \begin{bmatrix} 0 \\ 0 \\ 0 \\ 1 \\ 0 \\ 0 \end{bmatrix} \tag{4.81}$$

将式(4.79)展开整理得：

$$\Delta M \Delta R + M_b \Delta R = \Delta N - \Delta M R_b \tag{4.82}$$

在弱各向异性近似的假设条件下，舍去 $\Delta M \Delta R$ 高阶项，则 HTI 介质反射透射方程的系数矩阵为：

$$
\begin{aligned}
R &= R_b + (M_b)^{-1}(\Delta N - \Delta M R_b) \\
&= [\Delta R_1 \quad \Delta R_2 \quad \Delta R_3 \quad 1 + \Delta R_4 \quad \Delta R_5 \quad \Delta R_6]
\end{aligned} \tag{4.83}
$$

对上述公式进行化简，舍去高阶项，通过推导可以得到方位各向异性介质的反射系数近似方程：

$$R_P(\theta,\ \varphi)=\frac{1}{2}(1+\tan^2\theta)\frac{\Delta\alpha}{\overline{\alpha}}-4k^2\sin^2\theta\frac{\Delta\beta}{\overline{\beta}}+\frac{1}{2}(1-4k^2\sin^2\theta)\frac{\Delta\rho}{\overline{\rho}}+\\ \frac{1}{2}\sin^2\theta\cos^2\varphi(1+\tan^2\theta\sin^2\varphi)\Delta\delta^{(V)}+\frac{1}{2}\cos^4\varphi\sin^2\theta\tan^2\theta\Delta\varepsilon^{(V)}-\\ 4k^2\sin^2\theta\cos^2\varphi\Delta\gamma^{(V)} \tag{4.84}$$

其中，α、β 和 ρ 分别为纵波速度、横波速度和密度，θ 为入射角，φ 为方位角，$\Delta\alpha/\overline{\alpha}$、$\Delta\beta/\overline{\beta}$ 和 $\Delta\rho/\overline{\rho}$ 分别为纵波速度反射系数、横波速度反射系数和密度反射系数，$\Delta\delta^{(V)}$、$\Delta\varepsilon^{(V)}$ 和 $\Delta\gamma^{(V)}$ 为上下介质各向异性参数的差值。通过变量代换，可以将式(4.84)与 Ruger (1996)推导的方位各向异性介质的反射系数方程进行转换。根据弹性参数之间的关系，以及各向异性参数与裂缝岩石物理参数的关系可以将 HTI 介质的反射系数近似公式进行变换。如根据宗兆云(2012)推导的以杨氏模量、泊松比和密度表征的反射系数近似公式变换式(4.84)中的各向同性部分，根据 Schoenberg 线性滑动模型和 Hudson 薄币状裂隙模型的关系，得到 Thomsen 参数 $\delta^{(V)}$ 和 $\gamma^{(V)}$ 与线性滑动模型裂缝岩石物理参数 Δ_N 和 Δ_T 之间的关系变换式(4.84)中的各向异性部分，可得以杨氏模量、泊松比、密度和裂缝参数表征的反射系数公式为：

$$R_{PP}=\left(\frac{1}{4}\sec^2\theta-2k\sin^2\theta\right)\frac{\Delta E}{\overline{E}}+\\ \left(\frac{1}{4}\sec^2\theta\frac{(2k-3)(2k-1)^2}{k(4k-3)}+2k\sin^2\theta\frac{1-2k}{3-4k}\right)\frac{\Delta\sigma}{\overline{\sigma}}+\left(\frac{1}{2}-\frac{1}{4}\sec^2\theta\right)\frac{\Delta\rho}{\overline{\rho}}-\\ (k\cos^2\phi\sin^2\theta)(1-2k)\Delta_N+(k\cos^2\phi\sin^2\theta)\Delta_T \tag{4.85}$$

令，

$$a(\theta)=\frac{1}{4}\sec^2\theta+2k\sin^2\theta$$

$$b(\theta)=\frac{1}{4}\sec^2\theta\frac{(2k-3)(2k-1)^2}{k(4k-3)}+2k\sin^2\theta\frac{1-2k}{3-4k}$$

$$c(\theta)=\frac{1}{2}-\frac{1}{4}\sec^2\theta$$

$$d(\theta)=-(k\cos^2\phi\sin^2\theta)(1-2k)$$

$$e(\theta)=k\cos^2\phi\sin^2\theta$$

$$k=\frac{V_{S0}^2}{V_{P0}^2}=\frac{\beta^2}{\alpha^2}$$

则上式可以变为：

$$R_{PP}(\theta,\ \phi)=a(\theta)R_E+b(\theta)R_\nu+c(\theta)R_\rho+d(\theta,\ \varphi)R_{\Delta_N}+e(\theta,\ \varphi)R_{\Delta_T} \tag{4.86}$$

三、方位各向异性叠前地震反演方法

基于反射系数近似公式，采用振幅随方位角变化(Amplitude Variation with Azimuth, AVAZ)反演方法或方位弹性阻抗反演方法可以获得裂缝型储层的弹性参数和各向异性参数，本部分介绍的是基于式(4.86)采用基于贝叶斯理论的 AVAZ 反演方法实现裂缝型储层的方位各向异性叠前地震反演。

假设地震资料背景噪声服从高斯分布，地震数据和反射系数之间的关系可以用柯西分布的似然函数来表示，加入柯西约束及模型约束的信息，则目标函数表达式为：

$$\min J(\underline{r}') = J_G(\underline{r}') + J_{\text{Cauchy}}(\underline{r}') + J_E(\underline{r}'_E) + J_v(\underline{r}'_v) + J_\rho(\underline{r}'_\rho) + J_d(\underline{r}'_{\Delta N}) + J_d(\underline{r}'_{\Delta T}) \tag{4.87}$$

式中的 $J_G(\underline{r}')$ 为描述实际 CMP 道集与模型生成的共中心点(Common Middle Point, CMP)道集间的拟合程度；$J_{\text{Cauchy}}(\underline{r}')$ 为用来约束解的稀疏程度；$J_E(\underline{r}'_E)$、$J_v(\underline{r}'_v)$、$J_\rho(\underline{r}'_\rho)$、$J_d(\underline{r}'_{\Delta N})$ 和 $J_d(\underline{r}'_{\Delta T})$ 为模型约束项。对目标函数求导数，最终的反演方程，即其贝叶斯解为：

$$(G^{\mathrm{T}}G + \mu Q + P_3)m = (G^{\mathrm{T}}d + Q_3) \tag{4.88}$$

其中，

$$P_3 = \alpha_E C^{\mathrm{T}}C' + \alpha_v C^{\mathrm{T}}C' + \alpha_\rho C^{\mathrm{T}}C + \alpha_{\Delta_N} C^{\mathrm{T}}C' + \alpha_{\Delta_T} C^{\mathrm{T}}C'$$

$$Q_3 = \alpha_E C^{\mathrm{T}}\underline{\xi}_E + \alpha_v C^{\mathrm{T}}\underline{\xi}_v + \alpha_\rho C^{\mathrm{T}}\underline{\xi}_\rho + \alpha_{\Delta_N} C^{\mathrm{T}}\underline{\xi}_{\Delta_N} + \alpha_{\Delta_T} C^{\mathrm{T}}\underline{\xi}_{\Delta_T}$$

Q 是一个斜对角加权矩阵，定义为

$$Q_{nn} = \begin{cases} \dfrac{1}{\left(\dfrac{r'^2_n}{2\sigma_1^2} + 1.0\right)^2}, & n \leqslant N \\ \dfrac{\sigma_1^2}{\sigma_2^2}\dfrac{1}{\left(\dfrac{r'^2_n}{2\sigma_2^2} + 1.0\right)^2}, & N < n \leqslant 2N \\ \dfrac{\sigma_1^2}{\sigma_3^2}\dfrac{1}{\left(\dfrac{r'^2_n}{2\sigma_3^2} + 1.0\right)^2}, & 2N < n \leqslant 3N \\ \dfrac{\sigma_1^2}{\sigma_4^2}\dfrac{1}{\left(\dfrac{r'^2_n}{2\sigma_4^2} + 1.0\right)^2}, & 3N < n \leqslant 4N \\ \dfrac{\sigma_1^2}{\sigma_5^2}\dfrac{1}{\left(\dfrac{r'^2_n}{2\sigma_5^2} + 1.0\right)^2}, & 4N < n \leqslant 5N \end{cases}$$

$C = \begin{pmatrix} 1 & \cdots & 0 \\ \vdots & \ddots & \vdots \\ 1 & \cdots & 1 \end{pmatrix}$ 是下三角求和矩阵，α_E，α_v，α_ρ，α_{Δ_N}，α_{Δ_T} 为五个参数对应的系数项，$\underline{\xi}_E$，$\underline{\xi}_v$，$\underline{\xi}_\rho$，$\underline{\xi}_{\Delta_N}$，$\underline{\xi}_{\Delta_T}$ 为初始模型的反射系数，式中 $\theta = \dfrac{2\sigma_n^2}{\sigma_m^2}$，$\sigma_n^2$ 为噪声方差，σ_m^2 为模型反射系数的方差。在得出反射系数序列的解之后，利用道积分的方法，求解杨氏模量、泊松比、密度以及裂缝参数。

四、模型测试

为了验证反演算法的有效性，选取中国西部 A 工区 A 井的测井数据进行模型试算，先利用测井数据，基于岩石物理模型计算出裂缝参数测井曲线，将其作为实际数据与反演结果进行对比，然后采用 50Hz 的雷克子波进行方位叠前 AVAZ 反演，结果如图 4.4 所示。

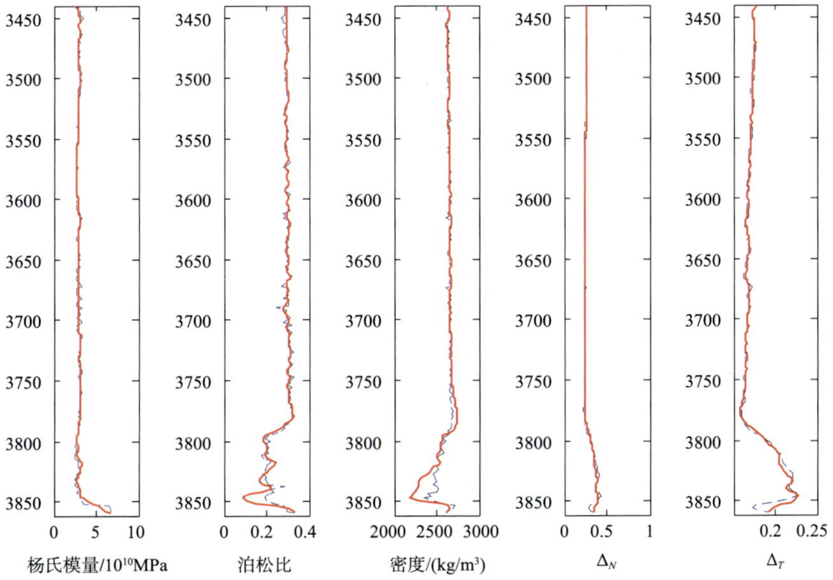

图 4.4　弹性参数与裂缝参数反演结果与实际井数据对比（无噪声）

图 4.5 是添加了信噪比为 10 的反演的弹性参数与裂缝参数的结果。从图中可以看出，反演结果与实际井数据较为吻合，即使添加了信噪比为 10 的噪声的合成地震记录进行反演，仍能够得到较好的反演结果，说明了反演方法具有一定的抗噪性。

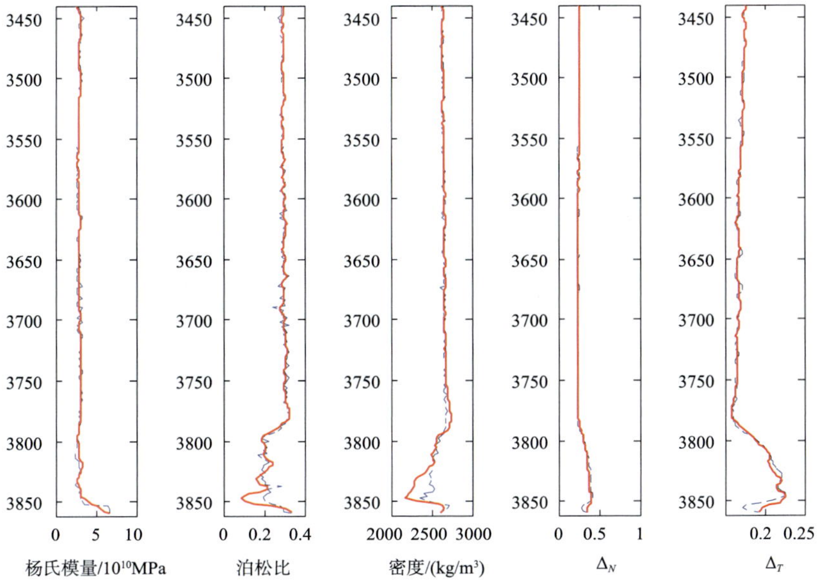

图 4.5　信噪比为 10 的反演结果

五、应用实例

截取 A 工区 B 井位置处的方位地震数据进行实际应用测试，利用基于各向异性介质的弹性模量直接反演方法反演得到杨氏模量、泊松比、密度、法向弱度和切向弱度，如图 4.6 ~ 图 4.10 所示。

从图中可以看出，反演结果与测井曲线较为吻合，在目的层处，法向弱度和切向弱度为高值，说明目的层各向异性较强。

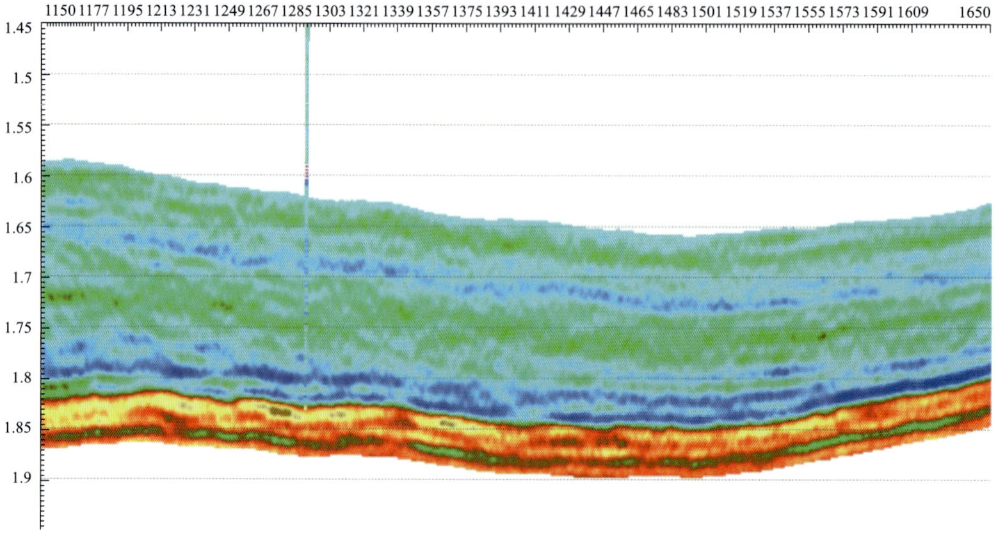

图 4.6　A 工区 B 井处杨氏模量反演剖面

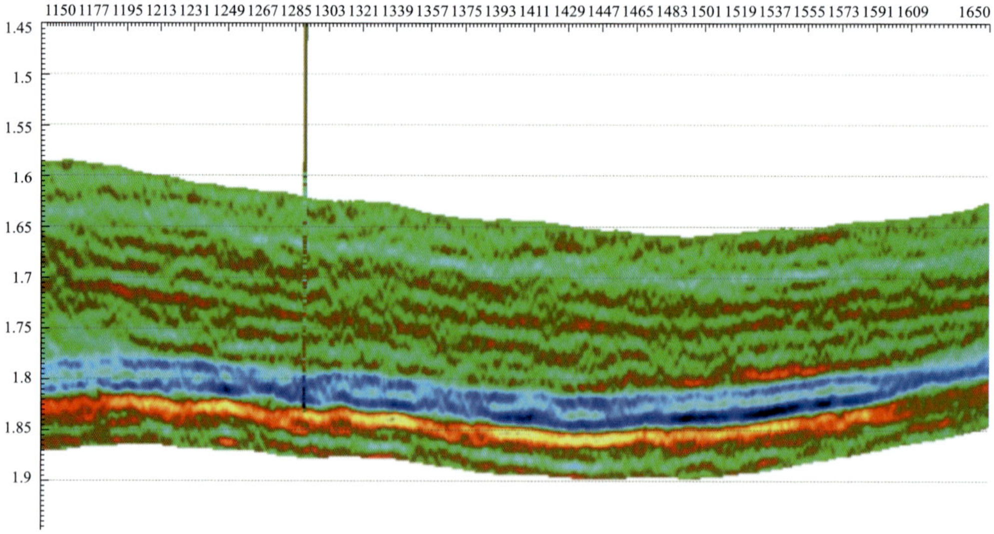

图 4.7　A 工区 B 井处泊松比反演剖面

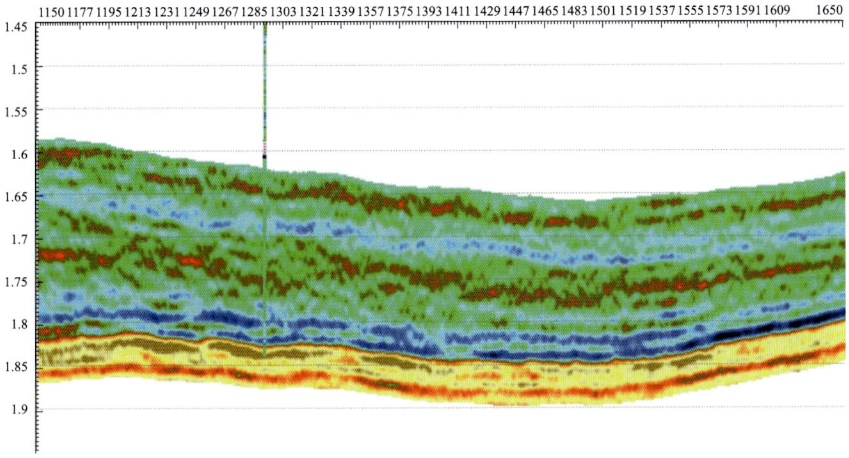

图 4.8 A 工区 B 井处密度反演剖面

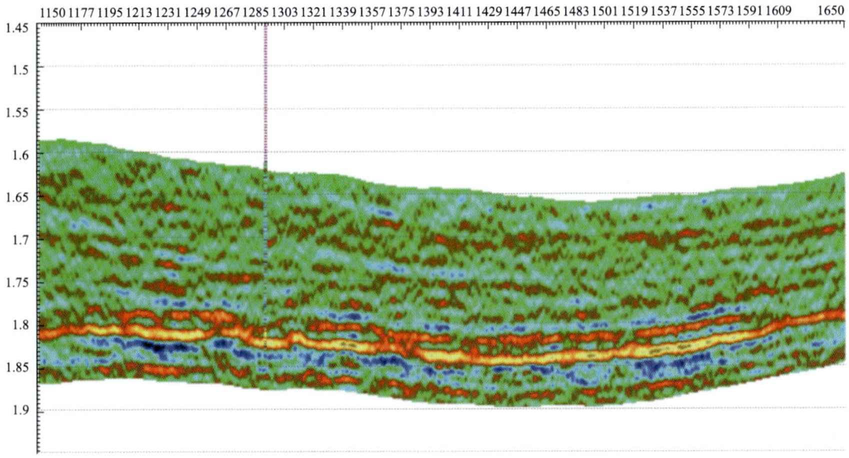

图 4.9 A 工区 B 井处法向弱度反演剖面

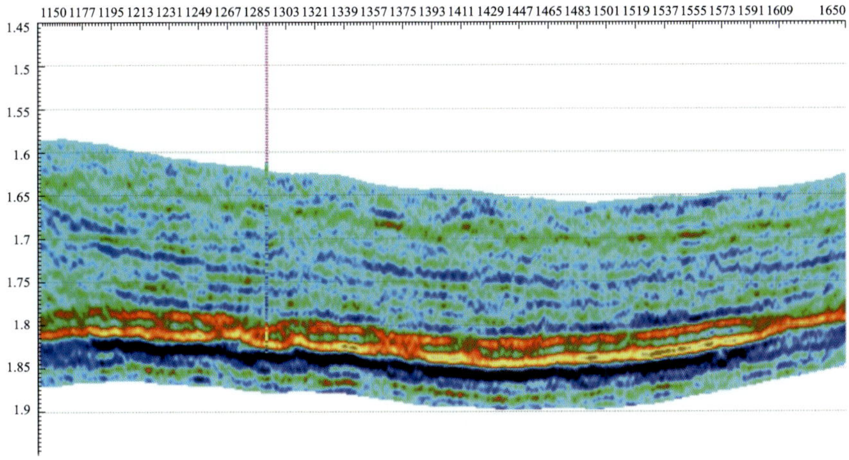

图 4.10 A 工区 B 井处切向弱度反演剖面

第三节　VTI 介质各向异性参数反演

VTI 介质是描述因岩石经原生沉积形成的具有水平层理特征的各向异性介质，它是具有垂直对称轴的横向各向同性介质。在页岩的沉积过程中，各种沉积物在垂向上沉积不连续会造成页岩呈现出 VTI 特性，形成的成层构造称为水平层理，这种 VTI 特征使得页岩表现为极化各向异性。本节主要介绍 VTI 介质的反射系数近似方程以及 VTI 介质叠前各向异性参数分步反演方法。

一、VTI 介质反射系数近似方程

Ruger 在 1996 年提出了在弱各向异性条件下，反射系数的近似公式。他使用 Thomsen 参数，给出了 VTI 条件下 P 波的反射系数近似公式：

$$R_P^{\mathrm{VTI}}(\theta)=\frac{1}{2}\frac{\Delta Z}{\overline{Z}}+\frac{1}{2}\left[\frac{\Delta V_{\mathrm{P0}}}{\overline{V_{\mathrm{P0}}}}-\left(\frac{2\overline{V_{\mathrm{S0}}}}{\overline{V_{\mathrm{P0}}}}\right)^2\frac{\Delta G}{\overline{G}}+\Delta\delta\right]\sin^2\theta+\frac{1}{2}\left(\frac{\Delta V_{\mathrm{P0}}}{\overline{V_{\mathrm{P0}}}}+\Delta\varepsilon\right)\times\sin^2\theta\tan^2\theta \tag{4.89}$$

其中，θ 为平均角度，$Z=\rho V_{\mathrm{P0}}$ 为垂直纵波波阻抗，$G=\rho V_{\mathrm{S0}}^2$ 为垂直横波剪切模量，运算 $\Delta[\cdot]$ 为相邻界面上下地层物理量之差，$\overline{[\cdot]}$ 运算为相邻界面上下地层物理量之均值。

根据参数之间的关系和反演的需求，可以基于 Ruger 的近似方程推导其他形式的 VTI 介质的反射系数公式。这里介绍基于 VTI 介质的各向异性三参数同步/分步反演方法，由于 Ruger 近似方程在小角度的情况，与精确的反射系数近似得很好，因此为了使表达形式更便于线性反演，将公式(4.89)进行改写：

$$R_P^{\mathrm{VTI}}(\theta)=a\frac{\Delta V_{\mathrm{P0}}}{\overline{V_{\mathrm{P0}}}}+b\frac{\Delta V_{\mathrm{S0}}}{\overline{V_{\mathrm{S0}}}}+c\frac{\Delta\rho}{\overline{\rho}}+d\Delta\delta+e\Delta\varepsilon \tag{4.90}$$

其中：

$$a=\frac{1}{2\cos^2\theta},\ b=-4\left(\frac{\overline{V_{\mathrm{S0}}}}{\overline{V_{\mathrm{P0}}}}\right)^2\sin^2\theta,\ c=\frac{1}{2}\left[1-4\left(\frac{\overline{V_{\mathrm{S0}}}}{\overline{V_{\mathrm{P0}}}}\right]^2\sin^2\theta\right)$$

$$d=\frac{1}{2}\sin^2\theta,\ e=\frac{1}{2}\sin^2\theta\tan^2\theta$$

对比一下与各向同性介质下进行 AVO 反演的时候，通常用到的 Zoeppritz 方程的 Aki - Richards 近似方程解：

$$R_P^{\mathrm{iso}}(\theta)=a'\frac{\Delta V_{\mathrm{P0}}}{\overline{V_{\mathrm{P0}}}}+b'\frac{\Delta V_{\mathrm{S0}}}{\overline{V_{\mathrm{S0}}}}+c'\frac{\Delta\rho}{\overline{\rho}} \tag{4.91}$$

其中：

$$a' = \frac{1}{2\cos^2\theta},\ b' = -4\left(\frac{\overline{V_{S0}}}{\overline{V_{P0}}}\right)^2\sin^2\theta,\ c' = \frac{1}{2}\left[1-4\left(\frac{\overline{V_{S0}}}{\overline{V_{P0}}}\right)^2\sin^2\theta\right]$$

从公式中可以看到，a 与 a'、b 与 b'、c 与 c'的表达式是一样的，因此，在 VTI 介质对 AVO 响应可以看作是由两部分组成，可以写成这样的形式：

$$R_P^{\mathrm{VTI}}(\theta) = R_P^{\mathrm{iso}}(\theta) + R_P^{\mathrm{ani}}(\theta) \tag{4.92}$$

其中：

$$R_P^{\mathrm{iso}}(\theta) = a\frac{\Delta V_{P0}}{\overline{V_{P0}}} + b\frac{\Delta V_{S0}}{\overline{V_{S0}}} + c\frac{\Delta\rho}{\overline{\rho}} \text{和 } R_P^{\mathrm{ani}}(\theta) = d\Delta\delta + e\Delta\varepsilon$$

对于不同的模型情况，利用 Ruger 公式简化以后的各向异性项对曲线的影响只与各向异性参数 θ 与 ε 有关。

假设 $\left(\frac{\Delta V}{\overline{V}} \approx \Delta \ln V\right)$，式(4.90)变成

$$R_{PP}^{\mathrm{VTI}}(\theta) = \frac{1}{2}g\Delta\ln A - \frac{1}{2}K\sin^2\theta g\Delta\ln B + \frac{1}{2}\tan^2\theta g\Delta\ln C \tag{4.93}$$

其中：

$$A = \rho V_{P0},\ B = \rho V_{S0}^2 e^{\frac{1}{K}\eta'},\ C = V_{P0}e^{\varepsilon}$$
$$K = (2\overline{V_{S0}}/\overline{V_{P0}})^2,\ \eta' = \varepsilon - \delta$$

据此得到了 VTI 介质下 P 波反射系数新的三项近似公式，根据三项公式可以直接反演出地层的属性，而不是地层之间的变化梯度。同时可以看到，式(4.93)包含 ρV_{P0}、$\rho V_{S0}^2 e^{\frac{1}{K}\eta'}$ 和 $V_{P0}e^{\varepsilon}$ 项，ρV_{P0} 为 A 属性，表示的是纵波阻抗，$\rho {V_{S0}}^2 e^{\frac{1}{K}\eta'}$ 为 B 属性，表示的是伪各向同性横波模量，$V_{P0}e^{\varepsilon}$ 为 C 属性，表示为各向异性 P 波速度。

二、VTI 介质叠前各向异性参数分步反演方法

基于 VTI 介质反射系数近似公式，采用叠前地震反演方法可以得到 VTI 介质各向异性参数，即基于式(4.89)开展叠前地震反演可以得到纵波阻抗、剪切模量和各向异性等参数，基于式(4.93)开展叠前地震反演可得到 ρV_{P0}、$\rho V_{S0}^2 e^{\frac{1}{K}\eta'}$ 和 $V_{P0}e^{\varepsilon}$ 三参数。叠前地震反演方法包括 AVO 反演方法和弹性阻抗反演方法，其中基于贝叶斯理论的 AVO 反演方法采用的贝叶斯理论与 HTI 介质的基于贝叶斯理论的 AVAZ 反演方法相似，在这里就不再赘述。

本部分主要介绍基于 VTI 介质叠前各向异性参数分步反演方法，该方法的思路是采用分步的方法实现 Thomsen 各向异性参数 ε 估算，首先基于 VTI 介质 P 波反射系数三参数近似公式，采用基于贝叶斯理论的 AVO 反演方法实现 ρV_{P0}、$\rho V_{S0}^2 e^{\frac{1}{K}\eta'}$ 和 $V_{P0}e^{\varepsilon}$ 三参数的反演；其次，利用基于 Aki 和 Richards 方程的叠前各向同性三参数反演方法得到纵波速度、横波速度和密度；最后，利用 $V_{P0}e^{\varepsilon}$ 参数和纵波速度实现 Thomsen 各向异性参数 ε 的估算。上部分内容已经介绍了基于 VTI 介质的叠前各向异性三参数反演方法，在这个基础上需要开展基于 Aki 和 Richards 方程的叠前各向同性三参数反演方法以获得纵波速度、横波速度和密度。

1980 年，Aki 和 Richards 在假设相邻两层介质的弹性参数差异较为微小且地震波入射

角度不大(一般入射角小于 30°)的条件下，给出了 Aki 和 Richards 近似公式：

$$R_p(\theta)=a'\frac{\Delta V_{P0}}{\overline{V_{P0}}}+b'\frac{\Delta V_{S0}}{\overline{V_{S0}}}+c'\frac{\Delta\rho}{\bar{\rho}} \tag{4.94}$$

其中：$a'=\dfrac{1}{2\cos^2\theta}$，$b'=-4\left(\dfrac{\overline{V_{S0}}}{\overline{V_{P0}}}\right)^2\sin^2\theta$，$c'=\dfrac{1}{2}\left[1-4\left(\dfrac{\overline{V_{S0}}}{\overline{V_{P0}}}\right)^2\sin^2\theta\right]$，$R_P(\theta)$表示随入射角度变化的 P 波反射系数，$\overline{V_{P0}}$、$\overline{V_{S0}}$、$\bar{\rho}$ 分别表示界面两侧平均纵波速度、平均横波速度和平均密度。类似地，ΔV_{P0}，ΔV_{S0}，$\Delta\rho$ 是界面两侧纵波速度、横波速度及密度的变化量。基于 Aki 和 Richards 近似公式(4.94)，采用基于贝叶斯理论的 AVO 反演方法获得纵波速度、横波速度和密度参数，用于后续的 VTI 介质的各向异性参数提取。

最后利用 $V_{P0}e^{\varepsilon}$ 参数和纵波速度实现 Thomsen 各向异性参数 ε 的估算，从式(4.93)中我们可以看出，反演结果的 $V_{P0}e^{\varepsilon}$ 项包含了 Thomsen 各向异性参数 ε。因此，可以利用第一步基于 VTI 介质的叠前各向异性三参数反演方法获得 $V_{P0}e^{\varepsilon}$ 参数，结合第二步基于 Aki 和 Richards 方程的叠前各向同性三参数反演方法得到纵波速度，估算 Thomsen 各向异性参数 ε：

$$\varepsilon=\ln\left(\frac{V_{P0}e^{\varepsilon}}{V_{P0}}\right) \tag{4.95}$$

三、模型试算

选择 B 工区的测井数据进行合成地震记录反演，为了保证合成地震数据的反演结果准确性，将测井数据进行了平滑，数据的类型分别是纵横波速度、密度、Thomsen 各向异性参数 ε、δ，具体数值见图 4.11。

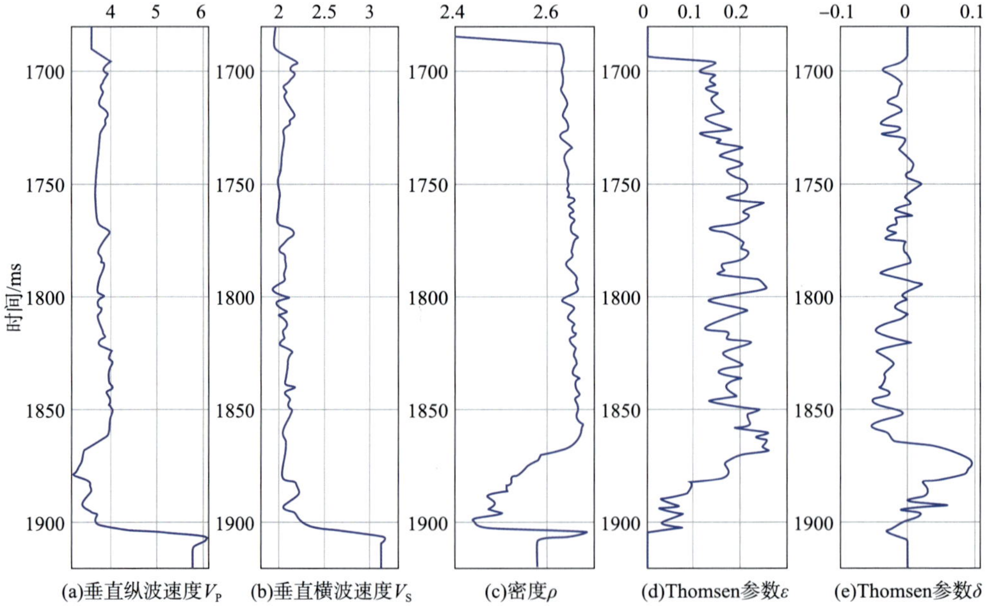

图 4.11　时间域的测井曲线

提取实际的地震子波，利用测井数据计算精确的反射系数，将两者进行褶积运算，可以得到不同角度下的合成地震记录，这里的角度选取分别为 10°~50°，间隔 10°。为更好地说明反演方法的稳定性，分别加入了信噪比为 2、1、0.5 的高斯分布的随机噪声与无噪情况下进行对比，如图 4.12 所示。

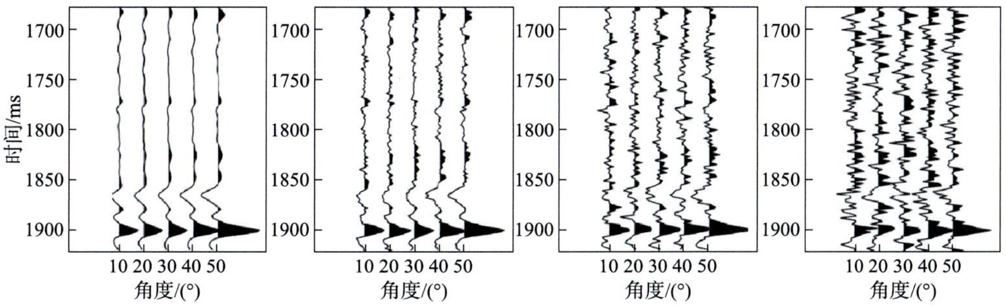

(a)无噪情况 (b)$S/N=2$ (c)$S/N=1$ (d)$S/N=0.5$

图 4.12 合成地震记录

利用上面探讨的基于 VTI 介质的叠前各向异性三参数反演方法，可以进行三项同步反演，图 4.13 给出的是 B 工区不同信噪比情况下的合成地震记录反演结果。

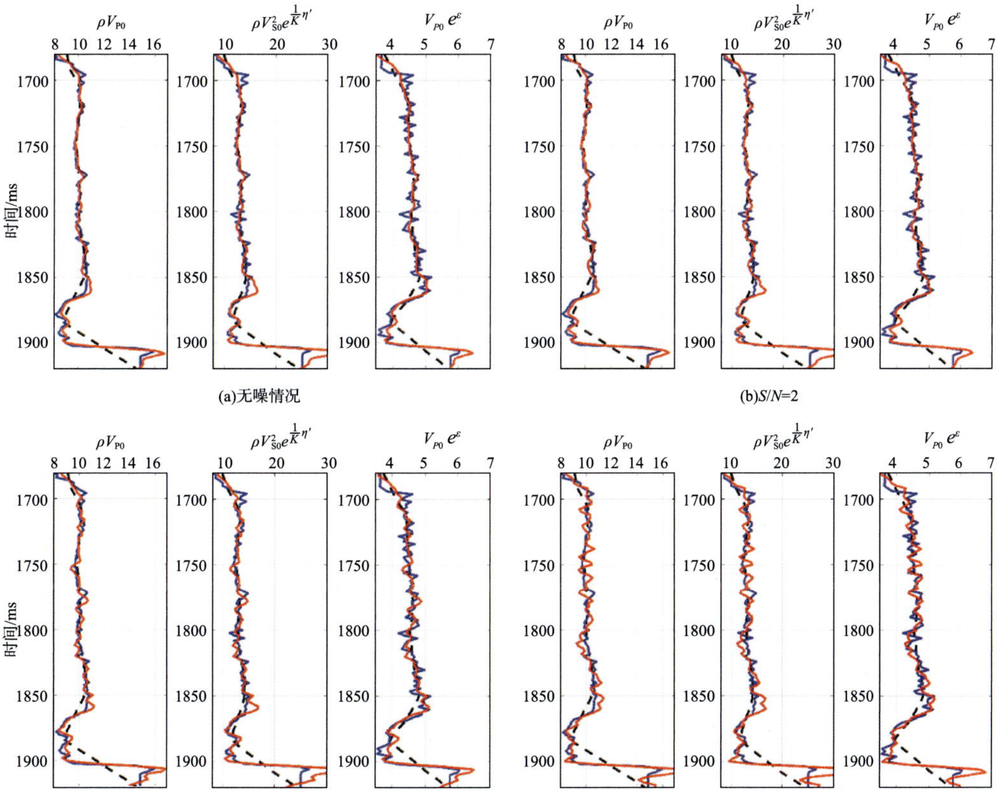

(a)无噪情况 (b)$S/N=2$ (c)$S/N=1$ (d)$S/N=0.5$

图 4.13 三参数反演结果

（其中蓝色实线是真实模型，黑色虚线是初始模型，红色实线是反演结果。）

从我们的反演结果可以看出，得到的反演结果在无噪情况下几乎和真实数据重合了，说明有很好的反演效果；在有噪声的情况下，甚至噪声较强的时候，反演结果也保持了较好的稳定性，进一步说明了反演方法的可靠。

从公式中我们可以看出，反演结果的 C 项包含了 Thomsen 各向异性参数 ε，如果能够反演出垂直纵波速度，就可以从 C 项中提取出该参数。所以，这里基于一定的假设，假设在小角度进行各向同性的三参数反演得到的纵波速度是较为准确的，就可以估算出 Thomsen 各向异性参数 ε。在无噪情况下的各向同性三参数同步反演的纵波速度结果如图 4.14(a)所示，利用参数 C 与纵波速度结果估算的 Thomsen 各向异性参数 ε 结果如图 4.14(b)所示。

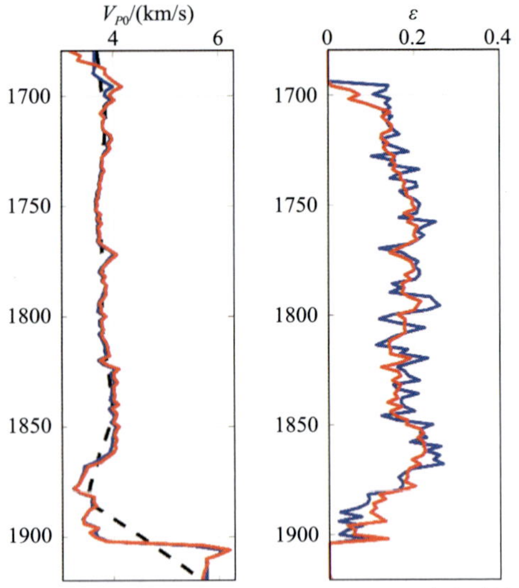

(a)各向同性参数-纵波速度反演结果　(b)Thomsen各向异性参数ε估算结果

图 4.14　纵波速度和 ε 反演结果

（其中黑色虚线是初始模型，蓝色实线是真实模型，红色实线是反演结果。）

四、应用实例

以 B 工区区块为例，利用本节提供的 VTI 介质叠前各向异性参数分步反演方法开展 Thomsen 各向异性参数 ε 预测，如图 4.15～图 4.19 所示。

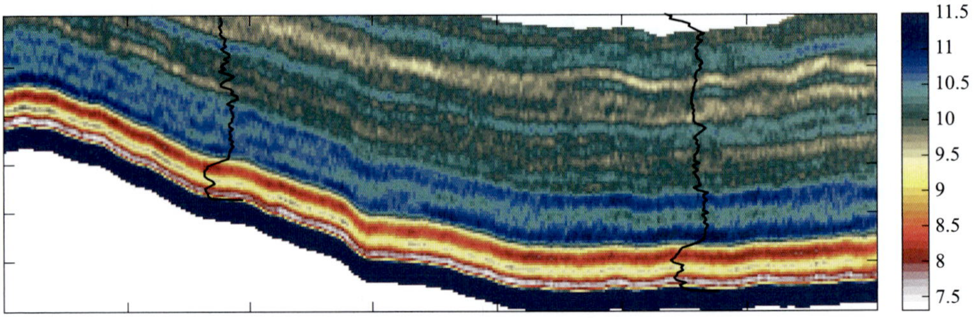

图 4.15　ρV_{P0} 参数反演结果

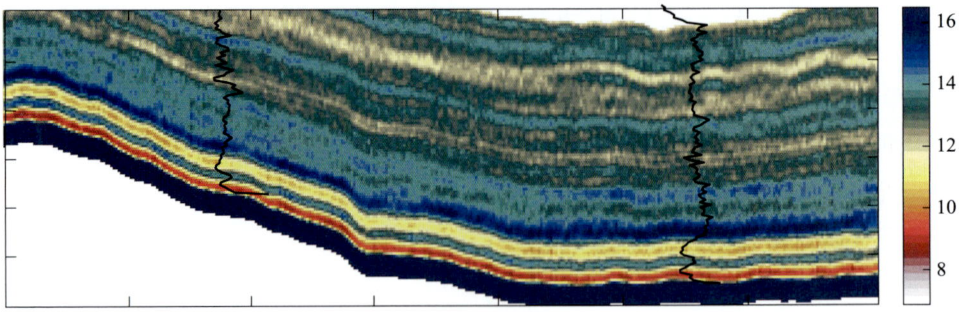

图 4.16　$\rho V_{S0}^{2} e^{\frac{1}{K}\eta'}$ 参数反演结果

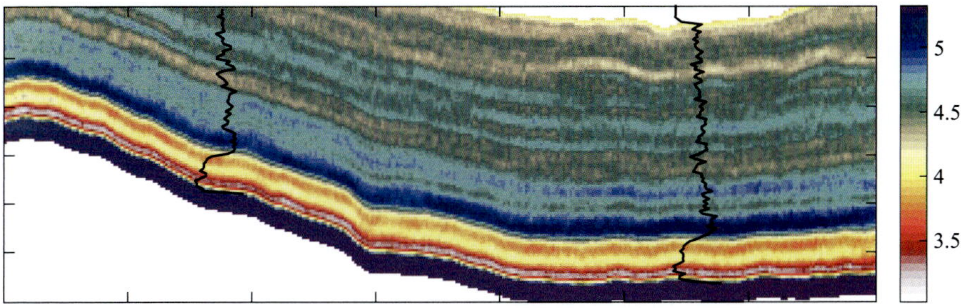

图 4.17　$V_{P0}e^{\varepsilon}$ 参数反演结果

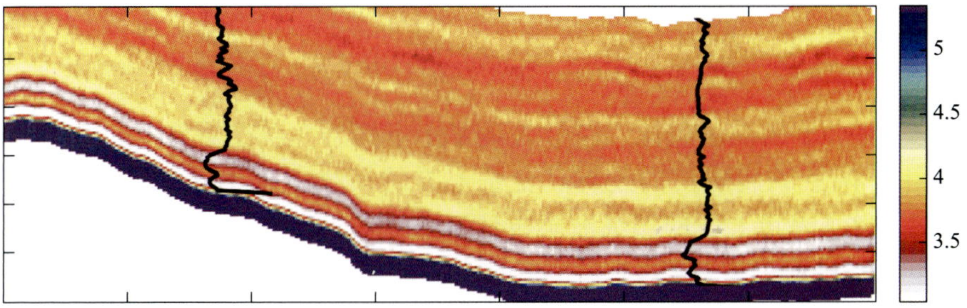

图 4.18　纵波速度反演结果

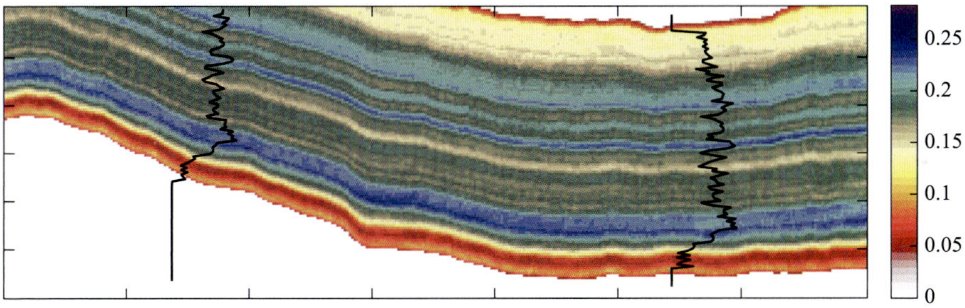

图 4.19　Thomsen 各向异性参数 ε 预测结果

第四节　OA 介质各向异性参数反演

正交各向异性(OA)介质是实际地层中存在的一种较为复杂的各向异性介质，裂缝诱导正交各向异性包括四种类型：①VTI 背景包含一组垂直定向排列；②各向同性背景包含两组垂直定向旋转不变裂缝；③VTI 背景包含两组垂直定向旋转不变裂缝；④各向同性背景包含一组水平旋转不变裂缝和一组垂直定向旋转不变裂缝等情况。本部分主要介绍 OA 介质的反射系数近似方程及基于傅里叶级数的正交各向异性参数反演方法。

一、OA 介质反射系数近似方程

Ruger(1996)以及 Psencik 和 Martins(2001)分别研究了 OA 介质的反射系数近似公式。

Psencik 和 Martins(2001)论文中给出了在任意对称轴和任意背景的两个正交各向异性介质的弱各向异性分界面上，P 波反射系数近似公式如下：

$$
\begin{aligned}
R_{PP}(\theta,\ \phi) = R_{PP}^{\mathrm{iso}}(\theta) + \frac{1}{2\bar{\alpha}^2}\{ & \Delta(\alpha^2\varepsilon_z) + [(\Delta(\alpha^2\delta_x) - 8\Delta(\beta^2\gamma_x))\cos^2\phi \\
& + (\Delta(\alpha^2\delta_y) - 8\Delta(\beta^2\gamma_y))\sin^2\phi \\
& + 2(\Delta(\alpha^2\chi_z) - 4\Delta(\beta^2\varepsilon_{45}))\cos\phi\sin\phi - \Delta(\alpha^2\varepsilon_z)]\sin^2\theta \\
& + [\Delta(\alpha^2\varepsilon_x)\cos^4\phi + \Delta(\alpha^2\varepsilon_y)\sin^4\phi + \Delta(\alpha^2\delta_z)\cos^2\phi\sin^2\phi \\
& + 2((\Delta(\alpha^2\varepsilon_{16}) + \Delta(\alpha^2\varepsilon_{26}))\sin^2\phi)\cos\phi\sin\phi]\sin^2\theta\tan^2\theta\}
\end{aligned}
\tag{4.96}
$$

式中的 R_{PP}^{iso} 表示各向同性背景中的纵波反射系数，其表达公式如下所示：

$$
R_{PP}^{\mathrm{iso}} = \frac{1}{2}\frac{\Delta Z}{\bar{Z}} + \frac{1}{2}\left[\frac{\Delta\alpha}{\bar{\alpha}} - \left(\frac{2\bar{\beta}}{\bar{\alpha}}\right)^2\frac{\Delta(\rho\beta^2)}{\overline{(\rho\beta^2)}}\right]\sin^2\theta + \frac{1}{2}\frac{\Delta\alpha}{\bar{\alpha}}\sin^2\theta\tan^2\theta \tag{4.97}
$$

其中，$Z=\rho\alpha$，表示纵波阻抗。符号 Δ 表示上下两层介质在交界面处的差异，如 $\Delta Z = Z_2 - Z_1$ 表示上下两层纵波阻抗的差异。变量上方的横线表示上下两层介质的均值属性，如 $\bar{Z} = 1/2(Z_1 + Z_2)$ 表示上下两层纵波阻抗的均值。下标 1 代表上层介质，下标 2 表示下层介质。θ 和 ϕ 都指示角度，θ 是 P 波的入射角，$\theta=0$ 是 P 波垂直入射的情况，而 ϕ 是观测系统的方位角，$\phi=0$ 表示地震波的传播方向沿着 x_1 轴。纵波各向异性参数共有如下 15 个：

$$
\begin{aligned}
&\delta_x = \frac{A_{13} + 2A_{55} - \alpha^2}{\alpha^2},\quad \delta_y = \frac{A_{23} + 2A_{44} - \alpha^2}{\alpha^2},\quad \delta_z = \frac{A_{12} + 2A_{44} - \alpha^2}{\alpha^2} \\
&\chi_x = \frac{A_{14} + 2A_{56}}{\alpha^2},\quad \chi_y = \frac{A_{25} + 2A_{46}}{\alpha^2},\quad \chi_z = \frac{A_{36} + 2A_{45}}{\alpha^2} \\
&\varepsilon_x = \frac{A_{11} - \alpha^2}{\alpha^2},\quad \varepsilon_y = \frac{A_{22} - \alpha^2}{\alpha^2},\quad \varepsilon_z = \frac{A_{33} - \alpha^2}{\alpha^2} \\
&\varepsilon_{15} = \frac{A_{15}}{\alpha^2},\quad \varepsilon_{16} = \frac{A_{16}}{\alpha^2},\quad \varepsilon_{24} = \frac{A_{24}}{\alpha^2},\quad \varepsilon_{26} = \frac{A_{26}}{\alpha^2},\quad \varepsilon_{34} = \frac{A_{34}}{\alpha^2},\quad \varepsilon_{35} = \frac{A_{35}}{\alpha^2}
\end{aligned}
\tag{4.98}
$$

式(4.96)受到其中 9 个纵波各向异性参数的影响，及下面 3 个横波弱各向异性参数的影响：

$$
\gamma_x = \frac{A_{55} - \beta^2}{2\beta^2},\quad \gamma_y = \frac{A_{44} - \beta^2}{2\beta^2},\quad \gamma_z = \frac{A_{33} - \beta^2}{\beta^2} \tag{4.99}
$$

Ruger(1996)仅推导了 $(X_1,\ X_3)$ 面和 $(X_2,\ X_3)$ 面的反射系数：

$$
\begin{aligned}
R_{PP}^{[X_1,X_3]}(\theta) = & \frac{1}{2}\frac{\Delta Z}{\bar{Z}} + \frac{1}{2}\left[\frac{\Delta\alpha}{\bar{\alpha}} - \left(\frac{2\bar{\beta}}{\bar{\alpha}}\right)^2\left(\frac{\Delta G}{\bar{G}} - 2\Delta\gamma\right) + \Delta\delta^{(2)}\right]\sin^2\theta \\
& + \frac{1}{2}\left\{\frac{\Delta\alpha}{\bar{\alpha}} + \Delta\varepsilon^{(2)}\right\}\sin^2\theta\tan^2\theta
\end{aligned}
\tag{4.100}
$$

$$
\begin{aligned}
R_{PP}^{[X_2,X_3]}(\theta) = & \frac{1}{2}\frac{\Delta Z}{\bar{Z}} + \frac{1}{2}\left[\frac{\Delta\alpha}{\bar{\alpha}} - \left(\frac{2\bar{\beta}}{\bar{\alpha}}\right)^2\frac{\Delta G}{\bar{G}} + \Delta\delta^{(1)}\right]\sin^2\theta \\
& + \frac{1}{2}\left\{\frac{\Delta\alpha}{\bar{\alpha}} + \Delta\varepsilon^{(1)}\right\}\sin^2\theta\tan^2\theta
\end{aligned}
\tag{4.101}
$$

其中，$\delta^{(2)}$和$\varepsilon^{(2)}$为(X_1, X_3)面的各向异性参数，$\delta^{(1)}$和$\varepsilon^{(1)}$为(X_2, X_3)面内的各向异性参数。由于 OA 介质反射系数近似方程待反演的参数较多，各向异性参数对反射系数的贡献量较小，存在反演不稳定等问题，因此许多学者研究了 OA 介质各向异性参数反演方法，以稳定可靠地反演出复杂介质的各向异性参数，下面介绍基于傅里叶级数的正交各向异性参数反演方法。

当完全各向同性背景岩石中发育一组垂直裂缝及水平裂缝时，裂隙介质可等效为正交(OA)各向异性等效介质模型，如图 4.20 所示。

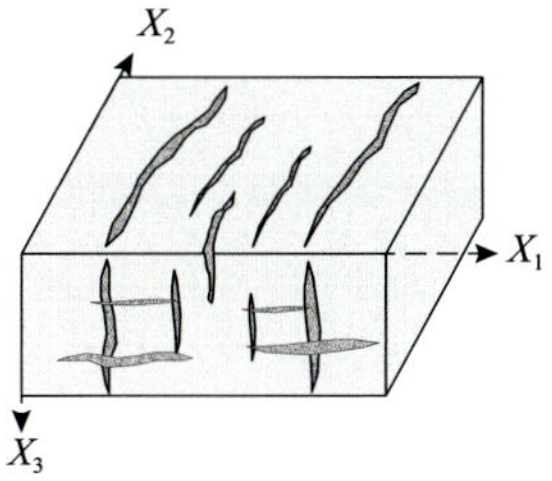

图 4.20　等效 OA 介质

OA 介质的等效弹性柔度张量可以表示为：

$$S = S_b + S_f^{\mathrm{HOR}} + S_f^{\mathrm{VER}} \tag{4.102}$$

其中，S_b为各向同性背景介质的柔度张量，S_f^{HOR}为水平裂缝的柔度张量，S_f^{VER}为垂直裂缝的柔度张量。

对柔度矩阵求逆可求得 OA 介质的弹性刚度矩阵，其表示为：

$$\boldsymbol{C}_{\mathrm{ORT}} = \begin{bmatrix} C_{11} & C_{12} & C_{13} & 0 & 0 & 0 \\ C_{12} & C_{22} & C_{23} & 0 & 0 & 0 \\ C_{13} & C_{23} & C_{33} & 0 & 0 & 0 \\ 0 & 0 & 0 & C_{44} & 0 & 0 \\ 0 & 0 & 0 & 0 & C_{55} & 0 \\ 0 & 0 & 0 & 0 & 0 & C_{66} \end{bmatrix} \tag{4.103}$$

其中，相应的刚度系数表示为：

$$C_{11} = M(1 - \chi^2\delta_N^{\mathrm{HOR}} - \delta_N^{\mathrm{VER}}),\ C_{12} = M\chi(1 - \chi\delta_N^{\mathrm{HOR}} - \delta_N^{\mathrm{VER}}),$$
$$C_{13} = M\chi(1 - \delta_N^{\mathrm{HOR}} - \delta_N^{\mathrm{VER}}),\ C_{22} = M(1 - \chi^2\delta_N^{\mathrm{HOR}} - \chi^2\delta_N^{\mathrm{VER}}),$$
$$C_{23} = M\chi(1 - \delta_N^{\mathrm{HOR}} - \chi\delta_N^{\mathrm{VER}}),\ C_{33} = M(1 - \delta_N^{\mathrm{HOR}} - \chi^2\delta_N^{\mathrm{VER}}),$$
$$C_{44} = \mu(1 - \delta_T^{\mathrm{HOR}}),\ C_{55} = \mu(1 - \delta_T^{\mathrm{HOR}} - \delta_T^{\mathrm{VER}}),\ C_{66} = \mu(1 - \delta_T^{\mathrm{VER}}),$$

其中，$M = \rho V_P^2$为纵波模量，$\mu = \rho V_S^2$为横波模量，$\chi = 1 - 2\mu/M$，δ_N^{HOR}与δ_T^{HOR}为水平裂缝的法向弱度与切向弱度参数，δ_N^{VER}与δ_T^{VER}为垂直裂缝的法向弱度与切向弱度参数，其物理意义是相对于裂缝介质总柔度而言，裂缝所引起的柔度量。

根据一阶散射理论及 OA 介质刚度矩阵近似表达式，假设界面两侧弹性参数数值相差不大，各向异性程度较弱，忽略含$\Delta M\delta_N^{\mathrm{HOR}}$、$\Delta M\delta_N^{\mathrm{VER}}$、$\Delta\mu\delta_N^{\mathrm{HOR}}$、$\Delta\mu\delta_N^{\mathrm{VER}}$的项，则弱 OA 介质扰动刚度矩阵可表示为：

$$\Delta C_{OA} = \begin{bmatrix} \Delta C_{11} & \Delta C_{12} & \Delta C_{13} & 0 & 0 & 0 \\ \Delta C_{12} & \Delta C_{22} & \Delta C_{23} & 0 & 0 & 0 \\ \Delta C_{13} & \Delta C_{23} & \Delta C_{33} & 0 & 0 & 0 \\ 0 & 0 & 0 & \Delta C_{44} & 0 & 0 \\ 0 & 0 & 0 & 0 & \Delta C_{55} & 0 \\ 0 & 0 & 0 & 0 & 0 & \Delta C_{66} \end{bmatrix} \tag{4.104}$$

其中，等效 OA 介质刚度系数一阶扰动近似为：

$$\Delta C_{11}\approx\Delta M-M\chi^2\Delta\delta_N^{\mathrm{HOR}}-M\Delta\delta_N^{\mathrm{VER}},\ \Delta C_{12}\approx\Delta\lambda-\lambda\chi\Delta\delta_N^{\mathrm{HOR}}-\lambda\Delta\delta_N^{\mathrm{VER}}$$

$$\Delta C_{13}\approx\Delta\lambda-\lambda\Delta\delta_N^{\mathrm{HOR}}-\lambda\Delta\delta_N^{\mathrm{VER}},\ \Delta C_{22}\approx\Delta M-M\chi^2\Delta\delta_N^{\mathrm{HOR}}-M\chi^2\Delta\delta_N^{\mathrm{VER}}$$

$$\Delta C_{23}\approx\Delta\lambda-\lambda\Delta\delta_N^{\mathrm{HOR}}-\lambda\chi\Delta\delta_N^{\mathrm{VER}},\ \Delta C_{33}\approx\Delta M-M\Delta\delta_N^{\mathrm{HOR}}-M\chi^2\Delta\delta_N^{\mathrm{VER}}$$

$$\Delta C_{44}\approx\Delta\mu-\mu\Delta\delta_T^{\mathrm{HOR}},\ \Delta C_{55}\approx\Delta\mu-\mu\Delta\delta_T^{\mathrm{HOR}}-\mu\Delta\delta_T^{\mathrm{VER}}$$

$$\Delta C_{66}\approx\Delta\mu-\mu\Delta\delta_T^{\mathrm{VER}}$$

结合一阶散射弹性波的概念，将各向异性刚度矩阵近似表示成背景介质和扰动量之和的形式，进而利用 Born 积分和稳相法求取各向异性介质反射系数近似方程，可表示为：

$$R_{PP}(\theta,\ \varphi)=\frac{1}{4\rho\cos^2\theta}S(\boldsymbol{r}_0)\tag{4.105}$$

其中：

$$S(\boldsymbol{r}_0)=\Delta\rho\cdot\xi+\sum_{m=1}^{6}\sum_{n=1}^{6}\Delta C_{mn}\eta_{mn}$$

式中，θ 表示入射角，φ 表示地震测线方位角与裂缝对称轴方位角之差，$S(\boldsymbol{r}_0)$ 表示散射函数，Δ 表示参数的扰动量，$\Delta\rho$ 和 ΔC_{mn} 分别表示密度和刚度矩阵的一阶扰动量，g 和 p 分别表示慢度和极化矢量。

基于上述公式，最终获得 OA 介质方位纵波反射系数近似公式，可表示为：

$$\begin{aligned}R_{PP}^{\mathrm{ORT}}(\theta,\ \varphi)=&\frac{\sec^2\theta}{4}\frac{\Delta M}{M}-2g\sin^2\theta\frac{\Delta\mu}{\mu}+\left(\frac{1}{2}-\frac{\sec^2\theta}{4}\right)\frac{\Delta\rho}{\rho}\\&-\frac{\sec^2\theta}{4}(\cos^2\theta+\chi\sin^2\theta)^2\Delta\delta_N^{\mathrm{HOR}}+g\sin^2\theta\Delta\delta_T^{\mathrm{HOR}}\\&-\frac{\sec^2\theta}{4}[2g(\sin^2\theta\sin^2\varphi+\cos^2\theta)-1]^2\Delta\delta_N^{\mathrm{VER}}\\&+g\sin^2\theta\cos^2\varphi(1-\tan^2\theta\sin^2\varphi)\Delta\delta_T^{\mathrm{VER}}\end{aligned}\tag{4.106}$$

二、基于傅里叶级数的正交各向异性参数反演方法

1. 正交各向异性介质纵波反射系数傅里叶级数展开

傅里叶级数方法能够将方位地震反射系数分解为一系列傅里叶系数的加权和形式，实现弹性参数与裂缝各向异性参数的有效解耦。通过傅里叶级数分解方法，可推导得到由傅里叶系数表征的 OA 介质地震反射特征方程，是基于傅里叶系数的 OA 介质参数反演的基础。Downton 等人(2011 年)提出将方位纵波反射系数重新表示为傅立叶级数形式的表达式：

$$R_{PP}(\theta,\varphi)=r_0(\theta)+\sum_{n=1}^{\infty}r_n(\theta)\cos[n(\varphi-\varphi_n(\theta))]\tag{4.107}$$

其中加权参数 $r_n(\theta)$ 被称为傅里叶系数（Fourier Coefficients，FCs），是关于入射角 θ 的函数。将公式(4.106)进行傅里叶级数展开，即：

$$R_{PP}(\theta,\ \varphi)=r_0(\theta)+r_2(\theta)\cos[2(\varphi-\varphi(\theta))]+r_4(\theta)\cos[4(\varphi-\varphi(\theta))]\tag{4.108}$$

其中，$r_0(\theta)$为零阶傅里叶系数：

$$r_0(\theta)=a(\theta)R_M+b(\theta)R_\mu+c(\theta)R_\rho+d(\theta)\Delta\delta_N^{\mathrm{HOR}}+e(\theta)\Delta\delta_T^{\mathrm{HOR}}+h(\theta)\Delta\delta_N^{\mathrm{VER}}+i(\theta)\Delta\delta_T^{\mathrm{VER}} \tag{4.109}$$

$r_2(\theta)$、$r_4(\theta)$为二、四阶傅里叶系数：

$$r_2(\theta)=j(\theta)\Delta\delta_N^{\mathrm{VER}}+k(\theta)\Delta\delta_T^{\mathrm{VER}}$$

$$r_4(\theta)=l(\theta)\Delta\delta_N^{\mathrm{VER}}+m(\theta)\Delta\delta_T^{\mathrm{VER}}$$

其中，

$$h(\theta)=g(1-g)-\frac{1}{4}\sec^2\theta+\frac{1}{2}g\sin^2\theta+g\left(\frac{1}{2}-\frac{3}{8}g\right)\sin^2\theta\tan^2\theta,$$

$$i(\theta)=\frac{1}{2}g\sin^2\theta-\frac{1}{8}g\sin^2\theta\tan^2\theta,\ j(\theta)=\frac{1}{2}g(2g-1)\sin^2\theta+\frac{1}{2}g(g-1)\sin^2\theta\tan^2\theta,$$

$$k(\theta)=\frac{1}{2}g\sin^2\theta,\ l(\theta)=-\frac{1}{8}g^2\sin^2\theta\tan^2\theta,\ m(\theta)=\frac{1}{8}g\sin^2\theta\tan^2\theta.$$

进一步将 OA 介质纵波反射系数的傅里叶系数正、余弦分量表示为：

$$R_{PP}(\theta,\varphi)=a_0(\theta)+a_2(\theta)\cos(2\varphi)+b_2(\theta)\sin(2\varphi)+a_4(\theta)\cos(4\varphi)+b_4(\theta)\sin(4\varphi) \tag{4.110}$$

其中：

$$a_0(\theta)=r_0(\theta)$$

$$a_2(\theta)=j(\theta)\cos(2\varphi_{\mathrm{sym}})\Delta\delta_N^{\mathrm{VER}}+k(\theta)\cos(2\varphi_{\mathrm{sym}})\Delta\delta_T^{\mathrm{VER}}$$

$$b_2(\theta)=j(\theta)\sin(2\varphi_{\mathrm{sym}})\Delta\delta_N^{\mathrm{VER}}+k(\theta)\sin(2\varphi_{\mathrm{sym}})\Delta\delta_T^{\mathrm{VER}}$$

$$a_4(\theta)=l(\theta)\cos(4\varphi_{\mathrm{sym}})\Delta\delta_N^{\mathrm{VER}}+m(\theta)\cos(4\varphi_{\mathrm{sym}})\Delta\delta_T^{\mathrm{VER}}$$

$$b_4(\theta)=l(\theta)\sin(4\varphi_{\mathrm{sym}})\Delta\delta_N^{\mathrm{VER}}+m(\theta)\sin(4\varphi_{\mathrm{sym}})\Delta\delta_T^{\mathrm{VER}}$$

对于 K 个规则采样数据的情况，计算余弦系数 $a_n(\theta)$和正弦系数 $b_n(\theta)$方法如下：

$$a_n(\theta)=\frac{1}{\pi}\sum_{k=1}^{N}R_{PP_k}(\theta,\varphi)\cos(n\varphi)d\varphi,\ b_n(\theta)=\frac{1}{\pi}\sum_{k=1}^{N}R_{PP_k}(\theta,\varphi)\sin(n\varphi)d\varphi \tag{4.111}$$

则其振幅与相位计算方法如下：

$$r_n(\theta)=\sqrt{a_n^2(\theta)+b_n^2(\theta)},\qquad \varphi_n(\theta)=\frac{1}{n}\arctan\left(\frac{b_n(\theta)}{a_n(\theta)}\right) \tag{4.112}$$

$\varphi_n(\theta)$即为裂缝对称轴方位角。

2. FCs 敏感性分析

利用一个两层模型来分析 FCs 对纵波模量、横波模量、密度和四个裂缝弱度的敏感性。表 4.1 给出了该模型上层各向同性介质和下层正交介质相关参数的数值。正交介质中的四个裂缝弱度分别以 0.05 的增量从 0.0 增加到 0.2。图 4.21 展示了 R_M、R_μ、R_ρ、$\Delta\delta_N^{\mathrm{HOR}}$、$\Delta\delta_T^{\mathrm{HOR}}$、$\Delta\delta_N^{\mathrm{VER}}$ 及 $\Delta\delta_T^{\mathrm{VER}}$ 的变化对零阶 FC$r_0(\theta)$的影响。可以看出零阶 FC 对 R_M、R_μ、R_ρ、$\Delta\delta_N^{\mathrm{HOR}}$ 及 $\Delta\delta_T^{\mathrm{HOR}}$ 敏感，但对 $\Delta\delta_N^{\mathrm{VER}}$ 及 $\Delta\delta_T^{\mathrm{VER}}$ 不敏感。

图 4.22 展示了 $\Delta\delta_N^{\mathrm{VER}}$ 及 $\Delta\delta_T^{\mathrm{VER}}$ 的变化对二阶 FC$r_2(\theta)$的影响。图 4.23 展示了 $\Delta\delta_N^{\mathrm{VER}}$ 及

$\Delta\delta_T^{\mathrm{VER}}$ 的变化对四阶 $\mathrm{FC}r_4(\theta)$ 的影响。从图 4.22 和图 4.23 可以看出，二阶 FC 对 $\Delta\delta_N^{\mathrm{VER}}$ 及 $\Delta\delta_T^{\mathrm{VER}}$ 敏感，而四阶 FC 对 $\Delta\delta_N^{\mathrm{VER}}$ 及 $\Delta\delta_T^{\mathrm{VER}}$ 不敏感。因此，我们使用零阶 FC 来估计纵波和横波的模量和密度，以及水平裂缝引起的法向和切向弱度，使用二阶 FC 来估计垂直裂缝引起的法向和切向弱度。

表 4.1　正交各向异性(orthotropic，ORT)介质模型参数

参数	V_{P}/(m/s)	V_{S}/(m/s)	ρ/(kg/m^3)	$\Delta\delta_N^{\mathrm{HOR}}$	$\Delta\delta_T^{\mathrm{HOR}}$	$\Delta\delta_N^{\mathrm{VER}}$	$\Delta\delta_T^{\mathrm{VER}}$
上层	5048.5	3341.7	2541.4	0	0	0	0
下层	4645.2	2851.2	2395.0	0.2	0.1	0.5	0.1

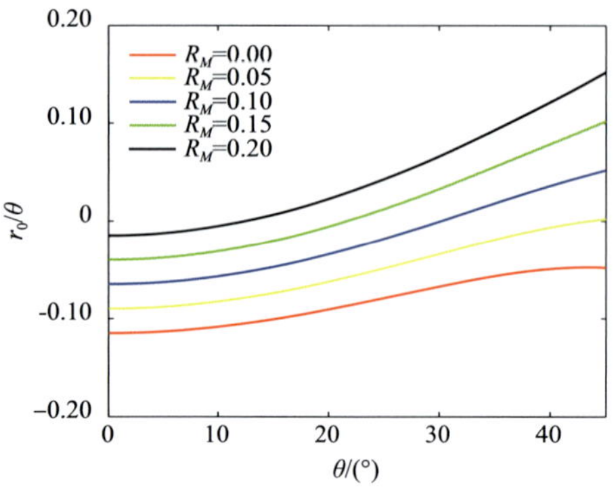

(a)R_M变化的影响

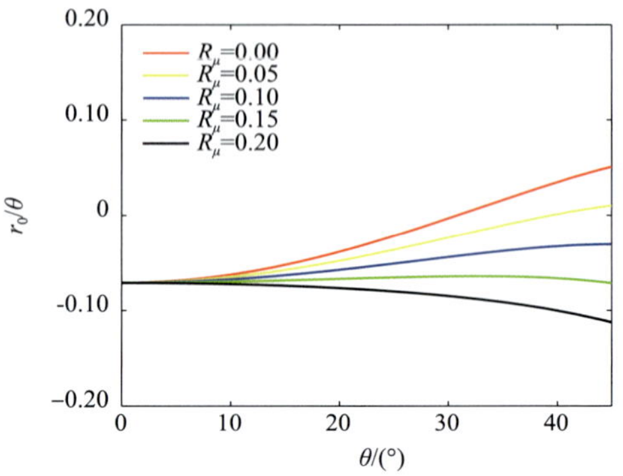

(b)R_μ变化的影响

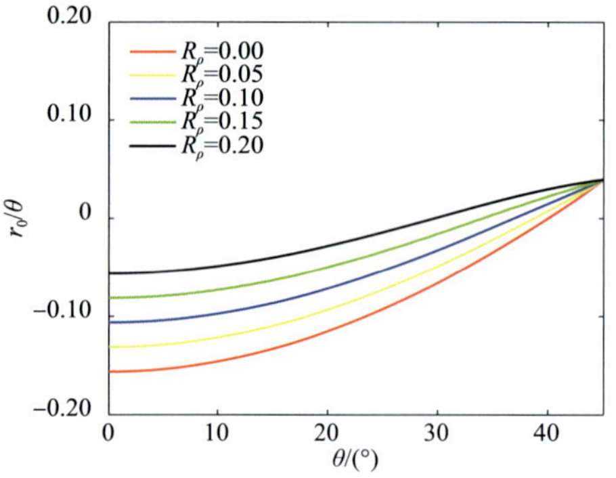

(c)R_ρ变化的影响

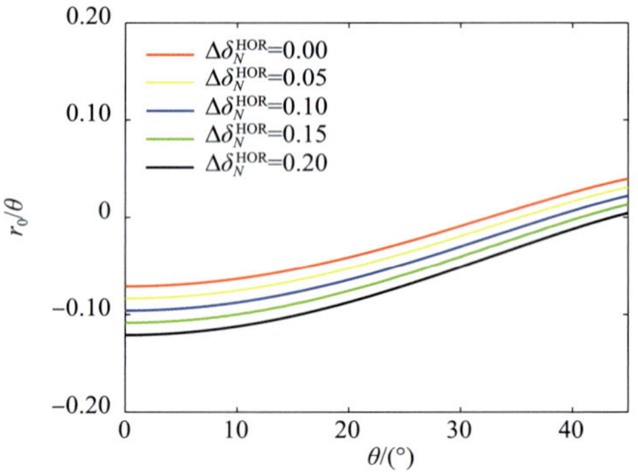

(d)$\Delta\delta_N^{\mathrm{HOR}}$变化的影响

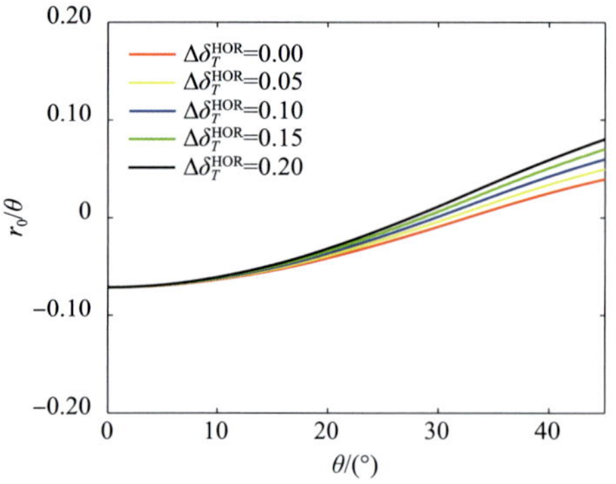

(e)$\Delta\delta_T^{\mathrm{HOR}}$变化的影响

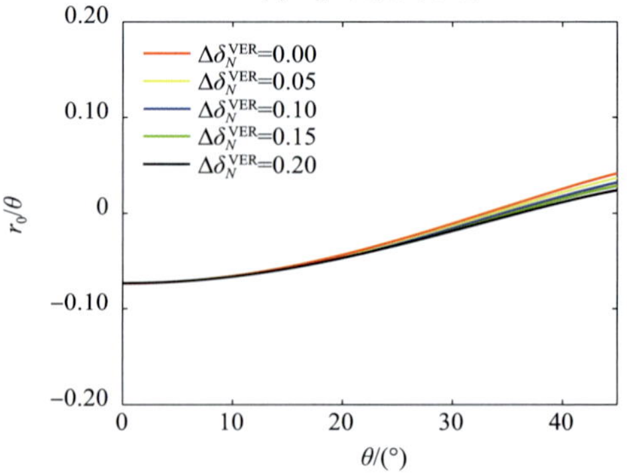

(f)$\Delta\delta_N^{\mathrm{VER}}$变化的影响

图 4.21　R_M、R_μ、R_ρ、$\Delta\delta_N^{\mathrm{HOR}}$、$\Delta\delta_T^{\mathrm{HOR}}$、$\Delta\delta_N^{\mathrm{VER}}$ 及 $\Delta\delta_T^{\mathrm{VER}}$ 的变化对零阶 FC $r_0(\theta)$ 的影响

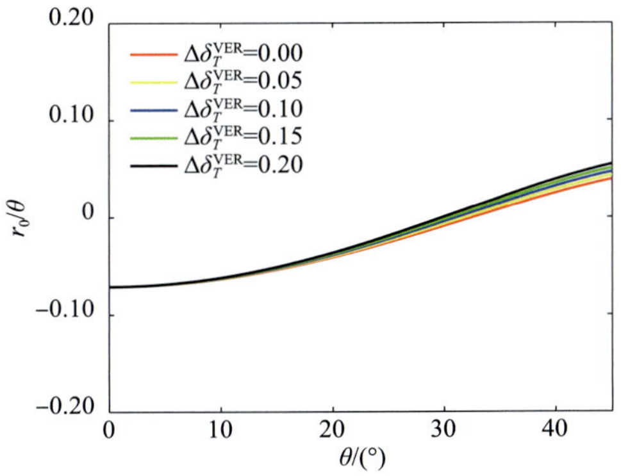

(g)$\Delta\delta_T^{VER}$变化的影响

图 4.21 R_M、R_μ、R_ρ、$\Delta\delta_N^{HOR}$、$\Delta\delta_T^{HOR}$、$\Delta\delta_N^{VER}$及$\Delta\delta_T^{VER}$的变化对零阶 FC $r_0(\theta)$的影响(续)

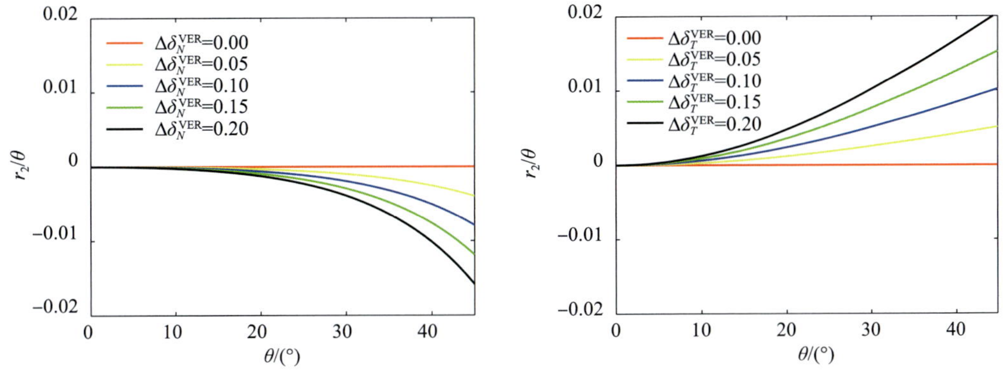

(a)$\Delta\delta_N^{VER}$变化的影响　(b)$\Delta\delta_T^{VER}$变化的影响

图 4.22 $\Delta\delta_N^{VER}$及$\Delta\delta_T^{VER}$的变化对二阶 FC $r_2(\theta)$的影响

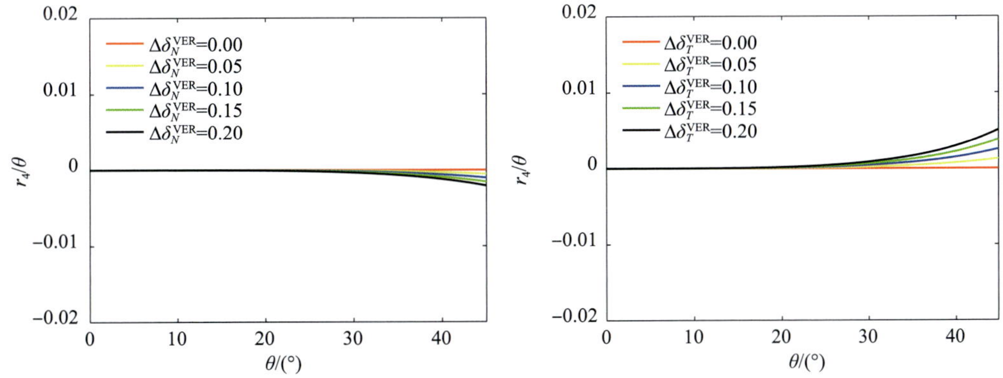

(a)$\Delta\delta_N^{VER}$变化的影响　(b)$\Delta\delta_T^{VER}$变化的影响

图 4.23 $\Delta\delta_N^{VER}$及$\Delta\delta_T^{VER}$的变化对四阶 FC $r_4(\theta)$的影响

3. 水平和垂直裂缝特征参数方位 FCs 反演

FC 的敏感性分析表明，零阶 FC 对水平裂缝引起的各向同性参数和裂缝弱度参数敏感，但对垂直裂缝引起的裂缝弱度参数不敏感。因此，在零阶 FC 中忽略垂直裂缝诱发的裂缝弱度参数项，式(4.109)变为：

$$a_0(\theta) \approx a(\theta)R_M + b(\theta)R_\mu + c(\theta)R_\rho + d(\theta)\Delta\delta_N^{\mathrm{HOR}} + e(\theta)\Delta\delta_T^{\mathrm{HOR}} \tag{4.113}$$

图 4.24 分析了零阶 FC 精确式与近似式的对比，可以看出在 40°入射角内简化后的零阶 FC 基本与原零阶 FC 一致，因此简化后零阶 FC 是可靠的。

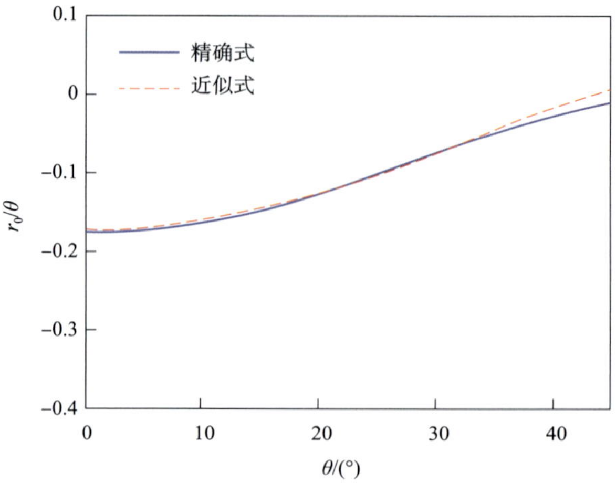

图 4.24 精确零阶 FC 与近似式对比

对于 M 个入射角的情况，我们将式(4.113)以矩阵形式表示为

$$\boldsymbol{d} = \boldsymbol{G}\boldsymbol{m} \tag{4.114}$$

其中：

$$\boldsymbol{d} = \begin{bmatrix} \boldsymbol{r}_0(\theta_1) \\ \boldsymbol{r}_0(\theta_2) \\ \vdots \\ \boldsymbol{r}_0(\theta_M) \end{bmatrix}, \quad \boldsymbol{G} = \begin{bmatrix} \boldsymbol{a}(\theta_1) & \boldsymbol{b}(\theta_1) & \boldsymbol{c}(\theta_1) & \boldsymbol{d}(\theta_1) & \boldsymbol{e}(\theta_1) \\ \boldsymbol{a}(\theta_2) & \boldsymbol{b}(\theta_2) & \boldsymbol{c}(\theta_2) & \boldsymbol{d}(\theta_2) & \boldsymbol{e}(\theta_2) \\ \vdots & \vdots & \vdots & \vdots & \vdots \\ \boldsymbol{a}(\theta_M) & \boldsymbol{b}(\theta_M) & \boldsymbol{c}(\theta_M) & \boldsymbol{d}(\theta_M) & \boldsymbol{e}(\theta_M) \end{bmatrix},$$

$$\boldsymbol{m} = \begin{bmatrix} \boldsymbol{R}_M \\ \boldsymbol{R}_\mu \\ \boldsymbol{R}_\rho \\ \Delta\boldsymbol{\delta}_N^{\mathrm{HOR}} \\ \Delta\boldsymbol{\delta}_T^{\mathrm{HOR}} \end{bmatrix}$$

其中，

$$\boldsymbol{r}_0 = [r_0(t_1) \quad \cdots \quad r_0(t_N)]^{\mathrm{T}} \boldsymbol{a} = \mathrm{diag}[a(t_1)\cdots a(t_N)], \quad \boldsymbol{R}_\mu = [R_\mu(t_1) \quad \cdots \quad R_\mu(t_N)]^{\mathrm{T}},$$

$$\boldsymbol{R}_\rho = [R_\rho(t_1) \quad \cdots \quad R_\rho(t_N)]^{\mathrm{T}}, \quad \Delta\delta_N^{\mathrm{HOR}} = [\Delta\delta_N^{\mathrm{HOR}}(t_1)\cdots\Delta\delta_N^{\mathrm{HOR}}(t_N)]^{\mathrm{T}}$$

$\Delta\delta_T^{\mathrm{HOR}} = [\Delta\delta_T^{\mathrm{HOR}}(t_1)\cdots\Delta\delta_T^{\mathrm{HOR}}(t_N)]^{\mathrm{T}}$。

其中，T 表示矩阵转置，diag 表示对角矩阵，N 是地震数据时间样点数。

假定地震噪声服从高斯分布，而待反演参数服从修正柯西分布，方位 FCs 反演中待反演参数的后验概率分布 $p(\boldsymbol{m} \mid \boldsymbol{d})$ 可表示为先验概率 $p(\boldsymbol{m})$ 与似然函数 $p(\boldsymbol{d} \mid \boldsymbol{m})$ 的联合分布：

$$
\begin{aligned}
p(\boldsymbol{m}|\boldsymbol{d}) &\propto p(\boldsymbol{m})p(\boldsymbol{d}|\boldsymbol{m}) \\
&\propto \prod_{i=1}^{5N}\left[\frac{1}{1+m_i^2/\sigma_m^2}\right]\cdot \exp\left[-\frac{(\boldsymbol{d}-\boldsymbol{Gm})^{\mathrm{T}}(\boldsymbol{d}-\boldsymbol{Gm})}{2\sigma_n^2}\right] \\
&\propto \exp\left[-\sum_{i=1}^{5N}\ln(1+m_i^2/\sigma_m^2)-\frac{(\boldsymbol{d}-\boldsymbol{Gm})^{\mathrm{T}}(\boldsymbol{d}-\boldsymbol{Gm})}{2\sigma_n^2}\right]
\end{aligned}
\tag{4.115}
$$

其中 σ_n^2 和 σ_m^2 分别代表噪声和未知参数的方差。m_i 代表模型参数向量 m 的第 i 个元素。我们将式(4.115)中的后验概率密度函数(Probability Density Function，PDF)最大化，得到包含未知参数的目标函数，即：

$$
F(\boldsymbol{m}) = (\boldsymbol{d}-\boldsymbol{Gm})^{\mathrm{T}}(\boldsymbol{d}-\boldsymbol{Gm}) + 2\sigma_n^2\sum_{i=1}^{5N}\ln(1+m_i^2/\sigma_m^2) \tag{4.116}
$$

地震数据中的噪声和低频信息的缺乏可能导致反演不稳定。一个好的未知参数的低频模型有助于提高反演结果的稳定性和横向连续性。因此，在式(4.116)中引入低频模型约束项，得到：

$$
\begin{aligned}
F(\boldsymbol{m}) =\ & (\boldsymbol{d}-\boldsymbol{Gm})^{\mathrm{T}}(\boldsymbol{d}-\boldsymbol{Gm}) + 2\sigma_n^2\sum_{i=1}^{5N}\ln(1+m_i^2/\sigma_m^2) \\
& + \lambda_M(\boldsymbol{L}_{M0}-\boldsymbol{PR}_M)^{\mathrm{T}}(\boldsymbol{L}_{M0}-\boldsymbol{PR}_M) \\
& + \lambda_\mu(\boldsymbol{L}_{\mu0}-\boldsymbol{PR}_\mu)^{\mathrm{T}}(\boldsymbol{L}_{\mu0}-\boldsymbol{PR}_\mu) + \lambda_\rho(\boldsymbol{L}_{\rho0}-\boldsymbol{PR}_\rho)^{\mathrm{T}}(\boldsymbol{L}_{\rho0}-\boldsymbol{PR}_\rho) \\
& + \lambda_{\delta_N^{\mathrm{HOR}}}(\delta_{N0}^{\mathrm{HOR}}-\boldsymbol{P}\Delta\delta_N^{\mathrm{HOR}})^{\mathrm{T}}(\delta_{N0}^{\mathrm{HOR}}-\boldsymbol{P}\Delta\delta_N^{\mathrm{HOR}}) \\
& + \lambda_{\delta_T^{\mathrm{HOR}}}(\delta_{T0}^{\mathrm{HOR}}-\boldsymbol{P}\Delta\delta_T^{\mathrm{HOR}})^{\mathrm{T}}(\delta_{T0}^{\mathrm{HOR}}-\boldsymbol{P}\Delta\delta_T^{\mathrm{HOR}})
\end{aligned}
\tag{4.117}
$$

其中 L_{M0}，$L_{\mu0}$，$L_{\rho0}$，$\delta_{N0}^{\mathrm{HOR}}$，$\delta_{T0}^{\mathrm{HOR}}$ 分别代表与纵波、横波模量和密度、水平裂缝的法向和切向弱度相关的初始模型。λ_M，λ_μ，λ_ρ，$\lambda_{\delta_N^{\mathrm{HOR}}}$，和 $\lambda_{\delta_T^{\mathrm{HOR}}}$ 分别代表纵、横波模量、密度以及水平裂缝的法向和切向弱度的约束系数。

使用迭代加权最小二乘法算法来求解式(4.117)，并对反射率(R_M，R_μ，R_ρ，$\Delta\delta_N^{\mathrm{HOR}}$，和 $\Delta\delta_T^{\mathrm{HOR}}$)进行积分，得到纵波、横波模量、密度以及水平裂缝的法向和切向弱度，它们分别由以下公式给出：

$$
\boldsymbol{M} = M_0\exp(2\boldsymbol{PR}_M) \tag{4.118}
$$

$$
\mu = \mu_0\exp(2\boldsymbol{PR}_\mu) \tag{4.119}
$$

$$
\rho = \rho_0\exp(2\boldsymbol{PR}_\rho) \tag{4.120}
$$

$$
\boldsymbol{\delta}_N^{\mathrm{HOR}} = \boldsymbol{P}\Delta\boldsymbol{\delta}_N^{\mathrm{HOR}} \tag{4.121}
$$

$$
\boldsymbol{\delta}_T^{\mathrm{HOR}} = \boldsymbol{P}\Delta\boldsymbol{\delta}_T^{\mathrm{HOR}} \tag{4.122}
$$

其中，$\boldsymbol{P} = \int_{t_0}^{t}\mathrm{d}\tau$ 代表积分运算矩阵，M_0、μ_0 与 ρ_0 为相应模型参数的均值。

Downton 等人(2011 年)建议使用二阶和四阶 FC 来估计垂直裂缝参数。对 FCs 的敏感性分析表明，二阶 FC 对垂直裂缝弱度项敏感，而四阶 FC 对垂直裂缝弱度项不敏感。因此，我们主要用二阶 FC$a_2(\theta)$ 和 $b_2(\theta)$ 来估计垂直裂缝的裂缝弱度。

对于 M 个入射角的情况，有：

$$
\boldsymbol{d}' = \boldsymbol{G}'\boldsymbol{m}' \tag{4.123}
$$

$$
\boldsymbol{d}' = \begin{bmatrix} \boldsymbol{a}_2(\theta_1) \\ \boldsymbol{b}_2(\theta_1) \\ \boldsymbol{a}_2(\theta_2) \\ \boldsymbol{b}_2(\theta_2) \\ \vdots \\ \boldsymbol{a}_2(\theta_M) \\ \boldsymbol{b}_2(\theta_M) \end{bmatrix},\ \boldsymbol{G}' = \begin{bmatrix} \boldsymbol{j}(\theta_1)\cos(2\varphi_{\text{sym}}) & \boldsymbol{k}(\theta_1)\cos(2\varphi_{\text{sym}}) \\ \boldsymbol{j}(\theta_1)\sin(2\varphi_{\text{sym}}) & \boldsymbol{k}(\theta_1)\sin(2\varphi_{\text{sym}}) \\ \boldsymbol{j}(\theta_2)\cos(2\varphi_{\text{sym}}) & \boldsymbol{k}(\theta_2)\cos(2\varphi_{\text{sym}}) \\ \boldsymbol{j}(\theta_2)\sin(2\varphi_{\text{sym}}) & \boldsymbol{k}(\theta_2)\sin(2\varphi_{\text{sym}}) \\ \vdots & \vdots \\ \boldsymbol{j}(\theta_M)\cos(2\varphi_{\text{sym}}) & \boldsymbol{k}(\theta_M)\cos(2\varphi_{\text{sym}}) \\ \boldsymbol{j}(\theta_M)\sin(2\varphi_{\text{sym}}) & \boldsymbol{k}(\theta_M)\sin(2\varphi_{\text{sym}}) \end{bmatrix},
\tag{4.124}
$$

$$
\boldsymbol{m}' = \begin{bmatrix} \Delta\boldsymbol{\delta}_N^{\text{VER}} \\ \Delta\boldsymbol{\delta}_T^{\text{VER}} \end{bmatrix}
$$

其中：$\boldsymbol{a}_2 = [a_2(t_1) \quad \cdots \quad a_2(t_N)]^{\text{T}}$，$\boldsymbol{b}_2 = [b_2(t_1) \quad \cdots \quad b_2(t_N)]^{\text{T}}$，$\Delta\boldsymbol{\delta}_{\mathbf{N}}^{\text{VER}} = [\Delta\delta_N^{\text{VER}}(t_1) \quad \cdots \quad \Delta\delta_N^{\text{VER}}(t_N)]^{\text{T}}$，$\Delta\boldsymbol{\delta}_T^{\text{VER}} = [\Delta\delta_T^{\text{VER}}(t_1) \quad \cdots \quad \Delta\delta_T^{\text{VER}}(t_N)]^{\text{T}}$。

这里，继续用贝叶斯反演方法对垂直裂缝的裂缝弱度进行反演；包含垂直裂缝的法向和切向弱度的最终目标函数由下式给出：

$$
\begin{aligned}
F(\boldsymbol{m}') &= (\boldsymbol{d}' - \boldsymbol{G}'\boldsymbol{m}')^{\text{T}}(\boldsymbol{d}' - \boldsymbol{G}'\boldsymbol{m}') + 2\sigma_n'^2 \sum_{i=1}^{2N} \ln(1 + m_i'^2/\sigma_{m'}^2) \\
&\quad + \lambda_{\delta_N^{\text{VER}}}(\delta_{N0}^{\text{VER}} - \boldsymbol{P}\Delta\boldsymbol{\delta}_N^{\text{VER}})^{\text{T}}(\delta_{N0}^{\text{VER}} - \boldsymbol{P}\Delta\boldsymbol{\delta}_N^{\text{VER}}) \\
&\quad + \lambda_{\delta_T^{\text{VER}}}(\delta_{T0}^{\text{VER}} - \boldsymbol{P}\Delta\boldsymbol{\delta}_T^{\text{VER}})^{\text{T}}(\delta_{T0}^{\text{VER}} - \boldsymbol{P}\Delta\boldsymbol{\delta}_T^{\text{VER}})
\end{aligned}
\tag{4.125}
$$

其中，δ_{N0}^{VER}和δ_{T0}^{VER}分别代表与垂直裂缝法向和切向弱度相关的初始模型；$\lambda_{\delta_N^{\text{VER}}}$和$\lambda_{\delta_T^{\text{VER}}}$分别代表垂直裂缝的法向和切向弱度的约束系数；$m_i'$表示模型参数$m'$的第$i$个元素；$\sigma_n'^2$和$\sigma_{m'}^2$分别表示噪声和模型参数的方差。使用迭代重加权最小二乘算法来求解式(4.125)，我们对反射率($\Delta\delta_N^{\text{VER}}$和$\Delta\delta_T^{\text{VER}}$)进行积分，以获得垂直裂缝的法向和切向弱度，分别由下式给出：

$$
\boldsymbol{\delta}_N^{\text{VER}} = \boldsymbol{P}\Delta\boldsymbol{\delta}_N^{\text{VER}} \tag{4.126}
$$

$$
\boldsymbol{\delta}_T^{\text{VER}} = \boldsymbol{P}\Delta\boldsymbol{\delta}_T^{\text{VER}} \tag{4.127}
$$

三、模型试算

选取C工区的测井数据，包括纵横波模量、密度、VTI背景弱度参数和裂缝参数，利用井数据正演得到方位地震记录，其中入射角范围为5°~35°，方位角为4个(70°，115°，160°和205°)。首先用模型数据对方法进行测试。根据实际井数据，采用主频为30Hz的雷克子波，裂缝方位假设为60°，通过正演得到合成方位地震记录，并分别添加信噪比为5和信噪比为2的高斯噪声，以模拟观测地震记录。图4.25(a)、图4.25(b)和图4.25(c)分别为无噪声、信噪比为5和信噪比为2的合成方位地震记录。首先利用方位地震记录计算得到傅里叶系数，然后利用零阶傅里叶系数反演VTI背景介质参数(纵、横波模量、密度和VTI背景的法向和切向弱度)，图4.26(a)、图4.26(c)、图4.26(e)分别为无噪声、信噪比为5和信噪比为2，并且给定平滑50次的初始模型情况下反演纵、横波模量、密度和 VTI 背景的法向和切向弱度反演结果。图 4.26(b)、图 4.26(d)、图 4.26(f)分别为无噪声、信噪比为 5 和信噪比为 2，并且给定平滑 200 次的初始模型情况下反演纵、横波模量、密度和 VTI 背景的法向和切向弱度反演结果。由图 4.26(a)可以看出无噪声时，给定平滑 50 次的初始模型，反演结果与真实值能很好地匹配，由图 4.26(c)和图 4.26(e)可以看出信噪比为 5 和信噪比为 2 时，给定平滑 50 次的初始模型，反演结果与真实值也能很好地匹配；由图 4.26(b)、图 4.26(d)和图 4.26(f)可以看出无噪声、信噪比为 5 和信噪比为 2 时，给定平滑 200 次的初始模型，也能得到可靠的反演结果，验证了该方法的可靠性。

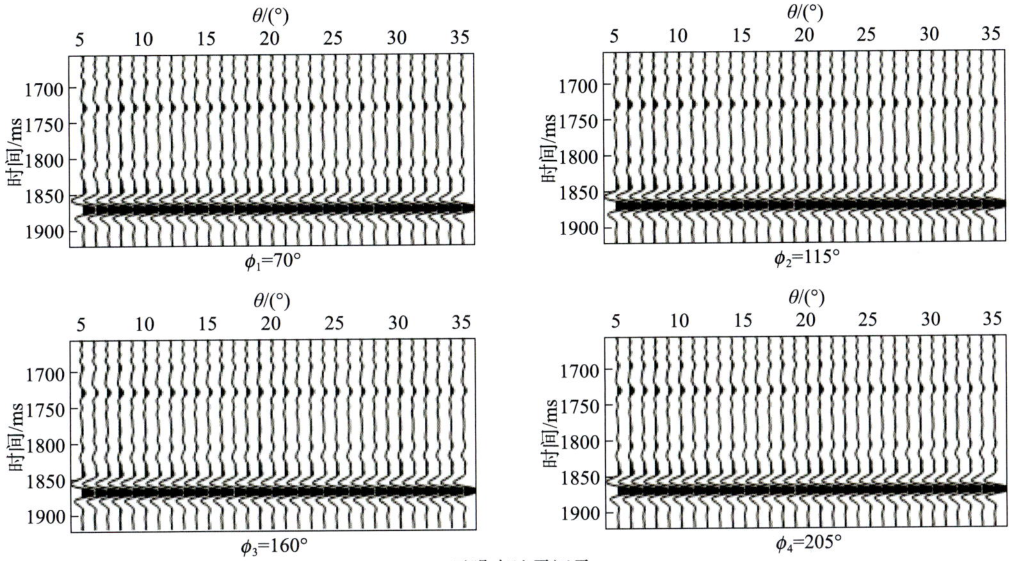

(a)无噪声地震记录

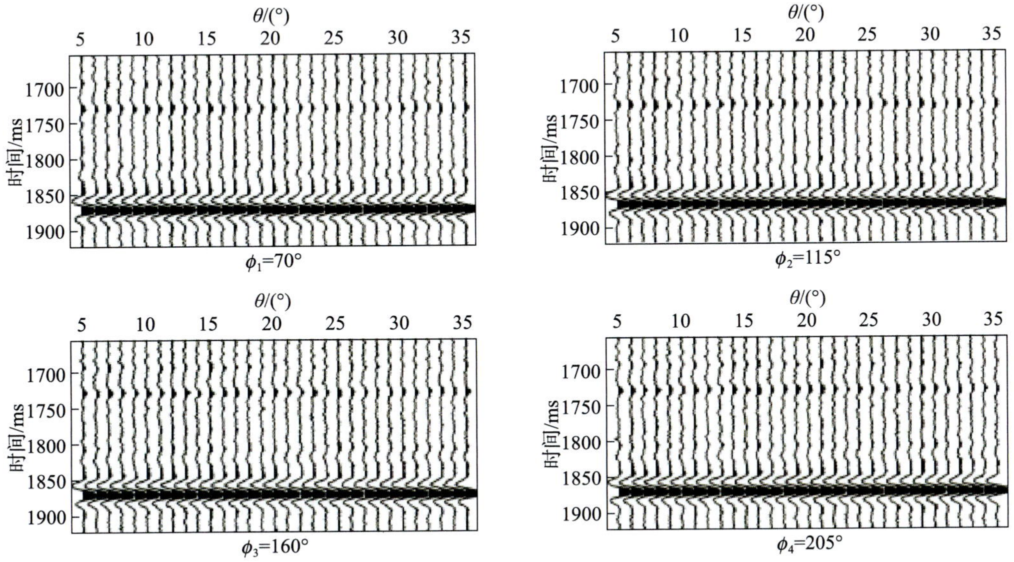

(b)信噪比为5的地震记录

图 4.25 合成的(a)无噪声地震记录、(b)信噪比为 5 的地震记录和(c)信噪比为 2 的地震记录

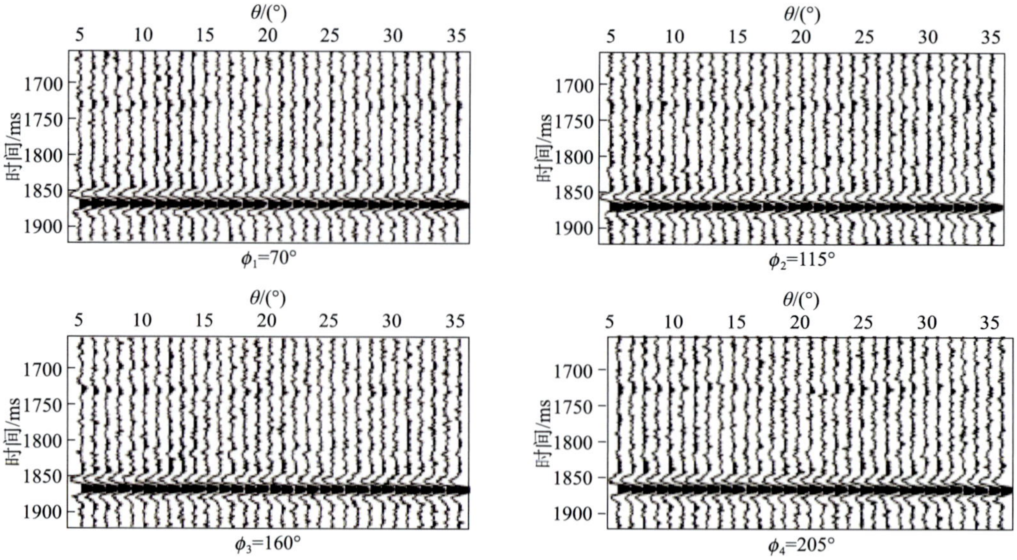

(c)信噪比为2的地震记录

图 4.25　合成的(a)无噪声地震记录、(b)信噪比为 5 的地震记录和(c)信噪比为 2 的地震记录(续)

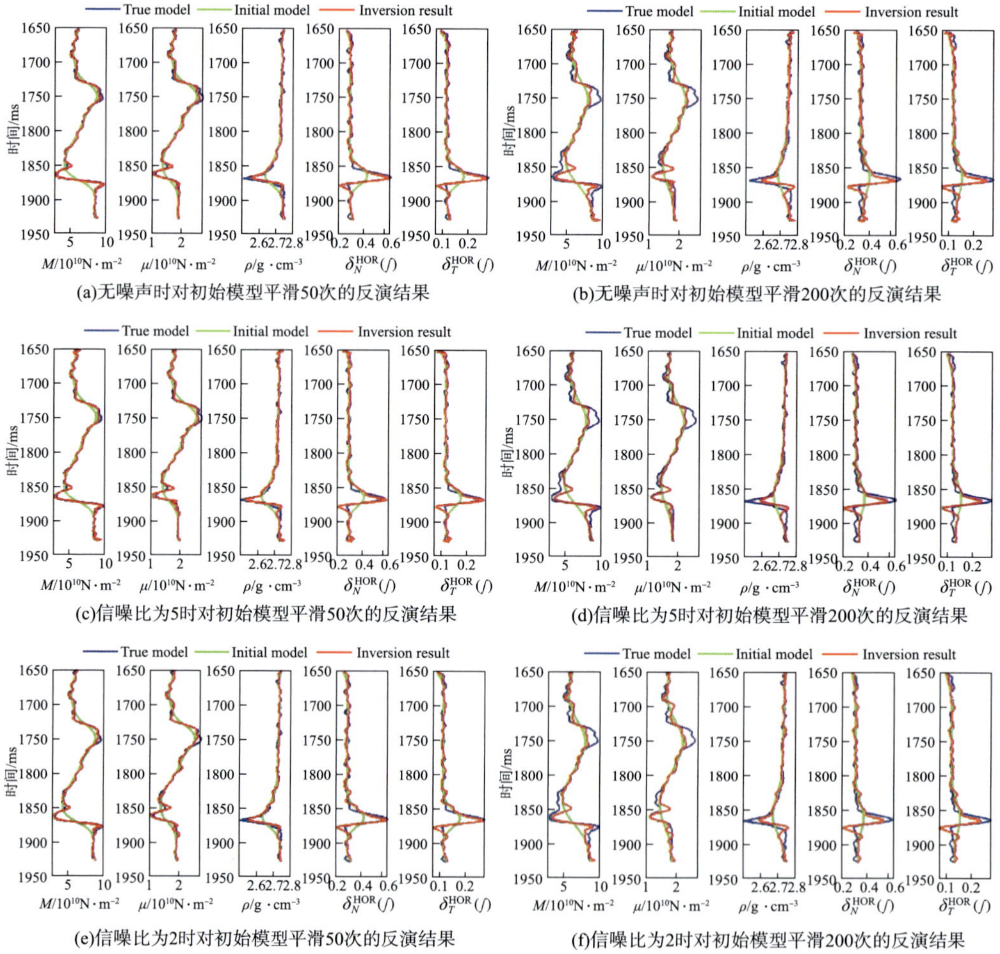

(a)无噪声时对初始模型平滑50次的反演结果

(b)无噪声时对初始模型平滑200次的反演结果

(c)信噪比为5时对初始模型平滑50次的反演结果

(d)信噪比为5时对初始模型平滑200次的反演结果

(e)信噪比为2时对初始模型平滑50次的反演结果

(f)信噪比为2时对初始模型平滑200次的反演结果

图 4.26　反演的 VTI 背景介质参数

四、应用实例

为进一步验证基于傅里叶级数的正交各向异性参数反演预测方法的有效性，采用 C 工区的实际数据对方法进行测试。首先利用方位部分角度叠加地震数据计算得到傅里叶系数数据体，然后利用零阶傅里叶系数反演 VTI 背景介质参数(纵、横波模量，密度和 VTI 背景弱度参数)。图 4.27 展示了反演的纵、横波模量，密度和 VTI 背景弱度参数剖面。图中红色椭圆位置表示储层，可以看出反演得到的纵、横波模量和密度表现为相对低值，VTI 背景弱度参数表现为相对高值，指示了储层发育位置。

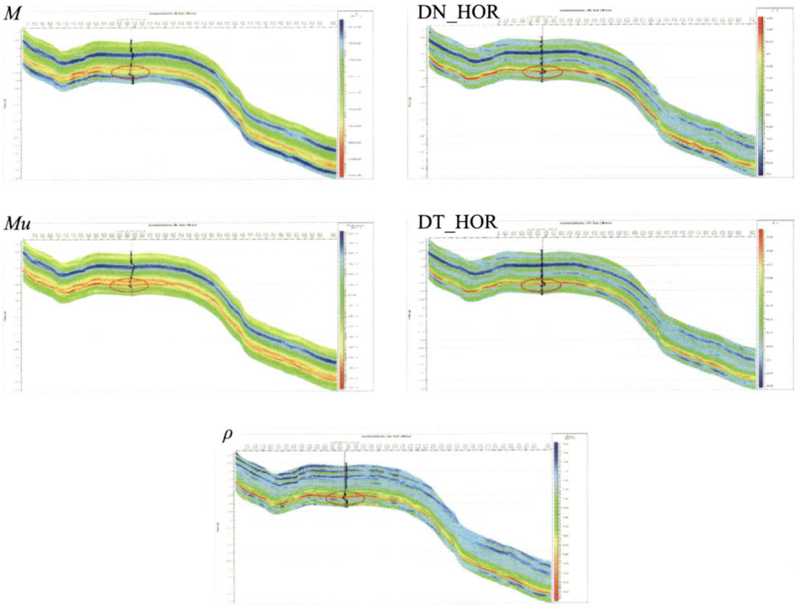

图 4.27 反演的纵、横波模量，密度和 VTI 背景弱度参数剖面

图 4.28 是纵、横波模量，密度和 VTI 背景弱度参数反演结果的层位切片，红色区域表示储层。可以看出，纵、横波模量、密度和 VTI 背景弱度参数的反演结果都很好的指示了储层的位置。

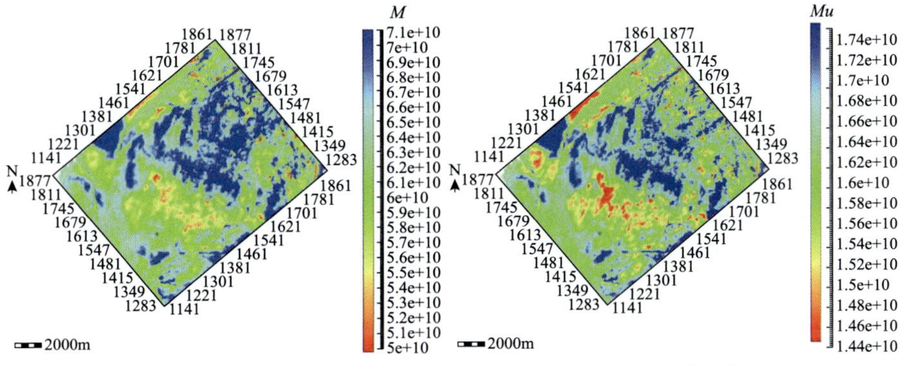

(a)纵波模量　(b)横波模量

图 4.28 反演的纵波模量、横波模量、密度和 VTI 背景弱度参数

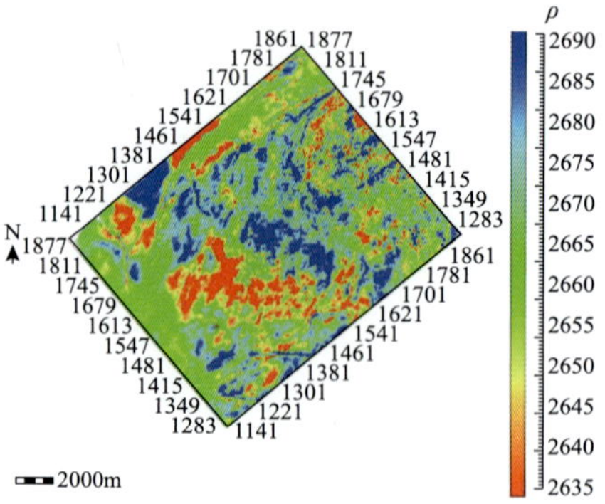

(c)密度

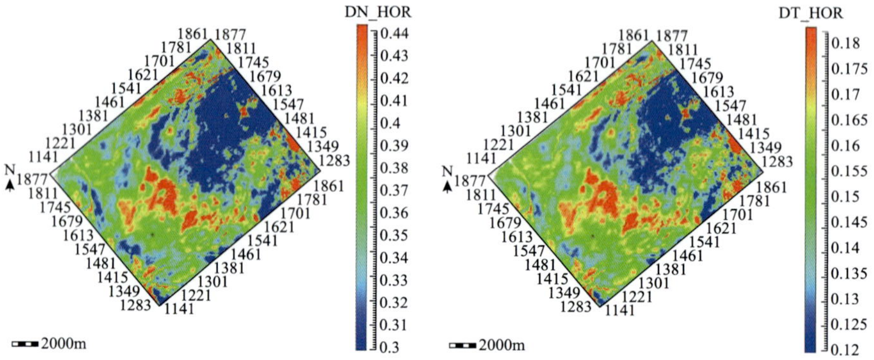

(d)VTI背景弱度参数

图 4.28　反演的纵波模量、横波模量、密度和 VTI 背景弱度参数(续)

第五章　黏弹介质叠前衰减参数反演

随着“亮点”技术的发展，人们逐渐意识到：传统的基于叠后地震数据的反演或分析已很难满足生产的需求，要想从地震数据中获得更多关于地下介质的信息，不得不把目光从“叠后”转向“叠前”。相比于叠后地震数据，叠前数据包含了更多关于岩石物性以及流体的信息。这些年来，叠前数据处理技术的进步和计算机技术的飞速发展为AVO(振幅随偏移距变化)反演奠定了良好的基础。令人遗憾的是，传统的AVO或AVA(振幅随入射角变化)总是基于地下介质完全弹性的假设。而垂直地震剖面测井(Vertical Seismic Profile log，VSP)记录(Hauge，1981；Hedlin 等，2001)、测井数据(Schmitt，1999)以及实验室中的岩石物理测量(Behura 等，2007；Winkler 和 Nur，1982)均显示地震波在传播过程中会出现衰减和频散现象，尤其是对于含有碳氢化合物的地层，地震波的衰减更为明显。实际上，忽略地震波衰减的影响将对AVO分析带来巨大的风险。Luh(1988)和Samec等(1990)仔细分析了一些由于未考虑地震波衰减而造成AVO分析失败的案例。因此，为了更好地、更完整地使用参数来描述地下介质，在反演过程中考虑地震波的衰减尤为必要。

地震波频散现象总是发生在衰减的介质中，根据地震波传播理论，国外部分学者将其归因于地下介质强吸收的反射系数。White(1975)，De Hoop(1991)，Ursin(2002)等在关于如何计算吸收反射系数方面给出了一系列理论上的讨论，Innanen 和 Weglein(2007)将一般的吸收逆散射问题简化为反演单一界面处的反射系数，Innanen(2011)详细推导了地震波由弹性非衰减介质入射到吸收介质时反射及透射系数的表达式。实际上，完整描述或者反演地下介质中吸收的反射系数，既需要考虑振幅随角度的变化(AVA)，同时也要考虑振幅随频率的变化关系(Amplitude Variation with Frequency，AVF)。尽管目前已经建立了一些机制来解释反射系数随频率的变化关系(Castagna 等，2003)，但如何解决反问题仍然是一个国际性的难题。与此同时，人们对地震波衰减的基础研究也从未停滞过。地震波衰减通常是指传播过程中与波前几何扩散、透射损失无关的振幅减弱现象。这个过程常伴随着速度随频率的变化，即频散效应。地震波衰减包括散射衰减和本征衰减两部分。散射衰减由介质弹性参数非均匀性引起，而本征衰减与地层参数有关，对岩性及流体性质(如含水饱和度、孔隙度、渗透率和黏滞性等)较为敏感。之所以如此孜孜不倦地研究地震波衰减的机制以及估计方法，不仅是因为衰减参数可以为处理工作(如振幅补偿)带来巨大的帮助，更重要的是地震波的本征衰减可以作为良好的含气储层及流体指示因子，帮助油公司确定井位。Rapoport 等(1994，1997，2004)发表了一系列文章讨论了将衰减及速度频散分析应用于油气检测技术的巨大潜力。Johnson(2001)尝试着建立由岩性变化与部分补丁饱和所引起的中观尺度波诱导流体流的模型。Pride(2003)等证明了观测到的地震波衰减可以用中观尺度的非均匀性所引起的流体流来解释。不过，按照模型进行本征衰减定量估计却非常困难。一方面，实际衰减可能与多种机制有关，计算中需要的参数之间相互依赖；另一方面，理论模型中的一些参数在实际勘探中很难测量得到(如渗透率、孔隙形状等)。因此，迫切需要一个行之有效的估算衰减的方法。

国内学者很早注意到了在含气储层区域地震低频部分的振幅异常，并基于广义 S 变换或小波变换等方法开展了相关研究(李幼铭，2003；高静怀，2006；尹陈，2009)，但一直尚未有人进行振幅随频率变化的系统研究。任(2009)在休斯敦大学进行了孔隙介质振幅随频率的变化分析研究，并详细推导了垂直入射时反射系数随频率的变化。参照 AVO 分类，任(2009)将 AVF 同样分为三类并分别对应不同的含气储层。这一研究工作很快受到国内一些学者的重视，刘(2011)等在任的基础上进一步推导了地震波倾斜入射时振幅随频率的变化关系，并取得了一些有益的认识。

相对于常规的 AVO(AVA)技术，本章所述的黏弹介质 AVF 反演技术，继承常规叠前反演技术提高反演精度(有效性)的优势，并创新性地将 AVF 分析融入反演机制之中，建立一种更加适合地下地质模型与参数估计的反演方法，从反射地震资料中反演地下黏弹介质的速度、密度以及衰减信息。基于测井资料估计地震波的本征衰减为预测含气储层提供了良好工具，同时也建立了一套完整的从岩石物理参数中预测地震波衰减的方法，这一方法更加切合于实际地下介质模型参数转换与量化表征。

黏弹介质振幅随角度和频率变化(Amplitude Variation with Angle and Frequency，AVAF)反演技术的开发对于寻找非常规油气藏中的致密碎屑岩储层具有重要的意义，针对具有复杂孔隙岩石的岩石物理建模工作一直是困扰我国勘探的难题，模型的准确性直接影响到下一步的储层预测和描述，因此，建立针对多种孔隙混合的岩石模型将使得我国碎屑岩油气勘探更上一个新的台阶，对挖掘勘探开发潜力和实现增储上产都具有重大意义。

第一节　黏弹介质 AVAF 地震响应分析研究

一、孔隙介质中的速度频散与衰减

作为一种较为成熟的烃类直接检测技术，AVO 技术在实际生产应用中已经取得了很好的效果。然而，仍然有一些问题是传统 AVO 技术无法解决的。近些年来，地球物理学家们注意到了烃类油气藏在地震响应中存在着低频异常的现象。相关的许多文章也指出，地下油气富集区域通常具有强吸收和明显的频散特征。

Biot(1956，1962)发表了一系列文章讨论地震波在孔隙介质中的传播特点，建立了黏弹性孔隙介质理论基础。然而，Biot 理论并没有充分考虑介质存在频散和吸收的情况。从 20 世纪 70 年代起，又不断有新的理论模型被提出，例如气泡模型、喷射流模型以及双孔隙模型。勘探频带内地震波的衰减可以归因于中观尺度(介于孔隙大小和地震波波长之间)的非均质性及地震波向热能转换的综合效应。White(1975)提出了斑状饱和介质和薄层孔隙介质中计算地震波速度和衰减的方法，即 White 模型。上述模型的具体介绍，请参看本书第七章第四节。Carcione 和 Picotti(2006)在 White 模型基础上分析了薄层斑状饱和介质的频散和吸收特性，并指出斑状饱和岩石的衰减峰值可以出现在地震频带内，具体见第二章第二节频变岩石模型部分。

在 White 模型中，剪切波的吸收特性不受含气性影响，因此在大多数情况下可以忽略。

为了系统地说明速度与频散现象，基于 White 模型，这里选择了三种含气砂岩储层模型，分别对应着Ⅰ、Ⅱ和Ⅲ类 AVO 异常。参照 Ren 等(2009)的工作，模型 1 代表具有高阻抗的深层压实含气砂岩储层；模型 2 代表与上覆岩层阻抗相近的中深层含气砂岩储层；模型 3 代表具有低阻抗的浅层疏松含气砂岩储层。这里选择含气砂岩储层的反射作为研究重点的原因有二：①含气砂岩储层与上覆岩层之间的泊松比差异通常比较大，具有较为明显的 AVO 效应；②含气砂岩储层通常具有强吸收和频散特性。

对于每个模型，含气砂岩储层上方都覆盖有泥岩层，储层本身是由具有相同岩石骨架的含水砂岩薄层和含气砂岩薄层交替构成，层厚度为 1m(远小于一个波长)。砂岩岩石颗粒的体积模量和密度分别为 38GPa 和 2.65g/cm³。含气和含水砂岩以及泥岩盖层的体积模量和密度如表 5.1 所示。K_{dry} 和 μ_{dry} 分别为干岩石骨架的体积模量和剪切模量，ϕ 为孔隙度；K，ρ 和 η 分别为孔隙流体的体积模量、密度和黏滞性参数，其中脚标 g 和 w 分别代表含气和含水的情况。

表 5.1　三种模型对应的储层和盖层的特性参数

岩石骨架特性参数				孔隙流体特性参数				泥岩盖层特性参数			
参数名	模型 1	模型 2	模型 3	参数名	模型 1	模型 2	模型 3	参数名	模型 1	模型 2	模型 3
K_{dry}/GPa	16.90	7.49	1.56	K_g/GPa	0.29	0.13	0.03	V_P/(m/s)	3100	2650	2190
μ_{dry}/GPa	13.96	5.67	1.10	ρ_g/(g/cm³)	0.34	0.28	0.15	V_S/(m/s)	1520	1160	820
ϕ	0.20	0.26	0.33	η_g/cP	0.01	0.01	0.01	ρ/(g/cm³)	2.40	2.27	2.16
κ/μm²	0.20	1.60	2.00	K_w/GPa	2.80	2.58	2.42				
				ρ_w/(g/cm³)	1.02	1.01	1.00				
				η_w/cP	1.60	1.30	1.00				

相比于压实砂岩(模型 1 和 2)，疏松砂岩(模型 3)具有更强的频散和吸收特性。

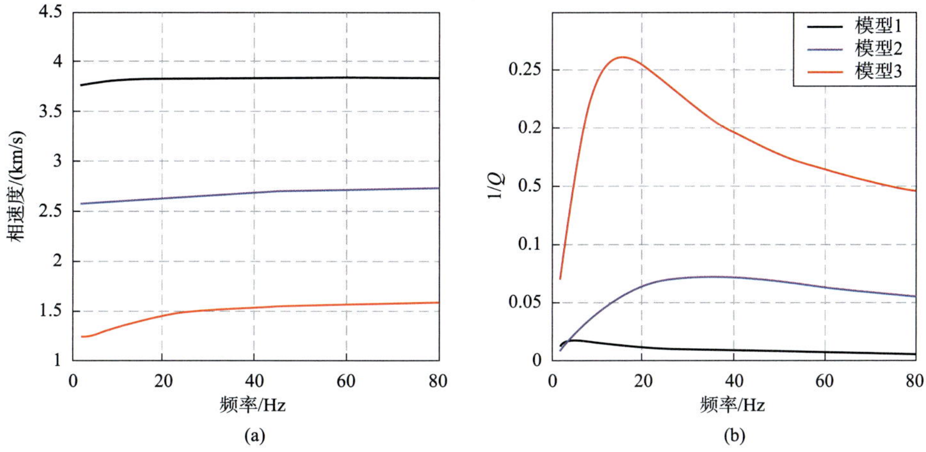

图 5.1　相速度和品质因子随频率的变化

二、频率角度域的透射与反射

为了系统地说明频散效应在任意入射角对反射和透射系数振幅的影响，这里选择了三种含气砂岩储层模型(图 5.2)，分别对应着Ⅰ，Ⅱ和Ⅲ类 AVO 异常。参照上一小节的参数。由胡克定律和界面处的连续性条件，可以得到频散介质对应的 Zoeppritz 方程：

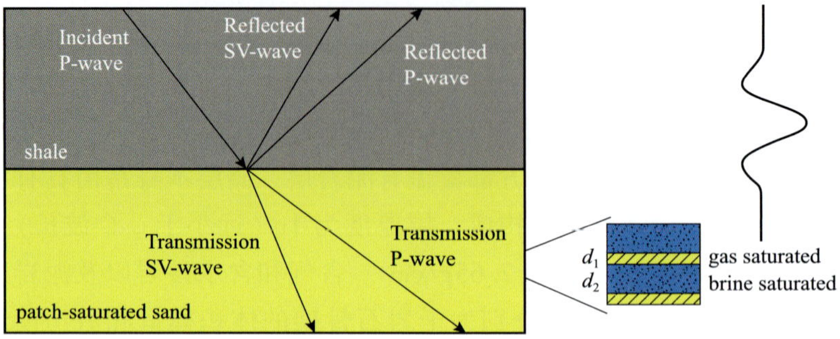

图 5.2　储层模型示意图

$$\begin{pmatrix} \sin\theta_{p1} & \cos\theta_{s1} & -\sin\theta_{p2} & \cos\theta_{s2} \\ \cos\theta_{p1} & -\sin\theta_{s1} & \cos\theta_{p2} & \sin\theta_{s2} \\ \dfrac{\rho_1 c_{s1}^2}{c_{p1}}\sin2\theta_{p1} & \rho_1 c_{s1}\cos2\theta_{s1} & \dfrac{\rho_2 c_{s2}^2}{c_{p2}}\sin2\theta_{p2} & -\rho_2 c_{s2}\cos2\theta_{s2} \\ \rho_1 c_{p1}\cos2\theta_{s1} & -\rho_1 c_{s1}\sin2\theta_{s1} & -\rho_2 c_{p2}\cos2\theta_{s2} & -\rho_2 c_{s2}\sin2\theta_{s2} \end{pmatrix} \times \begin{pmatrix} R_{PP}^* \\ R_{ps}^* \\ T_{PP}^* \\ T_{ps}^* \end{pmatrix} = \begin{pmatrix} -\sin\theta_{p1} \\ \cos\theta_{p1} \\ \dfrac{\rho_1 c_{s1}^2}{c_{p1}}\sin2\theta_{p1} - \\ \rho_1 c_{p1}\cos2\theta_{s1} \end{pmatrix} \tag{5.1}$$

其中 c 是速度，θ 是角度，脚标 p 和 s 分别代表 P 波和 S 波，脚标 1 和 2 分别代表泥岩盖层和砂岩储层。依赖于频率的 P 波速度可以表示为：

$$\frac{1}{c} = \frac{1}{V} - \frac{i\alpha}{\omega} \tag{5.2}$$

V 为相速度，α 为吸收系数，其表达式为：

$$\alpha = (\sqrt{Q^2+1} - Q)\frac{w}{V} \tag{5.3}$$

P 波的相速度和品质因子可以 White 模型计算得到，其与频率的关系如图 5.1 所示。

通过求解式(5.1)，可以得到 PP 波和 PS 波的反射和透射系数 R_{PP}^*，R_{ps}^*，T_{PP}^*和 T_{ps}^*，$*$ 号代表复数，这里我们仅取其实部作为结果。图 5.3 ~ 图 5.5 分别给出了模型 1，2，3 对应的反射和透射系数振幅与频率和入射角的关系。

对于压实含气砂岩储层(图 5.3)，在角度域可以明显看到 PP 波、PS 波的反射和透射系数随入射角变化的趋势(Ⅰ类 AVO 异常)。在频率域，无论 PP 波还是 PS 波的反射和透射系数都随频率没有明显的变化(1 ~ 80Hz)，反映了压实含气砂岩中的吸收和频散都很微弱。

对于欠压实(Ⅱ类 AVO)和疏松(Ⅲ类 AVO)含气砂岩储层(图 5.4，图 5.5)，PP 波、PS 波的反射和透射系数在角度域有着与其模型相符的变化特点。而在频率域，PP 波的反射和透射系数随频率有明显的变化，而且变化趋势与储层特征直接相关。相比之下，PS 波的反射和透射系数，在吸收不是非常强烈的情况下(模型 1 和模型 2)，对频率并无明显的依赖性，因此在使用 PS 波 AVF 信息的时候需要谨慎。

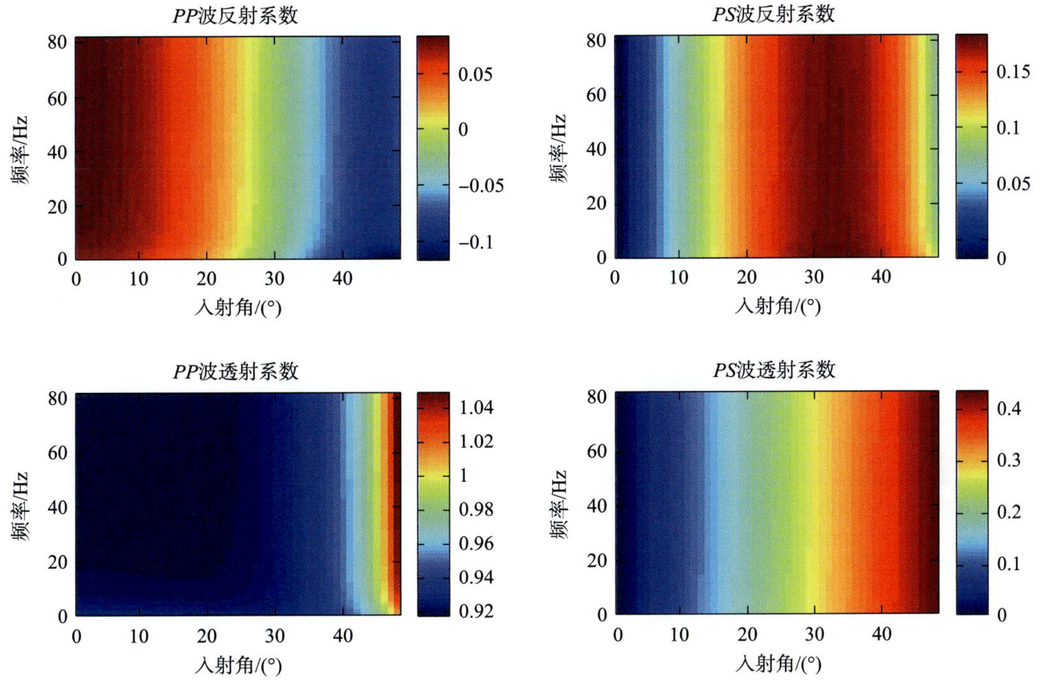

图 5.3　反射、透射系数随入射角和频率的变化(模型 1)

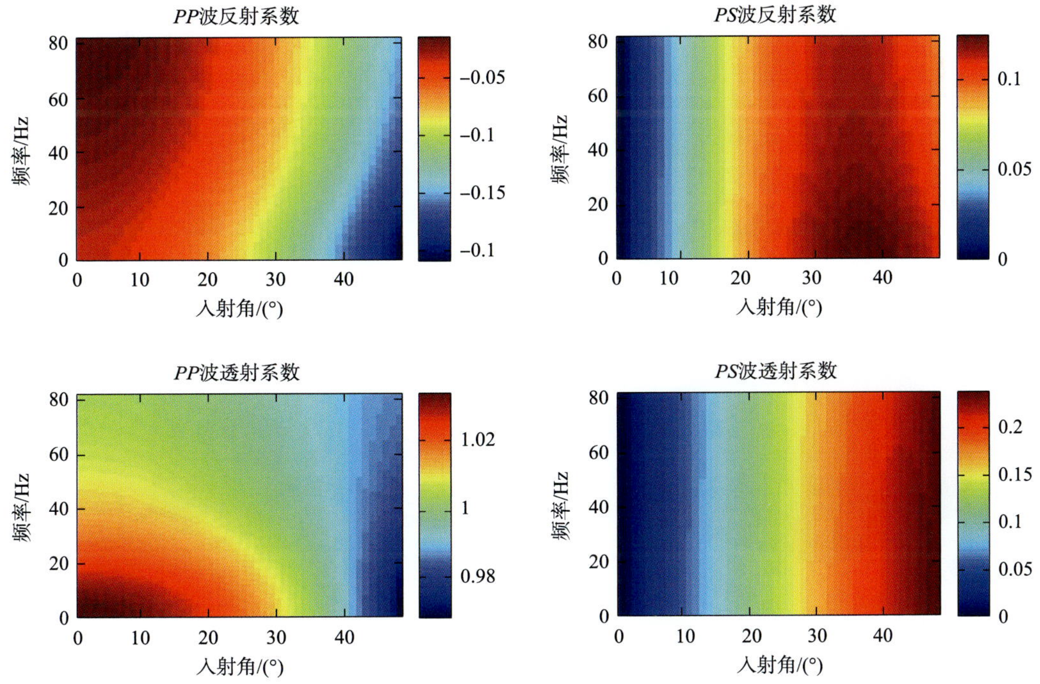

图 5.4　反射、透射系数随入射角和频率变化(模型 2)

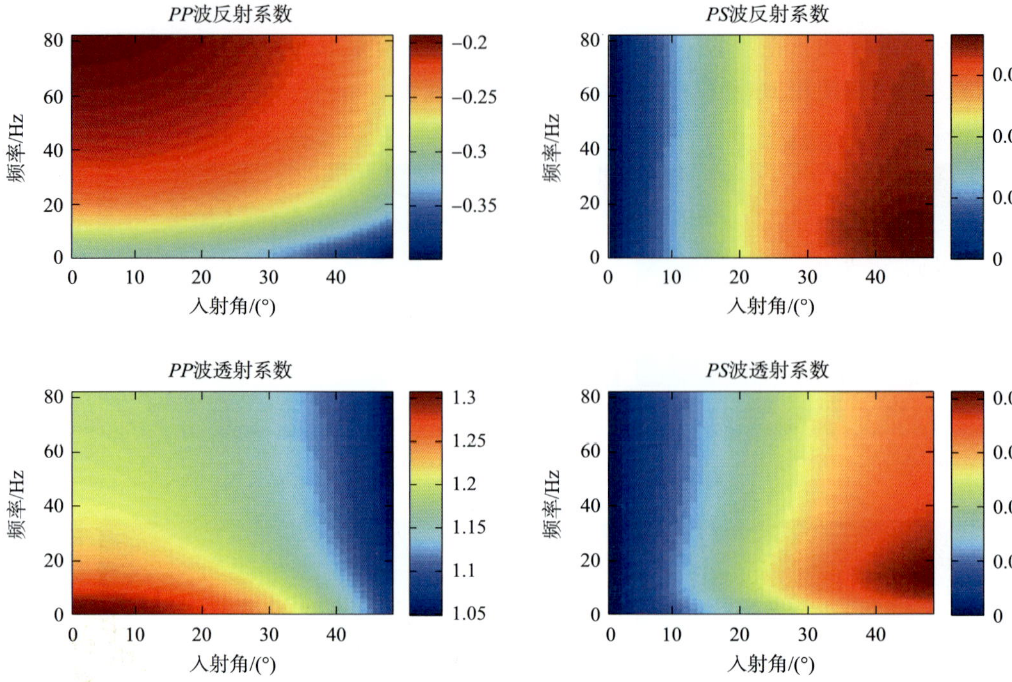

图 5.5　反射、透射系数随入射角和频率变化(模型 3)

为了更加直观地认识含气砂岩储层的地震响应特性，使用褶积模型得到了前面三个模型储层顶界面处的反射波振幅随入射角和频率的变化关系(图 5.6，图 5.7，图 5.8)。

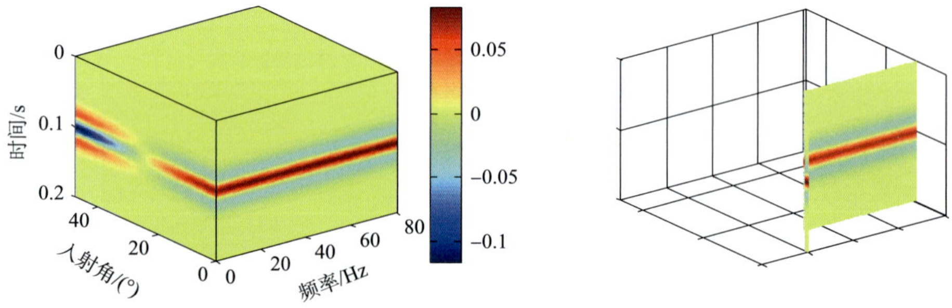

图 5.6　地震响应随入射角和频率的变化(模型 1)

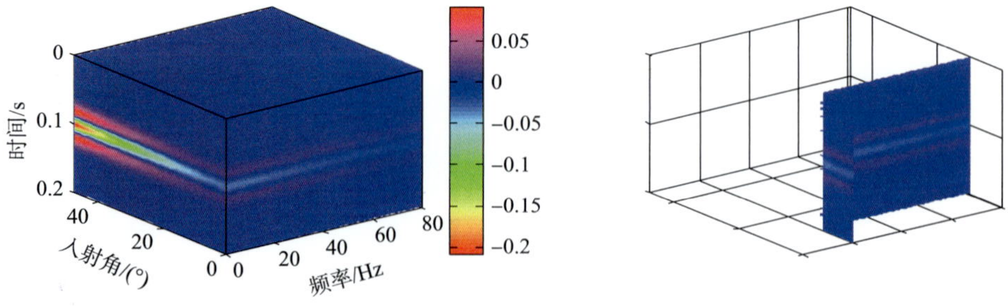

图 5.7　地震响应随入射角和频率的变化(模型 2)

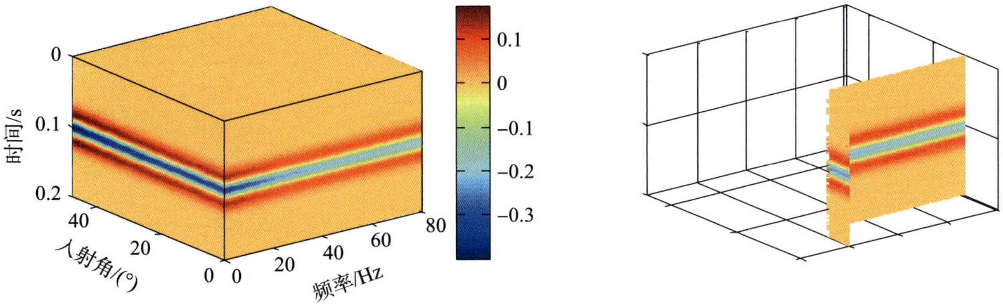

图 5.8 地震响应随入射角和频率的变化(模型 3)

由图 5.8，三种含气砂岩储层顶界面的地震响应中除了有明显的 AVA 现象之外，还存在不同程度的 AVF 现象，其中尤其以Ⅱ和Ⅲ类 AVO 异常(图 5.7 和图 5.8)所对应模型的 AVF 现象最为明显。不难看出，反射 PP 波的 AVF 响应对于地下介质的频散和衰减特征更为敏感，而这些特点与岩石中的渗透率和孔隙度等则直接相关。对于实际地震数据，一方面，利用信号处理等手段提取目标储层的 AVF 特点可以帮助更好地了解储层特性；另一方面，将传统的 AVO 道集扩展至的 AVAF 数据体，对于黏弹性参数(如品质因子)的反演具有很好的启发意义。

三、裂缝型储层的 AVAF 响应特征研究

对于裂缝型储层中，含水裂缝的地震响应在弹性各向异性和频散的双重作用下显得更为复杂。我们所考虑的模型仅限于裂缝宽度无限小并且具有周期性的分布，这种情况可以在致密气储层中经常见到。

裂缝介质的等效 P 波模量可以通过假设图 5.2 中的 $d_1 \to 0$ 得到。对于含水岩石，其 P 波模量变为：

$$\frac{1}{E}=\frac{1}{E_{G2}}+\frac{\Delta\left(\dfrac{\alpha M_2}{E_{G2}}-1\right)^2}{E_{\mathrm{dry}}\left[1-\Delta+\Delta\sqrt{i\Omega}\cot\left(\dfrac{E_{G2}}{M_2}\sqrt{i\Omega}\right)\right]} \tag{5.4}$$

其中 $\Omega=\omega d_2\eta M/4\kappa E_{\mathrm{dry}}E_{G2}$，$\Delta=E_{\mathrm{dry}}Z_n/(1-E_{\mathrm{dry}}Z_n)$ 通常被称为裂缝柔度(Schoenberg and Douma，1988)，$Z_n=\lim\limits_{d_1\to 0}\dfrac{d_1}{E_{\mathrm{dry}}}$。

将速度和品质因子代入到黏弹性 Zoeppritz 方程式(5.1)中，计算来自含水裂缝储层的反射系数。岩石的各种属性参数由模型 1 给出，从图 5.9 中可以看出不同的裂缝柔度会对反射系数的产生影响。当裂缝较为坚硬时，介质整体表现为具有较高的相速度和较低的衰减[图 5.9(a)和图 5.9(b)]。从图 5.9(c)和图 5.9(d)中不难看出：裂缝的发育可以造成 AVO 响应从Ⅰ类向Ⅱ类移动，同时，当软裂缝存在时，我们可以观测到明显的 AVF 现象。

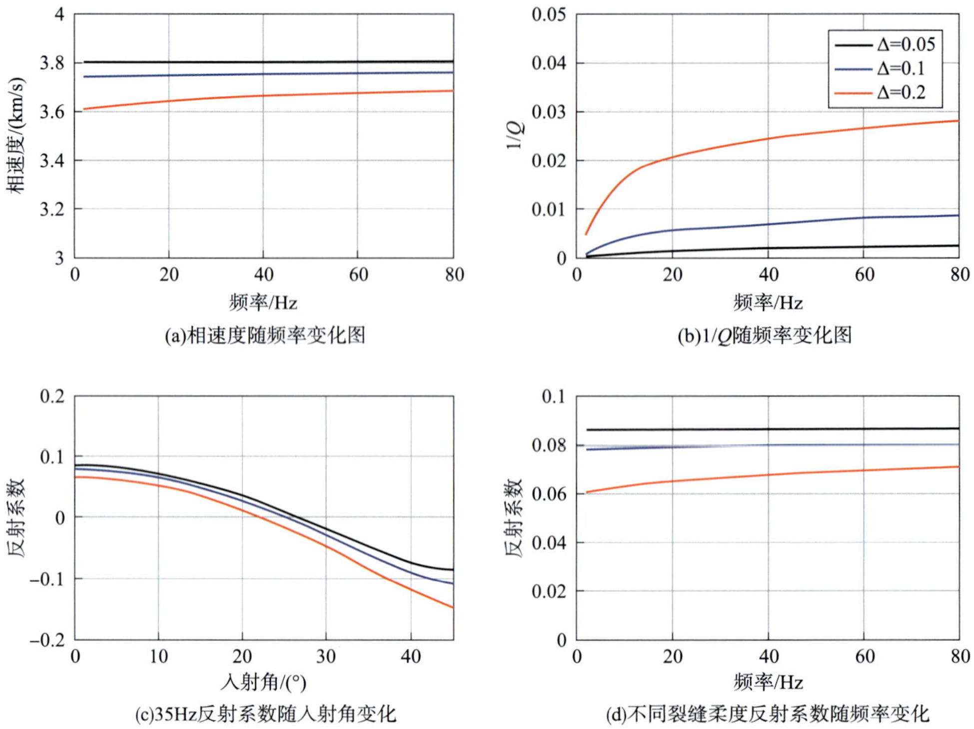

图 5.9　相速度(a)和 1/Q(b)随频率变化图，(c)35Hz 反射系数随入射角变化，(d)不同裂缝柔度反射系数随频率变化[0.05(黑色)，0.1(蓝色)，0.2(红色)]

第二节　黏声及黏弹介质 AVA/AVF 反演方法

本节首先研究了在黏声介质中的 AVA/AVF 关系，并且给出了黏声介质中的近似公式。而地震波传播的实际介质是不能用黏声介质来完全描述的，特别是在遇到反射界面的时候，由于有转换波的存在，使得黏弹介质中的 AVA 关系与黏声介质中的 AVA 关系完全不相同，这使得研究黏弹介质中的 AVA/AVF 关系是很必要的。Krebes(1983)，Ursin 和 Stovas(2002)理论分析了黏弹介质的反射系数；Nechtschein 和 Hron(1997)，Hearn 和 Krebes(1990)用数值模拟的方法计算了黏弹介质中的反射系数。Ursin 和 Stovas(2002)利用波场在黏弹介质的传播规律，导出了 Zoeppritz 方程，并且给出了与 Richards(1976)相同的 AVA 近似式，然后在这个近似式的基础上，引入了 Kolsky - Futterman 公式，将 Q 介质下的相速度公式代入近似的 AVA 公式，得到了黏弹介质下的 AVA/AVF 公式。但是由于这个公式过于复杂，没有得到广泛应用。

本节中采用的方法是将弹性纵波反射与纵波的 Q 反射分离开，将弹性横波反射与横波的 Q 反射分离开。这样做的原理是忽略了由于 Q 值导致的相速度变化所引起的 AVA 效应，由于 AVA/AVF 线性化公式中的 AVF 项与波阻抗项是分离的，反射系数中的 AVF 项可以认为是 Q 反射系数，从 AVA/AVF 线性化公式上看，Q 反射系数使得反射系数多了一个维度，即频率的维度。同时该线性化公式也给 AVF 的反演提供了很大的方便。

地震波在黏弹介质中传播时会发生吸收衰减作用，这是由于地下介质中的岩性不是完全弹性。地层的岩性变化和储层中含有的流体类型的变化都会使地层对地震波产生不同的衰减作用，因此品质因子 Q_p，Q_S 中含有丰富的岩性及流体性质的信息。在贝叶斯反演的框架下，从黏弹介质下的线性化的 AVAF 公式出发，正演的过程结合了 Hampson 和 Russell 提出的叠后波阻抗的表达方式，利用了类似于 AVA 多参数反演的方式同时反演 Q_p 和 Q_s。在反演的过程中，如何利用时频变换得到不同频率成分的地震信号是关键步骤。在进行 Q 值反演的过程中，由于需要反演的是高频解，它具有不确定性，需要我们进行低频信息的约束；这要求我们在前期处理的过程中需要反演低波数的 Q 值，有很多方法可以得到，这里不再论述。同时在进行 Q 值反演的过程中需要提取角度道集，要求提供给反演的角道集是保振幅的、或者至少应当是相对保振幅的。Q 值最终通过岩石物理模型同孔隙度、渗透率、流体黏度等参数联系起来，从而完成岩石物理反演，发掘更多信息。

一、黏弹介质和黏声介质中的 AVAF 关系

（一）黏声介质中 AVA/AVF 的近似关系表达

黏声介质中 AVA/AVF 关系研究是基于地下局部点处是平界面的假设，只存在有压力波，并且反射角不能超过临界角。否则平面波的假设就不适用，需要用球面波来描述波在界面处的散射关系；压力波在黏声介质中传播时的相速度可以用一个常 Q 模型来描述。

如图 5.10 所示两层介质，上下两层介质的物性参数分别为：ρ_1，V_1，Q_1；ρ_2，V_2，Q_2，在上界面存在着入射波场 Φ_I，在反射界面处形成了反射波场 Φ_R和透射波场 Φ_T。

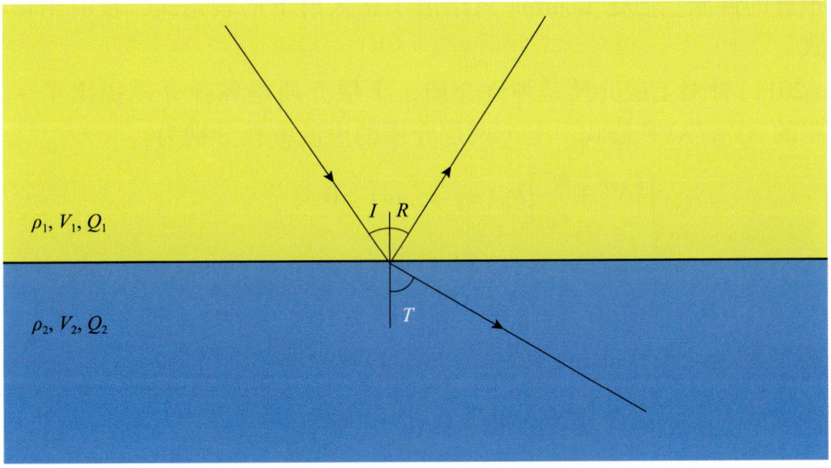

图 5.10 黏声介质入射波在界面处的反射

其中 Φ_I，Φ_R，Φ_T分别为：

$$\begin{cases}\Phi_I(x,\ t)=\Re e\{Ae^{i\omega(t-\rho_1V_1x)}\}\\\Phi_R(x,\ t)=\Re e\{Be^{i\omega(t-\rho_1V_1x)}\}\\\Phi_T(x,\ t)=\Re e\{Ce^{i\omega(t-\rho_2V_2x)}\}\end{cases}\tag{5.5}$$

在界面处的散射需要满足上下两层的压力场连续、压力场的梯度连续的条件以及 Snell 定律，即：

$$\begin{cases} \dfrac{\partial}{\partial x_i}\Phi_1 = \dfrac{\partial}{\partial x_i}\Phi_2 \\ \Phi_1 = \Phi_2 \\ \dfrac{V_1}{\sin\theta_I} = \dfrac{V_1}{\sin\theta_R} = \dfrac{V_2}{\sin\theta_T} \end{cases} \tag{5.6}$$

其中 $\Phi_1 = \Phi_I + \Phi_R$，$\Phi_2 = \Phi_T$，根据式(5.5)，式(5.6)可以得到黏声介质下的反射系数公式：

$$R = \frac{\rho_2 c_2 \cos\theta_I - \rho_1 c_1 \cos\theta_T}{\rho_2 c_2 \cos\theta_I + \rho_1 c_1 \cos\theta_T} \tag{5.7}$$

Bourbie(1987)针对上层为弹性介质，下层为衰减介质导出了正入射条件下的 AVF 关系。在正入射条件下，引入 Kjartansson(1979)提出的常 Q 模型，Bourbie 得到了：

$$\begin{cases} R = \dfrac{(\rho' C_0' / \rho C_0)(i\omega/\omega_0)^{\gamma'-\gamma} - 1}{(\rho' C_0' / \rho C_0)(i\omega/\omega_0)^{\gamma'-\gamma} + 1} \\ \gamma = \dfrac{1}{\pi}\tan^{-1}\dfrac{1}{Q} \end{cases} \tag{5.8}$$

经过一系列的数学推导(Bourbie，1982)，式(5.8)可以化简为：

$$R \approx \frac{\rho' C_0' - \rho C_0}{\rho' C_0' + \rho C_0} + \frac{1}{2\pi}\left(\frac{1}{Q'} - \frac{1}{Q}\right)\log\left|\frac{\omega}{\omega_0}\right| + \frac{i}{4}\left(\frac{1}{Q'} - \frac{1}{Q}\right)\operatorname{sgn}(\omega) \tag{5.9}$$

式(5.9)在很低的 Q 值都比较精确，从上式可以看出，波阻抗与 Q 阻抗已经完全分离开来，这是很好的性质。但是 Bourbie 只给出了正入射下的表达式，没有给出非正入射条件下的表达式。

Innanen(2011)针对上层介质是弹性介质，下层介质是黏弹介质提出了一系列的线性加非线性校正的 AVA/AVF 公式。上下两层介质的声波方程分别为：

$$\begin{cases} \left[\nabla^2 + \dfrac{\omega^2}{c_0^2}\right] P_0(x, z, \omega) = 0 \\ \left[\nabla^2 + \dfrac{\omega^2}{c^2}\left(1 + \dfrac{F(\omega)}{Q}\right)^2\right] P_1(x, z, \omega) = 0 \end{cases} \tag{5.10}$$

其中 Q 模型是 Aki 和 Richards(2002)提出的常 Q 模型，$F(\omega) = \dfrac{i}{2} - \dfrac{1}{\pi}\log\left(\dfrac{\omega}{\omega_r}\right)$，从式(5.10)可以得到上下两层介质的频散关系：

$$\begin{cases} k_x^2 + k_z^2 = \dfrac{\omega^2}{c_0^2} \\ k_x^2 + k_z'^2 = \dfrac{\omega^2}{c^2}\left(1 + \dfrac{F(\omega)}{Q}\right)^2 \end{cases} \tag{5.11}$$

其中 $k_x = (\omega/c_0)\sin\theta$，$k_z = (\omega/c_0)\cos\theta$，在常密度假设下，可以得到精确的反射系数表达式：

$$R(\omega,\theta)=\frac{k_z-k_z'}{k_z+k_z'}=\frac{c\cos\theta-c_0[1+Q^{-1}F(\omega)]\sqrt{1-\frac{c^2}{c_0^2}[1+Q^{-1}F(\omega)]^{-2}\sin^2\theta}}{c\cos\theta+c_0[1+Q^{-1}F(\omega)]\sqrt{1-\frac{c^2}{c_0^2}[1+Q^{-1}F(\omega)]^{-2}\sin^2\theta}} \tag{5.12}$$

直接将上下两层相速度公式带入式子(5.7)可以得到同样的结果。为了将式(5.12)进行化简，Innanen(2011)在下面三个条件下对上式进行了级数展开：

$$\begin{cases}\theta\to 0\\ 1-\dfrac{c_0^2}{c^2}\to 0\\ Q^{-1}\to 0\end{cases} \tag{5.13}$$

在式(5.13)的条件下，式(5.12)被展开为：

$$\begin{aligned}R(\omega,\theta)=&\left[\left(\frac{1}{4}a_c-\frac{1}{2}F(\omega)a_Q\right)+\left(\frac{1}{8}a_c^2+\frac{1}{4}F^2(\omega)a_Q^2\right)+\cdots\right](\sin^2\theta)^0+\\&\left[\left(\frac{1}{4}a_c-\frac{1}{2}F(\omega)a_Q\right)+\left(\frac{1}{4}a_c^2-\frac{1}{2}F(\omega)a_ca_Q+\frac{3}{4}F^2(\omega)a_Q^2\right)+\cdots\right](\sin^2\theta)^1+\\&\left[\left(\frac{1}{4}a_c-\frac{1}{2}F(\omega)a_Q\right)+\left(\frac{3}{8}a_c^2-F(\omega)a_ca_Q+\frac{5}{4}F^2(\omega)a_Q^2\right)+\cdots\right](\sin^2\theta)^2+\cdots\end{aligned} \tag{5.14}$$

式(5.14)二阶精确度很高，但是形式非常复杂，不利于理论分析与反演工作。为使式(5.14)可以应用于实际数据的反演与分析，我们对其重新进行了整理。首先对相速度公式的标记进行简化，如下式：

$$\begin{cases}\dfrac{1}{c(\omega)}=\dfrac{1}{c}H(\omega)\\ H(\omega)=1+Q^{-1}F(\omega)\\ F(\omega)=\dfrac{i}{2}-\dfrac{1}{\pi}\log\left(\dfrac{\omega}{\omega_r}\right)\end{cases} \tag{5.15}$$

其中 $c(\omega)$ 是相速度，c 是参考频率的速度，$H(\omega)$ 可以认为是 AVF 因子。直接将反射界面上下两层的相速度代入式(5.12)可以得到：

$$R(\omega,\theta)=\frac{c_2H_1(\omega)\cos\theta_1-c_1H_2(\omega)\cos\theta_2}{c_2H_1(\omega)\cos\theta_1+c_1H_2(\omega)\cos\theta_2} \tag{5.16}$$

式(5.16)在角度较小、阻抗变化较小、AVF 因子($H(\omega)$)变化较小的条件下，即：

$$\begin{cases}1-\dfrac{c_1^2}{c_2^2}\to 0\\ \theta_1\to 0\\ 1-\dfrac{H_1(\omega)}{H_2(\omega)}\to 0\end{cases} \tag{5.17}$$

对式(5.16)进行 Taylor 展开，略去二阶项，得到了如下式的 AVA/AVF 关系：

$$R=(1+\tan^2\theta_1)\left(\frac{\Delta c}{2c_1}-\frac{\Delta H(\omega)}{2H_1(\omega)}\right) \tag{5.18}$$

从式(5.18)可以看出AVF效应是与波阻抗的变化项分离的，上式简化的关键是忽略了 Q 导致的相速度变化部分的AVA效应。

(二)黏弹介质中的AVA/AVF的近似关系的表达

黏弹介质中AVA/AVF近似关系分析是在弹性介质波传播的基础上进一步加入了 Q 的因素。弹性介质中AVA分析是基于地下反射点处是局部平面的物理假设，将广义的逆散射退化到地下界面处，并且只考虑纵波和横波两种波在界面处的相互转化。黏弹介质中的研究引入了两个新的参数 Q_p 和 Q_S，同时它们对纵横波相速度的影响都分别可以用一个常 Q 模型表达出来，在这个基础上进行AVA/AVF反射系数的研究并且对其加以线性化。

在弹性介质中，Zoeppritz的方程的导出是利用了在反射界面处应力和应变的连续性来导出的。Zoeppritz方程有许多种近似形式，Ursin(2002)利用层状介质中波的传播规律得到了精确的PP波反射系数，并且利用微扰理论对精确的反射系数进行了线性化，其形式如下：

$$r_{DPP}=\frac{1}{4V_{\mathrm{P}}^2q_{\mathrm{P}}^2}\frac{\Delta M}{M}-2V_{\mathrm{S}}^2p^2\frac{\Delta\mu}{\mu}+\left(\frac{1}{2}-\frac{1}{4V_{\mathrm{P}}^2q_{\mathrm{P}}^2}\right)\frac{\Delta\rho}{\rho} \tag{5.19}$$

其中，V_{P}，V_{S} 分别为纵波速度与横波速度；q_{P}，p 分别为纵波的垂直慢度与射线参数；M，μ，ρ 分别为两层界面的平均体积模型、剪切模量、密度；ΔM，$\Delta\mu$，$\Delta\rho$ 分别为两层界面的体积模量差、剪切模量差、密度差。体积模量、剪切模量与 V_{P}，V_{S} 的关系为：

$$\begin{cases}\dfrac{\Delta M}{M}=2\dfrac{\Delta V_{\mathrm{P}}}{V_{\mathrm{P}}}+\dfrac{\Delta\rho}{\rho}\\[2ex]\dfrac{\Delta\mu}{\mu}=2\dfrac{\Delta V_{\mathrm{S}}}{V_{\mathrm{S}}}+\dfrac{\Delta\rho}{\rho}\end{cases} \tag{5.20}$$

将式(5.20)代入式(5.19)中就可以得到常见的Aki－Richards近似：

$$r_{DPP}=\frac{1}{2\cos^2\theta}\frac{\Delta V_{\mathrm{P}}}{V_{\mathrm{P}}}-4\frac{V_{\mathrm{S}}^2}{V_{\mathrm{P}}^2}\sin^2\theta\frac{\Delta V_{\mathrm{S}}}{V_{\mathrm{S}}}+\frac{1}{2}\left(1-4\frac{V_{\mathrm{S}}^2}{V_{\mathrm{P}}^2}\sin^2\theta\right)\frac{\Delta\rho}{\rho} \tag{5.21}$$

式(5.19)和式(5.21)是等价的。根据泥岩线公式将Aki－Richards近似进行进一步的化简：

$$V_{\mathrm{P}}=aV_{\mathrm{S}}+b \tag{5.22}$$

这样就得到了：

$$r_{DPP}=A(\theta)\frac{\Delta V_{\mathrm{P}}}{V_{\mathrm{P}}}+B(\theta)\frac{\Delta V_{\mathrm{S}}}{V_{\mathrm{S}}}+C(\theta)\frac{\Delta\rho}{\rho} \tag{5.23}$$

我们认为在黏弹介质中相同角度入射的不同频率的平面波的射线参数是不相同的，也就是说我们在利用Aki－Richards的AVA近似公式时，角度项是不需要展开的，只需要展开速度的变化项。为了保证和第二章中所定义的标记具有一致性，采用下面的相速度的表达形式：

$$\frac{1}{V(\omega)}=\frac{1}{V_r}H(\omega) \tag{5.24}$$

其中上式表示的是 Aki－Richards(2002)常 Q 模型的时候，$H(\omega)$的定义为：

$$H(\omega)=1+Q^{-1}\left[\frac{i}{2}-\frac{1}{\pi}\log\left(\frac{\omega}{\omega_r}\right)\right] \tag{5.25}$$

将式(5.24)、式(5.25)代入 Aki－Richards 公式中可以得到：

$$\begin{aligned}r_{DPP}=&\frac{1}{\cos^2\theta}\frac{V_{p2r}H_{p2}^{-1}(\omega)-V_{p1r}H_{p1}^{-1}(\omega)}{V_{p2r}H_{p2}^{-1}(\omega)+V_{p1r}H_{p1}^{-1}(\omega)}+\frac{1}{2}\left(1-4\frac{V_s^2}{V_p^2}\sin^2\theta\right)\frac{\Delta\rho}{\rho}\\&-8\frac{V_s^2}{V_p^2}\sin^2\theta\frac{V_{s2r}H_{s2}^{-1}(\omega)-V_{s1r}H_{s1}^{-1}(\omega)}{V_{s2r}H_{s2}^{-1}(\omega)+V_{s1r}H_{s1}^{-1}(\omega)}\end{aligned} \tag{5.26}$$

由于我们不讨论 AVA 近似的精度，即 Aki－Richards 公式的精度，我们认为式(5.26)是精确的。对式(5.26)中的速度差项进行展开，展开的形式与式(5.21)有所区别，展开条件如下：

$$\begin{cases}\dfrac{V_{p2r}}{V_{p1r}}\to 1,\ \dfrac{H_{p2}(\omega)}{H_{p1}(\omega)}\to 1\\[2ex]\dfrac{V_{s2r}}{V_{s1r}}\to 1,\ \dfrac{H_{s2}(\omega)}{H_{s1}(\omega)}\to 1\end{cases} \tag{5.27}$$

在式(5.27)的条件下将纵波反射和横波反射可以展开成：

$$\begin{cases}\dfrac{\Delta V_{\mathrm{P}}}{V_{\mathrm{P}}}=\dfrac{\Delta V_{\mathrm{Pr}}}{V_{\mathrm{Pr}}}-\dfrac{\Delta H_p(\omega)}{H_p(\omega)}\\[2ex]\dfrac{\Delta V_s}{V_s}=\dfrac{\Delta V_{\mathrm{Sr}}}{V_{\mathrm{Sr}}}-\dfrac{\Delta H_s(\omega)}{H_s(\omega)}\end{cases} \tag{5.28}$$

将式(5.28)代入式(5.26)中就可以得到黏弹介质下的线性化的 AVA/AVF 关系式：

$$\begin{aligned}r_{DPP}=&\left\{\frac{1}{2\cos^2\theta}\frac{\Delta V_{\mathrm{Pr}}}{V_{\mathrm{Pr}}}-4\frac{V_{\mathrm{Sr}}^2}{V_{\mathrm{Pr}}^2}\sin^2\theta\frac{\Delta V_{\mathrm{Sr}}}{V_{\mathrm{Sr}}}+\frac{1}{2}\left(1-4\frac{V_{\mathrm{Sr}}^2}{V_{\mathrm{Pr}}^2}\sin^2\theta\right)\frac{\Delta\rho}{\rho}\right\}+\\&\left\{-\frac{1}{2\cos^2\theta}\frac{\Delta H_p(\omega)}{H_p(\omega)}+4\frac{V_{\mathrm{Sr}}^2}{V_{\mathrm{Pr}}^2}\sin^2\theta\frac{\Delta H_s(\omega)}{H_s(\omega)}\right\}\end{aligned} \tag{5.29}$$

将式(5.29)进行进一步线性化，存在着式(4.36)的线性形式：

$$\begin{cases}\dfrac{\Delta H_p(\omega)}{H_p(\omega)}=F_p(\omega)(Q_{p2}^{-1}-Q_{p1}^{-1})\\[2ex]\dfrac{\Delta H_s(\omega)}{H_s(\omega)}=F_s(\omega)(Q_{s2}^{-1}-Q_{s1}^{-1})\end{cases} \tag{5.30}$$

这样式(5.29)可以化为：

$$\begin{aligned}r_{DPP}=&\left\{\frac{1}{2\cos^2\theta}\frac{\Delta V_{\mathrm{Pr}}}{V_{\mathrm{Pr}}}-4\frac{V_{\mathrm{Sr}}^2}{V_{\mathrm{Pr}}^2}\sin^2\theta\frac{\Delta V_{\mathrm{Sr}}}{V_{\mathrm{Sr}}}+\frac{1}{2}\left(1-4\frac{V_{\mathrm{Sr}}^2}{V_{\mathrm{Pr}}^2}\sin^2\theta\right)\frac{\Delta\rho}{\rho}\right\}+\\&\left\{-\frac{1}{2\cos^2\theta}F_p(\omega)(Q_{p2}^{-1}-Q_{p1}^{-1})+4\frac{V_{\mathrm{Sr}}^2}{V_{\mathrm{Pr}}^2}\sin^2\theta F_s(\omega)(Q_{s2}^{-1}-Q_{s1}^{-1})\right\}\end{aligned} \tag{5.31}$$

式(5.31)是黏弹介质中的 AVAF 近似方程，如果我们想得到黏声介质中的近似方程，可以将式(5.26)中的横波参数赋值为零，则得到了如下的黏声介质中的 AVAF 近似方程：

$$R(\theta,\omega)_{\mathrm{anacoustic}}=\frac{1}{2\cos^2\theta}\frac{\Delta V_{\mathrm{Pr}}}{V_{\mathrm{Pr}}}+\frac{1}{2}\frac{\Delta\rho}{\rho}-\frac{1}{2\cos^2\theta}F_p(\omega)(Q_{p2}^{-1}-Q_{p1}^{-1}) \tag{5.32}$$

（三）AVAF 近似公式的精度分析

上一节中得到的黏声以及黏弹介质中的 AVAF 近似公式利于常规的反演工作，但是其精度是首先应该考虑的问题，本节分别测试了上下介质：①只存在速度差时，②只存在 Q 值差时，③同时存在速度差和 Q 值差时；三种情况下精确的 AVAF 反射系数[式(5.8)]与线性化的 AVAF 公式的匹配程度。

1. 只存在速度差时的情况

图 5.11 ~ 图 5.16 展示了在保持界面两侧 Q 值差为零而存在不同速度差时近似公式(5.19)与准确公式(5.14)的对比和误差。其中横波速度是由式(5.20)得到，密度差假设为零。从图 5.11 ~ 图 5.16 可以看出在不同速度差时近似公式总能和准确公式逼近得很好，这说明近似公式(5.19)能在各种条件下使用，前提是 Aki – Richards 公式有足够的精度。

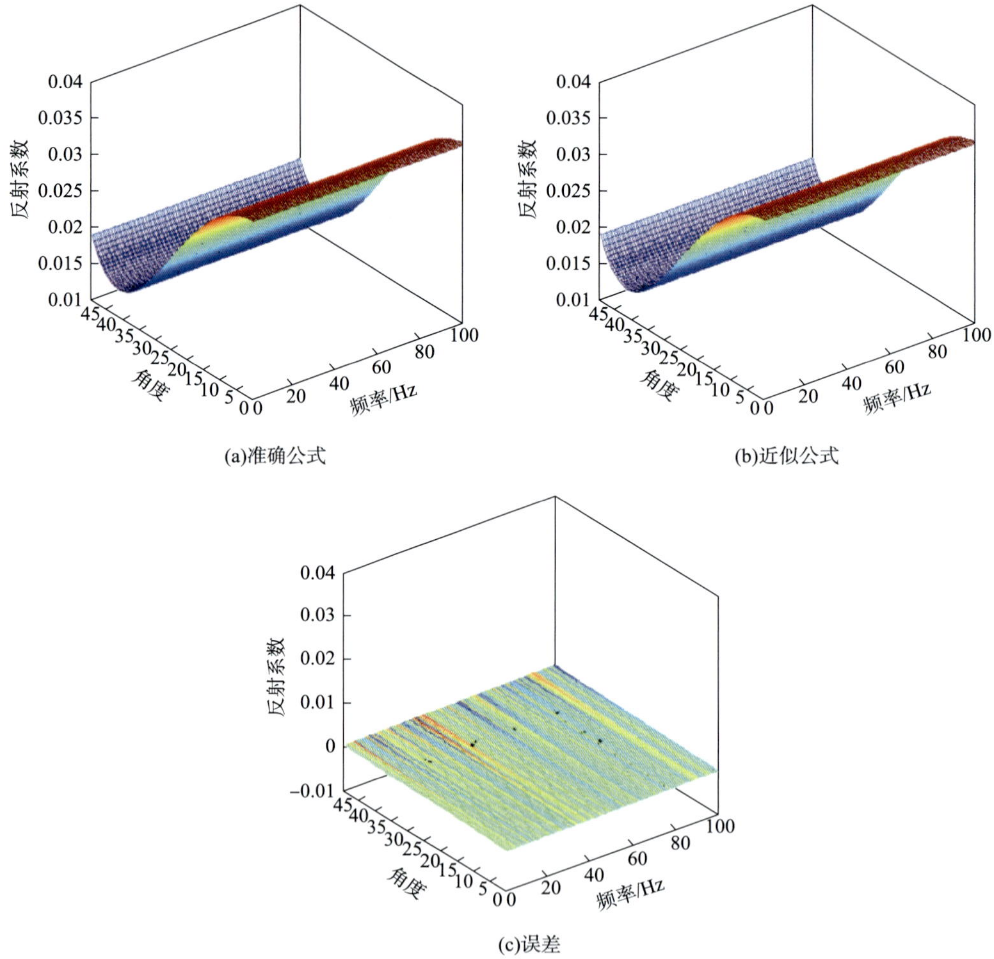

图 5.11　介质参数为 $V_{P1}=2800$，$V_{P2}=3000$，$Q_{P1}=120$，$Q_{P2}=120$，$Q_{S1}=80$，$Q_{S2}=80$

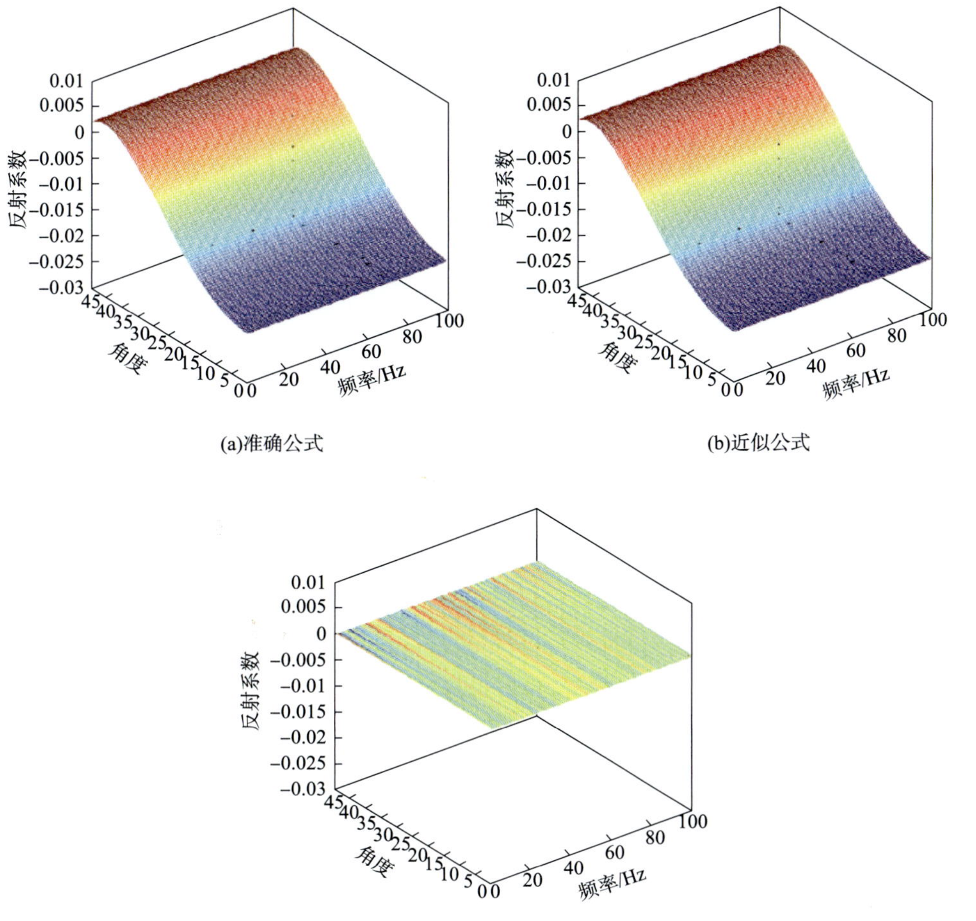

(a)准确公式　　(b)近似公式

(c)误差

图 5.12　介质参数为 $V_{P1}=5000$，$V_{P2}=4800$，$Q_{P1}=120$，$Q_{P2}=120$，$Q_{S1}=80$，$Q_{S2}=80$

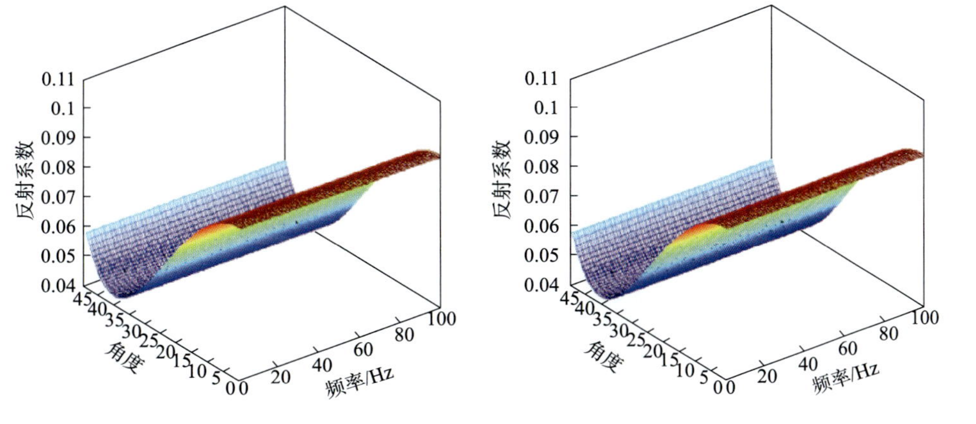

(a)准确公式　　(b)近似公式

图 5.13　介质参数为 $V_{P1}=2500$，$V_{P2}=3000$，$Q_{P1}=120$，$Q_{P2}=120$，$Q_{S1}=80$，$Q_{S2}=80$

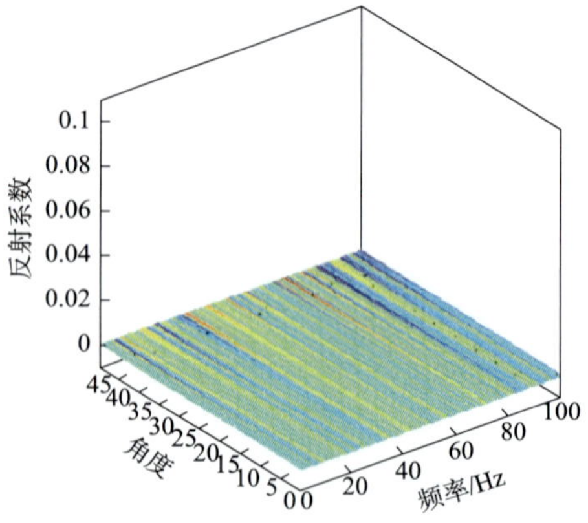

(c)误差

图 5.13　介质参数为 $V_{P1}=2500$，$V_{P2}=3000$，$Q_{P1}=120$，$Q_{P2}=120$，$Q_{S1}=80$，$Q_{S2}=80$(续)

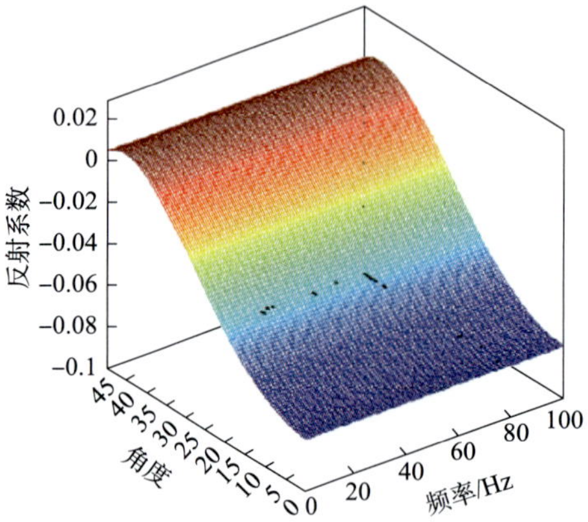

(a)准确公式

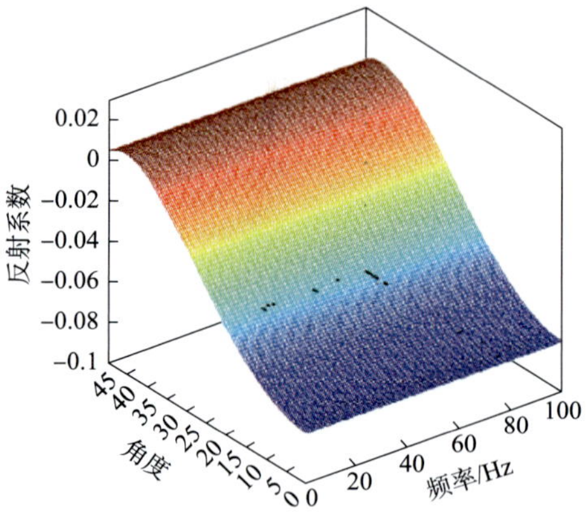

(b)近似公式

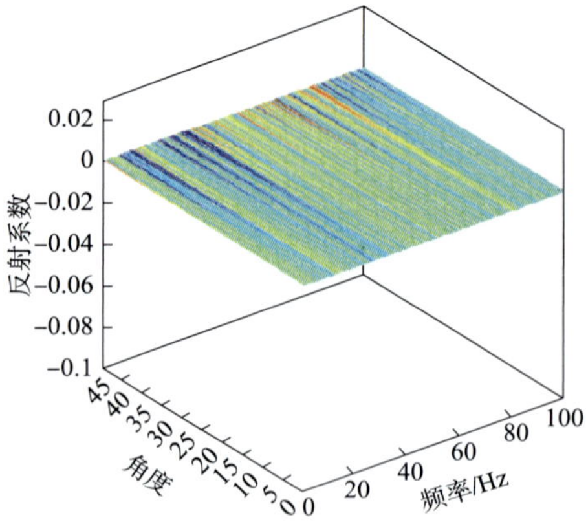

(c)误差

图 5.14　介质参数为 $V_{P1}=5000$，$V_{P2}=4300$，$Q_{P1}=120$，$Q_{P2}=120$，$Q_{S1}=80$，$Q_{S2}=80$

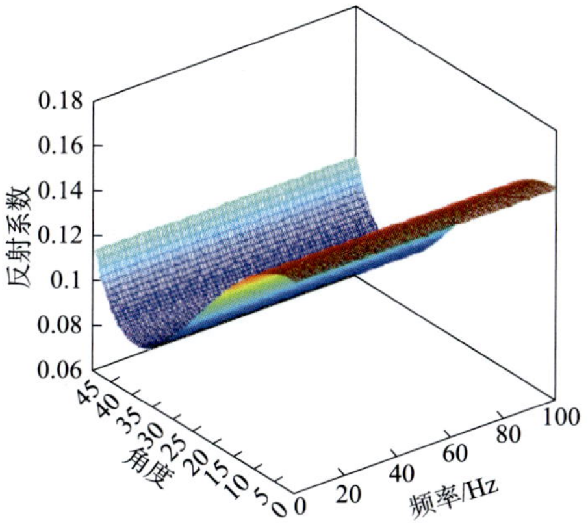

(a)准确公式

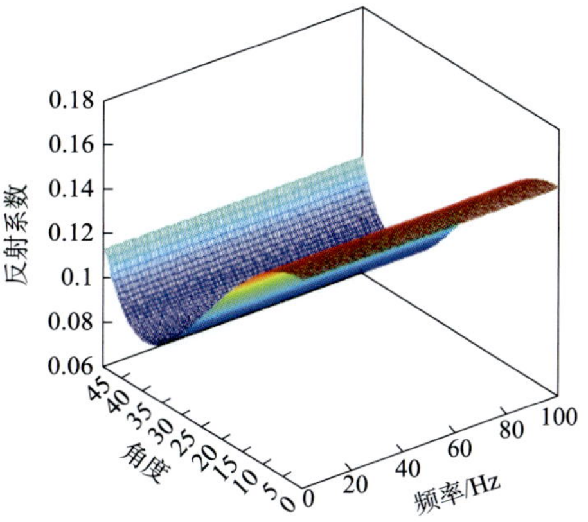

(b)近似公式

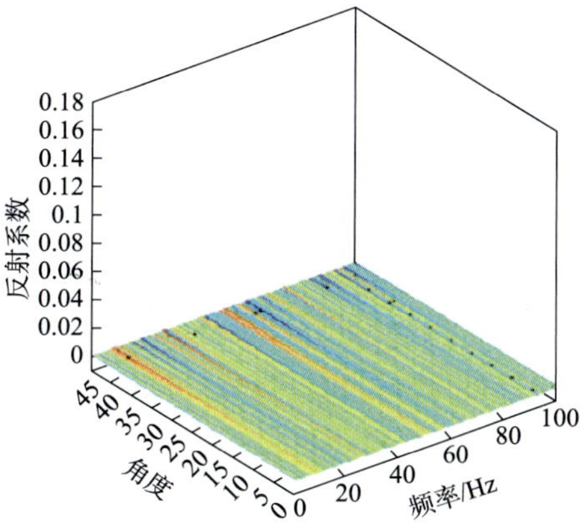

(c)误差

图 5.15　介质参数为 $V_{P1}=2200$，$V_{P2}=3000$，$Q_{P1}=120$，$Q_{P2}=120$，$Q_{S1}=80$，$Q_{S2}=80$

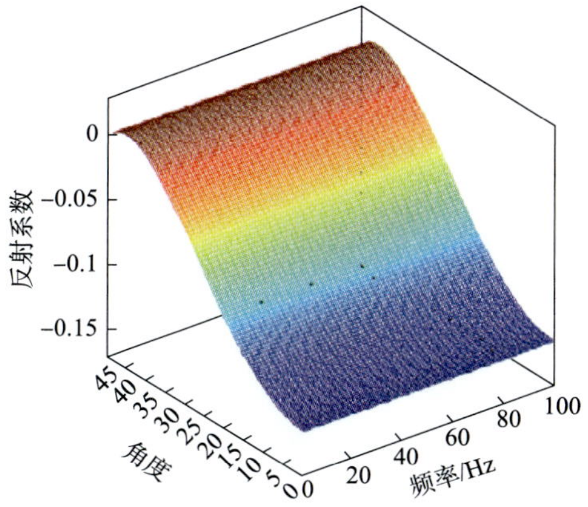

(a)准确公式

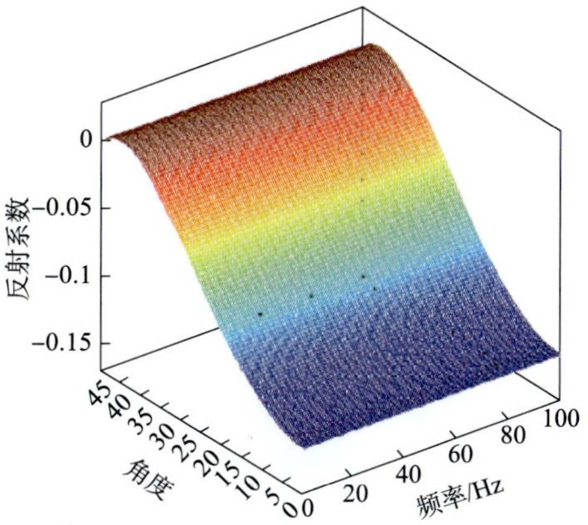

(b)近似公式

图 5.16　介质参数为 $V_{P1}=5000$，$V_{P2}=3800$，$Q_{P1}=120$，$Q_{P2}=120$，$Q_{S1}=80$，$Q_{S2}=80$

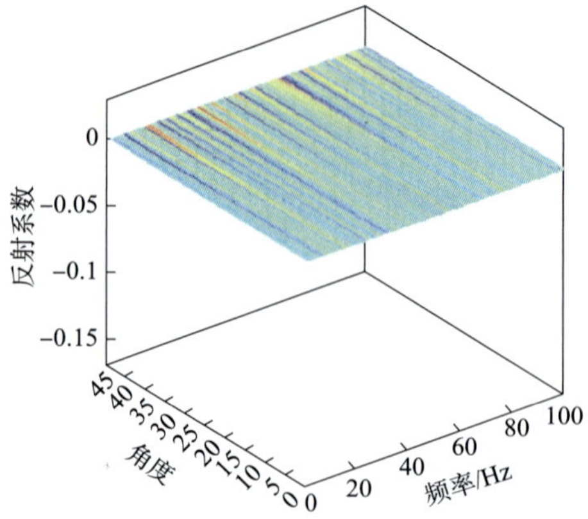

(c)误差

图 5. 16 介质参数为 $V_{P1}=5000$，$V_{P2}=3800$，$Q_{P1}=120$，$Q_{P2}=120$，$Q_{S1}=80$，$Q_{S2}=80$(续)

2. 只存在 Q 值差时的情况

图 5. 17 ~ 图 5. 22 展示了在保持速度差为零，反射界面存在着不同强度的 Q 值差时，AVA/AVF 近似公式(5. 19)与 AVA/AVF 准确公式(5. 14)的对比以及误差。从图 5. 17 ~ 图 5. 20 中可以看到，在 Q 值对比比较小时，近似公式与准确公式几乎是相同的，误差趋近于零；从图 5. 21，图 5. 22 可以看出，当 $Q_p=10$，$Q_s=5$ 时，即纵波和横波的吸收衰减达到一个非常高的值的时候，近似公式(5. 19)的逼近程度依旧非常高，而且误差只是出现在 5Hz 以下的频率段，而地震频带中 5Hz 以下的频率是很稀少的。所以总体来说，近似公式(5. 19)的适用性与 Aki - Richards 近似是同一个级别的，即将 Aki - Richards 公式运用到黏弹介质中，并对其进行线性化的过程是非常精确的，这个线性化的 AVA/AVF 公式的精确度取决于 Aki - Richards 公式对变速介质的使用情况。而 Aki - Richards 公式的精确度不在我们的讨论范围之内，同时下一节将说明我们的反演过程中并不需要首先进行 AVA 反演来求取纵波速度、横波速度和密度。

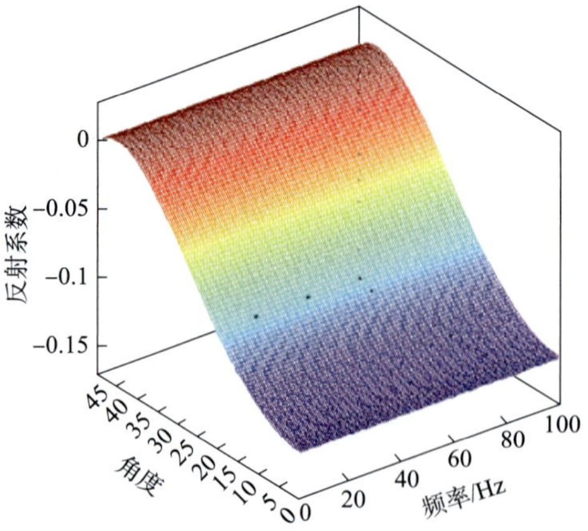

(a)准确公式

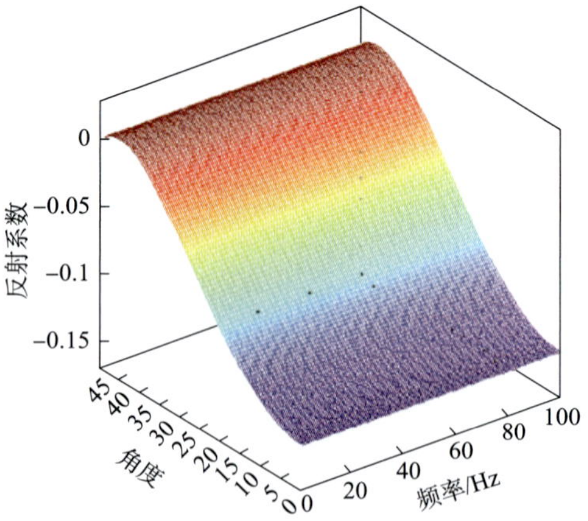

(b)近似公式

图 5. 17 介质参数为 $V_{P1}=3000$，$V_{P2}=3000$，$Q_{P1}=120$，$Q_{P2}=100$，$Q_{S1}=100$，$Q_{S2}=80$

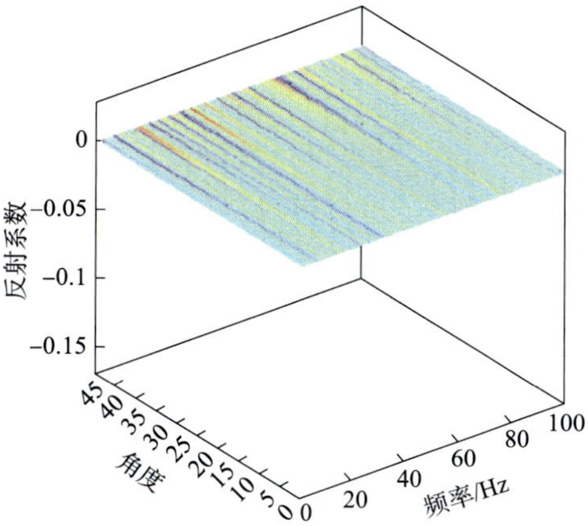

(c)误差

图 5.17　介质参数为 $V_{P1}=3000$，$V_{P2}=3000$，$Q_{P1}=120$，$Q_{P2}=100$，$Q_{S1}=100$，$Q_{S2}=80$(续)

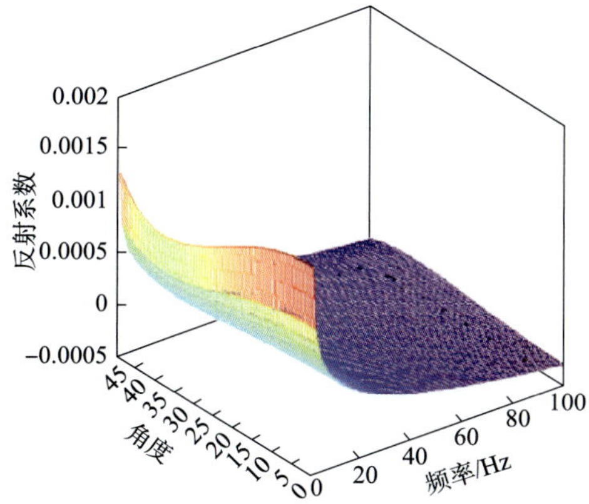

(a)准确公式

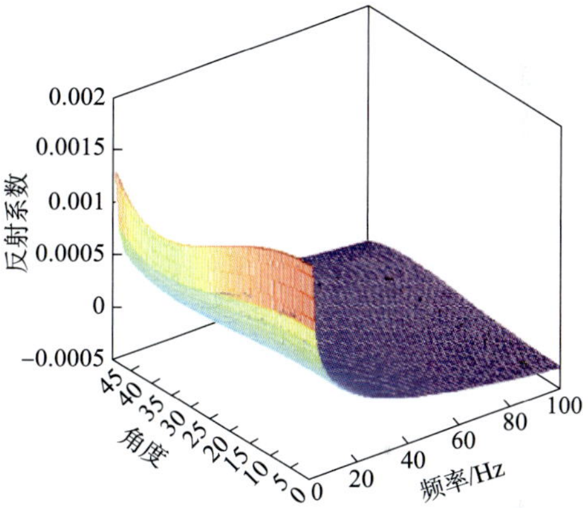

(b)近似公式

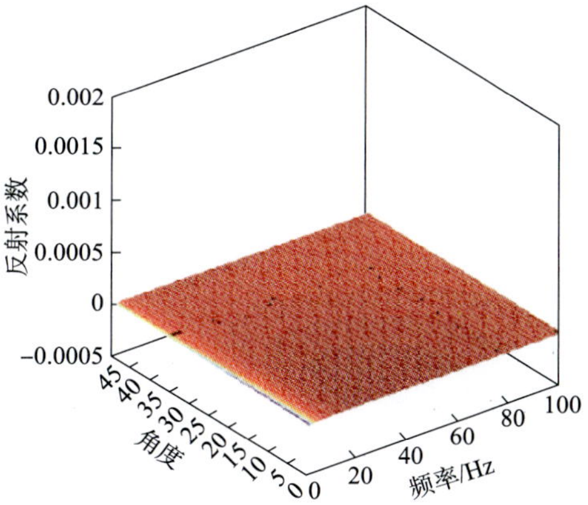

(c)误差

图 5.18　介质参数为 $V_{P1}=3000$，$V_{P2}=3000$，$Q_{P1}=100$，$Q_{P2}=120$，$Q_{S1}=80$，$Q_{S2}=100$

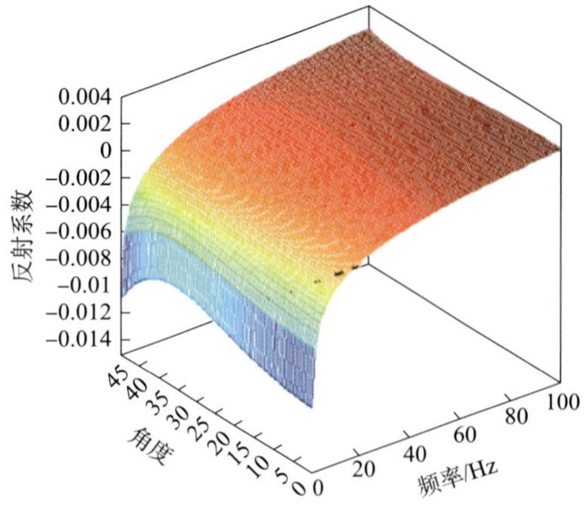

(a)准确公式

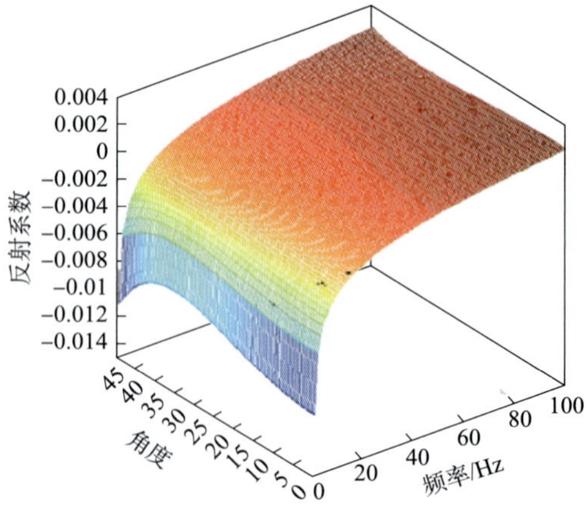

(b)近似公式

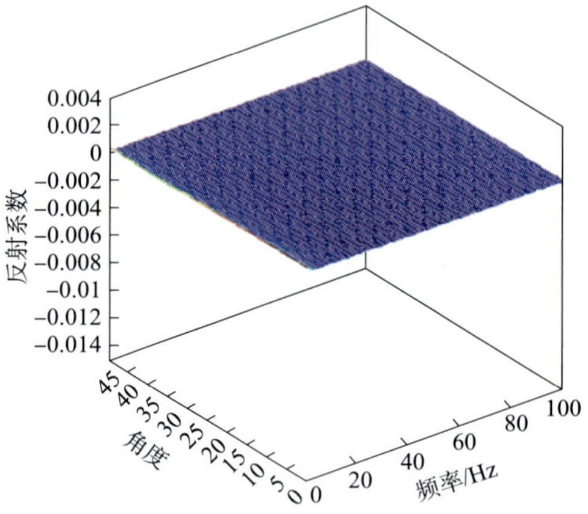

(c)误差

图 5.19　介质参数为 $V_{P1}=3000$，$V_{P2}=3000$，$Q_{P1}=120$，$Q_{P2}=50$，$Q_{S1}=100$，$Q_{S2}=40$

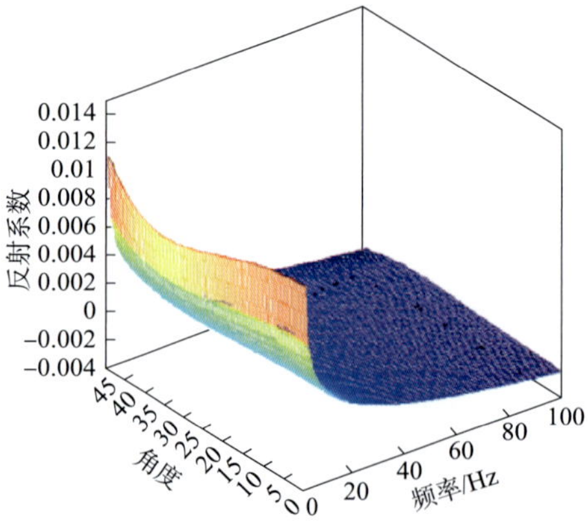

(a)准确公式

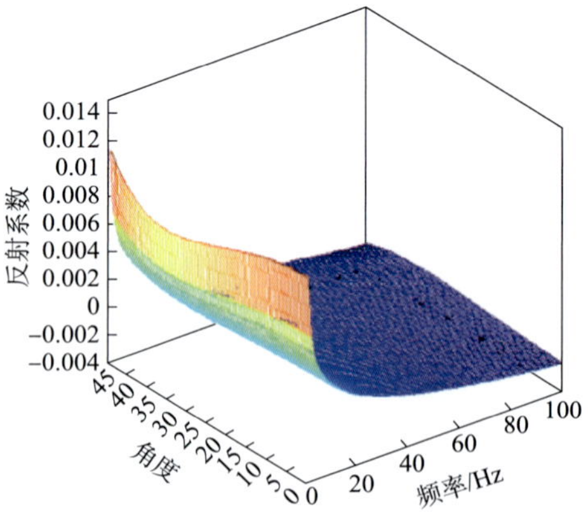

(b)近似公式

图 5.20　介质参数为 $V_{P1}=3000$，$V_{P2}=3000$，$Q_{P1}=50$，$Q_{P2}=120$，$Q_{S1}=40$，$Q_{S2}=100$

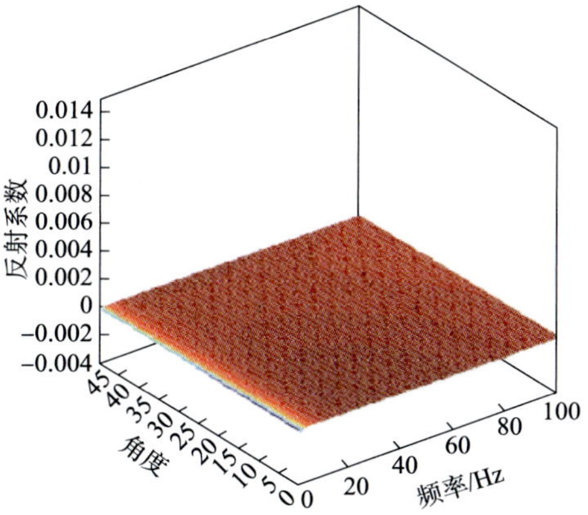

(c)误差

图 5.20 介质参数为 $V_{P1}=3000$，$V_{P2}=3000$，$Q_{P1}=50$，$Q_{P2}=120$，$Q_{S1}=40$，$Q_{S2}=100$(续)

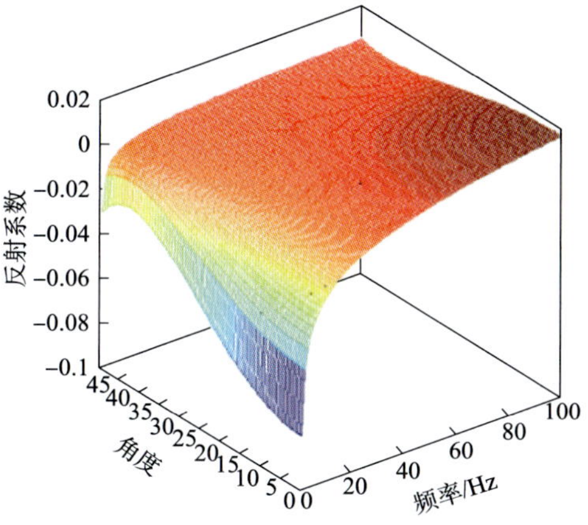

(a)准确公式

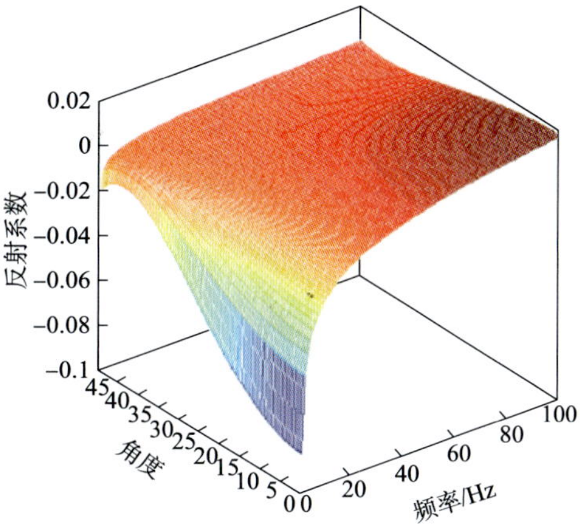

(b)近似公式

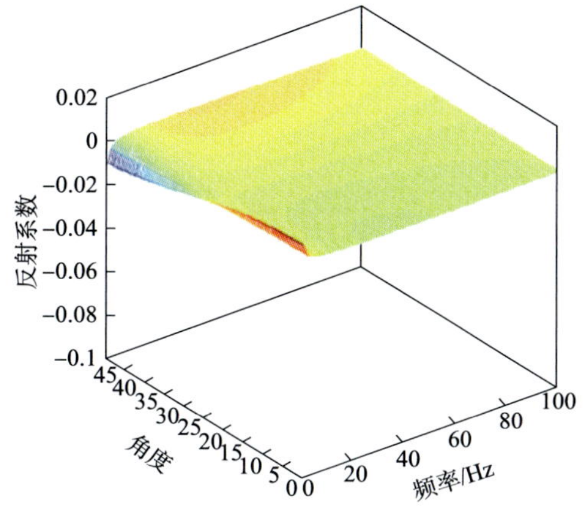

(c)误差

图 5.21 参数为 $V_{P1}=3000$，$V_{P2}=3000$，$Q_{P1}=120$，$Q_{P2}=10$，$Q_{S1}=100$，$Q_{S2}=5$

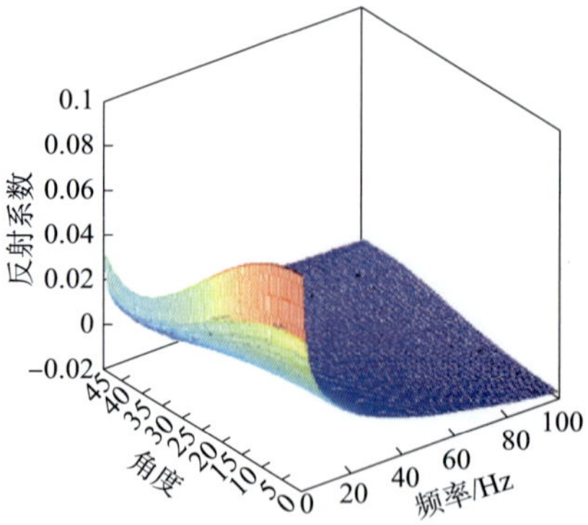

(a)准确公式

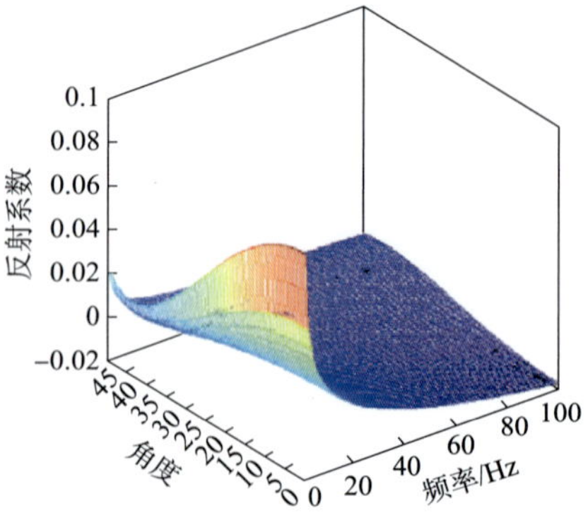

(b)近似公式

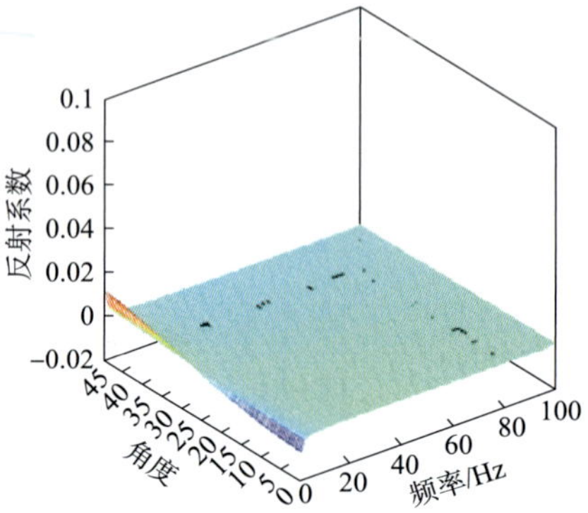

(c)误差

图 5.22　介质参数为 $V_{P1}=3000$，$V_{P2}=3000$，$Q_{P1}=10$，$Q_{P2}=120$，$Q_{S1}=5$，$Q_{S2}=100$

3. 同时存在速度差和 Q 值差时的情况

从图 5.23 ~ 图 5.26 可以看出，在速度变化非常大，Q 值变化非常大的情况下近似公式(5.19)依然可以很好地逼近准确公式(5.14)。

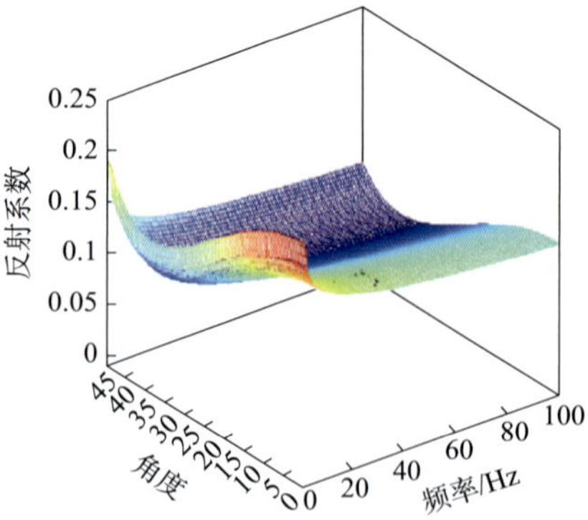

(a)准确公式

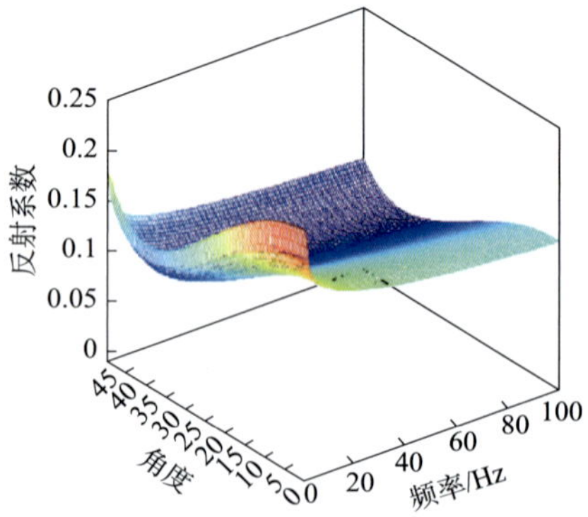

(b)近似公式

图 5.23　介质参数为 $V_{P1}=2200$，$V_{P2}=3000$，$Q_{P1}=10$，$Q_{P2}=120$，$Q_{S1}=5$，$Q_{S2}=100$

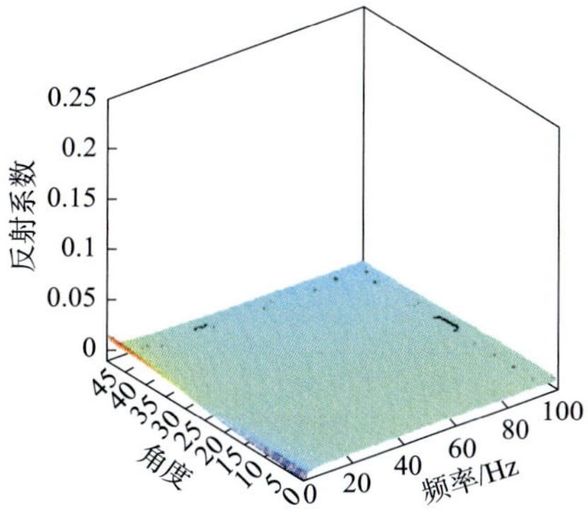

(c)误差

图 5.23 介质参数为 $V_{P1}=2200$，$V_{P2}=3000$，$Q_{P1}=10$，$Q_{P2}=120$，$Q_{S1}=5$，$Q_{S2}=100$(续)

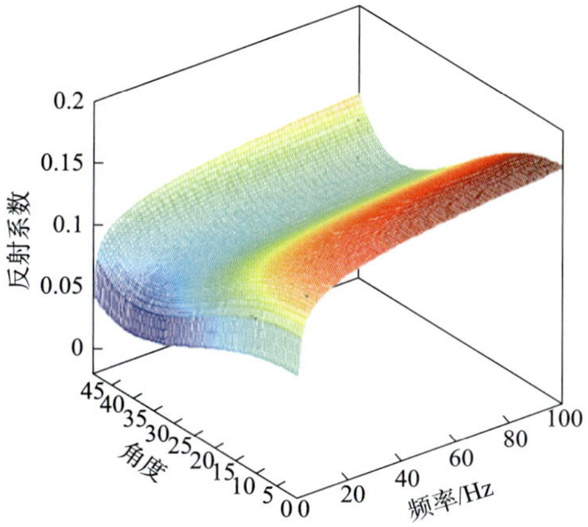

(a)准确公式

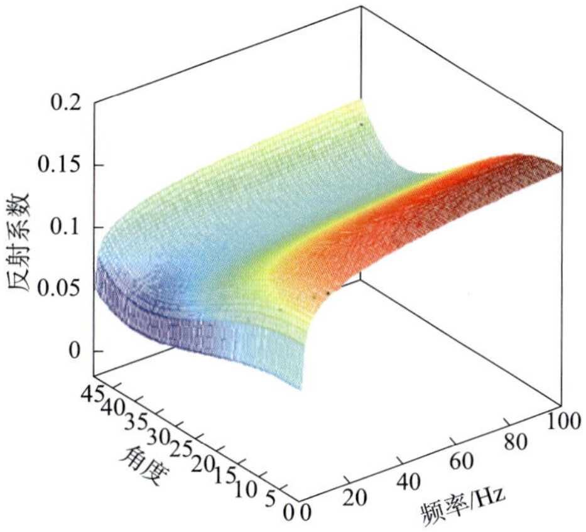

(b)近似公式

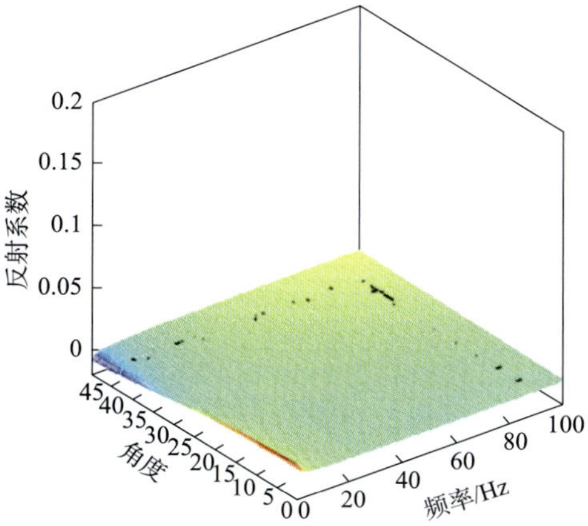

(c)误差

图 5.24 介质参数为 $V_{P1}=2200$，$V_{P2}=3000$，$Q_{P1}=120$，$Q_{P2}=10$，$Q_{S1}=100$，$Q_{S2}=5$

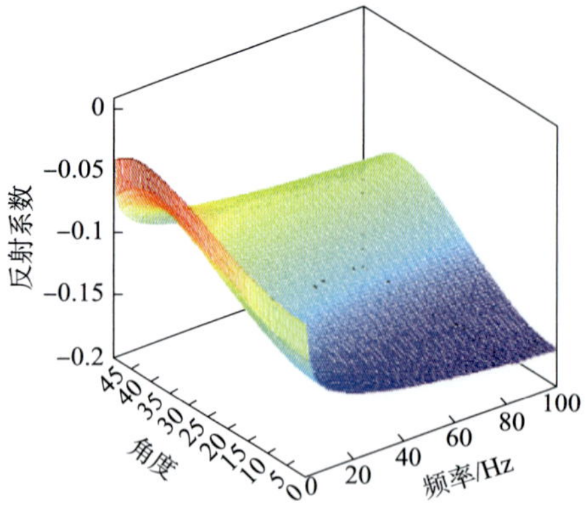

(a)准确公式

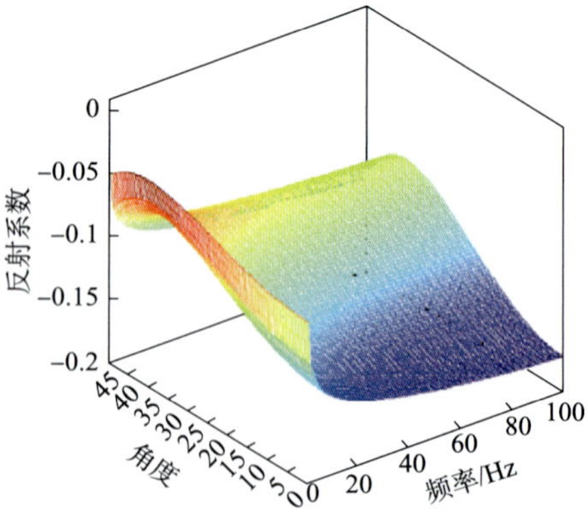

(b)近似公式

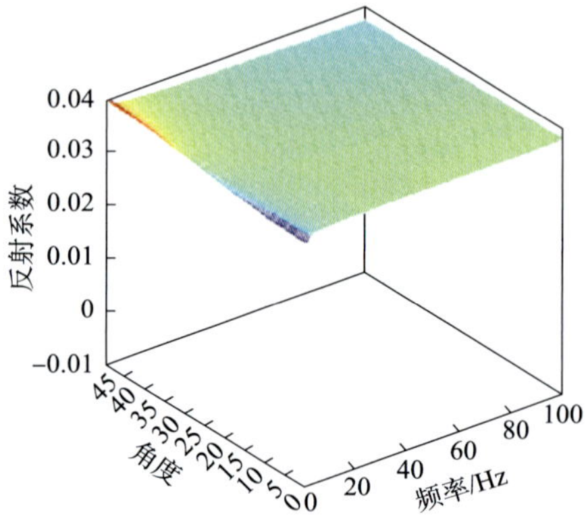

(c)误差

图 5.25　介质参数为 $V_{P1}=3000$，$V_{P2}=2200$，$Q_{P1}=10$，$Q_{P2}=120$，$Q_{S1}=5$，$Q_{S2}=100$

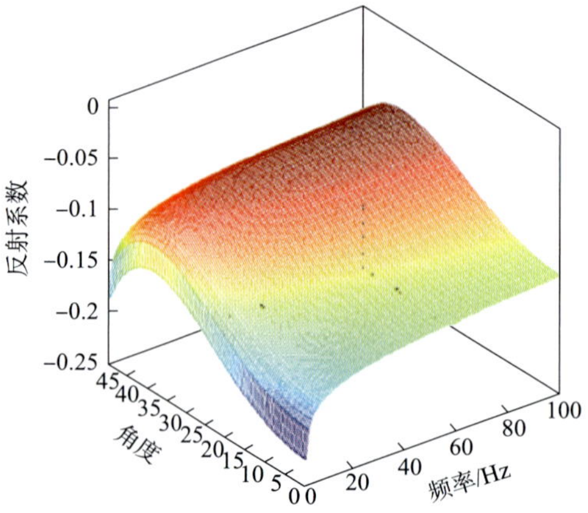

(a)准确公式

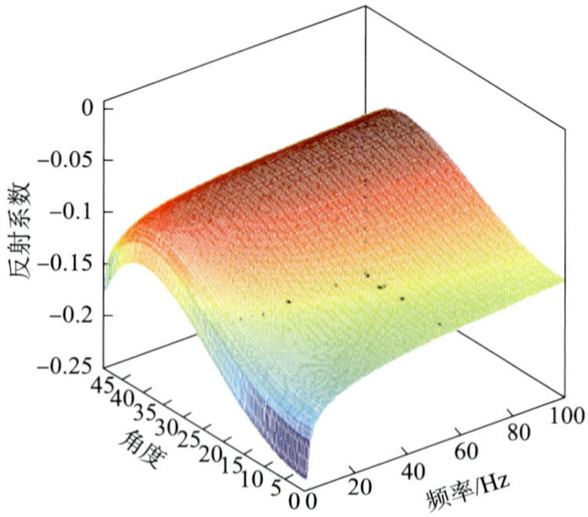

(b)近似公式

图 5.26　介质参数为 $V_{P1}=3000$，$V_{P2}=2200$，$Q_{P1}=120$，$Q_{P2}=10$，$Q_{S1}=100$，$Q_{S2}=5$

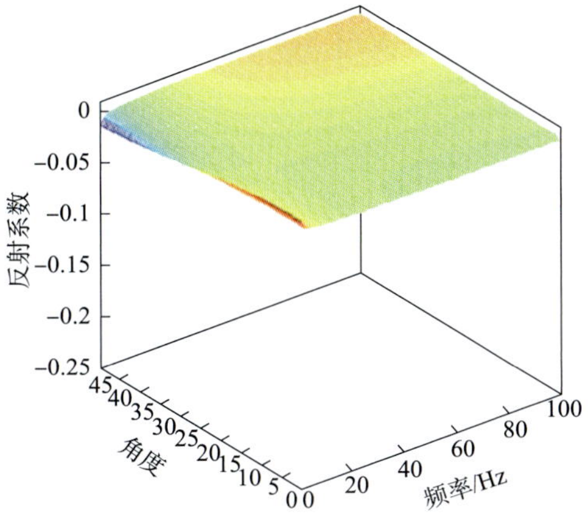

(c)误差

图 5.26　介质参数为 $V_{P1}=3000$，$V_{P2}=2200$，$Q_{P1}=120$，$Q_{P2}=10$，$Q_{S1}=100$，$Q_{S2}=5$(续)

二、分频地震道和分频子波的构建

地震波在地下的传播是随着时间衰减的，地震信号是一个非稳态的过程，显然用傅里叶变换来描述其频谱特性是不合理的，在本书中选用 S 变换(又称为 Stockwell 变换)来描述地震信号的非平稳过程，取得了相对较好的效果，S 变换理论公式如下(Stockwell，1996)：

$$S(\tau,v)=\int_{-\infty}^{+\infty}g(t)\frac{|v|}{\sqrt{2\pi}}\mathrm{e}^{-\frac{(\tau-t)^2v^2}{2}}\mathrm{e}^{-i2\pi vt}\mathrm{d}t \tag{5.33}$$

其中 τ 和 v 分别是 S 变换之后的时间坐标和频率坐标，从中可以发现 S 变换的积分核与傅里叶积分核是相同的，只是加了一个高斯窗，所以 S 变换是广义傅里叶变换；同时可以看到 S 变换的窗函数是与频率有关的，随着频率的增加窗的宽度是减小的，这样就可以保证 S 变换的多尺度性，在低频时具有良好的频率分辨率，在高频时具有良好的时间分辨率。

离散 S 变换(Discrete Stockwell Transform，DST)的计算量非常大(Brown，2005)，因为它不是一个正交变换，同时 S 变换得到了很多的冗余信息，在时间域计算长度为 N 的时间信号的离散 S 变换需要作 N^2 次积分，它的计算复杂度是 $O(N^3)$，需要 $O(N^2)$的存储空间。

由于地震数据的规模巨大，使用一种合理的时频变换手段对于地震道的处理具有重大的影响，本书应用了一种有限频率的 S 变换，兼顾了效率和精度两方面，为下一步的反演工作打下了坚实的基础。

(一)有限频率 S 变换与加窗反变换

1. 频率域 S 变换

频率域的离散 S 变换利用了快速傅里叶变换的高效率，从而使得 DST 的效率得到了很大的提高，在计算长度为 N 的时间信号时，其计算复杂度为 $O(N^2\log N)$。类似于信号的时间表达和频率表达，定义一个 α 域：(Brown，2010)

$$\alpha(v',v)=\int_{+\infty}^{-\infty}S(\tau,v)\cdot \mathrm{e}^{-2\pi v'\tau}\mathrm{d}\tau \tag{5.34}$$

可以进一步表示为：

$$\begin{aligned}\alpha(v',v)&=\int_{+\infty}^{-\infty}S(\tau,v)\cdot \mathrm{e}^{-2\pi v'\tau}\mathrm{d}\tau=\int_{-\infty}^{+\infty}\left\{\int_{-\infty}^{+\infty}g(t)\cdot w(\tau-t,\sigma)\cdot \mathrm{e}^{-2\pi itv}\cdot \mathrm{d}t\right\}\cdot \mathrm{e}^{-2\pi i\tau v'}\cdot \mathrm{d}\tau\\&=\int_{-\infty}^{+\infty}g(t)\cdot \mathrm{e}^{-2\pi itv}\cdot \mathrm{d}t\cdot[W(v',\sigma)\cdot \mathrm{e}^{-2\pi itv'}]=W(v',\sigma)\cdot\int_{-\infty}^{+\infty}g(t)\cdot \mathrm{e}^{-2\pi it(v+v')}\cdot \mathrm{d}t\\&=G(v'+v)\cdot W(v',\sigma)\end{aligned} \tag{5.35}$$

式(5.35)实际上表示的是傅里叶变换(Fourier Transform，FT)的 α 域的表达形式，当窗函数 $w(\tau-t,\ \sigma)$ 为 S 变换的高斯窗函数时就是 S 变换的情况；$G(v'+v)$、$W(v',\ \sigma)$ 分别是原信号 $g(t)$ 和窗函数 $w(\tau-t,\ \sigma)$ 的傅里叶谱，原信号的 S 变换可以利用式(4.44)从 α 域经过反傅里叶变换得到：

$$S(\tau,v)=\int_{-\infty}^{+\infty}\alpha(v',v)\cdot \mathrm{e}^{i2\pi v'\tau}\mathrm{d}v' \tag{5.36}$$

频率域 S 变换的方法带来了很多的冗余信息，在进行 S 反变换的时候由任何一个频率的值都能反求原信号 $g(t)$；同时在信号的长度比较长的时候计算量也是非常大的。

2. 有限频率 S 变换

针对频率域的 S 变换相对较大的计算量，Brown(2010)提出了一种非冗余的分解 S 域的形式，该方法利用了法矢采样提高了计算效率，但是它并不能直接用于 AVAF 的分析与反演中来。考虑到地震资料的频段一般是几赫兹到一百多赫兹，对地震信号进行 S 变换时，它的最高频率是 Nyquist 频率，与时间的采样长度有关，如果时间信号的采样为 1ms，那么信号的截频是 500Hz，这样如果所有的频率成分都进行 S 变换会造成很大的计算成本；因此在进行 AVF 反演的过程中只需要选取某一些频率成分，使得我们只需要计算一部分的频率成分。

以 25Hz 主频的雷克子波为例，其有效频率段最高频率不到 100Hz；如果它作为一个地震子波进行传播，在传播的过程中存在着地层吸收衰减，会导致子波所有的频率成分都有衰减，特别是高频部分；这样在整个地震信号中都不会存在比 100Hz 高的频率成分。这就指示着我们在对这种地震信号进行时频分析时只需要计算到 100Hz，可以减少相当多的计算量。另外当 S 变换同 AVF 分析反演结合起来时，可以采取选频率来进行 S 变换的策略，也就是需要某个频率成分的谱就做那个频率成分的 S 变换。

图 5.27 说明了在频率域进行 S 变换时采用有限个频率的策略。由于子波的频谱成分不到 100Hz，在计算窗函数时是需要计算 5～100Hz 的窗函数(实际资料分情况讨论，一般情况下地震资料的低频成分比较缺乏，这里假设 5Hz 以下的频率成分比较少，可以考虑不作 S 变换)，于是 α 域也是 5～100Hz 的范围。最后在计算图 5.27(a)中的信号的 S 变换时，只需要分频率进行傅里叶反变换。图 5.27(f)中的结果可以看出 S 变换的结果非常光滑，不存在阶梯效应。

3. 基于有限频率 S 变换加窗反变换

S 反变换的实现步骤是首先将时频域的信号在时间方向上叠加，然后进行傅里叶变换，表达式如下：

$$g(t) = \int_{-\infty}^{\infty} \left\{ \int_{-\infty}^{\infty} S(\tau, f) \mathrm{d}\tau \right\} e^{i2\pi ft} \mathrm{d}f \tag{5.37}$$

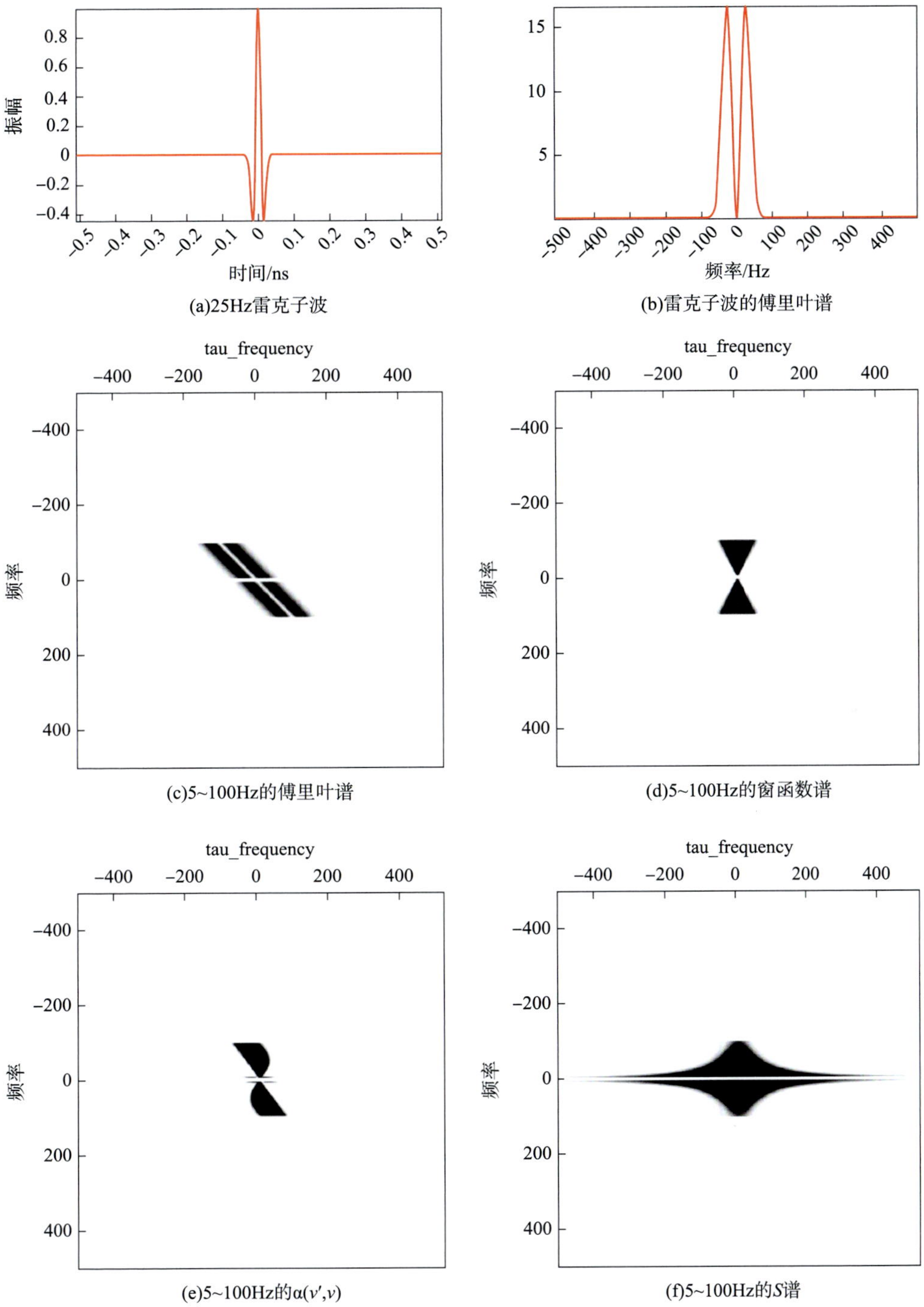

图 5.27　频率域进行 S 变换时采用的不同频率

本书采用的是加窗反变换，从而达到分频的目的，同时尽可能保留子波特性，减小吉布斯效应。加窗的 S 反变换公式如下：

$$\tilde{g}(t) = \int_{-\infty}^{\infty} \left\{ \int_{-\infty}^{\infty} W(f) S(\tau, f) \mathrm{d}\tau \right\} \mathrm{e}^{i2\pi ft} \mathrm{d}f \tag{5.38}$$

其中 $W(f)$ 是一个均值为 f_0 的高斯窗。

(二)子波分频处理和地震道分频处理

在常规的 AVA 处理中，通常首先从地震记录中提取一个子波，该子波可以用井资料来进行标定。在 AVAF 反演中，需要“某个频率”的子波，这个过程需要同地震道的分频过程一致，否则将导致正过程不匹配，从而导致反演结果无法预测。本书中采用的子波分频方法如图 5.28 所示，黑色曲线是原始子波的振幅谱、图中相位谱没有给出，红色的虚线是不同中心频率的高斯窗，通过选择不同均值的高斯窗将原始子波滤波成不同频率的分频子波。

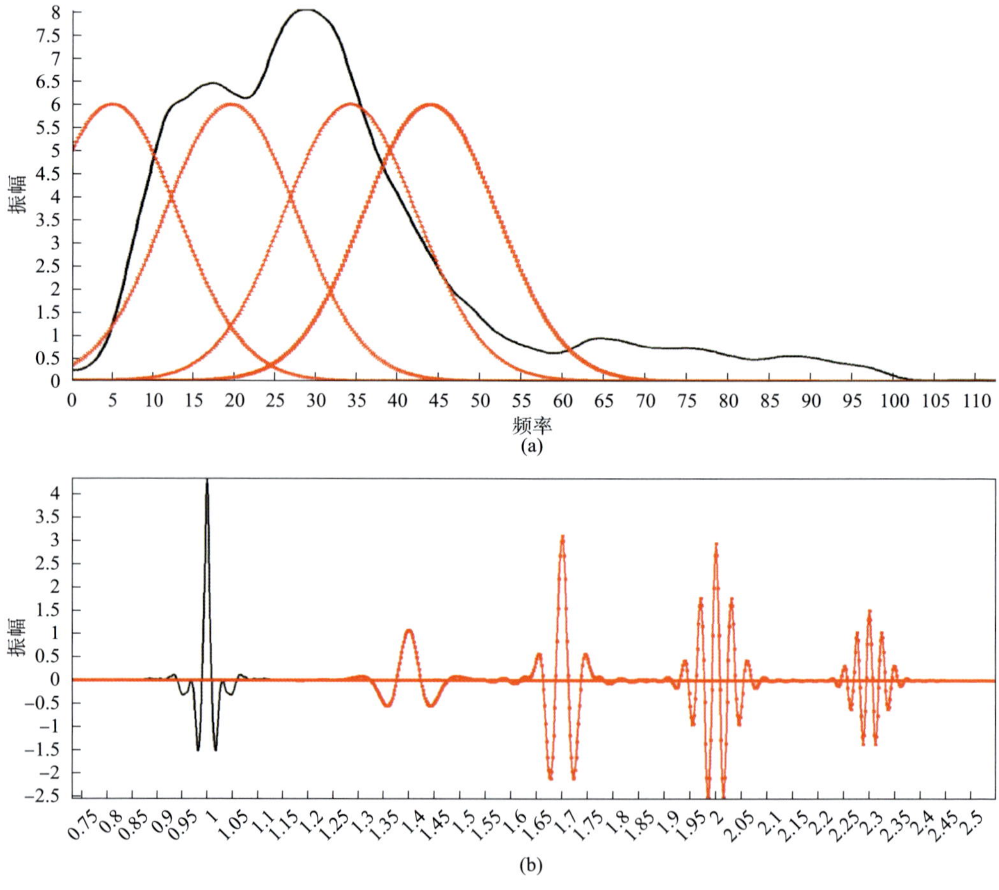

图 5.28　(a)是在子波的频谱上加上高斯窗；(b)是对加窗后的频谱进行反变换

通过式(5.37)可以将地震道或者角度道集分解成不同主频的分频地震信号，用作后续的 AVAF 反演，与之相应地，需要将地震子波按照同样的步骤分解成不同主频的地震子波。图 5.29 是一道地震记录进行分频处理后的结果：

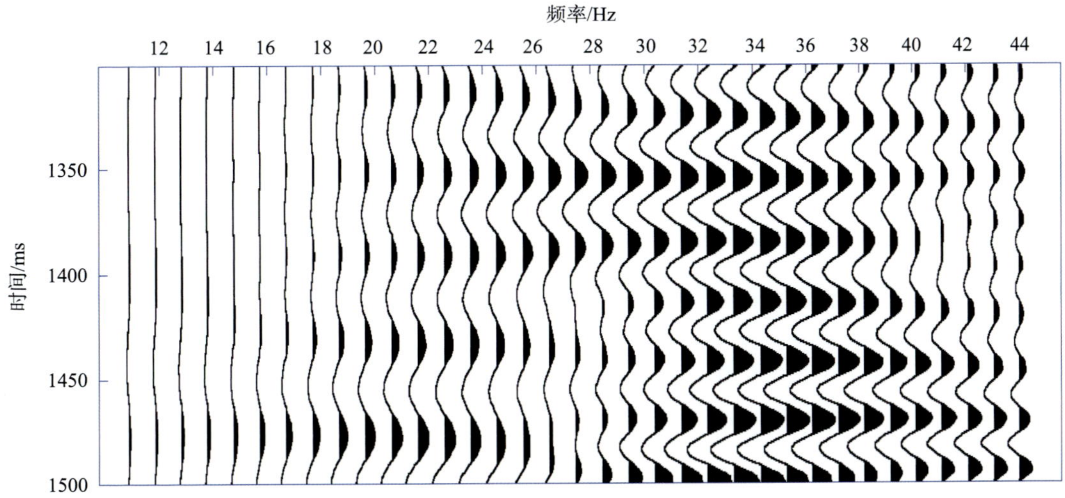

图 5.29　某一道地震记录分频后的分频地震道集

三、基于贝叶斯概率反演框架的 AVAF 反演

受观测方式、观测误差、理论关系的准确性、先验信息等的影响，参数反演结果究竟在多大程度上是可信的？这是参数反演问题最基本的问题之一。完备的参数反演过程除了给出参数最可能的值之外，还要告诉人们这种估计的可信度或不确定性。但在地震参数反演中，人们通常会提供许多关于参数反演的成果图件，但却很少介绍这些反演结果的可信度怎样。

地球物理勘探过程中的不确定性主要有两个来源，一是数据本身的不确定性，这种不确定性表现为观测噪声，它是由于测量方法、仪器设备和野外环境造成的；二是在资料处理过程和反演过程中引入的不确定性(Avseth，2005)。其中第一类不确定性受到观测技术和客观环境的直接制约，噪声与真实信息混杂在一起，难以分辨；而第二类则更多地与处理人员的主观因素相关，例如使用不同密度的网格结点对连续模型离散可以给出不同精度的结果。

目前广泛流行的带误差反演已经可以容忍并考虑这种不确定性。其基本方法是：误差作为观测数据的一部分进入反演过程，反演过程在满足误差范围的诸多模型中以长度、平缓度等标准选择“最简单”的解作为反演结果；或者使用稳健算法，对误差较大的数据点赋予较低的权重，甚至予以剔除。

然而上述方法是值得商榷的。首先是最佳模型的确定严重依赖于所使用的反演方法；其次，数据不确定性和人工干预添加的不确定性互相叠加，不便对反演结果的优劣进行客观评判；另外对多解性的表述贫乏，仅能得到唯一的最优解，抛弃了其他次优解；同时从孤立的拟合差入手无法开展探测空间内局部的分辨率研究。

为了弥补以上不足，研究中参照近些年 AVA 反演的最新理论框架引入贝叶斯学派的观点，即将模型参数视为随机变量，将反演结果表述为模型空间上的概率密度函数。贝叶斯定律所引入的概率框架是认识和处理多解性问题行之有效的方法(Tarantola，2005)。在此，我们在贝叶斯框架下研究 AVAF 反演。

（一）贝叶斯黏声介质 AVAF 反演

地震波在黏声介质中传播时不会产生转换波，但是纵波会存在衰减和频散，在反射界面处的 AVAF 公式在上节中已经给出，首先将黏声介质中一维波动方程正演用褶积模型表达出来：

$$\begin{bmatrix} \boldsymbol{R}_{\theta_1 f_1} \\ \boldsymbol{R}_{\theta_1 f_2} \\ \vdots \\ \boldsymbol{R}_{\theta_i f_j} \\ \boldsymbol{R}_{\theta_i f_{j+1}} \\ \vdots \\ \boldsymbol{R}_{\theta_M f_N} \end{bmatrix} = \begin{bmatrix} \boldsymbol{C}_{\theta_1} & \boldsymbol{E}_{\theta_1} & \boldsymbol{A}_{\theta_1 f_1} \\ \boldsymbol{C}_{\theta_1} & \boldsymbol{E}_{\theta_1} & \boldsymbol{A}_{\theta_1 f_1} \\ \vdots & \vdots & \vdots \\ \boldsymbol{C}_{\theta_i} & \boldsymbol{E}_{\theta_i} & \boldsymbol{A}_{\theta_i f_j} \\ \boldsymbol{C}_{\theta_i} & \boldsymbol{E}_{\theta_i} & \boldsymbol{A}_{\theta_i f_j} \\ \vdots & \vdots & \vdots \\ \boldsymbol{C}_{\theta_M} & \boldsymbol{E}_{\theta_M} & \boldsymbol{A}_{\theta_M f_N} \end{bmatrix} \begin{bmatrix} \dfrac{\Delta \boldsymbol{V}_{\mathrm{Pr}}}{\boldsymbol{V}_{\mathrm{Pr}}} \\ \dfrac{\Delta \boldsymbol{\rho}}{\boldsymbol{\rho}} \\ \Delta \boldsymbol{Q}_{\mathrm{P}}^{-1} \end{bmatrix} \tag{5.39}$$

其中：$\boldsymbol{A}_{\theta_i f_j} = -\dfrac{1}{2\cos^2\theta_i} F_p(f_j)\boldsymbol{I}$，$\boldsymbol{C}_{\theta_i} = \dfrac{1}{2\cos^2\theta_i}\boldsymbol{I}$，$\boldsymbol{E}_{\theta_i} = \dfrac{1}{2}\boldsymbol{I}$，$\boldsymbol{I}$ 是单位阵，将矩阵方程式(5.29)中的解向量全部转化为阻抗的自然对数的形式：

$$\begin{cases} \dfrac{\Delta \boldsymbol{V}_{\mathrm{Pr}}}{\boldsymbol{V}_{\mathrm{Pr}}} = \boldsymbol{L}[\ln \boldsymbol{V}_{\mathrm{Pr}}] \\ \dfrac{\Delta \boldsymbol{\rho}}{\boldsymbol{\rho}} = \boldsymbol{L}[\ln \boldsymbol{\rho}] \end{cases} \tag{5.40}$$

这样黏声介质中 AVAF 公式(5.39)可以化成下式，其中 $\boldsymbol{L}$ 和 $\boldsymbol{D}$ 为差分算子。

$$\begin{bmatrix} \boldsymbol{R}_{\theta_1 f_1} \\ \boldsymbol{R}_{\theta_1 f_2} \\ \vdots \\ \boldsymbol{R}_{\theta_i f_j} \\ \boldsymbol{R}_{\theta_i f_{j+1}} \\ \vdots \\ \boldsymbol{R}_{\theta_M f_N} \end{bmatrix} = \begin{bmatrix} \boldsymbol{C}_{\theta_1}\boldsymbol{L} & \boldsymbol{E}_{\theta_1}\boldsymbol{L} & \boldsymbol{A}_{\theta_1 f_1}\boldsymbol{D} \\ \boldsymbol{C}_{\theta_1}\boldsymbol{L} & \boldsymbol{E}_{\theta_1}\boldsymbol{L} & \boldsymbol{A}_{\theta_1 f_1}\boldsymbol{D} \\ \vdots & \vdots & \vdots \\ \boldsymbol{C}_{\theta_i}\boldsymbol{L} & \boldsymbol{E}_{\theta_i}\boldsymbol{L} & \boldsymbol{A}_{\theta_i f_j}\boldsymbol{D} \\ \boldsymbol{C}_{\theta_i}\boldsymbol{L} & \boldsymbol{E}_{\theta_i}\boldsymbol{L} & \boldsymbol{A}_{\theta_i f_j}\boldsymbol{D} \\ \vdots & \vdots & \vdots \\ \boldsymbol{C}_{\theta_M}\boldsymbol{L} & \boldsymbol{E}_{\theta_M}\boldsymbol{L} & \boldsymbol{A}_{\theta_M f_N}\boldsymbol{D} \end{bmatrix} \begin{bmatrix} \ln \boldsymbol{V}_{\mathrm{Pr}} \\ \ln \boldsymbol{\rho} \\ \boldsymbol{Q}_{\mathrm{P}}^{-1} \end{bmatrix} \tag{5.41}$$

将式(5.41)中的反射系数褶积不同频率的分频子波，就得到了分频的地震信号，其正过程写成下面的矩阵形式：

$$\boldsymbol{d}_{obs} = \boldsymbol{SAm} \tag{5.42}$$

基于式(5.42)的正演公式，在贝叶斯反演的框架下进行三参数估计。许多测井资料分析表明，速度与密度的对数接近于高斯分布。品质因子 Q 的倒数仍然可以很好地用高斯分布来拟合。将地震波衰减纳入到贝叶斯反演的框架之下，首先需要建立黏声介质参数的先验模型。我们设定：

$$\hat{\boldsymbol{m}} = [\ln\alpha^{\mathrm{T}},\quad \ln\rho^{\mathrm{T}},\quad Q_P^{-1}]^{\mathrm{T}} \tag{5.43}$$

它的期望是：

$$E\{\hat{\boldsymbol{m}}(t)\}=\hat{\mu}(t)=[\mu_{\alpha}(t),\ \mu_{\rho}(t),\ \mu_{Q_P}(t)]^{\mathrm{T}} \tag{5.44}$$

其中$\mu_{\alpha}(t)$，$\mu_{\rho}(t)$，$\mu_{Q_P}(t)$分别是 $\ln\alpha^{\mathrm{T}}$，$\ln\rho^{\mathrm{T}}$，Q_P^{-1} 的期望值。$\ln\alpha^{\mathrm{T}}$，$\ln\rho^{\mathrm{T}}$，Q_P^{-1} 在时间样点 t 和 s 的方差记为：

$$Cov\{\hat{\boldsymbol{m}}(t),\hat{\boldsymbol{m}}(s)\}=\hat{\sum}(t,s)=\hat{\sum}_0 v_t(\tau) \tag{5.45}$$

$\hat{\sum}_0$ 表示的是一个时不变的协方差矩阵：

$$\hat{\sum}_0=\begin{bmatrix}\sigma_{\alpha}^2 & \sigma_{\alpha}\sigma_{\rho}v_{\alpha\rho} & \sigma_{\alpha}\sigma_{Q_P}v_{\alpha Q_P}\\ \sigma_{\alpha}\sigma_{\rho}v_{\alpha\rho} & \sigma_{\rho}^2 & \sigma_{\rho}\sigma_{Q_P}v_{\rho Q_P}\\ \sigma_{\alpha}\sigma_{Q_P}v_{\alpha Q_P} & \sigma_{\rho}\sigma_{Q_P}v_{\rho Q_P} & \sigma_{Q_P}^2\end{bmatrix} \tag{5.46}$$

在该矩阵中，σ 代表参数的方差，v 代表参数间的相关系数。对 $\hat{\boldsymbol{m}}(t)$求导可以得到：

$$\hat{\boldsymbol{m}}'(t)=\left[\frac{\partial}{\partial t}\ln\alpha(t),\ \frac{\partial}{\partial t}\ln\rho(t),\ \frac{\partial}{\partial t}Q_P^{-1}(t)\right]^{\mathrm{T}} \tag{5.47}$$

由于线性差分过程，$\hat{\boldsymbol{m}}'(t)$同样是一个高斯矢量场(Christakos，1992)。则 $\hat{\boldsymbol{m}}'(t)$的期望和方差为：

$$E\{\hat{\boldsymbol{m}}'(t)\}=\frac{\partial}{\partial t}\hat{\mu}(t)=\hat{\mu}'(t) \tag{5.48}$$

$$Cov\{\hat{\boldsymbol{m}}'(t),\hat{\boldsymbol{m}}'(s)\}=\frac{\partial^2}{\partial t\partial s}\hat{\sum}(t,s)=\hat{\sum}''(t,s) \tag{5.49}$$

$\hat{\boldsymbol{m}}'(t)$和 $\hat{\boldsymbol{m}}(s)$的协方差矩阵是：

$$Cov\{\hat{\boldsymbol{m}}'(t),\hat{\boldsymbol{m}}(s)\}=\frac{\partial}{\partial t}\hat{\sum}(t,s)=\hat{\sum}'(t,s) \tag{5.50}$$

式(5.49)和式(5.50)可以分别表达成：

$$Cov\{\hat{\boldsymbol{m}}'(t),\hat{\boldsymbol{m}}'(s)\}=-\hat{\sum}_0\frac{\partial^2}{\partial\tau^2}v_t(\tau) \tag{5.51}$$

$$Cov\{\boldsymbol{m}'(t),\boldsymbol{m}(s)\}=\mathrm{sign}(t-s)\hat{\sum}_0\frac{\partial}{\partial\tau}v_t(\tau) \tag{5.52}$$

这里同样假定先验信息是符合高斯分布的，离散的黏弹性参数可以写成：

$$\hat{\boldsymbol{m}}=[\ln\alpha^{\mathrm{T}},\ln\rho^{\mathrm{T}},Q_P^{-1}]^T\sim N_{n_m}(\mu_{\hat{m}},\sum_{\hat{m}}) \tag{5.53}$$

$$\hat{\boldsymbol{m}}'\sim N_{n_m}(\mu'_{\hat{m}},\sum{}''_{\hat{m}}) \tag{5.54}$$

若假设观测数据是符合高斯分布的：

$$\hat{\boldsymbol{d}}_{obs}\sim N_{n_d}(\mu_{\hat{d}_{obs}},\sum_{\hat{d}_{obs}}) \tag{5.55}$$

$$\mu_{\hat{d}_{obs}}=\boldsymbol{S}\hat{\boldsymbol{A}}\hat{\mu}'_{\mathbf{m}} \tag{5.56}$$

$$\sum_{\hat{d}_{obs}}=\boldsymbol{S}\hat{\boldsymbol{A}}\sum{}''_{\hat{m}}\hat{\boldsymbol{A}}^T\boldsymbol{S}^T+\sum_e \tag{5.57}$$

则黏弹性参数与地震记录间的联合分布满足：

$$\begin{bmatrix} \hat{\boldsymbol{m}} \\ \hat{\boldsymbol{d}}_{obs} \end{bmatrix} \sim N_{n_m+n_d}\left(\begin{bmatrix} \mu_{\hat{m}} \\ \mu_{\hat{d}_{obs}} \end{bmatrix}, \begin{bmatrix} \sum_{\hat{m}} & \sum_{\hat{m},\hat{d}_{obs}} \\ \hat{\sum}_{\hat{d}_{obs},\hat{m}} & \hat{\sum}_{\hat{d}_{obs}} \end{bmatrix} \right) \tag{5.58}$$

其中：

$$\sum_{\hat{d}_{obs},\hat{m}} = Cov\{\hat{\boldsymbol{d}}_{obs},\hat{\boldsymbol{m}}\} = \boldsymbol{S}\hat{\boldsymbol{A}}\sum{}'_{\hat{m}} \tag{5.59}$$

在给定$\hat{d}_{obs}$的情况下 $\hat{m}$ 的后验概率分布为：

$$\hat{\boldsymbol{m}} \mid \hat{\boldsymbol{d}}_{obs} \sim N_{n_m}(\mu_{\hat{m}|\hat{d}_{obs}}, \sum_{\hat{m}|\hat{d}_{obs}}) \tag{5.60}$$

后验期望和方差分别为：

$$\mu_{\hat{m}|\hat{d}_{obs}} = \mu_{\hat{m}} + (\boldsymbol{S}\hat{\boldsymbol{A}}\sum{}'_{\hat{m}})^{\mathrm{T}} \sum_{\hat{d}_{obs}}^{-1} (\hat{\boldsymbol{d}}_{obs} - \mu_{\hat{d}_{obs}}) \tag{5.61}$$

$$\sum_{\hat{m}|\hat{d}_{obs}} = \sum_{\hat{m}} - (\boldsymbol{S}\hat{\boldsymbol{A}}\sum{}'_{\hat{m}})^{T} \sum_{\hat{d}_{obs}}^{-1} \boldsymbol{S}\hat{\boldsymbol{A}}\sum{}'_{\hat{m}} \tag{5.62}$$

由此，我们以后验概率分布的形式给出了黏声介质 AVA 反演的解。后验概率的期望为最大概率解(Maximum a posteriori，MAP)，方差代表了解的不确定性。对于反演目的层，通常根据已有的测井或地质信息先给出一个初始模型，也就是先验信息 $\mu_{\hat{m}}$，它对应的是与频率无关的黏声参数。

(二)贝叶斯黏弹介质 AVAF 反演

地震波在黏弹介质中传播时会发生吸收衰减作用，这是由于地下介质中的岩性不是完全弹性。地层的岩性变化和储层中含有的流体类型的变化都会使地层对地震波产生不同的衰减作用，因此品质因子 Q_p、Q_s 中含有丰富的岩性及流体性质的信息。从黏弹介质下的线性化的 AVAF 公式出发，正演的过程结合了 Hampson 和 Russell 提出的叠后波阻抗的表达方式，将 AVAF 反射系数直接同 Q 阻抗联系了起来；基于贝叶斯反演的框架，将初始模型中的先验信息以及测井曲线的相关信息加入到数据反演中来，得到要求解的后验概率模型。

在应用贝叶斯理论来进行反演之前，首先将表示“衰减”反射地震记录的正过程描述出来，将黏弹介质中线性化的 AVAF 公式表示成完整的矩阵形式：

$$\begin{bmatrix} \boldsymbol{R}_{\theta_1 f_1} \\ \boldsymbol{R}_{\theta_1 f_2} \\ \vdots \\ \boldsymbol{R}_{\theta_i f_j} \\ \boldsymbol{R}_{\theta_i f_{j+1}} \\ \vdots \\ \boldsymbol{R}_{\theta_M f_N} \end{bmatrix} = \begin{bmatrix} \boldsymbol{C}_{\theta_1} & \boldsymbol{D}_{\theta_1} & \boldsymbol{E}_{\theta_1} & \boldsymbol{A}_{\theta_1 f_1} & \boldsymbol{B}_{\theta_1 f_1} \\ \boldsymbol{C}_{\theta_1} & \boldsymbol{D}_{\theta_1} & \boldsymbol{E}_{\theta_1} & \boldsymbol{A}_{\theta_1 f_2} & \boldsymbol{B}_{\theta_1 f_2} \\ \vdots & \vdots & \vdots & \vdots & \vdots \\ \boldsymbol{C}_{\theta_i} & \boldsymbol{D}_{\theta_i} & \boldsymbol{E}_{\theta_i} & \boldsymbol{A}_{\theta_i f_j} & \boldsymbol{B}_{\theta_i f_j} \\ \boldsymbol{C}_{\theta_i} & \boldsymbol{D}_{\theta_i} & \boldsymbol{E}_{\theta_i} & \boldsymbol{A}_{\theta_i f_{j+1}} & \boldsymbol{B}_{\theta_i f_{j+1}} \\ \vdots & \vdots & \vdots & \vdots & \vdots \\ \boldsymbol{C}_{\theta_M} & \boldsymbol{D}_{\theta_M} & \boldsymbol{E}_{\theta_M} & \boldsymbol{A}_{\theta_M f_N} & \boldsymbol{B}_{\theta_M f_N} \end{bmatrix} \begin{bmatrix} \dfrac{\Delta \boldsymbol{V}_{\mathrm{Pr}}}{\boldsymbol{V}_{\mathrm{Pr}}} \\ \dfrac{\Delta \boldsymbol{V}_{\mathrm{Sr}}}{\boldsymbol{V}_{\mathrm{Sr}}} \\ \dfrac{\Delta \boldsymbol{\rho}}{\boldsymbol{\rho}} \\ \Delta \boldsymbol{Q}_{\mathrm{P}}^{-1} \\ \Delta \boldsymbol{Q}_{\mathrm{S}}^{-1} \end{bmatrix} \tag{5.63}$$

其中：$\boldsymbol{A}_{\theta_i f_j} = -\dfrac{1}{2\cos^2\theta_i}F_p(f_j)\boldsymbol{I}\boldsymbol{B}_{\theta_i f_j} = 4\sin^2\theta_i F_s(f_j)\left[\dfrac{\boldsymbol{V}_{\mathrm{Sr}}^2}{\boldsymbol{V}_{\mathrm{Pr}}^2}\right]$，$\boldsymbol{C}_{\theta_i} = \dfrac{1}{2\cos^2\theta_i}\boldsymbol{I}$，$\boldsymbol{D}_{\theta_i} = -4\sin^2\theta \left[\dfrac{\boldsymbol{V}_{\mathrm{Sr}}^2}{\boldsymbol{V}_{\mathrm{Pr}}^2}\right]$，$\boldsymbol{E}_{\theta_i} = \dfrac{1}{2}\boldsymbol{I} - 4\sin^2\theta\left[\dfrac{\boldsymbol{V}_{\mathrm{Sr}}^2}{\boldsymbol{V}_{\mathrm{Pr}}^2}\right]$；$\boldsymbol{I}$ 是单位阵，$\left[\dfrac{\boldsymbol{V}_{\mathrm{Sr}}^2}{\boldsymbol{V}_{\mathrm{Pr}}^2}\right]$的形式如下：

$$\left[\frac{V_{\mathrm{S}r}^2}{V_{\mathrm{P}r}^2}\right]=\begin{bmatrix}\frac{V_{\mathrm{S}r_1}^2}{V_{\mathrm{P}r_1}^2} & & O\\ & \ddots & \\ O & & \frac{V_{\mathrm{S}r_m}^2}{V_{\mathrm{P}r_m}^2}\end{bmatrix} \tag{5.64}$$

将矩阵式(5.63)中的解向量全部转化为阻抗的自然对数的形式，其中：

$$\begin{cases}\dfrac{\Delta \boldsymbol{V}_{\mathrm{P}r}}{\boldsymbol{V}_{\mathrm{P}r}}=\boldsymbol{L}[\ln \boldsymbol{V}_{\mathrm{P}r}]\\ \dfrac{\Delta \boldsymbol{V}_{\mathrm{S}r}}{\boldsymbol{V}_{\mathrm{S}r}}=\boldsymbol{L}[\ln \boldsymbol{V}_{\mathrm{S}r}]\\ \dfrac{\Delta \boldsymbol{\rho}}{\boldsymbol{\rho}}=\boldsymbol{L}[\ln \boldsymbol{\rho}]\end{cases} \tag{5.65}$$

这样黏弹介质中 AVAF 公式(5.63)可以化成：

$$\begin{bmatrix}\boldsymbol{R}_{\theta_1 f_1}\\ \boldsymbol{R}_{\theta_1 f_2}\\ \vdots\\ \boldsymbol{R}_{\theta_i f_j}\\ \boldsymbol{R}_{\theta_i f_{j+1}}\\ \vdots\\ \boldsymbol{R}_{\theta_M f_N}\end{bmatrix}=\begin{bmatrix}\boldsymbol{C}_{\theta_1}\boldsymbol{L} & \boldsymbol{D}_{\theta_1}\boldsymbol{L} & \boldsymbol{E}_{\theta_1}\boldsymbol{L} & \boldsymbol{A}_{\theta_1 f_1}\boldsymbol{D} & \boldsymbol{B}_{\theta_1 f_1}\boldsymbol{D}\\ \boldsymbol{C}_{\theta_1}\boldsymbol{L} & \boldsymbol{D}_{\theta_1}\boldsymbol{L} & \boldsymbol{E}_{\theta_1}\boldsymbol{L} & \boldsymbol{A}_{\theta_1 f_2}\boldsymbol{D} & \boldsymbol{B}_{\theta_1 f_2}\boldsymbol{D}\\ \vdots & \vdots & \vdots & \vdots & \vdots\\ \boldsymbol{C}_{\theta_i}\boldsymbol{L} & \boldsymbol{D}_{\theta_i}\boldsymbol{L} & \boldsymbol{E}_{\theta_i}\boldsymbol{L} & \boldsymbol{A}_{\theta_i f_j}\boldsymbol{D} & \boldsymbol{B}_{\theta_i f_j}\boldsymbol{D}\\ \boldsymbol{C}_{\theta_i}\boldsymbol{L} & \boldsymbol{D}_{\theta_i}\boldsymbol{L} & \boldsymbol{E}_{\theta_i}\boldsymbol{L} & \boldsymbol{A}_{\theta_i f_{j+1}}\boldsymbol{D} & \boldsymbol{B}_{\theta_i f_{j+1}}\boldsymbol{D}\\ \vdots & \vdots & \vdots & \vdots & \vdots\\ \boldsymbol{C}_{\theta_M}\boldsymbol{L} & \boldsymbol{D}_{\theta_M}\boldsymbol{L} & \boldsymbol{E}_{\theta_M}\boldsymbol{L} & \boldsymbol{A}_{\theta_M f_N}\boldsymbol{D} & \boldsymbol{B}_{\theta_M f_N}\boldsymbol{D}\end{bmatrix}\begin{bmatrix}\ln \boldsymbol{V}_{\mathrm{P}r}\\ \ln \boldsymbol{V}_{\mathrm{S}r}\\ \ln \boldsymbol{\rho}\\ \boldsymbol{Q}_{\mathrm{P}}^{-1}\\ \boldsymbol{Q}_{\mathrm{S}}^{-1}\end{bmatrix} \tag{5.66}$$

将式中的反射系数褶积不同频率的分频子波，就得到了分频的地震信号，其正过程写成下面的矩阵形式：

$$\boldsymbol{d}_{obs}=\boldsymbol{SAm} \tag{5.77}$$

基于正演公式，在贝叶斯反演的框架下进行弹性参数和非弹性参数的估计，黏弹介质中参数反演的推导与黏声介质中参数反演是一致的，后验期望和方差分别为：

$$\mu_{\hat{m}|\hat{d}_{obs}}=\mu_{\hat{m}}+(\boldsymbol{S}\hat{\boldsymbol{A}}\sum{}'_{\hat{m}})^{\mathrm{T}}\sum{}_{\hat{d}_{obs}}^{-1}(\hat{d}_{obs}-\mu_{\hat{d}_{obs}}) \tag{5.78}$$

$$\sum{}_{\hat{m}|\hat{d}_{obs}}=\sum{}_{\hat{m}}-(\boldsymbol{S}\hat{\boldsymbol{A}}\sum{}'_{\hat{m}})^{\mathrm{T}}\sum{}_{\hat{d}_{obs}}^{-1}\boldsymbol{S}\hat{\boldsymbol{A}}\sum{}'_{\hat{m}} \tag{5.79}$$

由此，我们以后验概率分布的形式给出了黏弹介质 AVAF 反演的解。后验概率的期望为最大概率解，方差代表了解的不确定性。对于反演目的层，通常根据已有的测井或地质信息首先给出一个初始模型，也就是先验信息 $\mu_{\hat{m}}$，它对应的是与频率无关的黏弹性参数。

四、数值实验

为了验证方法的有效性，本书开展了两组数值实验用于测试方法的有效性及稳定性：第一组实验是针对实际资料中常常遇到的薄互层问题和含气砂岩储层而设计的楔形模型，第二组实验数据来自于实际资料的测井资料及合成地震数据。

(一)基于楔形模型的 AVAF 反演

针对实际地震勘探中常常出现的薄互层问题，设计了一套砂岩层由厚到薄的楔形体，具有特殊的地质意义，首先针对这一套模型参数(表 5.2)建立地震正演模型；然后通过频率域褶积算子模拟角度域地震数据；最后在贝叶斯框架下进行 AVAF 反演。图 5.30 是楔形模型的 5 个黏弹性参数图。

表 5.2　楔形模型参数表

	$1/Q_P$	$1/Q_S$	V_P/(m/s)	V_S/(m/s)	ρ/(kg/m^3)
砂岩储层	0.1	0.2	2800	1450	2650
泥岩	0.01	0.01	3000	1500	2750

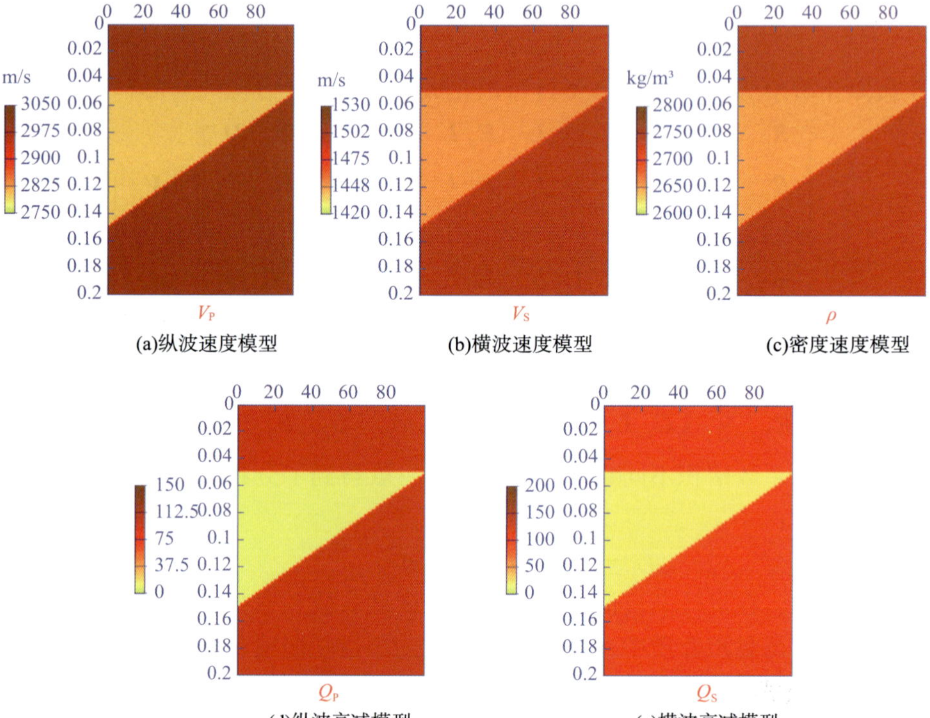

(a)纵波速度模型　(b)横波速度模型　(c)密度速度模型

(d)纵波衰减模型　(e)横波衰减模型

图 5.30　楔形模型参数

楔形模型的时间厚度从 0.1s 到 0s，使用这个衰减模型建立正演 AVAF 反射系数，然后再使用频率域的褶积过程来正演地震道集。对这个地震道集和合成地震道集的子波进行分频处理，构建分频率域的地震正过程。接下来的贝叶斯反演就是基于分频率域的正过程算子进行的，初始模型是在模型上进行了平滑，其平滑效果如图 5.31 所示。

通过贝叶斯反演最后得到图 5.32 的反演结果，可以看出弹性参数的反演是相对稳定的，这是由于弹性参数的敏感性较黏弹性参数的敏感性要强得多。而 Q_P 和 Q_S 参数的反演在层的厚度较厚时是相对稳定的，当反射层的厚度进入到临界厚度时，反射波产生了谱干扰，严重影响了反演结果，使得反演结果出现错误的收敛，这是由物理本质决定的。可以考虑增加反演的正则化项，加入更多的先验信息，来反演低于临界厚度时的情况。

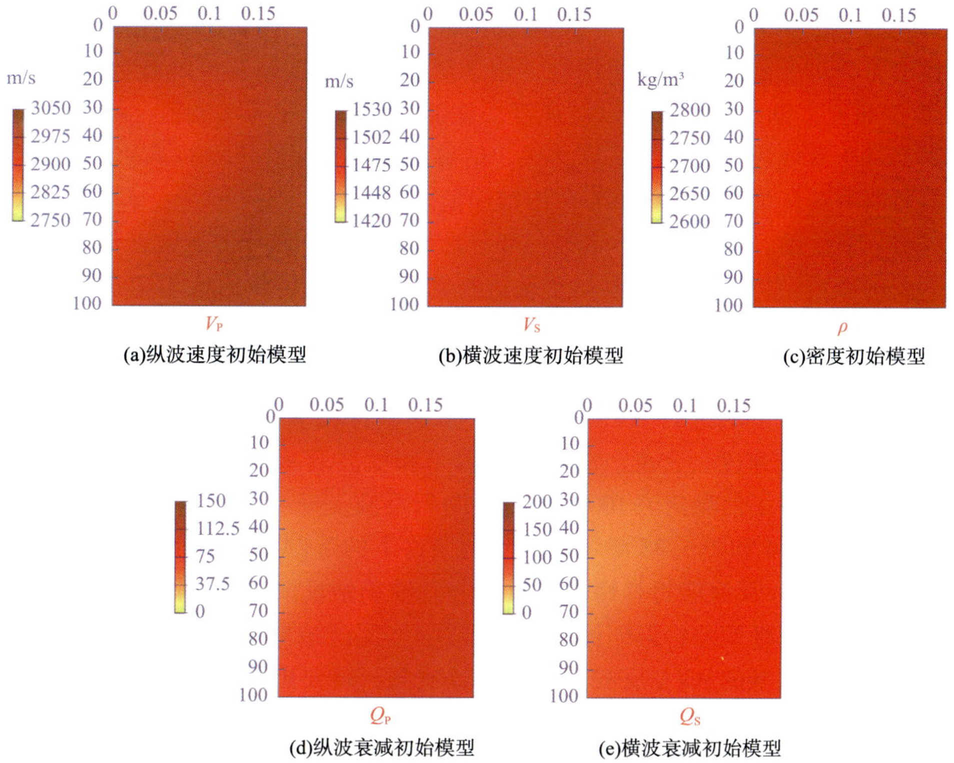

图 5.31　AVAF 反演所用的初始模型

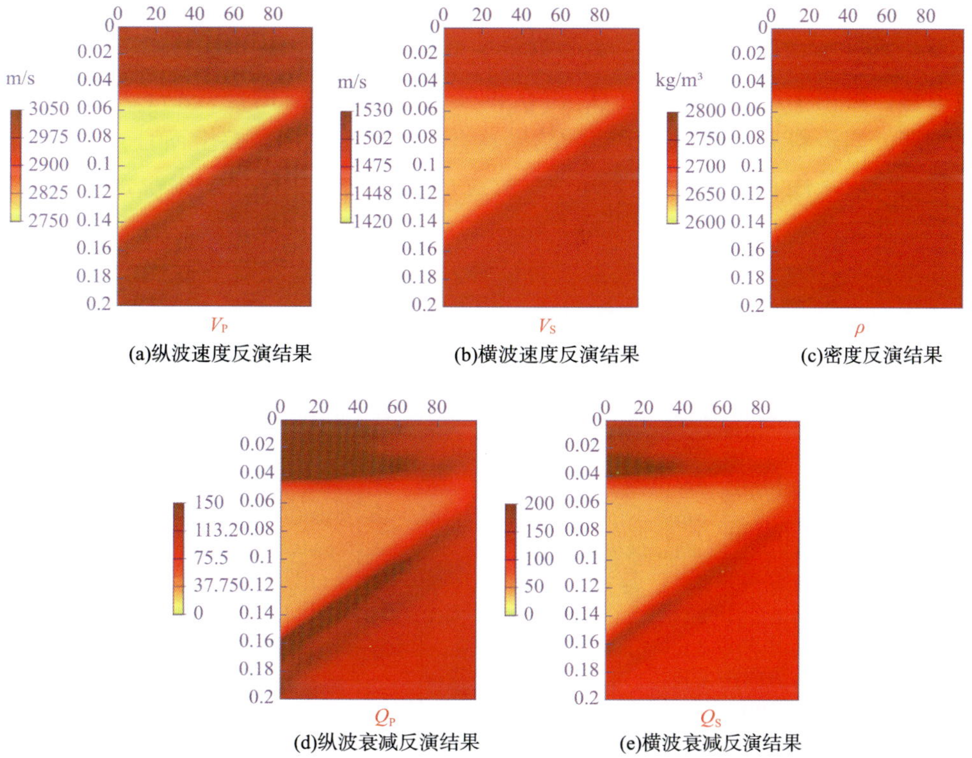

图 5.32　贝叶斯参数反演 MAP 结果

(二)基于测井资料的 AVA 与 AVF 反演及讨论

为讨论方法对于复杂介质的适用性，基于川西测井数据及合成地震数据开展了 AVA 及 AVF 反演研究。测井资料中的纵波速度、横波速度和密度为实测值，纵波衰减和横波衰减因子为基于常规测井资料的估算结果。估算的具体过程在下章内容将给出详细讨论，这里我们暂时将其认为是代表模型参数的准确值。

在进行反演之前，首先利用本节第一部分推导的黏弹介质反射系数近似式计算频率－角度域的反射系数，将该反射系数与子波进行褶积得到所需要的地震记录。在褶积过程中，我们将 30Hz 主频的雷克子波分别与固定角度、频率变化的反射系数和固定频率、角度变换的反射系数进行褶积，得到用于反演的角度域 AVA 道集和频率域 AVF 道集。接下来，我们将分别在角度域进行 AVA 反演，在频率域开展 AVF 反演，反演的目的参数包括：纵波速度、横波速度、密度、纵波衰减因子和横波衰减因子。为了验证方法的抗噪性，实验中分别设置了信噪比为 100、10 和 3 进行反演。

图 5.33、图 5.34 和图 5.35 是不同信噪比条件下的 AVA 道集反演的结果，可以看到在信噪比较高时 AVA 反演能将弹性参数反演非常准确地反演出来，随着信噪比的降低弹性参数的反演结果逐渐变差，但即使是信噪比为 3，反演结果仍然可以接受。对于黏弹性参数而言，常规角度域的 AVA 反演并不能有效预测，需要更多频率域的信息，这与我们的认识是一致的；图 5.36、图 5.37 和图 5.38 中是不同信噪比条件下的 AVF 道集反演结果，可以看到利用 AVF 的信息能很好地将纵波和横波的衰减值反演出来，而弹性参数也能有一定的结果，但是差于用 AVA 来反演弹性参数的结果。

因此，基于实验的结果，我们给出了如下结论：角度域 AVA 反演可用于准确反演弹性参数 V_P，V_S，密度的变化，且具有良好的抗噪性；而频率域 AVF 反演对于黏弹性参数则更为敏感，可用于反演衰减参数 Q_P 和 Q_S的变化，值得注意的是，AVF 反演对于信噪比的要求较高，当资料品质较高时反演的结果具有较高的可信度。综上而言，对于实际资料反演，我们建议采用常规 AVO 反演弹性参数进行岩性识别，利用 AVF 反演衰减参数进行流体预测工作。此外，我们注意到 AVF 反演的道集为频率域道集，这种数据在常规数据处理中并不常见，为得到频率域数据项目研究开发了基于限频 S 变换及分频反变换的方法，具体将在实际资料部分进行详细讨论。

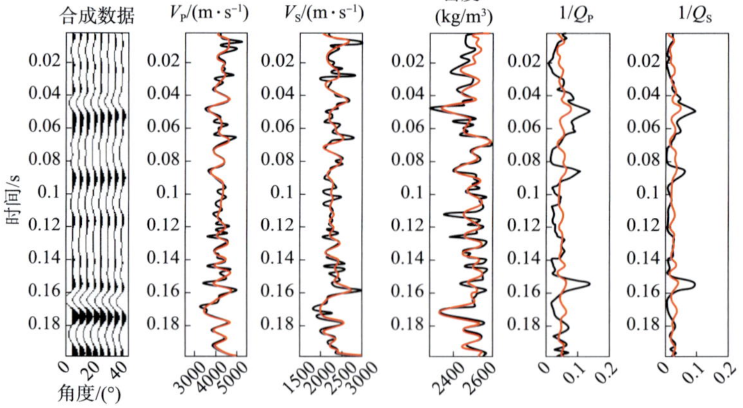

图 5.33　信噪比为 100 时 AVA 反演结果

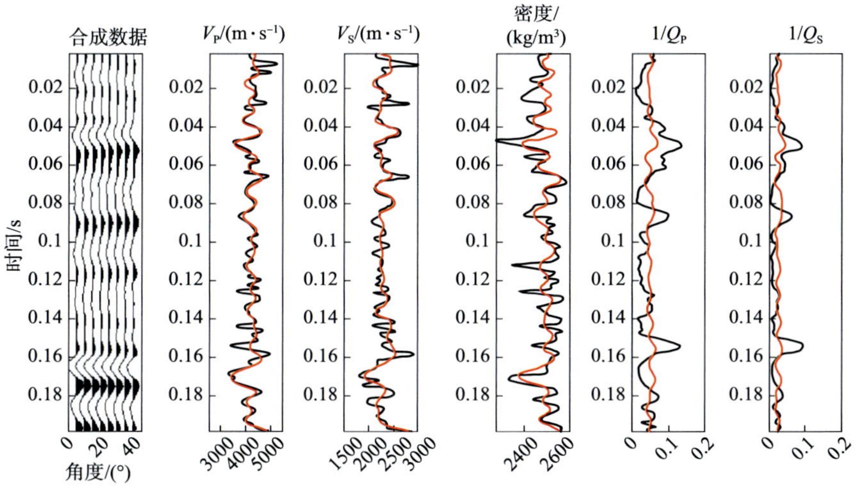

图 5.34 信噪比为 10 时 AVA 反演结果

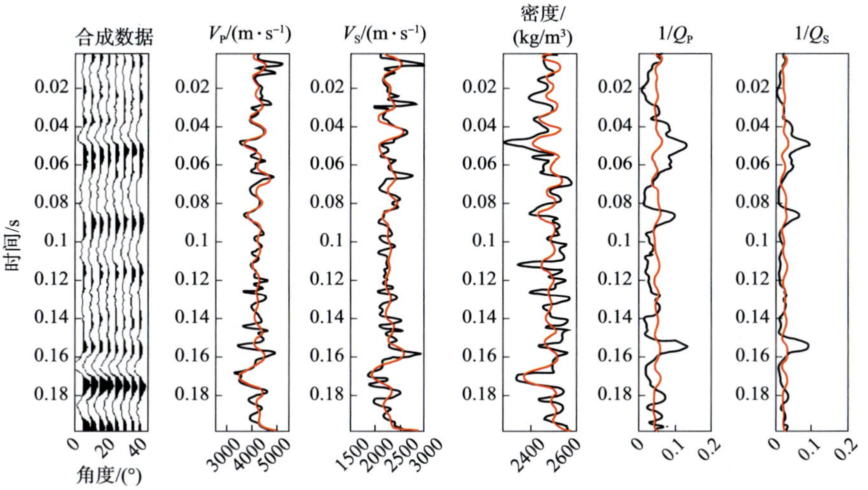

图 5.35 信噪比为 3 时 AVA 反演结果

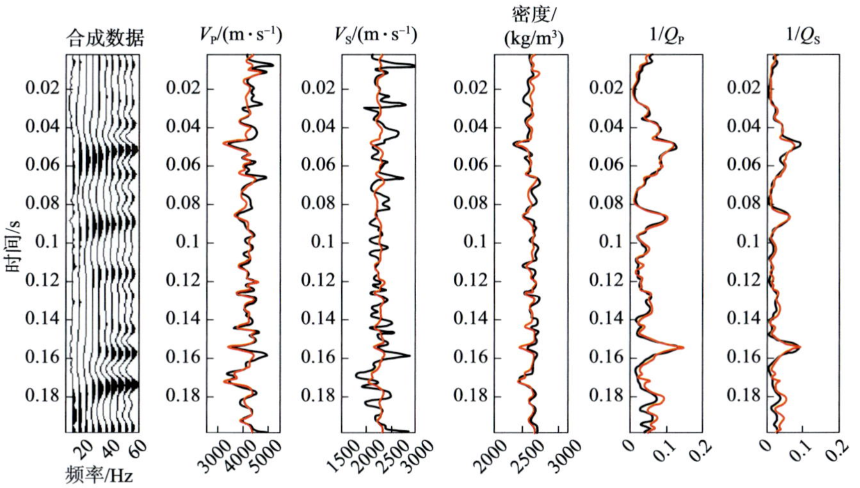

图 5.36 信噪比为 100 时 AVF 反演结果

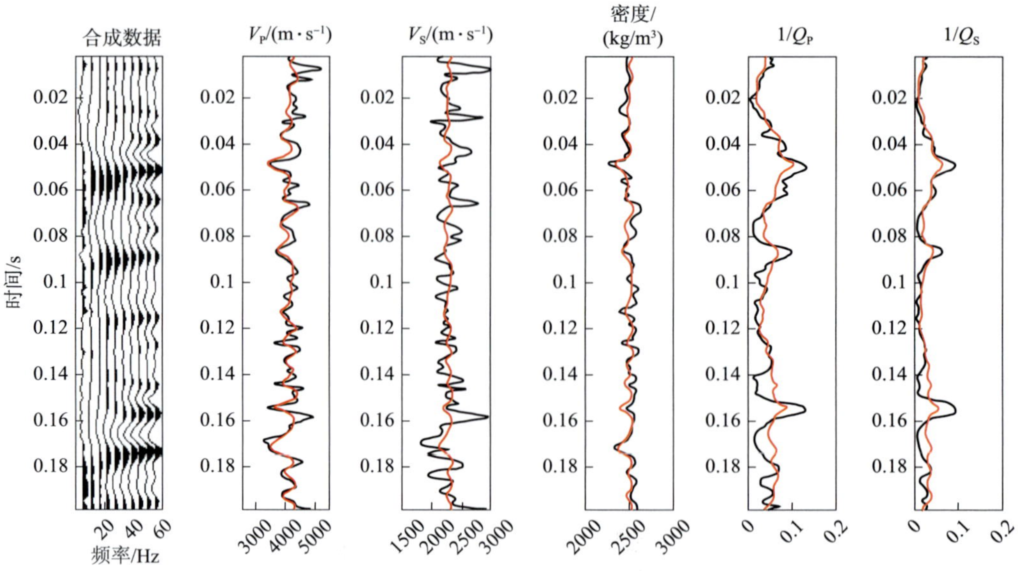

图 5.37　信噪比为 10 时 AVF 反演结果

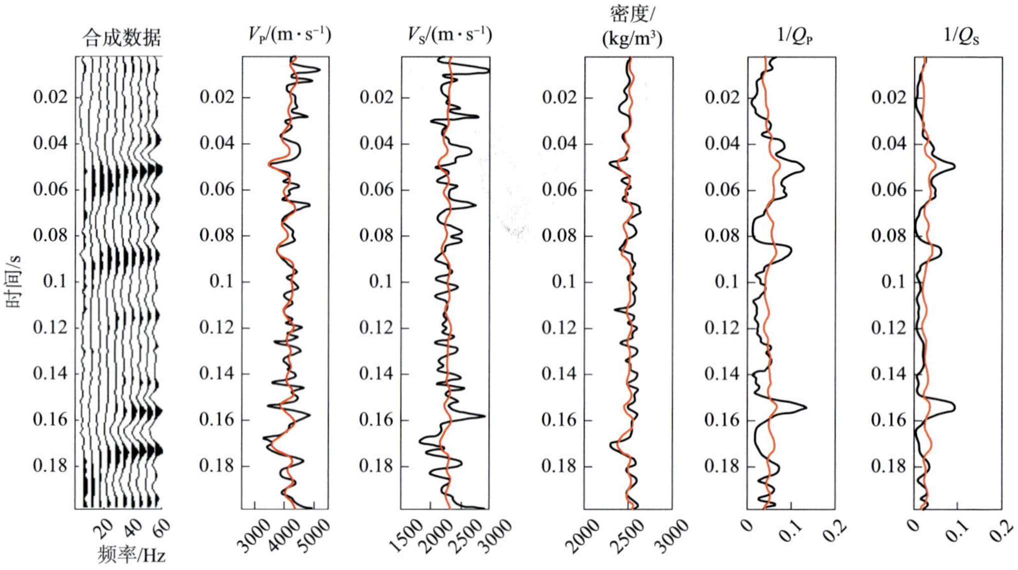

图 5.38　信噪比为 3 时 AVF 反演结果

第三节　黏弹介质 AVA/AVF 反演方法应用

一、工区概况

本节以实际资料为例，介绍该技术的流程。研究范围为四川某工区，面积约 650km^2。井资料选择以地震资料覆盖范围内的测钻井资料为主，预计约 40 口井，根据工区地质特点及勘探开发任务，主要开展地球物理参数反演、含气性预测、甜点综合预测工作，旨在为后期的开发评价部署提供技术支撑。

在实际资料的应用部分，本书基于叠前数据在角度域和频率域分别进行 AVA 反演和 AVF 反演，反演的目标参数包括：纵波速度、横波速度、密度、纵波衰减因子和横波衰减因子。反演所需的准备数据，包括：子波、测井数据、初始模型、角度域道集和频率域道集。

二、角度域道集抽取与质控

叠前 AVA 反演所用的地震数据是经过偏移处理后的角道集，通常的做法是：首先在炮检距域实施叠前时间偏移，然后基于水平层状介质以及对称路径的假设，将偏移距域内的共成像点道集转到角度域。这种从炮检距域到角度域的变换没有考虑地震波传播过程中上行和下行射线路径的不对称性，因此在复杂构造的情况下误差很大。川西地区的角道集采用时间–角度域叠前偏移，并采用了相对保真的处理方法，可直接得到较为准确的角道集用于弹性参数反演。图 5.39 为角度域成像道集，我们选取了 6 个连续的共深度点(Common Depth Point，CDP)进行显示作为质量控制(Quality Control，QC)的第一个环节。可以看到通过叠前实际偏移后的成像道集已完全校平，可以满足 AVA 反演的要求。

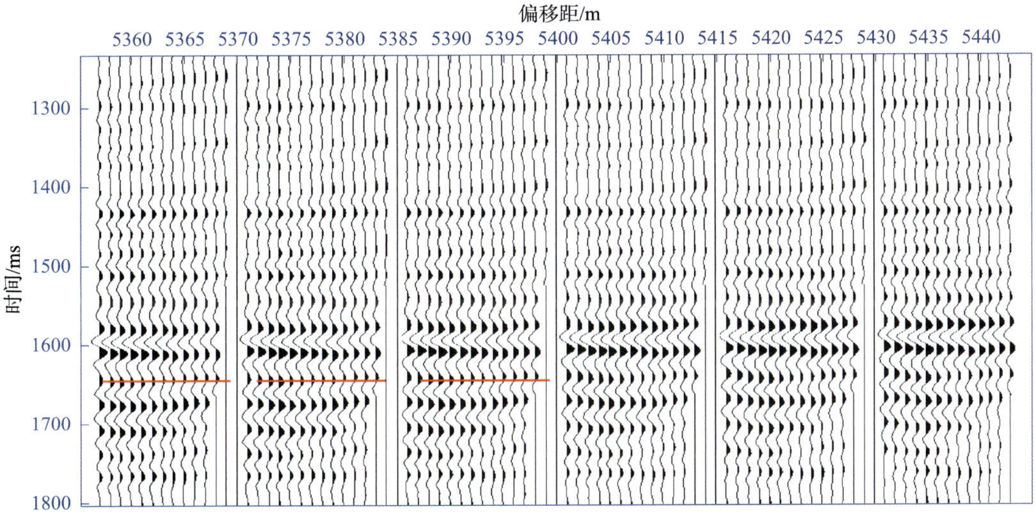

图 5.39　抽取的连续 6 个 CDP 角道集数据

AVA 反演 QC 的第二个环节为井震标定，反演之前需要确保测井曲线与地震资料在时间域的一致性。图 5.40 为井震标定过程：首先通过提取子波与测井数据进行褶积得到合成地震道(中)，然后提取井旁道地震数据(左)，在固定时窗内对比、调整波形，使之达到较高的匹配程度。值得注意的是，合成地震道所用的测井数据(右)往往具有较高的频率，有时会造成调谐效应，该现象反映了地下薄互层较为发育，是井震标定中经常碰到的现象。

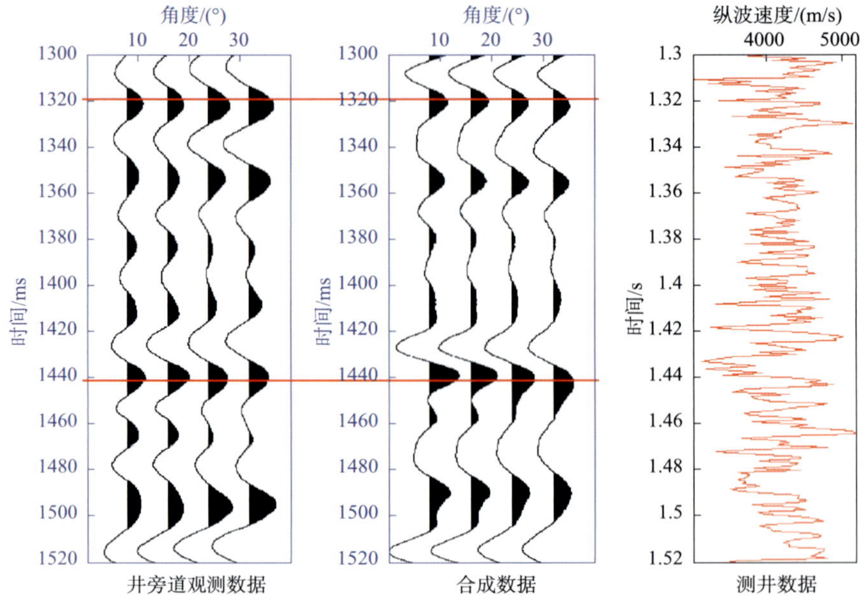

图 5.40　井震标定过程

三、频率域道集抽取与质控

与叠前 AVO 反演不同，AVF 反演需要在频率域进行，因此，频率域道集的提取是反演的基础。这里我们采用 S 变换加上分频反变换的方式进行频率域道集的抽取。以 2D 地震数据为例：首先对某线的部分叠加数据进行 S 变换得到不同频率的时频谱剖面，图 5.41(a)～(c)为分频后的时频谱，分别展示了时频谱为 15Hz、25Hz、35Hz 的时频谱，从 15Hz 的剖面可以看出在 1.8～2s 附近有较强的能量聚集，随着频率的增加到 25Hz 时，强能量已逐渐在上方聚集，而在 35Hz 的剖面上 1.8s 附近的能量团已经基本消失，这种现象在油气预测中为典型的“低频伴影”，常常指示了该区域有很好的油气显示。然而，这里想指出的是这种油气预测方法较为定性且主观性较强，并没有达到定量化解释的效果。

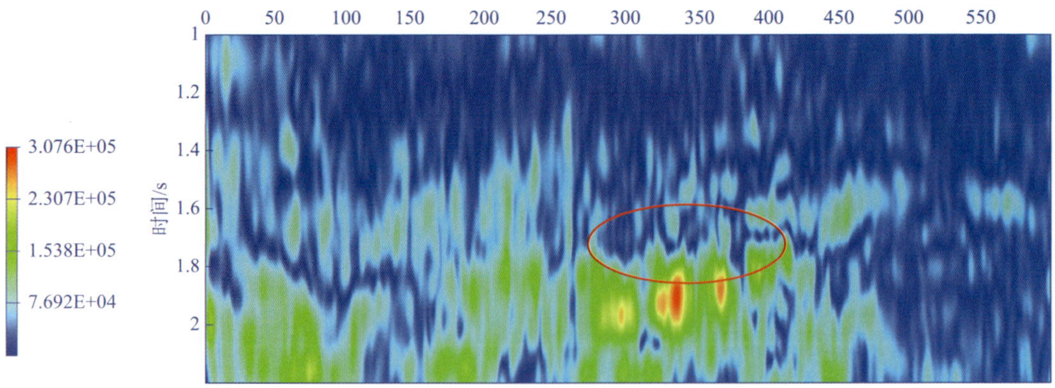

(a)S变换后得到的15Hz时频谱

图 5.41　分频后的时频谱

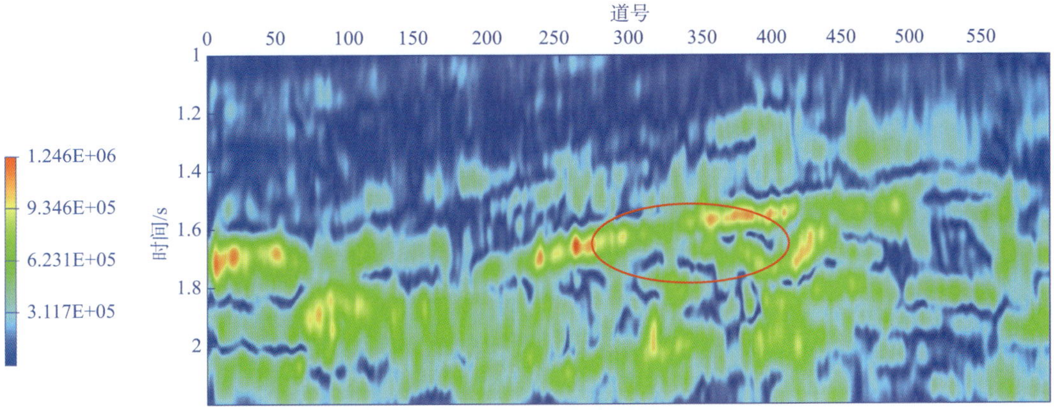

(b)S变换后得到的25Hz时频谱

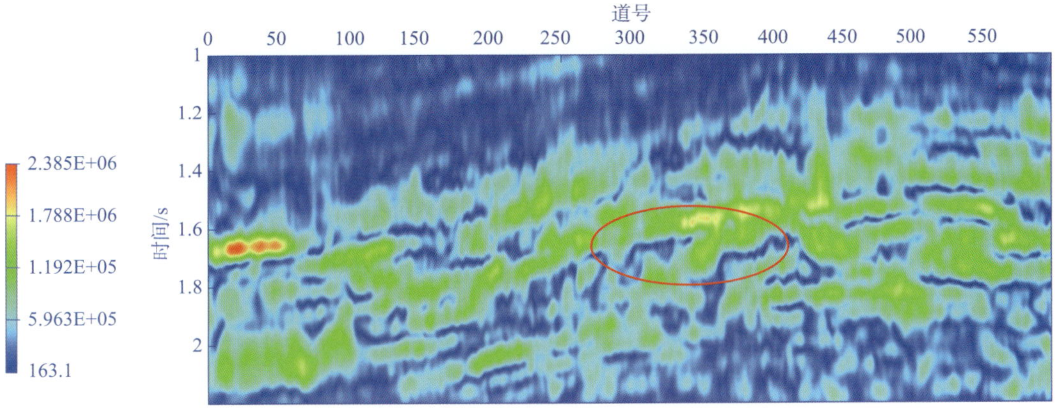

(c)S变换后得到的35Hz时频谱

图 5.41　分频后的时频谱(续)

接下来，在时频谱的基础上进行分频 S 反变换。这样，对于每一个部分叠加数据剖面都会多扩展出一个维度，即变成一个带有频率域信息的 3D 数据体(图 5.42)。当然，如果我们沿着一个固定的频率从这个数据体中抽取信息就可以得到不同频率段的地震数据剖面(图 5.43)。在这些分频后的数据体上可以看到一些“亮点”，而这与之前时频谱上的“低频伴影”是对应的，但这种方法仍然只是定性的解释。

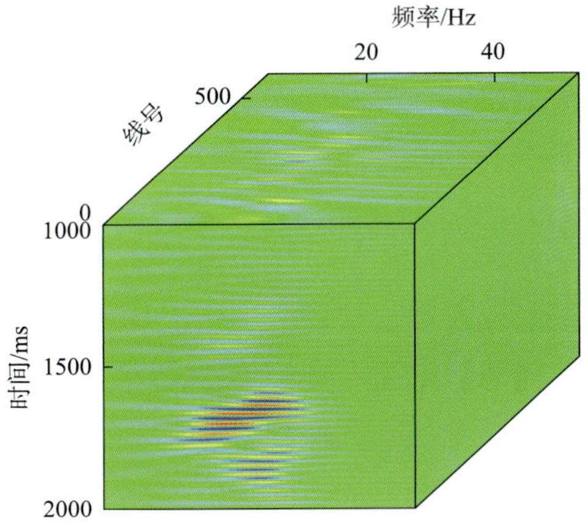

图 5.42　频率域 3D 数据体

最后，我们还需要显示频率域道集做 QC，这种道集的显示与角度域道集颇为类似，但不同之处在于我们会用不同频率的子波制作合成记录与实际分频结果进行标定。对于提取出的子波，我们仍然采用 S 变换加分频反变换的方法进行处理。图 5.44 为处理后不同频率的子波。将该波形与测井资料计算得到的反射系数进行褶积，可得到频率域的道集。

图 5.45 展示了在频率域进行井震标定的过程：图(a)为合成频率域数据，图(b)为分频后的实际地震道，在时间上二者的波峰和波谷几乎完全一致；而在振幅的大小上，我们看到合成地震道的能量较“充足”，即无论较低的频率还是较高的频率能量均相当，而对于实际地震数据，较小的频率部分能量明显弱于较大频率的能量。造成这一现象的原因可能在于：前期处理过程中对低频数据的滤波造成了能量的损失。为了解决这一问题，可以用叠前反演预处理技术来达到相对保幅保相位的效果。

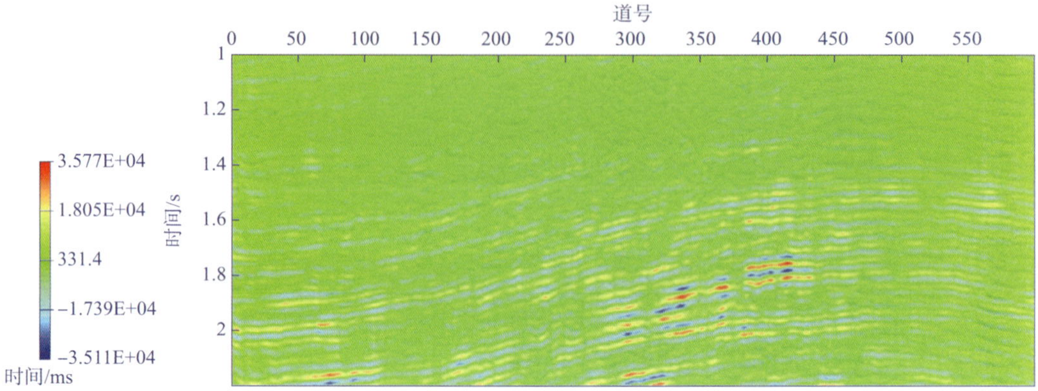

(a)15Hz

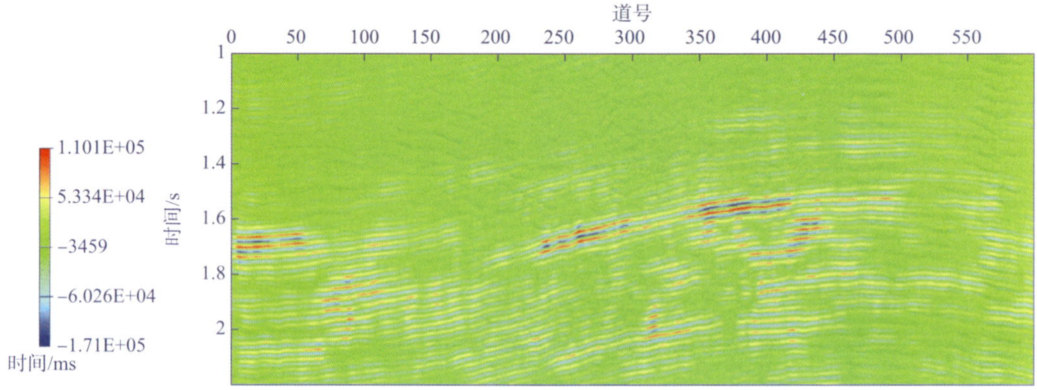

(b)25Hz

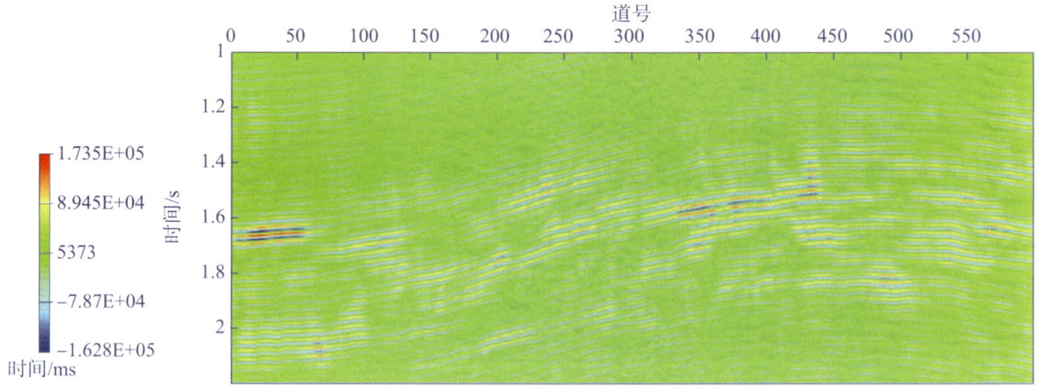

(c)35Hz

图 5.43　不同频率段的地震剖面

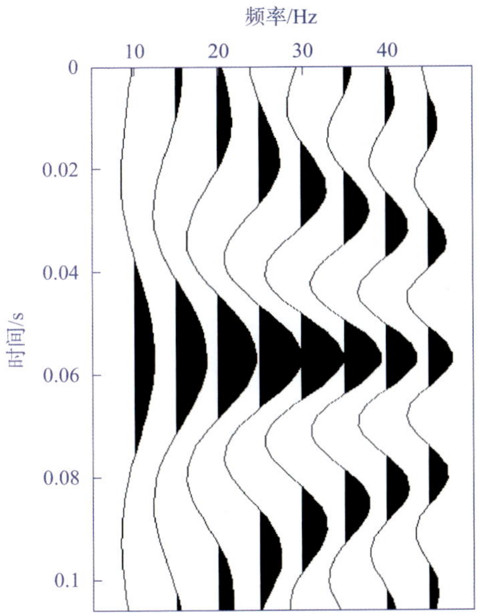

图 5.44　分频处理后的子波

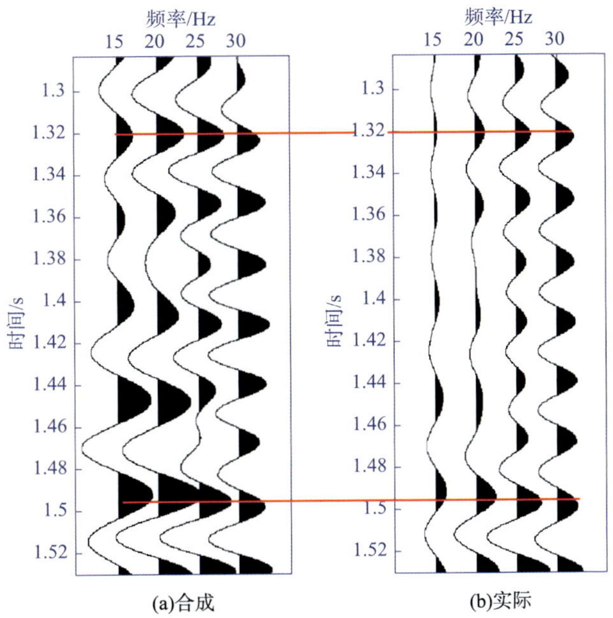

图 5.45　频率域井震标定

四、初始模型建立

无论是对于叠后反演还是叠前反演，甚至包括全波形反演技术（Full Waveform Inversion，FWI），初始模型的建立都是十分关键的。在实际资料的应用中，本研究充分利用该地区已有的测井数据，结合已有的层位数据在三维空间进行插值外推建模，然后通过平滑得到了能够反映区域背景的速度场、密度场和衰减参数。在数值外推的算法上，我们可以选择反距离加权、克里金插值等方法，这里不再冗述。

这里以二维某线数据为例，图 5.46（a）~（e）显示了利用测井外推、层位约束建立的初始模型。对于黏弹介质 AVA/AVF 反演，我们建立了纵波速度、横波速度、密度、纵波衰减和横波衰减的初始模型。不难看出，通过插值、平滑后的速度模型较为稳定，而且反映了目的层内背景场的变换情况，可以满足后续反演的要求。

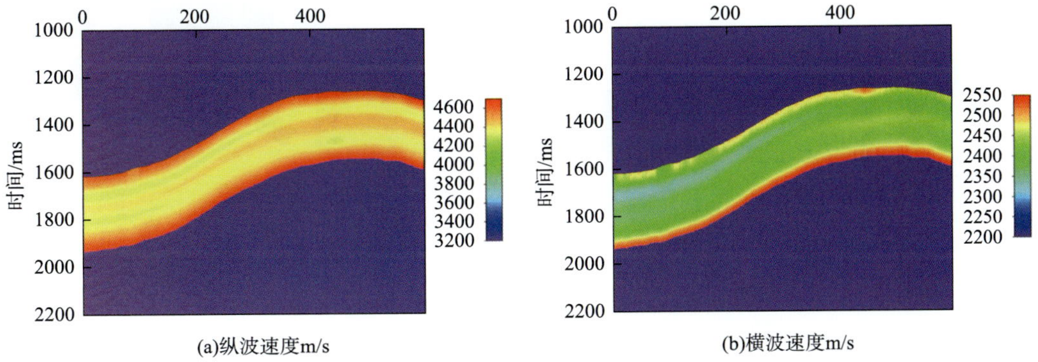

图 5.46　初始速度模型

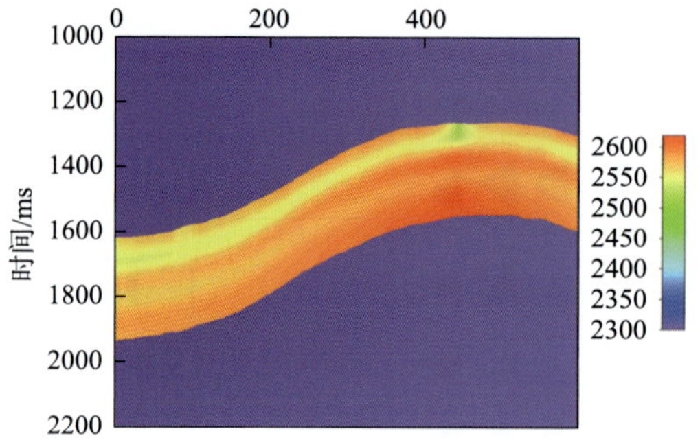

(c)密度kg/m³

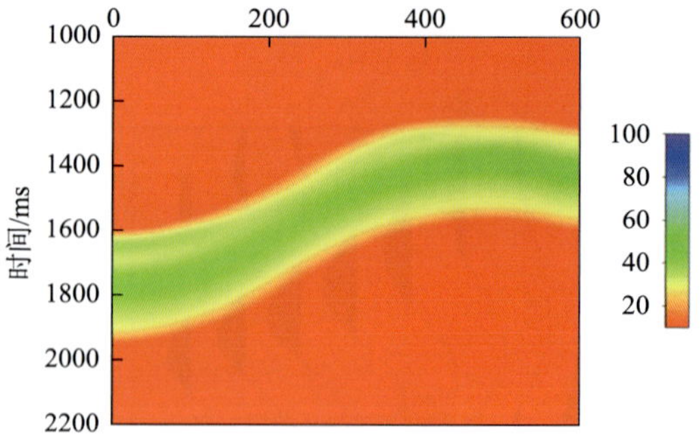

(d)纵波品质因子

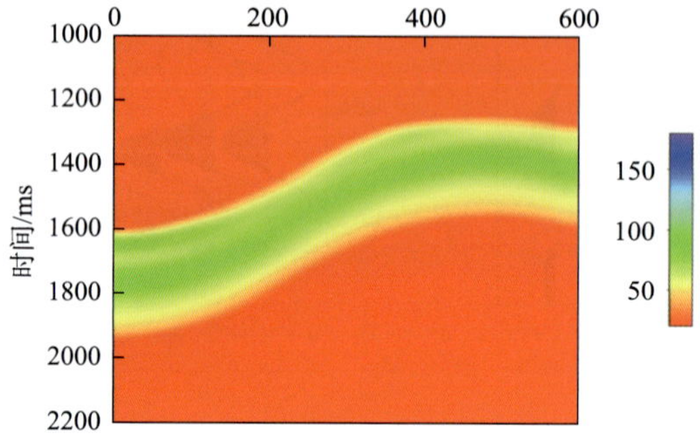

(e)横波品质因子

图 5.46 初始速度模型(续)

五、工区反演实例

在前期数据准备的基础上，在角度域进行 AVA 反演、频率域进行 AVF 反演，在得到 5 个弹性及黏弹性参数的基础上借助贝叶斯物性参数反演方法进行储层参数反演，最后结合测井及岩石物理数据进行含气性预测。具体的实施流程如图 5.47 所示。

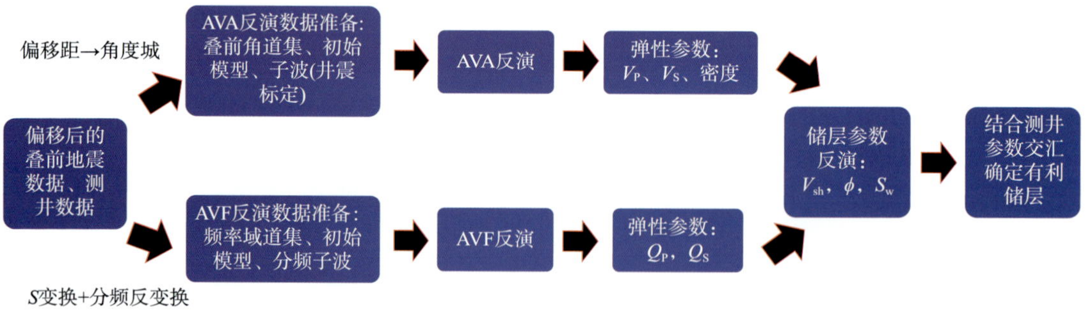

图 5.47 AVA/AVF 反演在川西地区的具体实施流程

(一)二维测线反演测试

首先在角度域进行 AVA 反演，反演的目的参数包括：纵波速度、横波速度和密度。反演方法采用前文提到的贝叶斯线性 AVA 反演算法，并加入测井以及层位的约束，二维反演结果如图 5.48(a)所示。该地区薄互层发育，根据已有的岩石物理分析的资料，砂岩通常具有较高的速度。在反演剖面上可以明显地看出薄互层发育的特点。此外，在 CDP = 445 的位置有钻探的高产井 A 井，我们把该井作为验证二维反演的标准。从剖面上可以看出：尽管目的层内速度、阻抗频繁变化，但反演得到的纵波速度、横波速度以及密度均具有较好的吻合性。为了更方便的进行比较，图 5.48(a) ~ (c)的右侧显示了井旁道的反演结果与测井曲线的对照：其中红色为反演结果，黑色为实际测井曲线，绿色为测井平滑后的曲线。由于测井曲线具有较高的频率，而地震资料的分辨率总是有限的，二者不在一个尺度上。因此，在对比反演结果时，我们首先对测井资料进行平滑，然后，将平滑后的结果与反演结果进行对比，尺度的变化也是任何反演方法必须考虑的问题。从井旁道的反演结果可以看出，反演结果与测井具有较高的吻合性。值得注意的是，该工区的采集提供了较大偏移距的地震数据，因此密度反演的质量较好，从图 5.48(c)中不难看出密度的反演结果与测井结果一致性较好。

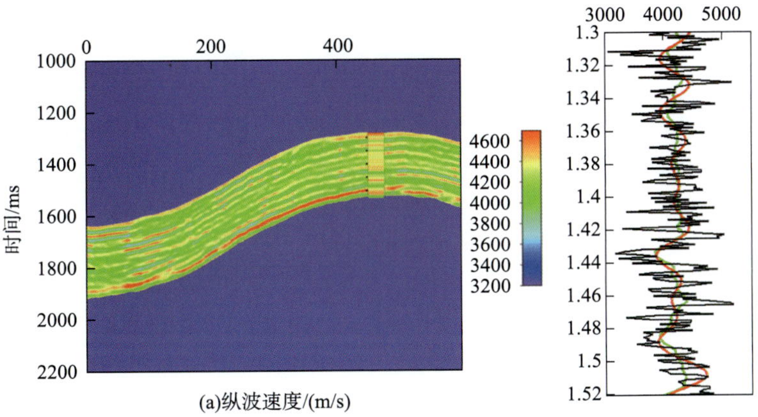

(a)纵波速度/(m/s)

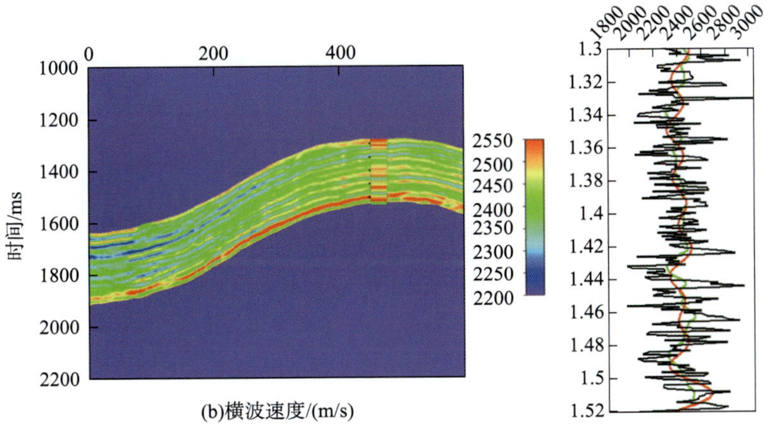

(b)横波速度/(m/s)

图 5.48　AVA/AVF 反演结果与测井曲线对照

（左为反演剖面，右为井旁道反演与测井曲线对照：红色为反演结果，黑色为实际测井值，绿色为测井平滑曲线）

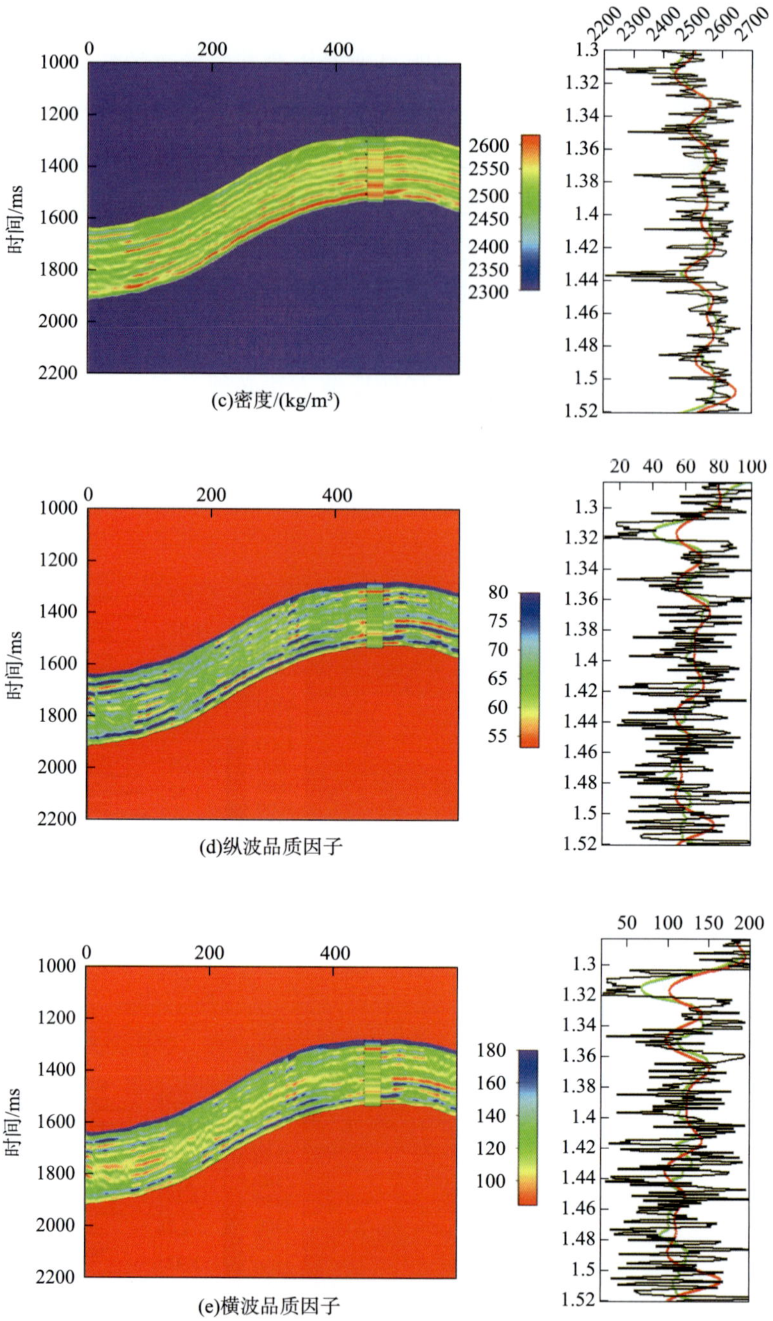

图 5.48　AVA/AVF 反演结果与测井曲线对照(续)

(左为反演剖面，右为井旁道反演与测井曲线对照：红色为反演结果，黑色为实际测井值，绿色为测井平滑曲线)

接下来，在频率域进行黏弹性 AVF 反演，反演的目的参数是纵波品质因子和横波品质因子。利用振幅随频率的变化信息我们可以得到较为准确的地下衰减特征[图5.48(d)～(e)]，剖面上暖色为品质因子较小，即衰减较大的地层；冷色为品质因子较大，即衰减较小的地层。同样，我们也提供了通过地震资料 AVF 反演得到的衰减参数与测井资料计算的对比图。二者在同一尺度上的变化趋势基本一致，充分验证了方法的正确性。

这样就完成了基于黏弹介质的五参数反演，通过对该地区进行岩石物理交会分析可以发现：高产的致密气储层往往具有高纵波阻抗、低纵横波速度比和高纵波衰减的特点。图5.49和图5.50均为A井须五段目的层岩石物理交会分析，分别以伽马值和含水饱和度作为色标，图(a)为 V_P/V_S 与纵波阻抗交会，图(b)为 V_P/V_S 与纵波衰减的交会，通常认为伽马值是区分岩性的良好指标，而含水或含气饱和度是区分含气性的良好指标。从图5.49中可以看出，*GR* 较低的散点对应着砂岩，具有较高的阻抗和较低的纵横波速度比，而利用纵波衰减和 V_P/V_S 进行的岩性交会并不能良好的区分砂岩，因此该地区的解释工作中，可以首先利用纵波阻抗和 V_P/V_S 来对岩性进行有效的区分。

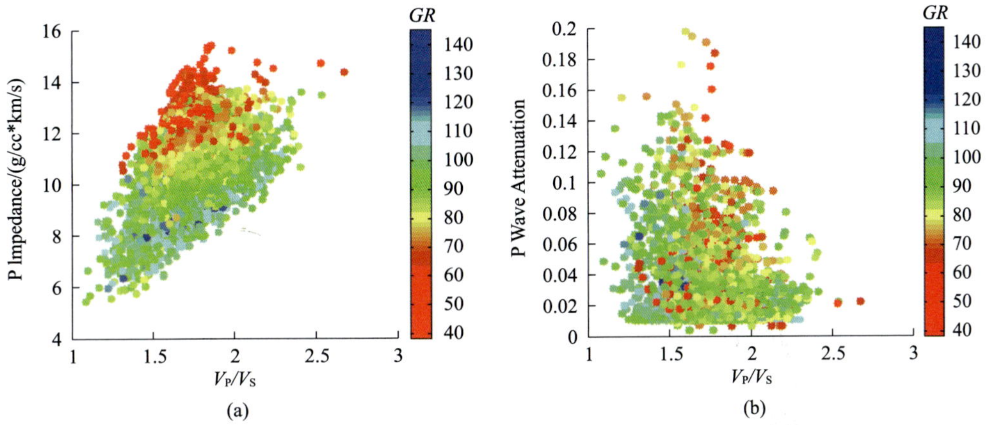

图5.49 A井岩石物理交会分析

(a) V_P/V_S 与纵波阻抗交会；(b) P波衰减与P波阻抗交会，色标为 *GR* 值)

接下来，如何区分砂岩的含气性呢？图5.50的交会分析揭示：冷色为含水饱和度降低的地层，对应着含气储层；暖色为含水饱和度为1的地层，对应着非含气储层。不难看出含气储层同样具有较低的纵横波速度比和较高的阻抗；而图5.50(b)显示出含气储层还具有较高的P波衰减。基于此认识，我们将反演得到的纵波阻抗剖面、V_P/V_S 剖面与 Q_P 剖面显示出来并与测井解释得到的 S_w 曲线进行了对比(图5.51～图5.53)。

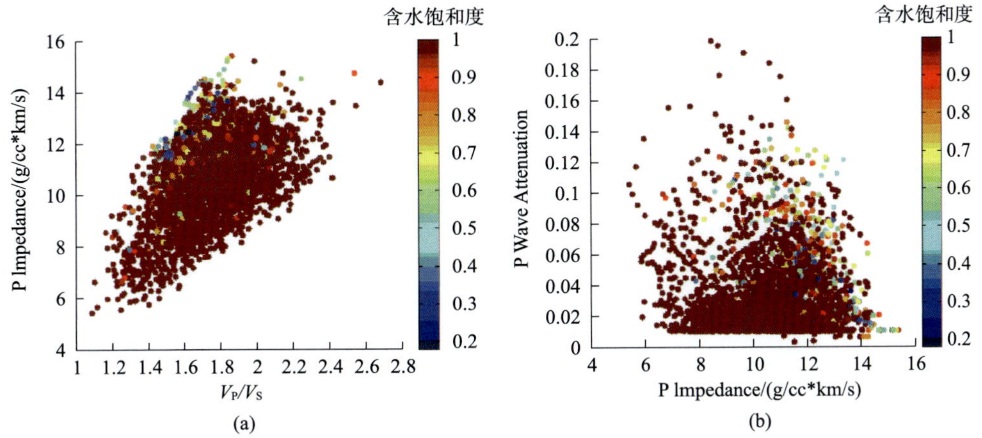

图5.50 A井岩石物理交会分析

(a) V_P/V_S 与纵波阻抗交会；(b) P波衰减与P波阻抗交会，色标为含水饱和度值

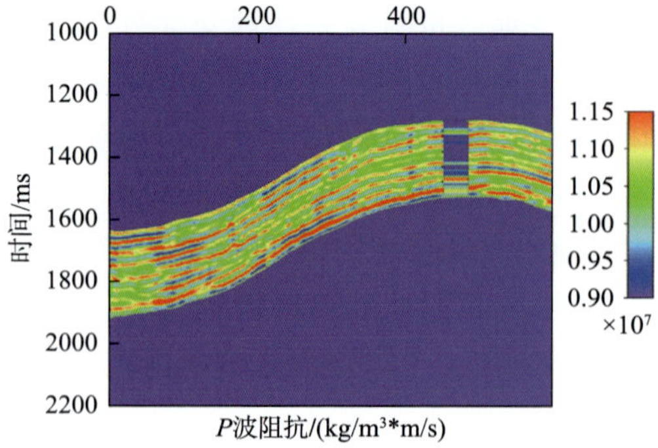

图 5.51　反演纵波阻抗剖面与含水饱和度对照

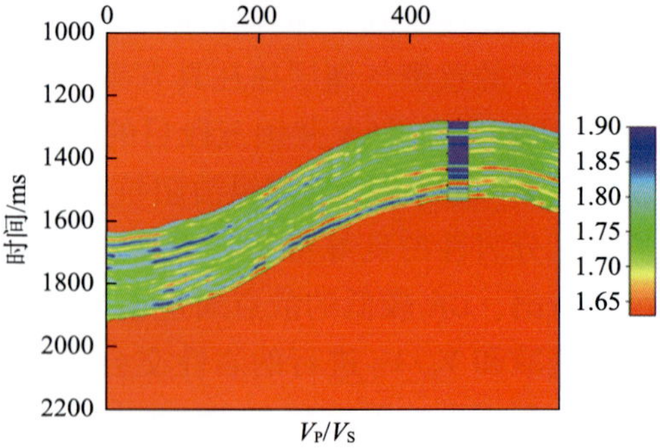

图 5.52　反演纵横波速度比剖面与含水饱和度对照

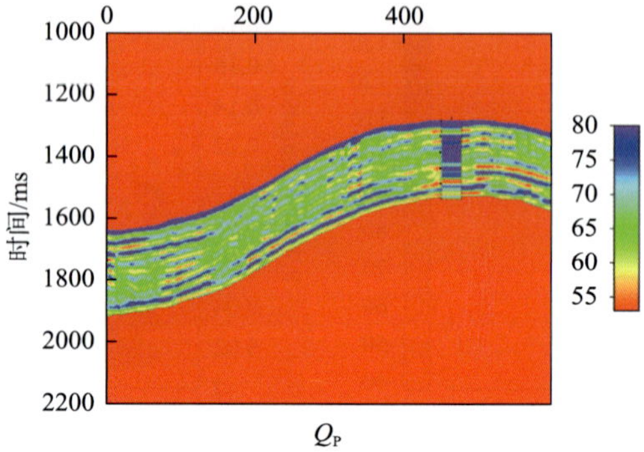

图 5.53　反演 P 波衰减剖面与含水饱和度对照

从剖面中可以看出上述关系可很好地应用于储层预测，尤其是纵横波速度比和纵波衰减异常的地层往往很好地对应了含水饱和度的降低，预示着存在可能的含气储层。因此，黏弹介质多参数的反演为储层预测提供了更多的信息，大幅减低了预测的风险。

(二) 三维工区反演应用

三维工区的反演具体实施流程与二维相同。反演过程中在目的层内加入了地震解释层位及测井资料的约束，使得整个过程更加稳定。图 5.54 ~ 图 5.58 展示了 3D 区块中 1147 线的反演结果，分别为目的层 J1b - T3x5 段内的纵波速度、横波速度、密度、纵波品质因子和横波品质因子。

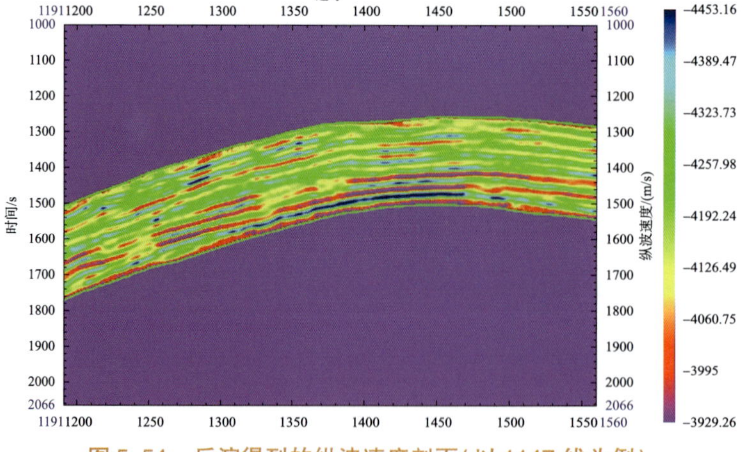

图 5.54　反演得到的纵波速度剖面(以 1147 线为例)

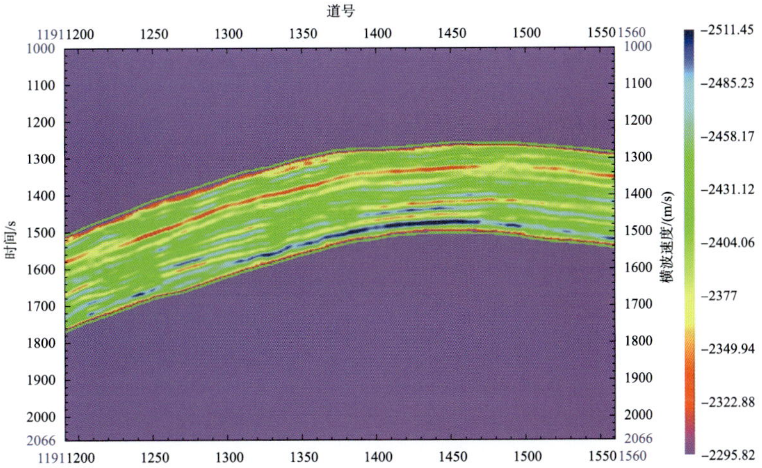

图 5.55　反演得到的横波速度剖面(以 1147 线为例)

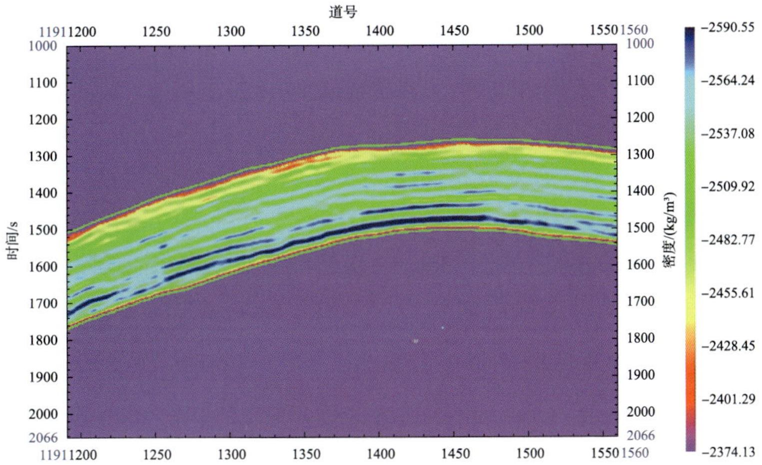

图 5.56　反演得到的密度剖面(以 1147 线为例)

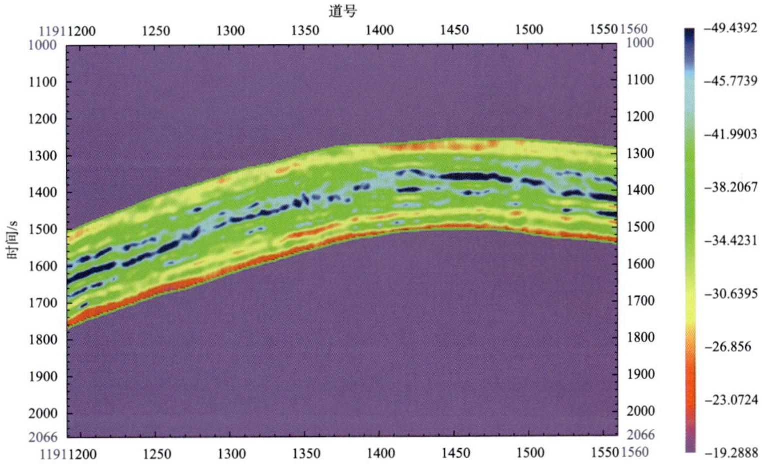

图 5.57　反演得到的纵波品质因子(以 1147 线为例)

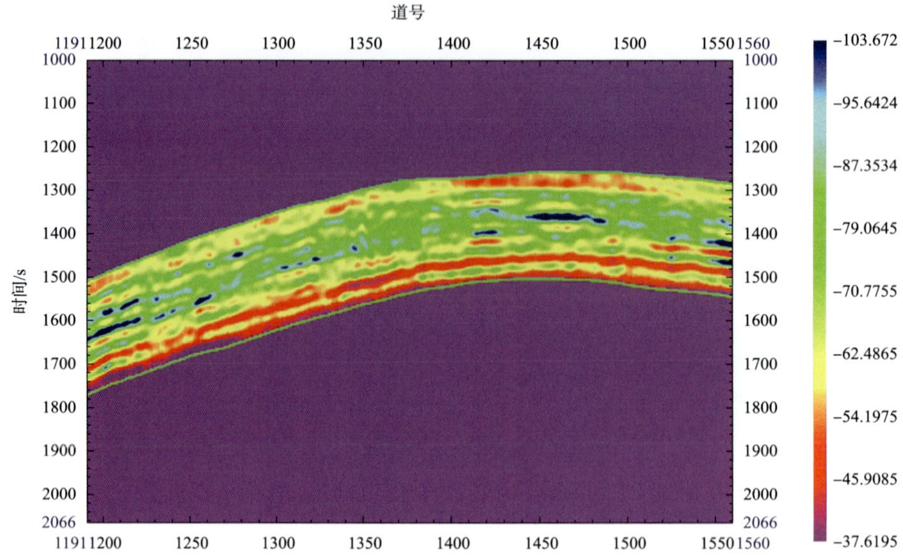

图 5.58　反演得到的横波品质因子(以 1147 线为例)

结合之前开展的岩石物理分析工作，我们提取了须五下亚段 T3x4z – T3x4 内的反演参数：*AI*，V_P/V_S 和 Q_P 值，并计算其均方根属性。图 5.59 和图 5.60 分别为提取的三维工区内层间 *AI* 均方根属性和 V_P/V_S 均方根属性，图 5.61 为提取的层间 Q_P 均方根属性。暖色均为低值区域，对应着较好的含气性，冷色为高值区域，对应较差的含气性。通过对比发现：由地震资料反演得到的弹性参数和黏弹性参数既有良好的相似性，又有一些区域性的差别。充分说明综合利用黏弹性参数反演结果可带来更多储层信息，增加预测的可信度。

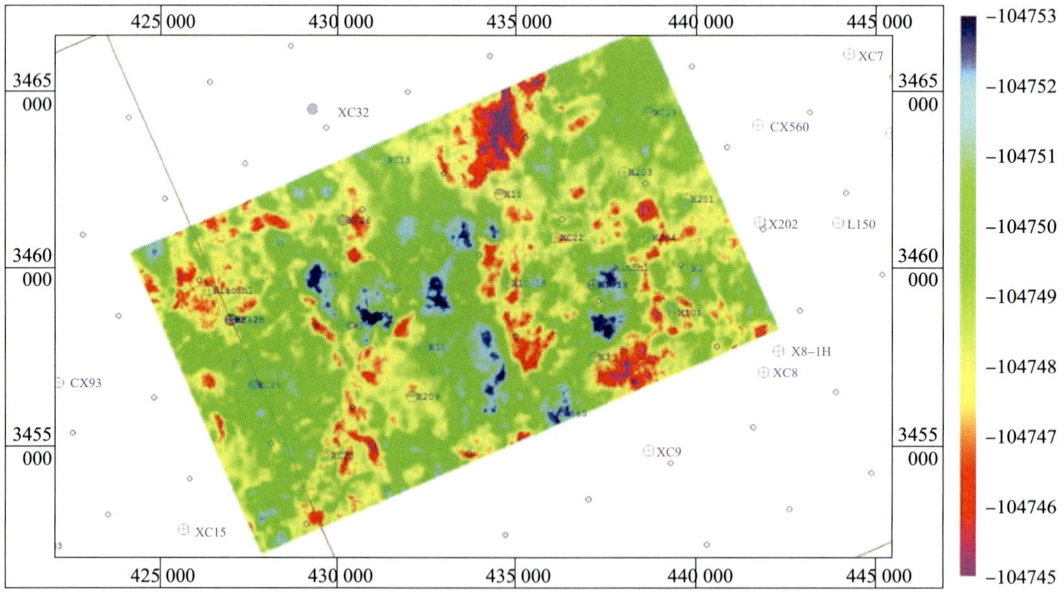

图 5.59　反演得到的 T3x5 层间 *AI* 属性值

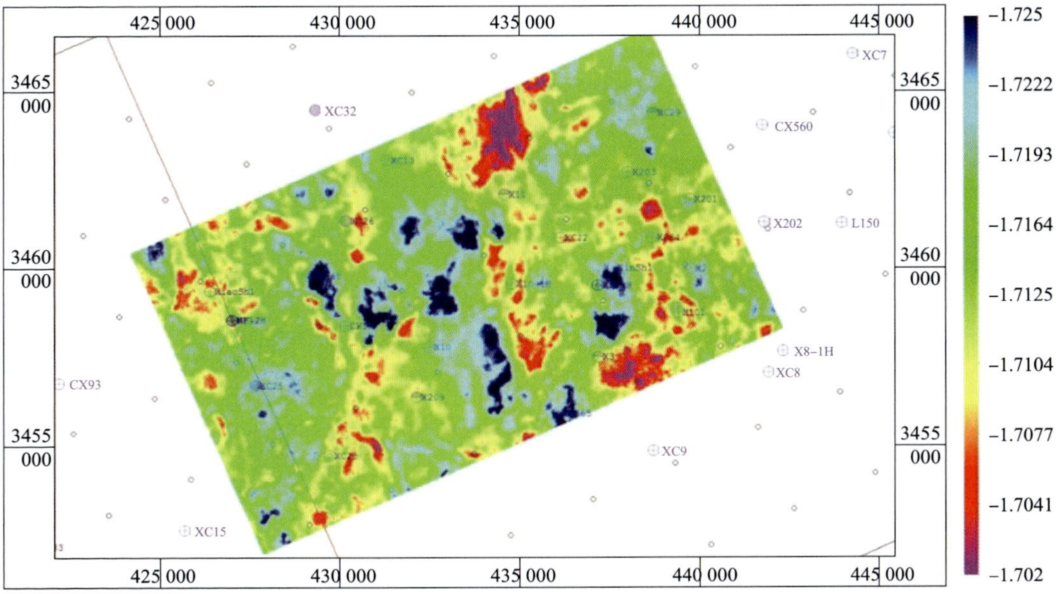

图 5.60 反演得到的 T3x5 层间 V_P/V_S 属性值

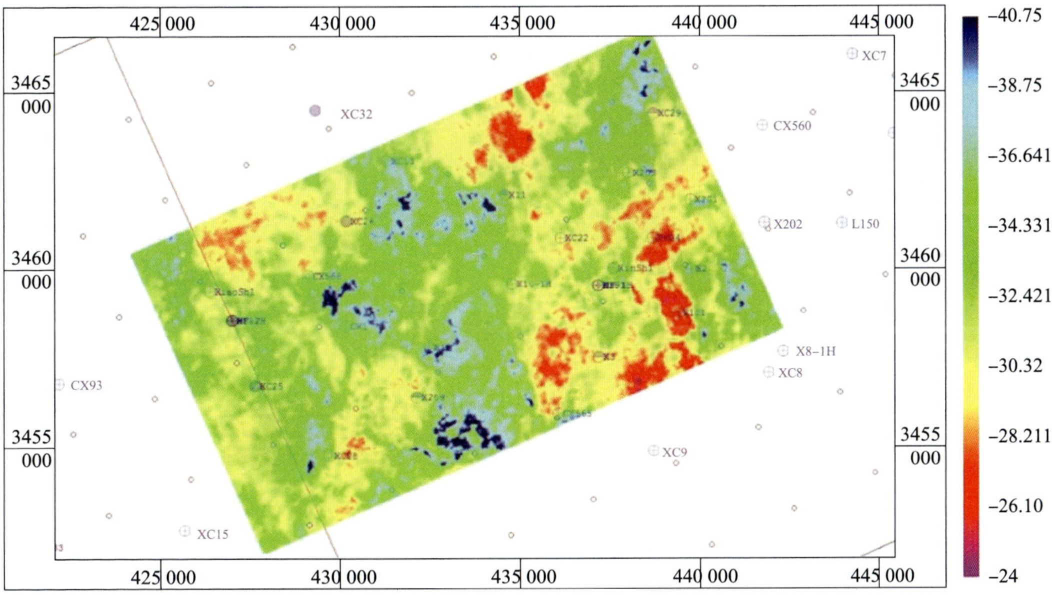

图 5.61 反演得到的 T3x5 层间 Q_P 属性值

在三维空间内进行多属性融合解释，进一步对有利储层的发育进行表征。针对川西致密气的特点，项目组进行储层预测的总体技术思路为：首先利用弹性参数区分岩性，然后利用衰减属性区分含气性砂岩。

图 5.62 为利用三维地震数据反演得到的纵波阻抗和衰减对岩性和含气性进行的综合解释效果。借助于纵波阻抗和 V_P/V_S 的反演结果，我们可以区分砂岩与泥岩薄互层中岩性的变化，而利用纵波衰减因子对含气砂岩进行三维空间的雕刻，可以有效地圈定地下含气

砂岩的位置(图 5.62 ~ 图 5.63 中粉色显示)。

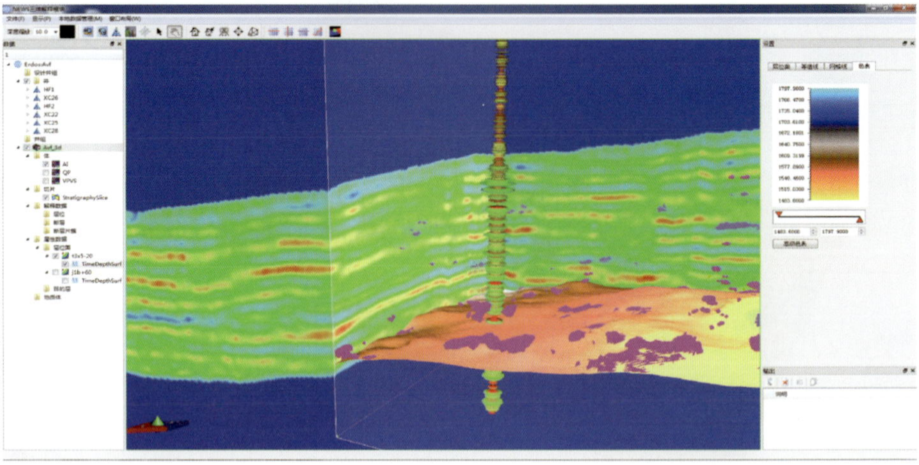

图 5.62　综合三维地震叠前反演得到纵波阻抗与衰减图
(其中背景色为反演纵波阻抗、粉色为结合纵横波速度比进行综合解释后的有利储层位置，测井为工区内高产的 XC26 井)

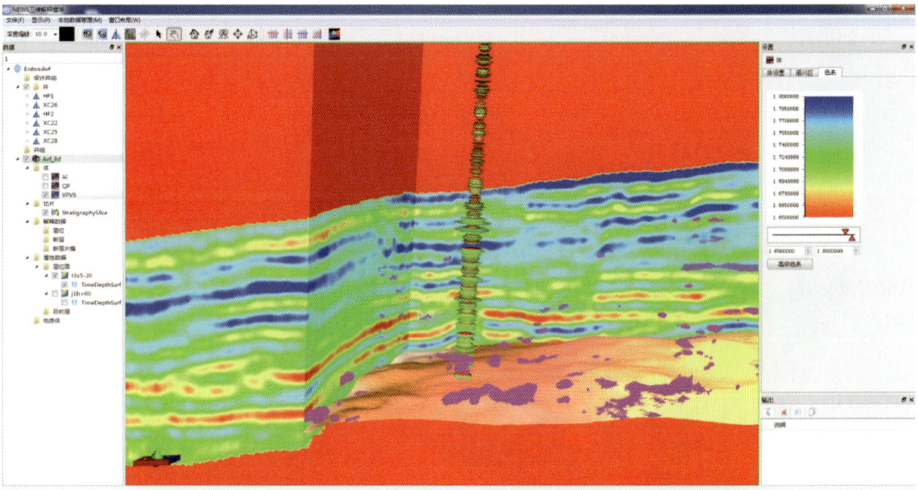

图 5.63　综合三维地震叠前反演得到纵波阻抗与衰减图
(其中背景色为反演纵波阻抗、粉色为结合衰减因子进行综合解释后的有利储层位置，测井为工区内高产的 XC26 井)

第四节　小结

基于黏弹介质理论实现了从叠前地震数据中反演弹性参数及黏弹性参数的目标。借助于统计学方法，我们以地质、测井、地震解释资料作为先验信息，构建从黏弹性参数到地震数据的似然函数，以后验概率的形式给出反演结果。

先后研究了黏弹介质中的反射与透射、贝叶斯框架下的 AVA 及 AVF 反演、地震波衰减的岩石物理模型建立以及 AVA/AVF 反演在川西致密气储层中的应用，得出如下结论：

(1)黏弹介质反射界面处地震波反射的振幅及反射系数不仅随入射角产生变化，同时也随频率变化，即我们在考察来自储层的反射时不仅应考虑 AVO 效应同时也应当考虑 AVF 效应。同时，通过项目研究也认识到常规 Zoeppritz 方程无法描述黏弹介质反射界面处所发生的反射与入射现象，引入黏弹介质反射透射方程则提供了更好的工具；

(2)借助基于概率理论的贝叶斯 AVA 及 AVF 反演技术，目前可以实现对地下介质速度、密度及衰减参数的直接反演，提供了更多的参数为储层预测服务。同时项目还开发了一系列与反演技术配套的前期预处理技术，包括基于 S 变换与分频反变换的 AVF 信号提取等，为实际资料的大规模应用提供了保障。

(3)该项技术在川西致密气储层中的应用，提供了多参数的反演结果，尤其是与储层特征直接关联的衰减参数，2D 和 3D 资料反演结果稳定且高效，与已有的测井解释资料基本一致，可在较大程度上降低储层预测的风险。

无论是叠前 AVA 反演还是 AVF 反演，对于前期处理的要求都较高。经叠前偏移处理后校平的角道集和保幅处理对于 AVA 反演来说是前期的保障；对于 AVF 反演而言，则还需要考虑保相位的处理技术，例如在提取分频地震数据时，时频分析工具的选择、时窗的不同都会影响到 AVF 的反演结果。可见这些技术对于叠前反演工作而言至关重要，目前已经开展配套技术的研究工作。

在对于 AVA 反演与 AVF 反演方法的选择上，首先 AVA 反演的基础是弹性介质 Zoeppritz 方程或近似式，而 AVF 反演的基础是黏弹介质 Zoeppritz 方程或近似式，二者基于的理论背景有所不同；其次 AVA 反演的输入数据是叠前角道集数据，而 AVF 反演在叠前角道集的数据上还需要对数据进行进一步的分频，抽取出不同频率的地震道；最后，从方法测试和实际资料的应用中都不难看出 AVA 反演对于弹性参数 V_P、V_S 和密度的反演结果更为敏感和精确，且对信噪比的要求低于 AVF，而 AVF 反演则主要用于反演储层中的衰减参数 Q_P 和 Q_S，提供与储层直接相关的参数。因此，建议对于常规弹性参数的反演可以采用贝叶斯 AVA 反演，而对于衰减参数则可采用贝叶斯 AVF 反演。

对于反演前期处理和数据准备问题，好的数据输入是叠前反演的保障，有必要建立一系列服务于叠前反演的配套技术，包括叠前角道集、频率域道集获取、初始模型的建立、测井资料一致性校正等工作；其次是反演过程中的约束问题，任何数学上的算法都具有一定的应用条件和适用范围，面对复杂的地质条件，如何更好地引入测井、层位信息甚至岩性的约束一定是未来反演技术不可忽视的问题。

第六章　储层岩石物理参数地震反演

对比构造油气藏，岩性油气藏综合评价更加需要对储层岩石物理参数，包括储层岩石矿物组分、孔隙度、含油气饱和度、储层压力及渗透率等参数进行定量化的描述。测井及岩心资料能够提供井点处的岩性、物性及含油气性信息，且纵向分辨率高，但其不具有空间连续性。基于地震资料的储层岩石物理参数预测，是储层精细描述、估算油气储量、确定开发井位、提高采收率的主要依据。

基于地震反射波的波形、振幅、频率、相位以及旅行时等信息，结合褶积模型、Zoeppritz 方程、地震岩石物理等理论模型，可以建立地震信息同岩性特征以及储层物性、流体特征之间的关系，这个关系是复杂的、非线性的。基于常规纵波反射地震资料进行储层岩石物理参数反演，主要包括以下几种思路：①通过使用地质统计学方法，基于地震数据反演出的纵波阻抗及其他弹性参数来预测孔隙度参数。②基于神经网络等机器学习算法，建立储层岩石物理参数与地震属性之间的“模糊”关系，实现储层岩石物理参数地震反演。③双相介质弹性波动方程引入了孔隙度参数，基于包含 Biot 流动和喷射流动这两种力学机制的非饱和多孔隙 BISQ(Biot 喷射流)，利用遗传算法等可以实现储层岩石物理参数反演。

基于概率随机反演的储层岩石物理参数预测方法，通过统计岩石物理模型建立储层岩石物理参数同岩石弹性参数之间的关系，然后结合蒙特卡罗仿真生成所有可能的储层实现，运用 MCMC 采样方法对 PDF 进行充分采样，得到多个等概率的实现，从而使确定性反演中丧失的高频信息得到补偿。该类方法是本书介绍的重点，其中，第一节介绍了一种基于期望最大化算法的储层岩石物理参数反演方法，该方法以统计岩石物理模型为桥梁，建立岩石弹性、各向异性及黏弹性参数与储层岩石物理参数之间的关系，在贝叶斯框架下实现储层岩石物理参数联合反演。第二节介绍了一种基于随机模拟的岩石物理参数反演方法，该方法基于连续时间马尔科夫链模拟地质沉积的更替，结合测井高频和地质先验信息，基于概率统计理论实现岩相、孔隙度、泥质含量等储层岩石物理参数的预测。

第一节　基于期望最大化的岩石物理参数反演

一、方法原理

从地震资料反演储层岩石物理参数通常通过两个步骤实现，首先通过弹性阻抗反演从部分叠加地震道集中反演弹性参数体，然后从弹性参数体中反演出储层岩石物理参数及岩性。即已知参数为弹性参数(纵波速度、横波速度及密度等)，待反演参数为储层岩石物理参数(孔隙度、泥质含量及含水饱和度等)。如第三章第三节所述，将储层岩石物理参数与弹性参数通过贝叶斯公式建立关系：

$$P(R \mid m) = \frac{P(R)P(m \mid R)}{\int P(R)P(m \mid R)\mathrm{d}R} \tag{6.1}$$

其中，$R=[\phi, V_{sh}, S_w]$，ϕ、V_{sh}和S_w分别表示孔隙度、泥质含量以及含水饱和度，为储层岩石物理参数；$m=[V_P, V_S, \rho]$，V_P、V_S和ρ则分别代表纵波速度(m/s)、横波速度(m/s)以及密度(kg/m^3)，为储层岩石弹性参数；$P(\cdot)$表示概率密度函数。

式(6.1)中，$\int P(R)P(m \mid R)\mathrm{d}R$是弹性参数全概率，对于后验条件概率$P(R \mid m)$只起到正则化因子的作用，将$\int P(R)P(m \mid R)\mathrm{d}R$视为常数，式(6.1)可改写为：

$$P(R \mid m) = \alpha \cdot P(R)P(m \mid R) \tag{6.2}$$

即：

$$P([\phi, V_{sh}, S_w] \mid [V_P, V_S, \rho]) = \alpha \cdot P([\phi, V_{sh}, S_w])P([V_P, V_S, \rho] \mid [\phi, V_{sh}, S_w]) \tag{6.3}$$

若纵波速度、横波速度及密度相互独立，则：

$$\begin{aligned} &P([V_P, V_S, \rho] \mid [\phi, V_{sh}, S_w]) \\ &= P(V_P \mid [\phi, V_{sh}, S_w])P(V_S \mid [\phi, V_{sh}, S_w])P(\rho \mid [\phi, V_{sh}, S_w]) \end{aligned} \tag{6.4}$$

将式(6.4)代入式(6.3)中，可得：

$$\begin{aligned} &P([\phi, V_{sh}, S_w] \mid [V_P, V_S, \rho]) \\ &= \alpha \cdot P([\phi, V_{sh}, S_w])P(V_P \mid [\phi, V_{sh}, S_w]) \\ &P(V_S \mid [\phi, V_{sh}, S_w])P(\rho \mid [\phi, V_{sh}, S_w]) \end{aligned} \tag{6.5}$$

取最大后验概率对应的目标参数为反演结果，即：

$$[\phi, V_{sh}, S_w] = \mathrm{argmax}P([\phi, V_{sh}, S_w] \mid [V_P, V_S, \rho]) \tag{6.6}$$

将式(6.5)代入式(6.6)，得：

$$\begin{aligned} &[\phi, V_{sh}, S_w] \\ &= \mathrm{argmax}P(\alpha \cdot P([\phi, V_{sh}, S_w])P(V_P \mid [\phi, V_{sh}, S_w]) \\ &P(V_S \mid [\phi, V_{sh}, S_w])P(\rho \mid [\phi, V_{sh}, S_w])) \end{aligned} \tag{6.7}$$

式中常数α对于反演结果没有作用，可消去，得出最终的反演目标函数：

$$\begin{aligned} &[\phi, V_{sh}, S_w] \\ &= \mathrm{argmax}P(P([\phi, V_{sh}, S_w])P(V_P \mid [\phi, V_{sh}, S_w]) \\ &P(V_S \mid [\phi, V_{sh}, S_w])P(\rho \mid [\phi, V_{sh}, S_w])) \end{aligned} \tag{6.8}$$

式(6.8)中，针对实际资料及反演目标参数有所不同，弹性参数组合m及储层岩石物理参数组合R均可作出适当调整，其中，弹性参数组合可以为拉梅参数、剪切模量及密度，也可为纵波阻抗、横波阻抗及密度等，而储层岩石物理参数组合可根据实际工区的需要取其中的任一参数或多个参数的组合。

反演目标函数的求解问题中，最大的难点就是似然函数的估计，为了解决这一难点，采用期望最大化算法。

1. 期望最大化算法

1977 年，A. P. Dempster，N. M. Laird 和 D. B. Rubin 提出一种可广泛应用于不完整数据极大似然估计的迭代算法，因算法中每一次迭代包括计算期望值(E－step)及求取期望最大值(M－step)两个步骤而命名为期望最大化算法，又叫做最大期望算法(Expectation Maximization，简写为 EM 算法)。EM 算法最为显著的特点是算法的简单性、通用性以及稳定性，而且该算法适用领域极为广泛，主要应用于数据聚类分析和机器数据的训练学习等领域。

EM 算法在非完整数据集的极大似然估计中显现出较大的优势。非完整数据集是指由于观测方法局限性导致的观测不完全的数据集，其中存在着观测数据 X，同时也隐含着另一个样本空间，即非观测数据 Y，且观测数据与非观测数据之间存在某种多对映射对应关系，那么完整数据集可表示为 $Z=(X, Y)$。

在给定待估计参数 θ 的情况下，Z 的概率密度函数 $p(Z|\theta)$ 可表示为：

$$p(Z|\theta)=p(X, Y|\theta)=p(Y|X, \theta)p(X|\theta) \tag{6.9}$$

式(6.9)表示 Z 的概率密度函数 $p(Z|\theta)$ 与非完整数据中的隐含样本 Y、观测样本与隐含样本之间的映射关系及参数 θ 有关。

为了对参数 θ 进行极大似然估计，引入对数似然函数 $L(\theta|Z)$ 的概念，如(6.10)所示。

$$L(\theta|Z)=L(\theta|X, Y)=\log p(\theta|X, Y) \tag{6.10}$$

EM 算法是从对数似然函数 $L(\theta|Z)$ 出发，开始进行迭代估计参数 θ。在第 i 次迭代中，根据已知的观测样本 X 和第 $i-1$ 次迭代中的参数估计值 $\theta(i-1)$，计算完整数据对数似然函数的期望值：

$$Q[\theta, \theta(i-1)]=E[\log p(\theta|X, Y)|X, \theta(i-1)] \tag{6.11}$$

式(6.11)中，$\theta(i-1)$ 和 X 均为已知，将其视为常数，而 Y 为与观测数据间存在映射关系的非观测数据，可视为随机变量。

$$\begin{aligned} Q[\theta,\theta(i-1)] &= E[\log p(\theta|X,Y)|X,\theta(i-1)] \\ &= \int \log[p(\theta|X,Y)]p(Y|X,\theta(i-1))\mathrm{d}Y \end{aligned} \tag{6.12}$$

以上即为 EM 算法中的期望步骤(E－step)，下面叙述 M－step。

为将 $Q[\theta, \theta(i-1)]$ 极大化，寻找适当的参数 θ 值，采用 $\theta(i)$ 表示，使 $Q[\theta, \theta(i-1)]$ 取最大值，即

$$Q[\theta(i), \theta(i-1)]=\max Q[\theta, \theta(i-1)] \tag{6.13}$$

式(6.13)等价于：

$$\theta(i)=\operatorname{argmax} Q[\theta, \theta(i-1)] \tag{6.14}$$

按照上述步骤，实现了 $\theta(i-1)$ 到 $\theta(i)$ 的迭代。通过 E－step 和 M－step 的不断迭代执行，可逐步改进模型的参数，使参数和训练样本的似然概率逐渐增大，最终达到最优，即 $\|\theta(i)-\theta(i-1)\|$ 或者 $\|Q[\theta(i), \theta(i-1)]-Q[\theta(i-1), \theta(i-1)]\|$ 充分小，实现极大似然估计。

基于期望最大化算法的储层岩石物理参数反演方法的包括五项重要内容：①叠前弹性阻抗反演；②先验分布的建立；③统计性岩石物理模型的构建及应用；④联合分布的建立及估计；⑤后验条件概率的求取(图6.1)。

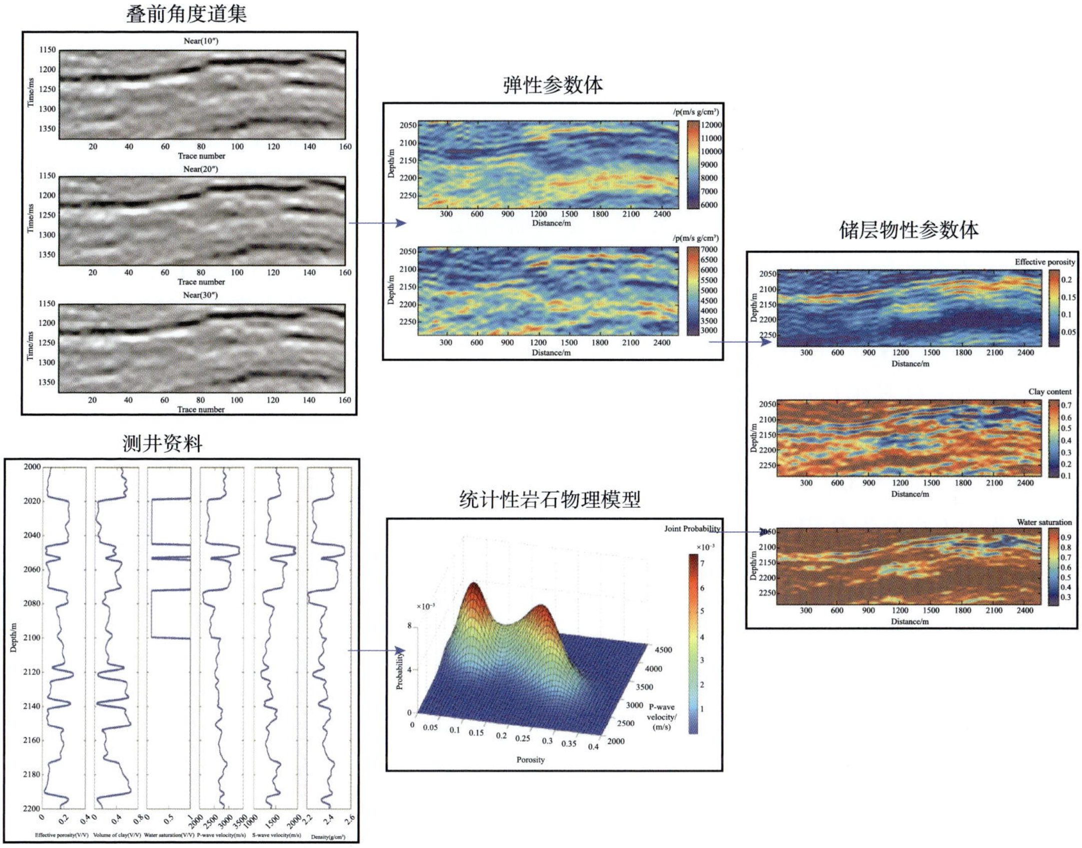

图6.1 基于概率统计的储层岩石物理参数反演流程图

(Dario Grana. et. al，2010)

2. 岩石物理参数先验分布

对测井资料进行统计分析，假设测井资料中储层岩石物理参数是由 N 个高斯分布加权组成的混合高斯分布，采用期望最大化算法估计其中每一项高斯分布的均值、方差及其所占权重。将 N 个高斯分布按照估计的权值进行加权，构成储层岩石物理参数的先验分布，如式(6.15)所示。

$$P(\mathbf{R}) = \sum_{k=1}^{N} \alpha_k N(\boldsymbol{R};\boldsymbol{\mu}_{\boldsymbol{R}}^{k}, \sum\nolimits_{\boldsymbol{R}}^{k}) \tag{6.15}$$

其中，N 为先验分布中高斯分布项的个数；R 为储层岩石物理参数，可视为随机变量；采用 $\boldsymbol{\mu}_R^k$ 和 $\sum_R^k$ 分别来表示第 k 个高斯分布项的均值和方差；α_k 则表示第 k 个高斯分布项在先验分布中所占的权重，且满足 $\sum\limits_{k=1}^{N} \alpha_k = 1$ 。

先验分布选取为混合高斯分布的优势有两点：①可以利用混合高斯分布中的每一项高斯分布分别表示多种岩性流体类别；②混合高斯分布是多个高斯分布的加权叠加，高斯分布的多种解析性质均可推广到混合高斯分布。

先验分布的随机样本采样通过蒙特卡罗方法实现，基于构建的概率分布进行反复试验，得到随机抽样结果，并通过统计理论求取随机抽样样本的统计学参数，如期望、标准差等。

概括来讲，先验分布的建立包括三项内容：①对待求解问题先验信息的统计分析；②充分发挥先验信息的指导作用，尽量建立与待求解问题相似(或者具备相同特征)的先验概率分布；③对已建立的先验概率分布采用蒙特卡罗方法进行随机抽样。特殊情况下，待求解问题的先验信息并不存在，可以不考虑先验信息的指导，凭借主观意识设定先验分布，但必须遵循一项基本原则，即先验分布必须符合储层岩石物理参数的物理意义。

图 6.2 为某井目的层段孔隙度测井曲线的直方分布图，从图中可以看出，该直方分布可视为含三项高斯分量的混合高斯分布，采用期望最大化算法得出三项高斯分量分别为 $N(0, 0)$、$N(0.0542, 0.0233)$、$N(0.1224, 0.0520)$，所占权重分别为 0.1032、0.6823、0.2145。为了使孔隙度的假设先验分布与孔隙度测井曲线的直方分布尽量相似，按照上述参数假设孔隙度的先验分布，并利用蒙特卡罗方法对该先验分布进行随机抽样，得到孔隙度随机样本，如图 6.3 所示，对比可以直观看出，图 6.3 与图 6.2 非常相似，说明储层岩石物理参数(此处为孔隙度)的先验分布与测井先验信息吻合度较高。

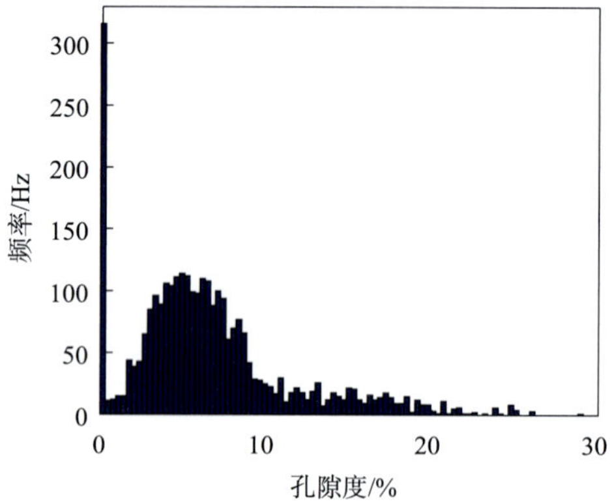

图 6.2　某井孔隙度测井曲线直方分布图

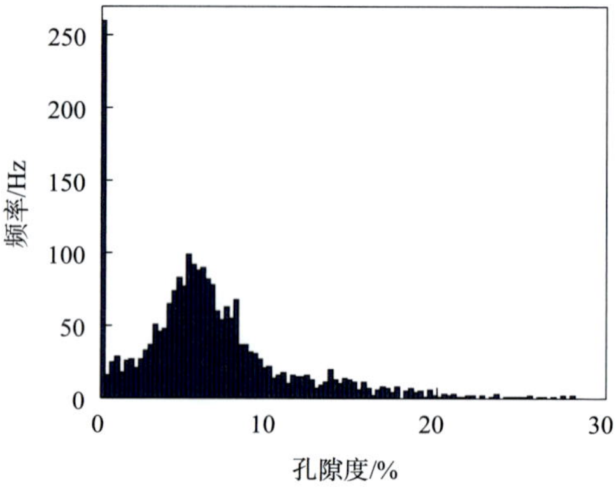

图 6.3　孔隙度先验分布样本直方图

3. 统计性岩石物理模型

统计性岩石物理模型由确定性岩石物理模型和随机误差构成，其中，确定性岩石物理模型表示弹性参数与储层岩石物理参数之间的岩石物理关系，随机误差则用于弥补确定性岩石物理模型本身精确度的缺陷。

在实际地震勘探中，地下的岩层性质复杂多变，单一的、确定性的岩石物理关系式不足以准确描述岩石的弹性属性与储层岩石物理参数之间的关系。岩石孔隙的结构、岩石矿物成分的种类繁多及矿物颗粒的形状及磨圆度、地层压力和温度的变化等因素，都有可能对储层岩石物理参数及弹性参数之间的岩石物理关系造成一定程度上的偏差，为了削弱这些因素的影响，引入随机误差。确定性岩石物理模型与随机误差即可构成统计性岩石物理模型，其意义在于可通过将岩石物理关系与统计性信息相结合来模拟测井资料中不能表现出的储层信息，其数学表达式可用下式表示。

$$\boldsymbol{m}=f_{\mathrm{RPM}}(\boldsymbol{R})+\varepsilon \tag{6.16}$$

其中，m 表示弹性参数体，一般可取 $m=[V_{\mathrm{P}},\ V_{\mathrm{S}},\ \rho]$；$R$ 则代表储层岩石物理参数，通常包括孔隙度、泥质含量及含水饱和度，即 $R=[\phi,\ V_{\mathrm{sh}},\ S_{\mathrm{w}}]$。$f_{\mathrm{RPM}}$ 表示弹性参数与储层岩石物理参数之间的确定性关系函数，即确定性岩石物理模型，典型的确定性岩石物理模型如碎屑岩 Xu－White 模型以及碳酸盐岩 Xu－Payne 模型。$\boldsymbol{\varepsilon}$ 为表示岩石物理模型精确度的随机误差，可以通过确定性岩石物理模型与实际测井资料之间的相对差异估计得知，通常取均值为零，方差为 Σ_{ε} 的高斯分布，Σ_{ε} 可以从已知测井信息中估计得知。

4. 联合分布的建立及估计

通过蒙特卡罗随机抽样方法，可以从储层岩石物理参数先验概率分布中产生储层岩石物理参数的先验分布随机样本空间。对储层岩石物理参数先验样本空间采用确定性岩石物理模型 $f_{\mathrm{RPM}}(\boldsymbol{R})$ 计算每个储层岩石物理参数样点所对应的岩石弹性参数，为岩石弹性参数添加随机误差，通常取零均值截断高斯误差 ε，如式(6.16)所示，并进行横向延拓，得到岩石弹性参数的随机分布样本空间。已知储层岩石物理参数情况下，岩石弹性参数的条件概率 $P(\boldsymbol{m}|\boldsymbol{R})$ 可表示为：

$$P(\boldsymbol{m}|\boldsymbol{R}) = N(m;\mu(\boldsymbol{R}),\sum\nolimits_{\varepsilon}) \tag{6.17}$$

其中，$\sum_{\varepsilon}$ 为随机误差项的方差，假设 $\sum_{\varepsilon}$ 只与随机误差 ε 有关，而与储层岩石物理参数 R 无关；$\boldsymbol{\mu}(\boldsymbol{R})=f_{\mathrm{RPM}}(\boldsymbol{R})$，表示弹性参数均值。

在实际应用中，通过蒙特卡罗随机抽样方法对储层岩石物理参数先验分布 $P(\boldsymbol{R})$ 进行随机采样，假设个数为 N_S，得到储层岩石物理参数随机样本 $\{\boldsymbol{R}_1,\ \boldsymbol{R}_2,\ \cdots,\ \boldsymbol{R}_{N_S}\}$；利用确定性岩石物理模型 $f_{\mathrm{RPM}}(\boldsymbol{R})$ 求取储层岩石物理参数 $\boldsymbol{R}_i(i=1,\ 2,\ \cdots,\ N_S)$ 对应的弹性参数均值 $\boldsymbol{\mu}(\boldsymbol{R}_i)$：

$$\boldsymbol{\mu}(\boldsymbol{R}_i)=f_{\mathrm{RPM}}(\boldsymbol{R}_i) \tag{6.18}$$

将式(6.18)代入式(6.17)，可得到储层岩石物理参数所对应的弹性参数的条件概率分布，采用蒙特卡罗随机抽样方法对其进行采样，获取储层岩石物理参数样本空间对应的岩石弹性样本空间分布情况 $\boldsymbol{m}_i(i=1,\ 2,\ \cdots,\ N_S)$。

储层岩石物理参数的样本及其对应弹性参数样本构成储层岩石物理参数与弹性参数的联合分布样本，储层岩石物理参数与弹性参数的联合分布 $P(\boldsymbol{m},\ \boldsymbol{R})$ 亦可视为混合高斯分布，采用期望最大化算法估计该联合分布每一项高斯分量的均值、方差及权重。

$$P(\boldsymbol{m},\boldsymbol{R}) = \sum_{k=1}^{N}\pi_k N([\boldsymbol{m},\boldsymbol{R}]^{\mathrm{T}};\boldsymbol{\mu}^k_{[\boldsymbol{m},\boldsymbol{R}]},\sum\nolimits^k_{[\boldsymbol{m},\boldsymbol{R}]}) \tag{6.19}$$

其中，N 为联合分布高斯分量的个数，与储层岩石物理参数先验分布中高斯分量个数相同；π_k 为联合分布中第 k 个高斯分量所占权重；$\boldsymbol{\mu}^k_{[\boldsymbol{m},\boldsymbol{R}]}$ 和 $\Sigma^k_{[\boldsymbol{m},\boldsymbol{R}]}$ 分别表示联合分布第 k 个高斯分量的均值和协方差矩阵。

5. 后验条件概率的求取

与联合分布 $P(\boldsymbol{m},\ \boldsymbol{R})$ 相同，后验条件概率 $P(\boldsymbol{R}|\boldsymbol{m})$ 同样可视为混合高斯分布，其高斯分量的参数可以通过先验分布及联合分布的参数计算得到。假设后验条件概率 $P(\boldsymbol{R}|\boldsymbol{m})$

可表示为

$$P(\boldsymbol{R}|\boldsymbol{m}) = \sum_{k=1}^{N} \lambda_k N(\boldsymbol{m};\boldsymbol{\mu}_{R|m}^{k}, \Sigma_{R|m}^{k}) \tag{6.20}$$

在式(6.20)中，N 为后验条件概率 $P(\boldsymbol{R}|\boldsymbol{m})$ 中的高斯分量的个数，与储层岩石物理参数先验分布中高斯分量个数相同；λ_k 为后验条件概率 $P(\boldsymbol{R}|\boldsymbol{m})$ 中第 k 个高斯分量所占权重；$\boldsymbol{\mu}_{R|m}^{k}$ 和 $\Sigma_{R|m}^{k}$ 分别表示联合分布第 k 个高斯分量的均值和协方差矩阵。后验条件概率 $P(\boldsymbol{R}|\boldsymbol{m})$ 中的参数可以通过解析方法求取。

在式(6.19)中，均值向量 $\boldsymbol{\mu}_{[m,R]}^{k}$ 和协方差矩阵 $\boldsymbol{\mu}_{[m,R]}^{k}$ 分别为：

$$\boldsymbol{\mu}_{[m,R]}^{k} = \begin{bmatrix} \mu_m^k \\ \mu_R^k \end{bmatrix} \tag{6.21}$$

$$\Sigma_{[m,R]}^{k} = \begin{bmatrix} \Sigma_{m,m}^{k} & \Sigma_{m,R}^{k} \\ \Sigma_{R,m}^{k} & \Sigma_{R,R}^{k} \end{bmatrix} \tag{6.22}$$

在弹性参数 m 已知的情况下，式(6.20)中后验条件概率 $P(\boldsymbol{R}|\boldsymbol{m})$ 中第 k 项高斯分量的均值 $\boldsymbol{\mu}_{R|m}^{k}$ 和方差 $\Sigma_{R|m}^{k}$ 分别为：

$$\boldsymbol{\mu}_{R|m}^{k} = \boldsymbol{\mu}_{R}^{k} + \frac{\Sigma_{R,m}^{k}}{\Sigma_{m,m}^{k}}(\boldsymbol{m} - \boldsymbol{\mu}_{m}^{k}) \tag{6.23}$$

$$\Sigma_{R|m}^{k} = \Sigma_{R,R}^{k} - \frac{\Sigma_{R,m}^{k}}{\Sigma_{m,m}^{k}} \Sigma_{m,R}^{k} \tag{6.24}$$

而第 k 项高斯分量所占权值为：

$$\lambda_k(\boldsymbol{m}) = \frac{\pi_k N(\boldsymbol{R};\boldsymbol{\mu}_{R|m}^{k}, \Sigma_{R|m}^{k})}{\sum_{l=1}^{N} \pi_k N(\boldsymbol{R};\boldsymbol{\mu}_{R|m}^{l}, \Sigma_{R|m}^{l})} \tag{6.25}$$

将式(6.23)~式(6.25)代入式(6.20)，最终求取后验条件概率 $P(\boldsymbol{R}|\boldsymbol{m})$。根据贝叶斯估计方法，寻找后验条件概率 $P(\boldsymbol{R}|\boldsymbol{m})$ 的最大值所对应的储层岩石物理参数 R，该储层岩石物理参数即可视为反演结果。

二、模型数据测试

如图 6.4 和图 6.5 所示，取某井深度范围为 488 ~ 500m 的一段砂泥岩互层作为地层模型。图中，粉色表示砂岩，浅蓝色表示泥岩，图 6.4 是储层岩石物理参数测井曲线，图 6.5 为弹性参数测井曲线。

对比观察图 6.4 和图 6.5，可以粗略看出，储层岩石物理参数与弹性参数曲线之间存在线性相关性，对其进行散点分析并进行线性拟合。如图 6.6(a) ~ (c)所示，以纵波速度为例，分别对其与孔隙度、含水饱和度及泥质含量进行散点分析，并拟合出岩石物理参数与纵波速度之间的线性关系式，在图中用红色直线表示，可以看出，岩石物理参数与纵波速度之间的关系可以视为线性关系。

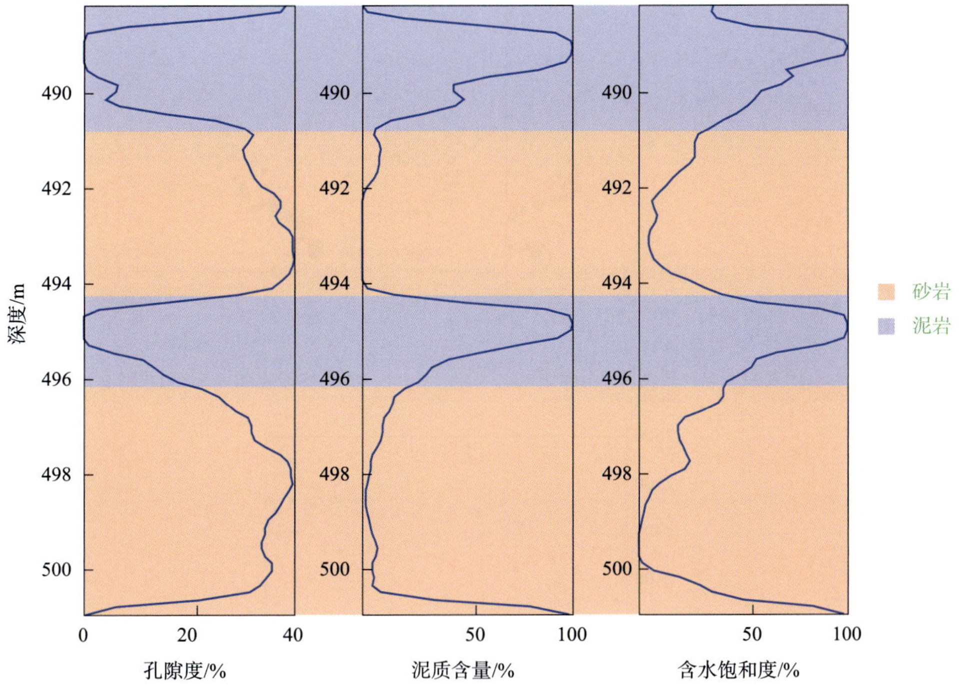

图 6.4　模型储层岩石物理参数测井曲线

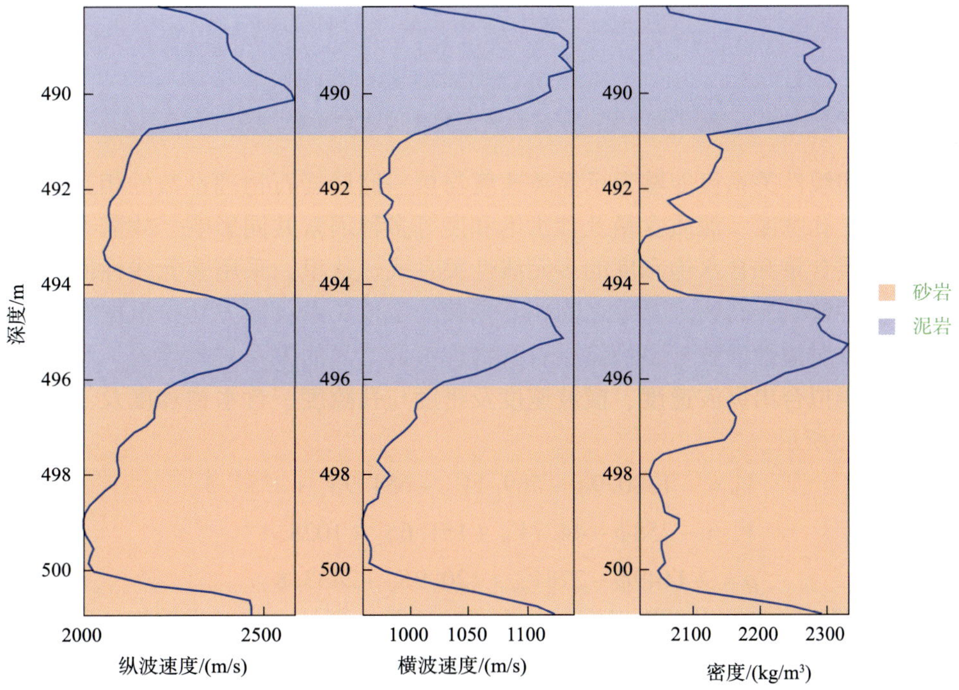

图 6.5　模型弹性参数测井曲线

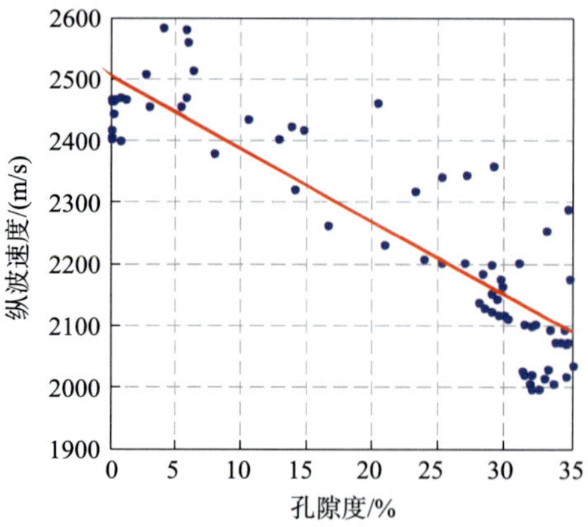

(a)孔隙度与纵波速度散点分布图

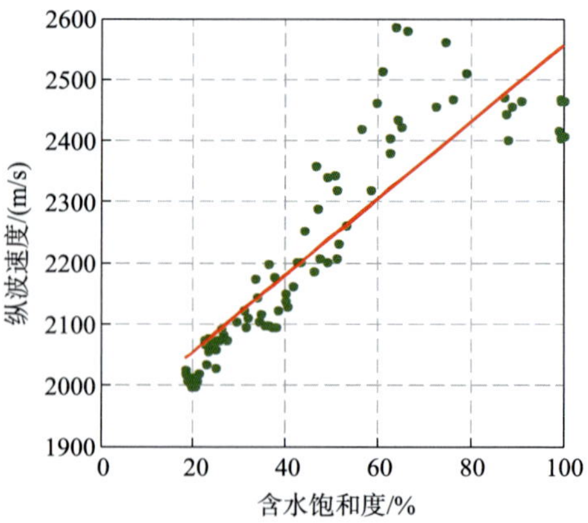

(b)含水饱和度与纵波速度散点分布图

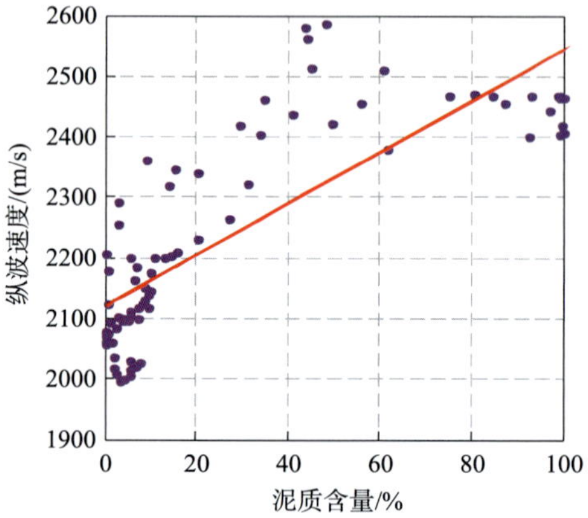

(c)泥质含量与纵波速度散点分布图

图 6.6　储层岩石物理参数与纵波速度散点图

图 6.6 中的线性关系仅能够表示纵波速度与单一储层岩石物理参数的相互关系，事实上，纵波速度受孔隙度、泥质含量及含水饱和度等多种因素共同影响，故需寻找弹性参数与孔隙度、泥质含量和含水饱和度的多元线性关系式。这里，采用多元线性回归方法确定弹性参数与多种储层岩石物理参数之间相互依赖的定量关系，该方法是根据线性回归方程的最小平方函数对弹性参数与多种储层岩石物理参数之间的关系进行建模。利用多元线性回归方法，分别拟合出纵波速度、横波速度及密度与孔隙度、含水饱和度及泥质含量的关系，如式(6.26)所示。

$$
\begin{aligned}
V_P &= -1380.9\phi - 569.1V_{sh} + 654.9S_w + 2387.3 \\
V_S &= -258\phi - 44.7V_{sh} + 151.6S_w + 1028.4 \\
\rho &= -1149\phi - 278V_{sh} + 120.9S_w + 2433.8
\end{aligned}
\tag{6.26}
$$

式(6.26)即为确定性岩石物理模型。为了验证其合理性，将其应用于地层模型的储层岩石物理参数测井曲线，分别求取纵波速度、横波速度及密度，如图 6.7 所示，图中蓝色线为原始测井值，红色线为计算值，由图可知，该确定性岩石物理模型模拟弹性参数与储层岩石物理参数之间关系的准确性较高。

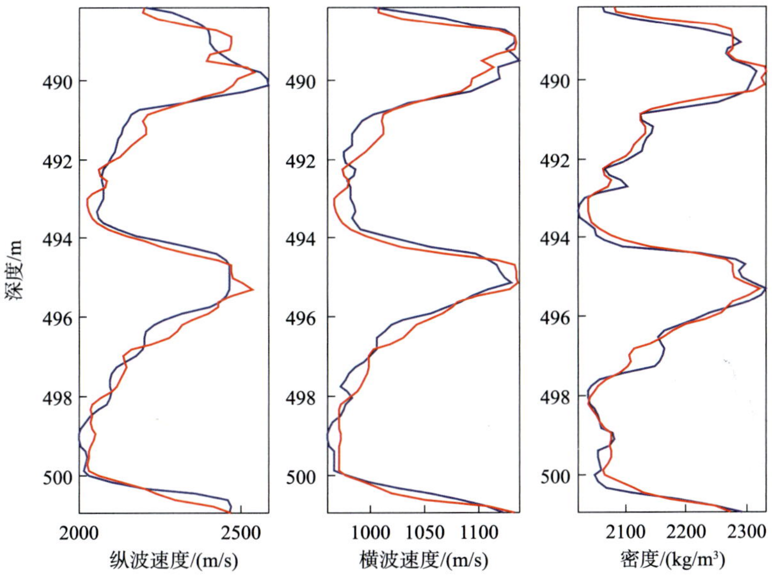

图 6.7 确定性岩石物理模型验证

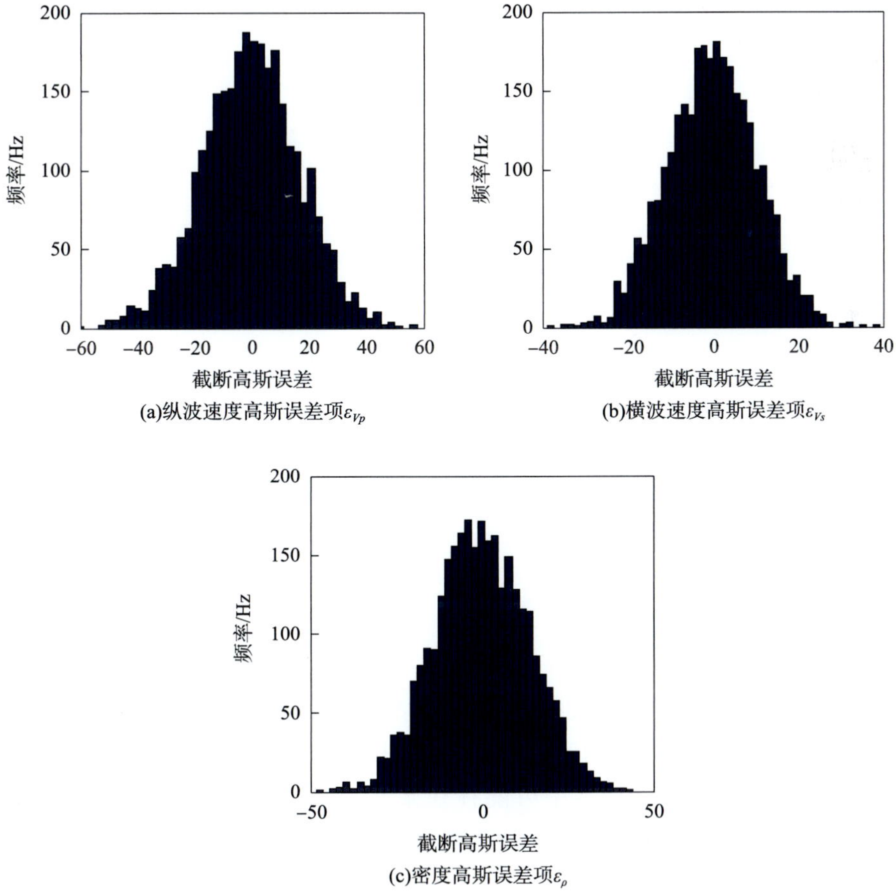

图 6.8 统计性岩石物理模型的高斯截断误差项

由于拟合过程中的近似运算以及其他地层因素(如温度、压力、孔隙结构等)的影响，式(6.26)的弹性参数计算值与实际值存在一定差异。为了削弱此差异，给确定性岩石物理模型添加一项随机误差，图6.8所示为随机误差的直方分布图。随机误差取均值为零的高斯截断分布，方差则由确定性岩石物理模型的计算值与实际测井值的差异大小决定。确定性岩石物理模型与随机误差构成统计性岩石物理模型：

$$
\begin{aligned}
V_{\mathrm{P}} &= -1380.9\phi - 569.1V_{\mathrm{sh}} + 654.9S_{\mathrm{w}} + 2387.3 + \varepsilon_{V_{\mathrm{P}}} \\
V_{\mathrm{S}} &= -258\phi - 44.7V_{\mathrm{sh}} + 151.6S_{\mathrm{w}} + 1028.4 + \varepsilon_{V_{\mathrm{S}}} \\
\rho &= -1149\phi - 278V_{\mathrm{sh}} + 120.9S_{\mathrm{w}} + 2433.8 + \varepsilon_{\rho}
\end{aligned}
\tag{6.27}
$$

为了能够建立与实际测井资料吻合度较高的储层岩石物理参数先验分布，假设孔隙度、含水饱和度和泥质含量均服从含有三项高斯分量的混合高斯分布，采用期望最大化算法分别估计孔隙度、含水饱和度及泥质含量所服从的混合高斯分布的均值、标准差以及权值，如表6.1～表6.3所示。

表6.1　孔隙度高斯混合分布参数表

	分量一	分量二	分量三
均值	0.3271	0.0198	0.1711
标准差	0.0311	0.0239	0.0777
权值	0.6063	0.2180	0.1757

表6.2　含水饱和度高斯混合分布参数表

	分量一	分量二	分量三
均值	0.9954	0.4946	0.0494
标准差	0.0041	0.2721	0.0407
权值	0.0806	0.3109	0.6085

表6.3　泥质含量高斯混合分布参数表

	分量一	分量二	分量三
均值	0.2247	0.4612	0.9526
标准差	0.0276	0.1479	0.0562
权值	0.2298	0.6195	0.1507

按照上述三个表格中的参数分别建立物性参数的高斯分量并采用蒙特卡罗随机抽样方法进行采样，并根据表中的权值构建储层岩石物理参数高斯混合分布样本，如图6.9(a)、(c)、(e)所示。需要注意，该样本中可能存在某些样点值不符合物性参数的物理意义或者实际工区情况，需将这些样点剔除。针对本模型，含水饱和度和泥质含量均不低于0且不高于1，而孔隙度则不低于0且不高于0.35，修正后的储层岩石物理参数先验分布样本直方图如图6.9(b)、(d)、(f)所示。

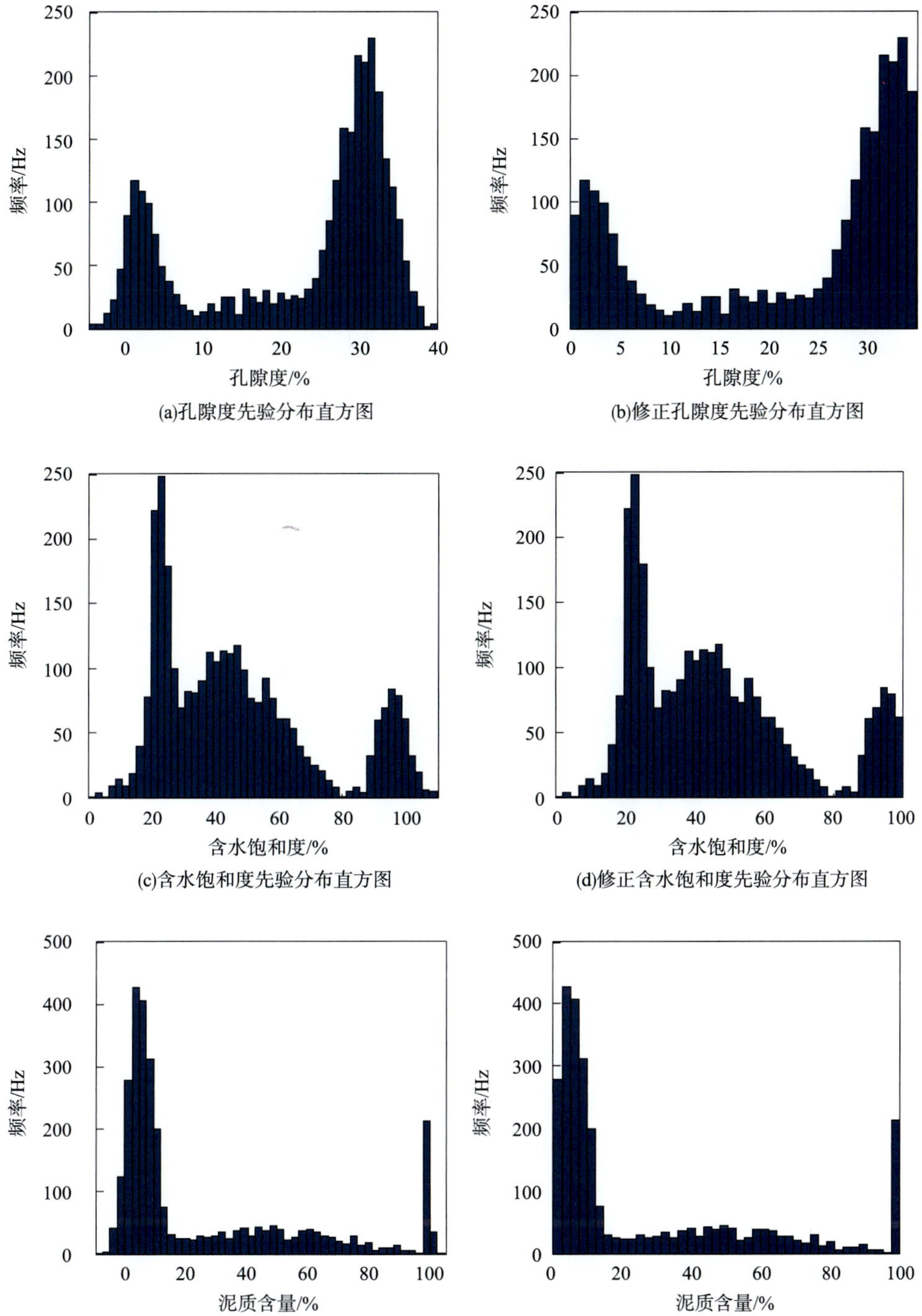

(a)孔隙度先验分布直方图 (b)修正孔隙度先验分布直方图

(c)含水饱和度先验分布直方图 (d)修正含水饱和度先验分布直方图

(e)泥质含量先验分布直方图 (f)修正泥质含量先验分布直方图

图 6.9 储层岩石物理参数先验分布直方分布图

运用式(6.27)所示的统计性岩石物理模型，求取上述修正后的储层岩石物理参数先验分布样本中每一个样点所对应的纵波速度、横波速度及密度值，获取弹性参数随机分布样本空间。储层岩石物理参数样本与弹性参数样本相互结合，即可获得联合分布样本空间。

以孔隙度与弹性参数的联合分布为例，图6.10、图6.11和图6.12分别为孔隙度与纵波速度、横波速度和密度的联合分布概率图。利用同样的方法获取含水饱和度、泥质含量与弹性参数的联合分布。

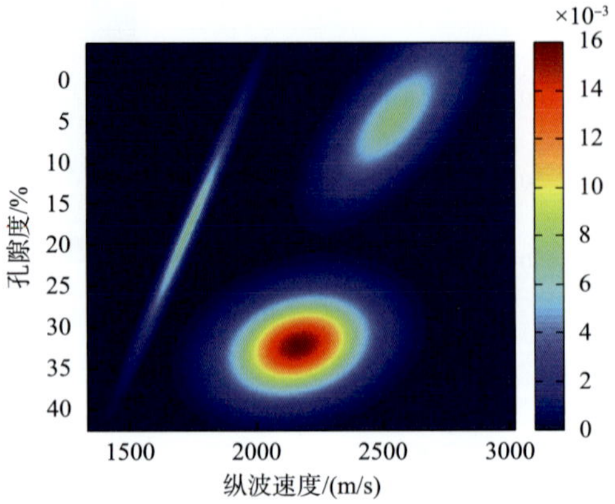

图6.10　纵波速度与孔隙度联合分布

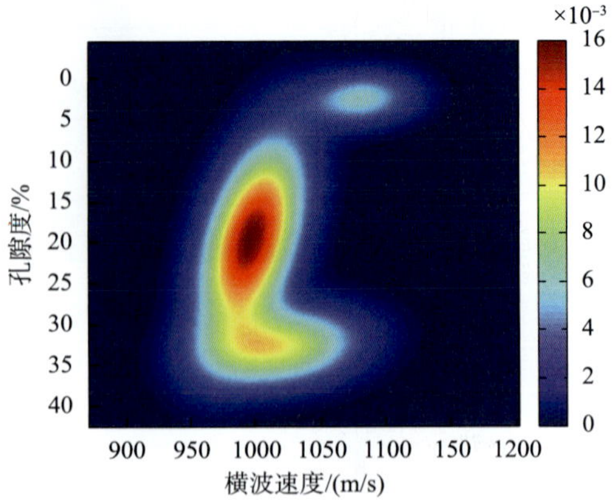

图6.11　横波速度与孔隙度联合分布

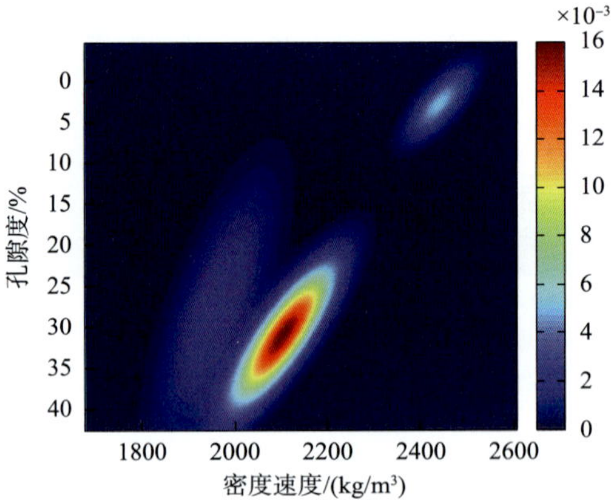

图6.12　密度与孔隙度联合分布

利用期望最大化算法分别估计孔隙度与弹性参数的联合分布中的三个高斯分量的均值、标准差及所占权值，估计出的参数分布代入式(6.23)、式(6.24)和式(6.25)，并根据式(6.20)获取孔隙度的后验条件概率 $P(\phi|V_P)$、$P(\phi|V_S)$ 及 $P(\phi|\rho)$，假设纵波速度、横波速度及密度相互独立，则：

$$P(\phi|[V_P,\ V_S,\ \rho]) = P(\phi|V_P)P(\phi|V_S)P(\phi|\rho) \tag{6.28}$$

通过式(6.28)即可获得已知纵波速度、横波速度及密度情况下，孔隙度的后验条件概率，如图6.13所示，图中红色调表示孔隙度的后验条件概率较大，而蓝色调则表示后验概率较小。根据储层岩石物理参数反演目标函数，估计孔隙度后验条件概率的最大值，并寻找该最大值所对应的孔隙度值，该孔隙度值即为反演结果，如图6.14所示，蓝色实线为地层模型的孔隙度测井曲线，而红色虚线则是储层岩石物理参数反演方法的孔隙度反演结果，图示结果表明孔隙度的反演结果与实际测井曲线非常接近，其相似度达到91%。

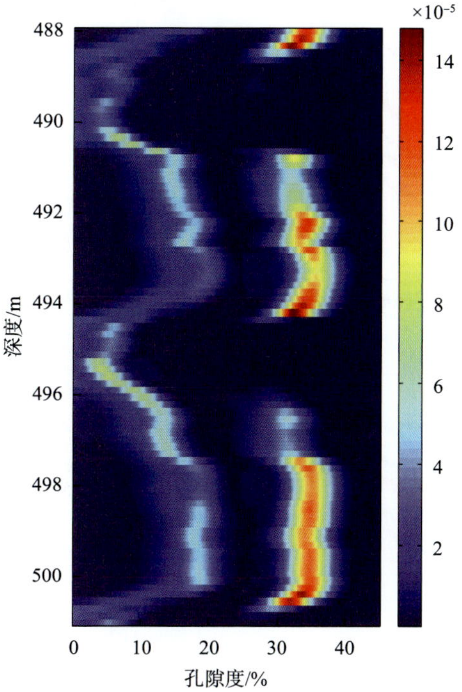

图 6.13　孔隙度后验概率分布图

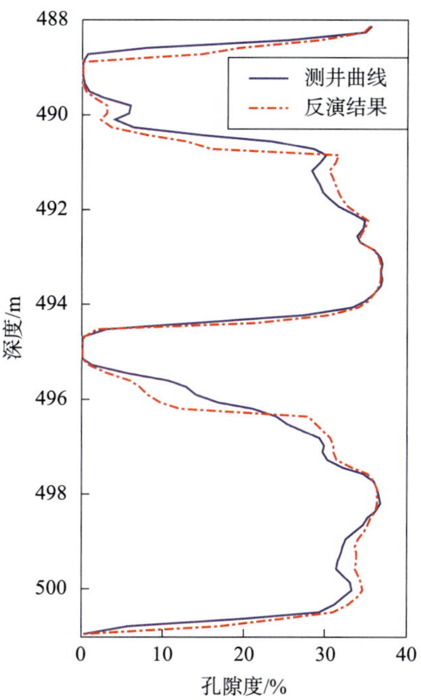

图 6.14　孔隙度反演结果

三、应用实例

将本方法应用于某砂岩气藏研究区。该研究区砂岩储层展布明确，面临的主要勘探难点是高含水、低孔隙度的贫气藏与高含气、高孔隙度的商业气藏在地震剖面上呈现相似的“亮点”特征，钻井存在较大风险。因此高精度的储层岩石物理参数预测能有助于减少勘探风险。

A 井、B 井为该研究区内的两口气井，利用 A 井作为先验信息统计井，将 B 井作为储层岩石物理参数反演效果验证井，开展含气饱和度、孔隙度的反演。图 6.15(a)、(b)分别为过 A 井含气饱和度、孔隙度反演剖面。由图 6.15 可以看到，反演结果与测井曲线吻合较好，不同含气饱和度、孔隙度的储层在剖面上区分较为明显。

图 6.16(a)、(b)分别为过验证井 B 井的含气饱和度及孔隙度反演剖面。可以看到，虽然 B 井没有参与信息统计，但 B 井仍有较好的反演结果，不同含气饱和度、孔隙度的储层均得到了体现。

为进一步说明方法的实际效果，抽取 B 井井旁道储层岩石物理参数反演曲线与实测曲线进行对比，如图 6.17 所示。含气饱和度、孔隙度井旁道反演结果与测井曲线在储层段均对应较好，二者相似度较高。

图 6.18 为研究区含气饱和度、孔隙度反演结果沿层切片。由沿层切片可以看到，A 井与 B 井均位于含气饱和度、孔隙度值相对较高的区域，这与实际钻井情况一致。解释工作者可以根据高含气饱和度与高孔隙度值区域确定钻井井位，从而能有效减少勘探风险。

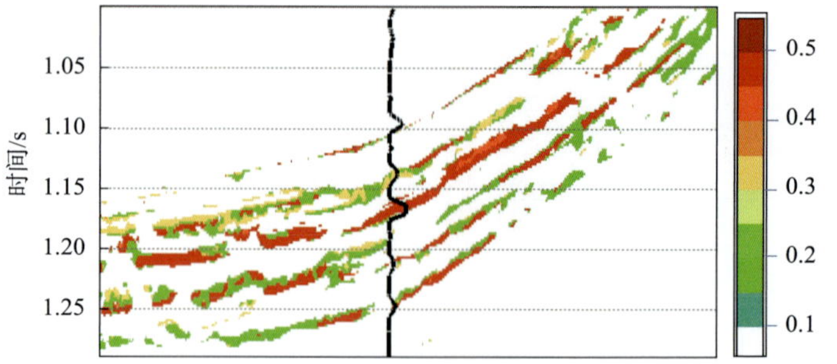

(a)含气饱和度反演剖面

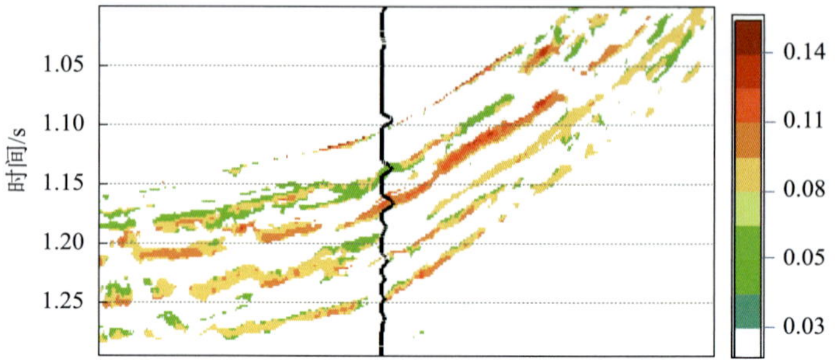

(b)孔隙度反演剖面

图 6.15　过 A 井反演结果，投影曲线为相应的测井曲线

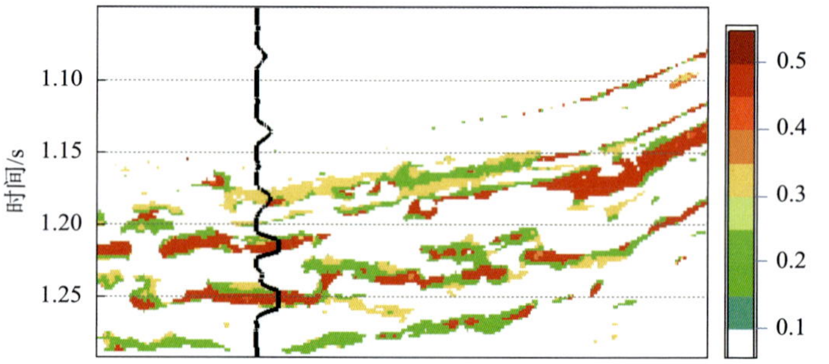

(a)含气饱和度反演剖面

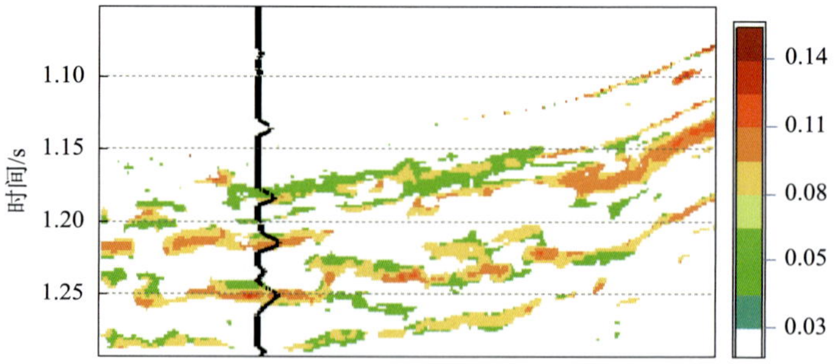

(b)孔隙度反演剖面

图 6.16　过 B 井反演结果，投影曲线为相应的测井曲线

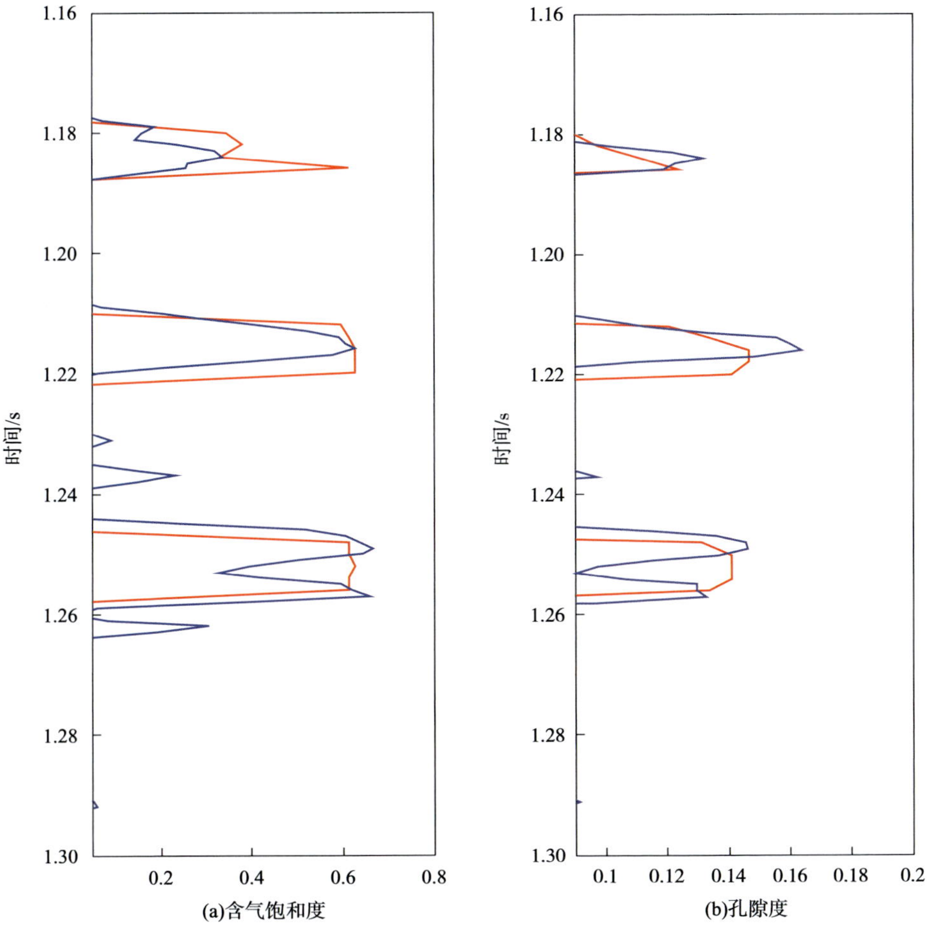

图 6.17　B 井井旁道反演结果与实测曲线对比

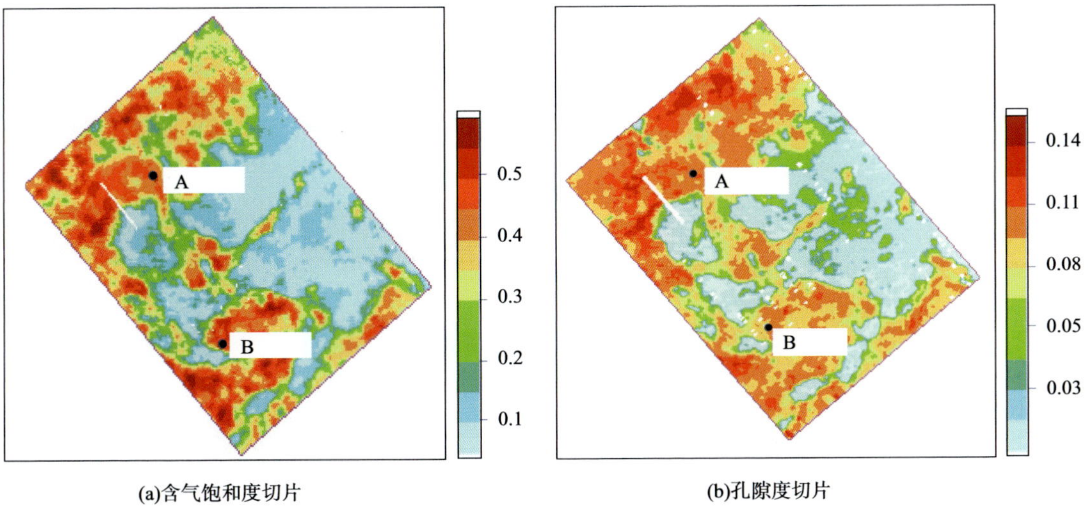

图 6.18　储层岩石物理参数反演结果沿层切片图

第二节　基于随机模拟的岩石物理参数反演

本节介绍岩石物理参数反演的另外一类方法，即基于测井和地质先验的随机模拟方法。该方法的主要特点是，基于连续时间马尔科夫链更好地模拟地质沉积的更替，结合测井高频和地质先验信息，基于概率统计理论实现岩相、孔隙度、泥质含量等储层岩石物理参数的预测。

一、方法原理

基于随机模拟的岩石物理参数反演技术主要包括两部分技术内容，即首先利用测井、地质等数据构建符合先验信息的虚拟井(基于连续时间马尔科夫链的虚拟井构建)，然后通过虚拟井地震模拟数据与实际地震数据的匹配进行岩石物理参数的预测(基于地震道匹配的储层岩石物理参数预测)。基于连续时间马尔科夫链的虚拟井构建主要包括以下步骤：在测井数据分析的基础上构建连续时间马尔科夫链，并进行岩相组合的随机模拟；采用蒙特卡罗随机采样方法，实现岩相对应的弹性参数和岩石物理参数的随机模拟；最终可实现由测井、岩心、地质等资料，通过随机模拟获得符合先验信息的虚拟井，虚拟井由岩相组合、弹性参数、岩石物理参数组成。基于地震道匹配的储层岩石物理参数预测主要包括以下步骤：提取地震子波，根据虚拟井的弹性参数计算反射系数，利用褶积模型进行地震正演模拟，获得模拟地震记录，建立虚拟井与地震数据的关系；继而构建基于先验地质约束的加权匹配函数，利用该函数对模拟地震记录与实际地震记录进行匹配，根据匹配最优的前 N(N 为正整数)个虚拟井对岩相和储层岩石物理参数进行预测。

(一)基于连续时间马尔科夫链的虚拟井构建技术

图 6.19 为基于连续时间马尔科夫链的虚拟井构建技术流程图。概括地说，该技术主要由两部分内容组成，首先利用连续时间马尔科夫链来表征测井、岩心等先验信息，基于连续时间马尔科夫链进行岩相的随机模拟；然后根据储层岩石物理参数概率分布随机采样获得岩相对应的储层岩石物理参数(孔隙度、泥质含量)；至此实现虚拟井的构建，虚拟井由岩相组合和储层岩石物理参数组成。

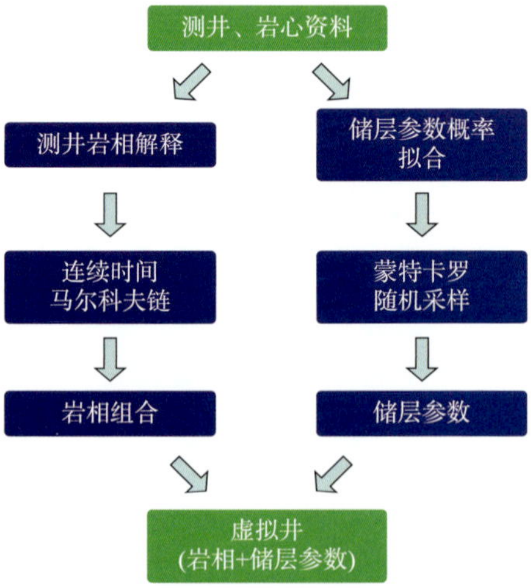

图 6.19　基于连续时间马尔科夫链的虚拟井构建技术流程

1. 基于连续时间马尔科夫链的岩相随机模拟

通常使用离散马尔科夫链进行岩相的随

机模拟，但是离散马尔科夫链可能会存在岩相“突变”的问题，且某一岩相转换到本身岩相类型的概率很大，存在过分表达的问题；而连续时间马尔科夫链认为沉积是一种连续的过程，可以更好地描述实际地质沉积规律，其基本思想是岩石类型的交替符合离散马尔科夫链，先利用离散马尔科夫链模拟岩相类型，然后再计算每个岩相类型的厚度。

(1)离散马尔科夫链的构建。

假设事件的未来状态只与现在状态有关，而与过去状态无关，这种性质称为马尔科夫性，具有这种性质的随机过程称为马尔科夫链。研究表明，岩相的垂向分布具有马尔科夫性质。利用岩相的这种性质，通过对先验信息的分析统计，描述岩相在垂向分布上的相关性，使得它的分布特点与地质沉积过程相似，从而提高岩相预测的准确性。

本方法考虑了岩相分布的一阶马尔科夫性质。一阶马尔科夫链的基本假设是：在某一时刻 t 岩相类别的概率分布只与前一时刻 $t+1$ 的岩相类别有关，而与其他时刻无关，即

$$p(\pi_t \mid \pi_{t+1}, \pi_{t+2}, \cdots, \pi_T) = p(\pi_t \mid \pi_{t+1}) \tag{6.29}$$

其中 $\pi_t(t=1, 2, \cdots, T)$ 表示时刻 t 的岩相类型，$p(\pi_t \mid \pi_{t+1}, \pi_{t+2}, \cdots, \pi_T)$ 和 $p(\pi_t \mid \pi_{t+1})$ 表示条件概率。

马尔科夫链中不同状态在时间上的变化可以看成不同状态之间的转移，这种转移可用“转移概率矩阵”P 表示。假设转移概率矩阵 P 中的元素为 p_{ij}，则 p_{ij} 表示从状态 i 转移到状态 j 的条件概率，矩阵每一行各元素之和等于 1。转移概率描述了马尔科夫过程中的概率统计特征，与时间无关。可以定义对应的向下转移概率矩阵 $\tilde{P}$，矩阵元素为条件概率 $p(\pi_t \mid \pi_{t-1}) = p(\pi_{t-1} \mid \pi_t)p(\pi_t)/p(\pi_{t-1})$，利用转移概率矩阵，可以计算时刻 t 到时刻 $t+1$ 的概率：

$$p(\pi_{t+1}) = p(\pi_t)\tilde{P} = p(\pi_t)p(\pi_{t+1} \mid \pi_t) = \prod_{i=0}^{i=t} p(\pi_{i+1} \mid \pi_i) \tag{6.30}$$

因此若给定初始状态和转移概率矩阵，即可确定一个马尔科夫链，进而可通过随机模拟获得不同时刻的岩相。初始岩相类型可通过测井、钻井或地质等先验资料确定。关于转移概率矩阵的计算，首先由测井岩相解释结果统计岩相类型间的转移记数矩阵，进而根据转移记数矩阵计算转移概率矩阵。

(2)岩相厚度概率分布随机采样。

根据离散马尔科夫链模拟获得岩相类型后，再根据岩相厚度的概率分布随机采样得到该岩相的厚度，即完成一个岩相的构建。首先选择参与统计的井，对测井数据进行深时转换；统计每个岩相的厚度数据，并用指数分布(或高斯分布)进行拟合；在利用离散马尔科夫链随机模拟得到岩相类型后，对拟合的指数分布(或高斯分布)进行随机采样获得该岩相的厚度；最终获得完整的岩相模拟结果(包括岩相及其厚度)。

通过构建离散马尔科夫链和对岩相厚度概率分布随机采样，便实现了基于连续时间马尔科夫链的岩相随机模拟。选取一组参数对该方法进行测试，给定砂岩平均厚度为 3m、泥岩平均厚度为 12m，进行 5 次岩相随机模拟的结果如图 6.20 所示，从图中可以容易地看出，泥岩厚度大于砂岩，从而证明了方法的可行性。

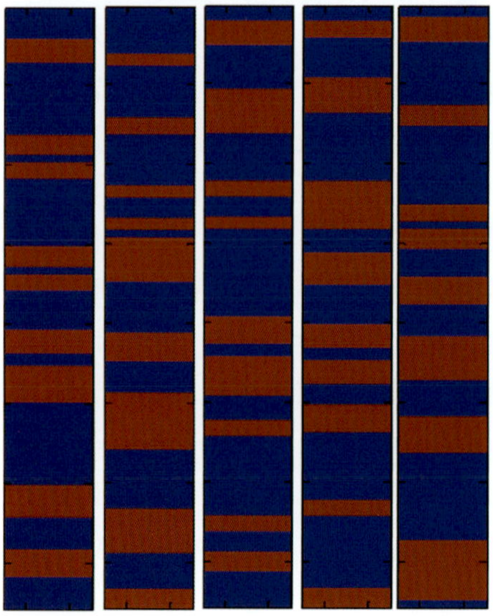

图 6.20　岩相组合随机模拟结果(蓝色为泥岩、红色为砂岩)

2. 储层岩石物理参数蒙特卡罗随机采样

虚拟井由岩相和储层岩石物理参数构成，在上述实现岩相随机模拟的前提下，本节采用先验约束下的储层岩石物理参数蒙特卡罗随机采样方法获得与各岩相对应的储层岩石物理参数(孔隙度、泥质含量)。

图 6.21 为 A 井孔隙度与泥质含量的散点图，我们主要通过描述数据间的两个特征来表征这一组数据的关系。首先利用孔隙度 - 泥质含量的线性关系(红色实线)代表两个参数间的大致趋势；然后通过计算散点数据与线性趋势线间的方差来表示数据的主要分布范围(两条红色虚线框定的范围)。在上述思想的基础上我们发展了先验约束的储层岩石物理参数蒙特卡罗随机采样方法，如图 6.22 所示。具体步骤如下：

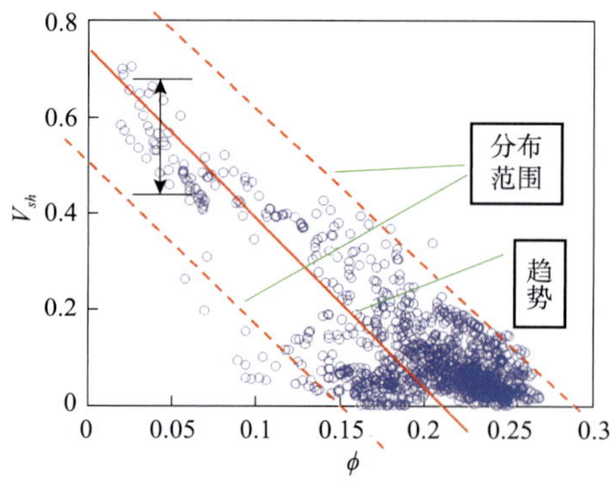

图 6.21　A 井孔隙度 - 泥质含量关系图

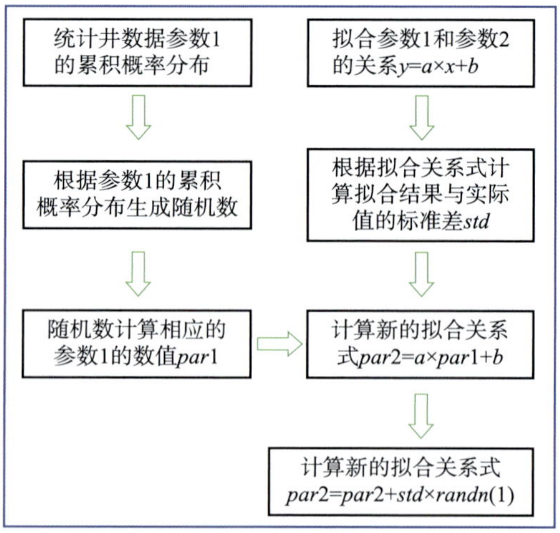

图 6.22　蒙特卡罗随机采样技术流程

(1)对于待拟合参数1和参数2(分别由 x 和 y 表示)，首先拟合两者之间的线性关系，得到 $y = a \times x + b$(a 和 b 为系数)；对于参数1的所有样点，可根据上述线性关系式获得其相应的参数2的拟合值，计算参数2真实值与该拟合值之差的标准差 std；

(2)另一方面，统计井数据中参数1的累积概率分布；生成0～1范围内的随机数；根据随机数和参数1的累积概率分布，计算相应的参数1的数值，记为 $par1$；

(3)将参数1的数值 $par1$ 代入上述(1)中的线性拟合关系式，获得参数2的拟合值，即 $par2 = \mathrm{a} \times par1 + b$；进而通过随机采样可获得最终的关系式 $par2 = par2 + std \times randn(1)$，其中 $randn(1)$ 代表随机生成1个符合正态分布的数值。通过该方法，既可以模拟参数间的大概趋势关系，又可模拟参数的分布范围，从而可以较好地对参数之间的关系进行随机模拟。

图6.23为对A井砂岩数据进行蒙特卡罗随机采样的结果，图6.25(a)为孔隙度和泥质含量的关系，图6.25(b)为孔隙度和纵波速度的关系，图6.25(c)为泥质含量和纵波速度的关系，图6.25(d)为纵波速度和密度的关系，图中蓝色圆为实际井数据，红色圆为蒙特卡罗随机采样的结果，可见蒙特卡罗随机模拟结果与真实值有很好的一致性，从而验证了方法的有效性。

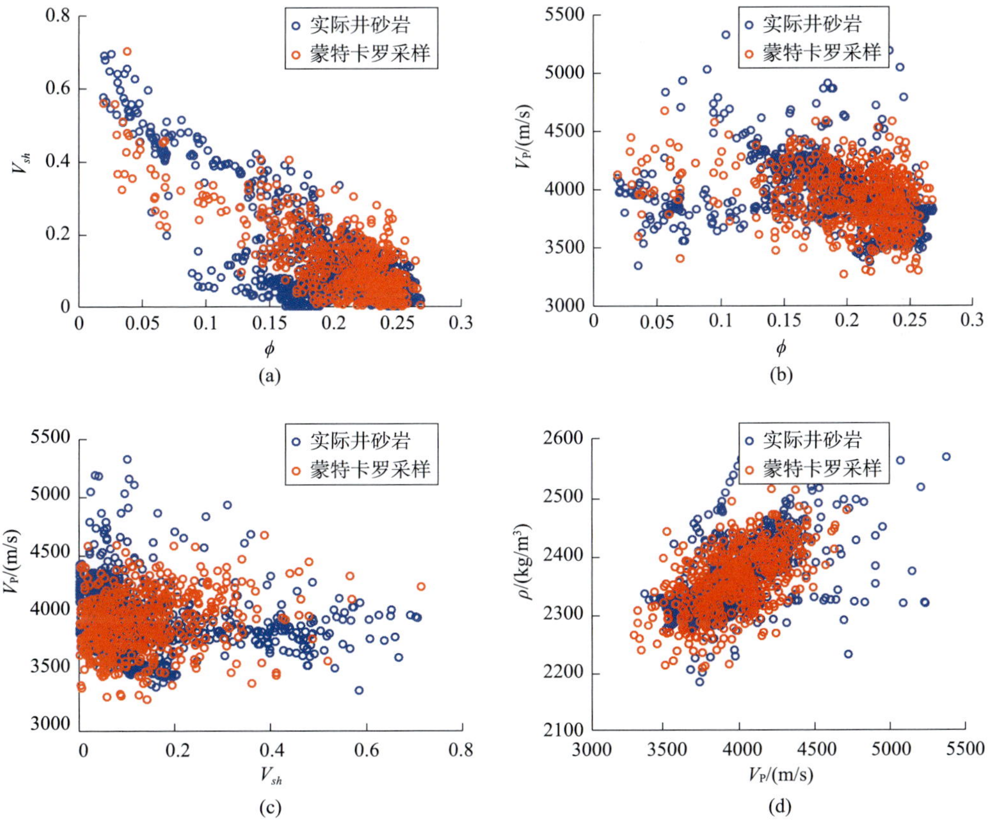

图6.23　A井砂岩数据的蒙特卡罗随机采样(蓝色为真实井数据、红色为模拟数据)

这样，在基于连续时间马尔科夫链岩相随机模拟获得岩相组合后，进而利用先验约束的蒙特卡罗随机采样技术可以得到与岩相相对应的孔隙度、泥质含量、速度、密度等曲线。至此，便完成了一个虚拟井的构建，图 6.24 为利用上述方法构建的一个虚拟井。

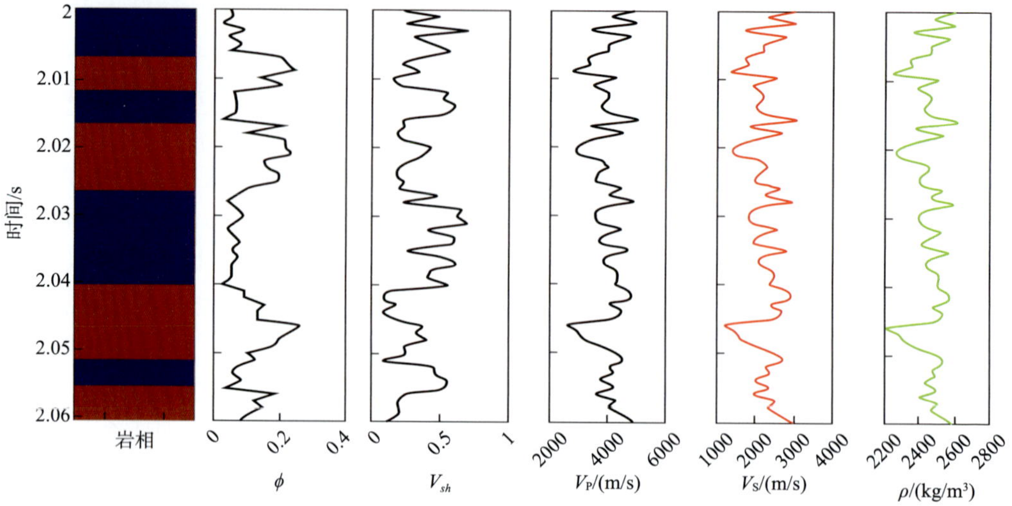

图 6.24　一个随机模拟的虚拟井

(二)基于地震道匹配的岩石物理参数预测技术

利用上述方法进行大量随机模拟，可以获得大量虚拟井，对每个虚拟井，根据其弹性参数计算反射系数，进行地震子波估计，利用地震正演模拟可计算相应的合成地震记录，从而建立虚拟井与地震数据之间的联系。在此基础上，进行模拟地震记录与实际地震记录的匹配优选，最后实现对岩石物理参数的预测。

利用虚拟井构建技术可随机模拟得到大量的虚拟井，通过地震正演模拟即可获得大量的模拟地震数据，如何从大量的虚拟井中选择与真实地震道匹配的虚拟井模拟记录是岩相预测的关键。为降低匹配的多解性，提高地震道匹配精度，构建基于先验地质约束的加权匹配函数：

$$\begin{aligned} J &= f(\boldsymbol{d}_{syn},\ \boldsymbol{d}_{obs}) + \lambda f(\boldsymbol{m}_{syn},\ \boldsymbol{m}_0) \\ &\textit{subject to } \boldsymbol{m} \in [\boldsymbol{m}_{\min},\ \boldsymbol{m}_{\max}] \end{aligned} \tag{6.31}$$

其中第一项代表模拟记录与实际地震记录的相似性或差异性，差异性可由最小平方差表示，相似性可由最优相似系数或相关系数表征；第二项代表储层参数预测值域先验信息的差异或相似性，可以通过测井、岩心或地质资料获得储层参数的一些先验信息，并将其加入到匹配函数中约束地震道匹配过程；加权系数 λ 需要通过测试确定其数值大小。另外，统计测井数据中储层参数(孔隙度、泥质含量等)的取值范围，用于约束随机模拟的数据区间。

在进行地震道匹配时，分别计算虚拟井模拟地震记录与实际地震道的匹配函数，再按匹配函数取值由小到大进行排序，选取前 N 个虚拟井用于岩相预测。具体地，在地震道的每个采样点处统计 N 个虚拟井中各岩相的出现次数，出现次数最多的岩相类型为该采样点的岩相预测结果，将所有采样点的结果组合到一起，便获得整个地震道的岩相预测结果。关于储层岩石物理参数(孔隙度、泥质含量等)的预测，对于地震道的每个采样点，取前 N 个虚拟井对应的储层岩石物理参数，计算其平均值，作为该采样点处预测的储层岩石物理参数值；并计算方差值，可用于对预测结果的不确定性进行评价。将所有采样点的预测结果综合到一起，便可获得整个地震道的储层岩石物理参数预测结果。

根据提出的基于先验地质约束的加权匹配函数，对随机模拟的大量地震道进行优选。图6.25为某井井旁道地震道匹配情况，其中第一道为实际地震道，后面30道为根据加权匹配函数得到的最优匹配地震道。可见，最优匹配选择的30道模拟数据与实际地震道较为接近，总体匹配较好，从而说明构建的匹配函数是稳定有效的。

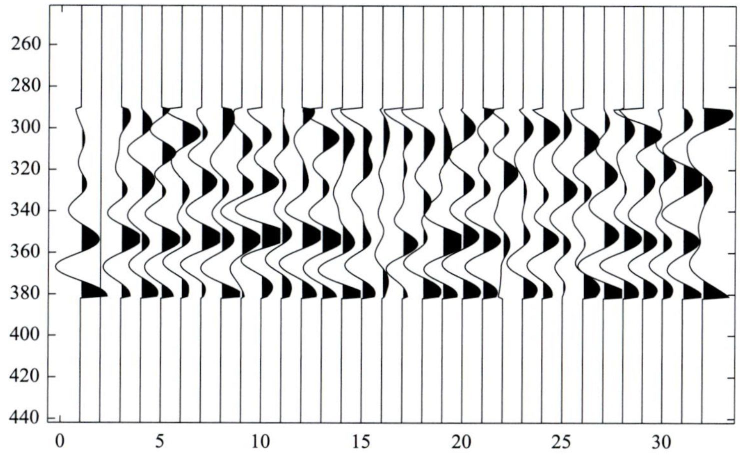

图6.25 某井井旁道地震道匹配情况

基于随机模拟的储层参数预测技术需要在地震数据的每一个地震道，随机生成大量(数量级为10^3个)虚拟井，对于动辄数万道的实际地震数据，计算量将会很大。由于本方法在计算时各地震道是独立的，可以容易地进行并行计算，因此具有较高的计算效率。

二、模型数据测试

在本部分对随机模拟方法进行模型测试，首先考虑简单的单层砂岩模型，或称泥包砂模型，然后考虑复杂的砂泥互层模型。

(一)单层砂岩模型

首先考虑简单的泥－砂－泥模型，给定泥岩和砂岩的孔隙度、泥质含量的高斯分布，然后随机采样获得一组数据作为理论数值。给定纵波速度、密度与孔隙度、泥质含量的经验关系式，利用该关系式计算泥岩和砂岩的速度和密度，作为理论值。采用40Hz雷克子波合成地震记录。当砂岩厚度为45m时，其界面反射系数及对应的合成地震数据如图6.26所示。为了仅测试随机模拟算法的有效性，假设已知砂岩和泥岩的孔隙度、泥质含量的高斯分布，已知速度、密度与孔隙度、泥质含量的经验关系式(以上参数可通过对实际井数据统计分析获得)，已知地震子波(实际数据可通过井震标定获得)。然后利用随机模拟方法预测岩相和储层岩石物理参数，图6.26右图中黑色波形为前20个最优匹配的虚拟井所对应的模拟地震记录，可见其与真实地震记录非常接近。前20个最优匹配虚拟井的岩相如图6.27所示，前20个虚拟井的岩相较为一致，比较稳定。根据前20个虚拟井岩相统计获得最终的预测结果，如图6.28所示，可见其与真实岩相是一致的。孔隙度与泥质含量预测结果如图 6.29 所示，预测结果与真实值几乎相等。上述结果说明了对于砂岩较厚的泥包砂模型，随机模拟方法可以获得很好的预测结果。

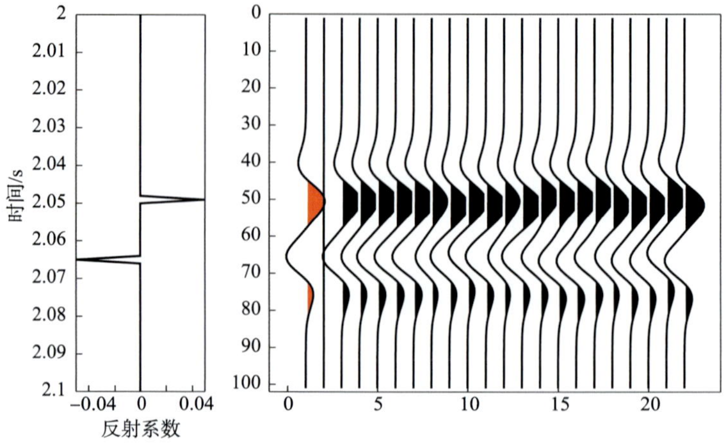

图 6.26　左图：模型反射系数。右图：地震记录
（红色波形为理论地震记录，黑色波形为前 20 个最优匹配的地震记录）

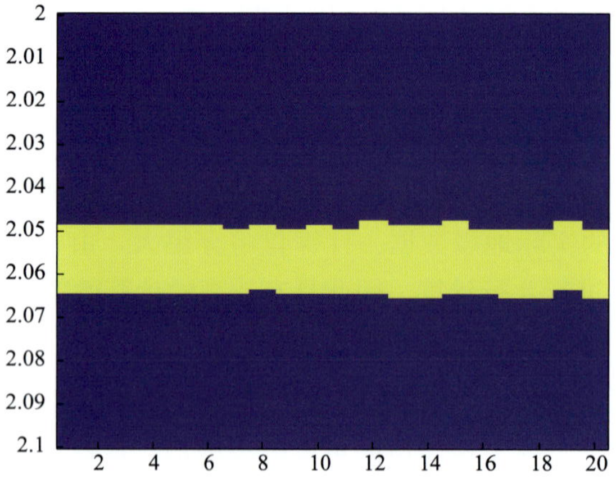

图 6.27　前 20 个最优匹配虚拟井的岩相

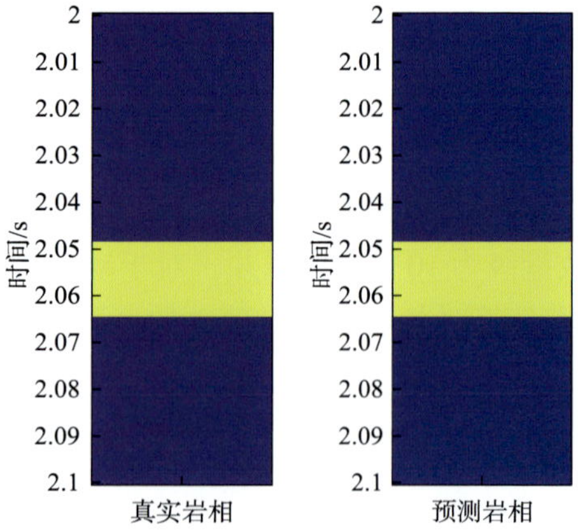

图 6.28　真实岩相与预测岩相

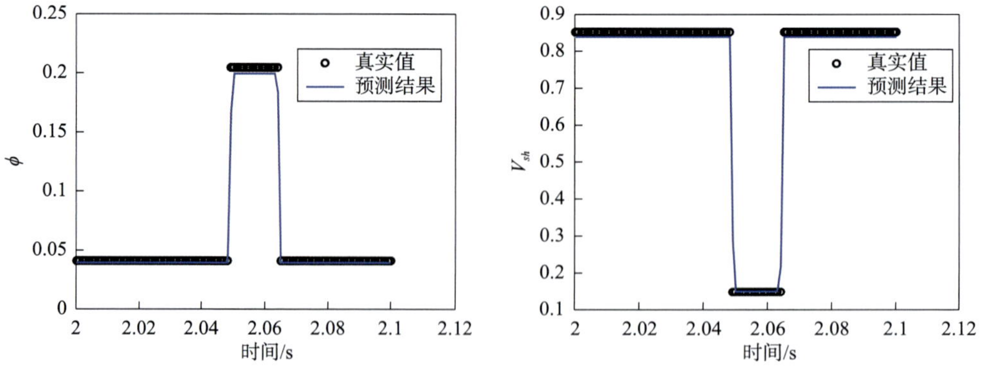

图 6.29　孔隙度（左图）、泥质含量（右图）预测结果

下面进一步测试当砂岩厚度很薄时的情况。当砂岩厚度为 3m 时，其界面反射系数与

对应的合成地震数据如图6.30所示，由于薄层的干涉效应，砂岩上下层的反射叠加到一起。同样假设已知砂岩和泥岩的孔隙度、泥质含量的高斯分布，已知速度密度与孔隙度泥质含量的经验关系式，已知地震子波。利用随机模拟方法预测岩相和储层岩石物理参数，图6.30右图中黑色波形为前20个最优匹配的虚拟井所对应的模拟地震记录，可见模拟记录与真实地震记录很接近。前20个最优匹配虚拟井的岩相如图6.31所示，可见前20个虚拟井的岩相较为一致，对前20个虚拟井岩相进行统计分析获得最终的岩相预测结果(图6.32)，可见其与真实岩相是一致的。孔隙度与泥质含量预测结果如图6.33所示，预测值与真实值同样是一致的。说明随机模拟方法对于薄层的泥包砂模型同样适用。

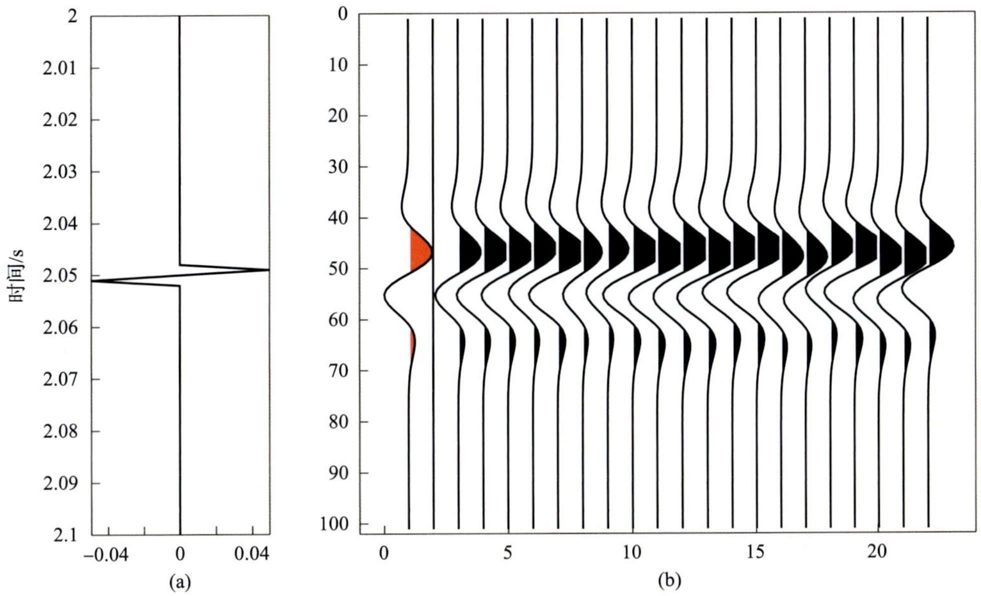

图6.30　模型反射系数(a)与地震记录(b)
(红色波形为理论地震记录，黑色波形为前20个最优匹配的地震记录)

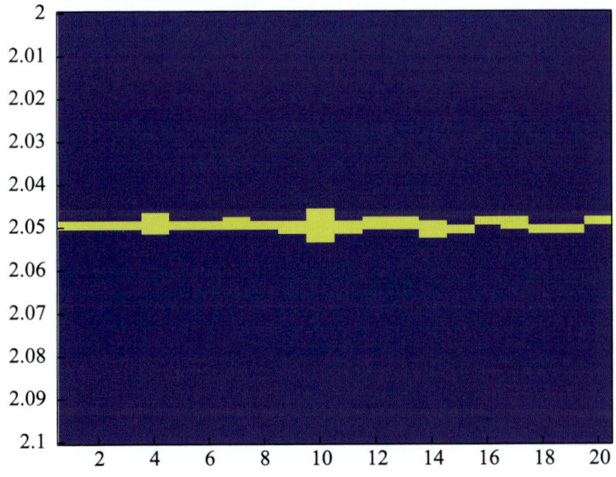

图6.31　前20个最优匹配虚拟井的岩相

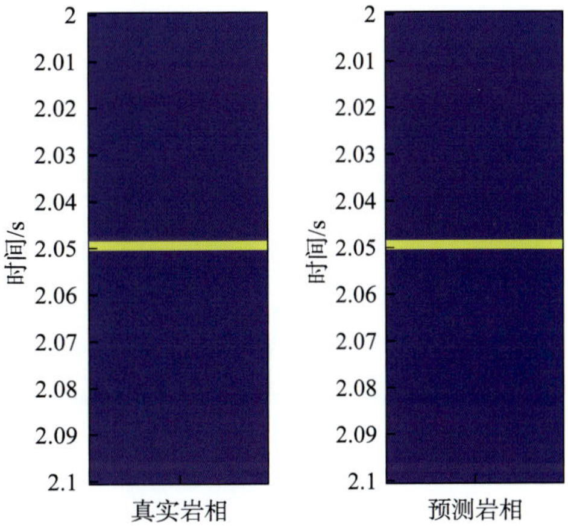

图6.32　真实岩相与预测岩相

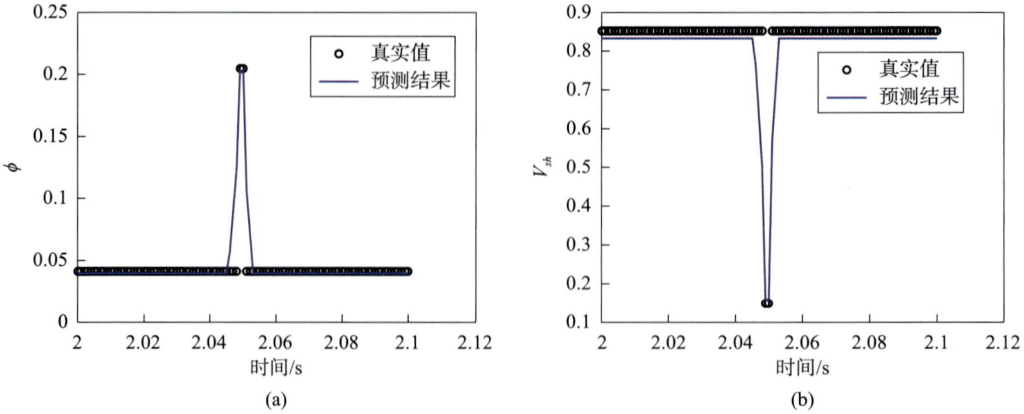

图 6.33　孔隙度(a)、泥质含量(b)预测结果

(二)砂泥互层模型

考虑更为复杂的砂泥互层模型。首先考虑厚层互层情况，给定砂岩和泥岩厚度分别为140m；给定泥岩和砂岩的孔隙度、泥质含量的高斯分布，然后随机采样获得一组数据作为理论数值。给定纵波速度、密度与孔隙度、泥质含量的经验关系式，利用该关系式计算泥岩和砂岩的速度和密度，作为理论值。采用 40Hz 雷克子波，基于褶积模型合成地震记录。假设泥岩和砂岩的孔隙度、泥质含量的概率分布已知，纵波速度、密度与孔隙度、泥质含量的经验关系式已知，地震子波已知。利用随机模拟方法预测岩相和储层岩石物理参数。图 6.34 为真实岩相与预测岩相，可见对于厚层砂泥互层岩相预测结果较好。图 6.35 为预测的孔隙度和泥质含量，预测结果与真实值较为接近。

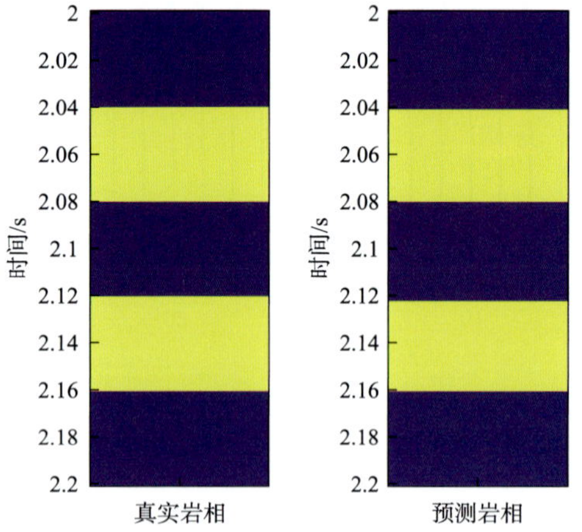

图 6.34　真实岩相与预测岩相

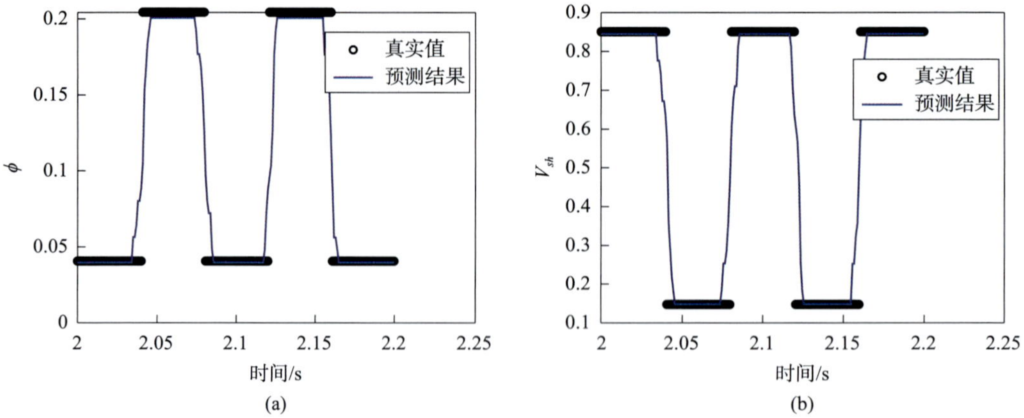

图 6.35　砂泥互层模型孔隙度(a)、泥质含量(b)预测结果

接下来考虑薄层砂岩－厚层泥岩的互层情况，砂岩厚度为3.7m，泥岩厚度为110～150m；给定泥岩和砂岩的孔隙度、泥质含量的高斯分布，然后随机采样获得一组数据作为理论数值。给定纵波速度、密度与孔隙度、泥质含量的经验关系式，利用该关系式计算泥岩和砂岩的速度和密度，作为理论值。采用40Hz雷克子波，基于褶积模型合成地震记录。假设泥岩和砂岩的孔隙度、泥质含量的概率分布已知，纵波速度、密度与孔隙度、泥质含量的经验关系式已知，地震子波已知。利用随机模拟方法预测岩相和储层岩石物理参数。图6.36为真实岩相与预测岩相，预测结果比真实值略厚。图6.37为预测的孔隙度和泥质含量，预测结果与真实值相比有较大的误差，与单层砂模型相比预测准确度明显降低。

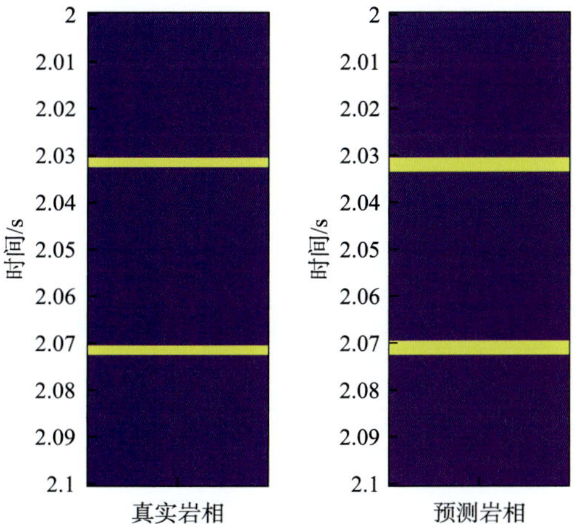

图6.36　真实岩相与预测岩相

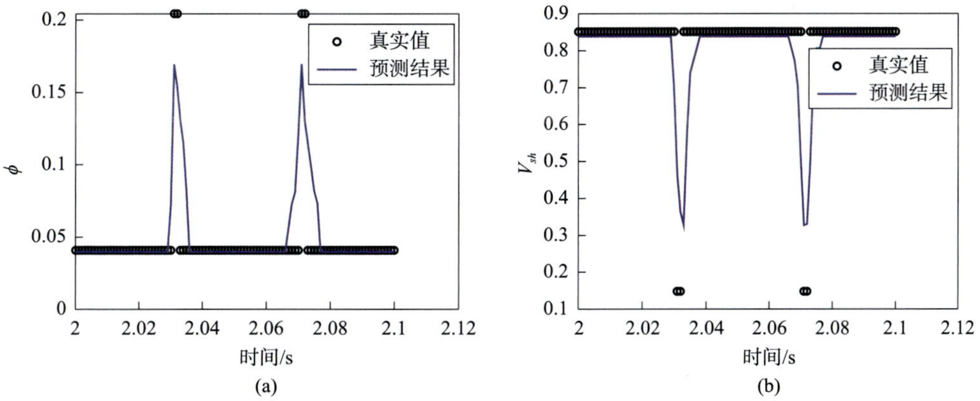

图6.37　孔隙度(a)、泥质含量(b)预测结果

三、应用实例

基于随机模拟的储层岩石物理参数预测应用流程如图6.38所示。主要分三个方面的工作：基础数据准备、方法测试和方法评价。①基础数据准备与分析：对测井资料进行归一化处理，在此基础上开展岩石物理参数分析，综合钻、录井资料和生产动态资料等资料，开展储层岩相解释和储层岩相统计工作。②方法测试：开展地震波形聚类、多属性分

析或叠后波阻抗反演，开展目标储层的沉积特征分析及砂体展布的定性分析，建立符合地质特征的低频模型作为横向稳定性的软约束；根据测井岩相解释结果和测井储层岩石物理参数分析结果，进行虚拟井构建；对于薄层及薄互层测试目标，开展提高分辨率处理；开展基于随机模拟的储层岩石物理参数预测技术应用。③对预测结果进行分析和评价：通过方法应用可获得储层岩相的空间变化特征及相应的概率体。储层岩石物理参数(孔隙度、泥质含量)的空间变化特征，并且可得到储层岩石物理参数的方差体数据，可以对预测结果的不确定性进行评价；对成果数据体进行滤波及平滑处理，改善成果数据的品质；最后结合完钻井的解释结果对预测的储层岩相特征、储层岩石物理参数特征进行评价。

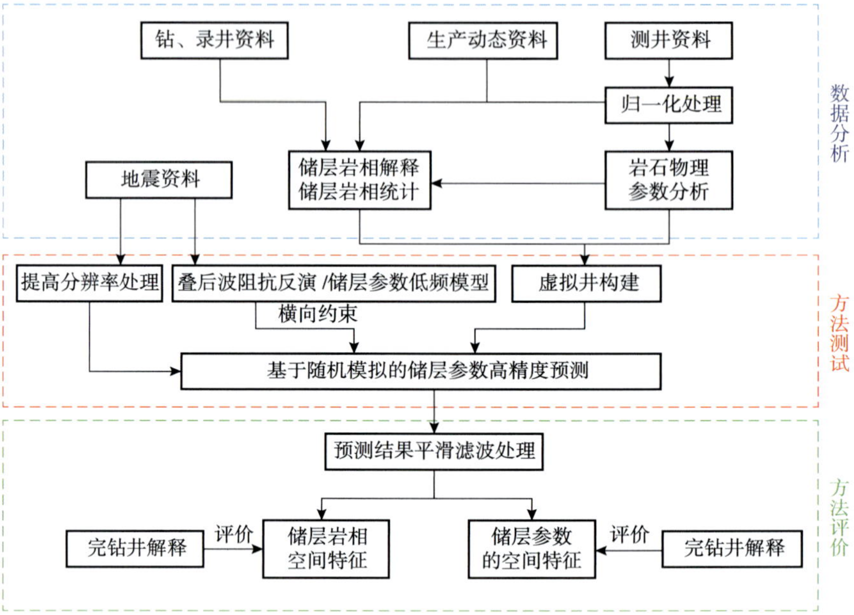

图 6.38　基于随机模拟的储层岩石物理参数预测应用流程

(一)三叠系厚层砂体测试效果

测试工区位于西部某油田，过某条主测线的岩相概率预测结果见图 6.39，岩相预测结果与测井岩相解释结果相符，厚层砂岩有很好地识别，比较薄层的砂岩也有较好地识别，

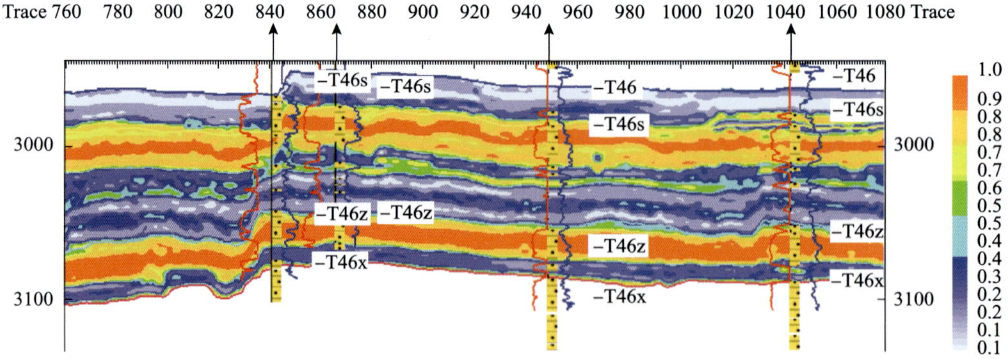

图 6.39　某主测线三叠系岩相预测结果(红色是自然电位，蓝色是自然伽马曲线)

且岩相横向预测结果比较稳定，与地震波的波形变化有较好的相关性，较好地揭示了该区域砂体分布特征。

孔隙度和泥质含量如图 6. 40、图 6. 41 所示，孔隙度与泥质含量的预测结果与岩相预测结果比较统一，其孔隙度与泥质含量的预测结果与测井孔隙度与泥质含量的测井解释结果相符，横向预测结果比较稳定，与地震波的波形变化有较好的相关性，较好地揭示了孔隙度与泥质含量分布特征。

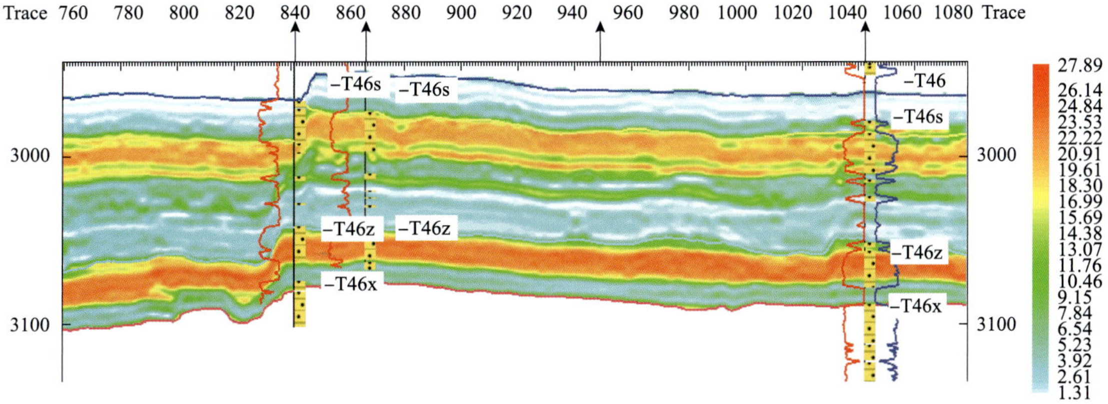

图 6. 40　某主测线三叠系孔隙度预测结果(红色是自然电位，蓝色是孔隙度曲线)

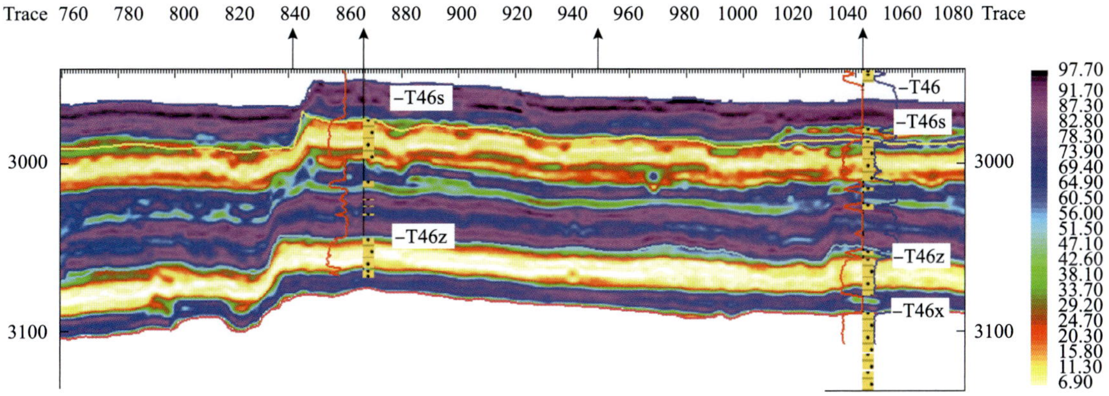

图 6. 41　某主测线三叠系泥质含量预测结果(红色是自然电位，蓝色是泥质含量曲线)

(二)石炭系卡拉沙依组薄砂体测试效果

过某测线的石炭系卡拉沙依组的地震数据如图 6. 42。图 6. 43 为常规波阻抗反演的结果，可以看出，由于石炭系底部灰岩的存在，石炭系底部很大一部分区域波阻抗预测值很大，难以通过波阻抗来对薄层砂岩进行描述，在浅部的预测结果与测井解释结果匹配度也较差。利用随机模拟方法预测的孔隙度和泥质含量结果如图 6. 44、图 6. 45 所示，可以看出，随机模拟方法预测结果横向上较为自然，井旁预测结果与测井解释结果较为一致，单独的薄砂岩大部分可以较好地预测出来，但隔层较薄的薄砂岩组合被预测为一个较厚的砂岩，与测井解释结果比对后发现，孔隙度与泥质含量的预测结果与解释结果相符，且横向预测结果比较稳定，较好地揭示了卡拉沙依组砂体分布特征。总的来说，随机模拟方法预测精度明显高于常规的波阻抗反演方法。

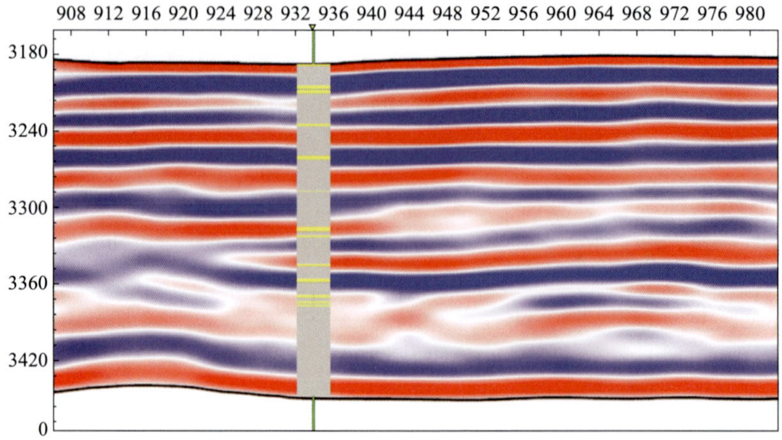

图 6.42　某测线石炭系卡拉沙依组地震数据

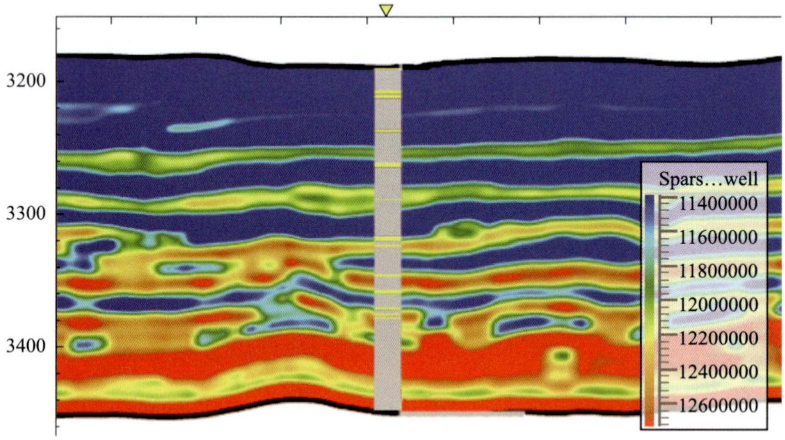

图 6.43　某测线石炭系卡拉沙依组波阻抗反演结果

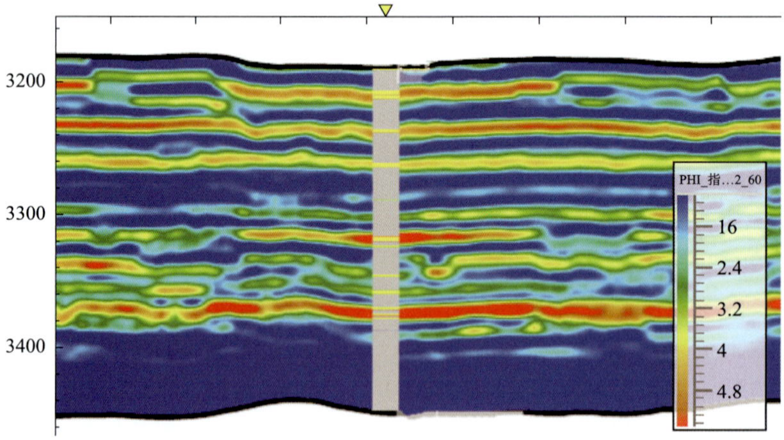

图 6.44　某测线石炭系卡拉沙依组孔隙度预测结果

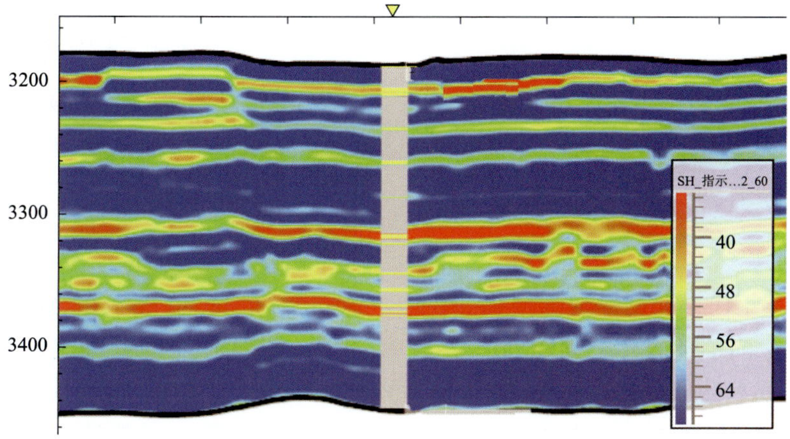

图 6.45 某测线石炭系卡拉沙依组泥质含量预测结果

第七章　叠前流体检测技术

20 世纪 70 年代，利用异常强振幅寻找地下含气层的“亮点”技术在当时得到广泛研究和应用。然而，当不同岩性之间阻抗差异较大，在岩性界面处也可形成异常强振幅，因此，利用亮点技术进行烃类检测存在一定的局限性。此外，国内外学者提出了许多利用叠后地震资料识别流体的技术，如“暗点”技术、“平点”技术等。虽然地震数据叠加技术具有一定优势，但是，叠加过程损失了地震资料携带的有关地下岩石弹性、物性等重要信息，这使得利用叠后地震剖面直接进行流体检测遇到了瓶颈。

1984 年，Ostrander 提出了利用反射系数随入射角的变化来判识“亮点”型含气砂岩的技术，标志着 AVO 分析方法开始真正应用于流体识别领域。目前，利用叠前地震资料进行储层流体识别成为现阶段储层含油气性判识的主要研究方向，主要有基于模型驱动和数据驱动两种实现方式。

在岩石物理理论指导下将与储层流体有关的异常特性表征为流体因子。基于模型驱动的地震流体识别方法是在构建流体因子基础上，针对流体因子特征实现对地震反射系数的模型参数化，建立由流体因子直接表达的地震反射特征方程，最终通过地震反演方法实现从叠前地震数据中直接进行流体因子估计的过程。地震反射系数的模型参数化是利用地震反演方法开展流体识别的基础，合理的模型参数选择直接影响流体因子正问题的解析表达形式及利用叠前地震反演进行流体识别的合理性和可靠性。

基于数据驱动的地震流体识别方法是基于信号理论直接从地震数据中提取与流体相关的地震信息实现的过程，包括与地震信号振幅、频率、相位等直接或间接关联的信号提取或分析方法。在与地震资料的频率特征相关的地震流体识别方面，人们逐渐发现了地层吸收参数及频变特征参数在流体识别中的潜力。地震波的吸收衰减过程必然伴随谱能量的衰减而产生速度频散现象，且在饱含不同流体类型的储层中传播时会表现出不同的频谱规律特征。目前地层吸收属性分析可以为岩性、含油气性和岩石物理性质提供可靠依据，并作为现阶段一项重要技术广泛应用于流体识别领域。而常规基于频散特征的流体识别多借助于时频分析技术，时频分析作为展现非平稳信号频率域与时间域联合分布特征的信号分析手段，其结果的质量直接影响着基于吸收衰减特征的流体识别效果。

本章第一节介绍了常用的几种流体因子，以及其对应的流体因子 Zoeppritz 方程近似公式。第二节重点针对深部储层地震资料照明度低、信噪比低、分辨率不足，尤其是缺乏大角度入射信息等问题，介绍一种两角度的深部储层流体因子叠前反演方法。第三节介绍了一种储层特征约束叠前反演方法，通过建立线性通用表达式属性参数与常规 AVO 反演属性参数梯度、截距、地层弹性参数变化率之间的转换关系，实现流体因子叠前地震反演。第四节进一步引入反射波能量随频率的变化，介绍了一种基于储层特征约束的频散 AVO

反演与流体识别方法。

第一节　叠前地震流体识别理论基础

一、基于岩石物理的流体因子

流体因子大致可以分为两类：第一类是具有明确岩石物理意义的流体因子，如纵横波速度比、杨氏模量、泊松比、拉梅常数等；第二类是基于权差运算得到的流体因子，该类型的流体因子物理意义模糊，主要涵盖了 Russell 流体因子、Gassmann 流体项、流体体积模量 K_f 等。由于第一类流体因子可以在常见的岩石物理手册中方便查询到，下面将主要介绍几种基于双相介质理论经过权差运算得到的流体因子，这类流体因子虽然物理性质模糊，但是针对不同类型的储层不同的流体因子往往具有更高的敏感度，其敏感度主要取决于岩石物理统计得到的权系数。

（一）Russell 流体因子

Russell 等根据 Biot – Gassmann 理论对纵、横波速度的表达式进行了改写，推导出对储层流体较为敏感的 Russell 流体因子 ρf，表达式如下：

$$\rho f = I_P^2 - cI_S^2 \tag{7.1}$$

其中 $c = (V_P/V_S)^2_{dry}$，表示干岩石的纵横波速度比的平方。

对于 Russell 流体因子的计算，既需要较为准确的纵、横波波阻抗，还需确定合适的 c 值。c 值通常可以借助岩石物理实验测量获得，一般取值范围大约在 1.333 ~ 3 之间。Murphy 等通过测量不同孔隙度下纯石英砂岩的 K_{dry}/μ 的数值，认为当该数值的平均值是 0.9 时，c 对应的数值约是 2.233；K_{dry}/μ 的平均值是 1.0 时，c 对应的数值约是 2.333。Russell 等则列出了常规弹性参数数值对应的 c 的取值范围，如表 7.1。在实际工作中，可以通过表 7.1 选择适合储层的 c 值，以提高流体识别的精度。

表 7.1　弹性参数值和所对应的 c 值（Russell et al. 2003）

$c = \left(\frac{V_P}{V_S}\right)^2_{dry}$	3.000	2.500	2.333	2.250	2.233	2.000	1.333
σ_{dry}	0.325	0.167	0.125	0.1	0.095	0.00	−1.000
$\frac{K_{dry}}{\mu}$	1.667	1.167	1.000	0.917	0.900	0.667	0.000
$\frac{\lambda_{dry}}{\mu}$	1.000	0.500	0.333	0.250	0.233	0.000	−0.667

（二）Gassmann 流体项

Russell 等根据双相介质理论构建了可用于识别储层孔隙流体类型的 f，并将其作为流体指示因子参与储层的反演工作。Gassmann 流体项 f 对目的层有较高的敏感度，可以用式

(7.2)表示：

$$f=\frac{\left(1-\frac{K_d}{K_s}\right)^2}{\frac{\phi}{K_f}+\frac{1-\phi}{K_s}-\frac{K_d}{K_s^2}} \tag{7.2}$$

其中：K_d 为干岩石体积模量；K_s 为骨架体积模量；K_f 是流体体积模量。当包含多相流体时，可以采用 Wood 方程进行计算，即$\frac{1}{K_f}=\frac{S_g}{K_g}+\frac{S_o}{K_o}+\frac{S_w}{K_w}$其中 K_g、K_o 以及 K_w 各自代表气、油、水的体积模量；S_g、S_o 和 S_w 分别代表气、油和水饱和度，而且满足等式 $S_w+S_o+S_g=1$。

Gassmann 流体项 f 既和流体的弹性效应有关，又受到矿物基质模量、干岩石骨架模量、孔隙度等多个因素的影响，是多方面因素共同作用的结果。假设岩石孔隙内的流体是饱和含水和气的，无论是密度和 λ 等这类具有明确物理意义的弹性参数，还是 Gassmann 流体项 f 等这类根据权差运算得到的流体因子，均会在一定程度上受到孔隙度的影响。但是，相较于常规流体因子，基于双相介质构建的 Gassmann 流体项 f 受孔隙度等因素的影响相对较小。Zhang 等通过对数据分析得知，对于固结程度较好的碎屑岩储层而言，f 对目的层的敏感度较高，当作为流体指示因子参与反演时，储层预测和流体识别结果精度较高。但是，对于储层固结较差或者孔隙度变化较为快速的工区，Gassmann 流体项 f 与含水饱和度并不是完全的线性关系，利用 f 进行流体识别时，会产生识别假象。

二、基于流体因子的 Zoeppritz 方程近似公式

(一) 基于 $\lambda-\mu-\rho$ 和 $K-\mu-\rho$ 的 Zoeppritz 近似方程

拉梅常数 λ 和 μ 具有明确的物理意义，而且对饱和油气储层十分敏感，Gray 等推导出包含拉梅参数、剪切模量和密度相对变化率的线性 AVO 近似方程：

$$\begin{cases}R_{PP}(\theta)=\left[\frac{1}{4}-\frac{1}{2}\gamma^2\right]\sec^2\theta\frac{\Delta\lambda}{\lambda}+\gamma^2\left(\frac{1}{2}\sec^2\theta-2\sin^2\theta\right)\frac{\Delta\mu}{\mu}+\left(\frac{1}{2}-\frac{1}{4}\sec^2\theta\right)\frac{\Delta\rho}{\rho}\\ R_{PP}(\theta)=\left[\frac{1}{4}-\frac{1}{3}\gamma^2\right]\sec^2\theta\frac{\Delta K}{K}+\gamma^2\left(\frac{1}{3}\sec^2\theta-2\sin^2\theta\right)\frac{\Delta\mu}{\mu}+\left(\frac{1}{2}-\frac{1}{4}\sec^2\theta\right)\frac{\Delta\rho}{\rho}\end{cases} \tag{7.3}$$

其中，$\lambda=(\lambda_1+\lambda_2)/2$，$K=(K_1+K_2)/2$，$\mu=(\mu_1+\mu_2)/2$，$\rho=(\rho_1+\rho_2)/2$，$\Delta\lambda=\lambda_2-\lambda_1$，$\Delta K=K_2-K_1$，$\Delta\mu=\mu_2-\mu_1$，$\Delta\rho=\rho_2-\rho_1$。通过该方程可以实现拉梅参数、体积模量这些反应岩石基本性质岩石物理参数直接反演。

(二) 基于 $f-\mu-\rho$ 的 Zoeppritz 近似方程

Gassmann 流体项 f 对储层流体敏感度较高，可以作为流体指示因子参与地震反演工作，Russell 等推导出包含 Gassmann 流体因子 f、剪切模量 μ 和密度 ρ 相对变化率的 AVO 线性近似方程，表达式如下：

$$R_{PP}(\theta)=\left[\left(\frac{1}{4}-\frac{\gamma_{\text{dry}}^2}{4\gamma_{\text{sat}}^2}\right)\sec^2\theta\right]\frac{\Delta f}{f}+\left[\frac{\gamma_{\text{dry}}^2}{4\gamma_{\text{sat}}^2}\sec^2\theta-\frac{2}{\gamma_{\text{sat}}^2}\sin^2\theta\right]\frac{\Delta\mu}{\mu}+\left[\frac{1}{2}-\frac{\sec^2\theta}{4}\right]\frac{\Delta\rho}{\rho} \tag{7.4}$$

其中，$f=(f_1+f_2)/2$，$\mu=(\mu_1+\mu_2)/2$，$\rho=(\rho_1+\rho_2)/2$，$\Delta f=f_2-f_1$，$\Delta\mu=\mu_2-\mu_1$，

$\Delta\rho=\rho_2-\rho_1$。γ_{sat}^2和γ_{dry}^2分别代表了饱和岩石和干岩石的纵、横波速度比的平方，用等式表示$\gamma_{sat}^2=(V_P/V_S)_{sat}^2$，$\gamma_{dry}^2=(V_P/V_S)_{dry}^2$。式(7.4)给出了反射系数与Gassmann流体项、剪切模量、密度之间的定量关系，利用该公式可以直接提取f和μ，使得流体识别更加简单直接，提高反演的稳定性。

(三)基于$M-\mu-\rho$的Zoeppritz近似方程

孔隙弹性介质理论指出，Gassmann流体项和纵波模量、横波模量之间存在如下关系：$f=M-c\mu$。如果纵波模量和横波模量已知，便可以直接利用上式估算得到Gassmann流体项，这样在计算f的过程中就可以避免用到密度项，提高计算的精度。Zong等在孔隙弹性介质理论的指导下，给出了基于纵、横波模量及密度相对变化率的AVO线性近似方程，如式(7.5)所示：

$$R_{PP}(\theta)=\frac{1}{4}\sec^2\theta\frac{\Delta M}{M}-2\gamma^2\sin^2\theta\frac{\Delta\mu}{\mu}+\left(\frac{1}{2}-\frac{\sec^2\theta}{4}\right)\frac{\Delta\rho}{\rho} \tag{7.5}$$

其中，$M=(M_1+M_2)/2$，$\mu=(\mu_1+\mu_2)/2$，$\rho=(\rho_1+\rho_2)/2$，$\Delta M=M_2-M_1$，$\Delta\mu=\mu_2-\mu_1$，$\Delta\rho=\rho_2-\rho_1$。

(四)基于$E-\sigma-\rho$的Zoeppritz近似方程

宗兆云等推导出了包含杨氏模量、泊松比和密度相对变化率的AVO线性近似方程，表达式如下：

$$R_{PP}(\theta)=a(\theta)\frac{\Delta E}{E}+b(\theta)\frac{\Delta\sigma}{\sigma}+c(\theta)\frac{\Delta\rho}{\rho} \tag{7.6}$$

其中，$a(\theta)=\frac{1}{4}\sec^2\theta-2\gamma^2\sin^2\theta$，$b(\theta)=\frac{1}{4}\sec^2\theta\frac{(2\gamma^2-3)(2\gamma^2-1)^2}{\gamma^2(4\gamma^2-3)}+2\gamma^2\sin^2\theta\frac{(1-2\gamma^2)^2}{(3-4\gamma^2)}$；$c(\theta)=\frac{1}{2}-\frac{1}{4}\sec^2\theta$，$E=(E_1+E_2)/2$，$\sigma=(\sigma_1+\sigma_2)/2$，$\rho=(\rho_1+\rho_2)/2$，$\Delta E=E_2-E_1$，$\Delta\sigma=\sigma_2-\sigma_1$，$\Delta\rho=\rho_2-\rho_1$。

(五)不同方程之间的定量关系

不同的弹性参数组合可以构成多种Zoeppritz线性近似方程，根据各弹性参数间的等式关系，可以对包含不同弹性参数的AVO近似方程进行转化。

$$\begin{cases}R_{V_P}+R_\rho=R_{I_P}\\R_{V_S}+R_\rho=R_{I_S}\\-R_{V_P}+R_{V_S}=R_\gamma\\N_1R_{V_P}+N_2R_{V_S}+R_\rho=R_\lambda\\2R_{V_S}+R_\rho=R_\mu\\N_3R_{V_P}+N_4R_{V_S}+R_\rho=R_\lambda\\N_5R_{V_P}+N_6R_{V_S}+R_\rho=R_E\\N_7R_{V_P}+N_8R_{V_S}+R_\sigma\\N_9R_{V_P}+N_{10}R_{V_S}+R_\rho=R_K\end{cases} \tag{7.7}$$

其中 R_X 代表 X 的相对变化率，$R_X=\frac{\Delta X}{2X}$[X 如式(7.7)所示可以代表纵波阻抗 I_P、横波阻抗 I_S、纵横波速度比 γ、拉梅参数 λ 和 μ、Gassmann 流体项 f、杨氏模量 E、泊松比 σ 和体积模量 K]。

$$N_1=\frac{2}{1-2\gamma^2},\ N_2=-\frac{4\gamma^2}{1-2\gamma^2},\ N_3=\frac{2}{1-c\gamma^2},\ N_4=-\frac{2c\gamma^2}{1-c\gamma^2},\ N_5=\frac{2\gamma^2}{(3-4\gamma^2)(1-\gamma^2)},$$

$$N_6=\frac{2(4\gamma^4-8\gamma^2+3)}{(3-4\gamma^2)(1-\gamma^2)},\ N_7=\frac{1}{\left(1.5-\gamma^2-\frac{1}{2\gamma^2}\right)},\ N_8=\frac{-1}{\left(1.5-\gamma^2-\frac{1}{2\gamma^2}\right)},\ N_9=\frac{6}{(3-4\gamma^2)},$$

$$N_{10}=\frac{-8\gamma^2}{(3-4\gamma^2)},\ c=\left(\frac{V_P}{V_S}\right)^2_{dry},\ \gamma=\frac{V_S}{V_P}。$$

根据方程组便可通过纵波速度 V_P、横波速度 V_S 和密度 ρ 求取出其他参数。以式(7.7)中第一个等式关系为例：

$$R_{V_P}+R_\rho=R_{I_P} \tag{7.8}$$

$$\begin{aligned} R_{I_P}&=\frac{\Delta I_P}{2I_P}=\frac{\Delta(V_P\times\rho)}{2(V_P\times\rho)}\\ &=\frac{V_P\Delta\rho+\rho\Delta V_P}{2(V_P\times\rho)}=\frac{\Delta V_P}{2V_P}+\frac{\Delta\rho}{2\rho}\\ &=R_{V_P}+R_\rho \end{aligned} \tag{7.9}$$

三、基于流体因子的弹性阻抗方程

(一)基于 $\lambda-\mu-\rho$ 的弹性阻抗方程

王保丽等在式(7.3)的基础上推导出了拉梅参数 λ、剪切模量 μ 和密度 ρ 的标准化弹性阻抗方程，表达式如式(7.10)所示：

$$EI(\theta)=A_0\left(\frac{\lambda}{\lambda_0}\right)^a\left(\frac{\mu}{\mu_0}\right)^b\left(\frac{\rho}{\rho_0}\right)^c \tag{7.10}$$

其中，$A_0=(8\lambda_0\mu_0\rho_0^2)^{1/4}$，$a=\left(\frac{1}{2}-\gamma^2\right)\sec^2\theta$，$b=\gamma^2(\sec^2\theta-4\sin^2\theta)$，$c=1-\frac{1}{2}\sec^2\theta$，$\lambda_0$、$\mu_0$ 和 ρ_0 分别表示界面两侧拉梅参数、剪切模量和密度的平均值。通过式(7.10)可直接提取拉梅参数，能更好地反应储层岩性和流体信息。

(二)基于 $f-\mu-\rho$ 的弹性阻抗方程

印兴耀等根据式(7.4)推导出了包含 Gassmann 流体项 f、剪切模量 μ 和密度 ρ 的标准化弹性阻抗方程：

$$EI(\theta)=EI_0\left(\frac{f}{f_0}\right)^{a(\theta)}\left(\frac{\mu}{\mu_0}\right)^{b(\theta)}\left(\frac{\rho}{\rho_0}\right)^{c(\theta)} \tag{7.11}$$

其中，$a=\left(\frac{1}{2}-\frac{\gamma_{sat}^2}{2\gamma_{dry}^2}\right)\sec^2\theta$，$b=\frac{\gamma_{dry}^2}{2\gamma_{sat}^2}\sec^2\theta-\frac{4}{\gamma_{sat}^2}\sin^2\theta$，$c=1-\frac{\sec^2\theta}{2}$，$f_0$，$\mu_0$ 和 ρ_0 分别代表

界面两侧 Gassmann 流体项 f、剪切模量 μ 和密度 ρ 的平均值，EI_0 代表标准化因子，用式(7.12)表示：

$$EI_0 = \rho_0^{\frac{1}{2}} \mu_0^{\frac{1}{4}} f_0^{\frac{1}{4}} \gamma_{sat}^{\frac{1}{2}} (1/(\gamma_{sat}^2/\gamma_{dry}^2 - 1) + 1)^{\frac{1}{4}} \tag{7.12}$$

（三）基于 $M-\mu-\rho$ 的弹性阻抗方程

基于 Biot – Gassmann 理论，从 $M-\mu-\rho$ 的 Zoeppritz 的线性近似方程出发推导了包含纵波模量、横波模量和密度的标准化弹性阻抗方程，表达式如下：

$$EI(\theta) = (M_0\rho_0)^{\frac{1}{2}} \left(\frac{M}{M_0}\right)^{a(\theta)} \left(\frac{\mu}{\mu_0}\right)^{b(\theta)} \left(\frac{\rho}{\rho_0}\right)^{c(\theta)} \tag{7.13}$$

其中，$a = \frac{1}{2}\sec^2\theta$，$b = -4\gamma^2\sin^2\theta$，$c = 1 - \frac{1}{2}\sec^2\theta$，$M_0$、$\mu_0$ 和 ρ_0 分别表示界面两侧纵波模量、剪切模量和密度的平均值。

利用式(7.13)进行弹性阻抗反演得到纵波模量和横波模量，再根据孔隙弹性介质理论计算得到 Gassmann 流体项，这一方法的优越性体现在 f 的计算过程不需要借助密度项，提高了反演的稳定性和精度。

（四）基于 $E-\sigma-\rho$ 的弹性阻抗方程

在 $E-\sigma-\rho$ 的 Zoeppritz 线性近似方程基础上，推导出包含杨氏模量、泊松比和密度的标准化弹性阻抗方程，表达式如下：

$$EI(\theta) = A_0 \left(\frac{E}{E_0}\right)^{a(\theta)} \left(\frac{\sigma}{\sigma_0}\right)^{b(\theta)} \left(\frac{\rho}{\rho_0}\right)^{c(\theta)} \tag{7.14}$$

其中，$a(\theta) = \frac{1}{4}\sec^2\theta - 2\gamma^2\sin^2\theta$，$b(\theta) = \frac{1}{4}\sec^2\theta \frac{(2\gamma^2-3)(2\gamma^2-1)^2}{\gamma^2(4\gamma^2-3)} + 2\gamma^2\sin^2\theta \frac{(1-2\gamma^2)^2}{(3-4\gamma^2)}$，$c(\theta) = \frac{1}{2} - \frac{1}{4}\sec^2\theta$，$E_0$、$\sigma_0$ 和 ρ_0 分别表示界面两侧杨氏模量、泊松比和密度的平均值，A_0 代表标准化因子。

当入射角为零时，标准化的弹性阻抗的数值是声阻抗，当非零角度入射时，标准化的弹性阻抗的数值的范围也在声阻抗的附近波动，因此，不同角度的弹性阻抗数值波动范围不大，更不存在量纲的差异，为利用弹性阻抗反演进行储层参数的直接提取提供了理论支撑。

四、弹性阻抗反演流程与参数提取

基于不同弹性参数的标准化弹性阻抗方程进行反演，其过程与叠后波阻抗反演流程类似，可以将不同角度的弹性阻抗反演认为是叠后波阻抗反演的再现。弹性阻抗反演需要的资料一般是叠前角道集、测井资料与地质资料，其具体的反演算法多样，但总体流程可以大体分为四部分，即：①叠前地震资料预处理；②测井资料预处理；③角度子波的提取；④弹性阻抗反演。其流程见图 7.1。

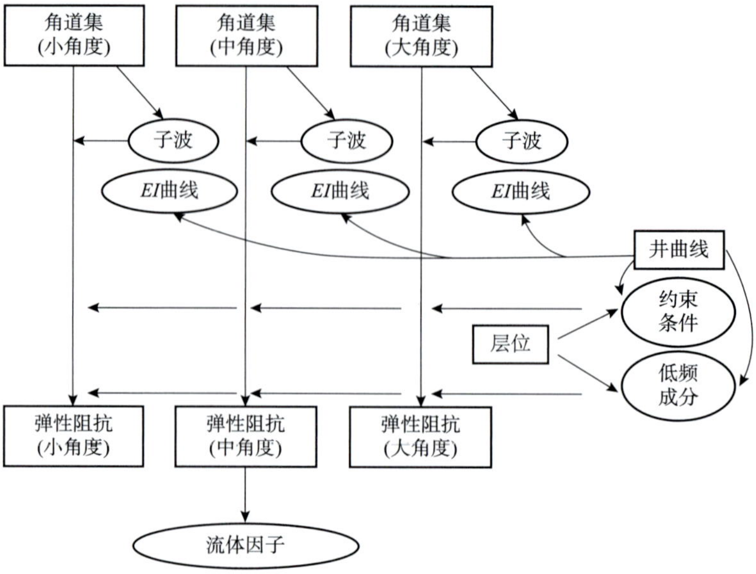

图 7.1　弹性阻抗反演流程图

第二节　深部储层流体识别

随着能源需求加大，深部储层逐渐成为重要的研究目标。深部储层地震资料通常照明度低、信噪比低、分辨率不足，尤其是缺乏大角度入射信息，对深部储层流体识别存在较大影响。本节在孔隙介质理论的指导下，分别介绍了基于 Gassmann 流体项和基于流体体积模量的深部储层流体识别方法，通过推导适用于窄角度的 AVO 近似方程及其对应的弹性阻抗方程，建立深部储层流体识别的理论基础。

一、基于 Gassmann 流体项的深部储层流体识别

Gassmann 流体项是储层流体识别的重要参数，针对深层地震资料的特点，推导了基于 Gassmann 流体项 f 与剪切模量 μ 的两项 AVO 近似方程及弹性阻抗方程，减少了方程待求参数个数，且该方程可以满足深层小角度入射的近似精度要求，利用两个角度弹性阻抗反演 Gassmann 流体项与剪切模量，从而实现基于 Gassmann 流体项的深部储层流体识别。

(一) 基于 Gassmann 流体项的两项 AVO 近似公式

1. $f-\mu$ 两项 AVO 近似方程推导

实际的岩石是包含固体骨架和孔隙流体的双相介质，Gassmann(1951) 提出了关于波在多孔介质中传播的孔隙弹性理论，建立了 Gassmann 方程。Russell 等(2011)基于该孔隙弹性理论，提出将 Gassmann 流体项作为流体因子用于流体识别，Gassmann 流体项的表达式如下：

$$f=\rho(V_{\mathrm{P}}^2-\gamma_{\mathrm{dry}}^2V_{\mathrm{S}}^2) \tag{7.15}$$

对(7.15)式进一步推导可得：

$$\frac{\Delta f}{f}=\frac{\Delta\rho}{\rho}+\frac{2\gamma_{sat}^2}{\gamma_{sat}^2-\gamma_{dry}^2}\frac{\Delta V_P}{V_P}-\frac{2\gamma_{dry}^2}{\gamma_{sat}^2-\gamma_{dry}^2}\frac{\Delta V_S}{V_S} \tag{7.16}$$

式(7.15)与式(7.16)中，$\Delta f/f$ 为 Gassmann 流体项反射系数；ρ、V_P、V_S 分别饱和岩石的密度、纵波速度、横波速度；$\Delta\rho/\rho$、$\Delta V_P/V_P$、$\Delta V_S/V_S$ 分别为密度反射系数、纵波速度反射系数以及横波速度反射系数；γ_{dry}^2 为干岩石纵横波速比的平方，$\gamma_{dry}^2=(V_P/V_S)_{dry}^2$；$\gamma_{sat}^2$ 为饱和岩石纵横波速比的平方，$\gamma_{sat}^2=(V_P/V_S)_{sat}^2$。同理，可得剪切模量 μ 及其相对变化率 $\Delta\mu/\mu$：

$$\mu=\rho V_S^2 \tag{7.17}$$

$$\frac{\Delta\mu}{\mu}=\frac{V_S^2\Delta\rho+2\rho V_S\Delta V_S}{\rho V_S^2}=\frac{\Delta\rho}{\rho}+2\frac{\Delta V_S}{V_S} \tag{7.18}$$

由于式(2.70)所示的 Gardner 公式，并不能适用于任意工区，因此，这里采用式(3.67)所示的更一般形式的 Gardner 公式：

$$\rho=a\cdot V_P^{\frac{1}{\gamma_1}} \tag{7.19}$$

其中，a、γ_1 为根据实际工区的密度与纵波速度数据得到的拟合系数。由上式推导可得：

$$\frac{\Delta V_P}{V_P}=r_1\frac{\Delta\rho}{\rho} \tag{7.20}$$

Zhang 等在推导射线弹性阻抗时应用如下假设：

$$\frac{\Delta V_S}{V_S}=r_2\frac{\Delta\rho}{\rho} \tag{7.21}$$

其中，γ_2 为横波速度反射系数与密度反射系数之间的拟合系数。将式(7.21)代入式(7.18)可以得到剪切模量与密度之间的关系：

$$\frac{\Delta\rho}{\rho}=\frac{1}{1+2r_2}\frac{\Delta\mu}{\mu} \tag{7.22}$$

将式(7.20)与式(7.21)代入式(7.16)可以得到 Gassmann 流体项与密度之间的关系：

$$\frac{\Delta\rho}{\rho}=\frac{\gamma_{sat}^2-\gamma_{dry}^2}{(2r_1+1)\gamma_{sat}^2-(2r_2+1)\gamma_{dry}^2}\frac{\Delta f}{f} \tag{7.23}$$

Russell(2011)基于 Gassmann 流体项(f)、剪切模量(μ)与密度(ρ)推导了三项 AVO 近似方程，即 Russell 近似：

$$R_{PP}(\theta)=\left[\left(\frac{1}{4}-\frac{\gamma_{dry}^2}{4\gamma_{sat}^2}\right)\sec^2\theta\right]\frac{\Delta f}{f}+\left[\frac{1}{2}-\frac{\sec^2\theta}{4}\right]\frac{\Delta\rho}{\rho}+\left[\frac{\gamma_{dry}^2}{4\gamma_{sat}^2}\sec^2\theta-\frac{2}{\gamma_{sat}^2}\sin^2\theta\right]\frac{\Delta\mu}{\mu} \tag{7.24}$$

其中，R_{PP} 为反射系数，θ 为入射角。将式(7.24)Russell 近似中密度项系数写作：

$$\frac{1}{2}-\frac{\sec^2\theta}{4}=\left(\frac{1}{2}-\frac{\gamma_{dry}^2}{4\gamma_{sat}^2}\sec^2\theta\right)-\left(\frac{1}{4}-\frac{\gamma_{dry}^2}{4\gamma_{sat}^2}\right)\sec^2\theta \tag{7.25}$$

所以，Russell 近似可写作：

$$R_{PP}(\theta)=\left[\left(\frac{1}{4}-\frac{\gamma_{\rm dry}^2}{4\gamma_{\rm sat}^2}\right)\sec^2\theta\right]\frac{\Delta f}{f}+\left[\frac{\gamma_{\rm dry}^2}{4\gamma_{\rm sat}^2}\sec^2\theta-\frac{2}{\gamma_{\rm sat}^2}\sin^2\theta\right]\frac{\Delta\mu}{\mu}$$
$$+\left[\left(\frac{1}{2}-\frac{\gamma_{\rm dry}^2}{4\gamma_{\rm sat}^2}\sec^2\theta\right)\frac{\Delta\rho}{\rho}-\left(\frac{1}{4}-\frac{\gamma_{\rm dry}^2}{4\gamma_{\rm sat}^2}\right)\sec^2\theta\frac{\Delta\rho}{\rho}\right] \tag{7.26}$$

将式(7.22)与式(7.23)代入式(7.26)可以得到基于 Gassmann 流体项(f)与剪切模量(μ)的 $f-\mu$ 两项 AVO 近似方程：

$$R_{PP}(\theta)=\left[\left(\frac{1}{2}-\frac{\gamma_{\rm dry}^2}{2\gamma_{\rm sat}^2}\right)\sec^2\theta\frac{r_1\gamma_{\rm sat}^2-r_2\gamma_{\rm dry}^2}{(2r_1+1)\gamma_{\rm sat}^2-(2r_2+1)\gamma_{\rm dry}^2}\right]\frac{\Delta f}{f}$$
$$+\left[\frac{1}{2}-\frac{2}{\gamma_{\rm sat}^2}\sin^2\theta-\left(1-\frac{\gamma_{\rm dry}^2}{2\gamma_{\rm sat}^2}\sec^2\theta\right)\frac{r_2}{1+2r_2}\right]\frac{\Delta\mu}{\mu} \tag{7.27}$$

2. 深层 Gassmann 流体项提取方法

为了在小角度近似条件下稳定求取 Gassmann 流体项，将式(7.27)推导为两项弹性阻抗方程。1999 年，Connolly 提出弹性阻抗的概念，并通过式(7.28)的假设，基于 Aki - Richards 近似推导了基于纵横波速度与密度的弹性阻抗方程。

$$R_{PP}(\theta)=\frac{\Delta EI(\theta)}{2EI(\theta)}=\frac{1}{2}\Delta\ln EI(\theta) \tag{7.28}$$

其中，R_{PP} 为反射系数，θ 为入射角，EI 为弹性阻抗。上式建立了叠前反射系数与弹性阻抗之间的关系，本章借助 Connolly 推导弹性阻抗方程的思想，推导基于 Gassmann 流体项与剪切模量的 $f-\mu$ 两项弹性阻抗方程：

$$EI(\theta)=f^{a(\theta)}\mu^{b(\theta)} \tag{7.29}$$

其中，指数项 $a(\theta)$ 与 $b(\theta)$ 的表达式分别为：

$$\begin{cases} a(\theta)=\left(1-\dfrac{\gamma_{\rm dry}^2}{\gamma_{\rm sat}^2}\right)\sec^2\theta\dfrac{r_1\gamma_{\rm sat}^2-r_2\gamma_{\rm dry}^2}{(2r_1+1)\gamma_{\rm sat}^2-(2r_2+1)\gamma_{\rm dry}^2} \\ b(\theta)=1-\dfrac{4}{\gamma_{\rm sat}^2}\sin^2\theta-\left(2-\dfrac{\gamma_{\rm dry}^2}{\gamma_{\rm sat}^2}\sec^2\theta\right)\dfrac{r_2}{1+2r_2} \end{cases} \tag{7.30}$$

将式(7.29)弹性阻抗方程进行标准化，使其量纲与纵波阻抗相一致：

$$EI(\theta)=A_0\left(\frac{f}{f_0}\right)^{a(\theta)}\left(\frac{\mu}{\mu_0}\right)^{b(\theta)} \tag{7.31}$$

其中，f_0、μ_0 分别为 Gassmann 流体项与剪切模量的平均值；A_0 为弹性阻抗标准化参数，其表达式为：

$$A_0=f_0^{\left[\left(1-\frac{\gamma_{\rm dry}^2}{\gamma_{\rm sat}^2}\right)\frac{r_1\gamma_{\rm sat}^2-r_2\gamma_{\rm dry}^2}{(2r_1+1)\gamma_{\rm sat}^2-(2r_2+1)\gamma_{\rm dry}^2}\right]}\mu_0^{\left[1-\left(2-\frac{\gamma_{\rm dry}^2}{\gamma_{\rm sat}^2}\right)\frac{\gamma^2}{1+2r_2}\right]} \tag{7.32}$$

一般认为 Gassmann 流体项受孔隙流体影响，对流体敏感性较高，可用于储层流体识别，剪切模量反映的是岩石骨架信息，不受孔隙流体的影响，对流体的敏感性较差。由于式(7.31)中弹性阻抗与 Gassmann 流体项和剪切模量呈非线性关系，为了能从弹性阻抗数据中提取 Gassmann 流体项并用于流体识别，将其进行线性化：

$$\ln\frac{EI(\theta)}{A_0}=\alpha(\theta)\ln\left(\frac{f}{f_0}\right)+b(\theta)\ln\left(\frac{\mu}{\mu_0}\right) \tag{7.33}$$

针对深层两个角度 θ_1 与 θ_2 可以利用下式矩阵形式表示，进行求解：

$$\begin{bmatrix} a(\theta_1) & b(\theta_1) \\ a(\theta_2) & b(\theta_2) \end{bmatrix} \begin{bmatrix} \ln \dfrac{f(t)}{f_0} \\ \ln \dfrac{\mu(t)}{\mu_0} \end{bmatrix} = \begin{bmatrix} \ln \dfrac{EI(\theta_1, t)}{A_0} \\ \ln \dfrac{EI(\theta_2, t)}{A_0} \end{bmatrix} \tag{7.34}$$

式(7.34)可以表示成 $\boldsymbol{A}x=b$，$\boldsymbol{A}$ 为系数矩阵，$\boldsymbol{x}$ 为待求弹性参数，$\boldsymbol{b}$ 为弹性阻抗数据。为了保持求解的稳定性，利用井旁地震道反演得到的弹性阻抗与测井数据可以计算权值系数 $a(\theta)$ 与 $b(\theta)$：

$$\begin{bmatrix} \ln \dfrac{f(t_1)}{f_0} & \ln \dfrac{\mu(t_1)}{\mu_0} \\ \ln \dfrac{f(t_2)}{f_0} & \ln \dfrac{\mu(t_2)}{\mu_0} \\ \vdots & \vdots \\ \ln \dfrac{f(t_n)}{f_0} & \ln \dfrac{\mu(t_n)}{\mu_0} \end{bmatrix} \begin{bmatrix} a(\theta) \\ b(\theta) \end{bmatrix} = \begin{bmatrix} \ln \dfrac{EI(\theta, t_1)}{A_0} \\ \ln \dfrac{EI(\theta, t_2)}{A_0} \\ \vdots \\ \ln \dfrac{EI(\theta, t_n)}{A_0} \end{bmatrix} \tag{7.35}$$

分别将两个角度的弹性阻抗的井旁道数据代入式(7.35)结合测井曲线计算出系数矩阵，并将系数矩阵 $\boldsymbol{A}$ 代入式(7.34)，利用最小二乘法算法或共轭梯度算法即可直接提取 f 与 μ，进而利用 Gassmann 流体项 f 开展深部复杂储层的油气预测。

(二)$f-\mu$ 两项 AVO 近似方程精度分析

为了验证 $f-\mu$ 两项近似 AVO 方程的精度，设计了三层砂岩模型对 $f-\mu$ 两项近似方程、Zoeppritz 精确方程和 Russell 近似方程进行精度分析，模型参数如表 7.2 所示。模型的中间层为低阻抗含气砂岩，上覆地层和下伏地层为高阻抗的含水砂岩。因此，含气砂岩的顶界面为负波阻抗界面，底界面为正波阻抗界面。分别利用 Zoeppritz 方程、Russell 近似公式以及 $f-\mu$ 两项 AVO 近似公式计算表中含气砂岩顶、底界面的反射系数，并计算 Russell 近似方程与 $f-\mu$ 两项近似方程相对于精确 Zoeppritz 方程计算反射系数的差值。从图 7.2 和图 7.3 中可以看出，在入射角小于 20°时，$f-\mu$ 两项近似与 Russell 近似精度相当，两者计算的反射系数数曲线几乎重合，而随着入射角度的增加，这两种近似与 Zoeppritz 方程的误差逐渐增大。因此，在入射角小于 20°时，$f-\mu$ 两项近似对 Zoeppritz 方程有较好的近似，其精度误差在可接受范围内，满足小角度近似精度要求，因而，式(7.27)适用于深层小角度反演。

表 7.2 三层砂岩模型参数

地层	V_P /(m/s)	V_S /(m/s)	ρ /(kg/m³)	I_P (kg/m³·m/s)	K_{dry} /GPa	μ /GPa	γ^2_{dry}	γ^2_{sat}
含水砂岩	2680	1265	1900	5.092×10^6	3	3	2.333	4.012
含气砂岩	2520	1345	1700	4.284×10^6				
含水砂岩	2680	1265	1900	5.092×10^6				

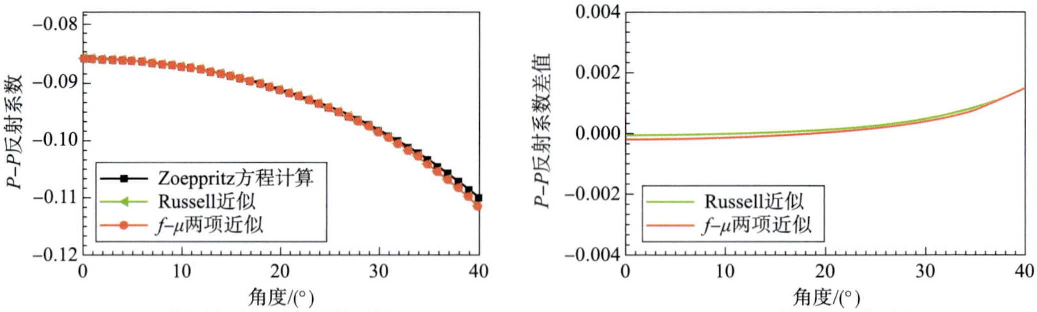

(a)不同近似方程计算反射系数对比　(b)反射系数差值对比

图 7.2　含气砂岩顶界面反射系数对比

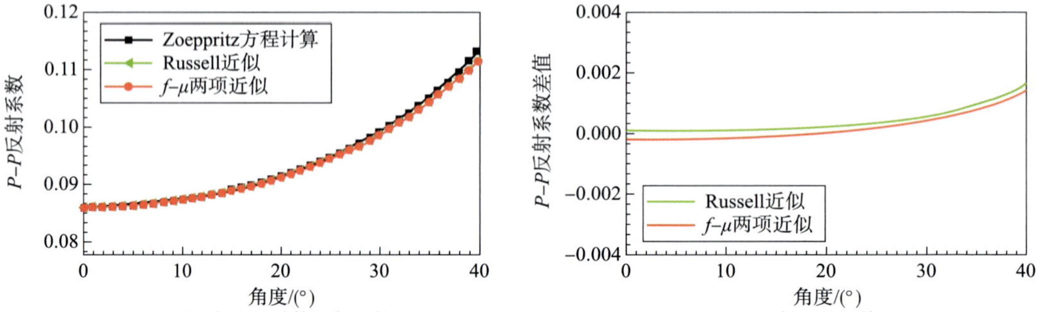

(a)不同近似方程计算反射系数对比　(b)反射系数差值对比

图 7.3　含气砂岩底界面反射系数对比

(三)$f-\mu$ 两项 AVO 近似公式稳定性分析

采用某实际测井资料进行$f-\mu$ 两项 AVO 近似公式的稳定性分析。首先对测井数据进行重采样处理，得到时间域采样的井资料，采样间隔为2ms，并采用式(7.15)与式(7.17)分别计算 Gassmann 流体项与剪切模量。使用 Zoeppritz 方程正演得到的合成地震记录如图 7.4(a)所示。合成记录所采用的子波为 35Hz 的雷克子波。由于所使用的近似公式为两项小角度近似公式，因此设计的地震记录的入射角为 0 ~ 20°。对图 7.4(a)所示的合成记录进行反演得到 Gassmann 流体项与剪切模量。图 7.4(b)、(c)中蓝色曲线为真实的 Gassmann 流体项与剪切模量，红色曲线为反演结果，绿色曲线为反演中所使用的初始模型以及模型约束项中的低频模型。比较图 7.4 中反演结果与真实模型可以发现，反演结果与真实模型吻合度较好，并且虽然反演目标函数中使用了低频模型，但反演结果是在低频模型上扰动，并不依赖于给出的初始模型。为了进一步验证该方法对噪声的影响，对合成记录加入了信噪比为 2 : 1 的噪声，如图 7.5(a)所示。图 7.5(b)、(c)中各色曲线的意义与图 7.4(b)、(c)中相同。从图 7.5(b)、(c)中可以发现，在信噪比为 2 : 1 时反演的 Gassmann 流体项和剪切模量与真实模型仍具有较高的吻合度，具有较高的可信度。因此，通过该模型测试验证该方法在小角度入射条件下反演得到的 Gassmann 流体项与剪切模量的可信度，满足深部储层地震资料的特点，该方法可用于深部储层地震反演，反演结果可以用于深部储层流体识别。

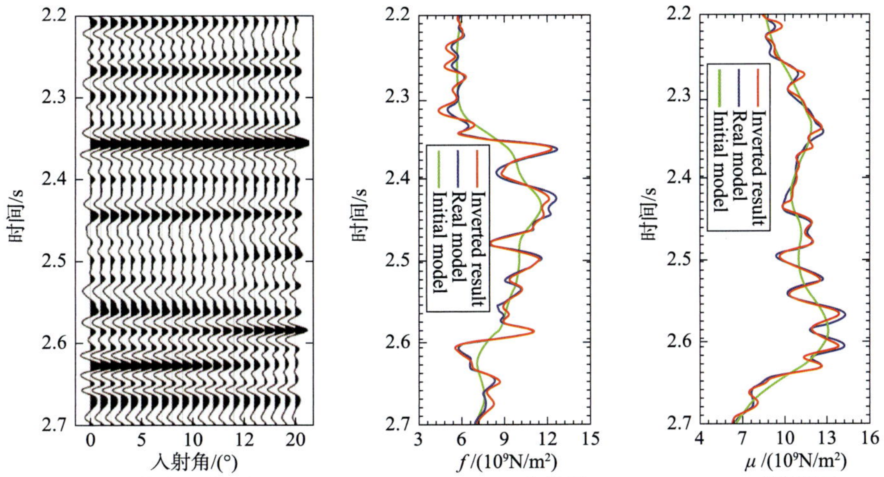

(a)合成地震记录　(b)Gassmann流体项f　(c)剪切模量μ

图 7.4　无噪声时的合成地震记录与反演结果

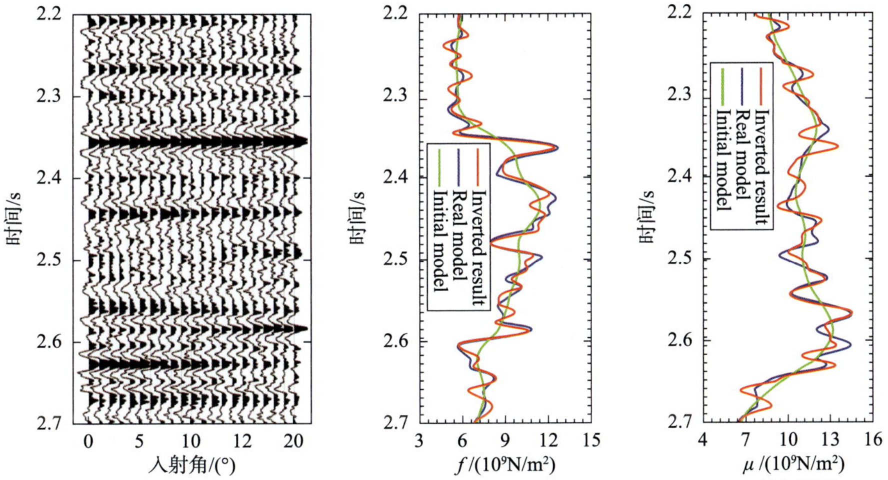

(a)合成地震记录　(b)Gassmann流体项f　(c)剪切模量μ

图 7.5　信噪比为 2：1 时的合成地震记录与反演结果

二、基于流体体积模量的深部储层流体识别

Gassmann 流体项f虽然在实际工作中取得了较好的效果，但是研究表明，在固结程度不够成熟、孔隙度变化较为剧烈的工区，利用f进行流体识别时仍然会受孔隙度等因素的影响，导致结果在一定程度上会产生流体识别假象，这是因为 Gassmann 流体项不仅包含流体参数，也包含固体参数，两者是相互耦合的。为了尽可能降低流体识别假象，本节基于孔隙介质理论构建新的流体因子，即流体体积模量 K_f，通过固液解耦提高流体识别精度。本小节在基于流体体积模量 K_f的四项 AVO 近似公式基础上，结合岩石物理理论模型和经验模型，建立了固体刚性参数f_m 和孔隙度 ϕ 之间的幂指数关系，进而推导出包含流体体积模量 K_f、固体刚性参数f_m 和密度ρ 的三项 AVO 近似方程以及其对应的弹性阻抗方

程。该方程能够满足窄角度入射时反演对精度和稳定性的要求，而且反演的条件数明显小于基于流体体积模量的四项 AVO 近似方程，更加适用于深部储层敏感流体因子 K_f 的提取。

(一) 基于流体体积模量 K_f 的四项 AVO 近似公式

Han 和 Batzle 等通过大量的岩石物理实验，统计分析得到了 Gassmann 流体项 f 和流体体积模量 K_f 之间的经验公式。Nur 通过大量的实验数据表明，当岩石的孔隙度小于临界孔隙度时，干岩石和矿物质的孔隙度、剪切模量、体积模量和临界孔隙度 ϕ_c 间存在一定的等式关系，建立有关干岩石和矿物质的体积模量 K、剪切模量 μ 与孔隙度 ϕ 之间的等式关系。

设 $f_m=\phi\mu$，则最终关于 $K_f-f_m-\rho-\phi$ 的四项 AVO 近似表达式如下所示：

$$
\begin{aligned}
R_{PP}(\theta) = & \left[\left(1-\frac{\gamma_{\text{dry}}^2}{\gamma_{\text{sat}}^2}\right)\frac{\sec^2\theta}{4}\right]\frac{\Delta K_f}{K_f}+\left[\frac{\gamma_{\text{dry}}^2}{4\gamma_{\text{sat}}^2}\sec^2\theta-\frac{2}{\gamma_{\text{sat}}^2}\sin^2\theta\right]\frac{\Delta(f_m)}{f_m}+\left[\frac{1}{2}-\frac{\sec^2\theta}{4}\right]\frac{\Delta\rho}{\rho} \\
& +\left(\frac{\sec^2\theta}{4}-\frac{\gamma_{\text{dry}}^2}{2\gamma_{\text{sat}}^2}\sec^2\theta+\frac{2}{\gamma_{\text{sat}}^2}\sin^2\theta\right)\frac{\Delta\phi}{\phi}
\end{aligned}
\tag{7.36}
$$

其中 K_f 代表流体体积模量，$f_m=\phi\mu$，称之为固体刚性参数，ρ 代表密度，ϕ 代表孔隙度。

(二) $K_f-f_m-\rho$ 三项 AVO 近似方程

流体体积模量 K_f 只与流体有关且不受孔隙度的影响，减少了流体识别的假象，显著提高流体识别的可靠性。基于流体体积模量 K_f 的四项 AVO 近似公式，在实际的反演工作中已经取得了较好的效果，但是由于四项 AVO 近似公式的反射系数之间固有的关联性，导致了这个方法在实际反演应用中还存在一定的局限性：首先，该近似公式中包含固体刚性参数 f_m 和孔隙度 ϕ，其中 $f_m=\phi\mu$，因此该反射系数之间并不是完全独立的，而是具有一定的相关性；其次，该方法需要四个角道集，反演条件数也随之增加，导致反演稳定性降低；而且，对于入射角范围较窄的深部储层而言，提取出四个具有一定差异的、可用于反演的角道集，并在有限的信息中提取出四个参数是比较困难的；除此之外，由于深部储层其目的层埋藏较深的影响，导致了其地震资料具有入射角范围窄、照明度小、信噪比低、分辨率低、阻抗差异小、AVO 反射特征不明显等特点，因此这种方法并不适用于窄角度的深部储层。

本小节根据岩石物理的特性，基于 Xu－White 模型，建立了固体刚性参数 f_m 和孔隙度 ϕ 之间的指数关系，给出基于流体体积模量 K_f、固体刚性参数 f_m 和密度 ρ 的三项 AVO 近似方程，如式(7.37)所示，其中流体体积模量 K_f 可以利用弹性阻抗反演稳定地提取出来并应用于深部储层预测与流体识别。

$$
\begin{aligned}
R_{PP}(\theta) = & \left[\left(1-\frac{\gamma_{\text{dry}}^2}{\gamma_{\text{sat}}^2}\right)\frac{\sec^2\theta}{4}\right]\frac{\Delta K_f}{K_f}+\left[\left(\frac{\gamma_{\text{dry}}^2}{4\gamma_{\text{sat}}^2}\sec^2\theta-\frac{2}{\gamma_{\text{sat}}^2}\sin^2\theta\right)+\frac{1}{r}\left(\frac{\sec^2\theta}{4}-\frac{\gamma_{\text{dry}}^2}{2\gamma_{\text{sat}}^2}\sec^2\theta+\frac{2}{\gamma_{\text{sat}}^2}\sin^2\theta\right)\right]\frac{\Delta f_m}{f_m} \\
& +\left(\frac{1}{2}-\frac{\sec^2\theta}{4}\right)\frac{\Delta\rho}{\rho}
\end{aligned}
\tag{7.37}
$$

$K_f-f_m-\rho$ 三项 AVO 近似方程只需要三个角度叠前地震数据，而且三项反射系数之间不再具有相关性；$K_f-f_m-\rho$ 三项 AVO 近似方程和精确 Zoeppritz 方程的精度相当，误差较小，而且其条件数也明显小于 $K_f-f_m-\rho-\phi$ 四项 AVO 近似方程，因此这种方法满足了反演对精度和稳定性的要求。

(三)深层流体体积模量参数提取方法

参考 Whitcombe 提出的弹性阻抗的概念，推导出有关流体体积模量 K_f、固体刚性参数 f_m 和密度 ρ 的三项标准化弹性阻抗方程：

$$EI(\theta)=EI_0K_f^{a(\theta)}f_m^{b(\theta)}\rho^{c(\theta)} \tag{7.38}$$

其中

$$\begin{aligned}
a(\theta)&=\left(1-\frac{\gamma_{\mathrm{dry}}^2}{2\gamma_{\mathrm{sat}}^2}\right)\frac{\sec^2\theta}{2}\\
b(\theta)&=\left(\frac{\gamma_{\mathrm{dry}}^2}{2\gamma_{\mathrm{sat}}^2}\sec^2\theta-\frac{4}{\gamma_{\mathrm{sat}}^2}\sin^2\theta\right)+\frac{1}{r}\left(\frac{\sec^2\theta}{2}-\frac{\gamma_{\mathrm{dry}}^2}{\gamma_{\mathrm{sat}}^2}\sec^2\theta+\frac{4}{\gamma_{\mathrm{sat}}^2}\sin^2\theta\right)\\
c(\theta)&=1-\frac{\sec^2\theta}{2}\\
EI_0&=K_{f0}^{\left(\frac{1}{2}-\frac{\gamma_{\mathrm{dry}}^2}{2\gamma_{\mathrm{sat}}^2}\right)}f_{m0}^{\left(\frac{\gamma_{\mathrm{dry}}^2}{2\gamma_{\mathrm{sat}}^2}\right)+\frac{1}{r}\left(\frac{1}{2}-\frac{\gamma_{\mathrm{dry}}^2}{2\gamma_{\mathrm{sat}}^2}\right)}\rho_0^{\frac{1}{2}}
\end{aligned} \tag{7.39}$$

对式(7.38)取自然对数，并将其进行线性化变换：

$$\ln\frac{EI(\theta)}{EI_0}=a(\theta)\ln\left(\frac{K_f}{K_{f0}}\right)+b(\theta)\ln\left(\frac{f_m}{f_{m0}}\right)+c(\theta)\ln\left(\frac{\rho}{\rho_0}\right) \tag{7.40}$$

对于一道有 n 个采样点的地震数据，可以构建矩阵如下：

$$\begin{bmatrix}
\ln\frac{K_f(t_1)}{K_{f0}} & \ln\frac{f_m(t_1)}{f_{m0}} & \ln\frac{\rho(t_1)}{\rho_0}\\
\ln\frac{K_f(t_2)}{K_{f0}} & \ln\frac{f_m(t_2)}{f_{m0}} & \ln\frac{\rho(t_2)}{\rho_0}\\
\vdots & \vdots & \vdots\\
\ln\frac{K_f(t_n)}{K_{f0}} & \ln\frac{f_m(t_n)}{f_{m0}} & \ln\frac{\rho(t_n)}{\rho_0}
\end{bmatrix}
\begin{bmatrix} a(\theta)\\ b(\theta)\\ c(\theta)\end{bmatrix}=
\begin{bmatrix}
\ln\frac{EI(\theta,\ t_1)}{EI_0}\\
\ln\frac{EI(\theta,\ t_2)}{EI_0}\\
\vdots\\
\ln\frac{EI(\theta,\ t_n)}{EI_0}
\end{bmatrix} \tag{7.41}$$

分别将计算出的小、中、大三个角度弹性阻抗以及井旁道数据代入式(7.41)中，这样通过求解方程组就获得三个角度对应九个系数 $a(\theta_i)$，$b(\theta_i)$，$c(\theta_i)$，(其中 $i=1，2，3$)，将九个系数代入到方程组式(7.42)中，可以得到孔隙流体等效体积模量，固体刚性参数和密度。

$$\begin{cases}
a(\theta_1)\ln\frac{K_f(t)}{K_{f0}}+b(\theta_1)\ln\frac{f_m(t)}{f_{m0}}+c(\theta_1)\ln\frac{\rho(t)}{\rho_0}=\ln\frac{EI(\theta_1,\ t)}{EI_0}\\
a(\theta_2)\ln\frac{K_f(t)}{K_{f0}}+b(\theta_2)\ln\frac{f_m(t)}{f_{m0}}+c(\theta_2)\ln\frac{\rho(t)}{\rho_0}=\ln\frac{EI(\theta_2,\ t)}{EI_0}\\
a(\theta_3)\ln\frac{K_f(t)}{K_{f0}}+b(\theta_3)\ln\frac{f_m(t)}{f_{m0}}+c(\theta_3)\ln\frac{\rho(t)}{\rho_0}=\ln\frac{EI(\theta_3,\ t)}{EI_0}
\end{cases} \tag{7.42}$$

流体体积模量 K_f 作为流体指示因子，参与储层预测时能够较好地降低孔隙度等固体效应造成的流体识别的假象。需要说明的是，本小节所提方法对于低孔隙度的致密储层具有一定的局限性，这是由于公式在推导过程中主要引用了 Nur 等(1998)的临界孔隙度模型和 Han 等(2003)的岩石物理统计规律，这些理论都是基于孔隙度相对较大情况下提出的，因此本节的方法更适用于孔隙度相对较大的深部储层。

第三节　基于储层特征约束的 AVO 属性反演与流体识别

一、线性优化 AVO 方程理论基础

基于Červený(1987)纵波反射系数表达式，分析基于线性优化 AVO 方程通用表达式的理论基础，并建立线性通用表达式属性参数 C 与常规 AVO 反演属性参数梯度、截距、地层弹性参数变化率之间的转换关系。通过基于储层特征约束的线性优化 AVO 方程与 Zoeppritz 反射系数矩阵方程的近似表达式对比分析表明，该方法所得反射系数比常规 AVO 方程具有更高的精度和更大的适用范围，该方法更适用于大入射角及碳酸盐岩缝洞型储层强反射界面情况下的流体性质检测。

针对 AVO 解释需要储层参数中的一些先验信息，例如，储层、非储层纵横波速度及密度等，线性优化 AVO 方法从测井资料、岩石物理分析和流体替换开始，运用蒙特卡罗随机模拟方法来建立反映地层特征信息的 AVO 函数，使得可以通过最优措施来进行特殊实例研究，储层先验信息的运用作为一个软约束条件，保障了线性优化 AVO 反演属性的精确性，碳酸盐岩缝洞型油藏正演模型及实际资料的优化 AVO 属性反演测试应用证实了该方法具有较好的实用性。

(一)线性优化 AVO 方程

常规的 AVO 方程表达式大都源自于 Knott－Zoeppritz 方程的近似，通常假设反射界面两侧弹性参数仅存在较小的差异，且仅在小入射角情况下成立，其典型的通用表达式是基于 Aki 和 Richards 近似的 Shuey 三项式(3. 100)，我们将其重写成如下形式：

$$R(\theta)\approx P+G\sin^2\theta+Q\sin^2\theta\tan^2\theta \tag{7.43}$$

其中 $P=\frac{1}{2}\left(\frac{\Delta V_{\mathrm{P}}}{V_{\mathrm{P}}}+\frac{\Delta\rho}{\rho}\right)$ 是 AVO 截距；$G=\frac{1}{2}\frac{\Delta V_{\mathrm{P}}}{V_{\mathrm{P}}}-2\left(\frac{V_{\mathrm{S}}}{V_{\mathrm{P}}}\right)^2\left(\frac{\Delta\rho}{\rho}+\frac{2\Delta V_{\mathrm{S}}}{V_{\mathrm{S}}}\right)$ 是 AVO 的梯度；$Q=\frac{1}{2}\frac{\Delta V_{\mathrm{P}}}{V_{\mathrm{P}}}$ 是曲率项。式中把反射系数视为小角度项(第一项)、中角度项(第二项)和大角度项(第三项)之和，在实际应用中经常忽略大角度项。

针对不同的 AVO 近似方程，Quanming Huo(2008)、程彦(2010)等通过理论分析及模型实验表明，上下地层密度的差异对 Zoeppritz 方程近似解的精度影响较小；而上下地层的纵波速度差异对于 Zoeppritz 方程近似解的准确性影响较大；曲率项的贡献随着入射角 θ 的

增加而增加，大入射角情况下该项不能被忽略。在目前油气勘探所寻找含油气目的层越来越复杂的情况下，很多储层界面两侧介质的弹性参数差异较大，且大角度叠前地震数据越来越受到重视。因此，只适用于小角度入射的常规 AVO 近似公式必然会影响流体参数估计的精度和有效性。

1987 年，Červený 根据 Knott - Zoeppritz 方程给出了 PP 反射系数的表达式：

$$R^{PP}=\frac{q^2p^2P_1P_2P_3P_4+\rho_1\rho_2(V_{S1}V_{P1}P_1P_4-V_{P1}V_{S1}P_2P_3)-V_{P1}V_{S1}P_3P_4Y^2+V_{P2}V_{S2}P_1P_2X^2-V_{P1}V_{P2}V_{S1}V_{S2}p^2Z^2}{q^2p^2P_1P_2P_3P_4+\rho_1\rho_2(V_{S1}V_{P1}P_1P_4+V_{P1}V_{S1}P_2P_3)+V_{P1}V_{S1}P_3P_4Y^2+V_{P2}V_{S2}P_1P_2X^2+V_{P1}V_{P2}V_{S1}V_{S2}p^2Z^2} \tag{7.44}$$

表达式 q，X，Y，Z，P_1，P_2，P_3和 P_4由以下公式给出：

$$\begin{aligned} q&=2(\rho_2V_{S2}^2-\rho_1V_{S1}^2),\\ X&=\rho_2-qp^2,\\ Y&=\rho_1+qp^2,\\ Z&=\rho_2-\rho_1-qp^2,\\ P_1&=\sqrt{1-V_{P1}^2p^2},\\ P_2&=\sqrt{1-V_{S1}^2p^2},\\ P_3&=\sqrt{1-V_{P2}^2p^2},\\ P_4&=\sqrt{1-V_{S2}^2p^2}。\end{aligned} \tag{7.45}$$

下标 1、2 分别表示给定界面上下的弹性参数。

基于Červený 给出的 PP 反射系数表达式，Ursin. B 等对其进行泰勒级数展开，得到更一般的反射系数表达：

$$R^{PP}\approx A_0+A_1p^2+A_2p^4+\cdots \tag{7.46}$$

其中，p 为射线参数，而 A_0、A_1、A_2分别与地下介质的弹性参数有关。在没有更多假设条件的情况下，为使得 AVO 表达式更具一般性，E. Causse 等建立了线性 AVO 近似的最基本形式：

$$R(\theta)\approx C_1f_1(\theta)+C_2f_2(\theta)+C_3f_3(\theta)+\cdots\approx\sum_{k=1}^{L}C_kf_k(\theta) \tag{7.47}$$

其中，C_k表示优化 AVO 属性参数，而 $f_k(\theta)$是与入射角 θ 有关的基函数。可以看出，式(7.43)是式(7.47)的特殊情况，即相当于式(7.47)的基函数分别为 1、$\sin^2\theta$ 和 $\sin^2\theta\tan^2\theta$ 的情况。

在上述线性 AVO 方程中，基函数 $f_k(\theta)$的求取可以通过建立符合实际地层中储层分布特征的 N 个随机反射模型得到(包含界面上下弹性参数的值)。例如，对于含有不同流体性质的储层模型(表 7.3)，基于随机模拟产生 N 个符合储层特征的随机模型，针对 N 个随机模型中的每一个模型，运用精确的 Zoeppritz 方程计算其 AVO 曲线，M 代表与采集几何属性相一致的离散角度个数(图 7.6)，随机模型的响应特征代表了实际储层的岩石属性参数分布。

表 7.3　Ⅰ类 AVO 模型

岩性	V_P(m/s)	V_S(m/s)	ρ(g/cm^3)
围岩	3093.72	1514.86	2.4
含水储层	4114.8	2453.03	2.32
含气储层	4050.18	2526.28	2.21

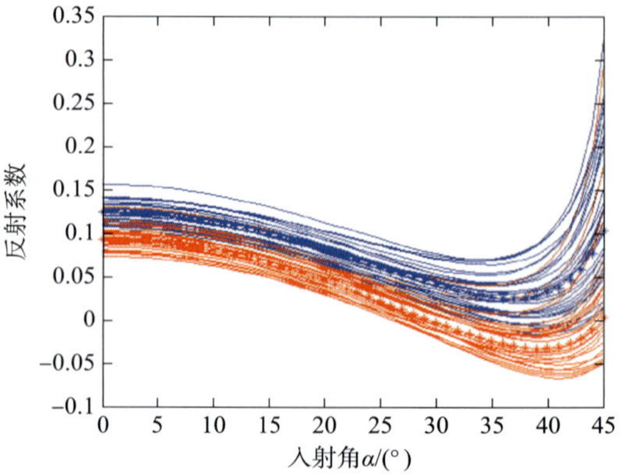

图 7.6　随机模型 AVO 曲线集合

图7.6描述了符合实际模型(表7.3)特征的AVO曲线的集合，基于该曲线集合能够实现最优基函数$f_k(\theta)$的求取。为实现这一目的，把参考AVO曲线写成N列矢量形式，形成$M \times N$的矩阵R。R的奇异值分解(Singular Value Decomposition，SVD)为：

$$R = FDV = FW \tag{7.48}$$

上式，用f_k表示F的k列，则式(7.48)可以写为：

$$R_j(\theta_i) = w_{1j}f_1(\theta_i) + w_{2j}f_2(\theta_i) + w_{3j}f_3(\theta_i) + \cdots w_{Nj}f_N(\theta_i) \tag{7.49}$$

这说明参考AVO曲线的每一个反射系数$R_j(\theta)$能够由如同N项式(7.47)相同形式的方程所精确表述。可以得知，基函数$f_k(\theta)$，$k=1$，2，…，N由矩阵F的N列给出，系数C_k则由权重矩阵W的j列给出。式(7.48)提供了作为参考模型函数线性组合的基函数的表达关系。

假设由h_{jk}表示矩阵$H = W^{-1} = V^T D^{-1}$(V是正交阵，其转置等于其逆矩阵)的行j和列k，则得到

$$f_k(\theta) = \sum_{j=1}^{N} h_{jk}R_j(\theta) \tag{7.50}$$

矩阵$W = DV$中的权重大小与矩阵D中相应奇异值的大小有关，由于矩阵D中的奇异值是按降序排列的。因而，最大的权重与最前面的函数f_1、f_2、f_3等相关联。这样，函数f_1代表了参考AVO曲线分布的最重要成分，f_2是第二重要成分……，以此类推。

这里，当我们仅使用前L项($L<N$)时，得到的参考AVO表达式不是最精确的，仅仅是式(7.47)的近似。然而，由于矩阵D的奇异值按降序迅速减小，因而由忽略次项函数所引起的高误差非常小。大多数情况下，2项或3项系数能够有效地描述AVO曲线，并在

实际应用中具有非常好的精度。例如，由图 7.6 得到的奇异值分布见图 7.7，可以看出其奇异值减小速度非常快。图 7.7 显示了我们例子中得到的前 3 个基函数。在其他情况下，这些基函数的形状是不同的，其结果依赖于输入的参考模型及所使用的角度范围，相同的方法能够应用于任何其他类型的异常，或者不同类型的岩相组合。

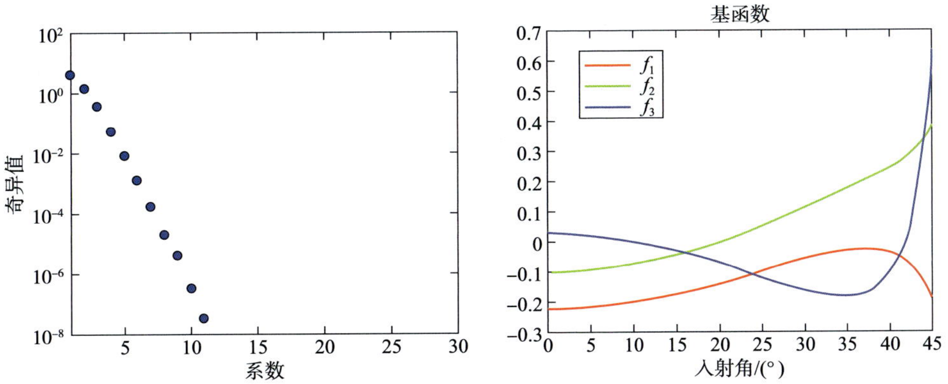

图 7.7　奇异值及基函数

(二)线性优化 AVO 方程属性参数的含义

由符合实际储层特征的多个随机模型建立的基函数所得到的优化属性 C_1，C_2，C_3，…，可以作为油气识别属性(图 7.8)，但其物理含义往往不是很清晰。为了建立优化属性与常规属性之间的联系，我们注意到，因为参考 AVO 模型已知，每一个参考函数 $R_j(\theta)$ 均能够用式(7.47)和式(7.43)的形式(或者任何其他相关线性 AVO 公式)表示，解析计算的解析系数 P、G 和 Q：

$$R_j(\theta)\approx P_j+G_j\sin^2\theta+Q_j\sin^2\theta\tan^2\theta \tag{7.51}$$

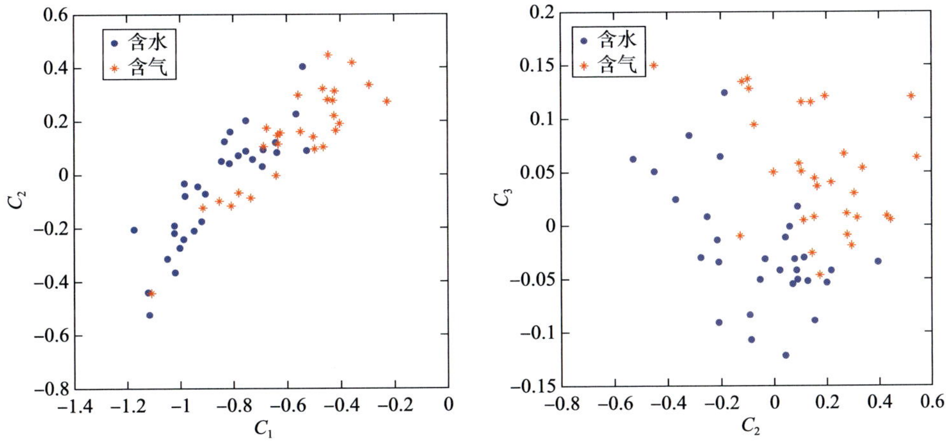

图 7.8　属性 C 交会

将式(7.51)代入式(7.50)，产生基函数 $f_k(\theta)$ 的常规 AVO 近似解析解。再将结果代入式(7.47)得到：

$$R(\theta)\approx\tilde{P}+\tilde{G}\sin^2\theta+\tilde{Q}\sin^2\theta\tan^2\theta \tag{7.52}$$

这里，

$$\tilde{P} = \sum_{j=1}^{N} P_j \sum_{k=1}^{L} h_{jk} C_k ,$$
$$\tilde{G} = \sum_{j=1}^{N} G_j \sum_{k=1}^{L} h_{jk} C_k ,$$
$$\tilde{Q} = \sum_{j=1}^{N} Q_j \sum_{k=1}^{L} h_{jk} C_k \tag{7.53}$$

基于上述公式实现反演属性参数 C_k 到常规属性参数 P、G、Q 的转换。对于任意项数的 C_k 上述公式均有效，例如仅由一个或 2 个优化系数仍旧能够得到三个常规系数的结果。

在上述参数实现的基础上，由式(7.43)联立也可以实现弹性参数变化率的求取。

二、线性 AVO 反演精度与适应性

基于Červený(1987) *PP* 反射系数表达式所得到的线性 AVO 通用方程，由于避开了 Zoeppritz 方程近似表达式的各种假设条件(如适用于中小入射角、地层上下界面参数差异较小)限制，并加入了符合实际地下介质的储层特征约束，因而，其精度和使用范围将大大提高。

(一)反射系数精度分析

基于表 7.3 所建立的含气储层与围岩界面模型，分别利用 Aki 和 Richards 解析表达式、Shuey 拟合表达式、线性优化 AVO 表达式计算反射系数随入射角变化曲线，与 Zoeppritz 精确解结果对比表明(图 7.9)。线性优化 AVO 近似与精确解吻合性最好，其中 2 项式拟合除在大角度情况下稍稍偏离精确解外，基本准确地反映了反射系数的变化特征，而 3 项式与精确解则更加接近。常规的近似 AVO 方程(如 Aki 和 Richards 解析表达式、Shuey 拟合表达式等)，当运用 2 项式拟合时，2 项方程的不适当形式不但导致大入射角处较大的不精确性，而且在整个入射角范围内也有较大偏差。加入第 3 项拟合后其近似程度明显提高，但仍然存在一定误差，特别是超出 30°入射角后的反射特征误差明显增大。

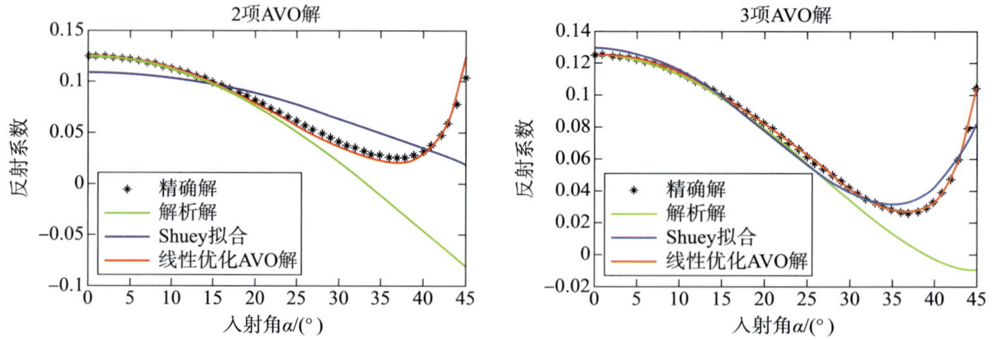

图 7.9 不同方法计算反射系数变化对比

图 7.10 和图 7.11 分别为利用 Zoeppritz 精确解、Shuey 近似解、线性优化 AVO 方程所计算储层含水、气情况下的截距 P、梯度 G 和曲率项 C，以及纵波速度变化率 $\Delta V_P/V_S$、横波速度变化率 $\Delta V_S/V_S$ 和密度变化率 $\Delta\rho/\rho$ 的交会对比图。由图可以看出，线性优化 AVO

反演的属性参数与实际地层参数具有较好吻合性，而 Shuey 近似拟合得到的属性参数与精确解有较大差异，特别是与大入射角相关的属性参数(如曲率项 C、横波速度变化率 $\Delta V_S/V_S$ 以及密度变化率 $\Delta\rho/\rho$)偏差更大。

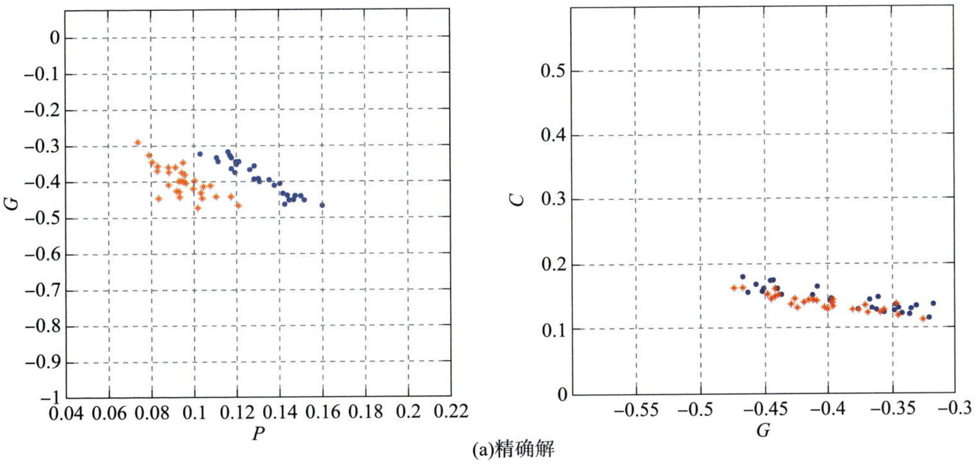

(a)精确解

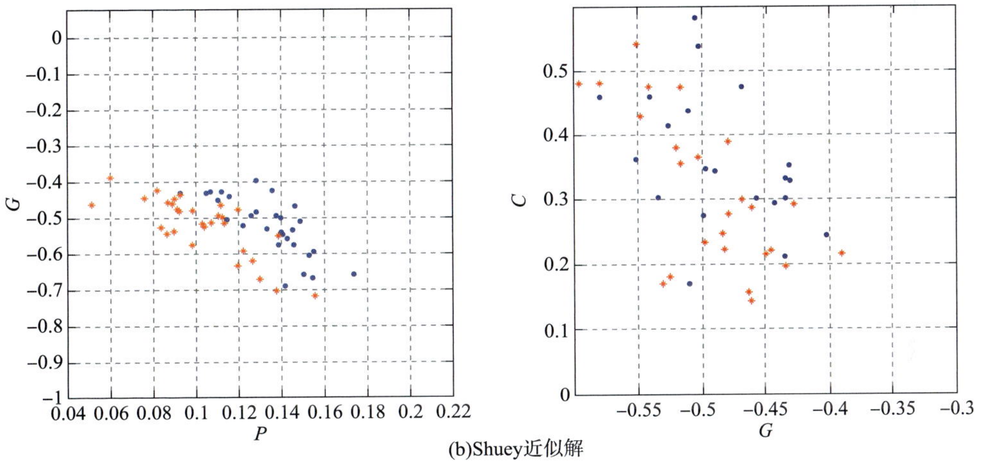

(b)Shuey近似解

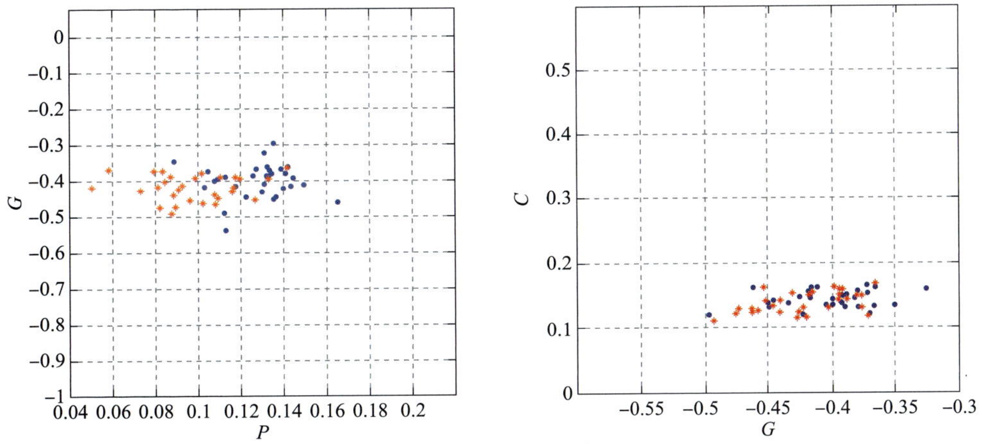

(c)线性优化AVO解

图 7.10　不同方法计算截距 P、梯度 G 和曲率项 C 交会图

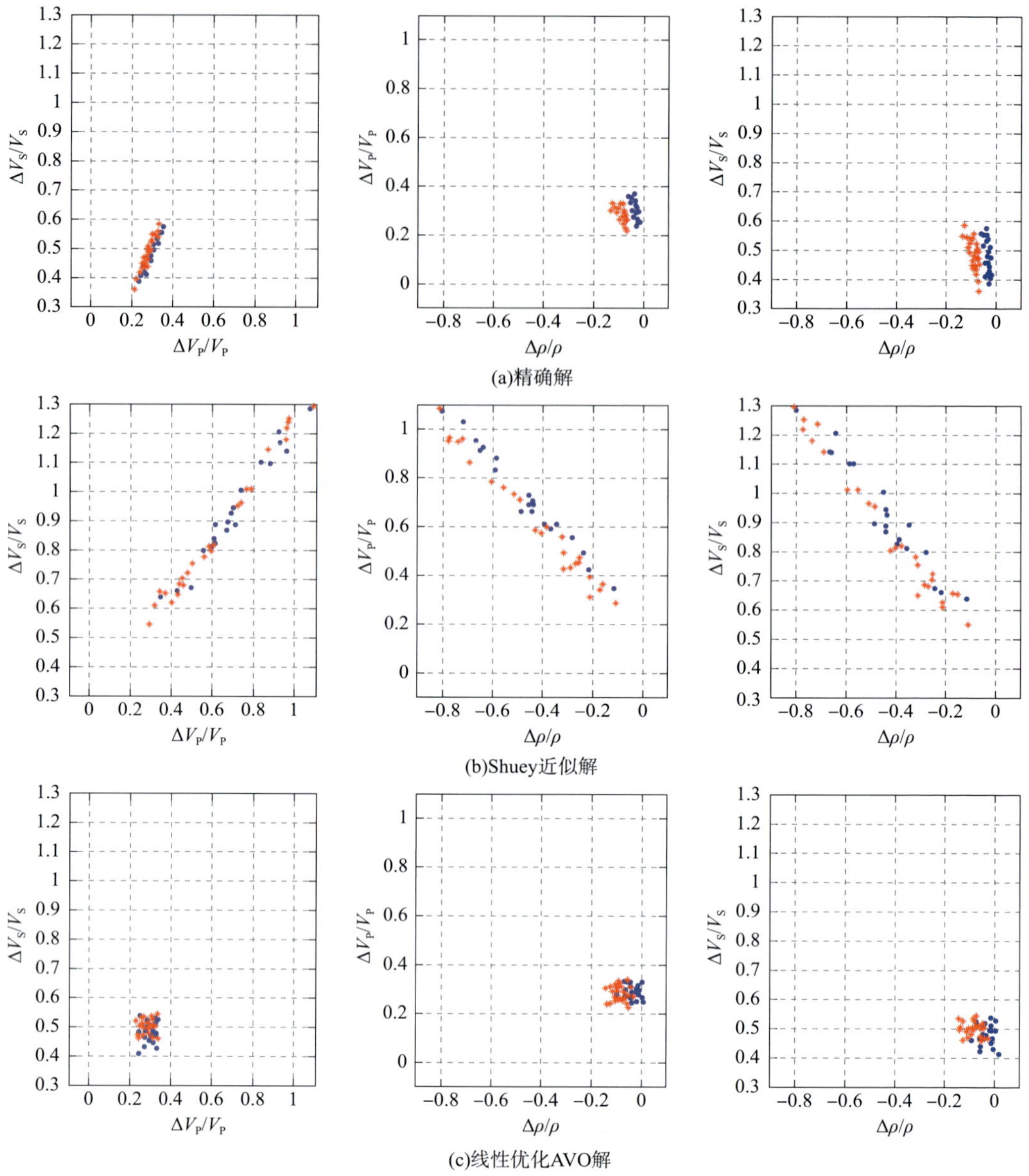

图 7.11　不同方法计算纵波速度 $\Delta V_P/V_P$、横波速度 $\Delta V_S/V_S$ 和密度 $\Delta\rho/\rho$ 变化率交会图

(二)大入射角适应性分析

由线性优化 AVO 方程基础理论分析可知，该方法对大入射角情况具有较好的适用性，针对模型(表 7.3)含气界面，分别由 Aki 和 Richards 解析表达式、Shuey 拟合表达式、线性优化 AVO 表达式计算反射系数随入射角(最大入射角取 60°)变化曲线，与 Zoeppritz 精确解结果对比表明(图 7.12)。在未接近临界角(约 50°)之前，Aki 和 Richards 解析表达式与 Shuey 拟合表达式的反射系数已经偏离精确解，而线性优化 AVO 近似解不但在临界角之前与精确解具有较好吻合性，而且在临界角之后，也与精确解能很好吻合。

图 7.13 和图 7.14 分别为利用 Zoeppritz 精确解、Shuey 近似解、线性优化 AVO 方程所

计算储层含水、气情况下大入射角的截距 P、梯度 G 和曲率项 C，以及纵波速度变化率 $\Delta V_P/V_P$、横波速度变化率 $\Delta V_S/V_S$ 和密度变化率 $\Delta\rho/\rho$ 的交会对比图。由图可以看出，由于利用了大入射角振幅信息，Shuey 近似拟合得到的属性参数基本不能真实地反映实际地层特征，而线性优化 AVO 反演的属性参数仍与实际地层参数有较好吻合性。

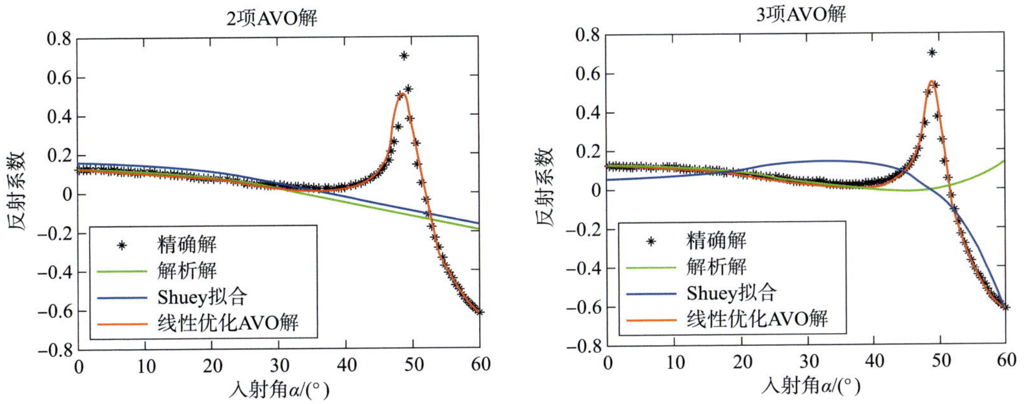

图 7.12　大入射角情况下不同方法计算反射系数变化对比

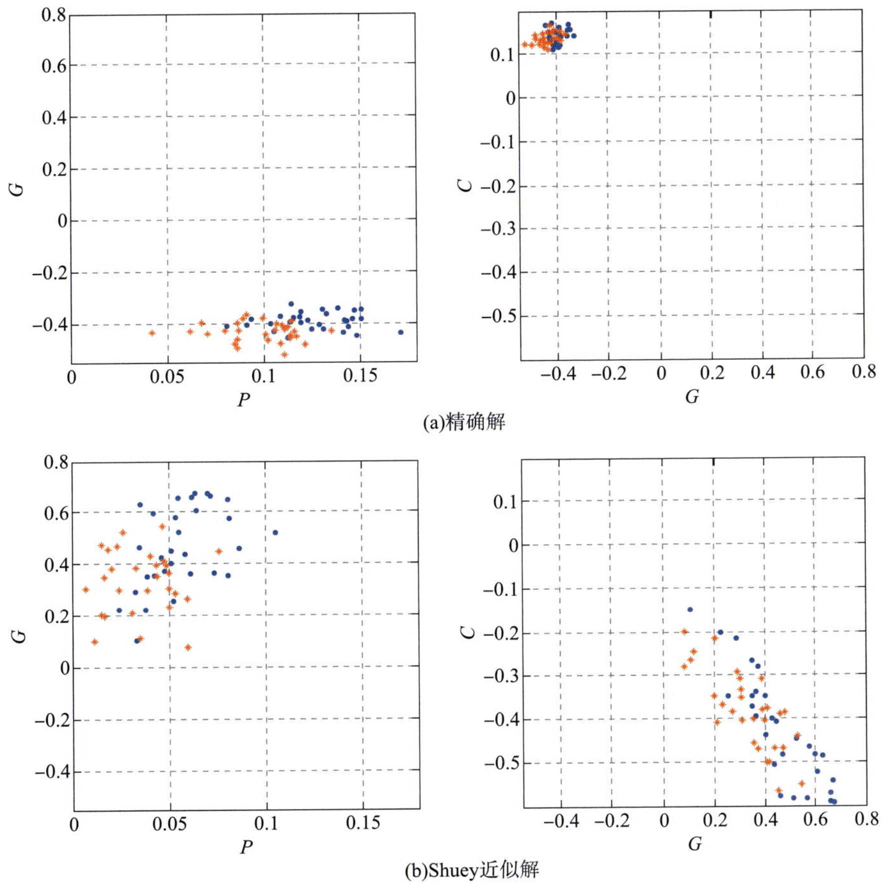

图 7.13　不同方法计算截距 P、梯度 G 和曲率项 C 交会图

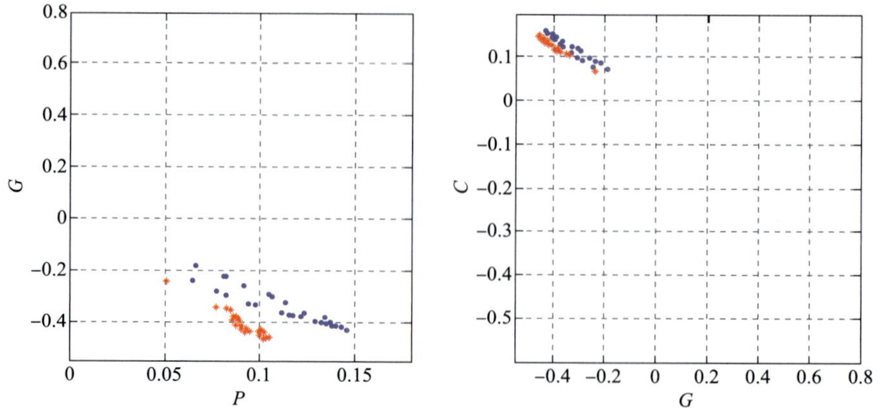

(c)线性优化AVO解

图 7.13　不同方法计算截距 P、梯度 G 和曲率项 C 交会图(续)

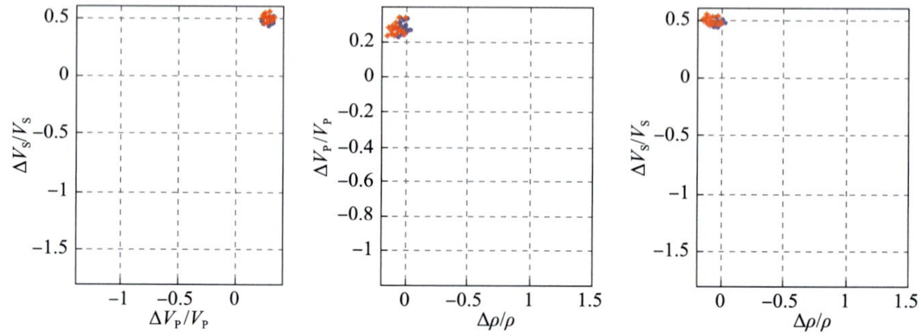

(a)精确解

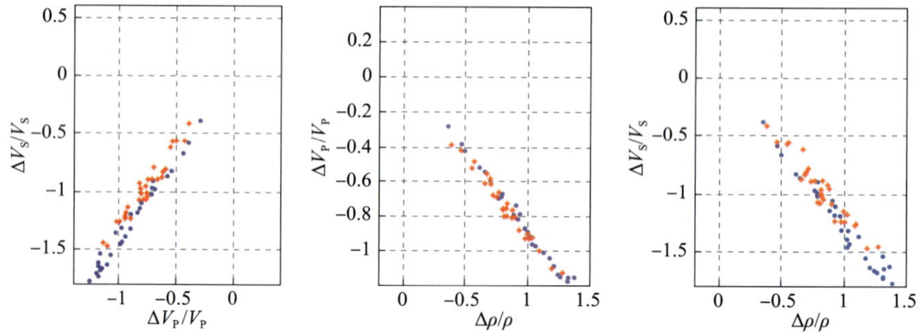

(b)Shuey近似解

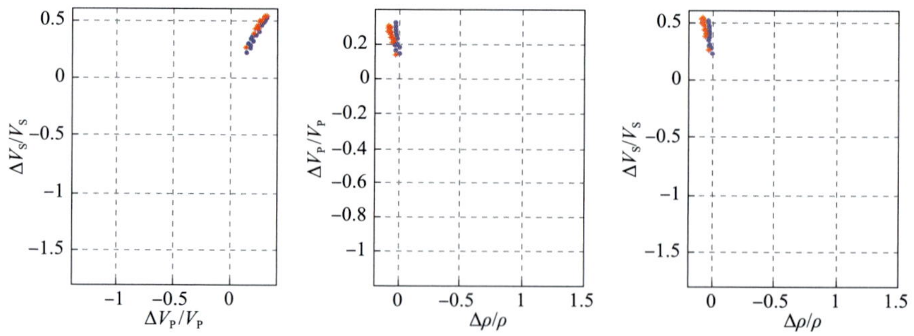

(c)线性优化AVO解

图 7.14　不同方法计算纵波速度 $\Delta V_P/V_P$、横波速度 $\Delta V_S/V_S$ 和密度 $\Delta\rho/\rho$ 变化率交会图

(三)强反射界面适应性分析

由于线性优化 AVO 方程不受界面两侧弹性参数差异大小的限制，因而，其在强反射界面的适用性也比常规 AVO 近似更好。设计一强反射界面模型(表 7.4)，其含气层界面波阻抗可达 0.23，分别由 Aki 和 Richards 解析表达式、Shuey 拟合表达式、线性优化 AVO 表达式计算反射系数随入射角变化曲线，与 Zoeppritz 精确解结果对比表明(图 7.15)。Aki 和 Richards 解析表达式与 Shuey 拟合表达式的反射系数与精确解有较大偏离，而线性优化 AVO 近似解与精确解则有很好的吻合性。

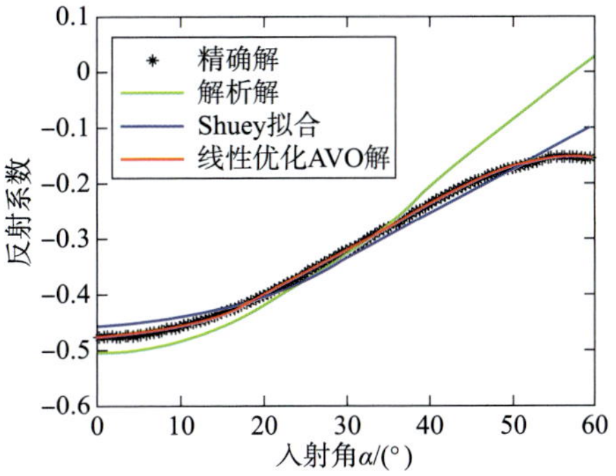

图 7.15　强反射界面情况下不同方法计算反射系数变化对比

表 7.4　强反射界面储层模型

岩层	V_P(m/s)	V_S(m/s)	ρ(g/cm^3)
围岩	3500	2020	2.6
含气岩层	1732	801	1.20
非含气岩层	2147	1347	1.50

图 7.16 和图 7.17 分别为利用 Zoeppritz 精确解、Shuey 近似解、线性优化 AVO 方程所计算含气层、非含气层与围岩强对比反射界面的截距 P、梯度 G 和曲率项 C，以及纵波速度变化率 $\Delta V_P/V_P$、横波速度变化率 $\Delta V_S/V_S$ 和密度变化率 $\Delta\rho/\rho$ 的 AVO 属性交会图。从图中可以看出，由于不受上下界面弹性参数差异较小这一假设条件的限制，线性优化 AVO 反演的属性参数与实际地层参数有很好吻合性，而 Shuey 近似拟合由于不适用于强反射界面(界面上下地层弹性参数差异较大)，反演所得属性参数与实际参数严重偏离，基本不能真实地反映实际地层特征。

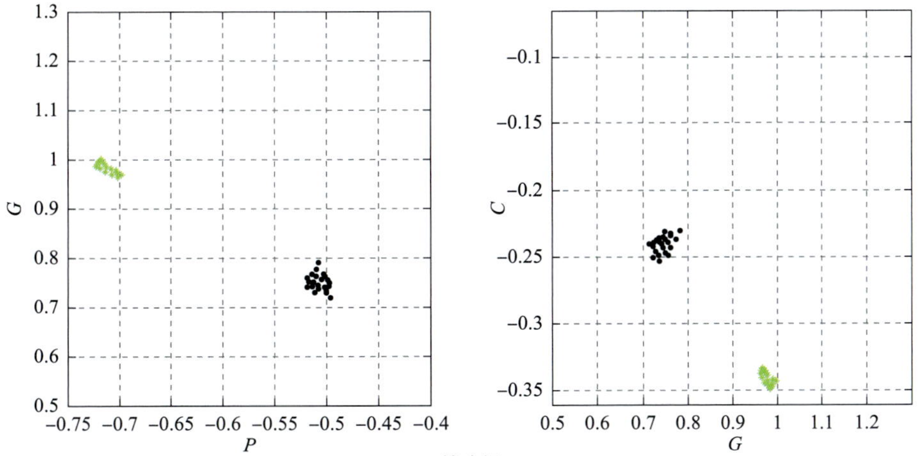

图 7.16　不同方法计算截距 P、梯度 G 和曲率项 C 交会图

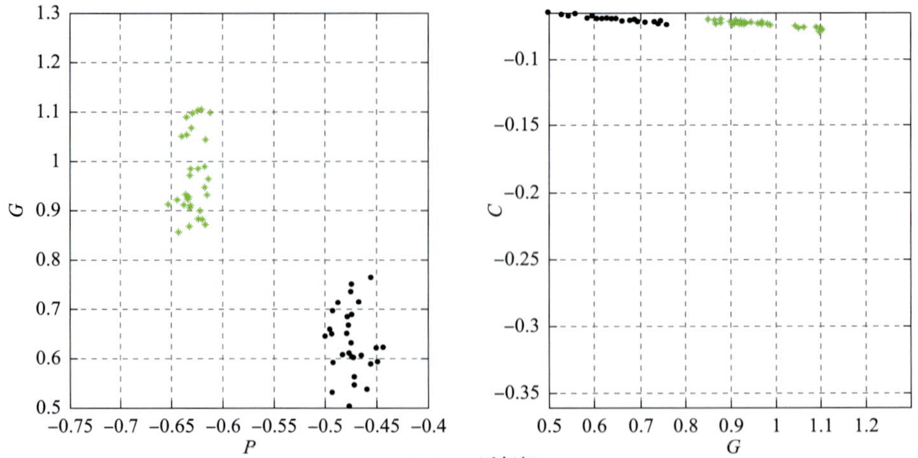

(b)Shuey近似解

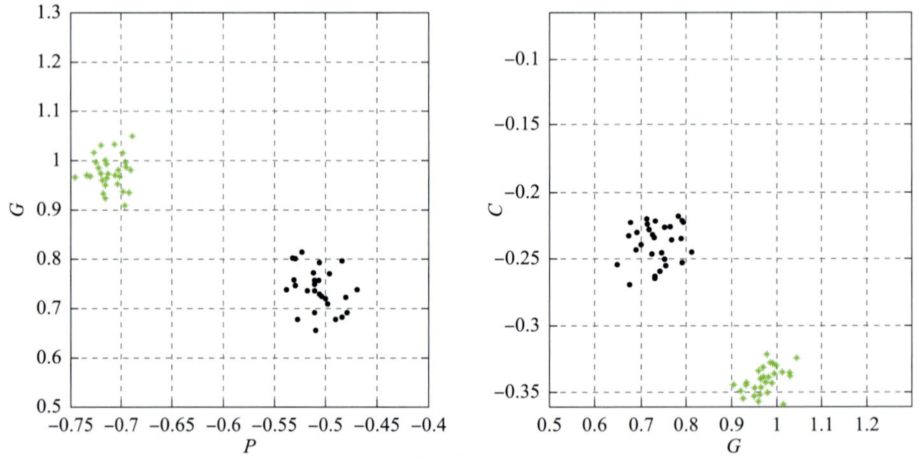

(c)线性优化AVO解

图 7.16　不同方法计算截距 P、梯度 G 和曲率项 C 交会图(续)

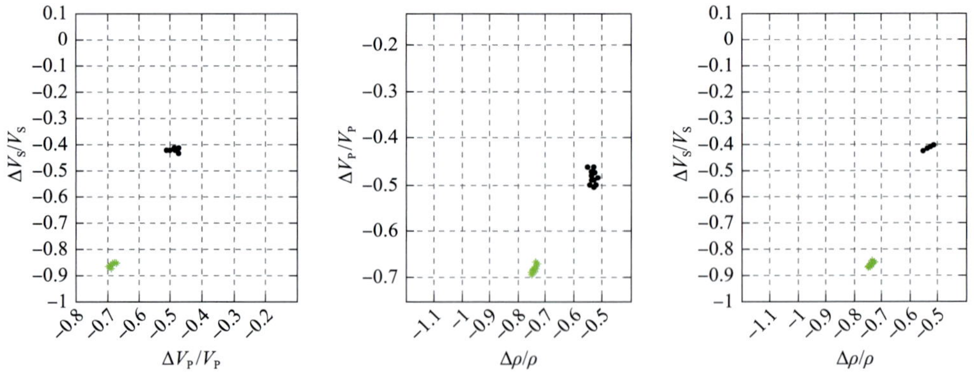

(a)精确解

图 7.17　不同方法计算纵波速度 $\Delta V_P/V_P$、横波速度 $\Delta V_S/V_S$ 和密度 $\Delta\rho/\rho$ 变化率交会图

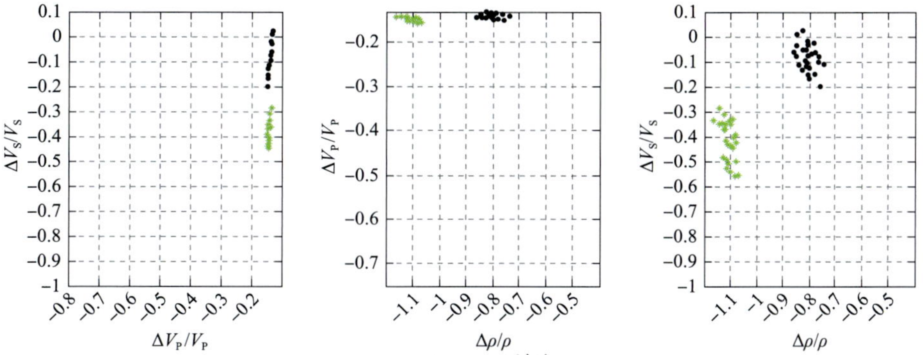

(b)Shuey近似解

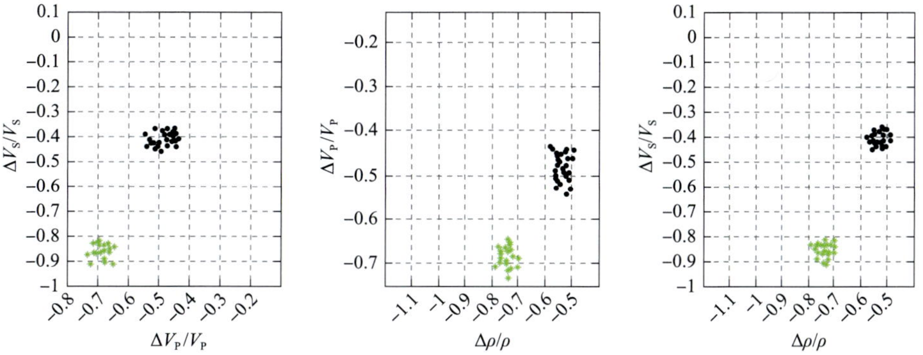

(c)线性优化AVO解

图 7.17　不同方法计算纵波速度 $\Delta V_P/V_P$、横波速度 $\Delta V_S/V_S$ 和密度 $\Delta\rho/\rho$ 变化率交会图(续)

三、基于蒙特卡罗随机模拟的储层特征约束反演

鉴于常规 AVO 反演只利用了地震资料的单一信息，缺乏实际地质情况约束，因而其反演结果具有更大的多解性。基于储层特征约束线性 AVO 反演能充分利用地质、测井资料的先验信息，例如，储层、非储层纵横波速度及密度等，从岩石物理模型和流体替换开始，运用蒙特卡罗随机模拟方法来建立反映地层特征信息的 AVO 函数，使得可以通过最优措施来进行特殊实例研究，先验信息的运用同时也作为一个软约束条件，保障了线性 AVO 反演属性的精确性，数值模拟及实际资料的线性 AVO 反演测试应用证实了该方法具有较好的实用性。

(一)蒙特卡罗随机模拟方法

蒙特卡罗方法也称为随机模拟法、随机抽样技术或统计试验法，其基本思想是为了求解数学、物理、工程技术或生产管理等方面的问题，通过建立与待求解问题具有某种相同特征的概率模型，对所得概率模型进行随机抽样模拟(或者称为反复试验)，然后对抽样结果进行统计特征参数求取，从而得到待求问题的解。概率统计是蒙特卡罗方法的理论基础，其基本手段是随机抽样或随机变量抽样。对于复杂储层正演模型的描述，蒙特卡罗方法有较强的适应性，是一种较好的方法。

对于复杂储层来说，可以用以下指标进行描述：基质模量、基质密度、干燥岩石模量、孔隙度、泥质含量、水饱和度、盐水模量、盐水密度、气模量、气密度、油模量、油密度等；而非储层也可以由纵横波速度、密度来表征。其中大部分参数值都可由测井曲线得到一个平均值和一个变化范围(如标准偏差)，形成类似图 7.18 的分布区间。

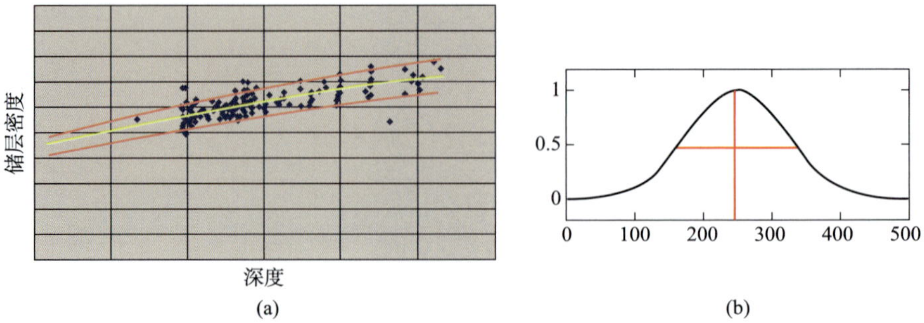

图 7.18　储层密度(a)及其分布特征(b)

针对目标层实际测井资料的纵波速度、横波速度及密度分析，建立不同弹性参数的均值及方差分布(图 7.19)，进一步可由取心、测试及测井解释详细分析目的层相关储层组合关系，建立不同储层组合下的弹性参数分布特征(图 7.20)，最终由蒙特卡罗仿真实现

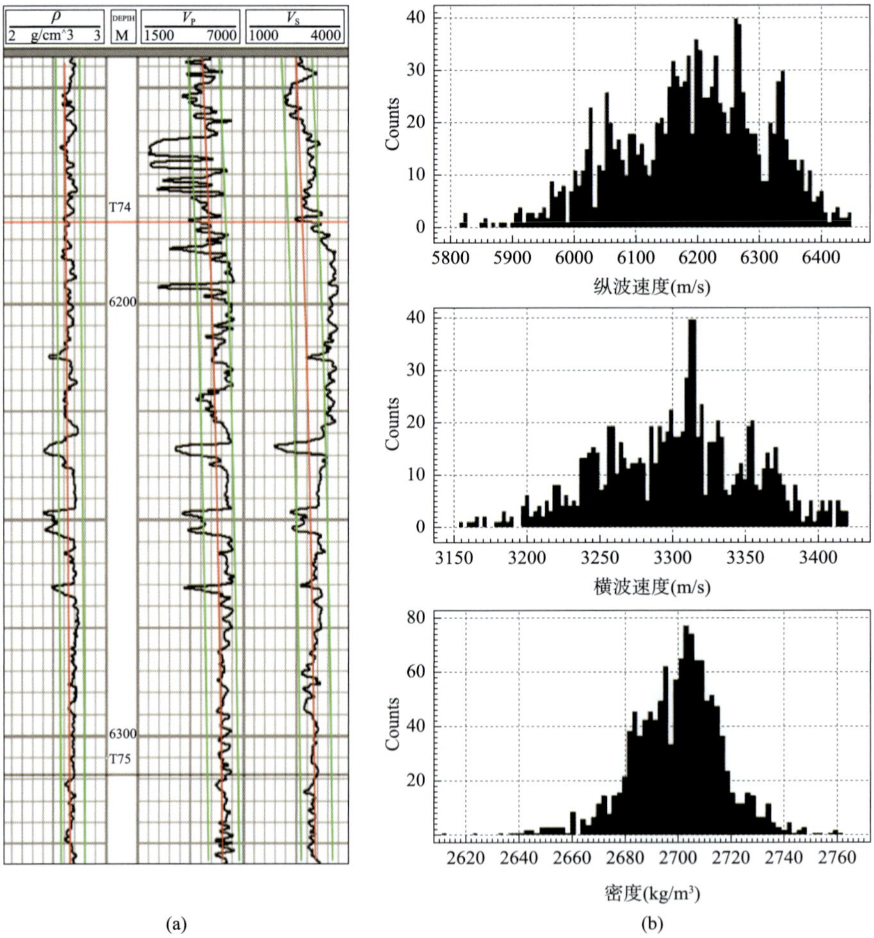

图 7.19　目标层测井曲线(a)及其纵横波速度、密度分布特征(b)

随机模型模拟，并建立符合实际储层特征的随机模型反射系数变化关系(图 7.21)，为基于储层特征约束的线性 AVO 反演提供软约束条件。

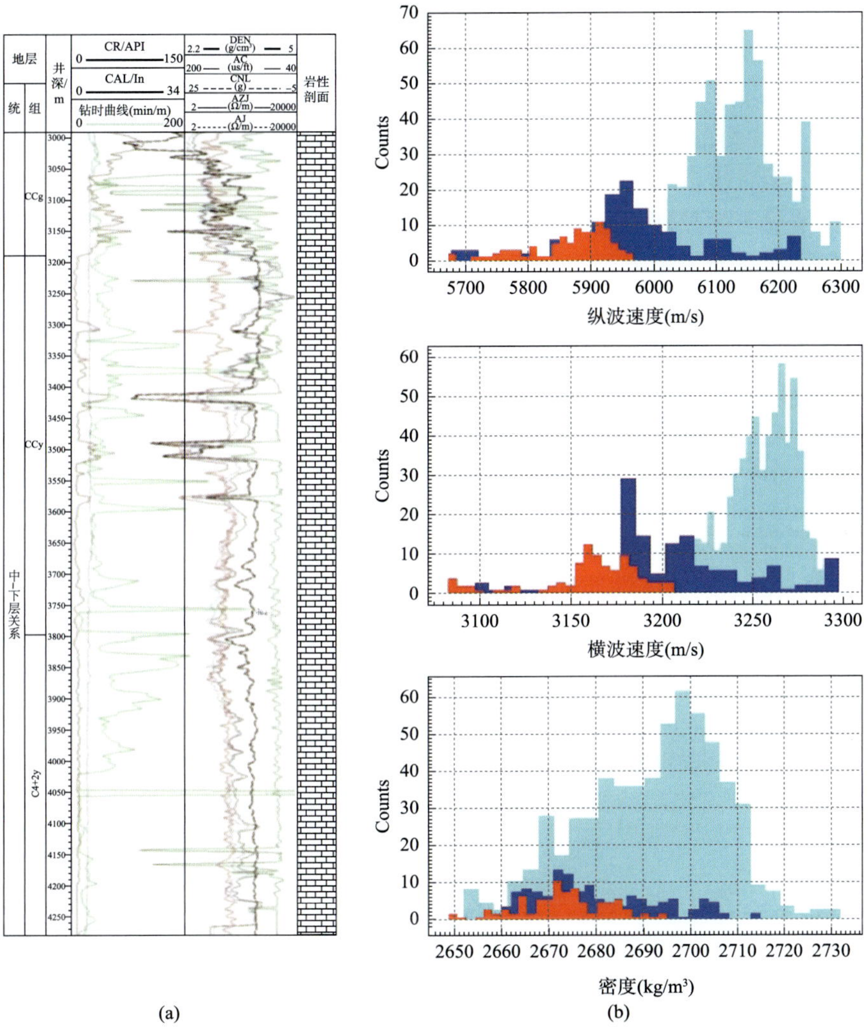

图 7.20 目标层储层特征分析(a)及其纵横波速度、密度分布特征(b)

(直方图中，红色为含油气层，蓝色为含水层，天蓝色为干层)

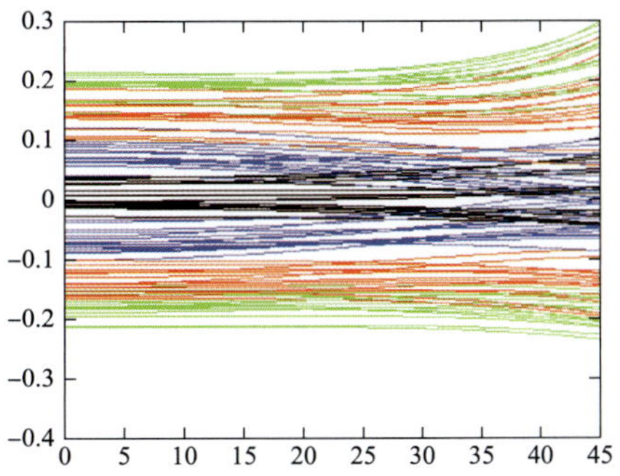

图 7.21 蒙特卡罗仿真实现的随机模型反射系数曲线

(二)储层特征约束 AVO 反演实现

针对正演或者实际叠前地震道集资料，通过建立如式(7.54)目标函数方程，基于最小二乘、遗传算法等实现储层特征约束线性 AVO 属性 C_k 的反演，从而进一步实现常规 AVO 属性，如截距、梯度、弹性参数变化率的求取。

$$\| R_r(\theta) - c_r f(\theta) \|^2 \Rightarrow \min \tag{7.54}$$

其中，$R_r(\theta)$ 为叠前道集，$f(\theta)$ 为基函数，c_r 为待反演属性。

反演过程分为三步：首先，根据实际工区测井、岩心资料统计结果，分析建立目的层主要储层组合情况下的弹性参数分布特征，运用蒙特卡罗仿真随机模拟实现基函数 $f(\theta)$ 的求取；其次，针对叠前道集资料开展叠前道集处理，基于给定的叠前道集资料及叠加速度体(或层速度体等)实现偏移距道集到角度道集的转换，获得叠前角度道集资料 $R_r(\theta)$；最后由式(7.54)开展储层特征约束下的 AVO 属性反演，并进一步实现常规 AVO 属性及弹性参数变化率的提取，实现流体性质检测。

四、含流体模型反演测试

(一)缝洞模型与反演测试

图 7.22 为一含不同流体性质的碳酸盐岩缝洞模型。其中上层纵波速度为 5000m/s，横波速度为 2900m/s，密度为 2.52g/cm^3，下层纵波速度为 5500m/s，横波速度为 3200m/s，密度为 2.6g/cm^3。在上层中从左向右依次设计含油、含水及含气的 3 个直径为 80m 的溶洞，其弹性参数见图 7.22。

基于储层特征约束线性 AVO 及常规 AVO 反演所得到的截距及梯度属性剖面见图 7.23，图中可以看出储层特征约束线性 AVO 方法比常规 AVO 反演得到的属性能更好地区分流体性质。

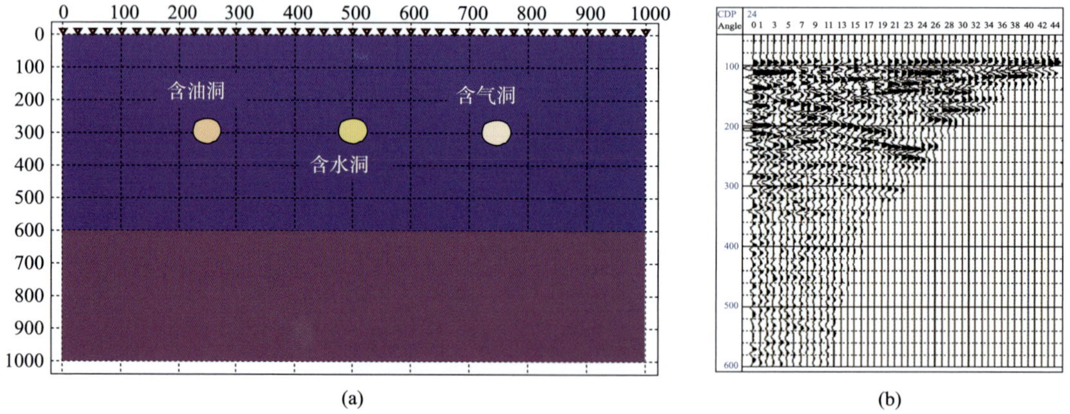

图 7.22　碳酸盐岩储层模型 1(a)及其正演角度道集(b)

(含油溶洞 V_P = 1450m/s，ρ = 1.1g/cm^3，含水溶洞 V_P = 1800m/s，ρ = 1.5g/cm^3，含气溶洞 V_P = 1000m/s，ρ = 0.8g/cm^3，溶洞直径均为 80m)

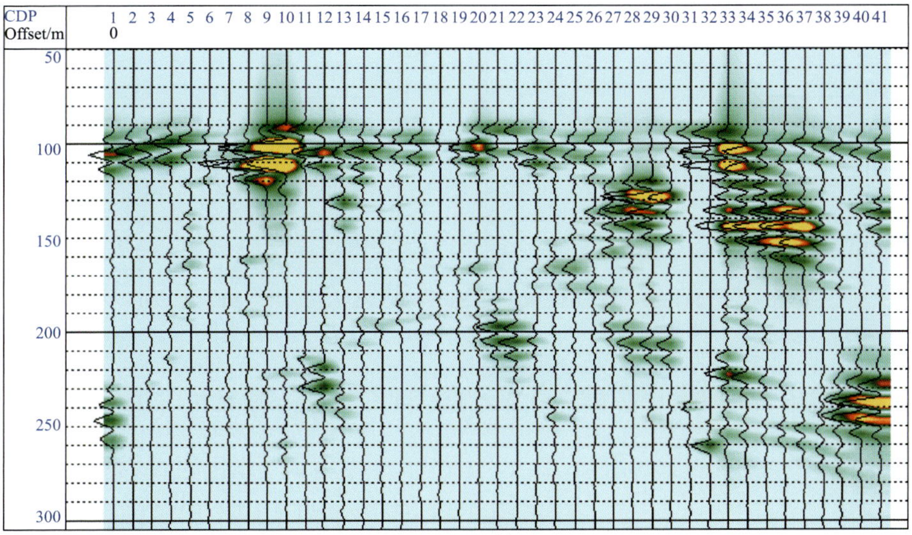

(a)

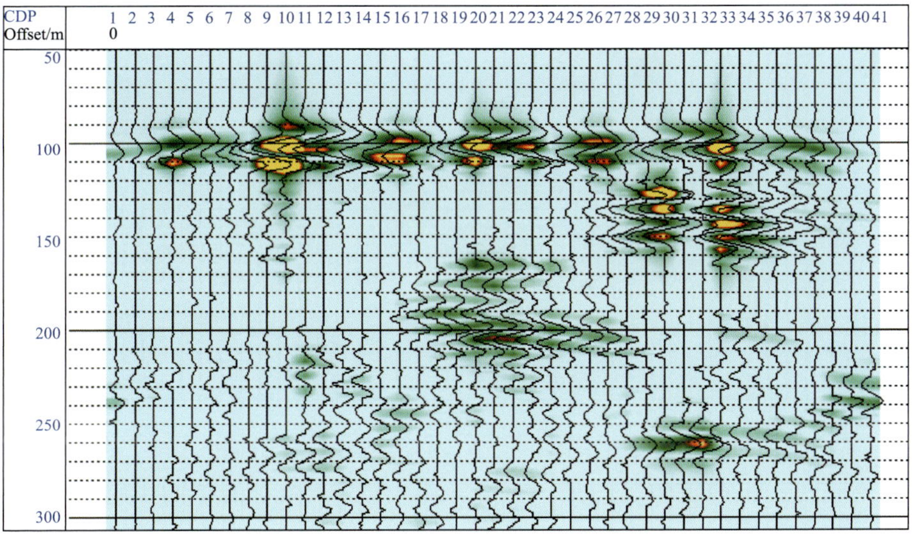

(b)

图 7.23 储层特征约束线性 AVO(a)及常规 AVO(商业软件)(b)反演属性剖面

(其中波形为截距属性，颜色为梯度×截距属性)

(二)不同储层特征参数约束对反演结果的影响

为了验证储层特征约束线性 AVO 反演结果的稳定性及可靠性，通过对正演模型采用不同储层特征组合的蒙特卡罗随机模拟建立软约束条件来分析 AVO 反演的结果。针对图 7.22 所示碳酸盐岩缝洞模型，首先仅使用部分储层特征组合(如去除层状界面上下储层类型的约束)建立蒙特卡罗随机模拟软约束条件，得到的基函数见图 7.24(a)，其次使用所有的储层特征组合来建立蒙特卡罗随机模拟软约束条件，其得到的基函数见图 7.24(b)。采用不同约束条件所得到的反演结果见图 7.25，从反演结果可知，储层特征约束线性 AVO 反演的属性参数有一定的差异，但对于整体流体性质的识别影响不大，表明了反演方法的稳定性和可靠性。

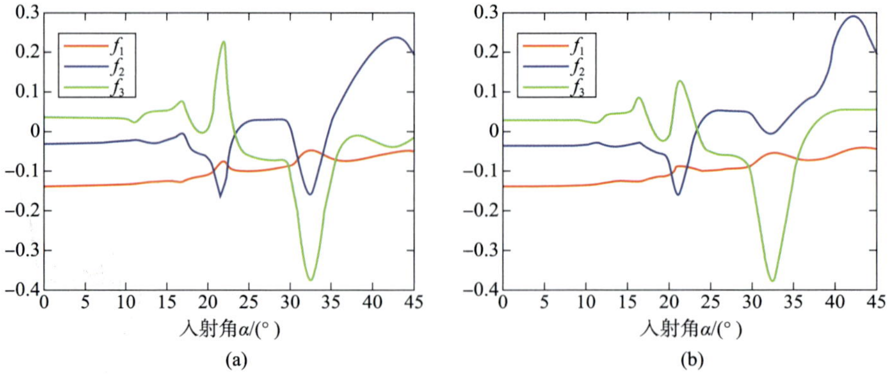

图 7.24　部分储层特征组合(a)及全部储层特征组合(b)软约束得到的基函数

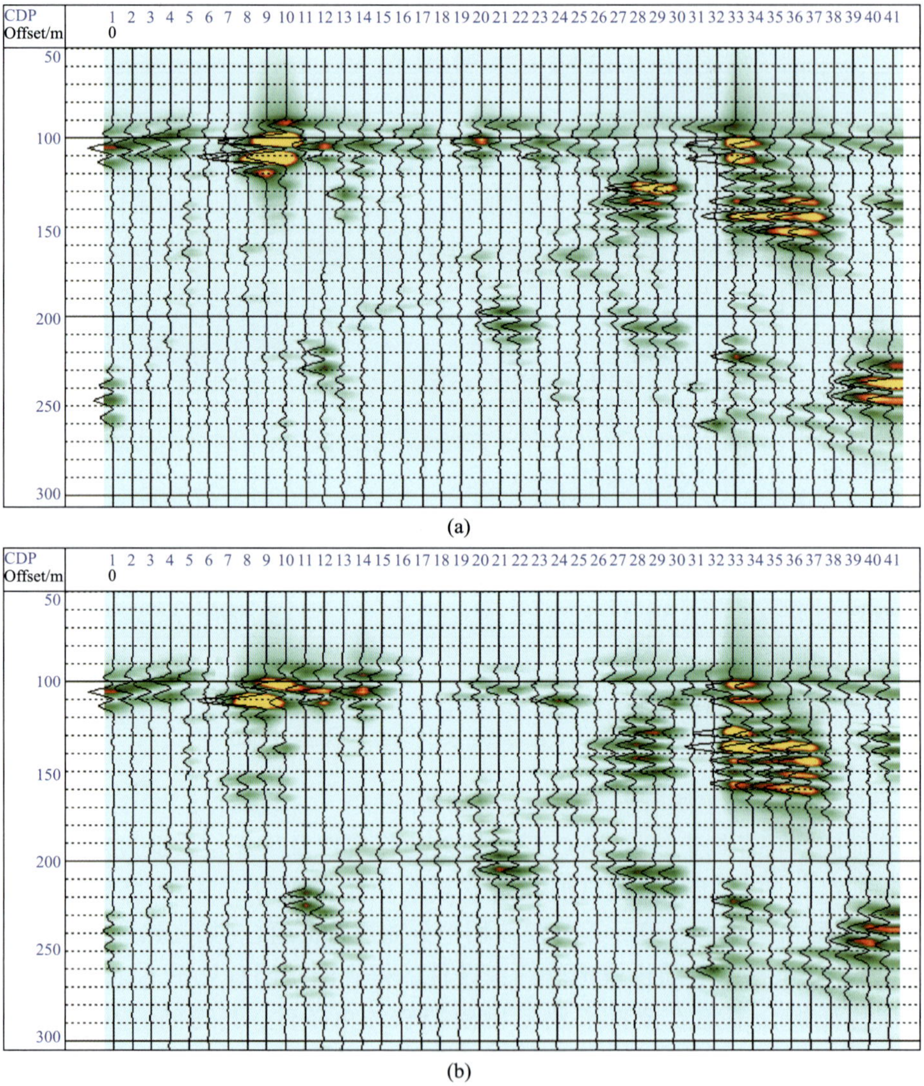

图 7.25　部分储层特征组合(a)及全部储层特征组合(b)软约束反演的属性剖面

(其中波形为截距属性，颜色为梯度 × 截距属性)

第四节　基于储层特征约束的频散 AVO 反演与流体识别

一、频散 AVO 方法技术基础

(一) 含流体介质中地震波传播理论模型分析

孔隙介质中的喷射流动是引起地震波频散和衰减的主要原因，它揭示了岩石孔隙空间和孔隙流体的微观现象。地震波的强衰减过程往往伴随着速度频散现象，因此，速度频散程度可作为流体因子进行流体性质识别。现阶段，用于解释速度频散机理的岩石物理模型以及利用频散特征进行流体检测已成为研究的重点。

地震波在含流体弹性孔隙介质中的传播可以用不同的理论模型来描述。其中，Gassmann 理论认为如果改变储层中流体的类型及其饱和度，则波阻抗也将发生改变，反射系数也将随之改变，这一变化是与频率无关的。但实际地震资料分析表明，含烃储层常常导致地震波的衰减以及速度随频率的变化，即地震波的频散。Biot – Squirt Flow 模型将用于宏观描述孔隙流体与岩石骨架相互作用关系的 Biot – Gassmann 理论和用于微观描述单个孔隙中流体运动特征的喷射流动理论（Squirt Flow）相结合，试图研究地震波速度的频散和衰减特征，并取得了重要的进展。2002 年，Chapman 等人基于喷射流动机制，提出动态弹性孔隙模型来描述裂隙岩石中颗粒尺度的孔隙与裂隙之间，以及不同方向裂隙之间因地震波引起的流体交换。2003 年，Chapman 又将该模型扩展为中尺度定向裂缝模型，该模型采用裂缝密度、流体体积模量、孔隙度、时间尺度、密度以及纵横波速度等一系列参数来描述，并通过改变流体的体积模量以及纵横波速度，进行流体替换，计算不同频率下的弹性张量来模拟地震波的频散特性。

1. Gassmann 理论模型

Gassmann 方程根据岩石骨架特性来描述流体替换后地震波的特征。它利用固体基质、骨架和孔隙流体的已知体积模量来计算孔隙流体饱和介质的体积模量，被普遍应用于解释孔隙流体对岩石弹性性质的影响。干岩石骨架与岩石的取样有关，固体基质由岩石矿物颗粒组成，而填充孔隙的流体可以是气体、原油、水或三者的混合物。

Gassmann 方程基于以下假设条件：①岩石(基质和骨架)宏观上是均匀各向同性的；②所有孔隙都是连通的；③所有孔隙都充满无摩擦流体；④研究对象岩石 – 流体系统是封闭的；⑤孔隙流体不会对固体骨架产生软化或硬化的作用。因此，Gassmann 理论适用于完全弹性的岩石骨架结构和完全饱和的孔隙流体，且仅适用于充分低频的情况。所以它适用于地震资料(小于 100Hz)，而不太适用于声测井(10^4Hz)和实验室超声测量数据(10^6Hz)，实际应用中需要注意高黏滞性流体和泥质含量的影响。

2. Biot 理论模型

Biot 从干岩石特性的角度出发，并部分考虑了孔隙流体本身的黏度和与岩石矿物基质的相互作用，理论上推导了含流体介质与频率有关的地震波速度公式。该理论假设岩石是均匀各向同性的，充填在岩石骨架中的是可压缩的黏性流体，孔隙流体相对岩石骨架可自由流动，流动过程中二者之间存在摩擦力。Biot 理论预言，在无边界的情况下，双相介质中存在三类体波，即两类纵波和一类横波，第一类纵波和横波与一般弹性介质中纵横波类似，这两种波传播过程中岩石骨架和孔隙流体的位移是同相的，因此流体黏度导致的衰减较小。而第二类纵波衰减很快，因为岩石骨架和孔隙流体的位移是异相的。由于地震勘探的频带属于低频范围，且慢纵波在低频时衰减速度异常快，所以在地震频带内一般接收不到慢纵波。

根据 Biot 理论，饱和流体岩石的零频率极限纵横波速度与 Gassmann 方程完全一致，虽然对地震频带(小于 100Hz)下的模量信息估算较为可靠，但 Biot 理论中的宏观流动机制预测的衰减和速度频散结果与实测数值差异较大，且低频段预测的速度衰减的临界频率随流体黏滞性的增加、渗透率的降低而增加，也与实验室观测到的趋势相反，因此，Biot 理论在地震波的速度频散和能量衰减方面存在一定的局限。

3. BISQ 理论模型

Gassmann 理论和 Biot 理论从宏观尺度来描述地震波传播过程中饱和流体和岩石骨架的相互作用，这种作用导致流体的流动方向与波传播方向一致，但没有很好地解释地震波在含流体介质中传播时的速度频散和衰减。还有一种从微观尺度描述流体饱和孔隙岩石中因弹性波传播而引起的孔隙中流体与固体岩石骨架相互作用的理论——喷射流动理论。Mavko 和 Nur 在 1975 年发现含流体多孔介质中，细小孔隙因弹性波传播而发生变形，例如受到挤压，使细小孔隙中流体向粗大孔隙挤出，形成喷射流动，这种流体流动方向一般和地震波传播方向不同。Murphy 验证了在沉积物中喷射流动机制是造成纵横波能量衰减和频散的主要原因。1993 年，Dvorki 和 Nur 试图将 Biot 理论和 Squirt Flow 理论这两种流体－固体相互作用理论结合起来，建立了 BISQ 理论。

虽然基于 BISQ 模型的波场数值模拟较为复杂，其所预测的频散和衰减结果比 Biot 理论更接近于实测值，但在低频情况下仍与 Gassmann 模型相矛盾，仍无法有效地描述地震频带内的衰减现象。

4. Chapman 频散介质理论模型

Chapman 等人(2002)基于喷射流动机制，提出了一个动态弹性孔隙模型来描述裂隙岩石中孔隙与裂隙之间，以及不同方向裂隙之间因地震波引起的流体交换，该模型考虑了地震波传播的频散和衰减特性。2003 年，Chapman 又将该模型扩展为中尺度裂缝模型，该模型采用裂缝密度、流体体积模量、孔隙度、时间尺度、密度以及纵横波速度等一系列参数来描述，并通过改变流体的体积模量以及纵横波速度，进行流体替换。对于米级的中尺度填充流体的开放裂缝，该理论预测地震各向异性随着频率的变化而变化，该变化主要是由于裂缝的尺度和所填充流体的类型导致的。该理论还预测横波分裂将依赖于频率，而纵波衰减和频散随着方位角的变化而变化，这种变化与流体迁移有关。这些为与频率有关的地震各向异性和开放裂缝的方向和尺度之间的联系提供了理论基础。同时，该模型在低频时与 Gassmann 模型预测的结果一致，适用于地震频带的频散研究。

5. White 层状非饱和模型

White 等最早引进非饱和模型，即在含水孔隙介质中加入无数的气泡或者将含水薄层与含气薄层交替组成薄互层，解释了地震频带内的高吸收现象。在某种程度上，气泡模型和周期交替成层模型是等效的。当纵波法向入射时，与散射吸收机制相比较，基于中观流耗散机制的纵波吸收最大值出现在更低的频率处。更重要的是，频散和吸收曲线在流体随机分布的介质中随频率的变化较流体均匀分布的介质中更缓慢，并且在非饱和状态的薄储层中，非饱和状态介质在地震频带范围内能够产生强吸收。White 模型可以较好地描述地震频带范围内的速度频散现象，且以此为基础建立的纵波从非频散介质法向入射至频散介质的相速度、逆品质因子、纵波反射系数和相位角随频率变化关系与实验室结果具有良好的一致性。

总得来说，以 Chapman 频散介质理论和 White 层状非饱和模型为基础建立的岩石物理模型可以很好地反映任意频率下地震波速度的衰减和频散现象。

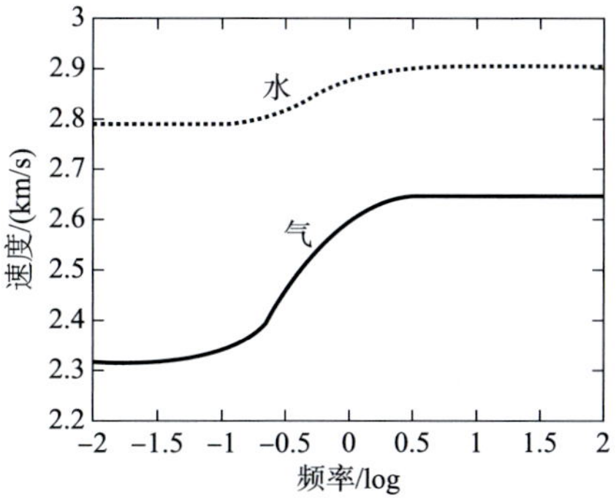

图 7.26 Chapman 模型含不同流体时速度与频率关系

(二)与频率有关 AVO 特征分析

无论是 Chapman 模型或者 White 非饱和模型，都能够揭示含流体储层的地震波频散特征。以 Chapman 频散介质理论和 White 层状非饱和模型为基础，Chapman 和 White 分别建立含流体储层模型(表 7.5，表 7.6)，针对含流体储层模型参数，基于 Chapman 模型或者 White 非饱和模型计算的纵波传播速度都与频率相关(图 7.26，图 7.27)。

表 7.5 含流体储层模型参数(Chapman 模型)

模型	纵波速度/(m/s)	横波速度/(m/s)	饱水密度	饱气密度	孔隙度
围岩	2743	1394	2.06	—	—
储层	2790	1463	2.08	2.06	30%

表 7.6 含流体储层模型参数(White 非饱和层状模型)

模型	上覆围岩				储层声波阻抗
	纵波速度/(m/s)	横波速度/(m/s)	饱水密度	声波阻抗	
1	3100	1520	2.40	7404	9060
2	2650	1160	2.27	6016	5780
3	2190	820	2.16	4730	2500

除此之外，Chapman 等人从理论上研究了两个弹性层之间夹一个填充流体导致衰减和频散的频散层组成模型的 AVO 特征，认为弹性层和频散层之间的界面会导致地震反射系数随频率的变化而变化，这种变化与 AVO 的类型有关。对于 Ⅰ 类 AVO，速度频散导致反射波能量集中在高频段；而对于 Ⅲ 类 AVO，速度频散导致反射波能量集中在低频段(图 7.28，图 7.29)。这一研究表明可以根据反射波能量随频率的变化来研究流体的性质。

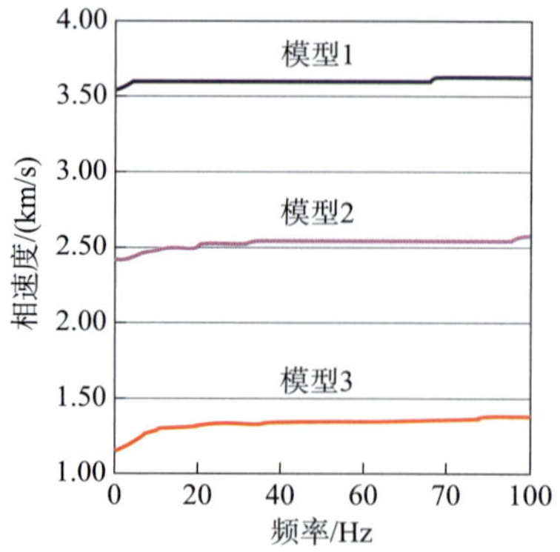

图 7.27　White 层状非饱和模型波速度与频率关系

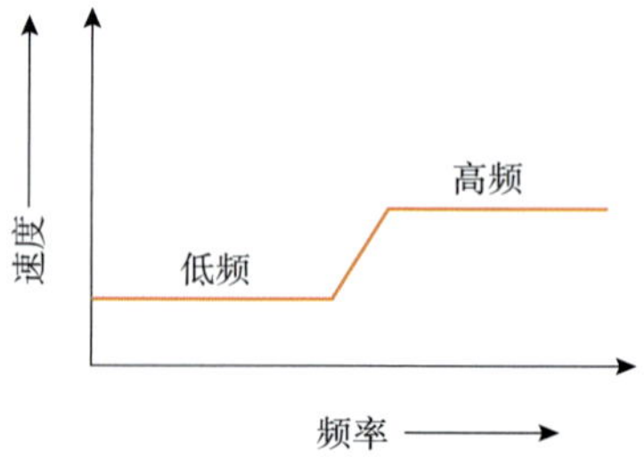

图 7.28　速度、频率与流体类型关系（据 Chapman 等）

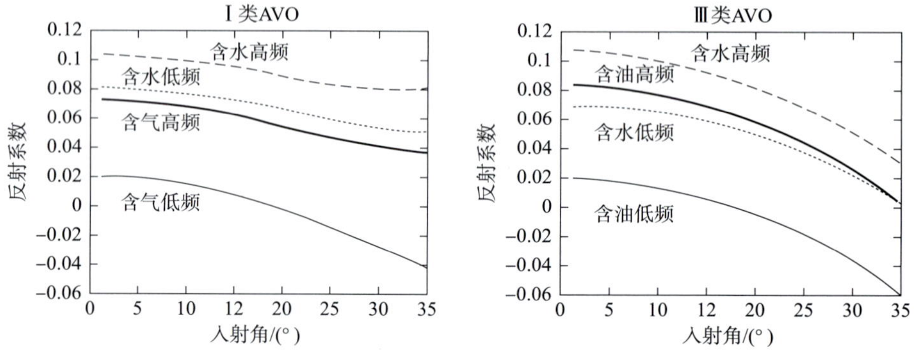

图 7.29　含不同流体时不同类型 AVO 随频率变化关系（据 Chapman 等）

陈小宏等对模拟记录的底界面进行了分频 AVO 研究，并对不同频率的剖面比较，对弹性介质模拟的分频 AVO 曲线进行归一化，衰减介质的分频 AVO 曲线按照弹性介质对应频率的归一化比例因子进行归一化，其结果如图 7.30 所示。从归一化后的结果图可以看出，不同频率的 AVO 响应曲线与弹性介质的全频段的 AVO 响应曲线是基本一致的，这与理论相符，即弹性介质的 AVO 与频率无关。而在衰减介质中随着频率增大衰减增大，且远偏移距衰减更明显，在低频时衰减介质还保持着正确的 AVO 响应规律，随着频率增加，AVO 异常变得不太明显。

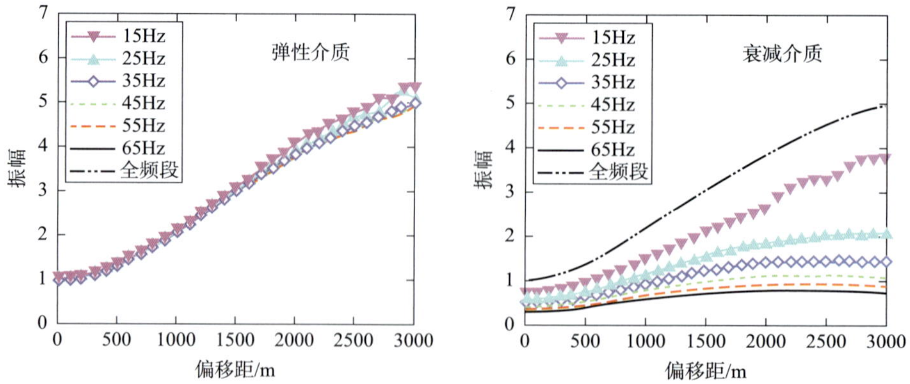

图 7.30　不同介质情况不同频率 AVO 曲线特征（据陈小宏等）

因此，基于不同频率成分下对地震 AVO 进行分析，将会进一步提高地震勘探识别流体性质的精度。这里，我们分别选取具有不同流体类型的地震道集进行不同频率 AVO 响应特征分析。图 7.31 为塔河油田主体区某干井的实际测井曲线与井旁 CMP 道集资料，图 7.32 为井旁不同频段角度道集，不同频率情况下的 AVO 曲线特征表明，在不含流体情况下，地震波衰减不明显，不同频段的 AVO 曲线特征与全频段 AVO 曲线特征相似。

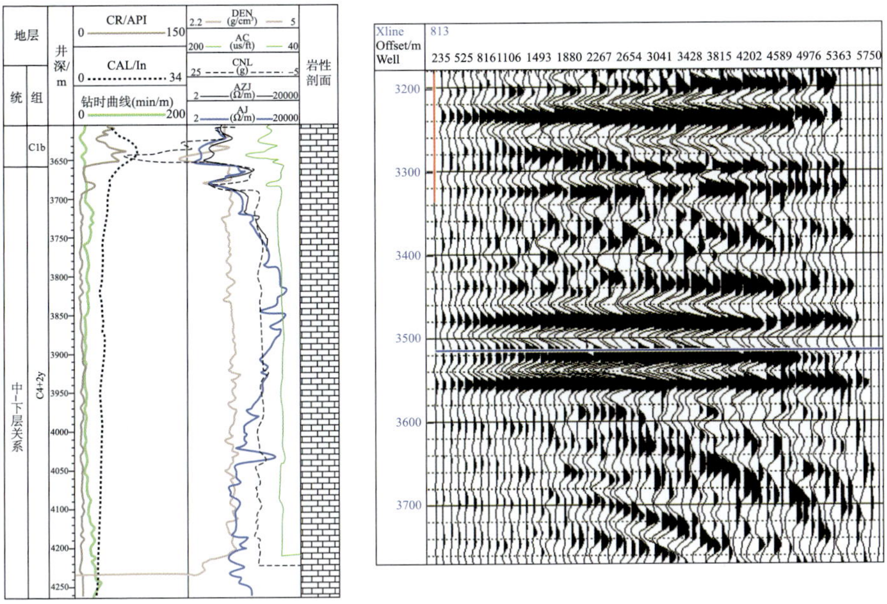

图 7.31　干井测井曲线及井旁 CMP 道集

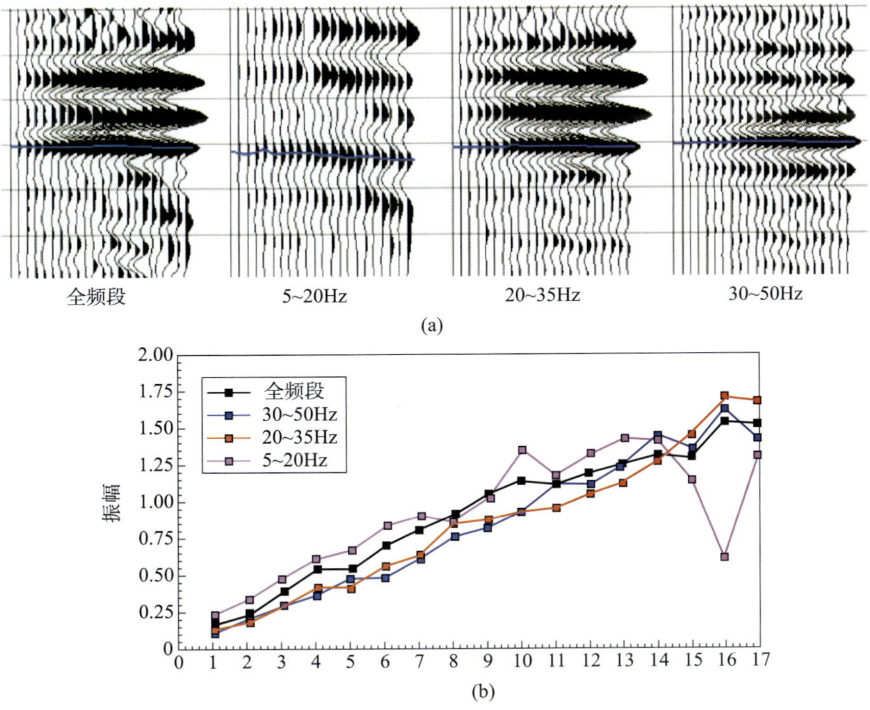

图 7.32　干层不同频段角度道集(a)及 AVO 曲线(b)

图 7.33 为塔河油田含油气井与井旁 CMP 道集资料，该井目标层累产油 1.12×10^4t，图 7.34 为井旁不同频段角度道集，通过分析目标层不同频率情况下的 AVO 曲线特征表明，在含油气情况下，纵波 AVO 响应与频率关系密切，呈现出频率越低 AVO 响应越强烈的特点，这与模型分析结果相一致。

上述针对纵波速度、AVO 特征与不同频率的分析研究，为基于频散 AVO 反演进行流体检测奠定了理论基础。

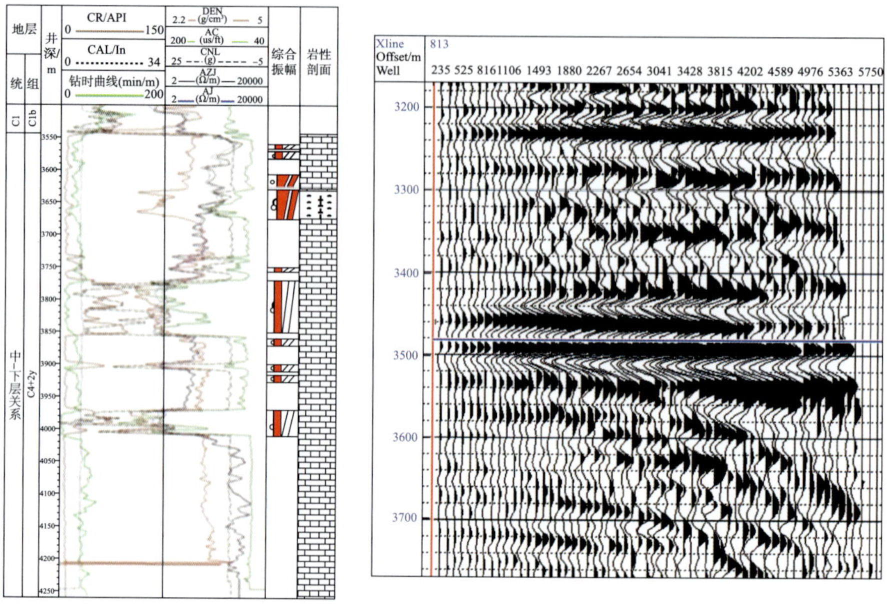

图 7.33　含油气井测井曲线及井旁 CMP 道集

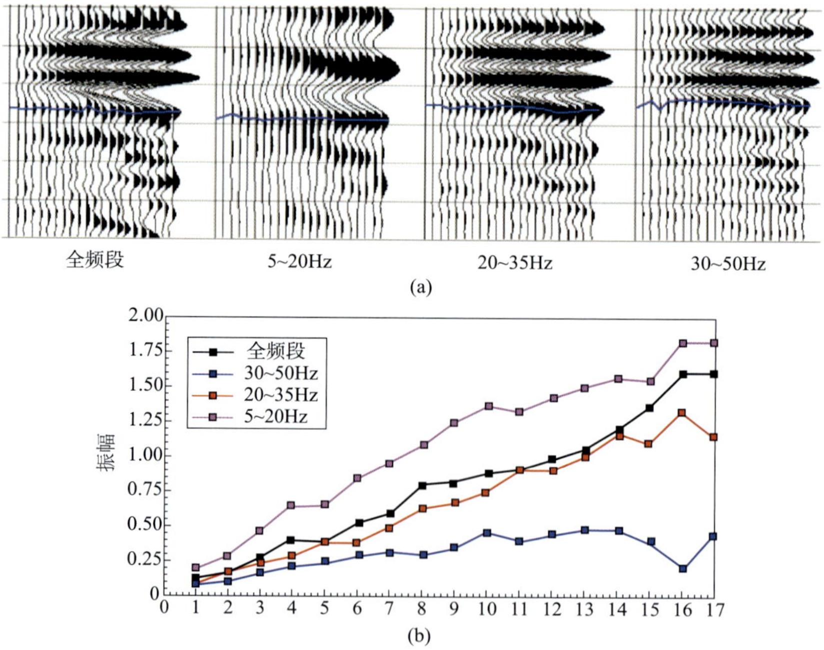

图 7.34　含油气层不同频段角度道集(a)及 AVO 曲线(b)

二、时频谱分析技术

时频分析是分析非平稳信号局部特征的有效方法，它将一维的时域信号映射成时频平面上的二维信号。对于非平稳信号，良好的时频分析方法能够检测到非平稳信号频率随时间的不稳定变化，获得信号能量在二维时频平面中的分布，实现对信号局部特性的分析。

非平稳信号时频分析可以分为线性变换和非线性变换两大类，线性类使用时间和频率的联合函数(线性形式)描述信号频谱随时间的变化，而非线性类使用时间和频率的联合函数描述信号能量密度(非线性形式)随时间的变化。线性变换包括：短时傅里叶变换(Short－time Fourier Transform，STFT)、*Gabor* 变换、小波变换和 *S* 变换；非线性变换包括：Wigner－Ville 分布，更一般地统一为 Cohen 类。时频分辨率是衡量时频分析方法优劣和时频聚集性能的重要指标。

(一)常用时频分析方法原理

1. 短时傅里叶变换

短时傅里叶变换是一种窗函数很短的 Fourier 变换，是傅里叶变换的自然推广，也是时频分析方法的重要基础。1946 年 Gabor 发表了著名的论文《Theory of Communication》，第一次提出了加窗的思想，在信号处理领域具有里程碑的意义。短时傅里叶变换在信息学科中获得了广泛的应用，是最早并持续至今的声谱图技术，使人类首次把听觉的声音转化成在时频平面上可见的视觉图像。

短时傅里叶变换的实质是把信号分解成一组时频原子基的组合。时频原子基利用经过时间平移和频率调制的对称窗函数构造而成，即：

$$g_{\tau,t}(t)=g(t-\tau)e^{-i\omega t} \tag{7.55}$$

$g(t)=g(-t)$，从而满足对称性，τ 是时间位移，ω 是频率调制因子；

短时傅里叶变换就是上述窗函数与信号的内积，它的表达式：

$$STFT(\tau,\omega)=\int_{-\infty}^{\infty}x(t)g(t-\tau)\mathrm{e}^{i\omega t}\mathrm{d}t \tag{7.56}$$

其中要求 $\|g(t)\|=\int_{-\infty}^{\infty}|g(t)|^2\mathrm{d}t=1$，$\|g_{\tau,\omega}(t)\|=\int_{-\infty}^{\infty}|g_{\tau,\omega}(t)|^2\mathrm{d}t=1$，即能量归一化条件(也称完全重构条件)，从而实现了恒等分辨率。

在短时傅里叶变换中，时窗函数的作用相当于在原信号以 τ 中心的邻域内的局部区域加权，时窗函数的极大值位于时刻 τ，距离该时刻越远，权值呈光滑的趋势衰减，从而突出了 τ 处的信号，相对压制了其两边的信号，实现了时域信号的局部化。随着时窗沿着时间轴的滑动，最后得到了信号在每一时刻的局部谱。

窗函数的选择决定了时间分辨率和频率分辨率。由傅里叶变换的尺度特性知，$g(t)=\delta(t)$ 的时宽 Δ_t 为零，其带宽 Δ_ω 为无穷大，所以此时的短时傅里叶变换达到了最理想的时间分辨率，但丧失了频率分辨率；当 $g(t)=1$ 时，其带宽 Δ_ω 为零，短时傅里叶变换蜕变成标准的傅里叶变换，可以获得最理想的频率分辨率，但不具有时间分辨率，这是两种极端的情况。因此，时间分辨率与频率分辨率是相互矛盾的，两者的这种折衷性就是著名的 Heisenberg 不确定性原理。

短时傅里叶变换都是以固定的滑动窗对信号进行分析的，虽然可以通过调节 δ 来改变时频谱的时频分辨率，但 δ 是一个常量，因此窗函数一经选定，其时宽 Δ_t 和带宽 Δ_ω 也就确定了，时间分辨率和频率分辨率将不随频率发生变化，而实际的信号分析中，要求对于低频信号获得较高的频率分辨率，而对于高频信号获得较高的时间分辨率，这就要求窗函数能够根据信号频率的变化而自适应地调节时宽和带宽，显然短时傅里叶变换是不具备这一能力的。

理论信号分析表明，Hamming 窗和 Hanning 窗对信号低频部分的频谱特征反映得比较清晰，基本没有发生能量的缺失；而 Gauss 窗和 Nuttall 窗对高频信号的频谱特征反映的比较清晰，两个频率成分没有互相干扰。因此，在地震信号处理过程中，为了分析低频信号，宜选择较宽，面积较大的窗函数，如 Hamming 窗和 Hanning 窗等；为了分析高频信号，宜选择较窄，面积较小的窗函数，如 Gauss 窗和 Nuttall 窗等。

2. S 变换

S 变换是一种时频分辨率依赖频率发生变化的时频表示方法，它与短时傅里叶变换有着直接的关系。在短时傅里叶变换中，通过在标准傅里叶变换公式(7.57)中引入时窗，从而较好地克服傅里叶变换对信号谱分析的全局平均问题。

$$STFT(\tau,f) = \int_{-\infty}^{\infty} h(t)g(t-\tau)\mathrm{e}^{-2\pi ft}\mathrm{d}t \tag{7.57}$$

定义如下高斯函数：

$$g(t) = \frac{1}{\sqrt{2\pi\delta}}\mathrm{e}^{\frac{t^2}{2\delta^2}} \tag{7.58}$$

由于这个高斯窗函数的傅里叶变换仍然是高斯函数 $\mathrm{e}^{-\frac{\delta^2\omega^2}{2}}$，所以可以达到很好的时频聚集性能，并定义：

$$STFT^*(\delta,\tau,f) = \int_{-\infty}^{\infty} h(t)\frac{1}{\sqrt{2\pi\delta}}\mathrm{e}^{\frac{-(\tau-t)^2}{2\delta^2}}\mathrm{e}^{-i2\pi ft}\mathrm{d}t \tag{7.59}$$

由于调节 δ 的值能改变高斯窗的宽度，得到具有不同时频分辨率的时频分布，但 δ 不是上式中的一个独立变量，所以不能自适应地根据信号频率分布状况调整时窗的宽窄，故定义：

$$\delta(f) = \frac{1}{|f|} \tag{7.60}$$

δ 成为与频率有关的函数，其分母部分与 f 呈等间隔的线性关系，代入式(7.59)，从而得到时窗宽度随着频率自适应地呈反比变化的 S 变换，即：

$$S(\tau,f) = \int_{-\infty}^{\infty} h(t)\left\{\frac{|f|}{\sqrt{2\pi}}\exp\left[\frac{-f^2(\tau-t)^2}{2}\right]\exp(-i2\pi ft)\right\}\mathrm{d}t \tag{7.61}$$

S 变换采用宽度可变的高斯窗函数，其时窗宽度随频率 f 呈反比变化，在低频段的时窗较宽，从而获得较高的频率分辨率；而高频段的时窗较窄，故可获得很高的时间分辨率。

3. Wigner－Ville 分布及其改进

Wigner－Ville 分布是一种双线性类时频分布，1932 年由 Wigner 首次提出，并应用于量子力学领域，后来 Ville 等人将其引入信号处理领域。1966 年，Cohen 发现各种时频分布只是 Wigner – Ville 分布的不同形式，它们可以统一起来，称为 Cohen 类一般时频分布。不同的时频分布只是对 Wigner – Ville 分布的核函数加入了不同的约束条件，所以，Wigner – Ville 分布是后来所有时频分布的基础。

信号 $x(t)$ 的 Wigner – Ville 分布定义为它的瞬时相关函数的傅里叶变换，即

$$W_x(t,w) = \int_{-\infty}^{\infty} x\left(t+\frac{\tau}{2}\right)x^*\left(t-\frac{\tau}{2}\right)e^{-j\omega\tau}d\tau \tag{7.62}$$

在该式中，信号 $x(t)$ 出现了两次，并且不含任何窗函数，这样避免了线性时频分析中时间分辨率和频率分辨率互相牵制、难以兼顾的问题。Wigner – Ville 分布满足实值性、时移和频移不变性、时间和频率的边缘特性。虽然 Wigner – Ville 分布具有很高的时频聚集能力，但由于它不是线性的，即两个信号分量之和的 Wigner – Ville 分布不等于每个信号分量的 Wigner – Ville 分布之和。

令

$$x(t) = a_1x_1(t) + a_2x_2(t) \tag{7.63}$$

$$W_x(t,\ \omega) = |a_1|^2W_{x1}(t,\ \omega) + |a_2|^2W_{x2}(t,\ \omega) + a_1\bar{a}_2W_{[x_1,x_2]}(t,\ \omega) + a_2\bar{a}_1W_{[x_2,x_1]}(t,\ \omega) \tag{7.64}$$

定义

$$I[x_1,\ x_2] = a_1\bar{a}_2W_{[x_1,x_2]}(t,\ \omega) + a_2\bar{a}_1W_{[x_2,x_1]}(t,\ \omega) \tag{7.65}$$

$I[x_1,\ x_2]$是干扰项，又称为交叉项，m 个信号分量将产生 $m(m-1)/2$ 个两两组合的交叉项，因此信号包含的分量越多，交叉项就越严重。一般而言，交叉项是有害的，它降低了时频分布的质量。在实际应用中，通常希望时频分布中的交叉项尽可能弱。

围绕 Wigner – Ville 分布的交叉项干扰，许多研究者相继提出了一些新的改进方法，其思想主要是模糊域滤波和核函数滤波。关于这方面的内容已涌现出大量研究成果，方法也各有优缺点，在此不作详述，如 Choi – William 分布就是在 Cohen 类中引入指数核函数

$$\theta(\tau,\ v) = \exp(-\delta^2\tau^2v^2) \tag{7.66}$$

当 δ 很小时，Choi – William 分布近似于 Wigner – Ville 分布，δ 越大，干扰项的抑制越明显，但信号项的时频分辨率却降低了。因此，交叉项的消除与信号时频能量的聚集性是相矛盾的，两者之间也要折衷选择。

（二）高阶时频谱分析技术

高阶统计量方法是近几年国内外信号处理领域内的一个前沿课题。高阶统计量广泛应用于所有需要考虑非高斯性、非最小相位、有色噪声、非线性或循环平稳性的各类问题中。在信号处理领域，人们常常习惯于假设信号或噪声服从高斯分布，从而仅用二阶统计量提取信息、进行参数辨识以及各种处理。但是，高斯分布只是许多分布类型中的一种，非高斯信号才是更普遍的信号。对非高斯信号来说，二阶统计量只是其中一种信息，它不包含相位信息，因此对非最小相位系统的辨识而言，二阶统计量便显得无能为力。在实际工作中，常常面临大量非高斯、非最小相位、非因果、非平稳信号的处理问题。利用高阶统计量是解决这些问题的主要手段，高阶统计量提供了前所未有的丰富信息，使我们可辨识非因果、非最小相位、非线性系统；可以抑制高斯或非高斯的有色噪声；可以抽取不同

于高斯信号的多种信号特征；可以分析与处理循环平稳信号等。

1. 高阶谱的基本原理

在信号分析中，高阶统计量包括高阶矩、高阶累积量、高阶矩谱、高阶累积量谱等四种统计量。高阶累积量谱简称高阶谱，也叫多谱，是高阶(大于二阶)累积量的 Fourier 变换，即多个频率的谱。三阶累积量谱，简称三阶谱，也称为双谱(bispectrum)，常用 $B_x(\omega_1,\omega_2)$ 表示。

(1)高阶谱的定义。

有一连续的随机变量 x，若它的概率密度函数为 $f(x)$，而 $g(x)$ 是一任意函数，则 $g(x)$ 的数学期望定义为

$$E\{g(x)\} = \int_{-\infty}^{\infty} f(x)g(x)\mathrm{d}x \tag{7.67}$$

特别地，当 $g(x)=\mathrm{e}^{j\omega x}$ 时，则有

$$\Phi(\omega) = E\{\mathrm{e}^{j\omega x}\} = \int_{-\infty}^{\infty} f(x)\mathrm{e}^{j\omega x}\mathrm{d}x \tag{7.68}$$

称之为第一特征函数。第一特征函数是概率密度函数 $f(x)$ 的 Fourier 反变换。由于概率密度函数 $f(x)\geqslant 0$，所以第一特征函数 $\Phi(\omega)$ 在原点有最大值。

求第一特征函数 $\Phi(\omega)$ 的 k 阶导数，得

$$\Phi^k(\omega) = \frac{d^k\Phi(\omega)}{d\omega^k} = j^k E\{x^k\mathrm{e}^{j\omega x}\} \tag{7.69}$$

随机变量 x 的 k 阶原点矩 m_k 和中心矩 μ_k 分别定义为：

$$m_k = E\{x_k\} = \int_{-\infty}^{\infty} x^k f(x)\mathrm{d}x \tag{7.70}$$

$$\mu_k = E\{(x-\eta)^k\} = \int_{-\infty}^{\infty} (x-\eta)^k f(x)\mathrm{d}x \tag{7.71}$$

式中 $\eta=E\{x\}$ 代表随机变量 x 的一阶矩即均值。对于零均值的随机变量 x，其 x 阶原点矩 m_k 和中心矩 μ_k 等价。根据第一特征函数的 k 阶导数式(7.69)，可求得 x 的 k 阶矩定义式，为：

$$m_k = E\{x^k\} = (-j)^k \left.\frac{d^k\Phi(\omega)}{d\omega^k}\right|_{=0} = (-j)^k\Phi^{(k)}(0) \tag{7.72}$$

与此类似，定义随机变量 x 的 k 阶累积量为

$$c_{kx} = (-j)^k \left.\frac{d^k\ln\Phi(\omega)}{d\omega^k}\right|_{=0} = (-j)^k\Psi^{(k)}(0) \tag{7.73}$$

其中，第二特征函数 $\Psi(\omega)$ 为第一特征函数 $\Phi(\omega)$ 的自然对数，即

$$\Psi(\omega) = \ln\Phi(\omega) \tag{7.74}$$

将上述关于单个随机变量 x 的讨论推广到多个随机变量。令 x_1，…，x_k 是 k 个连续随机变量，它们的联合概率密度函数为 $f(x_1,\cdots,x_k)$，则这 k 个随机变量的第一联合特征函数定义为

$$\begin{aligned}\Phi(\omega_1,\cdots,\omega_k) &= E\{\mathrm{e}^{j(\omega_1x_1+\cdots+\omega_kx_k)}\} \\ &= \int_{-\infty}^{\infty}\cdots\int_{-\infty}^{\infty} f(x_1,\cdots,x_k)\mathrm{e}^{j(\omega_1x_1+\cdots+\omega_kx_k)}\mathrm{d}x_1\cdots\mathrm{d}x_k\end{aligned} \tag{7.75}$$

因此，k 个随机变量 x_1，…，x_k 的 r 阶联合矩定义为

$$m_{r\cdots r_k}=E\{x_1\cdots x_k\}=(-j)^r\frac{\partial^r\Phi(\omega_1,\cdots,\omega_k)}{\partial\varpi_1^{r_1}\cdots\omega_k^{r_k}}\bigg|_{\omega_1=\cdots=\varpi_k=0} \tag{7.76}$$

类似地，第二联合特征函数定义为

$$\Psi(\omega_1,\cdots,\omega_k)=\ln\Phi(\omega_1,\cdots,\omega_k) \tag{7.77}$$

k 个随机变量 x_1，…，x_k 的 r 阶联合累积量定义为

$$c_{r_1\cdots r_k}=cum(x_1^{r_1},\cdots,x_k^{r_k})=(-j)^r\frac{\partial^r\ln\Phi(\omega_1,\cdots,\omega_k)}{\partial\omega_1^{r_1}\cdots\omega_k^{r_k}}\bigg|_{\omega_1=\cdots=\omega_k=0} \tag{7.78}$$

在实际中常取 $r_1=\cdots=r_k=1$，即得到 k 个随机变量 x_1，…，x_k 的 r 阶矩和 r 阶累积量分别为

$$m_{1\cdots1}=E\{x_1\cdots x_k\}=(-j)^k\frac{\partial^k\Phi(\omega_1,\cdots,\omega_k)}{\partial\varpi_1\cdots\omega_k}\bigg|_{\omega_1=\cdots=\varpi_k=0} \tag{7.79}$$

$$c_{1\cdots1}=cum\{x_1\cdots x_k\}=(-j)^k\frac{\partial^k\ln\Phi(\omega_1,\cdots,\omega_k)}{\partial\varpi_1\cdots\omega_k}\bigg|_{\omega_1=\cdots=\varpi_k=0} \tag{7.80}$$

对于平稳连续随机信号 $x(t)$。令 $x_1=x(t)$，$x_2=x(t+\tau_1)$，…，$x_k=x(t+\tau_{k-1})$，并称 $m_{kx}(\tau_1,\cdots,\tau_{k-1})=m_{1\cdots1}$是随机信号 $x(t)$的 k 阶矩。于是，由式(7.79)知道

$$m_{kx}(\tau_1,\cdots,\tau_{k-1})=E\{x(t)x(t+\tau_1)\cdots x(t+\tau_{k-1})\} \tag{7.81}$$

类似地，随机信号 $x(t)$的高阶累积量用符号表示为

$$c_{kx}(\tau_1,\cdots,\tau_{k-1})=cum\{x(t),x(t+\tau_1),\cdots,x(t+\tau_{k-1})\} \tag{7.82}$$

事实上，累计量完全可以用矩来表示。

假设 $x(t)$是一高斯随机变量，它具有零均值，方差为 σ^2，将其概率密度函数代入上述的公式，最后便可得到随机高斯变量的各阶矩为

$$m_k=\begin{cases}0, & k=\text{奇数}\\ 1,3,\cdots(k-1)\sigma^k, & k=\text{偶数}\end{cases} \tag{7.83}$$

同样地，随机高斯变量的各阶累积量为

$$c_1=0$$

$$c_2=\sigma^2$$

$$c_k=0,\ k=3,4,\cdots$$

由此可知，任意一个零均值的高斯随机过程的二阶矩与二阶累积量相同，均等于其方差 σ^2；其奇数阶矩恒为零，但偶数阶矩并不为零；而高阶(三阶及以上各阶)累积量恒等于零。在这一意义上，称高阶累积量对高斯随机过程是“盲的”，此即用于压制实际信号中高斯随机噪声的依据。

若高阶矩 $m_{kx}(\tau_1,\tau_2,\cdots,\tau_{k-1})$是绝对可求和的，即

$$\sum_{\tau_1=-\infty}^{\infty}\cdots\sum_{\tau_{k-1}}^{\infty}|m_{kx}(\tau_1,\tau_2,\cdots,\tau_{k-1})|<+\infty \tag{7.84}$$

则 k 阶矩谱定义为 k 阶矩的$(k-1)$维离散 Fourier 变换，即

$$M_{kx}(\omega_1,\cdots,\omega_{k-1})=\sum_{-\infty}^{\infty}\cdots\sum_{-\infty}^{\infty}m_{kx}(\tau_1,\cdots,\tau_{k-1})e^{-j(\omega_1\tau_1+\cdots\omega_{k-1}\tau_{k-1})} \tag{7.85}$$

若高阶累积量 $C_{kx}(\tau_1, \cdots, \tau_{k-1})$ 是绝对可求和的，即

$$\sum_{\tau_1=-\infty}^{\infty} \cdots \sum_{\tau_{k-1}=-\infty}^{\infty} |C_{kx}(\tau_1,\tau_2,\cdots,\tau_{k-1})| < +\infty \tag{7.86}$$

则 k 阶累积量谱定义为 k 阶累积量的 $(k-1)$ 维离散 Fourier 变换，即

$$S_{kx}(\omega_1,\cdots,\omega_{k-1}) = \sum_{\tau_1=-\infty}^{\infty} \cdots \sum_{\tau_{k-1}=-\infty}^{\infty} C_{kx}(\tau_1,\cdots,\tau_{k-1}) e^{-j(\omega_1\tau_1+\cdots\omega_{k-1}\tau_{k-1})} \tag{7.87}$$

由此，我们得到了四种高阶统计量即高阶矩、高阶累积量、高阶矩谱和高阶累积量谱定义表达式。由于高阶累积量对高斯过程不敏感，即对于加性噪声（有色）完全可以压制掉，而高阶矩则不然，因此，一般情况下，多使用高阶累积量和高阶累积量谱，而很少使用高阶矩和高阶矩谱，所以，常将高阶累积量谱简称为高阶谱，也叫多谱，即多个频率的谱。高阶谱分析中的双谱，实际是三阶谱 $S_{3x}(\omega_1, \omega_2)$，习惯上记作 $B_x(\omega_1, \omega_2)$。

（2）三阶谱的性质。

a）与通常使用的单一频率谱相同，三阶谱也是复数，即

$$B_x(\omega_1, \omega_2) = |B_x(\omega_1, \omega_2)| e^{j\Phi_B(\omega_1,\omega_2)} \tag{7.88}$$

其中，$|B_x(\omega_1, \omega_2)|$ 和 $\Phi_B(\omega_1, \omega_2)$ 分别表示三阶谱的幅值和相位，即振幅谱和相位谱。

b）三阶谱是双周期函数，两个周期均为 2π，即

$$B_x(\omega_1, \omega_2) = B_x(\omega_1+2\pi, \omega_2+2\pi) \tag{7.89}$$

c）三阶谱具有以下的对称性：

$$\begin{aligned} B_x(\omega_1, \omega_2) &= B_x(\omega_2, \omega_1) \\ &= B_x^*(-\omega_1, -\omega_2) = B_x^*(-\omega_2, \omega_1) \\ &= B_x(-\omega_1, -\omega_2, \omega_2) = B_x(\omega_1, -\omega_1-\omega_2) \\ &= B_x(-\omega_1, -\omega_2, \omega_1) = B_x(\omega_2, -\omega_1-\omega_2) \end{aligned} \tag{7.90}$$

具体可通过图 7.35 和表 7.7 来表述。将三阶谱的定义区域分成 12 个扇形区，则只需计算扇区 2 中的三阶谱值，应用对称性由表 7.7 所示的关联性计算得到右半平面其他 5 个扇区的三阶谱值，再由对称性计算得到整个坐标平面上的三阶谱值。

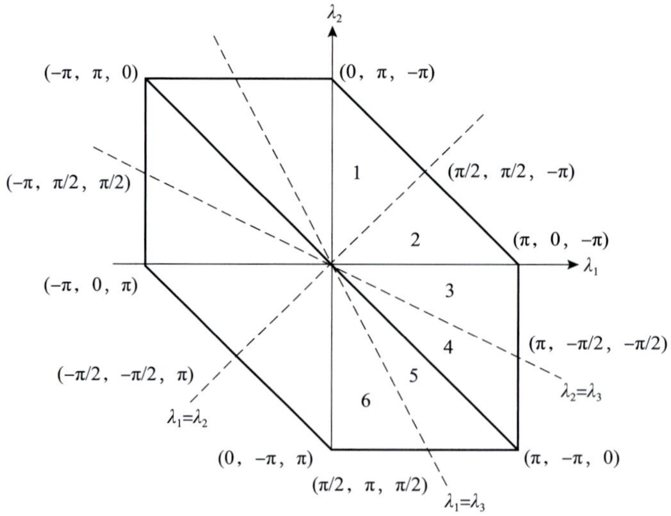

图 7.35　三阶谱的对称区域

表 7.7 三阶谱的对称性

$B(\lambda_1, \lambda_2)$所在扇区	在扇区 2 中对应坐标的双谱值
扇区 1	$B(\lambda_2, \lambda_1)$
扇区 3	$B^*(\lambda_1+\lambda_2, -\lambda_2)$
扇区 4	$B^*(-\lambda_2, \lambda_1+\lambda_2)$
扇区 5	$B(\lambda_1, -\lambda_1-\lambda_2)$
扇区 6	$B(-\lambda_1-\lambda_2, \lambda_1)$

2. 高阶谱的估计过程

高阶谱（本节中主要是指三阶谱）的估算可采用传统的方法，即 Fourier 变换的形式，也可采用参数化方法。传统的高阶谱估算方法，与功率谱计算类似，也分为直接法和间接法。目前，参数化方法发展较快，应用得也较多。参数化方法是基于自回归模型（Autoregressive model，AR）、移动平均模型（Moving Average model，MA）和自回归滑动平均模型（Autoregressive Moving Average model，ARMA）模型进行拟合的计算方法。具体包括，基于 AR 模型的三阶回归法、非线性估计法和约束的三阶平均法；基于 MA 模型的非线性最小二乘法、线性搜索法和同时利用二阶和高阶统计量的方法；基于 ARMA 模型的综合方法。本节介绍高阶谱估算的直接法，对其他计算方法不作介绍。

令 $x(0)$，$x(1)$，…，$x(N-1)$是零均值化的观测样本，样本总数为 N，其采样频率为 f_s。利用直接法进行高阶谱估计的计算具体步骤如下：

步骤 1：将所给样本数据 $x(0)$，$x(1)$，…，$x(N-1)$分成 K 段，每段含 M 个观测样本，记作 $x^{(k)}(0)$，$x^{(k)}(1)$，…，$x^{(k)}(M-1)$，其中，$k=1$，…，K。两段相邻数据之间允许重叠。

步骤 2：计算离散 Fourier 变换（DFT）系数

$$K^{(k)}(\lambda)=\frac{1}{M}\sum_{n=0}^{M-1}x^{(k)}(n)\mathrm{e}^{-j2n\pi/M} \tag{7.91}$$

式中，$\lambda=0$，1，…，$M/2$；$k=1$，…，K。

步骤 3：计算 DFT 系数的三重相关，得估算的高阶谱密度的近似值

$$\hat{b}(\lambda_1,\lambda_2)=\frac{1}{\Delta_0^2}\sum_{i_1=-L_1}^{L_1}\sum_{i_2=-L_1}^{L_1}X^{(k)}(\lambda_2+i_2)X^{(k)}(-\lambda_1-\lambda_2-i_1-i_2)$$
$$k=1,\cdots,K;0\leqslant\lambda_2\leqslant\lambda_1,\lambda_1+\lambda_2\leqslant M/2 \tag{7.92}$$

其中，$\Delta_0=f_s/N_0$ 为高阶谱域内的频率取样间隔，N_0 为频率样本总数，而 N_0 和 L_0 选择为满足 $M=(2L_1+1)N_0$ 的值。

步骤 4：所给数据 $x(0)$，$x(1)$，…，$x(N-1)$的高阶谱估计由 K 段高阶谱估计的平均值给出，即

$$\hat{B}_D(\omega_1,\omega_2)=\frac{1}{K}\sum_{k=1}^{K}\hat{b}_k(\omega_1,\omega_2) \tag{7.93}$$

式中 $\omega_1=\dfrac{2\pi f_s}{N_0}\lambda_1$，$\omega_2=\dfrac{2\pi f_s}{N_0}\lambda_2$

上述提供的计算方法，先分段估算，再进行平均，是为了减小估算的方差。由于得到的高阶谱值为平均效应的数值，平均化的程度以及得到的高阶谱数值的大小，依赖于参数 K，M，N_0 的选取。这种传统方法的高阶谱估计量是渐近无偏和一致的，当 N，M 充分大时，这种直接法近似无偏估计，且高阶谱估计量的渐近方差为

$$Var\{\mathrm{Re}\hat{B}_D(\omega_1,\ \omega_2)\} = Var\{\mathrm{Im}\hat{B}_D(\omega_1,\ \omega_2)\} \cong \frac{1}{KM_1}P(\omega_1)P(\omega_2)P(\omega_1+\omega_2) \tag{7.94}$$

其中，$M_1 = M/N_0 = 2L_1 + 1$，$P(\omega)$是过程的功率谱。

高阶谱时频分析为 k 阶瞬时自相关函数 $R_{kx}(t,\ f_1,\ f_2,\ \cdots,\ f_k)$的 k 维傅里叶变换，当 k 为 2 或 3 时即为三阶谱(双谱)或三谱时频分析。

三、储层特征约束频散 AVO 反演

(一)纵横波速度变化率随频率变化关系

在含烃岩石中，地震波传播速度与频率有关，这种速度频散可作为流体识别的标志。根据前面岩石物理理论模型分析，以及 Chapman 等人关于速度频散的观点，假定由于界面两侧频散性质的差异，反射系数会随着频率的变化而变化，即反射系数可以看成是入射角和频率的函数，同时把 AVO 属性 C 看成是频率的函数，则储层特征约束线性 AVO 方程可以写为：

$$R(\theta,\ f) \approx F_1(\theta)C_1(f) + F_2(\theta)C_2(f) + F_3(\theta)C_3(f) \tag{7.95}$$

针对上式，在地震频带的某一参考频率 f_0 处对 AVO 属性 C 进行泰勒级数展开，并舍去高阶项，只保留一阶导数，得到：

$$\begin{aligned}R(\theta,\ f) = {} & F_1(\theta)C_1(f_0) + (f-f_0)F_1(\theta)\frac{\mathrm{d}}{\mathrm{d}f}(C_1) + \\ & F_2(\theta)C_2(f_0) + (f-f_0)F_2(\theta)\frac{\mathrm{d}}{\mathrm{d}f}(C_2) + F_3(\theta)C_3(f_0) + (f-f_0)F_3(\theta)\frac{\mathrm{d}}{\mathrm{d}f}(C_3)\end{aligned} \tag{7.96}$$

其中 $D_{C_i} = \frac{\mathrm{d}}{\mathrm{d}f}(C_i)$是 AVO 属性参数 C 关于频率的导数，而 C 是与纵横波速度变化率相关的属性参数，由 C 可实现纵波速度变化率随频率变化计算，具体推导为：

由 SVD 分解可以得到：

$$F_k(\theta) = \sum_{j=1}^{N} h_{jk}R_j(\theta) \tag{7.97}$$

并将其代入下式

$$R_j(\theta) \approx P_j + G_j\sin^2\theta + Q_j\sin^2\theta\tan^2\theta \tag{7.98}$$

可得到：

$$\begin{aligned}&\frac{1}{2}\left(\frac{\Delta V_{\mathrm{P}}}{V_{\mathrm{P}}} + \frac{\Delta\rho}{\rho}\right) = \sum_{j=1}^{N}P_j\sum_{k=1}^{L}h_{jk}C_k = C_1\sum_{j=1}^{N}P_j\cdot h_{j1} + C_2\sum_{j=1}^{N}P_j\cdot h_{j2} + C_3\sum_{j=1}^{N}P_j\cdot h_{j3} \\ &\frac{1}{2}\frac{\Delta V_{\mathrm{P}}}{V_{\mathrm{P}}} - 2\left(\frac{V_{\mathrm{S}}}{V_{\mathrm{P}}}\right)^2\left(2\frac{\Delta V_{\mathrm{S}}}{V_{\mathrm{S}}} + \frac{\Delta\rho}{\rho}\right) = \sum_{j=1}^{N}G_j\sum_{k=1}^{L}h_{jk}C_k = C_1\sum_{j=1}^{N}G_j\cdot h_{j1} + C_2\sum_{j=1}^{N}G_j\cdot h_{j2} + C_3\sum_{j=1}^{N}G_j\cdot h_{j3} \\ &\frac{1}{2}\frac{\Delta V_{\mathrm{P}}}{V_{\mathrm{P}}} = \sum_{j=1}^{N}Q_j\sum_{k=1}^{L}h_{jk}C_k = C_1\sum_{j=1}^{N}Q_j\cdot h_{j1} + C_2\sum_{j=1}^{N}Q_j\cdot h_{j2} + C_3\sum_{j=1}^{N}Q_j\cdot h_{j3}\end{aligned} \tag{7.99}$$

由上式可求得：

$$\frac{1}{2}\left(\frac{\Delta V_{\mathrm{P}}}{V_{\mathrm{P}}}+\frac{\Delta\rho}{\rho}\right)=C_1P_1+C_2P_2+C_3P_3$$

$$\frac{1}{2}\frac{\Delta V_{\mathrm{P}}}{V_{\mathrm{P}}}-2\left(\frac{V_{\mathrm{S}}}{V_{\mathrm{P}}}\right)^2\left(2\frac{\Delta V_{\mathrm{S}}}{V_{\mathrm{S}}}+\frac{\Delta\rho}{\rho}\right)=C_1G_1+C_2G_2+C_3G_3$$

$$\frac{1}{2}\frac{\Delta V_{\mathrm{P}}}{V_{\mathrm{P}}}=C_1Q_1+C_2Q_2+C_3Q_3 \tag{7.100}$$

由此，实现了纵波速度变化率随频率变化参数$\frac{\mathrm{d}}{\mathrm{d}f}\left(\frac{\Delta V_{\mathrm{P}}}{V_{\mathrm{P}}}\right)$求取：

$$\frac{\mathrm{d}}{\mathrm{d}f}\left(\frac{\Delta V_{\mathrm{P}}}{V_{\mathrm{P}}}\right)=2Q_1D_{C_1}+2Q_2D_{C_2}+2Q_3D_{C_3} \tag{7.101}$$

并将其定义为纵波频散程度属性。

（二）纵波速度频散程度计算

考虑到叠前地震资料包含更加丰富的振幅和频率信息，根据 Wilson 等人提出的反射系数构建方式，从 AVO 近似方程表达式出发，推导包含表征纵波速度频散程度的反射系数表达式。

基于 $D_{C_i}=\frac{\mathrm{d}}{\mathrm{d}f}(C_i)$假设，式(7.96)可以写为：

$$R(\theta,f)-F_1(\theta)C_1(f_0)-F_2(\theta)C_2(f_0)-F_3(\theta)C_3(f_0)=$$

$$[(f-f_0)F_1(\theta)\quad(f-f_0)F_2(\theta)\quad(f-f_0)F_3(\theta)]\begin{bmatrix}D_{C_1}\\D_{C_2}\\D_{C_3}\end{bmatrix} \tag{7.102}$$

设 $\Delta R(\theta,f)=R(\theta,f)-F_1(\theta)C_1(f_0)-F_2(\theta)C_2(f_0)-F_3(\theta)C_3(f_0)$，为了求 $D_{C_i}=\frac{\mathrm{d}}{\mathrm{d}f}(C_i)$，通过把地震资料叠前道集进行频谱分解得到不同频率下的叠前道集。考虑 l 个频率 f_1，f_2，…，f_l的情况，针对 m 个入射角 θ_1，θ_2，…，θ_m，得到：

$$R=FD \tag{7.103}$$

其中，

$$R=\begin{bmatrix}\Delta R(\theta_1,f_1)\\\Delta R(\theta_2,f_1)\\\vdots\\\Delta R(\theta_m,f_1)\\\Delta R(\theta_1,f_2)\\\Delta R(\theta_2,f_2)\\\vdots\\\Delta R(\theta_m,f_2)\\\vdots\\\Delta R(\theta_m,f_l)\end{bmatrix},$$

$$
F=\begin{bmatrix}
(f_1-f_0)F_1(\theta_1) & (f_1-f_0)F_2(\theta_1) & (f_1-f_0)F_3(\theta_1)\\
(f_1-f_0)F_1(\theta_2) & (f_1-f_0)F_2(\theta_2) & (f_1-f_0)F_3(\theta_2)\\
\vdots & \vdots & \vdots\\
(f_1-f_0)F_1(\theta_m) & (f_1-f_0)F_2(\theta_m) & (f_1-f_0)F_3(\theta_m)\\
(f_2-f_0)F_1(\theta_1) & (f_2-f_0)F_2(\theta_1) & (f_2-f_0)F_3(\theta_1)\\
(f_2-f_0)F_1(\theta_2) & (f_2-f_0)F_2(\theta_2) & (f_2-f_0)F_3(\theta_2)\\
\vdots & \vdots & \vdots\\
(f_2-f_0)F_1(\theta_m) & (f_2-f_0)F_2(\theta_m) & (f_2-f_0)F_3(\theta_m)\\
\vdots & \vdots & \vdots\\
(f_l-f_0)F_1(\theta_m) & (f_l-f_0)F_2(\theta_m) & (f_l-f_0)F_3(\theta_m)
\end{bmatrix},
$$

$$
D=\begin{bmatrix} D_{C_1}\\ D_{C_2}\\ D_{C_3}\end{bmatrix}
$$

因此，在每一个采样点 t 处与频率有关的 AVO 属性 $D_{C_i}=\dfrac{\mathrm{d}}{\mathrm{d}f}(C_i)$ 可以通过最小二乘反演方法求得：

$$
\begin{bmatrix} D_{C_1}\\ D_{C_2}\\ D_{C_3}\end{bmatrix}=(F^TF)^{-1}F^TR \tag{7.104}
$$

最终，基于 AVO 属性参数 C 与纵波速度的关系，进一步求得纵波速度变化率随频率变化的属性参数即纵波频散属性 $\dfrac{\mathrm{d}}{\mathrm{d}f}\left(\dfrac{\Delta V_\mathrm{P}}{V_\mathrm{P}}\right)$。

基于理论岩石物理模型，将时频分析与储层特征约束线性 AVO 方程相结合，开展与频率有关的频散 AVO 反演，建立一种新的与频率有关的地震属性反演方法，即频散程度，实现储层及流体性质检测的目的。

四、含流体模型反演测试

（一）反演流程

联合高阶时频谱分析和频散 AVO 反演方法，针对模型或实际 P 波地震资料进行处理，计算地震资料频散程度，分析与流体有关的地震波频散。具体反演步骤为：

（1）利用已知模型分析岩相组合关系，通过建立随机模型完成线性 AVO 方程基函数 $F(\theta)$ 求取；

（2）对叠前道集资料进行动校正、角度转换等相关处理；

（3）对预处理的道集资料利用高阶时频分析进行频谱分解，获得不同频率下的一组等频率道集；

（4）以地震主频为参考频率，以相应等频率道集为标准，对相关等频率道集进行振幅均衡；

(5)根据入射角及频率计算离散点的 $F_i(\theta_j)$；

(6)基于 $F_i(\theta_j)$ 和等频率道集反演与频率有关的 AVO 属性；

(7)计算纵波频散程度。

具体技术流程见图 7.36。

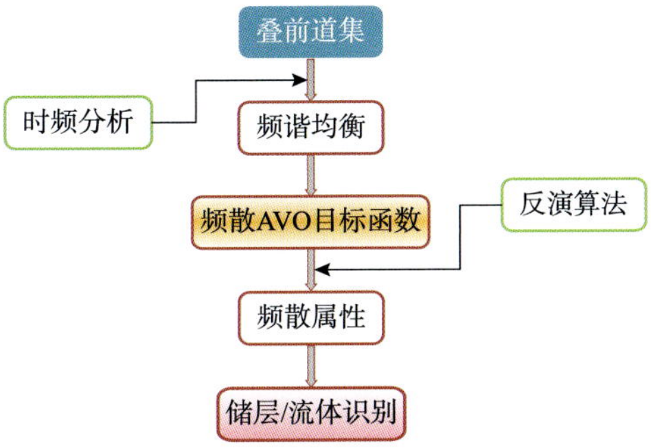

图 7.36 储层特征约束频散 AVO 反演流程

(二)含流体模型测试

1. 模型试算

首先讨论单界面模型的频散 AVO 反演。其中上层围岩为弹性介质，其纵波速度为 5670m/s，横波速度为 2944m/s，密度为 2.52g/cm^3；下层储层为含流体的衰减介质，其中纵波速度为 4835m/s，横波速度为 2472m/s，密度为 2.06g/cm^3，品质因子表示地层的频散程度，具体参数见表 7.8。

表 7.8 单界面层状模型参数

参数	围岩	储层			
		1	2	3	4
纵波速度/(m/s)	5670	4835	4835	4835	4835
横波速度/(m/s)	2944	2472	2472	2472	2472
饱水密度/(g/cm^3)	2.52	2.06	2.06	2.06	2.06
品质因子	—	1000	50	20	10

采用 40Hz 的 Ricker 子波进行正演，图 7.37 为单界面储层模型不同品质因子情况下的地震正演道集，从剖面看，随着品质因子的减小，界面处地震反射波振幅有所减小，且同相轴到达时间也有所增加，表明地震波能量衰减和传播速度的减小。

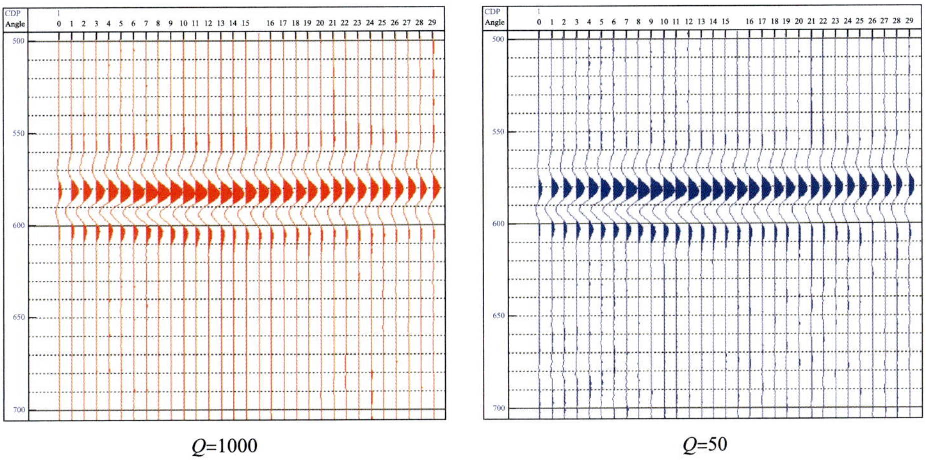

图 7.37 单界面不同 Q 值模拟道集资料

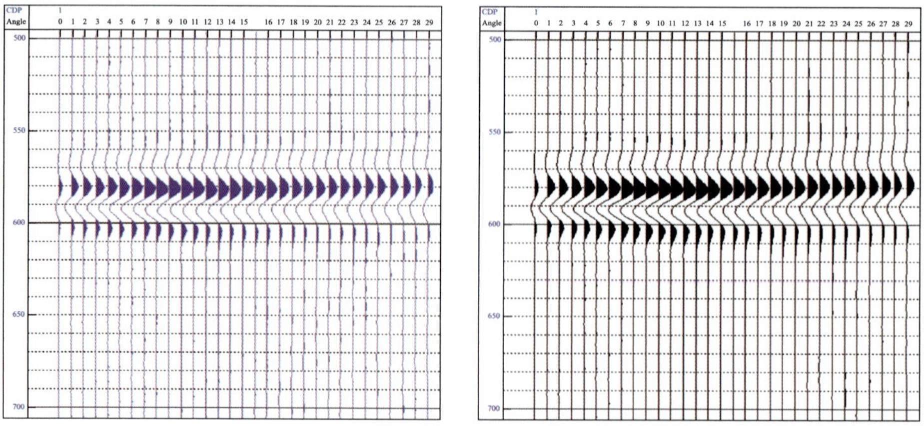

Q=20　　　　Q=10

图 7.37　单界面不同 Q 值模拟道集资料(续)

基于模拟叠前道集资料，采用储层特征约束线性 AVO 方程及高阶时频分析相结合的频散 AVO 反演获得不同频率特征下的纵波速度变化率。由图 7.38 可以看出，高品质因子模型($Q=1000$，相当于弹性介质)纵波速度变化率随频率变化不明显，而随着品质因子减小(相当于高衰减及频散介质)，纵波速度变化率随频率变化越来越强烈，由频散 AVO 反演得到的纵波频散程度(图 7.39)也与此一致，即低 Q 值具有较大的频散程度。

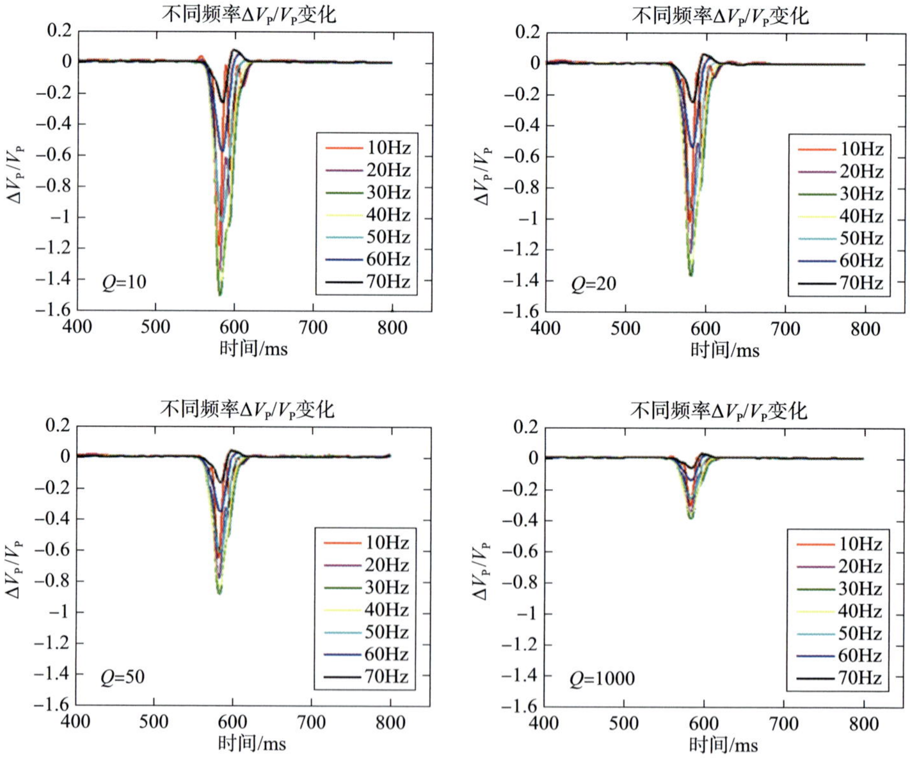

图 7.38　单界面不同 Q 值模型反演的不同频率下的纵波速度变化率

同时，为验证方法的可靠性，设计一复杂含流体模型(表7.9、图7.40)，其中围岩纵波速度为4345m/s，横波速度为2530m/s，密度为2.48g/cm^3，干储层纵波速度为4250m/s，横波速度为2454m/s，密度为2.38g/cm^3，含气储层纵波速度为4120m/s，横波速度为2455m/s，密度为2.37g/cm^3，含水储层纵波速度为4240.5m/s，横波速度为2440m/s，密度为2.4g/cm^3。

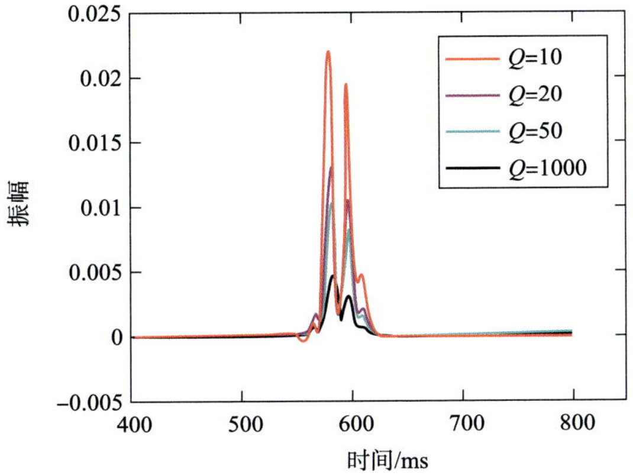

图7.39　单界面不同Q值模型反演的纵波频散程度

表7.9　复杂含流体模型参数表

岩层	V_P/(m/s)	V_S/(m/s)	ρ/(g/cm^3)
围岩	4345	2530	2.48
干储层	4250	2454	2.38
含气储层	4120	2455	2.37
含水储层	4240.5	2440	2.40

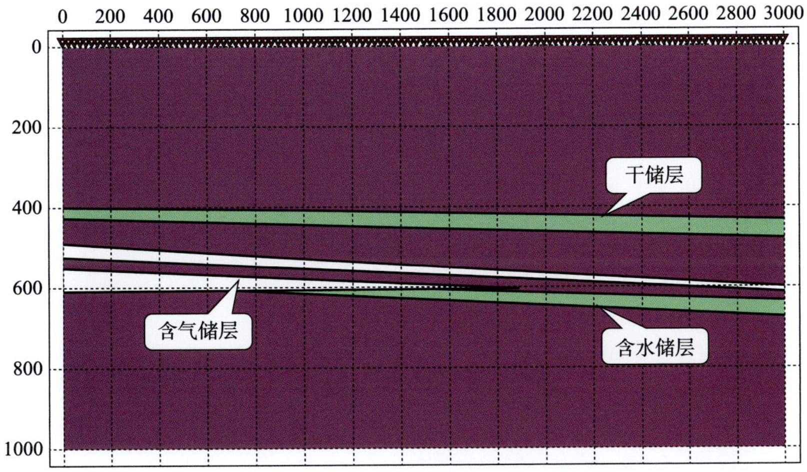

图7.40　复杂含流体模型

基于频散AVO反演所得到的纵波频散程度属性见图7.41，从图中可以看出，其中干储层和含水储层频散程度均较低，而含气储层具有较高的纵波频散程度，很好地反映了储层含流体特征。

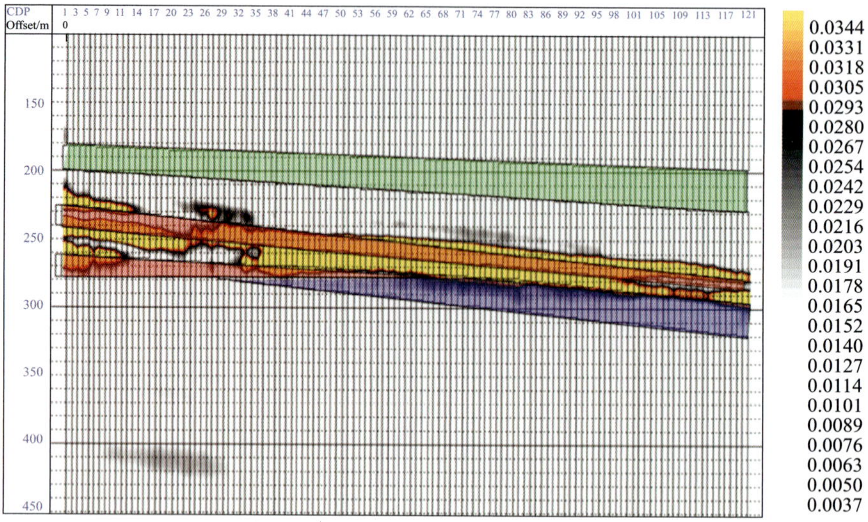

图 7.41　复杂含流体模型反演纵波频散属性

2. 影响频散 AVO 的主要因素

地球物理反演结果往往由于受各种地质、地震条件的影响而具有多解性。此处针对动校拉伸及薄层调谐效应的测试来评价频散 AVO 反演结果的适用性。

(1)动校拉伸。

在浅层和大偏移距情况下，常规动校正使波形发生严重的拉伸畸变，频带向低频移动，地震波波形的畸变会影响纵波速度频散程度的计算。以图 7.42 所示的单界面模型为例，其中上层为弹性介质，其纵波速度为 5670m/s，横波速度为 2944m/s，密度为 2.52g/cm^3；下层为含流体的衰减介质，其中纵波速度为 4835m/s，横波速度为 2472m/s，密度为 2.06g/cm^3，品质因子 Q 为 1000。

对正演模拟道集进行动校正处理，图 7.43(a)为采用准确纵波速度进行动校正的结果，而图 7.43(b)为采用不准确的纵波速度进行动校正结果，可以看出不准确的动校正速度使得道集中远偏移距的地震波形发生了较严重的拉伸畸变。

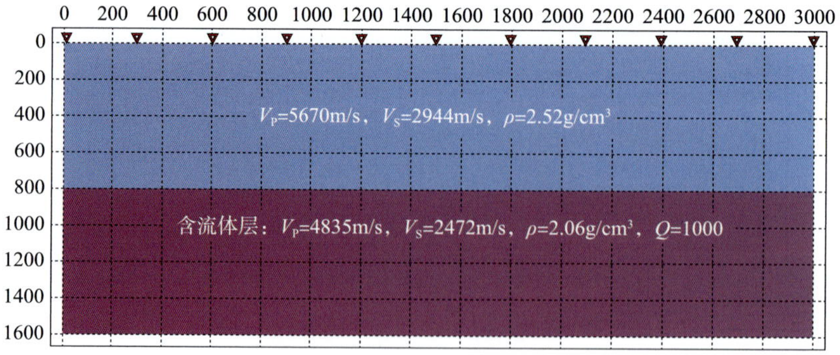

图 7.42　动校拉伸测试模型

分别对两个叠前地震道集进行频散程度计算，结果如图 7.44 所示。可以看出，动校正拉伸以后(红色线)，反演得到的目标层频散程度变强，而且位置也有所偏离。因此，在实际资料频散 AVO 反演的过程中，为了尽量减小动校正拉伸的影响，应做好动校处理，并尽可能用近偏移距地震道资料反演。

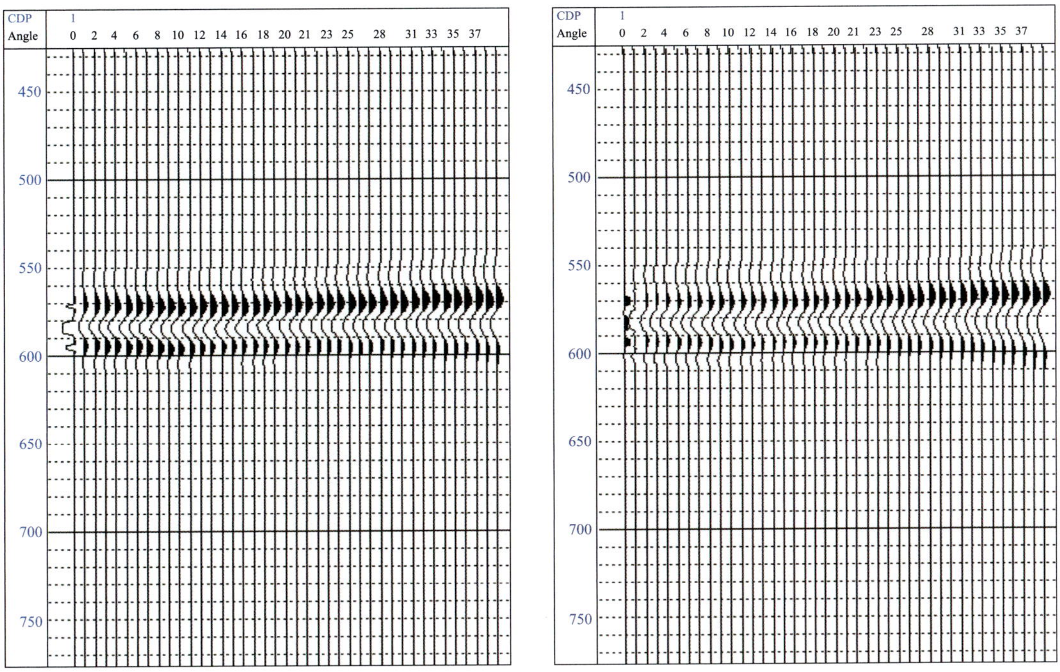

图 7.43 两层模型的正演模拟道集动校结果

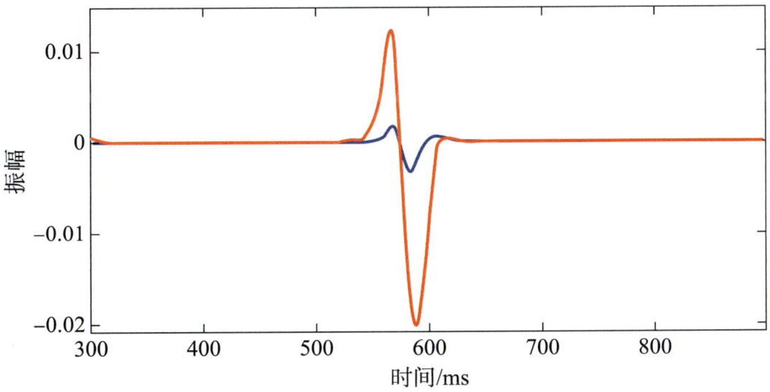

图 7.44 动校拉伸道集频散反演结果

(蓝：轻微动校拉伸；红：严重动校拉伸)

(2)薄层调谐效应。

针对薄层调谐效应对频散程度计算的影响进行测试。如图 7.45 所示，设计一个楔状模型，其中第一、三层为弹性介质，第二层为楔状频散层。图 7.46 为该模型的纵波速度频散程度计算结果。可以看出，在楔状模型较薄的地方，受薄层调谐影响，纵波速度频散程度比厚度大的地方明显。因此，在实际资料的解释过程中还应注意薄层的调谐效应对频散程度的影响。

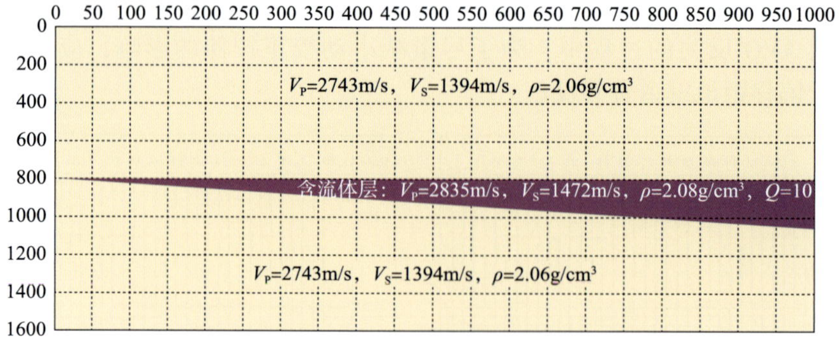

图 7.45　楔状模型

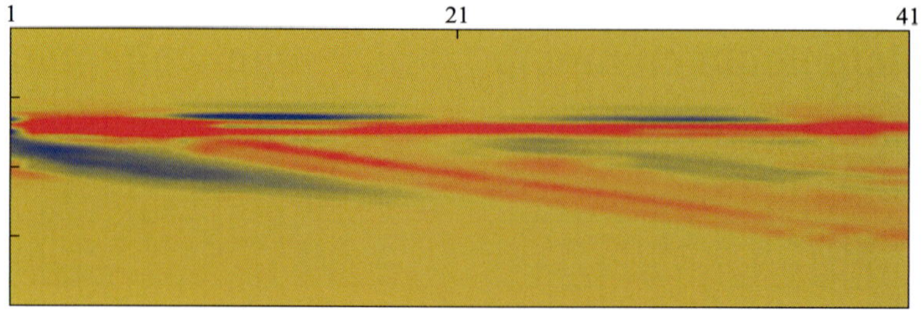

图 7.46　楔状模型频散程度属性

第八章　碳酸盐岩岩溶古河道储层预测及充填识别

塔河油田奥陶系油藏是经过多期构造运动与岩溶作用叠加所形成的缝洞型油藏，主要分为风化壳、断控、古河道三种油气藏类型。其中，岩溶古河道储集体是碳酸盐岩缝洞型油气藏的重要储集体类型，暗河系统普遍发育溶洞，溶洞发育率63.6%，其中小于10m的洞高占工区43%，但充填较为严重，充填比例52.4%，充填物以砂泥质为主。岩溶古河道储集性能主要受河道发育规模、河道内部充填物类型及充填程度的影响。

常规叠后属性与反演技术在古河道外部轮廓的量化表征、内部充填特征刻画、油气富集规律认识等方面仍存在不足，难以实现古河道空间形态描述与几何参数的量化表征；古河道内部充填程度的量化表征精度与河道储层的有效性识别需要进一步提高；古河道的油气富集规律认识不清，需要进一步提高含流体性质判别精度，实现有利区带评价。

本章以塔河油田奥陶系碳酸盐岩岩溶古河道储层预测及充填识别为目标，介绍了通过地震多属性、叠前地震反演、储层物性参数反演及流体检测等技术组合应用，精细刻画古河道储集体分布及充填特征；建立了古河道几何量化表征技术流程，形成了古河道内缝洞充填及流体检测地球物理识别方法，明确了塔河油田奥陶系古河道有效缝洞体分布特征；实现了目标区古暗河孔隙度、充填性、泥质含量、石英含量的定量预测，充填性质与测井解释吻合率达86%。综合古地貌、裂缝发育及充填特征分析，明确有利储集体展布，对于进一步提高塔河油田深层碳酸盐岩储集体预测精度，提高勘探开发效率，具有重要意义。

第一节　工区概况

塔里木盆地是我国最大的内陆盆地，油气资源的勘查和研究已有100多年的历史。1996年沙46井、沙48井等获高产稳产工业油气流，实现了塔河奥陶系大油田的发现，塔河油田奥陶系油气藏经历了油气重大突破(1996—1997年)、主体探明(1998—2001年)和外围扩展(2001—至今)等三大阶段。

塔河油田是我国第一个大型古生界海相碳酸盐岩油田，位于塔里木盆地北部沙雅隆起阿克库勒凸起中南段。沙雅隆起是由前震旦系变质基底上发育的一个经历多期构造运动、长期发展和变形叠加的古隆起，在加里东中—晚期逐渐形成北东向隆起，受近南北向的挤压作用而发育了大量北北东向和北北西向走滑断裂，暴露的中—下奥陶统鹰山组和一间房组灰岩地层遭受了加里东中期的岩溶作用。海西早期，沙雅隆起受北西—南东向压扭应力的影响，构造出现分异，断裂活动增强，形成向西南倾覆、北东向展布的阿克库勒凸起雏形。在海西晚期再次受南北向挤压应力的作用，断裂活动加剧，造成塔河地区整体掀斜，形成北高南低的形态。整个海西期阿克库勒凸起的不断隆升，导致塔北地区长期暴露并遭受风化剥蚀和大气淡水淋溶作用，由此形成大量的岩溶缝洞体。

塔河油田主要的开发目的层为奥陶系，埋深5500～7000m，是典型的缝洞型储层，孔、洞、缝共存，储集体发育具有分区分带性，非均质性极强。自北向南凸起可分为岩溶高地、岩溶斜坡和岩溶洼地三类二级古地貌单元。岩溶高地相对位置较高，为风化、剥蚀、岩溶作用最为强烈的地区；岩溶斜坡位于岩溶高地和岩溶洼地之间的过渡地带，分布范围较大，岩溶作用也较为强烈；岩溶洼地为相对低洼的地区，为汇水区，易形成砂泥堆积。受多期构造运动的影响以及海平面多次升降，导致岩溶叠加改造作用发育，沿断裂、裂缝和风化壳形成了以大型溶洞为主要储集空间的古喀斯特储层。岩石基质低孔、低渗，基本不具备储集能力，有效的储集空间主要依赖于地层中次生孔隙(次生裂缝和溶蚀孔、洞)的发育程度，不同尺度和岩溶形态千差万别的溶洞体与古河道发育关系密切。鲁新便等将塔河油田碳酸盐岩古河道分为两类：一类为风化面表层受岩溶水溶蚀下切形成的明河河道；另一类为风化面内幕潜流和径流溶蚀形成的管道状暗河河道。古暗河在较强的水动力条件下，形成条带状古暗河岩溶管道，以缝洞型储层为主，在缝洞保存较好或未充填部位，缝洞有效空间大，是油气富集的有利部位。

塔河油田的勘探开发实践证明，溶洞型储集体是碳酸盐岩缝洞型油藏主要的储集体类型，钻井过程中钻遇概率较大，是油田高产、稳产的关键。但奥陶系碳酸盐岩溶洞结构多样、充填复杂，储集体空间发育具有极其不确定性，其油气水关系及油藏类型也十分复杂，如何有效识别描述缝洞储集体及其内部油气富集规律，对实现优质高效开发极为重要。

第二节　岩溶古河道空间刻画与精细描述

一、古地貌恢复与地表河表征

(一)岩溶古地貌刻画

岩溶古地貌恢复技术在古岩溶储层研究中具有十分重要的作用，地质历史时期中深埋地下的古岩溶地貌的恢复通常是比较困难的。目前，国内常用的古地貌恢复方法有残留厚度和补偿厚度印模法、回剥和填平补齐法、沉积学分析法、层序地层学恢复法以及地震模型预测法等，其中应用较广泛较成熟的是印模法。

工区内海西早期奥陶系暴露地表阶段所经历的大气淡水岩溶作用，对奥陶系缝洞型油藏储集体发育具有重要的控制作用。地表岩溶带以地表径流的冲刷、溶蚀作用为主，表层岩溶缝洞型储层发育，连通性较好。在渗流岩溶带，岩溶作用以淋滤溶蚀作用为主，表现为内部层状连通、横向块状分布的储层结构特点。在潜流岩溶带以水平溶蚀作用为主，水平溶洞、溶缝或地下暗河发育，形成层状溶蚀缝洞型储层结构特点，但充填严重。岩溶古地貌控制着岩溶储集层的发育，因此，古地貌研究在古岩溶储层研究中具有十分重要的作用。

为恢复岩溶古地貌特征，首先需要在层位精细标定的基础上进行精细解释，提高层位、构造解释的合理性和可靠性。并以基准沉积界面为指导，通过层位拉平技术、差异压实校正等对目标区的岩溶古地貌进行恢复，最终结合现代岩溶地貌，分析地震古地貌古水系特点，在平面上精细划分古岩溶地貌类型及其分布范围，并进一步根据钻井、测井等资料分析古岩溶地貌的垂向分带特征。该区域岩溶古地貌形态总体是北东高南西低，东北角发育岩溶高地，向南西方向为岩溶斜坡发育区，北西及南东部位则以岩溶盆地为主(图 8.1)。

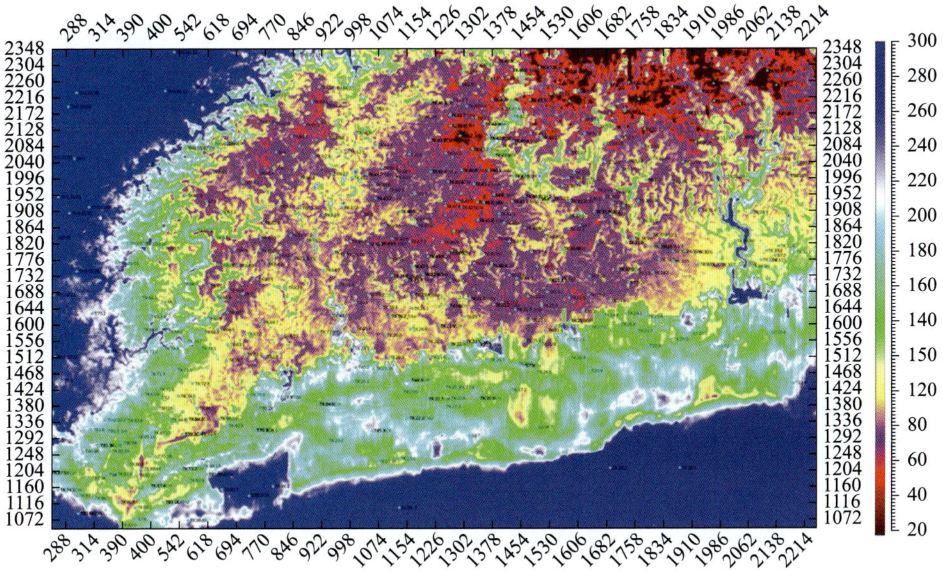

图 8.1 塔河地区岩溶古地貌特征

(二)地表河形态刻画

有效刻画地表水系的方法主要有古地貌恢复技术、趋势面识别技术等。趋势面识别技术是在中、下奥陶统顶面层位解释的基础上，对层位进行平滑处理，形成一个平滑趋势面，再将原层位与此平滑趋势面相减，连续的负地形即为地表古水系，正地形代表岩溶残丘。该技术方法对于识别下切较深的水系效果较好。基于深度偏移地震数据 T_7^4 界面解释的基础上，进行趋势面分析，通过点线面结合，精细刻画地表明河的平面展布特征。根据 T_7^4 界面现今地貌图确定的地表河走向，沿垂直河道方向获得地震剖面，可以看出地表明河在地震剖面上下切特征明显(图 8.2)。

二、岩溶古河道识别属性优选

地震属性分析技术是进行储层预测的重要手段。每一种地震属性都从不同方面反映储层岩性、物性、孔隙度、渗透率等地质特征，而同一种属性对不同储层的敏感性是不相同的。通过对常规相干、曲波多尺度相干、边缘检测、构造曲率、振幅曲率、倾角倾向、相似性横向变化等属性体进行提取及优选，开展针对古河道不同地质目标体的识别及刻画。

基于叠前深度偏移地震数据，通过过河道井各种属性及地震剖面分析，明确河道井地震响应特征及地震属性在剖面上的特征。图 8.3 为过古河道井的地震反射特征及优选的部分地震属性在剖面上的显示特征，可以看出古河道井在地震剖面上的振幅及相位的变化。

在剖面上可以看出相干属性对河道的纵向边界刻画起一定作用，而要获得古河道直观的展布特征需要在平面上显示。下面通过各种属性对比及优选，明确各类属性针对不同河道结构的识别效果。

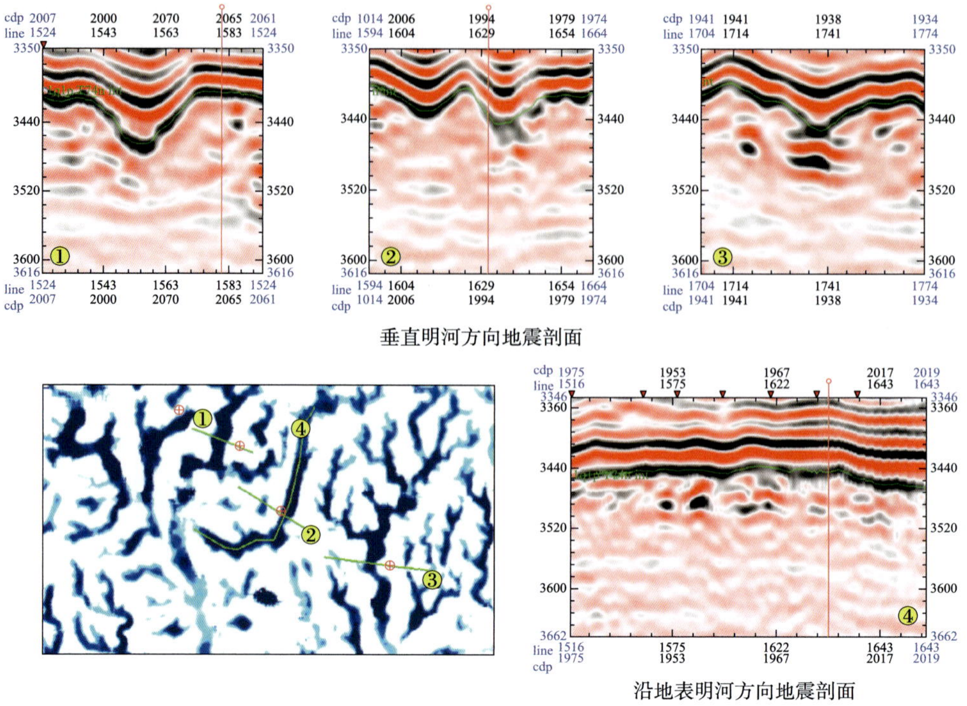

图 8.2　地表明河纵、横切地震剖面特征（深度偏移地震数据）

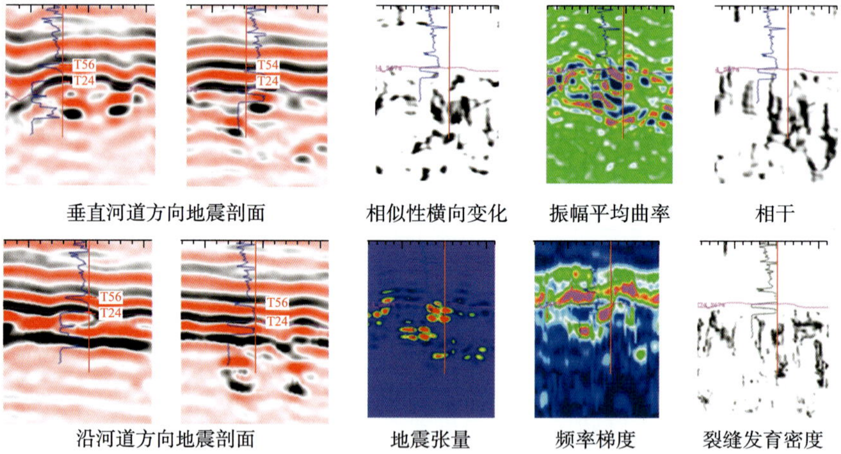

图 8.3　岩溶古河道井地震反射特征及地震属性剖面

（一）振幅类属性

振幅属性反映波阻抗差大小，对溶洞主体识别特征清晰，洞穴侧翼由于高度变小，振幅属性反应较弱。振幅属性可较好反映暗河、落水洞等溶洞的分布。

基于强振幅的聚类技术，强振幅散点分布代表了岩溶储集体的分布。在对每个小时窗内平面属性分析的基础上，对不同时窗内属性进行叠合，可以清晰地展示出古河道的平面展布及其空间发育情况。可以看出该区域均方根振幅及总能量对主干河道有较好的识别效果。

(二)地震张量属性

利用地震张量场判断地震同相轴的走向，其核心就是参照判断流体势能相同的方法判断地震同相轴的产状。策略就是构造一个张量场，计算张量场的特征值，根据特征值判断各向异性特征。通常在地震资料品质较好，地震同相轴较平的情况下，对判断溶洞之类的构造具有明显的鉴别效果。剖面上地震张量对于串珠状响应特征的河道井具有明显的识别优势，在属性平面图上河道的展布特征也较为清晰的识别。

(三)基于频谱分解技术的分频属性

利用频谱分解方法对叠后地震数据进行频谱分解得到具有单一频率的振幅能量体，可用于识别地层的时间厚度变化和地质体的横向不连续性，单频相位体可指示薄层的声学特征和检测地质体横向不连续性，在地质体识别、计算地层厚度方面比传统地震属性研究方法具有更大的优势。频谱分解方法也可用于计算地层的厚度、识别油气指示等。频谱成像技术的核心是信号的时频分析。

频谱分解技术使得地质异常体在频率域比在时间域能够更加直观地被识别出来。生成的振幅频率体，可有效地刻画河道的几何形态，识别各个沉积亚相分布特征。

该区基于原始地震数据目标层段瞬时谱分析的基础上，选择短时傅立叶变换及匹配追踪的时频分析方法，根据生成瞬时谱体频率域切片的变化，确定出工区古河道的敏感频率区间，基于此对原始地震数据进行不同频段的频谱分解，将地震数据由时间域变换到频率域，用其生成的振幅频率体来检测地质异常体(古河道)横向不连续性。分频振幅－中、低频对主干河道识别效果好；而高频段对小规模分支河道识别效果优于中、低频。

(四)相干属性

地震相干体作为一种有效的地震属性常用于不连续地层边缘的检测，如河道、断层、尖灭，甚至裂缝。基于多道数据协方差矩阵本征值的相干算法，更加稳健且对数据噪声抑制更有效，而且不降低相干测量值。通过对工区叠前时间偏移数据体进行曲波多尺度相干分析，设置粗、中、细参数的权重，获得大、中、小尺度的相干数据体，进行平面属性提取及分析。大尺度(低频通道)相干体主要反映沟谷宽河道展布特征及边界轮廓，细尺度(高频通道)则反映传统相干切片中不易识别的细小河道或溶洞边界，但大尺度相干对于河道的地震异常边界具有较好的识别效果。

三、岩溶古水系精细刻画

(一)针对不同结构古河道的多属性识别

1. 主体河道识别

根据前面的分析，均方根振幅属性，总能量属性，分频振幅中、低频对大规模主干河道识别具有优势，总能量属性识别的暗河不连续，中低频振幅属性对于暗河的识别连续性比较好，因此优势属性的叠合对主干河道有比较好的识别效果(图8.4)。

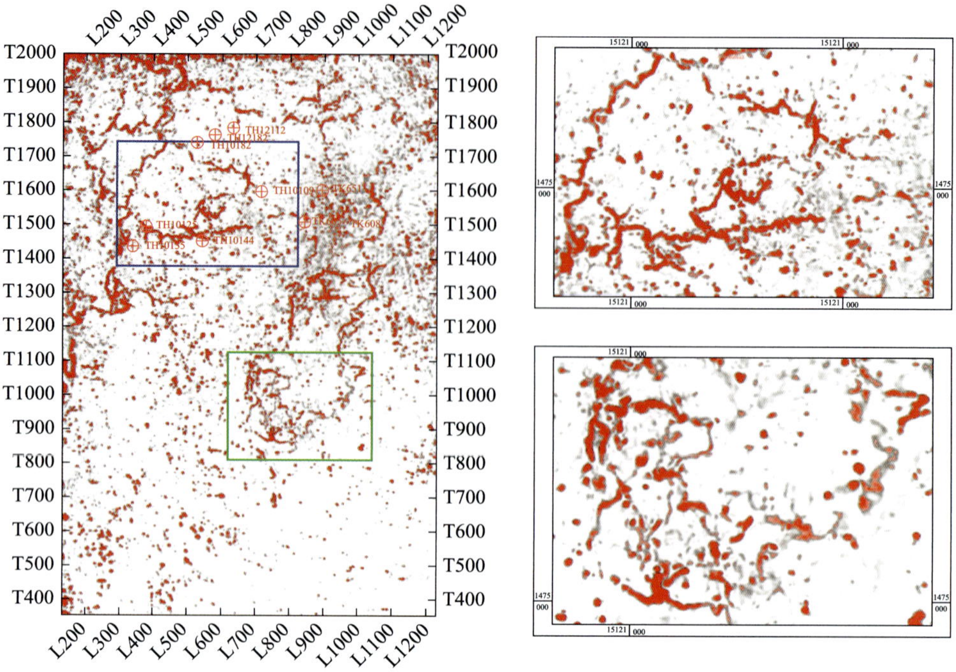

图 8.4 T_7^4_ 20～60ms 均方根振幅(红色)与总能量(黑色)叠合图

2. 分支河道的识别

由前面的分析，高频振幅、振幅平均曲率对小规模分支河道的识别效果较好，为此通过其中两种属性的叠合可以对局部的分支河道进行比较好的识别(图 8.5)。

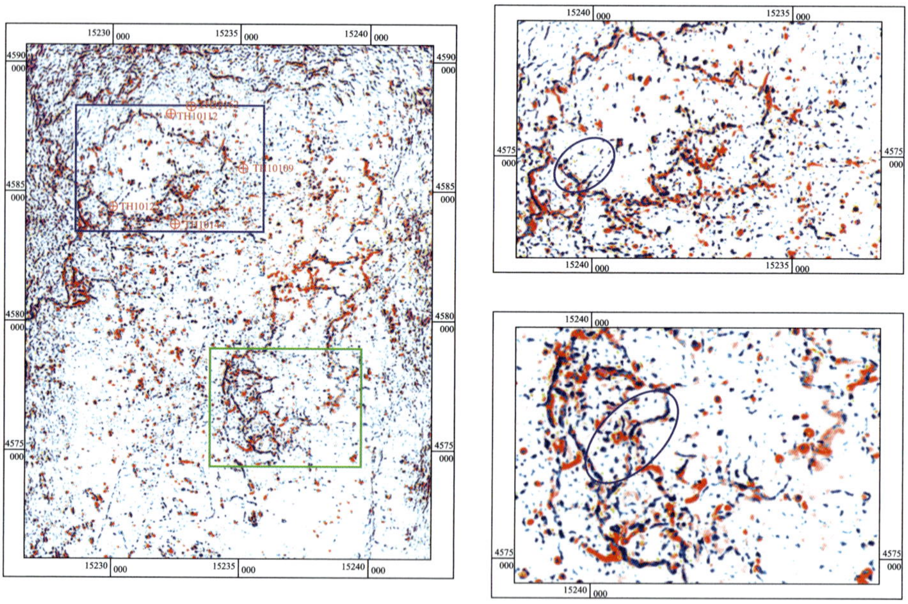

图 8.5 T_7^4_ 20～60ms 分频属性(高频)(蓝色)与振幅平均曲率(红色)叠合图

3. 针对古河道边界的识别

前面属性优选表明大尺度相干对河道边界具有较好的识别效果，通过将相干属性与振幅属性叠合，可以突出古河道发育的边界。相干属性与振幅类属性叠合可以识别古河道在平面上的边界，同时在振幅属性不连续的地方，相干属性可以确定暗河的走向。调整相干属性值范围，可以确定古河道的纵向边界(地震异常)。图 8.6(b)为图 8.6(a)框内对应的放大图，可以看出振幅类属性识别的古河道在平面上的边界。

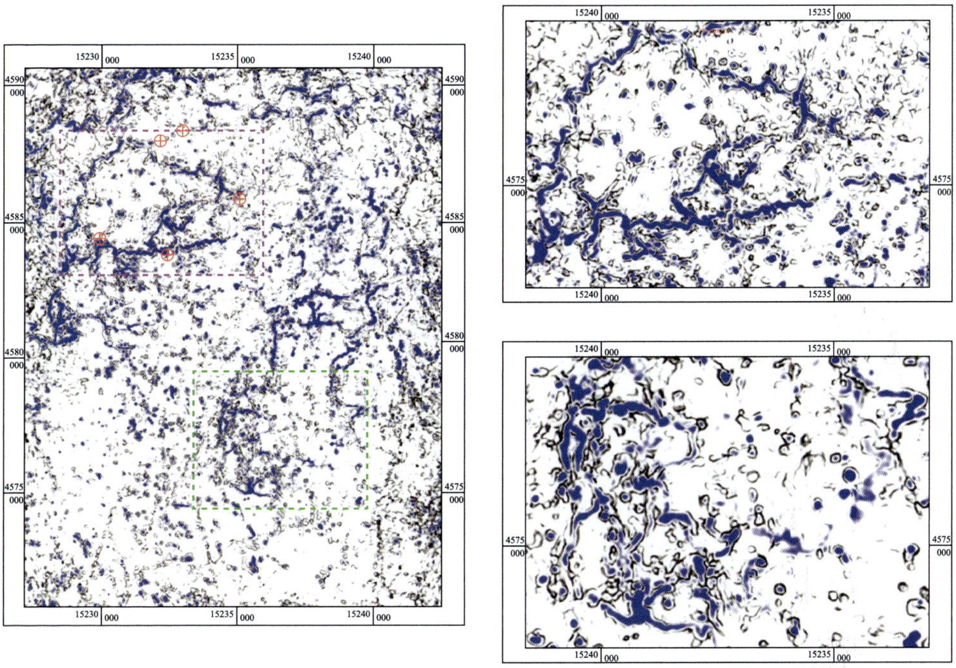

(a)　　　　(b)

图 8.6　T_7^4_ 20～60ms 相干属性(黑色)与均方根振幅属性(蓝色)叠合图

(二) 不同时窗多属性叠合综合解释

根据该区岩溶分带发育的结构模式，为了明确古河道空间发育变化规律，分时窗提取了 T_7^4 面之下 0～60ms 范围内每隔 20ms 的平面属性图(图 8.7)，结合不同地震属性对古河

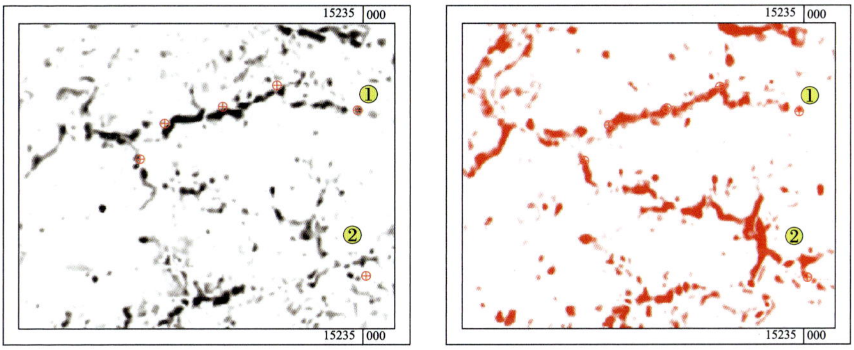

(a) T_7^4_0~20ms均方根振幅—浅层　　(b) T_7^4_20~40ms均方根振幅—中层

图 8.7　不同时窗内振幅类属性及叠合显示

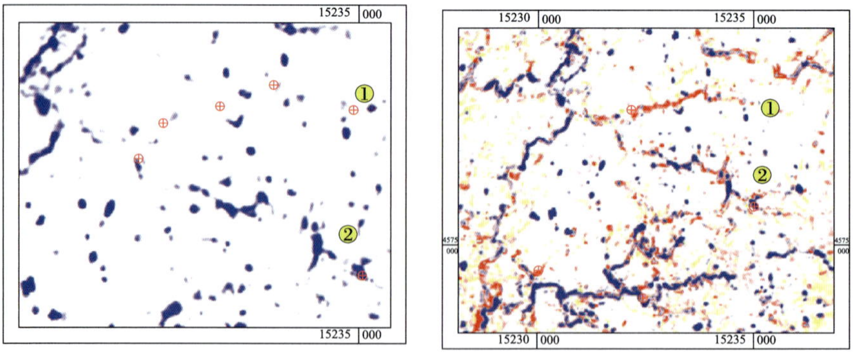

（c）T_7^4_40~60ms均方根振幅—深层　　（d）浅、中、深层河道的叠合显示

图 8.7　不同时窗内振幅类属性及叠合显示(续)

道结构识别的效果，通过多种属性方法进行叠合、融合等综合解释，对古河道空间展布状态有更清晰、更直观的认识。

(三) RGB 混色显示

以上各种属性可以通过 RGB 混色显示，用来突出古河道各种属性的识别效果。将 RGB 模式引入到地震分频属性中，利用 RGB 三原色来映射不同频率所代表的不同地震属性，融合在一张地震剖面图上，即为三色混相分频技术。

RGB 混色融合显示将分频得到的互不重叠的低频段、中频段、高频段能量属性体或不同时窗内对河道敏感的地震属性以 RGB 模式混合显示。此法对突出各分频属性中能量近似特征区域具有很好的效果，可突出共性、弱化差异。对地质体识别而言，分频后在不同频带上属性体均表现为较强能量特征，RGB 模式混合后色彩数据体上地质体就会以近白色特征清晰呈现，与围岩有明显差异。

该区不同频率区间对应古河道的发育特征，同时比较清晰地展示了古河道整体展布特征；不同时窗、不同频率振幅属性的混色融合展示出了古河道的空间发育情况及展布特征(图 8.8)。

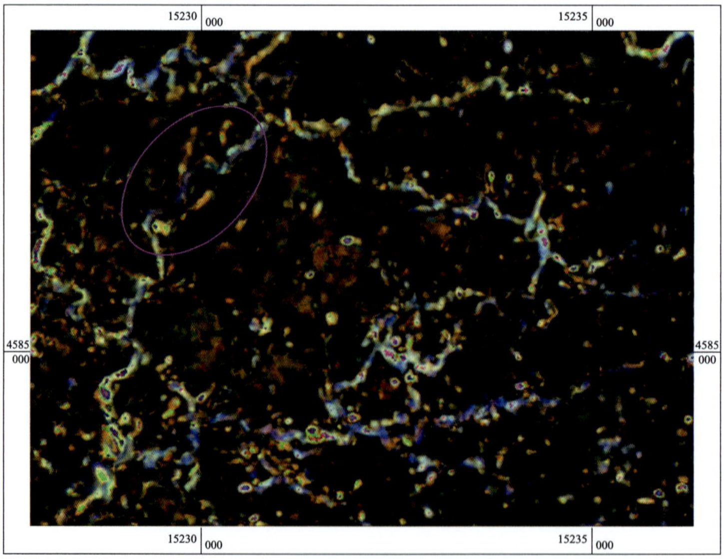

图 8.8　RGB 混频图

通过属性优选针对不同结构古河道进行识别，确定了均方根振幅、总能量、分频属性、振幅曲率、地震张量相干及其相关类属性对古河道的识别效果较好。其中均方根振幅属性、总能量及分频振幅－中、低频对大规模主干河道的识别效果较好；而分频振幅－高频、振幅平均曲率对小规模分支河道的识别效果较好；相干及多尺度相干属性对古河道边界的识别效果较好。因此，不同的属性对河道结构的识别效果存在差异，通过多种属性方法的叠合及融合技术就会对河道整体的展布状态有更清晰、更直观的认识。

进一步地，为精细刻画岩溶古河道的走向及形态，通过点线面结合，沿河道走向精细连线，结合过河道井地震剖面的分析，找到典型暗河的入口及出口，明确地下暗河的展布，进而对古河道平面展布特征进行精细解释。图8.9为塔河6～7区及塔河10区东古河道精细解释结果。

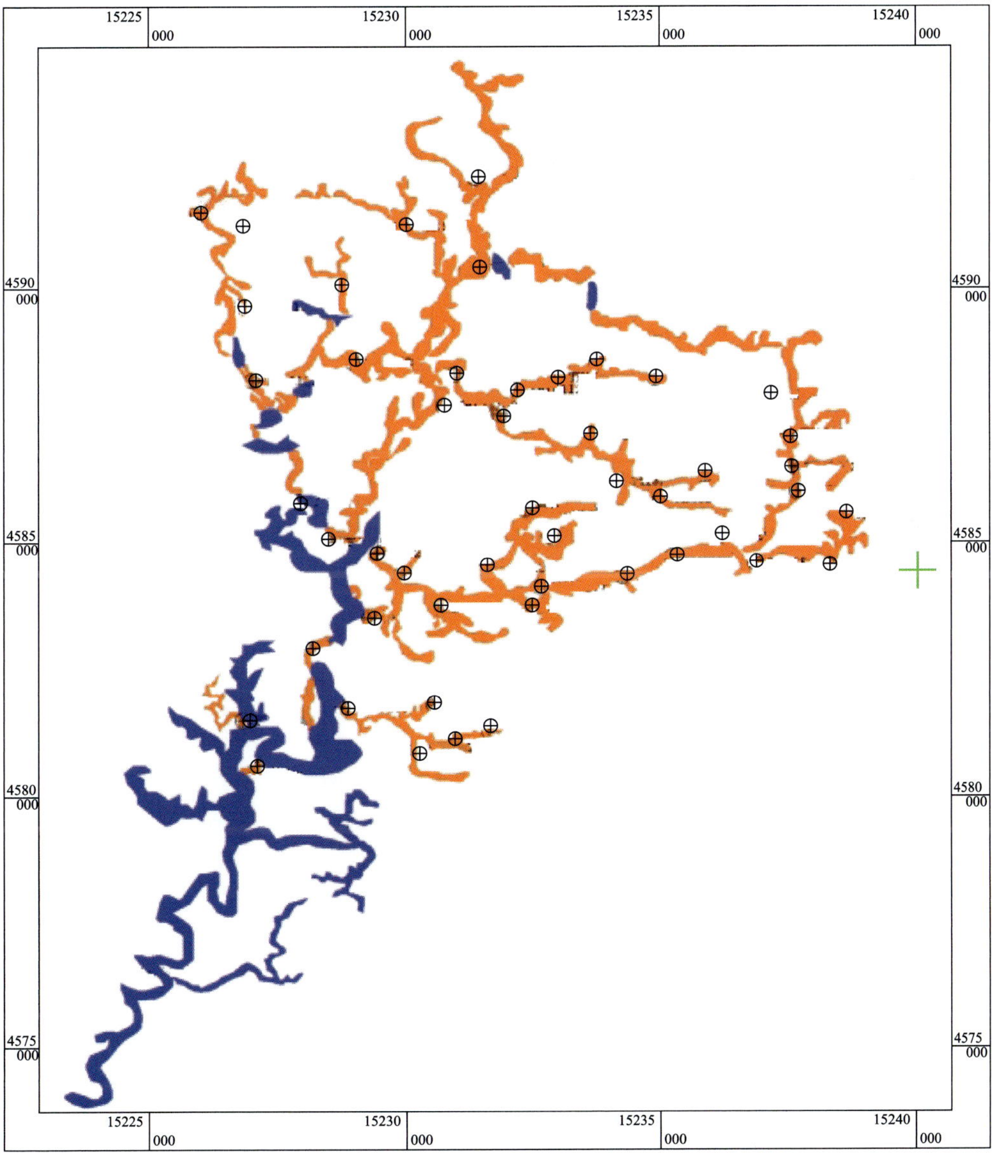

图8.9　塔河6～7区及塔河10区东古河道精细解释结果

第三节 碳酸盐岩叠前地震反演

虽然碳酸盐岩岩性复杂，裂缝、溶洞发育，与碎屑岩储层有较大差别，但通过对碳酸盐岩储层的岩石物理参数与 AVO 正演研究表明，裂缝、溶洞被泥质充填或富含流体时，均能够引起波阻抗值以及岩石弹性参数的变化，所以 AVO 弹性参数反演仍然是开展奥陶系碳酸盐岩储层岩性、洞缝发育情况预测及含油气性识别的重要手段。

一、反演策略

（一）角度叠加数据体的选择

对于叠前角度叠加数据体的选择，基于待反演弹性参数的稳定性与子波、资料解释的稳定性综合考虑，并根据前面角道集叠加数据体划分对弹性反演影响的试验分析，选择四个叠加数据体作为叠前地震资料的替代来进行弹性反演，其角度划分为：近为 5°（2°～10°），近中为 14°（10°～18°），中远为 22°（18°～26°），远为 30°（26°～34°）。

对四个角度叠加数据体进行剩余时差分析，如图 8.10。图中近、近中、中远、远角度叠加数据体分别对应红、绿、蓝、亮蓝四个颜色。四个角度叠加数据体在目的层 T_7^4 附近不存在剩余时差，叠加数据体质量较高。

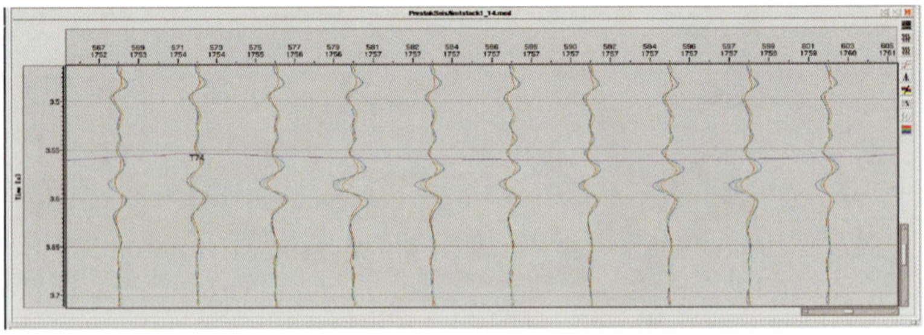

图 8.10 分角度叠加道集 AVO 特征分析

（二）初始模型建立

在反演过程中，是将构造、测井信息进行外推作为反演约束条件。初始模型建立的是否合理与反演的多解性有着直接的关系。首先将地震叠加剖面中构造及层位解释结果作为横向控制，建立模型的格架；其次根据井在层位处的权重大小对井资料中的纵横波波阻抗、速度、密度以及各种弹性参数进行插值加权处理建立模型参数，未知位置 VC_i 的参数计算采用加权和的形式得到，其公式可表示如下：

$$VC_i = \sum W_n VC_n$$

其中 VC 为参数值，W 为权重，其中井位置的权重为 1。最终生成反演过程中需要的低频信息数据体。

通过加上解释后的构造层位控制，能够很好地解决反演的多解性问题，并且当井与理论模型匹配好时，反演的迭代收敛很快，但如果匹配不好，迭代次数就会增加，有时甚至不收敛。所以，地层格架正确的建立以及井速度资料的正确标定、子波的提取都非常重要，这是降低反演多解性的关键所在。

但是常规建模方法，容易在低频模型上丢失河流相信息。基于改进的河流相控约束建模方法能更好地适应碳酸盐岩储层中古暗河的地震反演。该方法为了降低低频模型受插值算法的影响，在建立低频模型的过程中加入地震属性作为约束，引入的地震属性为优选过的振幅属性，在平面上可以表征河流的发育状况。利用该方法获得的反演结果得到改善，平面上可以明显看到河流分布情况。该方法以未钻遇河道井构建背景低频模型，结合分频属性实现河流相控约束建模方法，既保留反演需要的低频分量，又能准确刻画河道。

(三)反演方法选择

塔里木盆地碳酸盐岩顶界面与上覆地层通常存在明显的速度界面，使得其顶界面形成强反射特征；当其顶界面有比较发育的缝洞储层时，会使碳酸盐岩的波阻抗相对降低，形成强反射特征。在碳酸盐岩内部，当储层不发育时，内部致密层难以产生波阻抗差，形成不了有效反射波，几乎表现为空白反射；而当其内部储层发育时，相应位置的速度和密度就会降低，储层越发育，降低越明显，这种变化将改变储层与围岩的波阻抗差，从而改变地震波反射特征，引起振幅、频率、相位、波形等差异。当储层发育且真正有效，及内部存在流体时，其与围岩介质可压缩性能和可剪切性能的差异可以通过 AVO 反演提取地下弹性参数表征出来，进而有效识别和预测储层。

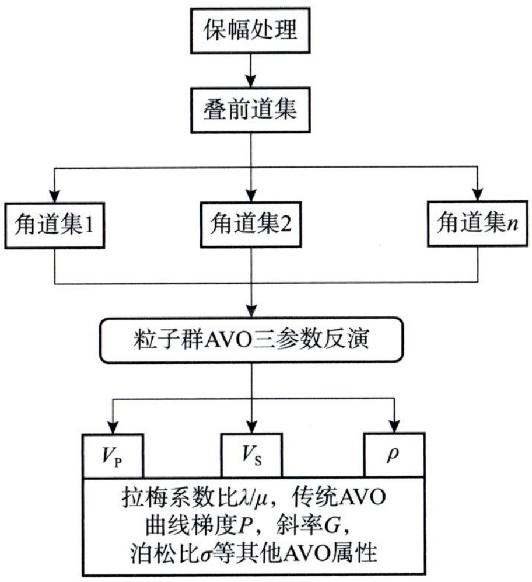

图 8.11　粒子群 AVO 三参数反演流程

针对工区特点采取第三章第四节介绍的基于粒子群优化算法的 AVO 三参数反演方法，其不依赖于初始模型，不依赖于解释层位，克服了常规叠前反演强烈依赖初始模型，易陷入局部极优的缺点，是一种切实可行的叠前反演新方法，本部分叠前反演即采用这种方法。

图 8.11 为粒子群叠前反演的实际应用流程。将经过保幅处理以后的叠前角道集数据作为输入，如果资料的信噪比较低，可以做部分角度叠加，通过粒子群优化算法叠前反演能够得到如下三个弹性参数：纵波速度 V_P、横波速度 V_S、密度 ρ。然后通过这些弹性参数之间的相互关系，可以得到拉梅系数比 λ/μ、传统 AVO 曲线截距 P、斜率 G、泊松比 σ 等其他 AVO 属性。

二、应用效果

塔里木盆地碳酸盐岩内部较大的溶洞会在地震剖面上形成反射振幅强、横向范围小、纵向差异大的“串珠状”强反射，这也是目前油田生产进行井位部署的主要依据。而体积较小又可能大面积分布的“蜂窝状”溶蚀孔虽然不能形成明显的地震响应，却可能是好的储层。

基于叠后数据的常规手段不能区分较大体积溶洞内的充填状况，更不能对储层及其有效性予以识别。基于地震资料保幅处理和岩石物理分析，叠前弹性参数反演依据储层与非储层的地球物理响应差异，可以提取反映地下介质岩性、物性和含油气性的各种参数。通过反演结果的对比分析可以区分流体充填和泥质充填的较大溶洞，识别出无明显地震响应的“蜂窝状”低阻溶蚀带和识别储层流体。另外，由于叠前反演运用了更多全波形信息参与运算，因而其纵波阻抗结果亦比叠后反演要准确。

碳酸盐岩储层与灰岩基质的可剪切性和可压缩性存在差异，表现为储层位置纵横波阻抗都较低，纵横波速度比也不大；不同规模的溶蚀孔洞内部充填流体和泥质时其可剪切性和可压缩性也不一样，由于泥质的可剪切性远大于流体，因而当储层内部充填流体时，其纵波阻抗减小的比例远大于横波，表现为纵横波速度比较小，而储层内部充填泥质时，其纵波阻抗减小的比例只略大于横波阻抗，表现为纵横波速度比相对较高的特征，据此可以依据叠前反演的结果对碳酸盐岩内部的储层及其充填状况予以识别分析。

选择工区的 5 口井，提取其连井线对应的地震剖面如图 8.12 所示，图 8.13 ~ 图 8.15 为连井线反演的纵波速度、横波速度和密度剖面。

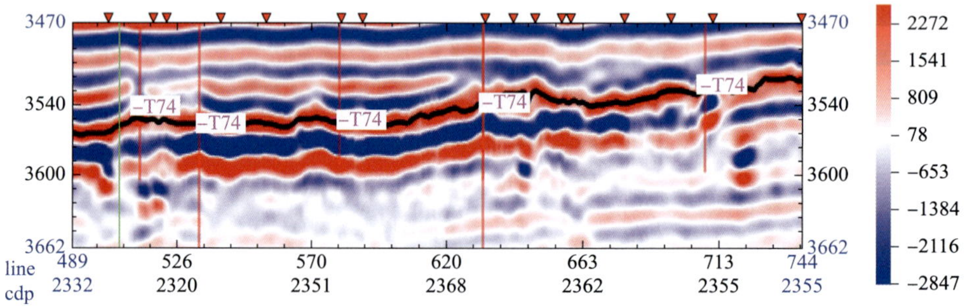

图 8.12　地震数据

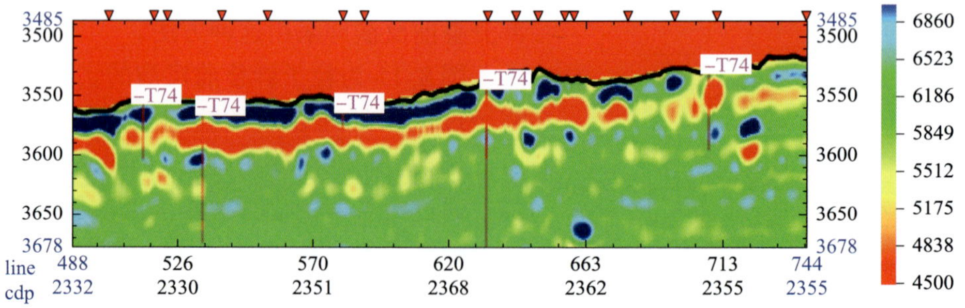

图 8.13　纵波速度反演结果

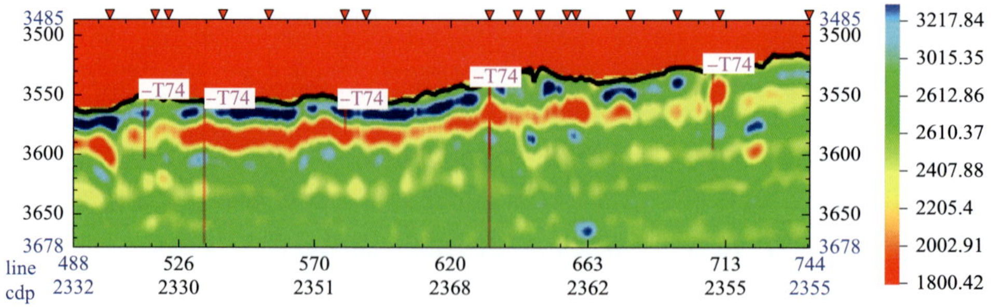

图 8.14　横波速度反演结果

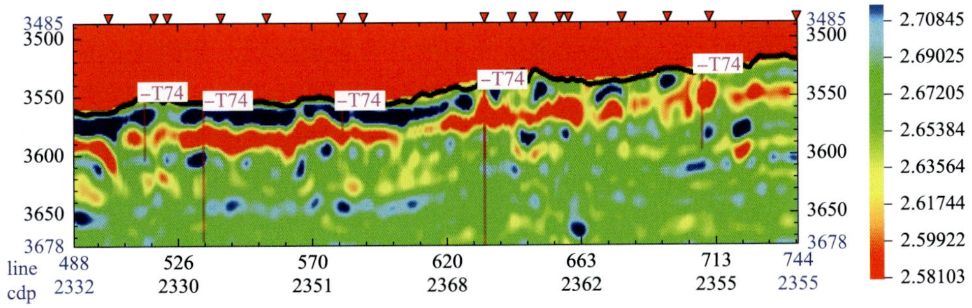

图 8.15　密度反演结果

对比图 8.13～图 8.15 可以看出，反演结果能较好地反映河道特征，当钻遇河道时，由于岩性的变化，速度会明显低于围岩速度，基于纵波速度属性可以很好地刻画河道顶底界面。综合纵横波速度信息能够对古河道充填物性质进行更好的约束，实现更可靠的反演。

第四节　岩溶古河道充填特征描述

一、技术流程

在前期基于属性刻画古河道平面展布特征的基础上，开展基于储层物性参数反演结果的古河道充填性及充填物特征描述。主要基于两条依据：①孔隙度识别充填性；②矿物含量(泥质含量、石英含量及灰岩含量)识别充填物性质。具体技术流程如图 8.16。

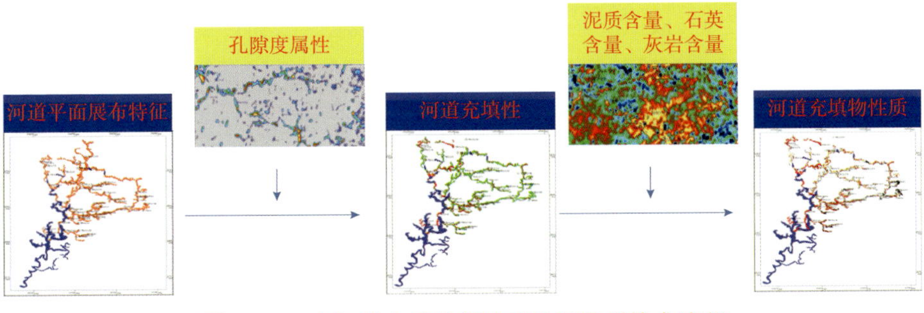

图 8.16　古河道充填特征地球物理识别技术流程

二、应用效果

根据储层参数联合反演获得孔隙度、河道充填物各种反演结果，图 8.17 为塔河 6－7 区过一条典型河道的地震剖面及对应的孔隙度反演剖面、充填物反演剖面，孔隙度反演结果与充填物含量有关，包括泥质充填、砂质充填及灰质充填，因此不能仅以泥质充填程度来判定古河道储集体的充填性质。图 8.18 为孔隙度及充填物反演的平面属性图，从中可以看出古河道储集体中砂质、泥质、灰质含量的分布，以及储层孔隙度的分布特征。图 8.19 为孔隙度与充填物总量的平面属性图，可以看出充填程度较低的红色区域——孔隙度高值区充填物总量相对低值(蓝色区)，孔隙度低值区(绿色)充填物总量相对高值(红色)，进一步说明了孔隙度与河道储集体充填物总含量成反比。同时工区测井解释暗河井孔隙度与泥质含量交会图(图8.20)可以看出，有些井如a1井、a2井a3井孔隙度随泥质含量增加而增大，表明了在一定范围内，部分暗河储集体孔隙度大小与泥质含量有一定正相关关系，因此研究中不能仅以泥质含量高低判断暗河孔隙度大小，即泥质含量高值判定储层孔隙度小，而泥质含量低判定储层孔隙度大，这一观点可能导致错误的解释结论。

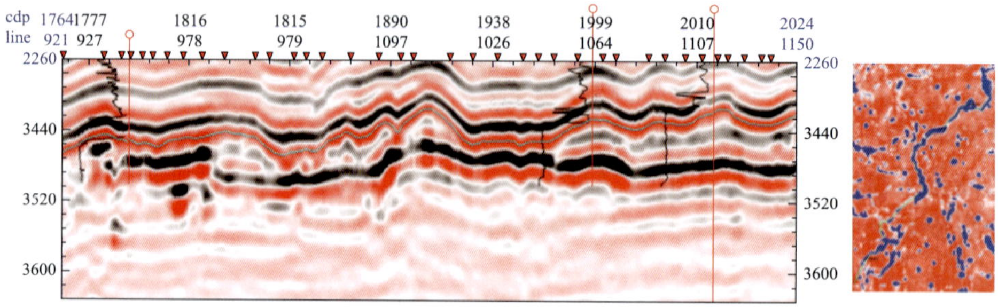

(a)沿暗河psdm地震剖面

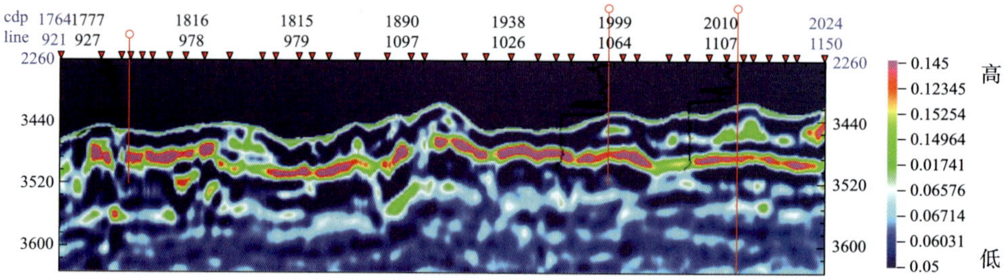

(b)沿暗河孔隙度反演剖面

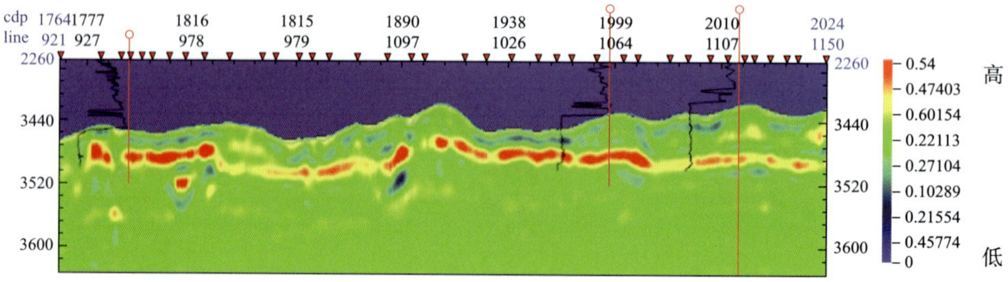

(c)沿暗河石英含量反演剖面

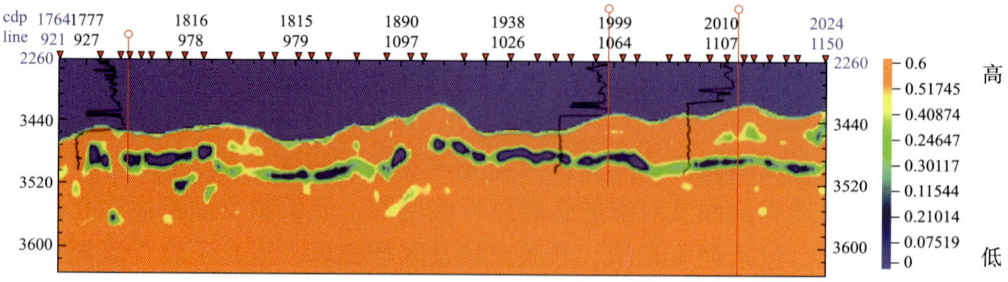

(d)沿暗河灰质含量反演剖面

图8.17 沿工区典型暗河的孔隙度反演及叠前物性反演剖面

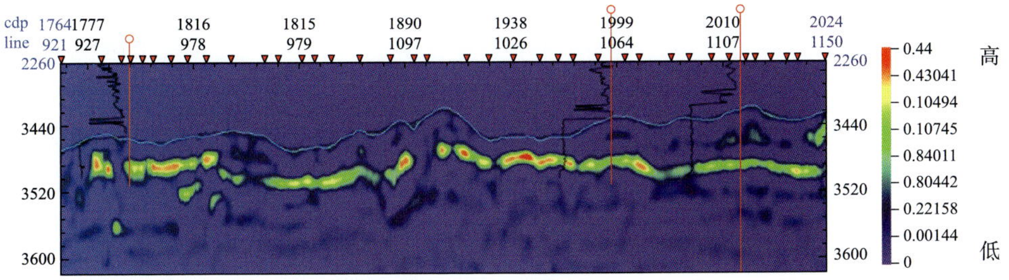

(e)沿暗河泥质含量反演剖面

图 8.17 沿工区典型暗河的孔隙度反演及叠前物性反演剖面(续)

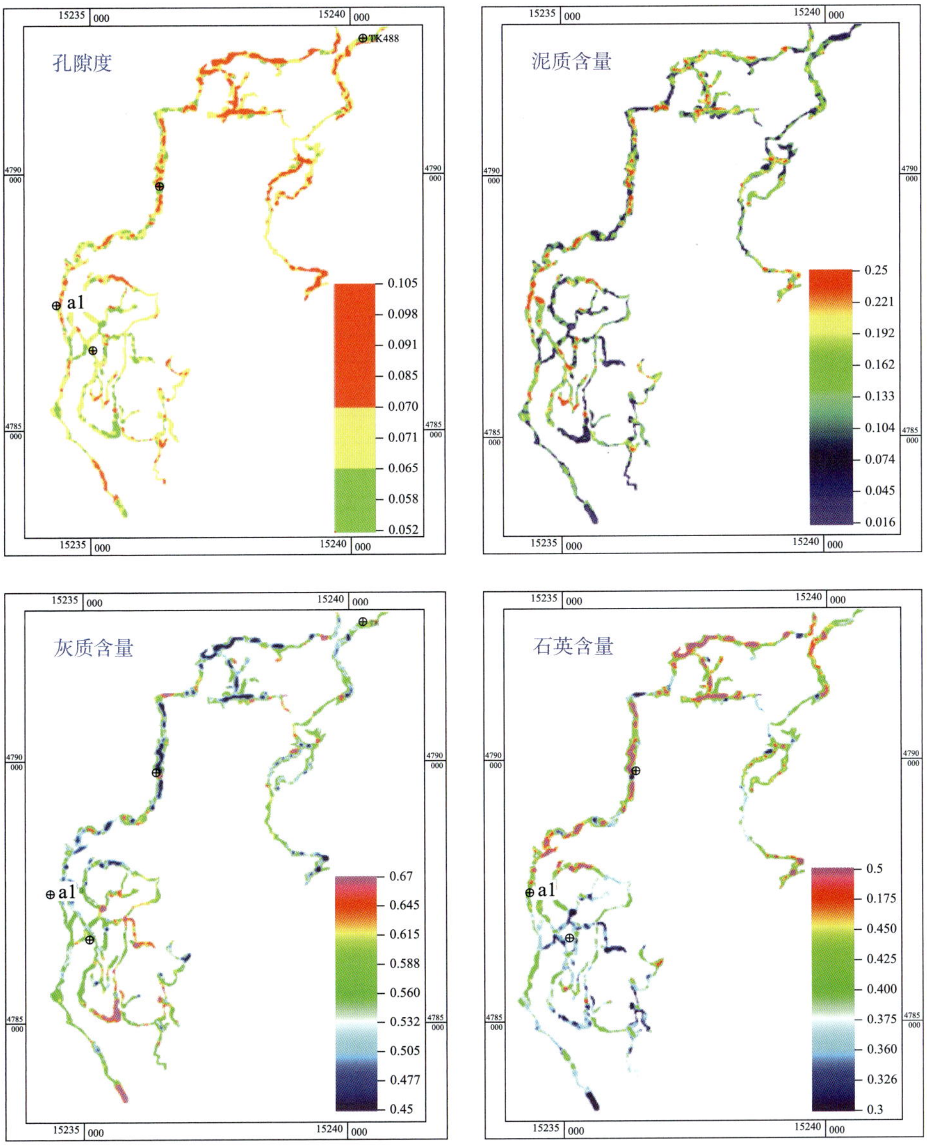

图 8.18 工区典型暗河的孔隙度反演及叠前物性反演平面图

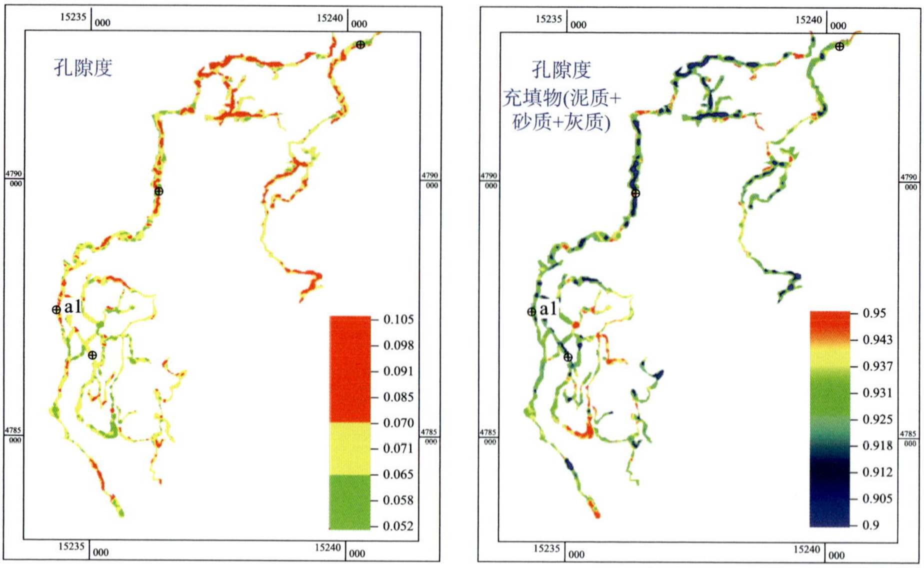

图 8.19　工区典型暗河的孔隙度反演及充填物总量反演结果平面图

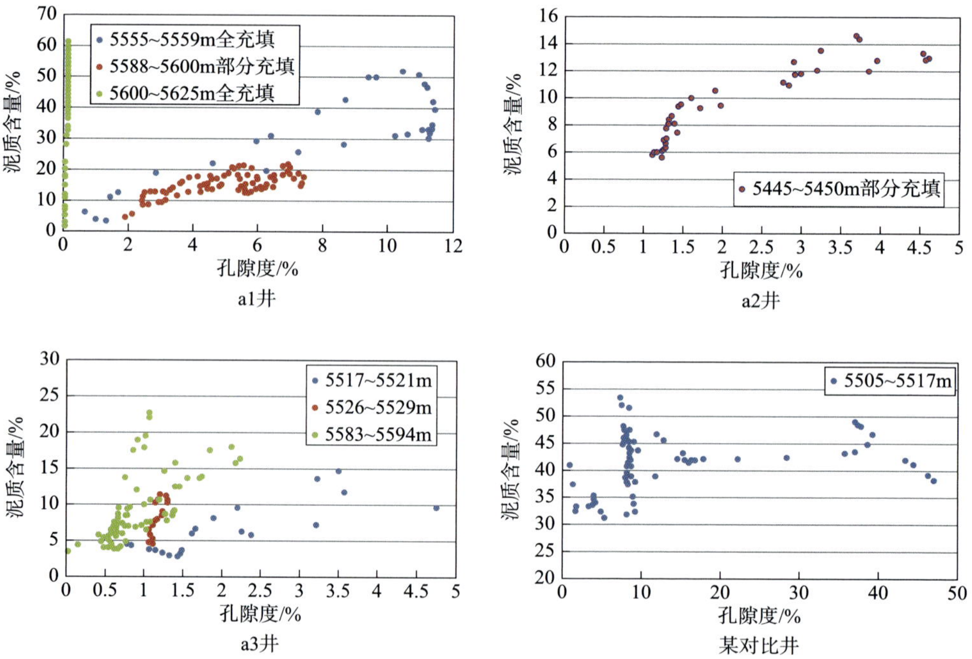

图 8.20　工区暗河井测井解释孔隙度与泥质含量交会图

根据储层参数联合反演获得的各种物性参数，对沿古河道井充填性质进行统计。图 8.21 为沿古暗河时窗提取的孔隙度反演结果平面属性图，结合工区测井统计的充填情况，调整工区暗河的孔隙度反演门槛值，用三种颜色表示暗河的充填特征，红色代表孔隙度高、充填程度低，黄色代表充填程度中等，绿色代表充填程度高、孔隙度低。结合测井解释结果统计分析，粉色代表测井解释为未充填的河道井，蓝色代表测井解释为充填的河道井。与孔隙度反演结果对比分析，相对孔隙度大于 0.105 代表未充填井，以 0.10 为阈值，区分充填性质——未充填及充填，统计 S67 单元 21 口测井解释的井有 3 口井不吻合，充填性质综合吻合率达 86%。因此孔隙度参数能有效表征储层优劣，反演出的孔隙度参数与河道充填性具有较好的相关性，可以基于叠前孔隙度反演参数进行储层充填性描述。

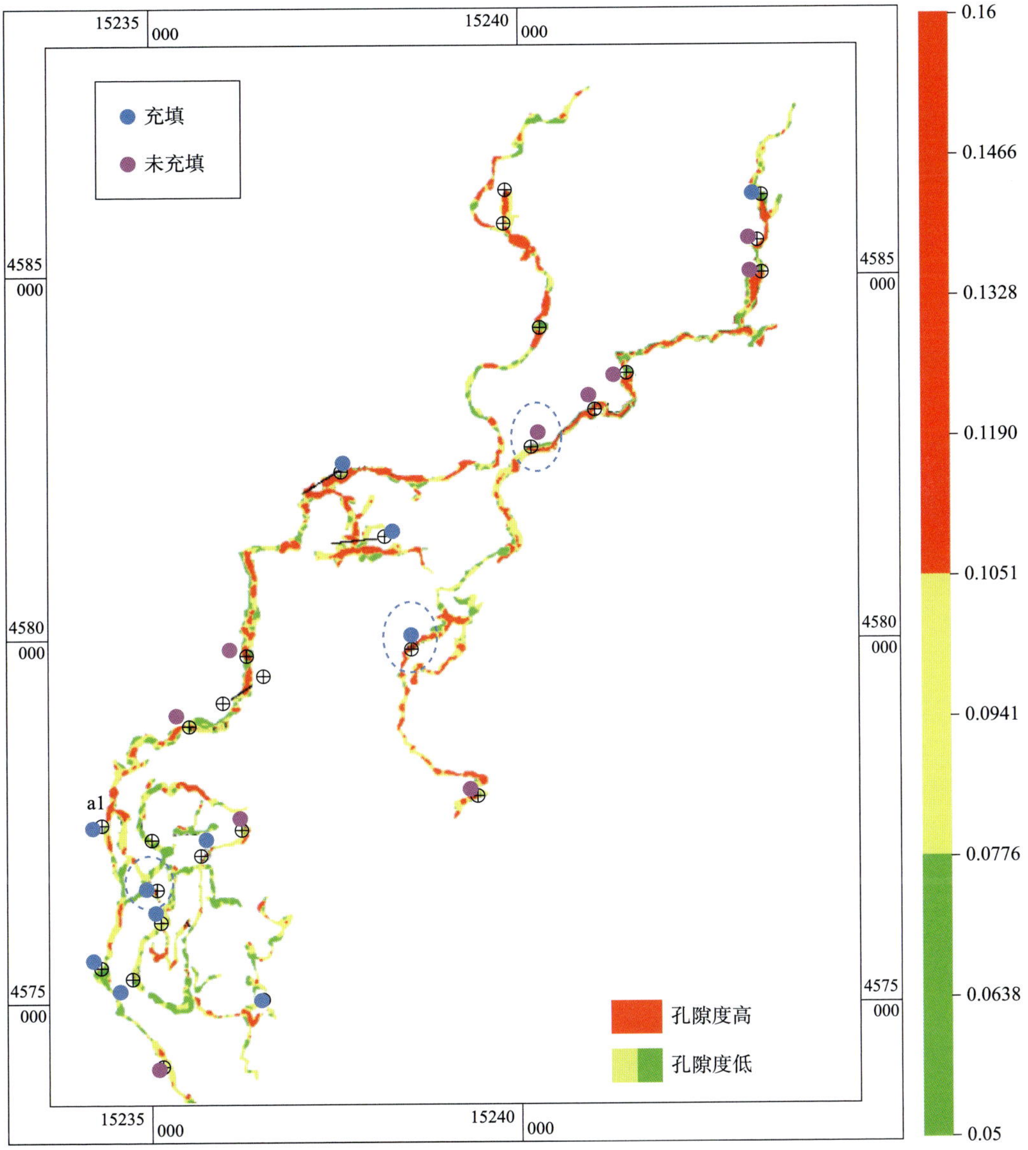

图 8.21　塔河主体区典型单元古河道充填性质描述

图 8.22 为塔河主体区古暗河孔隙度与石英含量预测结果的叠合图，展示了暗河充填性质与充填物的展布特征。为了更好地展示暗河充填物特征，具体剖析工区中 S67 单元的暗河（图 8.23）。结合工区古地貌特征（图 8.24），认为在主体区的两条典型河道：①暗河入口以角砾岩、泥质半充填为主；②暗河中段或岩溶高坡部位以未充填－半充填为主，充填物主要为砂泥质充填（砂质为主），河流低部位多以泥质半充填－全充填为主。

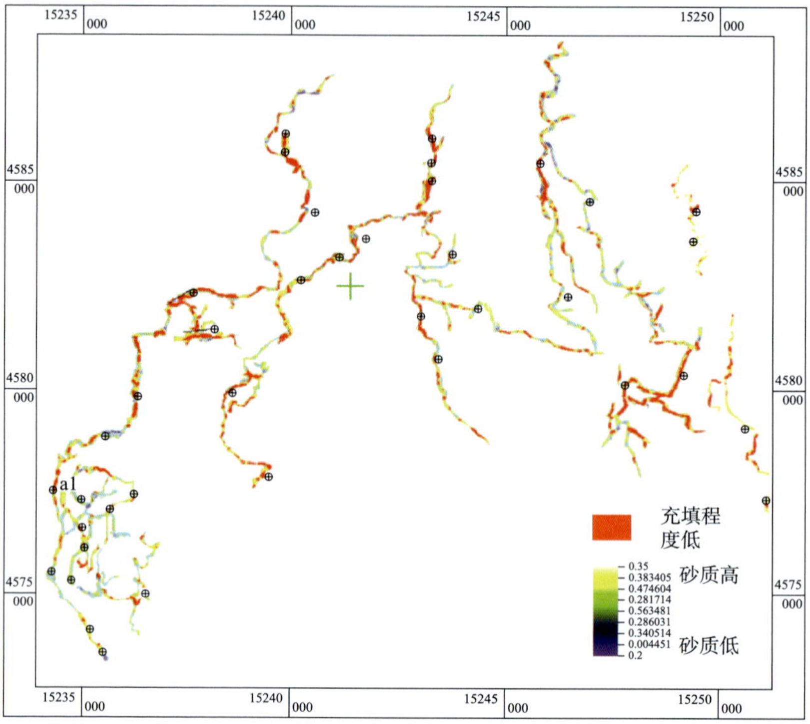

图 8.22　砂质含量预测结果与充填性叠合图

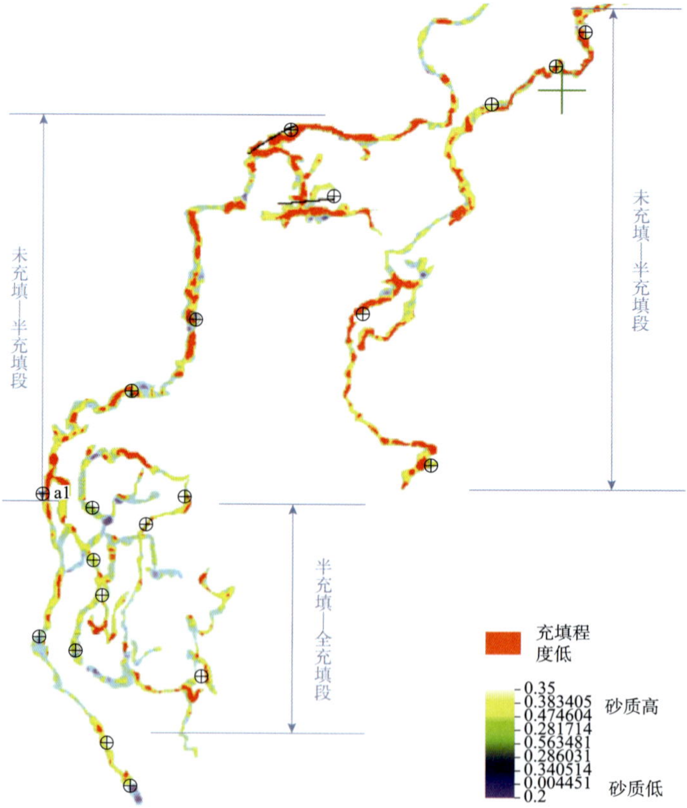

图 8.23　S67 单元典型暗河充填性质与砂质含量叠合图

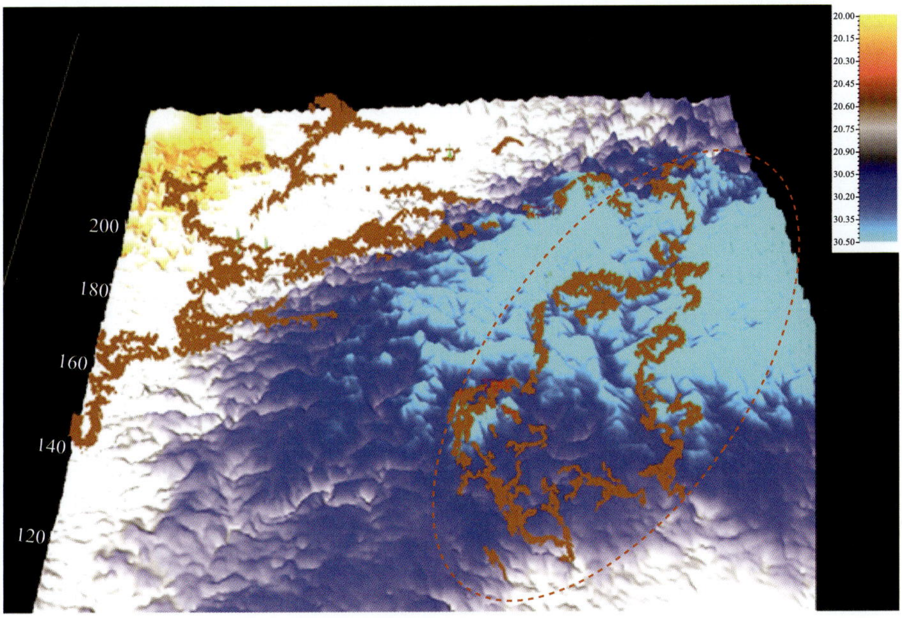

图 8.24 暗河位置及古地貌特征

第五节 岩溶古河道流体检测

一、储层特征约束 AVO 反演流体识别

利用第七章第四节介绍的基于储层特征约束的 AVO 反演缝洞流体技术，其具体实现过程为：针对目的层段纵波速度、横波速度及密度测井资料，统计不同储层与非储层段的弹性参数分布特征，在符合参数分布特征的范围内，利用蒙特卡罗随机采样建立不同储层非储层组合情况下的随机正演模型，获得符合实际储层特征的随机模型反射系数变化关系，为基于储层特征约束的 AVO 反演提供软约束条件。

图 8.25 为塔河缝洞储层与非储层段测井曲线特征，其相应的弹性参数分布如图 8.26 所示，以储层、非储层空间关系、弹性参数分布特征为基础，利用蒙特卡罗随机模拟建立多个符合实际地层特征的随机模型并由 Zoeppritz 方程计算其精确反射系数，从而由储层特征约束方程得到储层特征约束基函数(图 8.27)，该基函数表达式包含了古河道储层与非储层段弹性参数信息特征。相应地，可获得基于由随机模型建立的基函数所对应的属性 $C1$，$C2$，$C3$，…，其所得属性交会见图 8.28，图中可以看出含油气储层具有相对较大的 $C1$ 和 $C2$ 值，可由此判别流体性质。

针对叠前地震道集资料，通过建立如下目标函数方程，基于最小二乘、遗传算法等实现储层特征约束线性 AVO 属性 Ck 的反演。

$$\| R_r(\theta) - c_r f(\theta) \|^2 \Rightarrow \min$$

其中，$R_r(\theta)$为叠前道集，$f(\theta)$为基函数，c_r 为待反演属性。

图 8.29 为基于最小二乘反演的过不同井的地震及属性 $C1$ 剖面，可以看出，对于产水井(如 b1 井)，反映流体性质的属性 C1 表现为相对弱异常特征，而对于产油气井(如 b2、b3 井)均有较强的属性异常特征，而对于干井(如 b4 井)其测井解释储层位置属性均无明显异常。井资料产能和反演属性的异常具有很好地对应关系，表明了储层特征约束 AVO 反演方法的精度和可靠性。

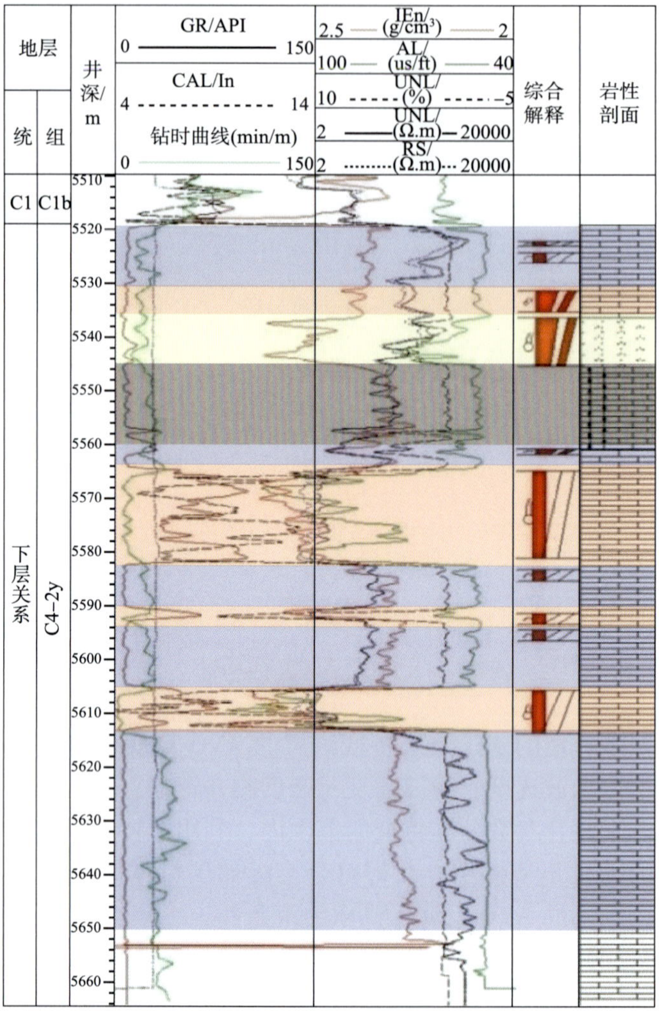

图 8.25 塔河奥陶系一间房组碳酸盐岩储层与非储层段测井曲线特征

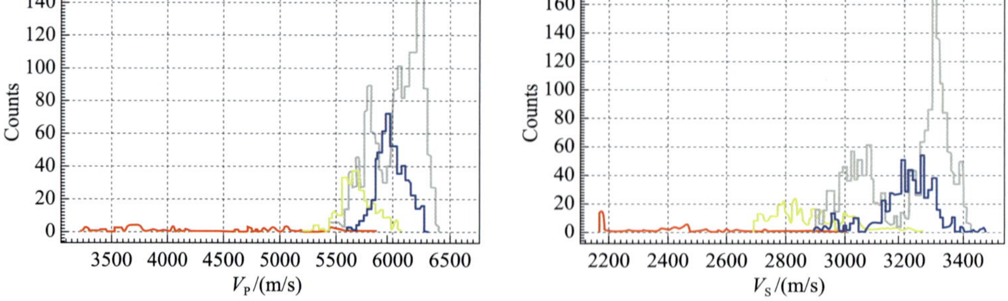

图 8.26 奥陶系一间房组碳酸盐岩储层与非储层弹性参数分布特征

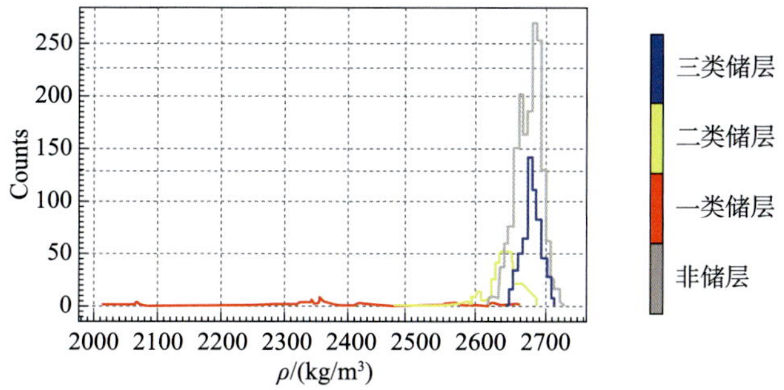

图 8.26 奥陶系一间房组碳酸盐岩储层与非储层弹性参数分布特征(续)

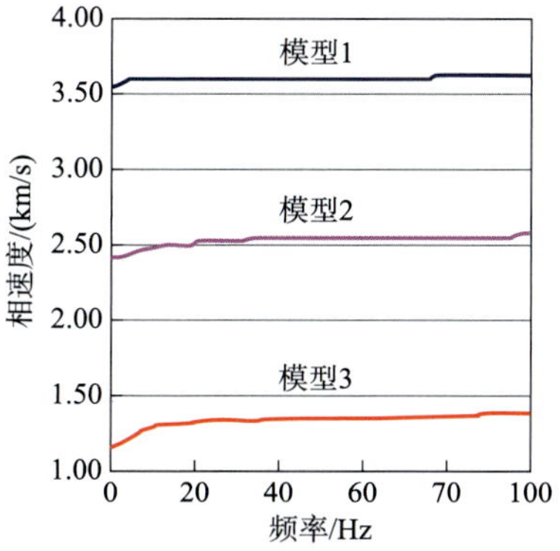

图 8.27 储层特征约束基函数曲线

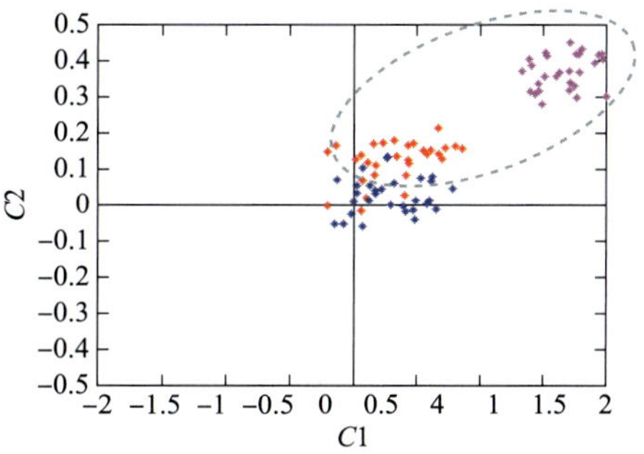

图 8.28 AVO 属性 C 交会流体性质识别

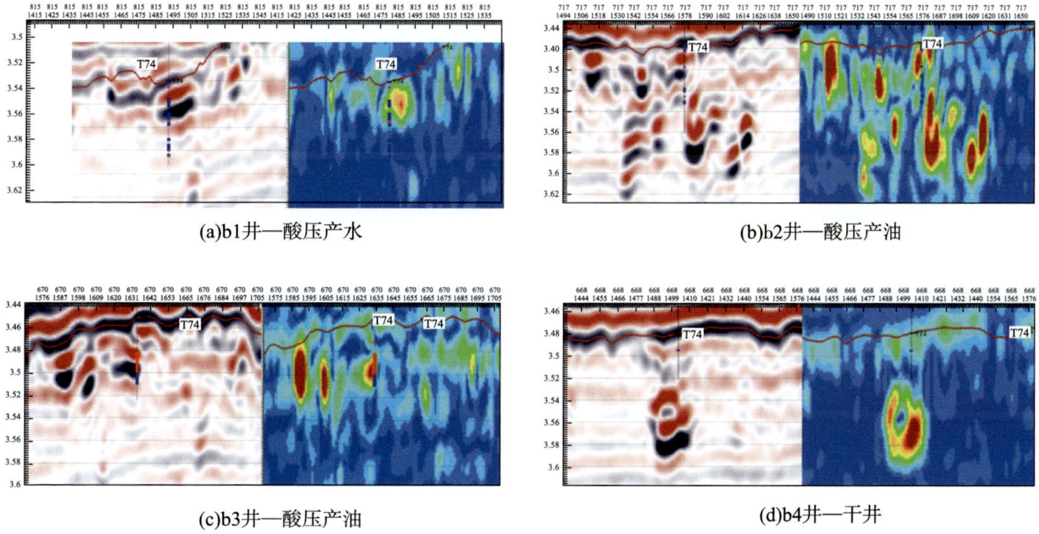

图 8.29 过含不同流体性质井地震剖面及反演 C1 属性

图 8.30 为储层特征约束 AVO 反演 C1 属性在古河道位置异常分布图，统计河道位置井资料产能情况，其中红色为产油井、蓝色为产水井、浅蓝色为油水同出井、黑色为干井。对比 C1 属性异常，油井及油水井多位于属性异常高的位置，而产水井和干井多处于属性异常较低位置，所反演 C1 属性具有较好的流体性质识别能力。

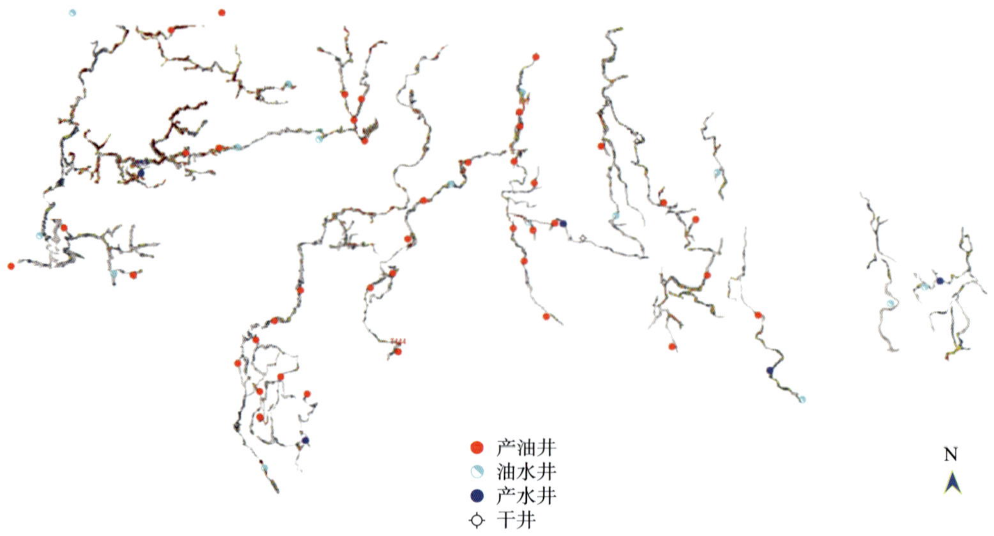

图 8.30　古河道 C1 属性异常平面

二、基于多道匹配追踪分频的流体识别

地震波在地下传播中要发生能量的衰减，这种衰减与波的频率有关，而且高频比低频吸收得快，因此在大多数地震数据中的最高频率通常只有 80Hz 左右。然而吸收是随岩性及其饱和度而变化的，胶结性差及未严重充填对能量的吸收比致密岩石强得多，饱和流体缝洞、裂缝其体积效应又比非饱和充填严重的强得多。地震资料频率特征分析表明，在含油气层位，往往会出现低频强能量、高频衰减严重的特征；而在含水层位，地震资料频率则表现为低频能量弱、高频能量强的特征。因此通过时频分解方法进行流体检测十分重要。

采用单道匹配追踪方法对实际地震数据资料进行分解时，分解过程存在着非一致性的问题，这导致了分解的结果很大程度上受到数据噪声的影响。由于单道匹配追踪方法针对每一道地震道进行分解时，不考虑相邻地震道的特性，实际资料中相邻地震道信号之间的相关性没有在匹配追踪中得到利用。因此，作为单道匹配追踪方法的改进，多道匹配追踪技术在子波搜索优化的过程中考虑了相邻地震道之间的相关性和噪声的随机性。相应地，降低了子波分解过程对于随机噪声的敏感度，进一步提高了计算的稳定性。分解所得到的子波以及信号时－频谱中也很好地保留了原始信号中相邻地震道之间的相关性，对于具体的应用也更具有指导意义。

基于多道匹配追踪分析含不同流体储层频率特征，从图 8.31 可以看出，对于含水或者干储层，具有高频(大于 25Hz)能量强，而低频(小于 25Hz)能量弱的特征(如 b1 井)，对于产油气储层，则表现为低频(小于 25Hz)能量强的特点。

图 8.32 为针对古河道储层位置的多道匹配追踪流体检测结果，对比井资料，产油气井位置多表现为低频(25Hz 及以下)强异常特征，而水井位置则出现高频(35Hz 及以上)强能量特征。实际资料分析表明了基于多道匹配追踪进行流体性质检测具有一定的效果。

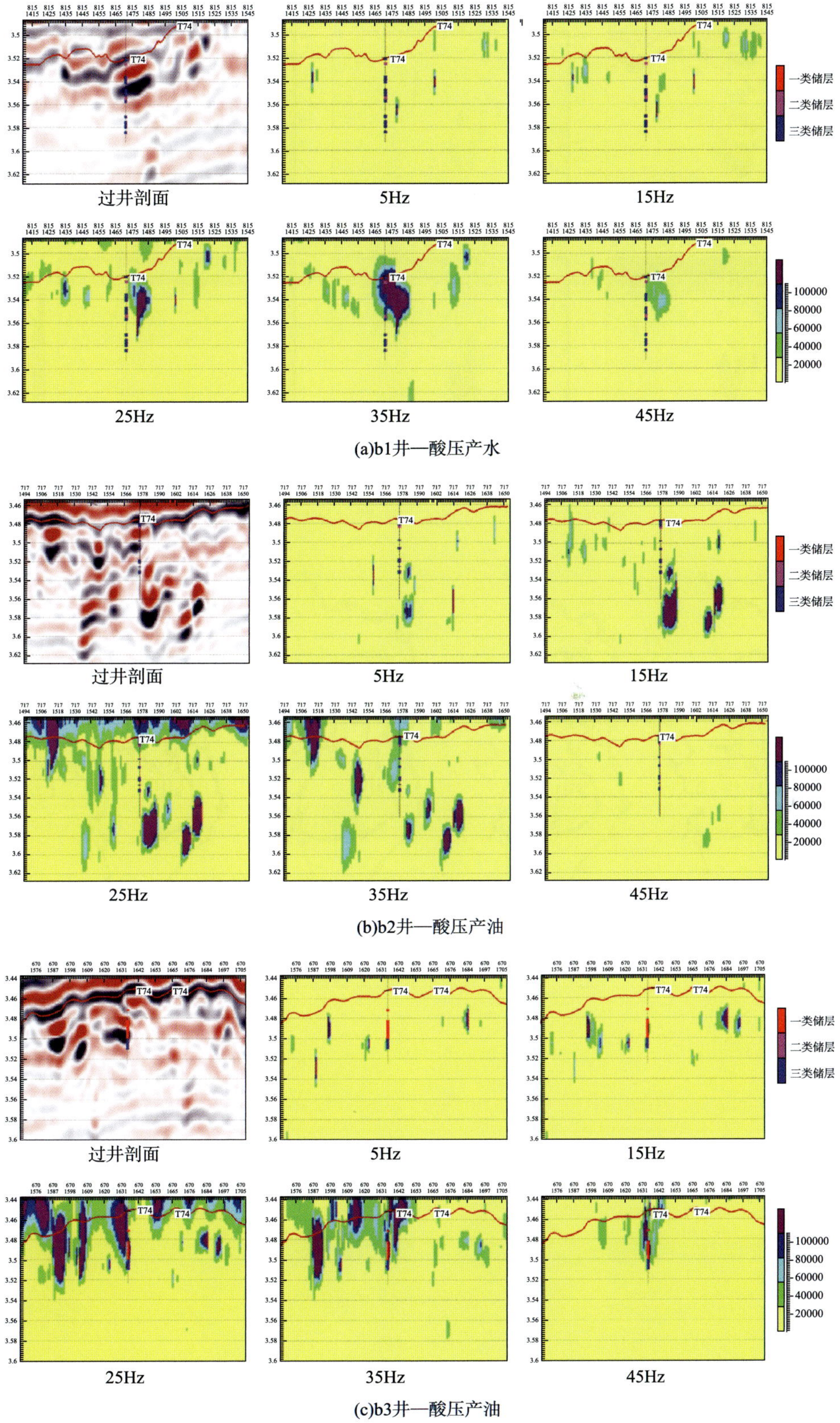

图 8.31　含不同流体井资料频率特征

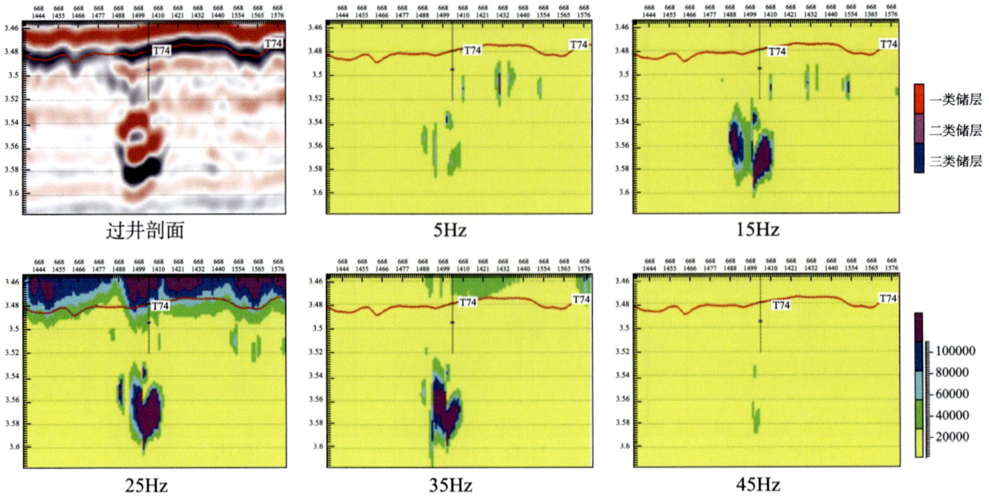

(d)b4井—干井

图 8.31　含不同流体井资料频率特征(续)

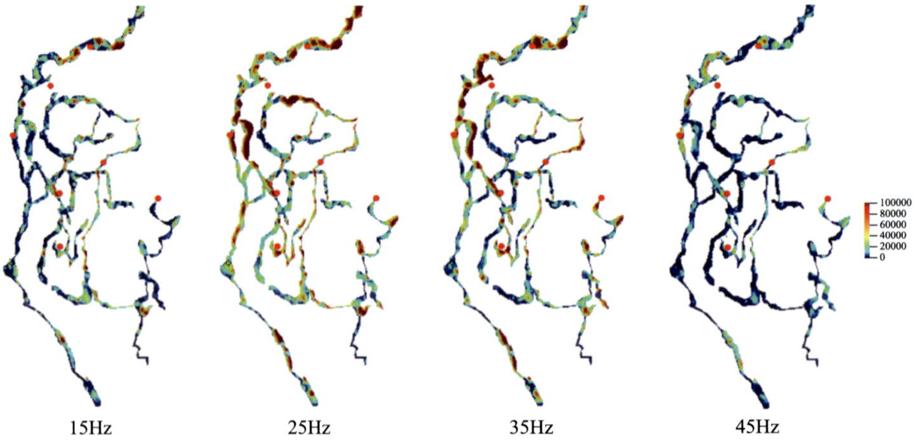

图 8.32　古河道储层含流体频率特征

第九章　致密碎屑岩含气性检测

川西侏罗系致密气藏成藏条件优越，具备丰富优质烃源，纵向发育多层叠置较好储层，保存条件好。通过20多年勘探与开发，当前建产区域，已经从早期的正向构造延伸至负向构造以及斜坡带；气藏类型，已经从单一的构造圈闭扩展为复杂的岩性以及构造岩性复合圈闭；开发对象，已从厚大大面积连片分布的三角洲河口坝砂体，发展为多套薄层叠置的条带状河道砂体。

储层特征表现为纵向上多期河道砂体发育、砂体叠置频繁、厚度变化大；横向上河道宽度变化大、储层致密、非均质性强、物性变化大；储层与非储层速度接近，波阻抗差异小，叠置程度严重，导致地震反射振幅弱。仅仅利用地震属性、反射特征、沿层切片与叠后反演等方法进行河道刻画，难以精确地剥离多期河道砂体，河道刻画和定量预测难度大。

沙溪庙组气藏的成藏模式主要为沿断裂高速通道聚集成藏模式，属于构造－岩性气藏。受沉积环境、构造埋深、烃源断层、岩性和物性变化等多种因素控制，不同河道、同一河道不同构造部位天然气富集程度差异明显，气藏气水关系，已经从单一的边、底水气藏，推进到气水关系复杂的独立多气水单元岩性气藏，气水关系异常复杂。常规叠后属性与反演技术受岩性、物性影响，含气性预测多解性强，在相对低丰度背景下，高产富集带甜点预测是开发阶段面临的主要问题和难点。

本章以川西侏罗系致密河道砂岩气藏储层预测及含气性定量预测为目标，介绍了通过岩石物理实验、地震波场正演模拟、叠前地震反演、储层物性参数反演及叠前含气性检测等技术组合应用，精细描述复杂薄窄河道致密碎屑岩储层及含气性特征。基于原位岩石物理测试与“五因素”高精度弹性波正演模拟，明确了薄窄河道辨识机理，基于优势角度叠加的不同AVO类型河道刻画属性，河道识别能力明显提升，实现多期河道分期次剥离。通过储层精细描述技术有效提高薄砂体预测精度，能准确预测10m厚Ⅱ、Ⅲ类储层。基于叠前衰减梯度含气性检测技术，含气性预测精度提高14%，结合概率神经网络算法，实现致密砂岩气藏含气饱和度预测。实际应用表明，复杂河道群致密砂岩气藏高产气井成功率大幅提升，支撑中江气田高效开发效果显著，具有良好的推广应用前景。

第一节　工区概况

川西坳陷位于四川盆地西部，西邻龙门山推覆构造带，东接川中隆起区。自印支期以来经历了多期次、多方向地应力由盆缘向盆内的递进挤压，形成了“三隆两凹一斜坡”的构造格局。

川西气藏主要由新场气田、成都气田和中江气田三个大型气田组成(图 9.1)。新场气田位于新场构造带的西段，主要有蓬莱镇组气藏和沙溪庙组气藏，包括孝泉、新场、东泰等气区；成都气田位于三个大型隆起带包围的成都凹陷区，主要有蓬莱镇组气藏和遂宁组气藏，包括马井、什邡、广金、新都、洛带等气区；中江气田位于川西坳陷东坡，即知新场－石泉场构造带以西及新场构造带东段，主要是沙溪庙组气藏，包括中江、回龙、高庙子、合兴场等气区。

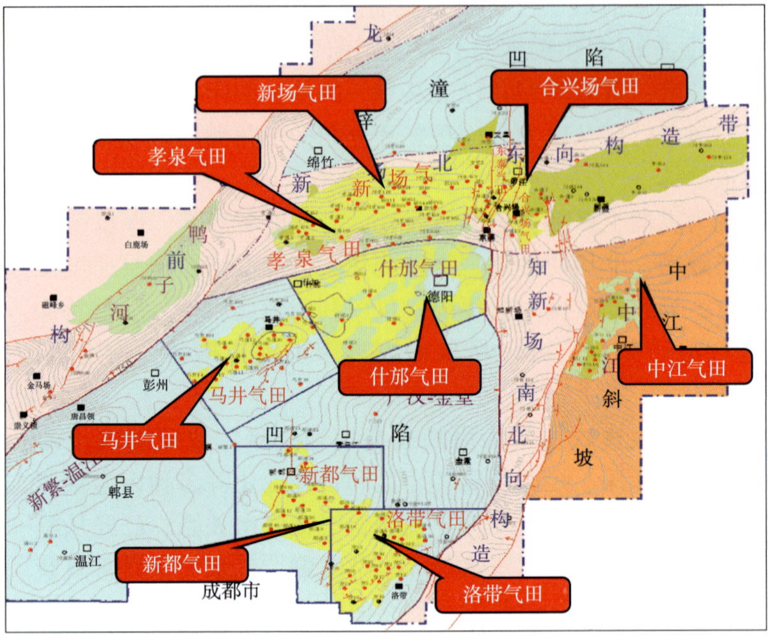

图 9.1 川西侏罗系主要气田分布图

川西沙溪庙组和蓬莱镇组为滨浅湖与三角洲交替的砂、泥岩沉积；物源以北东向为主，北西向为辅，由于各时期的物源方向差异和沉积位置的不同，发育滨湖、三角洲平原、三角洲前缘、前缘三角洲亚相；主要发育分流河道、分流间湾、决口扇、溢岸砂、天然堤河口坝、远砂坝、席状砂、前三角洲泥、滨湖砂坪、滨湖泥等沉积微相。岩石类型以细－中粒岩屑长石砂岩、长石岩屑砂岩、岩屑砂岩和岩屑石英砂岩为主，蓬莱镇组砂岩主要为岩屑砂岩及岩屑质石英砂岩；沙溪庙组粒间溶孔和粒内溶孔十分发育，蓬莱镇组孔隙类型主要为粒间溶孔；沙溪庙组砂岩孔隙度平均 8.94%，渗透率平均 $0.5\times10^{-3}\mu m^2$，蓬莱镇组砂岩孔隙度平均 8.64%，渗透率平均 $0.67\times10^{-3}\mu m^2$，储层属于中低孔近致密～致密储层范畴。

川西侏罗系气藏通过 20 多年勘探与开发，开发区域更加复杂，有斜坡区，也有坳陷区，气藏更加隐蔽。开发对象非均质性强，储层以条带状叠置薄层河道砂岩为主，纵、横向变化快，具有“同河不同砂，同砂不同储”的特征。气藏气水关系复杂，无统一的气水界面，不同的岩性单元气水关系各异，具有“同储不同藏”的特征。气藏高产富集主控因素多，既受控于岩性、物性，也受控成藏期与成藏后期构造调整。造成的地球物理预测难点主要有以下几点：

1. 储层厚度薄、纵横向变化快

优势沉积微相为三角洲平原/前缘、主河道/分支河道、其次为河口坝/河道侧积/远砂坝/决口扇，河道宽度窄，大多数0.5～2km，河道砂体厚度薄，一般4～15m，且岩性和物性横向变化快。

2. 河道边界及期次刻画难度大

川西地区主力砂体分布主要受分流河道控制，河道多，分布广，常规的单一地震属性很难刻画河道的边界；纵向上多期砂体叠置，水平井开发所需的以单砂体为单元的储层预测，河道的期次刻画既是重点也是难点。

3. 储层识别多解性强

由于波阻抗与岩性具有良好的相关性，波阻抗反演在构造油气藏勘探开发中得到成功应用，但对于川西地区岩性油气藏勘探而言，低波阻抗泥岩发育导致含气砂岩波阻抗分布区间与泥岩波阻抗分布区间部分重叠，存在着低阻抗泥岩陷阱和中高阻抗砂体预测难点，同时储层含气的敏感属性不明确，含气砂体预测难度大。

4. 精细定量描述挑战大

当前勘探开发水平井轨迹设计和储层压力改造等都需要精准把握储层厚度、泥质含量、孔隙度和含气饱和度等参数。但影响定量预测成果可靠性的因素较多，如资料的品质、岩石物理分析结果的可靠性、地震反演的精度、定量预测算法的精度等，精细预测难度较大。

5. 含气丰度预测困难

同一河道非均质性差异大，钻井的产能差别较大，个别钻井甚至出现产水现象，但是地震振幅响应特征差异不大，储层饱含气、气水同产及产水砂体阻抗特征差异小，地震响应特征差异微弱，孔隙流体性质预测难度很大。因此，如何在复杂油气藏中预测含流体性质，是川西地震勘探开发面临的一个世界性难题。

第二节 致密砂岩气岩石物理与地震响应特征

(一)原位岩石物理实验与分析

基于高庙、中江、江沙三个区块的11口井岩心，加工成25mm直径规格样品45个。实验使用CORETEST公司功能最先进的手动加载自动控制渗透率－孔隙度仪AP－608开展真实油藏压力下的孔隙度渗透率测试。根据样品的实际有效压力，利用氦气作为介质流体，根据玻意耳定律，开展脉冲衰减法覆压孔隙度渗透率测试。最高测试围压可到9500psi，测试精度为0.001mD（$1mD=10^{-3}\mu m^2$），测试范围为0.001mD到5000mD。根据川西东坡沙溪庙组储层地质条件，设定覆压压力为500～8000psi，每隔500psi测试一次覆压孔隙度渗透率。

采用 MTS815 高温高压测试系统开展地层条件下样品纵波速度、横波速度测试（图 9.2）。该系统可模拟 20～140℃、0～200MPa 和不同流体充填下的原位环境，对岩心样品进行超声波速度、弹性参数和力学参数测试分析，包括纵、横波速度、泊松比、拉梅参数、杨氏模量、体积模量、剪切模量、抗压强度等岩石物理参数。通过实验获取油气储层原位压力和温度条件下的岩石物理参数变化规律，是开展储层岩石物性参数特征与地震波属性参数关系研究的基础。通过模拟岩石（油气储层）在地层条件和不同流体相态下，测试岩石纵波速度、横波速度、密度，以及岩石矿物成分、孔隙度等数据，统计分析岩石弹性参数变化规律，实验结果与理论计算比较，研究分析岩石物理模型，指导储层预测和油气检测。

图 9.2　MTS815 岩石高温高压测试系统

实验使用超声穿透法对样品进行纵波速度和横波速度测试，将样本放置于高温高压超声测试系统的釜体内，加载围压将其完全包裹，使其进入非泄流的饱气状态。将样品从 0MPa 围压开始，每次上升 5MPa 围压，并等待一段时间待样品内部压力平衡后纵横波速度不再变化时对其纵横波进行分别激发并记录高精度的波形数据，而后再向上加压，直至设定的地层有效压力。再通过前述原理对波形记录进行处理分析，获得准确地层条件下饱气状态的纵波速度和横波速度。同时采用 MTS815 高温高压测试仪进行衰减和品质因子参数测试。岩石的 Q 值，主要由岩石的微观性质，诸如岩石内部晶粒的大小、结构、排列，裂纹的密度、构造、分布以及孔隙与流体的相互作用决定。通过采用原位地层条件岩石物理实验分析方法同常压方法测试进行对比，采用原位的方法，如图 9.3 所示，纵波速度和横波速度测量结果有近 30% 的弹性参数差异，通过物性参数的覆压测试分析，如图 9.4 所示，孔隙度存在近 11% 的孔隙度差异，原位有效压力下，样品点更加集中，弹性规律更能反应真实弹性参数特征，原位地层条件岩石物理实验分析方法可以准确测定川西侏罗系河道储层参数。

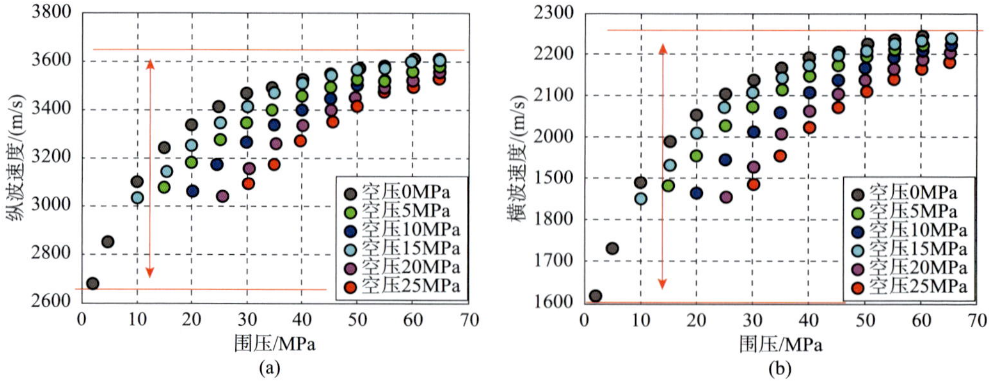

图 9.3　不同压力条件下纵波速度（a）和横波速度（b）测试结果

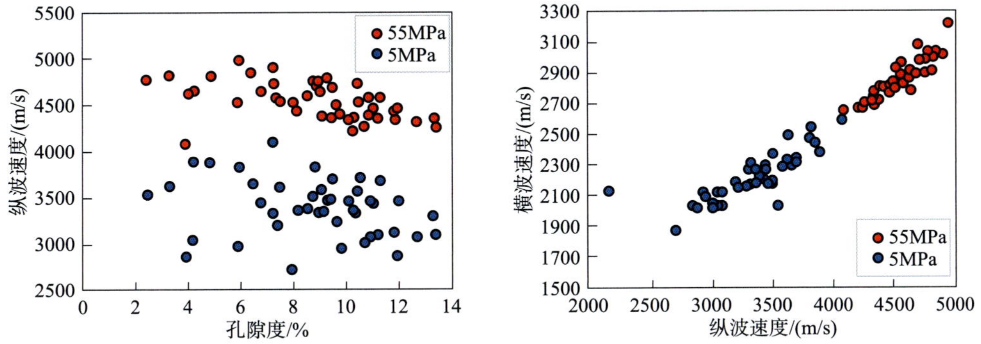

图 9.4　不同压力条件下纵波速度、横波速度和孔隙度测试结果

通过覆压条件下的孔隙度和渗透率测试可以发现孔隙度与渗透率之间呈现较好的指数相关性(图 9.5)，拟合得到以下经验公式：

$$K = 0.0107e^{0.3197\varphi} \tag{9.1}$$

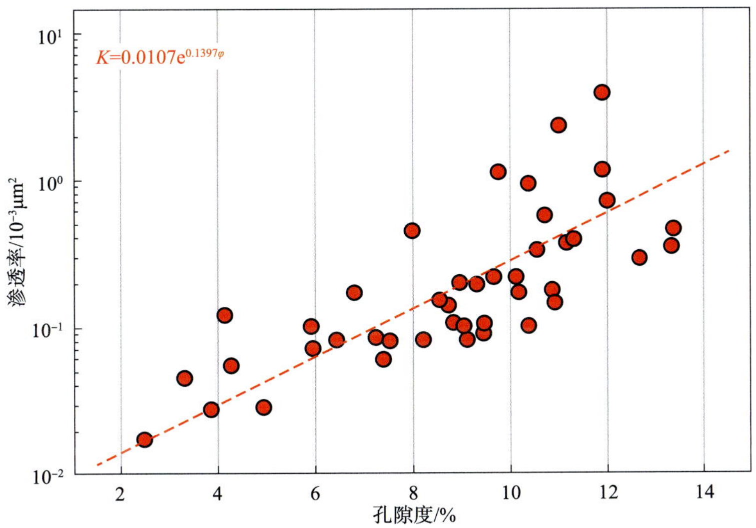

图 9.5　孔隙度渗透率交会图

孔隙度和密度间无论是饱气状态还是饱水状态下，都呈现出了如图 9.6 所示的近似线性相关关系，针对饱水和饱气两种流体状态分别拟合得到以下经验公式：

$$饱水：\rho = -0.0209\varphi + 2.6714 \tag{9.2}$$

$$饱气：\rho = -0.0282\varphi + 2.6562 \tag{9.3}$$

沙溪庙组砂岩储层矿物组分稳定，孔隙结构复杂度较低。结构和组分上的简单导致了孔隙度渗透率和孔隙度密度之间都存在着较强的相关性。

分析围压从 5MPa 每隔 5MPa 逐渐增加到 55MPa 时纵横波速度的变化特征，发现由于沙溪庙组储层砂岩的整体固结程度不高，导致了纵横波速度对围压有较为明显的响应(图 9.7)。

图 9.8 为常压状态与 55MPa 围压下纵波速度差直方图，可以看到，大部分加压后的速度变化都在 1000m/s 以上，变化率从 15% 到 60% 不等。说明在不加压情况下开展相应测

试所获得的数据是无法正确表征沙溪庙组储层在地下的真实情况。

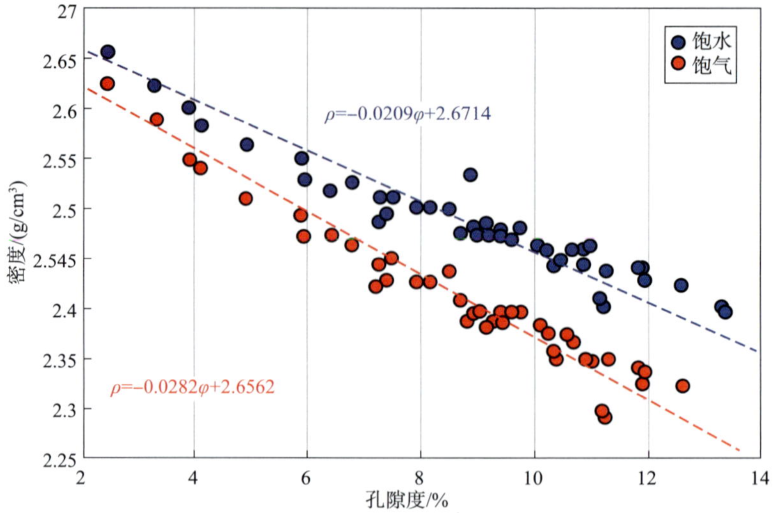

图 9.6　孔隙度密度交会图

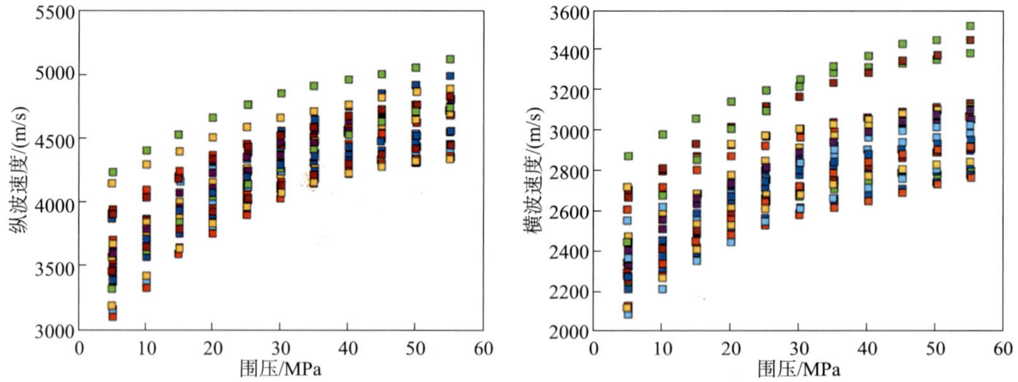

图 9.7　纵横波速度随围压变化图

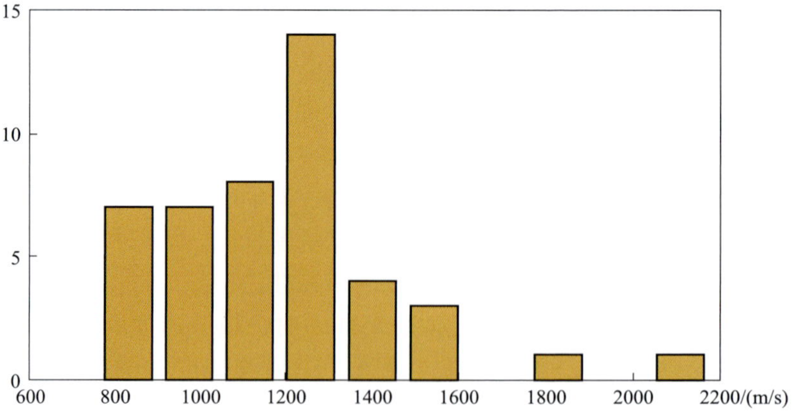

图 9.8　常压状态与 55MPa 围压下纵波速度差直方图

图 9.9 给出了饱气和饱水两种状态下的纵横波速度变化特征，可以发现，饱气状态下的纵波速度受速度的影响更为明显，而饱水样品受围压的影响较小。在高围压下，饱气和饱水的纵横波速度逐渐接近，表征了内部一些容易受压力影响的孔隙在高围压下发生了闭合。

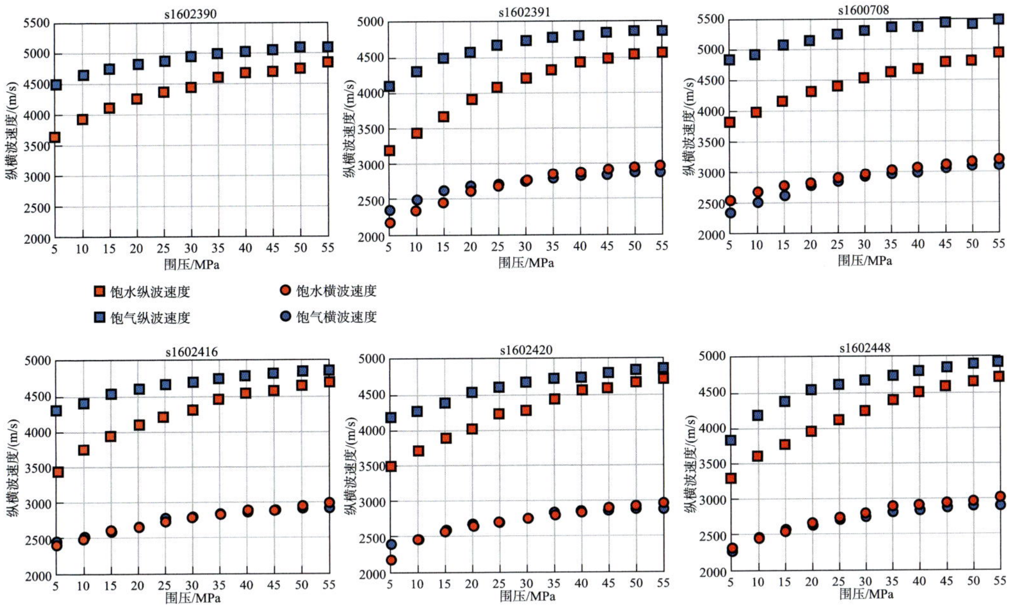

图 9.9　典型样品不同流体饱和状态下的纵横波速度变化图

图 9.10 为饱水和饱气状态的纵横波速度交会图，可以看出，无论是饱气还是饱水状态下，纵横波速度间都有较好的正相关关系：

$$\text{饱气：} V_S = 0.5405 V_P + 399.16 \tag{9.4}$$

$$\text{饱水：} V_S = 0.5145 V_P + 319.55 \tag{9.5}$$

针对该区横波测井数据较少的情况，可以利用给出的经验公式开展横波预测工作。如图 9.10(b)所示，对比饱水(方块)饱气(圆点)两种状态下的纵横波速度，可以发现，饱气状态和饱水状态下的纵横波速度与孔隙度存在一定负相关性，基于此可以开展孔隙度预测工作。同时用一条直线就可以在交会图中基本上把饱气样品和饱水样品分开，这里给出这条线的关系 $V_S = 0.545 V_P + 278.84$ ，可基于此开展流体识别工作。

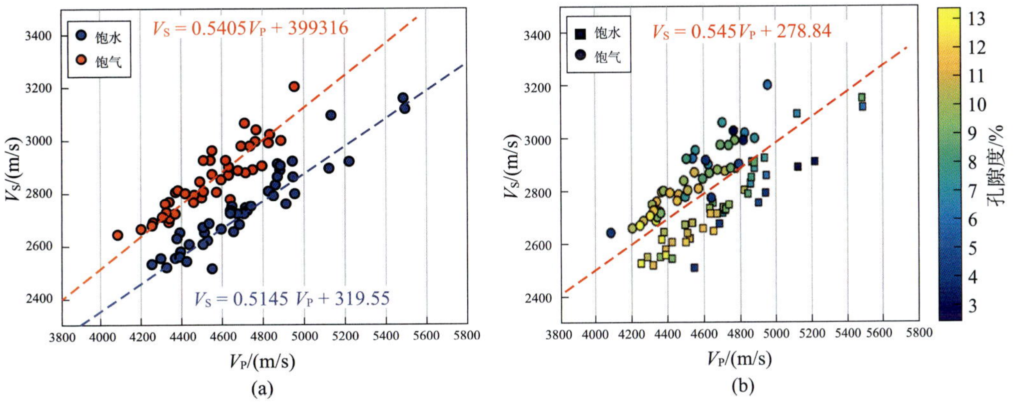

图 9.10　饱水饱气状态纵横波速度交会图

对纵横波阻抗进行交会分析也可以发现，纵横波阻抗间同样存在较强的相关性，如图 9.11 所示，基于纵波阻抗也可以开展孔隙度预测与流体预测工作。这里针对孔隙度大于9% 的Ⅰ、Ⅱ类储层，给出了纵横波阻抗区间，即横波阻抗为 6000 ~ 6700，$Ips = 0.5892Ipp + 197.17$。

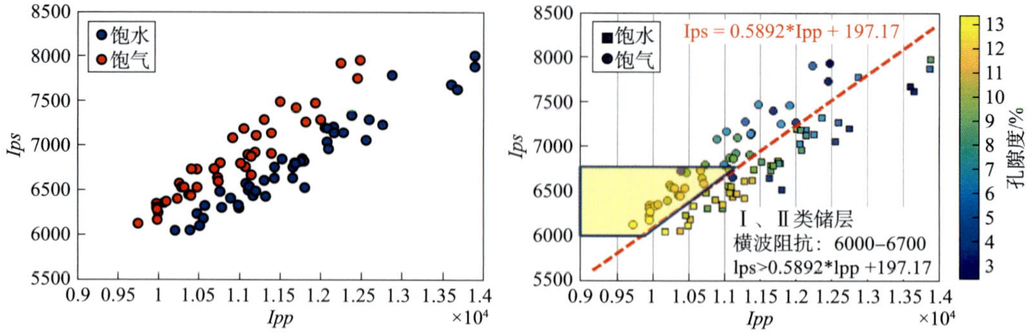

图 9.11　饱水饱气状态纵横波阻抗交会图

如图 9.12 所示，将弹性和物性参数与孔隙度进行交会可以发现，纵波速度与孔隙度间有较好的负相关关系，尤其是在孔隙度 >9% 的Ⅰ、Ⅱ类储层中有较好的指示（V_P < 4500m/s），弹性参数中体积模量与孔隙度具有一定的相关性。横波速度与孔隙度的关系由于低孔隙度样品与高孔隙度样品参数范围发生了叠置，会导致基于横波速度对孔隙度的判定误差相对较大。

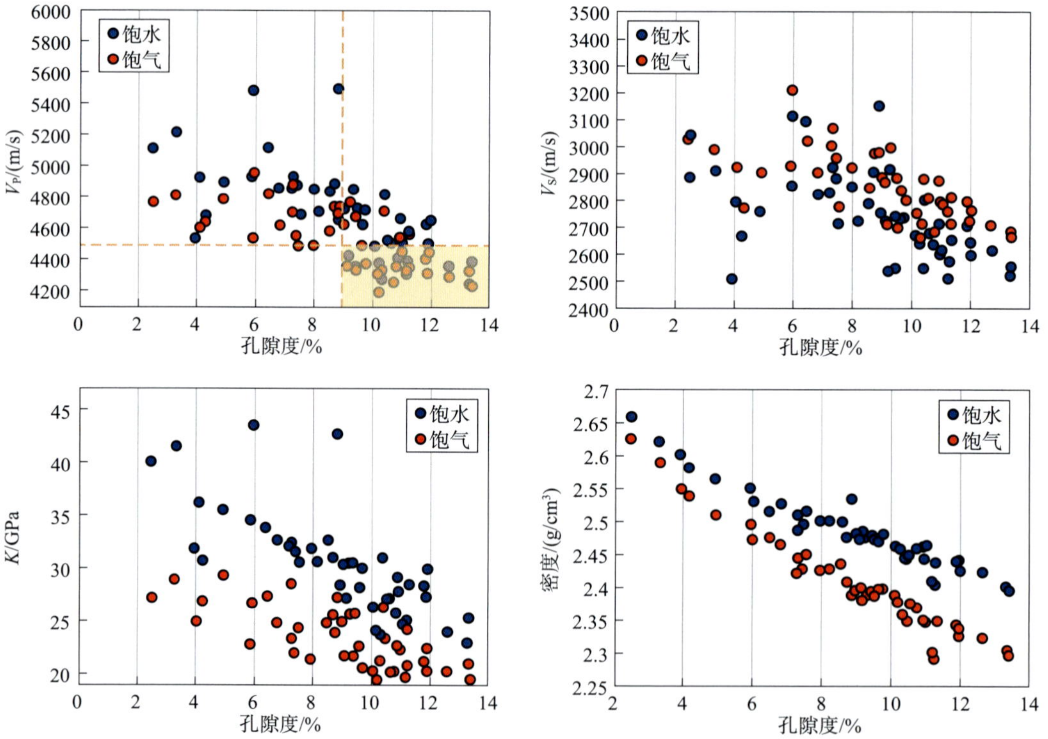

图 9.12　弹性、物性参数与孔隙度交会图

进一步分析对于含流体较为敏感的参数。如图 9.13 所示，将饱水饱气前后常用弹性参数以及常用的流体敏感参数进行对比可以发现纵横波速度比和泊松比对流体非常敏感，基本纵横波速度比低于 1.65 和泊松比低于 0.22 就可以完全区分饱气和饱水样品，但同时我们也可以发现，流体因子和 $\lambda\rho$ 对于流体的响应变化率非常大，但部分样品存在着叠置现象的发生(图 9.14)。同时也可以发现，如果用双变量去区分饱气和饱水样品，纵横波阻抗的区分度非常高。

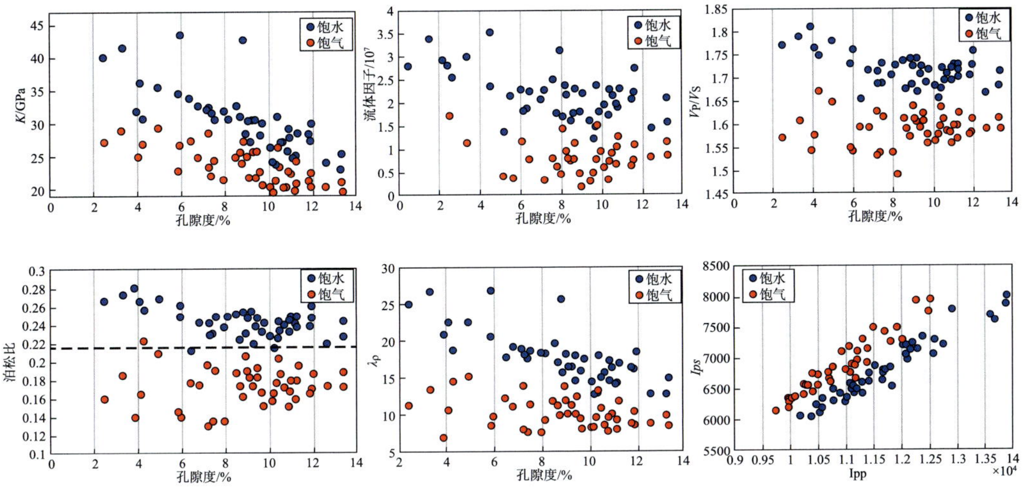

图 9.13　饱水饱气前后常用弹性参数对比图

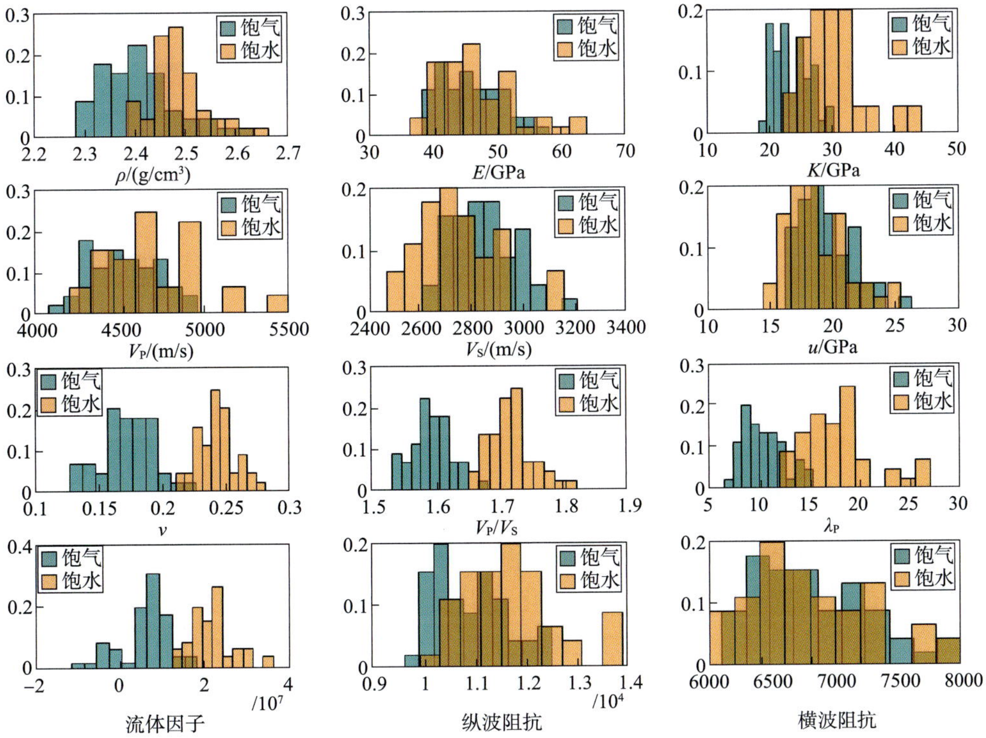

图 9.14　饱水饱气状态弹性参数分布直方图

（二）多因素弹性波正演模拟

依据中江沙溪庙组砂泥岩岩石物理特征，建立如图 9.15(a)所示的楔形体模型，楔形体砂岩及背景泥岩的速度依据实际工区岩石物理特征参数给定，砂岩的速度为 4150m/s、背景泥岩的速度为 4500m/s，楔形体砂体的厚度从 0m 到 360m(2 个波长)。采用炮间距 50m、道间距 50m 和激发子波主频为 25Hz 雷克子波进行波动方程正演模拟。

图 9.15(b)为楔形体模型正演模拟结果偏移剖面，图 9.15(c)为楔形体模型顶界面振幅曲线，可以看出调谐效应改变了界面真实的振幅信息：当河道厚度小于 1/8 波长(22.5m)时，调谐效应使界面的振幅能量变弱；当河道厚度介于 1/8 波长(22.5m)～1/2 波长(90m)时，调谐效应使界面的振幅能量变强，且厚度为 1/4 波长(45m)时振幅最强；当河道厚度大于 1/2 波长(90m)，调谐效应消失，此时振幅信息才真实反映地下阻抗情况。

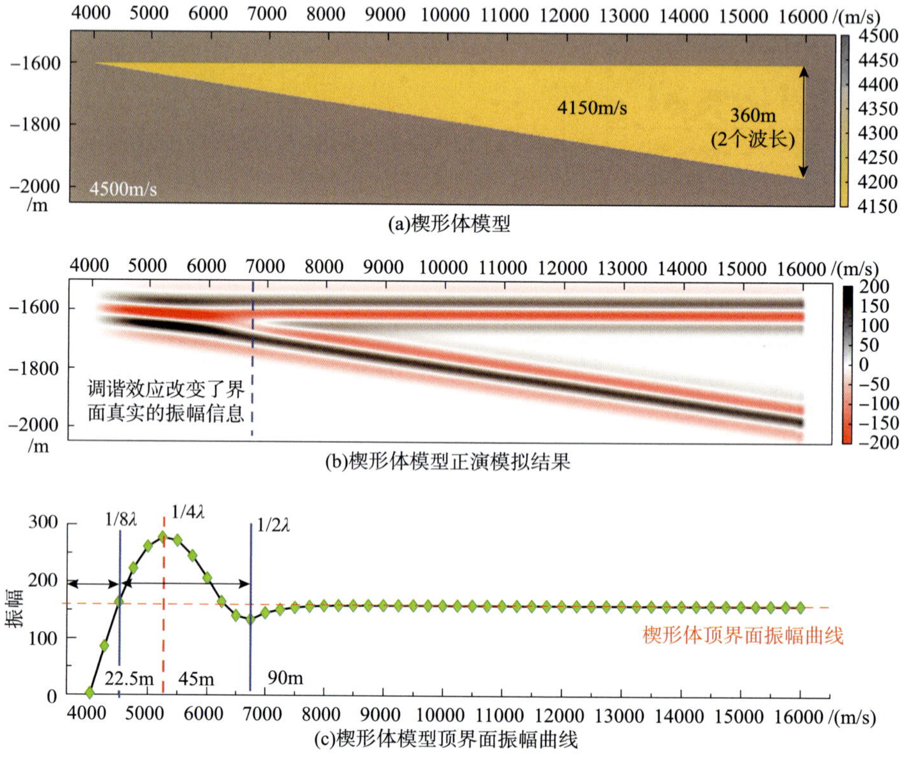

图 9.15 楔形体模型及其正演模拟结果

1. 考虑隐蔽河道厚度变化

基于楔形模型的正演模拟结果可知，当河道厚度小于 1/8 波长(22.5m)时，调谐效应使界面的振幅能量变弱，可见砂体厚度变化是引起地震剖面上能量强弱的原因之一。为了进一步研究河道砂体厚度变化引起的地震响应特征变化，建立如图 9.16(a)所示河道砂体厚度变化系列模型，河道砂体厚度从 5m 变化到 60m，河道砂体速度为 4100m/s，泥岩速度为 4500m/s，据此研究河道砂体厚度变化所引起的地震响应特征变化。

采用炮间距 50m、道间距 50m 和激发子波主频为 25Hz 雷克子波进行波动方程正演模拟。

图 9.16(b)为河道砂体厚度变化模型正演模拟结果偏移剖面，当河道厚度大于 20m 时，地震剖面上表现为较强的振幅异常反射特征，当河道厚度小于 5m 时，地震剖面上表现为弱振幅异常特征，从振幅曲线上可以看出，厚度为 5m 砂体与 20m 厚砂体能量相差了近 4 倍(图 9.17)。河道厚度大小尤其是厚度小于 5m 的河道是隐蔽型河道(弱反射)产生原因之一。

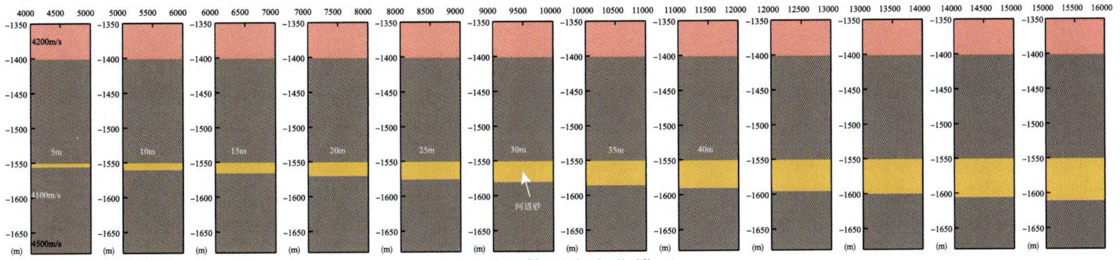

(a)河道砂体厚度变化模型

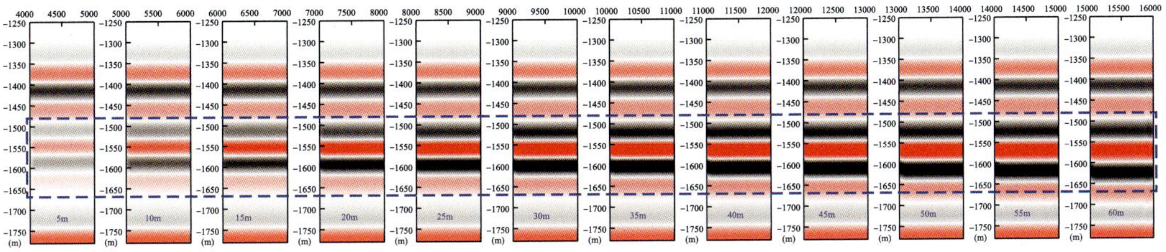

(b)河道砂体厚度变化模型正演模拟结果

图 9.16 道砂体厚度变化模型及其正演模拟结果

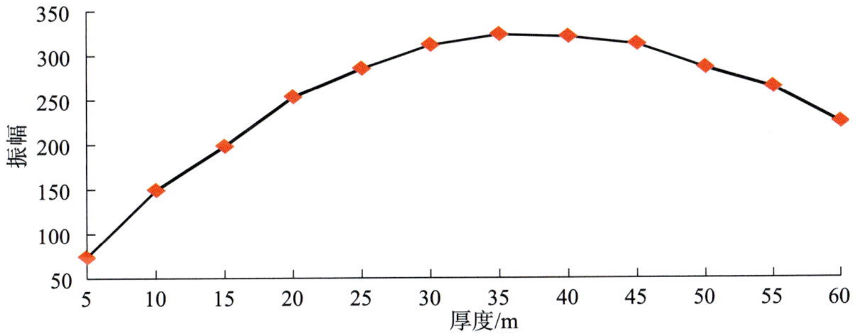

图 9.17 不同厚度河道砂体正演模拟结果振幅曲线

2. 河道的物性(充填速度)变化

固定河道砂体的厚度不变(20m)，分析河道砂体速度从 3900m/s 变化到 4450m/s，研究河道砂体速度变化所引起的地震响应特征变化。

图 9.18 为速度变化河道砂体模型及其正演模拟结果偏移剖面，河道物性参数与背景泥岩差异越小(即两种阻抗差异越小)，振幅能量越弱。相同厚度，砂体速度相差 550m/s，在地震剖面上河道砂体对应的振幅能量相差 8 倍之多(图 9.19)。可见储层欠发育同样是隐蔽型河道(弱反射)产生的原因之一。

3. 河道的厚度和物性同时变化

实际资料中，河道砂体的厚度和物性是耦合在一起的，即同一条河道在空间上既有厚度的变化又有物性的变化。为了进一步分析河道厚度和物性对地震响应的影响，考虑厚度和物性同时变化模型。

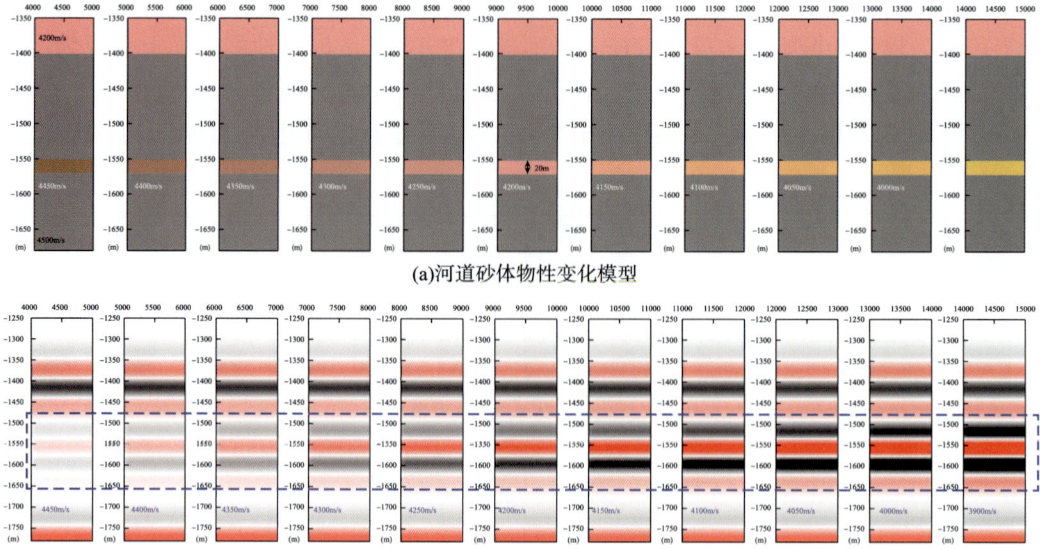

(a)河道砂体物性变化模型

(b)河道砂体物性变化模型正演模拟结果

图 9.18　河道砂体物性变化模型及其正演模拟结果

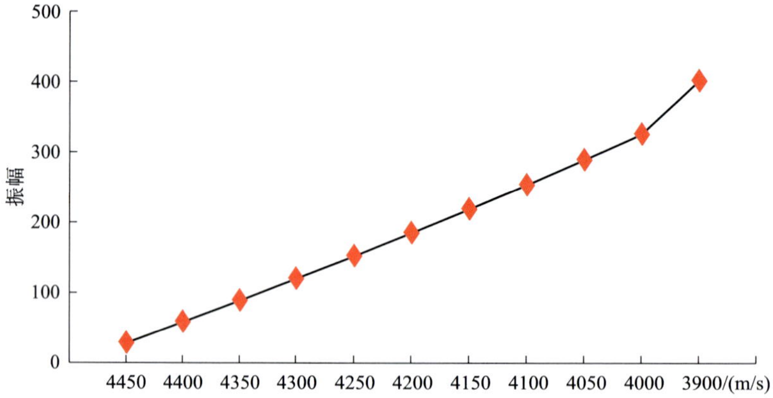

图 9.19　河道砂体物性参数变化模型正演模拟结果振幅曲线

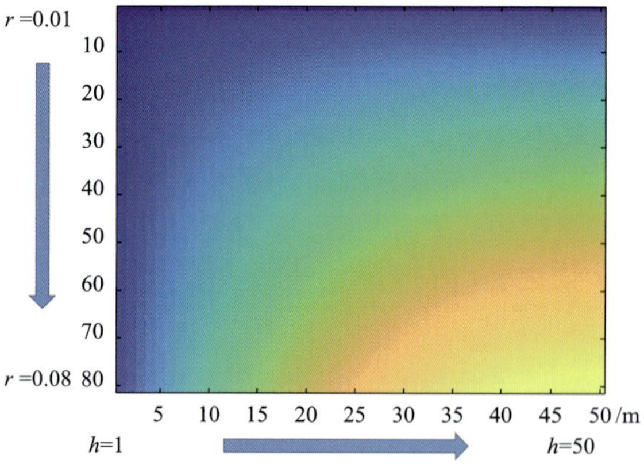

图 9.20　复合反射系数 R 与砂体厚度 h 和砂体反射系数 r 之间的关系

从薄层复合反射系数 R 表达式出发，绘制出 R 与砂体厚度和砂体反射系数 r 之间的关系，如图 9.20 所示，水平轴代表厚度的变化，垂直轴代表砂体反射系数 r 的变化，即砂体物性的变化，颜色代表 R 的大小，暖色调代表大值、冷色调代表低值。可以看出，薄层复合地震反射系数 R 是砂体厚度 h 和砂体反射系数 r 的综合响应，厚度 h 和砂体反射系数 r 越大，R 越大，地震剖面上的能量越强。同时也可以看出，同一个 R

值，对应了无数个砂体厚度 h 和砂体反射系数 r 的组合，即地震剖面上相同的振幅值对应了一系列厚度和物性的组合，基于振幅信息去反演砂体的厚度或物性是十分困难的，这也是地震多解性的原因所在。比较可知，相似条件下，反射系数的大小，即界面差异程度对 R 的影响程度更大，河道能量强弱对河道砂体的物性参数的变化更敏感。

4. 背景噪声对河道响应特征影响

上述是在理想条件下讨论了厚度及物性对河道砂体地震响应特征的影响，实际资料中，地层背景具有一定的非均质性，同时存在背景噪声的干扰，从一定程度上影响河道的识别；为此考虑一组非均质背景条件下的河道砂体模型，研究地层的非均质性及噪声对河道识别的影响。

图 9.21 为考虑河道砂体发育的背景为非均质情况下的地震地质模型，图 9.21(a) 为河道砂体厚度 20m，充填速度横向变化(3900 ~ 4450m/s)，背景泥岩为均质，速度为 4500m/s；图 9.21(b) ~ (d) 为考虑背景泥岩为非均质，从图 9.21(b) 到图 9.21(d) 泥岩的非均质逐渐变强。

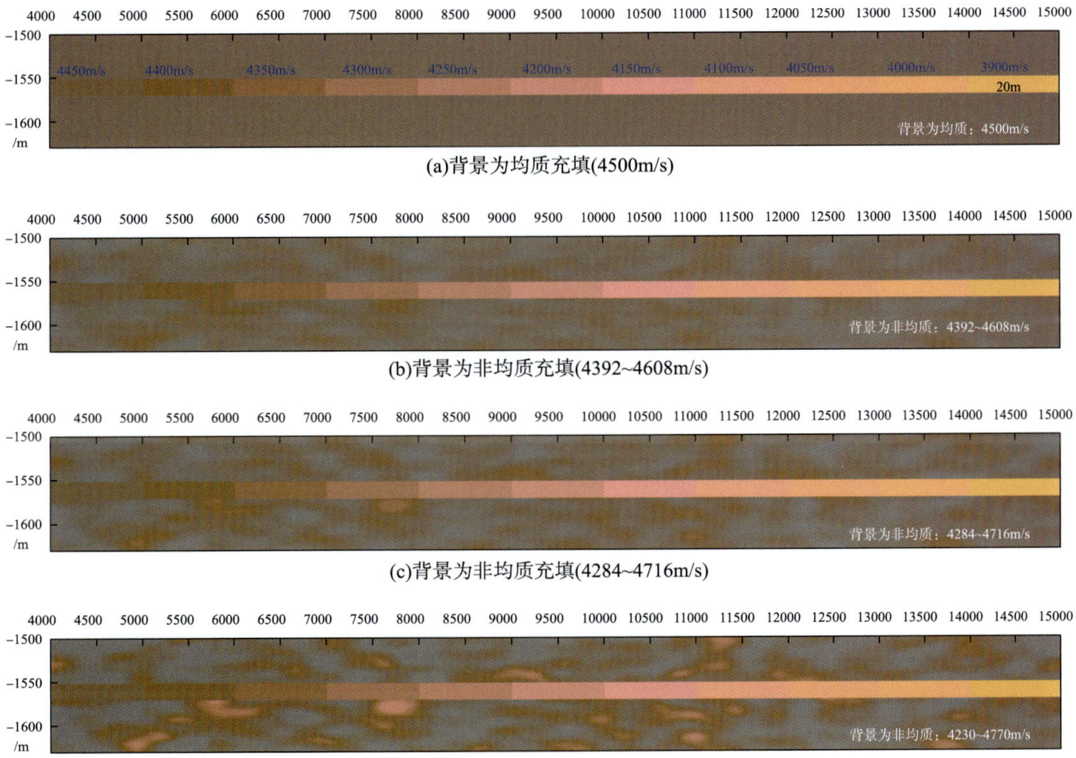

(a)背景为均质充填(4500m/s)

(b)背景为非均质充填(4392~4608m/s)

(c)背景为非均质充填(4284~4716m/s)

(d)背景为非均质充填(4230~4770m/s)

图 9.21 相同厚度、不同充填速度砂体发育在不同非均质背景下地震地质模型

背景泥岩非均质性的存在加剧了弱反射河道特征的识别难度，背景反射特征(噪声)越重，弱反射河道特征识别越困难，河道的弱反射特征与背景反射的能量相当，“淹没”在背景反射之中(图 9.22)。可见，背景噪声干扰是影响河道识别的外在因素。

从理论和正演模拟出发，对于单层河道砂体，影响河道砂体能量强弱的内因是河道砂体的厚度和河道砂体的物性，外因是泥岩的非均质程度(背景噪声)：

(1)相同物性下，河道砂体的厚度越大，地震剖面上能量越强；

(2)相同厚度下，河道砂体的物性越好，即河道砂体与背景泥岩的波阻抗差异越大，地震剖面上能量越强；

(3)河道能量强弱是厚度和物性的综合反映，河道砂体的物性参数的变化更敏感，优质储层识别能力可以达到5m，差储层识别能力降低；

(4)围岩地层越复杂，速度变化越大，河道识别难度越大。

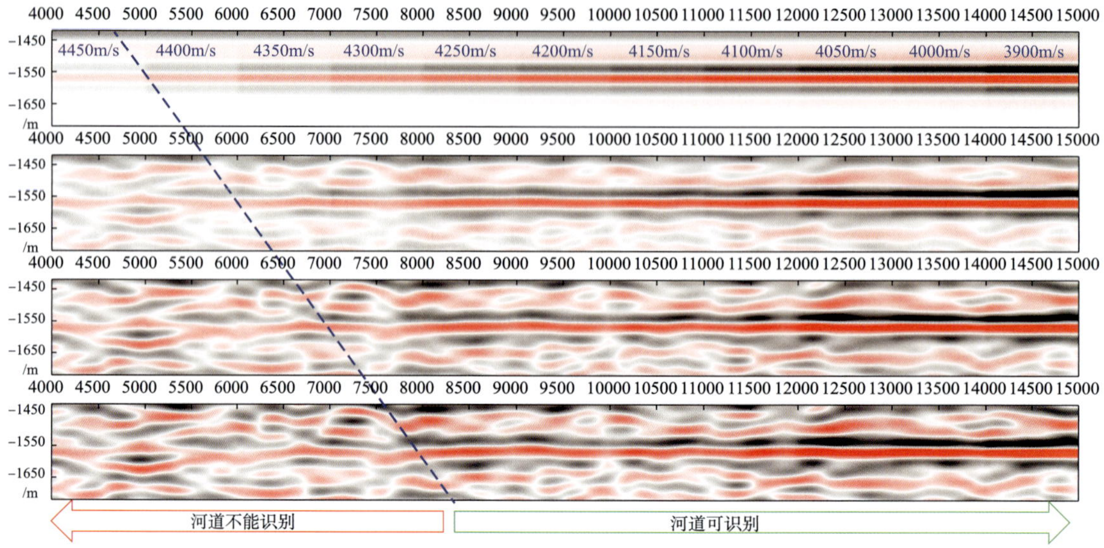

图 9.22 相同厚度、不同充填速度砂体发育在非均质背景下正演模拟结果

5. 致密砂岩 AVO 特征

川西致密砂岩储层主要发育Ⅰ、Ⅱa、Ⅱb、Ⅲ、Ⅳ类 AVO 砂体类型，因此建立了如下表所示模型参数来正演模拟合兴场－高庙－丰谷地区的振幅随偏移距的变化关系。反射系数的计算采用 Zoeppritz 方程，正演模拟参数如表 9.1 所示，速度、密度参数如图 9.23 所示。

表 9.1 不同 AVO 类型正演模拟参数

AVO 类型	V_P(m/s)	V_S/m/s	ρ/(g/cm^3)
上覆岩层(泥岩)	4200	2050	2.5
Ⅰ	4800	2800	2.6
Ⅱa	4500	2600	2.55
Ⅱb	4180	2400	2.45
Ⅲ	3700	2100	2.42
Ⅳ	4090	1450	2.23

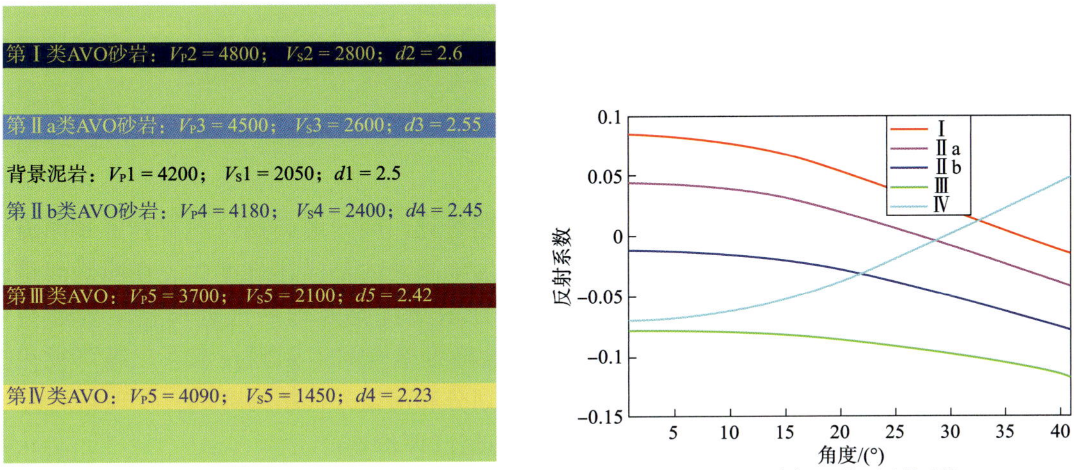

(a)参数模型　　(b)不同AVO类型反射系数

图9.23　参数模型和不同AVO类型反射系数

根据典型井，建立泥包砂的物理模型，泥岩包裹了各种类型砂岩(高阻抗砂岩、中等阻抗砂岩略大于泥岩、中等阻抗砂岩略小于泥岩和低阻抗砂岩)，再通过Zoeppritz方程计算分界面的反射系数。

从图9.24可以很直观地了解第Ⅰ类和第Ⅱa类AVO这两种砂体接触类型。振幅随偏移距的增大，从正的反射系数向负的反射系数变化，过零点而最终造成叠后剖面上振幅呈弱波峰的反射特征。这是中江沙溪庙部分河道隐蔽的原因之一。同时第Ⅱb和第Ⅲ类AVO都可以形成较强的振幅，但第Ⅱb类砂体形成的亮点容易被第Ⅲ类AVO的亮点特征所遮盖，形成识别陷阱，从而不能被正确认识。

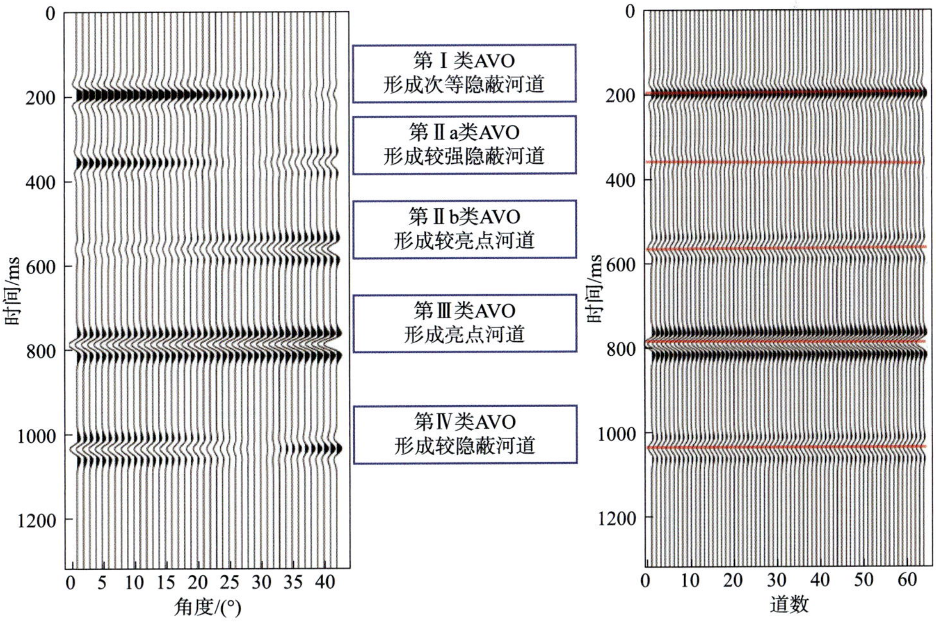

图9.24　不同AVO类型叠前道集和叠后剖面

第三节　致密河道砂岩储层精细描述

(一)致密河道砂岩储层表征与刻画

川西侏罗系气藏河道砂体物性差，纵向上多期叠置，同一地震相位内发育多套河道砂体，不同期次的河道砂体难以有效区分，河道外形刻画及内幕描述难度大。在明确河道砂体地震响应特征的基础上，利用基于保 AVO 特征道集优化处理的远近偏移距叠加技术(Far & Near offset，FN 叠加技术)、多维多域属性降维融合河道刻画技术、三维可视化技术等，对研究区沙溪庙组叠置河道进行河道期次划分和河道外形精细雕刻，发现新河道 23 条，30 余条老河道成像质量明显提升，10 余条河道已评价建产。

1. 基于保 AVO 特征道集优化处理的 FN 叠加技术

AVO 技术是利用共中心点道集或共反射面元资料分析反射波振幅随偏移距的变化规律，估算界面两侧的弹性参数泊松比，进一步推断储集层的岩性和含油气性的一种资料处理与分析技术。基于保 AVO 特征道集优化处理的 FN 叠加技术是在叠前道集保持 AVO 特征处理的基础上，通过不同优势偏移距叠加突显特定储层类型砂体展布特征的方法，如图 9.25 所示。

川西侏罗系河道气藏优质储层为低波阻抗，围岩为高波阻抗，因此在叠后地震剖面上表现为波谷强反射特征，叠前道集表现为三类 AVO 特征。部分河道储层品质变差，储层阻抗升高与围岩接近，表现为波谷中弱反射特征，叠前道集表现为二、四类 AVO 特征。随着河道储层品质继续变差，储层阻抗高于围岩，表现为波峰反射特征，在叠前道集中为第一类 AVO 特征。

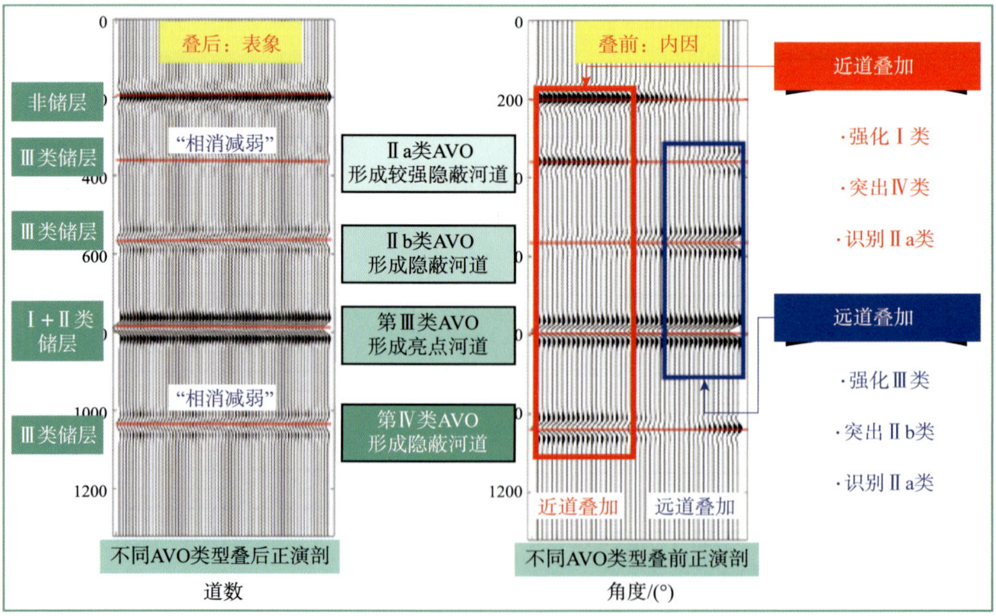

图 9.25　基于 FN 叠加理论刻画不同 AVO 类型河道

以中江气田沙溪庙组河道砂岩气藏为例，在沙溪庙组 JS33 –3 层 A1、A2 及 A3 井获高产，这些井常规振幅平面图都位于中弱阻抗河道上，如图 9.26 所示，属于“物性隐蔽”河道，叠前道集为二类 AVO，通过 FN 属性远道叠加处理，在远道叠加平面图上这些井的响应特征明显增强，河道外形和走向特征更清晰，如图 9.27 所示。

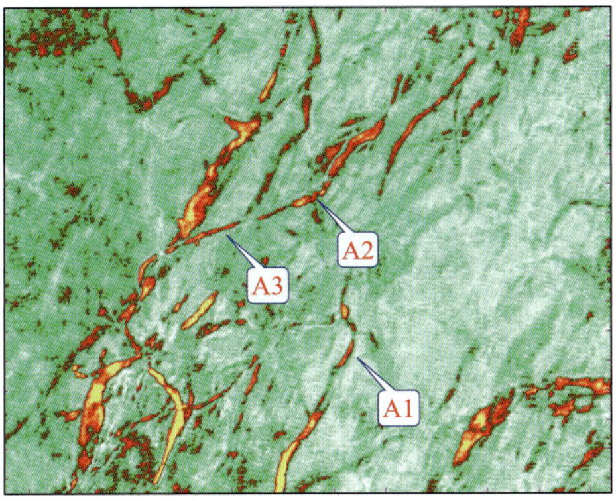

图 9.26　JS33 –3 层常规振幅平面图

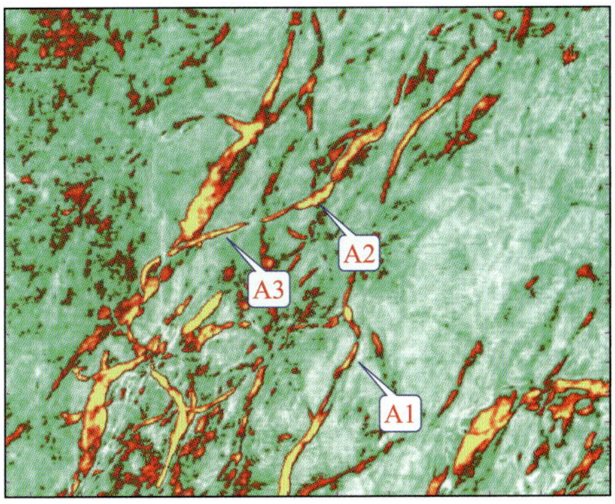

图 9.27　JS33 –3 层 FN 属性远偏叠加平面图

在近偏叠加剖面上，部分河道连续性变好，河道特征更清楚，通过该技术发现多条新河道。在沙溪庙组 JS33 –1 层 B1 井钻遇河道，砂厚 29m，孔隙度平均值 6.49%，储层品质较差，在常规振幅平面图上河道走向、形态不清，如图 9.28 所示，叠前道集为第一类 AVO，通过 FN 属性近道叠加处理，在近道叠加平面图上河道外形和走向特征更清晰，如图 9.29 所示。

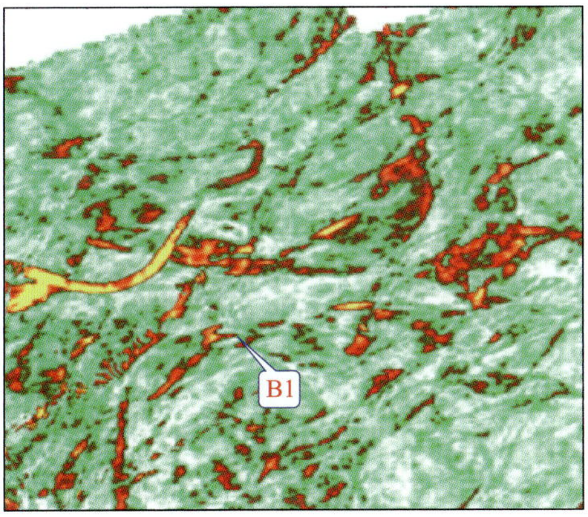

图 9.28　常规振幅平面图

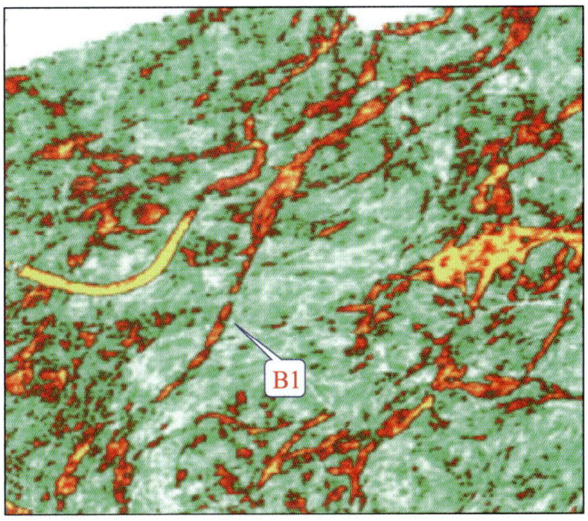

图 9.29　FN 属性近偏叠加平面图

2. 多维多域属性降维融合河道刻画

地震属性中包含着丰富的储层信息，但某种地震属性通常只对特定的储层敏感，如何充分挖掘不同地震属性所包含的有效储层信息，实现同一沉积时期，不同类型河道的精确刻画显得尤为关键。基于模糊逻辑的多属性融合方法，即将模糊理论应用于属性融合，得到一种综合的定量属性，该综合属性能更准确地描述地下储层信息。由于地震资料分辨率的限制，利用不同频率振幅体对河道砂体响应的差异，可以弥补时间域属性对河道刻画的不足。综合分析频率域与时间域的多种地震属性，筛选出对河道砂体敏感的16Hz单频数据、29Hz单频数据、近偏叠加数据和远偏叠加数据四个属性，基于模糊逻辑进行多属性融合。图9.30展示了JS33-3层振幅属性平面图(a)与融合图(b)，由图可以看出，相比于常规振幅属性，基于模糊逻辑的多属性融合技术刻画的河道边界更加清晰，连续性更好。

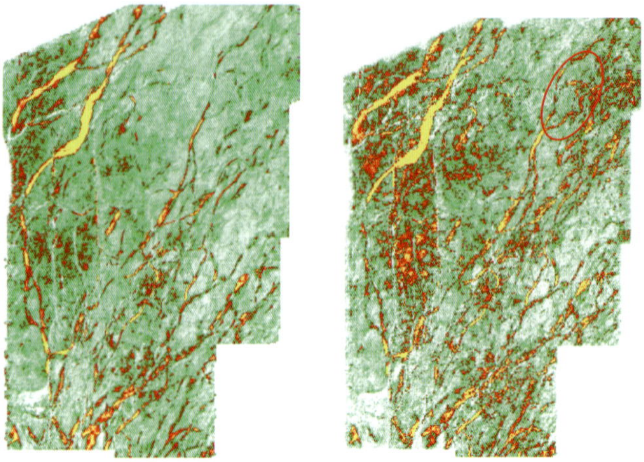

(a) (b)

图9.30 JS33-3层振幅属性平面图(a)与融合图(b)

(二)致密河道砂岩储层物性参数反演

川西侏罗系沙溪庙组气藏主要由三角洲平原-前缘分流河道砂体组成，具有单层厚度小，横向变化快，分布规律复杂的特征，属于特低-低孔、特低渗储集类型。要落实这些气藏的探明储量，确定开发方案，要求储层研究对象精确到小层-单砂体，因此复杂储层定量预测成为开发阶段的核心目标。研究表明，通过基于砂体构型约束的波形指示反演技术，可以提高薄砂体预测精度；通过贝叶斯岩石物理参数反演技术，可以提高致密砂岩孔隙度预测精度。

1. 基于砂体构型约束的波形指示反演技术

基于薄窄河道辨识机理分析可知，地震波形特征的变化反映沉积环境和岩性组合的空间变化，代表储层垂向岩性组合的调谐样式，其横向变化能反应储层空间的相变特征。基于砂体构型约束的薄储层反演方法，是在传统地质统计学反演基础上发展起来的新型统计学方法。横向上利用地震波形横向变化信息取代变差函数表征空间结构变异性，纵向上利用测井信息采用马尔科夫链-蒙特卡罗算法进行随机模拟，以此获得纵、横向分辨率高的反演结果。这样可以在保证样本地震波形结构特征一致性的基础上按照分布距离对样本进行排序，从而使反演结果在空间展布上体现沉积相带的控制约束，平面上更符合沉积规律和特点。基于砂体构型约束的薄储层反演技术具有精度高、反演结果随机性小等特点，更好地体现了“沉积相控制”的思想。

东坡沙溪庙组JS21层气藏的A4河道已钻井揭示砂体厚度变化较大，图9.31(a)为过A5井常规阻抗反演剖面，从常规阻抗反演剖面来看A5井砂体较厚，计算厚度约18m。基于砂体构型约束的波形指示反演结果[图 9.31(b)]揭示 A5 井砂体存在夹层，后续实钻表明 A5 井存在 10m 厚的砂体，中间夹层 12m。该技术在中江沙溪庙组薄层叠置储层预测中能准确预测 10m 厚Ⅱ、Ⅲ类储层，隔层识别厚度降低到10～15m。

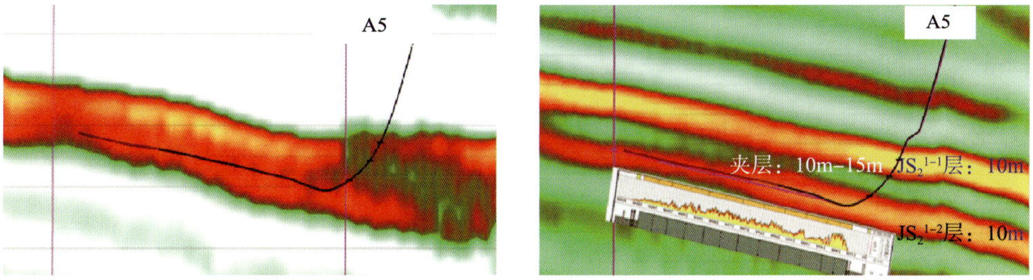

(a)稀疏脉冲反演

(b)基于砂体构型约束反演结果

图 9.31 纵波阻抗反演结果

2. 贝叶斯岩石物理参数反演技术

基于地震资料开展储层孔隙度预测是岩性油气藏勘探的一个重要内容。目前，基于地震资料的储层孔隙度描述方法大致可以总结为三类。一是，基于岩石物理分析，优选敏感弹性参数，构建一元、多元回归模型，结合弹性参数反演进行孔隙度预测。二是，基于机器学习算法构建孔隙度同地震属性之间的映射关系，从而进行孔隙度反演。三是，基于地质统计学随机模拟方法，实现孔隙度三维建模。这里以致密碎屑岩岩石物理建模为基础，采用基于贝叶斯分类的储层物性参数联合反演方法，提高致密砂岩储层孔隙度预测精度。相较于常规方法，该方法以岩石物理模型为驱动，模型精度更高，与实际工区地质情况更符合。基于非线性反演方法，实现多种弹性参数输入，多种岩石物理参数同时反演，通过多参数协约束解耦提高孔隙度预测精度。

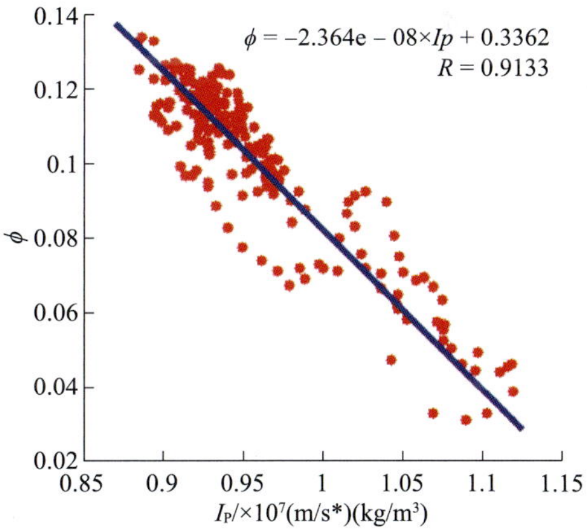

图 9.32 纵波阻抗与孔隙度测井交会

图 9.32 为测井纵波阻抗与孔隙度交会图，纵波阻抗与孔隙度相关性达到 91%。基于纵波阻抗线性拟合和基于贝叶斯物性参数反演进行储层孔隙度预测对比。预测结果如图 9.33，图 9.33(a)为基于纵波阻抗线性拟合孔隙度预测结果，其中红色曲线为预测结果，蓝色曲线为原始孔隙度曲线。图 9.33(b)、(c)、(d)为基于贝叶斯物性参数反演获得的孔隙度、泥质含量、石英含量，红色曲线为贝叶斯反演结果，蓝色曲线为原始测井曲线。对比图 9.33(a)与图 9.33(b)，基于贝叶斯物性参数反演获得的孔隙度结果无论是从整体上还是局部振幅值都与原始曲线更为接近，说明该方法优于基于纵波阻抗线性拟合的孔隙度预测方法。图 9.34 为基于纵波阻抗线性拟合和基于贝叶斯物性参数反演的孔隙度预测结果。对比可见，基于纵波阻抗线性拟合的预测结果受地震数据振幅影响较大，而基于贝叶斯的孔隙度反演结果与测井解释更吻合。统计工区 19 口井，孔隙度预测精度较前期基于阻抗的预测结果提高 6.3%。

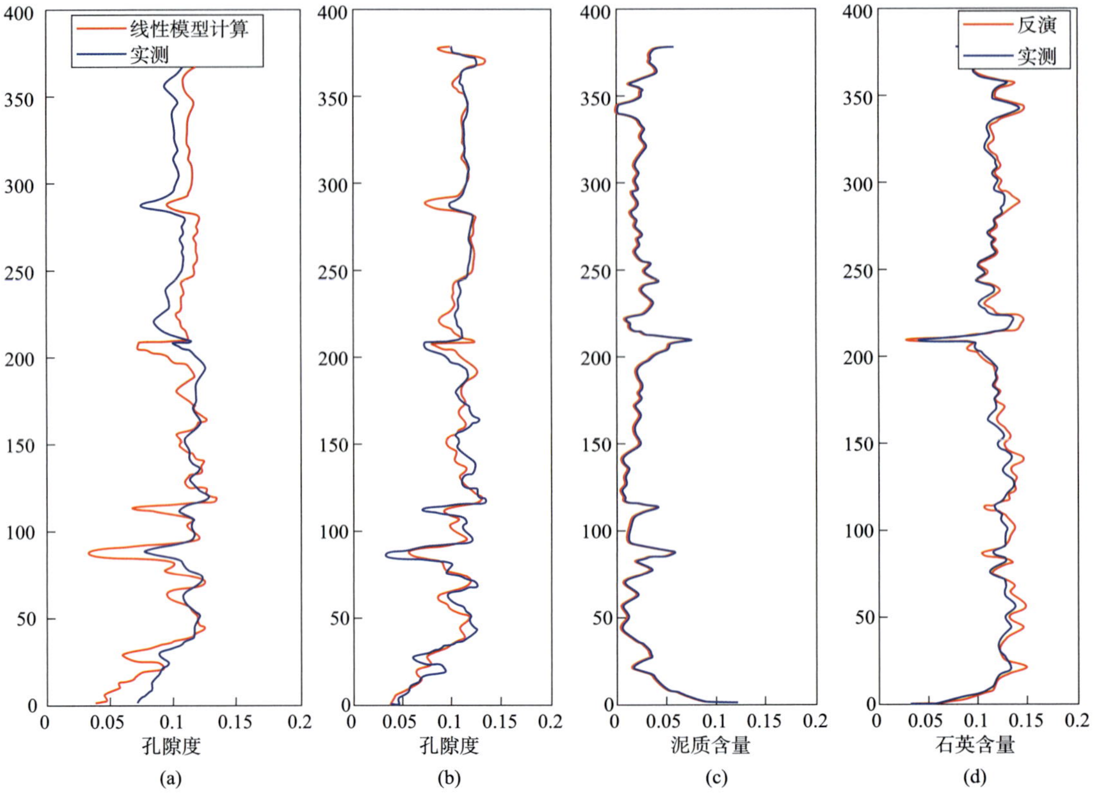

图 9.33　基于纵波阻抗线性拟合和基于贝叶斯物性参数反演的孔隙度预测结果

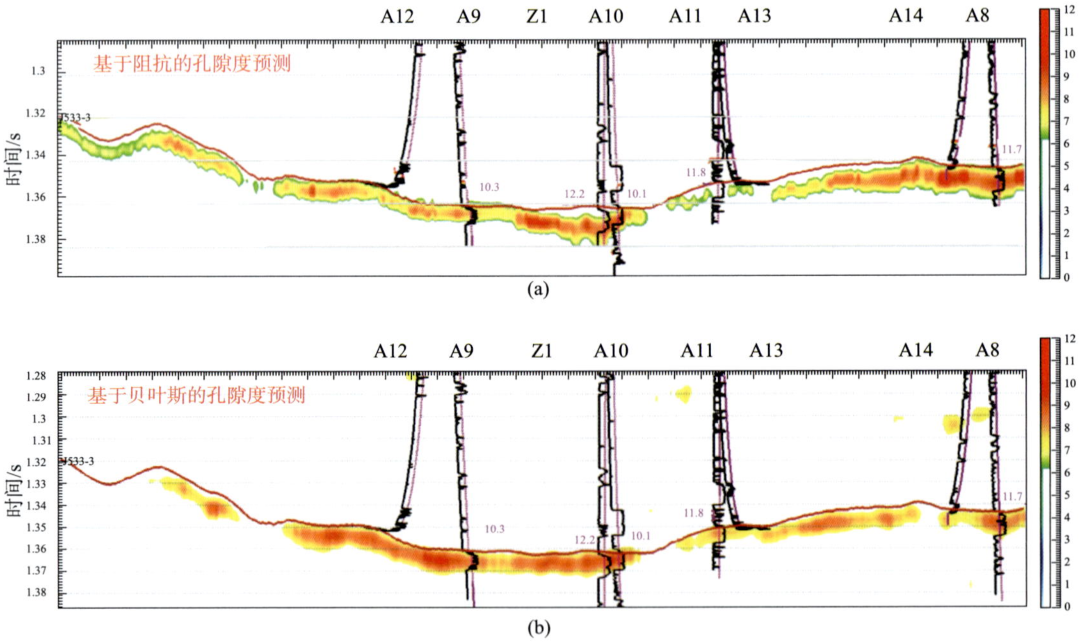

图 9.34　典型河道基于阻抗的孔隙度预测(a)和基于贝叶斯的孔隙度预测(b)

第四节 致密河道砂岩储层含气性预测

川西侏罗系气藏气水关系复杂，产能差异明显，同时存在着低阻抗泥岩陷阱和中高阻抗砂体，孔隙流体性质预测难度很大。准确预测孔隙流体性质，定量描述储层含气性对于开发部署及经济评价有重要意义。针对川西地区复杂气藏含气性预测难题，从实验岩石物理出发，结合测井岩石物理分析及建模，基于叠前叠后地震资料，从含气储层弹性特征、AVO 特征及衰减特征三个方面进行致密砂岩储层含气性检测。研究表明：通过基于匹配追踪算法的含气性衰减随入射角变化梯度(Q value gradient Variation with incedent Angle，QgVA)含气性检测技术可以区分孔隙流体性质；通过基于叠前衰减梯度的概率神经网络含气性定量预测技术可以实现含气饱和度定量预测。

(一)含气性定性描述

1. 弹性流体因子叠前地震反演技术

基于流体敏感因子分析结果，在相同孔隙度条件下泊松比与含水饱和度具有较好的相关性，因此对泊松比参数进行改造，建立泊松比基于孔隙度差异的校正函数，构建新的含气砂岩弹性流体因子。

构建新的含气砂岩弹性流体因子分为以下几个步骤：

(1)在保持含水饱和度不变的情况下，设置一个储层孔隙度常数值，例如孔隙度 $\Phi new=10\%$，将储层内所有原始孔隙度值 Φorg 都替换为 10%，并计算 $\triangle\Phi=\Phi new-\Phi org$；

(2)开展储层段泥质含量、孔隙度交会分析，储层内孔隙度与泥质含量为负相关，并假设在进行孔隙度值替换时，石英含量不变，孔隙度值增大和减小分别对应泥质含量值减小和增大，同时计算新的泥质含量 $V_{sh}new=V_{sh}org-\triangle\Phi$。

(3)基于岩石物理模型，计算孔隙度值替换为 10% 时新的纵横波速度、密度值，并计算泊松比 PossionΦnew = 10%，泊松比 PossionΦnew = 10% 物理意义是相同孔隙度条件($\Phi new=10\%$)下的泊松比，即新的含气砂岩弹性流体因子。通过多元拟合建立含气砂岩弹性流体因子与原始泊松比和原始孔隙度之间的关系，在地震反演获得纵横波速度、密度值的基础上，结合孔隙度值可以直接获得含气砂岩弹性流体因子。

图 9.35 为实钻井含气砂岩弹性流体因子在储层段的测试结果，图 9.35(a)为原始泊松比与含气饱和度交会图，图中红色数据点代表的是孔隙度较高的井数据，蓝色数据点对应的是孔隙度较低的井数据，图中显示孔隙度存在差异会导致泊松比与含气饱和度的相关性不一致，图 9.35(b)为含气砂岩弹性流体因子与含气饱和度交会图，图中显示含气砂岩弹性流体因子与含气饱和度的相关性在井之间是一致的，说明含气砂岩弹性流体因子消除了孔隙度对弹性参数的影响，因此可以直接通过含气砂岩弹性流体因子预测含气饱和度。

在地震数据的采集和处理过程中，必然会产生部分随机噪声干扰。信噪比高的地震数据能获得更高的反演精度。因此需要对叠前数据进行预处理，进一步降低地震数据的噪声能量，提高地震资料信噪比，使地震资料品质进一步得到改善，有利于提高反演精度。

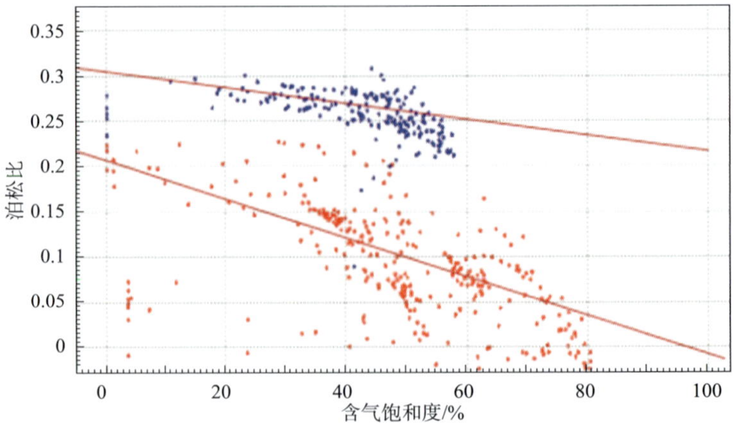

(a)原始泊松比与含气饱和度交会图

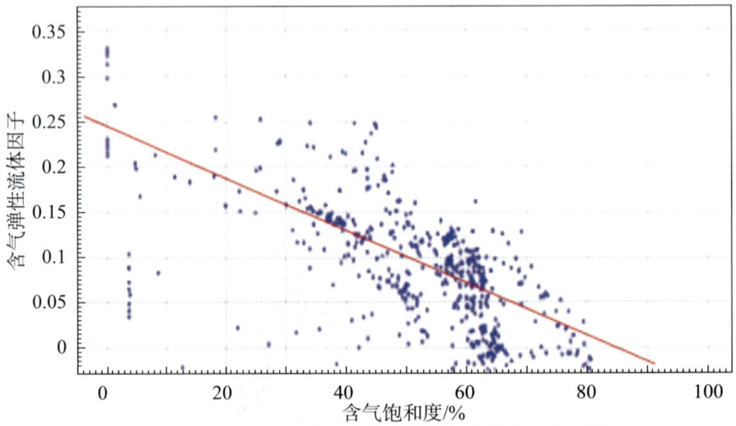

(b)含气砂岩弹性流体因子与含气饱和度交会图

图 9.35　实验井含气砂岩弹性流体因子在储层段的测试结果

在叠前道集处理的基础上，通过叠前三参数反演获得纵波速度 V_P、横波速度 V_S、密度 ρ 三个弹性参数，并计算纵波阻抗、体积模量 K 与原始泊松比，然后将纵波阻抗、纵波速度、横波速度和体积模量作为输入通过贝叶斯多参数联合反演获得孔隙度，最终根据原始泊松比和孔隙度反演结果获得含气砂岩弹性流体因子。

在获取弹性参数、孔隙度等数据后按上文提及的方法计算含气砂岩弹性流体因子(图 9.36)，并根据含气砂岩弹性流体因子与含气饱和度的关系计算得到 Z1 河道含气饱和度剖面，含气饱和度定量地描述了河道砂岩储层的含气性情况。图 9.36 中 Z1 井累计产气量最高为 $8817\times10^4m^3$，A8 井产水，A9 井、A10 井、A11 井累计产气量分别为 $2657\times10^4m^3$、$894\times10^4m^3$、$1428\times10^4m^3$，含气饱和度定量预测结果与含气饱和度解释结果吻合度高，与实际生产数据完全对应。图 9.36 中井 A12 井、A13 井、A14 井为水平井，在整个含气饱和度预测流程中未参与计算，其中 A12 井累计产气量最高为 $12613\times10^4m^3$，A13 井为 $2414\times10^4m^3$ 次之，A14 井累计产气量最低为 $131\times10^4m^3$，含气饱和度预测结果与水平井产量完全吻合，图 9.37 为校正前的泊松比剖面，A8 井产水，但是校正前的泊松比数据指示其具有较高的含气性，因此含气敏感弹性流体因子(即基于孔隙度校正的泊松比属性）与实钻流体情况更加吻合，验证了方法的有效性。

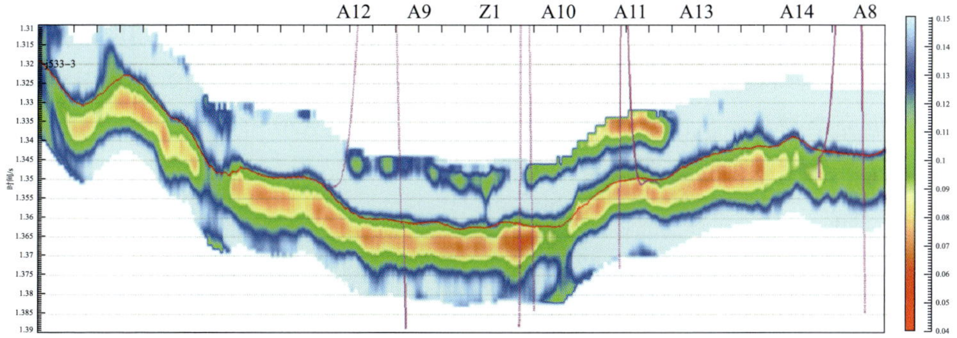

图 9.36　Z1 河道含气敏感弹性流体因子

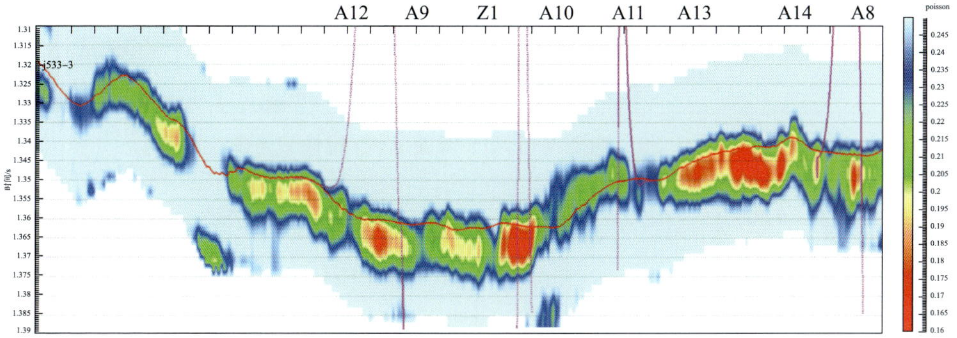

图 9.37　Z1 河道校正前泊松比

2. 基于 AVO 属性的含气性检测技术

以川西地区气藏实际井为基础，基于致密碎屑岩储层岩石物理模型开展物性、流体替换，模拟不同储层物性、流体条件下 AVO 特征，优选川西区块复杂气藏含气性敏感 AVO 属性。AVO 技术的应用主要有两个方面，分别是 AVO 属性与 AVO 反演。

AVO 属性分析是基于截距 - 梯度理论的分析方法，其中最基本的剖面就是截距剖面、梯度剖面及拟泊松比剖面。截距剖面（P 剖面）又可以称为零偏移剖面，主要反映了在垂直入射情况下的反射系数情况，是纵波速度变化率与密度变化率的平均值，当截距剖面显示为波峰时表示正反射界面（由低阻抗介质到高阻抗介质），相反为波谷时表示为负反射界面；而梯度剖面（G 剖面）与泊松比及纵波的反射系数有关，主要反映了反射界面两侧地层之间的岩性变化特征。拟泊松比剖面（$P+G$）也可称作纵横波速度比变化率剖面，主要反映了纵横波速度比的变化率及泊松比的变化率。泊松比的变化反映了岩石孔隙中所含流体的特征，当泊松比的变化率较大时反映了岩石孔隙中流体发生了变化，因此，根据泊松比变化率可与岩性及含气性相联系起来。

$$P = R_0 = R_P(0) = \frac{1}{2}\left(\frac{\Delta Vp}{Vp} + \frac{\Delta\rho}{\rho}\right) \tag{9.6}$$

$$G = \frac{1}{2}\left(\frac{\Delta Vp}{Vp} - \frac{\Delta\rho}{\rho} - 2\frac{\Delta Vs}{Vs}\right) \tag{9.7}$$

$$P+G=\frac{1}{2}\Delta\left(\frac{Vp}{Vs}\right)=\frac{9}{4}\Delta\sigma \qquad (9.8)$$

图 9.38、图 9.39 为典型河道 A15 河道、A16 河道 AVO 属性剖面，从图 9.38 可以看出，A15 河道的高产区位于 A17 井、A15 井、Z2 井和 A18 井处，A19 井含气性略差，与实际生产数据完全吻合。从图 9.39 可以看出 A16 河道中 A20 井、A21 井、A16 井处含气性最好，与实际生产数据吻合度较高。

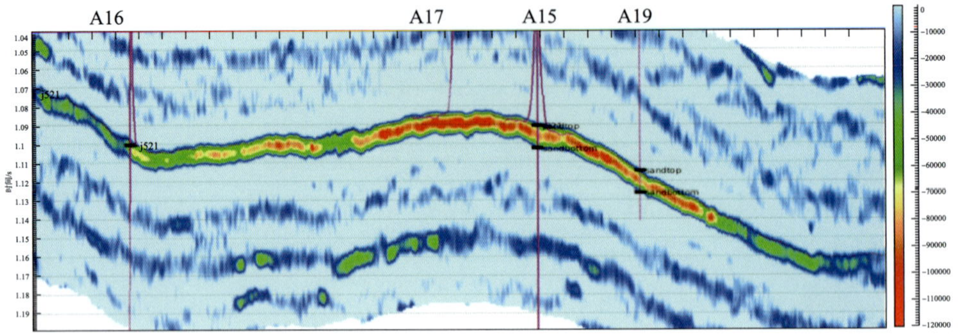

图 9.38　典型河道 A15 河道 AVO 属性 $P*G$

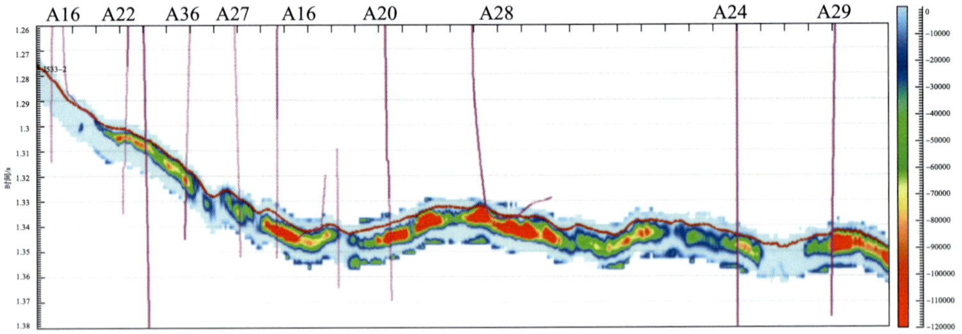

图 9.39　典型河道 A16 河道 AVO 属性 $P*G$

3. 基于衰减特征的含气性识别

(1)频变 AVO 反演含气性预测。

在基于 Smith 和 Gidlow 近似式的 FAVO 反演中，公式中表明需要已知纵横波速度信息，如果是模型试算，速度模型已知，但在实际资料中，速度信息是通过经验公式和速度分析获得的，精确度不够。Wilson(2010)在该反演理论计算中认为 A、B 与频率无关，所以 A、B 中的速度信息可以认为与流体的流动性无关，所以我们可以借助传统的 AVO 理论获取更精确的纵横波信息，再代入到 A、B 两项的计算中。

PDDF 因子是 AVO 反演纵波速度差与基于 Smith 和 Gidlow 近似式 FAVO 反演纵波频散程度的乘积。基于实际地震资料和井资料进行 AVO 反演，可以得到纵横波速度剖面，然后利用实际地震资料和 AVO 反演得到的纵横波速度进行 FAVO 反演，得到频散程度，最后计算频散程度和纵波速度差的乘积得到目标流体因子 *PDDF*。

图 9.40 频变 AVO 反演结果显示，Z1 河道含气性最好的区域位于 A12 井附近，实际

生产数据中，A12 井的累积产量达到 $12613\times10^4\text{m}^3$，与频变 AVO 反演结果吻合。预测结果表明，频变 AVO 反演方法在含气性最高的区域具有明显的响应，但是在细节上受制于分频算法的影响暂时无法达到较高的精度。

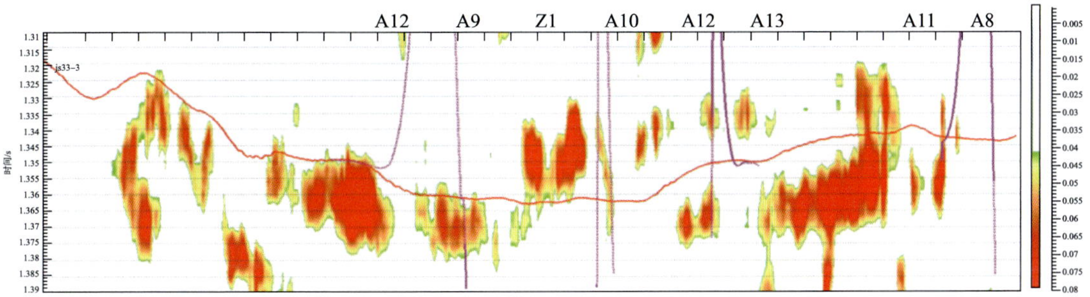

图 9.40　Z1 河道频变 AVO 反演结果

（2）基于匹配追踪的叠前衰减梯度含气性预测技术。

高频衰减梯度原理：高频端由于油气的存在使得地震信号的衰减能力增大，可以通过频率衰减梯度来进行油气检测。在时频剖面上把检测到的最大能量频率作为初始衰减频率，再计算 65% 和 85% 的地震波能量，拟合出频率域能量的衰减梯度（图 9.41）。

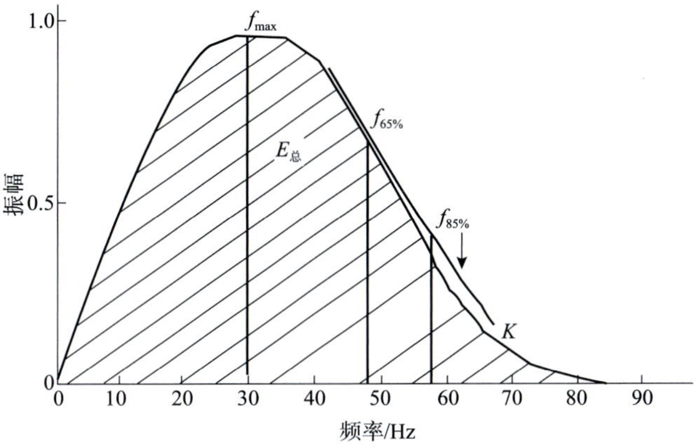

图 9.41　衰减梯度原理

为了获得更好的高频衰减梯度结果，图 9.42 为主流时频分析方法对比，最终优选效果最好的匹配追踪时频分解方法进行高频衰减梯度计算。

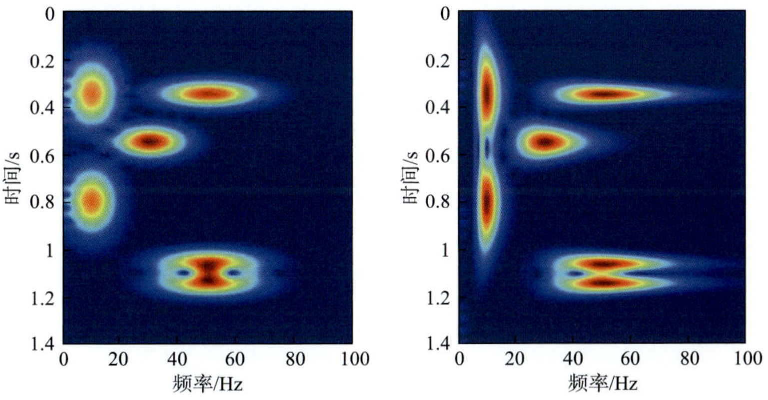

(a)短时傅里叶变换(STF)　　(b)连续小波变换

图 9.42　4 种时频分析方法对比

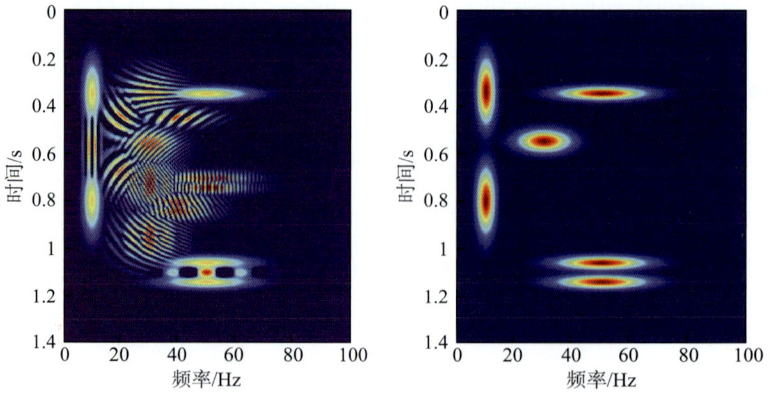

(c)Wigner-Ville分布(WVD)　　(d)匹配追踪

图 9.42　4 种时频分析方法对比(续)

基于匹配追踪算法的 QgVA 流体检测技术的实现流程为：①叠前道集处理及部分角度道集叠加；②不同角度道集基于匹配追踪算法的时频谱分解；③高频衰减梯度属性提取。

图 9.43、图 9.44 为 Z1 河道叠后波阻抗剖面以及基于匹配追踪的 QgVA 属性，以 Z1 河道为例，表现为低波阻抗，但实际产水，气藏高部位产水、低部位产气，古构造高，今构造低，有效岩性封堵形成“香肠式”富集成藏，给含气性预测带来巨大挑战。A8 为产水井，波阻抗表现为低阻抗异常，而 QgVA 结果无异常显示，与实钻情况吻合；Z1 井、A10 井、A9 井等高产气井，预测结果均与实钻情况吻合；常规阻抗难以有效反映同一河道内含气性差异，但 QgVA 属性能够准确地刻画含气性。利用 QgVA 属性进行含气性预测研究，全区 151 口井含气性预测吻合率由原来的 75% 提升到 89.7%，提升了 14.7%。

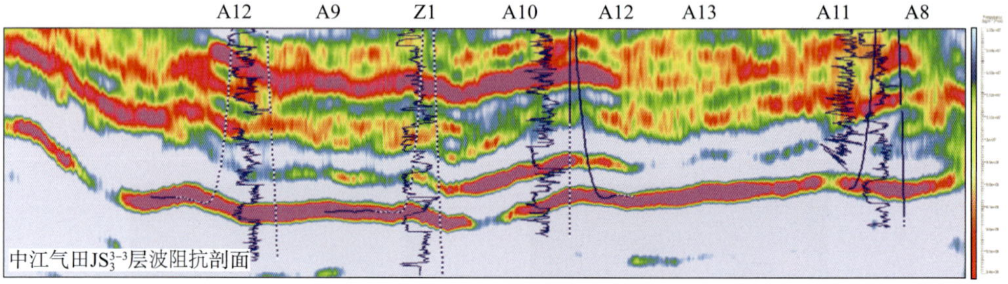

图 9.43　Z1 河道叠后波阻抗剖面

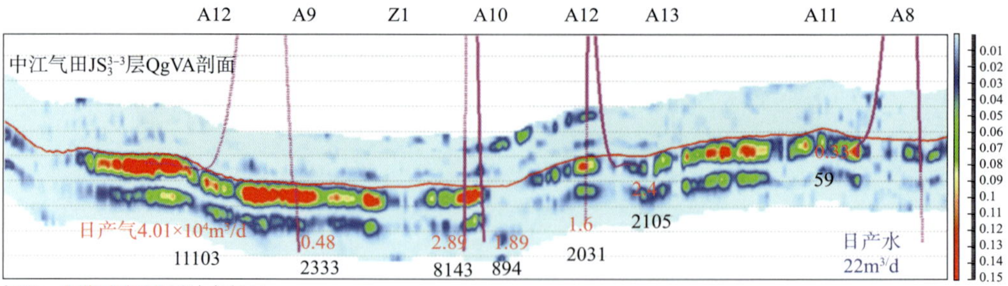

标注：初期产气量/累计产气量

图 9.44　Z1 河道基于匹配追踪的 QgVA 属性

（二）含气饱和度定量预测

针对常规单一参数拟合预测含气饱和度误差较大的问题，通过对三大类（弹性、AVO、衰减）多种属性进行基于原位岩石物理参数测定和测井岩石物理交会分析的敏感性分析，优选出 QgVA、泊松比、阻抗等属性作为含气性定量预测的输入数据，并基于概率神经网络（Probabilistic Neural Network，PNN）建立与含气饱和度的定量关系，实现含气饱和度的定量预测。由于采用了多种敏感属性，避免出现多解性，从而提高含气饱和度预测精度。PNN 是在径向神经网络（Radial Basis Function，RBF）基础上融合了密度函数估计和贝叶斯决策理论，其判别边界接近贝叶斯最佳判定面，可以实现任意非线性拟合，拥有较高的计算效率与预测精度。

图 9.45 为 A16 河道含气饱和度预测结果，南部斜坡带 A22 井、A23 井在叠后波阻抗反演结果上异常并不明显，但所预测含气饱和度为高值，与实际产气情况一致。A24 井为干井，与预测含气饱和度一致。A16 井、A25 井、A20 井等井含气饱和度预测结果同样与实际产气情况吻合较好。统计不同河道 13 口井的预测含气饱和度与测井解释含气饱和度，结果表明含气饱和度预测结果的相对关系正确，预测吻合率大于 85%。

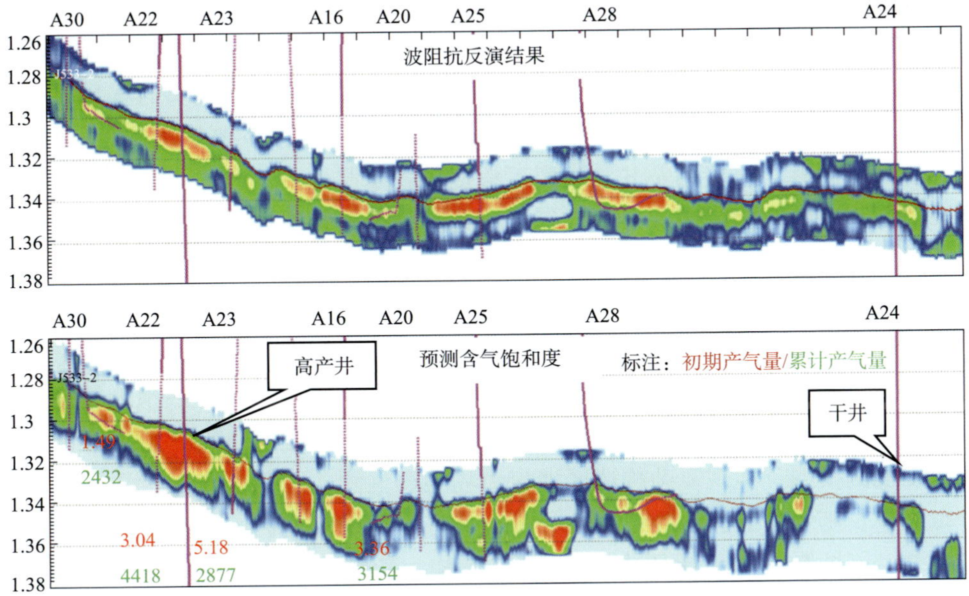

图 9.45　A16 河道含气饱和度预测结果

第十章　页岩储层甜点参数预测

页岩气是指赋存于以富有机质页岩为主的储集岩系中的非常规天然气，是连续生成的生物化学成因气、热成因气的统称，主要以吸附或游离状态赋存于暗色富有机质泥页岩，具有自生自储、大面积连续富集的特点。目前，主要在我国四川盆地及其周缘海相龙马溪组页岩取得商业开发，中国石化重庆涪陵国家级页岩气示范区已实现100亿立方米产能建设。

页岩气是一种自生自储气藏，页岩气的成藏模式打破了经典的油气成藏理论。以地震技术为主体的页岩气“甜点”描述技术是页岩气储层识别与评价的核心。页岩气“甜点”是指最佳的页岩气勘探与开发的区域或层位。其典型特征为：页岩厚度大(大于30m)、处于“生气窗”，有机质含量高，石英等脆性矿物含量高(可压性强)、蒙脱石含量低，超压、气测异常，与常规油气藏相邻、地表条件良好等。在勘探阶段，应用页岩气地震技术主要解决资源评价和选区问题；在开发阶段，应用页岩气地震技术主要解决脆性、地层压力、地应力、裂缝等问题，直接为钻井和压裂工程提供技术服务。

本章以四川盆地东南缘某深层页岩气区块龙马溪组海相页岩地质工程双甜点预测及综合评价为目标，针对盆缘双复杂页岩气储层构造落实难度大，断裂裂缝发育，地质甜点参数、地层压力及三轴应力定量预测难度大等问题，介绍了面向盆缘双复杂页岩气地质工程双甜点预测技术系列。利用基于贝叶斯的页岩甜点参数同时反演技术、多信息融合含气量预测技术，通过岩石物理模型约束与多参数解耦，提升了地质甜点参数预测精度。考虑有效应力影响的复杂构造深层页岩气脆性指数预测技术，基于叠前AVAZ直接反演，构建三轴应力地震预测模型，实现复杂构造区地应力场地震预测，明确了全区优质页岩工程甜点参数分布规律。基于叠前叠后裂缝属性分析与优选，明确研究区多尺度裂缝发育特征；建立基于断裂、剥蚀影响的地层压力构造校正技术，完善地层压力预测流程；综合考虑构造、裂缝、地层倾角、埋深、地层压力系数等影响，评价高压区、常压区与破坏区。页岩储层地质工程双甜点参数地球物理关键技术在川东南盆缘深层页岩气及新层系勘探开发中具有良好的推广应用前景。

第一节　工区概况

四川盆地涪陵焦石坝地区的页岩气田引起广泛关注。涪陵焦石坝地区的区域构造隶属于川东褶皱带，位于万县复向斜的南部与方斗山背斜带西侧的交会区域。焦石坝构造为主体平缓、边缘被大耳山西、石门、吊水岩、天台场等断层夹持的断背斜构造，总体为北东向走向。研究区自下而上发育了奥陶系至三叠系嘉陵江组。奥陶纪末－志留纪初，在全球性海侵背景下，焦石坝地区总体处于深水陆棚沉积环境，形成了稳定的以黑色页岩为主的细粒碎屑岩沉积。侏罗纪末期，在太平洋板块向扬子板块俯冲产生的南东－北西向挤压应力作用下，焦石坝主体构造形成。

页岩气“甜点”定义为更加有利的页岩气储层，页岩气“甜点”是指最佳的页岩气勘探、开发的区域或者层位。页岩气“甜点”对应的典型特征主要表现在几个方面：①页岩厚度大（大于 30m）；②页岩处于“生气窗”；③含 *TOC* 含量高；④石英等脆性矿物含量高（主要表现出可压性强）、蒙脱石含量低；⑤具有超压、气测异常特征；⑥地表条件良好，而且常与常规油气藏相邻等。选区主要的页岩气储层分布在奥陶系五峰组－下志留系龙马溪组，以焦石坝地区 JYX1 井为例，其下部约 89m 的储层为有利的页岩气储层。该储层纵向上自下而上可以分为 3 段：第 1 段厚度为 38m 左右，中高孔隙度，电性特征表现为低中子、较高声波时差、低密度；第 2 段厚度为 24m 左右，中低孔隙度，电性特征表现为低中子、低声波、高密度；第 3 段厚度为 27m 左右，中高孔隙度，电性特征表现为高中子、高声波和高密度（图 10.1）。

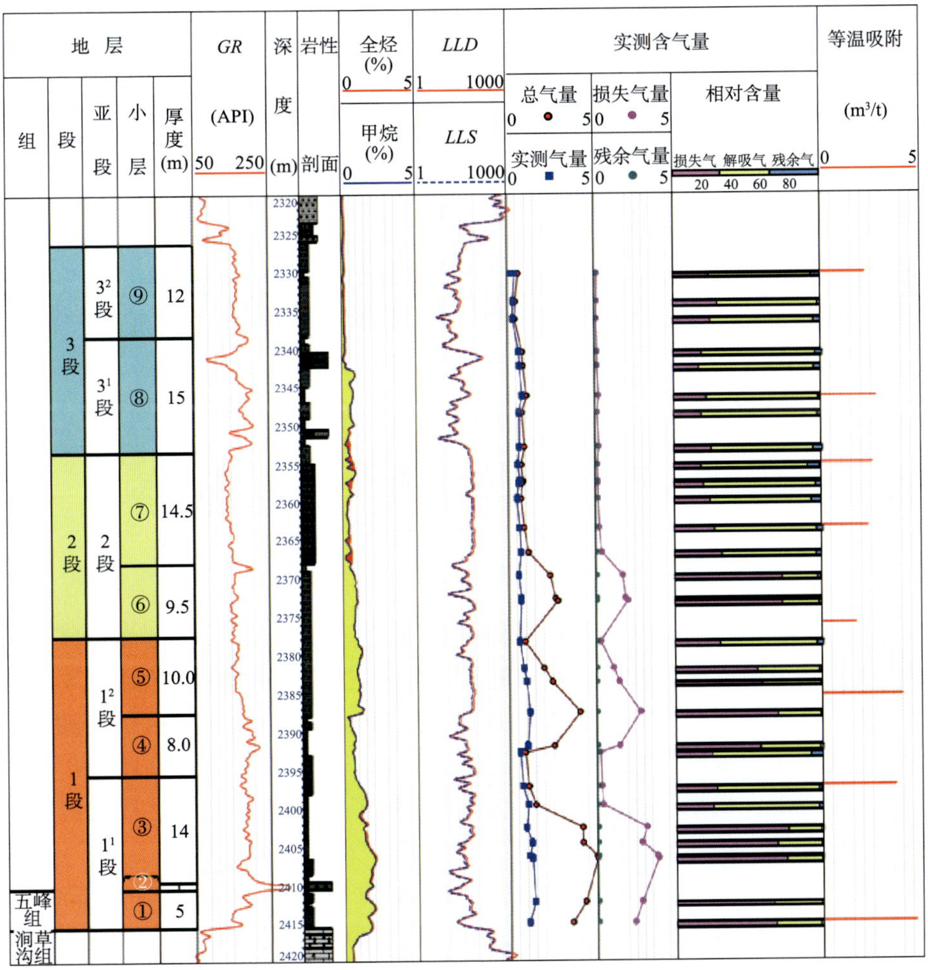

图 10.1　JYX1 井 89m 目的层段综合评价图

焦石坝工区 JYX1 井龙马溪组上部主要为灰、深灰色泥岩；中部主要以灰黑色泥质粉砂岩为主，同时有深灰色泥岩、粉砂质泥岩夹层；下部主要以厚层状灰黑色碳质泥岩夹薄层粉砂质泥岩为主；五峰组地层岩性主要为灰黑色碳质泥岩。五峰 – 龙马溪组下部约 89 m 的灰黑色、黑色泥页岩段是主要的页岩气储层段。

影响页岩的基质孔隙、含气性、微裂缝的发育和压裂改造的重要因素是页岩中脆性矿物的含量。富含石英矿物的页岩产生诱导裂缝的能力较强，并且增产的效果也较明显。龙马溪组海相页岩矿物成分比较复杂，含有石英、长石、云母等碎屑矿物，伊利石、绿泥石、高岭石等黏土矿物，以及方解石、白云石等碳酸盐矿物。通过分析表明焦石坝地区的 JYX1 井龙马溪组主要矿物成分为石英（平均 37%），方解石（2% ~ 11.8%），白云石（2.3% ~31.5%），长石（3.2% ~15%），黏土矿物（平均 35%），JYX1 井龙马溪组泥页岩矿物组成及黏土矿物组成表现为脆性矿物由上而下总体升高，石英含量平均值为 37%，最大值可达 70%；黏土矿物以伊利石和伊蒙混层为主（图 10.2）。

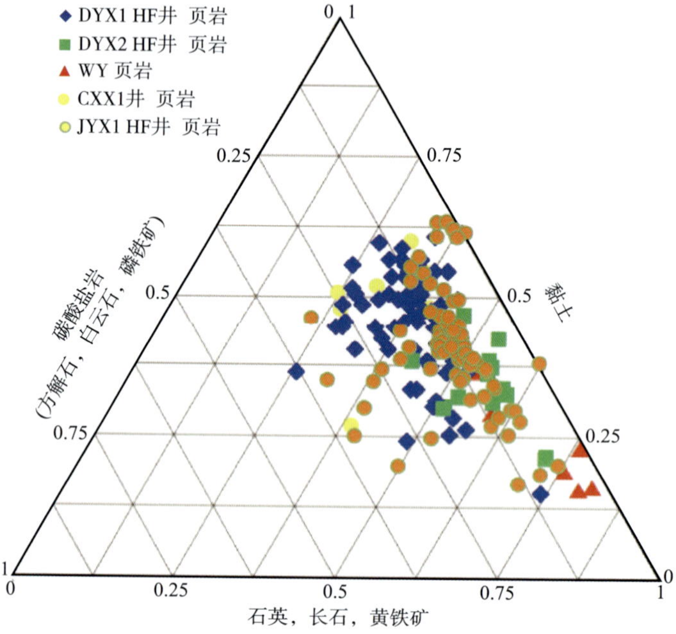

图 10.2 龙马溪组海相页岩矿物三角图

结合岩心、扫描电镜、薄片及氩离子抛光扫描电镜观察结果，焦石坝地区五峰 – 龙马溪组页岩气储层段发育孔隙类型包括无机孔隙、有机孔隙、微裂缝、构造缝 4 种储集空间类型，其中无机孔隙主要包括黏土矿物晶间孔、粒间孔以及粒内孔；有机孔隙属于有机质在后期热演化过程中形成的孔隙，页理缝则主要发育于纹层发育段，在刚性矿物与塑性矿物间易于形成页理缝，根据 JYX1 井的岩心观察结果了解到选区页岩层构造缝多为直劈缝和高角度构造剪切缝，整体欠发育。

五峰 – 龙马溪组下部 89 m 优质页岩段是有利的页岩气储层段，其中底部约 38 m 的最优质页岩气储层具有典型的测井响应特征，整体表现为高伽马、低电阻、高声波时差、高孔隙度、低密度特征。页岩层具有明显的“四高两低一扩”的测井响应特征，特别是页岩含气以后，其测井曲线特征更加明显，与普通页岩层相比，页岩气储层具有高自然伽马、高电阻率、低地层体积密度、光电吸收截面和高声波时差、高中子孔隙度等特征。其明显的测井响应特征决定了页岩气储层在地震资料中具有明显的地震响应特征，页岩气储层顶底可以形成较强的地震反射特征，随着储层含气量的增加，地震响应特征更加明显。(图 10. 3)

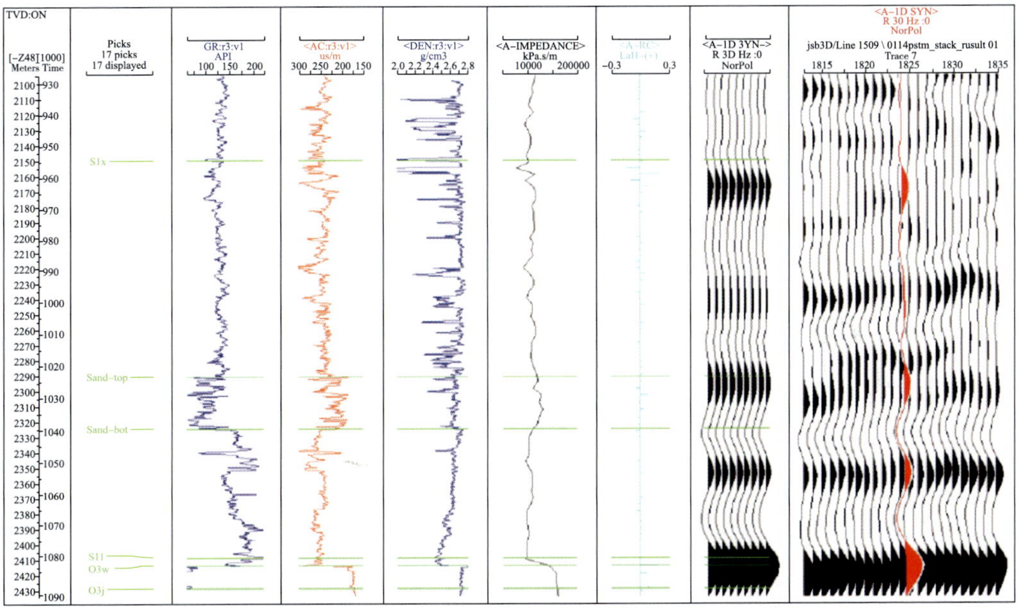

图 10. 3　JYX1 井合成记录

第二节　地质甜点关键参数地震反演

一、基于密度参数的 *TOC* 地震预测

(一) 方法原理

目前采用的方法主要以地震属性与 *TOC* 建立数学拟合关系，通过三维地震数据体中提取的地震属性从而计算得到三维 *TOC* 数据体，进而实现目标地区的 *TOC* 定量地震预测。

TOC 定量预测技术能够为页岩气勘探及资源量的计算提供有效且较精确的参数。其预测方法为：从实测有机碳含量出发，通过分析与 *TOC* 相关的地球物理参数，寻找 *TOC* 敏感参数，并建立敏感参数与 *TOC* 之间的最佳拟合方程，得到目标地区的经验公式；利用三维地震数据，采用叠前反演方法，进行精细地震反演求得敏感参数体；根据拟合经验关系，计算得到三维分布的 *TOC* 数据体，从而定量预测 *TOC*。由于有机质密度明显低于围岩密度，所以通常基于密度参数计算页岩储层 *TOC* 分布，叠前地震反演是获得密度参数的重要途径(陈祖庆，2014)。

（二）应用实例

基于这一研究思路，陈祖庆（2014）以四川盆地焦石坝地区为例介绍了海相页岩 *TOC* 地震定量预测技术流程。焦石坝地区页岩气储层分布在下志留统龙马溪组一段（包含上奥陶统五峰组），岩性为黑色页岩、泥岩、碳质页岩、含粉砂质碳质泥岩，目前已有多口井在龙马溪组一段底部优质页岩段钻获工业气流。

JYX1 井五峰组－龙马溪组一段 *TOC* 综合评价图（图 10.4）显示，其 2378～2415m 井段（五峰组－龙马溪组一段底部）为黑色页岩，*TOC*≥2.0% 最高可达 5.89%，平均为 3.56%，优质泥页岩层连续累计厚度达 37.5m。另外在纵向上，整个储层段 *TOC* 具有自上而下总体呈从小到大变化的特征，进一步则可划分为 3 个小“旋回”，表现为与沉积亚相和岩相具有密切相关的特征。具体表现在五峰组－龙马溪组一段一亚段和三亚段为 2 个相对高值的小“旋回”（图中红色箭头），龙马溪组一段二亚段为一个相对低值的小“旋回”（图中蓝色箭头），但五峰组龙马溪组一段一亚段的小“旋回” *TOC* 值明显最高。

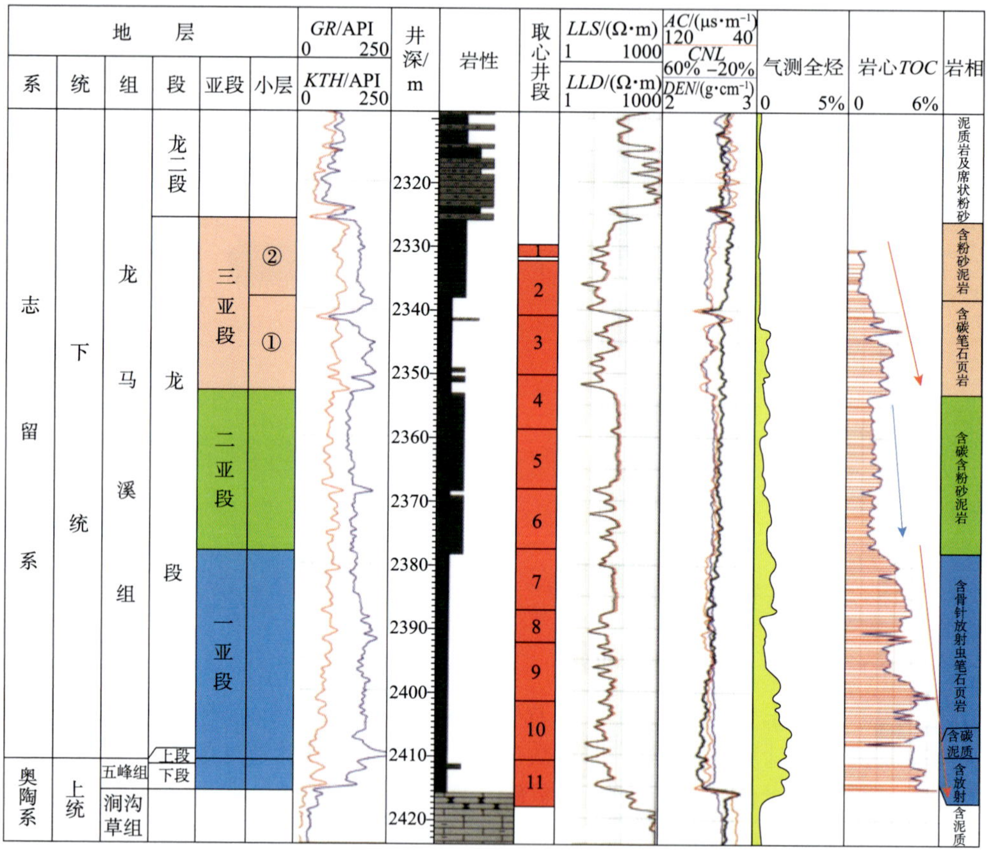

图 10.4　JYX1 井五峰组－龙马溪组一段 *TOC* 综合评价图（陈祖庆，2014）

在实际研究中发现焦石坝地区页岩地层的密度参数与 *TOC* 具有很好的相关性。基于优质泥页岩具有高 *TOC* 的特征，对该区多口井进行了 *TOC* 敏感参数分析。通过伽马、密度、电阻率等常规测井结果以及杨氏模量、泊松比等弹性参数与 *TOC* 的交会分析（图 10.5）发现：只有密度与 *TOC* 相关性较高。其中，当 *TOC*＞1% 时，密度值小于

2.68g/cm³，*TOC* 值与密度呈负相关关系，相关系数达到了 0.87。分析认为高 *TOC* 的泥页岩有机质孔隙更为发育，更有利于页岩气的吸附和储集，从而导致密度降低。因此，可以通过 *TOC* 与密度之间的相关性来完成 *TOC* 全区的预测。

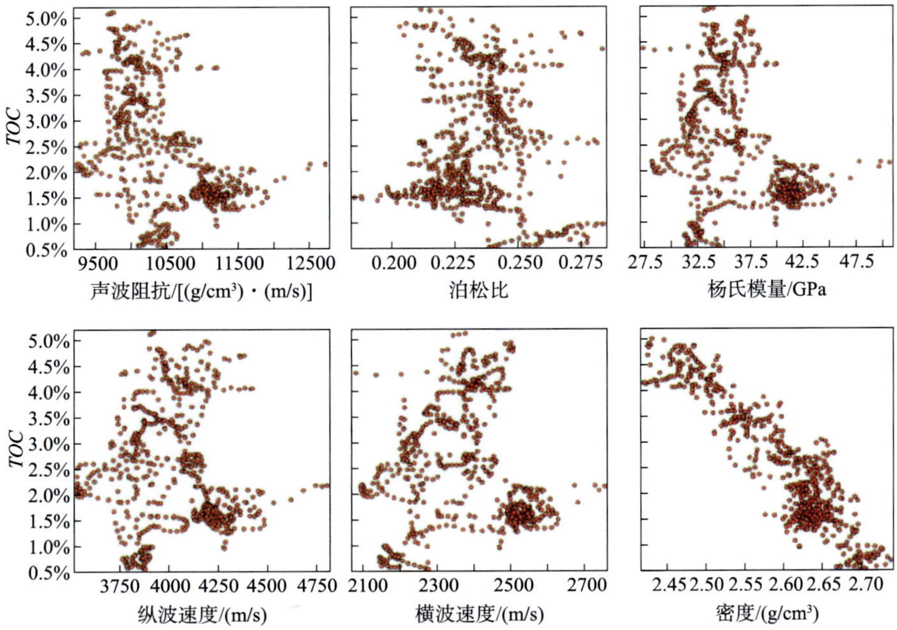

图 10.5 *TOC* 敏感参数统计分析图(陈祖庆，2014)

通过对该区多井岩心资料与井资料综合分析，建立了 *TOC* 与密度之间的数学关系式：

$$TOC = a\rho + b \tag{10.1}$$

式中，*TOC* 为有机碳含量，ρ 为岩性密度；a、b 为地区性经验常数。式中经验系数取值是以 JYX1、JYX2、JYX3、JYX4 等共计 4 口井为基础，利用其经过岩心刻度后的 *TOC* 实测结果与密度进行交会分析(图 10.6)，得到经验常数 $a = -15.8$，$b = 43.85$，最终确定利用实测资料计算总有机碳含量的经验关系式。

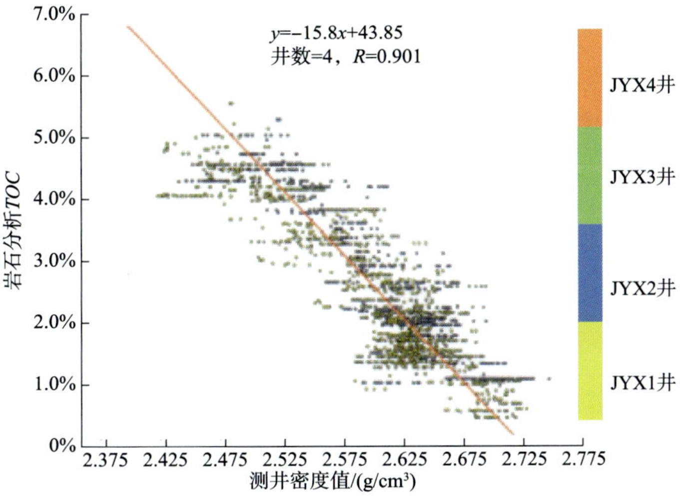

图 10.6 焦石坝地区龙马溪组-五峰组页岩岩心分析 *TOC* 与密度测井交会图(陈祖庆，2014)

$$TOC = -15.8\rho + 43.85 \tag{10.2}$$

基于前述式(10.2)所示的 *TOC* 与密度的关系，计算得到 *TOC* 数据体。图 10－7 为 JYX1、JYX2、JYX4 井连井 *TOC* 反演剖面，黄红色为优质页岩对应的相对高 *TOC* 值，整个储层(五峰组－龙马溪组一段)段相对于上下地层来说，其分布特征明显，横向上展布稳定。同时也可以看到，在储层内部纵向上 *TOC* 高的优质页岩层有 2 套，中间夹 1 套 *TOC* 相对低的泥页岩，且 2 套优质页岩越接近底部，*TOC* 值更高，最大均高于 4%，与前面井上分析结果对应一致。结合五峰组－龙马溪组 *TOC* 平面预测图综合分析(图 10.8)，4 口井控制的区域优质泥页岩整体发育，展布稳定，显示了该区良好的勘探前景。

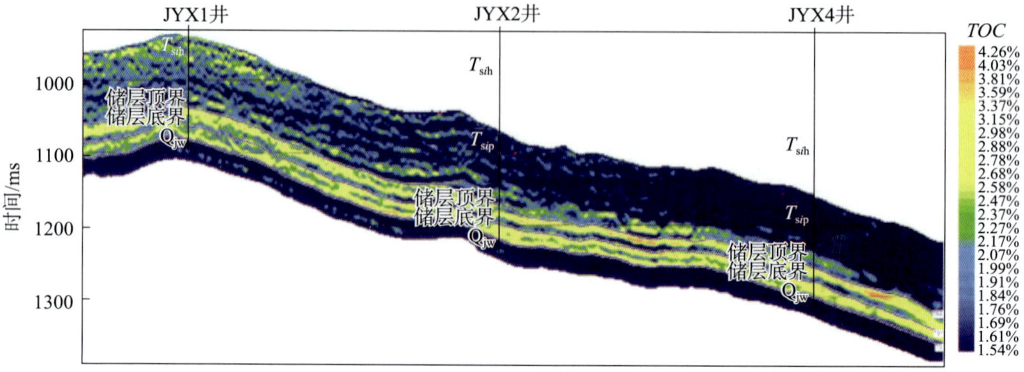

图 10.7　过 JYX1、JYX2、JYX4 井连井 *TOC* 反演剖面图(陈祖庆，2014)

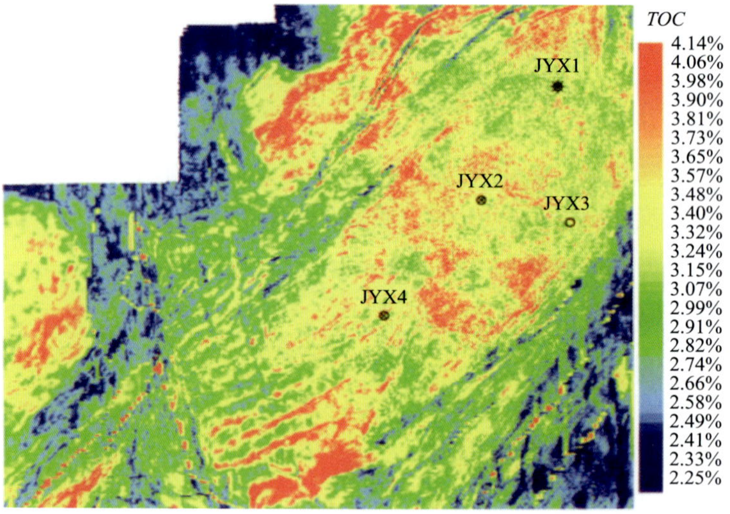

图 10.8　焦石坝地区龙马溪组－五峰组平均 *TOC* 预测平面图(陈祖庆，2014)

二、基于时频域联合的页岩甜点参数预测

众所周知，叠前地震反演中密度参数是最难准确获得的，密度参数的反演对地震资料品质提出了非常高的要求。为了消除单纯依赖密度参数转换 *TOC* 而带来的误差的累积问题，可以采用在贝叶斯框架下基于岩石物理模型约束和多种弹性参数的共同约束来提高

TOC 参数反演的稳定性。该方法实现过程为：在时频域联合叠前 AVA 反演得到高精度弹性参数反演结果基础上，应用页岩储层各向异性岩石物理模型结合贝叶斯反演理论预测页岩储层 *TOC* 含量、孔隙度等甜点参数。主要包括三个方面：①岩石物理模型标定，岩石物理模型用来建立岩石弹性属性、各向异性特征同 *TOC* 含量及岩性参数之间的关系；②基于时频域联合 AVA 反演，从部分叠加地震数据中反演得到高精度岩石弹性参数(纵波速度、横波速度及密度)；③条件概率估计，在多属性、多尺度模型下计算 *TOC* 含量、孔隙度等甜点参数的后验概率。

(一) 时频域联合 AVA 反演

以焦石坝工区为例，利用工区测井资料合成地震数据来测试时频域 AVO 反演的方法的可行性。测井资料中的纵波速度、横波速度和密度作为模型参数的真实值。采用主频为 40Hz 的雷克子波正演得到三个角度(10°、20°和 30°)的地震道集，如图 10.9(a)所示，其振幅谱如图 10.9(b)所示。图 10.10(a)、图 10.10(b)、图 10.10(c)为时频联合域反演得

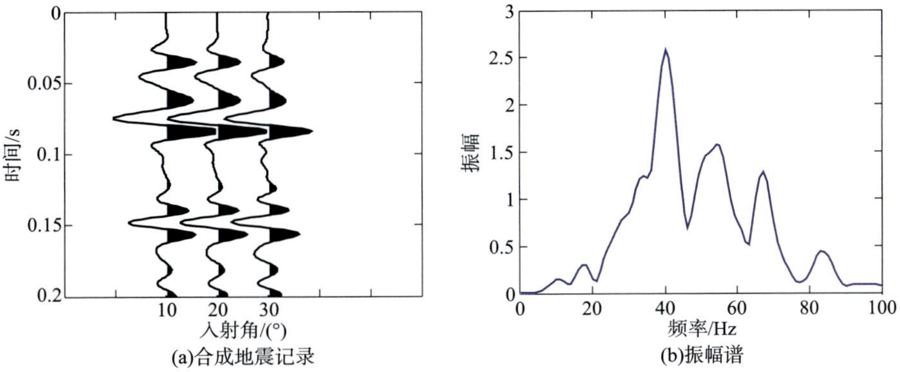

图 10.9　合成地震记录及其振幅谱

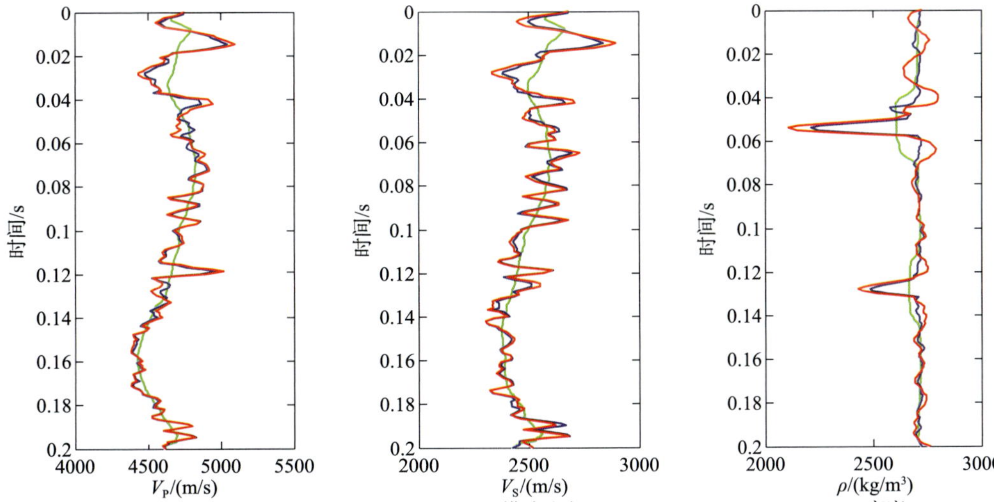

图 10.10　时频联合域反演结果

(其中蓝色线为真实模型，绿色线为初始模型，红色线为反演结果)

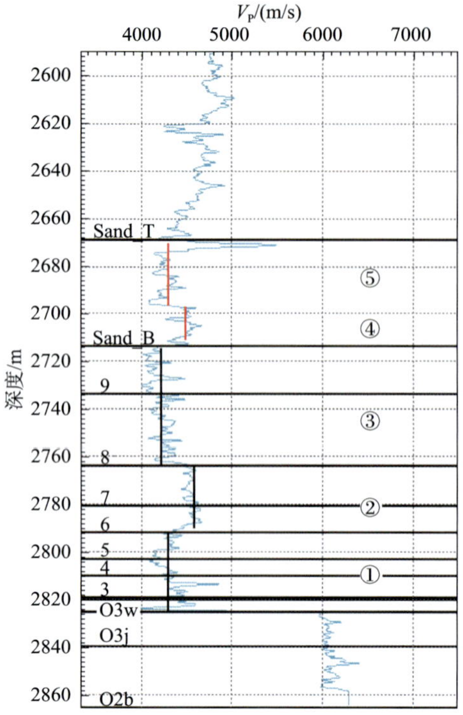

图 10.11　JYX8 井纵波速度曲线及井分层

到的纵波速度、横波速度和密度结果，蓝色线为模型真实值，绿色线为初始模型，红线为反演结果。根据实际模拟道集的反演结果表明，时频域反演方法具有较高的精度，纵波速度、横波速度反演结果与真实模型值很接近，密度反演结果与真实模型值之间存在一定的误差。

图 10.11 为 JYX8 井纵波速度曲线及井分层数据。可以看出 1 ~ 5 小层表现为低速，6 ~ 7 小层表现为相对高速；8 ~ 9 小层表现为相对低速。SandD 层内又可以划分为两段，SandD 上段为相对低速，而 SandD 下段为相对高速。为了方便描述，我们将这几个层依次定义为①②③④⑤层。其中第④层最薄，厚度不足 20m。

图 10.12 为基于常规反演方法获得的纵波速度剖面，从图中可以看出，①②③层能够较为准确的反演，但第④层和第⑤层不容易识别开。在整个剖面上第④层及第⑤层受时间域分辨率的影响及地震资料信噪比的影响，反演结果连续性和稳定性较差。图 10.13 为基于时频域联合 AVA 反演得到的纵波速度剖面。可以看出，在加入频率分量后，反演效果明显改善。尤其对于薄层(第④层)的识别效果明显提升。

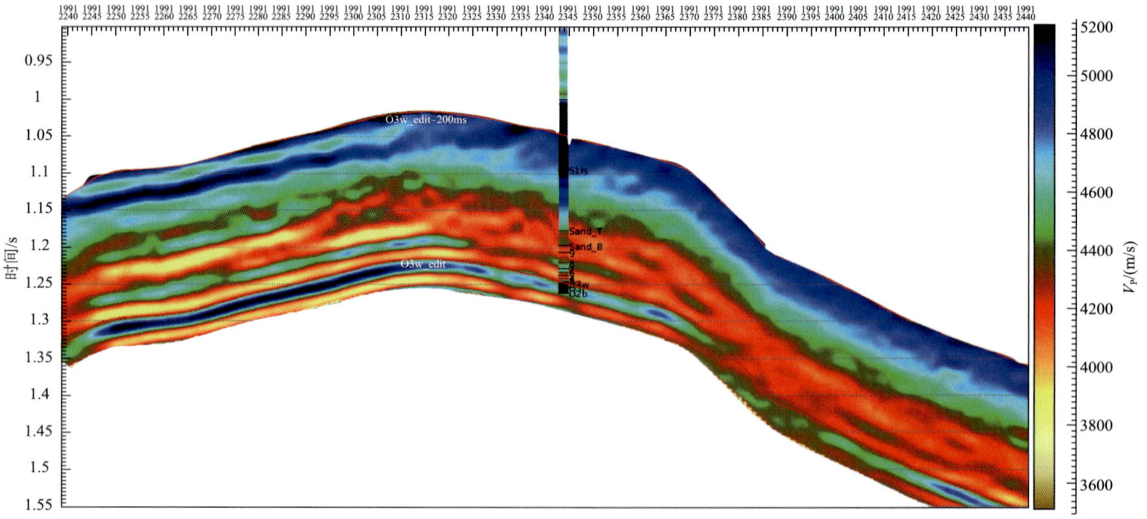

图 10.12　JYX8 井纵波速度反演剖面(常规方法)

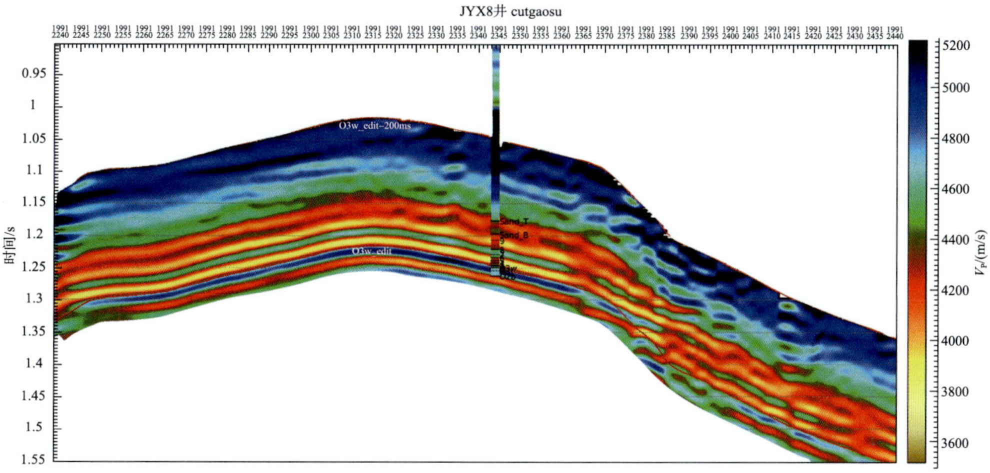

图 10.13　JYX8 井纵波速度反演剖面(时频域 AVA 反演)

(二)基于贝叶斯的页岩 *TOC* 及孔隙度同时反演

在叠前弹性参数反演的基础上，应用页岩储层各向异性岩石物理模型结合第六章介绍的贝叶斯物性参数反演方法可以实现页岩储层 *TOC* 及孔隙度同时反演。

方法的应用过程首先要构建合理的岩石物理模型，并基于实际井资料对岩石物理模型的合理性、可靠性进行验证。基于页岩各向异性岩石物理模型和某页岩气井岩心资料及测井资料进行标定。可将岩心资料中测量的矿物含量、*TOC*、孔隙度、含水饱和度参数作为输入，计算对应的 P 波速度、S 波速度以及密度，然后与测井曲线进行比对(图 10.14)。图中黑色为测井曲线，红色点为通过岩石物理模型和岩心数据计算结果。正演模拟结果与实测纵波速度、横波速度和密度的交会图显示，通过岩石物理模型模拟得到的结果与测井有非常好的对应关系，验证了岩石物理模型的准确性。尤其①号页岩气层高 *TOC* 响应非常明显，③号页岩层系的低速低密度特征也得到了很好的展示。

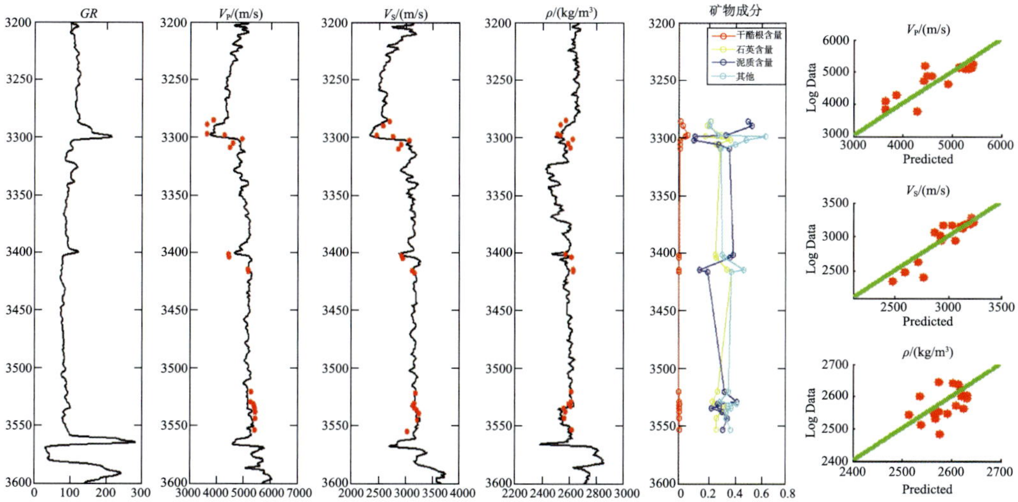

图 10.14　某页岩气井岩心及测井资料对烃源岩岩石物理模型标定

图 10.15 为该井岩石物理参数同时反演结果，可以看出岩性反演结果同 *GR* 曲线具有很好的对应关系，砂岩富集段石英含量反演结果更高，相反，泥岩富集段黏土含量反演结果更高。整体而言，整个页岩层段硅质矿物含量比较稳定，碳酸盐矿物含量随深度的增加不断增加。*TOC* 含量在①号页岩层及④号页岩层最为发育，为主要的勘探目标层段。

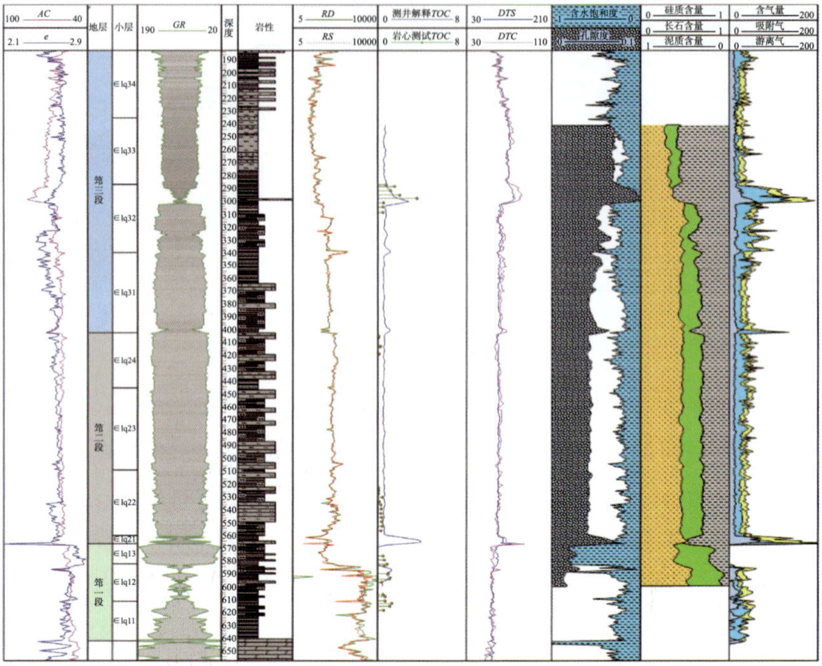

图 10.15　某页岩气井岩石物理参数同时反演结果

图 10.16、图 10.17 分别为过 JYX5 井及过 JYX8 井的孔隙度剖面图，同测井解释成果吻合较好，JYX8 井优质储层段孔隙度要高于 JYX5 井。图 10.18、图 10.19 分别为过 JYX5 井及过 JYX8 井的 *TOC* 剖面图，整体来看，平桥背斜物质基础要优于白马向斜，是相对优质甜点区。

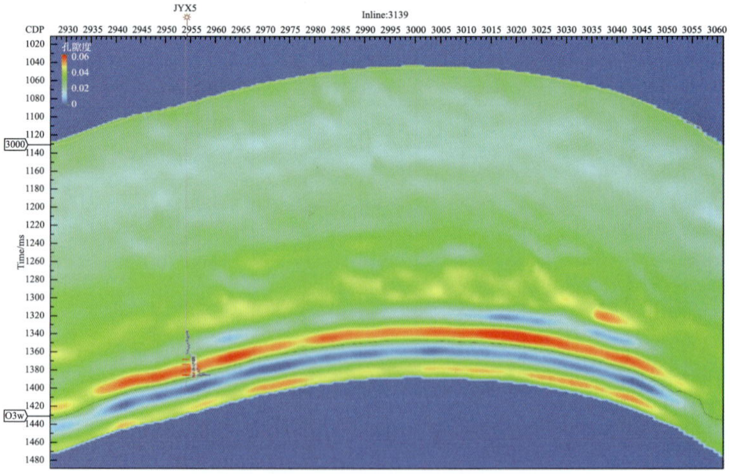

图 10.16　过 JYX5 井孔隙度剖面

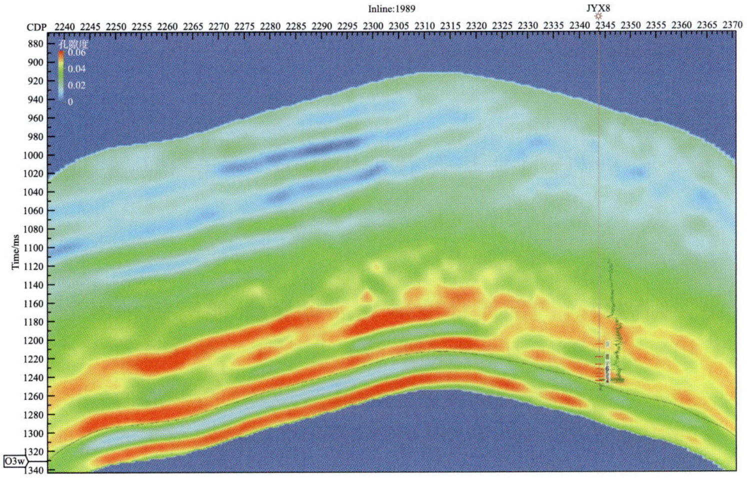

图 10.17 过剖面 JYX8 井孔隙度

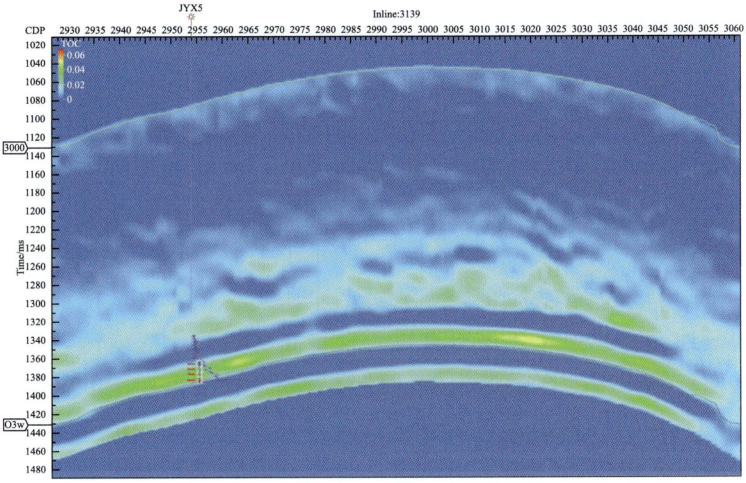

图 10.18 过 JYX5 井 *TOC* 剖面

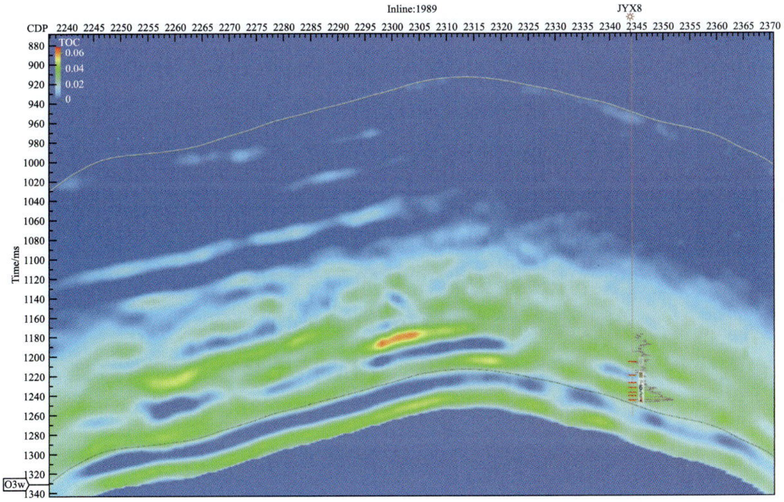

图 10.19 过 JYX8 井 *TOC* 剖面

三、优质页岩地层压力地震预测

(一)海相页岩异常压力成因

对焦石坝南地区龙马溪组页岩综合分析后认为，异常高压的成因主要有以下 3 个方面：

1. 与沉积作用有关的欠压实增压

在成岩过程中，因泥页岩内部流体受致密带阻隔未能有效地及时排出，压力急剧增加，孔隙水被迫承担部分上覆压力，因而形成异常高压。欠压实应具备如下条件：①巨厚的沉积物；②厚层黏土岩的存在；③含有互层砂岩或粉砂岩等高渗带；④快速堆积加载。研究区自奥陶纪赫南特期开始，海平面急速下降，纹层持续变厚，表明龙马溪组沉积速度快，其页岩欠压实作用显著。

2. 与有机质热演化作用有关的增压机理

在温度和压力的综合作用下，沉积物中的有机质大量生、排烃，是引起页岩气藏异常高压的主要因素。干酪根在生烃的过程中，会产生几倍甚至十几倍于本身体积的烃类，导致页岩层中异常高压的产生。页岩储集层中大量生烃时，储集层中流体由单相流体转变为多相流体，流体的渗透率降低。在有机质演化高成熟 – 过成熟阶段，生成大量以甲烷等低分子为主的天然气，体积进一步膨胀。这些低分子气体一方面对温度、压力更为敏感；另一方面，由于含气量大，则含水饱和度低，一般小于5%，孔隙水的有效渗透率几乎为零。在储集层封闭 – 半封闭状态下，泥页岩无法进一步压实，孔隙水承担部分地层压力，形成异常高压。四川盆地龙马溪组黑色页岩有机质含量高，热演化程度达到高成熟 – 过成熟阶段。龙马溪组最发育的川南地区烃源岩镜质体反射率趋于 2.0%，川东地区烃源岩镜质体反射率为 3.2% ~3.8%；川东北地区烃源岩镜质体反射率已近 4.0%，均已达到热裂解生气阶段，含气量高、含水率低，是龙马溪组页岩气异常高压形成的重要因素。

3. 与构造挤压作用有关的增压

虽然构造抬升作用倾向于形成异常低压地层，但构造挤压作用对超压地层的形成颇为重要。从中三叠世开始，由相对稳定的克拉通裂陷向挤压环境下的前陆盆地转化，燕山运动和喜马拉雅运动进一步加强了构造挤压作用的影响。在此期间，四川盆地遭受了龙门山构造带、大巴山构造带、米仓山构造带和雪峰山构造带的强烈推覆、挤压作用，加之页岩储集层普遍低孔、超低渗，孔隙中的流体处于封闭状态，因此地层易形成异常高压。但是，构造挤压作用也可以产生地层破裂，形成裂缝或断层，使地层泄压。寒武系筇竹寺组与志留系龙马溪组相比，页岩地层压力较低，原因在于其顶底板裂缝发育。因此，构造挤压作用对异常高压的影响分析需要结合岩石的力学性质。

欠压实、有机质热演化、矿物成岩作用、构造挤压是造成四川盆地龙马溪组页岩气藏异常高压的主要因素，而目前的各种压力预测方法不适应复杂构造地质条件下多成因地层压力预测，所以需要针对不同的异常压力成因机制分别构建相适应的预测模型。

(二)非均衡压实地层压力预测

地层超压可导致地震波速度下降。在正常的压实情况下，地层速度随埋深增加而增加。当出现欠压实时，地层速度比正常速度低。当地层有超压时，地层岩石的地震波传播速度往往显著降低，出现低速异常。因此，目前地层压力主要的预测方法是地震速度预测法。压力预测的关键问题是地层层速度的求取问题。只有获得了高精度、高分辨的速度场，才能得到较准确的压力场。

高精度速度模型建立包括构造建模、近地表速度模型建立、初始速度建模、模型的优化迭代和更新过程，其中动态时间规整(Dynamic Time Warping，DWT)－回折波网格层析速度反演、模型的优化迭代是其关键和核心步骤。首先采用叠前时间偏移的速度模型作为叠前深度偏移的初始速度模型，能大大提高叠前深度偏移速度建模的效率，并且保证初始速度模型具有一定的精度；其次，使用克希霍夫叠前深度偏移方法产生目标线的共成像点(Common Image Point，CIP)道集，为拾取反射波同相轴提供较为稳定的剩余延迟拾取依据；速度模型的优化和迭代通过解网格层析方程的方式求取深度域的速度扰动，引入地质导向约束网格层析成像技术，提高速度反演精度；经过多次迭代，最终建立高精度的速度模型。

在获得高精度速度后，针对压实成因的地层压力预测可以采用 Eaton 法或者 Fillippone 法。图 10.20 为过 JYX8 井高精度地震层速度剖面，图 10.21 为基于该速度利用 Fillippone 法计算得到的优质页岩层龙马溪区地层压力系数平面图。可以看出，基于地质导向约束的网格层析方法能够有效提高地震层速度的精度，但是仍然无法满足页岩气勘探开发对地层压力预测精度的要求。优质页岩层地层压力系数分布基本满足地质规律，平桥背斜主体区的高压异常与实钻井吻合。但需要考虑其他成因、其他资料，开展更精细的地层压力预测。

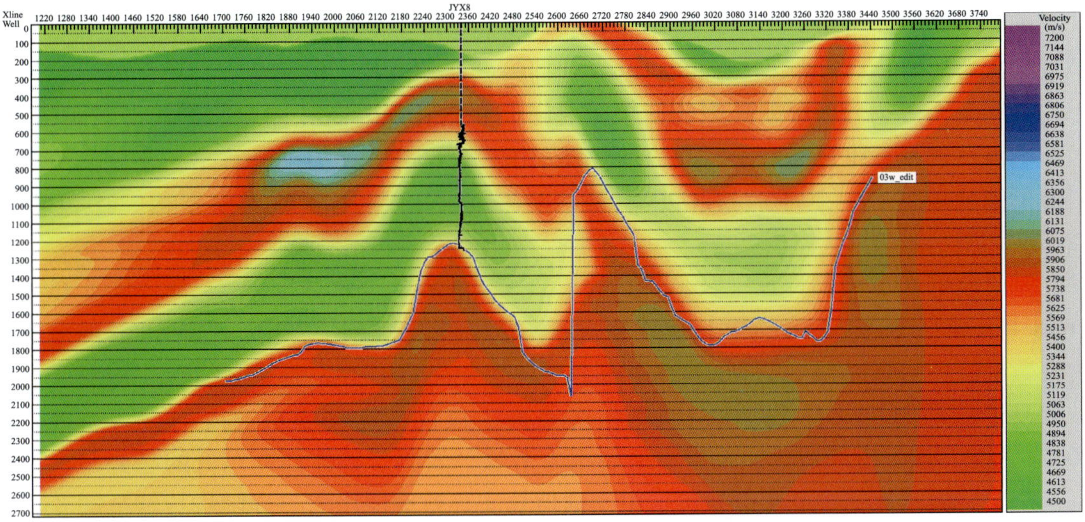

图 10.20　过 JYX8 井高精度地震层速度剖面

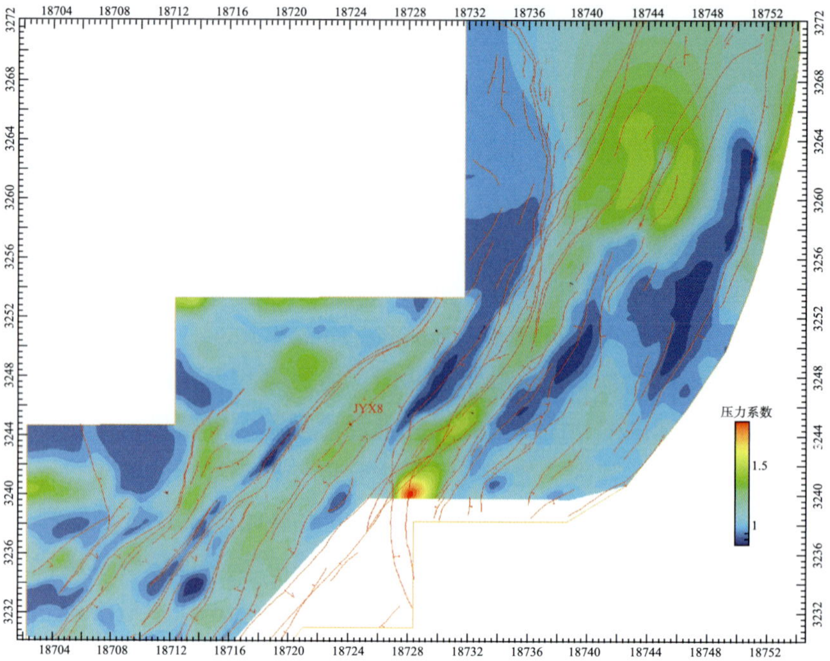

图 10.21　仅考虑欠压实成因的龙马溪组地层压力系数平面图

(三)生烃增压地层压力预测

Pervukhina 与 Han 等人近年来提出一种名为 CPS(Clay Plus Silt)的泥页岩岩石物理模型，并通过实际应用证明了该模型可用于求取正常压实情况下的声波时差，且相对于基于数据拟合得到的地区压实趋势线具有更高的压力预测精度。

CPS 模型能计算正常声波时差的理论基础在于：模型假设岩石孔隙均与黏土相关，孔隙流体与黏土颗粒构成“湿黏土”混合物。实验数据表明，湿黏土混合物的弹性张量与湿黏土孔隙度(湿黏土中流体的体积含量)呈线性负相关关系，而与黏土的矿物组分无关。因此，湿黏土的弹性张量可由湿黏土孔隙度单一确定，整个泥页岩的弹性张量可由湿黏土孔隙度和砂质混合物(除黏土以外的其他矿物组分)的体积含量共同确定。与此同时，地层压力的变化只会影响岩石中软孔隙的开启和关闭，而软孔隙对总孔隙度的影响可忽略不计，故影响泥页岩弹性张量的两个因素均不受异常压力的影响，模型可计算出正常压实情况下岩石的速度或时差。基于改进 CPS 模型的生烃增压地层压力预测模型构建的流程如图 10.22 所示。

基于改进 CPS 模型计算靶区多口井的正常压实速度趋势，并以 JYX5 井、焦页 C 井及 JYX8 井正常压实趋势速度为基础构建正常压实速度模型。图 10.23 为过 JYX8 井的地层压力系数剖面图，可以看出 JYX8 井地层压力系数大于焦页 C 井，整个平桥背斜地层压力系数要高于白马向斜。而且，纵向预测精度要高于仅仅依据地震层速度的预测结果。图 10.24 为龙马溪－五峰组优质页岩段地层压力系数平面图。整体西高东低的趋势与实钻井基本吻合，但是从图中也可以看出，由于插值算法导致地层压力差异随构造特征的变化不明显，需要进一步考虑构造作用对地层压力的影响。

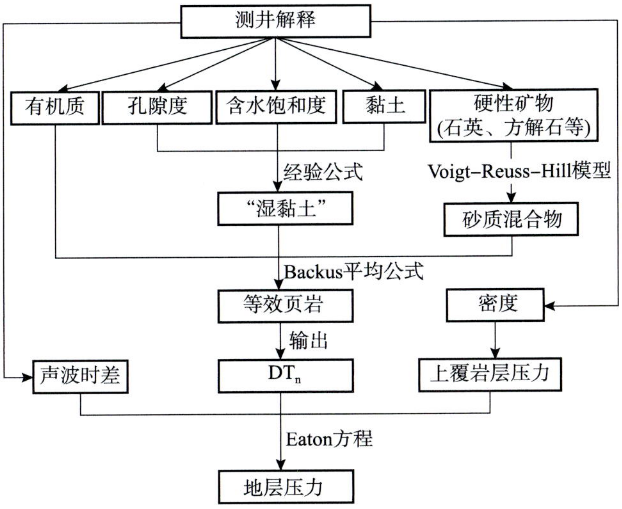

图 10.22　基于改进 CPS 模型的页岩气储层单井地层压力预测流程图

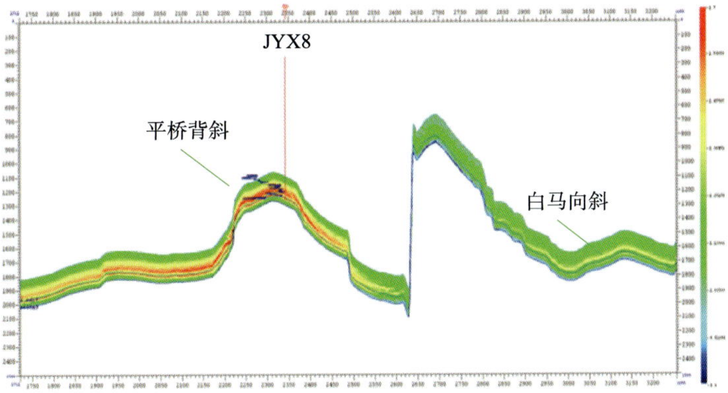

图 10.23　过 JYX8 井地层压力系数剖面

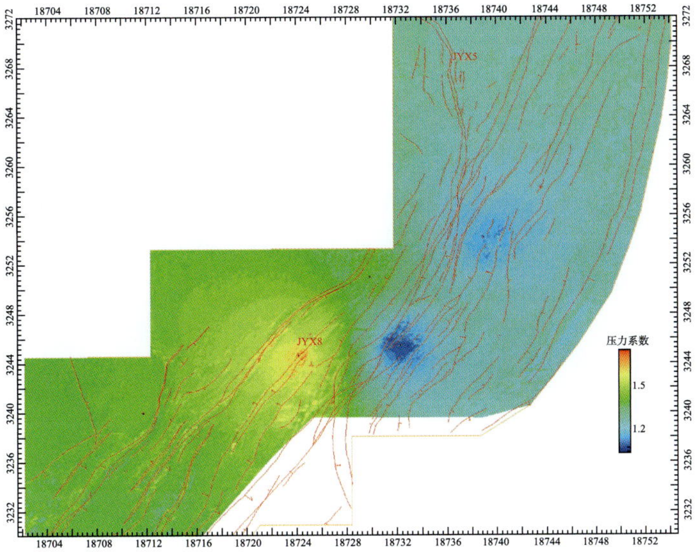

图 10.24　基于 CPS 生烃增压模型的龙马溪组地层压力系数平面图

（四）构造作用异常压力校正

焦石坝南构造为高陡条带状，断层发育，构造破碎，构造应力作用明显，压力系统复杂。复杂地表及复杂构造地质条件对地层压力预测的影响主要体现在两个方面。首先，上覆地层压力和静水压力受起伏地表和地下构造复杂的影响较大。另一方面，构造作用会对已经形成的压力系统进行改造，或进一步增大地层压力，或造成地层泄压。

基于焦石坝南实际地质情况，考虑构造对地层压力的影响，按构造单元，将研究区划分为 3 个不同的压力系统；考虑与断层的距离、埋深、构造形态等因素影响。建立挤压构造下的地层压力预测技术流程。考虑构造对地层压力的影响，引入相对挤压构造应力和构造压力因子，建立挤压构造下的地层压力预测模型。按构造单元，将研究区以石门 2 号断裂带和和顺场断裂在平面上划分为 3 个不同的压力系统，同时综合考虑与断层的距离、埋深、构造形态等因素影响对预测结果进行了构造校正。

图 10.25 为过 JYX8 井地层压力系数预测结果。可以看出，龙马溪组底部地层压力系数明显偏高，最高达到 1.6，属于超压页岩气藏，背斜的两翼压力系数降低。

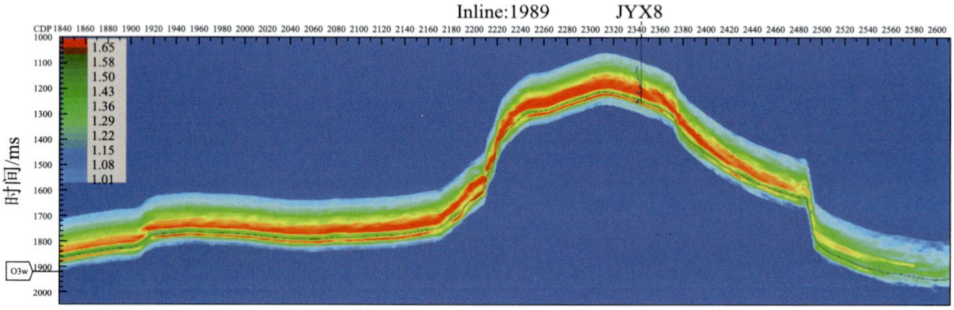

图 10.25　过 JYX8 井压力系数剖面

图 10.26 为过 JYX5 井地层压力系数预测结果。可以看出，龙马溪组底部地层压力系数均在 1.0 左右，其上覆地层最小只有 0.8 左右，属于常压页岩气藏，背斜不同部位压力系数变化不大。

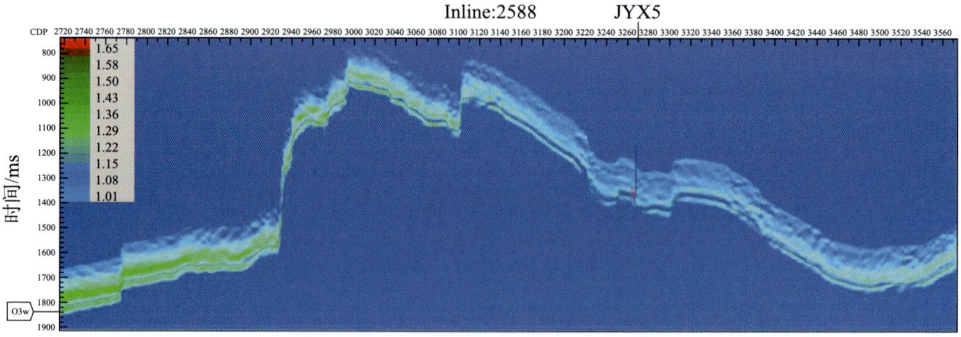

图 10.26　过 JYX5 井压力系数剖面

优质页岩段 1 ~ 5 小层孔隙压力预测结果见图 10.27。受埋深影响，隆起区压力相对较小。孔隙压力在空间分布上，垂向上受埋深影响，隆起区压力相对较小；平面上同时受断裂带控制。整体表现为西高东低、隆起低，凹陷高。

经过构造校正后优质页岩段 1 - 5 小层压力系数预测结果见图 10.28 所示，平桥背斜压力系数高于白马向斜，西高东低的趋势与实钻井吻合度高。地层压力系数分布随构造特征的变化也更加合理。

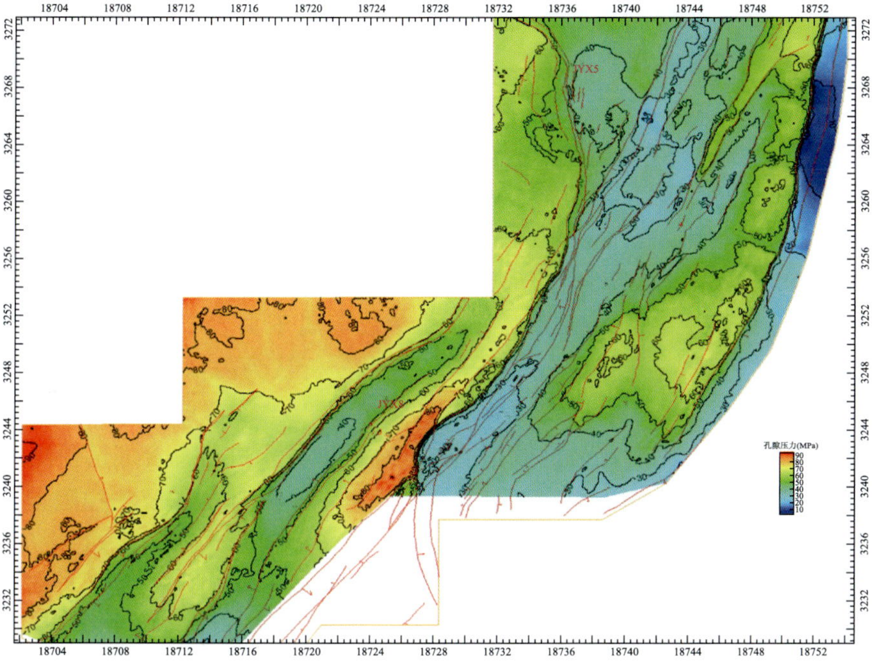

图 10.27　焦石坝南 1 ~5 小层孔隙压力地震预测平面图

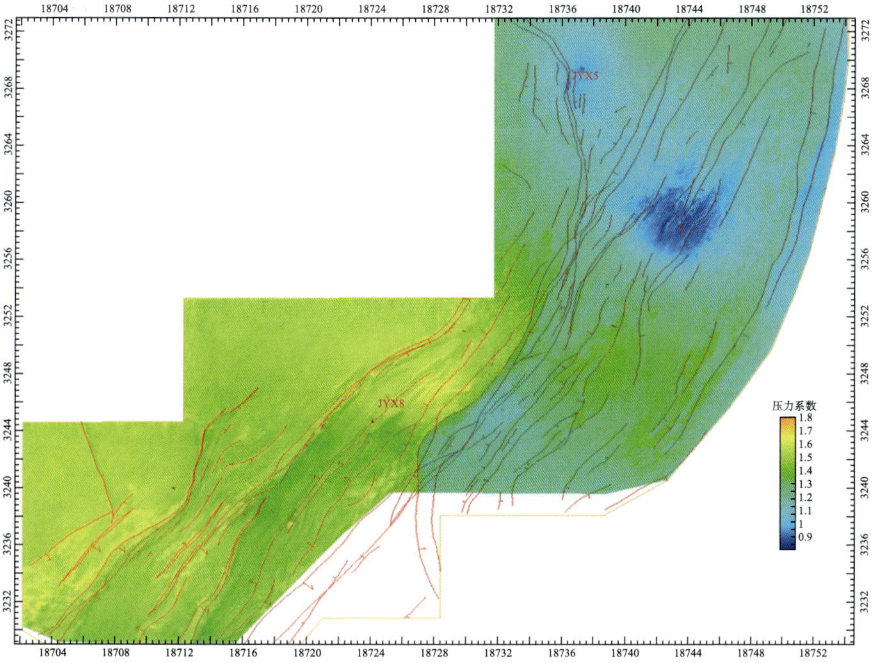

图 10.28　焦石坝南 1 ~5 小层孔隙压力地震预测平面图

四、优质页岩含气量地震预测

泥页岩的含气量反映了页岩气是否高产富集，是页岩气勘探选区及评价的关键参数之一。研究认为，有机质含量高是页岩气储层的基本特征，构造特征及裂缝发育是页岩气富集的关键，页岩气含气量是富集的体现，生烃能力与保存条件是影响页岩气含气量的关键因素。

页岩的总含气量包括吸附气含量和游离气含量两部分，影响吸附气含量的主要因素有：有机碳含量、石英含量、总烃量、黄铁矿含量、含水饱和度、密度、压力和温度等，而影响游离气含量的主要因素为：压力、温度、含水饱和度、碳酸盐岩含量、孔隙度和密度等。根据页岩气聚集机理和聚集特征，又可将页岩气聚集因素分为内部因素和外部因素，页岩有机地球化学参数、矿物组成、物性参数等属于页岩气聚集的内部因素，而深度、温度和压力属于页岩气聚集的外部因素。综合分析认为内部因素 *TOC* 及外部因素压力对页岩总含气量有显著影响，同时 *TOC* 与压力系数也比较容易通过地球物理评价与预测技术手段得到，从而达到利用地震数据通过地球物理技术进行总含气量预测的目的。

将页岩 C_{TOC} 及压力系数作为控制泥页岩含气量的两个关键参数及主控因素。结合川东南地区中石化勘探分公司 3 口页岩气重点探井(焦页 JYX1 井、丁页 DYX1 井及丁页 DYX2 井)龙马溪组页岩层段现场含气量测试数据(采样率为 1m，且测试设备及数据分析人员相同，保证基础数据的一致性)，采用回归方法建立总含气量与主控因素之间的拟合方程，探索建立了含气量预测计算模型：

$$T_{gas} = 1.011F - 0.284 \tag{10.3}$$

其中 $F = TOC \times Pc$，Pc 为地层压力系数。从而在 *TOC* 及压力系数预测的基础上实现泥页岩总含气量的预测。采用前期 *TOC* 单参数方法，建立的预测模型相关系数仅为 0.79 [图 10.29(a)]。从图 10.29(a)可以看出，JYX1 井和 DYX1 井 C_{TOC} 相当，但其总含气量明显偏低，因而采用 *TOC* 单参数无法实现压力系数差异明显地区含气量的准确预测；而利用 *TOC* 及压力系数两个关键参数建立的新模型，相关系数得到了明显提高，达到了 0.89

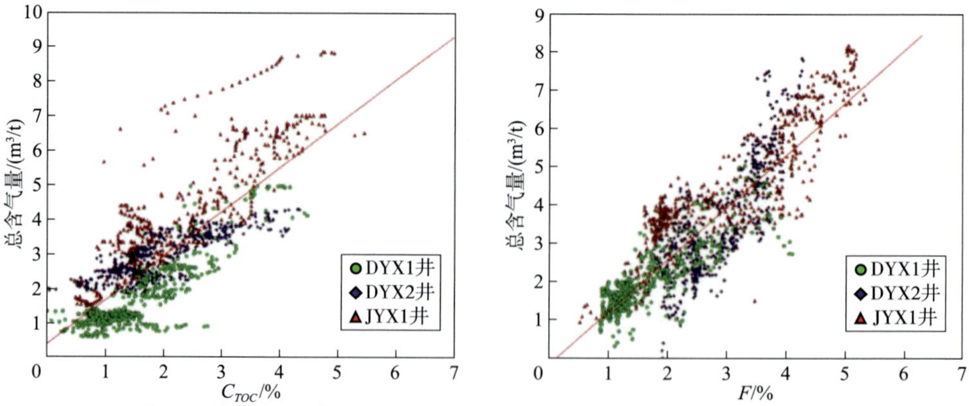

(a)采用 C_{TOC} 单参数方法建立模型　(b)采用 C_{TOC} 和压力系数建立模型

图 10.29　川东南龙马溪组重点页岩气探井含气量预测拟合关系

[图 10.29(b)]。因而双元含气量预测在构造复杂区，页岩气保存条件发生变化，压力系数差异明显的地区具有很好的推广应用价值。

图 10.30 为过 JYX1 井、JYX2 井、JYX4 井的总含气量预测剖面。图 10.30 显示，五峰组 - 龙马溪组一段总含气量自上而下逐渐增大，含气量横向展布较为稳定，JYX2 井区含气量最大。在总含气量预测的基础上进行了五峰组 - 龙马溪组一段页岩总含气量的平面预测，从预测结果来看(图 10.31)，焦石坝三维五峰组 - 龙马溪组一段整体含气，总含气量普遍较高，主体部位总含气量均大于 $4m^3/t$，焦石坝区块西南部发育马武及乌江两条大断裂，对页岩气的富集造成了一定影响，含气量略微降低。

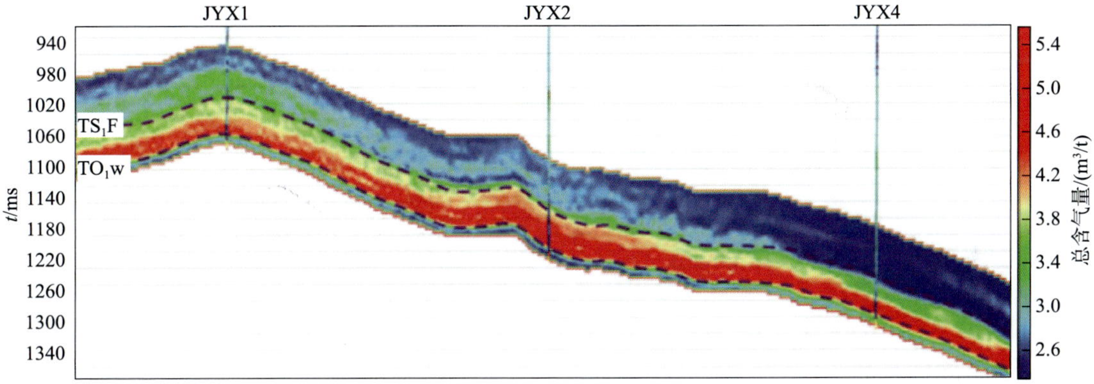

图 10.30 川东南龙马溪组重点页岩气探井含气量预测拟合关系

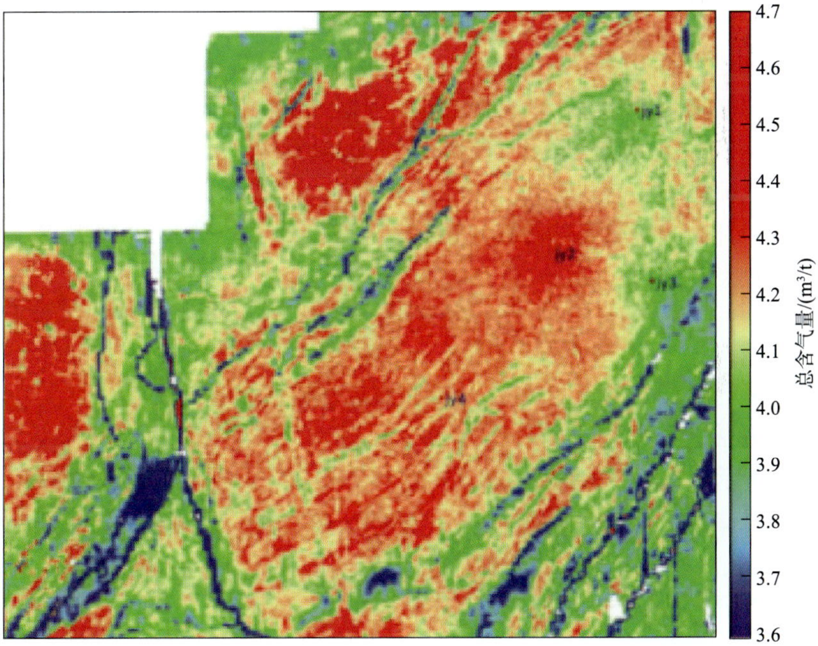

图 10.31 川东南龙马溪组重点页岩气探井含气量预测拟合关系

第三节　工程甜点关键参数地震反演

一、优质页岩脆性预测

（一）页岩脆性指数定义

岩石的脆性是当岩石受力达到某个极限值时突然破裂（在破裂前发生很小的塑性变形），破裂时全部以弹性能量的形式释放出来的一种性质。一般采用脆性系数（或脆性指数）来描述岩石脆性的强弱。大量调研发现，岩石脆性系数（B）可以根据岩石力学弹性参数法和岩石矿物组分法确定，计算方法有三种。

1. 岩石力学弹性参数法

如何利用岩石物理力学参数之间的统计关系预测脆性特征，是目前许多石油公司、科研机构试图解决的问题。目前多采用杨氏模量和泊松比来计算岩石脆性，认为弹性模量和泊松比可以较好地反映岩石在应力作用和微裂缝形成时的破坏能力。岩石产生裂缝后，泊松比可以反映应力的变化，弹性模量反映维持裂缝扩展的能力。Barnett 利用岩石弹性参数定义的岩石脆性系数为：

$$B_1=\left(\frac{E-1}{14}+\frac{0.4-\sigma}{0.5}\right)\times 100 \tag{10.4}$$

式中 E 为杨氏模量，单位为 10GPa；σ 为泊松比。

该方法能较好地预测脆性较强的区域，但是在实际的页岩气开发过程中发现，随着页岩中的石英含量的增加，杨氏模量增加，但是随着孔隙度的增加，杨氏模量会降低。同时，随着储层中有机质含量与孔隙含气量的增加也会导致杨氏模量的降低。因此传统的脆性计算方式对高孔隙度、高有机质含量和高含气性的优质页岩层发育的区域缺乏有效的表征。为兼顾二者，针对孔隙度较高的脆性含气区进行研究，张广智等提出了新的脆性指数——E/λ。其表达式如下：

$$E/\lambda=\frac{(1+\mu)(1-2\mu)}{\mu} \tag{10.5}$$

随着石英含量的增加，E/λ 也增加，同时也与孔隙度呈正相关有关系。另外，随着有机质含量的增加 E/λ 也增加（图 10.32）。

如图 10.32 所示，通过永川地区杨氏模量与 E/λ 交会分析可以看到 E/λ 可以很好的区分富有机质页岩储层（红色圈内）的同时，还可以有效地区分出高杨氏模量的碳酸盐岩地层（蓝色圈内）。

新的脆性参数只与泊松比相关，不仅避免了岩石孔隙度、流体、有机质等因素对杨氏模量 E 和泊松比预测的影响，对有利脆性区也有较好的指示效果，同时，新的脆性参数 E/λ 在对脆性含气区判别上存在明显优势。同时，也具有了地质和工程双甜点的意义。

2. 岩石矿物组分法

也有学者建议采用基于矿物组成的脆性评价方法，如考虑脆性矿物占总矿物含量的比

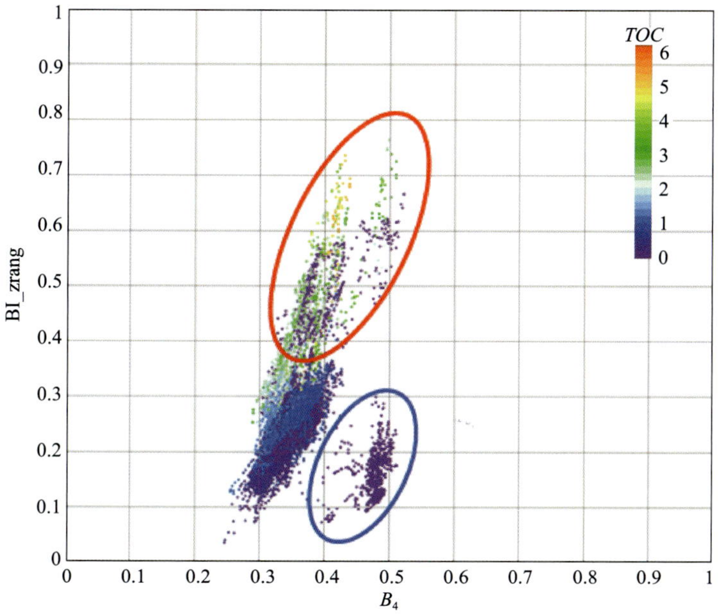

图 10.32　永川地区杨氏模量与 E/λ 交会分析

例等，这类方法在实际应用中具有一定的优势。通过测定岩石矿物含量，根据脆性矿物成分含量高低可大致判断脆性强弱。通常用石英占总矿物(石英 + 黏土 + 碳酸盐岩等矿物)的百分含量来表示脆性的大小：

$$B_2 = \left(\frac{1 - \phi - V_{clay}}{1 - \phi}\right) \times 100 \tag{10.6}$$

式中 V_{clay} 为黏土含量，ϕ 为岩石样品孔隙度。

3. 基于全应力－应变的脆性评价方法

科学评价脆性需要立足岩石脆性断裂和破坏的力学机制。已有的研究表明，岩石脆性的强弱与岩石峰值强度无关，但与应力—应变曲线的斜率、残余强度有关，表征脆性需要考虑峰前和峰后两个阶段。因此，基于全应力—应变力学特征的脆性评价方法能较好地表现脆性破坏的宏微观特征(峰前和峰后特征)，是脆性测试的主要方法，也是最直接的方法。但基于全应力—应变的脆性评价方法虽然从岩石破裂机理方面更为合理，但实际应用中很难通过仪器测量，造成其实际应用存在一定的困难。

(二)脆性参数叠前地震反演

杨氏模量和泊松比常用来表征岩石脆性的弹性模量，通常是通过反演得到的纵横波速度和密度以后，进一步得到。但是计算过程中存在较大的误差积累问题，为了更加精确地得到杨氏模量和泊松比，需要推导用于直接反演杨氏模量和泊松比的近似式。

以 Gray 近似方程为基础，利用各弹性模量之间的关系：

$$K = \frac{E}{3(1 - 2\sigma)},\ \mu = \frac{E}{2 + 2\sigma} \tag{10.7}$$

对式(10.7)两边求导，有：

$$\frac{\Delta K}{K}=\frac{\Delta E}{E}+\frac{2}{1-2\sigma}\Delta\sigma \tag{10.8}$$

$$\frac{\Delta\mu}{\mu}=\frac{\Delta E}{E}-\frac{\Delta\sigma}{1+\sigma} \tag{10.9}$$

将式(10.7)、式(10.8)代入式(10.9)，推导出了可用于直接反演杨氏模量和泊松比的 AVO 近似表达式(为便于表达，记为 NEW－EQ)：

$$R(\theta)=\alpha_E(\theta)\frac{\Delta E}{E}+\alpha_\sigma(\theta)\frac{\Delta\sigma}{\sigma}+\alpha_\rho(\theta)\frac{\Delta\rho}{\rho} \tag{10.10}$$

其中：

$$\alpha_E(\theta)=\frac{1}{4}\sec^2\theta-2\gamma\sin^2\theta$$

$$\alpha_\sigma(\theta)=2\gamma\sin^2\theta\frac{2\gamma-1}{4\gamma-3}+\frac{1}{4}\sec^2\theta\frac{(2\gamma-3)(2\gamma-1)^2}{\gamma(4\gamma-3)}$$

$$\alpha_\rho(\theta)=\frac{1}{2}-\frac{1}{4}\sec^2\theta$$

式中 R 表示反射系数，E，σ，ρ 分别为杨氏模量，泊松比和密度，γ 为纵横波速比的平方，θ 为入射角。

式(10.10)为杨氏模量和泊松比的直接反演提供了依据，对比常规 AVO 反演得到纵横波速度和密度后，借助弹性参数之间关系计算得到杨氏模量和泊松比的方法，该式对密度的反演结果没有要求，避免了小角度入射情况下密度反演结果的不稳定性，以及参数转换过程中带来的累积误差，因而具有更高的精度和更好的稳定性。

(三)焦石坝地区龙马溪组页岩脆性预测

图 10.33～图 10.35 是按照贝叶斯框架下的 AVA 反演方法得到的反演剖面，为了更直观地评价反演效果，这里将过该剖面的 X2 井投影在了剖面上。反演层段上部为泥质粉砂岩、粉砂岩，下部以泥岩为主，夹泥质粉砂岩薄层。从图中可以看出，下部地层的杨氏模量整体上高于上部地层；泊松比相反，下部地层明显低于上部地层；密度的整体趋势与泊松比一致。反演结果与地层岩性特征吻合较好，且十分符合该地区高有机质、高硅含量的页岩储层特征。可以发现，实际资料的反演结果与测井曲线具有良好的一致性，充分验证了方法的有效性。

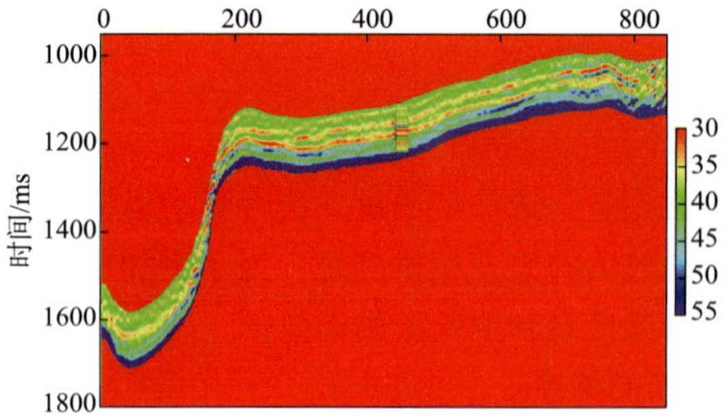

图 10.33　杨氏模量反演结果

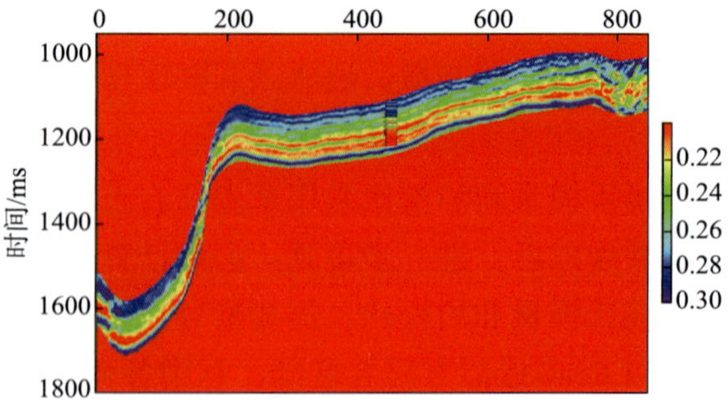

图 10.34　泊松比反演结果

图 10.36 是用反演得到的杨氏模量与泊松比通过新型脆性指数公式计算得到的脆性指

数剖面，图中红色和黄色部分脆性指数较大，压裂时比较容易形成裂缝网络；蓝色及紫色部分脆性指数小，压裂时不太容易形成裂缝网络。从测井解释及岩心资料的解释来看，脆性矿物含量自上而下逐渐增高，上部地层以泥岩为主夹薄层砂岩，脆性矿物含量低，黏土含量高，岩石脆性差；下部主要以泥页岩为主，但脆性矿物含量高，黏土含量低，岩石脆性好，与基于叠前地震的脆性预测结果吻合较好。

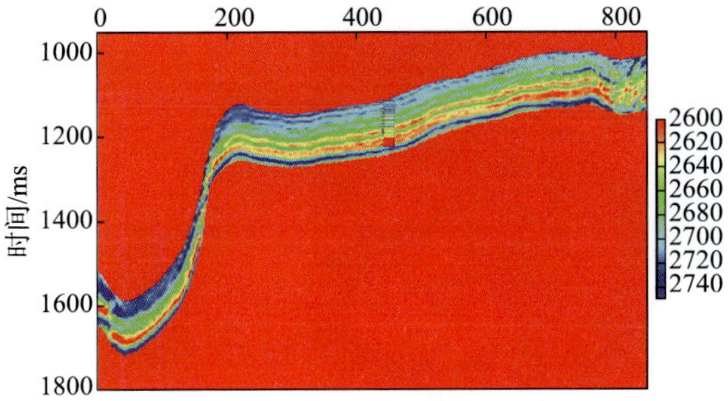

图 10.35　密度反演结果

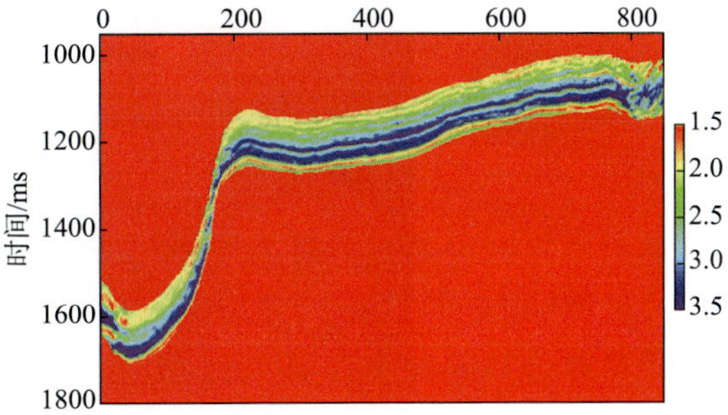

图 10.36　脆性指数反演剖面

微地震监测可以对水力压裂效果进行有效评价，微地震事件多的区域说明压裂效果比较好。图 10.37、图 10.38 是 JYX10 以及 JYX11 平台三口水平井水力压裂施工时的微地震监测结果。

图中红色代表高脆性值，蓝色代表低脆性值，图中圆点代表监测到的微地震事件即地层裂缝的开启与闭合。从图中可以看出，在脆性指数较大的区域，微地震事件也较多；脆性指数较小的区域，微地震事件较少。总的来看，水力压裂人工缝网形态受地层脆性、边界大断裂等因素共同控制；储层脆性好的地方，地层破裂压力相对较低，且在水力压裂过程中更容易形成网状缝。

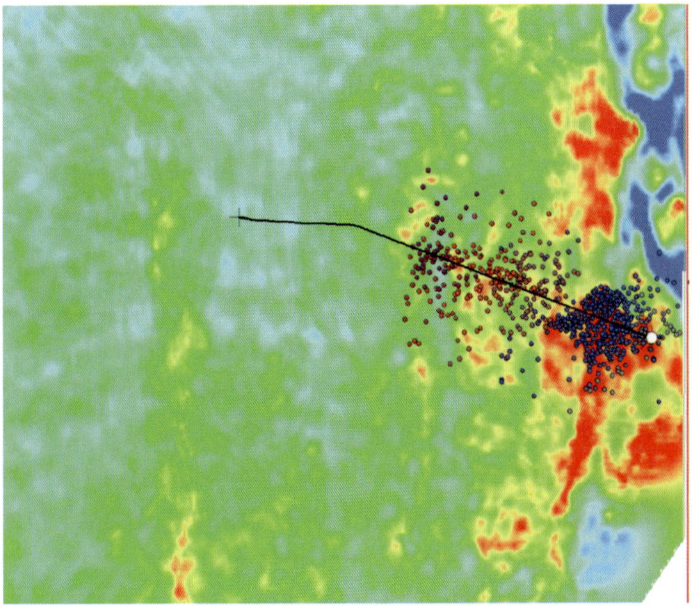

图 10.37　脆性预测结果与微地震监测叠合图(JYX10)

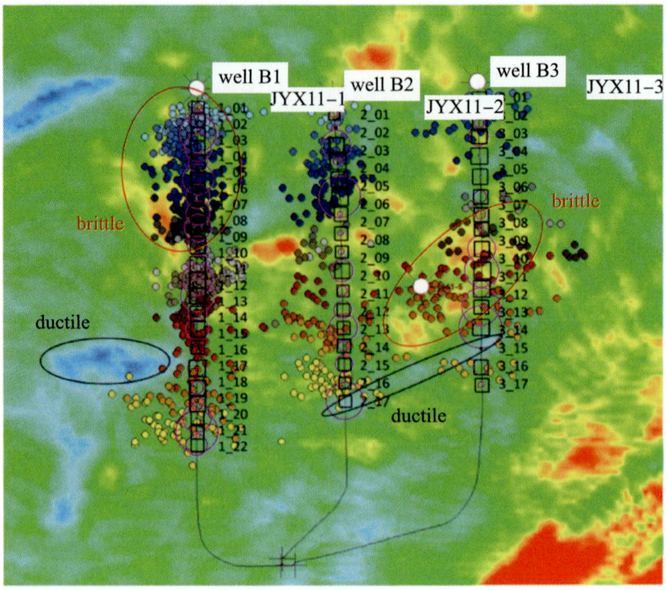

图 10.38　脆性预测结果与微地震监测叠合图(JYX11)

二、裂缝预测

焦石坝工区受加里东、海西印支、燕山、喜山等构造运动影响构造较为复杂，发育东西分带、NE 走向的褶皱构造，伴随构造运动及构造单元的产生，在北西 - 南东向挤压应力背景下产生了较为复杂的走向以北东向为主的断层及构造缝。针对裂缝类型繁多、成因复杂的特点，裂缝预测主要基于地质认识与物探方法相结合的思路，对影响目的层段五峰组 - 龙马溪组的构造成因裂缝来进行预测。采用多种叠后地震裂缝检测技术(相干、曲率、断层增强相干、倾角倾向等)与叠前方位各向异性裂缝预测相结合的方式，实现不同尺度的裂缝精细表征。

(一)叠后断裂 - 裂缝预测

首先利用倾角属性了解该区地层不连续性特征，其中倾角为岩层层面与水平面所夹的锐角，表示岩层在空间倾斜角度的大小，通常可以指示研究区内的不连续性。以五峰组 - 龙马溪组为目的层沿层提取的倾角属性的结果如图 10.39 所示。主体区平桥背斜倾角相对较小，地层变化较为平缓，小于 20°，主要集中在 10°左右；而在背斜翼部地层陡倾，最大达到 40°。通过对倾角属性提取可以大致了解该区的地层展布形态，为后续的断层增强相干和倾角调控相似性相干属性的制作参数选择奠定基础，特别是针对相干属性的倾角扫描与否、参数选取等方面具有一定的参考意义。

利用相干技术对大尺度的断裂进行预测，图 10.40 和图 10.41，分别利用断层增强相干技术(Automatic Fault Enhance，AFE)和基于倾角调控的相似性相干技术对该区断裂进行刻画。从图中可以看出，本区断层较发育，其中控制东胜背斜、平桥背斜和白马向斜构造单元的断层：龙济桥断层、袁家沟断层、平桥西断层、平桥东断层、和顺场断层、白云断层等走向以北东向为主，这些断层主要是受到燕山期自南东向北西的挤压应力而形成；而大千断层走向是北北西，该断层的形成一方面是受南东－北西向的挤压应力作用，另一方面则是在川东南的帚状构造带形成过程中受到南北向的次应力作用，南东－北西应力与南北向应力在该地区相互影响形成左旋挤压应力，使得该断层形成左旋滑脱断层。

在大断层刻画的基础上，利用曲率技术突出小断裂及裂缝系统。图 10.42 为倾角控制下的曲率属性，其主要是利用倾角导向体作为控制，进而完成曲率属性的计算。可以看出在控制构造单元的断层，龙济桥断层、袁家沟断层、平桥西断层、平桥东断层、和顺场断层、白云断层等附近裂缝更为发育，较好地表征了与断层相关的裂缝。

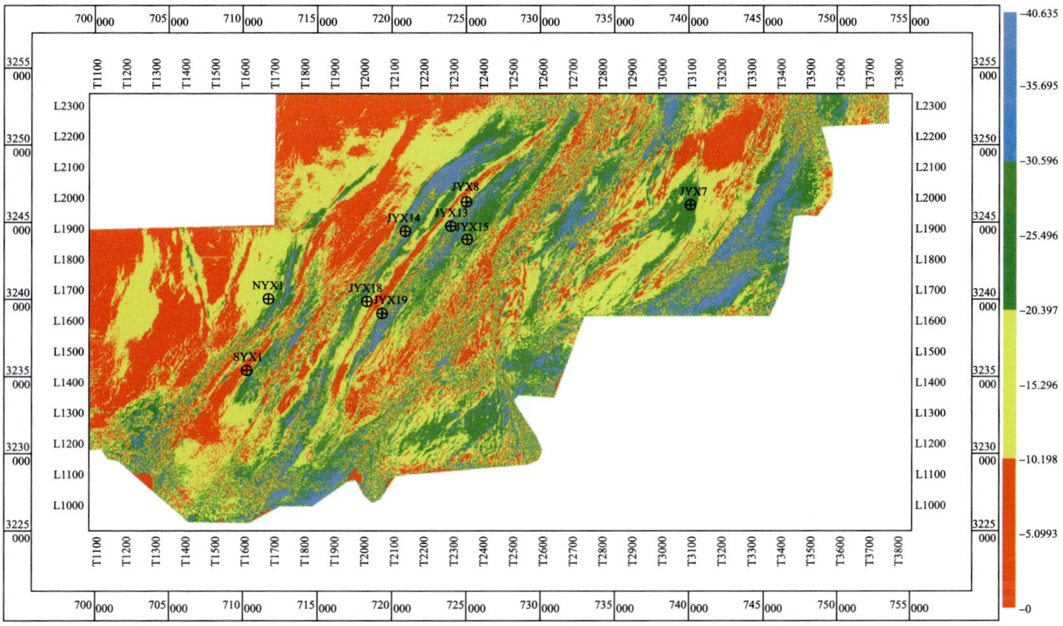

图 10.39　五峰组－龙马溪组底沿层倾角属性

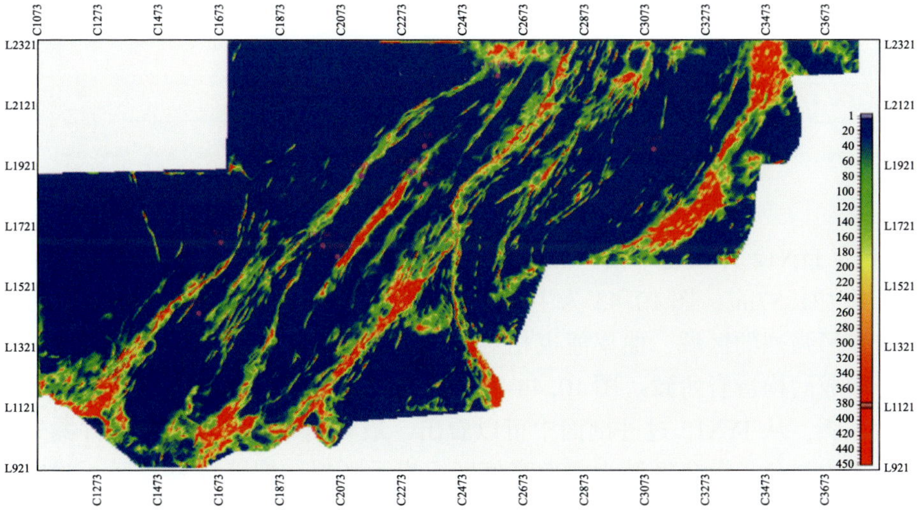

图 10.40　五峰组－龙马溪组底沿层断层增强相干(AFE)

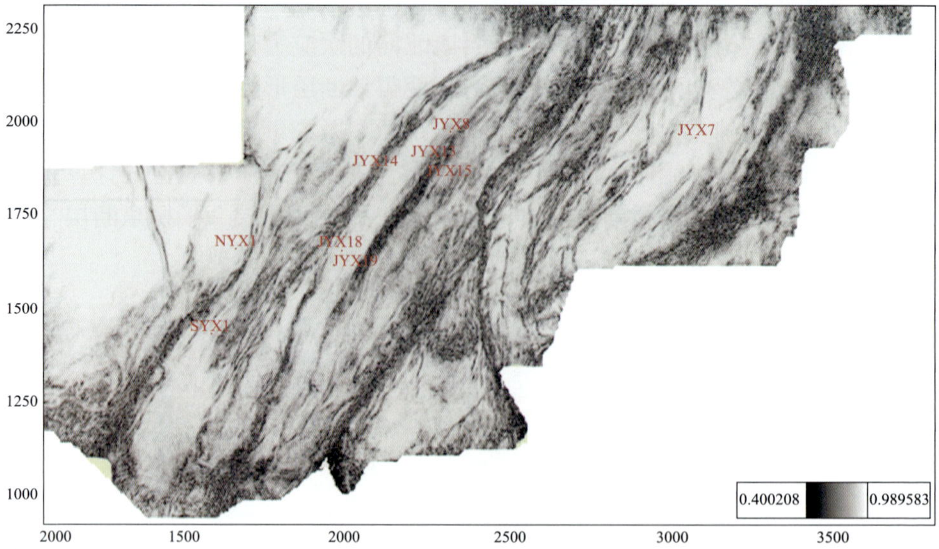

图 10.41　五峰组 - 龙马溪组底沿层倾角调控相似性相干

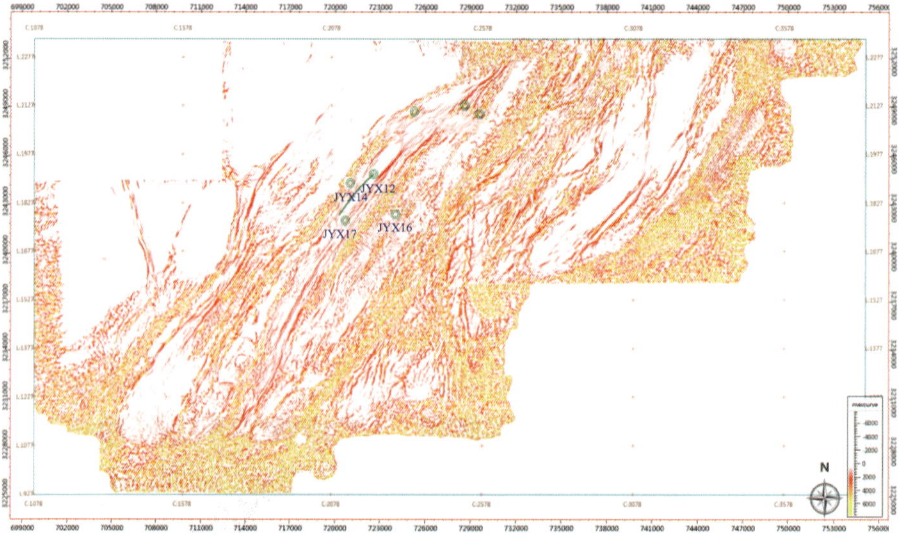

图 10.42　龙马溪 - 五峰组底沿层最大曲率属性

表 10.1 为 JYX12 井在龙马溪 - 五峰组的井漏数据，龙马溪 - 五峰组共有 8 段漏失层段，漏失量共 121.57m^3。图 10.43 为主体区平桥背斜放大显示图，除了断层附近曲率值较高，在构造变形强烈的区域，曲率值也相对较大，如 JYX8 井区附近曲率值相对较大，是由于褶皱所形成的构造脊所致。图 10.44 为 JYX12 井龙马溪 - 五峰组漏失层段与最大曲率属性对比验证图，从 JYX12 过井剖面中可以看出，最大曲率属性与实际钻井漏失层段位置吻合较好，图中红色、黄色区域为曲率高值区，表示断裂 - 裂缝较发育区，对应钻井漏失层段。通过叠后属性对比验证分析，本区最大曲率属性与实际钻井漏失层段位置吻合程度最高。

表 10.1 JYX12 井龙马溪－五峰组井漏数据

序号	井深 m	层位	漏失井段/m	厚度/m	漏失层位	漏失量/m³	平均漏速(m³/h)	累计/m³	相对密度	黏度/mPa	漏失段主要岩性	漏失原因
1	250.00	嘉陵江组	175～200	25.00	嘉陵江组	360.0	45	360.0	1.01	30	灰色灰岩	裂缝性漏失
2	638.00	飞仙关组	175～200	25.00	嘉陵江组	1040.00	45	1400.00	1.03	27	灰色灰岩	裂缝性漏失
3	2829.27	龙马溪组			龙马溪组	22.00	61.5	22.0	1.55	57	灰黑色碳质页岩	裂缝性漏失
4	2837.00	龙马溪组	2837.00～2875.21	38.21	龙马溪组	22.0	3	44.0	1.55	57	灰黑色碳质页岩	渗漏
5	3271.20	龙马溪组	3220.69～3271.20	50.51	龙马溪组	9.00	1.3	53.00	1.55	54	灰黑色碳质页岩	渗漏
6	3271.20	龙马溪组	3200.00		龙马溪组	26.0	3.7	79.00	1.55	54	灰黑色碳质页岩	裂缝性漏失
7	4041.76	龙马溪组	4023.81		龙马溪组	14.7	14.7	93.70	1.55	54	灰黑色碳质页岩	裂缝性漏失
8	3633.01	五峰组			五峰组	9.0	15	102.70	1.54	55	灰黑色碳质页岩	裂缝性漏失
9	4496.44	五缝组	3243.9		五缝组	10.60	7	113.30	1.59	60	灰黑色碳质页岩	裂缝性漏失
10	5150.00	龙马溪组	5150.00～5180.00	30.00	龙马溪组	9.97	2.44	123.27	1.60	61	灰黑色碳质页岩	渗漏
11	5332.00	五峰组	3179		五峰组	8.90	5.9	132.17	1.58	61	灰黑色碳质页岩	裂缝性漏失

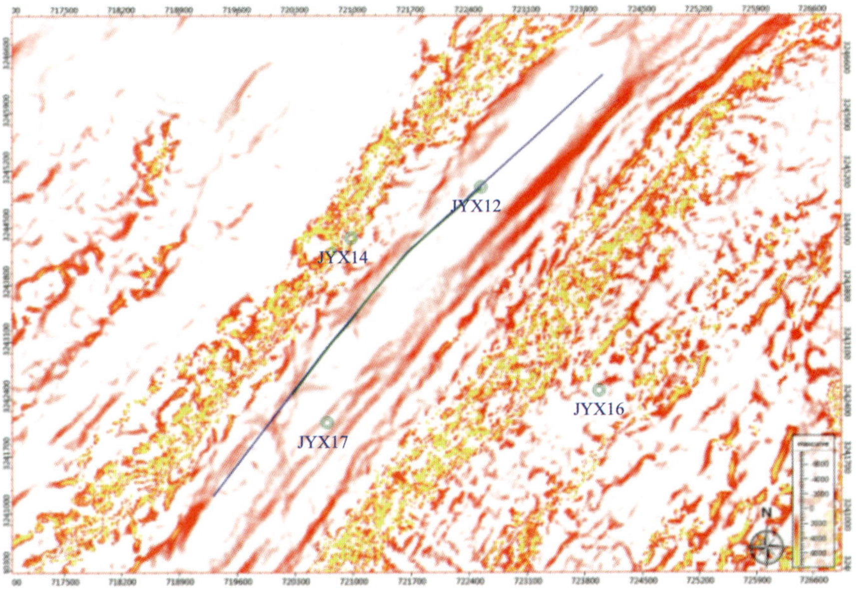

图 10.43 龙马溪－五峰组底沿层最大曲率属性(平桥背斜主体区)

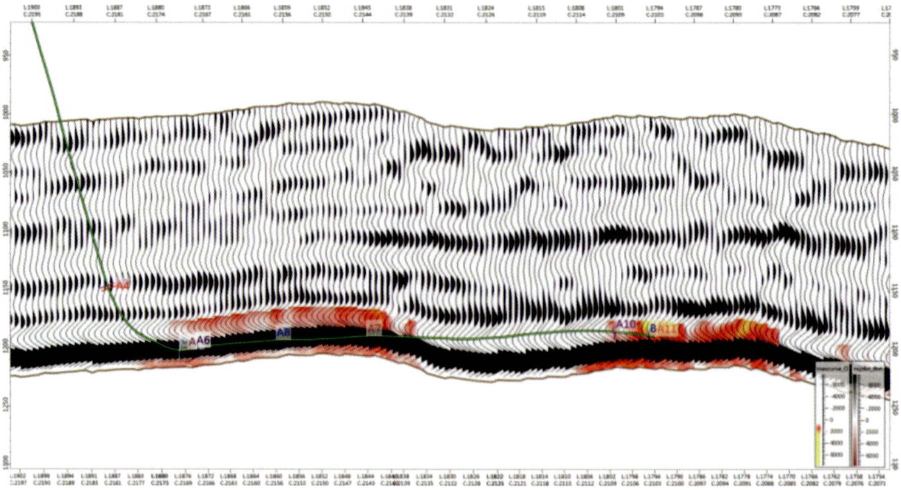

图 10.44　JYX12 井龙马溪 – 五峰组漏失层段与最大曲率属性对比验证

为了突出多尺度的裂缝发育带，利用三原色融合技术表征裂缝发育的特征及分布范围。图 10.45 为相干、曲率和倾角的三原色融合显示，其中蓝色为相干属性，刻画出了工区内主要的控制构造单元的断裂；绿色代表曲率属性，突出小断裂及与断层褶皱相关的构造缝；而红色为倾角属性则表明地层变化对断裂 – 裂缝发育的影响，地层陡倾的部位裂缝更发育，而平缓地区裂缝相对较少。三种属性的融合使得工区的断裂 – 裂缝描述有粗有细，既描述了断裂又突出了裂缝。

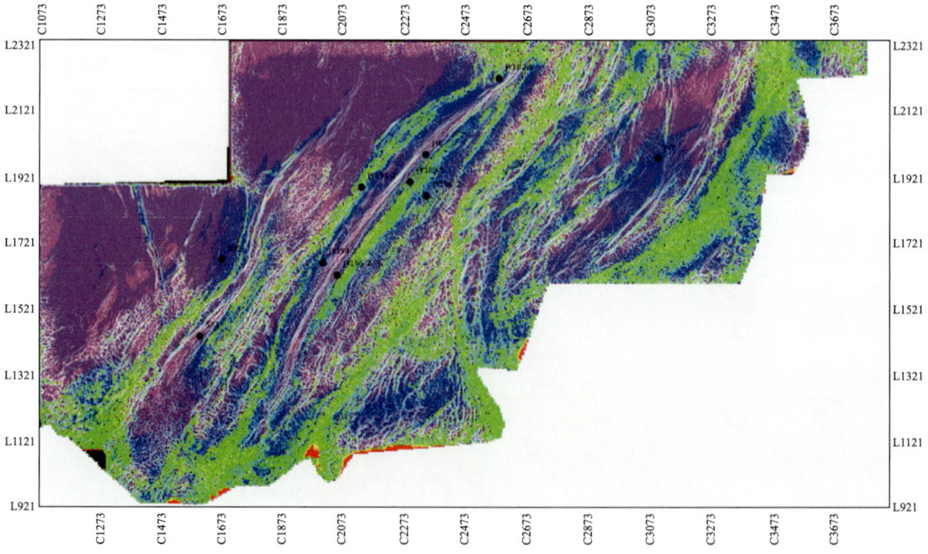

图 10.45　三原色 RGB 融合

(二) 叠前方位各向异性裂缝预测

基于叠前方位各向异性的裂缝预测是利用 P 波的各向异性，在裂缝型储层中，纵波在大量裂缝地层中发生反射时，从各个方位入射的纵波会产生不同的反射。基于叠前宽方位地震道集数据，将宽方位数据划分为若干个方位，然后便可以利用多个方位的信息反演出裂缝发育方向以及裂缝发育带的相对强度。

对焦石坝南－南川工区区域内的炮检距向量片(Offset Vector Tile，OVT)域道集进行了分析，如图10.46，可以看出最大偏移距约为5700m，方位角0～360°，各方位角的偏移距、覆盖次数分布比较均匀，覆盖次数最高达到208次，平桥背斜主体区覆盖次数平均达200次，基本满足叠前裂缝预测要求。

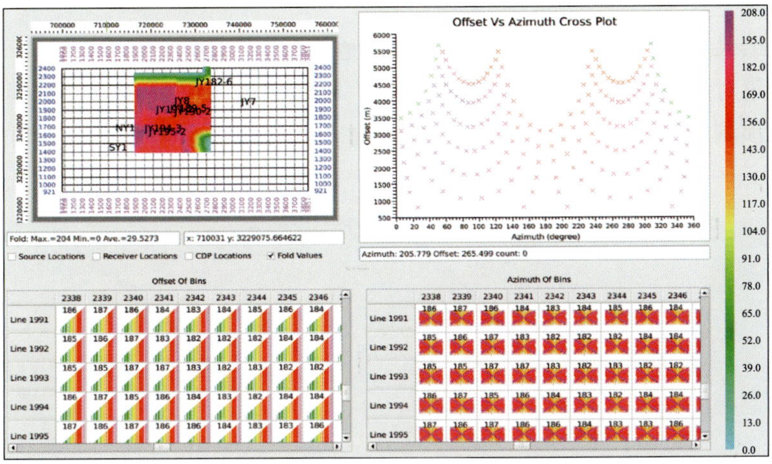

图10.46　OVT域道集分析

通过前期对各个方位角划分方案的分析测试，最终以各方位角的偏移距和覆盖次数分布均匀为准则，划分了4个不同的方位角数据，所有的方位角偏移距均统一在500～4000m，4个方位角分别为：0～65°、50～105°、80～135°、115～180°，主体区覆盖次数分别为33次、36次、36次、32次，如图10.47(a)～(d)所示。

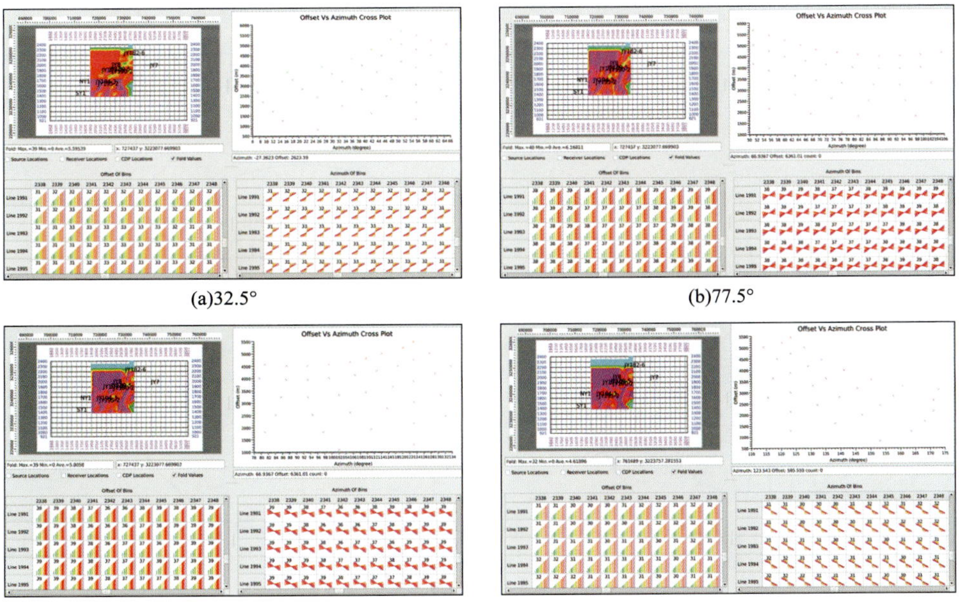

(a)32.5°　(b)77.5°　(c)107.5°　(d)147.5°

图10.47　不同方位角度覆盖区

形成基于 OVT 域道集的分方位叠后数据体之后，对其进行各向异性分析，利用不同方位之间存在的振幅和波阻抗差异来拟合椭圆，得到振幅方位各向异性椭圆的长轴和短轴，预测裂缝的密度和方位(图 10.48)。可以看出平桥背斜主体区及背斜翼部裂缝均有发育，平桥西断层的西侧裂缝不发育。

图 10.49 ~ 图 10.52 分别是 JYX13、JYX14、JYX15、JYX8 四口井成像测井解释结果与基于 OVT 域数据裂缝预测结果对比图，根据图示各井裂缝预测结果与成像测井解释结果吻合程度很高。

通过以上结果分析显示，与常规基于 CMP 道集进行裂缝预测相比，基于 OVT 地震处理的分位角道集对各向异性裂缝预测效果更好，通过偏移归位处理，使裂缝的分布得到改善，同时裂缝预测的方位与各井成像测井结果吻合度更高，预测结果更加可靠。

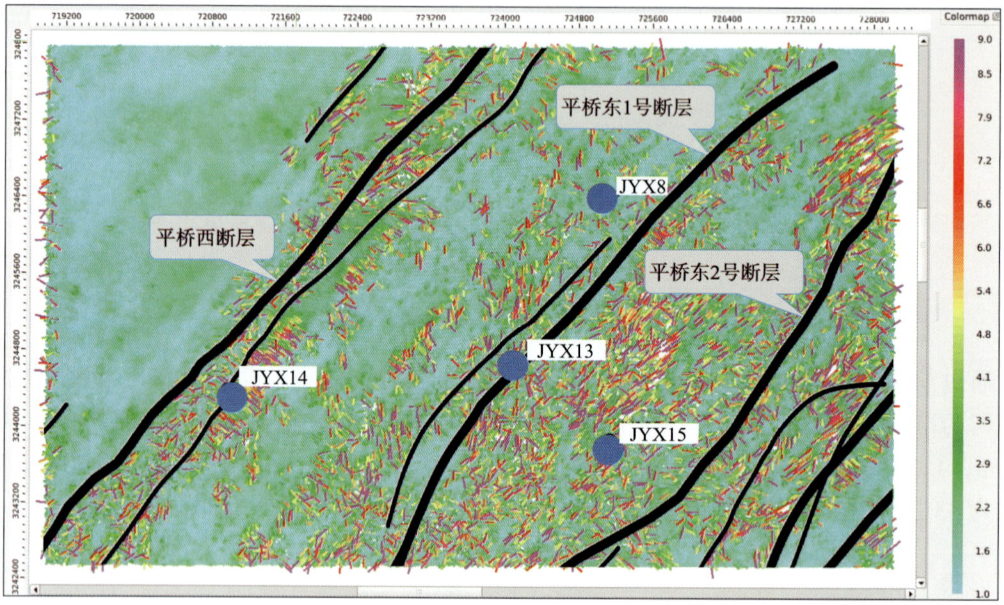

图 10.48　龙马溪－五峰组裂缝发育密度和方位(基于 OVT 域数据)

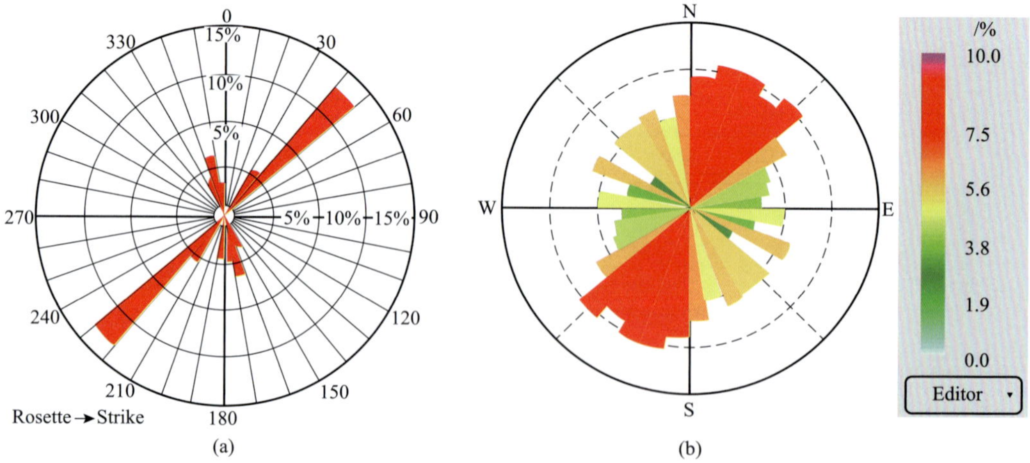

图 10.49　JYX13 井成像测井解释结果(a)与 OVT 裂缝预测结果(b)

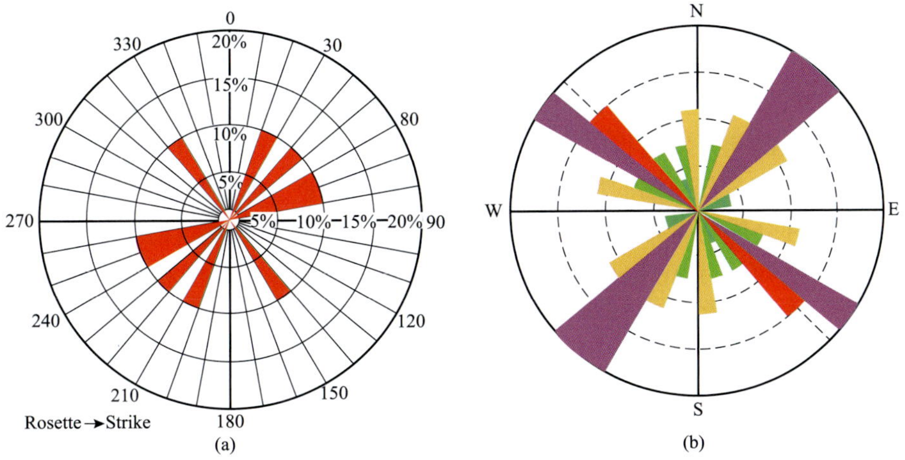

图 10. 50　JYX14 井成像测井解释结果(a)与 OVT 裂缝预测结果(b)

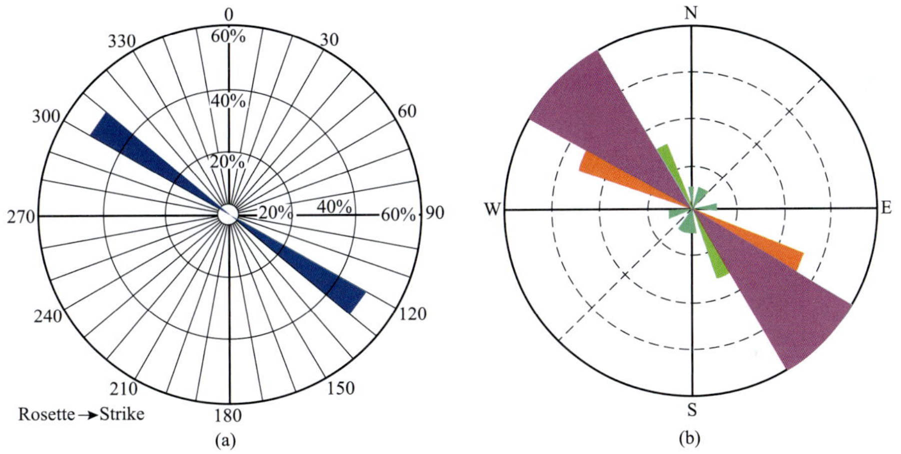

图 10. 51　JYX15 井成像测井解释结果(a)与 OVT 裂缝预测结果(b)

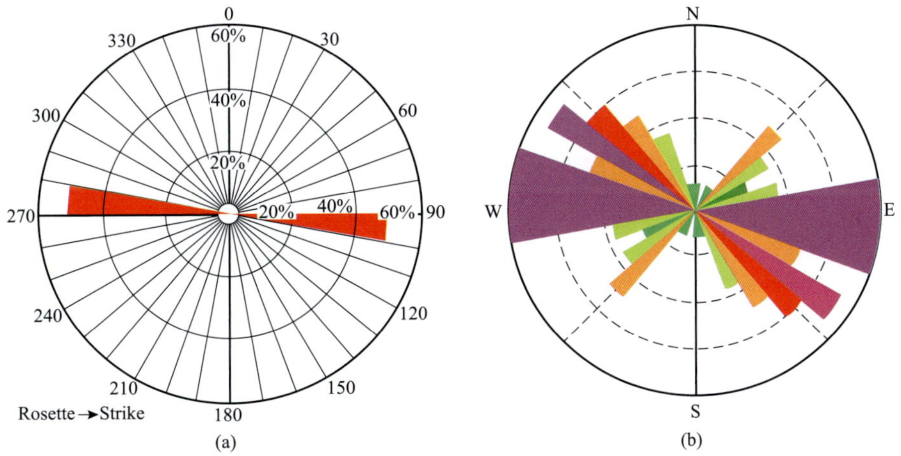

图 10. 52　JYX8 井成像测井解释结果(a)与 OVT 裂缝预测结果(b)

三、地应力预测

页岩气藏勘探开发潜力巨大，因其基质具有超低渗透性，裂缝网络的形成成为获得工业性气流的关键，因此开发过程中需要进行大规模水力压裂，而地应力的预测是指导页岩压裂施工的重要基础，其预测的精度直接影响压裂的质量。目前常用的地应力预测方法主要以均匀各向同性介质为基础，通常根据研究区不同的应力状态，使用或构建不同的地应力计算模型，被熟知的有 Anderson 模型、黄氏模型、组合弹簧模型和葛洪魁模型等，这些模型部分是建立在地层各向同性的假设条件之上的，也有部分简单考虑了介质的各向异性。而这一假设在大多数情况下已不再满足研究和生产的要求，而页岩储层具有较强的非均质性和各向异性特征，因此，应力预测存在一定的误差。

由于地下应力场非常复杂，不少学者(Thiercelin，Higgins，Gray)都对基于 TI 介质的地应力模型进行了研究，并对两种不同模型的应用效果进行了比较。同时，多数学者的理论都只考虑了上覆地层压力和孔隙压力的影响，对地应力的描述并不充分。要对地应力场做出精准预测，需要在对其来源进行认真分析的基础上，结合地球物理理论与方法推导出更加合理的地应力计算模型。在前人的理论基础上，对于 HTI 介质，结合构造应力的影响，这里采用了新推导的计算模型。

线性滑动理论下的 HTI 介质等效柔度张量已经做了推导，此时胡克定律可以表示为：

$$\begin{bmatrix}\varepsilon_1\\\varepsilon_2\\\varepsilon_3\\\varepsilon_4\\\varepsilon_5\\\varepsilon_6\end{bmatrix}=\begin{bmatrix}\frac{1}{E}+Z_N & -\frac{v}{E} & -\frac{v}{E} & 0 & 0 & 0\\ -\frac{v}{E} & \frac{1}{E} & -\frac{v}{E} & 0 & 0 & 0\\ -\frac{v}{E} & -\frac{v}{E} & \frac{1}{E} & 0 & 0 & 0\\ 0 & 0 & 0 & \frac{1}{\mu} & 0 & 0\\ 0 & 0 & 0 & 0 & \frac{1}{\mu}+Z_T & 0\\ 0 & 0 & 0 & 0 & 0 & \frac{1}{\mu}+Z_T\end{bmatrix}\begin{bmatrix}\sigma_1\\\sigma_2\\\sigma_3\\\sigma_4\\\sigma_5\\\sigma_6\end{bmatrix} \tag{10.11}$$

假设其中一个主应力是在垂直方向，那么其他两个主应力则在水平方向式就可以看作水平应变是应力的函数。假设地层在水平方向受到约束，即水平方向应变为零。则有：

$$\varepsilon_h=\left(\frac{1}{E}+Z_N\right)\sigma_h-\frac{\nu}{E}(\sigma_H+\sigma_v)=0 \tag{10.12}$$

$$\varepsilon_H=\frac{1}{E}\sigma_H-\frac{\nu}{E}(\sigma_h+\sigma_v)=0 \tag{10.13}$$

对式(10.12)、式(10.13)进行简化，即得到水平主应力的表达式：

$$\sigma_h=\frac{\nu(1+\nu)}{1+EZ_N-\nu^2} \tag{10.14}$$

$$\sigma_H=\frac{1+EZ_N+\nu}{1+EZ_N-\nu^2}\nu\sigma_v \tag{10.15}$$

从式(10.14)，式(10.15)可以看出，式中所有参数都可从地震数据中获取，从表达式中可以看出，此时的水平主应力仅仅考虑了由上覆地层的重力引起的那部分，而没有考虑地层压力和构造应力的影响，故需要对此作出修正。

$$\sigma_h = \frac{\upsilon(1+\upsilon)}{1+EZ_N-\upsilon^2}(\sigma_V-\alpha P)+\alpha P+\gamma V_S\sigma_h \tag{10.16}$$

$$\sigma_H = \upsilon\frac{(1+EZ_N+\upsilon)}{1+EZ_N-\upsilon^2}(\sigma_V-\alpha P)+\alpha P+\gamma V_S\sigma_h \tag{10.17}$$

上式就是修正后的应力计算模型，E、υ 分别为地层的杨氏模量和泊松比，Z_N 是裂缝系统的柔度张量，P 是地层孔隙压力，γ 是 Thomesn 各向异性参数，V_S 是横波速度，α 是孔隙压力系数。

研究表明，最大与最小水平应力变化差与最大水平应力的比值(Differential Horizontal Stress Ratio，DHSR)是评价储层是否适用于压裂开发的重要因子。*DHSR* 的计算如公式(10.18)所示。

$$DHSR = \frac{\sigma_H-\sigma_h}{\sigma_H} = \frac{EZ_N}{1+EZ_N+\nu} \tag{10.18}$$

可以看出，*DHSR* 与垂直方向的应力 σ_v 并不相关，因此在 *DHSR* 计算过程中无需已知上覆地层压力的大小。通常情况下，如果 *DHSR* 数值较大，地层中发育着大量平行于最大水平应力方向的裂缝。然而，如果 *DHSR* 数值较小，该区域比较适用于压裂开发，且易于形成正交的裂缝网，有利于储层中油气的运移和非常规储层的开采。

图 10.53～图 10.55 是对地应力模型校正前后的预测结果，图中最右边的图显示应力预测的结果，其中黑色点和蓝色曲线分别表示的是水平最小主应力的实测值和预测值，绿色点和红色曲线分别是水平最大主应力的实测值和预测值。当只考虑地层地层自重(图 10.53)时，预测值与实测值还有很大差距；考虑孔隙压力的影响(图 10.54)时，二者之间的差距仍然比较明显；当把构造应力的影响也纳入考虑范围(图 10.55)时，可以看到在实测点处，预测曲线与实测值吻合很好。综合分析，新的模型对地应力具有较好的预测效果。

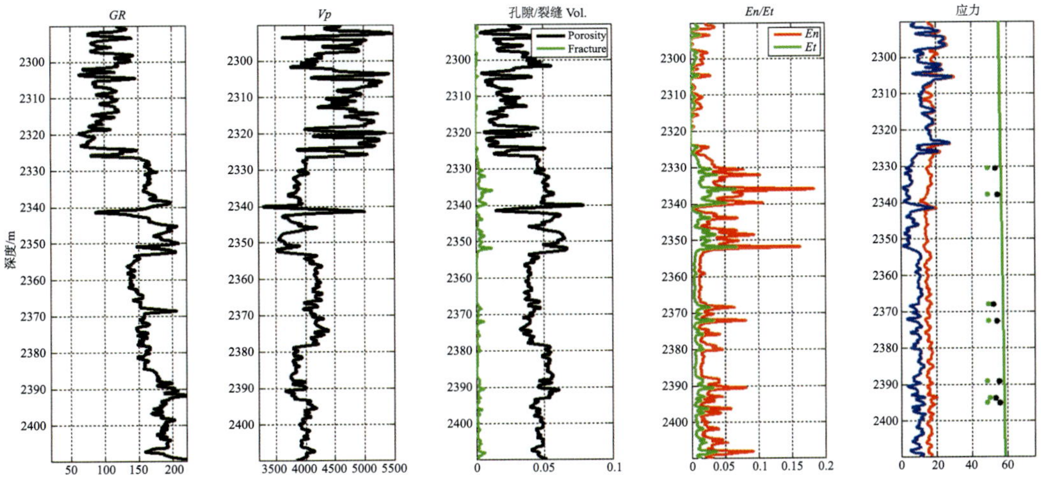

图 10.53　地层压力影响下的应力预测

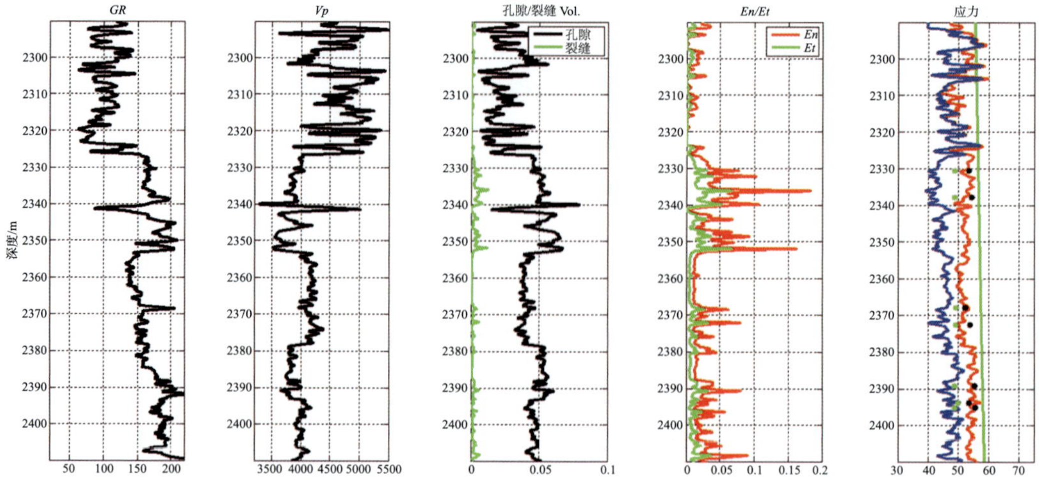

图 10.54　地层重力和孔隙压力影响下的应力预测

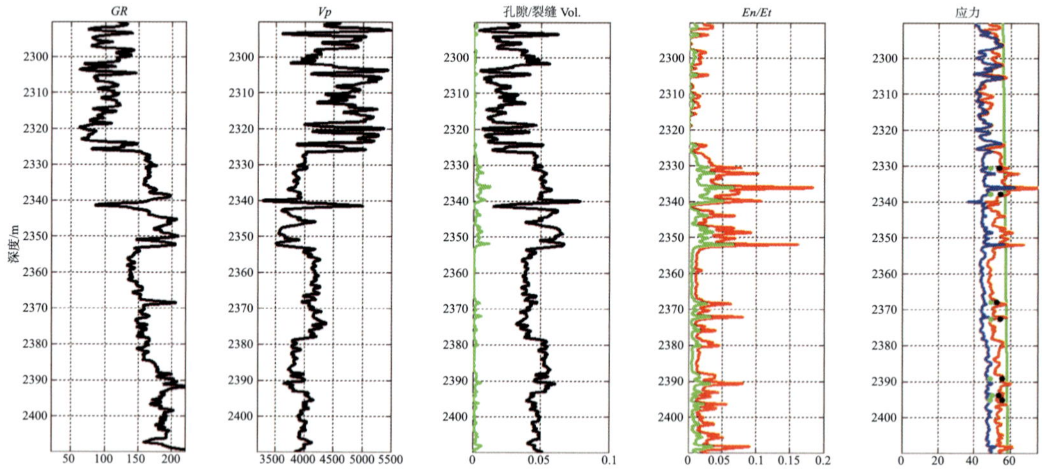

图 10.55　地层重力、孔隙压力以及构造应力影响下的应力预测

应力场的确定不仅需要杨氏模量和泊松比，同时也需要反映介质各向异性的参数 Z_n。因此，通过开展 AVAZ 五参数反演，便可以得到反映裂缝网络形成难易程度的参数——水平主应力差异系数(*DHSR*)。同时，缝网的走向受地层局部地应力方向的影响。微地震监测结果与脆性指数呈现了较好的一致性，表明该方法是切实可行的。

结合 JYX11 平台的微地震检测结果可以看到，*DHSR* 小值区域压裂效果相对较好。在水力压裂过程中更易于形成体积压裂，这与实际 JYX11 平台三口井的生产情况也完全符合(图 10.56)。

可以发现，在 *DHSR* 相对低值区，在水力压裂过程中更容易形成网状缝，同时，该位置的储层破裂压力也相对较低(井筒各压裂段处的破裂压力从压裂施工曲线解释获得)。通过脆性预测结果和应力预测结果的综合分析，可以为储层的压裂改造提供非常重要的参考数据。

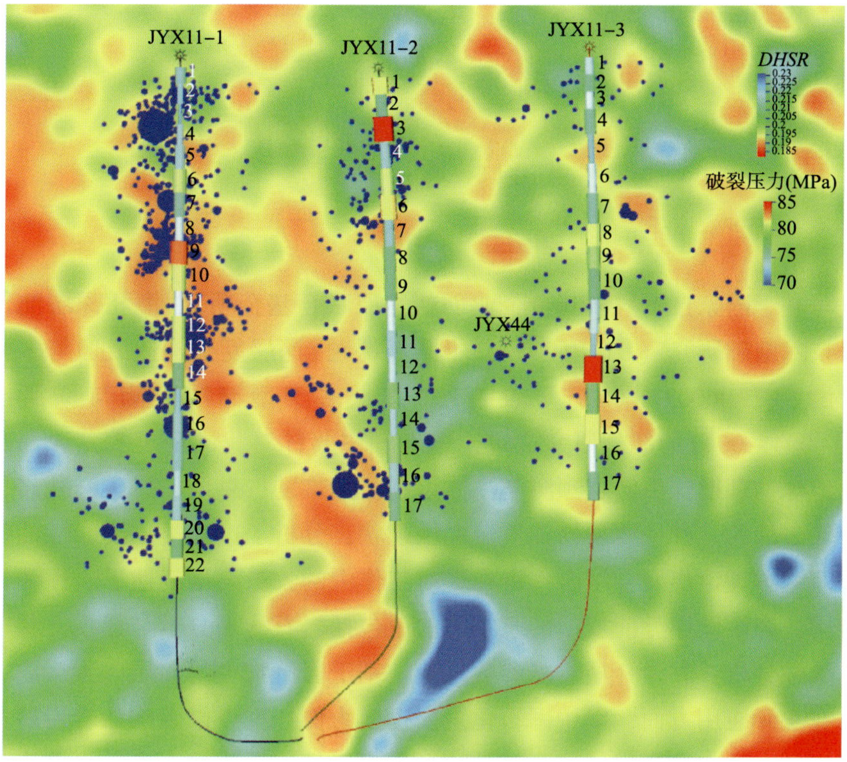

图 10.56　*DHSR* 预测结果与微地震压裂效果叠合图

结束语

本书编写基于国家自然科学基金企业创新发展联合基金项目“海相深层油气富集机理与关键工程技术基础研究”(U19B6003)其中第四课题《深层复杂构造成像与多类型储层预测方法》课题(U19B6003-004)下设专题“深层多类型储层预测与识别技术研究”(U19B6003-004-004)的部分研究成果。该专题主要针对我国塔里木盆地、四川盆地等深层领域的地球物理勘探中储层预测与流体识别技术难题，总结了以碳酸盐岩、致密碎屑岩和页岩为代表的的几种主要岩性油气藏勘探现状，分析了这几类主要岩性油气藏特点与前景。从反演基本理论出发，结合作者在平时工作中的大量案例阐述了岩性油气藏叠前反演技术与应用，介绍储层叠前反演的基本方法。包括岩石物理分析与建模、叠前弹性参数反演、叠前属性分析；黏弹介质衰减参数反演、基于岩石物理的储层参数反演、叠前流体检测技术；在实际应用方面，以中国石化主要探区为例，重点以碳酸盐岩岩溶古河道储层预测及充填识别、致密碎屑岩储层含气性检测和页岩储层地质甜点参数预测为例，分析叠前地震反演的应用条件和应用效果，是理论与实际充分结合的典型。

本书由孙振涛、胡华锋、朱童编著，孙振涛作为专题负责人，长期从事地震资料综合解释、叠前地震反演方法研究。近年来，在碳酸盐岩、页岩、致密碎屑岩等储层预测与反演实践中，积累了大量工作经验，在本书撰写中进行全面设计和总体规划，负责本书的整体架构和主体编撰。胡华锋作为专题首席，主要从事碳酸盐岩、页岩、致密碎屑岩储层预测与反演应用研究，负责第六章到第十章的统稿。朱童作为专题首席，主要从事储层预测与反演的理论和方法研究，负责第一章到第五章的统稿。本书第一章主要由朱童、代仕明编写；第二章主要由雷朝阳、周孟娇编写；第三章主要由朱童、贾泽宇编写；第四章主要由马妮、雷朝阳编写；第五章主要由李京南、钟晗、周丹、代仕明编写；第六章主要由胡华锋、李京南编写；第七章主要由刘婵娟、唐金良、牛丽萍编写；第八章主要由吕慧、周单、刘婵娟编写；第九章主要由张克非、代仕明编写；第十章主要由胡华锋、孙正星编写。

本书在撰写过程中得到了中国石化科技部、中国石化西南油气分公司、中国石化西北油田分公司、中国石化江汉油田分公司的大力支持，在此一并表示感谢!

本书涉及地震勘探技术在众多油气勘探领域的应用，编写中难免存在问题和错误，敬请读者指正。

参考文献

[1]A Rüger. Reflection Coefficients and Azimuthal AVO Analysis in Anisotropic Media[M]. 2002.

[2]Aki K, Richards P G. Quantitative seismology: Second Edition[M]. USA: University Science Books, 2002.

[3]Aki K, Richards P G. Quantitative seismology: theory and methods[M]. San Francisco: W. H. Freeman and Co. , 1980.

[4]Alemie W, MD Sacchi. High - resolution three - term AVO inversion by means of a Trivariate Cauchy probability distribution[J]. Geophysics, 2011, 76(3): 420 - 424.

[5]Avseth P, Mukerji T, Mavko G. Quantitative Seismic Interpretation[M]. Cambridge University Press, 2005.

[6]Bachrach R. Joint estimation of porosity and saturation using stochastic rock physics modeling[J]. Geophysics, 2006, 71(5): 053 - 063.

[7]Backus M, Chen R. Flat Spot Exploration[J]. Geophysical prospecting, 1975, 23(3): 533 - 577.

[8]Backus G E. Long - wave elastic anisotropy produced by horizontal layering[J]. Journal of Geophysical Research, 1962, 67(11): 4427 - 4440.

[9]Bandyopadhyay K. Seismic anisotropy: Geological causes and its implications to reservoir geophysics[D]. Stanford University. 2009.

[10]Batzle M, Wang Z. Seismic properties of pore fluids[J]. Geophysics, 1992, 57(11): 1396 - 1408.

[11]Berryman J G. Mixture Theories for Rock Properties[J]. rock physics & phase relations a handbook of physical constants, 1995.

[12]Berryman J G. Elastic wave propagation in fluid - saturated porous media[J]. Journal of the Acoustical Society of America, 1981, 69(2): 4012 - 4018.

[13]Berryman J G. Long - wavelength propagation in composite elastic media[J]. Journal of the Acoustical Society of America, 1980, 68(6): 1809 - 1831.

[14]Berryman J G. Mixture theories for rock properties[C]//Ahrens T J. Rock Physics and Phase Relations: A Handbook of Physical Constants. Washington, DC: American Geophysical Union, 1995: 205 - 228.

[15]Berryman J G. Single - scattering approximations for coefficients in Biots equations of poroelasticity[J]. The Journal of the Acoustical Society of America, 1992, 91(2): 551 - 571.

[16]Biot M A. Theory of propagation of elastic waves in a fluid - saturated porous solid: II. Higher frequency range[J]. The Journal of the Acoustical Society of America, 1956, 28(2): 179 - 191.

[17]Blumensath T, Davies M E. Iterative hard thresholding for compressed sensing[J]. Applied and Computational Harmonic Analysis, 2009, 27(3): 265 - 274.

[18]Bortfeld R. Exact solution of the reflection and refraction of arbitrary spherical compressional waves at liquid - liquid interfaces and at solid - solid interfaces with equal shear velocities and equal densities[J]. Geophysical Prospecting, 1962, 10(1): 35 - 67.

[19]Bosch M, Mukerji T, Gonzalez E F. Seismic inversion for reservoir properties combining statistical rock physics and geostatistics: A review[J]. Geophysics, 2010, 75(5): 75A165 - 75A176.

[20]Bosch M. The optimization approach to lithological tomography: Combining seismic data and petrophysics for porosity prediction[J]. Geophysics. 2004, 69(5): 1272 - 1282.

[21]Brajanovski M, Gurevich B, Schoenberg M. A model for P – wave attenuation and dispersion in a porous medium permeated by aligned fractures[J]. Geophysical Journal International, 2005, 163(1): 372 – 384.

[22]Brie A, Pampuri F, Marsala A F, et al. Shear Sonic Interpretation in Gas – Bearing Sands[C]. SPE, 1995, 30595: 701 – 710.

[23]Brown R, Korringa J. On the dependence of the elastic properties of a porous rock on the compressibility of the pore fluid[J]. Geophysics, 1975, 40(4): 608 – 616.

[24]Buland A, Omre H. Bayesian linearized AVO inversion[J]. Geophysics, 2003, 68(1): 185 – 198.

[25]Buland A, Kolbjornsen O, Hauge R, et al. Bayesian lithology and fluid prediction from seismic prestack data [J]. Geophysics, 2008, 73(3): C13 – C21.

[26]Castagna J P, Batzle M L, Eastwood R L. Relationships between compressional – wave and shear – wave velocities in clastic silicate rocks[J]. Geophys, 1985, 50(4): 571 – 581.

[27]Castagna J P, Batzle M L, Kan T K. Rock physics – The link between rock properties and AVO response [C]//Castagna J P, Backus M. Offset Dependent Reflectivity – Theory and Practice of AVO Analysis. Tulsa, Oklahoma: Investigations in Geophysics, No. 8, Society of Exploration Geophysicists, 1993.

[28]Castagna J P, Sun S, Siegfried R W. Instantaneous spectral analysis: Detection of low – frequency shadows associated with hydrocarbons[J]. Leading edge (Tulsa, Okla.), 2003, 22(2): 120 – 127.

[29]Castagna J P, Swan H W, Foster D J. Framework for AVO gradient and intercept interpretation[J]. Geophysics, 1998, 63(3): 948 – 956.

[30]Chakraborty A, Okaya D. Frequency – time decomposition of seismic data using wavelet – based methods [J]. Geophysics, 1995, 60(6): 1906 – 1916.

[31]Chen T, Goodway B, Zhang W, et al. Integrating geophysics, geology and petrophysics: A 3D seismic AVO and borehole/logging case study[J]. SEG Technical Program Expanded Abstracts, 1998: 615 – 618.

[32]Chi X G, Han D H. Fizz and gas reservoir discrimination by AVO inversion[J]. SEG Technical Program Expanded Abstracts, 2007, 26(1): 1740.

[33]Chi X, Han D. Lithology and fluid differentiation using a rock physics template[J]. The Leading edge, 2009, 28(1): 60 – 65.

[34]Connolly P A. Hughes M J. Stochastic inversion by matching to large numbers of pseudo – wells[J], Geophysics, 2016, 81(2): M7 – M22.

[35]Connolly P. Elastic impedance [J]. The Leading Edge, 1999, 18(4): 438 – 452.

[36]Deng J, Shen H, Xu Z, et al. Dynamic elastic properties of the Wufeng – Longmaxi Formation shale in the southeast margin of the Sichuan Basin[J]. Journal of geophysics and engineering, 2014, 11(3): 35004 – 35011.

[37]Dillon L, Schwedersky G, Vasquez G, et al. A multiscale DHI elastic attributes evaluation[J]. The Leading edge, 2003, 22(10): 1024, 1026 – 1029.

[38]Domenico S N. Effect of Brine – Gas Mixture on Velocity in an unconsolidated sand reservoir[J]. Geophysics, 1976, 41(5): 882 – 894.

[39]Donoho D L, Tsaig Y, Drori I, et al. Sparse Solution of Underdetermined Systems of Linear Equations by Stagewise Orthogonal Matching Pursuit[J]. IEEE transactions on information theory, 2012, 58(2): 1094 – 1121.

[40]Douma H, de Hoop M V. On common – offset prestack time migration with curvelets[J]. SEG Annual Meeting Expanded Technical Program Abstracts with Biographies, 2005, 24: 2009 – 2012.

[41]Doyen P M. Porosity from seismic data: A geostatistical approach[J]. Geophysics, 1988, 53(10): 1263 –

1275.

[42]Duijndam, A. J. W. Bayesian estimation in seismic inversion part I: Principles[J]. Geophysical Prospecting, 1988, 36(8): 878 - 898.

[43]Dutta N C, Odé H. Attenuation and dispersion of compressional waves in fluid - filled porous rocks with partial gas saturation (White model); Part I, Biot theory[J]. Geophysics, 1979, 44(11): 1777 - 1788.

[44]Dutta N C, Odé H. Attenuation and dispersion of compressional waves in fluid - filled porous rocks with partial gas saturation(White model)—Part Ⅱ: Results [J]. Geophysics, 1979, 44(11): 1789 - 1805.

[45]Dvorkin J, Mavko G. Modeling attenuation in reservoir and nonreservoir rock[J]. Leading Edge, 2006, 25(2): 194 - 197.

[46]Dvorkin J, Mavko G, Nur A. Squirt flow in fully saturated rocks[J]. Geophysics, 1995, 60(1), 97 - 107.

[47]Dvorkin J, Mavko G. Modeling attenuation in reservoir and non - reservoir rock[J]. The Leading Edge, 2006, 25(2): 194 - 197.

[48]Dvorkin J, Nur A, Uden R, et al. Rock physics of a gas hydrate reservoir[J]. The Leading Edge, 2003, 22(9): 842 - 847.

[49]Dvorkin J, Nur A. Elasticity of high - porosity sandstones: Theory for two North Sea data sets[J]. Geophysics, 1996, 61(5): 1363 - 1370.

[50]Dvorkin J, Uden R. Seismic wave attenuation in a methane hydrate reservoir[J]. The Leading Edge, 2004, 23(8): 730 - 732.

[51]Dvorkin J. Rock Physics: Recent History and Advances[M]// Essa K S, Risio M D, Celli D, et al. Geophysics and Ocean Waves Studies, IntechOpen, 2020.

[52]Eaton B A. The Equation for Geopressure Prediction from Well Logs[C]// Fall Meetings of the Society of Petroleum Engineers of Aime. 1975.

[53]Eberhart R, Kennedy J. A new optimizer using particle swarm theory: IEEE, 1995.

[54]Eberhart - Phillips D M. Investigation of Crustal Structure and Active Tectonic Processes in the Coast Ranges, Central California[D]. Stanford: Stanford University, 1989.

[55]Eidsvik J, Avseth P, Omre H, et al. Stochastic reservoir characterization using perstack seismic data[J]. Geophysics, 2004, 69(4): 978 - 993.

[56]Fatti J., Smith G., Vail P., et al. Detection of gas in sandstone reservoirs using AVO analysis: A 3 - D seismic case history using the Geostack technique[J]. Geophysics, 1994, 59(9), 1362 - 1376.

[57]Fornberg B. The pseudospectral method; comparisons with finite differences for the elastic wave equation[J]. Geophysics, 1987, 52(4): 483 - 501.

[58]G. J. M. Lrtzer, Berkhout A J. Linear AVO inversion of multicomponent seismic data[C]. Seg Technical Program Expanded. 1949.

[59]Gardner G, Gardner L W, Gregory A R. Formation velocity and density - the diagnostic basics for stratigraphic traps[J]. Geophysics, 1974, 39(6): 770 - 780.

[60]Gassmann F. Uber die elastizitat poroser medien[J]. Verteljahrsschrift der Naturforschenden Gesellschaft in Zurich, 1951, 96: 1 - 23.

[61]Gilles Hennenfent. Sampling and reconstruction of seismic waveelds in the curvelet domain[D]. Vancouver: The University of British Columbia, 2008.

[62]Gonzalez E F, Mavko G, Mukerji T. A practical procedure for P - to - S "elastic" impedance (PSEI) inversion: Well log and synthetic seismic examples for identifying partial gas saturations[J]. Seg Technical Program Expanded Abstracts, 2004, 23(1): 2586.

[63] Gonzalez E F, Mukerji T, Mavko G, et al. Near and far offset P – to – S elastic impedance for discriminating fizz water from commercial gas[J]. The Leading edge, 2003, 22(10): 1012 – 1015.

[64] Gonzúlez E F, Mukerji T, Mavko G. Seismic inversion combining rock physics and multiple – point geostatistics[J]. Geophysics, 2008, 73(1): R11 – R21.

[65] Goodway B, Chen T, Downton J. Improved AVO fluid detection and lithology discrimination using Lame petrophysical parameters; "lambda p"; "mu p", and "lambda /mu fluid stack", from P and S inversions [R]. Calgary, AB: Canadian Society of Exploration Geophysicists, 1997: 22, 3 – 5.

[66] Goodway B, Perez M, Varsek J, et al. Seismic petrophysics and isotropic – anisotropic AVO methods for unconventional gas exploration[J]. The Leading edge, 2010, 29(12): 1500 – 1508.

[67] Goodway B. AVO and Lamé constants for rock parameterization and fluid detection[R]. Calgary, AB: Canadian Society of Exploration Geophysicists, 2001: 26, 39 – 60.

[68] Grana D, Del Monte A A, Dvorkin J, et al. A probabilistic approach to 3D joint estimation of reservoir properties based on Gaussian mixture models[J]. SEG technical program expanded abstracts, 2010, 29: 2351 – 2355.

[69] Grana D, Della Rossa E, Dagosto C. Petrophysical properties estimation in a crosswell study integrated with statistical rock physics[J]. SEG technical program expanded abstracts, 2009, 28: 1805 – 1809.

[70] Grana D, Dvorkin J, Chopra S, et al. The link between seismic inversion, rock physics, and geostatistical simulations in seismic reservoir characterization studies[J]. The Leading edge, 2011, 30(1): 54 – 61.

[71] Grana D, Mukerji T, Dvorkin J, et al. Stochastic inversion of facies from seismic data based on sequential simulations and probability perturbation method[J]. Geophysics, 2012, 77(4): M53 – M72.

[72] Grana D, Rossa E. Probabilistic petrophysical – properties estimation integrating statistical rock physics with seismic inversion[J]. Geophysics, 2010, 75(3): 021 – 037.

[73] Grant S R, Hughes M J, Smith S R, et al. One – dimensional stochastic inversion for seismic reservoir characterization; a case study[J]. The Leading edge, 2017, 36(11): 886 – 894.

[74] Gray D, Goodway B, Chen T, et al. Bridging the gap; using AVO to detect changes in fundamental elastic constants[J]. SEG Annual Meeting Expanded Technical Program Abstracts with Biographies, 1999, 69: 852 – 855.

[75] Gray D. Elastic inversion for Lame parameters[J]. SEG Annual Meeting Expanded Technical Program Abstracts with Biographies, 2002, 72: 213 – 216.

[76] Hampson D, Todorov T, Russell B, et al. Use of multiattribute transforms to predict log propertiesfrom seismic data[J]. Geophysics, 2001, 66(1): 220 – 236.

[77] Han D H, Batzle M. Velocity, Density and Modulus of Hydrocarbon Fluids – Empirical Modeling[J]. SEG Technical Program Expanded Abstracts, 2000: 1867 – 1870.

[78] Han D H, Nur A, Morgan D. Effects of porosity and clay content on wave velocities in sandstones[J]. Geophysics, 1986, 51(11): 2093 – 2107.

[79] Han D, Batzle M L. Gassmanns equation and fluid – saturation effects on seismic velocities[J]. Geophysics, 2004, 69(2): 398 – 405.

[80] Han D, Batzle M. Gain function and hydrocarbon indicators[J]. SEG Technical Program Expanded Abstracts, 2003: 1695 – 1698.

[81] Han T, Pervukhina M, Clennell M. Overpressure prediction in shales[C]// 2014. 76th EAGE Conference and Exhibition

[82] Hao Y, Xiaodong Z, Shufang M, et al. Thin – bed reflectivity inversion based on matching pursuit[J]. SEG

technical program expanded abstracts, 2011, 30: 2586 – 2590.

[83] Helbig K. Foundations of anisotropy for exploration seismic[M]. Oxford: Pergamon Press, 1994.

[84] Herrity K K, Gilbert A C, Tropp J A. Sparse Approximation Via Iterative Thresholding[C]. IEEE, 2006.

[85] Herrmann F, Moghaddam P, Kirlin R. Optimization strategies for sparseness – and continuity – enhanced imaging: Theory[C]. EAGE, Extended Abstracts, 2005.

[86] Herrmann F, Wang D, Verschuur D. Adaptive curvelet – domain primary – multiple separation[J]. Geophysics, 2008, 73(3): A17 – A21.

[87] Hill R. The elastic behavior of crystalline aggregate[J]. Proceedings of the Physical Society. Section A. 1952, 65(5): 349.

[88] Houck R T. Quantifying the uncertainty in an AVO interpretation[J]. Geophysics, 2002, 67(1): 117 – 125.

[89] Hsu C J, Schoenberg M. Elastic waves through a simulated fractured medium[J]. Geophysics, 1993, 58(7): 964 – 977.

[90] Hudson J A. Wave speeds and attenuation of elastic waves in material containing cracks[J]. Geophysical Journal of the Royal Astronomical Society, 1981, 64(1): 133 – 150.

[91] Hudson J A. Overall properties of a cracked solid[J]. Mathematical Proceeding of the Cambridge Philosophical Society, 1980, 88(2): 371 – 384.

[92] Innanen, K. A. Inversion of the seismic AVF/AVA signatures of highly attenuative targets[J]. Geophysics, 2011, 76(1): R1 – R14.

[93] Jaggi S, Karl W C, Mallat S, et al. High Resolution Pursuit for Feature Extraction[J]. Applied and Computational Harmonic Analysis, 1998, 5(4): 428 – 449.

[94] Johnson D L. Theory of frequency dependent acoustics in patchy – saturated porous media[J]. The Journal of the Acoustical Society of America, 2001, 110(2): 682 – 694.

[95] Kabir N, Crider R, Xia G, et al. Can hydrocarbon saturation be estimated using density contrast parameter? [J]. SEG Annual Meeting Expanded Technical Program Abstracts with Biographies, 2005, 24: 214 – 217.

[96] Kabir N, Lavaud B, Chavent G, et al. Estimation of density contrast by AVO inversion beyond the linearized approximation; an indicator of gas saturation[J]. SEG Annual Meeting Expanded Technical Program Abstracts with Biographies, 2000, 70: 243 – 246.

[97] Karimi S, Karbalaali H, Shadizadeh S, et al. The application of elastic impedance inversion and prestack attribute analysis for prospect identification – A case study[C]. EAGE, Extended Abstracts, 2013.

[98] Keys R., Xu S. An approximation for the Xu – White velocity model. Geophysics, 2002, 67(5): 1406 – 1414.

[99] Klimentos T, McCann C. Relationships among compressional wave attenuation, porosity, clay content, and permeability in sandstones[J]. Geophysics, 1990, 55(8): 998 – 1014.

[100] Klimentos T. Attenuation of P – and S – waves as a method of distinguishing gas and condensate from oil and water[J]. Geophysics, 1995, 60(2): 447 – 458.

[101] Koesoemadinata A P, Mcmechan G A. Empirical estimation of viscoelastic seismic parameters from petrophysical properties of sandstone[J]. Geophysics, 2001, 66(5): 1457 – 1470.

[102] Kuster G T, Toksoz M N. Velocity and attenuation of seismic waves in two – phase media; Part I, Theoretical formulations[J]. Geophysics, 1974, 39(5): 587 – 606.

[103] Landr M, Veire H H, Duffaut K, et al. Discrimination between pressure and fluid saturation changes from marine multicomponent time – lapse seismic data[J]. Geophysics, 2003, 68(5): 1592 – 1599.

[104] Landr M. Discrimination between pressure and fluid saturation changes from time – lapse seismic data[J].

Geophysics, 2001, 66(3): 836 – 844.

[105] Larsen A L, Ulvmoen M, Omre H, et al. Bayesian lithology – fluid prediction and simulation on the basis of a Markov chain prior model[J]. Geophysics, 2006, 71(5): R69 – R78.

[106] Li C C, Ma Z G, Zhao Q. Velocity Estimation Based on Rock – Physics Model in Unconventional Shales [C]. 76th EAGE Conference and Exhibition. 2014.

[107] Li L, Zhang J, Pan X, et al. Azimuthal elastic impedance – based Fourier coefficient variation with angle inversion for fracture weakness[J]. Petroleum Science, 2020, 17(1): 86 – 104.

[108] Li X, Han D, Liu J, et al. Inversion of Sw and porosity from seismic AVO[J]. SEG Annual Meeting Expanded Technical Program Abstracts with Biographies, 2005, 24: 1307 – 1310.

[109] Li X, Zhu T, Zhang M, et al. Seismic scalar wave equation with variable coefficients modeling by a new convolutional differentiator[J]. Computer Physics Communications, 2010, 181(11): 1850 – 1858.

[110] Liu E, Martinez A. Seismic Fracture Characterization: Concepts and Practical Applications[M]. The Netherlands: EAGE Publications bv, 2012.

[111] Liu Lanfeng L L, Cao Siyuan C S, Wang Lu W L. Poroelastic analysis of frequency – dependent amplitude – versus – offset variations[J]. Geophysics, 2011, 76(3): C31 – C40.

[112] Lucet N. Vitesse et attenuation des ondes elastiques soniques et ultrasoniques dans les roches sous pression de confinement[D]. The University of Paris, 1989.

[113] Mallat S, Zhang Z. Matching pursuits with time – frequency dictionaries[J]. IEEE Transactions on Signal Processing, 1993, 41(12): 3397 – 3415.

[114] Marenco A L, Madisetti V K, Anonymous. Deconvolution of seismic traces using homomorphic analysis and matching pursuit[J]. SEG Annual Meeting Expanded Technical Program Abstracts with Biographies, 1996, 66: 1188 – 1191.

[115] Martins I. Properties of weak contrast PP reflection/transmission coefficients for weakly anisotropic elastic media[J]. Studia Geophysica et Geodaetica, 2001, 45: 176 – 199.

[116] Mavko G, Mukerji T, Dvorkin J. The Rock Physics Handbook: Tools for Seismic Analysis of Porous Media [M]. Cambridge University Press: 2009.

[117] Mavko G, Chan C, Mukerji T. Fluid substitution: Estimating changes in VP without knowing VS [J]. Geophysics, 1995, 60(6): 1750 – 1755.

[118] Mavko G, Dvorkin J, Walls J, et al. A rock physics and attenuation analysis of a well from the Gulf of Mexico[J]. SEG Annual Meeting Expanded Technical Program Abstracts with Biographies, 2005, 24: 1585 – 1588.

[119] Mavko G, Jizba D. Estimating grain – scale fluid effects on velocity dispersion in rocks[J]. Geophysics, 1991, 56(12): 1940 – 1949.

[120] Mavko G, Mukerji T, Dvorkin J. The Rock Physics Handbook, Third Edition[M]. Cambridge University Press, 2020.

[121] Mazzotti A, Zamboni E. Petrophysical inversion of AVA data[J]. Geophysical Prospecting, 2010, 51(6): 517 – 530.

[122] Mindlin R D. Compliance of elastic bodies in contact[J]. Journal of Applied Mechanics, 1949, 16(3): 259 – 268.

[123] Mosher C C, Keho T H, Weglein A B, et al. The impact of migration on AVO[J]. Geophysics, 1996, 61(6): 1603 – 1615.

[124] Mukerji T, Jrstad A, Avseth P, et al. Mapping lithofacies and pore – fluid probabilities in a North Sea res-

ervoir: Seismic inversions and statistical rock physics[J]. Geophysics, 2001, 66(4): 988 - 1001.

[125] Mukerji T, Singleton S, Schneider M, et al. Monte Carlo AVO analysis for lithofacies classification[J]. Seg Technical Program Expanded Abstracts, 1949, 25(1): 361 - 367.

[126] Mukerji T, Avseth P, Mavko G, et al. Statistical rock physics: Combining rock physics, information theory and geostatistics to reduce uncertainty in seismic reservoir characterization[J]. The Leading Edge, 2001, 20(3): 313 - 319.

[127] Mukerji T, Jrstad A, Avseth P, et al. Mapping lithofacies and pore - fluid probabilities in a North Sea reservoir: Seismic inversions and statistical rock physics[J]. Geophysics, 2001, 66(4): 988 - 1001.

[128] Mukerji T, Singleton S, Schneider M, et al. Monte Carlo AVO analysis for lithofacies classification[J]. SEG technical program expanded abstracts, 2006: 1781 - 1785.

[129] Mukerji T. Rock Physics for Quantitative Seismic Reservoir Characterization [R]. EAGE short course, 2018.

[130] Murphy W, Reischer A, Hsu K. Modulus decomposition of compressional and shear velocities in sand bodies[J]. Geophysics, 1993, 58(2): 227 - 239.

[131] Murphy W. Effects of microstructure and pore fluids on the acoustic properties of granular sedimentary materials[D]. Stanford: Stanford University, 1982.

[132] Norris A N, Sheng P, Callegari A J. Effective - medium theories for two - phase dielectric media[J]. Journal of Applied Physics, 1985, 57(6): 1990 - 1996.

[133] Nur A, Marion D, and Yin H. Wave velocities in sediments[C]//Hovem J M, Richardson M D, Stoll R D. Shear Waves in Marine Sediments. Dordrecht: Kluwer Academic Publishers, 1991: 131 - 140.

[134] Nur A, Mavko G, Dvorkin J, et al. Critical porosity: A key to relating physical properties to porosity in rocks[J]. The Leading Edge, 1998, 17(3): 357 - 362.

[135] OConnell R J, Budiansky B. Seismic velocities in dry and saturated cracked solids[J]. Journal Geophysical Research, 1974, 79(35): 5412 - 5426.

[136] Odebeatu E, Zhang J, Chapman M, et al. Application of spectral decomposition to detection of dispersion anomalies associated with gas saturation[J]. The Leading edge, 2006, 25(2): 206 - 210.

[137] Ostrander W. Plane wave reflection coefficients for gas sands at nonnormal angles of incidence[J]. Geophysics, 1984, 49(10): 1637 - 1648.

[138] Pervukhina M, Delle Piane C, Dewhurst D N, et al. An estimation of pore pressure in shales from sonic velocities[J]. SEG technical program expanded abstracts, 2013, 32: 2653 - 2658.

[139] Pervukhina M, Dewhurst D, Gurevich B, et al. Stress - dependent elastic properties of shales; measurement and modeling[J]. The Leading edge, 2008, 27(6): 772 - 779.

[140] Philippe Lamy, 刘芳. 从地震资料到储层特征的地质统计学反演[J]. 国外油气勘探, 2000, 12(04): 418 - 426.

[141] Pride S R, Berryman J G. Linear dynamics of double - porosity dual - permeability materials. I. Governing equations and acoustic attenuation[J]. Physical Review E, 2003, 68(3): 036603(10).

[142] Pride S R, Harris J, Johnson D L, et al. Permeability dependence of seismic amplitudes[J]. The Leading edge, 2003, 22(6): 518 - 525.

[143] Quakenbush M., Shang B., Tuttle C. Poisson impedance [J]. The Leading Edge, 2006, 25 (2): 128 - 138.

[144] Rapoport M B, Rapoport L I, Ryjkov V I, et al. Interpretation of seismic inelasticity effects in oil and gas prospecting[J]. SEG Technical Program Expanded Abstracts, 1995, 65: 683 - 685.

[145] Rapoport M B, Rapoport L I, Ryjkov V I. Direct detection of oil and gas fields based on seismic inelasticity effect[J]. The Leading edge, 2004, 23(3): 276 - 278.

[146] Rapoport M B, Ryjkov V I, Rapoport L I, et al. The oil prospecting using seismic attributes as predictors of reservoir properties and fluid saturation[J]. SEG Technical Program Expanded Abstracts, 1997, 16: 606 - 608.

[147] Rasolofosaon P, Tonellot T. Method for quantitative evaluation of fluid pressures and detection of overpressures in an underground medium: US, US7974785 B2[P]. 2011.

[148] Rauch - Davies M, Graham M A. Using spectral decomposition and coherence for reservoir delineation and fluid prediction in extensively explored region[J]. Seg Technical Program Expanded Abstracts, 2006, 25 (1): 3541.

[149] Raymer L L, Hunt E R, Gardner J S. An improved sonic transit time - to - porosity transform[J]. Transactions of the SPWLA Annual Logging Symposium, 1980(21): P1 - P13.

[150] Richards P, Frasier C. Scattering of elastic waves from depth - dependent inhomogeneities[J]. Geophysics, 1976, 41(3): 441 - 458.

[151] Rimstad K, Omre H. Impact of rock - physics depth trends and Markov random fields on hierarchical Bayesian lithology/fluid prediction[J]. Geophysic, 2010, 75(4): R93 - R108.

[152] Ruger A, Tsvankin I. Using AVO for fracture detection; analytic basis and practical solutions[J]. The Leading edge, 1997, 16(10): 1429 - 1434.

[153] Ruger A. P - wave reflection coefficients for transversely isotropic models with vertical and horizontal axis of symmetry[J]. Geophysics, 1997, 62(3): 713 - 722.

[154] Ruger A. Variation of P - wave reflectivity with offset and azimuth in anisotropic media[J]. Geophysics, 1998, 63(3): 935 - 947.

[155] Ruiz F J. Porous grain model and equivalent elastic medium approach for predicting effective elastic properties of sedimentary rocks[D]. Stanford: Stanford University, 2009.

[156] Ruiz R, lvarez P, Pérez Y. Seismic impedance inversion and statistical rock physics for lithofacies discrimination: Case study for a siliciclastic and a carbonate reservoir[J]. SEG Technical Program Expanded Abstracts, 2012: 1 - 5.

[157] Russell B H, Gray D, Hampson D P. Linearized AVO and poroelasticity[J]. Geophysics, 2011, 76(3): C19 - C29.

[158] Russell B H, Hedlin K J, Hilterman F J, et al. Fluid - property discrimination with AVO; a Biot - Gassmann perspective[J]. Geophysics, 2003, 68(1): 29 - 39.

[159] Rutherford S R, Williams R H. Amplitude - versus - offset in gas sands[J]. Geophysics, 1989, 54(6): 680 - 688.

[160] Sams M S, Saussus D. Comparison of lithology and net pay uncertainty between deterministic and geostatistical inversion workflows[J]. First break, 2010, 28(2): 35 - 44.

[161] Schoenberg M. "Zoeppritz" rationalized, and generalized to anisotropic media[J]. The Journal of the Acoustical Society of America, 2005, 88(S1).

[162] Schoenberg M, Sayers M C. Seismic anisotropy of fractured rock [J]. Geophysics, 1995, 60 (1): 204 - 211.

[163] Schoenberg M. Elastic wave behavior across linear slip interfaces[J]. The Journal of the Acoustical Society of America, 1980, 68(5): 1516 - 1521.

[164] Shahraeeni M S, Curtis A. Fast probabilistic nonlinear petrophysical inversion[J]. Geophysics, 2011, 76

(2): E45 – E58.

[165] Shixin Z, Xingyao Y, Fanchang Z, et al. Quasi fluid modulus for delicate lithology and fluid discrimination [J]. SEG technical program expanded abstracts, 2010, 29: 404 – 408.

[166] Shuey R T. A simplification of the Zoeppritz equations[J]. Geophysics, 1985, 50(4): 609 – 614.

[167] Smith G C, Gidlow P M. Weighted Stacking for Rock Property Estimation and Detection of GAS[J]. Geophysical prospecting, 1987, 35(9): 993 – 1014.

[168] Smith G. , Gidlow M. The fluid factor angle and the crossplot angle[J]. SEG Technical Program Expanded Abstracts, 2003: 185 – 188.

[169] Smith M. Rock property inversion for carbonate porosity in the Edwards reef complex[C]// Seg Technical Program Expanded. 2010.

[170] Spikes K, Dvorkin J, Schneider M. From seismic traces to reservoir properties; physics – driven inversion [J]. The Leading edge, 2008, 27(4): 456 – 461.

[171] Spikes K, Mukerji T, Dvorkin J, et al. Probabilistic seismic inversion based on rock – physics models[J]. Geophysics, 2007, 72(5): R87 – R97.

[172] Starck J, Murtagh F, Fadili J. Sparse image and signal processing: Wavelets, curvelets, morphological diversity[M]. Cambridge: Cambridge University Press, 2010.

[173] Tarantola A. Inverse problem theory[M]. New York, : Elsevier press. 1987.

[174] Tarantola A. Inverse problems theory: methods for data fitting and model parameter estimation[M]. Amsterdam and New York: Elsevier, 1987.

[175] Thomsen L. Weak elastic anisotropy[J]. Geophysics, 1986, 51(10): 1954 – 1966.

[176] Tingay M, Hillis R R, Swarbrick R E, et al. Origin of overpressure and pore – pressure prediction in the Baram province, Brunei[J]. Aapg Bulletin, 2009, 93(1): 51 – 74.

[177] Tiwari U K, Mcmechan G A. Effects of incomplete parameterization on full – wavefield viscoelastic seismic data for petrophysical reservoir properties[J]. Geophysics, 2004, 72(3): 09 – 017.

[178] Tiwari U K, Mcmechan G A. Estimation of effective pressure and water saturation by viscoelastic inversion of synthetic time – lapse seismic data for a gas sandstone reservoir[J]. Seg Technical Program Expanded Abstracts, 2005, 24(1): 57 – 68.

[179] Tonellot T, Broadhead M. Sparse seismic deconvolution by method of orthogonal matching pursuit[C]. EAGE, Extended Abstracts, 2010: 14 – 17.

[180] Tsvankin I, Grechka V. Seismology of azimuthally anisotropic media and seismic fracture characterization [M]. USA: Society of Exploration Geophysicists, 2011.

[181] Tsvankin I. Anisotropic parameters and P – wave velocity for orthorhombic media[J]. Geophysics, 1997, 62(4): 1292 – 1309.

[182] Tura A, Lumley D E, Hassanzadeh S. Subsurface fluid flow properties from time – lapse elastic wave reflection data[J]. Proceedings of SPIE – The International Society for Optical Engineering, 1998, 3453: 125 – 138.

[183] Ursin B, Stovas A, Shapiro S A, et al. Reflection and transmission responses of a layered isotropic viscoelastic medium[J]. Geophysics, 2002, 67(1): 307 – 323.

[184] Wang Y. Multichannel matching pursuit for seismic trace decomposition[J]. Geophysics, 2010, 75(4): V61 – V66.

[185] Wang Y. Seismic time – frequency spectral decomposition by matching pursuit[J]. Geophysics, 2007, 72 (1): V13 – V20.

[186] Westeng K, Hope T, Rasmussen A. Extended elastic impedance – A time – efficient workflow from prestack seismic data, through rock physics, to reservoir properties[C]. International Petroleum Technology Conference, 2014.

[187] Whitcombe D, Connolly P, Reagan R, et al. Extended elastic impedance for fluid and lithology prediction [J]. Geophysics, 2002, 67(1): 63 – 67.

[188] Whitcombe D. Elastic impedance normalization[J]. Geophysics, 2002, 67(1): 60 – 62.

[189] Wiggins R, Kenny G S, Mcclure C D. Common – depth – point method for determining and displaying the shear – velocity reflectivities of a geologic formation: US, US4534019 A[P]. 1985.

[190] Wood A W. A Textbook of Sound[M]. New York: McMillan Co, 1955.

[191] Wu T T. The effect of inclusion shape on the elastic moduli of a two – phase material[J]. International Journal of Solids and Structures, 1966, 2(1): 1 – 8.

[192] Wu X, Chapman M, Li X Y, et al. Anisotropic Elastic Modelling for Organic Shales[C]// Eage Conference & Exhibition Incorporating Europec. 2014.

[193] Wyllie M R J, Gregory A R, Gardner L W. Elastic wave velocities in heterogeneous and porous media[J]. Geophysics, 1956, 21(1): 41 – 70.

[194] Wyllie M, Gregory A R, Gardner G. An experimental investigation of factors affecting elastic wave velocities in porous media[J]. Geophysics, 1958, 23(3): 459 – 493.

[195] Wyllie M, Gregory A R, Gardner L W. Elastic wave velocities in heterogeneous and porous media[J]. Geophysics, 1956, 21(1): 41 – 70.

[196] Xu S, White R E. A new velocity model for clay – sand mixtures[J]. Geophysical Prospecting, 2010, 43 (1): 91 – 118.

[197] Xu S, Payne M A. Modeling elastic properties in carbonate rocks[J]. The Leading edge, 2009, 28(1): 66 – 74.

[198] Xu S, White R E. A physical model for shear – wave velocity prediction[J]. Geophysical Prospecting, 1996, 44(4): 687 – 717.

[199] Yarham C, Boeniger U, Herrmann F. Curvelet – based ground roll removal[J]. SEG Technical Program Expanded Abstracts, 2006: 2777 – 2782.

[200] Yin Xingyao Y X, Zhang Shixin Z S. Bayesian inversion for effective pore – fluid bulk modulus based on fluid – matrix decoupled amplitude variation with offset approximation[J]. Geophysics, 2014, 79(5): R221 – R232.

[201] Yu M, Yan Z. Flexible surface multiple attenuation using the curvelet transform[J]. SEG technical program expanded abstracts, 2011, 30: 3485 – 3489.

[202] Zhang J. Pore pressure prediction from well logs: Methods, modifications, and new approaches[J]. Earth – Science Reviews, 2011, 108(1): 50 – 63.

[203] Zhang F, Zhang T, Li X. Seismic amplitude inversion for the transversely isotropic media with vertical axis of symmetry[J]. Geophysical Prospecting, 2019, 67: 2368 – 2385.

[204] Zhang K, Li W, Hilterman F. Gulf of Mexico fizz and gas separation with calibrated AVO Impedance[J]. Seg Technical Program Expanded Abstracts, 2007, 26(1): 3124.

[205] Zhao L, Geng J, Cheng J, et al. Combined Bayesian AVO inversion with rock physics to predict gas carbonate reservoir[J]. Seg Technical Program Expanded Abstracts, 2011: 4424.

[206] Zheng J, Yin X, Zhang G, et al. The surface wave suppression using the second generation curvelet transform[J]. Applied geophysics, 2010, 7(4): 325 – 335.

[207] Zhiqi G, Li X, Cai L, et al. A shale rock physics model for analysis of brittleness index, mineralogy and porosity in the Barnett Shale[J]. Journal of geophysics and engineering, 2013, 10(2): 25006 – 25010.

[208] Zhou C, Zhao R, Hu S. An Improved Gradient Pursuit Algorithm for Signal Reconstruction Based on Compressed Sensing: IEEE, 2010.

[209] Zhu F, Gibson R, Watkins J, et al. Distinguishing fizz gas from commercial gas reservoirs using multicomponent seismic data[J]. The Leading edge, 2000, 19(11): 1238, 1240 – 1245.

[210] Zhu Y, Xu S, Payne M, et al. Improved Rock – Physics Model for Shale Gas Reservoirs[C]// Seg Technical Program Expanded. 1949.

[211] Zong Z, Yin X, Wu G. Elastic impedance parameterization and inversion with Young's modulus and Poisson's ratio[J]. Geophysics, 2013, 78(6): N35 – N42.

[212] Zong Z, Yin X, Wu G. Elastic impedance variation with angle inversion for elastic parameters[J]. Journal of geophysics and engineering, 2012, 9(3): 247 – 260.

[213] Zong Zhaoyun Z Z, Yin Xingyao Y X, Wu Guochen W G. AVO inversion and poroelasticity with P – and S – wave moduli[J]. Geophysics, 2012, 77(6): N17 – N24.

[214] 蔡忠贤, 刘永立, 段金宝. 岩溶流域的水系变迁——以塔河油田 6 区西北部奥陶系古岩溶为例[J]. 中国岩溶, 2009, 28(01): 30 – 34.

[215] 曾焱, 黎华继, 周文雅, 等. 川西坳陷东坡中江气田沙溪庙组复杂“窄”河道致密砂岩气藏高产富集规律[J]. 天然气勘探与开发, 2017, 40(04): 1 – 8.

[216] 曾勇坚. 页岩油气储层叠前地震反演方法研究[D]. 青岛: 中国石油大学(华东), 2016.

[217] 常文会, 秦绪英. 地层压力预测技术[J]. 勘探地球物理进展, 2005(05): 20 – 25 + 9.

[218] 陈汉军. 致密碎屑岩储层特征与裂缝发育带预测[D]. 成都: 成都理工大学, 2011.

[219] 陈怀震, 印兴耀, 张金强, 等. 基于方位各向异性弹性阻抗的裂缝岩石物理参数反演方法研究[J]. 地球物理学报, 2014, 57(10): 3431 – 3441.

[220] 陈怀震. 基于岩石物理的裂缝型储层叠前地震反演方法研究[D]. 青岛: 中国石油大学(华东), 2015.

[221] 陈建江, 印兴耀. 基于贝叶斯理论的 AVO 三参数波形反演[J]. 地球物理学报, 2007(04): 1251 – 1260.

[222] 陈建江, 朱兴卉. AVO 反演的不确定性分析[J]. 地球物理学进展, 2009, 24(04): 1461 – 1467.

[223] 陈建江. AVO 三参数反演方法研究[D]. 青岛: 中国石油大学, 2007.

[224] 陈启林, 杨占龙. 岩性油气藏勘探方法与技术[J]. 天然气地球科学, 2006(05): 622 – 626.

[225] 陈小宏, 赵伟, 马继涛, 等. 时移地震非线性反演压力与饱和度变化研究[J]. 地球物理学进展, 2006(03): 830 – 836.

[226] 陈祖庆. 海相页岩 TOC 地震定量预测技术及其应用——以四川盆地焦石坝地区为例[J]. 天然气工业, 2014, 34(06): 24 – 29.

[227] 程文波, 王华军. 信号稀疏表示的研究及应用[J]. 西南石油大学学报(自然科学版), 2008, 30(5): 148 – 151.

[228] 邓继新, 王尚旭. 基于统计岩石物理的含气储层饱和度与孔隙度联合反演[J]. 石油天然气学报, 2009, 31(1): 48 – 52.

[229] 董大忠, 程克明, 王世谦, 等. 页岩气资源评价方法及其在四川盆地的应用[J]. 天然气工业, 2009, 29(05): 33 – 39.

[230] 董大忠, 王玉满, 李新景, 等. 中国页岩气勘探开发新突破及发展前景思考[J]. 天然气工业, 2016, 36(01): 19 – 32.

[231]董良国，马在田，曹景忠．一阶弹性波方程交错网格高阶差分解法稳定性研究[J]．地球物理学报，2000(06)：856－864.
[232]樊洪海．测井资料检测地层孔隙压力传统方法讨论[J]．石油勘探与开发，2003(04)：72－74.
[233]范柏江，师良，庞雄奇．页岩气成藏特点及勘探选区条件[J]．油气地质与采收率，2011，18(06)：9－13.
[234]范昌育，王震亮．页岩气富集与高产的地质因素和过程[J]．石油实验地质，2010，32(05)：465－469.
[235]高建虎，刘全新，雍学善，等．双相介质叠前储层参数反演方法研究[J]．地球科学进展，2007(10)：1048－1053.
[236]高文磊．AVO 弹性参数反演方法研究[D]．青岛：中国石油大学，2013.
[237]葛瑞·沃可，塔潘·木克基，杰克·德沃金．岩石物理手册：孔隙介质中地震分析工具[M]．徐海滨，戴建春，译．合肥：中国科学技术大学出版社，2008.
[238]关宝文，郭建明，杨燕，赵恒，郑建京．油气储层裂缝预测方法及发展趋势[J]．特种油气藏，2014，21(01)：12－17＋151.
[239]桂金咏，高建虎，雍学善，等．致密储层敏感弹性参数叠前同步反演方法[J]．石油物探，2015，54(05)：541－550.
[240]郭宝琦，郭惠娟，金大勇，等．双相介质中孔隙率反演的遗传算法[J]．哈尔滨工业大学学报，1995(02)：1－3.
[241]郭川，田亮，鲍典．塔河油田 12 区奥陶系油藏东部区域岩溶古河道识别及其意义[J]．石油地质与工程，2016，30(01)：26－31.
[242]郭彤楼，张汉荣．四川盆地焦石坝页岩气田形成与富集高产模式[J]．石油勘探与开发，2014，41(01)：28－36.
[243]郭旭升，胡东风，文治东，等．四川盆地及周缘下古生界海相页岩气富集高产主控因素——以焦石坝地区五峰组—龙马溪组为例[J]．中国地质，2014，41(03)：893－901.
[244]韩翀，臧殿光，李建华．地质统计学反演在四川盆地 L 地区储层预测中的应用[J]．物探化探计算技术，2010，32(03)：310－315.
[245]郝建飞，周灿灿，李霞，等．页岩气地球物理测井评价综述[J]．地球物理学进展，2012，27(04)：1624－1632.
[246]郝晓红，王闯，谢春雨．流体替代技术及应用分析[J]．海洋石油，2008，28(3)：1－5.
[247]侯安宁，何樵登．各向异性介质中弹性波传播特征的伪谱法模拟研究[J]．石油物探，1995，34(2)：36－45.
[248]胡东风，张汉荣，倪楷，等．四川盆地东南缘海相页岩气保存条件及其主控因素[J]．天然气工业，2014，34(06)：17－23.
[249]胡华锋，印兴耀，吴国忱．基于贝叶斯分类的储层物性参数联合反演方法[J]．石油物探，2012，51(3)：225－232.
[250]胡文革．塔河碳酸盐岩缝洞型油藏开发技术及攻关方向[J]．油气藏评价与开发，2020，10(02)：1－10.
[251]黄飞，彭真明，张晓燕．PNN 及其在储层物性参数预测中的应用[J]．物探化探计算技术，2003，25(1)：78－82.
[252]黄捍东，汪佳蓓，郭飞．敏感参数分析在叠前反演流体识别中的应用[J]．物探与化探，2012，36(06)：941－946.
[253]黄伟传，杨长春，范桃园，等．岩石物理分析技术在储层预测中的应用[J]．地球物理学进展，2007，

22(6)：1791－1795.
[254]黄鑫，董秀成，肖春跃，等．非常规油气勘探开发现状及发展前景[J]．天然气与石油，2012，30(06)：38－41.
[255]季玉新，欧钦．优选地震属性预测储层参数方法及应用研究[J]．石油地球物理勘探，2003(S1)：57－62.
[256]贾承造，郑民，张永峰．中国非常规油气资源与勘探开发前景[J]．石油勘探与开发，2012，39(02)：129－136.
[257]贾豫葛，李小凡，张美根，等．地震波非线性反演方法研究综述[J]．防灾减灾工程学报，2005(03)：345－351.
[258]江怀友，宋新民，王元基，等．世界海相碳酸盐岩油气勘探开发现状与展望[J]．海洋石油，2008，28(04)：6－13.
[259]姜福杰，庞雄奇，欧阳学成，等．世界页岩气研究概况及中国页岩气资源潜力分析[J]．地学前缘，2012，19(02)：198－211.
[260]康志宏，陈琳，鲁新便，等．塔河岩溶型碳酸盐岩缝洞系统流体动态连通性研究[J]．地学前缘，2012，19(02)：110－120.
[261]李爱山，印兴耀，陆娜，等．两个角度弹性阻抗反演在中深层含气储层预测中的应用[J]．石油地球物理勘探，2009，44(01)：87－92.
[262]李春鹏．基于方位地震道集的裂缝型储层预测方法研究[D]．青岛：中国石油大学(华东)，2013.
[263]李海山，吴国忱，印兴耀．形态分量分析在地震数据重建中的应用[J]．石油地球物理勘探，2012，47(2)：236－243.
[264]李恒建，张家树，陈怀新．一种快速稀疏分解图像去噪新方法[J]．光子学报，2009，38(11)：3009－3015.
[265]李建忠，郑民，张国生，等．中国常规与非常规天然气资源潜力及发展前景[J]．石油学报，2012，33(S1)：89－98.
[266]李景叶，陈小宏．基于地震资料的储层流体识别[J]．石油学报，2008，29(2)：235－238.
[267]李凌高，甘利灯，杜文辉，等．叠前地震反演在苏里格气田储层识别和含气性检测中的应用[J]．天然气地球科学，2008(02)：261－265.
[268]李湘涛，石文睿，郭美瑜，等．涪陵页岩气田焦石坝区海相页岩气层特征研究[J]．石油天然气学报，2014，36(11)：11－15.
[269]李阳，康志江，薛兆杰，等．中国碳酸盐岩油气藏开发理论与实践[J]．石油勘探与开发，2018，45(04)：669－678.
[270]李源，蔡忠贤，张恒，等．塔河油田T738井区顺层岩溶储层特征及成因[J]．地质科技情报，2017，36(02)：80－85.
[271]李源，鲁新便，蔡忠贤，等．塔里木盆地塔河油田岩溶峡谷区海西早期洞穴系统发育模式[J]．古地理学报，2017，19(02)：364－372.
[272]李源，鲁新便，王莹莹，等．塔河油田海西早期岩溶水文地貌特征及其演化[J]．石油与天然气地质，2016，37(05)：674－683.
[273]梁榜，卢文涛，曾勇，等．涪陵焦石坝页岩气初期产能主控因素研究[J]．江汉石油职工大学学报，2016，29(05)：1－4.
[274]梁超，姜在兴，杨镱婷，等．四川盆地五峰组—龙马溪组页岩岩相及储集空间特征[J]．石油勘探与开发，2012，39(06)：691－698.
[275]梁锴．TI介质地震波传播特征与正演方法研究[D]．青岛：中国石油大学(华东)，2009.

[276]廖明光，裴钰，陈培元，等．塔河油田4区岩溶缝洞型储层及其控制因素[J]．西南石油大学学报(自然科学版)，2013，35(04)：1-8.
[277]林建东，任森林，薛明喜，等．页岩气地震识别与预测技术[J]．中国煤炭地质，2012，24(08)：56-60.
[278]林年添，孙剑，汤健健，等．分频技术在塔中地区地震储层边界刻画中的应用[J]．山东科技大学学报(自然科学版)，2012，31(04)：18-25.
[279]刘成林，葛岩，范柏江，等．页岩气成藏模式研究[J]．油气地质与采收率，2010，17(05)：1-5+111.
[280]刘小龙，刘天佑，王华，等．基于匹配追踪算法的频谱成像技术及其应用[J]．石油地球物理勘探，2010，45(6)：850-855.
[281]刘振武，撒利明，杨晓，等．页岩气勘探开发对地球物理技术的需求[J]．石油地球物理勘探，2011，46(05)：810-818.
[282]鲁新便，何成江，邓光校，等．塔河油田奥陶系油藏喀斯特古河道发育特征描述[J]．石油实验地质，2014，36(03)：268-274.
[283]陆基孟．地震勘探原理[M]．东营：石油大学出版社，2009.
[284]罗焕章．方向性滤波去噪方法及其应用[J]．油气地质与采收率，2011，18(6)：50-52.
[285]罗辑．方位各向异性叠前地震反演方法研究[D]．青岛：中国石油大学(华东)，2016.
[286]吕锡敏．岩性油气藏勘探理论和方法体系研究[D]．西安：西北大学，2005.
[287]马劲风．地震勘探中广义弹性阻抗的正反演[J]．地球物理学报，2003，46(1)：118-124.
[288]马妮．地应力地震预测方法及应用研究[D]．青岛：中国石油大学(华东)，2018.
[289]马淑芳，韩大匡，甘利灯，等．地震岩石物理模型综述[J]．地球物理学进展，2010，25(02)：460-471.
[290]马水平，王志宏，田永乐，等．地震反射同向轴的地质含义[J]．石油地球物理勘探，2010，45(3)：454-457.
[291]倪逸．弹性波阻抗计算的一种新方法[J]．石油地球物理勘探，2003，38(2)：147-150.
[292]聂海宽，唐玄，边瑞康．页岩气成藏控制因素及中国南方页岩气发育有利区预测[J]．石油学报，2009，30(04)：484-491.
[293]宁忠华，贺振华，黄德济．基于地震资料的高灵敏度流体识别因子[J]．石油物探，2006，45(3)：239-241.
[294]潘新朋．优化MCMC方法在地震反演中的应用研究[D]．青岛：中国石油大学(华东)，2016.
[295]彭真明，肖慈珣，杨斌，等．地震、测井联合预测地层压力的方法研究[J]．石油地球物理勘探，2000(02)：170-174.
[296]漆立新，云露．塔河油田奥陶系碳酸盐岩岩溶发育特征与主控因素[J]．石油与天然气地质，2010，31(01)：1-12.
[297]邱中建，赵文智，邓松涛．我国致密砂岩气和页岩气的发展前景和战略意义[J]．中国工程科学，2012，14(06)：4-8.
[298]邵新军，许昀，吕中锋，等．地层流体压力预测方法的讨论[J]．石油勘探与开发，2000(03)：100-102.
[299]沈章洪．镜面反射——大套泥岩地震强反射的一种成因[J]．中国海上油气，2012，24(S1)：43-46.
[300]时贤，程远方，梅伟．基于测井资料的地层孔隙压力预测方法研究[J]．石油天然气学报，2012，34(08)：94-98.

[301]宋佳杰．正交各向异性介质方位叠前地震反演方法研究[D]．青岛：中国石油大学(华东)，2017.
[302]宋维琪．应用地震属性与测井数据反演储层参数[J]．勘探地球物理进展，2003(03)：216－219.
[303]苏云，李录明，钟峙，等．随机反演在储层预测中的应用[J]．煤田地质与勘探，2009，37(6)：63－66.
[304]孙龙德，邹才能，朱如凯，等．中国深层油气形成、分布与潜力分析[J]．石油勘探与开发，2013，40(06)：641－649.
[305]孙思敏，彭仕宓．地质统计学反演及其在吉林扶余油田储层预测中的应用[J]．物探与化探，2007(01)：51－54.
[306]孙玉宝．图像稀疏表示模型及其在图像处理反问题中的应用[D]．南京：南京理工大学，2010.
[307]唐刚．基于压缩感知和稀疏表示的地震数据重建与去噪[D]．北京：清华大学，2010.
[308]陶士振，袁选俊，侯连华，等．大型岩性地层油气田(区)形成与分布规律[J]．天然气地球科学，2017，28(11)：1613－1624.
[309]陶士振，袁选俊，侯连华，等．中国岩性油气藏区带类型、地质特征与勘探领域[J]．石油勘探与开发，2016，43(06)：863－872.
[310]陶士振，袁选俊，王岚，等．岩性油气藏区带类型、聚集规律与勘探领域：第八届中国含油气系统与油气藏学术会议，中国杭州市，2015[C].
[311]滕龙，程玖兵．贝叶斯框架下联合 AVA 反演与统计岩石物理的储层参数估计[J]．石油地球物理勘探，2014，49(04)：729－738.
[312]滕龙，程玖兵．基于常规测井数据的纵波本征衰减估计[J]．地球物理学进展，2012，27(2)，688－694.
[313]田玉昆，周辉，袁三一．基于马尔科夫随机场的岩性识别方法[J]．地球物理学报，2013，56(4)：1360－1368.
[314]王保丽，孙瑞莹，印兴耀，等．基于 Metropolis 抽样的非线性反演方法[J]．石油地球物理勘探，2015，50(01)：111－117.
[315]王保丽，印兴耀，张繁昌，等．基于 Fatti 近似的弹性阻抗方程及反演[J]．地球物理学进展，2008(01)：192－197.
[316]王保丽，印兴耀，张繁昌．基于 Gray 近似的弹性波阻抗方程及反演[J]．石油地球物理勘探，2007，42(4)：435－439.
[317]王成梅．地震信号稀疏分解快速算法及原子库选择研究[D]．成都：西南交通大学，2010.
[318]王大锐．中国碳酸盐岩油气藏开发前程远大——访中国工程院院士、中国石油化工集团公司副总工程师李阳[J]．石油知识，2018(05)：6－7.
[319]王德利，党丹，刘伟明，等．CFP 技术层间多次波预测及 Curvelet 域相减方法[J]．吉林大学学报(地球科学版)，2011，41(03)：907－914.
[320]王芳芳，李景叶，陈小宏．基于马尔科夫链先验模型的贝叶斯岩相识别[J]．石油地球物理勘探，2014，49(1)：183－189.
[321]王焕弟．岩性油气藏地球物理勘探技术与应用[D]．中国地质大学(北京)，2005.
[322]王明飞，陈超，屈大鹏，等．涪陵页岩气田焦石坝区块五峰组—龙马溪组一段页岩气储层地球物理特征分析[J]．石油物探，2015，54(05)：613－620＋626.
[323]王世谦．页岩气资源开采现状、问题与前景[J]．天然气工业，2017，37(06)：115－130.
[324]王思权，李瑞．概率密度函数随机反演在储层预测中的应用——以蜀南某地区嘉陵江组储层预测为例[J]．天然气勘探与开发，2008(03)：23－26.
[325]王童奎，李瑞华，李小凡，等．横向各向同性介质中地震波场谱元法数值模拟[J]．地球物理学进

展, 2007, 22(3): 778 – 784.
[326]王童奎, 赵宝银, 戴晓峰, 等. 叠前多属性概率神经网络反演储层孔隙度[J]. 物探化探计算技术, 2013, 35(2): 162 – 167.
[327]王祥, 刘玉华, 张敏, 等. 页岩气形成条件及成藏影响因素研究[J]. 天然气地球科学, 2010, 21(02): 350 – 356.
[328]王玉梅. 叠前地震反演精度影响因素[J]. 油气地质与采收率, 2013, 20(1): 55 – 58.
[329]王玉学, 汤达祯, 龚建华, 等. 拟声波反演技术在储层预测中的应用——以吐哈盆地台北凹陷胜北地区白垩系为例[J]. 石油实验地质, 2004(03): 303 – 307.
[330]王越, 姚昌宇, 高志军, 等. 利用常规测井资料计算地应力——以泾河油田延长组储层为例[J]. 新疆石油天然气, 2014, 10(01): 92 – 97.
[331]王志刚, 孙健. 涪陵页岩气田试验井组开发实践与认识[M]. 中国石化出版社, 2014.
[332]魏国齐, 张福东, 李君, 等. 中国致密砂岩气成藏理论进展[J]. 天然气地球科学, 2016, 27(02): 199 – 210.
[333]魏威, 王飞宇. 页岩油气资源体系成藏控制因素与储层特征[J]. 地质科技情报, 2014, 33(01): 150 – 156.
[334]邬兴威, 苑刚, 陈光新, 等. 塔河地区断裂对奥陶系古岩溶的控制作用[J]. 断块油气田, 2005(03): 7 – 9.
[335]吴国忱. 各向异性介质地震波传播与成像[M]. 东营: 中国石油大学出版社, 2006.
[336]武恒志, 叶泰然, 王志章, 等. 复杂致密河道砂岩气藏开发精细描述技术[M]. 北京: 中国石化出版社, 2018.
[337]武文来, 印兴耀. 岩石物理参数与地球物理特征关系研究——以 QHD326 油田为例[J]. 石油物探, 2008(03): 235 – 243.
[338]谢锦龙, 黄冲, 王晓星. 中国碳酸盐岩油气藏探明储量分布特征[J]. 海相油气地质, 2009, 14(02): 24 – 30.
[339]熊翥. 地层、岩性油气藏地震勘探方法与技术[J]. 石油地球物理勘探, 2012, 47(01): 1 – 18.
[340]徐胜峰, 李勇根, 曹宏, 等. 地震岩石物理研究概述[J]. 地球物理学进展, 2009, 24(2): 680 – 691.
[341]徐文骏, 王跃. 流体饱和多孔介质(双相介质)物性参数的反演[J]. 石油地球物理勘探, 1995(05): 602 – 608.
[342]许昕, 侯宇光. 非常规油气勘探开发现状略述[J]. 长江大学学报(自科版), 2015, 12(26): 12 – 14.
[343]薛念. 基于 Curvelet 变换的地震数据插值和去噪[D]. 成都: 西南交通大学, 2010.
[344]闫伟鹏, 杨涛, 李欣, 等. 中国陆上湖相碳酸盐岩地质特征及勘探潜力[J]. 中国石油勘探, 2014, 19(04): 11 – 17.
[345]严伟, 王建波, 刘帅, 等. 四川盆地焦石坝地区龙马溪组泥页岩储层测井识别[J]. 天然气工业, 2014, 34(06): 30 – 36.
[346]严哲, 顾汉明, 赵小鹏. 基于蚁群算法的非线性 AVO 反演[J]. 石油地球物理勘探, 2009, 44(06): 700 – 702.
[347]严哲, 顾汉明. 量子行为的粒子群算法在叠前 AVO 反演中的应用[J]. 石油地球物理勘探, 2010, 45(04): 516 – 519.
[348]杨成. 压缩采样中匹配追踪约束等距性分析及其应用[D]. 上海: 复旦大学, 2011.
[349]杨培杰, 印兴耀. 地震子波提取方法综述[J]. 石油地球物理勘探, 2008, 43(1): 123 – 128.

[350]杨瑞召，赵争光，庞海玲，等．页岩气富集带地质控制因素及地震预测方法[J]．地学前缘，2012，19(05)：339－347.

[351]杨振平，吴波，王勇．Eaton 法预测 M 油田地层孔隙压力[J]．石油天然气学报，2012，34(09)：181－182.

[352]易积正，涪陵页岩气层地震预测与评价技术研究．重庆市，中国石化重庆涪陵页岩气勘探开发有限公司，2016－04－01.

[353]印兴耀，曹丹平，王保丽，等．基于叠前地震反演的流体识别方法研究进展[J]．石油地球物理勘探，2014，49(01)：22－34.

[354]印兴耀，马正乾，宗兆云，等．地震岩石物理驱动的裂缝预测技术研究现状与进展(II)——五维地震裂缝预测技术[J]．石油物探，2022，61(3)：373－391.

[355]印兴耀，孙瑞莹，王保丽，等．基于地质统计先验信息的储层物性参数同步反演(英文)[J]．Applied Geophysics，2014，11(03)：311－320.

[356]印兴耀，张繁昌，孙成禹．叠前地震反演[M]．东营：中国石油大学出版社，2010.

[357]印兴耀，张世鑫，张繁昌，等．利用基于 Russell 近似的弹性波阻抗反演进行储层描述和流体识别[J]．石油地球物理勘探，2010，45(03)：373－380.

[358]印兴耀，宗兆云，吴国忱．岩石物理驱动下地震流体识别研究[J]．中国科学：地球科学，2015，45(01)：8－21.

[359]雍世和，张超谟．测井数据处理与综合解释[M]．山东：中国石油大学出版社，2007.

[360]玉梅，苗永康，孟宪军，等．流体性质对岩石地震波速度的影响[J]．油气地球物理，2007，5(3)：36－39.

[361]袁成，李景叶，陈小宏．基于概率统计的地震岩相识别不确定性定量评价方法[J]．地球物理学报，2015，58(10)：3825－3836.

[362]张春明，张维生，郭英海．川东南—黔北地区龙马溪组沉积环境及对烃源岩的影响[J]．地学前缘，2012，19(01)：136－145.

[363]张大伟．加速我国页岩气资源调查和勘探开发战略构想[J]．石油与天然气地质，2010，31(02)：135－139.

[364]张繁昌，李传辉，印兴耀．基于动态匹配子波库的地震数据快速匹配追踪[J]．石油地球物理勘探，2010，45(5)：667－673.

[365]张繁昌，李传辉，印兴耀．三角洲砂岩尖灭线的地震匹配追踪瞬时谱识别方法[J]．石油地球物理勘探，2012，47(1)：82－88.

[366]张广智，王丹阳，印兴耀．利用 MCMC 方法估算地震参数[J]．石油地球物理勘探，2011，46(04)：605－609.

[367]张洪礼．叠前弹性参数反演方法研究[D]．青岛：中国石油大学，2015.

[368]张金川，薛会，张德明，等．页岩气及其成藏机理[J]．现代地质，2003(04)：466.

[369]张军华，王静，郑旭刚，等．关于几种速度分析方法的讨论及效果分析[J]．石油物探，2009，48(04)：347－353.

[370]张林晔，李钜源，李政，等．北美页岩油气研究进展及对中国陆相页岩油气勘探的思考[J]．地球科学进展，2014，29(06)：700－711.

[371]张琪，刘俊田，蒲振山，等．基于叠前反演的致密砂岩储层预测和含油气性检测[J]．新疆石油天然气，2014，10(04)：20－23.

[372]张世鑫，印兴耀，孔国英，等．基于岩石物理模型的最优化 AVO 三参数同步反演方法[J]．中国海上油气，2010，22(05)：300－304.

[373]张世鑫．基于地震信息的流体识别方法研究与应用[D]．青岛：中国石油大学(华东)，2012.
[374]张卫华，何生，郭全仕．地震资料预测压力方法和展望[J]．地球物理学进展，2005(03)：814－817.
[375]赵玲芝，王克斌，戴晓云．VTI各向异性叠前深度偏移技术应用研究——以JZ工区三维地震资料处理为例[J]．石油物探，2011，50(02)：201－205.
[376]赵天姿，宋炜，王尚旭．基于匹配追踪算法的时频滤波去噪方法[J]．石油物探，2008，47(4)：367－371.
[377]赵万金，李海亮，史松群，等．叠前反演及AVO技术在苏里格气田的应用[J]．新疆石油地质，2009，30(3)：387－389.
[378]赵文智，胡素云，刘伟，等．再论中国陆上深层海相碳酸盐岩油气地质特征与勘探前景[J]．天然气工业，2014，34(04)：1－9.
[379]周单，吕慧，王震．基于叠前反演的岩溶古河道充填特征描述方法[J]．地球物理学进展，2022，37(01)：348－356.
[380]周德华，焦方正．页岩气"甜点"评价与预测——以四川盆地建南地区侏罗系为例[J]．石油实验地质，2012，34(02)：109－114.
[381]周东红，熊晓军．一种高精度地层压力预测方法[J]．石油地球物理勘探，2014，49(02)：344－348.
[382]朱童．基于粒子群算法的地震波反演方法研究[D]．北京：中国科学院地质与地球物理研究所，2011.
[383]朱新玲．马尔科夫链蒙特卡罗方法研究综述[J]．统计与决策，2009(21)：151－153.
[384]宗兆云，印兴耀，吴国忱．基于叠前地震纵横波模量直接反演的流体检测方法[J]．地球物理学报，2012，55(01)：284－292.
[385]宗兆云，印兴耀，吴国忱．拉梅参数直接反演技术在碳酸盐岩缝洞型储层流体检测中的应用[J]．石油物探，2011，50(03)：241－246.
[386]宗兆云，印兴耀，张繁昌．基于弹性阻抗贝叶斯反演的拉梅参数提取方法研究[J]．石油地球物理勘探，2011，46(04)：598－602.
[387]宗兆云，印兴耀，张峰，等．杨氏模量和泊松比反射系数近似方程及叠前地震反演[J]．地球物理学报，2012，55(11)：3786－3794.
[388]邹才能，陶士振，袁选俊，等．连续型油气藏形成条件与分布特征[J]．石油学报，2009，30(3)：324－331.
[389]邹才能，杨智，崔景伟，等．页岩油形成机制、地质特征及发展对策[J]．石油勘探与开发，2013，40(01)：14－26.
[390]左星，何世明，黄桢，等．泥页岩地层孔隙压力的预测方法[J]．断块油气田，2007(01)：24－26.